CONTENDING THEORIES OF INTERNATIONAL RELATIONS
A Comprehensive Survey

U0455103

争论中的国际关系理论

第 五 版
（中译本第二版）

［美］詹姆斯·多尔蒂 James E. Dougherty

［美］小罗伯特·普法尔茨格拉夫 Robert L. Pfaltzgraff, Jr.

阎学通　陈寒溪 等译

世界知识出版社

国际关系学名著系列

专家委员会

袁　明　时殷弘　秦亚青
王缉思　阎学通　倪世雄

编辑委员会
主　任
姚东桥
编　委
于铁军　王　勇　王　联　张小明
陈寒溪　李　晨　潘成鑫　袁路明
周宇君　夏力宁

本书译者
阎学通　陈寒溪
（以下按姓氏笔画排列）
乔　木　刘志伟　刘　星　吕　杰
孙学峰　陈　华　李　青　吴　锐
周宝根　周建仁　廖　力　戴　希

总

序

　　编译这套书，是我们多年的心愿。

　　二十多年前，中国国门打开。中国向世界开放，主要是向西方开放。西方的思想文化通过各种渠道涌入，这是中国近现代史上的又一次"西学东渐"。比起前几次"西学东渐"来，其规模和内容都扩大和丰富了许多。在众多的"西学"中，关于国际关系的西方学说占了一块相当突出的位置。这个现象很值得研究。追想前一次"西学东渐"，即20世纪的"五·四"时期，很少有西方"国际关系学"进入中国。这与当时中国基本上还是听任列强宰割的国际地位有关。"救亡"都还来不及，何能奢谈"国际关系"？不过，尽管在那么困难的环境中，还是有一些介绍欧洲外交史的著作问世。武汉大学、北京大学、清华大学还专门开设了国际研究课程。

　　20世纪70年代末80年代初以来，"西学"中的国际关系学说得以在中国较大规模地传播，恐怕与美国的力量（亦可称其道"硬力量"和"软力量"的综合）和中美文化交流活跃这一现实有关。"西学"中的国际关系学说俨然就是美国的国际关系学说。"以美国为主"是这一次"西学东渐"的一大特色。

　　然而，美国并不是我们现在所接触的西方国际关系学说的发源地。三百多年前，在欧洲出现了近现代国际关系体系的基本框架时，美国尚未立国。北美还是英国的殖民地。稍后一些，当欧洲的一些思想家、政治家在构筑政治学和国际关系学说的一些基本理论时，美国还在忙于地理上的拓荒。当时美国人对世界的了解并不比闭关锁国的中国人多。

　　美国真正成为西方国际关系学说的重镇，其发展是在第一次世界大战结束以后。因为欧洲已不是国际政治的中心舞台。第一次世界大战的结果是这一中心舞台向欧洲的两侧转移。待到第二次世界大战结束之后，美国从欧洲"引进"了一批重量级的国际关系研究者和实践者，再辅之以雄厚的资金支持，"国际关系学"便在美国得到了真正的大发展。当然，这与美国的超级大国地位以及美国的全球战略需要有直接关系。这便是二十多年前中国国门打开，又一次"西学东渐"时中国人面对的那种美国国际关系学派林立，文章汗牛充栋的蔚然大观。再到美苏"冷战"结束，美国成为惟一支配性的超级大国之后，其话语霸权在国际关系这一领域中就更加明显了。这一显然携带着巨大的历史惯性力量的现象，随着"全球化"，还在持续显现。

不过，于那些需要对世界有尽可能透彻了解的当代中国人，尤其是致力于学习国际关系的青年学子来说，要紧的是了解一些本源的东西，如西方的文明史，扩张史，国际关系史，以及背后的基本观念和思想，或谓陈乐民先生多次提醒的，要注意西方"精神的历史"。这种"精神的历史"当包括西方国际关系学说的本源性思考在内。这一本源性问题，实际上是西方学说的核心价值观。它们产生在欧洲，后来又被一代代美国学者们继承了。我想，这就是为什么刘同舜先生在为《当代西方国际关系理论》作序时，特别地指出"就核心概念的归纳和理论框架的锤炼而言，英国学派的'国际关系'、'国际社会'和'世界社会'的哲学基础、历史底蕴和分析方法，较之'主流'的现实主义、新现实主义和新自由主义似高出一筹"。

所以说，我们现在翻译出版的这一套书，是在介绍西方国际关系的"精神的历史"。这些书是西方学界认可的真正的"经典之作"，被作为"经典教材"一版再版，不断成为西方国际政治课堂中的必读书目，并影响了一代又一代的西方国际政治战略人士、外交家和学者。现在我们看到的国际关系的各种表象，西方大国的外交政策，战略考虑，其实都出于他们的"精神历史"的本源。西方的大学，包括美国大学的课堂，并不数典忘祖。他们讲授政治学理论和国际关系理论，亦多要从古希腊讲起。现任哈佛大学肯尼迪政府管理学院院长的约瑟夫·奈是曾用了大工夫，把修昔底德的一部《伯罗奔尼撒战争史》翻烂吃透了的。这是他们精神家园的最终皈依。我们要了解西方，不能不了解他们的精神家园。

西方国际关系学说中的核心观念究竟是什么？我们所编译的这套书中做了比较透彻的介绍。应该说，介绍西方国际政治学说的核心观念，或本源性思考，是这套书的一大特色。中国读者和青年学生可以通过阅读这套书了解西方的这一领域学说的核心部分，如果仅仅停留在阅读一些介绍性的著作上是达不到这一点的。当然，介绍性的著作亦必不可少。

实际上，在知识的汪洋大海中，人很容易迷失。牛津大学国际关系讲座教授亚当·罗伯茨1991年在北京大学的一次国际会议上说，"我们都不应忘记以现代面目出现的思想体系常常不过是古老主题的变种"。为了加强他的观点，他还引用了法国政治活动家、思想家德·托克维尔的一段名言：

"有多少道德体系和政治体系经历了被发现、被忘却、被重新发现、被再次忘却、过了不久又被发现这一连续过程，而每一次被发现都给世界带来魄力和惊奇，好像它们是全新的，充满了智慧。之所以会如此，并不是由于人类精神的多产，而是由于人类的无知，这种情况简直令人难以置信。"

罗伯茨教授指出，德·托克维尔的讽刺性评论特别适用于国际关系领域。他并没有说明为什么会这样"特别适用"，但当我们读了这一套书后，倒是不妨去深想这个"百年命题"。

与此相关的，这套书的作者都是在西方被公认的"大家"或"大师级人物"。他们的共同点是多具欧洲背景。这与上面所提及的近现代国际关系史的发展是承接的。他们代表着欧洲从启蒙运动、工业革命并走上向全世界扩张道路的实践的理论思考。国际关系理论只能从实践中总结，而不能只在书斋中进行概念上的自我循环。这些作者对历史和现实的深切关注，是他们的著作能够站住脚的根本，即他们思考的出发点和归宿都是国际政治实践，而他们的贡献是将这些实践变成一种历史哲学。

复杂纷繁的世事一旦被透彻简洁的方式提高到哲学境界，它们便走出了粗俗和原始，便具有了知识美感。更何况作者们所提出的历史哲学命题对后人仍有意义。"问渠哪得清如许，为有源头活水来。"中国古人用诗的语言所表达的，也许就是这个意境。

担纲这一套书翻译工作的主力是中国国际关系领域中已具成就的中年学者，还有一批崭露头角的年轻学者。他们都有多次赴欧美日发达国家深造和在外讲学、交流的经历。他们对中西政治文化的体悟，既来自于书斋，亦得之于实践。翻译原著，其实是一件十分艰苦的工作，绝不是粗通一些外文便可对付得了的；要编辑出版成书，也有种种不易。直至今日，大部分译稿都已脱手之际，译者仍对文稿中的一些专门用语苦思冥想。因为政治文化背景的不同，有时的确无法将西方大师们思考的神貌用完全相符的中文语词表达出来。"难哉译事",难是难在"神"上,而非"词"上。但是,如上所说,这一批中青年学者都受过两种文化的教育,现在又都在中国的著名高校执教,他们在实践中交融了两种文化的优长,更深感要让年轻的中国学子们了解西方原著的必要。在他们的努力下,终于有了这一套书。这是我们要特别感谢他们的。

我们也要特别感谢世界知识出版社的领导和编辑。他们视野开阔,既看到了世界的过去,也想到了中国的未来。他们的良苦用心和勤恳敬业,是支持我们完成翻译这套书的重要精神支柱。

袁 明

2002年10月

译者的话

詹姆斯·多尔蒂和小罗伯特·普法尔茨格拉夫自20世纪60年代起就开始从事国际关系理论的梳理和总结工作，持之以恒地在这项工作上投入了三十多年的精力。他们合著的《争论中的国际关系理论》（以下简称为《争论》）是世界上最权威的国际关系理论教材之一。该书1971年首次出版便成为许多美国国际关系理论学者的案头书。1978年中国开始改革开放，社会科学研究重新走上正轨，于是一些中国学者就试图将此书译成中文，向中国传播国际关系理论知识。然而受到当时英语水平和国际关系理论知识的局限，对这本涵盖面广阔的理论汇总性著作，很多人不是望而却步就是半途而废。到了20世纪80年代中期，邵文光先生终于将该书的第二版（1981年版）译成中文，并于1987年由世界知识出版社出版。该书一出版就成了众多中国国际关系学者所重视的国际关系理论著作。

经过二十多年的改革开放，我国学者在国际关系理论研究方面取得了明显的进展，从事国际关系理论教学的教授和学习国际关系理论的研究生数量都大幅增长，因此《争论》一书的市场需求也增大了。然而，第二版《争论》是二十多年前写的，已经难以适用于今日的教学与科研。为此，2001年春季我与世界知识出版社的姚东桥副总编商量，决定尽快把当年出版的第五版《争论》翻译出来，以飨读者。

自1981年第二版《争论》出版至今的二十多年里，伴随着冷战的结束，国际关系发生了重大变化，国际关系理论研究也取得了长足的进展。20世纪80年代是新现实主义与新自由主义两派大辩论的时代，而90年代则是批判理论大发展的时代。为了反映这些理论建设的新进展，多尔蒂和普法尔茨格拉夫两人对《争论》一书不断进行修订，于2001年出版了第五版。与1981年第二版相比，第五版的内容和构架有了重大变化，可谓判若两书（作者在其前言中已经有了明确说明，这里不再赘言），这些变化是我们翻译并出版此书的原因。我相信读者将能从这个新版本中获益匪浅。

为了使该书中文版早日与中国读者见面，我组织了清华大学国际问题研究所的十几名教师、博士生以及硕士生参加翻译工作。在翻译过程中，我们尽量使用平白的文字，防止语言西化。原文中表示强调的斜体字，在译文中都用黑体，并保留了英文。书中提供的大量注释是为了给有兴趣深入研究国际关系理论的读者提供查阅文献的便利，为此我们只翻译了注释中的解释性部分，其余部分则保留原文。为了方便读者使用索引，人名索引按英文名字的字母排序，主题索引按译文的汉语拼音排序。索引使用了原书的页码，原书页码标在了中译本每页的边上。

在翻译的过程中我们有三点体会，在此介绍给读者。首先，需要以科学的态度来阅读本书。这是一本为国际关系理论的教授和研究生撰写的教材，限于篇幅，对各种理论只用了较少的文字做总结性的介绍，因此一目十行的方法是难以读懂这本书的，需要反复阅读才能理解。其次，需要从整体上理解术语的含义而不能望文生义。国际关系理论研究在过去20年中已取得了巨大发展，与20世纪70年代相比，理论变得更加复杂，涉及的领域更加广泛。很多理论借用了其他学科的研究方法，因此该书中的专业术语范畴非常广泛，包括了生物学、物理学、数学、统计学、医学、心理学、神学、哲学、史学、社会学、经济学、法学、政治学、军事学等。有些概念和术语在中文里并没有固定的对应词汇，这不但给译者，同时也给读者带来了挑战。读者需要结合上下文的内容来理解这些不同学科的专业术语在国际关系理论中的含义。第三，需要以借鉴的态度来看待各种观点不一的理论。第五版《争论》介绍了数百名为国际关系理论发展做出贡献的学者，他们分属于世界上众多不同的文化与国家。但是书中所提及的中国学者多是我国的古代先贤，如孔子、墨子、孙子、商鞅等，在近现代的理论中只有毛泽东的人民战争思想被吸纳入本书。翻译本书之后，深感我们这一代中国学者身上背负的责任。先贤给我们留下了宝贵的文化遗产，我辈应该发扬光大，争取为国际关系理论的发展做出我们应有的贡献。

第五版《争论》的中译本能这么快与读者见面，与清华大学国际问题研究所参加翻译工作的每一位教师和研究生的努力是分不开的。在研究生当中，我的博士研究生陈寒溪和孙学峰校译的篇章最多，并承担了全书的体例、注释以及索引的校译和编辑工作。我要特别感谢我所军控专家李彬博士，他对第八章"威慑理论：军控与战略稳定"所做的校译确保了这一章翻译的专业水平。此外还要感谢王晓云小姐和黄志贤小姐为翻译本书所做的录入工作。

我要感谢福特基金会为翻译此书提供的资金支持，这是我们能够顺利完成这一繁重的翻译工作的重要基础之一。

我负责了全书每章的最后校译，力争把错误减少到最低程度。该书涵盖的知识范围非常广泛，由于本人知识结构的局限性，如有误译和不足之处，还望读者批评指正。最后衷心希望第五版《争论》的中译本能对中国国际关系研究者全面了解国际关系理论及其发展方向有所帮助。

阎学通

2002 年 10 月 30 日于清华园

再版序言

　　《争论中的国际关系理论（第五版）》（以下简称《争论》）中文版出版十周年之际，世界知识出版社决定再版此书，为此向原出版社第二次购买了中文简体版专有出版权，出版中文简体版第二版，说明它受到了读者的普遍欢迎。《争论》不仅为学习国际关系理论的人提供了一条捷径，而且能帮助读者纠正对理论的错误理解。我国已经出版了许多国际关系理论综述的著作，每本都各有所长，但就对各派理论的理解的准确性和深刻性而言，《争论》一书罕有其匹。故此，我仍推荐对国际关系理论感兴趣的读者研习此书。

一

　　《争论》在以往十年没有修订，而该书的译者和读者们却在国际关系理论研究的田野中继续耕耘。回首十年，中国学者在国际关系理论研究方面已经取得了很多新的建树。在首版中文版《译者的话》中我曾感叹，中国学者无法像先贤一样创造出被国际社会所承认的国际关系理论知识。当时，评论我国国际关系理论研究状况最常见的说法是"低水平重复"。翻译、介绍、综述外国国际关系理论是我国当时国关理论研究的主要工作，本土的理论创新成果凤毛麟角。十年后的今天，虽然国际关系理论研究的创新还未成为主流，但已绝非个别现象，而是出现了群体性成果。我的学生杨原对2008—2011年中国11种国际关系专业杂志进行了统计分析，发现在统计的463篇文章中，有理论创新性成果的文章为65篇，占总数的14%。[①] 2012年北京大学举办的

---

　　① 杨原：《中国国际关系理论研究（2008—2011）》，《国际政治科学》2012年第2期，第91页。

国际政治学博士生论坛收到40多篇会议论文,基本上都是问题研究型的文章,综述性的文章已寥寥无几。我国国际关系学者在改变中国理论研究低水平重复问题上已经取得了初步成果。

十年来,中国学者在国际关系理论研究上取得的创新成果,与《争论》一书的出版流传不无关系。许多青年学者和我一样,都是通过阅读《争论》这本教材,才真正知道什么是国际关系理论,才知道国际关系理论研究的内容,才知道国际关系理论进步的历史路径,同时也才知道理论创新是要超越这本书中所介绍的理论知识,重复《争论》中的知识不是理论创新。阅读《争论》获得的这些认识,是中国学者创新国际关系理论的知识基础。以《争论》介绍的理论为参照,我们可以看到这十年来中国学者在理论创新上取得的成果。应该说,不同的理论流派的中国学者都取得了一些创新成果,但限于我阅读的有限,因此仅仅介绍一下我个人所熟悉的部分现实主义学者的理论创新。

(一)权力转移理论的创新研究

《争论》介绍的权力转移理论,其核心命题是关切霸权如何维持和延续,而中国的现实主义学者关心的则是如何取代霸权的问题,他们的理论成果多是从中国如何崛起为世界强国的角度进行研究的。这些理论创新得到了国际同行的关注,已有美国、英国、加拿大、澳大利亚、韩国等国学者就中国学者的研究成果发表了评论。

1. 体系要素理论。主流现实主义理论普遍认为,崛起国与霸权国的战略竞争将导致国际格局的转变,从而引发国际体系的转变。然而,体系要素理论认为,国际格局单一要素变化不足以改变国际体系的类型。该理论认为,国际体系是由国际行为体、国际格局和国际规范三要素构成的,因此仅单一的体系要素转变不等于体系转变,至少要有两个体系要素发生质变才能带来体系的类型转变。这种理论有助于纠正对"国际体系"这个概念的滥用,同时也有助于我们理解为什么冷战结束时的国际格局转变不是国际体系转变。该理论还有助于我们理解,中国崛起引发的世界中心从欧洲向东亚转移,将在什么条件下才可能带来体系转变。[①]

2. 结构性矛盾理论。古典现实主义理论认为,崛起国主观上具有挑

---

① 阎学通:《权力中心转移与国际体系转变》,《当代亚太》2012年第6期,第4—21页。

战霸权国的意愿，因此崛起国不可避免地要选择挑战霸权的策略。然而，结构性矛盾理论超越了这种观点，认为即使崛起国主观上不采取挑战霸权国的策略，双方实力差距的缩小就足以在客观上形成对霸权国主导地位的挑战，因此霸权国必然会以军事力量进行压制，这种结构性矛盾是不可避免的。① 美国2010年开始的重返亚太战略表明，即使中国采取"韬光养晦"战略，两国的结构性矛盾依然深化。

3. 崛起困境理论。该理论是对结构性矛盾理论的进一步发展。崛起困境理论认为，随着实力地位的上升，崛起国对国际体系的影响力不断上升，从而导致它面临的体系压力也不断加大。② 这有如牛顿第三定律，即作用力越大，反作用力就越大。这个理论被近两年不断上升的中国责任论和中国与周边国家海权冲突所验证。

4. 安全保护竞争理论。该理论是对崛起困境理论的进一步发展，认为在崛起国与霸权国发生战争的可能性很小的条件下，双方战略竞争的方式从争夺领土转向国家间的利益交换，即大国为中小国家提供某种好处，特别是安全保护，以换取它们的政治支持。③ 美苏在冷战时期竞争军事盟友的历史可以支持这个理论，但冷战后的历史难以支持，这种理论面临着未来十年中美战略竞争的历史检验。

5. 安全委托理论。该理论是对安全保护竞争理论的进一步深化。结构现实主义认为，在无政府国际体系内，所有主权国家都需要安全自助，而安全委托理论认为，在无政府国际体系中，中小国家通常无力做到安全自助，他们需要大国的安全保护，因此它们将本国的安全委托给军事强国。④ 这个理论不仅解释了大国竞相为中小国家提供安全保护的社会需求，还改进了主权国家都是安全自助国家的理论。这个理论具有较强的发展潜力，因为它可以解释为什么许多主权国家不是完全主权国，例如日本；还

---

① 阎学通：《历史的继续：冷战后的主要国际政治矛盾》，《现代国际关系》2000年第6期，第1—12页。

② 孙学峰：《崛起困境与冷战后中国的东亚政策》，《外交评论》2010年第4期，第142—156页。

③ 杨原：《大国无战争时代霸权国与崛起国权力竞争的主要机制》，《当代亚太》2011年第6期，第6—32页。

④ 孙学峰：《东亚准无政府体系与中国的东亚安全政策》，《外交评论》2011年第6期，第33—49页。

可以解释为何多数的大国采取安全自助原则而多数的中小国家采取安全委托原则。

6.假朋友理论。传统现实主义者普遍用安全困境理论解释崛起国与霸权国之间日益激烈的战略竞争和双边关系恶化。然而，安全困境理论有一个缺陷，就是解释不了崛起国与霸权国的关系为何有时能缓和与改善。假朋友理论超越了安全困境理论，可以解释崛起国与霸权国关系的双向变化。该理论认为，"假朋友"具有性质和策略的二项性。假朋友的性质是由崛起国与霸权国的安全困境决定的，因此假朋友性质使双边关系恶化，但是假朋友策略则具有暂时缓解双方的紧张甚至改善双边关系的功能。于是，假朋友关系使得双边关系起伏不定，时好时坏。① 冷战后的中美关系检证了这个理论。

（二）国际规范理论的创新研究

《争论》一书介绍的国际关系理论，基本上是以欧洲政治思想和欧洲历史为基础建立的。自2005年起，中国现实主义学者运用现代科学研究方法，借鉴中国古代政治思想传统和历史经验，创造出一些新的国际规范理论。

1. 合法崛起理论。古典现实主义和结构现实主义都将体系转换完全归结于实力变化的作用，而合法崛起理论则发展出一种政治权威理论。该理论认为，国际体系转变不仅包括实力结构而且包括体系规范。如果国际体系是从严格的等级制向松散的等级制转变，在这种转变过程中，体系内会存在一个实力较弱但具有很强合法性的国际权威。争霸的国家都会努力利用这个国际权威为其崛起为主导国而制造合法性。这个国际权威的存在影响了大国争霸的方式。② 这个理论不但可以解释中国历史上的"挟天子以令诸侯"的现象，也能解释第二次世界大战之后，大国在进行国际武装干涉之前要寻求联合国安理会授权的行为。

---

① 阎学通：《对中美关系不稳定性的分析》，《世界经济与政治》2010年第12期，第4—30页；Yan Xuetong and Qi Haixia, "Football Game Rather than Boxing Match: China-US Intensifying Rivary Does not Amount to Cold War", *The Chinese Journal of International Politics,* Vol.5, No.2, Summer 2012, pp.105-128.

② 周方银：《松散等级体系下的合法性崛起——春秋时期"尊王"争霸策略分析》，《世界经济与政治》2012年第6期，第4—34页。

2. 合法干涉理论。传统的国际干涉理论主要是论证干涉的功能和目的，而合法干涉理论则通过对干涉的类别划分，分析干涉合法性的基础。该理论将国际干涉分为进攻性干涉和防御性干涉两类。防御性干涉的目标是维持体系的现状，有助于防止战争或约束暴力行为，容易得到多数国家支持，因此也就具有了合法性。相反，进攻性干涉具有改变体系的功能，因此难以具有合法性。[①] 这种理论可以解释为何美国发动1990年的海湾战争就具有合法性而2003年的伊拉克战争就没有合法性。

3. 以身作则理论。国际规范演化机制理论是研究成果较多的理论，但有关主导国如何推动新国际规范形成的理论则只侧重于强制与推动两个路径。借鉴了中国古代有关王、霸、强的主导国分类标准，以身作则理论建立了主导国通过以身作则、惩罚、奖励三个路径推动国际规范演化的理论。这个理论认为，弱国效仿强国是普世的社会规律，因此主导国的自我实践是推行新型国际规范的必要条件。当主导国自身不实践某种规范时，惩罚和奖励都起不到促进该种规范国际化的作用。[②] 第二次世界大战结束以来，美国在国际上实践的是双重标准规范，因此双重标准规范在国际上也最为流行。这在一定程度上验证了这种理论。

4. 等级规范理论。主流的国际关系理论都认为，平等规范有利于维护国际体系的稳定与和平。借鉴中国传统思想中有关社会等级有利于维护秩序的认识，等级规范理论认为，等级规范和平等规范对于维护国际秩序具有同等重要的作用。等级规范适用于实力大小不等的国家间关系，而平等规范适用于实力相等的国家间关系。[③] 如今，在温室气体减排的全球治理问题上，"共同但有区别的责任"的规范是对这种理论的实践支持。

5. 战略均衡理论。该理论研究者通过考察中国古代历史发现，中心国家与周边国家的战略互动关系在两个纳什均衡点上可以保持稳定。中心国家对周边国家采取征讨和安抚的策略，周边国家对中心国家采取骚扰和臣服的策略，从而形成征讨—臣服和骚扰—安抚两个纳什均衡点。这是一个解释中心国家与周边国家战略关系循环变化的理论。[④] 它不但可以解释

① 陈琪、黄宇兴：《春秋时期的国家间干涉——基于〈左传〉的研究》，《国际政治科学》2008年第1期，第33—73页。

② 阎学通：《国际领导与国际规范的演化》，《国际政治科学》2011年第1期，第1—28页。

③ 阎学通：《荀子的国际政治思想及启示》，《国际政治科学》2007年第1期，第115—144页。

④ 周方银：《朝贡体制的均衡分析》，《国际政治科学》2011年第1期，第29—58页。

东亚历史，也可以解释历史上世界大国与周边国家的关系，甚至一定程度上可以解释现在美国与非同质国家的关系。

（三）关于战略选择的理论

中国现实主义学者还创新了一些关于战略选择的理论，也超越了《争论》一书介绍的战略理论。不过，这些理论类似于《争论》一书中提到的"理论岛"，它们之间还缺乏相互联系的桥梁或摆渡船，我们还难以用一个主线将它们串起来。

1. 单极结盟理论。传统结盟理论普遍研究的是两极格局下的结盟行为，认为在共同安全威胁的条件下国家就会结盟以增强安全保障。单极结盟理论认为，在单极条件下，由于受霸权威胁的国家结盟也构不成有效抗衡霸权的能力，于是会出现只与霸权结盟而无反霸权结盟的现象。[①] 这种理论符合冷战后的国际结盟现象。

2. 小国退出同盟理论。传统的同盟理论认为，同盟面临的共同安全威胁的升降与同盟解体无相关性。然而，小国退出同盟瓦解理论则认为，同盟面临的安全威胁上升到危机程度时，小国因为担心损失过大而不履行同盟义务。[②] 另一种解释认为，在安全威胁不上升的情况下，小国的安全自保能力提高后，它将不愿忍受同盟内部战略分歧带来的损失，这会导致这些小国退出同盟。[③] 这些理论可以解释为何一些独联体国家退出该组织。

3. 人技结合理论。传统军事理论认为，当进攻性军事技术优于防御性技术时，国家会选择进攻性战略，反之则选择防御性战略。人技结合理论则认为，军事技术本身对国家战略选择没有决定性作用，主要取决于决策者如何利用即时的军事技术优势。无论是进攻性技术还是防御性技术占优势，美国历来都是选择先发制人战略，而中国战略家们却提倡后发制人战略，所谓哀兵必胜。[④] 2012年，中国在与日本的钓鱼岛争端和与菲

---

① 刘丰：《均势为何难以生成——从结构变迁的视角解释制衡难题》，《世界经济与政治》2006年第9期，第36—42页。

② 刘丰、董柞壮：《联盟为何走向瓦解？》，《世界经济与政治》2012年第10期，第4—31页。

③ 周建仁：《战略分歧、自助能力与同盟的解体》，《世界政治与经济》2013年第1期，第67—92页。

④ 徐进：《进攻崇拜：一个理论神话的破灭》，《世界经济与政治》2010年第2期，第83—100页。

律宾的黄岩岛争端上采取的都是后发制人的防御性战略。

4. 权力转移与技术进步理论。现实主义理论家普遍认为，战争是促进科学技术进步的最主要动力。权力转移与技术进步理论则认为，无论权力转移的过程是战争方式还是和平方式，这个过程都会促使战略竞争双方大量投入科研经费。这种理论认为，促进人类科学技术进步的最大动力是权力转移竞争，和平或战争不过是转移的方式，方式本身不是动力。[①]自第二次世界大战以来，战争危险不断下降，但大国为进行战争竞争进行的科技投入却并不减少。

二

再版之前，陈寒溪教授负责了《争论》译文的修订工作。在修订过程中，陈寒溪与作者联系，才发现该书第一作者詹姆斯·多尔蒂教授于2012年10月去世。第二作者小罗伯特·普法茨尔格拉夫目前也没有表示修订此书的想法。

此次译文修订工作主要包括三个方面。第一个工作是修改一些字、词和标点符号的失误和错误。第二个工作是修改术语和语句中存在的个别翻译错误。例如，首版第10页将但丁的《论世界帝国》误译为《论君主制度》；第83—84页关于帝国主义政策的翻译未能准确反映原意。诸如此类错误，我们已经尽力寻找并修改过来。第三个工作是修改和统一部分术语、概念的译法，使之更准确地接近最近十年来国内学界形成的共同理解。下面列出了一些重要的修正：

foreign policy 译为"对外政策"。首版部分地方译为"外交政策"。

balancing 译为"制衡"。首版部分地方译为"平衡"。

bandwangoning 译为"追随"。首版译为"见风使舵"。

revisionist state 译为"修正国"。首版译为"想改变现状的国家"。

status quo state 译为"现状国"。首版译为"要维持现状的国家"。

assumption 译为"假定"。首版部分地方译为"假设"。

hypothesis 译为"假说"。首版部分地方译为"假设"。

① 黄琪轩：《大国权力转移与自主创新》，《经济社会体制比较研究》2009年第3期，第65—70页；黄琪轩：《大国政治与技术进步》，《国际论坛》2009年第2期，第59—63页。

unit译为"单元"。首版大部分地方译为"单位"。

reflective译为"反思主义"。首版译为"反映主义"。

以上术语的翻译，有的曾在学界引起过争议，有的还在继续争论。这里仅就reflective的翻译做一点说明。罗伯特·基欧汉杜撰的这个术语，我们首版翻译为"反映主义"，现在认为翻译为"反思主义"更准确。基欧汉认为，国际制度研究中存在两种不同的研究方法，一种是理性主义方法，认为国际制度是由国家的偏好和权力决定的，是国家的政策工具；第二种研究方法认为，国际制度能够塑造国家的偏好，影响国家的权力，因此不仅仅只是国家偏好和权力的结果，也是国家偏好和权力的原因。基欧汉认为，第二种研究方法"强调人类对制度的性质、实际上也是世界政治的特征的反思"。[①]张睿壮和刘丰认为应该翻译为"反映主义"，因为他们从国际制度和国家互相决定这个角度来理解这个术语，而不是从研究者的研究方法、研究思路角度来理解。[②]从前者出发，翻译为"反映主义"是可以的，因为制度和国家之间的相互影响表明，制度是国家偏好的反映，国家偏好也是制度的反映。然而，基欧汉是从研究者的研究方法和研究思路出发来界定这个概念的，他认为这种方法体现的是研究者对制度的功能和作用的反思，而不是反映。理性主义轻视、忽视制度的功能和作用，反思主义则对这种研究方法进行反思、反省，强调制度的功能和作用。基欧汉确实认为，制度和国家是相互反映的，但他并没有认为，研究者与研究对象（国家—制度）是相互反映的，他的意思是，研究者要对制度的反作用（针对国家）进行反思，实际上也是对理性主义研究方法的反思。这是理解reflective这个术语的关键。

在一些专业术语的翻译方面，清华大学李彬教授和南开大学刘丰副教授为我们提供了宝贵的意见，这里向他们表示衷心感谢。广东外语外贸大学国际关系专业的12位研究生通读了首版全文之后，帮助我们发现了一些错误和失误，我要对他们表示感谢。他们是：刘思恩、邓后发、翁翠、沈楠、邓永权、王瑞应、唐超、侯复新、谭莎、谢晓军、邓重敏、石德超。

作为译者，我希望《争论》一书能够吸引更多的读者，因此非常感谢

[①] Robert O. Keohane, *International Institutions and State Power: Essays in International Relations Theory*, Colorado and London: Westview Press, 1989, p.161.

[②] 张睿壮、刘丰：《关于几个重要国际关系术语中文译法的讨论》，《世界经济与政治》2004年第10期，第74页。

世界知识出版社再版此书。作为中国学者，我希望将来看到一本将中国学者的理论包含在内的著作代替此书。今后十年将是中国崛起的冲刺阶段，国际环境将特别有利于中国学者创新国际关系理论。国际社会对中国思想的关注，已经开始从古代中国转向当代中国。英国学者马克·莱昂纳德（Mark Leonard）2008年出版了《中国在想什么？》（*What Does China Think?*），该书被译成17种文字。韩国学者文正仁（Chung-in Moon）2010年出版了韩语的《中国崛起大战略——与中国知识精英的深层对话》。我希望十年之后，外国学者出版的理论综述著作中不再缺席中国学者创建的理论。要实现这个目标，中国学者需要承受创新理论的艰辛，而不能只是享受介绍外国理论的快乐。

阎学通
清华园，2012年冬

这是《争论中的国际关系理论》一书的第五版。过去40年里，国内外几百所大学的师生在"国际关系"课程中使用了这本书。21世纪之初，新的国际关系著述纷纷涌现，国际关系学也不断得到发展，为此我们对该书进行了通篇修订并更新了注释。与此同时，我们尽力保持了原来指导我们前四版编写方法的基本原则：

1. **使用跨学科方法**（interdisciplinary method），吸取传统主义、行为—科学主义、后行为主义以及规范理论的真知灼见，涵盖国际关系理论的各种大辩论。

2. **努力展示**（effort to show）理论家们如何在前辈的基础上发展自己的理论；如何对新、旧理论进行融合或比较；如何把新理论看做是对传统理论更为精妙或复杂的重组，而不是把它们看做新奇的、前所未有的理论。

3. **公平、客观地介绍和分析**（impartial, objective presentation and analysis）相互争论的理论和理论家，并适当地介绍批评意见。

4. **以大量引用著述原文**（ample citation of scholarly sources）为基础进行讨论和分析。

像所有的知识领域一样，早期著述者的真知灼见或许会变得过时，但这些观点对我们全面了解国际关系理论的发展过程仍是有益的。就我们目前所知，本书是惟一一本能使学生们不仅纵观古典和现代的国际关系理论的发展史，而且可以概览以指数般速率增长的现代国际关系理论文献的教材。本书大量的注释是为了加深和扩大理论的范围，提供一个便捷的参考文献目录。第五版增加了大量的参考文献，与上一版保留下来的合到了一起。希望那些

前

言

准备期末论文的本科生、研究生和其他从事更高级研究课题的人员，都能受益于这些文献目录。

我们首先要提醒读者注意这一版里篇章安排的几个主要变化。讨论战争根源和威慑理论的四章排在了一起。原来的第六章"帝国主义和国际冲突之经济原因的理论"全部重写为第九章"国际政治经济学"。关于现实主义、自由主义、马克思主义和它们的"新形态"，我们则是从16到18世纪的重商主义到21世纪初全球化的现代经济史的角度进行详细讨论的。另一个重大的变化是关于上一版的第十二章"博弈论、对策、模拟和讨价还价"。为了吸收新理论，我们决定去掉那一章，只把与国际关系理论最密切相关的博弈论、对策、模拟和讨价还价中的基本内容加入到第十一章"决策理论"中去。

本书第五版作了根本性修改，其原因不仅是全球体系转变和冷战结束引发了范式辩论，而且还因为新现实主义、结构—现实主义、新古典现实主义、民主和平论及其他新自由主义理论著作大量出现。此外，本书还讨论了以下问题：关于冷战为何如此结束的持续争论；长期和平或冷战为什么没有导致美苏之间的战争；结构和制度主义理论；有关无政府根源的理论及合作与政治一体化条件的理论；有关结构—行为体在分析层内和层次间关系的辩论；21世纪初期的威慑；后现代主义—后行为主义理论；战争根源；地缘与战争；建构主义研究方法；决策、危机和危机管理理论的新发展。我们一直不断地更新这些理论。第五版还收入了有关女性主义、恐怖主义、跨国种族冲突、认同和民族主义，以及同盟和联盟的新理论。

只要可能，我们尽力展示各种国际关系理论之间的关系。此外，我们还讨论了一些有关理论本质的问题。这些问题包括人们正在讨论的关于理论是如何发展的问题、知识的认识论基础问题，以及个人决定和政府对外决策中的理性问题。这些讨论还包括这样一个争论，即社会科学理论，特别是国际关系理论，能否和规范问题相分离。本书还讨论了理论建设中的一些问题，如非线性现象带来的问题，即在何种程度上，无序性、不可预测性以及非线性力量和过程为理论发展设置了固有的界线或局限性。

各种国际关系理论著述的发展充分表明，这一领域的研究内容和研究方法总是处于变化之中。但我们确信，和其他社会科学一样，国际关系理论只有与过去那些不朽的认识相联系并以之为基础，才能被人们充分地理解。与此同时，当我们进入新世纪的时候，国际体系的变化似乎超出了我们从理论上解释和预测变化的能力（这种能力建立在对现象的充分理解之上，而这些现象是理论发展和分析的客观对象）。为此，我们需要知道哪些经久不衰的知识可以作为我们发展国际关系理论的基础。我们面对这样一个争论：在一个包括了失败的国家以及大量非国家行为体的破碎的国际体系中，国际层次上的无政府状态与其他分析层次上的无政府状态有何种程度的区别。任何社会都存在最低程度的、经常是脆弱的秩序，只不过有些社会的秩序好于另外一些社会。在本书各章节中我们将对以上这些问题进行理论探讨。

本书作者从事这一课题的研究已有三十多年。我们在宾夕法尼亚大学共同指导过研究生的国际关系理论讨论课，后来从事研究生和本科生教学达几十年之久。在此期间我们发现，这一领域中各种各样的理论常常使学生们无所适从。我们的目的是为了给学生提供帮助——不是宣传我们偏爱的某一理论，而是尽可能全面概括已有的各种著述，尽量客观地评价各种理论，阐述那些相互交叉或重叠的理论观点，以及那些相互融合或存在分歧的理论观点。我们深知这一领域的广阔和复杂，要建立单一而一致、简约而有力的国际关系理论可能永远是难以想象的。但是与以往任何时候相比，理论今天已经成为人们学习、思考和研究的一个富有吸引力的重要领域。国际关系理论的各种著述不断增加以及全球体系快速而深刻的变化，使我们更有必要对众多新旧理论进行全面的考察和评价。

在以前几个版本中，我们提到了许多非常值得感谢的人，感谢他们为我们增加知识和对这项工作所做的贡献。在这一版中，我们仍然要表达对他们的感谢。这就像当代理论是建立在所有过去的理论之上一样。我们要特别表达对圣约瑟夫大学同事们的感激之情，尤其是戴维·伯顿（David H. Burton）、小爱尔文·蔡斯（Elwyn F. Chase, Jr.）和弗兰克·甘里蒂（Frank X. Gerrity）三位教授。还要感谢那些在塔夫茨大学弗莱彻法律和外交学院的同事们，以及对外政策分析研究所的同事们。几十年来，我们的同事们为了帮助我们理解国际关系理论作了许多贡献。我们还要感谢许多学生，他们不断提出挑战国际关系理论的问题。在与美国境内外的学者和决策者们的讨论中，我们两个人都有巨大的收获。他们的观点为我们评估客观世界中理论和现实间的关系提供了基础，并使我们可以对照比较我们所期望的世界。

我们不会忘记感谢那些对本书提出宝贵意见的人们，特别要感谢由安迪森·威斯利·朗曼公司委托的评论家们，在准备此版的写作时，我们尽量充分地将他们的有益批评用到本版的写作中去。他们是：豪顿学院的布莱恩·戴维·贝狄特（Blaine David Benedict）；山姆·休斯敦州立大学的安东尼·毕舍尔（Anthony Bichel）；加州大学圣马克斯分院的肯特·伯顿（M. Kent Bolton）；西华盛顿大学的伯纳德-汤普森·阿肯格沃哈（Bernard-Thompson Ikegwuoha）；盖拉德特大学的戴维·佩纳（David Penna）；路德学院的詹姆斯·洛德斯（James Rodes）；堪萨斯大学的菲利普·舒洛特（Philip A. Schrodt）；纽芬兰纪念大学的迈克尔·华莱克（Michael Wallack）；我们要特别感谢塔夫脱大学弗莱彻法律和外交学院的小理查德·舒尔茨（Richard H. Shultz, Jr.）教授，感谢他提供的第七章里关于低烈度冲突的讨论材料。我们还要感谢对外政策分析研究所的同事们，特别是常务副所长雅凯莱恩·戴维斯（Jacquelyn K. Davis）博士，以及该所的副所长兼研究主任查尔斯·佩里（Charles M. Perry）博士，感谢他们宝贵的理论联系实践的真知灼见。

在撰写本书手稿的过程中，对外政策分析研究所的波利·乔丹（Polly Jordan）给我们提供了不可缺少的帮助。他检查了无数的有时让人感到糊涂的修改之处，使我们能注意到那些不聪明的句子并加以改正。我们还要感谢弗莱彻法律和外交学院的罗伯塔·布林（Roberta Breen）、弗兰达·凯尔格兰（Freda Kilgallen）和丹尼勒·里格（Daniele Riggio）；哈佛大学约翰·肯尼迪政府学院的亚历山大·密斯克（Aleksander Micic）；还有对外政策分析研究所的玛吉·福斯特·舒密兹（Maggie Forster Schmitz）和戴安娜·兰恩（Diana Lane）。我们要感谢所有对本书第五版提供了帮助的人士。希望在21世纪初的具有挑战性、复杂性和多样性的世界里，这版书能对新一代学者、研究者和决策者理解国际关系的理论有所贡献。

詹姆斯·多尔蒂
小罗伯特·普法尔茨格拉夫

目

录

第一章 国际关系理论研究

导 论

1

　　自1989年以来，全球变化速度急剧加快。柏林墙的拆除以及中东欧的政治剧变，标志着"苏维埃帝国"和苏联自身的解体。在1989年前的40年里，西方政府和许多国际关系理论家最关注的，是阻止核战争以及可能升级到核战争水平的常规军事冲突。1989年后，欧洲军备的大规模裁减、华约的解散、德国的统一，以及由戈尔巴乔夫（Gorbachev）领导的苏联向叶利钦（Yeltsin）控制的独联体的转变，使得我们所熟悉的世界局势突然中止。尽管过去我们不时地为世界局势担心，但我们已经习惯了那种似乎不会发生剧烈变化的环境。

　　尽管冷战是在僵持和缓和之间摇摆，但国际体系保持了一种似乎可以识别的形态。分析家们提出了条理清晰的理论，还不时进行深奥的辩论，如关于现实主义与理想主义、相互威慑与均衡军控、稳定与动荡、国家利益与国际安全等问题的辩论，以及关于危机管理的理论和实践、地区一体化、军事同盟在压力下的活力等问题的辩论。大多数分析家使用了相同概念的范式和专业词汇，对两极或多极格局下的权力、战略和对外决策进行了有意义的探讨。尽管他们的观点有很多不同，但都属于以两极国际体系为基础的理论大框架。

　　21世纪初，我们用来认识未来世界政治的范式（理论分析的框架）正在转变。范式转变之所以重要是因为范式为理论提供了最根本的基础。范式提供一个识别变量的大框架，理论围绕着这些变量发展起来。在理论创建的第一阶段，范式描绘出所要调查的现象。在国际关系领域，所调查的现象是行为体的数

2

量和类型。范式是用来选择理论研究对象的一种基本手段。范式的作用是引导人们研究构成范式的单元之间的关系。范式提出的问题是：关于国际体系的理论，在何种程度上应该关注国家行为体或者非国家行为体？这些行为体的根本特征是什么？**传统范式**（traditional paradigm）是"以国家为中心"的。所谓范式的转变，就是强调从由国家（包括两个超级大国、它们的盟国和"中立国"）构成的范式向由多种行为体构成的范式转变。

为了说明这种转变的重要性，我们可以夸张地把这种范式转变与从托勒密（Ptolemaic）的星象宇宙观到现代科学观的转变相比较。这一转变开始于17世纪初伽利略（Galileo）用望远镜观察地球和太阳关系的时候。这种比较有助于说明人类和研究机构从熟知的领域向未知的领域转变有多么的困难。伽利略和其他对那个时代的新科学做出主要贡献的人，不仅遇到了科学界的反对，而且还遇到了宗教界和哲学界的反对，但他们都确信陈旧的地球中心说范式是错误的。上面这个比较也许并不完全恰当。尽管托勒密的理论并不符合宇宙的客观现实，但在长达几个世纪的时间里，除了少数思想家之外，几乎所有的人都接受这种理论。相比之下，冷战时期大多数分析家和决策者所接受的主导范式与20世纪40年代初到80年代末公认的国际政治现实至少是相似的。批评家们认为苏联共产主义长久不了，这是很有见地的认识。然而，即使这些人也没有预见到1989年的突变，以及随后发生的事情。

这种类比至少还有另一个缺陷。欧洲一些伟大的天文学家和数学家，包括哥白尼（Copernicus）、布莱赫（Brahe）、开普勒（Kepler）、伽利略和牛顿（Newton）等，历时一个半世纪才完成他们的范式转变，而今天国际关系的理论家们则面对在很短的时间内（最好是十年内）创造出一种新范式的压力。此外，不同于太阳系中的行星运动，当今的全球格局正处于戏剧性的快速变化之中。决策者和外交家们不得不依靠自己实践的或直觉的政治才智（如同过去那样）去应付一些新出现的特殊问题，同时还要努力平衡各种各样相互冲突的要求（民主国家的领导人必须如此）。约翰·刘易斯·加迪斯（John Lewis Gaddis）认为，"寻找一种新的地缘政治视角来取代那种过分简单地将世界划分为民主和极权的冷战观念"、或许我们应该首先观察一下"当代国际环境中的一体化与分散化的力量"。[1] 一体化不一定都好，分散化也不见得总是糟糕。国家现在必须尽力来平衡相互对立的力量。例如，无论俄罗斯成为强大的帝国还是成为混乱虚弱的国家，都不是一个理想的结果。在过去二十多年里，伊朗和伊拉克先后变得极端敌视美国，但是美国的决策者仍不想让它们中的任何一方被削弱到破坏地区平衡的程度。

冷战结束后，出现了若干种对全球格局转变的简单描述。在一本被广为引用的有争议的书中，美国国务院政策规划处前副主任弗朗西斯·福山（Francis Fukuyama）宣称，民主和自由市场制度的胜利是"历史的终结"。[2]在1990年至1991年的波斯湾危机期间，布什（Bush）总统谈论了国家间合作及和平解决争端的"世界新秩序"。他认为在这个时代里，联合国将能实现其创建者们的最初愿望。随即有人批评布什，说他背离了尼克松（Nixon）和基辛格（Henry Kissinger）的均势政策，而沿用了伍德罗·威尔逊（Woodrow Wilson）总统和吉米·卡特（Jimmy Carter）总统的华丽言辞，片面强调民主、人权和国际法。[3]

确实，20世纪90年代初是一个让人欢欣鼓舞的时期，全球向大众民主和市场经济迈进。各国的分析家们正认识到一个显而易见的事实：现在只有一个超级大国。但是人们还无法断言这意味着什么。十多年来，不断有研究者指出，军事力量的作用在下降（主要是因为拥有核武器的国家发现，核武器在军事上不能使用），对经济安全的关注正在取代对军事安全的关注。有关战争威胁和核威慑必要性的讨论，已经远不如20世纪70年代末和80年代初那样流行了。约翰·米勒（John Mueller）在阐述这种现象时说，在现代化国家之间，战争已经变得如此的悲惨和令人厌恶，以至于战争"几乎不可能——人们放弃战争并不是因为发动战争是个不明智的想法，而是因为战争仅保留在人们的潜意识中，而不是一种持续存在的可能。"[4]迈克尔·霍华德（Michael Howard）乐观地评价说，虽然战争仍有可能发生在欠发达的国家，但"很有可能，战争……在高度发达的国家里将不再发生，而且一个能维持国际秩序的稳定框架将牢固地建立起来"。[5]鲁思·莱杰·西瓦德（Ruth Leger Sivard）曾经统计过，1946年至1989年间，在发展中国家中发生了127次战争，伤亡2190万人。小查尔斯·凯利（Charles W.Kegley, Jr.）就此总结道："大规模战争的消失和小规模战争的增加，使世界形成了两个体系——稳定的'中心体系'和动荡的'边缘体系'。"[6]这样明确的两分法是否符合1991年海湾战争的事实仍有争议。当时美国率领30个国家的联军对侵占科威特的伊拉克进行了军事打击。这个例子说明了理论家在范式转变时期所面临的困难。在范式转变时期，新范式还很不明确，它的最终形态尚未成形。

经过几十年曲折坎坷的军控谈判，核武库和部署在中欧的常规军队最终都得到了削减。冷战时期美苏曾经做出过承诺，但当时这一切似乎难以实现。即使是冷战后，昔日的两个主要对手仍保持了足够威胁对方生存的实力。此外，各国日益关切大规模杀伤武器（如核武器和生化武器）向一些更为动荡不安的地区扩散的危险，这些地区相对独立，难以控制，有可能爆发军事冲突并逐渐升级。令各国越来越感到担心的原因是，恐怖组织或"无赖"国家有可能从国际黑市上得到失窃的裂变材料，甚至是完整的核武器。

在回应约翰·米勒和小查尔斯·凯利的观点时，兹比格纽·布热津斯基（Zbigniew Brzezinski）写道："战争已成为一种只有穷国才能负担得起的奢侈品。"[7]但一些穷国的确在负担着这种奢侈品，其中既有独立的但并不太穷的产油国（伊拉克与科威特），也有破碎的多民族国家，在那里不同宗教传统的民族群体争夺着领土（在前南斯拉夫有东正教塞族人、罗马天主教克族人、波斯尼亚穆族人以及科索沃阿族人），还有具有民族主义、宗教、分离主义或者部族等特征的种种内战（伊拉克政府对库尔德人和湿地什叶派阿拉伯人；斯里兰卡的僧伽罗佛教徒对泰米尔印度教徒；在车臣以及前苏联加盟共和国格鲁吉亚、阿塞拜疆和塔吉克斯坦的冲突；以及卢旺达的胡图族和图西族之间的战乱——仅举几例）。到20世纪90年代中期，联合国安理会已开展了二十多项维持和平和缔造和平的行动，这包括了实际进行的和正在提议中的。这类行动在联合国的外交规划中是如此之多，以致联合国背负着巨大的赤字。这不仅是因为它的会员国中的穷国交不起会费，一些富国（包括美国）在履行它们的财政义务时也故意拖欠会费。在进入后工业化时代和信息时代的民主国家里，政治生活重点关注的是国内问题而不是国际问题，但事实上，选民们对就业、通货膨胀和生活质量（家庭和环境）的关心，以及经济学家和银行家们对利率、国际竞争力、外汇波动、贸易差距、公司改组、赤字和债务的关注，却迫使政府不得不优先关注全球经济的发展趋势。有很多人在想象这样一种可能性，即大国间的武装冲突被世界主要经济中心，即北美、欧共体（欧盟）和日本（或环太平洋圈）之间的贸易战所取代。贸易战充满各种特定术语，如贸易逆差和贸易失衡、金融危机和股市动荡、不公平贸易，以及迫使外国开放市场的报复措施，等等。（见第九章）

塞缪尔·亨廷顿（Samuel P. Huntington）对那些新近出现的范式颇为不满。他专门批判了被他称为"终结主义"的范式——冷战的终结、历史的终结、发达工业国家之间战争的终结。[8] 后来，在一篇引起很多争论的文章里，亨廷顿写道：

> 我的假说是，在这个新世界里，冲突的根源将不是意识形态和经济。人类之间最大的分野和冲突的主导原因将是文化。民族国家仍将是世界事务中最强大的行为体，但是全球政治的基本冲突将出现在不同文明的国家和集团之间。文明的冲突将主导全球政治。[9]

5

他开列的单子包括了七八种文明（有西方、儒家、日本、伊斯兰、印度、斯拉夫—东正教、拉美或许还有非洲），每一种文明都有自己与众不同的宗教、思想和表达的模式，对待国家、婚姻和家庭的传统，关于法律和权威、自由和平等的观点，对传统和变革的重视，等等。亨廷顿认为，文明的差别是真实存在的基本差别，它导致持久的暴力冲突。通讯技术、全球贸易和投资、移民以及其他因素，使得本来同质的各种文明相互渗透，但是每种文明对当代的重大问题则持有各自独特的见解。这些问题包括了人权、自然环境、国家安全、经济发展，以及在意识形态对抗的冷战结束后日益加剧的种族冲突、语言冲突、领土冲突、地区冲突和宗教冲突。不只伊斯兰教，基督教、犹太教、佛教和印度教也以原教旨主义的态度反对世俗物欲的西方文明。[10] 近些年来，西方许多人并没有批判性地分析反西方恐怖主义活动增多的背景，就把它们归咎于"好战的伊斯兰"。（参见第七章）如果亨廷顿的分析是正确的话，它或许暗示着，未来国际关系研究的基本单元将会从民族国家转向更大的文化实体，至少某些方面的研究会这样。[半个世纪前，历史学家阿诺德·汤因比（Arnold Toynbee）曾主张"从文明的角度来研究国际关系"] 亨廷顿的预见也许并不准确。他遭到了严厉的批评。[11] 例如，福阿德·阿贾米（Fouad Ajami）注意到，亨廷顿一方面认为未来将是文明间的战争，但同时又认为国家仍将是最强大的国际行为体。按照阿贾米的说法，亨廷顿把文明看成是相互隔绝的实体，低估了所有非西方文明已经被西方世俗主义和现代化重新塑造的程度，并且显然忘了"不是文明控制国家，而是国家控制文明"。[12] 我们讨论环境理论时还会探讨亨廷顿的观点。自从20世纪90年代中期以来，国际关系理论出现了一些新趋势，学者们试图解决以下一些问题：

- 我们如何最有效地解释"长期和平"——核威慑时代？
- 为什么冷战会在突然之间出人意料地结束？
- 战争在发达工业化民主国家之间真的变得"不可想象"了吗？"民主和平"有多可靠？
- 冷战结束后，国际体系变得更加稳定了还是更加不稳定了？
- 从极权/威权政体到"大众民主"，从计划经济到市场体制，从国家经济排他主义到"全球化"，以上这些转变是否意味着国际关系理论从现实主义或新现实主义向自由主义或其他理论的永久性转变？前者分析国家间权力冲突，而后者则认为，国际间的和平合作能使人类社会向新的更高级的形态发展。
- 在多大程度上，国家会被其他政治、经济、社会、文化、宗教等推动国际体系发展的组织或力量所取代？

在讨论上述问题以及一些相关的问题时，斯蒂芬·沃尔特（Stephen M. Walt）在他1998年的一篇文章中提出了引起争论的观点，他说：

> 我们最好将国际问题研究理解成现实主义、自由主义和激进主义三种传统之间延续的竞争。现实主义强调国家间冲突的持久倾向；自由主义寻找减轻这些冲突倾向的若干方法；激进主义则描述国家关系的整体系统如何可以被改变。[13]

沃尔特认为，尽管现实主义和新现实主义的理论家们内部有分歧（参见第二章），但在解释冷战的特征方面他们并不对立。这一流派的主要局限性是没能预测到国际体系的根本变化，例如冷战的结束。[14] 自由主义强调，国际政治经济的基础主要是民主、和平、相互依存、制度合作以及自由贸易，而不是独裁、冲突和自私的贸易保护主义。在认识到跨国行为体的作用在日益增长的同时，大多数自由主义者承认国家还是主要行为体。他们未能充分认识权力的重要作用，而且同样未能预见冷战的终结。[15] 在传统的激进主义中，马克思主义的资本主义理论和列宁主义的帝国主义理论已演进为新马克思主义的依附论（dependencia）和"世界资本主义"理论（参见第九章的介绍）。按照沃尔特的说法，由于自由市场制度明显比社会主义制度成功，这些理论"甚至在冷战结束前就很少有人信奉了"。[16]

沃尔特还进一步总结性地讨论了冷战后出现的一些与以往不同的现象，例如北约的扩大、巴尔干的"种族清洗"、对国家主权的侵蚀、国际体系的无政府状态、民主和平、规范的机制，以及国内政治对国家的国际行为的影响等。他区分了现实主义和自由主义两者与建构主义理论的差别。建构主义是近年来认识国际体系转型的一种激进的理论方法。这种理论强调观念、语言、社会话语以及文化因素的影响，认为是这些因素决定了国家，或者更确切地说，关键人物和社会精英们，如何定义"（他们的）由特殊历史进程塑造的而且有高度可塑性的国家利益和国家身份"。[17] 例如，他指出一些建构主义学者简单地把冷战的终结归因于米哈伊尔·戈尔巴乔夫的"新思维"，特别是他的欧洲"共同安全"观，革命性地改变了苏联的对外政策。戈尔巴乔夫无疑起了重要作用，但是里根（Reagan）和布什总统的政策也同样起了作用，这些政策并没有完全脱离传统的现实主义方法。沃尔特注意到，新近的若干理论对三个主要范式进行了补充。"虽然许多学者（和许多决策者）不愿承认这一点，但现实主义仍然是认识国际关系的有力框架"。[18] 沃尔特所提到的理论，[①] 以及其他各种理论（包括他所忽略的女性主义理论），本书在后边各章节里将加以详细论述。

谨慎的学者会认为，过早或过于片面地确定现有的几种理论范式是不明智的。本书前几版明确说明，没有任何一种方法能够全面、充分和详细地解释不断发展变化的**复杂的国际社会**（complexeinternationale）中的全部现象。正如我们所看到的，关于国际格局变化的原因，冷战后的文献提供了各种各样的解释。尽管我们对所熟知的冷战体系的稳定性进行了有力的辩论，但是没有人敢肯定地预测，"单极"体系将比以前的体系更加稳定和安全，还是更不稳定和更加危险。[19] 国际关系的理论现在正处于一个高度实验性的阶段，这使得它更具有挑战性和趣味性。如果我们认为观念能在历史上产生后果，那么我们就必须承认，一些现在萌芽于学术舞台上的观念将可能影响2000年以后的世界形势。看到电讯革命正以前所未有的

---

① 沃尔特的文章中提到四十多位作者。在这里全部引用他们的观点只会使读者迷惑不解。在深入探讨他们的理论时，笔者将引用其中绝大多数，也是最为重要的那些作者的观点。

速度在全球范围里传播各种观念，我们更加相信这一点。和整个环境以及人类的活动的变化一样，国际关系理论也始终在发生变化。在古代，变化的速度缓慢而难以察觉，而我们时代的变化速度则是指数般地增大，其中主要原因是信息技术大爆炸。随着新资料的发现，更准确的分类和测量方法的使用，以及国内外更加深刻的分析，今天的理论解释在将来就必须加以修正和完善。

匈牙利数学家伊姆雷·拉卡托斯（Imre Lakatos）提出一个标准，用于判断以一种新理论来取代一种旧理论是否是科学进步。他的标准虽不太精美，但却很清楚，国际关系的科学理论家们经常引用它：

当且仅当理论T^1符合下列特征时，科学理论T才能被**证伪**（falsified）（1）T^1超越了T的经验内容，即它可以预测**新的**（novel）事实，而T无法预测这些事实，甚至认为这些事实不可能出现；（2）T^1可以解释T的成功之处，即T^1包括了T所有成立的内容（在允许的误差范围之内）；（3）T^1超出的内容可以被证实。[20]

在所有科学领域，新理论都是建立在旧理论之上的。某种意义上讲，概念的延续是理性推理的根本。正如约翰·刘易斯·加迪斯所注意到的，"任何未来的观念只能来自对以往某种观念的认知，否则的话……没有语言能表达它们"。[21] 不管哪种范式（如果有这样的范式）能最终获得主导地位，它都不能忽视权力和影响这两个概念。在政治、军事、经济、意识形态、宗教和文化等领域，这两个概念都与控制语言交流有关。其他任何能影响历史发展力量的概念都不能忽视。我们必须考虑对国际政治产生影响的各种重要因素，也必须考虑各种相互矛盾的要求的辩证发展过程，现代国家正是在这一辩证过程中制定其对外政策的。

本章将介绍国际关系理论研究的历史发展过程，介绍二次世界大战以后国际关系研究范围是如何界定的。我们将讨论理论的本质和功能以及各种类型的理论，还要介绍一些可能被采纳的研究方法，提出关于理论和实践关系的若干思考。之后，我们将关注分析层次的问题——我们研究的国际行为体是什么？然后我们简单地回顾传统主义者与行为主义学者之间的辩论，并指出在国际关系领域建立一致而全面的理论所面临的困难。

早期对国际关系理论的研究

从理论上阐述国家间关系的本质的尝试由来已久。在古代中国墨翟（Mo-Ti）、孟子（Mencius）、孔子（Confucius）和商鞅（Lord Shang）的著述中，以及在印度有关战时礼节和外交官不受侵犯的《摩奴法典》（Code of Manu）中，我们可以发现这些思想的萌芽。类似的观点还可见于康提尔亚（Kautilya）的著作中，他提出了一种关于在各个王国之间实现均势的理论。（有关古代中国和印度的思想，见第五章的讨论）

在西方，古希腊和古罗马的思想遗产中有与国际关系理论相关的内容。虽然柏拉图（Plato）和亚里士多德（Aristotle）对国际关系只有一些粗略的见解，但是在对城邦国家的研究中，他们的哲学思想（分别具有粗浅的理想主义或乌托邦主义、现实主义或经验主义的特点）十分全面，涉及了战争问题和城邦国家必要的军事防御问题。古希腊历史学家修昔底德（Thucydides）就希腊城邦体系提出了他自己的看法，分析了诸如外交、帝国、结盟、战争与和平、政治行为的动机（恐惧、荣誉和利益），以及权力与道德的相冲突的辩证关系。任何一个国际关系研究者都能从修昔底德的历史巨著《伯罗奔尼撒战争史》（The Peloponnesian War）中获得启发。甚至一些女性主义理论家也发现，从她们的新视角出发去重新解读这本书及其他"现实主义"经典著作也是有意义的。[22]（女性主义对传统的以男性为主导的国际关系理论的批判，将见于后面相应章节，特别是第四章）古希腊城邦国家未能建成一个有效的联邦。在它们衰落之后，亚历山大大帝、犬儒学派和斯多葛学派遗留给西方一个理想主义概念——世界主义（cosmopolitanism），意即人人都将是一个世界国家的公民。

在罗马共和国强盛时期，共和国及其法学家制定了**万国法**（iusgentium），它由一些普遍适用于与罗马有来往的地中海沿岸各个民族的法律原则和法律实践构成，后来被视为国际习惯法的基础。[23] 罗马帝国后期还没有形成具有国家体系特点的真正的国际关系，但是罗马人关于正义战争的法律主张延续了下来，并被欧洲中世纪基督教的神职作家和神学家所发展（见第五章）。尼科洛·马基雅维利（Niccolo Machiavelli）分析了文艺复兴时期新兴的世俗帝国和意大利城邦体系的拜占庭式外交，标志着与伦理政治理论传统的断然分离。马基雅维利的《君主论》（The Prince）认为，管理国家需要的是和价值判断无关的科学方法，这开创了现代用权力分析国家体系的现实主义方法。[24]

早于马基雅维利两个世纪的但丁（Dante Alighieri，1265～1321）认为，对于人类来说，正当的工作应是发展知识和文化，一个和平的世界是这种工作的基本条件。在西方的政治文献中，他的《论世界帝国》（De Monarchia）最先强烈呼吁建立由一个世界统治者领导的国际组织，这个统治者垄断军事权力，维持各国之间的和平，但不干涉各个政治实体的内部自治。[25]

有许多法国人提出了建立国际组织和推进和平的计划。皮埃尔·杜波伊斯（Pierre Dubois，1250～1322）倡议，将各王国从土耳其异教徒手中夺回圣地的主张引导到建立一个基督教王国的地区联盟，以便在欧洲创建和平。教皇（当时在阿威格诺的法国领主）号召成立一个委员会，由该委员会创建一个具有有效制裁体系的仲裁法庭，和平解决欧洲内部的争端。[26] 埃默里克·克鲁塞（Emeric Crucé，1590～1648）相信多数人安于和平，强调以合作方式处理国际关系中的冲突，主张提高贸易商的地位，使其高于打仗作战的骑士（他们在和平年代用处不大，但危险不小）。他反对帝国主义和殖民主义，因为根据实践的结果，他认识到这种做法在政治和经济上的失大于得。他提议将一个中立的城市作为缔造和平的国际外交中心。克鲁塞赞同不改变欧洲各国的领土现状，并与荷兰学者德西德里奥·伊拉斯谟（Desiderio Erasmus）的观点相同，主张根除战争。而这与雨果·格劳秀斯（Hugo Grotius）的观点却大相径庭，格劳秀斯坚持认为，只要通过国际法加以约束和限制，战争就可以是一种实现正义的手段。（见第五章）亨利四世（Henry IV）的大臣絮利公爵（Duc de Sully，1560～1641）正视到欧洲国家间的力量均衡（部分源自哈布斯堡王朝领土的丧失），提出了一个宏伟的设想：成立西欧基督教国家联邦，用一个总部设在中心地带的常设委员会来和平解决争端，任何领土的重新变动都应考虑到人民的意愿。阿贝·德·圣－皮埃尔（Abbe de Saint-Pierre，1659～1743）也提议欧洲基督教国家组建一个国家联盟，希望该联盟能与在亚洲的类似集团结成防御同盟。〔顺便提一下，克鲁塞主张应在这个和平组织里给予奥斯曼苏丹（Ottoman Sultan）以荣誉地位，这与杜波伊斯和絮利的观点截然不同，他们认为土耳其人是欧洲基督徒释放战争能量的

方便对象〕27

　　总之，不管是主张区域组织还是普世性组织，法国学者们的计划都是依赖外交、仲裁和判决来实现永久和平。启蒙时代的学者们有明显的偏好，认为在实现对外政策的目标上，商业和贸易高于战争，而且他们还特别憎恶以宗教名义进行的战争。有些人强调需要以严厉的制裁惩戒破坏和平的人，有些人则并不这样认为。并不是所有的人都认为维护领土现状是重要的。大多数人赋予法国以欧洲天然领导的角色，因为他们（作为好的笛卡尔主义者）认为法国是与众不同的，是受理智而不是激情统治的国家。让-雅克·卢梭（Jean-Jacques Rousseau，1712～1778）是个例外，他起初编辑的是圣-皮埃尔关于永久和平的著作，最后却批判这种思想并作了根本性修改。虽然卢梭对自然状态下人性的纯真和仁慈作出了如诗般的解释，并因此被称为浪漫主义者，但是从他的关于人类行为、国家以及国家间关系的理论看，卢梭是十足的批判现实主义者。他不同意圣-皮埃尔的观点，称他是"荒谬的理性"的人。卢梭坚持认为，人很少能被理智和逻辑计算所引导，而是被激情所控制。人性本质上是和平的，它变得好战是因为社会的影响；战争是文明的产物；私有制使人们异化，目光远离了原来的自由与幸福，人的腐败源于私有制导致的不平等、阶级制度、基于暴力的法律以及统治精英为一己之利而实行的专制、对臣民的压榨、为扩大权力而发动的战争。在这方面，卢梭称得上是卡尔·马克思（Karl Marx）的先行者。在国家内部，公民们受到法律的控制，但各王国之间仍处于自然状态，仍受弱肉强食法则的支配。

　　卢梭的同胞让·博丹（Jean Bodin，1530～1596）比他更早地阐明了主权原则。博丹认为主权使君主**对内**（internally）享有至高无上的地位，但是**对外**（externally）与其他主权统治者则是平等的。但是，博丹仍然是位传统主义者，他坚持认为主权不是无限的，国王应受到下列因素的限制：神法、自然理性法则以及万国法（即 ius gentium，它基于古老的习惯法则，即条约必须遵守的原则——拉丁语为 pacta sunt servanda）。卢梭却并不太重视这类限制，主张在无政府状态下的国家体系中依靠均势来维持某种秩序，而不是靠和平，认为有时需要用战争的方式来维持均势。卢梭确信君主不愿意限制他们的权力和行动自由，大臣们也喜欢借战争的机会来实现私利。卢梭十分怀疑圣-皮埃尔的联盟设想，因为他认为人的理性只是潜在的，而实际上人类已被腐败的文明所异化，看不清什么是他们的利益。[28]

在英国的理论家里，教友派信徒威廉·佩恩（William Penn，1644～1718）和功利主义哲学家杰拉米·边沁（Jeremy Bentham，1748～1832）像德国理想主义哲学家伊曼纽尔·康德（Immanuel Kant，1724～1804）一样，提出了实现普遍永久和平的计划。佩恩希望消除他所说的"鱼类逻辑"，即国家之间相互吞并的现象，提议欧洲各国君主摆脱自然状态，服从于有效的国际法和国际秩序的体系。他希望各国君主在国内保持至高无上的主权，但是对外交往时应将其放弃。佩恩提议建立一个法律机构，其中每一个成员的表决权力按其统治者的个人所得和其所统治的领土价值的比例来确定。[29]（一些改革联合国大会表决体系的建议，就是以综合人口和国内生产总值为基础的）边沁则寻求通过裁军、解放边远的殖民地以及建立国际法院或国际议会的方法，使欧洲国家变得和平与幸福。国际法院或国际议会的建立将依赖于公开的外交、舆论的力量和新闻自由，新闻自由能够支持合理的实际决策。[30]康德相信历史向前进步，即使是战争最终也会有助于国际无政府状态的终结。他认为共和宪政的国家应基于权利的原则而不是武力，逐渐地扩展和平的地域，放弃战争和相互间的军备竞赛，建设一个法治的自由国家组成的联邦。[31]（近年来对康德的命题和民主与和平问题的讨论见第八章）

17和18世纪的政治思想家，如托马斯·霍布斯（Thomas Hobbes，1588～1679）、巴鲁克·斯宾诺莎（Baruch Spinoza，1632～1677）和约翰·洛克（John Locke，1632～1704）等人完全同意和平论者的观点，认为拥有主权的各国君主们处于自然状态和循环往复的战争之中，但他们对国际政府的前景更不抱乐观态度。16世纪以后的一些思想家，如弗朗西斯科·圭塞丁尼（Francesco Guicciardini，1483～1540）、弗朗索瓦·费奈隆（Francois Fénelon，1650～1715）、戴维·休谟（David Hume，1711～1766）和弗里德里希·冯·根茨（Friedrich von Gentz，1764～1832）认为，对于那些致力于维持本国独立性和欧洲总体稳定（但不一定是和平）的君主们来说，均势政策是最为精明可取的政策。[32]现代国际法的理论奠基人，包括弗朗西斯科·德·维多利亚（Francisco de Vitoria，1480～1549）、阿尔贝里科·真蒂利（Albercio Gentili，1552～1608）、弗朗西斯科·德·苏亚雷斯（Francisco de Suarez，1548～1617）、雨果·格劳秀斯（1583～1645）、克里斯蒂·冯·沃尔夫

（Christian von Wolff，1679～1754）、爱默里奇·德·瓦特尔（Emmerich de Vattel，1714～1767）以及其他人，全都认为战争是一种司法实践的替代品，国家法律不仅允许而且要求把战争作为一种手段，来恢复正义，惩罚那些胡作非为侵犯业已确立权利的国家。虽然如此，**当合法地行使战争权**（ius ad bellum）时，仍然要根据广泛认可的规则，采取**正义的、适当的和有限的方式进行战争**（ius in bello）。[33]（参见第五章"核时代正义战争的规范理论"）接下来的章节将会引用这些理论家的一些观点，他们提出的许多问题还没有得到最终的解决。

尽管有了刚才概括的经典著作，但在第一次世界大战前仍有人对马丁·怀特（Martin Wight）的说法感到惊讶。怀特指出，如果**国际理论**（international theory）指的是"研究和思考国家间关系的一种传统，一种被看做是研究国家的'政治理论'的孪生兄弟的传统，那么，这种传统其实并不存在"。[34] 怀特说，自从荷兰的法学家和政治家雨果·格劳秀斯和德国的法学家和历史学家塞缪尔·普芬多夫（Samuel Pufendorf，1632～1694）以来，几乎所有关于国际社会的研究都处于国际法的名义之下。怀特指出，本世纪（指20世纪，下同——译者注）前的关于国家间关系的多数著述，都载录于前述和平论者的政治文献中，湮没于历史学家的著作中，收藏于哲学家的随笔感叹中，或者包含于政治家和外交家的演讲、文稿及回忆录中。怀特总结说，在古典的政治传统中，"国际关系理论即使存在，也是支离破碎、杂乱无章的，局外人很少能看到"，而且"行文艰涩、难以问津"。[35] 只有一种理论注入了当时的思想界（该理论一定程度上更多受到职业外交家们的欣赏而不是对学者们有吸引力），那就是均势理论。实际上，均势理论是一些常识和公理的概括总结，而非一种严格的理论。

国际关系理论是否应该从传统的政治理论中分离出来一直是人们争论的问题。国家理论的研究对象与国际现象有什么区别？显然，国内因素与国家的对外政策相互关联。克里斯·布朗（Chris Brown）将有关国家间关系的理论视为古老而严肃的西方有关政治秩序理论的一个组成部分。此理论不仅是经验的，而且是规范的，研究政治的道德问题既包括了**是**（is）的问题，也包括了**应该**（ought）的问题。布朗写道，规范理论最基本的内容是"阐述社会或国家间关系的伦理性质。过去的研究议题集中讨论暴力和战争问题，新的研究议题则把传统问题和国际正义分配的现代要求放在一起加以讨论。"[36] 冷战结束以来，规范问题更加受到国际关系理论家们的重视,尤其是下列现代问题,如加强国际维和机制,对种族冲突进行人道主义干涉,促成一个合作性国际政策和计划来处理贸易、技术转让、经济发展、饥荒和营养不良、环境保护、人权、卫生等事关生活质量的问题,等等。

从1648年三十年战争结束到1914年第一次世界大战爆发,这段欧洲历史通常被看作是以无数战争为特征的国家体系所经历的外交、均势、结盟和国际法的黄金时期。几乎所有的政治思想都在集中研究主权民族国家,研究政府权力的起源、功能和局限性,研究国家内部的个人权利、对秩序的要求,以及民族自决和民族独立的迫切性,等等。人们简单地认为,经济秩序仅仅是军事实力的基础,它与国内政治和外交的国际政治无关。政府的责任是促进和保护贸易,而不是制定贸易规则。各种社会主义思想流派力图开辟新的方向,尽管这些流派提倡国际主义,但却未能提出一套完整一致的国际关系理论。他们推出的帝国主义论,很大程度上是借用英国经济学家约翰·霍布森(John A. Hobson, 1858~1940)的思想,也是从资本主义国家的经济理论中派生出来的(参见第九章)。1914年以前,国际关系理论家几乎一致认为,国际社会的格局是一成不变的,世界划分为主权国家是理所当然的。[37] 国际关系研究内容几乎就是外交史和国际法,而不是考察国际体系的演变过程。

现代对国际关系理论的研究

美国成为世界大国,推动了其国内对国际关系的认真研究。但美国对外政策的模糊性,以及它在20世纪20年代和30年代的孤立主义倾向,又阻碍了国际关系研究作为一门学科的发展。虽然有许多人对国际关系理论的发展作出了学术贡献,但美国的领导作用使得20世纪(尤其是第二次世界大战以后)涌现出的国际关系理论多是在美国写就的或者以美国为主的。然而,美国人对国际关系理论的贡献,不仅深受作为其根源的西方政治理论的影响,而且还受到大量移民学者的影响,特别是在现实主义学派里面。汉斯·摩根索(Hans J. Morgenthau)、尼古拉斯·斯拜克曼(Nicholas J. Spykman)、阿诺德·沃尔弗斯(Arnold Wolfers)、罗伯特·斯特劳斯-霍普(Robert Strausz-Hupe)以及亨利·基辛格等理论家所带来的知识传统丰富了美国的学识、理论和政策。

在1918年至1939年战争间歇期的大部分时间里，现实主义还没有占据支配地位。知识界的许多理想主义者赞同伍德罗·威尔逊的观点，主张通过国际联盟实现和平的集体安全。美国大学里讲授国际事务的两种最常见的方法，一种是开设时事课，另一种是讲授国际法和国际组织的课。时事课的目的与其说是运用社会科学方法发展理论，不如说是为了提高"对国际的理解"。[38] 国际法的课程和教材注重研究国联成员国的正式义务与它们现实行为之间的差距。[39] 学者们开始试图对历史事件及其发展的动因进行更为全面的评估，如第一次世界大战的原因；[40] 民族主义现象；[41] 安全、战争和裁军问题；[42] 帝国主义、外交和谈判；[43] 均势；[44] 世界权力的地缘因素；[45] 国际关系理论的历史；[46] 国际关系中的经济因素。[47] 与此同时，虽然英美的决策思想和学术著作逐渐转向现实主义，两国的公众仍要求建立一个符合道德标准的和平的世界秩序，但又不愿意为此付出代价。一方面是崇高的激情，另一方面是英国的自鸣得意和美国的孤立主义，这种相互背离的现象反映在1928年的《凯洛格—白里安公约》(Kellogg-Briand Pact)中。该公约虔诚地宣称战争为非法，但却没有提供任何执法的手段。[48] 当两个英语国家沉迷于和平主义的绥靖政策以及事不关己的中立时，学术界开始慢慢地从重法的理想主义转向现实地评估国际权力。在美国，激进的自由主义神学家莱因霍尔德·尼布尔(Reinhold Niebuhr)提出，个人行为可以是道德的和利他的，但是民族国家这种利己主义的大集体的行为动机却总是自私的。按照克里斯·布朗的说法，在对自由国际主义的批判中，最有影响力的是英国准马克思主义历史学家和新闻记者爱德华·卡尔(Edward Hallett Carr)。他引发了国际关系理论的第一次"大论战"，即乌托邦理想主义和现实主义之间的论战。[49] 布朗认为，"英美之所以能成为新思想的家园，部分原因是，对于这两个英语国家中生长在自由传统中的人们来说，世界政治的无政府本质似乎是一件特别不幸的事情。"[50]

E. H. 卡尔与世界政治的危机

在第二次世界大战以前，爱德华·卡尔对空想主义者与现实主义者之间的哲学分歧分析得最清楚。他的杰出著作发表于1939年，[51] 但直到二次世界大战后才在美国产生影响。卡尔称理想主义者为**乌托邦主义者**

（utopians），这些人强调国际法和国际组织的重要性以及道德和舆论对国家事务的影响。他或许并无意赋予乌托邦主义者这个词以贬义，像二次世界大战后的现实主义者那样把乌托邦主义者说成是强权政治的天真反对者。确实，自从冷战结束以后，和平时期国家利益和谐论的理想主义概念，在近来的新自由主义和新现实主义的论战中又引起了人们的注意，这一点我们将在第二章比较全面地介绍卡尔的思想时加以讨论。

　　国际联盟在20世纪30年代的失败，使人们对和平时期利益和谐论充满疑虑。这种论点较符合安于现状的民主国家的利益，但是并不能适应要改变现状的极权独裁国家的需要，它们谋求改变疆域、提高地位、扩大实力，纳粹德国就是这样一个例子。它倍感一战后《凡尔赛条约》强加于它的羞辱，急于复仇。和乌托邦主义的假设相反，民族自决并不会总是产生代表民意的政府。相反，在许多地方，包括俄国，推翻旧君主制的结果是崛起了更具扩张性和压迫性的极权国家。1939年8月苏联与纳粹德国签署的《莫洛托夫—里宾特洛甫协定》（Molotov-Ribbentrop Pact）揭开了下列事件的序幕：阿道夫·希特勒（Adolph Hitler）入侵波兰、二战爆发、瓜分波兰以及苏联吞并波罗的海国家。所有这些恶行都与乌托邦主义理论所提出的国际行为准则相违背。

第二次世界大战后的现实主义

　　毫不奇怪，第二次世界大战和战后的形势，为现实主义理论在英美思想界的重现和再发展提供了沃土。即使是具有理想主义倾向的分析家（以及许多出于崇高理想道德而支持了战争行动的人）也开始怀疑空想家们的计划，主张把国际法和国际组织与有效的权力相结合，以确保国际和平、各国安全和公平解决争端。

　　第二次世界大战后的整个时期，随着冷战的开始，美国作为一个崛起的大国具有了全球利益和责任，这使美国的大学里掀起了研究国际关系的热潮。回到大学的退伍军人对外交事务表现出强烈的关注。在与冷战相关的重大国际形势发展的影响下，美国政府极大地扩展了在国家军事安全、同盟、国际组织和对外经济发展援助方面的活动。当然所有这些活动都增加了对训练有素的人员的需求。美国的许多工商企业第一次意识到国际贸易和国际投资的大好机会。科学家们被他们刚刚研究出来的核技术可能造成的后果所震惊，也像参加十字军东征的新教徒一样纷纷卷入政治，对人类面临的危险发出警告。富有公民责任感的人们热心地组织起各种理事会和协会，从事教育宣传活动，以便增强公民对国际问题的意识。

英美大学里有关两次大战之间国际关系的教学最为先进，战后英美两国的学者进一步提出了符合战后现实的分析。20世纪40年代后期发表的许多著作都强调从权力的角度研究国际关系。其中最经常被引用的学者是一位英国作者马丁·怀特，本章已提到过此人，他指出：

> 使近代史与中世纪史截然不同的是，**权力**（power）思想凌驾于**权利**（right）思想之上；用"权力"一词描述一国的对外关系具有重大意义；大街上的一个普通百姓，如果他认为外交一定是"权力政治"，那么他的看法就不乏敏锐的洞察力。[52]

第二次世界大战后的20年里出版的国际关系教材，一般都认为权力是国际关系领域的核心概念。其中，汉斯·摩根索的著作对国际关系的教学影响最大。[53] 他在（用权力所界定的）国家利益的基础上解释了民族国家的行为，认为国家利益是政府尽力谋求的正常目标。同一时期的其他重要教科书，平均至少要用三章的篇幅来论述权力的性质和国家权力的构成要素或成分。当代大多数政治学家和国际关系学者，仍认为权力是一个极其重要的变量，它是说服力和强制力的结合，既能用做积极目的，也能用做消极目的。[54]

国际关系理论的发展

早期的教科书包括了对下述问题的理论研究，如民族主义、帝国主义、殖民主义、第三世界的出现、意识形态和宣传，以及经济和技术因素对国际关系的影响。有些教科书用部分章节来论述同盟、地区一体化或功能一体化、裁军与军控，以及诸如干涉、不结盟和孤立等具体的对外政策技巧。很少有人试图准确地描述理论之间有什么联系，或看看能否把某些不完全的理论整合成一个大的统一的整体。[55] 这并不是说作者们一定缺乏有见地的理论，而是他们没有通过系统的方法提出普遍性的理论。实际上，他们中的不少人对于发展单一的包罗万象的理论可能持怀疑的态度。

从20世纪40年代后期开始，国际关系研究、分析和讲授的方法及手段都不断地进步，从而促进了理论的发展。[56] 建立综合理论的努力始于现实主义者同乌托邦主义者之间的"大辩论"，这将在第二章中讨论。其结果是，在60年代人们大大增加了对理论分析的兴趣，[57] 并且热衷于用内容分析和确立双变量及多变量相互关系等手段来验证理论。生物学、心理学、人类学、社会学、经济学以及其他行为科学的知识被借用来解释国际政治。人们重视建造抽象的模型和各种新的研究方法，以便了解（a）生态因素和人类与环境的个人关系；（b）功能主义和地区一体化；（c）系统论；（d）战争根源；（e）威慑条件；（f）军备竞赛、同盟和军备控制；（g）决策；（h）博弈论；（i）对外政策和国际关系中的相关主题。

理论及其类型

研究者们不应对**理论**（theory）一词感到恐惧。理论只不过是对现象的系统反映，以便解释各种现象，向人们展示它们是如何以有意义和有规律的方式相互联系的，而不是无序世界中不规则的散乱个体。所有的学科都需要用理论来指导研究，为解释现象提供基础，如果可能的话，还应使该学科有一种概然的预测力。生物学家、化学家和其他科学家要寻求治病的方法，就很难靠纯粹碰运气的方法，而不用任何理论指导他们的目的和方向。如果社会科学家向决策者提供建议，减少国内犯罪事件或降低国际危机中战争爆发的可能性，就需要理论的帮助，弄清所要解决的问题的原因所在。

每个领域都有各种不同的理论，其数量之大，几乎和需要回答的问题一样多。社会科学理论通常有以下几种：历史描述理论，寻求对过去和当前的事实概括；科学预测理论，利用数学上的相互关系来指示未来的可能性；思辨—规范理论，用演绎方法推理改善世界的可能性和应该做的事。有些理论混合使用这几种方法。不是所有的理论家对所有的问题和所有的理论都有兴趣。甚至在天文学这样精确的科学中，在一些基本问题上也始终存在着根本性的分歧，例如对太阳系的起源、黑洞的本质以及宇宙的扩张是在减慢还是加快等问题。像所有的科学领域一样，国际关系一方面有综合性理论或者大理论，另一方面又有具体理论或者中层理论。多数著名

的理论家通常会在这两类理论中选择一种，或者接受一种占主导地位的大
理论，同时从事较窄领域的前沿研究工作。

　　大理论旨在用概括的方法解释广泛的国际现象，而不考虑具体事例
中的细节区别。这方面的例子包括汉斯·摩根索的现实主义理论，肯尼
思·沃尔兹（Kenneth N. Waltz）的新现实主义理论，以及伊曼纽尔·沃勒
斯坦（Immanuel Wallerstein）的关于资本主义世界经济的新马克思主义理
论。具体的中层理论是用尽可能少的变量解释有限的现象，这方面的例子
有哈罗德·斯普劳特（Harold Sprout）和玛格丽特·斯普劳特（Margaret
Sprout）的地缘环境影响论、戴维·米特兰尼（David Mitrany）的功能主
义、厄恩斯特·哈斯（Ernst Haas）的部门一体化理论、伯纳德·布罗迪
（Bernard Brodie）的核威慑理论、罗伯特·基欧汉（Robert O. Keohane）
和约瑟夫·奈（Joseph S. Nye）的相互依存理论、布鲁斯·布伊诺·德·门
斯奎塔（Bruce Bueno de Mesquita）的预期效用理论和战争可能性理论、
迈克尔·多伊尔（Michael Doyle）的民主与和平理论、约翰·鲁杰（John
Ruggie）的国际机制理论，以及托马斯·谢林（Thomas Schelling）的讨价
还价行为理论。我们还可以提及其他几十个中层理论。试图把大理论和中
层理论区分开的努力常常引起争议。它们的类别并非截然可分，有些理论
居于二者之间，特别是那些完全以大理论假设为基础的中层理论。

　　我们在后面的章节将讨论前面提到的所有理论和许多其他的理论。此
处提到它们是为了表明，不但有许多不同的理论，而且在对国际关系进行
理论研究时还有各种各样的演绎和归纳方法。国际关系研究领域中的权威
们对以下两种途径哪一个更好的问题的认识并不一致：是先建立大理论，
然后形成中层理论呢，还是先检验和巩固若干中层理论，然后再推进到更
高更抽象的层次？举例来说，斯坦利·霍夫曼（Stanley Hoffmann）喜欢
从大理论开始，而戴维·辛格（J. David Singer）则倾向于以中层的经验
性理论为基础。自从格伦·斯奈德（Glenn Snyder）和保罗·戴森（Paul
Diesing）提出下面的说法以来，这种情况还没有什么改变：

　　　　在教学和研究当中，我们就像游艇中的游客，往返于几个分
　　离的理论"岛"之间，这些岛的关联性只是因为它们共存于"国
　　际行为"的"大洋"之中。一些理论家定居于岛上，另一些则不
　　断往返其间，但很少有人去架桥，也许是因为这些岛屿看上去相

18

隔太远。[58]

　　冒着简单化的风险，我们可以说，那些采用谨慎的计量方法的人，喜欢在中层理论甚至是更小的理论中做具体化的和较朴实的假设，而那些哲学化较强的人，则喜欢更大的更概括的视角。现代学者们常常受到不公正的指责，人们认为他们认识和论述的是越来越没有意义的事物。不过，他们对于那些高度概括的研究成果的确缺乏耐心，或是采取轻视的态度。与他们不同的是，肯尼斯·博尔丁（Kenneth Boulding）避开了范围狭窄的学术研究，敦促那些想认识国际体系的人们放弃显微镜和琐碎事情，使用望远镜来环视在时空中发展演化的宇宙万象。[59] 他认为，只有这样我们才能看清在小星球上的人类国际社会是如何适应日益复杂和互动的宇宙的。鉴于变化的必然性是根本法则，他坚持认为，必须抛弃自修昔底德、马基雅维利和霍布斯继承下来的权力政治这一明显僵化的概念，承认威胁和冲突迟早会让位于互利合作和一体化。博尔丁提出的新鲜有趣的观点更能取悦于哲学家而非当政的决策者。决策者不会考虑千秋万代的事情，而是要考虑来年、下周或者明天的事情。此时，问题的关键取决于个人的哲学观念，其中包括个人对历史和人性的认识，也取决于人性是持续不变的，还是在历史进程中从利己主义向利他主义演化和进步的。显然，从表面上看，知识积累和教育、科学、技术、生产、经济、宗教、文化的影响会使社会发生变化，但是人类心理和道德品质是否也经历了同样深刻的内在变化，是一个迥然不同的问题。关于这一点，人类可能无法形成共识。

国际关系的定义与范围

　　定义是系统研究的开始而不是结束。正如阿尔弗雷德·诺斯·怀特里德（Alfred North Whitehead）在1925年的一次演讲中所指出的，现代科学发轫于重点从亚里士多德的分类方法向毕达哥拉斯—柏拉图的测量方法转变时期，但他又紧接着补充说，分类方法对于有条理的和逻辑性强的思想仍是必要的。[60] 每一个学科都应该能够清楚地给自己下定义，就像每一个科学家在进行项目研究的时候，都能对考察的现象有明确的了解一样。当国际关系作为一个研究领域刚出现时，大西洋两岸的学者曾面临如何确定它的性质和范围的难题。1935年阿尔弗雷德·齐默恩爵士（Sir Alfred Zimmern）提出，"国际关系研究横跨从自然科学到道德哲学……的整个领域"。他没有把这个领域定义为一个单一的科目或学科，而是"从一个共同角度研究若干个科目的集合……"[61] 从那以后，国际关系学的教师们曲解了齐默恩的观点，认为国际关系专业的学生要懂得更多的有关历史、政治、经济、地理、人口统计、外交、国际法、伦理学、宗教以及几乎所有当代科学技术分支学科的知识。

正如克里斯·布朗1997年指出的，和自然科学家们研究类星体、质子或者蚂蚁等现象相比，社会科学家的研究对象缺乏明确的定义。政治学、社会学和经济学范畴的定义常常引起争论。例如，女性主义者不承认公共和私人生活之间的基本政治差别反映的是源自父系特权时代的传统男性偏见。布朗赞同六十多年前尼古拉斯·斯拜克曼的观点，认为在术语的使用上，**国家间**（interstate）比**国际**（international）更为合适。尼古拉斯·斯拜克曼是首先提出严格定义的人之一。他使用**国家间关系**（interstate relations）一词，但并不指望这一提法得到普遍的接受。他说："国际关系是隶属不同国家的个人之间的关系，……国际行为是个人或集团的社会行为，这些社会行为旨在影响另一个国家的个人或集团的存在或行为，……或是受其影响。"[62] **国际关系**（international relation）一词可以包括许多不同的活动，如国际往来、商业和金融交易、体育竞赛、旅游、科学会议、教育交流项目、传教活动等。要想改变这一学科的名称显然已经为时太晚。此外，多元论者、新马克思主义者和很多后现代主义者，拒不接受现实主义和新现实主义以国家为中心定义国际关系学科研究范围的做法。确实，正如我们在后面将看到的，布朗为国际关系研究提出一个更宽泛的定义和全新的议程。[63]

半个世纪前，弗雷德里克·邓恩（Frederick S. Dunn）曾警告说，范围（scope）一词太含糊，因为它暗示着明确可见的分界线，就像测量员的标杆一样显而易见。他这样写道：

> 一种知识的领域是没有固定的空间范围的，它是资料和研究方法不断变化的焦点，这些资料与方法可用于回答一组同类的具体问题。在任何特定时间，由于各人的观点和目的不同，它对不同的人显示出不同的方面。把一个知识领域同另一个知识领域隔

开的假设边界并非是把真理隔离开的固定界墙，而是一种方便的办法，是为了把已知的事实和方法划分成合适的部分，以方便教学和应用。但是，关注的焦点永远在不断地移动，这些分界线也往往随之改变……国际关系学不管包括什么知识、源于何处，它都应该有助于解决新的国际问题或理解老的问题。[64]

国际关系应该被看作是具有方法论和实质内容的一门学科呢？还是因为它包罗万象而从属于若干门学科呢？昆西·赖特（Quincy Wright）认为，国际关系是处于形成过程中的"一门新兴学科"，像许多学科一样，它符合批评者提出的学科定义标准。[65] 莫顿·卡普兰（Morton A. Kaplan）坚持认为国际关系缺乏作为一门学科的特征，因为它"没有政治学那种综合科目的共同学科核心可供进一步拓展"，也没有独特的技能和手段，没有发展成熟的理论主体。卡普兰更愿意把国际政治看作政治学的子学科。[66]

这是一个相当标准的提法，但它是不是合适呢？这种提法是全面的，它没有把学科的研究对象局限于国家或政府之间的官方关系。但是这种描述是否过于宽泛了呢？是不是最好依据跨国关系的政治意义，如这些关系对世界政治单元的影响，来决定研究对象呢？作为政治学的研究者，我们关注的是所有行为体之间的关系（国家行为体和非国家行为体、国际行为体和跨国行为体），研究它们是为了有助于我们理解政治现象。我们给国际政治下的定义是：一个国家或国际行为体以某种方式对另一国家或另一国际行为体施加影响的努力。这种影响可以是实际使用或威胁使用武力，也可能是全部或部分地使用其他手段，如政治手段或经济手段。事实上，自冷战结束以来，经济手段（从发展援助、贸易让步，到制裁和报复性贸易等"胡萝卜加大棒"的手段）比原来使用得更为频繁。此外，国际政治跟一切政治一样，是不同观点、目标和利益的调和。因此，国际政治包括许多但并非全部的跨国交易或互动。（参见本章后边有关层次分析的问题和应予以注意的行为体单元的问题）

斯坦利·霍夫曼认为，"试图确定社会科学研究范围的争论没有什么意义"，因为社会关系中并无永恒的本质。按照他的观点，所有的定义都含糊不清、难以界定，特别是对于那些不断变化着的领域来说。但他希望能有一套规则，既能进行富有见地的调查研究，也不违背常理。霍夫曼建议给国际关系一个可操作的定义，使之包括"影响世界基本行为体的权力和对外政策的因素和活动"。[67] 他指出，"跳蚤市场决非一门学科"，以此警告世人不要把所有的现象全部放在一起来加以考察。

希腊神话传说中的两个六头女妖，斯库拉（Scylla）和卡律布迪斯（Charybdis），总是拣了芝麻丢了西瓜。明智的国际关系理论家将避免此类做法，不会因关注琐碎事情而忽视重要的现象。一个研究领域要是过于宽泛或是杂乱无章，就不能为人所理解；其他学科的人会认为，它即使不是彻头彻尾的专横，也属于无知和自大。另一方面，如果有什么与全面了解国际关系问题密切相关的现象，我们也不应该因为它属于其他学科而弃置不顾。这当然主要取决于所研究问题的性质和多大程度上能有效地结合和使用其他领域的材料。

国际关系理论是否应强调当代的情况呢？人们当然不可避免地关注当前事件，想知道最近发生了什么和马上还会发生什么。许多事情增强了人们对眼前局势的着迷程度，比如新闻媒体引起的关注、决策者的当务之急，以及备受关注的政策课题较易获得经费支持的现实。此类课题包括伊斯兰原教旨主义、贸易战、国际恐怖主义、毒品走私、环境保护的政府间合作等。然而，大多数有经验的国际关系学者则知道掌握历史知识是至关重要的，因为它能扩大和充实我们头脑中的资料库，使我们能够据此预测未来，还可以提高我们提出假设的能力，使之更接近社会的现实。

莫顿·卡普兰认为，"历史是巨大的实验室，国际活动在这里发生"。[68] 卡普兰呼吁对古希腊城邦体系、文艺复兴时期意大利的国家体系，以及18世纪和19世纪欧洲盛行的均势体系进行考察，以便比较不同时期各种体系的特点。[69] 他认为国际关系理论家应该对所有体系都感兴趣，包括过去、现在、未来和假设的体系。[70]（卡普兰的理论参见第三章）

如果我们的注意力局限于现存的民族国家体系，而忽视了发展成为今天现实的广阔历史，我们就会严重地束缚自己想象未来的能力。国际关系史并非国际关系理论，但是作为经验性资料的主要来源，它是理论家工作所用的基本原料的一部分。[71] 例如，要是不了解欧共体或欧盟的发展历程，也不知道是何因素阻碍了其他地区取得类似的成功，就几乎不能理解一体化理论。（参见第十章）

理论的本质与功能

　　理论（任何领域的任何理论）是用熟知研究对象特征的人所乐于接受的方式对特定现象进行概括性解释。它不需要被所有的专家接受，它也许使理论说明者自己满意，但却使别人大为吃惊。在被新理论取代前的相当长的时间里，强势理论通常对许多或绝大多数有知识的人的思想产生巨大影响。（经久不衰的理论包括经济学家阐述的劳动分工理论和比较优势原理，社会学家关于社会团体的种族优越感——偏爱传统和熟悉的事物，排斥新事物和外来事物——以及外部冲突与内部凝聚力的关系的理论，物理学家强调能量守恒和时空连续统一的相对性的理论，现实主义学派的国际关系理论家们关于国家普遍倾向于追求以权力为核心的国家利益的理论）然而对于社会科学来说，即使是最有力的理论，在本学科里也不会得到完全的赞同。当概览本书中的各种理论时我们会清楚地发现，没有一种单独的概括、原则或者假说能够有力地表明它可以作为基础支撑一种被普遍接受的国际关系综合理论。

　　正如马丁·霍利斯（Martin Hollis）和史蒂夫·史密斯（Steve Smith）所指出的，两种基本的思想方法塑造了社会科学的发展，其中包括对国际关系的研究和国际关系理论的发展。[72] 第一种源于力图解释研究的现象的自然科学，第二种源于历史研究和人们寻求理解现象的意义的努力。第一种研究方法被称为**科学的**（scientific），因为它把科学方法作为解释的基础；第二种被称为**诠释的**（hermeneutic），因为它本质上是诠释性的。解释性理论的基础是寻求把若干个主题统一起来，寻求理解人类行为的原因，以及发现支配人们或集体（包括国家、联合体和同盟）在特定环境下的行为规律。相形之下，理解意味着经验和诠释，例如重大事件（如古巴导弹危机或冷战结束）的当事人是如何看待当时的情况的。寻找因果解释的人被比喻为外部的观察者，他以所观察到的现象为基础，以发展理论为目的，对现象进行观察。与之相反的方法则关注内部发生的事情，如谁对谁说了什么，两个伟大领导人想些什么，以及他们之间关系的动因是什么，等等。霍利斯和史密斯认为，这两种分别基于因果解释和诠释理解的思想传统，塑造了国际关系研究的发展进程和针对国际关系研究对象建立理论的进程，促进了社会科学理论的发展。当然，要准确地说出它们做出了什么样的贡献仍然是一个有争议的问题，对此我们在后面的章节中将要提到。

在科学哲学文献中，**理论**（theory）一词有特殊的含义。理论被定义为一种符号结构，是一系列相互联系的假说，其中还包括定义、法则、定理和公理等。理论提出一系列具体说明各种变量之间关系的命题或假说，依此系统地阐述关于各种现象的观点，从而对这些现象作出解释或预测。在自然科学中，人们可以把理论看成是由以下因素组成的体系：（1）一组公理。它们被假定为真理，并只有通过检验其逻辑结果才能对它们进行验证（公理不能从体系中的其他陈述中推演出来）；（2）从公理或其他定理和定义中推演出来的陈述或原理；（3）包含在公理中的描述性术语的定义。[73]理论是通过演绎方法联系起来的一组法则，其中有些法则是演绎其他法则的前提。从公理中演绎出来的法则是理论的定理。一个法则是公理还是定理，取决于它在理论中的地位。

理论的效力并不一定依赖经验证明，它只需要逻辑地演绎出理论所研究的现象之间的关系。[74]亚伯拉罕·卡普兰（Abraham Kaplan）认为，成功地应用理论的能力不是理论成功的必要条件，不能成功地应用理论的原因可能是理论之外的许多其他因素。[75]然而，以经验作参考可以检验理论。卡尔·亨佩尔（Carl Hempel）提出了下面的类比：

> 可以把科学理论比作一个复杂的空间网络：它的术语就像一个个绳结，而连接这些绳结的网线有的相当于定义，有的相当于该理论所包含的基本的和派生的假设。整个体系就好像浮在观察平面之上，并由诠释规则将其锚定在观察平面上。这些诠释规则可看做是一些绳索，它们并非网络的一部分，而是把网络的一部分同观察平面的一些具体位置连接起来。凭借这些诠释纽带，整个网络就能发挥一种科学理论的作用。我们从某些观察到的资料开始，顺着一条诠释绳索上升到理论体系的某一点，然后沿着定义和假设达到其他各点，再沿着另外一条诠释绳索下降到观察的位置。[76]

理论和实践的关系

尽管社会科学的学术理论和政治外交实践可以互相补充，但二者之间存在根本性区别。就像政策学与外交实务之间存在差别一样，国际关系的一般理论研究与解决具体国家对外政策的研究是不一样的，不过这种差别不是根本性的。在不同层次的知识和行动都有其存在的合理性，不能因某一层次起了作用，就贬低别的层次的作用。在任何情况下，都应牢记学者和决策者之间的区别：学者力图用理论说明各种现象，并根据可能性提出有关政治行为的概括性结论；决策者则必须根据一系列具体情况选择一个行动路线，对后者而言，可能性分析不一定有多少帮助。

很久以前，亚里士多德就把知与行加以区别，并把思考能力和实践才能相区别。[77] 戴维·休谟明确区分了三种知识：（1）**演绎推理**（deductive reasoning），是与数学和形而上学的有逻辑的必然真理相关的；（2）**经验知识**（empirical knowledge），即有关那些表面上存在因果关系，但实际上这种因果关系并不是理性的必然的知识；（3）**价值判断**（valuejudgments），它们产生于历史事实的积累，这些历史事实影响人的情感和直觉。休谟认为，政治和道德始终与价值判断紧密联系在一起，因此它们既不可能是演绎性的，也不可能是经验性的。[78] 如果用休谟的语言来说明理论与实践的关系，我们可以说，纯粹的理论家往往力求通过演绎思维过程推导出概括性的结论，而政策制定者则力求通过个人的亲身实践总结经验性的和归纳性的认识，而不是靠系统的研究。政策制定者关注的是特定形势中每一个具体情况下的政治价值力量和偏好的微妙细节，而不是关心能否验证一个一般性的抽象概念或概率推测。社会理论家希望集中研究许多形势共有的一般性规律，而决策者始终要了解仅与亟待处理的案件有关的那些方面的全部详细情况。

然而，为了不使人产生误解，我们强调指出：不能因为理论家和实践者的不同侧重，而否认一方应尽力了解对方独特思想方法的必要性。理论家和实践者都不能忽视一般性知识和特殊性知识。21世纪的领袖和幕僚们在他们未来的行动中，必须要对不同的理论加以权衡和结合，以便理解发展，选择适当的政策，并对结果做出预测。他们可能继续选择他们直觉中的理论，这种选择结果源于他们受的教育和政治活动的经验，如通过选举、任命或是篡夺方法获取行政、立法或外交职位的经验。与学术界用决策者陌生的术语表达的抽象理论相比，政策制定者觉得用那些直觉的理论指导政策选择更为可靠。理论家做学问的目的在于理解，而实际操作的政治家们则需要选择行动方案。前者力图抽象地思考日常事务，而后者不能这样做。

最后，我们必须记住，政治领袖通常是面对主要盟国和对手的政策制定自己的对外政策。由于他们把较多的时间用于处理国内事务，他们用于国际领域的精力是有限的。他们很少能够彻底地弄清楚整个国际体系。一个国际关系理论家或许会对若干国家的对外政策兴趣浓厚（取决于所研究的现象），但他知道国际关系并不仅仅是所有国家对外政策的总和。尽管国际和国内的政治有了很强的联系，[79] 而且全球化使这种联系更加深刻，但仍存在一种内向趋势，即根据国内的特殊情况制定对外政策。研究国际关系理论的学者从更广阔的视角看问题，强调互动过程的后果。国家决策者试图理解和影响这种互动过程，但却不能总是完全地和成功地做到这一点。我们还要补充的是，国际关系的大部分实际知识，历来都是来源于对各国对外政策的研究和比较。[80] 理论和实践的方法在许多地方相互交叉，但并不一样。

演绎与归纳

按照昆西·赖特的说法，"国际关系的一般性理论指的是一套全面的、连贯的、能够自我修正的知识，它有助于对各国间关系和世界形势进行认识、预测、评价和控制"。[81] 赖特雄心勃勃地认为，一个大理论应该能够涵盖国际关系领域的所有方面，并能用尽量少的几个确切的概括性命题表达出来，而不应有很多的例外。总之，这种理论应当**简明扼要**（parsimonious）；就是说，它在陈述一个重要的真理时，应该尽可能地精确、优美和简要。科学家们从来就倾向于把科学真理与艺术美感等同起来，把艺术美感与思路简捷等同起来。

奥堪姆的剃刀（Occam's razor）原则指出，除非必要，毋增实体。人们应该选择尽可能简单的解释。爱因斯坦（Einstein）告诫说：我们应尽可能使事情变得简单，但是不能过分简单。社会现实没有那么简单。理论的每个部分在逻辑上都应同其他部分保持一致。理论的阐述应该有助于依据新证据不断地改进和更新。因此，理论应该可以被不断地证实和完善。它应有助于人们客观理解国际现实，而不能让民族偏见造成误解和歪曲。因此，赖特说，理论应使我们至少能对某些事情做出预测，并帮助我们做出价值判断，尽管道德评价并不完全符合价值中立的西方科学传统。[82]

26

詹姆斯·罗斯诺（James Rosenau）警告说，能准确定义**理论**（theory）的能力并不保证一个人就有理论化的想象力和创造力。罗斯诺比赖特更严格地区别了经验理论和规范（或伦理）理论。他认为两种理论都很重要，但担心如果把"是什么"的问题和"应该是什么"的问题混为一谈，就会歪曲这两种理论。罗斯诺坚持认为，理论家必须假设人类事务中暗含着秩序，事情并非随意发生，其发生原因可以得到合理的解释（甚至包括我们称之为"非理性的行为"）。他要求理论家不要寻求特殊的理论而应寻求普遍适用的理论，为了创建更宽泛更抽象和包容性强的模式，应该牺牲对单个事例的详细描述。理论家要准备容忍模糊性，接受各种可能性，而不要轻言肯定和绝对。必须要放开思想的缰绳，玩味那些不同寻常的甚至是荒谬的念头，或许由此就能产生前所未有的真知灼见。国际现象难题众多、神秘叵测，有待好奇的头脑加以解决。最后，理论家还要随时准备承认错误。[83]（许多人早晚都会如此）虽然罗斯诺认为"痴迷疯狂的人才敢于理解世界事务"，但他仍坚持认为我们必须尝试着去做。罗斯诺还提出，面对复杂和神奇的国际关系，人们首先应该谦虚地表现出敬畏和疑惑，而不是首先关注理论和方法论。这种建议饶有趣味，但对那些寻求普遍规律的研究者来说不见得有帮助。[84]

西方知识传统中的两种基本理论研究方法是演绎法和归纳法。演绎法可追溯到柏拉图，他以此构建了自己的理想国。演绎法首先使用一个抽象的概念、模型或重要的前提（它们来自一套定义和假设，更多的是智慧思考的结果而不是系统的经验总结），然后用一些合理的逻辑步骤进行演绎（即推导）得到附属的命题和必要的结论。演绎是从逻辑上相互联系的公理、推论和概念中衍生出假设的**形式**（formal）过程。如此衍生的假设可以用材料加以检验，这些材料并非来自印象而应是经过系统认真选择的。

例如，按照摩根索和沃尔兹的观点，所有的政治群体都会以这样或那样的形式关注**权力**（power）——获取权力、巩固或扩展权力、塑造强权形象以维护权力、制衡权力以保障安全、迎合另一个政治群体的权力。这是演绎理论的一个例证。理论家关于权力的理论并不是凭空而来的。他们并不蔑视经验的作用，而是在广泛阅读和吸纳史料的基础上发展自己的理论。所以把演绎理论等同于非经验的理论是不正确的，即使是在把它与研究人性的哲学结合的时候，也不能认为它是非经验性的理论。在收集历史实据，转化成可用的资料，为了理论的目的对这些资料进行分析和说明等方面，演绎与归纳也不同。使用演绎方法的思想家在提出概念、模型或者大前提时，用的是印象、直觉或洞察的方式，而不是严格的方法论的案例选择标准、严格的事件分类规则或确定相关性的数学精确方法。

归纳是一种从经验中概括理论的方法。不同于以往依靠直觉和灵感闪现得出结论的办法，经验总结是通过对事实认真谨慎的观察、分类、测量和分析进行的。此法可上溯到亚里士多德，他在考察了158个希腊的城邦后，撰写了《政治学》（Politics）一书。使用归纳法的思想家认为演绎法对于数学、逻辑学和形而上学确实不错，但是他们更愿意用观察和描述的办法来考察自然和社会现象，用归纳法来观察同类的大量事物，详细描述随之而来的研究过程和实质结果。这样，其他人（他们也许有所疑惑）要是愿意的话就可以重复相同的工作。归纳法不会产生必然性，只总结可能性。在社会科学中（相对于物理和化学），可能性的概率不高。归纳法（原文为演绎法——译者）和化学家、物理学家以及生物学家所用的方法总结不出必然性。牛顿是他那个时代最伟大的科学家，但是爱因斯坦发现他的工作既不完整，又有缺陷；同样，爱因斯坦的理论最终也会被新的理论所修正或取代。在国际政治研究中，要想取得有重大意义的统计相关性是很难的，比如，"0.05"表示百分之五的几率，这表明结果是源于巧合。

演绎和归纳不应被视为相互竞争的或相互排斥的两种方法。有些学者只喜欢其中一种方法，并以此取得了更大的成就。理论建设需要这两种方法富有成效的结合，甚至还应该加上更多的方法。我们很快就要谈到这些方法。在核时代，两极国际体系比多极体系更稳定，还是正好相反呢？关于这一问题的争论无法用经验证明，所以人们通常从假定的前提出发进行逻辑演绎，这些假定的前提要考虑的是国际体系的不确定性程度，国家需要关注的行为体的数目，以及核武器的毁灭性力量等问题。（参见第七章辛格、沃尔兹和布伊诺·德·门斯奎塔的理论）有一种中层理论认为，政府在经济繁荣增长期相对易于采取地区经济一体化的政策，而在经济衰退时则倾向于民族保护主义。这一理论既能通过逻辑演绎方法得到，也可以通过欧洲经济共同体或欧盟的演变加以验证。（参见第十章）

肯尼思·沃尔兹把理论与经验性资料、统计相关、假说以及归纳所得的规律或概括区别开来。统计相关即使很重要，但也不是事实，不能确定因果联系。通过归纳法我们可以总结出规律和经验性概括，这样做也许能发现一致性或者可能性的联系，但却不能解释它们。古巴比伦人熟知潮汐运动的规律，他们能够观察、测量和预计潮汐的变化，但他们却不能解释这些规律。理论的作用在于解释，只靠演绎是无法产生理论的，因为演绎只是依据初始假设的逻辑推演，因此不能提供全新有力的解释。理论只能产生于有创造性的思维过程，这一过程集中许多迥异的规律和概括，通过锁定几个关键因素将它们简化，并从不相关的因素中将它们抽象出来，再把它们用前人不知道的方式结合起来，综合成一个新颖、理想、几乎完美的解释体系。这一过程是难以言传的。教科书至多只是展示别人如何创建理论。研究者们可以自己判断一个特定的理论是否具有真知灼见、令人叹服并且前途无限。希望本书对理论的概览能够激励那些研究理论的人们开创他们自己的理论道路。

分析层次问题：行为体及其相互关系

在诸如政治学、经济学和社会学等所有社会学科中，人们总想知道从何处着手，集中精力于何处，在何处可以把握住主题。在这些方面，微观和宏观的观察方法都有各自的热情拥护者。国际关系是一个包罗万象的领域，要想在其中认定一个适当的支点特别困难。在许多可能的分析层次中，哪个层次是我们应该集中关注的呢？哪些算是适当的研究单元或者行为体呢？从微观层次到宏观层次，可以列出一个冗长详细的逻辑选项清单，它包括由帝国（覆灭已久的或刚刚解体的）到国际奥林匹克委员会（奥委会），到大赦国际，到麦当劳快餐连锁店等。肯尼思·沃尔兹认为分析通常应聚焦于个人、国家和全球体系，但他自己侧重于对后面二者的研究。[85] 按照巴里·布赞（Barry Buzan）的观点，分析层次强调三个基本的方面：（1）**互动能力**（interactive capacity），指相互反应的类型和强度，由于有了它，体系里的任意一个行为体都能与别的行为体相关联；（2）**结构**（structure），即各个行为体是如何相互排列的，以及它们是如何相互区别的；（3）**过程**（process），即在循环的模式里各个行为体相互反应的程度。层次分析为提出下列问题提供了概念上的基础："对于国家或其他行为体来说，体系结构（例如两极）的影响是什么？"同样，各个行为体的互动能力如何塑造结构也是重要的。[86]

个人　虽然大多数国际关系理论家或许不认为个人是国际行为体（几乎所有的法律权威都一致否认个人具有国际法上的任何主体地位），但古典自由主义则主张，个人应该作为任何社会理论的基础，因为只有个人才是真实的，而社会只是一个抽象的概念。虽然很少有理论家同意古典自由主义的观点，而且多数人可能倾向于认为，社会力量比其他方式更经常地制造英雄人物。但不能否认的是，历史学、政治学以及国际关系领域的学者，的确将注意力投向那些在世界舞台上起着突出作用的领导者。此外，在调查选民对国际问题的态度时，出于各种实用的目的，调查者甚至把个人作为调查中心。需要重复的是，大多数理论家并不这样做，他们更愿意把个人包含在民族国家或其他组织结构里，例如政策制定单元（参见第十一章），这些单元代表国家在制定对外政策的过程中起着关键作用。

次国家团体 它有许多种形式：政党、传播媒介和无数的特殊利益集团，这些团体通过游说和制造舆论来影响对外政策。这些行为体早就成为对外政策研究的对象，不管是针对一国的研究还是（跨国）比较研究。尽管国际关系理论家不把次国家团体置于研究的中心地位，但由于它们和国内政治及国际政治间有着不可置疑的重要联系，因此也得承认次国家团体与国际关系是有关的。

民族国家 现实主义理论家赞成国际关系应"以国家为中心"的主张，强调国家和政府的活动。他们承认存在其他一些实体，并对其适当加以考虑，但是他们坚持认为，所有这些实体，不管范围大小，都次于民族国家。民族国家才是国际层面上的主要行为体。过去几个世纪，世界被划分为帝国主义强国和殖民地或保护国。在20世纪里，享有合法主权、政治上取得独立的国家数量稳步增长：20世纪30年代只有60个左右，而到世纪末则大约有190个。综观历史上的各个时期，政治组织的形式始终反映着它与政治、军事、经济、技术、文化以及其他力量形式（包括宗教和心理）之间的关系。现实主义者并不断言现存的民族国家结构将亘古不变，但他们却确信这种结构从目前看来是根深蒂固的，而且可能会在未来相当长的时间内构成国际政治现实的基本单元。[87] 参见本章的下一节"持续的国家现实"。

非国家构成的跨国集团和跨国组织 这一类别包括政治、宗教、经济和商业等所有的实体，它们虽从事跨国活动（跨越一个或多个国际边界），但成员却不是政府或政府的正式代表。这些实体被称为**非政府组织**（nongovernmental organizations）。几个世纪以来，非政府组织中一个无可争议的例子就是天主教会。最近，这一宽泛的类别还包括共产主义政党、民族解放组织、国际恐怖组织（例如真主党）、国际武器交易商以及许多国际非政府组织。[88] 近些年来，人们逐渐认识到伊斯兰原教旨主义（它的中心在什叶派控制的伊朗）也是一支相当大的跨国性潜在力量。

在引起学术界注意的众多跨国现象中，多国公司是其中一种。关于这个名称，学者们有着各种微妙精致的定义。[89] 和民族国家相反，多国公司毫不在乎国界和领土。尽管相当数量的多国公司有能力在政治上干预东道国（特别是在第三世界）的事务，但是本质上多国公司感兴趣的是利润而不是政治，除非后者影响到前者。除了有关依附和相互依存（详见第九章）的一些著述，以及一些对特定国家中某些多国公司的有限案例研究之外，关于多国公司在国际政治体系中的作用问题，多国公司的政治权力与东道国的政治权力的比较问题，以及多国公司在多大程度上受到（或不受）母国、东道国或国际组织控制的问题，这些方面的科学研究还为数不多。对这些问题的研究，目的在于确定与国家和政府的影响力相比，多国公司的影响力有多大。关于多国公司的争论多数都是规范性的，讨论的都是关于多国公司给第三世界欠发达国家（或处于不利地位的社会阶级）带来的究竟是利还是弊的问题。对这一问题的讨论详见第九章。毫无疑问，通用汽车、西屋公司、荷兰皇家壳牌、英国石油公司、索尼、大众和国际电话电报公司都是重要的多国公司，也是重要的国际行为体。

由国家或国家代表组成的国际集团和组织　它们包括成员有限制的集团，如石油输出国组织（OPEC）、欧洲共同体或欧盟、阿拉伯联盟以及东南亚国家联盟（ASEAN），像联合国、国际联盟和国际法庭这样的主要国际行为体，还有一些专门机构，如联合国教科文组织（UNESCO）、世界卫生组织（WHO）、粮食和农业组织（FAO）、国际复兴开发银行（IBRD）、国际货币基金组织（IMF）、国际民用航空组织（ICAO）、国际电讯联盟（ITU）以及国际农业开发基金组织（IFAD）。世界贸易组织（WTO）创立于1994年12月的关税及贸易总协定（GATT）乌拉圭回合，和其他政府间实体一样，它要向联合国经济和社会理事会提交报告。冷战时期，北大西洋公约组织（NATO）和现已不存在的华沙条约组织（WTO），作为两个重要的地区安全集团，曾对联合国的重要地位构成挑战。大多数国际组织的日常活动不会引起国际关系理论家的兴趣。然而，当国际民航组织（ICAO）辩论如何应对恐怖分子的劫机时，或者当由于执行禁止核扩散条约的条款，国际原子能机构（IAEA）面临着能否维护现有体系的问题时，此类专门机构就会被从暗处置于国际政治的聚光灯下。这时，至少在一段时间内，它们虽不是真正意义上的成熟的行为体，也算是参与者。

国际体系 我们现在提到的国际体系或全球体系，是最全面和最抽象的层次，这将在第三章中详细讨论。对于这个分析层次来说，侧重的是整体而不是各个组成部分，因此被称为**整体或体系聚焦**（holistic/systemic focus）。我们假设体系的结构塑造了组成部分的行为模式。在宏观的和全球性的观察中，具体的民族国家和其他的国际行为体并未消失，但它们朦胧模糊，轮廓不清。戴维·辛格注意到，民族国家分析层次能使描述充分、因果明确（例如特定的战争是如何和为何爆发的），但要更广泛地概括在构成国际体系的结构中各个国家通常是如何活动的，体系模式则更有建设性。以国家为单元行为体的分析方法被称为**还原主义分析或原子成分分析**（reductionist or atomistic analysis of the parts），而不是整体分析。辛格认为，摩根索关于国家追求以权力界定的国家利益的命题是一种系统的理论，是一个普遍性的规律。人们可能会发现一些例外，但这并不能使这一规律失效。[90]

一般说来，那些喜欢国际体系层次分析法的人认为，国际体系对其构成单元的影响力要大于这些单元对体系的影响。整体或体系的方法不仅假定整体大于部分的总和，而且认为体系的结构塑造了单元的行为。这当然是用现代的观点来反映古代著名的"一个与许多"的哲学问题，它是那些深奥难测、重复出现的难题中的一个。这些难题似乎从来没有解决之道，但却丰富了人们的思想。早期历史上可能存在局部的国际体系（例如希腊和意大利的城邦国家体系）。在罗马帝国出现以前，存在一种地中海沿岸的国家体系，但是罗马帝国改变了这种多少标志着一种平等独立的国家体系的国际关系类型。罗马人或许知道中华帝国，但很少有人听说他们与中国发展过国际关系。盛行于中世纪欧洲的封建领地制度，是一种复杂的等级和自治关系的体系，其中包括教皇和帝国、王国、诸侯、公国、领主和封臣、自由城市、联盟、行会以及社团等，它们都不符合我们的现代国家概念。（国家的拉丁语为 il stato，它是马基雅维利提出的概念）

正如我们后面将要讨论的那样（第三章和第九章），现代的民族国家体系以及所谓的"世界资本主义体系"大约于五个世纪以前才开始逐步发展。欧洲形成一个国际性的国家体系是在三十年战争（1618～1648）后的时期。两个世纪以前美国进入了这一体系，几十年后拉丁美洲的共和国

32

也进入了（至少是形式上进入）这一体系。奥斯曼帝国和日本是进入这一体系的第一批非西方国家。第一次世界大战后到第二次世界大战开始前的时期，这一体系经历了一些根本性的分裂变化；第二次世界大战完成了向新体系的转变，新体系具有两极和多极的特征（1945～1991）。这一阶段的全球体系对组成体系的成员国的影响逐渐增加，此种变化就像成员国自身塑造了国际体系的结构一样。这种变化的根源及其结果（在层次分析之内和之间）代表着构建国际关系理论的一个极其重要的焦点。显然，国际体系不是一个静态的实体。

国际体系的层次提供了一个精巧好用而且全面的模式，它赋予所有民族国家相似的目标，但这种对国家间的相似性的简单化认识却低估了国家在体系中的差别，以及国家的生存和独立性问题，并夸大了整个体系对组成它的行为体行为的决定性作用。通过比较的方法，侧重分析民族国家能够使我们看到行为体独有的特征和形势氛围，但这样做的风险是夸大国家间的区别，使理论家所寻求的普遍模式变得模糊不清。

持续的国家现实

现实主义和新现实主义仍然关注于民族国家，将其作为核心研究单元。民族国家被认定为是一个追求国家利益（根据权力来界定）的理性行为体。它处在一个无政府的社会中，一个自助的国际体系中，在这个体系中，安全问题（即生存问题）仍是国家的首要考虑。

在至少30年的时间里，研究非国家行为体的多元论者和信奉经济相互依存的新自由主义理论家一直对以国家为中心的范式进行质疑。两派都坚持认为现实主义者所用的方法视野狭窄、观念单一。他们主张，影响国际体系的种种对外决策并不是由民族国家（被认为是理性的单一的行为体）做出的，这些只是现实主义者所提出的抽象的东西。相反，各种决策是由个体和群体在复杂的政府官僚体系中做出的。各国政府用国家的权威行事，并且常常由于政策观点不同而在内部形成不同的派别。[91] 多元主义者和相互依存理论家还认为，重要的决策正越来越多地由民族国家框架外的国际组织（政府的和非政府的）、国际机制或者多国公司所做出。多国公司用强大的经济资源作投资，可以寻求不同于政府的政策。[92] 过去以国家为中心的体系正在转变成塞约姆·布朗（Seyom Brown）所称的：

全球多头政治，其中民族国家、次国家团体以及各种跨国利益集团和群体正在为赢得人们的支持和忠诚而竞争；冲突是在特殊权力的基础上和在这些集团的结合变化中运作和解决的。……作为最具有强制力的机构（各国政府）……正在大量地丧失它们的合法权威。[93]

所有批评国家中心范式的人都认为，"以前的主权国家"的自治权在多国的、跨国的以及全球的机制和力量面前正在逐步衰落。[94]按照苏珊·斯特兰奇（Susan Strange）的说法，"国家权威处处受到削弱"。[95]

杰西卡·马修斯（Jessica T. Matthews）描述了非政府组织不断增长的作用，认为非政府组织可以做许多"蹒跚的政府"已不能再做的事情：

它们孕育新的主张；进行鼓动和抗议活动，动员公众支持；进行法律、科学、技术和政策分析；提供各种服务；确立、执行、监督和加强国际义务；它们还改变组织和规范。

非政府组织甚至越来越能够摆布最大的政府。[96]

马修斯在这里走得有点太远了。她有效地描述了低成本的计算机和电讯技术的作用，这种作用"打破了政府对搜集和管理大量信息的垄断权，剥夺了政府由此享受的人们对它的遵从"。[97]信息技术带来了巨大的民主效应，赋予个人和团体前所未有的力量，使他们能够在一些事务谈判中向政府施加压力。这类事务包括减少温室气体的排放、人权、贸易、军控、难民、毒品、犯罪以及妇女问题等。然而，尽管民主政府对非政府组织变得更为敏感，并且愿意在国际协定的谈判中听取它们的意见，但这不必然说明国家作为行为体的地位正在被削弱，而是说明内政和外交之间的联系正在加强。夸大政府受金融市场动荡冲击的脆弱程度的说法很吸引人，然而，各国政府仍在制定政策，影响利率、贸易、投资、税收、币值、资本流动，等等。政府还能决定国际谈判的内容和步骤，决定条约在国内贯彻和执行的范围。

回顾了几个通常显示国家正在边缘化为经济行为体的指标后，彼得·埃文斯（Peter Evans）总结说，尽管英美的自由派相信，"就资本和商品而言，国家作为经济行为体的活动愈少，世界就会愈美好”，[98] 但“全球化的经济逻辑本身并不意味着国家的衰落”。[99] 他写道，事实上，“对贸易的巨大依赖使得国家的作用在增长而不是下降”，而且“通过国家的密切参与则能成功地进入全球市场”。[100] 总而言之，大量贸易不会导致国家的衰弱，而是需要各国变得更为强大，以维护国际金融体系的稳定。[101] 这一点我们将在第九章中加以讨论。此处值得一提的是理查德·利特尔（Richard Little）所总结的詹姆斯·罗斯诺关于多元主义和国家作为重要行为体的思想：

> 有必要承认的是，当代的世界政治正在分成两种：一种是现实主义者所描绘的我们所熟悉的以国家为中心的世界，一种是多元论者提出的我们不太熟悉的多中心的世界……罗斯诺意识到一种潜力，即国家可以重整旗鼓，一个纯粹的以国家为中心的世界将会重现……[但是他]还坚信多元主义的观点仍将盛行……尽管在某种程度上会有所重叠，但用于描述这两个世界的结构、规范和过程倾向于“相互排斥”。[102]

自从第二次世界大战以来，美国大学里对国际关系的研究通常是在政治学系，或者是在一些对开展交叉学科研究起关键作用的系里。政治学家传统上侧重于研究政府政策和行为，但近几十年来，他们的兴趣转向更为宽广领域中的现象，研究它们与政治和外交的相互影响。国际领域正如国内领域一样，我们所看到的倾向是，政治的概念已被扩展，它包括经济、科学技术，甚至教育、文化和宗教的变化趋势。

没有一个敏锐的观察者会否认，世界已经向一体化迈进，这是经济和技术发展的结果，它以前所未有的方式将全球体系的所有部分连接在一起。尽管大量的美国电影、电视节目、音乐、快餐和蓝色仔裤出口全球，但是世界政治或文化的一体化还没有达到能与经济一体化相比的程度。确实，许多国家、地区以及次国家团体已在寻求抵制或限制一体化的进程（参见第十章的讨论）。它们强化自己的身份和独立，必要的话，采取暴力行动对抗更大的统一或者集权的力量。不仅在印度和南斯拉夫等地，即使是在英国、西班牙、意大利北部、俄罗斯、加拿大以及中东等地，我们都可以看到分裂的离心力与一体化的向心力之间的较量。国际舞台上新出现的一些强大的跨国力量，使得走向有效政治权威所需的全球共识的发展变得更为复杂。

国际无政府状态

无政府（anarchy）一词在政治学中并不像俗称的一样，意味着混乱无序的状态，而只是表示缺乏能进行有效管理的政府。当公众权威机构彻底崩溃时，就像1919年波士顿警察罢工，城市内部出现骚乱，或出现种族战争时，社会确实向自然状态回归，其标志是抢、杀、奸、砸和其他犯罪。但这并不是几百年来各国所习惯的国际无政府状态的含义。国际无政府是一个"自我救助"的体系，各国必须寻求它们自己的安全和其他至关重要的利益。它的特征是断断续续的大大小小的战争。虽然一些大国首要关注的是安全问题，并准备在必要时用武力维护安全，但在无政府社会中，大多数国家在相当长的时间内愿意进行和平合作，寻求稳定、秩序和平衡。[103]总体上来看，除了波斯尼亚、车臣、科索沃和东帝汶外，20世纪90年代的国际体系是比较平静的。

然而也有人指出，在各国内部和国际体系里面，有效的政治权威是不同的。对于这种不同，有必要予以强调。戴维·伊斯顿（David Easton）对政治（politics）的定义是一个被经常引用的现代定义，他认为政治是实现社会价值权威性分配的过程。[104]这一定义意味着，在有效的权威下，一个社会的组织能够通过计划的方式，就价值和优先事务采取对策，还能通过制裁和威胁方式，强化其法律的实施。如此一来，国家政治体系的模式就不能扩展至国际范围，因为在这一层面上并不存在一个有效的权威。伊斯顿自己承认，"国际体系所采取的对策和行动能否被接受，取决于是否与参与者对自我利益的认识一致"，而在参与者当中，"合法性意识的影响力仍然很低"。[105]

雷蒙德·阿隆（Raymond Aron）、斯坦利·霍夫曼、罗杰·马斯特（Roger D. Masters）、肯尼思·沃尔兹和其他几个现实主义学派的理论家常常警告世人，不要对国内社会和国际体系间的关键差异置之不顾。在国内社会里，价值观、法律和权力常常高度集中于中央；而在国际体系里，它们是如此的分散，以致每个国家只考虑自己的利益，并决定它遵守哪些规范和不理睬哪些规范。[106]

正如我们所指出的，20世纪80年代初以来，一些国际关系理论家已在寻求架桥连接一些鸿沟，比如国家和国际体系之间的、政治秩序和经济秩序之间的，以及现实主义者和多元全球论者之间的鸿沟，通过集中研究相互依存和国际机制的概念来沟通它们。这两个概念会在有关现实主义和国际体系的章节中详细讨论。这里需要充分注意的是，**相互依存**（interdependence）包含的意思是，某些民族国家对发生在另一些民族国家中的和整个全球体系中的经济和技术变化变得越来越敏感和脆弱，它们正在缓慢地对自己的政策做出相应的调整。[107] 第十章将更深入地探讨**国际机制**（International regimes）。国际机制指的是一些管理安排，如程序、规范、规则和一些具有特殊功能的组织机构。设计这些安排是为了管制和掌控某些跨国活动，对于涉及这些跨国活动的若干国家来说，这样的管制和掌控会涉及共同利益（或者至少是一致的利益）。[108] 类似的例子有旨在管理货币汇率的（如国际货币基金），有消除国际贸易障碍的（如阶段性修订的关贸总协定），还有通过《不扩散核武器条约》来防止核武器扩散的，如国际原子能机构的安全保障体系，以及核技术和导弹技术提供者之间签署的控制他们出口的各种协定。

传统主义者与行为主义者之间的辩论

在20世纪60年代，国际关系研究中倡导古典方法的传统主义者，同主张较新的行为科学方法的研究者，进行过激烈的辩论。现在尖锐的争吵已逐渐平息，两派观点在90年代似乎不再截然对立了，也许是因为他们在对后实证主义者的批评中走到了一起。然而在当时，争论反映了政治学领域里的一个基本分歧（至少在美国是这样）。我们现在对每一派主要论点的概述，仍有助于理解在20世纪下半叶国际关系理论是如何发展的。

这场辩论的核心是**认识论**（epistemology）问题，即我们怎样获得知识。[109] 行为主义者依赖于**实证主义的认识论**（positivistic epistemology），其观点是知识产生于我们的感官体验，来源于我们对周围世界的观察。这种方法与**形而上学**（metaphysics）的方法形成了鲜明的对比。形而上学在经验观察之外追溯知识的源泉，它包含人类的理智、沉思、直觉和自省。在国际关系领域，正如我们本章所看到的，大量篇幅被用来讨论国际体系、国家、地区体系或同盟等概念。因为这些概念在本质上是非常抽象的，所以它们的构成无法被观察到。如果我们不能对我们观察和研究的现象进行经验性分析，行为科学与国际关系理论的发展就没什么关系了。

包括许多自称现实主义者的人在内的行为主义理论家在美国占据了主导地位，然而英国传统的现实主义者则普遍怀疑定量分析方法。赫德利·布尔（Hedley Bull）称"古典派"是"从哲学、历史和法律派生出来的理论流派，其最主要的特点是明确依赖判断，并认为，如果我们严格按照验证和实证的标准行事，国际关系就没有什么意义可言了"。[110] 近来克里斯·布朗注意到，行为主义者想用"严格的系统的科学化概念和理念来取代'贤明的文献'和历史中的'逸闻轶事'"。他们在英国很难被接受，因为"在那里，教育体系仍分为两种文化，这就意味着大多数国际关系学者比起他们的北美同行来，更愿意批评所谓的'科学主义'"。[111]

传统主义者通常怀疑预测未来和把可能性分析用于人类事务的做法。他们偶尔运用定量数据来说明一个论点，以免描述松散跑题。但是他们批评某些当代的分析家喜欢用定量方法，通过煞费苦心的统计分析来证明对有常识的人来讲是显而易见的论点。传统主义者主要但并非绝对地对单个的独特事件、案例、形势或问题感兴趣。他们力图理解细节的微妙之处，包括与其他有关现象的关系。传统主义者经常研究几个或若干个性质类似的案例，同时适当地进行比较和对照，但这样做的危险在于，数量有限的案例选择可能会使结果有失偏颇。（科学论者当然也可能依靠少量的实例研究，以便发展、说明或检验一个一般性的模式）传统主义者坚持认为，他们同其他社会科学家一样，至少非常仔细地搜集、筛选、权衡和理解证据。他们强调他们是在审查和理解了全部被认为是相关和可靠的资料之后，依靠判断、直觉和洞察力得出结论的。

行为主义的计量方法十分重视精确的和科学的方法。不同的社会科学家强调用不同的方法或几种方法的结合，诸如观点调查、内容分析、模拟和博弈、统计分析、构造模型以及应用计算机进行定量分析，以这些方法作为基础进行精确测量和分析。然而科学方法不能完全等同于定量方法，尽管后者在科学方法中的应用比在传统方法中的应用的可能性更大。科学论者固然不能避免在选择课题、提出假设、制定分类方法时运用个人的判断，但是他们力图超越个人判断的范围，采用不受个人偏见影响的演绎法或归纳法，用逻辑推理或数学推理来取代直觉性的说明。小查尔斯·凯利和尤金·维特科普夫（Eugene Wittkopf）注意到，一些行为主义者甚至也对他们自己的方法表示怀疑。他们意识到自己在解决现实世界问题之外的方法上倾注了太多的热情，意识到自己所关注并验证的有趣的假设，对于以保护国家和创建更美好世界为责任的政策制定者来说，是微不足道和毫无意义的。[112]

传统主义者经常批评行为主义者（1）过分相信他们所具有的概括能力，把问题性的陈述变成关于因果关系命题的能力，以及用这些命题来预测那些不可预测领域内的行为的能力；（2）给不符合现实的抽象模型披上现实的外衣；（3）回避国际政治中的实质问题，因为热衷于科学方法使得行为主义者实际上从未掌握这些问题的全部复杂方面；（4）沉迷于测量方法，而这些方法却无视被测量现象在质上的重大差别。[113]

38　　行为主义者声称，他们之所以验证两个要素之间是否存在着数量上的内在联系，是为了确定二者之间的关系是否纯系巧合；他们进行多变量分析，是为了弄清，在若干要素中哪个要素在预测某一结果时最可靠。[114] 科学主义分析家认为，传统主义者不信任精确方法、定量方法和通过统计检验进行核查的态度是不负责任的和狂妄的。[115] 传统主义者则反驳说，他们用自己的一套办法对引为证据的第一手资料和第二手资料（如文件）加以仔细的内容分析，如分析发言、对报界的声明、政府报告、外交函件、个人回忆录、新闻报道和评论、人物采访、学术成果等，并通过直觉选择他们认为重要的和相关的资料，而并不需要系统地统计词句使用的次数。传统主义者坚信政治的精髓在于质的差别——通过一字或一词的选择就能表达出含义上的精细和微妙差别，这个字或词并不必然反复出现。

进入后实证主义时代：后现代主义

关于国际关系理论的性质和前景的第三次论战的基础，是由若干因素共同组成的。随着冷战的结束，几种新颖激进的理论方法迅速发展，在英美学术圈内已崭露头角。虽然它们的名称不同，如后现代主义、建构主义、后结构主义、批判理论和女性主义等，但它们有一定的重叠，因此可以说它们合起来构建了第三种范式。该范式又接受新现实主义和新自由主义的论点，如果我们认为马克思主义、新马克思主义和关于世界资本主义的**认识观**（weltanschauungen）是第三种范式的话，上述范式就应算为第四种了。[116]

　　冷战的终结，加上人们对于行为主义革命（第二次论战）所提出的定量—经验—实证—累积理论的醒悟和不满，都为这种最新的评估奠定了知识背景。然而，还有其他极其重要的方面，这些方面包括了质疑那些一直主导国际关系理论发展的范式。这些著名的主导范式有我们在本章和其他章节所讨论的现实主义和新现实主义、自由主义和新自由主义、多元论主义以及全球主义。史蒂夫·史密斯把所有这些早期人们熟知的理论方法松散地归结到一起，冠名为"主流"国际关系理论，其特征是经验主义的认识论，即以仿效自然科学研究方法的社会科学家们的实证世界观为基础的哲学知识。[117] 第三次范式争论被称为**后经验主义**（postempiricist），它批评了依赖于定量手段和可验假设的行为主义革命。支持它的人指出，要建设价值中立的、客观的毫无偏见的社会科学是不可能的，其中也包括国际关系理论。后经验主义者所关注的与其说是范式问题，不如说是质疑国际关系经验性知识的认识论基础和方法论基础的必要性的问题。这些基础正是行为主义革命的中心。

　　后现代主义关注的范围较广泛，它不仅质疑知识发展的基础，而且还怀疑现代性本身的实质、含义和价值，这种现代性是以18世纪的启蒙主义为基础的。溯源于启蒙主义原则的现代化代表着进步，正如后面章节中乌托邦空想理论所指出的，这种进步也许最终能造就完美。后现代主义则拒绝承认进步的必然性，甚至不接受进步的提法，还否认历史是有意义地向特定目标前进的，其中包括塑造现代主义思想内核的启蒙主义思想所固有的趋向完美的目标。后现代主义者认为，即使进步确实存在，也将是间断性的产物。因此，对于后现代主义者来说，把自然科学的严格方法应用于社会科学，就会对思想探求形成束缚，这种束缚是难以让人接受的。此外，作为理论发展前提的范式也同样受到限制。相反，后实证主义、后经验主义者和后现代主义者赞同方法和概念的多样性。对于后现代主义者来说，现代性既不是必然的，也不是必要的，而只是欧洲历史上一个特定时期的产物。反过来，这个时期又塑造了关于现实的观念，这种观念成为我们社会科学理论的基础。

　　对于后现代主义者来说，现有的各种范式代表着一些观察世界的独特视角，它们排除或极大地限制了建构现实的其他替代方法出现的可能性。这些范式塑造了我们从理论上理解世界的基础。因此，理论是我们以认知为基础感知现实的产物。我们所依赖的理论决定了我们看待世界的方式，影响着我们研究过程中开发或获取的资料。我们如何看待世界还受到语言的影响，即如何用语言来传达我们构建的现实。造就现实主义（或其他）理论的范式对政策和其他行为有重要含义，因为这种范式的假设都包含于有关权力现象的理论中。按照后现代主义的说法，现实（包括现代主义自身）是社会建构的，是由人类在特定的时间和环境中创建的。除现有的结构外，其他结构可能已在发展。那些社会建构的结构如何以及为何而来的问题，同是谁做出了如此选择有关。后现代主义思想关注的一个主要焦点是选择人的身份问题，现实是在这些选择的基础上由社会建构而成的。这个焦点又引出了权威结构问题，其意识形态的基础问题，以及社会结构的性别含义问题。什么重要、什么不重要是由选择人的身份所决定的，他们所做的选择产生了每日社会建构的现实。在这种后现代主义理论中，女性主义国际关系理论崭露头角，该理论的文献指出，男性身份在塑造理论依据的现实中起了主导作用。[118] 我们将在后边的章节中探讨建构主义理论，

40 因为它穿越了21世纪初国际关系理论的宽广领域。（女性主义理论将在第四章中讨论）按照这种理论方法，身份政治（不管是基于男性、女性、民族、种族、宗教、年龄、一代人等，还是意识形态）应被说成是后现代主义对现代性批判的一部分，正如启蒙主义塑造了现代性一样。

后现代主义是对现有理论的一种解构，但它却没有提供任何明确成熟的替代品。它是一种批判理论，不能提供建立另一种范式的必要标准或重点，甚至也不能为发展另一种理论奠定充分的基础。优素福·拉皮德（Yosef Lapid）认为，后现代主义在赞扬多样化的同时，其得出的逻辑结论反映出其认识论上的无序性，即对所有方法都给予同等重视。他断言，这种情况的结果是理论扩散而无进步。[119] 理查德·阿什利（Richard K. Ashley）和沃克（R. B. J. Walker）从不同的视角指出，全球背景是复杂的，不断地产生问题，挑战现存的结构、理论和知识，因此需要创建一种新思维来质疑"所有以主权为中心的说明和判断"，也需要后现代主义表达不同意见。[120] 这样的国际躁动被视为发展新国际关系理论的基本前提。正如约翰·瓦斯克斯（John A. Vasquez）所言，后现代主义本身有一个逻辑矛盾，即现实是社会建构的，而建构中却没有永恒的真理。这样，后现代主义也无非就是一种没有内在真理的社会建构。如果后现代主义的认识是正确的，即在广阔的时段里，对历史或国际行为的持久性解释并不存在，那么后现代主义者努力推出这样一个解释的做法本身就有根本上的缺陷。[121]

巴里·布赞在考察了各种理论范式，包括现实主义、自由主义、马克思主义、格劳秀斯派（这里他指的是马丁·怀特和赫德利·布尔所代表的"英国学派"，它强调对国际社会的研究）和后现代主义后，他得出结论认为，尽管反对者和激进主义者攻击现实主义，但是它"始终是这一学科里许多理论争论的基础"，而且仍能"为大理论的建设提供一个坚实的起点"。布赞承认，尽管现实主义的观点具有实质性，但并不是永恒的。他批评说，现实主义的批评者没有做充分验证理论所必需的历史研究。换一句更富希望的评价，布赞认为，"许多后现代主义的论述没有理由最终不融入现实主义"。[122]

传统理论：均势

国际政治理论中最古老、最持久、最有争议的理论之一就是均势理论。古印度和古希腊时期就已有了初步的均势思想，只不过当时还没有形成正式的理论。戴维·休谟指出，**均势**（balance of power）一词虽然源于欧洲的国家体系，但"维持均势的格言实在是基于常识和明显的道理，所以要说古人完全无所知悟，那是根本不可能的"。他的结论是，自古代至18世纪人类一直在实践着均势理论。[123]

迄今为止，作为国际政治的正式理论，均势的近代概念是与牛顿关于宇宙平衡状态的认识联系在一起的。其实，均衡概念是许多科学的基本概念。化学家提到稳定均衡的溶解；经济学家认识到各种相互抵消的力量之间的平衡，如供求平衡；生物学家警告人类不要采取破坏有机体同环境间自然平衡的活动；政治学家经常用制衡和平衡的概念分析国内利益集团之间或政府机构之间的互相作用。[124]研究国际社会现实的理论家也自然地把平衡作为核心概念，解释民族国家间的权力关系，并认为民族国家几乎都被其本性的规律所驱使，于是通过某种形式的权力制衡来谋求它们的安全。

均势的定义问题

均势一词一直受到严厉的批评，人们认为它在语义和概念上造成了相当大的混乱。厄恩斯特·哈斯列举了这个词的几种截然不同的含义，例如权力分配状态、均衡或制衡过程、大国协调下的稳定与和平、权力政治的总和、一种历史的普遍规律、一种体系、政策制定者的指南。[125] 小伊尼斯·克洛德（Inis. L. Claude, Jr.）说"均势这一概念的缺点不在于它没有含义，而是含义太多"。他发现，让人气恼的是，这个术语意味着它既可以是一种机械的且能自动调节的体系，也可以是一项完全有赖于精明的政治领袖进行操纵的政策。他认为，对均势概念进行分析极其困难，因为那些论述这一概念的人不仅不能指出其确切的含义，并且常常是"随心所欲地从这个词的一种用法跳到另一种用法，然后又跳回来，而且往往不预先告知它存有多种含义"。[126]

然而，在理论上仍可以这样界定均势概念，即均势是一种局面或状态、一种国家行为的普遍倾向或规律、一种国家领导人的行动指南、一种包含不同类型国际体系的体系自我维持方式。只要我们考虑的是均衡而不是优势，上述四种概念并不一定互相矛盾。假如把均势界定为一种局面或状态，那么均势就是一种客观安排，其中各国普遍比较满意这种权力分配，且各国不会过度担心其安全。如果把均势界定为一种国家行为的普遍倾向或规律，那么均势代表的是一种可能性，它使我们可以预测，倘若国际体系中出现一个打破平衡的国家，即一个试图建立国际霸权的国家，那么其他受其威胁的国家必将组成联盟与之抗衡。如果把均势界定为一种政策指南，那么均势可以指导采取理性行动的政治领袖时刻提高警惕，准备组织联盟来对抗破坏均衡的力量。如果把均势界定为一种体系，均势就指的是在一个多国的社会里，所有的主要行为体通过制衡过程保持它们各自的身份、统一和独立。[127]

均势：目的和功能

博林布罗克（Bolingbroke）、根茨、梅特涅（Metternich）和卡斯尔雷（Castlereagh）在阐述古典均势理论时，认为均势有各种目的和功能。均势应该能够（1）防止建立世界性霸权；（2）维护体系的组成部分及体系本身；（3）保证国际体系内的稳定和相互安全；（4）通过威慑防止战争爆发来巩固和延长和平，也就是说，通过对抗使侵略者意识到，其扩张政策可能导致敌对联盟的形成。维持或恢复均势的传统方法和手段有：（1）分而治之的政策（旨在削弱较强一方的实力，如有必要可与较弱一方结盟）；（2）战争之后给予领土补偿；（3）建立缓冲国；（4）组建军事同盟；（5）建立势力范围；（6）进行干涉；（7）外交上讨价还价；（8）用法律与和平的方法解决争端；（9）裁减军备；（10）军备竞赛；（11）如有必要用战争维持和恢复均势。

　　假使均势能像所有政治家所期望的那样完全奏效，假使现存的权力分配不威胁他们的国家安全，那么作为状态、规律、政策以及体系的均势，几乎肯定已促成了持久和平。然而，国际政治体系的动力既没有带来永久的安宁和稳定，也没有使人们总能做出谨慎理智的决定。甚至，当一些国家的领导人只是在谋求他们认为合法的国家利益时（国家利益这个概念同均势体系有密切关系），在其他国家的领导人的眼里，他们也许是在阴谋改变国际体系，谋求优势地位。反之，当一个政府走上霸权主义道路时，可能不会立即激起对方组成抗衡的联盟，但等到一场声称要恢复均势的大规模战争将至时，再想制止则为时已晚。从理论上说，均势有利于保持成员国的身份与和平，但在实践中，均势政策有时也导致战争和对次要行为者的瓜分（如18世纪90年代对波兰的瓜分）。然而，维护和平、确保所有小国安全是第二位的，根本目标是通过遵守弗里德里希·根茨所说的准则，维护多国体系。根茨认为："如果欧洲的国家体系要存在下去，并通过共同努力保持不变的话，这个体系的任何成员国都不能强大到足以使其他所有成员国联合起来都无法抗衡的程度。"128

　　还必须提一下这个古典理论的另一个关键概念。由于各种缘故，当均势处于崩溃边缘时，就会出现一个公正和警觉的均势维持者，它拥有强大的力量，足以恢复平衡。历史上，英国在欧洲国家体系中就扮演过这一角色。艾勒·克劳爵士（Sir Eyre Crowe）在1907年1月1日发表的著名备忘录中说："英国时而把砝码放在天平的这一端，时而放在那一端，但在任何时候都是支持与最强国家或国家集团的政治专政抗衡的那一方，以维持平衡。英国的长期政策与这种维持平衡的做法保持一致，在历史上几乎是不言自明的。"129 温斯顿·丘吉尔（Winston Churchill）在1936年重申，均势是英国对外政策的基本原则。130 亨利·基辛格的政治才能正是基于均势原则，按照他的观点，均势可以制约国家主导他国的能力，限制冲突的范围。均势的目标不是追求和平，而是在国家间进行适度调节，从而实现稳定。基辛格认为均势不是一种自动机制，而是某种形势中两种可能结果中

43

的一种。在这种形势下，各国不得不相互应对。一国可以变得如此强大以致控制他国，或者"其他国家可以联合起来牵制国际社会中最具侵略性成员的意图；换句话说，领导通过谨慎选择，采取均势行动，遏制侵略企图"。[131]

对均势的批评

均势理论遭到一代又一代人的批判，其中的原因很多，并非都是前面提到的词义含混不清的缘故。尼古拉斯·斯拜克曼认为，这一理论不能充分地解释实践：

> 实际情况是，各国只希望看到对它们有利的平衡（或不平衡）。它们的目标不是均衡，而是自己远胜别国。如果一个国家同潜在的敌人同样强大，就没有真正的安全。只有比对方略强，才有安全，如果一国的力量完全被制约住，那它就无法采取行动。只有当一国拥有一部分可以自由支配的多余力量时，才有可能采取积极的对外政策。[132]

虽然均势理论在现实主义理论中占有一席之地，但汉斯·摩根索认为，均势有几个方面的缺陷。避免一国称霸世界，维持多国体系的成本是经常发生代价巨大的战争。他认为均势是：（1）**不确定的**（uncertain），因为尚没有绝对可靠的方法测量、评估和比较权力；（2）**不真实的**（unreal），因为国家领导人试图谋取优势以弥补均势的不确定性；（3）**不充分的**（inadequate），不能充分说明 1648 年到 1914 年的大部分年份里国家关系缓和的原因，因为该理论不相信当时欧洲的基本统一的认识和一致的道德具有约束作用。[133]

厄恩斯特·哈斯指出，用均势理论来指导政策，就是假设国家的决策具有高度的灵活性。警觉的政治领导人必须不停地计算权力，并随时准备
44 加入制衡联盟以维持平衡，而不考虑意识形态分歧、经济利益、国内的政治态度。哈斯质疑政策制定者，特别是民主国家的决策者，是否拥有均势理论所要求的那种高度灵活性。[134] 应该指出，在第二次世界大战时，英美两个民主国家的确有效地压制了它们对共产主义的憎恶，和苏联结盟来抗

击纳粹德国。在冷战的第二个阶段，特别是基辛格任职美国国家安全顾问和国务卿的时候，美国采取了均势政策来处理与中华人民共和国和苏联的关系。其结果是美国与中、苏的关系好于中苏之间的关系。换句话说，美国努力利用中苏的不和，与它们中较弱一方的中国建立了实质上的同盟关系，对抗苏联，并以此方法制约莫斯科的霸权战略和野心。

肯尼思·沃尔兹为均势理论做了辩解，他反对那些批评家的观点，认为他们误解了几个关键性的观点。他指出任何理论必须从一些假定开始。他假定国家作为单一的行为体，最低目标是要维护自身的存在，最高目标则要支配他国。国家要通过内部的努力（如增强实力）和外部的努力（如加强自己的同盟，削弱对手的同盟）以实现它们的目标。他接着指出，国家是在一个没有超级裁判的自助体系中行动。当别的国家采取自助政策时，那些不自助的国家将会处于劣势。在沃尔兹的结构现实主义理论中，均势无可避免地要扎根于由国家构成的国际体系之中。这样，他就和其他均势理论家们产生了分歧。休谟、丘吉尔、肯尼思·奥根斯基（Kenneth Organski）、摩根索、哈斯、基辛格等人坚持认为，均势政策是睿智和审慎的政治领袖所自愿追随的东西。对于沃尔兹来说，无论部分或所有国家是希望建立和维护平衡，还是希望称霸全球，均势的倾向都将自动产生。沃尔兹想要创建一种适应于不考虑特定国家行为的国际体系理论。[135]

均势：当代模型

阿瑟·李·伯恩斯（Arthur Lee Burns）在研究了稳定平衡的体系后总结说，"最稳定的安排看来是由五个或五个以上奇数个大国组成的，这些大国相互独立，实力大致相等"，因为这样它们就不会轻易地分成势均力敌的两方。[136] 为了简化对各种关系的计算，并使这种简化确定和稳定，伯恩斯提出，从最佳角度讲，最为稳定的体系是一个"由五个实力基本相等的国家集团组成的世界，每一集团中包含若干个有互换可能的成员国"。[137]

哈里森·瓦格纳（R. Harrison Wagner）后来认为，从二到五的任意几个行为体都能形成一个稳定的体系，但是最稳定的是三个行为体的体系。[138] 一些核威慑和军备控制理论方面的分析家进一步更新了均势的思想，并提出了多种极为复杂的均势思想。[139] 虽然不少知识分子和学者认为均势是一种粗糙、浅薄、简单、幼稚，或者过时的国际政治理论，但大量的国家领导人、政治家、外交家、学术权威、记者和街头百姓却依然认为，这一理论能够清楚地解释国际体系中的现实现象，并应作为所制定和执行的对外政策的基础。对于限制战略武器分析人员，以及试图分析冷战时期美、苏、中、西欧、日本和全球体系中其他潜在力量中心的关系的人来说，均势理论仍然有它吸引人的地方和一定的效用。冷战结束后，美国将战略重点集中在与其主要利益有关的地区，这包括东南亚和东北亚。美国安全战略的一个重要目标是保持一种平衡，主要是防止伊拉克或伊朗控制波斯湾地区，如果必要的话，要遏制朝鲜半岛的朝鲜，遏制中国大陆对台湾的行动。这样一来，冷战后的世界提供了大量的事例，可供我们讨论均势的概念。俄罗斯、中国、欧洲、印度、日本和其他国家有时不得不考虑，至少在某些问题上是否要重新结盟，以抗衡美国霸权。

能有科学的国际关系理论吗？

我们已经讨论了国际关系理论中传统主义和行为主义的重要辩论，也讨论了后现代主义对实证主义的批判。现在我们回过头来讨论一下发展科学的国际关系理论的可能性。**科学的**（scientific）含义是相对的。**科学**（science）一词仅指知识的整体及发现新知识的方法。在任何时代，一切能使聪慧的人类扩大思想疆域的最佳办法都属于科学的。

通常来说，当一个人开始接受某一学科的学者所普遍接受的知识时（这种知识并不必然不受批评），真正的科学进步就开始了。每个人都会希望设法重新组织现有的知识，以便在实际应用中加深理解。但是个人必须承认某些东西，即那些基于经验观察、实际体会、演绎推理和人类思考所得来的东西。如果说学习是社会性的话，个人就不可能每天都从头创造**新的**（de novo）世界。

研究者掌握了现有的知识，并且有目的地把它加以组织之后，他会针对自己的无知而提出一个有意义的问题："这是我已经知道的知识。什么是我不知道的但却值得探究的知识？"这是一个非常重要的问题。一旦选择了调查研究的领域，就必须提出尽可能明确的问题。而且，只要把数学方法同仔细制定的理论、假设或研究的问题结合起来，就可以证明量化研究确实有用。[140] 要在现实的政治领域里提出一个有价值、可以验证的假设，一个最困难的方面就是如何把适当的统计分析方法同可靠的分类方法

46

令人满意地结合在一起。因为在政治领域，我们给事物起的名称和使用的措词有特别重要的意义。不论是纵观整个国际关系领域，还是考察其中的任何一个部分，我们可以看到许多截然不同的因素，并按不同的方式对它们进行组合，怀疑甲、乙之间或乙、丙之间是否存在着重要关系。通过一个"直觉"的过程（在我们对这一点有更多的了解之前，只能称其为直觉），我们察觉到在两个或更多的因素之间可能存在着迄今未被发现或未被确定的内在联系。（这时，我们假设中的要素是可衡量的），这些要素一经证实，就具有解释性和预测性。卡尔·亨佩尔认为，从严格的科学意义上说，对于我们不能预测的事物，我们是不可能予以充分解释的。[141] 但在社会科学中，这是一个极高的很少能实现的标准。按照亨佩尔的说法，事物可以用一个普遍法则来解释，可用具体的前提条件来解释，也可以用演绎方法解释所观察的事物。然而，史蒂夫·史密斯认为戴维·休谟破坏了必然因果关系的概念，使其降低成为前提和结果之间的"不变的关系"。因果关系被简缩为只是统计相关。即使在我们可以预测的时候，我们仍然有可能无法解释原因。"亨佩尔的涵盖法则……可以告诉我们将要发生什么，但不能告诉我们为什么它会发生。"[142] 然而，许多历史学家和传统倾向性强的社会科学家认为，事发后找到一个解释比事前预测要容易。

此后，科学方法日益被人们所熟悉。假设必须进行检验。检验就要求进行试验，或用其他方法来收集数据。不管用哪种办法，必须尽力排除未知因素的影响，确保收集来的事实根据只同该假设有关。对收集来的数据进行仔细的观察、记录和分析后，才能决定是废弃、修改、重新制定或证实该假设。要公布研究发现，邀请其他人重复这一知识发现的过程，以便提出肯定或否定的意见。非常简单地说，这就是我们通常所说的科学方法。这个过程的每一阶段都强调思维和语言的准确性，强调严格区分什么是假设的和什么是可以经验检验的。

过去250年里，科学方法的应用在自然科学方面取得了令人瞩目的成果，产生了若干概括性定律。物理学、天体物理学、化学、生物学和心理学的部分领域已经具有了高度的预测能力。但即使是精密科学，虽说它们都拥有高效的研究方法，在某一既定时刻也有可认知的极限。例如，根据沃纳·海森伯格（Werner Heisenberg）提出的不确定性原理，人们不可能同时测定微观粒子的位置和运动。[143] 在一切科学中，无论是自然科学还是社会科学，我们都会发现，当试图测定一种现象时，这种尝试可能会改变

47

被测物的位置或性质。民意调查专家熟知这一现象；有些人就根据自己的意图操纵这种现象为其谋利。

寻找重复发生的规律

任何自称为科学理论家的人，无论是传统主义者，还是面向未来的行为主义者，必然要探索规律性的东西。然而，我们必须记住，所有社会科学家都会遇到独特的困难。如果我们把这点记在心里，而不是忽视或忘记它，就更能取得知识上的进步。在观察者与观察对象的关系问题上，研究人类问题的科学家遇到的麻烦要比研究原子、分子或星球的科学家更多。自然科学家使用一些相当标准化的仪器和技术，不论谁使用，这些仪器和技术的作用都是一样的。不管自然科学家多么热衷于他们的工作，他们通常避免与观察现象间的感情关联，这种关联会影响他们的认识和判断。但在考察人类社会时，客观的观察往往容易受主观意图的影响。如果一位物理学家或化学家在人生观上是位和平主义者，他在分析某种原子比其他原子更具裂变性的原因时，不会因为他的这一信念而改变其分析方法。但是，如果社会科学家在战争、恐怖主义、民族价值观念、世界人口与饥饿、裁军、国际组织或民主国家与专制国家之间的冲突等问题上怀有强烈的先入之见，他就难以像科学方法要求的那样做到完全客观和超脱（社会科学家不必为这种人性关联道歉）。虽然研究方法应该不受价值观影响，但是所研究的现象却往往充满价值含义，并影响观察分析家的思想和心理状态。比如说，人们对战争与和平的问题有两种态度，一种是纯中立的、不受道德观念影响的愿望，期望能理解人的好战性，以便解释并预测战争；另一种是基于一种道德责任研究战争，以便能消灭战争，使世界变得更加美好。究竟这两种态度中的哪一种在研究中更容易歪曲人的认识呢？社会科学家对此看法不一。毫无疑问，无论在个人头脑中还是在整个领域中，理论建设将继续以对这两个不同目标的理解为特征。[144]

社会科学中观察者与观察对象之间的关系的特殊性还引发了其他的困难。其中一些困难是人们熟知并经常提到的，例如无法进行受控实验以便分离出被研究的要素。即使是最残忍的极权政府，无论它在社会控制方面的手段如何有效，也很难对一个国家进行严格控制的科学实验，更不用说对两个或更多的国家进行这种实验了。这就是说，在试图用科学方法考察任何大的社会集合体时，为了确保精确而进行的条件控制只能采取理清个人思维过程的方法，而不能寄望于控制混乱而难以驾驭的社会环境。

其他一些问题不那么容易被人们认识。国际关系领域涉及的面如此之广，仅就有关资料的数量而言，其量之大似乎已超出了人的掌握能力。许多资料不公开，长期得不到（如政府档案）或永远也得不到（如个人的亲身经历，一旦被遗忘或当事人故去，学者就无从知道事情的真相）。因此，学者和理论家经常是从不完全的证据中得出一般性的结论，这些证据除了不完全之外，也很可能是不可靠的。与此同时，信息革命增强了我们获取资料的能力。类似互联网的在线资源，让人可在家中、办公室、图书馆或实验室里直接获取世界各地的巨大信息资源。

还有一个语言问题，所有的理论都必须用语言来表达。即使对于精密科学来说，把观察到的诉诸语言，或用词汇符号来表达经验，也免不了有困难之处。认为精密科学需要的是定量符号，而社会科学依靠的是定性符号，这是不准确的。所有自然科学和社会科学都需要经验性的基础。研究方法不是经验性的，除非它没有命名和计算的基本功能。对于所有的科学来说，计数是件十分简单的事。自然科学与社会科学的重要分界线之一是定性语言的范畴或命名的过程。谁也不会去争论**液体**（liquid）、**蒸汽**（vapor）、**磁性**（magnetic）、**充电**（electrically charged）、**氯化钠**（sodium chloride）以及**核裂变**（nuclear fission）等词汇的意义。然而，在对社会进行分析的过程中，我们时常会遇到诸如**民主**（democratic）、**侵略**（aggressive）、**革命**（revolutionary）、**非法**（illegal）、**歧视性**（discriminatory）、**暴力**（violent）等词汇以及国家概念。我们已经注意到了涉及**均势**（balance of power）一词的多种含义。这些词汇没有一个在语义上是完全明确的。因此，虽然所有社会科学家都会计算数量，许多人也懂得如何用统计方法来建立因变量与自变量间的相关联系，或也懂得如何进行因素分析，但我们仍有理由相信，在国际关系领域计算什么或测量什么的问题上，达成一致意见的基础不但很窄而且很不稳固。

结　　论

本章的目的是介绍国际关系研究大体上是如何演变的，以便为详尽地考察那些过去和现在的重要理论提供背景。

49 　　昆西·赖特在其重要著作《国际关系研究》（A Study of International Relations）中承认，国际关系还是"一门新兴的学科，缺乏统一的方法和逻辑"。[145] 他接着提出，要想研究这一领域，最好进行四个方面的基本思考。他认为可以把一切社会现实划分为四个范畴：

　　1. 实际的（actual）——曾经是或现在是什么。通过描述方法得知。

　　2. 可能的（possible）——可以是什么。通过理论推测方法得知。

　　3. 概然的（probable）——将会是什么。通过预测方法得知。

　　4. 向往的（desirable）——应该是什么。通过伦理的、价值判断的、规范理解的方法得知。

　　赖特认为上述四种分类分别对应的是历史、艺术、科学和哲学。[146] 我们发现，这种分类对于思考国际关系理论的各种含义非常有用。

　　综上所述，国际关系理论的主要作用是加深我们对国际现实的认识，不论是为了单纯的理解，还是为了改变现实的更加积极的目的。理论帮助我们整理我们现有的知识，从而更有效地发现新的知识。它给我们提供了一个思想框架，使我们确定优先研究的项目，并为收集和分析资料选择最合适的工具。理论指导我们去注意重要的相似性和差别以及原先未被发现的关系。理论已充分证明人类可运用预见、想象和洞察的思维能力解决面临的问题，这将激励人们为了否定或肯定这些理论而进一步研究。

　　理论没有单一的模式。社会理论研究在许多层次上进行，贯穿许多学科，而且现在是用若干跨学科的方法进行试验。国际关系理论超越对外政策理论的范围，含有描述、推断、预测和规范的内容。一个学者会强调其中一个方面，但是，整个国际关系理论领域越深入发展，就越具有综合性，包括了是什么，可能是什么，将可能是什么和应是什么的研究。一个好的理论可以是归纳的也可以是演绎的，是微观的也可以是宏观的，是十分具体的、中度范围的，也可以是宏大的。它可以在一定的时间内在我们的知识允许的范围内达到最大限度的综合，并用尽可能少的变量来解释众多的现象。如果将上述这些研究方法聪明谨慎地用在一个或几个层次上研究国际关系，它们都有可能是有效的和有用的。

注　释：

1　John Lewis Gaddis，"Toward the Post-Cold War World，"*Foreign Affairs*，70（Spring 1991），pp.102-103．

2　Francis Fukuyama，"The End of History?" *The National Interest*（Summer 1989），pp.3-5，8-15，18．正如移居巴黎的俄国人亚历山大·科捷夫（Alesandre Koujève）所解释的那样，福山沿着黑格尔哲学的脚步做出了预测，从此以后文明世界将不可避免地要向自由民主和中产阶级至上这一普遍状态发展。福山在 *The End of History and the Last Man*（New York：Free Press，1992）一书中详细阐述了他的观点。

3　Joseph S. Nye, Jr., "What New World Order?" *Foreign Affairs*，71（Spring 1992），p.84. See also Stanley Hoffmann，"Delusions of World Order，" in Steven L. Spiegel and David J. Pervin，eds.，*At Issue：Politics in the World Arena*，7th ed.（New York：St. Martin's Press，1994）.

4　John Mueller，*Retreat from Doomsday：The Obsolescence of Major War*（New York: Basic Books，1989）．在这本书的书评中，卡尔·凯森总结说，19世纪以来，经济和技术的变化使工业国家之间战争所造成的人员伤亡、物质破坏、经济损失更加惨重，还使战争同民主共和国的目标对立起来。但是，某种文化上的滞后影响着政府精英和政治精英们。在凯森看来，即使在意识上人们对于战争的态度有了改变，但在次意识上，战争还不会变得不可想象。见 "Is War Obsolete?" *International Security*,14（Spring 1990），pp.42-64；quotation on p.43.

5　Michael Howard，*The lessons of History*（New Haven，CT: Yale University Press，1991），p.176.

6　Charles W. Kegley，Jr.，ed.,*The Long Postwar Peace：Contending Explanations and Projections*（New York：Harper Collins，1991），Introduction，p.8．凯利引用了 Ruth Leger Sivard，*World Military and Social Expenditures*（Washington，DC：World Priorities，1989），p.23.

7　Zbigniew Brzezinski，"Selective Global Commitment"，*Foreign Affairs*，70（Fall 1991），p.5.他对外交决策者的建议是奉行"功能实用的跨国民族主义"方针，这一建议与约翰·刘易斯·加迪斯的建议并不矛盾。Ibid.

8　Samuel P.Huntington，"No Exit：The Errors of Endism，" *The National Interest*（Fall 1989）.

9　Samuel P.Huntington，"The Clash of Civilization，" *Foreign Affairs*，72（Summer 1993），pp.22-49，quoted at p.22.

10　Ibid., pp.25-29.（第二章进一步讨论亨廷顿）

11　参见 the symposium "On 'The Clash of Civilization'"（Fouad Ajami，Robert L. Bartley，Liu Binyan，Jeane J. Kirkaptrick，Kishore Mahbubani，Gerard Piel，and Albert L. Weeks），*Foreign Affairs*，72（September/October 1993），pp.2-26；Arnold Toynbee，*War and Civilization*（New York：Oxford University Press，1950）．Also M. F. Ashley Montagu，ed.，*Toynbee and History：Critical Essays and Reviews*（Boston：

Porter Sargent Publisher, 1956）.

12 Fouad Ajami, "The Summoning," *Foreign Affairs*, 72（September/October 1993）, pp.2-9, quoted at p. 9. 塞缪尔·亨廷顿重申了他的立场，认为理解冷战后的世界没有比文明更好的框架了。"If Not Civilizations, What？" *Foreign Affairs*, 72（September/October1993）, pp.186-194.

13 StephenM. Walt, "International Relations：One World, Many Theories," *International Relations*, （Spring 1998）, p.30.

14 Ibid.,pp. 31, 38.

15 Ibid., pp.32, 38.

16 Ibid.,pp. 33-34.

17 Ibid., p.40.

18 Ibid., p,43.

19 Samuel P.Huntington, "The Lonely Superpower," *Foreign Affairs*, 78（February/March 1999）, pp.35-49. 亨廷顿比较了两种观点，一种是美国的观点，认为美国是一个合作性的领导者，担任维护国际社会利益的角色；另一种是其他国家的观点，认为美国将会是一个霸权国家。较早对"单极"体系的分析，见 John Mearsheimer, "Why We Will Soon Miss the Cold War", *Atlantic Monthly*, 266（1990）, pp.35-50; CharlesW. Kegley, Jr., and Gregory A. Raymond, "Must We Fear a Post-Cold War Multipolar System？" *Journal of Conflict Resolution*, 36（September 1992）, pp.573-585; Christopher Layne, "The Unipolar Illusion：Why New Great Powers Will Rise", *International Security*, 17（Spring 1993）, pp.5-51.

20 Imre Lakatos, *The Methodology of Scientific Research Programs*, Vo L. I（London：Cambridge University Press, 1978）, p.32.（重点号为原文所加）

21 John Lewis Gaddis, "International Relations Theory and the End of the Cold War," *International Security*, 17（Winter 1992/1993）, p.6.

22 Thucydides, *The History of the Peloponnesian War*, trans. Rex Warner, （Harmondsworth, England：Penguin Books, 1954）. See alsoWilliam T. Bluhm, *Theories of the Political System：Classics of Political Thought and Modern Political Analysis*（Englewood Cliffs, NJ：Prentice Hall, 1965）, chap.2; John H. Finley, Jr., *Thucydides*（Cambridge, MA：Harvard University Press, 1942）; Peter J. Fliess, *Thucydides and the Politics of Bipolarity*（Baton Rouge：Louisiana State University Press, 1966）. 罗伯特·吉尔平、肯尼斯·沃尔兹、罗伯特·基欧汉宣称修昔底德是新现实主义的先驱。相反的观点，见 Daniel Garst, "Thucydides and Neorealism", *International Studies Quarterly*, 33（March 1989）, pp.3-27. 女性主义有关修昔底德、霍布斯和马基雅维利的研究饶有趣味，见 Jean Bethke Elshtain, "Feminist Inquiry and International Relations," in Michael W. Doyle and G. John Ikenberry edits., *New Thinking in International Relations Theory*（Boulder, CO：Westview Press, 1997）, pp.79-80.

23 Sir Henry Sumner Maine, *Ancient Law*（first published 1861; Tucson, AZ：University of Arizona Press, 1986）, pp.37-52; R. andA. J. Carlyle, *A History of Medieval Political Theory in the West*, 6 vols.,（London：Willaim Blackwood ＆ Sons, 1903-1936）, I, p.23 ff.; H. F. Jolowicz, *Historical Introduction to the Study of Roman Law*（Cambridge, England：Cambridge University Press, 1932）, pp.46-48; A. P. D'Entreves, *Natural Law*（London：Hutchinson's University Library, 1955）, pp.19, 24-30.

24 Niccolo Machiavelli, *The Prince and the Discourses*（New York：Random House Modern Library，1940）；James Burnham, *The Machiavellism*（New York：Macmillan，1956）；Friedrich Meinecke, *Machiavellism：The Doctrine of Raisond' Etre and its Place in Modern History*, trans. Douglas Scott（New Haven，CT：Yale University Press，1957）；and Ernst Cassirer, *The Myth of the State*（Garden City，NY：Doubleday Anchor Books，1955），Chapters X-XII.

25 Dante Alighieri, *On World Government*, trans. HerbertW. Schneider，2nd ed.rev. （New York：Liberal Arts Press，1957）；Etienne Gilson, *Dante and Philosophy*, trans. David Moore（New York：Harper & Row Torchbooks，1963），part III.

26 对杜波伊斯 *De Recuperatione Terrae Sanctae* 一书的讨论见 FrankM. Russell, *Theory of International Relations*（New York：Appleton，1936），pp.105-110.

27 有关克鲁塞 *Le Nouveau Cynee* 一书、絮利 *Grand Dessein* 一书和阿贝·德·圣-皮埃尔 *Project for Making Peace Perpetual in Europe* 一书进行精彩概述的，见 Russell, *Theories of International Relations*，pp.163-174，188-191. 对克鲁塞和圣-皮埃尔的讨论还可见 Torborn L. Knutsen, *A History of International Relations Theory*（Manchester，England：Manchester University Press，1992），pp.81-82，120-121.

28 Knutsen, *History of International Relations Theory*，pp.58-64，113-127；Russell, *Theories of International Relations*，pp.185-186，191-194.

29 Russell, *Theories of International Relations*，pp.175-178.

30 Ibid., pp.194-197.

31 Ibid., pp.197-201；Knutsen, *History of International Relations Theory*，pp.111-113，125-127.

32 Evan Luard, ed., *Basic Texts in International Relations*（New York：st. Martin's Press，1992），pp.377-399.

33 Russel, *Theories of International Relations*，pp.137-160；Luard, *Basic Texts in International Relations*，pp.147-152；Knutsen, *History of International Relations Theory*，pp.84-87.

34 Martin Wight, "Why Is There No International Theory?" *International Relations*，II（April 1960），pp.35-48，62.

35 Ibid., pp.37-38.

36 Chris Brown, *International Relations Theory：New Normative Approaches*（New York：Columbia University Press，1992），pp.3-8；这一段引文见第 3 页。其他支持布朗观点的，见 F. H. Hinsley, *Power and the Pursuit of Peace：Theory and Practice in the History of Relations Between States*（Cambridge，England：Cambridge University Press，1967）；JohnA. Vasquez, ed., *Classics of International Relations*（Englewood Cliffs，NJ：Prentice Hall，1986）；以及罗素（Russell）、克努森（Knutsen）和卢亚德（Luard）所引用的著作。

37 Wight, "No International Theory?" p.40.

38 Grayson Kirk, *The Study of International Relations in American Colleges and Universities*（New York：Council on Foreign Relations，1947），p.4.

39 James L. Brierly, *The Law of Nations*，2nd ed.（New York：Oxford University Press，1936）；Clyde Eagleton, *International Government*（New York：Ronald Press，1932）；CharlesG. Fenwick, *International Law*，2nd ed.（New York：Appleton，1934）；Norman L. Hill, *International Administration*（New York：McGraw-Hill，

1931）; Hersch Lauterpacht, *The Function of Law in the International Community*（New York: Oxford University Press, 1933）; J. B. Moore, *A Digest of International Law*（Washington, DC: Government Printing Office, 1906）; LassaF. L. Oppenheim, *International Law: A Treaties*, 4th ed.（London: Longmans, 1928）; PitmanB. Potter, *A Introduction to the Study of International Organization*, 3rd ed.（New York: Appleton, 1928）.

40 Sidney B. Fay, *The Origins of the World War*, 2nd ed.（New York: Macmillan, 1930）; G. P.Gooch, *History of Modern Europe, 1878-1919*（New York: Holt, Rinehart and Winston,1923）; R. B. Mowat, *European Diplomacy,1815-1914*（London: Longmans, 1922）; Bernadotte E. Schmitt, *The Coming of the War 1914*（New York: Scribner's, 1930）; Raymond J. Sontag, *European Diplomatic History, 1871-1932*（New York: Appleton, 1933）; G. P.Gooch and Harold W. Temperly, eds., *British Documents on the Origins of the War, 1889-1914*（London: His Majesty's Stationery Office, 1928）. 对美国史学家工作的历史评价，见 Warren I. Cohen, *The American Revisionists: The Lessons of Intervention in World War I*（Chicago: University of Chicago Press, 1967）.

41 Carlton J. H. Hayes, *Essays on Nationalism*（New York: Macmillan 1926）; Hans Kohn, *A History of Nationalism in the East*（London: George Routledge, 1932）, *Nationalism in the Soviet Union*（London: George Routledge, 1933）, and *The Idea of Nationalism*（New York: Macmillan, 1944）.

42 Philip J. Noel Baker, *Disarmament*（New York: Harcourt Brace, 1926）; James T. Shotwell, *War as an Instrument of National Policy*（New York: Harcourt Brace,1929）; J. W. Wheeler-Bennett, *Disarmament and Security Since Locarno, 1925-1931*（New York: Macmillan, 1932）.

43 Parker T. Moon, *Imperialism and World Politics*（New York: Macmillan, 1926）; Herbert I. Priestley, *France Overseas: A Study of Modern Imperialism*（New York: Appleton, 1938）; Harold Nicolson, *Peacemaking, 1919*（Boston: Houghton Mifflin, 1933）and *Diplomacy*（London: Oxford University Press, 1939）.

44 Carl J. Friedrich, *Foreign Policy in the Making: The Search for a New Balance of Power*（New York: Norton, 1938）; Alfred Vagts, "The United States and the Balance of Power," *Journal of Politics*, III（November 1941）, pp.401-449.

45 James Fairgrieve, *Geography and World Power*（New York: Dutton, 1921）; Nicholas J. Spykman, "Geography and Foreign Policy, I," *American Political Science Review*, XXXII（February 1938）, pp.213-236, 以及下面两本书: *America's Strategy in World Politics*（New York: Harcourt Bracer, 1942）和 *The Geography of Peace*（New York: Harcourt Brace, 1944）. 斯拜克曼还与阿比·罗林斯（Abbie A. Rollins）写了两篇文章: "Geographic Objectives in Foreign Policy I," *American Political Science Review*, XXXIII（June1939）, pp.391-410, 以及 "Geographic Objectives in Foreign Policy II," ibid.（August 1939）, 591-614. 马汉和麦金德的理论将在本书第四章讨论。

46 Frank M. Russell, *Theories of International Relations*（New York: Appleton, 1936）.

47 Sir Norman Angell, *The Great Illusion*（New York: G. P.Putnam's Sons, 1933）; Lionel Robbins, *Economic Planning and International Order*（New York: Macmillan, 1937）; and Eugene Staley, *World Economy in Transition*（New York: Council on Foreign Relations, 1939）. 这大约是20世纪30年代的情况。

48 Foster Rhea Dulles, *America*'s *Rise to World Power*；1898-1954（New York：Harper & Row，1963），pp.158-161. 关于这种二分法的精彩论述，见 RobertE. Osgood, I*deals and Self-Interest in America*'s *Foreign Relations*（Chicago：University of Chicago Press，1953）.

49 Chris Brown, *Understanding International Relations*（New York：S T. Martin's Press，1997），pp.28-29. 布朗引用了尼布尔的著作 *Moral Man and Immoral Society*（New York：Scribner's，1932）。尼布尔很重要，因为他以经典和圣经经文为基础提出的人是邪恶的哲学观点，对战后汉斯·摩根索和乔治·凯南的现实主义思想产生了影响。较之摩根索提出的主要动机（人罪恶本性中的"权力欲"），布朗更喜欢卡尔提出的现实主义的主要动机（物质稀缺使人们分成"有产者"和"无产者"）。Brown, p.32.

50 Ibid.p.22.

51 E. H. Carr, *The Twenty-Year*'s *Crisis*，*1919-1939*：*An Introduction to the Study of International Relations*（London：Macmillan，1939；New York：Harper & Row Torchbooks，1964）. 对卡尔的著作的精彩分析和批评，见 Charles Jones, *E H. Carr and International Relations*：*A Duty to Lie*（Cambridge and New York：Cambridge University Press，1998），esp.chap3，7 and 8. 另一个在更广泛范围内对卡尔著作做出精彩评论的是 Tim Dunne, *Inventing International Society*：*A History of the English School*（New York：S T. Martin's Press，1998），esp.chap2.

52 Martin Wight, *Power Politics*，*Looking Forward*，Pamphlet No. 8（London: Royal Institute of International Affairs, 1946），p.11.

53 Hans J. Morgenthau, *Politics Among Nations*（New York：Knopf；1948—1978年的几个版本；肯尼思·汤普森修订的简明本，New York：McGraw-Hill，1993）；Frederick L. Schuman, *International Politics*：*An Introduction to the Western State System*，4th and 5th eds.（New York：McGraw-Hill，1948，1953）；Robert Strausz-Hupe and Stefan T. Possony, *International Relations*（New York：McGraw-Hill，1950，1954）；NormanD.Palmer and HowardC. Perkins, *International Relations*（Boston：Houghton Mifflin，1953，1957，1969）；Norman J. Padelford and George A. Lincoln, *The Dynamics of International Politics*（New York：Macmillan，1962）；Ernst B. Haas and Allen S. Whiting, *Dynamics of International Relations*（New York：McGraw-Hill，1956）；Harold and Margaret Sprout, *Foundations of National Power*（Princeton, NJ: Van Nostrand，1945，1951）and *Foundations of International Politics*（Princeton, NJ：Van Nostrand，1962）；Quincy Wright, *The Study of International Relations*（New York：Appleton-Century-Crofts，1955），pp.23-24；Charles P.Schleicher, *Introduction to International Relations*（Englewood Cliffs, NJ：Prentice Hall，1954）and *International Relations*：*Cooperation and Conflict*（Englewood Cliffs, NJ：Prentice Hall，1962）；Frederick H. Hatmann, *The Relations of Nations*（New York：Macmillan，1957，1962）；A. F. K. Organski, *World Politics*（New York：Knopf，1958）；Lennox A. Mills and Charles H. McLaughlin, *World Politics in Transition*（New York：Holt，Rinehart and Winston，1956）；Fred Greene, *Dynamics of International Relations*（New York：Holt，Rinehart and Winston，1964）；W. W. Kulski, *International Politics in a Revolutionary Age*（Philadelphia：Lippincott，1964，1967）. 对最近的一些教科书和教材的内容分析，见 James N. Rosenau et al., "Of Syllabi, Texts, Students and Scholarship in International Relations：Some Data and

54

Interpretations on the State of a Burgeoning Field," *World Politics*, XXIX (January 1977), pp.263-340.

54 力图明确权力概念划分的讨论，见 David V. J. Bell, *Power, Influence and Authority* (New York: Oxford University Press, 1975); JackH. Nagel, *The Descriptive Analysis of Power*(New Haven,CT: Yale University Press,1975); and David A. Baldwin, "Power Analysis and World Politics", *World Politics*, XXXI (January, 1979), pp.161-194.

55 在1964年的著述中，霍勒斯·哈里森（HoraceV. Harrison）不仅批评了这类教科书，而且对几乎所有的国际关系理论著述提出了批评，认为它们太片面，含糊而不清晰，关注的范围过于狭窄，只是服务于特殊的职业兴趣，而不能为研究或行动提供指导。但他也补充说，自从20世纪50年代后期以来，在使理论更具普遍性方面已经取得了一些进展。参见他对自己所编书的导言，*The Role of Theory in International Relations* (Princeton, NJ: Van Nostrand, 1964), pp.8-9.

56 William T. R. Fox and Armette Baker Fox, "The Teaching of International Relations in the United States", *World Politics*, XIII (July1961); pp.339-359. See also Wright, *The Study of International Relations*, chaps. 3 and4. Kirk, *International Relations in American Colleges*; Waldemar Gurian, "On the Study of International Relation," *Review of Politics*, VIII (July 1946), pp.275-282; Frederick L. Schuman, *The Study of International Relations in the United States*, *Contemporary Political Science: A Survey of Methods, Research and Training* (Paris: United Nations Educational, Scientific, and Cultural Organization, 1950); Frederick S. Dunn, "The Present Course of International Relations Research," *World Politics*, II (October 1949), pp.142-146; Kenneth W. Thompson, "The Study of International Politics," *Review of Politics*, 14 (October 1952),pp.433-443; L. Gray Cowen, "Theory and Practice in the Teaching of International Relations in the United States," in Geoffrey L. Goodwin, ed., *The University Teaching of International Relations* (Oxford, England: Basil Blackwell, 1951); John Gange, *University Research on International Relations* (Washington, DC: American Council on Education, 1958); Richard N. Swift, *World Affairs and the College Curriculum* (Washington, DC: American Council on Education, 1959); Edward W. Weidner, *The World Role of Universities*, Carnegie Series in American Education (New York: McGraw-Hill, 1962), 特别是有关外国学生项目、交流项目和大学援助国际项目的几章。

57 20世纪60年代早期出现的几个国际关系理论文选，证明人们对这一领域萌发了兴趣。见 William T. R. Fox, ed.,*Theoretical Aspects of International Relations* (Notre Dame, IN: University of Notre Dame Press, 1959); Charles A. McClelland, William C. Olson, and Fred A. Sondermann, eds., *The Theory and Practice of International Relations* (Englewood Cliffs, NJ: Prentice Hall, 1960); Ivo D. Duchack, ed.,with the collaboration of Kenneth W. Thompson,*Conflict and Cooperation Among Nations*(New York: Holt, Rinehart and Winston, 1960); Klaus Knorr and Sidney Verba, eds., "The International System: Theoretical Essays," *World Politics*, XIV (October 1961); 1961年, Princeton University Press 重新出版了同一标题的书; James N. Rosenau, ed., *International Politics and Foreign Policy: A Reader in Research and Theory* (New York: Free Press, 1961); Harrison, *Role of Theory in International Relations*.

58 Glenn H. Snyder and Paul Diesing, *Conflict Among Nations: Bargaining, Decision-Making, and System Structure in International Crises* (Princeton, NJ: Princeton

55

University Press，1977），pp.21-22.

59 Kenneth E. Boulding, *Ecodynamics：A New Theory of Societal Dynamics*（Beverly Hills，CA：Sage Publications，1978），p.9.

60 Alfred North Whitehead, *Science and the Modern World*（New York：Macmillan，1925），pp.41-44.

61 Alfred Zimmern, "Introductory Report to the Discussions in 1935," in Alfred Emmern, ed.,*University Teaching of International Relations*, *Report of the Eleventh Session of the International Studies Conference*（Paris：International Institute of Intellectual Cooperation, League of Nations, 1939），pp.7-9. 后来，曼宁就大学的国际关系教育为联合国教科文组织准备了一本小册子，在这本小册子中他持相似的立场。他认为需要全面地考察国际关系的复杂现象，而长期以来讲授的现有学科都无法提供这种必需的视角。见 P. D. Marchant, "Theory and Practice in the Study of International Relations," *International Relations*, I（April 1955），pp.95-102.

62 Nicholas J. Spykman, *Methods of Approach to the Study of International Relations*, Proceedings of the Fifth Conference of Teachers of International Law and Related Subjects（Washington, DC：Carnegie Endowment for International Peace，1933），p.60. See Chris Brown, *Understanding International Relations*（New York：S T. Martin's Press，1997），p.6.

63 Brown, Ibid., chap. 12, "Conclusion：New Agendas."

64 Frederick S. Dunn, "The Scope of International Relations," *World Politics*, I（October 1948），pp.1-42.

65 Quincy Wright, *The Study of International Relations*（New York：Appleton-Century-Crofts，1955），pp.23-24.

66 Morton A. Kaplan, "Is International Relations a Discipline？"*The Journal of Politics*, XXIII（August 1961），p.463.

67 Stanley Hoffmann, ed.,*Contemporary Theory in International Relations*（Eaglewood Cliffs, NJ：Prentice Hall，1960），pp.4-6. 雷蒙德·阿隆提出了类似的观点，认为确实存在定义的困难，但不应夸大，因为每个科学学科都缺少明确的外围界限。阿隆还说，同知道现象在何处成为或不再是国际关系对象相比，知道国际关系领域主要关注的兴趣点更重要。在他看来，这一焦点就是国家之间的关系。见 *Peace and War：A Theory of International Relations*, *trans*. Richard Howard and Annette Baker Fox（New York：Praeger，1968），pp.5-8.

68 Morton A. Kaplan, *System and Process in International Politics*（New York：Krieger，1976），p.3. 为了反驳布尔对科学学派作者的批评，卡普兰在他的一篇文章里指责了传统主义者，认为他们不能正确地使用历史，陷入了过分特殊化和进行无关概括的陷阱，没有意识到现代科学学派的作者是把历史作为获取经验性资料的实验室。参见他的文章"The New Great Debate：Traditionalism vs. Science in International Relations," *World Politics*, XIX（October 1966），pp.15-16.

69 Morton A. Kaplan, "Problems of Theory Building and Theory Confirmation in International Politics", in Knorr and Verba, eds., "Theoretical Essays", p.23; Morton A. Kaplan, *New Approaches to International Relations*（New York：S T. Martin's，1968），pp.399-404. See also George Modelski, "Comparative International Systems," *World Politics*, XIV（July 1962），pp.662-674, 文章中他评论了 Adda B. Bozemand, *Politics and Culture in International History*（Princeton, NJ：Princeton

56

University Press，1960）.

70 Morton A. Kaplan，*System and Process in International Politics*，chap.2. See JamesD. Fearon，"Counterfactuals and Hypothesis Testing in Political Science," *World Politics*，43（2）（January 1991），pp.169-195.

71 "理论的实质是历史，由独特的事件和事情所构成。历史和政治中的一个事件在某种意义上决不会重复出现。它只在发生时出现一次。在这个意义上，历史超越了理论的范围。然而，所有理论都以这样一个假定为基础，即这些同样独特的事件，也是一些更具普遍意义命题较为具体的事例。完全独特、与其他任何事物没有任何共同点的东西是无法描述的。" Kenneth W. Thompson，"Toward a Theory of International Politics," *American Political Science Review*，XLIX（September 1955），p.734.

72 Martin Hollis and Steve Smith，*Explaining and Understanding International Relations*（Oxford，England：Clarendon Press，1990），pp.1-7，45-91，196-216.

73 See Fred N. Kerlinger，*Foundations of Behavioral Research*（New York：Holt，Rinehart and Winston，1966），p.11，and Robert Brown，*Explanation in Social Science*（Chicago：Aldine，1963），p.174.

74 Gustav Bergman，*The Philosophy of Science*（Madison：University of Wisconsin Press，1958），pp.31-32.

75 Abraham Kaplan，*The Conduct of Inquiry*（San Francisco：Chandler，1964），p.319.

76 Carl G. Hempel，*Fundamentals of Concept Formation in Empirical Science*（Chicago：University of Chicago Press，1952），p.36.

77 *The Ethics of Aristotle*，trans. D.P.Chase（New York：Dutton，1950），Book VI，p.147. 汉斯·摩根索赞同亚里士多德的观点，强调知识上值得了解的与实践中有用的事物是不同的。参见 "Reflections on the State of Political Science," *Review of Politics*，XVII（October 1955），p.440.

78 David Hume，"A Treatise of Human Nature：Part III. of Probability and Knowledge," in *The Essential David Hume*，Introduction by Robert P.Wolff（New York：New American Library，1969），pp.53-99. See Sheldon S. Wolin，"Hume and Conservatism," *American Political Science Review*，XLVII（December 1954），pp.999-1016. 迈克尔·波拉尼（Michael Polanyi）也探讨了理论和实践之间的差别。参见 *Personal Knowledge*（Chicago：University of Chicago Press，1958），pp.4-9ff.

79 有关国内政治结构和政治过程与对外政策之间联系的分析，见 James Rosenau，ed.,*Linkage Politics*（New York：Free Press，1969）；Henry A. Kissinger，"Domestic Structure and Foreign Policy," *American Foreign Policy：Three Essays*（New York：Norton，1969）；Wolfram Hanreidr，"Compatibility and Consensus：A Proposal for the Conceptual Linkage of External and Internal Dimensions of Foreign Policy," in Hanreider，ed.,*Comparative Foreign Policy：Theoretical Essays*（New York：McKay，1971）；Jonathan Wilkenfeld，ed.,*Conflict Behavior and Linkage Politics*（New York：McKay，1973）.

80 Fred A. Sondermann，"The Linkage Between Foreign Policy and International Politics," in Rosenau，ed.,*Linkage Politics*，pp.8-17.

81 Quincy Wright，"Development of a General Theory of International Relations," in Harrison，*Role of Theory in International Relations*，p.20.

82 Ibid., pp.21-23.

83 James N. Rosenau，*The Scientific Study of Foreign Policy*，rev. ed.（London：

Frances Pinter，1980），pp.19-31.

84 James N. Rosenau，"Probing Puzzles Persistently：a Desirable but Improbable Future for IR Theory ," in Steve Smith，Ken Booth，and Marysia Zalewski，eds.，*International Theory：Positivism and Beyond*（Cambridge，England：Cambridge University Press，1996），pp.309-317.

85 Kenneth N. Waltz，*Theory of International Politics*，*chap*.1，"Laws and Theories." （Reading，MA：Addison Wesley，1979）.

86 Barry Buzan，"The Level of Analysis Problem in International Relations Reconsidered," in Ken Booth and Steve Smith，eds.，*International Relations Theory Today*（University Park：Pennsylvania State University Press，1995），pp.204-205.

87 霍尔斯蒂总结说，古典范式假定主权国家是全球无政府体系中的主要行为体。最近几十年，这一范式遭到了很多嘲弄，但他坚持认为古典范式仍是主导范式，大多数国际关系理论家仍然信守这一范式。参见 *The Dividing Discipline：Harmony and Diversity inInternational Theory*（Boston，MA：Allen & Unwin，1985），p.11.

88 对非国家行为体的全面探讨见 Richard W. Mansbach，YaleH. Ferguson，and Donald E. Lampert，*The Web of World Politics：Non-State Actors in the Global System*（Englewood Cliffs，NJ：Prentice Hall，1976）.

89 Samuel P.Huntington，"Transnational Organizations in World Politics," *World Politics*，XXV（April 1973），pp.333-368；Joseph S. Nye，Jr.，"Multinational Corporations in World Politics," *Foreign Affairs*，53（October 1974），pp.153-175；Robert Gilpin，*U.S. Power and the Multinational Corporation*（New York：Basic Books，1975）；David E. Apter and Louis Wold Goodman，eds.，*The Multinational Corporation and Social Change*（New York：Praeger，1976）；Raymond Vernon，*Storm over the Multinationals：The Real Issues*（Cambridge，MA：Harvard University Press，1977）；George Modelski，ed.，*Transnational Corporations and World Order*（San Francisco：Freeman，1979）；CharlesW. Kegley，Jr.，and Eugene R. Wittkopf，eds.，"The Rise of Multinational Corporations：Blessing or Curse?" in chap.5 of their *World Politics：Trend and Transformation*（NewYork：ST. Martin's，1981）；Joan Edelman Spero，*The Politics of International Economic Relations*，3rd ed.（New York：ST. Martin's，1985），chaps. 4 and 8；and Robert T. Kudrle，"The Several Faces of the Multinational Corporation," in Jeffrey A. Frieden and David A. Lake，eds.，*International Political Economy*（New York：ST. Martin's，1987）.

90 J. David Singer，in Rosenau，*Linkage Politics*，p.23.

91 Paul R. Viotti and MarkV. Kauppi.，*International Relations Theory：Realism，Pluralism，Globalism*（New York：Macmillan，1987），pp.7-8，192-193. 该书对多元主义者批判现实主义做了精彩描述。

92 Ibid.，p.204；Kegley and Wittkopf，"Blessing or Curse?"，p.139.

93 Seyom Brown，*New Forces，Old Forces and the Future of World Politics*（New York：Harper Collins，1995），p.253.

94 Richard Little，"The Growing Relevance of Pluralism?"，in Smith et al.，eds.，*International Theory，Positivism and Beyond*（op cit），pp.77-78.

95 Susan Strange，"The Defective Stage ," *Daedalus*，124（Spring 1995），p.56.

96 Jessica T. Matthews，"Power Shift ," *Foreign Affairs*，76（January/February 1997），p.53.

97 Ibid., p.51.

98 Peter Evans, "The Eclipse of the State? Reflections on Stateness in an Era of Globalization," *World Politics*, 50（October 1997）, p.71.

99 Ibid., pp.73-74.

100 Ibid., pp.69-70.

101 Ibid., pp.72, 73, 77. See also Michael Mann, "Nation-States in Europe and Other Continents: Diversifying, Developing, Not Dying ," *Daedalus*, 122（3）（1993）, pp.115-140.

102 Little, "The Growing Relevance of Pluralism?" pp.79-80. 利特尔指的是，James N. Rosenau, *Turbulence in World Politics: A Theory of Change and Continuity*（New York: Harvester Wheatsheaf, 1990）, p.11.

103 参 见 Hedley Bull, *The Anarchical Society*（London: Macmillan, 1977, 1995）; Alexander Wendt, "Anarchy Is What States Make of It: The Social Construction of Power Politics," *International Organization*, 46（Spring 1992）, pp.391-426.

104 David Easton, *The Political System*（New York: Knopf, 1959）, pp.129-131.

105 David Easton, *A Systems Analysis of Political Life*（New York: John Wiley and Sons, 1965）, p.284. 不过，伊斯顿主张，至少在某些程度上，认为通过适当的国际结构和程序做出的决策具有权威性是恰当的；p.284 and pp.484-488. 国际法权威认为联合国安理会的决议具有法律约束力，然而在一些罕见的事例中，由于这些决议缺乏有效的强制机制，所以政治上国家仍然可以自由决定是否遵守这些决议。

106 Raymond Aron, "What Is a Theory of International Relations?" *Journal of International Affairs*, XXI（2）（1967）, p.190; Stanley Hoffmann, *The State of War*（New York: Praeger, 1965）, chap.2; Roger D.Masters, "World Politics as a Primitive Political System," *World Politics*, XVI（July 1964）; Waltz, *Theory of International Politics*, p.113.

107 Robert O. Keohane and Joseph S. Nye, *Power and Interdependence: World Politics in Transition*, 2nd ed.（Glenview, IL: Scott, Foresman, 1989）, chap.1.

108 Ibid., pp.5, 19-22; Ernst B. Haas, "On Systems and International Regimes," *World Politics*, XXVII（January 1975）, and "Why Collaborate? Issue-Linkage and International Regimes," *World Politics*, XXXII（April 1980）; Stephen D. Krasner, "Transforming International Regimes: What the Third World Wants and Why", *International Studies Quarterly* 25（March 1981）; Stephen D. Krasner, ed., *International Organization*, XXXVI（Spring 1982）, 国际机制特辑。

109 有关对行为主义批判的讨论，见 Donald J. Puchala, "Woe to the Orphans of the Scientific Revolution," see Robert L. Rothestein, ed.,*The Evolution of Theory in International Relations*（Columbia: University of South Carolina Press, 1991）, pp.39-61.

110 Hedley Bull, "International Theory: The Case for a Classical Approach," *World Politics*, XVIII（April 1966）, p.361. 布尔的文章重印登载于 Knorr and Rosenau eds., *Contending Approaches to International Politics*（Princeton: Princeton University Press, 1970）,pp.72-73.

111 Chris Brown, *Understanding International Relations*（New York: S T. Martin's Press, 1997）, pp.36-37. 布朗指的"两种文化"是人文科学和"硬"科学。

112 Charles W. Kegley, Jr., and Eugene R.Wittkopf, *World Politics: Trend and*

Transformation，4th ed.（New York：S T. Martin's Press，1993），p.27.

113 Bull，"*Case for a Classical Approach*，" 提出了所有这些批评和其他的批评。

114 J. David Singer，"The Incompleat Theorist：Insight Without Evidence，" in Knorr and Rosenau，eds.，*Contending Approaches to International Politics*,pp.72-73.

115 Klaus Knorr and Sidney Verba，eds.，*The International System：Theoretical Assays*（Princeton，NJ：Princeton University Press，1961），p.16.

116 这方面广泛的文献包括 J. Baudrillard *Seduction*（New York：S T. Martin's Press，1990）；J. Der Derian and M. J. Shapiro，eds.，*International/Intertextual Relations：Postmodern Readings of World Politics*（Lexington，MA：Lexington Books，1989）；M. Foucault，*The Archaeology of Knowledge*（New York：Pantheon，1972）；Jim George，*Discourses of Global Politics：A Critical（Re）Introduction to International Relations*（Bouldler，CO：Lynne Rienner Publishers，1994），especially pp.139-233；Jurgen Habermas，*The Philosophical Discourse of Modernity*，Twelve Lectures，trans. Frederick G. Lawrence（Cambridge，MA：MIT Press，1995）；M. Hollis and S. Smith，*Explaining and Understanding International Relations*（Oxford，England：Oxford University Press，1990）；Yosif Lapid，"The Third Debate：On the Prospects of Theory in a Post-Positivist Era，" *International Studies Quarterly*，33（1989），pp.235-254；J. E Lyotard，*The Postmodern Condition*（Minneapolis：University of Minnesota Press，1984）；P. M. Rosenau，*Postmodernism and Social Sciences*（Princeton，NJ：Princeton University Press，1992）；Smith et a L.，eds.，*International Theory：Postivism and Beyond*；Michael W. Doyle and G. John Ikenberry，eds.，*New Thinking in International Relations*（Boulder，CO：Westview，1997）.

117 Smith，"Positivism and Beyond，" in Smith et a1.，*International Theory：Positivism and Beyond*，esp. pp.11-18.

118 女性主义的文献包括 M. L. Adams，"There's No Place Like Home：On the Place of Identity in Feminist Politics，" *Femintst Review*，（31）（1989），pp.22-33；F. Anthias and N. Yuval-David withH. Cain，eds.，*Racialized Boundaries*，*Race*，*Nations*，*Gender*，*Colour*，*and the Anti-Racist Struggle*（London：Routledge，1993）；M. Cooke and A. Wollacott，eds.，*Cendering War Talk*（Princeton，NJ：Princeton University Press，1993）；A. Curthoys，"Feminism，Citizenship and National Identity"，*Feminist Review*（44）（1993），pp.19-38；C. Enloe，*Bananas，Beaches and Bases：Making Feminist Sense of International Politics*（London：Pandora，1989）；P.Holden and A. Ardene，eds.，*Images of Women in Peace and War*（London：Macmillan，1987）；M. Hutchinson，*The Anatomy of Sex and Power*（New York：William Morrow，1990）；S. Jeffords，*The Remasculinization of America：Gender and the Vietnam War*（Bloomington：Indiana University Press，1989）；C. Mackinnon，*Towards a Feminist Theory of the State*（Cambridge，MA：Harvard University Press，1989）；N. Funk and M. Mueller，eds.，*Gender Politics and Post-Communism*（London：Routledge，1993）；V. Moghadam，*Identity Politics：Cultural Reassertion and Feminisms in International Perspectives*（Boulder，CO：Westview Press，1993）；V. S. Peterson，ed.,*Gendered States：Feminist（Revisions of International Relations Theory*（Boulder，CO：Lynne Rienner，1992）；V. S. Peterson and A. S. Runyan，*Global Gender Issues*（Boulder，CO：Westview Press，1993）；Christine Sylvester，*Feminist Theory and International Relations in a Post-Modernist Era*（Cambridge，

60

England: Cambridge University Press, 1994); and J. A. Tickner, *Gender in International Relations: Feminist Perspectives ona Changing Global Security* (New York: Columbia University Press, 1992). Christine Sylvester, "The Contributions of Feminist Theory to International Relations," in Smith et al., *International Theory: Positivism and Beyond*; Jean Bethe Elshtain, "Feminist Inquiry and International Relations," in Doyle and Ikenberry eds., *New Thinking in International Relations*.

119 Yosef Lapid, "Prospects of International Theory in a Post-Positivist Era," *International Studies Quarterly*, 33 (1989), p.249.

120 Richard K. Ashley and R. B. J. Walker, "Reading Dissidence/Writing the Discipline: Crisis and the Question of Sovereignty in International Studies," *International Studies Quarterly*, 34 (1990), p.368.

121 John A. Vasquez, "The Post-Posivitivist Debate: Reconstructing Scientific Enquiry and International Relations Theory After Enlightenment's Fall," in Ken Booth and Steve Smith, eds., *International Relations Theory Today* (University Park: Pennsylvania State University Press, 1995), p.225.

122 Barry Buzan, "The Timeless Wisdom of Realism?" in Smith et al. , *International Theory: Positivism and Beyond*, esp.pp.50, 55, 58-59。

123 David Hume, *Essays and Treatises on Several Subjects*, Vol. I (Edinburgh: Belland Bradfute, and W. Blackwood, 1925), pp.331-339. Reprinted in Arend Lijphart, ed.,*World Politics* (Boston: Allyn & Bacon, 1966), pp.228-234.

124 所有例子均引自 Morgenthau, *Politics Among Nations*, pp.161-166.

125 Ernst B. Hass, "The Balance of Power: Prescription, Concept or Propaganda?" *World Politics*, V (July 1953), pp.442-477.

126 Inis L. Claude, Jr., *Power and International Relations* (New York: Random House, 1962), pp.13, 22.

127 本段和接下来的一段是对几个不同来源的综合。较为全面探讨均势的, 见 Claude, *Power and International Relations*; Edward V. Gulick, *Europe's Classical Balance of Power* (Ithaca, NY: Cornell University Press, 1955); Sidney B. Fay, "Balance of Power," in *Encyclopedia of the Social Science*, Vol. II (New York: Macmillan, 1930); Alfred Vagts, "The Balance of Power: Growth of an Idea," *World Politics*, I (October 1948), pp.82-101; and Paul Seabury, ed.,*Balance of Power* (San Francisco: Chandler, 1965).

128 Quoted in Gulick, *Europe's Classical Balance of Power*, p.34.

129 "Memorandum on the Present State of British Relations with France and Germany," in Gooch and Temperly, *British Documents on Origin of War*, III, p.402.

130 Winston S. Churchill, *The Gathering Storm* (Boston: Houghton Mifflin, 1948), pp.207-210.

131 Herry Kissinger, *Diplomacy* (New York: Simon and Schuster, 1994), p.20.

132 Nicholas J. Spykman, *American Strategy and World Politics* (New York: Harcount Brace, 1942), pp.21-22.

133 Morgenthau, *Politics Among Nations*, chap.14.

134 Ernst B. Hass, "The Balance of Power as a Guide to Policy-Making," *Journal of Politics*, XV (August 1953), pp.370-398.

135 Waltz, Theory of International Relations, pp.117-123.

136 Arthur Lee Burns, "From Balance to Deterrence: A Theoretical Analysis," *World Politics*, IX（July 1957）, p.505. 尽管伯恩斯主张五个国家是安全所需的最佳数量，但是卡普兰认为五个国家只是安全所需的最低数，而且随着国家数量的增加会更加安全，但国家数量还没有一个确定的上限。"Traditionalism vs. Science" in *International Relations*, p.10.

137 Burns, "From Balance to Deterrence," p.508.

138 R. Harrison Wagner, "The Theory of Games and the Balance of Power," *World Politics*, 38（July 1986）, p.575.

139 参见 Glenn H. Snyder, "Balance of Power in the Missile Age," *Journal of International Affairs*, XIV（1）（1960）; Herz, *Balance Systems and Balance Policies ina Nuclear and Bipolar Age*, 随后引用的书籍和文章将在本书关于威慑和军控的第八章做广泛讨论。

140 关于国际关系中定量研究的例子，见 Claudio Cioffo-Revilla, *The Scientific Measurement of International Conflict: Handbook of Datasets on Crises and Wars, 1495-1988A. D.*（Boulder, CO: Lynne Reimer Publishers, 1990）; Daniel Frei and Dieter Ruloff, *Handbook of Foreign Policy Analysis*（London: Martinus Nijhoff, 1989）; Francis W. Hoole and Dina A. Zinnes, eds., *Quantitative International Politics*（New York: Praeger Publishers, 1976）; P.Terrence Hopmann, Dina A. Zinnes and J. David Singer, eds., *Cumulation in International Relations Research*（Denver, CO: University of Denver/Graduate School of International Studies, 1981）; Morton A. Kaplan, ed.,*New Approaches to International Relations*（New York: S T. Martin's Press, 1968）; Urs Luterbacher andMichael D.Ward, ed.,*Dynamic Models of International Conflict*（Boulder, CO: Lynne Rienner Pubishers, 1985）. Richard L. Merrittand Stin Rokkan, ed.,*Comparing Nations: The Use of Quantitative Data in Cross-National Research*（New Haven, CT: Yale University Press, 1966）; John E. Mueller, ed.,*Approaches to Measurement in International Relations: A Non-Evangelical Survey*（New York: Appleton, 1969）; Emerson M. S. Niou, Peter C. Ordeshook, and Gregory F. Rose, *The Balance of Power: Stability in International Systems*（New York: Cambridge University Press, 1989）; Charles W. Kegley, Jr., and Gregory A. Raymond, *When Trust Breaks Down: Alliance Norms and World Politics*（Columbia, SC: University of South Carolina Press, 1990）; James N. Rosenau, ed.,*International Politics and Foreign Policy*（New York: Free Press, 1969）; James N. Rosenau, ed.,*In Search of Global Patterns*（New York: Free Press, 1976）; Rudolph J. Rummel et al., *Dimensions of Nations*（Evanston, IL: Northwestern University Press, 1967）; Rudolph J. Rummel, *Understanding Conflict and Wars*（5 vols.）（London: Sage Publications, 1981）; BruceM. Russett, *International Regions in theInternational System*（Chicago: Rand McNally, 1967）; Bruce M. Russett, ed.,*Peace, War, and Numbers*（London: Sage Publications, 1972/1977/1978）; J. David Singer, *Quantitative International Politics: Insights and Evidence*（New York: Free Press, 1968）; J. David Singer, ed.,*The Correlates of War*（London: Collier Macmillan Publishers, 1979）; J. David Singer and Paul F. Kielhl, *Measuring the Correlates of War*（Ann Arbor, MI: University of Michigan Press, 1990）; J. David Singer and Michael D. Walker, eds., *To Auger Well: Early Warning Indicators in World Politics*（London: Sage Publications, 1979）; J. David Singer

62

and Richard Stoll, *QuantitativeIndicators in World Politics*：*Timely Assurance and Early Warning*（New York：Praeger Publishers, 1984）; Frank W. Wayman and Paul F. Diehl, eds., *Reconstructing Realpolitik*（Ann Arbor, MI：University of Michigan Press, 1994）.

141 Carl G. Hempel and Paul Oppenheim, "Studies in the Logic of Explanation," *Philosophy of Science*, XV（1948）, pp.135-175; and Carl Hempel, "Reasons and Covering Laws in Historical Explanation," in Patrick Gardiner, ed.,*The Philosophy of History*（Oxford: Oxford University Press, 1974）, pp.90-105.

142 Smith, "Positivism and Beyond," pp.15, 19-20.

143 Werner Heisenberg, *Physics and Philosophy*（New York：Harper & Row, 1958）, pp.179, 183, 186. 应该指出，社会科学家常常把测不准原理称为"不确定原理"，这不够准确。

144 参 见 Quincy Wright, *A Study of International Relations*, chap.7; "Educational and Research Objectives," *Western Political Quarterly*, XI（September 1958）, pp.598-606. 相对于国际关系中纯粹价值祛除的方法，规范理论有着自己的作用。另一个对规范研究作用提出的敏锐见解，Charles A. McClelland, "The Function of Theory in International Relations", *Journal of Conflict Resolution*, IV（September 1960）, pp.311-314.

145 Wright, *A Study of International Relations*, p.26.

146 Ibid., 11 and chaps. 8-11.

第二章 从现实主义到新现实主义及新古典现实主义

理论基础

63

现实主义理论的基本思想源远流长，关于这些思想的各种表述从古代一直发展到当代，并将继续发展下去。在保留那些久经考验的基本思想和核心假设的同时，如果不分析那些在新的形势下对现实主义理论所做的新的诠释和修正，那么任何关于现实主义理论的讨论都将是不完整的。本章将在最广泛的意义上全面讨论现实主义理论，其中包括20世纪的理论家汉斯·摩根索提出的古典现实主义理论，肯尼思·沃尔兹的新现实主义—结构现实主义理论，以及最近的新古典现实主义理论——对国际关系理论的现实主义传统思想的最新发展。现实主义理论的传统思想是如此开阔和多样化，以致于我们面对的不只是一种现实主义理论，而是多种现实主义理论，也就是说，在现实主义的框架或范式内有多种理论。

本章将对不同的现实主义理论加以比较。古典现实主义理论主要有两个研究重点：国际体系分析层次和国家（单元行为体）分析层次。新现实主义或结构现实主义理论致力于从国际体系层次来探索国际政治的本质，而新古典现实主义理论则从国家或行为体层次进行分析。它们丰富并复兴了现实主义理论，也使古典现实主义理论的思想传统进一步发扬光大。

从第二次世界大战结束直至20世纪80年代初，现实主义理论在国际关系研究领域一直占据统治地位。古典现实主义理论的几个核心假定是：（1）国际体系以国家为基础，国家是国际体系中的主要行为体；（2）国际政治的本质是冲突，即无政府状态下国家争夺权力的斗争。在无政府状态下，民族国家不可避免地要依靠实力来确保生存；（3）各国拥有合法主

64 权，但因实力的大小不同而有强国和弱国之分；（4）国家是单一行为体，对外政策独立于国内政治；（5）国家是根据国家利益进行决策的理性行为体；（6）权力是解释和预测国家行为的最重要概念。

如本章所述，尽管现实主义理论家们在某些方面存在分歧，但他们共同关注的是以下两个根本问题：（1）如何解释国家为生存所采取的行动的普遍原因与具体原因？（2）如何解释国际体系的变化动力？[1] 现实主义理论从国家和系统两个层次上寻找答案。近年来，新现实主义和新古典现实主义成了国际关系研究的主导理论。作为古典现实主义理论的新阐释，新古典现实主义的重要性日益提高。

现实主义理论一直是人们争论的中心。正如第一章所提到以及本章所讨论的，现实主义理论是对**乌托邦理论**（utopian theory）的一种批判，它为人们提供了一种不同的理论解释。与现实主义和乌托邦主义之间的论战相呼应，到20世纪后期又出现了现实主义和新自由主义学派的论战，本章对此也要加以讨论。现实主义理论认为，国际体系的基本特征是无政府状态，即国际体系缺乏合法权威。主权原则的本质是各国在法律上一律平等。因为各国都享有主权，所以不存在高于国家之上的合法权威。然而，各个国家的实力并不相同，有的国家实力强，有的国家实力弱。国际体系中的任何等级差别都来源于国家之间的实力差距。虽然国家可以组成同盟或集团，但它们最终还得靠自身的力量来确保自己的生存。从这个意义上讲，国际体系的结构导致国家采取自助战略。

国家以自助原则获取安全的最终途径（但绝不是惟一途径）是建立军备。如果每个国家都以加强军备的方式对付其他国家，结果就会导致"安全困境"。[2] 一个根本性的问题是：一国为确保自身安全所做的努力，到何种程度会被别国视为安全威胁？一国的安全感必须以另一国的被威胁感为代价吗？由于所有国家都处于一个自助体系之中，国家之间的相互信任程度很低，所以一国无法确定其他国家以防御为目的的军备建设会不会转化成进攻能力。因此，国家会加强军备以寻求安全优势。这种国家之间的相互猜疑导致军备竞赛，这就是国际体系的特征——安全困境。国际体系是一种以实力为基础的无政府结构，它缺乏能够制定行为规则的权威国际组织，也缺乏国际组织本身所需的强制执行机制。这种执行机制形成的基础，是在关于国际组织及其颁布和执行的法律等问题上达成全球共识。（关

65 于军备竞赛，见第七章）

在讨论现实主义理论的特征和主要假定，并把它和乌托邦主义理论进行比较之前，应该指出的是，就像戴维·鲍德温（David Baldwin）认为的那样，现实主义和乌托邦主义是"言过其实的术语"。[3] 在有些人看来，现实主义精明而实际地研究世界，乌托邦主义则缺乏判断能力，主要从主观愿望出发来看待世界。这种术语的使用，包括**自由**（liberal）、**新自由**（neoliberal）在内，都是不够恰当的。它们给理论贴上了不准确的标签，结果给人造成的理解上的困难并不亚于它们给人们带来的启发。乌托邦主义思想描述的是它的倡导者们想要创造的世界，现实主义思想则力图描述现实世界；现实主义强调权力至上，乌托邦主义理论并不否认权力的作用，只不过它致力于使权力服从于拥有权威的国际组织。两种理论都提出了变革世界的主张，但是它们在很多方面有根本性区别。它们的分歧并不在于权力是否是重要的变量，而是权力的重要程度、世界变革的前景，以及如何实现变革的问题。我们首先简要讨论一下乌托邦理论以及乌托邦主义和现实主义论战的内容。

乌托邦主义和现实主义的论战

"乌托邦主义—现实主义论战"是国际关系理论发展过程中最为重要的论战之一。这场论战的焦点主要是：政治行为和国际政治的无政府状态，在多大程度上能够被转化为一种以合作的规范标准和全球相互依存为基础的世界秩序。爱德华·卡尔以两次世界大战之间的外交活动为背景所进行的分析，十分详尽地描述了这一论战。[4] 卡尔认为，在很大程度上，乌托邦主义者是18世纪启蒙运动中的乐观主义、19世纪的自由主义以及20世纪的威尔逊理想主义的思想继承人。[5] 乌托邦主义者强调的是国际关系应是什么样的，所以它蔑视均势政治、军备、以武力解决国际问题，以及一战前的秘密同盟条约。它强调国际社会的合法权利和义务，强调和平条件下利益的自然和谐（这使人联想起亚当·斯密的"看不见的手"[6]）是维持国际和平的调节器，强调要依靠道理来处理人类事务，并确信世界公众舆论在建立和维护和平中的作用。

国际关系理论中的乌托邦主义吸取了18世纪启蒙运动时期的思想，其基本假定认为，环境决定人类行为，环境因素的改变是改造人类行为的基础。与现实主义理论形成鲜明对照的是，乌托邦主义认为人类是可以自我

完善的，至少是可以自我改善的。通过建设国际联盟和联合国这类新型国
际组织，就可以改变国际社会的政治环境；建立行为规范，政治行为就会
发生变化。一旦这些标准建立起来，就能培养出有教养的选民，选出接受
并改善行为规范的领导。乌托邦主义认为，开明进步的公众舆论能够做出
理性的选择。乌托邦主义理论的核心假定是，以和平时期的个人利益为基
础，可以实现集体利益或国家利益的和谐。个人的最高利益与团体的利益
是一致的。如果国家没有实现和平，那是因为国家领导层未能顺应民意。
由代议制政府组成的国际体系（用威尔逊的话来说，那将是一个为了民主
而建立安全的世界）必将是一个和平的世界。正因为如此，乌托邦主义理
论的一个根本原则就是民族自决。如果人民能自由地选择政府，他们就会
选择代议制，这样就能为实现和平时期的利益和谐而建立必需的框架。正
如下文，尤其是第八章将要说明的那样，对民主与和平的关系的研究一直
是国际关系理论的永恒话题。在这方面，最新的一种理论就是所谓的民主
和平论。

在第一章我们曾提到过，国际关系理论根植于西方思想之中，但是乌
托邦主义则始于20世纪国际关系理论发展的初期。[7]如爱德华·卡尔所说：
"国际关系学诞生于一场规模巨大的灾难性战争。对这门新兴学科的创始
人来说，支配着他们并给他们以激励的是这样一个目的：避免再次发生这
种国际政治疾病。"[8]认识到第一次世界大战的破坏性后果，人们要求建立
以国际联盟盟约为形式的国际规范和国际制度，以及由国联缔造者们建立
起来的集体安全框架。在卡尔看来，愿望是思想之父，从这个意义上讲，
消灭战争或减少战争的破坏性的愿望是国际关系理论产生的前提。卡尔还
认为，目的，或目的论，先于思想并决定思想。在一个新兴研究领域的初
级阶段，主观愿望的力量压倒了一切，而有关分析事实和解决问题的方式
的思想则十分微弱甚至没有。[9]两次世界大战之间的几十年里，乌托邦主
义主导着国际关系理论的发展。在当时的英国和美国，情况尤其如此。乌
托邦主义最主要的观点是倡导国际主义而谴责民族主义，它判断国际事件
的依据，是看事件在多大程度上符合国联和国际法规范所确立的标准。当
时涌现出大量极具规范意味的著作，其目的就像洛斯·迪金逊（G. Lowes
Dickinson）在其著作的序言中所宣称的那样，在于"传播关于国际关系现
状的知识，提倡以国际主义的而非民族主义的方式处理国际事务……因为
政府和统治阶层无法拯救世界，只有世界人民的公众舆论才能拯救世界。

这种公众舆论不会被错误的表述所愚弄，也不会被激情所误导"。[10] [除迪金逊之外，乌托邦主义理论家还包括尼古拉斯·默里·巴特勒（Nicholas Murray Butler）、詹姆斯·肖特韦尔（James T. Shotwell）、阿尔弗雷德·齐默恩、诺曼·安吉尔（Norman Angell）以及吉尔伯特·默里（Gilbert Murray）]

与乌托邦主义不同，现实主义强调的不是理想，而是国际关系中的权力和利益。从根本上讲，现实主义是保守的、经验主义的和谨慎的。它对理想主义原则持怀疑态度，重视历史的经验教训，主要从悲观而不是乐观的角度看待国际政治。现实主义者知道权力关系通常被掩盖在道德或法律术语之中，他们仍将权力视为社会科学最根本的概念（如同能量概念在物理学中的地位）。他们批评乌托邦主义者，认为后者追求虚幻的目标，而不是进行科学的分析。因此，乌托邦主义者希望实现使裁减军备成为可能的国际变革，而现实主义者则强调国家安全，强调外交要以军事力量和均势来支撑，因为他们认为国家安全是最大和最迫切的需要。对现实主义者来说，依靠理性、公众舆论以及国际联盟这样的国际组织来维护国际和平是软弱无力的，20世纪30年代的事实已经说明了一切，例如它们未能使满洲和埃塞俄比亚免遭侵略。在后来几十年里，它们同样也未能防止冷战，以及冷战后出现的地区和种族冲突。

通过对两次世界大战之间的国际关系的分析，卡尔认为，"现代国际危机的深层含义，是乌托邦主义以利益和谐概念为基础的整体结构的崩溃"。[11] 在他看来，当时的乌托邦主义理论只不过维护了占据统治地位的维持现状的英语国家的利益。它只反映满意现状者的利益，而不考虑不满现状者的利益；只维护获益者，而不考虑失利者。特别是乌托邦主义的核心信条——和平时期的利益和谐论——对那些满足于第一次世界大战结果的国家是适用的，如英国和美国，对那些不满现状的国家，如德国、意大利和日本，情况则相反。

不过，作为一个实用主义者，卡尔对乌托邦主义和现实主义都进行了批评。他认为，乌托邦主义者忽视了历史教训，但现实主义者对历史的认识过于悲观；理想主义者夸大了选择的自由，现实主义者则夸大了因果律，结果陷入宿命论；理想主义者将国家利益与国际社会的普遍道德准则混为一谈，而现实主义者则过于愤世嫉俗，因而不能为有目的、有意义的行动提供依据。[12] 也就是说，现实主义者否认人类思想可以改变人类的行为。

在乌托邦主义者看来，目的和意图先于观察，柏拉图的理想先于亚里士多德的分析。理想可能完全是不现实的。卡尔以企图把铅炼成金的炼金士们为例指出，当炼金士们的理想目标未能实现时，他们更加仔细地分析了事实，结果产生了现代科学。[13] 卡尔总结说，健全的政治理论应既包含乌托邦主义也包含现实主义，既包含权力也包含道德价值观。[14]

68　新现实主义和新自由主义的论战

卡尔等人所说的乌托邦主义者与现实主义者的论战，后来被他们各自的理论继承者之间的论战所取代，这就是新自由主义者和新现实主义者的论战。尽管这两次论战有很大的不同，但其基本特征有相似之处。在新现实主义—新自由主义论战中，双方的主要分歧并不是无政府状态是否存在，而是无政府状态的含义及影响，以及像联合国、北大西洋公约组织和欧洲共同体以及欧盟这样的国际组织能在多大程度上改变无政府国际体系的基本结构。新自由制度主义理论包含了现实主义的基本假定，即国家是主要的行为体，国家根据其对国家利益的认识采取行动，权力仍然是重要变量，世界政治的结构是无政府的。罗伯特·基欧汉认为，如果新现实主义者和新自由制度主义者要认识国际关系，就要在有关国际制度的作用方面寻找共同点。作为一个自由制度主义者，基欧汉也承认，"国家利用国际制度追求利益的事实，并不能说明如果国家利益发生变化国际制度就重要了"。[15] 他还断言，"现实主义者和制度主义者都认为，如果没有霸权统治或共同利益作基础，国际制度就不可能维持下去"。新现实主义者和新自由制度主义者都认为存在国际合作的可能性，但是他们在国际合作能否成功的问题上持不同看法。

按照目前的说法，冷战的结束改变了国际政治的结构。在欧洲，两极结构的冷战体系被政治分裂所取代。同盟结构的瓦解或削弱，国家的分裂，以及国家内部的种族冲突，都表明了这一点。当前，全球范围存在着合作的条件和冲突的因素，存在着使各国既可能采取合作也可能陷入冲突的行为模式。像欧洲共同体（欧盟）、西欧联盟、欧洲安全合作组织（欧安组织）和北约这样的国际组织，它们能在多大程度上减少或消除冷战后的国际冲突，将是对新自由制度主义理论的一个检验。在新现实主义者看来，冷战后的国际体系发生了巨大变化，除非国际组织能够反映它们所处的国际体系结构，否则它们就无法有效地控制体现这种变化的国际冲突。如约翰·米尔斯海默（John Mearsheimer）所说，按照新现实主义的逻辑，"北约是冷战时期欧洲两极权力结构的根本体现，正是这种均势而非北约**本身**（per se）起了维持欧洲大陆稳定的关键作用"。[16] 新现实主义者认为，国际制度不能代替国家对自身实力的依赖。然而，新现实主义—新自由主义论战并不像乌托邦主义—现实主义论战那样尖锐对立，而是努力寻求着双方的交汇融合。这种转变为国际关系理论的进一步发展提供了潜在的基础，我们随后将加以讨论。

在深入探讨新现实主义理论之前，有必要提及古典现实主义的基本观点。为此，非常有必要简单考察其理论渊源。

现实主义理论的渊源

现实主义的理论基础可以追溯到古代。修昔底德（公元前400年）在其著名的历史著作《伯罗奔尼撒战争史》中写道："雅典人权力的增长引起了斯巴达人的畏惧，这使战争变得不可避免。"[17] 修昔底德对权力的重视，以及国家建立敌对性同盟的倾向性，使他很自然地被列为现实主义者。他从来不用道德标准来评价国家的行为，但却认识到了政治生活的现实。"强者做其权力所能，弱者受其所不得不受"，[18] 修昔底德的这句话是20世纪的现实主义思想的根本精神。正如修昔底德通过观察雅典和斯巴达的关系而获得对国家行为的认识一样，尼科洛·马基雅维利（1469～1557）分析了16世纪意大利城邦国家之间的关系，他的著作，尤其是《君主论》（The Prince），明显与现实主义理论相联：（a）强调君主必须按照与普通人不同的道德观来行事，以确保国家的生存；（b）关注权力；（c）认为政治的特征就是利益冲突；（d）持悲观主义人性观。[19]

和马基雅维利一样，托马斯·霍布斯（1588～1679）也把权力视为人类行为的重要内容，认为人类"无休止地渴望和追求权力，直到死亡来临"。[20] 霍布斯相信，"没有武力保证的契约只是一纸空文，根本不能确保人的安全"。[21] 缺乏强有力的统治，混乱与暴力将接踵而至，"如果没有建立权力机构，或这个权力还不足以保证安全，人们将会理所当然地依赖自身的技能来防范其他所有人"。[22]

和其他当代现实主义者一样，霍布斯关注的也是政治生活中的基本力量以及政治关系中的权力本质。尽管霍布斯相信，强大的君主必然用强制力来维持政治稳定，但他对根本改变人类行为或无政府状态却不抱什么希望。有些矛盾的是，在强调通过建立强有力的政治制度以掌握权力并防止冲突方面，霍布斯和主张建立世界政府（更准确地说是世界帝国）的观点更接近，而不是和强调在大国间维持均势的现实主义更接近。霍布斯认为现实主义所描述的世界类似于自然状态，但他又对建立世界帝国的可能性表示怀疑。对于现实主义者所描述的无政府状态，他的解决办法是建立一种等级秩序，在这个等级秩序中，最高权力属于君主。

黑格尔（Georg Hegel，1770～1831）比任何一个政治哲学家都更加强调国家的地位。通常来说，现实主义理论家们绝不是黑格尔派，但是，黑格尔关于国家的最大责任就是自我保存的观点却可见于现实主义理论。黑格尔推断，"国家在相互关系中都是自治的实体，条约的效力以各国的意志为基础。而且，由于作为整体的意志要谋求自己的利益，所以这种利益就作为国家的最高目标主导了国家间的关系"。[23] 黑格尔还认为，国家拥有"个体整体性"，有自身的发展规律。国家具有客观现实性，独立于公民之外而存在。黑格尔认为，国家有不同于普通人，而且超越于普通人之上的道德标准。现实主义理论虽然没有赋予国家道德以更高的地位，但是它认为，代表国家的行为可能需要采取一些文明社会所不能接受的行动。

马克斯·韦伯（Max Weber，1864～1920）的著作也是现实主义理论的先驱。他广泛研究了政治和国家的本质，并把权力作为政治的核心要素加以研究。简单的分析无法涵盖韦伯博大精深的政治思想，仅对现实主义理论而言，他的著作就影响了几代人的学术研究。对于韦伯和其后的现实主义者而言，政治的主要特征是争夺权力。政治生活中的权力因素在国际政治中尤其明显，因为"每一个政治实体都本能地希望其相邻实体是弱小的而非强大的。而且，由于每个大的政治共同体都是潜在威望追求者，因此它对相邻的政治共同体来说就是一个潜在威胁。于是，一个大型政治共同体就因其强大而总是处于危险之中"。[24] 争夺权力的政治活动中也包含着经济活动。在韦伯看来，经济政策是从属于政治的，因为"国家的权力政治利益"包括了为生存而进行的经济斗争。

韦伯所研究的那些被现实主义者关注的问题之一，是意图和结果的道德问题，也就是所谓的信念上的绝对道德与责任上的实用道德。坚持绝对道德，就是根据道德行事而不考虑其结果。但韦伯认为，在一个并不完美的世界中，领导人需要按照政治道德行事，有必要使用不道德的手段来达到好的目的。韦伯认为，信念道德不能与行为后果相分离，因为行为后果将反过来赋予责任道德以具体含义。在当代现实主义理论中，责任道德的含义源于这样一个概念：具体的政治行为必须用具体的标准来判断，而不能用抽象和普遍的标准来判断。 71

正如摩根索所说的，很多现实主义理论将韦伯的信念道德和结果道德归纳为一个原则，即不能把抽象的道德原则普遍地运用于具体的政治行为。政治领导人处于一个无政府社会之中，这个社会缺乏权威的政治组织、法律体系，以及普遍接受的行为规则。政治领导人的行为代表国家利益，他们必须要有一套和文明社会中的个人行为准则完全不同的行为准则。现实主义的假定是：国际体系是无政府的，但在民族国家内部，法律和秩序通常是压倒一切的。也就是说，无政府社会中存在着统一的国家。掌握权力的领导人发誓要让国家免受外来威胁，加强国防，以确保国家在无政府世界中生存下去。由于缺乏法律上和政治上的更高权威，国家权力成为自身安全的最终保障。在一个包括具有革命性和扩张性国家的国际体系中，要想保护国家不受敌人侵犯，政治领导人会不可避免地采取或容忍一些为文明国家中的个人或团体所不能接受的政策。因此，现实主义者认为政治不是道德哲学的实践。政治理论，包括现实主义理论，都源于政治实践和历史经验。

与现实主义相反，乌托邦主义的基本思想认为，政治可以遵守道德标准。国际法和国际组织规定的行为规范可以被建立起来，构成国际行为基础。乌托邦主义的这一假定受到现实主义理论的挑战。现实主义认为政治改革、制度发展和教育对政治行为的改造是很有限的，这不仅是因为国际体系的无政府结构，也是因为人性本身是有缺陷的，是追求权力的，是不完美的。因此，现实主义者强调把均势作为防止任何国家或政治集团获得霸权的调节机制。

尽管结构（structure）一词指的是国际体系中的行为体及它们之间的相互关系（包括权力分配），系统的结构特征决定行为的模式，但其他变量同样对国家行为体产生着重要影响。古典现实主义理论家指出了地缘的重要性。人们认为，地理因素决定了国家的选择。即使在核时代，任何一个国家都处于高精度的洲际核导弹射程之内，地理位置也会使一些国家比别的国家更容易遭到进攻。亨利·基辛格的观点反映了现实主义的地缘政治观。他指出，"美国和欧洲的对外政策都是其自身特定环境的产物。美国人生活在一个人口稀少的大陆上，两个广阔的大洋保护其不受外来侵略，周围都是弱小的邻国……困扰欧洲国家的安全困境在近150年之内丝毫没有触及美国"。[25] 一国的地理位置使其暴露于敌对邻国的程度，以及一国的地理位置保护其不受敌对邻国侵犯的程度，都必然影响这些国家的对外政策。

72

权力与国际行为

现实主义认为，国家存在于一个无政府体系中，国家政策的基础是以权力为后盾的国家利益。由于体系结构包括权力分配，权力也就成为现实主义—新现实主义理论的核心概念。此外，如果我们不能获得测量权力大小的方法，那我们理解结构内各单元之间关系的能力就会受到很大限制。因此，现实主义理论既对权力进行概念化，也对权力的大小进行测量。权力是塑造国际行为的核心变量，但也是国际关系理论中最重要和最麻烦的概念之一。鉴于权力概念在古典现实主义、新现实主义以及新古典现实主义理论中的重要性，显然有必要对权力的含义进行界定和提炼。罗伯特·吉尔平（Robert Gilpin）认为，"有关权力的定义如此之多，这是令政治学家们感到尴尬的事情"。[26] 就其基本含义而言，权力是一个行为体根据其意愿来影响另一个行为体去做或不去做某事的能力。施加影响的行为体之所以能这样做，是因为该行为体拥有一定实力。戴维·鲍德温认为，"社会科学中最普遍的权力概念把权力视为一种因果关系，在这种因果关系中，权力的行使者影响着其他行为体的行为、态度、信仰和行为倾向"。[27] 我们面对的是现实主义—新现实主义理论以及其他各种理论给权力所下的各种各样的定义，这种情况似乎证实了罗伯特·吉尔平关于权力定义问题的总结。正如鲍德温所说，肯尼思·沃尔兹反对把权力看做因果关系，而赞成关于权力的一个"古老而简单的定义，即一个行为体强大到这样的程度，它对其他行为体的影响大于它们对它的影响"。[28] 沃尔兹还认为测量国家的实力大小是可能的，测量的依据是"各国在以下**各方面**（all）所具备的条件：人口和领土的规模、资源条件、经济实力、军事力量，以及政治稳定程度和竞争力"。[29]

20世纪中期是现实主义盛行的时代，权力概念在现实主义—新现实主义著作中无所不在，关于它的定义也是多种多样。这种情况也反映在其他一些著作之中。尼古拉斯·斯拜克曼认为，"权力是一切文明生活最终赖以存在的基础"。权力是通过"说服、收买、交易和胁迫"的方式，促使他人或团体按自己的意愿行事的能力。[30] 罗伯特·斯特拉斯－霍普认为，"对权力的追逐支配着"国际政治，"历史上总有一些国家在为扩大或维护权力而进行殊死的斗争"。[31] 在阿诺德·沃尔弗斯看来，权力是"根据自己的意愿指使他人做某事或不做某事的能力"。他还认为，很重要的一点是要"注意权力和影响之间的区别。权力指用威胁或实施剥夺的方式使他人做某事的能力，而影响是用承诺或施惠的方式使他人做某事的能力"。[32] 约翰·伯顿（John Burton）虽然不是现实主义理论学派或强权政治的支持者，但他也认为，"在所有的国际关系思想中，也许最一致的认识莫过于这个假设：国家靠权力生存，用权力实现目标，因此权力的运用成为所要解决的主要问题"。[33] 罗伯特·吉尔平认为，一国的权力来自它的军事、经济和技术力量，而它的威望则来自"其他国家对该国的实力以及该国运用其权力的能力和意愿的认识"。[34]

　　国家的权力由各种实力构成。有些实力是经济方面的，如工业化程度和生产力水平、国民生产总值、国民收入、人均收入，等等。查尔斯·金德尔伯格（Charles P. Kindleberge）对国际政治中的经济和国际经济中的政治予以分析，从政治和经济相互关系的角度来分析权力。他认为，权力就是"可以有效使用的力量"，也就是说，权力是为达到特定目标而具备的"力量，**以及**（plus）有效使用这种力量的能力"。[35] 由此可见，和其他几位学者一样，金德尔伯格区分了目的和手段的不同之处，或者说区分了手段的使用和目的的实现之间的不同之处。战略的实质是如何组织实力以实现特定的目标。在实现既定目标的过程中，如果不能从战略高度把实力有效地结合起来，就可能会浪费可用的物质手段。由此可见，战略本身就是一种实力。不管手段是否实际上被用于了实现特定的目标，手段是以实力的形式存在的。

　　在金德尔伯格看来，即使没有被用以追求特定的目标，力量作为一种手段也是客观存在着的，而权力则是在实现特定目标的过程中对力量的具体运用。用金德尔伯格的话来说，"威望是用权力获得的一种尊重，影响是改变他人决定的能力，强制是使用物质手段来影响他人的决定。至于支配，是指这样一种情况，即A能够影响B的很多决定，而B却做不到这一点"。[36]权力概念就这样与国家经济的适应能力和灵活性联系起来了。这就是权力运用效率的含义。权力在本质上是能动的和变化的，而非静止的。只有能适应变化的国家或实体才有可能掌握权力，并有效运用权力以实现其特定目标。

从权力的角度看，相互依存意味着一国以某种方式影响他国的能力。如果依存是相互的，中断彼此之间业已存在的关系将会对双方都带来损害。这种相互依存概念决定了核时代国家之间的相互威慑关系。任何一个核大国的生死存亡，都取决于另外一个或多个核大国不使用核武器摧毁该国的决定。这也是相互依存的一种表现形式。在两个处于相互依存关系的国家间，随着相互依存程度的增长，双方运用权力的成本和收益也会随之增加。戴维·鲍德温认为，依存关系是这样一种影响方式，其中一个行为体在某方面的能力（例如切断对另一个行为体的主要资源的供应，如石油）能够增强它在其他方面对弱势一方施加影响的能力。[37]与此紧密相关的是分析权力与依存两者关系时的成本问题。依存程度取决于放弃目标（如石油）付出的机会成本，或取决于依存国在多大程度上能够找到另一个资源供应者或另一种替代能源。[38]詹姆斯·卡波拉索（James A. Caporaso）也同样认为，依存的性质包括：（1）依存国对某种物品的需求是该国的重大利益；（2）施加影响的一方控制这种物品的程度；（3）对某种物品有特定依赖性的依存国寻找可替代物品的能力。[39]

人们通常认为，权力取决于特定环境。虽然权力远不如金钱那样容易转换（任何数量的金钱都可以用于任何目的），不过权力的某些方面比其他方面容易转换，所以我们也同样可以对权力进行测量。鲍德温认为，如果必须把权力和运用权力的形势相联系，那么把国家划分为大国和小国这两种类型的做法，即使不会造成误解，也是不够恰当的。因为这种划分泛指的是一般情况，而不涉及具体情况或具体问题。[40]人们认为，研究国际政治的学者有必要在大量问题中分析多种多样的权力分配形式，同时也要认识到权力分析的局限性。造成这种局限性的原因，是由于缺乏共同的政治价值标准来比较权力的不同形式和权力的不同运用。

迈克尔·沙利文（Michael P. Sullivan）的著作对测量权力的种种努力进行了分析和综合。他认为，主要的困难在于必须确定国际行为的类型，而权力又是解释这些国际行为的核心变量。由于缺乏对国际行为类型的明确认识，我们可能会错误地以为，不同类型的国际行为可以用同一种权力标准来解释。[41] 沙利文进一步认为，必须把作为属性或作为实力的权力与作为影响力的权力区分开来。一般来说，拥有最大权力的国家可能拥有最强的影响力，但例外情况也是存在的。关于权力是核心变量的问题，或许我们需要有另一种解释才行。在探讨权力时，沙利文指出了许多可量化的因素：人口、领土、资源、教育和技术水平、国民生产总值、科技基础、进出口贸易额、国外投资、军费开支、军队规模、农业生产力以及粮食供给等。能对国家权力进行测量，就有可能对国际体系层次上的权力进行测量，如同盟和非政府组织的成员数量，整个国际体系中成员之间的实力分配（这是判断两极和多极体系的基础）。我们判断国际体系的极的能力，取决于我们在多大程度上能够提出测量权力和同盟的方法。

在现实主义理论中，权力是认识国家行为的核心概念，因此，更为明确地界定权力是十分必要的。权力被定义为国家所拥有的各种实力的总和，但是，一个国家权力的大小，是和与之冲突的国家的权力相比较而言的。如前所述，人们认为权力大小是随形势的变化而变化的，或者说，权力的大小取决于运用权力所要针对的具体问题、对象或目标。经济力量再强大，也不能阻挡装甲部队的前进，而凭借军事力量也不足以确保国家在全球贸易中的优势地位。将属性或实力进行具体化并加以比较，只能反映静态的权力。不管是谁赢得了战争或贸易谈判，最重要的问题是互动过程的结果。如何运用权力实现目标是战略的意义，战略的实质就是为最大程度地确保成功而组织自己的实力。这就是处于动态中的权力。最后，就像我们看到的那样，关于权力的著述还研究影响力，研究战略在多大程度上把实力转化为对他人行为的影响，以实现自己的目标。现实主义理论把定义和测量权力的问题留给了新现实主义者，以及那些希望认识权力在历史、当代和未来世界中作用的人。

20世纪中期的现实主义国际关系理论

植根于历史和政治思想传统的现实主义理论假设，在下面这些学者的著作中备受推崇，他们包括新教神学家莱因霍尔德·尼布尔，外交家兼对外政策设计者和外交史学家乔治·凯南，地缘政治学家尼古拉斯·斯拜克曼，决策者兼历史学家和战略分析家亨利·基辛格，政治学家和地缘政治的研究者罗伯特·斯特拉斯－霍普，以及现实主义理论的创始人汉斯·摩根索。摩根索对古典现实主义和新现实主义理论的发展产生了深远的影响。尽管篇幅有限，不允许我们对上述学者和其他一些学者的著作进行详细的论述，我们仍将对汉斯·摩根索的思想加以评述。

汉斯·摩根索 在20世纪，汉斯·摩根索（1904 ~ 1980）对现实主义理论发展的影响之大，其他学者难以望其项背。现实主义理论中的概念，如理性决定的国家利益、权力、均势，以及无政府世界中权力的运用等，在摩根索的著作里获得了最充分的阐述。现实主义理论的批评者常常把矛头对准摩根索，而那些致力于以新现实主义来重构现实主义的人，也是把研究摩根索作为必要的起点。

76　　摩根索的现实主义理论的核心有六个基本原则。第一，他认为政治关系受制于人性深处的客观规律。这些规律"不为我们的喜好所左右，违背它们，就要冒失败的危险"。[42] 在摩根索看来，因为这些规律不能改变，所以要想变革社会，就必须首先认识这些社会规律，然后以这些认识为依据制定公共政策。此外，还必须运用历史资料来分析政治行为及其后果。在分析和借鉴浩瀚的历史材料时，研究政治学的人应当努力设身处地，从"在具体环境中面临具体对外政策问题的政治家"的角度来看待问题，并问自己："对处于具体情况下解决问题的政治家来说，都存在哪些合理的选择（假定他总是采取理性行为）；在当时条件下，他最可能的选择是什么。正是这种以事实及其结果来检验理性假说的过程，才使国际政治的事实具有了意义。"[43]

　　第二，摩根索认为政治领导人是"从以权力界定利益的角度进行思考和行动的"，并认为历史已经证实了这一假设。[44] 作为摩根索现实主义理论的核心概念，这个假设使差别悬殊的民族国家的看似不同的对外政策具有了连贯性和一致性。此外，"以权力界定利益"的概念使人们评价不同历史时期的政治领导人的行为成为可能。根据摩根索的观点，国际政治就是在外交或战争的基础上调和与解决国家利益的过程。

　　　国家利益概念预先假定，所有国家追求国家利益的行为既不会造就一个自然和谐与和平的世界，也不必然导致战争。恰恰相反，这个概念假定，通过外交活动不断调整相互冲突的利益，就可以把持续不断的冲突和战争威胁减少到最低限度。[45]

第三，摩根索承认，"以权力界定利益"的含义不易确定。然而，在一个主权国家争夺权力的世界里，生存是每个国家对外政策的最低目标和国家利益的核心，每个国家都被迫"保护自己自然的、政治的和文化的身份，使之不受其他国家的侵犯"。由此可见，国家利益等于国家的生存。"国家利益是国家的领土、政治制度和文化的完整统一，因此只有分开来看，才能比较容易地确定具体情况下的国家利益"。[46] 摩根索认为，只要世界是由各国在无政府状态下构成的，"国家利益就是世界政治的核心"。所以，政治被定义为是权力斗争，其本质就是利益。

一旦生存有了保障，国家便可追求次要的利益。摩根索认为，忽视国家利益的国家只能导致自身的毁灭。为了说明国家利益的意义，以及区分首要利益与次要利益的必要性，摩根索列举了历史上的几个例子。[47] 1939年到1940年，假如英国把对芬兰的政策建立在法律和道德的基础上，并向芬兰提供大规模的军事援助以抵御苏联的入侵，那么英国的实力就会被严重削弱，难以抵抗纳粹德国的毁灭性打击，就无法恢复芬兰的独立，也不能捍卫自己最根本的国家利益，即自身的生存。各国只有在捍卫了与国家存亡最密切相关的国家利益之后，才能去追求次要的利益。

第四，摩根索认为，"必须依据具体的时间和地点，而不能用抽象和普遍的公式把普遍的道德原则应用于国家的行为"。[48] 民族国家在追求利益时所遵循的道德，不同于普通人在处理人际关系中所遵循的道德。政治家作为国家领导人采取行动时，政策的政治后果是评判政策的标准。把个人道德同国家道德混为一谈，就是制造民族灾难。因为国家领导人的首要职责是保证民族国家的生存，他们对公民的义务要求他们有一种与个人不同的道德判断模式。但以上观点并不意味着摩根索忽视伦理道德。他无法想象任何一种国家利益观能允许大清洗、严刑拷打，以及在战争中对平民进行大屠杀的政策。他将伦理道德视为对政治行为的一种约束机制，但他同时又如格雷格·罗素（Greg Russell）所说的那样，提醒现实主义者"将政治行为的道德意义看做是道德命令和政治成功之间必然相互冲突的产物"。[49]

第五，摩根索认为，政治现实主义不把"某个国家的道德追求等同于普遍的道德规范"。[50] 实际上，如果把国际政治放在以权力界定国家利益的框架内，"我们就能像判断自己的国家一样来判断其他国家"。[51] 在这方面，摩根索的现实主义与20世纪著名的新教神学家莱因霍尔德·尼布尔的思想是相似的。尼布尔的著作广泛涉及了国际关系和对外政策的方方面面。

第六，也是最后一点，摩根索强调了政治学的独立性。政治行为必须用政治标准来判断。"经济学家们的问题是：'这项政策如何影响社会福利或部分人的福利？'法学家们的问题是：'这项政策符合法治精神吗？'而现实主义理论家的问题是：'这项政策对国家权力有何影响？'"[52]

在权力斗争中，各国奉行的政策目标不是维持现状，就是谋求帝国主义的扩张，或是获得威望。根据摩根索的观点，国内政治和国际政治可以归结为三种基本类型，也就是说，"一项政治政策所谋求的不是维持权力，就是增加权力，或是显示权力"。[53]

维持现状的政策旨在保持现有的权力分配关系，但采取这种政策的国家并不必然会阻止所有的国际变革。维持现状的国家所要阻挠的，是那些可能导致国际社会权力分配发生根本变化的变革。摩根索以门罗主义作为维持现状政策的例子。门罗主义符合他的两条标准，第一，其目的在于维持西半球现有的均势；第二，它表明美国无意阻挠一切变化，相反，美国只反对危及现有权力分配关系的变化。同样，战争结束后缔结的条约总是把当时的现状用法律形式固定下来。

帝国主义政策是国家的第二种主要选择。这种政策旨在"推翻现存的国家间权力关系"。[54]实行帝国主义政策的大国其目标是取得地区主导权，或建立大陆帝国，或称霸世界。一国采取帝国主义政策，可能是因为赢得了战争，也可能是因为战败，或者是因为其他国家实力弱小。如果国家领导人预期该国将赢得战争，该国的目标就可能会从恢复现状变成永久地变更权力分配关系。此外，战败国也可能推行帝国主义政策，以此"扭转对战胜国有利的局面，打破战胜国建立的现状，改变本国在权力等级中的地位"。[55]最后，弱国的存在也会使强国难以抵御帝国主义政策的诱惑。

为了达到帝国主义政策的目标，一国既可能使用军事力量，也可能使用文化手段或经济手段。军事征服是帝国主义最古老、最明显的一种表现形式。经济帝国主义不如军事征服那么有效，但如果一个帝国主义国家不能用军事手段取得对他国的控制，它就可能会使用经济手段达到目的。文化帝国主义指的是对人的思想施加影响，"是改变两国权力关系的一种手段"。[56]（对帝国主义理论的分析见第九章）

在摩根索看来，国家可能推行威望政策。这种政策是"推行维持现状政策或帝国主义政策的国家实现其最终目标的手段之一"。[57]它的目的是"运用本国的权力给他国造成深刻印象。这种权力可能是该国实际拥有的，也可能是它自以为拥有的，或希望别国相信它拥有的"。[58]摩根索指出了国家推行这种政策的两种形式：外交和炫耀武力。当一个国家的权力拥有了巨大声望，使它实际使用权力成为多余，威望政策就取得了成功（政治影响就是通过构成国家的权力的属性和实力施加影响，这一点前面已经指出过）。一国的威望可能在其实际权力衰落之后仍然存在相当长的时间。

　　摩根索不仅关注权力之争，也关注国际和平的条件。他的国际秩序概念同国家利益概念是紧密相关的。追求对国家生存并非至关重要的国家利益导致了国际冲突。尤其在20世纪，各国所追求的是全球性目标而不是较为有限的目标。在摩根索看来，后一种目标才是国家利益的根本所在。谨慎而精明的国家领导人认识到，对其他国家合法的国家利益的尊重，是本国国家利益的一部分。现代民族主义以及20世纪出现的救世主式的意识形态，使国家利益变得含糊不清。有些国家以扩大共产主义或确保世界安全和民主为借口，干涉那些对其国家安全并不重要的地区事务。摩根索反对美国对越南进行军事干预，因为他认为东南亚事务不属于美国至关重要的利益；除非投入大量资源，否则美国不可能维持东南亚的均势。与此形成对照的是，摩根索对苏联在古巴的影响表示了极大的关注，因为古巴在地理位置上与美国邻近。摩根索运用其理论对冷战时期涉及美国国家利益和安全的重要问题进行了分析，并对这些问题的重要性进行了广泛的论述。

　　摩根索认为，即使国际体系中不存在冷战时期那种由意识形态主导的对外政策，也可能出现对立国家之间的竞争。同许多现实主义者一样，摩根索认为，在一个无政府的、各国相互竞争的国际体系里，均势是驾驭权力的最有效方法。他给均势下的定义是：（1）旨在造成某种特定状态的政策；（2）实际存在的一种状态；（3）接近平均的权力分配；（4）任何形式的权力分配。然而，维持国际和平靠的不是均势本身，而是均势赖以形成的国际共识。"相互竞争的各国首先必须克制自己，以均势体系作为各国行动的共同框架，这样，均势才能通过对立力量之间必然存在的相互作用，对各国谋求权力的愿望施加限制"。这样一种共识"限制无限膨胀的权力欲望（我们知道，这种权力欲是一切帝国主义所固有的），并防止这种欲望成为政治现实"。[59]

　　20世纪以前那种使均势得以维持的国际共识已不复存在。国际体系的结构性变革即使没有使传统的均势完全失效，也极大地限制了它的作用。在摩根索看来，和以前的情况不同的是，维持冷战期间均势的是美苏两国，而不是几个大国。他认为，一个超级大国的盟国可以转而和另一个超级大国结盟，但它们的实力弱于超级大国，因此不会使权力分配关系发生根本变化。任何第三国都没有足够的实力干预两个超级大国，也无力根本改变权力分配关系。

和均势一样，外交在维持和平方面也起着重要作用。摩根索认为，由于先进通讯技术的发展，公众舆论对外交和外交官的作用的轻视，以及政府通过首脑会晤进行谈判的发展趋势，外交官的作用已经降低了。此外，国际会议的重要性增大，公开外交取代秘密外交，以及超级大国经验不足等，都是外交的作用在20世纪的大部分时期走向没落的原因。摩根索显然希望外交能发挥它在20世纪以前那种国际体系中的作用。他认为传统外交是调整国家利益的手段，这一看法和20世纪英国著名的外交官和外交理论家哈罗德·尼科尔森（Harold Nicolson）爵士的观点相似。[60]

摩根索认为，外交要重新成为驾驭权力的有效手段，就必须符合以下四个条件：（1）外交必须抛弃十字军讨伐的精神；（2）对外政策的目标必须根据国家利益来确定，并有足够的权力给予支持；（3）各国必须从他国的立场来考虑其对外政策；（4）各国必须有在无关要旨的问题上达成妥协的意愿。摩根索相信，如果恢复外交的重要地位，它不仅能通过协调来促成和平，而且有助于建立国际共识；在此基础上，更加完善的世界政治制度将应运而生。

新现实主义理论

现实主义的传统理论为国际关系理论中**新现实主义**（neorealist approach）的形成提供了坚实基础。新现实主义理论对现实主义的核心概念进行了更清晰、更一致的界定，使现实主义理论更为严格。新现实主义又被称为**结构现实主义**（structural Realism），代表人物是肯尼思·沃尔兹。[61] 新现实主义认为，权力仍然是核心变量，但它本身并不是目的，而是政治关系中必要的和不可避免的组成部分。在对这个问题的众多讨论中，戈特弗里德-卡尔·金德曼（Gottfried-Karl Kindermann）的著作也是其中之一。[62] 金德曼认为，"正如权力手段和制裁手段不等于法律全部本质一样，把权力当做政治的最重要工具也并不是说权力就是政治的全部本质。"[63]

事实上，新现实主义不仅致力于从古典现实主义中吸取营养，以使理论能解释20世纪后期的世界，而且还致力于和其他理论建立概念上的联系。肯尼思·沃尔兹的结构现实主义吸收了系统论的大量思想。金德曼的慕尼黑新现实主义学派的基础是**群体分析**（Constellation analysis），一种整体性的多重方法体系。群体分析方法试图摆脱古典现实主义的一元分析方法（摩根索"以权力界定利益的概念"），以便对各个层次上的现象进行分析，如国内因素对对外政策的影响，国际体系结构对互动模式的影响，等等。群体分析包括以下六方面的分析范畴：（1）系统和决策，包括国内政策和对外政策之间的联系以及决策过程；（2）认知和现实，包括决策者的主观认识；（3）利益和权力，包括决策者如何根据其对国家利益的认识来确定权力在实现对外政策目标中的作用；（4）规范和优势，包括法律、道德或意识形态如何决定国际体系的单元和体系结构本身两者的行为；（5）结构和相互依存，包括结构对相互依存程度和互动模式的影响；（6）合作和冲突，或者说，前五个范畴如何影响行为体针对其他行为体的策略，进而形成合作、冲突或中立的模式。作为一种新现实主义理论，群体分析试图解释单个行为体（如国家）在国际群体中的行为，也试图分析存在于多中心体系之中的多种互动模式。多中心体系是由两个或多个一元行为体（如国家）组成的体系。

慕尼黑学派的新现实主义仍然把权力作为一个不可或缺的变量，用于解释政治变革和发展动力，但他们认为，国内政治和国际政治的核心概念是政治，而不是权力。这种新现实主义理论的基本前提是，国际体系的存在是由互动因素构成的。研究这些互动因素不仅要靠古典现实主义理论中的概念，而且也要以跨文化比较研究中的变量为基础。再引用一下金德曼的话："换句话说，新现实主义是从下面这个假定出发的：要真正提高我们分析和预测系统中的政治行为过程的能力（这个系统十分复杂，就像民族国家及其结构性子系统一样），首先需要切实加强准制度化的跨学科合作。"[64]

其他当代新现实主义理论侧重于对古典现实主义理论进行重新解释和提炼。罗伯特·吉尔平认为，国家在选择不同的行动方案时会进行成本——

81

收益计算。[65] 他的理论和布鲁斯·布伊诺·德·门斯奎塔关于战争决策的预期效用理论相似，但其解释范围更宽泛一些。门斯奎塔的理论在第七章中有所讨论。在预期收益超过成本的情况下，国家可能会试图将收益最大化，这将导致单元层次上的行为体出现力量上的消长，进而引起国际体系层次的变化。在这方面，吉尔平试图提炼古典现实主义理论的理性假定。吉尔平认为，国家会致力于通过领土的、政治的或经济的扩张来改变国际体系，直至这种努力的边际成本等于或大于边际收益为止。如果主要行为体对现有的领土、政治和经济利益状况感到满意，国际体系就将处于一种均衡状态。系统内的每个国家或集团都可能从某种形式的变化中受益，因此，变化的成本就成为防止破坏性的或造成不稳定的行为的主要障碍。权力分配是控制国家行为的主要因素。为此，占主导地位的国家仍然要在国际体系中维持某种关系网。

新现实主义重点关注的是国际体系，认为国际体系的结构决定着国际 82 体系单元之间的政治关系。在结构现实主义理论中，国际政治不仅仅是国家对外政策的总和和非国家行为体的外部平衡。因此，肯尼思·沃尔兹提出，新现实主义以无政府国际体系中的行为体之间的关系结构为分析基础。从这方面来看，结构现实主义在认同古典现实主义的国际政治范式的基础上，强调了影响行为体之间关系的结构的特征。

根据沃尔兹的理论，**结构**（structure）指系统的构成单元的排列方式。国内政治中存在等级关系，各政治单元根据其拥有的权力或发挥的功能而相互有明确区别。但国际体系中缺乏相应的政治制度，各行为体之间是平行关系，每个国家都拥有平等的主权。沃尔兹根据结构的构成特征（等级的或无政府的）来定义结构。此外，他还通过明确行为体功能的方式来定义结构。系统越是等级化，行为体的功能差异也就越大；系统的无政府状态越明显，行为体的功能就越相近。[66] 最后，结构还被定义为行为体之间的实力分配，以及行为体的实力对比差异的程度。和古典现实主义一样，沃尔兹认为国家是"以自我保存为最低目标，以争夺世界主导权为最高目标的相同行为体"。因此，依据现实主义传统，他指出了均势出现的必然性。

结构现实主义主要研究国际体系构成单元之间的关系。沃尔兹认为，"结构概念基于以下事实：行为体之间关系不同，它们的行为也不同，它们相互作用产生的结果也不同"。[67] 由于结构的存在，无政府体系的根本问题，是体系内的单元需要依靠某种结构安排来确保其生存和安全。按照沃尔兹的理论，结构是制约政治行为的因素，据此，在以自助原则为基础的体系中，国家将采取以下两种基本行为模式：对内致力于提高政治、军事和经济实力并制定有效的战略策略，对外争取与其他国家结盟，或者调整结盟关系。

体系的结构，特别是行为体的数量及它们各自的实力，决定了行为体的互动模式，其中包括均势状态下对立集团中结盟国家的数量。在无政府结构中，所有行为体都要满足一种最低需求或功能需求，即安全，即使它们确保自身安全的力量有很大差异。事实上，国家获得安全的能力差别是国家之间最主要的差别。

在沃尔兹看来，随着行为体之间实力分配关系的变化，国际体系也发生改变。一旦结构发生变化，行为体的互动模式也发生变化，并产生不同的互动结果。实力是行为体的属性，行为体之间的实力分配决定了体系结构的根本特征。这也是结构现实主义理论的基本观点。总之，结构现实主义，特别是沃尔兹理论的核心是：只有改变结构，才能改变国际体系无政府状态的性质。

在沃尔兹的结构现实主义理论中，如果说结构决定了国际体系构成单元的相互关系，那么是什么引起了结构的变化呢？沃尔兹认为，结构源于特定时期里共存的主要政治单元，如城邦国家、民族国家、帝国。沃尔兹的理论并不解释这些主要政治单元在特定历史时期为什么以及如何存在，他关注的不是单元，也不是国家或次国家层次上的单元组合。他的结构现实主义不是从还原主义理论视角来研究国际关系理论的。与结构现实主义不同的是，还原主义理论主要从各个国家的行为及其国内特征来解释国际现象。沃尔兹承认，结构现实主义并没有提供一个全面的国际关系理论。全面的理论应包括关于国内政治的理论，因为是单元塑造了系统的结构，其关系就像结构影响单元一样。系统的变化和转型，不但起源于系统结构，也起源于结构的组成单元。单元层次上的力量使系统变化有了可能性。[68]

现在我们有必要再讨论一下罗伯特·吉尔平的著作。吉尔平认为，在制定将引起国际体系发生变化的对外政策时，国家通常会对不同的目标进行权衡。它们不会为达到一个目标而牺牲其他所有目标，而是采取一种**满意**（satisficing）策略，[69]以实现由各种不同的预期组合而成的结果。从历

83

史上来看，在工业革命和先进技术出现之前，国家的目标主要是扩张领土。这是那个时代国家加强安全和增进财富的主要方式。而且，国家还通过威胁、强迫、结盟以及扩大影响范围等方式来加强对其他国家的影响力。最后，对国家来说，一个日益重要的目标就是扩大在全球经济中的影响力。按照满意原则，次级目标绝对不是相互排斥的。吉尔平断言，在国家的各种目标中，最重要的目标被定义为国家的根本利益，国家可以为之而战。就像我们将在第九章所讨论的那样，一些国际政治经济学的理论家认为，发达工业国家之间的军事冲突已经被它们之间的经济冲突所取代。军事冲突双方的目标是领土征服，而经济冲突源于国家企图最大程度地占有全球市场份额。这两种冲突都是权力之争。

84　　　国际体系会发生三种变化。首先也是最重要的变化，是构成国际体系的行为体或实体（帝国、民族国家或其他单元）的性质和类型发生的变化，吉尔平称之为**体系类型变化**（systems change）。例如希腊城邦国家体系和中世纪欧洲封建国家体系的兴衰，以及后来兴起并延续至今的国家中心体系。问题是，集团或个人追求自身利益的组织结构，其形成的社会政治、经济和技术条件是什么？当现存体系成员的成本—收益对比关系发生变化时，体系就发生了变化。

　　第二种变化不是体系本身的变化，而主要指体系构成单元发生的变化。国际体系的特征是由大国的兴衰来决定的，这些国家决定了国际互动模式并建立了体系的运行规则。大国的兴衰改变了体系内部的权力分配关系。这里强调的不是国际体系的兴衰，而是其构成单元的兴衰，即国家权力的增强和减弱，尤其是占主导地位的国家被另一个国家所取代的过程。古典现实主义理论产生的主要历史基础是欧洲民族国家体系，而对包括早期的非欧洲体系在内的国际体系进行比较研究，则能使人们认识体系为什么变化和怎样变化。最后，新现实主义理论所关注的第三种变化，主要是国际体系单元之间的政治、经济或社会文化等方面的相互作用的性质。总之，对国际体系变化的研究，包括研究体系本身的变化、体系构成单元的变化以及单元之间互动过程的变化。

　　国家和其他行为体寻求扩张领土、扩大政治影响和经济优势的倾向，是国家权力的一种功能。吉尔平认为，国家的这种努力持续不断，直到变化的边际成本大于或等于边际收益为止。随着国家领土和控制范围的扩大，扩张的成本将制约其控制能力和进一步扩张的能力。当扩张成本大于或等于预期收益时，体系就处于均衡状态。一旦达到均衡状态，体系又开始变化，因为维持现状的经济成本的增长将快于维持现状的经济能力的增长。因此，失衡状态所反映的，是国际体系的单元和主导国家维持现有体系的能力之间的差距。

上述情况就是导致主要行为体衰落的原因，我们可以从历史上的罗马帝国、拜占庭帝国、中华帝国以及大英帝国的衰落中观察到这一现象。当一个居主导地位的行为体被取代之后，新的均衡得以产生，它反映了权力分配关系的变化。当一个新兴国家的权力得到增长，它就会试图扩大领土控制范围，提高其影响力。通常情况下，它得到的正是占主导地位的但却处于衰落过程中的大国所失去的东西。处于衰落中的大国有以下一些基本选择：努力增强实力，赶上新兴国家；减少责任负担，体面地默认已经变化了的现实；和其他大国结盟；对新兴大国做出让步。不过吉尔平认为，历史上失衡状态的主要解决方式是战争，战争的结果通常是在胜利者和失败者之间重新进行权力分配。因而，在不断变化的国际体系的延续过程中，国际政治充满了导致冲突和和解的各种力量。"最终，"吉尔平总结说，

> 国际政治的特征仍然像修昔底德所描述的那样，是自然力量与伟大的领导人的相互作用……世界政治仍然是政治实体在全球无政府状态下争夺权力、威望和财富的斗争。核武器的出现并没有使人们放弃使用武力，经济相互依存并不能保证合作可以取代冲突。国际无政府状态必须要以一种全球性的共同价值观和世界观来取代。[70]

现在我们回到肯尼思·沃尔兹。他的新现实主义理论引发了一场争论，这场争论20世纪80年代初期以来一直主导着国际关系理论研究。大部分争论是关于体系层次和单元层次的界线问题，即国际体系的结构和单元行为体之间的界线问题。我们已经指出，沃尔兹理论的核心思想是主张国际关系研究可以划分为系统和单元两个分析层次。他所说的**结构**（structure）就是指系统分析层次。如上所述，沃尔兹的理论主要研究国际体系层次，因此他较少关注单元因素，因为它们不在他的结构定义之内。批评他的人认为，由于强调国际体系结构，沃尔兹既忽视了单元的作用，也忽视了单元的结构对单元的行为模式的影响。如果国际体系的结构决定

国家层次的单元行为体的行为，那么，单元的结构为什么不能影响单元的行为呢？新古典现实主义理论提出了这个问题，我们后面将予以探讨。国际体系构成单元如何对来自国际体系结构的威胁或机遇做出反应，可能和单元自身的结构有关。正如国际体系具有结构一样，单元本身也具有结构。不同的单元结构形成不同的国家安全战略和对外政策，从而对单元的行为产生影响。

86　　新自由制度主义对沃尔兹的批评中包括这样一个假定：一种国际政治理论必须解释影响对外政策的国内政治。按照这种观点，沃尔兹关于体系和单元的界线的概念过于狭隘，他对**结构**（structure）一词的定义也过于狭隘，认为只在国际体系层次上才存在结构。例如，新自由制度主义者认为，国际组织也是能在体系层次上影响国际体系结构的现象。国际组织在多大程度上能影响国际体系结构，这至少是理论发展过程中要探讨的一个问题。巴里·布赞和查尔斯·琼斯（Charles Jones）、理查德·利特尔等人率先致力于完善新现实主义，并把新现实主义和新自由制度主义理论加以综合。布赞认为，沃尔兹强调结构层次上的权力及其分配，这"严重低估了国际行为体的权威作用和组织作用"。[71] 除了权力，人们普遍认为，"规则、机制以及国际组织也应该包括在国际政治结构的定义之中"。[72]

对沃尔兹的批评顺乎逻辑地得出了以下观点：系统的结构包含了一系列变量，权力以及系统单元之间的权力（以实力为形式）分配只是其中之一。布赞、琼斯和利特尔提出了所谓**深层结构**（deep structure）的概念。他们认为政治结构既包含无政府状态（没有中央政府），也包含等级结构（凌驾于单元之上的中央政府）。"深层结构"同时包含以等级为基础的和以无政府状态为基础的组织原则。如果系统单元是相似的，它们之间的关系在逻辑上应以主权为基础，主权具有最终权威和独立性。如果单元具有的和所追求的政府功能是不相同的，它们就不具有或不会声称它们具有完全的自主权。单元在有限范围内具有自主权，它们存在于某种等级秩序之中，或至少存在于这样一种结构之中，其中像欧洲共同体（欧盟）和联合国这样的国际组织"行使着政府的，或至少类似政府的职能"。[73]

他们三人进一步提出，"深层结构"不仅包括权力和国际组织，而且包括规则和规范。系统的结构包含了所谓的**国际政治体系**（international political system），也包括国际社会体系，即文化、法律和规范层面。尽管在当代国际体系中，主权国家是占主导地位的单元，但国家并不是政府的惟一基础。由于其他因素也对结构产生影响，沃尔兹关于体系结构的概念虽然是一个十分有益的研究出发点，但也应该在政治领域之内加以拓展，并应该超越政治领域。布赞、琼斯和利特尔认为，要理解国际体系的结构，有必要知道国际体系结构里除了政治领域外还有经济、社会和战略领域（他们所说战略是指实行强制性控制）。

布赞、琼斯和利特尔拓展了沃尔兹关于体系结构的概念。他们认为，结构层次的分析和单元层次的分析是相互联系的，结构现实主义理论必须发展这种关联。沃尔兹在很大程度上把单元层次的分析排除在外，而布赞、琼斯和利特尔认为，国际关系理论在单元层次上的分析应该和在体系层次上的分析一样严格。新现实主义或结构现实主义理论能适应这种扩大分析范围的要求。沃尔兹曾经认为，单元层次从两方面来解释国际行为：单元的特性和单元之间的互动，但他把这种解释局限于单元层次。布赞、琼斯和利特尔试图把单元和系统两个层次联系起来。他们认为，"根据单元所拥有的实力来解释行为，与根据系统内实力分配状况来解释行为有很大的不同"。[74] 换句话说，他们认为国家如何运用实力与国家如何依实力在体系结构中排序是不同的。单元层次上也有行动—反应的互动过程。如何运用权力，以及互动过程的结果，应当与作为实力的权力区别开来，或者说，应该与处于静态的可测量的权力区别开来，从而和本章前面关于权力的讨论相联系。布赞、琼斯和利特尔基本上保留了沃尔兹所划分的体系结构层次和单元层次之间的界限。他们力图明确这两个层次之间的概念化边界，并对单元和体系结构两个层次上的权力做更清楚的分析。

布赞、琼斯和利特尔还认为，单元行为体的实力的性质会影响国际体系结构。具体而言，它们包括技术、共同的准则和组织。技术为单元互动提供重要的手段，准则和组织决定发生互动的系统环境。技术创造的互动模式和互动机会，可以从马车和帆船时代与喷气式客机、全球通讯和信息网络时代的区别中得到说明。如果存在共同准则，就可以建立国际制度。这将加强或拓展互动模式。布赞、琼斯和利特尔认为，与单元或结构相比，系统层次的互动在很大程度上被古典现实主义和沃尔兹的新现实主义所忽视，新现实主义—结构现实主义理论应该扩大其观察角度，使系统层次的互动成为其组成部分。

这种对新现实主义的反思与拓展，还注重研究了体系转型和体系延续之间的关系。如果世界历史是在无政府状态下演进并伴随着剧烈的体系变革，那么新现实主义理论（特别是无政府状态）"就应该被看做是具有不同结构特性的和可以发展变化的"。[75] 布赞、琼斯和利特尔认为，应当超越沃尔兹关于结构是国际体系的根本特征的观点。作为国际体系构成单元的国家也是由其自身结构决定的。决策者，或者说国家的代理人，不仅面临国际体系结构带来的制约，同样也面临国家自身结构带来的制约。布赞、琼斯和利特尔认为，不同的国内环境将形成完全不同的国家。与沃尔兹的论断相反，国际体系的无政府结构并没有产生同质的单元。国内结构影响了构成国际体系的单元，这一事实部分地解释了国际体系在任何历史时期的异质性。单元之间的互动类型及它们的对外政策，总的来说是由国内的制约因素来决定的。

布赞、琼斯和利特尔的结构现实主义理论对现实主义—新现实主义的假定持批评态度。这个假定认为，只有国际体系的特征是无政府的，而单元的内部结构则处于等级秩序之中。布赞等人认为，各个单元具有不同的结构，不管是帝国还是共和国，是国家还是非国家行为体，情况都是如此。单元的国际活动既有合作也有竞争。为了合作，它们建立同盟、联盟、机制、规范以及制度。国际体系中常见的这些现象是可以用国际体系的结构来解释的。

国际社会在无政府状态下形成了主权国家，但主权并不意味着无政府状态与合作和相互依存不能相容。因此，布赞、琼斯和利特尔力图拓展新现实主义理论，把竞争与（and）合作都包括进来。他们相信，强调系统结构、单元结构以及国内与国际制约因素之间关系的结构—现实主义理论，可以为建立全面的国际关系理论提供基础。国家内部结构和国际体系中的互动力量（如科学技术）决定了体系的互动能力，其结果又必然影响体系的结构。国际体系和单元之间的互动影响了国际体系的变化与延续。被布赞、琼斯和利特尔发展了的沃尔兹的新现实主义理论，仍然把结构分析作为理论的核心概念，但同时也认为，以无政府状态为基础的国际体系包括了合作模式。

新古典现实主义理论

新古典现实主义者也对现实主义理论进行了修正，他们试图把国内政治同国际政治联系起来，具体而言，就是把国内结构同国际结构联系起来。根据现实主义理论，生存是国家的最终目标，但国家如何实现这一目标则取决于国家领导人的能力。用迈克尔·马斯坦多诺（Michael Mastanduno）、戴维·莱克（David A. Lake）以及约翰·伊肯伯里（G. John Ikenberry）的话来说，这种能力指的是"迎接并战胜来自社会集团和社会环境的挑战，并确保获得他们的支持"的能力。[76]国家领导人寻求控制资源以推进国内、国际事务的发展，同时维持他们领导权的合法性。国家力图积累经济财富，增强技术力量，以获得国际和国内两方面的收益。国家采取的是所谓的**外部吸取**（external extraction）和**外部合法性**（external validation）的国际战略策略。[77]外部吸取指超越国家疆界的资源积累行为，如扩大全球市场、获得国外资源等有助于实现国内目标的行为。外部合法性指国家领导人利用在国际社会中的权威以提高其国内地位。例如，一个新生国家的领导层获得国际承认的能力，通常被认为是增强其国内合法性的关键。国家在新现实主义理论中处于核心地位，因此新古典现实主义要做的就是拓展新现实主义理论，使之承认这样一个事实：国家同时在国内和国际两个领域活动。新现实主义需要考虑的命题是，国家在某一领域对目标的追求将会影响它在另一个领域里追求目标的行为。国家可能通过国内行为来对国际事件做出反应，也可能试图通过国际行为来解决国内问题。各个层次上的战略策略的结合，以及这些战略策略与国际结构、国内结构之间的关系，是新现实主义理论新的重要观察对象。

新古典现实主义理论力图进一步完善新现实主义理论。它重新界定权力概念，也致力于深化对决定国家优先选择合作而非竞争的那些国际条件的认识。越来越多的新古典现实主义的著作把国际体系层次和国内层次的变量结合起来。其基本假定是：对外政策是国际体系和国家两个层次之内及两个层次之间的复杂互动结果。尽管国家的权力以及国家在国际体系中的地位决定性地影响国家的选择，但是按照认知、价值观等国内因素而做出的选择同样能够影响对外政策。下面简要介绍一些新古典现实主义的著作提出的核心问题和关键变量。在所谓的**或然现实主义理论**（contingent realism）中，查尔斯·格拉泽（Charles L. Glaser）从现实主义—结构现实主义的假定出发，但得到的结论与它们不同。[78]在广泛的条件之下，处于自助体系中的国家决定以合作方式解决安全困境。格拉泽认为，国家会在军备竞赛的好处与风险和加入军控条约的收益与代价之间进行权衡。如果敌对双方认识到军备竞赛是削弱而非增强国家安全的话，他们就可能采取合作，如达成军控协议。由此可见，国家将采取合作而非竞争的方式来达到自助的目的。这种理论分析进一步反思了权力，主要是考虑防御和进攻战略中的军事实力问题。格拉泽认为，在无政府状态下寻求自身安全的国家，在选择是采取竞争战略还是合作战略时面临着两个根本问题：（1）哪种战略能够提供必要的军事力量以威慑对手，或在威慑失败后能提供防御能力？（2）何种程度和类型的实力可以在确保国家安全的同时，又不对其他国家的防御能力构成威胁？或然现实主义理论以获得进攻力量的成本和获得防御能力的成本的比率为依据，强调所谓的**进攻—防御平衡**（offense - defense balance）。这一理论认为，越强调防御，军备控制的必要性就越少。因为要获得明显的军事优势，需要大规模增强进攻力量，形成进攻力量的失衡，因此把军备控制作为制约军备竞赛的一种方式是必需的。为了说明这一点，或然现实主义理论把合作理论、军控理论以及博弈论等引入新现实主义或结构现实主义。如果把这些理论加以整合，我们就扩大了建立全面的国际关系理论的基础。

　　根据国家行为的结果的类型，可以对新现实主义理论作进一步的分类。如上所述，关于国际社会是无政府状态的假定，是所有新现实主义理论者相一致的地方。在无政府状态下，生存是最重要的目标。为了这个目标，国家，或更恰当地说是决策者，可能采取各种各样的战略策略。例如，有些国家可能通过与一些国家结盟或联合的方式来制衡另一些国家；有些国家可能采取追随战略，倒向强国一方，而不是和它对抗；有些国家可能通过外交途径寻求和平共处，如谈判和妥协；有些国家可能会发动战争，以阻止对手的侵略。所有这些战略策略都与新现实主义理论的主张相一致。[79] 因此，根据对这些战略策略的不同描述方式和不同的选择倾向，新现实主义者可以被划分为不同的类型。**进攻新现实主义者**（offensive neorealist）认为，国家力图最大限度地增强实力以确保安全。对进攻新现实主义来说，最极端的例子就是霸权国。霸权国基本上不担心其他国家的威胁。与进攻新现实主义者形成对照的是**防御新现实主义者**（defensive neorealist），他们认为，国家并不是寻求权力收益的最大化，而是在与对手的竞争中力求使权力损失最小化。国家不是以追求更多的权力的方式来维持生存，而是努力维护自身安全。例如，国家可以通过制衡对手来维护安全。换言之，进攻新现实主义者认为，国家通过获得比敌手更强大的实力来寻求安全，而防御新现实主义者则认为，国家采取其他战略策略来防止他国权力的增长，以达到维护自身安全的目的。根据逻辑推理，国家的战略策略越接近进攻现实主义理论，安全困境的问题就越突出。如果一个国家追求比对手更大的权力，就会增加后者的不安全感。同理，国家政策越接近防御现实主义理论，安全困境问题的影响就越小。此时，国家之间的相互防范相对就较少。以上这些讨论把我们带回到古典现实主义关于国家利益的观点，即本章前面所讨论的汉斯·摩根索的定义。国家利益限定得越明确，以国家利益冲突为基础的武装冲突就会越少。当然，前提是所有的国家都以相同的概念界定国家利益。从这个意义上讲，摩根索关于国家利益的定义和防御新现实主义理论是一致的。

尽管新现实主义理论为对外政策设定了战略，但它是从国际体系层次 91 上进行分析的。换句话说，新现实主义理论认为，国家对外政策选择受无政府的国际结构的制约。在无政府状态的国际社会中，面临生存问题的国家可能选择从战争到和解等各种不同的战略策略。我们如何解释国家做出的选择？仅把国际体系结构作为决定性因素的话，就忽略了国家内部的一些重要变量，虽然这些变量不一定和国际体系结构具有同等的决定性意义。无政府状态下国家必须维持生存。在承认国际体系结构对解释这一问题具有重要意义的同时，国家如何求生存（即国家为维持生存而做出一定选择的过程），以及其他影响国家制定生存战略的国内因素，就成为应该加以研究的重要问题。国家是否认为其所说的威胁和所扩大的机遇**源于**（within）国际体系的结构，取决于许多国家内部因素。进行这类分析是20世纪90年代以及21世纪各种新现实主义著述的一个新的研究方向。与新现实主义的国际体系结构理论不同的是，新古典现实主义强调单元行为体层次的分析。新古典现实主义并不否认国际体系结构的重要性，同时也接受关于无政府状态的假定。不过，它希望通过研究国家内部因素来解释国家行为，以此重振古典现实主义理论。

全面的国际关系理论应该解释，国际体系结构层次引发的行为与单元层次引发的反应类型之间存在何种关系。国家如何做出战略策略反应（以确保生存的对外政策为基础），是新古典现实主义的核心内容。为了有助于回答这个问题，新古典现实主义理论致力于更新、完善、拓展和阐发古典现实主义理论。如前所述，古典现实主义主要关注国家行为体，或者从更宽泛的意义上讲，现实主义理论关注的是力求维持生存的群体的行为，这些群体处于这样一个世界里，其中，按摩根索的说法，政治就是争夺权

力。古典现实主义理论所论述的，是国家发展自身实力的方式、维持生存
的战略策略、决策的机制、对外部世界的集体认知、对自己与盟友或敌手
间的相对实力的估计，以及影响它们对外部世界的挑战做出反应的历史、
文化和地理环境。关于以上这些问题的重要性和性质，古典现实主义理论
家们的认识并不完全一致。但是，古典现实主义理论为新古典现实主义理
论家们提供了机会，使他们能够把一系列关于无政府状态下的国家（或群
体）行为的永恒命题融入当代思想。如果说新现实主义理论是通过强调国
际体系层次而在古典现实主义的基础上建立起来的，那么，新古典现实主
义理论就是在单元层次上进一步更新、修正和完善了古典现实主义理论。
不过，新古典现实主义理论并没有忽略国际体系层次，它也认为对外政策
是由体系因素决定的。这一点我们在讨论新现实主义理论时特别强调过。
但防御现实主义者认为，体系因素在对外政策制定过程中的作用并没有那
么重要，体系因素要通过国内（单元层次）因素发挥作用。主要决策者和
其他社会团体对国际体系的认知就是一个例子。不重视国际体系的新古典
现实主义者关注的是所谓的**内部政治**（Innenpolitik），也就是说，他们关
注的是国内因素。[80]

　　总之，新现实主义和新古典现实主义提出了有关结构—行为体关系的
重要问题，即结构如何影响行为体的行为选择，行为体又如何对结构的影
响**做出反应**。但是，新现实主义和新古典现实主义并没有在广阔的现实主
义理论框架中达成共识，它们未能回答一些关于不同分析层次之间的关系
的重要问题，这其中当然包括国际体系的结构与以国家为单元的对外政策
行为之间的关系。

当前的现实主义思想和国际制度

　　当前的现实主义理论（即新古典现实主义）还强调国际制度的重要
性。总的来说，现实主义和新现实主义理论认为国际制度反映的是国家
间现有的结构(包括各国实力对比)。例如，约瑟夫·格里耶科（Joseph
Grieco）认为，[81] 小国加入国际组织或机构，目的是改变它们和大国之间
的权力差距。对于一些小国以及所有的微型国家来说，在国际组织中行使
投票权，通常是它们在国际舞台上施加影响的惟一途径。从这种意义上来
讲，国家可以利用国际制度减少国际无政府状态的影响。

在前面提到的所谓的或然现实主义理论中，查尔斯·格拉泽认为，国际制度，特别是同盟和军控机制，具有很重要的作用，有助于降低或最小化安全困境的影响。[82] 古典现实主义和新现实主义理论强调制度是实力分配的反映，当前的现实主义理论家则关注制度如何反映行为体的偏好。例如，在对外政策方面，民主国家和威权国家有差别，民主国家较为支持国际制度。承认国内偏好塑造了民主国家的对外政策取向，就使我们的观点接近了民主和平论。国内因素塑造对外政策取向，如支持国际制度，与此同时国际制度也可以改变对外政策取向。如果加以适当利用，国际制度有助于增强国家权力。由此可见，当前的现实主义理论促进了新现实主义/结构现实主义与新自由制度主义理论的融合，它放弃了很多古典现实主义理论中固有的悲观成分。最起码，所谓的或然现实主义理论还没有解决以下问题：国际制度在促进国际合作方面究竟能起什么样的作用？[83]

93

现实主义、新现实主义和新古典现实主义理论的贡献和局限性

新现实主义、结构现实主义以及新古典现实主义对古典现实主义理论的重构，是国际关系理论界对现实主义传统思想不断进行批判的一种表现。现实主义理论从古典到当代的发展，实际上就是不断完善的批判过程。新现实主义和结构现实主义理论致力于深化和拓展古典现实主义，具体而言，就是力图更为严密地在理论上界定体系的结构，并在体系的结构和行为体的行为之间建立联系。新古典现实主义理论的贡献在于，它力图评价处于自助体系中的国家的国内结构对其对外政策的影响。最后但并非不重要的一点是，这些新的现实主义理论没有否认权力是无政府国际社会的核心变量，而是致力于界定和测量权力，并指出权力的局限性。

对现实主义的最新批评还集中在它有关冷战的结束以及后冷战世界的解释上。以美苏权力之争为基础的现实主义理论是冷战时期国际关系理论界的主导研究范式，但它未能有效解释苏联解体和苏军从中欧撤走而未发一枪的原因。现实主义理论对苏联解体的解释基于一个假设：冷战的原因是苏联权力的增强，美国及其盟友认为受到了威胁。只要苏联领导人认为苏联能够维持权力竞争，竞争就会继续下去。戈尔巴乔夫上台后认为，苏

联已不再具备与西方竞争的实力，于是冷战结束了。冷战时期，苏联企图挑战美国的霸权地位。它之所以失败，是因为在冷战结束之前，权力分配发生了有利于美国的变化。[84] 总之，乔治·凯南在冷战初期提出的遏制战略的主要前提都实现了。

现实主义理论具有丰富的历史遗产和众多的理论来源，因此有人认为它建立在**破裂的基础**（fractured foundation）之上，理论结构的完整性受到了影响。在托马斯·丘萨克（Thomas R. Cusack）和理查德·斯特尔（Richard J. Stoll）看来，现实主义理论家们有很多分歧和不一致的地方。[85] 我们前面也提到过这一点。丘萨克和斯特尔认为，现实主义理论家在国际体系层次上存在众多分歧，他们意见不一的问题是：调节和制约（例如在追求国家利益时）在多大程度上对以现实主义原则为基础的国际体系是必然要求，或是不可避免的结果。他们还认为，对于权力分配的重要性问题、权力分配形式问题、体系内行为体的不同发展模式的意义等问题，现实主义理论家们也争论不休或困惑不解。在行为体层次上，引起争议的是一些关于构成国际体系的行为体的根本特征的假定。有些现实主义者认为，国家是理性行为体和军事实体，因此基本上可以排除国内因素；另一些学者则对国家是理性行为体，国家决策和政策都是有目的的假定提出质疑。

前面丘萨克和斯特尔提到的技术关系上的差别，包括战争在国家行为模式中的表现程度，以及战争在国际体系及其组成单元的生存中的作用大小。关于在什么条件下国家通过诉诸武力而不是寻求其他方式来解决主要矛盾，现实主义理论也没有提供可以被普遍接受的理论解释。最后但并非不重要的一点，新现实主义理论，主要是沃尔兹的理论，没有解释结构变化的原因。如约翰·刘易斯·加迪斯所言，如果国际体系结构影响行为体之间的实力分配，如果实力分配的变化导致结构变化，那么，实力分配变化不正是体系内国家实力变化的结果吗？[86] 由于行为体内部的活动决定国家的实力，所以它们对国际体系结构能产生重要影响。

古典现实主义和新现实主义、结构现实主义理论通常解释的是无政府状态下的国家行为，因此，在国际体系背景下检验它们的核心命题是合适的。换句话说，如果对从1648年《威斯特伐利亚条约》确立现代国家体系到21世纪初这一时期的历史事实进行分析，我们能否确定现实主义理论提出的核心假定有效？保罗·施罗德（Paul Schroeder）在没有搜集大量历史事实来支持或批评现实主义理论的情况下就认为，大多数情况下，国家并没有以自助方式对"危及自身安全的重大威胁"做出反应，也就是说，国家没有单独运用自身实力来对付安全威胁，或运用均势手段与其他国家联合起来对付安全威胁。[87] 相反地，国家更多地是运用了其他战略，如对威胁置之不理、宣布中立以逃避威胁、采取彻底的防御战略、采取孤立主义状态，等等。另外一种手段是设法建立以国际共识为基础的国际安排，以此克服国际社会的无政府状态。当然也存在追随战略，即加入强国一方以获得保护，即使牺牲一些独立主权也在所不惜。

施罗德认为，追随战略比以均势为形式的自助行为更为常见，小国尤其如此。例如，在拿破仑战争期间，无论是大国还是小国，在一定程度上都曾选择过逃避战略或追随战略，而不是选择和法国作战或制衡法国的政策。二战前夕，荷兰、丹麦和挪威等国拒绝加强军备或加入反纳粹德国的联盟，而是严守中立。英国和法国没有采取制衡德国的战略，而是采取绥靖政策，抛弃了捷克斯洛伐克。捷克斯洛伐克本来可以帮助建立制衡德国的均势。施罗德总结说，新现实主义的主要问题是，它力图描述或预测一种"历史的确定顺序，但却未能用历史事实加以检验"。结果使这种理论不利于提出新的认识和假说，同时还忽略了"大量难以解释的事实"。[88]

由于种种原因，国家利益概念成为人们批评的对象。有一种批评意见认为，"国家利益是制定政策的必要标准，这是显而易见的事实，并没有任何启发意义。任何一个政治家、国际法学家或学者，都不会认为对外政策应该背离或无视国家利益"。[89] 此外，人们很难赋予国家利益概念以实际意义。政治家在解释国家利益时，要受到很多因素的制约或鼓励。他们往往成为自己前任所制定的政策的俘虏。他们对国家利益的解释，是他们的文化背景、价值观念以及作为决策者而获得的各种信息的综合结果。迈克尔·约瑟夫·史密斯（Michael Joseph Smith）认为，现实主义理论虽然接受了马克斯·韦伯的责任道德观（前面已经提到过），但并没有提出一套有说服力的判断责任的标准。尽管（也可能是因为）他们最大限度地降低道德与国际关系的联系，但他们似乎并没有意识到，"他们对道德的判断和对国家利益的界定，正是建立在他们自己的价值等级体系之上的"。[90]

国家利益取决于国家认同。国家认同存在于我们的观念结构之中，它描述和规定我们如何"在群体中思考、感觉、评价和最终采取行动"。[91] 个人之间的共有认同感形成了互动模式，这些互动模式导致大大小小的群体认同，最终形成了国家认同以及像西方民主国家这样更为广泛的认同。认同的形成和演变决定了群体利益。利益不仅仅是物质因素的产物，否则的话，具有相似特征的国家就会有相似的行为模式。国家利益和构成国家或行为体的群体如何建构国家认同，尤其是如何区分敌友，有着重要的关系。这种认同具有内部认同（群体如何认识自己）和外部认同（团体如何认识其他群体）两个方面，它们都对国家利益产生重要影响。构成国家或行为体的群体或机构就它们自己的外部角色建构了主体间的共识，这种共识形成了国家利益。国家利益形成于团体内部的规范和准则。这些规范和

96 准则把不同的国家区别开来。我们将要在第七章予以讨论的民主和平论认为，民主国家之间不会交战，而是通过和平方式解决利益冲突。不把国家利益看做客观条件必然决定的产物，而是把它看做由社会认同所建构的产物，这是建构主义理论的内容。我们将在随后的章节中讨论建构主义理论的这种观点，这里，我们只是把它作为国家利益概念的一种批评加以介绍。建构主义理论并没有把国家利益当做没有意义的东西而加以拒绝和忽视，而是认为应该把国家利益作为更宽泛的社会建构的世界一部分加以研究。换言之，在建构主义理论中，认同和利益是相互交织的，就像行为体和结构是密切相连的一样。我们将在第三章和第四章中更充分地说明这一点。

新现实主义理论关注的重点问题之一，是致力于重构或完善国家利益概念，提出一套可行的收益—成本计算方法，以满足国家选择目标的需要。确切地说，机制概念（见第十章）试图把国家利益概念纳入一种理论框架，以便解释国家在促进合作的国际机制的形成过程中的动机。

如上所述，有人批评现实主义理论家，认为他们在用分析欧洲中心体系的一系列政治概念来分析已经发生了巨大变化的当代全球体系。在斯特凡诺·古齐尼（Stephano Guzzini）看来，[92] 对现实主义理论的最好解释就是：它是一种想把19世纪欧洲的外交准则转变成美国社会科学的普遍原则的不断遭到失败的努力。这种努力影响了学术研究的发展，也影响了决策者。由于现实主义理论存在于许多学者和决策者的脑海之中，它是对现实的一种建构，也是一种影响学术研究和政策制定的重要思维方式。

追求有限的国家目标，对外政策与国内政治相分离，秘密外交活动，运用均势手段驾驭权力，呼吁国家减少对作为国际行为调节器的意识形态的重视，凡此种种，都和当今的国际体系没有太多的关系。一些现实主义

者在敦促国家回到早期行为模式之中去的时候，高估了当今国际体系中发生这种变化的可能性。如果国家遵从的是现实主义者宣称的自然法则，那又有什么必要去敦促国家回到基于这种法则的行为模式中去呢？[93] 历史经验提供了许多能够证实古典现实主义理论的国际行为，但是历史常常提供的是反常现象。当现实主义者呼吁国家领导人改变行为模式的时候，他们的理论就变成一种规范理论，就不能充分解释为什么有时候政治领导人的对外交决策并不符合现实主义信条。

现实主义理论强调权力是政治行为的主要动力，但却未能提供一个可接受的关于权力的定义。同样地，如同第一章所讨论的那样，**均势**（balance of power）一词也有多种不同含义。就像本章前面所指出的，测量权力是一个非常棘手的问题。在现实主义著作中，没有人提供换算权力的统一测量单位。此外，权力必然与使用权力所实现的目标有关。权力的大小和类型因国家目标的不同而不同。除此之外，人们还批评现实主义者过分强调权力，忽视了其他重要变量。斯坦利·霍夫曼认为，"权力是政策的条件也是政策的标准；权力既是潜在的，也是实际运用的；权力是各种资源的总和，也是一系列过程。用一个名词把这些不同变量归纳起来是不可能的"。[94]

新现实主义，特别是结构现实主义，遭到了许多批评。例如，有人认为它忽略了这样一个问题，即历史是个不断被人们再认识的过程，在这一过程中，个人能够影响和塑造时代的特征。在这一方面，新现实主义与古典现实主义有所不同。古典现实主义认为，国家领导人是由历史创造的，但他们也对历史产生重要影响。个人绝不会受特定体系的束缚而只能成为客体，而是具有主宰体系结构的潜能。此外，人们还指责新现实主义可能简化了政治，以便使政治可以用各种结构制约下的理性行为来加以解释。由于强调结构，新现实主义忽略了权力的社会基础和社会制约。人们认为权力不能被简化为实力，它还包括心理因素（如社会精神和政治领导）、形势发展的因素，以及在一个有共识的而非冲突的框架中运用权力的程度。批判新现实主义将国家作为世界行为体观点的人认为，将国家视为单一的行为体，认为国家行为是由国际体系结构所决定的观点是有缺陷的。有人认为，在成为结构主义者之前，新现实主义者是国家主义者。[95] 在反驳批评意见时，新现实主义者拒绝承认现实主义是结构决定论者。虽然结构因素对政治行为有极大的制约作用，但新现实主义并不认为人类所有的

政治行为都是由政体结构决定的。他们也不接受这种批评，即以国家作为
世界的行为体就是否定实际决策的个人或群体的作用。[96]

　　尽管受到各种批评，但现实主义把政治行为中的一个关键变量——权
力分离出来加以研究，并据此发展了一套国际关系理论，这仍然是迄今为
止一项最重要的研究。现实主义大胆地提出它的理论前提，并以此清晰地
勾画出了全球性理论框架的轮廓。后来的理论建设者可以对这一理论框
架进行修正，并且事实上已经这样做了。按照罗伯特·基欧汉的话来说，
"现实主义为分析合作与冲突提供了一个很好的出发点，因为现实主义对
结构的强调和它对个人和国家行为的悲观假定，会打消那些不切实际的空
想"。[97] 在沃克看来，与其说政治现实主义"本身是一种条理清晰的理论，
不如说它是一个充斥着大量不同观点和形而上争论的论坛"。[98] 例如，像
沃克所指出以及本章所说明的那样，现实主义既包括了结构主义传统，也
包括了历史主义传统。现实主义的国际关系学者致力于在历史经验的基础
上建立理论，在这方面他们大大超过了前人。除了致力于确定国家行为体
是如何在实际中采取行动的之外，现实主义还发展了一套规范理论，特别
是为决策者提出了行动准则。现实主义理论探讨的重要问题包括：决策者
的行为和他们之间的互动、权力的本质、对外政策的目标、测量和驾驭权
力的方法、环境因素对政治行为的影响、政治领导人应当遵循的目标和行
动、变动的国际体系结构的影响、国家安全战略和对外政策对来自国际体
系的挑战的反应，等等。以上这些问题既是国际政治研究的核心问题，也
是国家事务管理活动中的关键问题。不管是古典现实主义还是新现实主
义，它们都提出了国际关系中至关重要的问题，因此，它们的影响将是广
泛而深远的。

注　释：

1 Thomas R. Cusack and Richard J. Stoll，*Exploring Realpolitik*：*Probing International Relations Theory with Computer Simulation*（Boulder，CO；Lynne Rienner Publishers，1990），p.73.

2 John H. Herz，"Idealist Internationalism and the Security Dilemma," *World Politics*，5（2）（January 1950），157-180. See also Paul R. Viotti and Mark V. Kauppi，*International Relations Theory*：*Realism，Pluralism，Globlalism*（New York：Macmillan，1987），

p.49.

3 David A. Baldwin，"Neoliberalism，Neorealism，and World Politics，" in DavidA. Baldwin，ed.，*Neorealism and Neoliberalism：The Contemporary Debate*（New York：Columbia University Press，1993），pp.9-10. See also Ronan P.Palan and Brook M. Blair，"On the Idealist Origins of the Realist Theory of International Relations，" *Review of International Studies*，19（4）（October 1993），pp.385-400.

4 E. H. Carr，*The Twenty-Years'Crisis*，1919-1939：*An Introduction to the Study of International Relations*（London：Macmillan，1962）. 此书初版于1939年。

5 Arnold Wolfers，"Statesmanship and Moral Choice，"*World Politics*，I（January 1949），pp.175-195，and "Politics Theory and International Relations，" in Arnold Wolfers and Lawrence Martin，eds.，*The Anglo-American Tradition in Foreign Affairs*（New Haven，CT：Yale University Press，1956）；KennethW. Thompson，"The Limits of Principle in International Politics：Necessity and the New Balance of Power，" *Journal of Politics*，XX（August 1958），pp.437-467. 乔治·凯南曾这样评价美国处理国际问题的法律和道义方法："我们的民族天性，我们的尊严意识，我们的妥协意识和法律意识，我们的坦率和诚实——难道不正是这些品质使这个大陆上成功地形成了一个没有约束和暴力的社会，这是其他社会所无可比拟的。在我们的帮助下，外部世界没有理由不使自己过上类似的没有暴力的生活。"见 *Realities of American Foreign Policy*，节选自 David L. Larson，*The Puritan Ethic in United States Foreign Policy*（Princeton，NJ：Van Nostrand，1966），p.34.

6 亚当·斯密和其他18世纪的经济学家继承了约翰·洛克的个人主义思想，认为生活在一个竞争体系中的人们，当他们寻求自身的私利时，将为一只"看不见的手"所引导去推进整个社会的福祉。

7 对于其起源更全面的考察，见 TsorbjørnL. Knutsen，*A History of International Relations Theory, An Introduction*（Manchester，England：Manchester University Press，1992），especially，pp.11-24.

8 E. H. Carr，*The Twenty Years'Crisis*，*1919-1939*：*An Introduction to the Study of International Relations*（London：Macmillan，1962），p.9.

9 Ibid., p.5.

10 G. Lowes Dickinson，*Causes of International War*（London：Swarthmore Press Ltd.，1920）. 论述乌托邦主义国际关系理论的其他文献有：Norman Angell，*The Great Illusion*（see chap.1，Note 44）；Nicholas Murray Butler，*Between Two Worlds，Interpretations of the Age in Which We Live*（New York：Charles Scribner's Sons，1934）；Nicholas Murray Butler，*A World in Ferment, Interpretations of the War for a New World*（New York：Charles Scribner's Sons，1917）；G. Lowes Dickinson，*The International Anarchy，1904-1914*（New York and London：Century Company，1926）；Harold Jehephson，*James T. Shotwell and the Rise of International in America*（Granbury，NJ：Associated University Presses，1975）；Gilbert Murray，*The Ordeal of This Generation*（New York and Lodon：Harper & Row，1929）；James T. Shotwell，*The Autobiography of James T. Shotwell, The History of History*（New York，Columbia University Press，1939）；Alfred Zimmern，*America & Europe and Other Essays*（Freeport，NY：Books for Libraries Press，1929，reprinted 1969）；Alfred Zimmern，*The League of Nations and the Rule of Law, 1918-1935*（New York：Russel & Russel，1939，reissued 1969）. 参见 Alfred Zimmern，"The Problem of Colletive

99

Security" in *Neutrality and Collective Security*, *Haris Foundation Lecture* 1936, (*Chicago*: *University of Chicago*, 1936), pp.3-89.

11 Carr, *Twenty Years'Crisis*, p.62; see especially chaps. 1-6.

12 Ibid., p.92.

13 Ibid., pp.5-6.

14 Ibid., pp.10, 20-21, 93-94.

15 Robert O. Keohane, "Institutional Theory and the Realist Challenge After the Cold War," in David A. Baldwin, ed.,*Neorealism and Neoliberalism, The Contemporary Debate* (New York: Columbia University Press, 1993), pp.294-295. See also Robert Powell, "Anarchy in International Relations Theory: The Neorealist-Neoliberal Debate," *International Organization*, 48 (2) (Spring 1994), pp.313-314; Charles W. Kegley, Jr, ed.,*Controversies in International Relations Theory: Realism and the Neoliberal Challenges* (New York: St. Martin's Press, 1995); Ethlan B. Kapstein, "Is Realism Dead? The Domestic Sources of International Politics," *International Organizations*, 49 (4) (Autumn 1995), pp.751-774.

16 John J. Mearsheimer, "The False Promise of International Institutions," *International Security*, 19 (3) (Winter 1994-1995), p.14. 又见 John J. Mearsheimer, "Back to the Future: Instability in Europe After the Cold War," *International Security*, 15 (1) (Summer 1990), pp.5-56; Joseph M. Grieco, "Anarchy and the Limits of Cooperation: A Realist Critique of the Newest Liberal Institutionalism," in David A. Baldwin, ed., *Neorealism and Neoliberalism: The Contemporary Debate* (New York: Columbia University Press, 1993), pp.116-140. See also Robert O. Keohane and LisaL. Martin, "The Promise of Institutionalist Theory," *International Security*, 20 (1) (Summer 1995), pp.39-62; John Gerard Ruggie, "The False Premise of Realism," *International security*, 20 (1) (Summer 1995), pp.62-71; Charles A. Kupchan and Clifford A. Kupchan, "The Promise of Collective Security," *International Security* 20 (1) (Summer 1995), pp.52-61. 选自近来 *International Security* 中有关新现实主义理论文章的论文集，见 Michael E. Brown, Sean M. Lynn-Jones, and Steven E. Miller, eds., *The Perils of Anarchy: Contemporary Realism and International Security Reader*(Cambridge, MA: MIT Press, 1995).

17 Thucydides, *History of the Peloponnesian War*, M. I. Finley, ed.; Rex Warner, trans. (Harmondsworth, England: Penguin, 1972), p.49. 对现实主义者—新现实主义者引用修昔底德著作的批评，见 Daniel Garst, "Thucydides and Neorealism," *International Studies Quarterly*, 33 (1989), pp.3-27. 又见 Steven Forde, "International Realism and the Science of Politics: Thucydides, Machiavelli, and Neorealism," *International Studies Quarterly*, 39 (2) (June, 1995), pp.141-160.

18 Thucydides, *History of the Peloponnesian War*, p.402.

19 Niccolo Machiavelli, *The Prince* (Harmondsworth, England, Penguin, 1961), chaps. 10-14.

20 Thomas Hobbes, *Leviathan*, edited and with an introduction by Michael Oakeshott (Oxford, England: Basil Blackwell, 1946), p.64.

21 Ibid., p.109.

22 Ibid.

100

23 Georg W. F. Hegel, *Philosophy of Right*（Oxford, England: Clarendon, 1942）, p.264; Friederich Meinecke, *Machiavellism: The Doctrine of Raisond' Etat and Its Place in Modern History*（New York: Praeger, 1965）, p.360.

24 Max Weber, *Economy and Society*, Guenther Roth and Claus Wittich, eds.（2 vols.）（Berkeley and Los Angeles: University of California Press, 1978）, p.911.

25 Henry Kissinger, *Diplomacy*（New York: Simon and Schuster, 1994）, p.20.

26 Robert Gilpin, *U. S. Power and the Multinational Corporation: The Political Economy of Foreign Direct Investment*（New York: Basic Books, 1975）, p.24.

27 DavidA. Baldwin, "Neoliberalism, Neorealism, and World Politics," in David A. Baldwin, ed.,*Neorealism and Neoliberalism: TheContemporary Debate*（New York: Columbia University Press, 1993）, p.16.

28 Kenneth Waltz, *Theory of International Politics*（Reading, MA: Addison-Wesley, 1979）, p.192.

29 Waltz, *Theory of International Politics*, p.131.

30 Nicholas J. Spykman, *America's Strategy in World Politics*（New York: Harcourt Brace, 1942）, p.11.

31 Robert Strausz-Hupe and Stefan T. Possony, *International Relations*（New York: Harcourt Brace, 1942）, pp.5-6.

32 Arnold Wolfers, *Discord and Collaboration*（Baltimore: Johns Hopkins Press, 1962）, p.103.

33 John W. Burton, *International Relations: A General Theory*（New York: Cambridge University Press, 1967）, p.46.

34 Robert Gilpin, *War and Change in World Politics*（New York: Cambridge University Press, 1981）, p.33.

35 Charles P. Kindleberger, *Power and Money: The Politics of International Economics and the Economics of International Politics*（New York: Basic Books, 1970）, pp.56, 65.

36 Ibid., p.56.

37 David A. Baldwin, "Power Analysis and World Politics: New Trends Versus Old Tendencies," *World Politics*, XXXI（2）（January1979）, p.177. See also Oran R. Young, "Interdependencies in World Politics," *International Journal*（Autumn 1969）, pp.726-750.

38 David Baldwin, "Interdependence and Power: A Conceptual Analysis," *International Organization*, 34（4）（Autumn 1980）, p.499.

39 James A. Caporaso, "Dependence, Dependency, and Power in the Global System," *International Organization*, 32（Winter 1978）, p.32.

40 Baldwin, "Power Analysis and World Politics," pp.161-194.

41 Michael P. Sullivan, *Power in Contemporary International Politics*（Columbia, SC: University of South Carolina Press, 1990）, p.103.

42 Hans J. Morgenthau, *Politics Among Nations*, 5th ed.,rev.（New York: Knopf, 1978）, p.4. 对于摩根索政治哲学的回顾性评价，见 Kenneth Thompson and Robert J. Myers, eds., *Truth and Tragedy: A Tribute to HansJ. Morgenthau*, augmented edition（New Brunswick and London: Transaction Books, 1984）. See also Jaap W. Nobel, "Morgenthau's Struggle with Power: The Theory of Power Politics and the Cold War," *Review of International Studies*, 21（1）（January 1995）, pp.61-86.

101

43 Ibid., p.5.

44 Ibid.

45 Hans J. Morgenthau, "Another 'Great Debate': The National Interest of the United States," *American Political Science Review*, LXVI (December 1952), p.961.

46 Ibid. See also Hans J. Morgenthau, *In Defense of the National Interest* (New York: Knopf, 1951); Charles A. Beard, *The Idea of the National Interest* (New York: Macmillan, 1934). 第十一章将考察把国家利益作为决策依据的思想。

47 Morgenthau, *Politics Among Nations*, pp.11-14.

48 Ibid., p.10.

49 Greg Russell, *Hans J. Morgenthau and the Ethics of American Statecraft* (Baton Rouge, LA, and London: Louisiana State University Press, 1990), p.161.

50 Morgenthau, *Politics Among Nations*, p.11.

51 Ibid.

52 Ibid., p.12.

53 Ibid., p.36.

54 Ibid., p.43.

55 Ibid., p.58.

56 Ibid., p.64.

57 Ibid., p.77.

58 Ibid., p.78.

59 Ibid., pp.226-227.

60 See, for example, Harold Nicolson, *Diplomacy*, 3rd ed. (New York: Harcourt, Brace, 1963); *Evolution of Diplomatic Method* (New York: Macmillan, 1962); *The Congress of Vienna* (London: Constable, 1946); Morgenthau, *Politics Among Nations*, pp.540-548.

61 Kenneth M. Waltz, *Theory of International Politics* (Reading, MA: Addison-Wesley, 1979).

62 Gottfried-Karl Kindermann, *The Munich School of Neorealism in International Politics*, unpublished manuscript, University of Munich, 1985.

63 Ibid., pp.10-11.

64 Ibid., p.12. See also Reinhard Meier-Walser, "Neorealismus ist mehr als Waltz-Der Synoptische Realismus der Münchener Schule," *Zeitscbriftfür Internationale Bezibungen*, 1 (1) (June 1994), pp.115-126; Gottfried-Karl Kindermann et al., *Grundelemente der Weltpolitik* (Munich: Piper Publishing House, 1991).

65 Robert Gilpin, *War and Change in World Politics* (New York: Cambridge University Press, 1981), pp.9-11.

66 Waltz, *Theory of International Politics*, pp.93-101.

67 Ibid., p.81. 其他对无政府状态和系统结构概念的分析，见 Barry Buzan, "Peace, Power, and Security: Contending Concepts in the Study of International Relations," *Journal of Peace Research*, 21 (2) (1984), pp.109-125; Joseph M. Grieco, "Anarchy and the Limits of Cooperation: A Realist Critique of the Newest Liberal Institutionalism," *International Organization*, 42 (3) (Summer 1988), pp.485-507.

68 Waltz, *Theory of International Politics*, pp.60-67.

69 Gilpin, *War and Change in World Politics*, p.20. 吉尔平借用了赫伯特·西蒙提出的 "满意" 概念。西蒙比较了 "'最大化'（maximizing）目标和'满意'（satisficing）目标以及找到'不错'的行动方式的目标"。Herbert Simon, "A Behavioral Model of Rational Choice," in Herbert Simon, ed.,*Models of Man: Social and Rational*（New York: John Wiley, 1957）, especially pp.204-205, 247, 250, 252-253, 261, 271.

70 Ibid., p.230.

71 Barry Buzan, Charles Jones, and Richard Little, *The Logic of Anarchy: Neorealism to Structural Realism*（New York: Columbia University Press, 1993）, p.36.

72 Ibid., p.37.

73 Ibid., p.38.

74 Ibid., p.52.

75 Ibid., p.82.

76 Michael Mastanduno, David A. Lake, and G. John Ikenberry, "Toward a Realist Theory of State Actors," *International Studies Quarterly*, 33（1989）, pp.463-464.

77 Ibid., p.464.

78 Charles L. Glaser, "Realists as Optimists: Cooperation as Self-help," *International Security*, 19（3）（Winter 1994/1995）, pp.50-90.

79 对新现实主义者提出的战略的范围的更为广泛的讨论，见 Colin Elman, "Horses for Course: Why *Not* Neorealist Theories of Foreign Policy?" *Security Studies*. 6（1）（Autumn 1996）, pp.7-53; Randall Seweller, "Neorealism's Status-Quo Bias: What Security Dilemma?" *Security Studies*, 5（3）（Spring 1996）, pp.90-121; Gideon Rose, "Neoclassical Realism and Theories of Foreign Policy," *World Politics*, 51（October 1998）, pp.144-172; Eric J. Labs, "Beyond Victory: Offensive Realism and the Expansion of War Aims," *Security Studies*, 6（4）（Summer 1997）, pp.4-21; Sterhen G. Brooks, "Dueling Realisms," *International Organization*, 51（3）（Summer 1997）, pp.445-477; Stephen VanEvera, "Offense, Defense, and the Causes of War," *International Security*, 22（4）（Spring 1998）, pp.5-43; M. Lynn-Jones, "Offensive-Defensive Theory and its Critics," *Security Studies*, 4（4）（Summer 1995）, pp.660-691.

80 对于这一问题更广泛的讨论，见 Gideon Rose, "Neoclassical Realism and Theories of Foreign Policy," *World Politics*, 51（October 1998）, pp.144-172. 又见 Fareed Zakaria, "Realism and Domestic Politics," *International Security*, 17（1）（Summer 1997）, pp.162-183.

81 Joseph M. Grieco, "State Interests and Institutional Rule Trajectories: Neorealist Interpretation of the Maastricht Treaty and European Economic and Monetary Union," in Benjamin Frankel（ed.）, *Realism: Restatements and Renewal*（London: Frank Cass, 1996）, p.304.

82 Charles L. Glaser, "Realists as Optimists: Cooperation as Self-Help," in Michael E. Brown, Sean M. Lynn-Jones, and Steven E. Miller, eds., *The Perils of Anarchy: Contemporary Realism and International Security*（Cambridge, MA: MIT Press, 1995）, pp.408-417.

83 对这一问题以及相关问题的广泛讨论，见 Andrew Moravcsik and Jeffrey Legro, "Is Anybody Still a Realist?" *Weatherbead Center forInternational Affairs*, *Harvard University Paper*, No. 98-14（October 1998）, esp. pp.23-37.

84 对这一观点的广泛探讨，见 William C. Wohlforth, "Realism and the End of the Cold War," *International Security*, 19（3）（Winter1994/1995）, pp.91-129.

85 Thomas R. Cusack and RichardJ. Stoll, *Exploring Realpolitik: Probing International Relations Theory with Computer Simulation*（Boulder, CO, and London: Lynne. Rienner Publishers, 1990）, esp.pp.21-40.

86 John Lewis Gaddis, "International Relations Theory and the End of the Cold War," *International Security*, 17（3）（Winter 1992/1992）, p.34.

87 Paul Schroeder, "Historical Reality vs. Neorealist Theory," *International Security*, 19（1）（Summer 1994）, pp.116-117.

88 Ibid., pp.147-148.

89 Thomas I. Cook and Malcolm Moos, "The American Idea of International Interest," *American Political Science Review*, XLVII（March1953）, p.28.

90 Michael Joseph Smith, *Realist Thought from Weber to Kissinger*（Baton Rouge, LA, and London: Louisiana State University Press, 1986）, p.235.

91 Glen Chafetz, Michael Spritas, and Benjamin Frankel, "Introduction: Tracing the Influence of Identity on Foreign Policy," in Chafety, Spritas, and Frankel, *The Origins of National Interests*（London: Frank Class, 1999）, p.viii.

92 Stephano Guzzini, *Realism in International Relations and International Political Economy*（London and New York: Routledge, 1998）, pp.1-12, 225-235.

93 Cecil V. Crabb, *American Foreign Policy in the Nuclear Age*（New York: Harper & Row, 1965）, pp.458-459.

94 Stanley Hoffmann, *Contemporary Theory in International Relations*（Englewood Cliffs, NJ: Prentice Hall, 1960）, p.32. 近来对现实主义理论的批判，见 Stanley Hoffmann, *Janus and Minerva: Essays in the Theory and Practice of International Politics*（Boulder, CO, and London: Westview Press, 1987）, esp.pp.70-85.

95 Richard K. Ashley, "Poverty of Neorealism," in Robert O. Keohane, ed.,*Neorealism and Its Critics*（New York: ColumbiaUniversity Press, 1986）.

96 Robert G. Gilpin, "The Richness of the Tradition of Political Realism," in Keohane, ed., *Neorealism and Its Critics*, pp.316-321.

97 Robert O. Keohane, *After Hegemony: Cooperation and Discord in the World Political Economy*（Princeton, NJ: Princeton UniversityPress, 1984）, p.245.

98 R. B. J. Walker, "Realism, Change, and International Political Theory," *International Studies Quarterly*, 31（March 1987）, p.67.

第三章

系统、结构、行为体和国际关系理论

系统和结构

104

系统（system）一词被广泛运用于社会科学的各种著作中，在政治学和国际关系理论研究中尤其如此。20世纪中期以来的几十年里，国际体系一直是关于国际格局理论研究的重点概念。读者将在本章的详细讨论中看到，国际体系这个概念中包含着一个基本假定，即无论是个人还是群体，他们的活动总是会形成一定的行为模式，这些行为模式可以被称为系统。虽然**系统**曾经是行为主义革命时期的核心概念，但是它的影响早已超越了国际关系理论的这一发展阶段。我们在第一章中已经谈到过，要对国际政治进行层次分析，必须把国际政治看成一个或多个系统，其中全球体系包括国家和其他单元，也包括由个人组成的各种群体所构成的子系统。行为的互动模式存在于各种分析层次之内及其相互之间。正如我们在第二章中看到的那样，新现实主义理论主要关注国际体系的结构（行为体的数量和类型，以及它们的实力分配状况）如何影响国际体系单元的行为模式。**系统**描述的是系统单元之间如何相互作用和相互影响。本章将讨论系统的涵义及其运用。我们将以前一章有关新现实主义和结构现实主义理论的内容为基础，深入分析那些研究**极**（polarity）的理论著作，即分析不同的结构是如何影响互动模式进而形成国际体系的。本章还将讨论关于国际体系的各种理论，如国际体系如何形成和发展的理论、如何变化和转型的理论以及如何解体的理论。

系统概念被广泛运用于国际关系理论研究的各个领域。除了新现实主义理论之外，还包括以下这些与一体化理论、决策理论、冲突理论以及层次分析相关的理论：

105
● 拥有一定互动模式的国际体系模型。
● 国家决策者制定对外政策的过程。这些决策者相互影响，并对国内和国际环境的输入信息做出反应。正如雷蒙德·坦特（Raymond Tanter）所指出的那样，"国际体系研究方法意味着建立互动模型，而对外政策研究方法却意味着建立决策模型"。[1] 但是这两种研究方法拥有共同之处，即系统的建构可用于分析对外政策是如何形成的，以及国家或其他系统单元是如何相互作用和相互联系的。
● 国家政治体系与其内部的子系统（如大众舆论、利益集团和文化等）之间的相互作用。这些相互作用可用于分析互动模式。
● 外部**联系团体**（linkage groups），即国际体系中的其他政治体系、行为体或结构，它们都与被分析的国家体系有直接的关系。
● 外部联系团体[2]和那些对外部事件最敏感的内部集团（如从事外事活动的精英人物、军队，以及涉足国际贸易活动的企业界人士）之间的相互作用。

这些理论分析相互之间并不是孤立的，因为认识国家层次的系统和决策过程，对认识国际体系中国家之间的相互作用十分重要。正如我们在第二章中所指出的，结构现实主义者认为国际体系对行为模式的形成起着十分重要的作用，所以他们主要从国际体系层次出发进行分析。他们认为结构影响单元或行为体之间的互动，研究国家决策就是研究国际体系的子系统。本章对那些研究国际体系及地区子系统的理论家给予了特别的关注。在本章之后的各章节里（包括决策理论和一体化理论部分），我们将从其他一些分析层次出发进行理论分析。在这些分析层次中，单元之间是互动的，需求作为输入导致决策采取行动或形成政策的输出。

以系统为基础进行理论分析为国际关系理论带来了两种重要的分析方法。第一种分析方法主要研究行为体以及它们之间的互动，不论这些行为体是个人，还是像国家或官僚机构这样的群体。这种分析方法被称为**还原主义**（reductionist），因为这种方法只是在个体参与者或单元层次上进行分析。例如，它分析的是民族国家，而不是国际体系。第二种分析方法强调的是结构，结构为行为体间的互动提供某种框架。这种研究方法认为结构对行为体之间的互动有决定性影响。根据结构主义理论，当个体或群体的行动结合到一起时，就会形成一种行为模式；如果单个行为体属于其他结构的话，就会形成另外一些完全不同的行为模式。从这个意义上讲，群体行为特征和群体行为模式所产生的影响（即互动），大于而且不同于个体行为特征和个体行为模式所产生的影响。[3] 就像罗伯特·考克斯（Robert W. Cox）所说的那样，行为体互动分析方法寻求解释行为体在互动中的动机和后果。[4] 结构主义分析方法则试图解释由行为体组成的结构如何影响行为体之间的互动，结构如何以及为什么发生变化。我们在其他地方已经指出，结构主义分析方法被称为**整体的**（holistic）或**系统的**（systemic）方法，因为它是在更为宏观的分析层次上完善理论的解释力，它的分析层次是国际体系，而不是国家行为体。[5]

结构主义和结构化

在约翰·鲁杰看来，对变革的研究必然是对结构的研究。[6] 罗马帝国的瓦解，现代国家体系的形成，以及苏联的解体，等等，都是变革的例子。结构塑造了互动模式，随着结构的变化，互动模式也发生了变化。我们这里再引入一个术语**结构主义**（structuralism）来进行讨论。结构主义假设存在着永恒不变的结构，所以塑造国际互动模式的结构是固有的，尽管它的特征（如行为体的数量及其实力分配状况）可能会随着时间的变化而发生变化，就像我们在苏联帝国的解体和其他一些国家的分裂过程中看到的那样。结构的这种变化过程持续不断，到了21世纪也同样如此。结构为行为体提供了框架，行为体在这个框架中互动并发生联系。在结构中，系统就是互动行为体的各种组合。行为体如何相互联系，结构和行为体之间的关系是怎样的，这两个问题是人们寻求认识系统和整体层次上的变革的重要内容。在理查德·利特尔看来，要认识大规模的历史性变革是如何发生的，关键问题在于认识结构和行为体之间的关系。[7] 进一步讲，系统、行为体和结构是构成所谓**结构化理论的本体论**（structurationist ontology）的三个概念。

亚历山大·温特（Alexander Wendt）和雷蒙德·杜瓦尔（Raymond Duvall）认为，结构和行为体的关系是一种**共同决定的不可还原**

（codetermined irreducibility）的关系。行为体组成的结构使行为体的互动系统成为可能。这两位学者认为，**社会体系**（social systems）就是"行为体的有规律的实践，这些有规律的实践产生了形成这些实践的社会结构，同时也产生了参与这些实践的行为体"。[8] 行为体的互动形成结构，结构反过来又影响行为体的互动。社会结构产生于互动模式，或者说，社会结构是由互动模式的结果建构的，正如社会结构对互动模式产生影响一样。这就是建构主义理论的基本思想。

107

社会结构是如何形成的？是什么因素形成了社会结构？这是建构主义理论要回答的根本问题。对此我们将在第四章里更加充分地予以讨论，另外我们在其他章节中也有所涉及。安东尼·吉登斯（Anthony Giddens）在其**结构化理论**（theory of structuration）中甚至提出，"根据结构化理论，社会科学研究的基本领域既不是单个行为体的经验，也不是任何形式的社会总体的存在，而是穿越时空的社会实践"。[9] 吉登斯坚持认为，主体（人）和客体（社会或社会制度）在塑造社会实践或社会行为的过程中起着同等重要的作用。在他看来，"主体和客体都是在重复不断的社会实践中形成的。"[10] 换句话来说，行为体塑造社会，而社会也通过一系列方式塑造行为体的行为。行为体（个人或群体）按照他们自己制定的和已经被接受的规则来行动。吉登斯认为，"所有的规则都是可以被改造的。"[11] 吉登斯的结构化理论认为结构和系统有两重性。行为体活动于结构之中，因此它们以某种方式相互联系，结果形成了有规律的行为模式或互动模式，从而形成系统。结构和系统在结构化过程中相互缠绕，因此被认为"是条件决定了结构的延续和嬗变，从而也决定了社会系统的变化"。[12]

系统的其他用法

在国际关系领域的各种著述中，**系统**一词有多种用途。例如，系统分析一词可以指许多不同的分析方法。指导资源配置过程中的理性决策的成本—收益分析法就是一种系统的分析方法。但是在政治学著作中，**系统分析**（systems analysis）被用来建立认识政治体系运行过程的概念框架和方法论，因此它和**系统论**（systems theory）是经常互换使用的。正如罗伯特·利伯（Robert J. Lieber）所说，"系统分析是进行整体分析的一系列方法，它有利于组织数据，但是它没有任何理论目标。相比之下，系统论将相互结合的一系列概念、假说和命题分门别类，使它们（在理论上）广泛适用于人类知识的各个方面。"[13] 我们认为，"系统论"是一系列关于自变量和因变量之间关系的说明。在自变量和因变量的关系中，一个或多个变量发生变化，其他变量或变量集合就会同时发生变化或接着发生变化。阿纳托尔·拉波波特（Anatol Rapoport）认为，"一个通过其组成部分的相互依存而发挥整体功能的整体就是系统。目的在于发现整体功能如何在尽可能多的系统中发挥作用的方法被称为一般系统理论"。[14] 约翰·伯顿曾写道，系统意味着"单元之间的关系。系统的单元都属于同一'类'，这意味着它们拥有一些使它们之间形成特殊关系的共同特征"。[15] 人的神经系统，汽车发动机，连锁经营的希尔顿饭店，阿波罗号宇宙飞船，美国联邦储备体系，海洋生态实验计划中使用的养鱼库，以及"均势"，这些都是系统。

動态的系统是可以被描述的。系统的组织可能是松散的，也可能是紧密的；它可能是稳定的，也可能是不稳定的。要瓦解一个稳定的系统需要非常大的冲击力量。不稳定的系统不确定性较大，它的平衡或均衡就较容易被打破。稳定的系统能够吸收新单元成员，在处理大量的输入信息的同时继续发挥其正常功能，也能够适应变化，通过对**负反馈**（negative feedback）做出正确的反应来调整其行为（例如偏离轨道的信息，就像你在驾驶一辆汽车的时候要不断用输入的信息来观察道路，使你估算和决定如何避免交通堵塞）。

小系统（或子系统）可能存在于大系统之中。例如，可以把政治学系、国际关系学系、历史系看做是大学或学院的子系统，而大学或学院又可以被看成是整个高等教育体系的子系统。按照约翰·伯顿的话来说，"当子系统本身是一个独立的系统（在独立状态下它的功能相关性并不总是很明显）时，系统层次指一组包括了该层次全部单元的复杂关系。不同层次的系统有不同的特征"。[16] 每个系统都有其边界，从而使该系统与它的运行环境区别开来。在某种意义上，每个系统都是一个交流网络，这个交流网络使信息得以流动，从而形成一个自我调节过程。每个系统都有信息的输入和输出；输出的信息可能会重返系统而成为输入信息，只不过这时被称为**反馈**（feedback）。重申一下，系统体现的是结构中的单元之间的互动模式。

　　与系统紧密相关的是**相互依存**（interdependence），它被用来描述全球国际体系中存在的各种关系的特征。相互依存被认为是系统的组成部分互动的结果。例如，国家之间的相互依存程度越高，各国对其全部或部分独立决策的控制就丧失得越多。以欧盟为例，欧元作为统一货币出现，由一个中央银行制定利率和规定货币供应量，这表明欧洲联盟内部的经济相互依存程度在加强，其成员国对本国重要经济政策的控制权正在流失。沃尔夫—迪特尔·埃贝魏因（Wolf-Dieter Eberwein）提出一个抽象的观点，即相互依存"一方面是全球背景下各行为体之间关系的产物，另一方面，相互依存又是这些关系所需要的动力"。[17] 罗伯特·基欧汉和约瑟夫·奈认为，相互依存必然带来一定的成本，"因为相互依存限制了自主权；但是人们**事先**（a priori）无法确定是否一种关系带来的利益一定会大于成本。这取决于行为体的价值观，也取决于这种关系的性质"。[18] 他们的相互依存概念包括两个层面：敏感性和脆弱性。"敏感性指一个政策框架做出反应的敏感程度，也就是说，一国发生的变化以多快的速度给他国带来多大成本的变化。"[19] 他们认为，"脆弱性指行为体在受到外部事件影响时，即使做了政策调整也要为之付出成本的一种倾向"。[20] 在罗伯特·基欧汉和约瑟夫·奈的分析中，相互依存具有敏感性和脆弱性，相互依存的性质可以是社会性的、政治性的、经济性的、军事性的或是意识形态方面的。他们的分析认为，相互依存并不是对称的。就像哈里森·瓦格纳认为的那样，不平等的两个行为体之间的相互依存关系的特点从需要的意义出发可以说成是"依附"，或者说成是"不对称"，即"一方比另一方更需要这种关系的好处"。[21] 相互依存概念与权力和依附论密切相关，对此我们在第二章和第六章中有所讨论。

　　在国际关系研究中，特别是在系统理论中，另外一个被广泛使用的术语是互动（interaction）。相互依存的程度越高，互动也就越频繁。正如我们讨论过的那样，系统被假定为互动模式。随着相互依存程度和互动的增长，系统也越来越复杂。和系统论一样，相互依存和互动与一体化理论有密切的关系，对此我们将在第十章中详加讨论。互动不仅包括民族国家、国际组织和其他非国家行为体的需求和反应（即它们的活动），还包括跨国界的交往活动，如贸易、旅游、投资、技术转让，以及通过国际互联网和覆盖全球的电视节目（如CNN）而发生的思想和信息流动等。

　　在分析20世纪末的国际体系时，安德鲁·斯科特（Andrew M. Scott）

对互动的特征做了以下的概括：

> 数以百计的行为体同时在国际舞台上活动着，它们的行为相互影响而发生各种各样的变化、凝聚和组合……在一个杂乱无章的聚合过程中，单个行为体的行为是有目的的，但是整个聚合过程却是无目的、无方向的……一个部分受控的聚合过程不会因受控不足而停止，而是继续发挥作用并产生各种结果，但只有部分结果是预期的。[22]

简而言之，在国际体系中，问题（输入）在成倍地快速增加，而解决办法却相形见绌，于是造成系统的超载。由于技术对国际体系的普遍影响，相互依存和互动模式就越来越复杂。根据理论假说，在这种情况下，**结构性需求**（structural requisites），即为了使系统有效运行而必须满足的需要，变得越来越多了。[23]

相互依存和互动为许多研究者解释系统转型提供了途径。20世纪末，人类历史上第一次出现了全球性的国际体系，它取代了从1648年《威斯特伐利亚条约》一直延续到20世纪的欧洲中心体系。这个新体系的形成是与全球性的技术扩散联系在一起的，技术扩散使人类在广泛的和前所未有的层次和方式上进行互动。在21世纪初期，这种互动和交往不但没有任何减少的迹象，反而变得更加普遍了。爱德华·莫尔斯（Edward L. Morse）指出了现代化的双重后果，即"一是在多数国家之间出现某种形式的相互依存，二是出现国际体系的跨国性质"。[24] 在这里，相互依存被定义为"两个或多个行为体（我们指政府）的特定行动产生的互为条件的结果"。莫尔斯提出了一系列有关国际体系中的相互依存的命题。例如，相互依存程度越高，危机发生的可能性也越大。"相互依存不只孕育了危机和各种形式的联系，而且还增加了个别国家为实现其国内和国际政治目标而操纵危机的可能性"。[25]

另外一些研究者也试图界定相互依存概念，并确定相互依存增强或减弱的程度。海沃德·奥尔凯尔（Hayward Alker）认为，"可以给相互依存一个综合性的多层次的定义"。相互依存是"两个或多个跨国行为体之间的社会关系，它表现在行为体之间实际的和预期的互动之中"。[26] 理查德·罗斯克兰斯（Richard Rosecrance）和阿瑟·斯坦（Arthur Stein）从最一般的意义上出发，认为相互依存包括"一种利益关系，其中一国的地位发生变化，其他国家就要受到这些变化的影响"，或者从经济学意义上讲，"当一个国家对外国经济发展的'敏感性'增强时，就出现了相互依存。"[27]他们不同意卡尔·多伊奇（Karl Deutsch）及其同事的结论（参见第十章），即认为在20世纪的大部分时期里，与国内的情况相比，国际交往的发展程度（特别是在国际贸易方面）降低了。在他们看来，早些时期，特别是19世纪的时候，人们在计算国民生产总值（GNP）时，服务业的增长情况（发达国家最为显著）被低估了。他们还指出了现代国际体系中存在的一个矛盾："在民族国家内部，垂直一体化水平登峰造极；而在跨国经济交往方面，水平分工的发展达到了第一次世界大战以来的最高程度。"[28]信息、贸易和投资全球化不断发展，伴随着国家的分裂而出现的人权运动，新旧民族主义的兴起（如对种族、宗教和民族认同的新要求），这些都是这一矛盾的体现。

尽管系统，特别是国际系统的概念，对当今国际关系理论有很大的影响，但是系统这一思想并不是什么新东西。我们至少可以上溯到托马斯·霍布斯，他的著作《利维坦》（Leviathan）第二十二章里就提到了系统的观点。[29]系统是社会科学从物理学中借鉴过来的很多术语和概念中的

111　一个。作为系统理论最重要的代表人物之一，路德维希·冯·贝塔朗菲（Ludwig von Bertalanffy）认为，现代科学不断专业化的结果造成了各个学科的分散化："可以说，物理学家、生物学家、心理学家和社会科学家都局限于各自的研究领域，这使他们很难相互获取任何信息。"[30]学科门类的增加和学术研究专业化程度的加强，可能会危及科学研究的完整性，从而把它分裂成一个个彼此之间无法进行交流的孤立王国。系统理论的提出是试图解决这一问题的一种努力。另一位系统理论家阿纳托尔·拉波波特认为，系统理论的潜力在于，它能重建强调部分与整体之功能关系的研究方法而不失科学的严谨性。他坚持说，系统理论确立的和假设的类推不仅仅是比喻，它们是根植于系统之间的一致性或各种系统理论之间的一致性。[31]换句话说，所有的系统互动模式都具有相似特征，其中最为显著的特征，就是系统接收来自周围环境的输入信息，然后产生输出信息；在系统结构中，各单元之间存在一定的互动模式。贝塔朗菲在多个学科领域中发现了与系统论相似的观点和概念。例如，物理学和化学研究的是动态的互动现象；在生物学中，有生命的生物体也存在着类似的互动，如各物种

之间、各个生物体与其生存的环境之间等。贝塔朗菲认为，对这些看似各不相同的学科来说，有一点非常重要，就是"不仅要单独研究局部和过程，最重要的问题是，要研究因动态互动产生的有机关系，这些关系使局部的行为不同于它们在孤立状态下的行为，也不同于它们作为一个整体的行为"。[32]

在国际关系理论中，这意味着各分析层次之内以及各分析层次之间都存在着行为互动模式，其中，行为体相互接收和输入信息，并以一定的方式与它们组成的结构相互联系。在其他学科领域中的其他结构中，实体或单元的行为模式里也有这种关系。

詹姆斯·罗斯诺和系统、瀑布式相互依存以及后国际政治

人们普遍认为，就在21世纪来临之际，国际体系已经进入了詹姆斯·罗斯诺所说的"瀑布式相互依存"的时代。在这个时代，像"资源短缺、次集团主义、政府效率、跨国问题和大众偏好"这样的现象，其互动模式在快速发生变化。[33] 这个时代的特征是相互依存不断深化，世界进一步分散化，因此被罗斯诺称为"后国际政治"。[34] 后国际政治既可能是混乱无序的，也可能是有序的。总的来看，从前那些沉默无闻的群体和它们的联合体开始有了政治意识和自我意识；信息和通讯技术革命产生了深远的影响；被用于战争的技术和有利于和平事业的技术都在不断扩散；经济往来和其他形式的国际交往的范围和程度越来越广泛和深入，结果既造成了冲突，也促进了合作。以上这一切，都导致了罗斯诺所说的"各种相互联系的紧张关系。因为是相互联系在一起的，所以这些紧张关系能够相互促进，并在全球体系中四处扩散"。[35]

在一个日益分散化的世界里，次团体的出现意味着个人对大型实体的忠诚已经转向了小型实体，结果使民族国家的权威不断遭到削弱。罗斯诺所指的"权威危机"，使那种把国家作为理论建设核心的观念不再适用了。"国家体系"的说法既不充分，又容易产生误解。瀑布式相互依存所产生的作用就是，在多种层次上，权力在国家和无数子系统之间被随意地分配。[36]

瀑布式相互依存描述了在不同系统中扮演各种角色的个人和群体的情况。在有些系统中，这些个人和群体可能曾经是其成员；在另一些系统中，

这些个人和群体则作为官方决策者或以民间力量的形式参与其中。其合成的互动模式形成了罗斯诺所说的"角色冲突",这种角色冲突反映的是"区别系统差别的价值观、力量和历史,而政策是在系统之内制定出来的"。[37]扮演角色的参与者对自己和与自己相关的其他参与者都报有某种期望。扮演决策者角色的参与者在某个政策问题上要面对互动的过程(他们参与这种互动过程)所产生的众多结果,这就使相关的剧情变得非常重要,成为另外一个需要关注的重点。用罗斯诺的话来说:

> 他们的(角色剧情)是……大众参与全球生活的基础,对各种剧情的选择决定了他们的活跃程度和集体行动的方向。更明确地说,角色剧情是建立在基本的认识和价值观基础上的,这些认识和价值观通过政治社会化来传播并一代代地保持下来……从另一个角度来说,领导的任务就是出售剧本,使公众把这些剧本当成最吸引人的、最好的剧本。[38]

罗斯诺的系统阐述认为,就是集体或系统如何解决它们问题的共同剧本使它们成为了一体。罗斯诺所说的权威危机的核心问题,就是出现了大量迥然不同而又互动的剧本,这些剧本的基础是不断发生变化的角色剧情。如果以成员的角色剧情的相容性或和谐程度来衡量群体和系统的凝聚力的话,那么世界上大量出现的次群体现象则既是分散化的特征也是分散化的原因。正如罗斯诺所说:

> 权威危机在全球范围造成的次群体主义越严重,整体分解为局部的情况就越严重,而局部反过来又凝聚或合成为新的整体。也就是说,瀑布式相互依存可以被看做是系统形成和再形成的一个持续的过程。[39]

因此,罗斯诺假定开放系统的存在取决于以重复现象为基础的输入,输入的积累结果则是产生无序模式。21世纪初的世界具有以下一些特征:行为体增多、世界政治分化为以国家为中心的世界政治和以多种行为体为中心的世界政治、技术力量的影响越来越大、经济全球化带来了相互依存、国家权威弱化、新兴的次团体掌握了更多权力、发达国家和欠发达国家之间的差距越来越大，等等。这些现象在罗斯诺那里都属于全球性动荡。他认为"驱动和维持全球动荡的过渡现象"代表了"全球化和区域化两种趋势的相互促进过程，结果形成了分散一体化的动力"。"分散一体化"是罗斯诺杜撰的新名词，它描述的是动荡的21世纪初期同时存在的两种相互冲突的力量——分散化和一体化。[40] 瀑布式相互依存是互动的一种功能，它不仅导致合作，也带来导致系统瓦解的冲突。因此，有人认为瀑布式相互依存概念为分析权威关系、社会政治聚合的动力以及系统的适应机制提供了一个基础。在系统中，威胁使用武力、实际使用武力以及合作行为的前景，代表的都是一个连续体的各个点。

以此分析为基础，罗斯诺认为占主导地位的全球体系或全球秩序的特征主要取决于单元间的相互联系程度。[41] 当前时代的主要特征就是单元间实际联系的程度。在这样的总体背景下，全球秩序体现在三个基本层次的互动模式上。第一个层次为**观念层次或主体间层次**（ideational or intersubjective level）。这个层次的互动模式基础是人们所认识的世界秩序，或者以建构主义的话语来说，就是世界是如何在社会行为体的观念中被社会建构而成的。这个层次包括了学术和媒体的评论、政治领导人的讲话，以及像本书所提到的理论家们的理论。罗斯诺认为，第二个维持全球秩序的活动层次是**行为层次**（behavioral level），即人们在观念上的理解或认识的基础上有规律地维持现存全球秩序的活动。这些活动包括谈判、战争、威胁敌人以及对盟友的承诺等。罗斯诺模型中的第三个层次是**制度层次**（institutional level）。这个层次由制度和机制构成，国家或其他行为体按照它们的观念和行为模式在制度和机制中或通过这些制度和机制进行活动。历史上任何时期全球事务的有序程度都取决于以上三个层次的活动。罗斯诺认为，这三个层次在它们内部和它们之间形成了一系列相互作用的动力，正是这种动力促使全球体系发生变化。

秩序作为国际体系的特征与世界政府的存在与否无关。正如有政府不一定就有治理一样，没有政府也可以进行治理。缺乏治理能力的政府比比皆是。在罗斯诺看来，无政府的治理正说明系统是靠自身能力发挥必要功能的。这一点我们在本章其他地方已经谈到过。罗斯诺所说的功能包括了应付外部挑战、防止单元之间的冲突以免造成系统解体、获取必要的资源、制定符合目标的政策。虽然政府的任务就是执行这些功能，但是政府似乎无法适应这个飞速变化的时代。在这种情况下，系统的功能是以共同

114

目标为基础的，这些共同目标构成了治理的出发点，也决定了治理的基本特征。**治理**（governance）这个术语的涵义比**管理**（government）一词更为宽泛，它必然取决于主体间的共识或共同目标。尽管治理可以在无政府状态下存在，但如果缺乏建立在政府权威基础上的共识，就难以存在有效的管理。系统的调整机制发挥着治理功能，它并不一定需要拥有正式的权威和警察权力的政府。

肯尼斯·博尔丁和系统的复杂性

不同的系统其复杂程度不同，这种情况一直是社会科学研究所关注的问题。在其经济学和系统论著作中，肯尼斯·博尔丁试图根据系统的复杂程度来对系统进行分类，如机械系统、生物体内平衡系统、生物系统、高等动物系统及与之类似的系统、人类社会系统等。[42] 人类社会系统搜集、选择和使用事关人类生存信息的过程远远要比简单的机械系统中的这一过程复杂。例如，一个恒温器只能对温度的变化做出反应。系统越简单，维持系统生存所必需的信息数据就越少。与简单的系统相比，人类有自我认识的能力，这使信息选择过程能建立在特定的认知结构或心理过程之上，并成为决策的基础。（我们将在第十一章里加以讨论）这种心理过程，即**意象**（image），可以提供一种重构刺激信息的框架，使之发生根本变化。作为结果的人类行为不是对特定的刺激产生的反应，而是对一种知识结构的反应，这种知识结构能影响人们对环境的总体认识。预见系统行为的困难说明意象对刺激和反应过程的干预。由于意象掩盖了系统生存所必需的信息，复杂的系统走向瓦解的可能性要远远大于简单的系统。

社会和政治体系是由参与系统的人类行为体的意象构造而成的。博尔丁把政治体系成员的集体意象称为**民众知识**（folk knowledge）。例如冷战后处于相互冲突中的种族和其他群体塑造敌对观念的意象，这种意象构成了冲突性互动模式的基础。通过甄别冲突信息，政治领导人的决策遵从了民众知识的支配。博尔丁确信，如果消除决策过程中民众知识的影响，那将极大改变国际行为。这就像破除中世纪的宇宙论观念对现代科学的发展产生了重大影响一样。博尔丁认为，认识意象的意义对认识系统和研究诸如冲突和决策等政治现象具有至关重要的作用。所以，系统理论有助于在"纯数学的高度概括和某一学科的具体理论"之间的层次上建立概念。[43]

塔尔科特·帕森斯

在社会学领域，塔尔科特·帕森斯（Talcott Parsons）是20世纪系统理论研究的先驱。帕森斯假定存在这样的行为体，它通过规范有序的能量支出来达到其预期目标。[44] 行为体和它们所处的形势之间的关系具有周期性特征或系统性特征，因此所有的行为都是在系统中发生的。尽管帕森斯认识到了个人和客体之间存在的活动联系，但是他更关注社会行动和他所称的"行动系统"。在帕森斯的行动系统中，人既是主体又是客体，主体（自我）和客体（他者）在系统中互动。当行为体获得了满足，他们就在系统中作为既得利益者而维持系统的存在并使之运行。行为体相互接受这一系统在系统内形成的维持均衡的机制。

在任何时候，个人都同时是若干行动系统的成员，如家庭、雇主和民族国家等。帕森斯的系统由三个子系统构成：（1）个人系统；（2）社会系统；（3）文化系统。这些子系统在行动系统中相互联系，相互影响。总之，帕森斯把社会设想为相互联结的行动系统网络，一个子系统的变化会影响其他子系统和整个行动系统。

帕森斯的理论十分重视均衡，将均衡作为衡量社会系统处理结构性问题的能力变化的一种方法。[45] 在国际关系理论中，均衡概念的使用非常普遍，但却没有明确的定义。例如，均势中是否存在均衡？所以，当我们参考帕森斯的著作时，给均衡概念一个更为明确的定义将十分有益。系统理论假设局部在确定的关系中是相互依存的，这种确定的关系给系统的各个组成部分带来秩序。尽管帕森斯把秩序等同于均衡，他认为均衡并不必然等同于"静止的自我维护或稳定的均衡。它（均衡）可能是一个有序的变化过程，也就是说，从起点开始这个过程就以明确的而不是随意的方式发生变化，因此我们可以称之为动态均衡，任何成长过程都说明了这一点"。[46] 社会系统的特点是它具有多重的均衡过程，因为社会系统有很多子系统，如果较大的系统要保持均衡，每个子系统就必须保持均衡。

帕森斯关注的是社会系统如何承受压力，如何巩固它们的地位，以及它们是如何解体的。要维持社会均衡并最终维持系统自身的均衡，需要四个功能条件作为前提：（1）**系统模式的维护能力**（pattern maintenance），即系统保证自己的基本模式、价值和规范可以延续下去的能力；（2）**适**

116

应能力（adaptation），即能够适应环境和环境的变化；（3）**实现目标的能力**（goal attainment），即系统实现自己设定的目标的能力；（4）**整合能力**（integration），即把不同的功能和子系统整合成为一个连贯、协调的整体。在帕森斯的社会系统里，家庭是维护系统模式的子系统。适应能力表现在经济发展和科学技术变革的过程中。政治组织（特别是国家）的功能是实现目标。整合功能是由文化子系统来完成的，这包括大众交流、宗教和教育。帕森斯的功能性前提条件以不同的形式适应了政治学研究（政治本身也是子系统），而且影响了本章所涉及的那些国际体系的研究者。[47] 尽管帕森斯只是简单地提到了国际体系，但是他看到了国际体系的互动模式与国内层次上的行动系统的互动模式的相似之处。国际体系和国内体系的主要问题是维持均衡，这对系统处理内部压力的问题是至关重要的。[48]

在帕森斯看来，国际社会共同价值观的形成是国际秩序的基础。虽然国际体系缺乏这种价值观，但是从过去两代人对经济发展和民族独立的重视程度可以看出，这种价值观已经开始形成，至少在全球范围内初步形成了一种建设共同观念的力量。帕森斯看到，国际政治的参与者们需要在解决问题和差别的制度与程序方面达成程序性共识。他还呼吁以多元主义方式区分人们的利益范围，以便超越党派利益的历史性差别。在国内政治体系和社会系统中，人们可以在相互区别的基础上更好地实现团结和统一。例如，同样是新教徒，有些人是民主党，有些人则是共和党。帕森斯相信，在国际体系中，这种多元主义的差别可以增进国际体系的稳定。[49]

戴维·伊斯顿及其他学者

一些研究政治体系的政治学家接受和发展了系统理论，并在实际中加以运用。加布里埃尔·阿尔蒙德（Gabriel Almond）认为，政治体系是"所有独立社会都有的互动行为系统，它通过使用或威胁使用基本上是合法的强制力，来执行社会内部及社会与社会之间的整合和适应功能"。[50] 卡尔·多伊奇支持帕森斯的功能前提，认为系统的特征就是相互作用和沟通。他关注的是政治系统在多大程度上拥有足够的设施来搜集内部和外部的信息，并把这些信息传达到最终决策点。能够在压力下生存的政治体系都具有接受、甄别、传达和评估信息的能力。[51] 在戴维·伊斯顿看来，系统理论的基本思想，就是把政治生活看做一系列有边界的互动行为，它们深嵌于其他社会系统之中并被它们所包围，而且不断受到它们的影响。[52]
更进一步讲，政治互动行为有别于其他互动行为，因为政治互动行为主要
面向"社会中价值的权威性分配"。[53]

以上这些学者都对政治系统的功能——即把输入转换为输出的方式感
兴趣。尤其是伊斯顿，他已经成了输入—输出分析的代表。政治系统的主
要输入是需求和支持，而主要的输出是分配系统利益的决策。阿尔蒙德提
出了以下问题：政治系统（a）如何参与政治社会化，（b）如何表达和聚
合利益，（c）如何进行政治沟通。这些问题涉及对政治系统提出需求的方
式，因此它们是输入功能。阿尔蒙德尤其关注政治输出功能，如规则的制
定、实施和裁决。以美国的政治体系为例，阿尔蒙德所指的输出功能分别
相当于立法、行政和司法这三个部门。伊斯顿用他的系统模型指出，无论
是在国家层次上还是在国际层次上，我们都可以根据政治系统在价值的权
威性分配方面的能力对它们进行研究和分类。

结构—功能分析方法

系统理论很重视结构—功能分析法。结构—功能分析试图研究诸如
生物有机体和政治体系这些看似不同的系统的特定功能。这种分析方法
最早见于20世纪初人类学家布罗尼斯拉夫·马林诺夫斯基（Bronislaw
Malinowski，1884～1942）和拉德克利夫–布朗（A. R. Radcliffe-Brown）
的著作中，接着，罗伯特·默顿（Robert K. Merton）在社会学领域为结
构—功能分析方法构建了一种分析框架。[54] 结构—功能分析法的倡导者们
认为，首先，确定一种能够满足系统功能需求的行为方式是可能的；其
次，在若干不同结构单元中识别类似功能也是可能的。结构—功能分析
方法包括结构性和功能性必要条件这些概念。**结构性必要条件**（structural
requisite）是指维持系统存在所必需的有规律的活动方式。[55] **功能性必要条
件**（functional requisite）是在概括定义和单元行为背景的层次上的一般性
条件。[56] 而且，人们还在努力区分功能——或马里恩·利维（Marion Levy）
所说的**良性功能**（eufunctions）——和功能失调的不同之处。在默顿看来，
"良性功能就是所观察到的有利于系统适应和调整的那些结果"。[57] 因此，
结构—功能分析方法能让研究者避免把特定功能和特定结构相联系之后出
现的陷阱，使它在比较研究和比较分析中成为很有用的工具。约翰·韦尔

118

特曼（John Weltman）认为，系统理论在国际关系研究中的运用"是一种分析方法，它来源于功能社会学和一般系统理论，并受到这两种流行思潮的制约和影响"。功能社会学和一般系统理论相互推动，不断发展。"功能社会学家关注活动更甚于关注实体。这些活动在实体中发生，与实体相关，并根据实体而受到评价"。相反，他对系统理论的看法是，"除了关注具体活动之外，发生活动的实体的性质是最重要的"。[58]

在一个既定的政治体系中，我们可以同时发现帕森斯的功能前提条件和阿尔蒙德、伊斯顿等理论家提出的功能，并对之加以描述。这些功能关系到系统的目标、系统的均衡，以及系统与环境变化互动并适应这些变化的能力。从最保守的意义上讲，结构—功能分析方法至少为研究政治现象提供了一种分类方法。[59]

国际层次的系统

在国际关系研究中，莫顿·卡普兰认为存在一个行动系统，该行动系统是"一系列与环境有明显区别的变量。这些变量之间相互联系到如此程度，以至于可描述的行为规律性成为变量间的内部关系特征，也成为一系列个体变量和组合的外部变量之间的外部关系特征"。[60]人们认为系统理论为分析联系提供了基础。联系是起源于一个系统并相互发生反应的行为的周期性结果。如果这些互动的结果能被分离开来加以分析的话，就可能得到对国内体系和国际体系中相互依存的性质的深刻的理论认识。

乔治·莫德尔斯基（George Modelski）认为，国际体系是具有结构和功能需求的社会系统。国际体系由一系列客体构成，同时包括这些客体之间以及它们属性之间的关系。国际体系包括群体之间以及个体之间的行动方式和互动模式。[61]理查德·罗斯克兰斯总结说，系统包括干扰输入，受到干扰影响后起变化的调节器，以及把干扰状态和调节状态转化成稳定或不稳定结果的环境限制。[62]

119　　　系统分析方法拥有众多的拥护者，他们认为系统分析为组织数据、整合变量、从其他学科借鉴材料提供了一种框架。卡普兰认为系统理论能整合来自不同学科的各种变量。[63]罗斯克兰斯相信，系统理论有助于把"一般组织概念"和"详细的经验调查"联系起来。在他的著作中，系统概念为研究特定时期的历史提供了一种框架，也推动发展完善了一种"旨在追求一定程度的全面性的理论方法"。[64] 由于对旧的国际关系研究方法感到不满，查尔斯·麦克莱兰（Charles A. McClelland）把系统理论看做是对"把知识的专业部分融合为连贯的整体"的需要的一种反应。[65] 另外一些学者认为，由于全球政治固有的复杂性，根本不存在国际体系这种实体，而是存在"多种以问题为基础的系统"。国际政治被假设"由许多不同的和重叠的系统构成，这些系统的结构性质不同，构成这些系统的个体及群体的目的也不同。如果我们允许这些系统相互重叠和相互联系，那么很明显，不是只有一个全球性系统，还有很多非全球性的系统"。[66]

国际体系既是国家构成的**系统**（system），也是国家组成的**社会**（society）。区分这两种不同认识是有意义的。国际社会之所以存在，是因为国家的各种行为体代表自己国家，以社会成员的身份行动或互动。[67] 有国际体系但无国际社会的情况是有可能出现的，世界基本政治单元之间关系的历史出现过这种情况。研究国际社会是国际关系英国学派的关注点。英国学派的理论家有爱德华·卡尔、马丁·怀特、赫德利·布尔、文森特（R. J. Vincent）等人，他们的著作中都包含研究国际社会的思想。一般来说，就像蒂姆·邓恩（Tim Dunne）指出的那样，社会就是"成员们为获得共同利益而达成的合作性安排"。[68] 国际社会的起点和前提是实现国家间的正式平等，或曰主权平等，同时要有包括法律原则、规范和行为标准的结构。只要有互动行为（例如外交往来、互换大使、达成协议），就存在国际系统。但在赫德利·布尔看来，只有当一些国家"在相互关系中认可自己受一系列共同规则约束，并在共同的组织机构中共事……如国际法的程序、外交机构、国际组织、有关战争的惯例和条约"，这才存在国际社会。[69] 从这个意义上讲，他认为结构决定着影响社会的行为规范。国际社会的特征是共有的行为规范和标准，如国际法。同时，国际社会以国际系统为前提。在布尔看来，古希腊的城邦国家体系，从亚历山大帝国的瓦解到罗马人的征服期间的希腊国家，中国的战国时期，古代印度的国家体系，以及从欧洲中心时代到当前全球结构的现代国家体系，都是历史上存在的国际社会。[70]

本章提到的主要从国际层次进行研究的学者们，他们对系统的定义有相似之处，同时在研究框架方面也具有一些共同点。首先，他们都关注那些影响国际体系稳定的因素。其次，他们都关注维持体系均衡或稳定的适

120

当机制。他们对政治系统和社会系统的问题特别关注，类似于生物学家对生命有机体的体内平衡的那种兴趣。第三，他们的另一个共同兴趣，就是评估在动员资源和使用先进技术方面具有不同能力的单元的存在对系统所造成的影响。第四，他们还有一个共识，即认为国内政治单元对国际体系有重要影响。第五，他们都关注国际体系包容和有效解决内部干扰的能力。这是他们关注稳定性质的表现之一。这一点使他们共同关注国家和超国家行为体的作用，因为它们是不断变化着的国际体系的调节器。

社会精英、资源、调节器和环境，这些因素会增强或降低系统的稳定性，因此它们的作用很受重视。此外，信息流动对系统的运行和存在也具有关键作用。事实上，系统理论在很大程度上受益于控制论的原理。控制论的创立者是诺伯特·威纳（Norbert Wiener），卡尔·多伊奇等学者则是加以运用（参见第十章）。系统内各单元的互动是沟通的结果。简而言之，系统的核心是以下几类问题、概念和数据：

- 作为假设的或可观察的系统的复杂成分的内部组织和互动模式；
- 系统与其环境的关系和边界，特别是来自环境的输入和对环境输出的本质和影响；
- 系统的功能，这些功能的运行结构，以及它们对系统的稳定的影响；
- 维持稳定和均衡的系统内部平衡机制；
- 系统的分类，如开放性系统和封闭性系统，或有机组织系统和无机组织系统；
- 系统的等级层次结构，系统中子系统的位置，子系统之间的互动模式，子系统和系统之间的互动模式。

121　　最后一类问题也可以说是层次分析问题，包括国际子系统，或从属的国家系统，这是过去两代国际关系研究者一直给予关注的问题。[71]（参考书目在讨论层次分析问题时已经给出，尤其是第一章）一些学者试图使用模型或是北大西洋地区、中东地区及亚洲地区的实际政治单元来分析互动模式。地区被当做国际体系的子系统。对国际子系统的研究重点有以下几点：（1）试图尽可能准确地确定国际子系统内的单元之间的互动模式；（2）致力于比较两个或多个国际子系统；（3）研究子系统和国际体系之间的关系。[72]

关于极和国际稳定的理论

国际体系结构和战争发生频率之间的关系一直是人们关注的研究对象。结构是由单元的数量和类型以及国际体系中的权力分配状况决定的。**极**（polarity）指的是行为体的数量以及它们的实力分配状况，因此体现着国际体系的结构。我们已经谈到过关于国际体系结构的重要性问题的各种争论，例如，在结构现实主义理论中就存在这种争论。在这种争论过程中，人们还对权力分配状况与国际稳定性之间的关系的问题有着不同的看法。具体而言就是：在国际体系中，两极结构是否比多极结构（权力分散在多个行为体之间）更容易发生战争？[73] 卡普兰在他的国际体系模型里主要探讨了若干国际体系运行的基本规律，其他学者如卡尔·多伊奇、戴维·辛格、肯尼思·沃尔兹和理查德·罗斯克兰斯等人，则研究多极和两极结构对战争的频率和烈度的影响。此外，人们还致力于研究苏联解体对国际体系结构的影响，研究苏联解体后出现的冲突的频率和类型，因为它将帮助人们认识未来世界形势的特征。单极世界和多极世界都有可能出现。在前一种情况下，美国是世界惟一的超级大国；在后一种情况下，可能是在21世纪初期出现一个或多个"势均力敌的竞争者"，对美国的地位构成挑战。多伊奇和辛格认为，"既然国际体系从两极走向了多极，战争的频率和烈度就可能降低"。[74] 他们设想，国家间的联合会使联盟的成员缺乏与其他国家进行互动的自由。结成同盟的国家越少，在国际体系中互动的国家就越多。虽然同盟关系能把成员国之间出现冲突的范围和烈度降到最低程度，但是它们与同盟之外的国家发生冲突的范围和烈度却会增加。从苏联解体以来这些年的情况看，爆发全球核战争的可能性已经大大降低，但是低烈度武装冲突的数量却上升了，其中包括种族—宗教战争、由于国家分裂而发生的战争以及次国家和非国家行为体之间的暴力事件等。

不过，多伊奇和辛格提出了另一种模型。在他们的模型中，国家间的互动关系既可能是竞争性的，也可能是合作性的。越是限制互动关系，国际体系就越不稳定。他们假设国际体系是多元模型的一个特殊例子，也就是说，"对于任何一个社会体系来说，影响其稳定性的最大威胁是缺乏选择性"。[75] 对于任何一种两国间双边关系而言，如果它们同时还可以和许多

122

其他国家进行互动的话，就会形成相互交织的忠诚，从而减少它们之间的敌意。这在实践中要求任何一个国家都有多种利益和多种问题。尽管国家A在某一个问题上与国家B意见不同，但是它需要国家B的支持来处理它与国家C之间的问题，因为在这个问题上，国家A和国家B的共同利益都遭到了国家C的反对。多个国家围绕多个问题（冲突和合作）而进行互动，其结果是盘根错节的利益关系和相互交织的忠诚。每个国家在决定是否与别国开战时都必须考虑到这些利益关系和忠诚的问题。

与上述观点紧密相关的一种假说也支持国家数量和战争之间存在一定关系，该假说基于"国际体系中的任何一国对其他所有国家或国家联盟的关注程度"。[76] 一国的双边关系（两个相同行为体的关系）越多，该国能给予每个双边关系的精力就越少。如果一国需要用最起码的对外精力关注"倾向于战争的行为，而独立国家数量的增加又减少了该国所分担的对其他任何一国的责任，那么独立国家数量的增加就可能有利于国际体系的稳定"。[77] 人们认为多极化会减少军备竞赛，因为对一个国家来说，只有当敌对强国的军备开支增加，并且是针对本国而非他国时，它才会做出相应的反应。

尽管像我们已经看到的那样，极的数量，或者说是权力中心的数量以及它们之间的实力分配状况，构成了发生系统内部互动的结构，但是它们是否是冲突的程度和类型的决定性因素呢？对于这个问题，关于极的问题的各种著述通常都表述得不太明确，有时甚至提出相互矛盾的观点。进一步讲，一个国家需要强大到何种程度才能成为一极？也就是说，单元需要如何行动才能形成一个多极系统？国际体系中作为一极的大国和那些不能123 算作一极的国家之间存在着什么差别呢？我们已经指出，新现实主义或结构现实主义理论认为，只有实力分配状况才能解释互动模式，解释战争与和平问题。新现实主义或结构现实主义理论家认为，只有最强大的国家才能决定国际体系是单极、两极，还是多极。国家结盟或联合的程度也是衡量极的一个标准。新现实主义或结构现实主义的理论家还指出了作为极的大国之间的实力分配状况的重要性。但是他们并未重点关注大国间的实力差别，特别是这种差别对主要大国和其他大国关系的影响程度。

在爱德华·曼斯菲尔德（Edward D. Mansfield）看来，如果把极的数量作为惟一或主要的衡量权力分配状况的基础，就等于假定这些极在权力的大小方面并无本质区别，或者说，它们在结构中是平等的、对等的和对称的。[78] 但是事实上，大国（如冷战时期的美国和苏联）在实力上并不相等。这一点本身就具有重要的理论意义。曼斯菲尔德认为，极的数量和极的权力大小是有重要区别的，这两者对国际体系的战争、和平和稳定都有决定性的理论意义。例如，在一个两极结构中存在两个势均力敌的国家，它们都比体系中的其他国家强大。只要这两个大国不打破平衡，不增加各自的实力，或不与其他国家结盟，体系就能保持稳定。曼斯菲尔德指出，在均势理论家们看来，如果主要大国之间权力失衡，就可能发生战争。因此，极的数量和它们之间的权力差距都是战争是否发生的决定性因素。

体系结构和稳定

我们已经看到，尽管学者们在极的问题上有很大分歧，但是有一部分人坚持认为，多极世界没有两极世界稳定。这是理论家们在体系结构和稳定问题上的一个矛盾。与多极世界相比，两极世界中大国很少，建立在同盟基础上的敌对国家集团之间的军事和政治关系更确定一些（例如冷战时期欧洲的北约和华约），误解和冲突也更少一些。举例来说，欧洲曾经划分为北约和华约这两大对立的同盟，每个同盟都拥有包括核武器在内的可怕的军事力量，但是冷战期间的欧洲并未发生战争。相比之下，20世纪前期，欧洲大陆曾经发生了两次世界大战，苏联解体、华约解散和南斯拉夫分裂之后，巴尔干又出现了新的种族冲突。

人们对两极结构在多大程度上有利于稳定存在不同意见，同时在对多极世界的理论研究中也存在着分歧。例如，斯坦利·霍夫曼认为，有五个不对称力量中心的国际体系（人们认为20世纪70年代初就是这种情况）是不受欢迎的，也是很危险的，因为平衡的不确定性的增加将导致军备竞赛，这必然使世界动荡不安。[79] 另一位学者罗纳德·耶尔姆（Ronald Yalem）认为当出现一个三极世界（美国、苏联和中国）时，其中的两个大国就可能会联合起来反对第三个大国。相对于两极世界中较为简单的互动模式，三极世界中的双边互动关系和潜在的冲突模式都增多了，因此发生冲突的可能性就更大了。这种体系的稳定取决于每个大国阻止出现两国联合反对第三国的能力。每个大国都必须抵制两国联合反对第三国的诱惑。耶尔姆写道："如果没有'均势'来影响两国联合反对第三方这种固有

124

倾向，或者没有一个强大的超国家行为体来管理三极体系，国际体系可能更容易陷入持续的动荡之中。"[80]

戴维·辛格和梅尔文·斯莫尔（Melvin Small）的经验式研究的结果未能充分支持有关两极或多极与战争关系的假说。他们分析了1815年到1945年期间的历史资料，以期发现同盟和战争之间的关系。他们检验了以下假说：（1）体系中的同盟数量越多，战争就越频繁；（2）体系越接近两极结构，战争就越多。[81]

从他们所考察的历史阶段的情况来看，关于同盟的数量与战争关系的假说并未得到证实。 在19世纪，同盟的数量和战争的次数成反比，而到了20世纪，战争次数又随着同盟数量的增加而增加。此外他们还发现，不管"我们在衡量战争的总量的时候，是以战争的次数为标准，还是以参战国家参加战争的月份总和或战场上的死亡人数为标准，同盟数量的增加和两极结构所能做的预测与19世纪的战争情况严重不符，但却很接近20世纪的情况"。[82] 简言之，辛格和斯莫尔对1815年到1899年期间的研究的结果未能支持多伊奇和辛格提出的有关两极体系与冲突关系的理论。20世纪有三个最明显的案例，即第一次世界大战、第二次世界大战以及冷战。一战爆发之前出现了两大对立同盟，它们之间展开的军备竞赛反映了20世纪初的政治冲突。人们普遍注意到，第二次世界大战之前既没有出现对立的同盟，也没有出现军备竞赛，这与一战有根本的不同。实际上，因为默许德国在20世纪30年代破坏《凡尔赛和约》而重整军备，民主国家受到了批评。冷战的情况又有所不同，正如我们所说的，两大对立集团（北约和华约）的对峙并没有使欧洲陷入武装冲突。以上这些重要的事件即使不是决定了，至少也是塑造了20世纪的国际关系，但是它们本身并不能为研究同盟与国际稳定的理论提供基础。不过它们的确说明，在分析极与国际稳定关系的理论中，人们需要考虑更多的变量。

使用大量数据进行研究的结果表明，极和国际稳定之间存在着相关关系，但正如辛格和斯莫尔所承认的那样，他们无法确定这种关系是因果关系。第三个变量可能会对这两个变量产生因果影响，它可能是国家决策者的认识，也可能是核武器。冷战期间，核武器的存在使美苏双方加强了风险—收益评估，并促使在欧洲进行冷战的双方考虑在北约前沿爆发战争的后果。例如，领导人可能"因为认识到战争的可能性变大而采取行动来加强同盟"，[83] 或者想方设法来减少政治对抗的升级以避免战争。1962年古巴导弹危机中美国和苏联的行动就是一例。如果超级大国能控制它们领导的同盟，它们就最有可能做这种选择。

另一项检验均势假说的研究所考察的历史时期相当短，即从1870年到1881年。布里安·希利（Brian Healy）和阿瑟·斯坦从国际事件的相关资料，特别是那本以外交史上的重大事件为依据的文件汇编中发现，这个时期的同盟（1873年的"三皇同盟"和1879年的德奥两国同盟）既未增强盟国间的合作，也未增加同盟与其他国家间的冲突。在"三皇同盟"中，作为德国的盟国，俄罗斯，甚至奥地利，对德国的敌意急剧上升。布里安·希利和阿瑟·斯坦总结说，三皇同盟的成员国与同盟之外的国家的合作减少了，虽然同盟内部的情况更为糟糕。与此相类似，1879年德国和奥地利的两国同盟形成之后，这两个盟国之间的关系不断恶化，同时它们与这个同盟的对手俄罗斯的关系却在改善。

这些发现修正了辛格—斯莫尔的假说，也修正了阿瑟·李·伯恩斯等人提出的命题，即认为两个或多个国家结盟会遭到其他国家的反对，并增加战争危险。而且，三皇同盟形成之后，盟国之间的互动反而减少了。据此，希利和斯坦总结认为，三皇同盟的成员国与同盟之外的国家之间的互动可能增加了。不过，这项研究的结果却支持了这样一个命题，即当时处于多极均势状态下的国际体系趋向于一种均衡。从这个命题中还可以得出一个推论，即"处于非均势状态下的国家间关系比处于均势状态下的国家间关系更不稳定"，"处于非均势状态下的国家间关系所造成的紧张局势会导致互动行为发生变化"。[84]

我们在对新现实主义或结构现实主义理论的讨论中（第二章）特别指出，这些理论致力于拓展研究的重点，使其包括系统层次和单元行为体层次的命题和研究结果，重点是国际体系结构对战争与和平的影响。在这种理论研究之后，下一步就是进行经验检验，以努力确定国际体系结构对不同国家的和平或好战行为的影响。布鲁斯·布伊诺·德·门斯奎塔和戴维·拉尔门（David Lalman）做了这种研究，他们分析了这样一个问题，即1816年到1965年期间欧洲发生的战争是否是由极的数量（两极或多极）、极的紧密程度以及国际体系行为体之间的权力分配状况决定的。[85] 他们集中分析国际体系的主要行为体，根据同盟关系和对外政策的相似性将欧洲国家进行分类，以此来衡量极的紧密或松散程度，结果发现以上三个变量的相关性很低。换句话说，国际体系是两极还是多极，取决于同盟的紧密程度或国际体系行为体之间的权力分配，而一国是否会进行战争和国际体系是两极还是多极并无直接关系。不过他们总结说，相关性低并不必然意味着这些变量对理解国际体系结构与冲突的关系没有什么重要意义。

在单元行为体层次上，德·门斯奎塔和拉尔门提出了这样一个问题，即决策者在政策形成过程中，在多大程度上是从系统层次出发来考虑问题的。换句话说，如果面对两种政策选择，一种政策将使国际体系趋于更稳定或更和平，另一种政策将加强本国自身的安全，此时，决策者应该做出什么选择呢? 这两位学者创建了一种模型，其中包含这样的假定：在危机事件中，决策者要对是否挑战潜在对手的得失做出主观评估。使用武力挑战的可能性与挑战者从这一行动中获得的预期收益成正比。这两位学者的模型还包括这样一种假定：决策者根据行为体—单元层次的预期收益来决定是否挑战潜在对手时，也会考虑国际体系层次的变量，如极、同盟的性质和主要行为体之间的权力分配状况。德·门斯奎塔和拉尔门虽然承认决策者可能会考虑国际体系层次的影响，但是他们没有发现任何证据能表明决策者是在国际体系结构的限制下行动的。

人们普遍认为，冷战的结束表明国际体系发生了深刻的结构性变化。特别是在欧洲，以北约和华约两个同盟为基础而导致欧洲大陆陷入分裂的两极结构解体了。在约翰·米尔斯海默看来，两极结构的解体将增加在欧洲发生重大危机的可能性。[86] 他的这种估计以结构分析为基础，来源于一个大家都熟悉的结构主义的假说，即行为体的数量和它们之间的实力分配状况决定了武装冲突的烈度和频度。米尔斯海默认为，从二战后到20世纪90年代巴尔干发生战争之前，欧洲之所以一直没有发生战争，是两极结构下权力分配的结果。两极结构下，双方拥有基本相当的军事力量，而且美苏各自控制着庞大的核武器库。苏联解体，德国统一，美国在欧洲的影响力降低，这些都说明欧洲正在形成多极结构。和其他多极国际体系一样，这种多极结构更容易走向动荡。米尔斯海默的分析包括了东南欧，因此可以说他的预测是准确的。如果苏联还存在的话，就不会出现巴尔干的冲突。

在米尔斯海默看来，在欧洲，建立在核威慑保障的军事力量平衡基础上的长期和平成了冷战的主要特征，这和1945年以前的战争和暴力时代形成了鲜明对比。那时，很多武装冲突都主要源于多极体系中主要国家间的权力失衡。虽然每场战争的发生都有其具体原因，但是，正是权力失衡才使得这些因素导致敌对行为爆发。在米尔斯海默的著作中，早期历史上的国际体系的不稳定特点与二战后的两极国际体系形成鲜明对照，以大致的军事平衡和核威慑为基础，二战后的两极体系是高度稳定的。早期历史上，包括民族主义在内的国内因素对战争的爆发起了推波助澜的作用，正如冷战时期的国内结构有助于国际和平一样。尽管如此，作为结构现实主义者的米尔斯海默认为，"导致战争与和平的关键因素更多地取决于国际体系结构，而不是国家性质"。[87] 因此，他主张在欧洲地区实现"有限的和慎重管理的"核武器扩散，以填补美苏核力量从该地区退出后留下的真空。他尤其主张，要在后冷战时期的多极化的欧洲建立他最欣赏的均势，为此要向德国（但仅限于德国）进行核扩散，以便在德国和俄罗斯之间实现平衡。

关于极以及它对国际体系稳定的影响问题，另外一些学者也有所论述。正如约翰·加迪斯所指出的那样，系统理论提供了一些标准，这些标准是我们区分稳定的政治结构和不稳定的政治结构的基础。还需指出的是，这些标准的使用（如本章这一部分所说明的）并没有使我们在哪种类型的系统是稳定的或不稳定的问题上形成统一的概念。加迪斯在多伊奇和斯奈德研究的基础上指出，**稳定的体系**（stable system）就是能够保持该体系的基本特征，避免任何一个国家支配该体系，同时能保证体系成员的生存，并能防止大规模战争爆发的国际体系。[88] 稳定的国际体系能够进行自我管理，从而有能力抵消危及其生存的压力。国际体系能否维系，在很大程度上取决于主要成员国所认同的解决纠纷的程序。

加迪斯认为，冷战时代的国际体系基本上符合上述标准。权力，尤其是从军事实力的角度看，高度集中于美苏两国，由此形成了相对简单的两极结构。人们所熟知的19世纪欧洲的多极体系中，需要像梅特涅（Metternich）和俾斯麦（Otto von Bismarck）这样有政治和外交技巧的领导人来维持体系稳定。与之不同的是，两极结构有助于发展和维持同盟，使同盟的成员国的行为具有可预测性，因此加强了国际体系的稳定性。

本章节所提到的研究视角的多样性表明，有关多极格局或两极格局与国际稳定的关系问题，学者们很少有一致的认识。肯尼思·沃尔兹和米尔斯海默等人认为，由于超级大国和其他国家之间的实力对比悬殊，而且两个超级大国都拥有巨大的核武器库，所以两极国际体系要比多极国际体系更稳定。这种看法和多伊奇及辛格的认识有显著的差别。超级大国拥有使

128

用和控制暴力的能力，它们"既能抑制其他国家使用暴力，又能抵消那些可能会导致体系不稳定的变化。这些变化之所以能形成，是由于它们没有或无法控制某些暴力"。[89] 在这种国际体系中，两个超级大国都按照自保的本能而采取行动，不断寻求在各种实力要素上维持均势，其中包括军事和技术力量。要防止对手的进攻，军事实力是最有效的威慑手段。沃尔兹由此认为，在两极体系中两个相互竞争的超级大国保持其强大实力是有效用的，因为"拥有最强大实力的国家很少被迫使用武力"。[90] 在沃尔兹看来，"两极结构的表现，是两个最强大的国家由于相互对抗而造成相互控制的局面……每一方都对对方的收益十分敏感"。[91] 阿尔温·萨玻斯坦（Alvin M. Saperstein）支持沃尔兹的理论。[92] 他研究的是两极世界向三极世界的转型对国际稳定的影响。在他描述的国际体系中，三极之间是相互竞争关系。他总结说，国际体系越复杂，稳定性就越差。构成国际体系的行为体数量（例如三极相对于两极）越多，体系就越复杂、越不稳定。而且，由于行为体增多，各方在危机状态下所做反应的不确定性也变大了。与两极体系相比，三极体系的复杂性、不稳定性、不确定性都增加了，这些都是导致战争的因素。阿尔温·萨玻斯坦的研究使用非线性数学模型来分析国际竞争，其结论与沃尔兹的认识一致，即两极体系比多极体系更稳定。

兰德尔·施韦勒（Randall L. Schweller）进一步完善了对三极体系的研究。[93] 他试图描述三极体系中三个大国之间的互动模式。他认为，这些国家间的实力分配状况和它们的对外政策取向 [**修正国** （revisionist state）力图增加资源，**现状国** （status-quo state）则力图保持现有资源] 在他所称的"复杂的单元结构互动"中决定了这些国家的行为。这是对沃尔兹的理论"只看结构不看单元"的批判。一个国家要成为三极体系的一极，主要标准就是它必须拥有体系中最强大的国家的一半以上的权力资源（军事潜力）。在实现体系的稳定方面，沃尔兹认为不能把体系中的任何一个行为体排除在外。施韦勒认为，最不稳定的三极体系是资源平均分配的体系，因为如果其中的两极（A和B）是修正国，它们就会为了摧毁第三极（C）而采取联合行动；如果只有一极是修正国，稳定性会有所增强。在一个三极体系中，如果三极（A、B和C）都是实力相当的修正国，那将是最不稳定的。在这种情况下，如果两个修正国（B和C）联合起来对付第三个修正国（A），那么后者就无法与其他国家联合来实现均势，因而有失去一极地位的危险。相反，当三个极都是现状国时，三极体系则是最稳定的国际体系。

这个模型的诸多变体中包括这样一种三极体系,其中有一极(A)比其他两极(B和C)略为强大,后者(B和C)如果把它们的资源联合起来,则比最强大的一极(A)要强大。如果最强的国家(A)也是修正国,那么另外两个国家(B和C)就会不愿意把它作为盟国或者伙伴,这两个国家(B和C)就会有联合起来抑制最强大的修正国(A)的强烈动机。然而,如果最强大的国家(A)是现状国,它就是很有吸引力的联合伙伴,能联合两个国家(B和C)中的一个而反对另一个,特别反对那个修正国。如果较弱的这两个国家(B和C)都是修正国,那么最强大的国家(A)将会扮演平衡者的角色,以此来维持这两个国家之间的敌对关系,达到维护本国利益的目的。然而,这样做有一定的风险,因为这两个敌对国家有可能会暂时搁置分歧联手对付这个平衡者。施韦勒有些自相矛盾地总结说,在一个三极体系中,如果三极之间的资源分配不平衡,这个体系就最可能实现稳定。他认为在这种情况下会形成一种均势状态,如果三极都是修正国,其中两极会为了阻止第三极寻求霸权而联合起来。不过他还认为,如果最强的一极和最弱的一极联合起来发动战争并打败了第三极,结果就是最强的一极支配较弱的一极。在这种情况下,因为意识到了最终结果是不稳定,所以不会形成任何联合。三极中的每一方都试图将自己的优势最大化,但谁都不会诉诸战争,因为战争会淘汰一极,从而导致不稳定。在施韦勒看来,这个命题的惟一例外就是三极中有两极是现状国,它们可能会发动战争以消灭另一个修正国,因为它们认为这个国家对它们的安全构成了威胁。

第二次世界大战使美国和苏联一起反对德国,这是三极体系中的行为特征的一个例子。三极中有两极(苏联和德国)是修正国。作为现状国,130美国得到了另一个现状国英国的支持。日本够不上一极,和英国同属于二等大国。但和英国不同,日本是修正国。这个体系的主要结构特征(三极)决定了国家间的联合模式。

分析了欧洲历史上的外交活动和战争之后,人们质疑极是否能作为国际体系稳定性的预测器。虽然人们主要关注的是20世纪的国际体系,但是此前的历史能帮助我们深刻地认识极的问题。泰德·霍普夫(Ted Hopf)[94]认为,解释16世纪欧洲的国际政治,关键不在于极而在于其他一些变量,如攻防技术的军事平衡状态,获得军事能力的难易程度和战略体系的性质等。

1495年到1521年间的欧洲是多极体系，1521年到1529年间是两极体系（哈布斯堡帝国和奥斯曼帝国）。霍普夫认为，前一个时期中，欧洲多极格局由奥地利、英格兰、法国、西班牙、奥斯曼帝国和威尼斯构成，总共发生过26次战争。后来的两极格局中共发生了25次战争。在两个时期里战争的平均持续时间没有太大差别。虽然根据这一分析我们不可能认为其他的研究变量与体系的稳定性有直接关系，但极的数量变化也没有影响战争的次数、频度和强度。进一步讲，以美苏两国没有发生战争为标准，冷战时期的国际体系是相对稳定的，稳定的原因并非两极结构，而是双方摧毁对方的能力阻止了军事冒险行动。因此，冷战时期的长期稳定，其原因是攻防的平衡。这种平衡的实现是由核武器的终极毁灭力量所决定的，而不是由两极结构决定的。

理查德·罗斯克兰斯提出了另一种体系。他对多伊奇—辛格的多极体系和沃尔兹的两极体系均持批评态度，他提出了一个两极多极体系。他批评沃尔兹的两极体系理论，认为在两极体系中，两个超级大国都密切而紧张地关注所有重大国际事件的结果，这从根本上讲是一场零和游戏。所以，比起多极体系来，两极体系中的两个集团领导的扩张意图要强烈得多，它们之间发生冲突的可能性也要大得多。[95]

虽然多极体系中的冲突烈度要低于两极体系中的冲突烈度，但罗斯克兰斯认为，多极体系中冲突发生的次数要多于两极体系，因为多极体系中利益和需求更加多样化。"即使多极秩序能限制冲突的后果，它却很难减少冲突的次数。虽然两极体系中两极之间有严重的冲突，但它至少可以减少或消除体系中其他国家间的冲突"。[96] 他的另一个批评意见是，多极体系降低了实力均衡变化的重要性，但却增加了这些变化后果的不确定性。因此，它使决策复杂化，难以实现体系的稳定。

21世纪初的世界形势部分地印证了罗斯克兰斯的理论。这一时期发生了许多低烈度的武装冲突。与此同时，这些冲突将在哪里发生，如何发生，则难以确定；这些冲突在多大程度上影响了美国的国家利益，也引起了争论。因此，对美国来说，制定合理的外交—政治战略和政策以及发展适当的军事力量的困难都增加了。这和冷战时期容易确定国家安全威胁并形成协调的应对政策的情况大为不同。

罗斯克兰斯提出的体系结合了两极体系和多极体系的积极因素，同时排除了消极因素。在两极多极体系中，"两个强国将扮演其他国家之间冲突的规则制定者的角色，而其他国家则将作为两个强国之间冲突的调停者和缓冲国。在这两种情况下，冲突都不会被根除，但却可能受到控制"。[97]两极强国，特别是两个超级大国，会相互遏制以避免让对方取得优势，同时也会为了共同利益而采取行动，尽可能减少来自全球多极地区的冲突和挑战。至于多极强国，虽然它们因看问题的视角和国家利益有多样性而相互敌对，但它们在反对两极强国的野心这一点上有共同利益。因此，两极多极体系中爆发战争的可能性要比两极体系和多极体系低。罗斯克兰斯总结说，多极趋势会促进两个超级大国之间关系的缓和，并加强它们在解决多极性质问题上的合作。这样一个体系部分地解释了冷战时期的世界，当时的两极体系在那些与两个超级大国有非常明确同盟关系的地区表现得尤其明显。例如，西欧在北约组织里和美国、加拿大是同盟，日本、韩国和台湾（1979年之前）与美国结成正式的同盟。20世纪60年代之前，大陆中国和苏联是密切的同盟关系，苏联则在东欧控制着华沙条约组织。在这些地区之外是广大的第三世界国家，它们大多是不结盟国家，大多数国家刚刚摆脱了殖民地地位。冷战时期的武装冲突发生在第三世界。超级大国不希望这些冲突升级为战争，所以它们尽量相互制约，以减少对这些冲突的影响。第三世界国家没有为超级大国的缓和提供机会。事实上，缓和的最明确证据（虽然有限）在欧洲，即两极体系的中心地区。尤其到了20世纪70年代初，对峙的双方达成协议，开辟了从西德通向西柏林的陆路通道。西柏林当时被共产党和苏联控制的东德所包围着。

针对以上各种模型，奥兰·扬（Oran R. Young）又提出另一种模型，这种模型一方面强调"全球范围或国际政治体系层次上不断增强的相互渗透，另一方面强调一些最新出现的但又存在着巨大差异的地区系统或子系统"。[98]奥兰·扬批评两极模型和多级模型，认为它们只关注根本的结构问题，却忽视了国际体系的动力。扬提出了一个"非连续性模型"，该模型包括全球权力和地区权力变化过程在以非连续性和一致性为显著特征的模式中同时产生的影响。[99]扬使用一致性和非连续性这两个概念，指的是"在全球和各地区之间以及不同地区之间，政治利益的格局和权力关系的相似或不相似"程度。[100]扬所使用的非连续性概念类似于前面提到的多重问题体系的世界模型。[101]交叉、重叠和关联现象的存在需要人们敏锐地识别边界问题：系统X在哪里结束，系统Y从哪里开始？

这个问题没有最终答案，因为系统边界就像系统本身一样，是由拥有特定的研究目的的研究者规定的，并且不断地发生着变化。包括军事或经济超级大国这样的行为体，以及像民族主义和经济发展这类问题，在整个国际体系中是相互联系着的，尽管国际体系的地区子系统具有独特的互动模式和特征。扬提出的模型强调了非连续性的存在，他的目的是为了深刻认识以下问题：（a）子系统之间的相互渗透的多样性和复杂性；（b）子系统之间进行交易和操纵交易的可能性；（c）行为体与系统利益的不相容性；（d）子系统和全球国际政治模式的关系。

美国成为惟一超级大国的事实，使研究单极体系的著作增多了。就像研究两极和多极的理论一样，有关单极的观点和思想也十分丰富。从古典均势理论和当代国际关系理论（如第一章中所讨论的）出发，理论家们认为单极体系既危险又不稳定。在单极体系中，诸多强国倾向于结盟或联合起来反对那个最强大的国家，因为它的实力和影响对各国构成了威胁。按照这个逻辑，只有各国用集团的力量来对抗超级大国，才能重新建立均势。由此可见，单极体系很可能只是暂时的。20世纪末的几年里，俄罗斯和中国已经修补了它们在冷战时期的裂痕，公开宣称它们的目的是要制衡美国。在其他欧洲国家的支持下，法国致力于加强欧盟，使欧盟拥有防卫能力，以便最终独立于美国而采取单独行动。许多观察家认为中国是一个正在崛起的大国，经过21世纪的头几十年就将有能力挑战美国的地位，成为与美国"平起平坐的竞争者"。当法国想和俄罗斯、中国一起削弱美国霸权的时候，捷克、匈牙利和波兰已经加入了美国领导的大西洋联盟，而其他欧洲国家也有这种意愿。在冷战结束和美国成为惟一的超级大国之后，北约东扩现象的出现违背了前面提到的那个逻辑：各国将联合起来制衡最强大的国家。寻求加入北约的国家不但不害怕美国的优势，而且对此表示欢迎，并希望尽可能地把自己和北约的安全利益完全结合起来，更全面地融入包括北约和欧盟在内的欧洲—大西洋组织。

以上问题引起了另一个学派的讨论。这一学派认为单极体系既和平又持久。威廉·沃尔福斯（William C. Wohlforth）认为，单极体系是这样一种结构，其中单极强国的力量是如此强大，以至于任何其他国家的联合都无法与之抗衡。[102] 21世纪初的国际体系是单极体系，因为美国是世界政治历史上第一个拥有综合力量优势的国家，它拥有经济、军事、政治、地缘政治和技术等各方面的力量优势。与其他国家相比，美国的相对力量优势要比早期国际体系中的大国所具有的优势更大。例如，即使在它的霸权巅峰之时，英国也没有美国在21世纪初所拥有的这种全球性投放能力。这种情况不可能很快被改变。沃尔福斯因此断定，在未来一段时间里，国际体系将维持"明确的单极"，美国拥有极其强大的力量，没有一个国家能挑战它的霸权领导地位。同时，就像北约在东南欧的行动一样，美国可以在安全组织内采取果断行动来管理地区冲突，限制它们对当地和其他地区的影响。正是由于存在着有利于美国的严重的权力失衡状况，国际体系才能保持和平，至少不会再有冷战期间人们所担心的那种全球性动荡。21世纪初的冲突将被控制在最低限度，主要发生在那些因种族问题或其他国内问题而分裂的国家内。正如沃尔福斯所说："均势理论家认为后冷战时期的世界将走向冲突。他们的意思不是说单极体系导致了冲突，而是说单极体系将很快走向两极或者多极体系。引起人们争议的不是单极体系是否和平，而是单极体系能否持久。"[103] 这就是说，有野心的国家以武力挑战单极国家优势地位的实力和意愿将会引起大规模冲突。显然，这种情况在21世纪初期是不可能发生的。

单极体系的持久性取决于许多因素，其中包括单极强国维护其地位的意愿。沃尔福斯承认，单极强国可能会因为其公众只关注国内问题而不对来自国际环境中的挑战做出反应。这种情况之所以可能出现，原因是存在这样一种信念，即该国相信其实力足够强大，可让它免受外部的威胁。同时，单极强国可能会以"巡航导弹霸权、轻易得到的一极地位以及显要的全球交易经纪人地位"来维护其地位。[104] 如果其他强国要挑战美国的单极地位，它们需要投入更多的资源以获得抗衡美国的力量。如果美国不能成功地使用原有的或新的方式来维持世界各地的秩序，就会加速其他强国的发展。作为单极强国，如果美国削减其军事力量，不能保全它最重要的安全伙伴关系，并放弃实施有效的战略，或者失去其强大的经济和技术力量，那么这种可能性将会变成现实。同样的道理，如果其他国家实施了打击美国实力的战略，也将加速美国单极地位衰落的过程。从历史上看，强国之所以被一些弱国或国家集团削弱和打败，是由于弱国使用了更为高明的战略来对付强国。人们马上能想起两个例子：19世纪末正处于帝国力量巅峰的英国在布尔战争中的遭遇，以及美国与同其实力相去甚远的北越对抗时所碰到的麻烦。今天，**不对称战略**（asymmetrical strategy）是一个被广泛使用的术语，实力较弱的国家会采取这种战略来打击美国的薄弱环节

134

（例如信息基础），以此达到击败美国的目的。

考察有关极和国际体系稳定性关系的理论，明显可见的是大量的不同意见。小查尔斯·凯利和格雷戈里·雷蒙德（Gregory A. Raymond）认为，以演绎推理为基础的理论研究，必须用归纳式的经验分析所得到的知识来补充，[105] 其中包括历史资料。从不同的假定出发进行演绎推理能得出两个现象之间的逻辑关系，如极和国际体系稳定性之间的关系。关于这一点，我们已经在相关的各种文献中有所了解。

正如我们所说的那样，**稳定**（stability）意味着在国际体系中大国之间不发生大规模战争。但是稳定性仅仅是指没有大规模的战争和不存在严重威胁全球和平的力量吗？凯利和雷蒙德提出了这样一个很有意义的问题。冷战时期，部分地区存在威胁世界和平的力量，所以当时的世界虽然有和平但并不稳定。由此可见，实现稳定的关键是减少或排除威胁和平的力量。冷战时期，两个超级大国处于战争的边缘但却始终没有走向战争的事实或许说明，核威胁所起的约束作用要大于国际体系的两极结构所起的作用。尽管如此，就如我们讨论过的那样，国际体系的结构不仅包括行为体的数量，还包括它们各自拥有的实力。冷战时期的两极结构包括两个拥有核武器的超级军事大国。在凯利和雷蒙德看来，除非能把以下两种关系分离开来，即把核武器和超级大国间的稳定关系与两极格局和超级大国间的稳定关系分离开来，否则我们就无法评估这两个变量（核武器和两极）在决定国际体系稳定中所起的作用各有多重要。如果核武器在演绎逻辑中是自变量，则大国都拥有核武器的多极体系就是稳定的。当然，在今天这个时代，包括美国在内的国家都把防止和反对大规模杀伤性武器的扩散作为一项优先考虑的政策，因此这种逻辑将会引起很大的争议。

国际体系中的地区子系统

系统理论中包括子系统。某些子系统包括与地理区域背景相关的行为体。而且，正如本章和第十章所指出的那样，关于国际关系理论的各种著作都把系统理论和一体化理论紧密联系在一起。因为很多一体化理论重点关注的是地区问题，所以一体化研究和地区子系统也联系到了一起。由此我们可以把欧盟当做国际体系中的一个地区子系统。塑造欧盟的互动模式，其复杂性和数量不断增加，其中包括贸易、投资、货币联盟以及防务和对外政策等方面的合作。欧盟的复杂性程度越高，一体化水平也越高。正如迈克尔·班克斯（Michael Banks）指出的："人们做了大量的努力，从区域研究的传统观念立场研究地区子系统，但实际上这种研究至少是部分地采用了系统分析世界政治格局的有效成果。"[106] 路易斯·坎托里（Louis Cantori）和斯蒂芬·施皮格尔（Steven Spiegel）认为，地区子系统包括"一个或两个以上地域相邻的相互影响的国家，它们拥有相同的种族、语言、文化、社会和历史等方面的联系。处于这个子系统之外的国家的行动和态度会增强这些国家的身份认同感"。[107] 这个定义相当广泛，但还是不能充分解释欧盟的情况。欧盟容纳了各种各样的民族，为数众多的语言，以及若干不同的宗教信仰。这个子系统可由四个变量来描述：

1. 内聚力的性质和强弱程度，或者"不同政治实体的相似性和互补性的程度以及它们之间的相互作用的程度"；
2. 该地区内部的交往性质；
3. 子系统中权力的强弱程度，在这里，权力的定义是"为了使双方的政策保持一致，一个国家改变另一个国家内部决策过程的现有的和潜在的能力和意愿"；
4. 该地区内的关系结构。[108]

正如路易斯·坎托里和斯蒂芬·施皮格尔所认为的那样，考虑到子系统之间的重叠以及地区成员国之间的边界的扩大，很有必要把子系统分成几个部分。首先是**核心部分**（core sector），即国际政治的核心地区。其次是**边缘部分**（peripheral sector），其中包括那些在地区政治事务中发挥作用，但由于社会、政治、经济、组织或其他方面原因而与核心地区有所区别的国家。第三部分是**介入部分**（intrusive sector），包括在子系统中起重要作用的外部大国。

另一位学者威廉·汤普森（William R. Thompson）对研究国际子系统的著作进行了评论和总结。他认为，这些著作在描述国际子系统的特性时，主要提到了以下几个方面：系统行为体之间的近似性；关系模式或互动模式；子系统某一部分的变化导致该系统其他部分变化的**内部相关性**（intrarelatedness）；系统内部和外部对子系统中权力单元的认可，这些权力单元次于主导系统中的权力单元；主导系统内部变化对子系统的影响大于子系统内部变化对主导系统的影响；一定程度上的（非特定）共同语言、文化、历史、社会或者种族方面的紧密联系；程度相当高的一体化水平，包括明确的机构组织关系；比外部影响更重要的系统内部行动；独特的军事力量；某种形式的地区均衡；相同的发展水平。[109] 由此可知，人们对子系统的特性的认识还很不一致。

汤普森总结说，"严格地讲，地区子系统无需是地理意义上的区域。事实上，子系统是由国家精英的互动行为构成的，而不是由政治单元实体构成的。政治单元中的互动行为在一定程度上是按地理边界划分的。从这个意义上说，我们只应在最低限度上用地理区域标准（即普通近似性）来衡量地区子系统"。[110] 汤普森的分析推论说，"一个地区子系统所必需的充分条件包括：互动行为要有规律性和一定的强度，以使一个部分的变化能影响到其他部分；行为体之间的近似性；子系统的独特性要得到系统内部和外部的承认；子系统至少有两个以上的行为体"。[111]

按照以上标准就可以辨别许多子系统，即使它们的边界因不同的目的而有所不同。从组织的角度进行观察，我们可以把欧盟看成一个子系统；从地理和文化的角度来观察，我们也可以把西欧当做另一个子系统。在这两个子系统中，像英国、法国和德国这些国家都为该系统的对外政策提供了一系列来自国际环境的输入信息。我们可以在世界其他地区建立很多子系统，这些子系统能够帮助各个国家确定其对外政策，不管这些国家是处于核心地区还是边缘地区，或者是位于该子系统之外的地区。

世界体系分析

分析体系的关键是要研究体系的结构和过程。世界—体系分析就是在当代和历史的背景上分析结构和过程的关系。它最重要的假定是认为现代世界体系起源于15世纪末。由此看来，现有的世界体系及其各个子系统已经演化了几个世纪，它们的复杂性在不断增长，互动形式也在不断丰富。在这个持续变化了500年左右的世界体系中，我们可以对很多结构和过程进行观察和分析。无论21世纪初的世界体系与早期的世界体系有多大的不同，它们都是从比它们早一个世纪的那些结构和过程演变而来的。从这个意义上讲，世界—体系分析是对那些认为社会科学模型过于抽象和没有历史依据的看法在学理上的一种回应。历史被认为是一个至关重要的因素，它不仅是描述和叙述的基础（这不是世界体系分析倡导者们的主要目标），而且是辨别和比较重复出现的现象，尤其是周期循环现象的重要方法。我们后面将更详细地讨论这一点。

在和其他关于国际现象的研究保持一致的基础上，世界体系分析形成了一种打破传统学科界限的力量。它的基本假定认为，世界体系包括一系列相互依存的政治、军事、经济和文化的子系统，如果我们孤立地分析它们的互动模式（如政治体系和经济体系），就算不是不可能，也是非常困难的。正如威廉·汤普森指出的，世界—体系分析和结构现实主义有一个共同的基本假定，即认为"只有根据世界体系的结构及其主要过程，才能对体系内部的行为做出最合理的解释"。[112] 然而，对世界体系分析来讲，结构存在于许多层次上。汤普森说，"有效的假定是，分析者必须分析那些决定所有行为的最有影响力的结构，无论互动行为发生在哪个层次上"。[113] 应该对这些过程和结构进行综合研究，也就是说，在研究过程中不仅要打破学科界线，而且要让人们关注所谓的**世界—体系时代**（world-system time）。

在世界—体系分析中，理论家们假定系统过程的节奏和周期是可以辨别和分析的。过去500年的世界体系包含了大量的周期性现象。重要的不是年代，而是可观察到的系统中的那些长期性波动现象。各种进行世界体系分析的著作辨别出了大量周期现象。伊曼纽尔·沃勒斯坦认为，世界体系的历史特征是核心地区和边缘地区的劳动分工的发展，以及霸权国家的兴衰，霸权国的领土逐步扩张及后来的衰落。与这些现象同时出现的情况是，世界经济先增长，后停滞。[114] 从经济学角度来讲，在任何时期，核心地区都是由拥有最高农业和工业生产效率的和资本积累最高水平的国家组成的。按照这种分析框架，沃勒斯坦认为现代世界经济的第一个发展阶段是1450年到1600年。这个时期，核心地区从地中海转移到了西北欧，主要经济活动是农业。紧接下来的第二个阶段是整个体系的停滞期，大约开始于1600年，一直延续了150年。只是到了第三个阶段，即1750年到20世纪，工业经济才占据了主导地位，从此开始了全球经济扩张和整合的时代。

对国际关系研究者们来说，沃勒斯坦的分析中最重要的一点，是核心国家与边缘国家在经济上的劳动分工与按国家主导地位分配权力这两者之间的关系。在过去500年里，世界体系中霸权国家存在的时间都是短暂的，

138

如荷兰（1625 ~ 1672/1675）、英国（大约1763 ~ 1815，1850 ~ 1873）和美国（1945 ~ 1965/1967）。在沃勒斯坦看来，以上这些时期的特征是霸权国出现农业、工业和金融业的兼并现象。霸权存在的时间之所以不长，主要原因是维持霸权需要付出巨大的成本，而对立的大国的经济力量最终也将发展起来。随着霸权的周期性衰落，会出现权力分散和敌对大国之间相互竞争的现象。

乔治·莫德尔斯基以他所说的"世界领导权长周期"[115]为基础提出了一套世界—体系分析模式。世界领导权的周期性转移表明，世界体系总的来说是有其规律性的。莫德尔斯基认为，现代世界体系（1500年以来）的基本单元是地区。在现代世界体系形成之前，各地区之间是相互隔绝的。只是到了地理大发现时代，它们之间的互动关系才得到了加强。地区之间互动的程度越高，范围越大，世界体系就越复杂。这是现代世界较之前现代世界的一个明显特征。

莫德尔斯基在分析互动模式时，有些方面类似于传统的地缘政治分析（见第二章）。他认为，当代世界体系的形成是各国争夺海洋权的直接结果。由于海洋航行的机动能力增强，复杂的国际体系渐渐形成，逐步取代了1500年以前持续了千年之久的前现代体系。前现代体系只有一种单一的互动模式，即"丝绸之路"。它穿过中亚和中东，把中国和欧洲连接起来。而在拥有海洋权的基础上则相继出现了领导世界的国家，它们是：伊比利亚秩序、葡萄牙和西班牙的霸权、荷兰霸权、英国海洋霸权以及美国霸权。莫德尔斯基抛弃了现实主义关于地区的和全球的无政府状态的命题，认为在那些以海洋权为基础的国家拥有全球领导权的时期，国际体系是稳定的。正是在一个海洋霸权国家衰落和另一个海洋霸权国兴起的过渡时期，国际冲突才会增加。领导世界的国家有非凡的能力，它们可以形成像同盟和联合这样的机制，以便在多种形式的均势策略中展开合作。

莫德尔斯基所说的长周期包括一个大型战争之后开始的模式。例如，16世纪末的伊比利亚战争，以及同期的法国和西班牙的冲突，其结果是伊比利亚的兴起，取代了此前意大利诸国的主导地位。后来霸权国家兴衰的周期中战争不断，这些战争在当时都属于国际体系或全球意义上的战争，登峰造极当然是第二次世界大战。世界霸权国家在其实力的巅峰期所拥有的实力超过整个国际体系实力的50%。

莫德尔斯基最重要的理论来源是均势理论、海权论和跨国主义。均势理论认为，大国的战略是维护或重建稳定（例如援助受到其他强国威胁的弱国）。关于海权论的著作，尤其是阿尔弗雷德·马汉（Alfred Thayer Mahan）的理论，为互动模式的研究做出了重要贡献。这种研究对世界—体系分析十分重要。最后，作为促进相互依存力量的组成部分，跨国主义也是世界—体系分析关注的重点，因为用莫德尔斯基的话来说，"它在民族国家之间制造了有益的压力，促进了现代世界的形成，并在后现代世界体系中产生了补充或超越它自身的力量"。[116] 莫德尔斯基认为，尽管应该持怀疑和谨慎的态度，世界—体系分析的长周期理论仍然具有潜在的重要的预测能力。例如，如果体系中两个周期之间的分界线可以被清楚地划定，那么人们就不仅能识别周期行为发生的模式，而且还可以估计出当前周期中各国的地位。一定程度上讲，这种估计是有可能的，在未来数十年里，世界体系的特征将是分散化趋势的加强，同时，在一个更加复杂的体系里，主要大国之间的竞争也将更加激烈。（参见第七章中"战争周期和长周期理论"）

在世界体系概念中，权力的集中程度（政治、军事和经济实力）决定体系的结构。在这方面，世界—体系分析类似于其他一些理论，这些理论认为结构因素决定系统中各实体间关系的特征。世界—体系分析认为，在权力高度集中的时期，体系运行规则是由占支配地位国家主导制定出来的。体系变化的节奏就是大规模战争之后实力集中程度的变化。紧随权力分散而来的就是战争，接下来实力重新集中在一个新兴的主导国手中。例如，在肯尼斯·奥根斯基看来，国际体系由两个等级的大国构成，即占支配地位的国家和稍弱的强国。这些国家又可以分成两类，一类满足于现状，另一类则想改变现存的实力分配状况。占支配地位的国家，其地位的动摇就是世界—体系分析所提出的周期性演变的过程。这种情况使那些不满现状的行为体以武力相威胁或使用武力来影响这个过程，使之向有利于自己的方向发展。

结　　论

系统概念为很多学科的理论研究提供了一个基础，这些学科中既有自然科学，也有社会科学，其中也包括国际关系理论。系统的概念可以用来辨别重要的变量，提出关于结构和行为体之间的关系或相互作用等十分重要的问题，建立作为分析基础的各种假说。正如我们看到的那样，系统为我们从不同的国际关系分析层次研究国际行为根源提供了基础。一种国际关系被假定为是系统还是子系统完全取决于研究者所关注的分析层次。本章以及前后各章中所探讨的理论都是以系统论的方法来进行理论研究的。本章和其他各章中所阐述的各种理论基本上描述的都是国际体系或它的组成部分。尤其值得注意的是，现实主义、新现实主义和新古典现实主义理论家们描述了无政府状态的国际体系，这种体系由主权国家构成，但是没有超越主权之上的最高权威。在新现实主义者看来，作为行为体的国家受到一定限制，而限制它们的正是它们在体系中所组成的结构。另外一些理论家对不同类型的国际体系进行了研究，即包括一个主要行为体的体系（单极）、包括两个主要行为体的体系（两极），以及包括多个主要行为体的体系（多极）。有的理论家则建立了一些国际体系模型，以便解释冲突与合作的变化。本章阐述的理论以对行为体的数量和类型的研究为基础，而行为体的数量与类型与结构和互动模式的变化相关。正如我们所看到的，极指的是体系中国家的数量和它们在体系中各自拥有的实力。如我们在第一章中所述，在那些被广泛讨论过的国际体系之中存在着均势。不同系统的共同之处在于，它们都有体系单元的互动模式，也都有结构模式，所以理论家们提出了所谓的结构主义本体论。就其本质来说，国际关系理论探求的是关于单元之间的关系或互动模式的一般性知识，因此对21世纪初的国际关系理论研究来说，系统仍然是一个处于核心地位的概念。

注　释：

1　Raymond Tanter，"International Systems and Foreign Policy Approaches：Implications for Conflict Modeling and Management，" in Raymond Tanter and Richard A. Ullman，eds.，*Theory and Policy in International Relations*（Princeton，NJ：Princeton University Press，1972），p.8.

2　詹姆斯·罗斯诺把"联系"（linkage）定义为"一个系统内任何重复性的行为关联，这种行为会在另一个系统内引起反应。""Toward the Study of National-International Linkages，" in James N. Rosenau，ed.，*Linkage Politics*（New York：Free Press，1969），p.45.

3　Richard Little，"Structuralism and Neo-Realism，" in Margot Light and A. J. R. Groom，

141

eds., *International Relations*：*A Handbookof Current Theory*（London：Frances Pinter，1985），p.76. See also William C. Olson and A. J. R. *Groom*，*International Relations Then and Now*：*Origins and Trends in Interpretation*（London：Harper Collins Academic，1991），pp.222-225.

4 Robert W. Cox，"Production，the State，and Changes in World Order，" in Ernst-Otto Czempiel and James N. Rosenau，eds.，*Global Changes and Theoretical Challenges*：*Approaches to World Politics for the 1990s*（Lexington，MA，and Toroto：Lexington Books，1989），pp.37-38.

5 参见 Richard Little，"The Systems Approach，" in Steve Smith，ed.，*International Relations*：*British and American Perspectives*（Oxford，England：Basil Blackwell，in association with the British International Studies Association，1985），p.74.

6 John Gerard Ruggie，"International Structure and International Transformation：Space，Time，and Method，" in Ernst-Otto Czempiel and James N. Rosenau，eds.，*Global Changes and Theoretical Challenges*：*Approaches to World Politics for the 1990s*（Lexington，MA，and Toroto：Lexington Books，1989），p.21. See also Stephen Haggard，"Structuralism and Its Critics：Recent Progress in International Relations Theory，" in Emanuel Adler and Beverly Crawford，eds.，*Progress in Postwar International Relations*（New York：Columbia University Press，1991），pp.403-437.

7 这方面的讨论，见 Richard Little，"International Relations and Large-Scale Historical Change，" in A. J. A. Groom and Margot Light，eds.，*Contemporary International Relations*：*A Guide to Theory*（London：Pinter Publishers，1994），pp.9-10.

8 Alexander Wendt and Raymond Duvall，"Institutions and International Order，" in Ernst-Otto Czempiel and James N. Rosenau，eds.，*Global Changes and Theoretical Challenges*：*Approaches to World Politics for the 1990s*（Lexington，MA：Lexington Books，1989），pp.58-59. See also Gil Friedman and Harvey Starr，*Agency*，*Structure*，*and International Politics*：*From Ontology to Empirical Inquiry*（London：Routledge，1997）.

9 Anthony Giddens，*The Constitution of Society*（Berkeley and Los Angeles：University of California Press，1984），p.2. 对吉登斯结构化理论做出精彩分析的，见 Nicholas Greenwood Onuf，*World of Our Making*：*Rules and Rule in Social Theory and International Relations*（Columbia：University of South Carolina Press，1989），pp.53-65.

10 Anthony Giddens，*Profiles and Critiques in Social Theory*（Berkeley and Los Angeles：University of California Press，1982），p.8.

11 Giddens，*Constitution of Society*，p.17.

12 Ibid.，p.25.

13 Robert J. Lieber，*Theory and World Politics*（Cambridge，MA：Winthrop，1972），p.123. See also Oran R. Young，*Systems of Political Science*（Englewood Cliffs，NJ：Prentice Hall，1968），p.19；Michael Banks，"Systems Analysis and the Study of Regions，" *International Studies Quarterly*，13（4）（December 1969），pp.345-350.

14 Anatol Rapoport，"Foreword，" in Walter Buckley，ed.，*Modern Systems Research for the Behavioral Sciences*（Chicago：Aldine，1968），p.xvii.（斜体为原文所加）See also James E. Dougherty，"The Study of the Global System，" in James N. Rosenau，Kenneth W. Thompson，and Gavin Royd，eds.，*World Politics*：*An Introduction*（New

York：Free Press，1976），pp.597-623.

15 JohnW. Burton, *Systems*, *States*, *Diplomacy and Rules*（Cambridge，England：Cambridge University Press，1968），p.6.

16 Ibid., p.14.

17 Wolf-Dieter Eberwein, "In Favor of Method, or How to Deal with International Interdependence," in Ernst-Otto Czempiel and James N. Rosenau, eds., *Global Changes and Theoretical Challenges：Approaches to World Politics for the 1990s*（Lexington，MA：Lexington Books，1989），p.92-93.

18 Robert O. Keohane and Joseph S. Nye, *Power and Interdependence：World Politics in Transition*, 2nd ed.（Glenview，IL：Scott，Foresman，1989），pp.9-10.

19 Ibid., p.12.

20 Ibid., p.13.

21 R. Harrison Wagner, "Economic Interdependence, Bargaining Power, and Political Influence," *International Organization*, 42（3）（Summer 1988），p.461. 关于经济领域中的相互依存问题的进一步探讨，见 John Gerard Ruggie, ed.,*The Antinomies of Interdependence：National Welfare and the International Division of Labor*（New York：Columbia University Press，1983）.

22 Andrew M. Scott, "The Logic of International Interaction," *International Studies Quarterly*, 21（3）（September 1997），p.438.

23 在斯科特看来，结构性需求包括环境和资源需求、系统流动需求（物质、人员、能源、技术和信息）、训练有素的人员和他们提供的服务，以及控制和指导需求。Ibid., p.445.

24 Edward L. Morse,*Modernization and the Transformation of International Relations*（New York：Free Press，1976），p.14.

25 Ibid., p.130.

26 Hayward R. Alker, Jr., "A Methodology for Design Research on Interdependence Alternative," *International Organization*, 31（1）（Winter 1977），p.31.

27 Richard Rosecrance and Arthur Stein, "Interdependence：Myth or Reality?" *World Politics*, XXVI（1）（October 1973），p.2.

28 Ibid., p.21.

29 霍布斯给系统做了如下定义："我理解的系统就是任意数量的人所参加的一项事业或一个事情，这些事有些是规律的，有些是无规律的。"Thomas Hobbes, *Leviathan*, Introduction by Michael Oakeshott（Oxford，England：Basil Blackwell，1946），p.146.

30 Ludwig von Bertalanffy, "General Systems Theory", in *General Systems*, I（1956），pp.1-10; reprinted in J. David Singer, ed.,*Human Behavior and International Politics：Contributions from the Social-Psychological Sciences*（Chicago：Rand McNally，1965），p.21. See also Roy R. Grinker, ed.,*Toward a Unified Theory of Human Behavior*（New York：Basic Books，1956）.

31 Anatol Rapoport, "Foreword", in *Modern Systems Research*, p.xxi.

32 Bertalanffy, "General Systems Theory," p.21. 他认为系统是整体内的部分或要素的任何安排或组合，它可以是一个细胞，一个人，或一个社会。又见 "General Systems Theory：A New Approach to a Unified Theory of Science," *Human Biology*, XXIII (1951), pp.302-304.

33 James N. Rosenau, "A Pre-Theory Revised: World Politics in an Era of Cascading Interdependence," *International Studies Quarterly*, 28（3）（September 1984）, p.255.

34 James N. Rosenau, "Global Changes and Theoretical Challenges: Toward Postinternational Politics for the 1990s," in Ernst-Otto Czempiel and James N. Rosenau, eds., *Global Changes and Theoretical Challenges: Approach to World Politics for the 1990s*（Lexington, MA, and Toroto: Lexington Books, 1989）, p.19. 143

35 Ibid., p.262.

36 Ibid., p.264.

37 Ibid., p.268.

38 Ibid., p.272.

39 Ibid., p.281.

40 James N. Rosenau, *Along the Domestic-Foreign Frontier: Exploring Governance in a Turbulent World*（Cambridge, England: Cambridge University Press, 1997）, p.77.

41 James N. Rosenau, "Governance, Order, and Change in World Politics," in James N. Rosenau and Ernst-Otto Czempiel（eds.）, *Governance Without Government: Order and Change in World Politics*（New York: Cambridge University Press, 1992）, pp.1-29.

42 Kenneth E. Boulding, *The Image: Knowledge in Life and Society*（Ann Arbor: University of Michigan Press, 1956）, p.8; "Political Implications of General Systems Research," *General Systems Yearbook*, Ⅵ（1961）, p.17. 有关意象理论和国际冲突的讨论, 参见第七章, pp.290-298.

43 Kenneth E. Boulding, *Beyond Economics*（Ann Arbor: University of Michigan Press, 1968）, p.83.

44 Talcott Parsons and Edward A. Shils, eds., *Toward a General Theory of Action*（New York: Harper & Row Torchbooks）, p.53.

45 Talcott Parsons, "An Outline of the Social System," in Talcott Parsons, Edward A. Shils, Kaspar Naegele, and Jesse R. Pitts, eds., *Theories of Society* (New York: Free Press, 1961), p.37.

46 Parsons and Shils, *Toward a General Theory*, p.107. 帕森斯把"过程"（process）定义为"系统或系统的一部分的特定状态向另一种状态转变的模式"。"An Outline of the Social System," p.201.

47 在帕森斯看来, 传统政治学关注的是政府和宪法这类具体的现象, 而不关注诸如系统这样的概念模式。古典政治理论主要讨论关于政府的规范问题和哲学问题, 而不包括对政府过程和决定因素的经验分析。帕森斯承认, 政府是"社会体系中一个战略上最重要的过程和不同结构的核心", 所以研究政府的政治学就成为社会科学中最重要的一门学科。不过, 帕森斯呼吁把政治学的研究重点从研究政府的具体现象转向更加强调理论和经验分析的研究。"An Outline of the Social System," p.29.

48 Talcott Parsons, "Order and Community in the International Social System," in James N. Rosenau, ed.,*International Politics and Foreign Policy*（New York: Free Press, 1961）, pp.120-121. 帕森斯著作对于冲突的社会学理论的意义, 参见第八章注释1。

49 Talcott Parsons, *Sociological Theory and Modern Society*（New York: Free Press, 1967）, pp.467-488.

50 Gabriel Almond, "Introduction," in Gabriel Almond and James S. Coleman, eds., *The Politics of the Developing Areas*（Princeton, NJ: Princeton University Press, 1960）, 144

p.7. See also Gabriel A. Almond and G. Bingham Powell, Jr., *Comparative Politics*: *A Developmental Approach* (Boston: Little, Brown, 1966), esp. Chap. 2.

51 Karl W. Deutsch, *The Nerves of Government* (New York: Free Press, 1964), pp.250-254.

52 David Easton, *A Framework for Political Analysis* (Englewood Cliffs, NJ: Prentice Hall, 1965), p.25.

53 Ibid., p.50.

54 See Robert K. Merton, *Social Theory and Social Structure* (New York: Free Press, 1957).

55 Ibid.

56 Marion J. Levy, Jr., "Functional Analysis," *International Encyclopedia of Social Sciences*, VI (New York: Macmillan and Free Press, 1968), p.23.

57 Merton, *Social Theory and Social Structure*, p.51. 此外，默顿对显性和隐性功能进行了区分。"显性功能"（manifest function）是产生行为者所争取的和认可的结果的模式。"隐性功能"（latent function）是产生行为者未去争取和没认可的结果的模式。

58 John J. Weltman, *Systems Theory in International Relations*: *A Study in Metaphoric Hypertrophy* (Lexington, MA: Lexington Books, 1973), p.14.

59 参见 A. James Gregor, "Political Science and the Uses of Functional Analysis," *American Political Science Review*, LXII (June, 1968), pp.434-435. 尽管这一点对国际关系理论来讲不是核心性的，但是研究者应该知道，比较政治学的学者们近年来做的一个重要区分，即区分了系统的静态或均衡模型和动态或发展模型。参见 Gabriel A. Almond, "A Developmental Approach to Political Systems," *World Politics*, XVII (January 1965), pp.182-214.

60 Morton A. Kaplan, *System and Process in International Politics* (New York: Wiley, 1962), p.4.

61 George Modelski, "Agraria and Industria: Two Models of the International System," in Klaus Knorr and Sidney Verba, eds., *The International System*: *Theoretical Essays* (Princeton, NJ: Princeton University Press, 1961), pp.121-122.

62 Richard N. Rosecrance, *Action and Reaction in World Politics* (Boston: Little, Brown, 1963), pp.220-221.

63 Kaplan, *System and Process*, p.xii.

64 Rosecrance, *Action and Reaction*, p.267.

65 Charles A. McClelland, "Systems History in International Relations: Some Perspectives for Empirical Research and Theory," *General Systems*, *Yearbook of the Society for General Systems Research*, III (1958), pp.221-247.

66 Donald E. Lampert, Lawrence S. Falkowski, and Richard W. Mansbach, "Is There an International System？" *International Studies Quarterly*, 22 (1) (March 1978), p.146.

67 对由社会构建而成的国际社会进行广泛考察的著述，见 Nicholas Greenwood, *The Republican Legacy in International Thought* (Cambridge, England: Cambridge University Press, 1998), esp.pp.163-191.

68 Tim Dunne, *Inventing International Society*: *A History of the English School* (New York: St. Martin's Press, 1998), p.10.

69 Hedley Bull, *The Anarchical Society*: *A Study of Order in World Politics* (New York:

Columbia University Press，1977），p.13.

70 Ibid., pp.15-16.

71 参见 J. David Singer, "The Level-of-Analysis Problem in International Relations," in Knorr and Verba, *Theoretical Essays*，pp.77-92. See also *International Studies Quarterly*（special issue on international subsystems），XIII（December 1969）.

72 关于国际子系统的研究，见 Michael Brecher, *The States of* Asia：*A Political Analysis*（New York：Oxford University Press，1963），pp.88-111；Leon N. Linkberg, "The European Community as a Political System," *Journal of Common Market Studies*, V（June 1967），pp.348-386；Karl Kaiser, "TheU. S. and EEC in the Atlantic System：The Problem of Theory," Ibid., pp.388-425；Stanley Hoffman, "Discord in Community：The North Atlantic Area as a Partial International System," in Francis O. Wilcox and H. Field Haviland, Jr., eds., *The Atlantic Community*：*Progress and Prospects*（New York：Praeger，1963），pp.3-31；*International Studies Quarterly*（special issue on international subsystems），XIII（December 1969）.

73 对这个争论的更多分析，见 Bruce Bueno de Mesquita and David Lalman, "Empirical Support for Systemic and Dyadic Explanations of International Conflict," *World Politics*, XLI（1）（October 1988），pp.1-20.

74 Karl W. Deutsch and J. David Singer, "Multipolar Power Systems and International Stability," *World Politics*, XVI（April 1964），p.390. 早期关于多极与国际稳定关系的理论分析，见 Arthur Lee Burns, "From Balance to Deterrence：A Theoretical Analysis," *World Politics*, LX（July 1957），pp.494-529. 伯恩斯对一些命题进行了分析，例如：两个或多个大国之间的同盟关系越紧密（在其他条件不变的情况下），同盟成员与作为第三方的国家或国家集团的对立或紧张就越大。在其他条件不变的情况下，短期安全的最优目标取决于对长期安全的考虑；均势体系具有不断增加实力单元数量的内在趋势。任何时候，只要军事技术的发展（1）使人们不可能在物质上摧毁对手的全部军事力量，（2）而使人们很容易摧毁对手的经济，那么权力制衡体系就会导致一个威慑国家或威慑体系的出现。

75 Deutsch and Singer, "Multipolar Power System," p.394.

76 Ibid., p.392.

77 Ibid., p.400.

78 Edward D. Mansfield, "Concentration, Polarity, and the Distribution of Power," *International Studies Quarterly*, 37（1993），pp.105-128.

79 Stanley Hoffmann, "Weighing the Balance of Power," *Foreign Affairs*, 50（July 1972），pp.618-643.

80 Ronald Yalem, "Tripolarity and the International System," ORBIS（Winter 1972），p.1055.

81 数据中统计的是战场死亡总数超过1000人的国际战争（交战各方中，至少有一方是国际体系中的独立主权国家）。为了使因变量可操作，每场战争的持续时间和战争的规模用"参战国家的参战总月数"来衡量（p.259），即所有参战国家参战的月数总和。此外，对参战的大国和小国做了区分，并分别计算了它们参与的战争和参战月数。为了使自变量——"同盟义务在何种程度上减少了与外部的互动机会"（p.261）——可操作并可量化，需要考虑两方面的问题：（1）义务的性质（是防御性、中立性还是和解性条约）；（2）签约国地位的性质（它处于两个大国之间，还是两个小国之间，或者是一个大国和一个小国之间）。对同盟进行识别和分类之后，把每

145

146

类同盟每年的数据按百分比统计：(1) 加入同盟的百分比；(2) 加入防御条约的百分比；(3) 同盟中大国的百分比；(4) 防御条约中大国的百分比；(5) 与小国结盟的大国的百分比。J. David Singer and Melvin Small, "Alliance Aggregation and the Onset of War," in J. David Singer, ed, *Quantitative International Politics*（New York：Free Press, 1968）, pp. 246-286. See also Alan Ned Sabrosky, ed., *Polarity and War：The Changing Structure of International Conflict*（Boulder, CO, and London：Westview Press, 1985）.

82 Singer and Small, *Quantitative International Politics*, p.283.

83 Ibid., p.284.

84 Brian Healy and Arthur Stein, "The Balance of Power in International History：Theory and Reality," *The Journal of Conflict Resolution*, XVII（1）（March 1973）, p.57.

85 Bruce Bueno de Mesquita and David Lalman, "Empirical Support for Systemic and Dyadic Explanations of International Conflict," *World Politics*, XLI（1）（October 1988）, pp.1-20.

86 John J. Mearsheimer, "Back to the Future：Instability in Europe after the Cold War," *International Security*, 15（1）（Summer 1990）, 5-7. 对冷战后国际系统结构的另外一种认识，参见 Charles Krauthammer, "The Unipolar Moment," special edition, *America and theWorld*, *Foreign Affairs*, 70（1）（1991）, pp.23-33.

87 Mearsheimer, "Back to the Future," pp.5-7.

88 John Lewis Gaddis, *The Long Peace：Inquiries into the History of the Cold War*（New York：Oxford University Press, 1987）, p.218.

89 Kenneth N. Waltz, "International Structure, National Force, and the Balance of World Power," *Journal of International Affairs*, XXI（2）（1967）, p.220.

90 Ibid., p.223.

91 Ibid., p.230.

92 Alvin M. Saperstein, "The 'Long Peace' —Result of a Bipolar Competitive World？" *Journal of Conflict Resolution*, 35（1）（March 1991）, pp.68-79.

93 Randall L. Schweller, "Tripolarity and the Second World War," *International Studies Quarterly*, 37（1993）, pp.73-103.

94 Ted Hopf, "Polarity, the Offense-Defense Balance, and War," *American Political Science Review*, 85（2）（June 1991）, pp.474-493.

95 Richard N. Rosecrance, "Bipolarity, Multipolarity, and the Future," *Journal of Conflict Resolution*, X（September 1966）, p.318.

96 Ibid., p.319.

97 Ibid., p.322. 另外一个关于极与武装冲突关系的研究得出了类似的结论：根据该书中的研究，未来的国际秩序要实现稳定，最大的希望在于两极体系、多极力量继续存在，这与罗斯克兰斯的两极多极体系并无二致，尼克松主义本身就是这种理论的政治表述。Alan Ned Sabrosky, "Beyond Bipolarity：The Potential for War," in Alan Ned Sabrosky, ed.,*Polarity and War：The Changing Structure of International Conflict*（Boulder, CO, and London：Westview Press, 1985）, p.217.

98 Oran R. Young, "Political Discontinuities in the International System," *World Politics*, XX（April 1968）.

99 Ibid., p.370.

100 Ibid.

101 Donald E. Lampert, Lawrence S. Falkowski, and Richard W. Mansbach, "Is There 147 an International System?" *International Studies Quarterly*, 22（1）（March 1978）, p.150.

102 William C. Wohlforth, "The Stability of a Unipolar World," *International Security*, 24（1）（Summer 1999）, p.9. See also Charles Krauthammer, "The Unipolar Moment," *Foreign Affairs*, 70（1）（Winter 1990）, pp.23-33; Christopher Layne, "The Unipolar Illusion: Why New Great Powers Will Arise," *International Security*, 17（4）（Spring 1993）, pp.5-51; Christopher Layne, "From Preponderance to Offshore Balancing: America's Grand Strategy," *International Security*, 22（1）（Summer 1997）, pp.86-124; Michael Mastanduno, "Preserving the Unipolar Moment: Realist Theories and U. S. Grand Strategy after the Cold War," *International Security*, 21（4）No. 4（Spring 1997）, pp.44-98; Charles A. Kupchan, "After Pax Americana: Benign Power, Regional Integration, and the Sources of Multipolarity," *International Security*, 23（3）（Fall 1998）, pp.40-79; Barry R. Posen and Andrew A. Ross, "Competing Visions for U. S. Grand Strategy," *International Security*, 21（2）（Winter 1996 / 97）, pp.5-54.

103 Wohlforth, "Stability of a Unipolar World," p.24.

104 Ibid., p.40.

105 Charles W. Kegley, Jr., and Gregory A. Raymond, "Must We Fear a Post-Cold War Multipolar System?" *Journal of Conflict Resolution*, 36（3）（September 1992）, pp.574-575.

106 Michael Banks, "Systems Analysis and the Study of Regions," *International Studies Quarterly*, 13（4）（December 1969）, p.357. 其他对地区子系统的早期研究包括: Mario Barrera and Ernst B. Haas, "The Operationalization of Some Variables Related to Regional Integration," *International Organization*, 23（1）（Winter 1969）, pp.150-160; Joseph S. Nye, Jr., ed., *International Regionalism Readings*（Boston: Little, Brown, 1968）; Stanley Hoffmann, "Discord in Community: The North Atlantic Area as a Partial International System," *International Organization*, 17（3）（Summer 1963）, pp.521-549; Michael Brecher, "International Relations and Asian Studies: The Subordinate State System of Southern Asia," *World Politics*, 15（2）（January 1963）, pp.213-235; Larry W. Bowman, "The Subordinate State System of Southern Africa," *International Studies Quarterly* 12（3）（September 1968）, pp.231-261; Michael Brecher, "The Middle East Subordinate System and Its Impact on Israel's Foreign Policy," *International Studies Quarterly*, 13（2）（June 1968）, pp.117-139; see *International Studies Quarterly*（special issue on international subsystems）, 13（4）（December 1969）, prepared by Peter Berton, especially articles by John H. Sigler, "News Flow in the North African International Subsystem"; and Donald C. Hellmann, "The Emergence of an East Asian International Subsystem"; Leonard Binder, "The Middle East as a Subordinate International System," *World Politics*, X（1958）, pp.408-429. See also Michael Banks, "Systems Analysis and the Study of Regions," *International Studies Quarterly*, 13（1969）, pp.335-360; Kaiser, "The Interaction of Regional Subsystems: Some Preliminary Notes on Recurrent Patterns and the Role of Superpowers," *World Politics*, XXI（1968）, pp.84-107; and Kathryn D. Baols, "The Concept Subordinate International System: A Critique," in Richard A.

Falk and Saul H. Mendlovitz, eds., *Regional Politics and World Order* (San Francisco: Freeman, 1973).

148 107 Louis J. Cantori and Steven L. Spiegel, *The International Politics of Regions: A Comparative Approach* (Englewood Cliffs, NJ: Prentice Hall, 1970), p.607.

108 Ibid., pp.7-20.

109 William R. Thompson, "The Regional Subsystem: A Conceptual Explication and a Propositional Inventory," *International Studies Quarterly*, 17 (1) (March 1973), p.93. 这篇文章中含有关于地区子系统行为的大量命题，这些命题都取自上一代人的研究文献。

110 Ibid., p.96.

111 Ibid., p.101.

112 William R. Thompson, "Introduction: World System Analysis With and Without the Hyphen," in William R. Thompson, ed., *Contending Approaches to World System Analysis* (Beverly Hills, CA: Sage Publications, 1983), p.9.

113 Ibid.

114 Immanuel Wallerstein, *The Modern World-System: Capitalist Agriculture and the Origins of Modern World-System* II : *Mercantilism and the Consolidation of the European World-Economy, 1600-1750* (New York: Academic Press, 1980).

115 George Modelski, "Long Cycles of World Leadership," in Thompson, *Contending Approaches*, p.115.

116 Ibid., p.131.

第
四
章

自然、社会和环境背景：构建现实

从结构—行为体到建构主义

149

前面两章中，我们讨论了有关结构与行为体的争论。结构提供限定因素，行为体以各种行为方式参与到其中，从战争到和平、从冲突到合作。结构提供给行为体多种可能的选择，但结构是现实存在的还是仅仅人们头脑中的构想呢？结构不仅包括自然环境（地理因素），也包括社会环境（行为体，或者更确切地说是它们的决策者，怎样看待自然环境）。行为体受限于其存在的世界，这包括了对它们的能力、它们认为存在的机会和限度的限制。行为体可以缩短距离、建造高速公路（物质结构），或者发明快捷的运输方式，建立全球性的通讯网络，如互联网，借此促成变化。结构和行为体在什么地方和通过怎样的方式互动，这些问题在国际关系理论中有着巨大争议。

21世纪初，国际关系理论越来越强调建构主义，我们会在本章讨论这一理论。尼古拉斯·奥努夫（Nicholas Onuf）是建构主义的代表人物之一。在他看来，我们通过社会关系实现自我存在，而且"我们利用自然提供的资源，通过彼此之间的行为和话语，使世界成为世界"。[1]奥努夫断言，我们拥有的是一个连续的"双向过程"，其中"人创造社会，社会创造人"。在这种互动的过程中并通过这样的互动，我们在机构内部形成了行为规则。

第三章中提到的结构理论，是以安东尼·吉登斯提出的建构主义结构概念为基础的。该理论包含两个基本要素：第一个是资源，包括工业实力、技术水平、收入水平和人口，以及地理、气候、自然资源等因素；第二个要素包括人们沟通的手段和行为准则，这些手段和准则是人们构建的社会现实的一部分。综

150 合起来，这两个主要因素包含了自然环境和社会环境。[2] 尽管我们将回到对建构主义的讨论，但值得注意的是结构这个词本身包含了大量的环境因素（自然的和社会的）。长期以来，这些因素都是理论研究的兴趣所在。

环境对行为的影响是国际关系理论家和实践者长期关注的问题。（决策者、理论家和研究者）构建的现实就包含了现实与自然及社会环境之间的关系。因此，本章试图把一系列当代和较古老的理论整合在一起。我们先讨论环境因素，令人关注的自然环境（地理），再转向有关社会环境（文化）的理论，然后讨论建构主义思想和新出现的建构主义文献。我们还要讨论女性主义的文献，它通常含有建构主义的要素。我们会考察较古老的和近来的以环境因素为基础的理论。正如我们将要看到的，无论是自然背景还是社会背景，都将影响行为模式，这其中当然包括了行为体和结构互动的影响。

国际关系理论一直重视地理学。20世纪中叶以前，这种情况更为突出。人们认为，地理位置和所控制的自然资源使国家享有优势或处于不利地位，因此制定的或构建的国家对外政策也是源于环境的限制或机会。随着核时代和后工业社会的到来，环境的重要性明显地下降了。洲际核武器大大削弱了地理位置给国家提供的安全。特别是美国，尽管其地理位置优越，却变得前所未有地容易受攻击。同样道理，后工业社会使得对信息技术和智力的依赖至少与对控制蕴藏自然资源的领土的依赖同样重要。日本尽管缺少原材料和非人力资源，如煤和钢铁，却依靠前沿技术成了世界第二经济强国。尽管远离欧洲和亚洲，但美国和欧洲—亚洲—太平洋国家一样地处在巡航导弹的射程之内，几分钟内导弹就能击中目标。在第二次世界大战后的一代人中，国际关系理论主要是借用其他学科的，而非地理学的概念。然而，在这段时期里，自然环境因素并没有被完全忽视。自然环境因素包括哈罗德·斯普劳特和玛格丽特·斯普劳特夫妇所称的**人力**（human）因素和**非人力**（nonhuman）因素、**有形**（intangible）因素和**无形**（tangible）因素，既包括自然环境（地理）也包括社会环境（文化）。[3]这对夫妇的著作在二战前后十分流行。综合起来，物质与社会环境构成所称的**环境**（milieu）。但是，从20世纪70年代以来，人们观察环境的角度发生了变化。像我们在本章后面所谈到的，人们关注的焦点已从过去的地

151 缘政治更多地转向地理因素与冲突的关系。资源匮乏和枯竭对包含冲突的国际关系的意义，强烈地吸引了人们的分析兴趣。[4] 目前，人们着重研究更

为广泛的因素，看它们是如何影响对现实的认识与塑造，怎样使行为体与结构联系到一起的。

早期理论

在讨论近期有关环境因素的著作之前，我们首先考察一下早期的有关理论。人们对地理和其他环境因素对政治的影响产生兴趣可以追溯到古代。例如，亚里士多德相信，人们与其所处的环境密不可分，人们既要受到地理环境的影响，也要受到政治制度的影响。靠近海洋会激发商业活动，而希腊城邦国家的基础就是商业活动。温和的气候会对国民性格的形成、人们活力和智力的发展产生积极的影响。[5] 于是，亚里士多德认识到了自然和社会环境的重要性。让·博丹也认为气候会影响国民性格和对外政策。在博丹看来，高纬度的北部地区和温和的气候为建立以法律和正义为基础的政治体系提供了最为有利的条件。同南部气候条件相比，北部地区和山区更有助于形成较为严明的政治纪律，而且南部的气候不能激发主动性。[6] 孟德斯鸠（Montesquieu）相信，岛国比大陆国家更容易维护自由，因为岛国可以免受外国影响。[7] 这里，他实际上指的是英国，他非常欣赏英国独特的政治制度。1066年以后，英国也经受住了欧洲大陆国家入侵的考验。

弗雷德里克·杰克逊·特纳（Frederick Jackson Turner）认为，在美国历史上，边疆的存在使一代代移民不断地向西拓展，直到19世纪末。这塑造了美国人的性格和智慧——"现实、善于创造、能迅速地找到实现目的的方法；能熟练地获得物质利益，虽然不够高雅，但能有力影响重大结果；永不满足、精力无穷；盛行既可能追求善行也可能导致恶行的个人主义；再加上与自由同在的快乐、健康和繁荣——所有这些都是边疆特性，或者是由于边疆的存在而带来的特性"。[8] 19世纪末，社会达尔文主义兴起，这也为以环境为导向的国际事务研究提供了重要的知识支持，因为它将一个科学观点引入了社会领域，即物种的进化取决于其适应自然环境的能力。人们把生物有机体"适者生存"的概念应用于国家。德国地理学家弗里德里希·拉策尔（Friedrich Ratzel，1844～1904）的地缘政治论便是例证。他创造了人类地理学（Anthropogeographie）这一名词，意思是地理学、人类学和政治学的综合。他宣称，为了获取生存空间，国家要不断地进行斗

争。他提出的生存空间（lebensraum）概念对后来的学者产生了极大的影
152 响，其中包括卡尔·豪斯霍菲尔（Karl Haushofer, 1869 ~ 1946）。接下来，
豪斯霍菲尔的观点又对纳粹德国的战略产生了重要影响。

环境因素包含着资源和人口，及人口对资源的影响，其中包括食物供
给能力，这会决定国家或行为体所能实现的目标。托马斯·罗伯特·马尔
萨斯（Thomas Robert Malthus）和许多关于帝国主义的著作都认为，严格
控制人口增长十分关键。1798年，在《人口原理》（Essay on the Principle
of Population as it Affects the Future Improvement of Society）一书中，马尔
萨斯认为，人口的增长总是要超过食物供给的增长，如果不加以控制，人
口将以几何级数增长，而生活资料只能以算术级数增长。结果是，贫困成
为人类不可避免的命运，除非人口增长受到战争、饥荒和疾病的抑制。
在他们各自对帝国主义的分析中，霍布森和弗拉基米尔·列宁（Vladimir
Lenin）认为，主要资本主义国家成为帝国主义国家后，就要谋求进入市
场，获得原料产地。正如第九章所指出的，在列宁看来，资本主义的最终
结果将是各资本主义国家争夺世界剩余市场和原材料的斗争。

在这之后的当代研究中，纳兹勒·舒克瑞（Nazli Choucri）和罗伯
特·诺思（Robert C. North）认为，人口增长和资源需求之间的矛盾无法
解决：技术水平越高，资源需求越多。据说，人口每增长一个百分点，仅
仅为了维持目前的生活水平，就要使国民收入增长四个百分点。[9] 随着技术
的进步和人口的增长，国家要寻求更多的资源。因为需要资源，国家只能
向外扩张其利益范围，因此增大了冲突的可能性。这里，舒克瑞和诺思把
资源因素、国内增长和对外政策联系在了一起，他们的假设和昆西·赖特
的著作，我们将在第七章加以详细分析。赖特强调的是冲突与文化变迁、
政治变迁、机制变迁以及技术变迁之间的关系。

和平有赖于诸多不同力量间的均衡，一些因素的变化将危及和平，
例如人口数量。过去的一个世纪中，人口的迅速增长导致了对文化的
诠释，并极大地促进了交流。结果是，昆西·赖特所定义的**技术距离**
（technological distance）虽然缩小了，但人们之间摩擦和冲突的机会却增
大了。[10] 赖特认为，国家规模的扩大使得冲突更需要也更可能通过非暴
力手段解决，但是，也使得那些不能通过和平手段解决的冲突变得更为
严重。[11]

因此，21世纪初，人口、资源和技术因素——所谓的当前时代的全球

问题——促使一些文献关注人口增长对资源稀缺的意义，资源稀缺对于潜在冲突的意义，还有资源和地理之间的关系，以及技术对资源和地理的影响。[12] 技术使得利用那些很难开发和曾经无法开发的资源成为可能，例如海底资源和不久的将来对外层空间的开发。同时，技术带来了对自然资源的巨大需求，造成了自然资源的匮乏，增加了人们对资源匮乏的忧虑，除非能够发现其他资源或替代资源。

技术和资源问题对地理位置的政治意义有着决定性的影响。霍尔木兹海峡扼守在波斯湾入口，周围都是石油储量巨大的国家，如沙特阿拉伯、科威特、伊拉克和伊朗，因此在地缘政治上具有重要意义。历史上，人们特别强调海洋的重要性。在阿尔弗雷德·塞耶·马汉的著作中，海洋的重要性源于其所提供的机动性，能使帆船和后来的汽船最为有效地把军事资源从一个地方运送到另一个地方。随后的技术进步提高了其他地理因素的重要性，但是目前世界贸易仍主要依靠海上运输，因为在时间不紧迫时，海运仍是最经济的手段。

冷战的结束促使人们重新思考环境因素。政府间组织的数量在增加，影响在扩大，主权国家以外的参与者成为重要的行为体，这些也需要人们重新考虑环境因素对政治关系的意义。这些政治实体和其他跨国力量，如信息革命，对以地理为基础的国家主权发起了挑战。导致现存国家分裂（包括苏联和南斯拉夫）的力量已经改变了世界的版图。通过对环境因素的分析，可以看出冷战时期的两极世界已经被新的空间格局所取代。

例如，罗伯特·卡普兰（Robert Kaplan）指出，21世纪初，世界的主要特点是存在一些富裕地区或富裕岛，引人注目的就是北美、西欧和环太平洋的部分地区。[13] 这些发达国家互相联系，组成了一个前所未有的全球性贸易、投资、技术转让、即时沟通及人员和观念流动的网络。这些地区与周围地区反差巨大。周围地区的主要特点是政治分裂、难于控制、人口大量增长、生活水平下降、疾病蔓延、种族和宗派争斗、自然资源匮乏及激进的原教旨主义意识形态兴起。非洲的大部分地区、南美的部分地区以及中亚和南亚的部分地区就是这种情况。卡普兰描绘的世界是，环境和社会灾难引发的难民潮使国家四分五裂；自然资源稀缺，包括水资源的稀缺，引发了战争，而战争和犯罪的区别变得越来越模糊；私人武装之间互相争斗，他们也同国家的安全部队作战。为了描绘他所说的冷战后的两种世界的分化，卡普兰打了一个比方："一辆豪华轿车驶过了纽约城的街道，街两边住着无家可归的乞讨者。轿车里享受空调的是实现了贸易平衡以及拥有信息高速公路的后工业化地区，包括北美、欧洲、新兴的环太平洋地区，以及其他很少的一些孤立地方。轿车外则是人类中剩下的那些人，他们正走向一个完全不同的方向。"[14] 在卡普兰看来，他所描绘的无政府世界中，政治地图失去了它本身的意义，因为有着确定领土边界并由政府控制的民族国家已不存在了，取而代之的是武装民兵，他们不仅有效地控制着本国领土，还渗透到邻国，很少顾及或根本不顾及地图上已确立的合法边界。在西非的利比里亚和塞拉利昂就可以看到这种情况。[15]

　　国际关系研究的实质，是在一个空间背景中对国家和其他相互作用的行为体进行研究。冲突发生在国家地理边界之内或是跨越边界。人们为了控制领土和资源而发动战争。因此，**政治地理学**（political geography），即地理和政治之间的关系，长期以来一直具有重要的理论意义和政策意义。正如乔治·德姆科（George J. Demko）和威廉·伍德（William B. Wood）所指出的，政治地理学研究的焦点在于国家做出的决定如何影响人们和环境之间的关系，如何影响人们生存空间的模式。[16] 这个定义包含着个人、群体、社会机构和政府。环境因素包括了国家体系和人们所创造的体系、自然资源以及城市地区，城市是个人和群体决定住在某一特定地区而发展起来的。政治地理学还研究人们为什么和如何适应和改变他们的生存环境并构建现实。人们所做的决定涉及的范围包括了自然生态系统、各种产品和服务市场、依靠相同自然资源的国家间的关系，以及不同群体寻求控制他们所垂涎的领土。另一个作者格尔洛伊德·图阿塞尔（Gearóid Tuathail）提出，地理学的焦点是权力："尽管人们常常假定地理是无辜的，然而，世界地理并不是自然的产物，而是权威间权力争夺的历史产物，他们争夺管理、占领和控制一定空间的权力。"[17] 纵观历史，人们发动战争始终是为了进入和控制领土或地理空间。

　　图阿塞尔用"后现代主义地缘政治学"一词指出，有必要解构传统的地缘政治学。在传统概念中（本章的后面将要讨论），世界是由正在扩张和收缩的空间集团和领土单元组成的。这种看法已显得不够充分了。21世纪初所需的分析方法要考虑到许多新因素，如国家地理边界日益模糊，出现了经济全球化、全球性媒体、互联网、从跨国公司到跨国犯罪组织的跨国实体，以及可获取的信息越来越多，所有这些都将单独或合在一起对国家行为产生重要影响。[18] 图阿塞尔坚持认为，我们所面对的挑战是，需要重新思考出现新的力量中心和权威中心后空间关系的重要性，需要理解媒体、技术、全球化等现象对空间关系、国际政治结构的意义以及决策者、群体和产业看待世界的方式。作为实践的出发点，这些问题虽然超过了这一章讨论的范围，却对考察目前的地缘政治理论至关重要。我们要问问自己，古今研究者关于不同空间关系的理论，特别是有关地理要素的理论中，哪些知识还会对未来的研究有用。

与政治地理学紧密相关的是**地缘政治学**（geopolitics），它详细研究地理和政治之间的关系，包括从地缘政治的角度研究权力。地缘政治学是指地理（空间因素）对政治权力的影响。索尔·科恩（Saul B. Cohen）曾提出，"地缘政治分析的实质是国际政治权力和地理环境之间的关系。随着地理环境的变化以及人们对这种变化本质的解释发生变化，地缘政治观念也会变化"。[19] 在雷蒙德·阿隆看来，**地缘政治**（geopolitical）意味着"从地理角度对外交—战略关系进行图解，其借助的手段是对资源进行地理—经济分析，把外交态度解释成是生活方式和环境的（定居的、游牧的、农业的、航海的）结果"。[20] 埃瓦恩·安德森（Ewan Anderson）认为，作为地缘政治学的一部分，地理中只有很小一部分地区是他所称的**地缘政治巨变中心**（epicenters of geopolitical upheaval），但这些地区的影响范围却很广。[21] 他举的例子有波斯湾入口处的霍尔木兹海峡、南中国海的斯普拉特利群岛（即南沙群岛——译者注）、连接印度洋和南中国海的马六甲海峡以及冷战时期分裂的柏林。这些地缘政治上的重要地区，即所谓的热点地区，将在本章的后面加以分析。在科林·格雷（Colin Gray）看来，"只有在涉及时间、技术、相关国家的努力，以及影响战略和战术的选择时，自然地理本身才具有特定的战略意义，形成重要约束或是提供重要机会"。[22] 其他几章中讨论的国际关系理论也不同程度地重视环境，但是所说的环境不局限于地理因素。

德姆克和伍德所称的**地缘政治经济的世界**（geopolinomic world）[23]和爱德华·勒特韦克（Edward N. Luttwak）所称的**地缘经济学**（geoeconomics）是对空间关系的最新思考。[24] 在以国家边界为基础的地图上，电讯渠道最为重要。建造工厂地点的选择，主要考虑的不是国家间的边界，而是以下因素：所需的劳动力及其价格、进出市场的交通、货币问题、环境法规以及当地对投资的欢迎程度。世界地缘政治经济的地图是根据国际金融网络、投资形式、人口和观念的流动，以及大量的信息流动绘制的。其中的一个结果是世界成了区域国家的世界，本章的后面将对此予以说明。在一个地缘政治经济的世界中，资本的国际化和信息流动的增加削弱了地理意义上的国家的政治基础。与信息技术相关的力量破坏了一些以固定领土为基础的政治实体的稳定，甚至使之解体。而在地缘经济的世界中，衡量权力的尺度是通过高技术的研究与开发获得决定性技术优势以占领未来市场的能力。因此，获得进入新兴市场的机会变得比控制实际领土更为重要。

塑造后工业社会的技术革命带来了另一种空间关系，即**网络空间**（cyberspace）。这个概念的定义依据的不是传统领土关系，而是信息高速公路——信息高速公路本身就是个不恰当的词，因为高速公路意味着时间与距离的关系。与旅行不同，在网络空间中，信息的接收和发送会在瞬间完成。而工业革命前后，人类互动交流借助的是固定的海上航线、铁路和公路组成的陆上交通线，后来是通过电话、电报和无线电。信息高速公路具有多媒体、多渠道、全球性的通讯能力，可以贯通全球互联网。网络空间提供了跨越和规避传统国家主权和地理边界限制的实体手段。在网络空间中，我们可以即时获得前所未有的大量信息，这使得我们可以做出决定并采取行动，比如，在线预订商品和服务，这些商品和服务可能来自另一个大陆的公司和商店。不管是打仗还是做生意，胜利的关键都在于控制信息的获得。就像工业时代控制特定的地理领土对战争至关重要一样，在后工业时代，策划和进行军事或者商业行动的关键是获得大量信息（如果可能的话，所获得的信息要远远超过我们的敌人或竞争对手）及处理信息并把信息纳入我们思想过程的能力。

环境因素：20世纪初的研究方法

无论明确还是含糊，环境因素都深深地扎根于很多国际关系理论之中。乌托邦主义和现实主义理论及它们现在的理论形态、第二章讨论过的新自由主义与新现实主义或结构现实主义理论都是例证。乌托邦主义和现实主义理论以及它们最新的理论形态，讨论了人类行为体与环境的关系。它们还拓展了环境的概念，使其包括了人类的文化产品和地球上的自然特征。根据启蒙运动时期的理论家们的著作，乌托邦主义者们声称，改变制度环境就能改变国际行为。建立国际组织、世界政府和相应的规范和准则，或者制定国际行为规则，这些计划的目的就是要通过改变国际政治环境来改变人们的行为。相反，正如第二章的分析所揭示的，现实主义者通常认为，国家的地理位置即使不是最终决定，也在很大程度上影响着它们的政治行为。在最有影响的现实主义理论家中，尼古拉斯·斯拜克曼和罗伯特·斯特劳斯—霍普两人写了大量著作，阐述了地理对国际政治的影响。国家处在地理和其他各种环境之中，如果国家行为体的政治行为在很大程度上是包括地理环境在内的各种环境的产物，那么政治领导人的全部任务就是在环境规定的范围内工作。新现实主义著作推进了这个讨论，引导我们考察行为体与结构的关系，也就是考察结构是如何影响行为体的选择的。前面，特别是第二章和第三章，已经讨论了这一点。

国家权力的地理因素

19世纪到20世纪，伴随着工业时代通讯和交通技术的发展，地理获得了越来越多的关注，这些关注集中在人口和资源的分布、国家的战略地理位置，以及国家的投放能力上。地缘政治学关注的焦点是国家权力和领土控制，那些有较远距离投放能力的政治实体将在工业时代占据支配地位。在许多研究者看来［包括肯尼斯·博尔丁及后来的帕特里克·奥沙利文（Patrick O'Sullivan）］，权力与其到权力中心区的距离呈反比关系。[25] 用奥沙利文的话讲："大部分冲突出现在受大国挤压的地区。霸权国家的势力范围要超越其中心地区，以它们的权力征服较小的国家，包围次等强国的势力范围，并相互蚕食对方的边缘地区。" [26] 可以肯定的是，技术的影响非常重要，已经改变了地理对于政治的重要性，虽然没有完全抹杀其重要性。大规模杀伤性武器能够打到地球上任何角落的目标，所以同边缘地区相比，大国的中心地区位置已没有过去那么重要了。[27] 然而，政治实体可以利用的力量多种多样，只不过某些力量比另一些力量具有更强的机动性。飞机和洲际导弹出现之前的时代里，通过海洋运输军事力量最为便利，因此能够控制海洋的国家就成为支配者。在抽象层次上，地理和权力之间的关系（地缘政治）体现在这样一种能力上：一个国家有能力在任何时候运用权力去影响或控制它视为具有重要战略意义的领土。在地缘政治经济或地缘经济的世界里，地理和权力之间的关系体现为运送能力，把货物、服务和信息最有效和最迅速地从一个地方运到另一个地方。

关注环境的国际关系学者通常强调环境因素对政治行为的重要意义，环境不仅限制了人们的行动，也提供了机会。气候和地理因素特别重要。自然资源分布不平衡，地理和气候条件不同，也会影响到一个国家潜在的实力。国家规模会影响到其可以利用的自然资源，而气候则会影响到开采这些自然资源所需人力的动员。这些因素的差异可能对政治体系的结构有着至关重要的意义，甚至会影响这些体系在压力下生存的能力。

虽然政治行为要受环境的影响，但即使是在环境的约束和限制之下，个人仍有选择能力。对于美国海军军官和历史学家马汉（1840～1914）、英国地理学家麦金德（Halford Mackinder1861～1947）爵士、意大利空权论者吉乌利奥·杜埃（Giullio Douhet），以及哈罗德·斯普劳特和玛格丽特·斯普劳特夫妇这些人来说，技术变化对我们所处的环境的影响格外重要。人们提出，技术并没有使环境因素不再重要或者过时，相反，技术只是使一组环境因素取代了另一组。马汉认为，海军对国家权力至关重要；麦金德认为，陆上交通技术最为关键；杜埃则关注空军技术，因为这种技术扩大了人类的投放能力，打破了历史上的限制，从而改变了20世纪初的战争策略。20世纪后期的技术进步使人类从控制地球表面扩展到控制内层空间和外层空间，这提高了学者和决策者对地缘政治关系和地缘政治经济关系的兴趣。于是，在洲际弹道导弹时代，不断评估威慑的分析家们既要考虑陆地和海洋的武器部署，还要考虑国家规模、人口分布等地理因素，因为它们也关系到战略目标的选择。在信息高速公路时代，人们认为，接收、传播以及处理大量资料的能力——获得信息控制权——是权力的关键。

现在我们转向美国和欧洲具有代表性的地缘政治理论家的著作。在美国理论家中，我们集中研究马汉和斯普劳特夫妇，以及后来的最新政治地理学著作，这些著作考察的重点是领土边界和冲突之间的关系，以及如何描绘和定义冷战后的地缘政治与地缘政治经济环境。马汉主要研究海军实力对国家政治潜力的影响，斯普劳特夫妇深入考查了大量环境因素对政治行为的意义。除了以上三个人，最杰出的地缘政治关系学者还包括20世纪早期的以赛亚·鲍曼（Isaish Bowman）、詹姆斯·费尔格里弗（James Fairgreave）、哈耶斯（C. W. Hayes）、理查德·哈茨霍恩

（Richard Hartshorne）、斯蒂芬·琼斯（Stephen B. Jones）、乔治·凯南、欧文·拉铁摩尔（Owen Lattimore）、何默·李（Homer Lea）、威廉（比利）·米切尔将军［William（"Billy"）Mitchell］、埃伦·丘吉尔·森普尔（Ellen Churchill Semple）、亚历山大·德·塞维尔斯基（Alexander P. de Seversky）、尼古拉斯·斯拜克曼、罗伯特·斯特劳斯–霍普、弗雷德里克·杰克逊·特纳、汉斯·魏格特（Hans A. Weigert）、卡尔·威特福格尔（Karl A. Wittfogel）、德温特·惠特尔西（Derwent Whittlesey）和昆西·赖特。

马汉、海洋和国家权力

马汉写作之时，正值欧洲帝国主义扩张进入最后的高潮，美国崛起成为世界大国。马汉的思想对西奥多·罗斯福（Theodore Roosevelt）影响极大。罗斯福曾任助理海军部长，后来成为美国总统，为美国崛起为海军大国作出了决定性的贡献。马汉分析了海洋的历史，特别是英国具有全球影响之后的历史，他得出的结论是：控制海洋，特别是控制具有战略意义的狭窄航道，对于大国的地位至关重要。[28] 马汉的理论以这样一个观察事实为基础，即英帝国的兴起与英国成为海军强国是同时发生的。世界上主要海洋通道成为英帝国的内部交通线。英国控制了世界上除巴拿马运河以外的所有主要航道、狭窄海域或**海上咽喉要道**（check points），即从任何一侧都可以很容易地严格限制进入或通过的水域，例如多佛尔海峡、直布罗陀海峡、马耳他海峡、亚历山大海峡、好望角、新加坡的马六甲海峡、苏伊士运河和圣劳伦斯河入口等。

北欧的商船或在英国的大炮下穿过狭窄的多佛尔海峡，或绕道英国海军一直警惕地注视着的苏格兰北端。同德国和俄国相比，英国和美国进入海洋则较自由。海上调遣比陆地调遣容易，而他们的陆地都被海洋环绕。同内陆国家相比，进入海洋便利的国家成为大国的潜力较大。同与他国领土接壤的国家相比，岛国则较具优势。海洋国家结成联盟，多半是为了进行商业贸易，而不是为了侵略。

根据马汉的分析，海权对于国家的实力与繁荣至关重要。一个国家获得海权地位的能力取决于它的地理位置、陆地形状、领土范围、人口、民族特性和政府形式。例如，英国和日本四面环水，若想成为大国就必须保持大规模海军。这是因为对于海岸线长的国家来说，海就是疆界，它同外国的相对位置取决于其在疆界以外采取行动的能力。英国的地理位置有助于它扩充力量。它距离欧洲大陆不远也不近，既适合于打击潜在的敌人，也易于抵抗入侵。1890年以前，德国、日本和美国的海军尚未兴起，英国的海权举世无敌，所以英国把权集中在大西洋东北部和英吉利海峡，就控制了欧洲列强的世界贸易。

160　　　法国却没有这种选择，因为它不得不把权力分散在两个海域，以保护它在地中海和大西洋的海域。马汉的分析指出，海岸线的长度和港口的质量是重要因素，但如果人口和自然资源不足，领土广阔就成为弱点。马汉认为，人口的数量与质量，以及进行商业活动、特别是进行国际贸易的能力，预示着国家能否成为大国。如果一个国家的大部分人口擅长海事活动，特别是造船和贸易，它就有潜力成为海洋大国。总而言之，马汉把国家权力同海洋机动性联系起来，因为在他著书立说的时候，陆地运输相当落后，而海上运输却相对便利。

以马汉的研究为基础的理论

其他研究者也认为海权是权力的重要组成部分。16世纪以来，海军对于保护本国海军基地免受攻击及防止敌对势力进入海洋，从而保卫便利的交通和商业路线是至关重要的。乔治·莫德尔斯基和威廉·汤普森以马汉的研究为基础，在研究了海权和全球政治之间的关系之后认为，海权是采取全球军事行动的必要条件。[29]海军占据优势，不仅能够保卫海上交通线，还能保持过去通过战争而确立的优势地位。要想拥有全球性的强国地位，海军虽然不是充分条件，但却是必要条件。海军具有跨越洲际的机动性，可以使其拥有者封锁挑战者的军事力量，就像美国在1962年古巴导弹危机时所做的那样。第二次世界大战表明，地面部队对最终击败和占领敌国是必不可少的，但是海军为拥有这种能力的大国提供了不可或缺的机动性，以此把不同的战场连接起来的。

莫德尔斯基和汤普森甚至提出，1500年以来，海权是世界政治的重要组成部分，并与长周期问题直接相关。16世纪初，全球体系转型为一个海洋体系，原因是海军技术把过去彼此隔绝的大陆联结到了一起，并为欧洲的帝国主义的扩张和殖民提供了空间。此后，16世纪的葡萄牙、17世纪的荷兰、18和19世纪的英国、20世纪的美国，分别靠主导各自时代的海军革新而成为全球性强国，同时对维持国际秩序起了决定性的作用。每一个长周期大约持续100年，而且每个时期都有一个拥有强大海军的国家。长周期理论的代表作是莫德尔斯基和汤普森及其他研究者的著作。正如第三章所提到的，长周期理论认为世界体系表现出的规律具有重复性和进化性。全球性强国和全球性战争也有重复性和进化性。海军对于全球性冲突至关重要，因为海权是洲际互动不可缺少的因素。在前后相连的各个长周期中，技术革新标志着更加复杂的进化，并与海权联系在一起。第七章将进一步讨论长周期理论。

麦金德与大陆心脏说

同马汉一样，麦金德也看到了地理与技术的密切联系。如果说早期的技术使海权的机动性超过了陆权，那么20世纪初的技术进步则使陆权占据了统治地位。铁路及后来内燃机车的出现、现代化公路网的铺设，使欧亚大陆大部分地区拥有快捷的运输成为了可能。在这以前，欧亚大陆腹地一直为陆地所包围。麦金德注意到，欧亚大陆水系没有流入世界上任何主要海洋。北极的冰冻封住了欧亚大陆北部的大部分海岸。但是随着铁路的出现，20世纪初期，德国已能够经过陆路到达中东，同以前英国经海路到达中东一样便利。虽然，作为岛国的英国被麦金德称为是贬值遗产的**继承人**（legatee），但欧亚的强国们却囊括了最雄厚的人力和物力资源。麦金德认为，陆权和海权之间的较量是贯穿历史的一条主线。海权发展的第一周期是马其顿占有了地中海的全部周边地区。麦金德指出，在海权发展的第二个周期，陆上强国罗马打败了海上强国迦太基，地中海再次成为内海。[30]在这两个古代周期中，即马其顿对希腊的战争和罗马对迦太基的战争中，陆上强国向海上强国发起挑战并取得了胜利。麦金德认为，20世纪初，一度曾对海洋国家有利的技术开始有利于大陆国家了。

1904年，麦金德在伦敦的英国皇家地理学会宣读了著名的论文，并首次在论文中提出了自己的理论。他后来又在第一次世界大战结束不久出版的《民主的理想与现实》（Democratic Ideals and Reality）一书中提出了自己的理论：国际政治的中枢地区是从东欧平原一直延伸至西伯利亚平原的

广阔地域。他写道:

> 在粗略回顾较大的历史潮流之后,某种一贯的地理关系难道
> 不是很明显了吗?世界政治的中枢地域难道不是欧亚之间的广阔
> 地区吗?那里,船舶不能到达,但古代却有马背上的游牧民族纵
> 横驰骋。而今天,这块广阔的地区将布满纵横交错的铁路网。[31]

这块与沙俄帝国疆域一致的地区,"占据了战略中心位置",并拥有
"非常丰富"的资源。(麦金德把这个中枢地区称为"大陆心脏")他提出,
162 这个区域被"内心月"地区所包围,"内心月"地区包括欧亚大陆边缘的
国家,如德国、土耳其、印度和中国。"内心月"地区反过来又被"外心月"
地区包围,"外心月"地区包括英国、南非、日本等国家。麦金德提出了
这样的著名论断:

> 谁统治了东欧,谁就能控制大陆心脏;
> 谁统治了大陆心脏,谁就能控制世界岛欧亚大陆;
> 谁控制了世界岛,谁就能统治世界。[32]

麦金德担心德国以及后来的苏联等大陆强国会成长为海上强国。麦金
德强调陆权越来越重要,但并不贬低海权的作用。海权同以往一样对于谋
求世界权力至关重要。20世纪,控制大陆心脏的国家也可以成为主要的
海上强国,就像马其顿和罗马一样——最初是陆地国家,但最终控制了海
洋。实际上,麦金德准确地预见到,20世纪上半叶的国际政治主要是德苏
之间为控制大陆心脏以及欧亚大陆边缘地区所进行的斗争。当然,他没能
预见到苏联解体。苏联解体的原因在于它无法在统一的政治框架内把中东
欧包括德国的部分地区在政治上联结起来,而这个框架能从欧亚大陆心脏
向大陆边缘及以外地区施加影响和压力。麦金德曾认为,大陆心脏的资源
对世界权力影响巨大,可事实证明共产主义在组织上和意识形态上的失败
对世界权力的影响更大。

美国的政策制定者不一定提到麦金德,或者像他那样明确地陈述自己
的设想,但他们的一个主要目标向来都是防止一个敌对国家统治欧亚大
陆——因此,美国人对同西欧、日本、韩国结盟感兴趣,愿意为保证欧亚

大陆边缘地带的其他地区的安全做出承诺，其中包括中东。美国的外交就是出自这一理念，20世纪70年代尼克松—基辛格的对外政策及冷战末期的政府政策表现得尤为明显。这些政策都是要加强与中华人民共和国的联系，从而避免欧亚大陆上两个最大的陆上强国（中国和苏联）和解。随着冷战的结束，美国及其欧洲盟国开始更新和扩展北约，增加新成员，努力使俄罗斯及其他原苏联加盟共和国接近北约和其他欧洲—大西洋组织。在亚太地区，冷战后美国仍然认为它在本地区的安全与日本和韩国密切相关，将后两者视为地区安全安排中不可缺少的组成部分。同时，美国也试图与中国建立"战略伙伴关系"。所有这些努力与麦金德的理论都是一致的。

第二次世界大战期间，麦金德修正了自己的理论，把大西洋共同体包括进来，作为制衡或抵消欧亚大陆力量的一种手段。他准确地预测到，第二次世界大战以后，苏联会成为"地球上最强大的陆地国家"，并占据着"最稳固的战略防御阵地"，但北大西洋两岸的各国将组成一种与之抗衡的力量。实际情况正是如此。在第二次世界大战结束后的最初几年，随着东西方关系紧张的加剧，大西洋联盟于1949年宣告成立。[33] 麦金德认为，英国、法国和美国联合起来，就有足够的力量，既可以防止德国东山再起，又可以对抗苏联。尼古拉斯·斯拜克曼和斯蒂芬·琼斯等其他理论家提出，如果在欧亚大陆的周围建立起新的工业力量和交通中心，那么欧亚大陆的边缘地区在战略上会比大陆心脏更为重要。边缘地区假设是对苏联实行遏制政策的主要理论基础。遏制政策始于1947年的杜鲁门主义和马歇尔计划，贯穿冷战的全过程，并一直延续到20世纪90年代。[34]

飞机的出现以及随后进入外层空间工具的出现，给地缘政治学增加了一个全新的视野。技术再一次发挥作用，改变了特定的地缘政治关系的重要性。马汉和麦金德分析了技术对于便利海洋和陆地交通所产生的影响，并在此基础上建立起各自的地缘政治理论。与这两个人一样，20世纪20年代，吉乌利奥·杜埃发表论著，认为飞机为打击那些原来不易受到攻击和摧毁的目标提供了前所未有的可能性。只要人类的活动局限在地球表面，就一定会受到地形的限制。虽然海洋的特性是固定不变的，但人类往来于海洋之间的活动能力受限于海洋周围的海岸线。空中活动则不存在这种局限性。杜埃具有远见卓识，在1921年得出了这样的结论：

163

飞机的行动和方向是完全自由的；它能在最短时间内抄任何一条捷径——直线飞行——往来于罗盘上的任何一点。……凭借这一新式武器，战争的威力不再局限于地面大炮的最远射程，而可以直接达到交战国所在的方圆百英里以内的所有陆地与海洋。……士兵与平民之间的差别不复存在。[35]

因此，未来的战争将完全有别于过去的战争。各国一旦掌握了制空权，就拥有了前所未有的机动性与能力，能摧毁对方的军事力量和工业。

第二次世界大战期间，在杜埃的著作和比利·米切尔将军思想的基础上，亚历山大·德·塞维尔斯基强调技术的进步会使飞机的飞行距离迅速增加。他预言，这会使航空母舰失去存在的必要，因为飞机将能够从地面基地起飞，对敌国领土上的目标进行攻击。杜埃指出，技术为有人驾驶的飞机带来了前所未有的机动能力，而德·塞维尔斯基进一步强调了这一点。空中力量不仅使增大机动能力成为可能，而且随着飞机飞行距离和作战半径的不断扩大，人类将极大地摆脱对地面组织的依赖，包括对地面加油基地的依赖。[36] 对于军事投放和国防建设来说，制空权具有生死攸关的重要性。

美国的超级大国地位在很大程度上表现为航空航天技术能力。这种能力不仅包括技术先进的飞机，在1999年北约空袭塞尔维亚中可以看到这一点，还包括将商用卫星放置在空间轨道和发射各种空间探测器的能力。**航空航天**（aerospace）这个词所指的环境是大气层和引力场以外的大气和广大空间，不能把它们看做是相互分离的实体。事实上，正如美国空军司令托马斯·怀特将军（Thomas A. White）在1958年所描述的："大气层以内的空间和外层空间并不是由一条线所分开的两种介体，或可归属为两种完全不同的类别，它们实际上是一个单一的不可分的操作区。"[37]

怀特把空间描绘成是空权的"逻辑延伸"。自从怀特兄弟首次飞行以后，飞行距离增大，飞行速度提高和飞行高度增大，这些无疑是航空航天技术发展的主要内容。鉴于航空航天对全球沟通和国家安全的重要意义，前苏联的继承国俄罗斯力图借助"和平"号空间站，继续保持其在该领域与美国的竞争力。

斯普劳特夫妇与人类和环境的关系

哈罗德·斯普劳特（1901～1980）和玛格丽特·斯普劳特（1903～）夫妇为发展考察环境关系的有关假说做出了重要贡献。斯普劳特夫妇强调地理对于考察政治行为的重要性，[38] 认为大部分人类活动（即使不是全部人类活动）都要受到人力和物力资源分布不平衡的影响。[39] 他们摈弃了片面的地缘政治理论，赞成生态学角度的地缘政治理论，因为这种理论似乎能使人们对国际环境有一个更加全面和完整的认识。这种认识既考虑到自然的特点，又考虑到非自然的特点，用"环境"一词来概括最为恰当。"环境"被看做是一个多维系统。在这个系统中，政治领导人对于环境条件的认识（心理环境）和环境条件本身是研究和分析的对象。这种研究强调地理学、人口学、技术和资源之间的**相互关系**（interrelationship），注重研究感性认识等变量，也强调诸如人口、领土面积这些定量因素的重要性。

环境仅会从两个方面对人类活动产生影响。第一，只有人认识到了与环境有关的因素，环境才能通过心理环境影响人的决策。第二，通过**操作环境**（operational milieu），这些因素能限制个人依据其对环境的认识而作出的行动或决策。[40] 因此，某些依据对环境的错误认识做出的决策，有可能造成潜在的灾难性后果。所以，决策者面临的任务——把斯普劳特夫妇的分析同第十一章所讨论的决策理论联系起来——就是缩小人们对环境的认识与真实环境之间的差距。

斯普劳特夫妇认为，地理学是"探讨地球表面上各种事物的安排，以及将赋予某一特定地区以特点的各种事物联系起来"。他们相信，地理影响一切人与非人现象以及有形与无形的现象，这些现象"展现了地球表面上的以及与地球表面有关的方面及变化"。[41] 每个政治共同体都有其地理基础。每个政治共同体都建立在领土之上，而领土有特定的位置、面积、形状、气候和自然资源。因此，各国之间的交往都要考虑到地理因素，这样做很重要，甚至是生死攸关的。斯普劳特夫妇指出，在各个时期，国际上的治国之道都显示"或多或少的强制与屈服、影响与服从的模式；从政治上讲这些模式反映了鲜明的地理涵义"。[42]

165

认知行为主义与操作环境

认知行为主义这一概念对于斯普劳特夫妇很重要。这一概念假定：人通过认识有意识地对环境作出反应，"除此以外，别无他途"。[43] 同对环境的正确认识一样，对环境的错误认识也影响情绪、偏好、决策和行动。斯普劳特夫妇进而对观察者所认识的环境和现实环境进行了区分。所谓的**心理环境**（psychomilieu）是指"个人通过感觉器官有选择地从环境里接受的东西与其价值体系、有意识的记忆以及下意识储存的经验之间互动所产生的形象或观念"，可以把它比作柏拉图提出的洞穴里的影子。[44] 如果认识不到限制条件，就可能导致严重的后果。对地理条件抱有过分的幻觉或曲解，也会造成同样不幸的后果。[45] 大众的态度和政治家的决策都是以对地理的认识为基础的，而这些认识"在很大程度上取决于他们所熟悉的地图"，本章下一节将对此进行详细阐述。因此，对政治行为的分析必须把政治领导人对其环境所做的假定考虑在内。

决策实体带着心理环境在其所处的操作环境内活动，[46] 因此该实体是被环境所包围的有机体（个人或人群），而不是抽象的事物（国家）。决策实体是社会科学家的主要研究对象，正如在第十一章所看到的，研究国际关系和决策的学者对决策实体有着特殊的兴趣。因此，斯普劳特夫妇反对使用诸如"国家动机"和"国家需要"等术语。他们反对赋予国家或国际体系人的属性，出于同样的理由，他们不把**心理生态学的**（psychoecological）（与有机体和环境的心理关系有关的）概念应用于社会组织。他们仅把这些概念用于人。他们相信，抽象层次上的政治讨论不能使人明确认识国际政治活动，而只会使人越来越糊涂。[47]

虽然政治决策是以政治家对环境的认识为基础的，但这些决策的结果也会受到操作环境客观特点的限制——也就是说，"受到实际存在并影响着某一实体（不论是个人、团体还是整体社会）[48]成就和能力的条件"的限制。简言之，操作环境是实际存在的，尽管决策者可能没有充分察觉到。就决策而言，斯普劳特夫妇并不认为环境必然会制约、吸引或驱使决策者，也不认为环境必然支配决策者所做的选择。

在他们的环境关系研究中，斯普劳特夫妇得出了四个主要结论。第一，生态学的视角和参考框架为分析对外政策和评估一国的能力提供了一个颇具成效的方法。第二，这种方法有助于在分析中把环境因素与决策的关系，同环境因素和决策实施结果的关系区别开来。根据斯普劳特夫妇的判断，有关国际政治中环境因素的讨论之所以出现混乱，大多是由于没有作这种明确的区分。第三，生态学方法对研究国家对外政策和其国际能力是有益的补充。斯普劳特夫妇的范式要求考察各种限制性条件，如现有技术水平，对主要因素的认识及可利用资源与既定任务的比率等。[49] 最后，他们认为，生态学方法综合了地理学、心理学、社会学及其他学科的有关理论和资料，借此扩大了国际政治研究的领域。

建构主义和认知演化论

斯普劳特夫妇的著作的中心是社会环境，其他作者也强调环境因素对行为体行为的影响。现在我们从这些讨论转向建构主义，也被称为建构主义—反思主义的研究方法。在这里，最为重要的是假定我们对于世界的理解以及用以观察世界的思想工具并不是客观的，而是社会所建构的概念的结果。某种程度上，这种理论的支持者认为"世界在观察者的眼中"，进而想探究对世界的解释从何而来及这种解释是如何影响个人和国家行为的。

亚历山大·温特认为，建构主义是一种结构性理论，其理论基础是假定行为体是社会构建的。通常所定义的国家或民族利益是各种行为体社会认同的结果。这种利益和认同在所称的**主体间体系结构**（intersubjective systemic structure）中不断变化，由**共有的理解**（shared understanding）、**期望**（expectations）和**社会知识**（social knowledge）构成。[50] 与此类似，尼古拉斯·格林伍德·奥努夫坚持认为，社会现实是人们构建的或构成的。[51] 167 对于一个社会单元（例如国家）的成员们的利益来讲，其最重要的活动本质被界定为是政治的。这些活动超出该单元目前的位置和边界后，就变成了国际关系。奥努夫认为，从理论层面上看，人与社会相互构建或构成中**构建**（construct）与**构成**（constitute）的涵义是相同的。因此，就存在这样一个互动的过程，构成集体或单元的人不断地在个人或集体的思想中构建现实，这种现实既为决策提供了基础，也受到所做出的决策的影响。

在这种研究方法中，反思主义成分基于以下假定：制度是协商过程的结果，反过来，它又塑造了社会环境。罗伯特·基欧汉认为，制度创议的发展是价值观、规范和实践的反映，不同文化有不同的价值观、规范和实践，而且会随着时代的变化而改变。[52] 人们对奴隶制、种族歧视以及其他社会歧视的态度发生变化，就是反思主义所指的反思现象的例证。20 世纪初为社会所肯定的和接受的，在 21 世纪初就不见得能被接受。建构主义—反思主义理论的本质，就是在国家和国际层面上说明这些变化是如何出现的，以及它们是怎样嵌入或反映机制变迁的。

对于建构主义—反思主义者来说，机制以及其他制度不仅仅是规则和规范的总和。正像建构主义—反思主义著作认为的那样，源于共同的需要、共同的知识和共同的利益，现有的制度安排可能会形成一种学习过程，这个学习过程可以增强国家政策的一致性。[53] 换句话说，机制，以及比机制更具权威性、结构更庞大的制度，可以促进认知的演化。

伊曼纽尔·阿德莱尔（Emanuel Adler）认为，历史力量和结构力量之间的动态关系有助于对这种变化的本质做出解释。[54] 在历史上的任何时刻，国家和组成国家的各种行为体都会受到它们各自对世界的解释的影响，而这种解释源于社会构建的概念。就像科学的进步体现在范式的发展一样（随着知识的发展，一种建构为另一种建构所取代），社会的进步内嵌于机制和制度中，这些机制和制度使相关行为体之间形成了**主体间共识**（intersubjective consensus）。与科技革命相似，政治实践、可接受社会行为和价值观方面共有信仰的变化可能是迅猛的，也可能是渐进的，其基础是阿德莱尔所称的**认知演化**（cognitive evolution）。我们的观念、信仰和行为是从其他人那里学习来的，所以集体学习的源泉来自于不同团体之间交流认知经验的能力。在国家层面上，或者更广泛地说，在国际体系内部，认知演化的聚合是一个动态的过程。在这个意义上，学习被定义为政策制定者采纳对现实新解释的能力——创造一种新的主观上的共识——这种能力首先进入国家层次的政治体系，然后进入国际层次上的政治体系。正像斯普劳特夫妇强调的，环境如同科学知识一样，不过是国际行为的基础，它不能指导政策制定者或决定他们的选择。相反，阿德莱尔提出，共同政治行动是机制、民族国家和其他集团内部或之间分享一系列特定前提的结果。与国际关系的静态理论不同，认知演化代表着革新和政治选择的过程，这个过程会把行为引向全新的方向。

认知演化有三个基本方面：第一，**革新**（innovation），创造被一个团体所接受的新的价值观和期望。第二，**选择**（selection），价值观和期望深入这个团体思想内部的程度。第三，**扩散**（diffusion），新的价值观和期望从一个团体或国家向另一个团体或国家传播的程度。在构成认知演化的过程中，**认识共同体**（epistemic communities）被定义为对某一特定事物拥有共同观念的精英，他们为实现目标制定战略，并在其中起着重要的创新作用。[55] 在上述的选择过程中，国家的作用至关重要，而在扩散阶段，反映主观上的共识、不断发展的机制和其他制度性结构把认知演化推进到了国际层次，正是主观上的共识塑造了全球的社会环境。

　　这种主观上的共识在国际体系内形成了国家认同，即在赫德利·布尔等英国学派国际关系学者所称的国际社会内形成了国家认同。本书第三章曾讨论过这一点。蒂姆·邓恩认为，主权和不干涉这两个国际社会的主要规则，是"由国家组成的社会所构建的，换句话说，通过不断实践这两个原则才使国际社会得以维持"。[56] 国际社会的基础是主观上的结构。这种结构是观念或信仰的结果，而这些观念或信仰产生了行为，行为基础是内嵌于制度和实践中的被普遍接受的规则和价值观。换句话说，国际关系理论的英国学派与现实主义和新现实主义的理论家一样都认识到了无政府状态、战争和均势的重要性。所不同的是，英国学派只认为观念塑造政治实践而不同意自然法则和固定不变的现象深嵌于国际体系结构之中的观点。建构主义和英国学派一样，他们研究决策者、外交官和广大公众是如何构建国际社会的？在何种程度上强调国家利益？如何定义和解释由国家组成的广泛国际社会中的国家利益？赫德利·布尔等人所描绘的无政府状态社会是否能够转型？建构主义的答案是主观上的一致认识反映在主观上的国际体系结构之中，特别是行为标准或规范在一定程度上使规则和新价值观出现——换句话说，一个社会构建的国际社会为什么和怎么转变为另一个国际社会。

建构主义和女性主义国际关系理论

　　建构主义研究方法的支持者用来说明建构主义现象的例子是，在许多社会中，妇女的角色和地位不断变化。正如我们将要看到的，女性主义理论是建构主义的重要组成部分，所以现在我们来讨论当今的女性主义理论。当代争论的主题之一是性别，正如桑德拉·哈丁（Sandra Harding）所说的，在很大程度上"男性和女性的社会系统构建与生理特征没有多大关系，如果不是根本没有关系的话"。[57] 尽管女性主义是一个多样性的思想体系，不仅仅局限于国际关系理论，但女性主义者一致认为，不管是在国内社会还是国际社会中，男女各自的角色都是由社会构建的，而不是由生理特征所决定的。在伊丽莎白·普吕格尔（Elisbeth Prügl）看来，21世纪初，女性主义思想所强调的重点是社会性别而非生理性别，"以此使关注的焦点从生理视角转向社会视角"。[58] 性别角色是社会构建的，从这个角度看，女性主义思想和建构主义之间的联系是很明显的。例如，大部分社会（如果不是所有社会的话）对于公共领域和私人领域都有着某种形式的区分，家庭内发生的事情很大程度上被视为属于私人领域，超出了政府管辖的范围。女性主义者指出，传统上，男人在政府、军队、实业和艺术领域担任着公众角色，而妇女们则仅仅在家庭中担任角色。这种角色差别是社会构建的。法律对公众部门人士的保护远远超过对那些其世界局限在家庭中的人的保护。没有任何领域比国际关系领域中的性别差别更加明显。男人们为了保护国家而在军队中服役，而妇女则只能料理家务。当然，这是对当今时代现实的一种简单概括。如今，在美国和其他国家的军队中也有服役的妇女，而且对于很多家庭来说，妇女还在赚钱养家。以性别为基础的传统的角色差别已经被打破，这一事实证明社会构建的性别角色是可以改变的。

作为一种社会构建，社会性别逾越了法律障碍，这种障碍在历史上曾禁止妇女平等地参与公共生活。在西方社会中，打破这种障碍开始于20世纪初给予妇女投票权。除了传统的法律限制外，女性主义作者普遍认为，歧视的根源在于经济、文化和社会结构之中。这一点与建构主义思想看法相同。因此，安·蒂克纳（J. Ann Tickner）认为，马克思主义的女性主义理论认为资本主义是压迫妇女的根源，而一些更激进的女性主义者则认为，社会性别形成于出生之时以及幼年时期歧视妇女的男女性别关系。[59] 国际关系文献，包括国际关系理论，几乎完全出自男性之手，其理论关注的焦点基本上是最强大行为体或大国之间的关系。最突出的是现实主义的理论，它关注的焦点是权力，强调冲突和战争。除了关注以性别为基础的压迫和边缘化问题外，女性主义者的国际政治观点来源于女性的性别体验，她们的观点与源于强大而又占主导地位的男性体验的观点完全不同。如果不从男性和女性视角的多个源头发展有关基本问题的知识，知识将是不完备的。女性主义者指出，几个世纪以来，全部西方科学的传统史一直由男性控制和主导。这种传统在方法、研究重点、目标和发现上存在着明显的男性偏见，因而是有缺陷的。女性主义者的逻辑认为，这种根本不同的观察视角是由迥然不同的历史角色所构建的，现存的男性主导的国际关系理论即使不是误导他人也是不完全的。安·蒂克纳曾说，"有关国际体系中国家行为的知识依靠的是以男性经验得出的假定，所以它忽视了很大一部分人类经验，而这些经验有着扩大选择范围以及为思考国家间实践开辟新途径的潜在可能"。[60] 传统上，妇女处在社会的边缘，所以根据女权主义者的理论，受压迫者对这个世界的看法能够为从新的角度思考国家间关系提供基础。现实主义传统（见第二章）强调的是国家在无政府体系中的生存，而在无政府体系中，自助是实现安全的根本基础。而对女权主义者来说，有必要重新界定安全的含义。近几十年来，大的冲突集中在较为贫穷的地区，而且常常发生在国家内部而不是国家之间。受压迫者和弱势群体试图推翻现存秩序，他们怎样做才能获得政治、社会和经济上的安全，这如果不是取代现实主义理论的话，起码是对现实主义理论的重要补充。女性主义者认为，由于历史上的性别体验以及对获得解放的追求，妇女能够为国际关系理论研究带来新的认识源泉和开辟新的思考方式，最终将导致新的行为模式。

女性主义者坚持认为，社会性别角色是社会决定的，因此可以改变，那么该如何评价生理上的差别呢？同女性相比，侵略、战争和暴力等现象更是男性具有的行为特点吗？男人支配女人是因为先天差别、本能差别和性别差别，还是因为可以改变的社会构建角色的差别？弗朗西斯·福山提出，由于各个种族间相互通婚，种族间的边界变得模糊了。种族在很大程度上也是社会构建的。但这个事例不能说明男女差别是明显由社会构建的。因此，福山的结论是，"虽然某些性别角色实际上是社会构建的，但今天所有受尊敬的进化论生物学家都首先认为生理性别间的重大差别源于遗传而非文化，而且这些差别是从身体扩展到思想领域的"。[61] 需要特别指出的是，这意味着男性整体上显示出的侵略倾向是跨文化的。大部分犯罪活动是15岁至30岁的男性所为，而不是同年龄段的女性。这种现象是跨文化的，所以人们认为，不能把它仅仅归因于以男女差别为基础的社会化过程。因此，对所有社会来说，贯穿始终的一个基本问题是，如何管理、控制或者减轻其年轻人的侵略倾向。

福山认为，上述主张并没有忽视男人和女人的内部差别。某些男性表现出顺从的倾向，而某些女性的行为却比男性更具有攻击性。有些女性是暴力罪犯，而有些男性则是和平主义者。在政治生活中，很多女性成了伟大的领导人，包括玛格丽特·撒切尔（Margaret Thatcher）、梅厄夫人（Golda Meir）和英迪拉·甘地（Indira Ghandi），过去还有英国女王伊丽莎白一世（Queen Elizabeth I）和俄国的叶卡捷琳娜女皇（Catherine the Great）。这些女人在男性主导的社会中占据高位，拥有巨大的权力。她们运用同她们的男性对手一样的战略、计谋和战术去获得和保持权力。目前，国际政治中具有女性主义倾向的作者及全体女性主义者，都力图使更多的妇女获得最高的权威、领导和权力。这里她们面临着一个两难困境。为了获得和保持这样的地位，妇女是必须表现出男性的强硬和强力行为特征，还是有可能通过妇女占有足够多的有巨大影响力的位置，使政治议程本身和达到权力顶峰的客观要求发生变化呢？如果男女差别是生理差别和社会建构的混合体，那么男性侵略性所造成的冲突将必然持续下去，女性和平主义对男性的侵略性的影响将是有限的。生理决定和社会建构之间界限在哪里，社会建构的东西会在多大程度上改变生理上形成的特点，这样的争论将会持续下去。

　　一些女性主义作者认为，男性的侵略性和暴力倾向可以降低。这可能吗？总体来说，女性主义作者相信，一个女性统治的世界将比现在男性占主导地位的世界更为和平。由此产生的两难困境是，女性是否能够取代男性的领导地位，而又不用像男性那样为了获得最高位置而表现出侵略倾向。一旦妇女通过男性般的冷酷无情获得了地位，那么处于领导位置的女性能完全改变自己而再次表现出传统意义上女性所具有的品质吗？更为重要的是，一个由女性掌握最高权力、以女性议程为基础的社会，在面对一个由男性掌握权力，借助扩张、暴力和战争实施强权政治的国家的挑战时，是否会先天地处于劣势？我们再一次引用福山的话："在一个绝非完全女性化的世界里，女性化了的政策是一个不利条件。"[62] 英国首相玛格丽特·撒切尔夫人因福克兰群岛（马尔维纳斯群岛）而对阿根廷采取军事行动。当1990年8月，萨达姆·侯赛因（Saddam Hussein）占领盛产石油的科威特时，她又敦促布什总统采取强硬和果断的行动予以打击。在女性主义作家看来，这些时候，她所表现出的强硬是男性的性格特征，不该表现在女性上。

172　　　　如果整体上讲女性比男性更为顺从，那么在女性具有较大影响力的社会，诉诸战争和其他暴力手段的倾向就会较弱。这里我们指的是民主社会。在民主社会中，至少有与男性相同数量的女性参加投票，而且有越来越多的女性登上了权力的顶峰。因此，在这里指出女性主义著作与第八章要讨论的民主和平论之间的交叉是有用的。所以，民主和平论认为，政府形式为民主的国家一般拒绝把战争作为解决与其他民主国家分歧的手段，对非民主国家也不太容易诉诸武力。

预测 21 世纪人口发展趋势，我们将不可避免地得出这样一个明显的结论：人口增长最快的地区将不是北美、欧洲和日本等发达国家，这些民主国家将进入老龄化社会。在这个集团中，美国将不断有大量的移民涌入，大批年轻人进入美国将缓解美国老龄化问题。民主社会中，女性将发挥越来越重要的作用，这与民主社会以外的世界形成了对比，外部世界的人口组成中，年轻男性的数量相对较多些——显然他们是暴力和侵略倾向较强的群体。如果暴力行为是由性别决定的，与表现在年轻男性身上的男性固有特点有关，那么就会产生一个问题，如果有任何东西能改变这种模式，它会是什么。女性主义作者一直试图通过男性的社会化改变社会性别角色，与此同时把更多的女性提升至高位，以此改变行为模式。在不同的社会中，这种做法的前景并不一样。无论如何，我们仍然面临着一个问题，即社会构建、环境影响和生理决定之间的分界线在哪里？是什么导致男性和女性分别具有暴力性或驯服性、侵略性或调和性以及竞争性和和解性等不同特点？

空间关系和冲突：近期的研究

当许多当代国际关系理论把建构主义研究方法作为基础之际，以空间关系为研究内容的理论仍是我们理论中有持久生命力的部分。例如，特定地理结构有导致冲突的可能吗？

20 世纪 70 年代中期，乔治·利斯卡（George Liska）考察了国际体系的均衡性质，特别讨论了冲突和地缘政治要素。他得出的结论是，在国际关系中，尤其是在欧洲体系中，大陆国家与海洋国家的冲突是一种反复出现的现象：

大陆国家与海洋国家的性质差距一般不能通过竞争或其他互

173 　　动消除。某一大陆强国走上舞台，就要争取出海口，以扩大均势
　　的范围，并使其功能适于以大陆为核心的体系向海外扩展，而主
　　导海洋的强国则要抵制和否决大陆强国的扩张。此时，大陆国家
　　与海洋国家之间的冲突就会明显表现出来。[63]

　　为了确定岛国地位对国家的影响，另外两位研究者罗伯特·霍尔特
（Robert Holt）和约翰·特纳（John E. Turner）比较了英国、斯里兰卡和
日本的政策。[64] 他们的分析显示，与非岛国相比，岛国同其他国家的交
往"更为积极"，其所能采取的对外政策更为有限。两位作者发现，英国
与日本的对外政策存在相似之处。这两个国家都曾试图占据欧亚大陆的一
部分，特别是要占据那些能入侵他们的地区。两国都试图通过支持较弱的
联盟来维持大陆国家之间的均势。两国都谋求同该地区以外的国家建立联
盟，以加强它们对于临近的大陆国家的优势地位。

　　理查德·梅里特（Richard Merritt）对领土分散的国家进行了研究，以
确定领土分散对政治单元一体化的影响。他的研究表明，离心力随着距离
的增加而增强。[65] 这并不令人意外，特别是在信息时代之前，一国国民与
邻国的交往要超过与相距遥远的本国人民的交往。领土分散的国家依靠外
部环境来保持其地理上分隔的各部分之间的交往联系。这些国家每天都离
不开交通，这种依赖使它们对国际环境中能影响交通的变动十分敏感。仅
以马来西亚、巴基斯坦（1947～1974）、阿拉伯联合共和国（埃及和叙
利亚，1958～1962）和现已消亡的西印度联邦等国在现代历史上所遇到
的问题为例，我们可以发现领土分散的国家一向关心内部水域、领海和公
海、航空权和进入陆地等方面的国际法。

　　近来有许多著作讨论了资源匮乏和冲突之间的关系。据说在下一个50
年中，世界人口的增长将加速资源的消耗，这些资源包括可再生资源，如
水、农业用地、森林和渔业资源等，以及不可再生资源，如由古生物化
石所生成的燃料和其他矿产，如矾土和铁矿石等。托马斯·赫默－迪克逊
（Thomas F. Homer-Dixon）认为，自然资源数量的减少或质量的降低正使可
利用资源的总量下降，而人口的增长更降低了人均可利用的资源量。[66] 人
口增长和资源枯竭合在一起导致发展中国家的许多地区爆发了冲突。自然
资源的匮乏根源于环境的变化，如干旱和水土流失、人口增长和资源分配
不平均，人口增长对现有资源构成较大压力，而资源分配不平均则限制了

资源的利用。赫默－迪克逊研究了大量因资源问题而造成冲突的案例。在此基础上，他得出的结论是，国家为争夺不可再生资源而进行的争斗要多于为获得可再生资源而进行的争斗。同森林和鱼类等可再生资源相比，作为不可再生资源的石油和矿产与国家权力的关系更为直接。水是最可能导致国家间爆发战争的可再生资源。

赫默－迪克逊发现自然资源匮乏会导致经济掠夺，而经济掠夺会引发国内冲突，增加政府的经济和政治压力，甚至可能削弱国家的合法性。资源匮乏引起的国家内部不同群体之间的差距扩大会带来不满和对抗，引发冲突。由于资源匮乏，群体必须进行迁徙以发现新的土地和资源。赫默－迪克逊指出，这些迁徙的群体常常在他们的移居地引发种族冲突。资源匮乏给这些群体造成的经济压力会引发冲突。他发现，有许多经验证据支持这样一种观点，即在未来的几十年中自然资源匮乏会变得非常严峻。人口增长、资源消耗增加和资源占有不平均将对许多地区产生前所未有的影响。因资源问题而导致暴力冲突的潜在可能性将大大增加。

本章开始时提到，保罗·迪尔（Paul F. Diehl）曾指出，从20世纪60年代初以来，有关地理和冲突关系的实证研究特别强调两个重点问题：（1）地理作为一个变量对促成冲突爆发特别重要；（2）地理因素本身就是冲突的根源。[67] 第一个重点提出的问题包括地理因素如何影响国家间交战的可能性。第二个重点则集中研究以控制特定领土地区为根源的冲突。

地理因素，特别是政治实体相邻，为冲突创造了机会，即享有共同边界的国家之间比不相邻的国家之间更容易爆发冲突。莱维斯·理查森（Lweis F. Richardson）所著的《致命争端统计学》（Statistics of Deadly Quarrels）就把上述观点作为其论证的基本出发点。[68] 理查森发现，国家的边界长度与该国的交战范围之间有着很强的正相关关系。边界越长，国家就越可能成为国际冲突的一方。他发现，在他研究的军事冲突中，相邻是一个共有的特点，共享边界增加了国家间互动的数量和类型。

理查森的著作为其他大量实证研究提供了基础，这些研究对有关地理上相邻与战争之间关系的假说进行了检验。例如，在理查森著作的基础之上，哈维·斯塔尔（Harvey Starr）和本杰明·莫斯特（Benjamin A. Most）扩展了地理相邻的概念，使这一概念不仅包括本土（中心地带）与其他国家的边界，还包括领土广袤的帝国延伸到海外的领土。[69] 为了证明这个假说，他们选择了1946年到1965年期间的英国作为例证，这期间英国作为宗主国，其领土几乎遍及世界各个角落，其殖民地与68个国家接壤。这种状况使英国在世界很多地方陷入战争，从东南亚（马来亚）到东非（肯尼亚），从中东地区的巴勒斯坦到南美的伯利兹。因此，在评价边界和战争之间的关系时，仅考虑中心地区领土的相邻并没有包含相邻的全部类型。边界不仅包括相邻的陆地领土，还括海疆。例如，岛国宣布对周围水域拥有管辖权可能会使该国陷入与临近国家的冲突，就像希腊和土耳其之间的爱琴海问题一样。斯塔尔和莫斯特发现某些国家，如法国和英国，当它们的殖民地在1945年到1965年间相继获得独立后，它们卷入军事冲突的次数减少了。理查森认为，一般情况下，边界越多导致的战争就越多。斯塔尔和莫斯特对此做了修正，得出了不同的结论：本土边界的增加有利于减少战争，而殖民地边界的增加则会带来更多的战争。[70] 他们还认为，一个国家更可能从邻国而不是相距遥远的国家那里感受到威胁。拥有广阔边界的国家面临着一个安全上的两难困境，即它们要对付的具有潜在侵略性的邻国不止一个。

对相邻与冲突关系的研究做出重要贡献的另外两个人是保罗·迪尔和加里·格尔茨（Gary Goertz）。他们认为，历史上的冲突更多的是由于具体的领土争端，而不是抽象的政治目标。[71] 他们研究了1816年至1980年期间的775件领土变更事件，发现几乎所有主要战争爆发时，交战各方中至少有一方与有争议的领土相邻。而当争端地点同参战一方或双方相邻时，爆发战争的可能性就会更大，换句话说，国家更倾向于保卫邻近本国的土地而不是通过军事手段占领相对遥远的新领土。相邻与以武力保卫领土的意愿之间有紧密关系。迪尔和格尔茨发现，战争爆发的预警器是地理上与有争端的地区相邻，而不是拥有共同边界。然而，他们也同意斯塔尔和莫斯特的观点，即地理上相邻增加了冲突爆发的可能性。我们将在第七章中进一步讨论领土相邻和战争频率的关系。

另一类有关地理与冲突之间关系的文献讨论的是**事件的空间相关性**（spatial correlation of events）。**空间**（spatial）这个词是指由自身社会政治特点所决定的地理范围。空间单元的例子有城市地区、工业化地区以及作为政治系统组成部分的中心—边缘概念。约翰·奥洛克林（John O'Loughlin）发现，虽然紧密相连的邻国们会密切关注该国的事态，但冲突仍会从爆发地扩展，将这一地区的其他国家也卷进来。[72] 在奥洛克林看来，边界与战争的关系必定扩大到包括空间影响力，这种影响会扩展到与

冲突临近的国家，但它们并不是冲突的直接参与者。这些国家可能会觉察 176
到自身越来越容易受到战争或者周边国家紧张局势的影响，正如第一次
世界大战爆发之前的几周内，冲突的地理范围迅速扩大，导致了大战的
爆发。

　　流行病学认为，一种特定疾病在一国的增加与该疾病在其一个邻国的
发生率直接相关。与此相同的是，冲突也可能扩散。在特定地区，即所称
的**破碎带**（shatterbelts），往往会发生一连串冲突，而且冲突会逐步升级，
使外部力量也卷入其中。这样的地区包括欧洲、中东、东亚、东南亚、撒
哈拉以南非洲以及南亚。20世纪的大量战争都源于这些地区。菲利普·凯
利（Philip L. Kelly）把"破碎带"定义为"主要大国强烈地意识到是其国
家利益所在因而进行竞争的地区"。[73] 所以，这里存在着大规模冲突升级
的潜在危险。从主要国家的利益角度看，该地区爆发的危机极易诱发外部
干预，并为冲突在特定地理环境下提供空间范围。安德鲁·柯比（Andrew
M. Kirby）和迈克尔·沃德（Michael D. Ward）认为，一个区域内拥有共同
边界的国家之间往往容易爆发军事冲突。[74] 这些国家所在的地区构成了破
碎带。

　　与我们目前分析的问题密切相关的是地理因素对冲突从爆发地向外扩
散的作用。在边界相邻的国家中，一国出现内部冲突会使他国经历类似的
动荡。莫斯特和斯塔尔认为，一国爆发战争增大了另一个或更多国家爆发
战争的可能性——就像多米诺骨牌效应。[75] 他们举的例子是，法国从印度支
那半岛撤退，使法国在中东和非洲的殖民地爆发了独立战争，并最终获得
了独立。具体地说，法国从其海外殖民地撤退是与其他欧洲殖民地宗主国
的收缩基本上同时发生的，这些国家包括比利时、英国、荷兰和后来的葡
萄牙。独立所产生的压力发生在空间上的特定地区：东南亚、南亚、中东、
撒哈拉以南非洲等，而且很多情况下这些压力是以暴力作为后盾的。一个
地区爆发支持独立的冲突推动了邻近地区类似行动的出现。因此，在莫斯
特和斯塔尔所考察的时期内，冲突有跨越空间从一国向另一国扩散的倾向。

文明的冲突

　　冷战的结束使人们开始重新思考地缘政治的分界或断裂线，这些界线

将是未来冲突的基础。塞缪尔·亨廷顿提出，决定未来冲突的是文化和文明，而不是美苏对抗和区分西方世界与前苏联集团和欠发达第三世界之间的分界线。[76] 他认为，战争将在西方文明和非西方文明之间爆发，国家的地缘重要性取决于其位置是否在或接近由文化划分的不同文明交界线。在亨廷顿看来，几个主要文明之间的相互作用将决定未来的世界，包括西方文明、儒家文明、日本文明、伊斯兰文明、印度文明、斯拉夫—东正教文明、拉丁美洲文明，还可能有非洲文明。亨廷顿指出了几个促使文明间产生冲突的因素，包括：根深蒂固的宗教差别；不断增加的文明间互动产生自相矛盾的但不断增长的差别；民族国家作为群体认同源泉的作用不断削弱，宗教则经常填补由此产生的空缺；非西方社会中社会精英的非西方化和本土化；文化特征的相对不可改变性；经济区域主义的增长，其影响强化了文明的意识。

　　为了识别危机和冲突的地理边界，最根本的是要了解文明之间的断裂线在哪里？亨廷顿认为，欧洲具有关键意义的分界线是俄罗斯与芬兰之间的边界和俄罗斯与波罗的海国家间的边界。这条线将天主教的西乌克兰和东正教的东乌克兰分割开来，并把罗马尼亚泛斯拉夫地区与该国的其他地区划分开来。在巴尔干地区，历史上哈布斯堡王朝和奥斯曼土耳其帝国的边界，即克罗地亚和斯洛文尼亚之间的界线代表着另外一个冲突区域，正如我们在20世纪90年代巴尔干战争中所明确看到的。亨廷顿用伊斯兰教和印度教徒之间、巴基斯坦和印度之间的流血冲突作为例子来支持自己的理论。人口分属不同文明的国家最容易面临解体的压力，就像我们在苏联和南斯拉夫所看到的。因此，亨廷顿将文明看做是塑造社会和心理环境（用斯普劳特夫妇的术语来说）的决定性因素，因此，文明将决定未来冲突爆发的地缘政治结构。

重新定义边界的含义

　　在更广泛的空间关系背景下，后工业社会的到来极大地改变了边界的意义，而改变的基础是前所未有的信息流动。弗里德里希·克拉托赫维尔（Friedrich Kratochwil）认为，作为国际政治组织原则的领土主权概念与超越现有国家边界的跨国交流相互矛盾。[77] 克拉托赫维尔探讨了边界在拥有领土和没有领土的社会组织中的功能。在国家体系中，边界划定了拥有排他管辖权的地区。国家间的相互依存取决于跨国界的各种类型的互动，也包括经济网络。商品市场和服务市场的边界正在补充或替代领土边界。克拉托赫维尔提出，受边界影响的交流有三类：第一类是行为体单元和环境间的交流关系；第二类是该单元和其他单元之间的交流；第三类是单元的核心和其边缘地区之间的交流。总之，这些交流组成了一个系统。通过考察三类交流类型的内部或它们之间的交流性质和类型，可对这个系统进行研究。

与上述论述紧密相关的是肯尼奇·奥赫玛（Kenichi Ohmae）提出的空间关系。他断言，新的地缘政治地图的特点是边界由经济因素所决定，这种经济边界不是文明和国家领土的分界线，而是信息流动轮廓的分界。[78]他认为，正因为如此，我们处在这样一个过程中，即超越现有领土边界的区域国家正在形成。他举出的例子有，连接香港和华南地区的经济关系；圣迭戈和蒂华纳之间的地区，以及新加坡、与新加坡相邻的马来西亚地区和印度尼西亚的部分地区形成的三角地带。[79]本章前面已经提到，在地缘政治和地缘经济背景下，资本可以瞬间从世界的一个地方转移到另一个地方，这使人感到世界是没有边界的。资本流动不必与物质产品流动结合在一起，同时传统的贸易仅代表跨国经济行为的一小部分，而且数量在下降。区域国家的一个重要特点是，具有充分参与全球经济的能力。这种参与包括接受外国投资、进口外国产品以及建立在大量不断增长的信息之上的广泛经济联系。

对环境理论的批判

批判环境理论的人，包括斯普劳特夫妇，不赞成一些学者以环境为题大做文章，不同意他们的假定：把人的态度和行为说成是由环境因素决定的、影响的，或以某种因果方式影响的。[80]虽然斯普劳特夫妇不承认环境是政治的决定因素，但他们却认为两个与环境相关的因素至关重要：（a）行为者对环境因素的认识；（b）环境对人类活动的限制。[81]

在斯特劳斯-霍普看来，历史上人类在不断地改变着地理条件。他写道："很大程度上，地理条件决定了历史发生的地点，但创造历史的永远是人。"[82] 虽然斯拜克曼的著作借鉴了麦金德的地缘政治概念，但他批评麦金德过高估计了大陆心脏的潜力，而对内新月地区的潜力估计过低。斯拜克曼认为，"如果旧世界的强权政治有什么口号的话，它必定是'谁控制边缘地区，谁就能控制欧亚大陆；谁控制欧亚大陆，谁就能控制世界的命运'"。[83] 斯拜克曼还指出，海上强国从来没有联合起来抗衡一群大陆强国。"历史上一直是边缘地区的一些国家同英国、俄国结盟，反对边缘地区某一占主导地位的强国"。[84] 德国地缘政治学派对希特勒的思想和二战期间纳粹德国发动的侵略产生过影响。斯特劳斯－霍普对此进行了分析，他断言，"简而言之，没有历史事实能支持**生存空间**（lebensraum）鼓吹者的观点……即人口压力与国家空间扩大之间存在着因果关系"。[85] 从历史上看，国家扩张是由其他条件导致的，并非人口压力。例如，日本在亚洲的扩张先于日本人口的增长。今天，德国和日本的地理空间缩小了，人口增长了，但两个国家的生活水平却远远高于二战前的水平。苏联曾经是世界上领土面积最大的国家，它的解体充分证明，空间广阔并不一定等于国家强大，尽管"任何时候只要一国能把广阔的空间充分调动起来，小国就很难抵挡其扩张力量"。[86]

最后，经常有人宣称，技术变革已使麦金德的大陆心脏说过时了。麦金德在皇家地理学会提交《历史的地理轴心》（The Geographical Pivot of History）一文后，在对该论文的讨论中，利奥波德·埃默里（Leopold Amery）断言："将来，……作为一种移动的方式，航空将成为海洋和铁路的补充，到那时，许多目前的地理分布将失去其重要性。胜利将属于那些工业基础最为雄厚的国家。"[87] 斯特劳斯－霍普认为，"即使它（大陆心脏）是个正确的概念（对此尚无令人信服的证据），也不能保证现代技术不会使它失效。实际上，它可能已经失效了"。[88] 斯普劳特夫妇批评说，军事技术的革新及"各种准军事和非军事形式的政治互动"已经使马汉和麦金德的理论过时了。[89] 克利斯朵夫（Ladis K.D. Kristof）认为地缘政治论者的缺陷在于"拼凑物质世界的事实和规律，以证明政治要求的正确性，支持政治观点。这种做法导致了极其矛盾的论点，一个典型的例子就是所谓的'和谐状态'概念，其精神实质同'自然边界'概念如出一辙"。[90]

虽然心理环境——被感知的世界——是斯普劳特夫妇等人的研究中心，而其他人则专门研究不同类型的地图——展示空间存在和地理关系的直观图像——因为地图与世界形象的形成有关系。第二次世界大战以来，人们特别重视因依赖以赤道为标准线的墨卡托（Mercator）投影地图而给政治分析造成的曲解。这种地图无法表明地球是个球体，因此不能展现出地球在地理上的统一性和连续性。墨卡托投影使人们对距离产生了错觉——例如不能认识到如果横穿北冰洋，美国和苏联之间的距离并不遥远。举例来说，如果把地球看成一个球体，就可以一眼看出美国与布宜诺斯艾利斯之间的距离要超过美国与所有欧洲国家首都之间的距离，包括莫斯科在内。

空权的出现以及它为盟国取得第二次世界大战胜利所做出的不可或缺的贡献，极大地改变了传统的墨卡托式的地理概念，这是因为两点之间最短的飞行路线就是沿着地球的外形飞行。这样就出现了不对称的投影图，这种图主要是根据以极点为中心的球形地图绘制的。第二次世界大战期间，许多研究者指出有必要用这种新地图取代旧式地图。20世纪40年代，理查德·哈里森（Richard E. Harrison）和汉斯·魏格特发表论著指出，需要这种地图是显而易见的，其原因还包括：

> 陆权和陆基空权在世界上规模最大的冲突中发挥重要作用时，我们仍在使用它（墨卡托投影）。在一场主要发生在北半球的世界大战中，事实证明这样做是一个致命的错误判断：墨卡托投影地图中只有沿着赤道的一线最为准确，所以无法显示发生冲突大国的势力范围之间的关系。[91]

如果说地图决定了人对世界的认识，那么它们也反映了人们对地理和空间关系的普遍构想。人们反复绘制地图，以便把某一时期人们认为重要的地理因素考虑进去。正如阿兰·亨里克松（Alan Henrikson）所说的，"一个人可以把地图这种东西看做是纯主观的象形表达，或者是同客观现实只存在数学关系的构想，甚至仅仅是历史物质过程的反映，没有独立的决定力量。……帮助人们指导和解释战争努力（第二次世界大战）的全球地图——因此成为二战思想史的重要组成部分——是人类心灵的轨迹，它们不仅是人类经验的产物，而且是用人类的想象力凝聚而成的"。[92] 理查德·哈里森和斯特劳斯－霍普的著作就反映了这一观点，他们甚至提出，美国的"心理孤立主义"是由于地图的缺陷而导致的，即主要使用两维（墨卡托）投影图，而没有使用把地球描绘成一个球体的地图。[93] 帕克（W. H.

Parker）指出，麦金德认为世界地图"不是地图册中可以找到的自然地图或政治地图，而是一个心理地图，其中各种水平差异和全球现象运动在动态互动中垂直地合成"。[94]

结　　论

　　虽然先进的技术使环境关系比以往更加重要，但技术变革可能已经改变了本章所考察的某些作者理论的重要性。正如许多评论家所指出的，现代科学技术不仅有目的地改变环境，而且也带来了意想不到的变化。[95] 科学和技术带来了一些不速之客，如空气污染、交通堵塞和资源匮乏等。目前，科学和技术革新的步伐不断加快，超过了历史上的任何时期，世界各地的人们都已进入了现代技术的轨道。技术带来的变化给环境造成了影响，这些影响是否超出了人们的应付能力，仍是一个有待回答的问题。可以肯定的是，技术、地理和国际政治之间存在着极其密切的关系或联系。

　　因此，21世纪初，国际关系文献和著作对环境的关注反映了学者和决策者们共同感兴趣的问题，包括资源稀缺与冲突、人口增长、地理因素与政治权力的关系、新出现的地缘政治关系，以及增长了的地缘政治与地缘经济概念的重要性。总而言之，一个新的地缘政治或地缘战略关系框架已经成型，这在很大程度上是技术对国际关系，特别是对国家对外政策产生普遍影响的结果。

　　例如，全球媒体网络，如CNN，影响着我们如何认识、构建和体验国际政治。引用格尔洛伊德·图阿塞尔的话说："在CNN这种循环往复、信息不断输入和流动的网络内部（它的台标是一个不断旋转的地球），全球政治空间每天24小时不间断地接受着扫描，并以一连串的电视图像展现出来，这里发生的恐怖主义袭击、那里爆发的金融危机和其他地方的自然灾害等。全球空间变成了全球步伐。任何地方的生活都是一样的。地方事件立即成了全球事件，遥远的事件立即近在咫尺。"[96] 这种变化的影响是需要加快决策的速度，并使观察者可以像决策者一样迅速了解周围和远方发生的事情。

　　对环境的认知和环境本身的影响对于决策和普遍政治行为至关重要，所以那些关注国际层面上的政治理论和实践发展的人对环境关系再次产生了兴趣。人们假设政治系统是开放系统——易于接受环境的输入，又能向环境输出。最后的但并非不重要的是，污染与生态问题、人口增长问题和食物供应问题使人们努力预测趋势和建立模型，这本质上都是新马尔萨斯理论。因此，环境不仅为过去和现在的理论提供了研究焦点，而且为未来分析型或规范型的国际关系理论提供了焦点，因为最后的分析认为所有对外政策和其他国际互动模式都是在一定的政治、社会、文化和地理环境中形成的或建构的。

注　释：

1 Nicholas Onuf, "Constructivism: A User's Manual," in Vendulka Kubalokova, Nicholas Onuf, and Paul Kowert, eds., *International Relations in a Constructed World* (Armonk, NY: M. E. Sharpe, 1998), p.59.

2 对这些要素和建构主义更广泛的讨论，见 ColinH. Kahl, "Constructing a Separate Peace: Constructivism, Collective Liberal Identity, and Democratic Peace," in Glen Chafety, Michael Spirtas, and Benjamin Frankel, eds., *The Origins of National Interests* (London: Frank Cass, 1999), pp.99-144.

3 Harold and Margaret Sprout, *The Ecological Perspective on Human Affairs with Special Reference to International Politics* (Princeton, NJ: Princeton University Press, 1965), p.27. 斯普劳特夫妇提出了下列定义："环境"（environment）可被看成是一个总体概念，包含了所有的外部力量和因素，生物体或生物体的集合要对它做出实际或潜在的反应；或可把环境限定为周围世界的物质和空间而不包括人类社会关系的混乱状态。

4 对这类著作的综述，见 Paul F. Diehl, "Geography and War: A Review and Assessment of the Empirical Literature," *International Interactions*, 17（1）（1991）, pp.11-27.

5 Aristotle, *The Politics of Aristotle*, trans. Ernest Barker（Oxford, England: Glarendon, 1961）, pp.289-311.

6 Jean Bodin, *Six Books of the Commonwealth*, trans. F. J. Tooley（New York: Macmillan, 1955）, pp.145-157.

7 Baron de Montesquieu, *The Spirit of laws*, Vol. I（Worcester, MA: Isaiah Thomas, 1802）, pp.154-159, 259-274.

8 Frederick Jackson Turner, "The Significance of the Frontier in American History," in Donald Sheehan, ed.,*The Making of American History*, Book II（New York: Dryden, 1950）, p.200.

9 Nazli Choucri, "Population Resources and Technology: Political Implications of the Environmental Crisis," in David A. Kay and Eugene B. Skolnikoff, eds., *World-Eco-Crisis: International Organizations in Response*（Madison: University of Wisconsin Press, 1972）, p.24. 又见 Nazli Choucri and Robert C. North, "Population and（In）security: National Perspectives and Global Imperatives," in David Dewitt, David

Haglund, and John Kirton, eds., *Buildinga New Global Order: Emerging Trends in International Security* (New York: Oxford University Press, 1993), pp.229-256.

10 Quincy Wright, *A Study of War* (Chicago and London: University of Chicago Press, 1965), p.1144.

11 Ibid., p.1285.

12 参见 SusanL. Cutter, "Exploiting, Conserving, and Preserving Natural Resources"; Roger E. Kasperson, "Global Environmental Hazards: Political Issues in Societal Responses"; Phyllis Mofson, "Global Ecopolitics"; George J. Demko, "Population, Politics, and Geography: A Global Perspective"; and William B. Wood, "Crossing the Line: Geopolitics of International Migration" in George J. Demko and William B. Wood, eds., *Reordering the World: Geopolitical Perspectives on the Twenty-First Century* (Bouler, CO: Westview Press, 1994), pp.123-205.

13 Robert D. Kaplan, "The Coming Anarchy," *The Atlantic Monthly* (February 1994), pp.44-76.

14 Ibid., p.60.

15 Robert D. Kaplan, *Shattering the Dreams of the Post-Cold War* (New York: Random House, 2000), pp.7-9.

16 George J. Demko and William B. Wood, "Introduction: International Relations Through the Prism of Geography," in George J. Demko and William B. Wood, eds., *Reordering the World: Geopolitical Perspectives on the Twenty-First Century* (Boulder, CO: Westview Press, 1994), p.8. See also Martin Ira Glassner, *Political Geography* (New York: John Wiley, 1993), esp.pp.3-9; L. P.V. Prescott, *Political Geography* (London: Methuen and Commpany Limited, 1972), pp.1-26; J. C. Archer and F. M. Shelley, "Theory and Methedology in Political Geography," and S. D. Brunn and K. A. Mingst, "Geopolitics," in Michale Pacione, ed.,*Progress in Polictal Geography* (London: Croom Helm, 1985), pp.11-76; Harm J. De Blij, *Systemetic Political Geography* (New York: John Wiley, 1973), esp.pp.1-14.

17 Gearóid Ó. Tuathail, *Critical Geopolitics: The Politics of Writing Global Space* (Minneapolis: University of Minnesota Press, 1996), p.1.

18 Gearóid Ó. Tuathail, "Postmodern Geopolitics? The Modern Geopolitical Imagination and Beyond", in Gearóid Ó. Tuathail and Simon Dalby, eds., *Rethinking Geopolitics* (London and New York: Routledge, 1998), pp.16-17.

19 Saul B. Cohen, *Geography and Politics in a World Divided*, 2nd ed. (New York: Oxford Univesity Press, 1973), p.29.

20 Raymond Aron, *Peace and War* (Garden City, NY: Doubleday, 1966), p.191.

21 Ewan W. Anderson, *An Atlas of World Political Flashpoints: A Sourcebook of Geopolitical Crisis* (London: Pinter Reference, 1993), p.xiii.

22 Golin S. Gray, *The Geopolitics of Super Power* (Lexington: University Press of Kentucky, 1988), p.45.

23 George J. Demko and William B. Wood, "Introduction: International Relations Through the Prisms of Geography," in George J. Demko and William B. Wood, eds., *Reordering the World: Geopolitical Perspectives on the Twenty-First Century*, pp.10-11.

24 Edward N. Luttwak, *Endangered American Dream* (New York: Simon and Schuster, 1993), pp.307-325.

183

25 Kenneth D. Boulding, *Conflict and Defense*（New York：Harper & Row, 1963）；Patrick O'sullivan, *Geopolitics*（New York：St. Martin's Press, 1986）.

26 O'sullivan, Ibid., p.69.

27 参见 Albert Wohlstetter, "Illusions of Distance," *Foreign Affairs*, 46（2）（1968）, pp. 242-255.

28 Alfred Thayer Mahan, *The Influence of Seapower upon History*, *1660-1783* (Boston：Little, Brown, 1897), esp.pp.281-329. 又见 Margaret Tuttle Sprout, "Mahan：Evangelist of Sea Power," in Edward Mead Earle, ed.,*Makers of Modern Strategy：Military Thought from Machiavelli to Hilter*（Princeton, NJ：Princeton University Press, 1943）, pp.415-445；Harold and Margaret Sprout, *The Rise of American Naval Power*（Princeton, NJ：Princeton University Press, 1942）；William Reitzel, "Mahan on Use of the Sea," and James A. Field, Jr., "The Origins of Maritime Strategy and the Development of Seapower," in B. Mitchell Simpson III, ed., *War*, *Strategy and Maritime Power*（New Brunswick, NJ：Rutgers University Press, 1977）, pp.77-107.

29 George Moderski and William R. Thompson, *Seapower in Global Politics*, *1494-1993*（Seattle：University of Washington Press, 1988）. 参见 esp. pp.3-26.

30 Halford Mackinder, *Democratic Ideals and Reality*（New York：Norton, 1962）, pp.35-39.

31 Halford Mackinder, "The Geographical Pivot of History," *Geographical Journal*, XXIII（April 1904）, 434. 有关麦金德生平和所生活的时代背景，及其地理和地缘政治思想和著作的讨论和批判，见 W. H. Parker, Mackinder：*Geography as an Aid to Statecraft*（Oxford, England：Glarendon Press, 1982）, esp.chaps.5-8.

32 Mackinder,*Democratic Ideals and Reality*,p.150. 又见 Hans W. Weigert, "Mackinder's Hearland," *The American Scholar*, XV（Winter 1945）, pp.43-45.

33 Halford J. Mackinder, "The Round World and the Winning of the Peace," *Foreign Affairs*, XXI（July 1943）, p.601.

34 参见 Stephen B. Jones, "Global Strategic Views," *Geographic Review*, XLV（October 1955）, pp.492-508；Nicholas J. Spykman, *The Geography of the Peace*（New York：Harcourt Brace, 1944）, p.43；and George F. Kennan, "The Sources of Soviet Conduct," *Foreign Affairs*, XXV（July 1947）, pp.566-582. 在讨论大陆心脏说理论中有关外围或边缘地区"内部分界线"的价值时，斯拜克曼认为，如果海上强国试图从远处向地区力量的边缘部分施加影响，中心和周围地区是一种关系，而在边缘地区的力量中心或交通发展后，这种关系会改变（p.40）。

35 Giulio Douhet, *The Command of the Air*, trans. Dino Ferrari（New York：Coward-McCann, 1942）, pp.10-11.

36 Alexander P.de Seversky, *Victory Through Air Power*（New York：Simon & Schuster, 1942）.

37 General Thomas D. White, "The Inevitable Climb to Space," *Air University Quarterly Review*, X（4）（Winter 1958-1959）, pp.3-4.

38 Sprout and Sprout, *Ecological Perspective on Human Affairs*, p.9.

39 Harold and Margaret Sprout, *An Ecological Paradigm for the Study of International Politics*, Monograph No. 30（Princeton, NJ：Center for International Studies, 1968）, p.21.

40 Ibid., p.11.

184

41 Ibid., p.13. 该定义斯普劳特夫妇引自 Preston F. James et al., *American Geography*：*Inventory and Prospect*（Syracuse，NY：Syracuse University Press，1954），p.4.

42 Sprout and Sprout，*Ecological Perspective on Human Affairs*，p.15.

43 Ibid., p.140.

44 Ibid., p.28.

45 Sprout and Sprout，*Ecological Paradigm*，pp.39-41. 有关认识在对外决策中的意义见第十一章。

46 Ibid., p.11.

47 Ibid., p.42.

48 Ibid., p.34.

49 Ibid., p.64.

50 Alexander Wendt，"Collective Identity Formation and the International State,"*American Political Science Review*，88（2）（June 1994），pp.384-396. 其他有关建构主义的文献和著作，见 Edward Rhodes，"Constructing Peace and War：An Analysis of the Power of Ideas to Shape American Military Power,"*Millennium：Journal of International Studies*，24（1）（Spring! 995），pp.53-85；and Jonathan Mercer，"Anarchy and Identity,"*International Organization*，49（2）（Spring 1995），pp.229-252；Alexander Wendt，*Social Theory of InternationalPolitics*（New York：Cambridge University Press，1999）.

51 Nicholas Greenwood Onuf，*World of Our Making：Rules and Rule in Social Theory and International Relations*（Columbia，SC：University of South Carolina Press，1989），esp.pp.35-65.

52 Robert O. Keohane，"International Institutions：Two Approaches,"*International Studies Quarterly*，32（1988），pp.379-395.

53 Peter M. Haas，"Do Regimes Matter？ Epistemic Countries and Mediterranean Pollution Control,"*International Organization*，43（3）（Summer 1989），p.378.

54 Emanuel Adler，"Cognitive Evolution：A Dynamic Approach for the Study of International Relations and Their Progress,"in Emanuel Adler and Beverly Crawford，eds.，*Progress In Postwar International Relations*（New York：Columbia University Press，1991），pp.43-88.

55 参见 Emanuel Adler and Peter M. Haas，"Conclusion: Epistemic Communities, World Order, and the Creation of a Reflective Research Program,"*International Organization*，46（1）（Winter 1992），pp.367-390；Peter M. Haas，"Do Regimes Matter？ Epistemic Communities and Mediterranean Pollution Control,"*International Organization*，43（3）（Summer 1989），pp.377-403.

56 Tim Dunne，*Inventing International Society：A History of the English School*（New York：St. Martin's Press, 1998），p.187. 事实上，这本书的书名使人联想到建构主义，因为政治共同体是"创造"出来的。

57 Sandra Harding，"Introduction：Is There a Feminist Methodology?"in Sandra Harding，ed.，*Feminist and Methodology*（Bloomington：Indiana University Press，1987），pp.1-14.

58 Elisabeth Prügl，"Feminist Struggle as Social Construction,"in Vendulkova Kubalkova，Nicholas Onuf，and Paul Kowert，eds.，*International Relations in a Constructed World*（Armonk，NY：M. E. Sharpe，1998），p.125.

59 J. Ann Tickner, *Gender in International Relations: Feminist Perspectives on Achieving Global Security* (New York: Columbia University Press, 1992), p.15.

60 Ibid., pp.17-18.

61 Francis Fukayama, "Women and the Evolution of World Politics," *Foreign Affairs*, 77(5) (September / October 1998), p.30.

62 Ibid., p.36.

63 George Liska, *Quest for Equilibrium: America and the Balance of Power on Land and Sea* (Baltimore and London: Johns Hopkins Press, 1977), p.4.

64 Robert T. Holt and John E. Turner, "Insular Polities," in James N. Rosenau, ed., *Linkage Politics* (New York: Free Press, 1969), pp.199-236.

65 Richard L. Merritt, "Noncontiguity and Political Integration," in Rosenau, ed., *Linkage Politics*, pp.237-272.

66 Thomas F. Homer-Dixon, "Environmental Scarcities and Violent Conflict: Evidence From Cases," *International Security*, 9 (1) (Summer 1994), pp.5-40. See also Thomas Homer-Dixon, Jeffrey Boutwell, and George Rathjens, "Environmental Scarcity and Violent Conflict," *Scientific American*, (February 1993); Thomas Homer-Dixon, "Environmental Scarcity and Global Security," *Headline Series* (New York: Foreign Policy Association, 1993).

67 Paul F. Diehl, "Geograpy and War: A Review and Assessment of the Empirical Literature," *International Interactions*, 17 (1) (1991), pp.16-23.

68 Lewis F. Richardson, *Statistics of Deadly Quarrels* (Chicago: Quadrangle Books, 1960). 理查森的军备竞赛理论将在第七章讨论。

69 Harvey Starr and Benjamin A. Most, "The Substance and Study of Borders in International Relations Research," *International Studies Quarterly*, 20 (4) (December 1976), pp.581-621.

70 Harvey Starr and Benjamin A. Most, "A Return Journey: Richardson, 'Frontiers' and Wars in the 1946-1965 Era," *Journal of Conflict Resolution*, 22 (3) (September 1978), pp.441-467.

71 Paul F. Diehl and Gray Goertz, "Territorial Changes and Militarized Conflict," *Journal of Conflict Resolution*, 32 (1) (March 1988), pp.103-122; Gary Goertz and Paul F. Diehl, *Territorial Changes and International Conflict* (London and New York: Routledge, 1992), esp. pp.105-127. 又见 Paul F. Diehl, "Contiguity and Military Escalation in Major Power Rivalries, 1816-1980," *The Journal of Politics*, 47 (1985), pp.1203-1211; David Garnham, "Dyadic International War 1816-1965: The Role of Power Parity and Geographic Proximity," *Western Political Quarterly*, 27 (1976), pp.231-242; J. R. V. Prescott, *The Geography of Frontiers and Boundaries* (Chicago: Aldine Publishing, 1965), esp. pp.90-152.

72 John O'Loughlin, "Spatial Models of International Conflicts: Extending Current Theories of War Behavior," *Annals of the Association of American Geographers*, 76 (1) (1986), pp.63-79.

73 Philip L. Kelly, "Escalation of Regional Conflict: Testing the Shatterbelt Concept," *Political Geography Quarterly*, 5 (2) (April 1986), pp.161-180.

74 Andrew M. Kirby and Michael D. Ward, "The Spatial Analysis of Peace and War," *Comparative Political Studies*, 20 (3) (October 1987), pp.303-304.

186

75 Benjamin A. Most and Harvey Starr, "Diffusion, Reinforcement, Geopolitics, and the Spread of War," *The American Political Science Review*, 74 (December 1980), pp. 932-945.

76 Samuel P.Huntington, "The Clash of Civilizations?" *Foreign Affairs*, 72 (3) (Summer 1993), pp.22-48. 又见 "Comments: Responses to Samuel P.Huntington's 'The Clash of Civilizations?'" *Foreign Affairs*, 72 (4) (September-October 1993), pp.1-26; Samuel P.Huntington, "If Not Civilizations, What? Paradigms of the Post-Cold War World," *Foreign Affairs*, 73 (5) (November/December 1993), pp.187-194. 又见 Samuel P.Huntington, *The Clash of Civilizations and the Remaking of World Order* (New York: Simon & Schuster, 1996), esp. chap.8-10.

77 Friedrich Kratochwil, "Of Systems, Boundaries, and Territoriality: An Inquiry into the Formation of the State System," *World Politics*, 39 (October 1986), pp.27-52; Friedrich Kratochwil, Paul Rohrlich, and Harpreet Mahajan, *Peace and Disputed Sovereignty* (Lanham, MD: Univeristy Press of America, 1985), esp.pp.3-47.

78 Kenichi Ohmae, *The End of the Nation State: The Rise of Regional Economics* (New York: Free Press, 1995), esp.pp.79-100.

79 Kenichi Ohmae, "New World Order: The Rise of Regional State," *The Wall Street Journal* (August 16, 1994), p.A12.

80 Harold and Margaret Sprout, *Foundations of International Politics* (Princeton NJ: Van Nostrand, 1962), p.54. 这种观点的例子还包括: "日本多山的地形迫使日本人积极向海外发展, 成为亚洲航海业最发达的国家。" "英国也由于缺少自然资源'迫使'(driven) 其向海上发展以求得生存, 并为其日益增加的居民寻找新的家园。同时, 英国的地理位置横跨西欧的主要海上通道, 似乎'地理位置已注定'" (destined by geography) 它要控制海洋。

81 Sprout and Sprout, *Ecological Perspective on Human Affairs*, p.11.

82 Strausz-Hupe, *Geopolitics*, p.173.

83 Spykman, *Geography of the Peace*, p.43.

84 Ibid., p.181.

85 Strausz-Hupe, *Geopolitics*, pp.164-165.

86 Ibid., p.181.

87 *Geographical Journal*, XXIII (April 1904), p.441.

88 Strausz-Hupe, *Geopolitics*, pp.189-190. 在利奥波德·埃默里对飞机做出评论后的半个世纪, 携带核炸弹的远程轰炸机成为国际权力的最主要标志之一。分析家们仍然认为, 空中力量和核力量的出现已经使大陆心脏理论过时了, 但对此他们并不是特别肯定。参见 W. Gordon East, "How Strong Is the Heartland?" *Foreign Affairs*, XXIX (October 1950), pp.78-93; and Charles Kruszewski, "The Pivot of History," *Foreign Affairs*, XXXII (April 1954), pp.338-401.

89 Sprout and Sprout, *Foundations of International Politics*, pp.338-339.

90 Ladis K. D. Kristof, "The Origins and Evolution of Geopolitics", *Journal of Conflict Resolution*, vol IV (March 1960), p.29.

91 Richard E. Harrison and HansW. Weigert, "World View and Strategy," in Hans W. Weigert and Vilhjalmut Stefansson, eds., *Compass of the World: A symposium on Political Geography* (New York: Macmillan, 1947), p.76.

92 Alan K. Henrikson, "The Map as an Idea: The Role of Cartographic Imagery During

the Second World War," *The American Cartographer*, 2（1）（1975），pp.46-47.

93 Richard Edes Harrison and Robert Strausz-Hup，"Maps，Strategy and World Politics," in Harold and Margaret Sprout, eds., *Foundations of National Power*（Princeton, NJ：Princeton University Press，1945），pp.64-68.

94 Parker，*MacKinder：Geography as Aid*，p.133. 麦金德指的现象是 *lithosphere*（土地）、*hydrosphere*（水）、*atmosphere*（空气）、*photosphere*（阳光）、*biosphere*（生命）、*psychosphere*（思维）（pp.133-134）。

95 参见 Robert Strausz-Hupé，"Social Values and Politics：The Uninvited Guests," *Review of Politics*，XXX（January 1968），pp.59-78. 同斯特劳斯－霍普一样，另一位作者乔治·凯南也是二战以后具有代表性的现实主义者。他认为，需要一个国际组织来收集、存储、检索和普及有关信息，以及协调有关环境问题的研究和实际行动。参见 F. Kennan，"To Prevent a World Wasteland," *Foreign Affairs*，XLVIII（April 1970），p.404.

96 Gearoid ÓTuathail，*Critical Geopolitics：The Politics of Writing Global Space*（Minneapolis：University of Minnesota Press，1996），p. 250.

第五章

早期的冲突和战争理论

188 **普遍适用的冲突和战争理论的先决条件**

国际关系理论家们都认为战争是核心问题。人们通常依据离大规模战争爆发的远近来判断国际体系的稳定性。尽管冷战结束后人们对战争这一课题的兴趣下降了，但至今已经出版了许多探究战争原因的著作。[1] 在第一次世界大战以前，迈克尔·霍华德写道，历史学家只对具体战争的原因感兴趣而很少关注引发战争的普遍原因。人们理所当然地把战争看做是一种循环现象。霍华德认为，长期以来战争原因就没发生过根本变化。正如修昔底德所指出的，引起伯罗奔尼撒战争的原因是"雅典人力量的增长和斯巴达人由此产生的恐惧"。一战的部分主要原因是德国实力的增强以及由此引发的英国的恐惧。霍华德认为，战争不是偶然发生的，也不是源于潜意识或情感力量，而是由"理性分析的过剩"引起的。[2] 导致人们做出战争决定的恐惧可能是理性的，也可能是非理性的，或者兼而有之。如果恐惧是战争的一个基本原因，我们就必须承认，战争是理性和非理性因素共同作用的结果，如果我们想理解战争的各种原因，了解防止战争、控制战争、限制战争、管制战争、消除战争的途径，就需要使用综合方法来从事研究。作为一种国家行为的制度化形式，战争是否能在国际体系中被完全消除呢？这是个更大的问题，在理解战争的原因之前，我们无法回答。

在最近对战争普遍原因的研究成果中，通过研究从伯罗奔尼撒战争（公元前434年至公元前404年）到1962年古巴导弹危机的冲突，唐纳德·卡根（Donald Kagan）得出了几个结论。他没有把战争看做是反常现象，而认为战争是一种不断发生的现象。现代西方有个特征，即相信人类可以改造自己，使战争变得过时或不可能，但历史经验却未证明这一点。按照卡根基于比较历史分析得出的结论，战争是实力竞争的结果。在主权国家组成的世界中，这种竞争是一种常态，它有时会导致战争。他也发现国家追求的实力并不只是更大的安全或经济利益，也包括"更大的声望、敬重、遵从，简单地讲，即荣誉"它不仅来源于眼前所面临的威胁，"人们的恐惧经常是莫名的和无形的，还源于未来的威胁，在其影响下。卡根还总结道：人们难以安心。由于恐惧而导致战争是人类社会中一个持续不断的现象，这种状况不太可能改变。"[3]

不幸的是，我们还不知道战争的原因是什么，或者即使我们确实知道了战争的原因，我们也远不能就这些原因达成一致。迄今为止还不存在一种普遍适用的冲突和战争理论能为若干学科的社会科学家们所接受，或者能为那些给予社会科学家们以启发的其他领域的权威们所接受。如果最终要形成一个综合性理论的话，它可能需要从多种学科和领域中吸取有益的成果，如生物学、心理学和社会心理学、人类学、历史学、政治学、经济学、地理学、沟通理论、组织理论、博弈论、决策理论、军事战略论、功能一体化理论、系统论、哲学、伦理学以及宗教等。知识界就我们知道什么和如何知道等认识论问题一直存有争论，如果这种争论越来越复杂，那么就不可能把人类有关战争原因的大量知识综合起来。然而，只要认真考虑综合知识的必要性，就能使我们避免阿尔弗雷德·诺思·怀特里德所称的"单一因素解释的谬误"。我们不能认为导致冲突或战争的原因只有一个；假定的原因不仅是复合性的，而且在整个历史的发展过程中一直在不断地增加。

冲突（conflict）一词通常指的是这样一种情形：某一可认同的人群（不论是部落群体、种族群体、具有相同语言的群体、具有相同文化的群体、宗教群体、社会经济群体、政治群体还是其他群体）有意识地反对一个或几个其他可自我认同的人群，原因是它们追求的目标相互抵触或看上去相互抵触。刘易斯·科塞尔（Lewis A. Coser）给冲突下的定义是：一场"争夺价值以及稀有的地位、权力和资源的斗争。敌对双方的目标是压制、伤害或消灭对方"。[4] 冲突是人与人之间的互动，不包括人与自然环境之间的斗争。冲突的含义不仅意味着竞争。人们在为某种短缺物资竞争时，可能并没有完全意识到竞争者的存在，或是没有阻止竞争者实现其目标。只有当各方设法通过降低对方的地位而提高自己的地位，设法阻挠他人实现目标，设法击败竞争对手甚至消灭他们时，竞争才转化成冲突。在不同的环境中，冲突可以是暴力的或是非暴力的（也就是看是否动用武力），显性的或隐性的，可控制的或不可控制的，可解决的或不可解决的。冲突不同于紧张，因为紧张一般指潜在的敌意、惧怕、怀疑、利益认识不一致，或许还有统治他人或复仇的愿望。然而，紧张并不必然超出态度和认识的范围而发展成为公开的对抗和相互攻击。紧张经常出现在冲突爆发之前，并且总是与冲突爆发一起出现，但它并不等于冲突，而且紧张并不总是与合作互不相容。此外，如果紧张程度大到足以影响决策过程，那么紧张本身就会成为促使冲突爆发的诱因或根源。

科塞尔提出的冲突定义是一个社会学角度的定义，他感兴趣的是群体间的冲突。其他分析家坚持认为，"冲突"不仅包括群际现象，而且还包括人际现象以及人的内心活动现象。个人内部结构的冲突与外界社会秩序中的冲突有着重要联系，这个假定看上去是有道理的，否则社会就不必关注个人内心的冲突了。任何冲突理论都不能忽视这种联系。内心世界和外部环境永远无法截然分开。任何一方都不可能完全变成另一方，也不可能只是源出于另一方。仅用心理状态不能解释社会行为，同样，仅用社会环境也不能解释个人行为。

乌尔斯·路特巴希尔（Urs Luterbacher）注意到，在研究战争与和平、冲突与合作问题时，人们经常采用两种不同的理论视角和方法：

> 一方面可以认为，出现这些现象的主要原因在于政府部门的决策过程。例如，发动战争的想法之所以出现是因为统治者看到有机会赢得战争……（这种分析）就属于这一常规的理论框架。另一方面，大量的文献认为国际政治行为，特别是战争的爆发，其原因在于广阔的社会政治力量和运动，任何具体的统治者都无法控制这些力量和运动……对具体的作者来说，"理性决策"和"社会学解释"之间并非总是有着明显的区别。但是，……每个作者最终都倾向于赞成这两种看法中的一个。[5]

肯尼思·沃尔兹在其重要著作《人、国家和战争》（Man, the State and War）一书中区分了国际关系的三种意象，或称三个分析层次，通常被用来分析战争的原因。按照第一种意象，战争源于人类的本性和行为。[6] 观察

190

第二种意象的学者在国家的内部结构中寻找战争的原因。这些人中包括自由主义者（认为民主国家比专制国家更爱好和平）和马克思列宁主义者（认为资本主义国家会煽动战争，而社会主义国家则会带来和平）。第三种意象假定，古典政治理论家们（包括康德、斯宾诺莎、卢梭，现当代的沃尔兹，以及第二章提到的其他现实主义和新现实主义者）熟知的国际无政府状态（即缺乏有效维护和平的法律和组织）是导致战争的原因。换言之，根据沃尔兹的第三种意象，国家体系中的这种无政府状态使得每个国家在与另一个国家发生争端时，必须努力实现自身的利益和目标，并且要根据自身的情况做出判断，采取行动。这就使包括战争在内的冲突重复出现变得不可避免，也使得战争成为国家体系的正常特征。[7]

沃尔兹的理论是以第三种意象为基础的。尽管历史学家通常对导致具体战争爆发的具体因素和独特因素感兴趣，然而理论家（例如沃尔兹）希望通过超越对具体战争的考察，解释更为普遍的**战争**（war）现象本身。战争现象是指大规模的战斗或其他暴力行为，以及两个或更多国家的有组织的军事力量的破坏行为。某种程度上说，国际战争爆发的原因与引发其他政治和社会冲突的原因是有关联的，例如与国内战争、革命和游击叛乱有关，但是国际战争是一个特定的现象，需要特定的解释。在对使用第一种意象的理论家进行分析时，沃尔兹指出，乌托邦主义者和现实主义者通常都认为，人类的本性和行为是战争的基本原因，但人类本性和行为是否能改变到足以解决战争问题？在这个问题上，他们的分歧很大。[8]因此，沃尔兹倾向于认为，在无政府国家体系中，战争是均势的一种功能。

在社会内部和社会之间，冲突是一种普遍和永恒的重复现象。它不一定是持续的，也不一定总是剧烈的。很多社会经历过国内和国际长时期的相对和平。但是在一切社会甚至那些看上去最和平的社会中，也很可能不断发生一些几乎难以看到的低水平的无声冲突。（个人犯罪行为就可以被视为是暴力冲突的一种形式）如前所述，冲突不一定引起暴力行为，而可能以更微妙的政治、经济、心理和社会方式表现出来。政治本身是解决冲突的过程。历史上，奴隶制和人祭一度被看做是符合人性的。与此相似，对能否把大规模、有组织的国际战争从人类生活中消灭仍然存在争议。

也许目前具有现实意义的希望是，各国政府能采取相互克制的明智政策，从而无限期地威慑最具毁灭性的有组织的国际暴力的发生（例如核战争和可能升级到核水平的常规战争），直到找到维护国际和平的有效方法，我们假设能最终找到这种方法。但是，如果期望消灭所有的社会冲突，或者消除所有的政治暴力，则未免要求太高。尼堡（H. L. Nieburg）认为，暴力是政治行为的自然形式；在国内和国际社会中，以暴力造成的痛苦相威胁永远是进行政治讨价还价的有效手段；以诉诸武力相威胁表明，不满的一方正在严肃认真地向满足的一方、权力阶层和现状维护者提出要求，要求后者要么调整政策，要么冒暴力升级的危险，两者选择其一。[9] 许多社会科学家包括若干赞成和平运动的社会科学家都认识到，把冲突从人类生活中彻底消除不仅不可能，而且也不可取，因为在某些情况下冲突是社会变化和进步的反映。[10]

192　　冲突的微观理论和宏观理论

　　根据采用的研究方法，大部分社会科学可以大体分为两类。一类采取宏观或整体的方法研究人类世界，另一类则采用微观或还原主义方法研究人类世界。我们应当从人类的本性中，还是从他们的社会结构和制度中寻找冲突的根源呢？一般来说，心理学家、社会心理学家、生物学家、博弈理论家和决策理论家以个人的行为作为出发点，并由此对人类的行为做出推断。而社会学家、人类学家、地理学家、组织和沟通理论家、政治学家、国际关系分析家以及系统论者，主要在团体、集团、社会机构、社会阶层、大规模政治运动、宗教或种族实体、民族国家、联盟、文化体系或全球体系的层面上对冲突进行考察。某些学者，例如经济学家，可能把他们的研究分为宏观和微观两个范畴。一位历史学家可能喜欢研究民族国家的冲突，而另一位则可能喜欢研究国家领袖的个性、背景和决策行为中独特的因素，这些独特的因素会决定该领袖在特定的条件下是选择战争还是选择和平。（二战以来，行为主义科学家详细阐明了宏观和微观理论，见第六、第七章）

　　从历史上看，人类冲突问题的研究中，最能反映宏观视角与微观视角分歧的，是早期心理学与社会学的对立。心理学从对个人的认识来分析冲突，社会学则从对集体行为的认识来分析冲突。心理学家往往认为人的问题产生于个人的内部心理结构，他们假定人的变态心理、紧张状态和其他心理紊乱会从内心投射到外界的社会环境中去。相反，社会学家倾向于在社会结构和社会制度层次上对人类问题进行分析，考察该层次上的社会失调对个人精神生活的影响。埃米尔·涂尔干（Emile Durkheim）的一句话反映了以上两种研究视角在世纪之交的尖锐分歧。他说："每当一种社会现象被直接解释为一种心理现象时，这种解释肯定是错误的。"[11]

20世纪后期，心理学和社会学这两个领域的距离缩小了。现在得出结论说这个鸿沟已经完全弥合还为时过早，所以越来越多的社会科学家确信，若不把宏观研究和微观研究有机地结合起来，就不可能创立完善的冲突理论。[12]正像迈克尔·哈斯（Michael Haas）注意到的，最近一些年来，社会科学家利用统计方法并在计算机的辅助下第一次开始系统地对国际冲突进行研究，并在这个专题下积累形成了可靠的科学知识体系。虽然如此，他得出的结论却是，国际冲突理论仍然比较粗糙，部分原因是"大多数经验研究者只是横冲直撞、好出风头，而不是力图用适当的方法对这一主题加以分析"。[13]

个人与国际冲突

与三四十年前的前辈们相比，今天的社会心理学家对于通过分析个人心理行为推断出复杂社会行为的原因，特别是国际关系层次上社会行为的原因，显得更加犹豫不决。过去，一些研究冲突问题的心理学家轻易地假定说，对群体侵略行为的解释不过是对个人侵略行为解释的引申。他们接受了柏拉图的观念，认为国家是"放大了的"个人，并对这个观念进行了毫无科学根据的类推，即把社会一律看做是"放大了的"具有精神活动的有机体。在这方面，现在的社会心理学家已不再那么确信了。斯蒂芬·威西（Stephen Withey）和丹尼尔·卡茨（Daniel Katz）警告人们，不要企图以"简单分解宏观过程的方法来解释社会制度的功能"。[14]赫伯特·克尔曼（Herbert C. Kelman）也指出，心理学家和精神病学家早年许多论述战争与和平的文章并没有恰当地反映出民族国家之间的互动。克尔曼认为，早期作者倾向于过分强调个人的侵略冲动。他们想当然地认为，国家行为只是个人行为的集合体，而忽视了这样一个事实，即个人的角色、利益和对最后决策产生影响的能力都大不相同。按照克尔曼的观点，不能把像国家这样庞大集团的行为看做是其公民或领导人的动机和个人感情的直接反映。

　　只有通过对国际关系的分析，而不是机械地应用对个人心理的研究发现，我们才能确定这些发现应该运用到哪些方面。克尔曼把战争定义为一种在国家政治环境内和国际政治环境中进行的社会活动和社会间活动。国际关系研究的关键在于对国家政策制定过程和战争决策过程的研究。做出的解释要包括政策制定者个人的动机和主观认识，也要包括作为更大社会组成部分的公众所发挥的各种作用。但是，克尔曼告诫说，只有当我们知道个人是如何纳入国家和国际体系的政治社会结构，占据了什么位置以及在哪些制约下进行活动时，利用心理分析对国际环境中侵略行为的研究才有意义。[15]

　　大多数政治学和国际关系领域的专家都完全赞同克尔曼的结论。单纯的心理学因素可能十分有助于解释反常的暴力行为（即群体和个人明显冲动的和非理性的爆发性行为），但即使是对这些案例的研究，社会科学家们也比较警惕单一因素谬误。对于更加复杂的政治化冲突，暴力在更大程度上是规划、组织、管理，甚至是制度化的结果。在这种情况下，用纯心理学的因素来解释社会现象就必须更加小心谨慎。值得强调的是：关于人类侵略、暴力和战争的宏观理论与微观理论是不能截然分开的。不能只用生物学和心理学对个人侵略性的研究成果来解释国际战争，个人的侵略现象也不能完全从人的内部考虑而忽视外部的社会因素。

冲突和社会一体化

　　社会冲突应当被视为合理的、建设性的、能够发挥社会功能的现象，还是应当被看做是不合理的、病态的或社会功能失常的现象？在这个问题上，社会科学家意见有分歧。大多数心理学家和社会心理学家似乎把所有个人的和集团的暴力行为以及政治化的侵略行为视为不正常的和不合理的非理性行动。与之相反，欧美的大多数社会学家和人类学家（帕森斯学派是明显的例外，像大多数心理学家一样，他们强调妥协与适应的重要性）则愿意将冲突赋予建设性的目的，因为冲突有助于确立群体间的分界线，加强群体意识和自我认同感，促进社会一体化、社会共同体建设和社会经济向积极的方向发展。[16] 当然，与其说卡尔·马克思是个经济学家还不如说是个社会学家，他特别重视无产阶级和资产阶级之间的阶级冲突和最后的斗争。他把这种斗争看做是催生一种公正社会秩序的产钳。很多社会科学家对冲突问题持不同观点。一些学者认为暴力冲突是非理性的，其他学者或者根据产生冲突的环境，或者根据冲突牵涉到的经济、政治、社会价值观的利害关系，或者根据冲突收益与预期收益的比较，或者根据冲突给集团、国家或国际体系带来的净收益量来判断冲突的好坏。

冲突的种类

在进行考察之前，我们先要解决另外几个突出的问题。我们是否应根据人们有意识的动机来研究冲突现象？人们是否真的为了他们所说的目的而打仗？还是说，我们必须超越他们公开宣布的理由，对这些理由持怀疑态度，只把它们看成是自我理性化的表现，并设法探究那些驱使人们做出侵略行为的"真正"冲动，即下意识的、隐晦的和卑鄙的冲动呢？这是一个错误的两分法吗？假如我们仔细观察，我们将看到，采用微观视角的科学家比较倾向于透过表面去探究下意识的、天生的和本能（这里借用一个过时的术语）的东西，而采用宏观视角的科学家在某种程度上更愿意相信有意识的动机，因为这些动机与思想、语言和交流方式相吻合，而且这些因素同内部心理力量相反，是社会的产物。由于人类从本质上来说是使用符号的动物，文字就成了连接有意识与无意识、宏观与微观的关键环节。

国际战争是社会冲突的一种形式。按照战争给个人和国家带来的潜在后果，它无疑是社会冲突最重要的形式。但是，还有许多其他形式的社会冲突：内战、革命、政变、游击暴动、政治暗杀、蓄意破坏、恐怖主义、劫持人质、监狱暴动、罢工和破坏罢工、抗议、威胁、显示武力、经济制裁与报复、心理战、宣传、酒店里的斗殴、劳资纠纷、大学或职业体育比赛中的滋事斗殴、离婚争执以及在子女监护问题上的法律争执、家庭内部的争吵以及恶意的犯罪。

不论考察哪种现象，社会科学中经常出现的一个关键问题是：我们面对的是一个问题还是许多问题？我们能不能把战争孤立地理解为是单独的冲突现象？还是应把战争作为一个具有高度组织性的社会现象，在特定的社会结构层次上作为普遍现象来研究？社会科学家们对能否把人类冲突解释为是连续的统一体看法不一，即是否能认为各种暴力行为之间的区别只

195

是当事方的性质、范围大小、持续时间、激烈程度、争执问题的性质和追求目标、冲突的过程和方式、使用武器等方面的不同，而在根本原因上并没有什么不同。有的学派则强调潜在的原因，或是把人类冲突看成是无数个相互分离的现象，每次冲突尽管表面上同其他冲突有相同之处，但实际上却需要独特的理论的解释。

早期关于战争及其根源的理论

尽管有些理论是以历史和人类实践的经验证据为基础，但是早期大多数有关的战争和战争根源的理论仍是我们现在所说的"前科学理论"。有些早期理论包含了敏锐的见解，作为文化遗产的一部分，它们仍然值得我们注重。这些理论使我们认识到，在其他历史时代，人们是怎样看待战争问题的以及为什么人们并不总是认为战争是最大的罪恶。这些理论反映出发动战争有着明确的动机和战争也是合理的行为，而这些可以成为决策人采取行动的原因。这些理论为赞成或反对一般和特定条件下的战争提供了哲学、宗教、政治和心理上的依据。

中国　事实上，所有古代的宗教文明和民族文明，不仅把战争问题当做政治军事战略加以研究，而且也从精神和道义的角度对战争问题进行了思考。从和平主义或和平理论，到好战学说或战争理论，古代中国提出了大量的理论学说。墨翟宣扬博爱，认为发动战争与爱是完全对立的。他把战争称做杀戮，并且批判说战争对任何人都没有好处（就像诺曼·安吉尔在20世纪早期所断言的那样）。孔子和他的信徒孟子教导说，在处理彼此关系时，国家应当守信节制；它们也应当避免侵略扩张，避免干涉他国事务以及发动以征服为目的的侵略战争。和很多现代的理想主义者一样，他们相信外交家应当以合理公正的立场而不是以武力威胁来取得外交上的胜利。然而，儒家学者并不是和平主义者，他们发出忠告，对待进攻不能不加抵抗。虽然孔子视战争为恶魔，但是他坚持认为，一旦战争来临，就必须全力以赴争取胜利。战争胜利的前提是军队对于为什么进行战争必须有一个明确的信念并且坚信这场战争是正义的。孟子轻视同盟的价值并且警告统治者不要依赖同盟，一国真实的力量不是靠坚固的堡垒，而是依赖人民的士气和防卫者的毅力（20世纪，毛泽东强调，在战争中，人民的力量比武器的力量更有价值）。与儒家相对立的是法家，包括确实存在或传说中的商鞅，他是古代中国的马基雅维利。商鞅建议统治者让农民做艰苦冗长的劳动，终日辛苦劳作。所以当战争来临时，农民们就会感到战争使他们从辛苦劳作中解脱出来，因而会欢迎战争。[17]

　　印度　与中国尊崇颂扬学者不同，印度教（不是佛教）文化给武士阶层以很高的地位。人们认为战争是世界永恒主题的一部分，而且同中国相比，在印度，战争更加制度化。用来缓和战争严酷性的制度得到了宗教当局的认可。非正义的、非武士精神的、非人道的战争行为受到谴责。但战争中，交战方并不是没有杀人的权力，当然国王不应杀害那些放下武器、祈求怜悯的敌人。但是，即使那些反对战争的印度教和佛教的导师们也都认为，战争必然是不断重复的循环现象。古代佛教的**不杀生**（ahimsa）信条说（即不加害一切生灵）是**甘地**（Gandhi）非暴力不抵抗原则的思想源泉之一，它也因此而著称于世。但在古代，不杀生说并没有禁止发动战争的含义。实际上，它提倡的是素食主义，为和平主义做出贡献是很久以后的事了。[18]

　　希腊　总体上讲，希腊人对待战争的态度是，战争几乎是命中注定的。哲学家赫拉克里特（Heraclitus）把重复发生的冲突看做是无尽现实中的基本过程之一，与爱的吸引力相生相伴。现实中，冲突与爱这两种力量交替取得优势或处于劣势，但都无法被消灭。按照他的观点，如果战争消失了，宇宙将会毁灭，因为冲突是正义的，通过冲突万事万物得以产生或消亡。[19]希腊人没有提出多少和平主义思想。特别是雅典人好像总是准备要为自己的自由和独立而战，但有时战争也是以称霸为目的的。

　　《理想国》（The Republic）是柏拉图最具乌托邦色彩的著作。即使在这本书中，他也没有忽视军事保卫者的作用。他暗示如果人们能够满足于一种简单的、朴素的生活——既没有掠夺外国人的愿望，也没有引诱他们侵略的财富，那么就不需要军事集团来保卫国家了。但是，人们需要享乐，需要辉煌的庙宇和剧院、精美的织物、高雅的住宅、异域的香料——一切文明的成果和享乐品。柏拉图说，战争源于人类不情愿生活在必然规律的限制中。[20]亚里士多德认为，战争是处理国家间争端的合法手段，但他从未赞扬过战争。但是，他坚持认为，就像人类为了享有闲暇与文化生活必须要从事经济活动一样，为了拥有和平，人们必须偶尔进行战争。他强烈批判了斯巴达人的做法，即把建立适应战争的教育和法律体系作为政

197

治的最终目的。[21]

伯里克利（Pericles）是一位出类拔萃的演说家。在其著名的葬礼上的演说中，他赞颂的不是战争，而是雅典人的英雄主义行为，他们为保卫开放的民主社会，反抗封闭的斯巴达人政权而献出了生命。历史学家修昔底德对战争所造成的破坏表示惋惜，并勉强地把战争视为一种防御，而非征服或毁灭。在系统研究历史经验教训的基础上，他非常实际地警告国家领袖们在做出战争决定前要三思而后行，此时他的观点可能很接近于对战争效果持怀疑态度的任何希腊作者。他记录（或编写）了一名外交使节力劝一位国王时的话。这名外交使节希望国王在做出生死攸关的承诺之前要慎重考虑战争的不可预见性。"一场战争持续的时间越长"，他写道，"事情的进展就更取决于突发事件，……（而且）我们不得不在茫然中等待结果。"[22]

最近，俄亥俄州立大学的一位历史学家阿兰·拜尔臣（Alan Beyerchen），以极其相似的语调总结说，克劳塞维茨（Clausewitz）的《战争论》（On War）中到处都有这样的观点，"每场战争与生俱来就是非线性现象，人们无法通过分析来预测能够改变战争性质的行为"。[23] 在"科学时代"和军事高技术时代记住这一警句是有益的。

由于希腊人珍视节制与限度，把它们看做是人的完善与保持克制的关键，也由于希腊人认为自己优于**非希腊人**（barbaroi），因此他们尽力减少战争对与其享有共同文化价值观的城邦的破坏。所以，除了合理的理由外，特尔斐（Delphi）城邦同盟条约禁止成员之间发生战争，禁止将希腊人掳为奴隶，禁止杀害平民、焚毁盟邦的城市或切断其水源供应。[24]

罗马　希腊人从未认真地研究过正义战争的思想，是早期罗马共和国前期的罗马人承担起了这项任务。在进行战争的方式上，罗马人比希腊人的道义感更明显，也更加尊重法律。罗马人认真地遵守战争规则——他们自己在**外交法典**（ius fetiale）的基础上设计的规则。外交法典是神圣法律的一部分，适用于神圣的条约宣誓，国家间争端的解决以及宣战。**外交裁判学院**（fetial judges）是一所培养牧师官员的宗教政治学院，它的功能是决定邻近的共同体是否不公正地对待了罗马，因而需要用军事力量来解决争端。

罗马人显然感到，在发动战争之前，必须使自己确信进行战争的理由是**正义的和神圣的**（justum et pium）。最能为罗马人接受的战争理由是：

（1）侵犯罗马的领土；（2）对大使造成身体伤害，从而侵犯了大使的外交豁免权；（3）违反条约义务；（4）帮助罗马的敌人；（5）亵渎神圣场所；（6）拒绝交出严重冒犯罗马的人。[25]

罗马人倾向于把军事上的失败看做是一个征兆，预示着神灵们没有体会到罗马人进行战争的原因是正义的；这将有力地激励军人，使其能在战场上勇敢作战。罗马人通常要求过错方在指定的时期内向罗马赔罪。如果过错方没有这样做，一名传令官将宣读正式的宣战声明并将一只长矛掷到敌国的土地上，表明战争爆发的精确时间。战争与和平不能同时存在。两个国家要么是在交战，要么和平相处。在东方历史上和美苏冷战期间，经常可以看到似战似和或无法确定战与和的现象，同时有限的冲突与不稳定合作交织在一起。在罗马不可能看到这种似战似和的状态。罗马人甚至比希腊人更相信，至少在理论上，"合法的军事需要"要求使用的力量是战争中最应该使用的力量，必须采取周密的行动来规范交战行为。[26]然而，有时实践会超越理论的限制，就像在战争中经常出现狂热现象一样。"罗马"极其残暴地对待西班牙，无情地奴役更加聪慧的希腊人和其他文明的民族，并最终应验了加图（Cato）经常重复的那句警告，"迦太基一定会灭亡"（Cartago delenda est）。[27]

伊斯兰教　先知穆罕默德（Muhammad）宣扬圣战（jihad）是神圣的职责，是灵魂超度的保证。多少世纪以来，穆斯林的理论家把世界分成**穆斯林居住区**（dar al-Islam）（忠实信徒和服从伊斯兰教宽容统治的人们的和平之地）和**非穆斯林居住区**（dar al-harb）（战争之地）。伊斯兰教是世界性的宗教体系，因而从理论上讲，这两个地区之间经常处于交战状态，因为战争是使拒不服从的民族归并到伊斯兰和平之地的最终手段。因此，圣战是比**正义战争**（bellum justum）更为神圣的战争，这同中世纪基督教理论家的观点有相似之处。到了现代，把圣战看做是反对非穆斯林世界的永久战争的想法已经过时。至少在利比亚的穆阿迈尔·卡扎菲（Muammar Qhaddhafi）、伊朗的阿亚图拉·霍梅尼（Ayatollah Khomeini）上台之前，在各种激进的原教旨主义组织（如穆斯林兄弟组织）和宣扬以圣战反对伊斯兰教的敌人的好战恐怖主义组织（如圣战组织）出现之前，这种想法就已经过时了。几位近代的伊斯兰教作家强调说，**圣战**（jihad）这一术语不仅指国际战争，更是指个人心灵中争取至善至美的精神斗争。[28]圣雄甘地宣称，他创立的非暴力和普爱众生的学说不仅来源于神圣的印度教和佛教著作以及《圣经》，而且来源于《古兰经》。[29]

犹太教 历史上，西方文化中关于战争问题的主要观点有着若干不同的来源，这些来源包括犹太教—基督教的宗教传统、希腊哲学、罗马信奉法律的思想、欧洲封建主义、启蒙运动的和平主义、现代唯科学主义、人道主义以及其他意识形态。古代犹太教经文反映出人类经历连年战事而渴望和平生活的矛盾心理。在敌对民族的包围下，以色列人主要靠把宗教预言与军事组织结合起来的方法建立国家，进行防御和扩张领土。在早期犹太人的历史上，耶和华（Yahweh）经常以战神的面貌出现。而约书亚（Joshua）、基甸（Gideon）、扫罗（Saul）和大卫（David）参战为的是耶和华的荣誉和光荣，以显示耶和华的神威以及耶和华同他的选民的特殊关系。一旦从迦南人手中夺取了**希望之乡**（the promised land），国王从士师手中接管了这块土地，犹太人及其后裔的战争就变得不那么残忍了，而且在犹太教的经文中，爱、正义与和平这些主题也变得更为突出。[30]

战争与基督教 早期的基督教徒在国家使用武力这一问题上的意见并不一致。在罗马天主教廷出现的头300年里，基督教在罗马帝国内被认为是颠覆性的异邦宗教，有强烈的和平主义倾向。特别是在知识分子中，很多人认为，不论作为公民还是个人，基督教徒都应以"左脸挨打便转过右脸受打"的态度对待伤害，不管这样做会给国家带来何种后果。然而，和平主义没有成为基督教的正统教义。早期基督教领袖们的主要观点是君权神授，造福于民。他们相信，为正义而使用武力是善行，而非造孽。要求人们在其权利受到侵犯时"转过右脸受打"，是因为他们追求来世得到拯救；但是国家则必须维护此时此地世俗世界的福祉，所以有时不得不使用武力，以此作为维护正义的手段。在西方的基督教徒开始承担维持社会秩序的责任以后，圣·安布罗施（Saint Ambrose）和圣·奥古斯丁（Saint Augustine）曾著书，把古罗马的正义战争论看做是"恪守原则的人眼里一种可悲的必然"。[31]

中世纪的经院哲学家们大大发展了正义战争学说。采取敌对行动的决定不能由个人做出，而只能由公共权威做出。除非道义上是正义的（jus ad bellum），即合法权利受到了邻国统治者的侵犯，否则，统治者不得以诉诸战争的方式来解决争端。根据教义，即使在合法权利受到侵犯的情况下，他们也必须在动用武力之前尽一切可能使用和平手段来解决争端。通常使用仲裁手段。此外，使用武力须带来的善远远多于恶，并能恢复正义的秩序。在进行战争时，必须自始至终怀有正当的道德意图，不得使用违反基本道德（jus in bello）的手段，因为以正义开始的战争，有可能在进行过程中变成非正义的战争。以上这些都是佛罗伦萨的安东尼努什（Antoninus）和圣·托马斯·阿奎那（St. Thomas Aquinas）等中世纪作家的共同教诲。他们重点强调两个原则，即后来所称的"适度原则和区别对待原则"。根据第一个原则，战争造成的损失和带来的破坏不能与发动战争的正义理由不相称；根据第二个原则，不能把无辜民众作为军事行动的目标。[32]

整个中世纪，罗马天主教教廷都试图对战争行为施加伦理限制，规定在哪些时间、哪些地点不得打仗，哪些武器不得使用，以及哪些人可以免服兵役或不得成为军事行动的对象。这种试图减轻战争残酷性的做法在西方文化中并非第一次出现。古希腊人和古罗马人对议定的战争规则并不陌生，如禁止滥杀平民、烧毁城镇、断绝水源等规则。罗马天主教教廷为减轻中世纪战争残酷性付出了道义努力，而中世纪欧洲文化面临的客观形势确实使这种努力更加富有成效。这些客观形势包括基督教世界的共同价值观、封建主义的本质特征、当时普遍的经济状况、条顿武士传统以及军事科学的落后状态。[33]

在欧洲从中世纪向近代过渡的时期，有三类战争明显违背了有限战争道德观这一主导理论及其实践，它们所表现的意识形态冲突与中世纪的文化趋势背道而驰。这三类战争是：（1）12、13世纪讨伐外邦异教文明的十字军东征；（2）14、15世纪的战争，特别是法英之战，在这些战争中，民族情感的力量第一次大规模地表现出来；（3）宗教改革后的宗教战争。在这些战争中，战争不再是君主捍卫合法权利的合理工具。大批非职业（即非骑士团）武士加入了军队，他们中既有志愿兵，也有雇佣军，他们的头脑中充满了文化、种族和宗教的仇恨与偏见。这一切改变了人们对战争的看法，不再把战争看做是小规模的袭击和迂回运动。当人们认识到所珍视的价值观或生活方式完全维系于一场战争的结果时，战争就成了一场心理和道德的大拼搏。这就是为什么安蒂奥克（Antioch）、克雷西（Crecy）、普瓦捷（Poitiers）、阿让库尔（Agincourt）、马格德堡（Magdeburg）等战役极其血腥残酷的原因。在天主教徒和新教徒的三十年战争期间（1618～1648），德国的人口从2100万减少到1300万。[34] 核时代的正义战争理论将在本章的后面讨论。

民族国家时期的哲学理论

1648年的威斯特伐利亚和约宣告了欧洲经典实力均衡时代的开始。在这个时期中，有限战争的概念在欧洲又获得了普遍的接受。16、17世纪是近代民族国家时期的开端，西方传统的"正义战争"学说得到了神学家和哲学家以及最早系统阐述国际法的法学家们的重新肯定，前者如维多利亚（Victoria）和苏亚雷斯，后者如格劳秀斯、阿亚拉（Ayala）、瓦特尔、真蒂利和其他的一些人。对于这些作者来说，正义战争是司法诉讼的替代形式，即在主持正义公道的国际法律权威尚不存在的情况下，国家为捍卫其合法权利用武力进行的一场诉讼。事实上，欧洲所有论述过国际战争的经典作家都坚持认为，在战争中不得伤害无辜平民的生命。绝不能蓄意杀害无辜者，最多只能在使用正当手段进行正义战争时偶然发生伤及无辜平民的事件。[35]

17世纪下半叶，宗教战争的残暴性有所下降，战争的钟摆又回到了较为温和的战争形式一边。从那时起以及18世纪的大部分时间里，欧洲处于理性时代。战争中的意识形态因素减少了，而把战争看做是手段的传统观点得到了更多的认可。军队不仅扩大了规模，而且军队的组织、补给、纪律性和训练更加出色。军队主要依靠那些可靠但并不是很有成就的贵族来指挥，他们向下层军官灌输古老的武士规范所追求的目标。约翰·内夫（John U. Nef）指出，人们不愿进行战争这一趋势受到了很多因素的影响，包括人们越来越厌恶暴力；欧洲资产阶级的生活水平有所提高，日子过得更加舒适；贵族阶层改良了举止、风俗和法律，更加崇尚文雅机敏、精明之道，而不是作战中的勇猛；人们热衷于贸易；艺术蓬勃发展；人们以极大的热情把理智应用于一切社会事务。内夫认为，所有这些因素都削弱了组织战斗的意愿。[36]

法国大革命之前的那段时间，欧洲国家都不愿追求那些必须给敌人造成重大伤害才能实现的目标。这个时期出现了冲突爆发的经济诱因。虽然殖民地竞争和商业竞争同王朝世仇一样也成为国际争端的起因，但是资产阶级的兴起加强了和平主义倾向，而没有助长军国主义情绪。这是因为资产阶级压倒一切的愿望是国际社会能秩序井然，为他们的贸易活动提供一

个可以预测的环境。一个明显的事实是，18世纪西欧的主要商业国家都发
展了海军力量，以减轻战争的影响，因为海军可以进行敌对的战斗，而不
把陆地居民卷入其中。即使发生陆战，其特征一般也只是灵活调动，突然
袭击，推进和反推进或巧妙地打击敌人的供给线，蒂伦（Turenne）、萨克
森（Saxe）和马尔伯罗（Marlborough）等战役便是明证。在这个宫廷文化
主导的世纪，战争同棋艺游戏或缓慢庄重的小步舞不无关联之处。不过，
约束意识的盛行可能导致了军事技术更新速度的下降。人们经常把两军对
阵的沙场看成是外交进程的附属品，交战为的是加强或削弱使节们在久拖
不决的谈判中讨价还价的地位。

　　历史一次又一次表明，经济秩序与技术秩序的变化以及宗教、政治、
文化态度的变化对于战争的性质和行为都会产生深刻的影响。然而，应当
记住，在一个不断扩大和日益复杂的国际体系中，这些变化的分布决不会
是平均的或对称的。

现代和平主义理论

　　文艺复兴之后，开始了启蒙运动。这一时期，和平主义思想在欧洲兴
起，它摈弃了中世纪的战争道德观和法律观。和平主义作家——伊拉斯
谟、莫尔（More）、克鲁塞、费奈隆、佩恩、伏尔泰（Voltaire）、卢梭、
康德和边沁——或是站在斯多葛派和早期基督教的激进立场上，或是站在
近代欧洲的世界主义、人道主义或资产阶级国际主义立场上。实际上，他
们每个人都明确表示，对战争和军人这一职业持怀疑态度。士兵的生活具
有破坏性，而商人的生活则能带来益处，当时人们特别愿意做这样的对
比，以证明战士的生活是不可取的。消除国际政治中的武力开始成为政治
家们最崇高的目标。对于欧洲的知识分子来说，追求人类幸福的同时又不
酿成任何悲剧，这才是伟大的生活目标。[37]

　　是通过应用科学理性和技术理性获得幸福，还是通过人们重返自然、
重新发现自身的朴素本性获得幸福，在这一点上哲学家们并无一致看法。
但是，不论理性主义者还是浪漫主义者都坚信，社会将要冲破传统权威和
迷信的束缚，消除无知、疾病和战争的历史祸根，并将踏上人类通向至臻
至美的道路。如同孔多塞（Condorcet）想象的那样，就像大自然赋予人

类的地球永不灭亡一样，这条通往至臻至美的道路也将永无止境。[38] 孔多塞写道："较开明的人会逐渐认识到战争是最可怕的灾难，是最可憎的罪恶。"[39] 人们对"正义战争"这一概念冷嘲热讽，认为它不过是用来掩盖帝王们侵略野心的宣传，这成为这个时代的特点。当时伏尔泰以无人能及的讽刺手法强烈谴责了战争的愚蠢和荒谬不经。他嘲笑了两位帝王，这两位都在战斗结束后叫人在各自的营地上唱**感恩的赞美诗**（Te Deums）。[40] 孟德斯鸠等人的著作中则反映出人们的一种预感，认为随着君主制向共和制的过渡，战争和扩张意识将转变为和平与和解的精神（见第七章"民主、战争与和平"一节）。这个时期还提出了大量废除战争、建立永久和平的方案，这种想法在西方思想家的意识里历久犹存，[41] 国际维和机构模式在20世纪成为了现实。

到了18世纪末，事实证明启蒙作家们的企盼是毫无基础的。法国大革命及其后的拿破仑时代催生了自由民族主义，并激起了欧洲其他地区民族主义者的强烈反应。法国提出了**主权在民**（levee en masse），公民要义务服兵役——国家武装起来，新兴工业社会中所有可组织起来的资源都支持国家的武装。于是，法国成了国家的典范，对经济实行严格的管制，为战争提供大量工业产品，动员舆论支持国家的扩张政策。事实上，这个具有领袖魅力的科西嘉小个子是现代历史中第一位发动全面战争的人。一段时期内，他的军队锐不可当、所向无敌。战争伤亡达到了史无前例的程度。[42]

拿破仑打破了欧洲均势。1815年，保守势力做出了反应。梅特涅与塔莱朗（Talleyrand）策划的行动以恢复正统王朝合法性这一原则为基础，重新确立了均势这一经典思想（即牛顿式的平衡的国际世界概念）在欧洲国家领导人心中的中心地位。[43] 在随后的100年中，均势思想的恢复使得因军事技术不断发展而带来的残酷后果降低到了最低程度，当然普法战争是个例外。除俄国和普鲁士外，欧洲各国缩减了常备军的规模。在西欧，人们认为科学、工业、通信技术、自由议会制度的发展、教育以及国际贸易将共同发挥作用，使人们抛弃战争并使不再爆发战争成为可能。英国治下的和平是欧洲大国协调时代的重要特征，这一时期的特点是外交上机敏狡猾，战争持续不长，而不是军事力量间进行长期的破坏性战斗。俾斯麦对战争的操控极为老练，无人能及。在普鲁士统一德国的过程中，他把战争作为与丹麦、奥地利和法国进行外交斗争的辅助手段，并喜欢不露声色地施展铁腕。[44] 整个19世纪，欧洲没有经历如美国内战那样残酷的冲突。从几个方面看，美国内战都是现代全面战争的雏形。在这场战争中，强大的政治和意识形态动力促使新兴的自由主义资本家所倡导的工业技术与农业奴隶主贵族的传统价值观进行争斗。[45]

然而，欧洲的景象多少带有一些欺骗性。尽管战争是有限战争，只为有限的政治目标而战（例如德国的统一），但19世纪下半叶，普遍征兵制在欧洲普及开来，新的自动武器进入了批量生产，出现了军备竞赛，形成了同盟，大国之间的殖民和商业争夺愈演愈烈，大众新闻事业蓬勃发展，并成为煽动战争情绪的有力工具。现代军事工业兴起所产生的影响令人难以把握。一方面，它使战争变得更加可怕，更加无利可图，人们因此也不会轻易地发动战争。另一方面，它增加了这样的可能性，即战争一旦爆发，就将是一场全力以赴的全面战争。进行人员密集的会战成为近代欧洲军事思想的突出特征，在这种战役中，部队的集结速度成倍提高。[46] 快速动员手段受到了重视：动员后备力量的电报，运送军队和物资去前线的铁路以及运送人员物资去亚非殖民地前线的轮船。动员的速度至关紧要，以至于到了1914年，动员的决定几乎等同于宣战。[47]

乔纳森·戴蒙德的不妥协和平主义

19世纪，和平主义运动在英国和美国的影响慢慢扩大。英格兰贵格会教徒乔纳森·戴蒙德（Jonathan Dymond）认为，战争就像奴隶贸易一样，一旦人们不再默许，并开始怀疑其必要性时，它便会消亡。戴蒙德反对替那些为国捐躯的爱国将士歌功颂德，认为他们不配得到这种赞扬。他说，军官参军为的是挣得一份薪金，士兵入伍是因为他不愿勤奋劳动，宁可游手好闲，虚度年华。官兵之所以打仗，是因为这就是他们的差事，或者事关他们的荣誉，或者是受他人驱使。戴蒙德走在了社会主义者以及后来提出"战争恶魔论"的人的前面，他含蓄地指出，为了引发战争，能从战争中获利的工业家同职业军人联合到了一起。他宣称，基督教《圣经》要求每个人在任何情况下都不得使用暴力。在他看来，正义战争与非正义战争、防御战争与侵略战争的区分毫无意义：要么坚决杜绝一切战争，要么允许战争无限制地打下去。[48] 戴蒙德是近代不妥协和平主义最早的倡导人之一。这种思想不仅力图为人们的良知提出宗教忠告，而且力图对国家政策施加影响，或者至少能够对一些国家的政策产生影响，这些国家具有自

204

由的舆论气氛，允许宣传和平主义思想。

不能仅仅根据宗教和人道主义因素来解释近代和平主义知识分子对战争的厌恶。19世纪以来，不论其思想基础是自由主义还是社会主义，大多数和平主义者在思考战争与和平问题时，都开始考虑经济因素的影响。从19世纪中叶的理查德·科布登（Richard Cobden）时代一直到最近，许多自由派的和平主义者坚信，自由贸易与和平之间有着内在的因果关系，并205认为拆除贸易壁垒是实现永久和平的惟一途径。当代新自由主义者与相互依存论者继承了这一思想传统。（见第一、二、九章的讨论）

诺曼·安吉尔爵士：战争已经不合时宜

在自由派看来，战争是对现代工业文明和经济繁荣的最大威胁。诺曼·安吉尔的论述把这种观点推到了顶峰。安吉尔是英国时事评论家，在20世纪二三十年代很有名气。本书前面曾介绍过乌托邦主义国际关系理论，安吉尔的著作是这一理论的一部分。第一次世界大战前夕他提出，战争在工业时代已经变得无利可图和不合时宜。他宣称，近来的历史充分表明军事力量对经济毫无益处。历史表明，即使有些战争胜利第一眼看上去好像带来了实质的经济好处，而实际上这种表象只不过是误导和错觉。1870年至1871年的普法战争之后，法国因战败不得不支付给德国巨额的战争赔款。几乎所有人都认为，巨额赔款给德国人带来了巨大的利益。但是安吉尔认为，实际上，战争赔款诱发了一场通货膨胀，给德国经济造成了损害。他还说，不论是通过战争，还是通过帝国主义的掠夺行动（为此要进行费用高昂的军事防御准备工作），都不能真正改善任何国家的经济地位。安吉尔坚信，"不论政治上怎么说，真正带来繁荣的各种因素同军事或海军力量毫无关系"。[49]

归根结底，安吉尔是一个理性主义者。他相信，借助成熟的理性并通过坚持不懈地运用理性来处理国际事务，人类就能消灭战争。拥有现代技术的国家再也不能指望靠发动战争获利了，而只能预期本国社会的解体。安吉尔认为，一旦人们认识到战争除了意味着集体自杀而别无意义，裁军与和平就有可能实现。他相信，维护和平的主要任务是对民主社会的公众进行教育。他进行说教的依据是相互依存的欧洲共同体能带来经济利益，而不是传统的宗教道德。一旦人类完全认识到军事力量无助于实现、促进和维持繁荣或社会经济福利，政治战争就将像早已在欧洲消亡的宗教战争那样寿终正寝。对此他坚信怀疑。值得注意的是，诺曼·安吉尔和19世纪的赫伯特·斯宾塞（Herbert Spencer）以及20世纪中叶的乔治·利斯卡持有相同的见解，他们都认为工业国家必须避免战争。[50] 此外，大多数现代战略理论家（将在第八章介绍他们的理论）从许多不同角度而不只从经济角度得出了一个结论，核战争毫无意义。任何预期的好处都不能抵偿核战争的代价，核战争中没有赢家，核武器除了威慑别无他用。威慑理论者认为，直到核武器大量增加、产生了恐怖平衡之后，安吉尔的理论才被证明是有效的。如果安吉尔是正确的，他的理论至少领先于他所处的时代半个世纪，因为他的分析显然未能得到参与两次世界大战的政府们的重视。

战争主义理论

要想理解近代西方的冲突理论和战争理论，包括空想和平主义，就必须对法国大革命后出现的一个军国主义思想学派予以一定的注意，这个学派或许可称为**战争主义**（bellicism）。它所以获得发展，至少部分是因为有意识地对理想主义色彩浓厚的和平主义做出反应。也许这样说更准确，即在西方思想中，和平主义和战争主义这两种倾向完全对立，又相互促进。西方文化中向来不乏这样的思想家，他们强调现实社会中的冲突和紧张而不是合作与和睦。

从法国大革命一直到20世纪60年代（此时，研究重点从常规战略转向了对游击战和反暴动的研究），西方大多数军事战略理论家表现出明显的倾向，认为直接战略胜于间接战略，集团军的大举进攻胜于机智灵敏的出击，正面强攻、速战速决胜于迂回包抄、消耗战和谈判等需要耐心的战略。追溯全面战争这个概念，人们往往要提到卡尔·冯·克劳塞维茨，他多次形象地描述一种观点：战争是将暴力推到极限的活动。例如他在下面这段中所写道：

> 现在，仁慈的人肯定以为存在着某种巧妙的方法，能解除敌人的武装或打败敌人而不必造成太大的伤亡，并认为这才是应该努力追求的战争艺术。这种看法不管听起来多么动人，却是一种

必须摈弃的错误思想。那些使用武力毫不留情、不惜流血的人，在对方不这样做的时候，就必然会取得优势。于是，他的敌人被迫反击，因此，双方都会将对方推向使用暴力的极限，其惟一的限制是对方的抵抗能力。战争哲学中，我们无法找出一条修正原则，同时又不犯荒唐的错误。因此，我们重申：战争是一场暴力活动，对于暴力的使用没有任何限制。[51]

巴兹尔·利德尔·哈特爵士（Basil H. Liddell Hart）是20世纪著名的有限战争战略家，对全面战争思想持否定态度。在他看来，人们对克劳塞维茨思想的理解常常有误。作为康德的研究者，克劳塞维茨重视理想与现实的区别，重视了清楚表达一个思想而将其推向极端抽象形式的倾向与现实对这种抽象形式做出重要修正之间的区别。克劳塞维茨说过，绝对战争是一个逻辑极限：军事战斗在人们的头脑中展开。在这种情况下，任何一方都在尽最大努力击垮对方的抵抗意志。但是，克劳塞维茨认为，现实世界中是不存在绝对战争的。现实世界中，战争是也应当是国家政策的工具，"是以另一种手段进行的政治，是政治的继续"。因此，战争总是从属于政治的，并受到政治的限制。战争中人们总是没有倾尽全力，他们永远不可能将自己的全部资源用于战争，因为还有其他很多需求要满足。战争的目标以及发动战争的手段总是受控于政治智慧。克劳塞维茨赞同中国古代战略家孙子的思想，认为不必在任何情况下都进行决定性的战役。尤其是在交战双方实力相当时，他们可能都会希望避免一场两败俱伤的战争，这比实现任何政治目标都更有价值。克劳塞维茨是从国家利益出发来思考有限战争的，而不愿从中世纪正义战争的学说出发，通过道德或人类理性来思考有限战争。[52]

19世纪的其他哲学家［黑格尔、尼采（Nietzsche）、海因里希·冯·特赖奇克（Heinrich von Treitschke）、约翰·戈特利布·费希特（Johann Gottlieb Fichte）和弗里德里希·冯·伯恩哈迪（Friedrich von Bernhardi）］似乎不时把权力和战争本身作为目的加以赞扬。黑格尔认为，现实是理念的辩证冲突，他支持人类形成共同体，认为个人会受到民族文化的影响。他把拥有自治权和主权的民族国家视为绝对精神在历史上的具体体现，是上帝的事业在尘世取得的重要进展。在战争问题上，人们可能误解了黑格尔。他并没有称颂战争及其残酷性，但由于他把国家摆到如此崇高的位置上，因此接受了战争，把战争看做是一种有助于国家统一的现象。黑格尔说，通过战争，国家的文化精神能继续保持最佳状态，正如狂风涤荡掉大海的污浊后，一段持久的平静将降临。[53] 这段话造成了人们对黑格尔的误解，或为批评黑格尔提供了依据。根据克里斯·布朗的分析，这些见解导致马丁·怀特错误地认为，纳粹分子和共产主义者是黑格尔思想的继承者。[54]

19世纪，弗里德里希·尼采对当时西方基督教文明和最初纯正基督教文明的潜在价值观进行了最为猛烈的抨击，并因宣称"上帝死了"而闻名于世。他强调权力意志是决定人类行为的根本因素，因此把基督教的文化精神——其特征是自我克制、顺从谦卑、尊重弱者、放弃权力——视为个人真正创造力的死敌，并认为基督教在个人宗教信仰方面是失败的宗教，阻碍了超人的全面发展。[55] 尼采比黑格尔走得更远，认为人类文明的复兴离不开战争。下面这段文字最初发表于1878年。在这段话中，这位决心摧毁所有的思想桎梏的德国哲学家，用近乎冷酷的语言勾画出了道德战争理论，1912年威廉·詹姆斯（William James）则用更为乐观的语气表达了同一个理论。

目前，［尼采写道］我们尚不知道还有任何其他手段能像每一场大战那样，把军营磅礴的气势，与个人无关的仇恨，无情地杀戮而问心无愧的精神，举国上下必置敌人于死地的热忱，对巨大牺牲的傲然漠视，将个人安危与朋友的生死置之度外的英雄气概以及心胸坦荡等品质直接有力地传达给羸弱的民族。文化决不能没有激情、罪恶和憎恨。当罗马人建立起帝国并变得厌倦战争时，他们便试图通过角斗士的厮杀和对基督教徒的迫害获得新的力量。今天的英国人基本上放弃了战争，但他们也采取其他办法来重新激起日渐消亡的活力，这些方法包括危险的探险、航海、登山。名义上是为了促进科学事业，实际上是要把在对付各种危险和困难后剩余的精力带回国。人们还会发现许多其他代替战争的方法，但正是因为如此，下面这个事实才变得更加明显，即像现代欧洲这样高度文明、因而必然意志衰弱的人类社会不仅需要战争，而且需要最大规模、最可怕的战争，即使退步到野蛮状态也在所不辞。否则，人类社会会因为文化而丧失文化，并招致自

208

我毁灭。[56]

二流思想家跟在尼采后面亦步亦趋。约翰·费希特十分赞同马基雅维利提出的**存在的理由**（raison d'état）。他警告说，面临共同敌人时，可以同邻国结盟，而共同威胁一旦消失，就要从邻国那里夺取利益。这并非是简单地做出选择，而是政治智慧的箴言。因此，仅仅保卫领土是不够的。国家的统治者必须不断地关注全局，对任何不利于自己的动向都要予以反击，或者获取任何可能的利益。如果实力没有增长，无论是谁都会由于他人取得优势而使自身实力下降。[57]替普鲁士军人说话的德国历史学家海因里希·冯·特赖奇克也从马基雅维利那里获得了启迪。他坚信，独立的主权国家是个人所能取得的最高政治成就，并斥责世界性政治共同体的概念令人不能容忍。战争往往是国家捍卫独立的惟一手段，因此国家必须永远厉兵秣马，随时准备进行战争。对涉及民族尊严的问题，国家应当极度敏感，以使政治自保的本能发展到无以复加的高度。无论何时，只要国旗受到侮辱，都必须立即要求得到令人满意的赔偿，如不能即刻得到赔偿，"就必须立即发动战争，不管事件看上去多么微不足道"。[58]特赖奇克认为这样做无可非议，因为在他眼里，战争是宏伟而庄严的事业。[59]

克劳塞维茨、黑格尔、尼采和特赖奇克的思想得到了欧美若干军事史哲学家的响应。弗里德里希·冯·伯恩哈迪将军受到达尔文适者生存思想的强烈影响（他的理解很肤浅），并把战争同人类进步联系起来。他认为"确保在战争中取得优势的才智和道德因素也是可以促进国家普遍进步发展的因素"。[60]鲁道夫·克吉伦（Rudolf Kjellen）和弗里德里希·拉策尔（Friedrich Ratzel）的地缘政治论著以及以卡尔·豪斯霍菲尔为代表的20世
209 纪德国地缘政治学者的论著在思想上都受到了达尔文理论的影响。（见讨论地缘政治理论的第四章）

阿尔弗雷德·塞耶·马汉同样认为历史是一部达尔文式的竞争史，在这场竞争中，军事力量是衡量适者的标准。他认为军纪作风是建立秩序井然的公民社会的必要保证。他把世界各国看成是谋取经济利益的公司，它们为了争夺资源和市场进行着激烈的生存竞争。然而，同马克思主义者的不同之处在于，马汉没有把这种争夺仅仅归结为资本主义的冲动，而是归结为人的本性，归结为经济产品供应有限的现实。各国的民族私利以及在实力、机会和决心方面存在着巨大而又不可弥合的差距，为永久性冲突创

造了条件，并使得在国际事务中消灭暴力的想法不切实际。马汉认为，一切想用法律取代武力的企图都无济于事，因为一切法律都要靠武力来保证其效力。最后，针对战争是不道德的，是违反基督教的指责，马汉为战争行为进行了辩护。他争辩说，战争是民族国家的一种手段，用以执行公民良知发出的指令。只有坚信自己的事业是正义的，一个国家才能从事战争。但是一旦国家承诺要为良知负责，则除了进行战争别无选择（甚至不能诉诸仲裁），因为"战争带来的物质损害要比同流合污造成的道德灾难少一些"。[61]（马汉的海权地缘政治学观点见第四章）

战争主义者和反民主的理论家

19世纪末20世纪初，西方和平主义者与战争主义者在思想上的两极分化已阵营分明。战争主义者及其学说可以归结为如下几种：

1. **现实实证主义**（Realistic positivism），其代表人物是本世纪初的意大利作者维尔弗雷多·帕累托（Vilfredo Pareto，1848～1923）和加埃塔诺·莫斯卡（Gaetano Mosca，1858～1941）等。帕累托是经济学家兼社会学家，莫斯卡是政治学家，他们两人都阐述了精英统治的概念，阐述了胁迫手段对维持社会团结和秩序的重要意义，以及革命不可避免的重复性。莫斯卡不像帕累托那样反对人道主义和民主，但他跟帕累托一样，对和平主义有偏见，担心如果消除了战争，国家就会变得软弱并解体。[62]

2. **社会达尔文主义者**（Social Darwinists）和具有社会达尔文主义倾向的民族主义者，包括社会学家赫伯特·斯宾塞、威廉·格雷厄姆·萨姆纳（William Graham Sumner）和厄恩斯特·海克尔（Ernst Haeckel）以及法理学家奥利弗·温德尔·霍尔姆斯（Oliver Wendell Holmes）。[63]

3. **悲观的历史哲学家**（pessimistic philosophers of history），包括奥斯瓦尔德·斯彭格勒（Oswald Spengler，1880～1936）和贝内代托·克罗齐（Bendetto Croce，1866～1952）。德国历史学家斯彭格勒特别着迷于权力意志、野蛮民族的骄勇、对弱小民族的征服 210

以及弱肉强食法则。可是，他特别害怕有色人种会发起反对白人的世界性革命。意大利哲学家、政治家克罗齐是一名突然出现的反法西斯主义者和政治领导人。虽然他批判军国主义，但他认为战争是人类生活不可避免的悲剧，是人类进步不可缺少的因素，永久和平的梦想是愚蠢的。实际上不应称他为战争主义者。[64]

4. **种族主义理论**（racist theory）或**法西斯主义**（fascism）的先驱和秘密信徒，以及这些意识形态的原型，这类作者包括了休斯顿·斯图尔特·张伯伦（Houston Stewart Chamberlain）、阿瑟·德·戈比诺（Arthur de Gobineau）、乔瓦尼·真蒂莱（Giovanni Gentile）、阿尔弗雷多·罗科（Alfredo Rocco）、乔治·索雷尔（Georges Sorel）、加布里埃尔·邓南遮（Gabriel d'Annunzio）和贝尼托·墨索里尼（Benito Mussolini）。[65]

无论上述各流派与法西斯主义的关系是远还是近，如果暗示它们都必定同法西斯主义者有关联，或者甚至说迄今所有的法西斯主义者都是种族主义者，那是不公平的。但这些人都不同程度地赞颂武力和男子汉气概对于推动社会进步的作用。在政治理论或思想史（及反思想史）的论著中，对上述一些人加以评价更为合适，但是严肃的国际关系学者不能无视他们对当时思想潮流的影响。

无政府主义和马克思主义的社会主义者

最后要谈的是无政府主义者和信奉马克思主义的社会主义者。这两种极端主义运动在许多方面是对立的，产生的派别也不相同，有些表现在理论上，有些表现在实践上。这两个运动既壮大了和平主义理论的力量，同时又促进了实践政治化了的暴力，使之成为废除国家的手段，或者成为推动阶级革命的工具。政治化了的暴力也是建立合作制度或社会主义制度的开端。马列主义关于帝国主义和战争的理论将在第九章加以论述。这里简单地谈一下无政府主义，因为它经常被广大公众误解，也因为在现代人的思想中，特别是西方青年和反西方的自由主义者的思想中，无政府主义占有着出乎人们意料的重要地位。

无政府主义（Anarchism）学说反对一切形式的政治权威。无政府主义者把生活看成是一部道德话剧，在这场话剧中，个人专门同国家和一切同政府有关的胁迫镇压工具作对，这些工具包括官僚机构、法院、警察、军队以及私有财产制度和宗教制度。他们力图从这一切中解放出来，从一切限制人类自由的外部力量中解放出来。追随克鲁泡特金（Kropotkin）的温和派无政府主义者坚信，人类本质上是善良的和理智的，社会的基本规律不是冲突，而是互助与合作。在欧文·路易斯·霍罗威茨（Irving Louis Horowitz）看来，无政府主义者不仅反对政治，而且反对技术和经济。[66]因此，从根本上说，无政府主义者是资本主义的敌人，也是社会主义的敌人：如果前者维持政府仅仅是为了保护资产阶级利益并管理他们的事务，后者就要用社会主义专制，即无产阶级专政来代替资本主义专制。 211

无政府主义的某些派别——主要是集体主义者、共产主义者、工团主义者和密谋团体——无论是在理论上还是作为必要的战术策略，都公开支持使用暴力。谢尔盖·涅恰耶夫（Sergei Nechaev，1847～1882）是俄国革命鼓动家米哈伊尔·巴枯宁（Mikhail Bakunin）的信徒。他奉行的信条是"用行动进行宣传"和"世界性的普遍毁灭"。他主张利用暗杀手段制造心理恐慌，摧毁现行制度。[67]意大利新闻工作者恩里克·马拉泰斯塔（Enrico Malatesta，1850～1932）认为计划周密的暴力行动是教育工人阶级的恰当手段，会使他们懂得革命斗争的意义何在。[68]同样，法国新闻工作者乔治·索雷尔（1847～1922）看到无产阶级暴力行动的价值在于划分出阶级。他坚持认为，无产阶级暴力有助于提高工人阶级的觉悟，使中产阶级长期处于恐惧之中，并随时准备屈服于对他们提出的要求，而不敢用武力捍卫自己的地位。[69]

并非所有无政府主义者都提倡暴力。美国个人主义的无政府主义者，如亨利·戴维·梭罗（Henry David Thoreau，1817～1862）和本杰明·塔克（Benjamin R. Tucker，1854～1939），认为暴力得不到尊敬，因而要尽力避免。他们更重视非暴力的全民不服从运动。圣雄甘地（1869～1948）和列夫·托尔斯泰（Leo Tolstoy，1828～1910），是现代影响最大的和平主义无政府主义者。他们以纯正的宗教伦理激烈地反对个人甘愿屈从国家的思想。他们严厉指责国家残酷虐待人民大众，把军事英雄主义变成美德。他们认为必须用仁爱的法律代替武力的法律，但当发现这在现存的民族国家体系内无法实现时，他们就坚持认为民族国家体制应让位于世界性社会。[70]

　　有时无政府主义对现存制度的道德批判一针见血，但对于科学地认识人类社会的冲突根源却没有做出重大贡献。有时人们会在无政府主义的论著中发现关于团体社会学的透彻见解（例如索雷尔认识到对外施行暴力能够整合团体），但这些见解一般是从更加冷静的社会科学家那里借鉴来的（例如索雷尔就受到了涂尔干的强烈影响）。无政府主义在美国有很长的历史。最近几十年来，无政府主义理论在美国主要对知识分子、艺术家、黑人激进分子、学生、青年和其他同情反主流文化的人，特别是对20世纪60年代后期反对越南战争的人有吸引力。

　　不管是通过直接的灌输还是间接的渗透，极端无政府主义者的哲学，比如巴枯宁的哲学，已经为许多现代恐怖主义分子所接受，尽管他们从来没有读过巴枯宁的书。不管袭击的目标是有罪还是无罪，恐怖主义分子都会不分青红皂白地随意发动突然袭击，希望借此来改造社会或者要对一些不能忍受的事情表示抗议（比如，巴勒斯坦人还没有自己的国家或者"英雄的"恐怖主义分子还关在监狱里）。突然袭击会引起普遍的不安或造成剧烈的冲击，这将动摇整个社会的根基。就像约瑟夫·康拉德（Joseph Conrad）的小说《特务》（The Secret Agent）里的维洛克一样，虚无主义者推崇的战略是用行动进行宣传。虚无主义者曾问道，"对如此残暴的行为，一种荒唐得不可理喻、不可解释、不可想象，实际上是疯狂的行为，人们会做出何种反应呢？仅疯狂这一点就足以使人恐惧，因为无论你用威胁、说服还是收买都不能使疯狂平静下来"。[71]

　　在国际层面，恐怖主义思潮已经与其他意识形态势力、民族主义势力和宗教势力结合起来，并在20世纪后半期形成了跨国恐怖主义问题。同专制、压迫和不公正等现象一样，恐怖主义现象的历史也相当长，并滋生出一种愤怒的革命情绪，反对政府、经济机构和其他个人和团体决心用暴力手段改变或摧毁的实体。但是，只是在20世纪50年代中期以后，恐怖主义才被认为是国际体系中的重要因素。恐怖主义的表现形式多种多样，所以在恐怖主义的本质和原因等问题上，理论家们还远没有形成一致意见，也没有找到一种令人满意的方法来弄清楚恐怖主义对政府行为和国家体系产生的影响。在很多恐怖主义案例中，人们都无法正确识别应对恐怖事件负责的团体，无法在国际社会中确定恐怖分子的罪行，无法在不伤及无辜的情况下打击恐怖主义分子，这使得在对付恐怖主义分子中出现的道德问题变得更加复杂。黑格·哈奇阿杜丽安（Haig Khatchadourian）把恐怖主义和"为自由而战"区别开来，并根据正义战争理论为"为自由而战"设定了必须遵守的条件，"为自由而战"因此具有了正当性。他认为，恐怖主义永远是错误的。[72]（见第八章国际恐怖主义部分）

核时代正义战争的规范理论

本章以及第七章讨论的多数传统理论都包含规范层面。如果任何人说A好于B，或者说做这件事比做那件事要好，那么他就是在做规范判断。按照传统标准来衡量，规范理论较多地使用**定性**（qualitative）方法，而具有实证主义、经验主义或行为主义倾向的理论家则更强调使用**定量**（quantitative）方法，强调社会科学研究要做到价值祛除。规范理论研究道德、政治、法律和战略上**应该**（ought）怎么样，而不仅仅研究实际**是**（is）什么。规范理论家们认为，在就战争与和平问题做出决策时，听取建议的政府、统治者和外交官（不论是乐观主义者还是悲观主义者）应当按照理论家们认为较好的方式去思考和行动；国家有义务遵守国际法、履行条约、恪守信义（不管是出于道义还是出于维护私利的功利目的）；应明智地依靠均势或国际维和组织来应对无政府世界。正如我们在第九章所展示的，发展规范理论的既有谴责资本帝国主义剥削非西方人民（中心剥削边缘）的马克思主义者和非马克思主义者，也有为殖民地和被压迫人民的政治解放和自决而奋斗的自由主义者。近几十年，分析**依附**（depondencia）现象的理论家也在发展规范理论，他们倡导国际分配正义，关注全世界的贫困和饥饿问题、军备和发展的经济学问题、人权问题，以及环境污染问题。所有这些人都站在规范的立场上提出了自己的解决方案，指出什么是更好的，什么是对的。冷战结束使得国际关系的规范方法再度兴起，并主要应用于研究人类应当具备的价值、观念以及政府应当追求的目标。但也不能得出这样一个错误的结论，即崇尚权力关系的现实主义者不考虑理论的规范意义或价值意义。现实主义者曾就核武器、战争和威慑是否符合道德进行了几十年的争论。在这期间，他们必须正视理论的规范意义和价值意义。

克里斯·布朗注意到，正义战争的思想必定是"当代道德哲学领域中惟一保持本质上属于中世纪的理论依然很流行的领域"。[73] 有人认为，正义战争思想是哲学或伦理学学说，而不是建立在科学实证方法基础上的理论，所以它并不是现代国际关系理论。如果严格地按照这样的标准进行取舍，那么所有通过规范方法建立的国际关系理论，包括功利主义理论和道义理论，都不是现代国际关系理论。然而，正义战争思想是现代国际法创立者们思考的主要问题。虽然他们勉强接受这个事实，即无政府体系中的各国在决定进行战争时，可以根据国家主权原则自行判断本国进行战争的正义性（ius ad bellam），但是他们坚持认为，国际法应对国家的战争行为做出某些限制（ius in bello）。应当承认，每个政府在进行战争宣传时都宣扬自己是正义的，这一现象使其成为经验研究和分析的对象，特别是研究正义的可信性问题。

增强战争的正义性是战争政治中的重要部分，因为它将影响到公众的支持、部队的士气、争取盟友的能力，以及统治精英的声望和命运。尽管二战期间有关战争是否符合道义和伦理规范的争论看上去确实是中断了（特别是对城市进行毁灭性轰炸的问题），但是随着纽伦堡和东京审判的结束和核武器技术的发展，这种争论又开始了，而且还很激烈。此外，越战期间以及海湾战争（"沙漠风暴"）前进行军事集结期间，美国知识界和政界就这两场战争的正义性也展开了争论，但争论中衡量正义战争的标准很大程度上还是传统标准。对波斯尼亚进行的人道主义干涉是否明智，以军事入侵相威胁来推翻海地军政府并恢复民选总统的职务是否明智，在这些争论中，我们也可以听到传统标准引起的共鸣。最近，为了制止塞尔维亚在其一个省科索沃进行的大规模"种族清洗"，北约对南斯拉夫的军事设施，乃至贝尔格莱德的政府和民用设施进行了轰炸。北约国家认为轰炸是正当的，其主要理由是轰炸不仅是维护欧洲稳定所必需的，而且也是无法逃避的道德和人道主义义务。

一些作者认为，鉴于现代军事技术，特别是核武器具有毁灭性力量，正义战争的条件——具体来说就是使用多少武力必须同谋求的政治目标相称——已经不复存在了。核和平主义者争辩说，即使从理论上能够证明历史上各国使用武力是正当的，也不能认为任何情况下的核战争在政治上和道德上是正当的，不管所要抵御的侵略多么不正当。现代战争惨无人道的后果导致越来越多的科学家和伦理学家们开始怀疑，发动战争是否还能与基督教良知相吻合。[74]

冷战期间，核冲突不仅可能使进行大规模核对抗的国家同归于尽，而且会使整个人类面临放射性微尘、基因变异和核冬天的严重危险。和平主义者的这些观点流行甚广，人所共知。超级大国拥有大量核武器，因此核战争很可能无法控制也无法受到限制。核威慑战略的基础是一个不确定的、过于乐观的假定——政府决策者在危机中能够依据理性采取行动。（见第八章中的"理性威慑"和第十一章中的"理性与决策理论"）即使核军备竞赛不一定导致战争，也会形成超过所需的毁灭性核力量，使本来可以用于经济发展的资源付之东流并在国际上造成精神恐惧气氛。冷战结束前及20世纪80年代末和90年代的实质性核裁军开始之前，一些研究者面对这些令人沮丧的前景惊骇万分，认为单方面裁减军备和非暴力抵抗是逃避灾难的惟一途径。[75]

尽管潜在的核战争令人恐惧，尽管历史上正义战争思想经常遭到歪曲而只能作为政治宣传，但正义战争理论的支持者坚持认为不能丢弃传统的伦理分析模式，因为这一模式力图在极端的和平主义和战争主义之间开辟出一条中间道路。不能让武器技术利用所有的科学成就，完全按照它自己的逻辑发展，它必须服从于有关权力及其限度的道德分析。持这种观点的研究者有保罗·拉姆齐（Paul Ramsey）、约翰·考特尼·默里（John Courtney Murray）、罗伯特·塔克（Robert W. Tucker）、理查德·福尔克（Richard A. Falk）、威廉·奥布赖恩（William V. O'Brien）、詹姆斯·特纳·约翰逊（James Turner Johnson）、迈克尔·沃尔泽（Michael Walzer）等。[76] 以下命题概括了这些正义战争论者（不包括沃尔泽，本章后面将单独讨论他的观点）达成的共识：

1. 在有效的国际维和机构尚不存在时，不能否认在某些情况下国家拥有诉诸战争的道义权利。在自助的国际体系内，国家诉诸武力时，可能仍会感到要受到限制。因此，管理战争和限制战争的伦理学说依然是必不可少的。

2. 虽然人们不再认为侵略战争（传统学说是允许惩罚进攻和恢复正义为目的的侵略战争）是国家维护被侵害的权利而可以采用的合法手段，但是各国仍有权发动反侵略的防御战争，有权向遭受侵略的一方提供军事援助。[77]

3. 战争必须区分战斗人员和无辜平民，即使是战略战争，也不能允许现代军事技术抹杀这种传统。国家拥有从事战争的道德权利（ius ad bellum），也有遵守限定战争手段的法律义务（ius in bello）。为打击萨达姆，美国曾两度空袭伊拉克（1991年、1998年至1999年）。1999年为反对米洛舍维奇，北约空袭了塞尔维亚。在这些空袭中，美国及其盟国尽量只打击武装力量和军事设施，同时把间接的平民伤亡和对民用设施造成的间接破坏降低到最低程度。[78] 尽管没有完全成功，但他们为此付出了极大的努力。北约的一些飞行员说，这种努力拖长了战争时间。但是，由于轰炸了发电站，北约六周的空袭的确给南斯拉夫平民的生活带来了较多的不方便。

关于战争和道德的辩论将无休止地进行下去。不管是绝对论者还是相对论者，各种派别的和平主义者都认为，从理性或正义的角度来分析战争，要么在逻辑上是荒谬的，要么在伦理上是邪恶的。其他理论家则会反驳说，只要国际体系缺乏维持全球和平的有效权威，也就是说，只要没有主持国际正义的国际力量，独立自主的各国政府及其他政治实体有时就可能准备诉诸武力。他们坚持认为，如果为政府出谋划策的人们——不管是和平主义者还是正义战争论者——能够遵循一套并非凭空臆造的理性、道德和文明的行为规则，劝诫决策者在进行战略规划时不得超越人道主义的界限，那么世界就会更美好。尽管经常有人声称，摧毁能力无限扩大的核时代正义战争的学说已经过时，但仍有许多的有限常规战争和非常规战争，各国仍在努力开发新的先进武器技术，因此传统理论对威慑和武力进行道德判断的条件的分析至今仍是有效的。而且这些传统分析仍然频繁地用于公开的政治辩论。[79] 此外，20世纪70年代，一些左派宗教理论家试图对解放和革命做出宗教解释。在研究中，他们借用了正义战争学说中的某些基础，还把有理由发动正义战争的主体由在任的政府（其理由是维持内部的和平和秩序）改成了发动起义的革命团体（其理由是推翻他们眼中压迫他们的在任政府）。[80]

或许没有哪位正义战争论者能像迈克尔·沃尔泽那样对核时代的战略家和道德家所面临的矛盾做出如此精辟的分析。人类思维似乎无力制定出一个条理分明的概念框架——包括政治政策、战略学说和军事作战计划——从而把有效的威慑同可行的防御完美地结合起来，并由于其理性、可信和符合道义而得到普遍接受。沃尔泽提醒我们，极端可怕的恐惧使超级大国政府甚至不敢冒险发动常规战争，更不用说有限核战争了，他们害怕一场常规战争可能升级为失去控制的核大战。他说，在拥有大量核武器的时代，任何可想象的战略都是要威慑这两个超级大国发动大战。一旦我们理解了威慑战略家所说的话，就没有必要制定任何打一场核战争的具体战略了。[81]（当然，许多战略理论家会否认这一点）人们相信，只要形成最终的核威胁，就足以维持和平。原则上讲，威慑令人恐惧，但在实际生活中，当我们不去考虑最终后果时，与威慑共处并不难，因为它从来就是一个不流血的战略。威慑既不会给人质造成痛苦，也不会给他们带来损害，除非这些人静下心来，认真思考他们最终可能遭到的厄运，而这样做的人并不多。沃尔泽提出一切核战争都违反道德的观点，即使只使用低当量的战术导弹。这一观点拉开了他同大多数正义战争论者之间的距离。[82]

最近，沃尔泽重申了他的观点，说任何战争理论都存在着内在的缺陷。一个战争理论不过是一个决策框架，不可能提供确切的答案。他认为，在战争中做出符合道义的决策尤为困难，因为做出这样的决策必须要在两个都具有道义正当性的理由中做出选择，一个是为了整个共同体的共同利益，另一个是非战斗力量有权免遭攻击，这两个理由都有根据，却是相互矛盾的。沃尔泽建议，根据具体情况做出具体决策，既要考虑到可能的后果也要考虑到普遍的规范准则。[83]约瑟夫·博伊尔（Joseph Boyle）对沃尔泽提出的决疑法（使用实用主义方法而不是真正的道义方法来对具体情况做出判断）和结果主义（做出道义决策是因为行动带来的益处可能会大于其带来的害处）提出了异议。在博伊尔看来，沃尔泽的方法允许时间紧迫时可以不顾道义原则，这就削弱了道义原则的权威性。[84]

冷战期间，伦理学家们争论的焦点发生了微妙的变化，由原来争论战争或战略政策是否符合道义转变为讨论能否通过谴责大规模核战争的非道义性来防止核战争爆发或失去控制。实际上，长久以来所有强调道义的神学家和哲学家都认为，如果核威慑失去了作用，奉行确保摧毁战略（第八章就此做了论述）将造成史无前例的道德灾难。就确保摧毁战略本身，研究战略伦理的理论家们有四点严重的分歧：

1. 确保摧毁战略的根本意图是什么？这种意图是善意的还是应该受
   到谴责的，即为的是防止核战争爆发还是要造成巨大的伤亡和破 217

坏以进行报复？如果两种目的兼而有之，如何进行判断？

2. 战略威慑政策是为了防止战争爆发而发出的公开威胁，还是威慑失败后实际实施的计划？对两者做出区分可能吗？（这个问题给战略分析家、政府决策者和军队领导人也带来了麻烦，因为他们关心的是要保持威胁的可信性）

3. 为了进行道德评价，我们能像在司法案件中断定个人意图一样断定政府的意图吗？就政府政策而言，尤其是多元宪政民主体系中的政府政策，谁应该为什么事承担责任？

4. 为维护和平而运用不道德的战略威胁来抗衡敌人，这样做在道义上是否可行？

一个令人信服的观点是，如果威慑是可信的，那么威胁越恐怖，威慑就越有效。这就是为什么人们认为确保摧毁战略在政治上是成功的，同时也是为什么它受到了许多教会领导人和其他伦理学家的严厉谴责，他们关注的是确保摧毁战略消灭城市人口、破坏工业设施的背后所暗含的意图。有人认为，为进行威慑而拥有核武器是正当的，但是决不能在战争中使用这些武器。这种看法与威慑战略的可信原则相抵触，因为它使威慑战略失去了可操作性。（民主政府有进行威慑的原则，而威慑失败时则还有一个更有限的原则。这是否可能，人们尚在争论）

可以断定，努力让威胁更符合道义和更有限，至少在逻辑上会降低威慑的有效性。（尽管有人认为，这种努力能提高威慑的可信性，也就是，这样的战略是一定会实施的）美国的国防官员在思考怎样回应侵略时相当慎重，并不是仅仅要使用战略核导弹进行不择手段的大规模报复，比如，可以选择有限的核打击、有选择地确定打击目标、采用打击军事力量的战略而不是打击城市的战略、使用战区或战术核武器、使冲突水平升级或进行常规威慑。道德学家们经常批评这些官员想使核战争不再那么不可想象，或者使冲突升级而爆发核战争变的可能。因此，不管有意还是无意，这些伦理学家们已经间接地表达了他们的忧虑。他们不仅忧虑威慑的正义性，而且对威慑的有效性也表示忧虑。他们也许不会对每一次动用核武器都进行谴责，也许会不情愿地赞同谨慎有限地使用核武器对军事目标进行报复性打击在理论上可能是正确的。然而，伦理学家怀疑，无论怎样加以控制，核战争都不可能是有限的。由于担心核战争升级，他们普遍反对任

218

何首先使用核武器的政策。[85]

　　对核战争道义性的争论已经持续了很长时间并经历了几个阶段。这场争论充分证明，虽然在20世纪的国际关系理论发展中威慑是一个重要概念，但历史地看它却是一个新生事物。西方传统对战争与和平的分析有两个角度，一个是正义战争，一个是和平主义。威慑概念向这两种分析方法提出了挑战，它需要使用独特的而不是自相矛盾的伦理分析模式。

　　近些年在哲学家中间展开了另一场争论，即和平主义理论和正义战争理论能否协调起来。这场争论饶有趣味，但深奥而无成果。圣母玛丽亚大学的詹姆斯·斯特巴（James Sterba）坚信两种理论能协调起来。他把反战的和平主义定义为这样一种观点：永远不承认任何大规模战争具有正当性，但认为如果使用暴力的目的是保卫自身生命或其他反抗不公正侵略的无辜者生命，而且暴力的实施受到了严格的限制，那么使用暴力就是正当的。[86]路德教和平大学的埃里克·雷诺恩（Eric Reitan）认为詹姆斯·斯特巴的立场前后矛盾，原因是它至少承认某些战争是正当的，因此由道德和平主义理论变成了正义战争理论。在雷诺恩看来，只有拒绝支持所有有效的有组织防御，反战的和平主义理论才能前后连贯一致。但是，雷诺恩认为，如果反战和平主义理论承认下面这种暴力形式，即以反抗侵略者保卫家园和生命为目的的无效的和无组织的个人暴力活动具有道义合法性，那么这种反战和平主义理论也是前后连贯的。[87]是有意杀害无辜平民还是无意而不可避免地杀害了无辜平民，哲学家和伦理学家对这两种屠杀进行了仔细的区分。同二战期间相比，当代民主政府在进行军事行动时更加关注两者之间的区别了。

　　当然，核武器没派上用场冷战就结束了。惟一一次使用核武器的战例是二战临近结束时对日本的打击。逐步出现的大规模杀伤武器扩散正在取代冷战时期形成的威慑关系。所谓大规模杀伤武器扩散就是核武器、生物武器和化学武器将扩散到更多的国家，也可能扩散到非国家行为体中。正如我们第八章将要讨论的那样，关注两极结构下威慑的理论家们需要考虑到这些变化。同时，大规模杀伤武器扩散也带来了伦理问题，包括像伊拉克这样的地区行为体以动用大规模杀伤武器来进行威慑，这种做法是否有合理的根据？如果萨达姆·侯赛因在1990年至1991年的海湾战争期间动用化学或生物武器袭击了以色列或沙特，美国做出什么样的反应才是恰当的呢？虽然美国放弃了生化武器计划，但美国并没有放弃进行核报复的选

择，依然拥有最强大的常规战争反应能力。同时，后冷战时期，行为体之
219 间而不是国家之间发生武装冲突的潜在威胁越来越大，这些非国家实体拥
有的武器可能具有前所未有的毁灭能力。进行战争的参数如此变化，这为
武装冲突原因的研究和威慑或制止战争的研究提出了无数的问题。在21世
纪全球冲突的背景下，这些问题不仅包括战争是怎样爆发的，而且包括在
一个范式空前多样和复杂的世界里，本章提到的这些西方规范理论是否适
用或可被接受。

注　释：

1 1980年以来，值得关注的文献包括，Francis A. Beer, *Peace Against War: The Ecology
of International Violence* (San Francisco: Freeman, 1981); Bruce Bueno de Mesquita,
The War Trap (New Haven, CT: Yale University Press, 1981); Robert G. Gilpin,
War and Change in World Politics (Cambridge, England: Cambridge University Press,
1981); Seyom Brown, *The Causes and Prevention of War* (New York: St. Martin's,
1987); Geoffrey Blainey, *The Causes of War*, 3rd ed. (New York: Free Press 1988);
Melvin Small and J. David Singer, eds., *International War: An Anthology* (Chicago:
Dorsey Press, 1989); Greg Cashman, *What Causes War? An Introduction to Theories
of International Conflict* (New York: Lexington Books, 1993); John A. Vasquez, *The
War Puzzle* (Cambridge, England: Cambridge University Press, 1993); Lawrence
Freedman, ed.,*War* (New York: Oxford University Press, 1994); Robert A. Doughty
and Ira D. Gruber, eds., *Warfare in the Western World*, 2 vols. (Lexington, MA:
D. C. Heath, 1996); Claudio Cioffi-Revilla, "Origins and Evolution of War and
Politics," *International Studies Quarterly*, 40 (1) (March 1996), pp.1-22; 以 及 几
篇 发 表 在 *International Studies Quarterly*, *World Politics*, *American Political Science
Review*, *Journal of Conflict Resolution* 和 *International Security* 上的论文，本书后面将
引用这些文章。

2 Michael Howard, *The Causes of War*, (Cambridge, MA: Harvard University Press,
1983), pp.7-22, quoted at p.14. 琼·德·布洛克（Jean de Bloch ）的 *Future of War*
（ 1899 ）一书准确地预测出欧洲下一次爆发战争的时间，皮季里姆·索罗金（Pitirim
Sorokin）1937年的著作 *Social and Cultural Dynamics* 把战争和文化模式的周期联
系起来。戴维·辛格注意到，除了上述两本书以外，昆西·赖特的 *A Study of War*
（ Chicago: University of Chicago Press, 1992 ）和1960年刘易斯·理查森出版的对军
备竞赛进行统计分析的著作（将在第七章进行讨论）是最早试图用科学方法研究国际
冲突的著作。他补充道，使用科学方法研究物理现象已有几个世纪，研究生物现象也
将近一个世纪了，但对社会现象研究很大程度上还是被神学猜测、道德训诫和民间
故事所主导。"Accounting for International War: The State of the Discipline," *Journal
of Peace Research*, XVIII (1) (1981), p.1. 对于20世纪前研究战争问题的哲学家、

社会理论家、政治理论家和法律理论家来说，辛格的断言有些不公平，他们没有使用定量方法进行研究，但也不能把他们的观点看做是民间故事而拒不接受。然而，实际上，直到第一次世界大战以后，研究人员才开始不断地使用行为主义方法和系统科学的方式研究战争问题，这种说法是正确的。

220

3 Donald Kagan，*On the Origins of War and the Preservation of Peace*（New York：Doubleday，1995），pp.1-11，569.

4 Lewis A. Coser，*The Functions of Social Conflict*（New York：Free Press，1956），p.3.

5 Urs Luterbacher，"Last Words About War?" *Journal of Conflict Resolution*，28（March 1984），p.166. 菅波秀正（Hidemi Suganami）反对用人类本性或国际体系的无政府状态等一般性原因来解释战争，他坚持认为，战争有多种原因，各不相同，特殊情况下通常有特殊原因。*On the Causes of War*（New York：Oxford University Press，1996）.正如我们将看到的，其他人也同意这一观点。

6 Kenneth N. Waltz，*Man，the State and War：A Theoretical Analysis*（New York：Columbia University Press，1959），chaps. 2 and 4.

7 Ibid.，chap.6. 第一章讨论了国际体系的无政府特征，pp.60-62. 又见 Waltz，"War and Expectation of War," chap.7 in Vernon Van Dyke，*International Politics*，2nd ed.（New York：Appleton，1966）；GordonW. Allport，"The Role of Expectancy," in Hadley Cantril，ed.，*Tensions that Cause War*（Urbana：University of Illinois Press，1950）；and Werner Levi，"On the Causes of War and the Conditions of Peace," *Journal of Conflict Resolution*，IV（December 1960），pp.411-420. 利维注意到，不应把战争原因归结为任何一个特殊因素，而应归结为一系列因素。Ibid.，p.418.

8 Waltz，*Man，the State and War*，pp.18-20.

9 西摩·马丁·李普塞特（Seymour Martin Lipset ）注意到，托克维尔和马克思都强调社会单元之间冲突的必要性，李普塞特阐明，适度冲突的存在是明确界定合法民主的另一种方法。*Political Man：The Social Bases of Politics*（Garden City，NY：Doubleday-Anchor，1963），p.7 and p.71. 冲突是发展必不可少的一个方面，我们无法完全控制战争，也不能对控制战争寄以希望。H. L. Nieburg，*Political Violence*（New York：St. Martin's 1969），pp.16-17. 有人类而没有冲突是不可想象的。冲突赋予生命很多意义，所以，即使可能，消灭冲突也不值得。

10 Jerome D. Frank，"Human Nature and Nonviolent Resistance," in Quincy Wright et al.，eds.，*Preventing World War III*（New York：Simon & Schuster，1962），p.193. 肯尼斯·博尔丁曾经提出，对于特定情况而言，冲突数量可能过多也可能过少，或者恰到好处，这使生活具有一定的戏剧性，充满情趣。*Conflict and Defense*（New York：Harper & Row，1962），pp.305-307.

11 Quoted in Abram Kardiner and Edward Preble，*They Studied Man*（New York：New American Library Mentor Books，1963），p.102. 在另外一本书中，埃米尔·涂尔干写道："社会事实与心理事实不只是本质上不同：'它们的基础不一样'（they have a differentsubstratum）；它们在不同的环境里演化；而且它们所依赖的条件也不同……集体心理同个人心理不完全一样，[集体心理]有自己的规律。"Introduction to S. A. Solvay and J. K. Mueller，*The Rules of Sociological Method*，2nd ed.，trans. G. E. G. Catlin ed.（New York：Free Press，1938），p.xix（着重号为原文所加）.

12 参见载有社会科学不同学科论文的论文集，EltonB. McNeil ed.，*The Nature of Human Conflict* (Englewood Cliffs, NJ：Prentice Hall, 1963)；又见 J. David Singer，"Man and World Politics: the Psycho-Cultural Interface，" *Journal of Social Issues*，XXIV（July

1998），pp.127-156.

13 Michael Haas，*International Conflict*（New York：Bobbs-Merrill，1974），p.4.

14 Stephen Withey and Daniel Katz，"The Social Psychology of Human Conflict," in Elton B. McNeil，ed.,*The Nature of Human Conflict*（Englewood Cliffs，NJ：Prentice Hall，1965），p.65.

15 Herbert C. Kelman，"Social-Psychological Approaches to the Study of International Relations," in Herbert C. Kelman，ed.,*International Behavior：A Social-Psychological Analysis*（New York：Holt，Rinehart and Winston，1965），pp.5-6. 还可参见讨论战争微观理论的第六章中有关沃纳·列维的参考书目。

16 参 见 M. Jane Stroup，"Problems of Research on Social Conflict in the Area of International Relations," *Journal of Conflict Resolution*, IX（September 1965），pp.413-417. 又见 Coser, *Functions of Social Conflict*, pp.15-38；Jessie Bernard，"Parties and Issues in Conflict," *Journal of Conflict Resolution*，I（June 1957），pp.111-121；and Raymond W. Mack and Richard C. Snyder，"The Analysis of Social Conflict：Toward an Overview and Synthesis," Ibid., I（June 1957），pp.212-248. 塔尔科特·帕森斯的结构—功能方法，把冲突归入变态、不正常、病态现象之列，使其理论本身不能解释社会变化和冲突，相关观点见 Ralf Dahrendorf，"Toward a theory of Social Conflict," *Journal of Conflict Resolution*，II（June 1958），pp.170-183. 在达伦多夫看来，帕森斯派关注的重点是调节问题，而不是变化问题。对于他们来说，社会冲突本质上具有破坏性，是功能失调。在自己的社会学理论中，达伦多夫强调的是变化而不是一成不变的结构，强调的是冲突而不是一致。他提出自己的假定并不是要推翻帕森斯派的观点，而是用侧重点不同的有机模型补充帕森斯派的观点。他相信，只有把两个模型有机地综合起来，才能穷尽社会现实，为我们提供一个完整的有关社会变化因素和持久因素的理论，两个模型都不能单独做到这一点。参见 Georg Simmel "Conflict," trans. Kurt H. Wolff, in *Conflict and the Web of Group Affiliations*（NewYork：Free Press，1955）. 西梅尔写道："为了获得任何一种存在形式，宇宙既需要爱，也需要恨（即令人愉快的力量和遭人厌恶的力量）；与此同理，为了获得一种确定形态，社会也需要一定比例的和谐与不和谐，联合与竞争，积极趋势与消极趋势。" Ibid., p.15. 即使是在相对无望的环境中，对抗的机会能使无法忍受的事情变得可以忍受，"就像在不同心理状况下谦虚和耐心所发挥的作用一样，反抗使我们获得内心的满足，分散了注意力，获得了解脱"。（p.19）参见 Lewis Coser, ed., *Georg Simmel*（Englewood Cliffs，NJ：The Free Press，1955），pp.1-17. 又见 R. C. North et al.，"The Integrative Functions of Conflict," *Journal of Conflict Resolution*，IV（September 1960），pp.355-374；Lewis A. Coser，"Some Social Functions of Violence," *Annals of the American Academy of Political and Social Science*，CCCLXIV（March 1966），pp.8-18；and Charles Lockhart，"Problems in the Management and Resolution of International Conflicts," *World Politics*，XXIX（April 1977），p.370.

17 参 见 the excellent chapter on "Ancient China," in Frank M. Russell, *Theories of International Relations*（New York：Appleton，1936）；Mousheng Lin, *Men and Ideas：An Informal History of Chinese Political Thought*（New York：John Day，1942）；Arthur Waley, *Three Ways of Thought in Ancient China*（London：Allen and Unwin，1939 Anchor edition，1956）；H. G. Creel, *Chinese Thought from Confucius to Mao Tse-tung*（New York：New American Library，1960），esp.pp.51-53，113-121，

and 126-130; and Ch'u Chai and Winberg Chai, eds., *The Humanist Way in Ancient China: Essential Works of Confucianism* (New York: Bantam, 1965). 雅克·热尔内 (Jacques Gernet) 指出，墨翟的追随者努力避免战争，但城市遭到非正义的攻击时， 他们愿意通过军队的力量保卫城市。*A History of Chinese Civilization*, trans. J. R. Foster (Cambridge, England: Cambridge University Press, 1983), p.83.

18 进一步讨论历史上印度人对战争态度的，见 D. MacKenzie Brown, *The White Umbrella: Indian Political Thought from Manu to Gandhi* (Berkeley: University of California Press, 1953), especiallly Part I; U. N. Goshal, *A History of Hindu Political Theories* (London: Oxford University Press, 1923); A. L. Basham, "Some Fundamentals of Hindu Statecraft," in Joel Laurus, ed.,*Comparative World Politics: Readings in Western and Pre-Modern Non-Western International Relations* (Belmont, Cal Wadsworth, 1964), esp.pp.47-52; and the chapter on "Ancient India," in Russell, *Theories of International Relations*; Norman D. Palmer, "Indian and Western Political Thought: Coalescence or Clash?" *American Political Science Review*, XLIX (September 1955), pp.747-761; George Modelski, "Kautilya: Foreign Policy and International System in the Ancient Hindu World," *American Political Science Review*, LVIII (September 1964), pp.549-560.

19 John Burnet, *Greek Philosophy: Thales to Plato* (New York: Macmillan, 1961), pp.72-74; Bertrand Russell, *A History of Western Philosophy* (New York: Simon and Schuster, 1945), p.42.

20 Plato, *The Republics*, trans. F. M. Cornford (New York: Oxford University Press, 1945), Book II.

21 Aristotle, *Politics*, Books VI and VIII, trans. Ernest Barker (Oxford, England: Oxford University Press, 1946).

22 Thucydides, *The Peloponnesian War*, trans. Rex Warner (Harmondsworth, England: Penguin, 1954), p.56. For Pericles, 参见 Ibid., pp.118-121.

23 Alan Beyerchen, "Clausewitz, Nonlinearity and the Unpredictability of War," *International Security*, 17 (Winter 1992 / 93), p.61.

24 Coleman Phillipson, *The International Law and Custom of Ancient Greece and Rome*, Vol. II (London: Macmillan, 1911), pp.192-195.

25 Ibid., Vol. II, pp.329-343.

26 Ibid., Vol. II, p.223.

27 F. R. Cowell, *Cicero and the Roman Republic* (Harmondsworth, England: Pelican Books, 1956), pp.41-43.

28 Hamilton A. R. Gibb, *Monhammedanism: An Historical Survey* (New York: New American Library, 1955), pp.57-58. 就这一主题，马吉德·哈杜瑞 (Majid Khadduri) 曾做过两次精彩的说明性解释: *War and Peace in the Law of Islam* (Baltimore, MD: Johns Hopkins Press, 1955) and "The Islamic Theory of International relations and Its Contemporary Relevance," in J. Harris Proctor, ed.,*Islam and International Relations* (New York: Praeger, 1965), pp.24-39; "Holy War, Military Power and Religion," Report of a Seminar Held at the Royal United Services Institute 9 May 1979, Rear Admiral E. F. Gueritz, OBE, in the Chair (London: RUSI *Strategic Studies*, 1980), pp.47-62; and Bernard Lewis, "The Return of Islam," in Michael Curtis, ed.,*The Middle East Reader* (New Brunswick, NJ:

Transaction Books，1986），esp.pp. 79-82；阿卜杜勒阿齐兹·萨琴尼达（Abdulaziz A. Sachenida）曾指出，"圣战"（jihad）译成"内心斗争"或"精神奋斗"比译成"圣战"（holy war）更为恰当，但他承认，伊斯兰教支持战争，不管其目的是防御性的还是进攻性的，只要这场战争能"实现古兰经预想的世界"。James Turner John son 和 John Kelsay, eds., *Cross, Crescent and Sword: The Justification and limitation of War in the Western and Islamic Tradition*（New York：Green wood, 1990），p.39.

29 Brown, White Umbrella, p.143.

30 政治君王兴起之前的先知和士师时代里，犹太人的信念和实践，见 Exodus 15：1-21；Deuteronomy 20：1-20 和23：15；Joshua1：19, 2：23, 3：510, and 6：119；Judges7：2-22 and 2 Samuel 5：24. 又见 Everett F. Gendler, "War and the Jewish Tradition," in James Finn, ed.,*A Conflict of Loyalties*（New York：Pegasus, 1968）；George Foot Moore, *Judaism*, Vol. 2（Cambridge, England：Cambridge University Press, 1966），pp.106-107；Roland de Vaux, *Ancient Israel：Its Life and Institutions*（New York：McGraw-Hill, 1961），pp.213-267；"War," article in the *Jewish Encyclopaedia*, Vol. 12（London：Funk and Wagnall's, 1905），pp.463-466；Y. Yarden, "Warfare in the Second Millenium B．C．E．" in Benjamin Manzar ed.,*The History of the Jewish People*（New Brunswick, NJ：Rutgers University Press, 1970）；and "Peace（Shalom），" article in *The Encyclopaedia Judaica*, Vol. 13（Jerusalem：Keter Publishing Company, and New York：Macmillan, 1971），pp.274-282. 稍后出现的主题爱、正义与和平，见 the books of Isaiah, Jeremiah, Hosea, and Amos.

31 在新约经文中，见 Matthew 26：7和52；Luke 14：31-33 and 22：38. 又见 John Cadoux, *The Early Church and the World*（Edinburgh：T & T Clark, 1925），pp.36 and 51-57；Roland H. Bainton, *Christian Attitudes Toward War and Peace*（Nashville, TN：Abingdon Press, 1960），chaps4, 5, and6；Peter Brock, *Pacifism in Europe to 1914*（Princeton, NJ：Princeton University Press, 1972），pp.3-24；Edward A. Ryan, Society of Jesus（S. J.）. "The Rejection of Military Service by the Early Christians," *Theological Studies*, 13（March 1952）；Knut Willem Ruyter, "Pacifism and Military Service in the Early Church," *Cross Currents*, 32（Spring 1982）；Joan D. Tooke, "The Development of the Christian Attitude Toward War Before Aquinas," chapter 1 in *The Just War in Aquinas and Grotius*（London：SPCK, 1965）；G. I. A. D. Draper, "The Origins of the Just War Tradition," *New Blackfriars*（November 1964）；F. Homes Dudden, *The Life and Times of Saint Ambrose*, Vol. 2（Oxford, England：Clarendon Press, 1945），pp.538-539；*Saint Augustine*, *The City of God*, trans. Demetrius B. Zema, S.J. and Gerald G. Walsh,（New York：Fathers of the Church, 1950），Book4, chap.15, and Book 19, chap.12；James E. Dougherty, *The Bishops and Nuclear Weapons：The Catholic Pastoral Letter on War and Peace*（Hamden, CT：Archon Books, 1984），pp.18-42.

32 St. Thomas Aquinas, "Summa Theologica," 22ae, Question 40, Article 1 in Aquinas, *Selected Political Writings*, trans. J. G. Dawson（Oxford, England：Blackwell, 1948），p.159；Tooke, "Christian Attitude Toward War," pp.21-29；James E. Dougherty, *Bishops and Nuclear Weapons*, pp.42-47.

33 James Turner Johnson, *The Just War Tradition and the Restraint of War：A Moral and Historical Inquiry*（Princeton, NJ：Princeton University Press, 1981）；Frederick Russell, *The Just War in the Middle Ages*（Cambridge, England：Cambridge University

Press，1975）；E．B．F．Midgley，*The Natural Law Tradition and the Theory of International Relations*（New York：Barnes and Noble，1975），pp.62-93；James R. Childress，"Just War Theories,"*Theological Studies*，39（September 1978）．中世纪社会推崇骑兵而非步兵，所以只有一小部分完全合格的战士才能成为骑士。即使铠甲的工艺水平不高，给骑士全副武装起来也需要相当的投资。君主不具备组织和维持大规模职业军队的财力和组织资源。当时，欧洲人口稀少，农业方法落后，所以常常要忙于基本生存问题。此外，土地效忠关系形成的封建网络错综复杂，造成许多封侯和封建领主之间因效忠问题爆发冲突。在一个通过讨价还价保持微妙平衡的社会中，战争时常爆发，但都是小规模战争，战争目标也受到了严格限定。参见　224 Henri Pirenne，*Economic and Social History of Medieval Europe*（New York：Harcourt Brace Jovanovich，1937）；Joseph R．Strayer and Rushton Coulborn，*Feudalism in History*（Princeton，NJ：Princeton University Press，1956）；F．L．Ganshof，*Feudalism*（London：Longmans，1952）；and Richard A．Preston，Sydney F．Wise，and Herman O．Werner，*Men in Arms：A History of Warfare and Its Interrelationships with Western Society*（New York：Praeger，1962），chaps．6 and 7．12 世纪天主教教会根据"上帝的休战"和"上帝的和平"制定了战争规则，有关这些规则的记述，见 Arthur Nussbaum，*A Concise History of the Law of Nations*（New York：Macmillan，1954），p.18.

34 Gwynne Dyer，*War*（New York：Crown，1985），p.60.

35 参 见 Francisco de Victoria，*De Indis et De Iure Belli Relectiones*，trans．John P.Bate （Washington，DC：Carnegie Endowment for International Peace，1917）；Francisco Auarez，*De Triplici Virtute Thelolgica*，Disp.VIII，"De Bello," in *Selection from Three Works*（Oxford，England：Clarendon，1925）；Balthazar Ayala，*Three Books on the Law of War，the Duties Connected with War and Military Discipline*（Washington，DC：Carnegie Institute，1912）；Emmerich Vattel，*Le Droit des Gens*（Washington，DC：Carnegie Institute，1916）；and Albericus Gentilis，*De Iure Belli*，trans．John C. Rolfe（Oxford，England：Clarendon，1933）.

36 John U．Nef，*War and Human Progress*（Cambridge，MA：Harvard University Press，1950），pp.250-259；Richard A．Preston et al.，*Men in Arms*，chap.9；Dyer，*War*，p.67；Bruce Porter，*War and The Rise of the Nation-State*（New York：Free Press，1993）.

37 Paul Hazard，*European Thought in the Eighteenth Century*，trans．J．Lewis May（New York；World，1963），p.18.

38 Kingsley Martin，*French Liberal Thought in the Eighteenth Century*，2nd ed.（New York：New York University Press，1954），chap.XI.

39 Jean-Antoine-Nicolas de Caritat，Marquis de Condorcet，*Outlines of an Historical View of the Progress of the Human Mind*，1794．Excerpts from an English translation of 1802 in Hans Kohn，*Making of the Moden French Mind*（Princeton，NJ：Van Nostrand Anvil Books，1955），pp.97-98.

40 Candide，chap.3，in Edmund Fuller，ed,，*Voltaire：A Laurel Reader*（New York：Dell，1959），pp.13-14.

41 William Penn，*Essay Toward the Present and Future Peace of Europe*，reprinted in Frederick Tolles and E．Gordon Alderfer，eds.，*The Witness of William Pen*（New York：Macmillan，1957），pp.140-159；Abbe de St．Pierre，*A Project for Making Peace Perpetual in Europe*，reprinted in C．E．Vaughan，ed.，*Political Writings of*

Jean-Jacques Rousseau：*Volume1*（Cambridge，England：University Press，1915），pp.364-387；Jean-Jacques Rousseau *A Lasting Peace through the Federation of Europe and the State of War*，trans. C. E. Vaughan（London：Constable Publishers，1917）；Immanuel Kant，*Perpetual Peace*（New York：Liberal Arts Press，1957）；and JeremyBentham，*Plan for a Universal and Perpetual Peace*，reprinted in Charles W. Everett，*Jeremy Bentham*（London：Weidenfeld and Nicolson，1966），pp.195-229.

42 Dyer，*War*，pp.68-72. 法国大革命和拿破仑战争期间，共有400万人丧生，其中大部分是士兵。这一数字只是三十年战争期间死亡人数的一半，而三十年战争期间丧生的主要是平民，原因是饥荒、瘟疫、屠杀和社会经济崩溃。Ibid., p.72.

43 参 见 Henry A. Kissinger, *A World Restored – Europe After Napoleon*: *The Politics of Conservatism in a Revolutionary Age*（New York: Grosset and Dunlap Universal Library, 1964）. 又 见 Charles Breunig, *The Age of Revolution and Reaction* (New York: W. W. Norton, 1970), chaps. 3-5.

44 David W. Zeigler，"The wars for German Reunification，"*War*，*Peace and International Politics*，4th ed.（Boston：Little，Brown，1987）；Gordon A. Craig，Germany 1866-1945（New York：Oxford University Press，1978），chap.1.

45 在美国内战中，622000名士兵丧生。虽然20世纪80年代的美国人口数远大于19世纪60年代的人口数，但是美国内战中的士兵死亡人数比美军在两次世界大战外加朝鲜战争、越南战争中军事人员的死亡总数还要多。

46 R. A. Preston et al.，"Approach to Total Warfare，"chap.15 in *Men in Arms*：*A History of Warfare and Its Interrelationships with Western Society*，4th ed.（New York：Holt，Rinehart and Winston，1979）.

47 Dyer，*War*，pp.7-8，150；Preston et al.，*Men in Arms*，pp.244-245，250-253；Barbara Tuchman，*The Guns of August*（NewYork：Dell，1962），pp.91-95.

48 Jonathan Dymond，*An Inquiry into the Accordancy of War with the Principles of Christianity and an Examination of the Philosophical Reasoning by Which It Is Defended*，3rd ed.（Philadelphia：Brown，1834）.

49 Norman Angel，*The Great Illusion*：*A Study of the Relation of Military Power to National Advantage*（New York：Putnam's，1910），p.71. 为证明经济繁荣和军事能力可以分离，安吉尔使用的论据之一是，投资者认为购买非军事小国的国家债券比购买有较强军事力量国家的债券更为安全。格拉斯哥大学的琼斯（J. H. Jones）反驳了安吉尔的观点，指出正是较强国家的军事开支为小国所依赖的国际稳定和安全创造了条件，见 *The Economics of War and Conquest*（London：King and Son，1915），p.25. 铁路、蒸汽轮船和国际商业促进了国家间的友好关系，也促成了19世纪欧洲的长期和平。对这一观点表示怀疑、做出批判的，见 Geoffrey Blainey，*The Causesof War*，3rd ed.（New York：Macmillan-Free Press，1988），esp.chap.2.

50 Angell，Ibid.，p.335. 赫伯特·斯宾塞认为，对于工业社会而言，战争成本极高，具有极强的破坏性，参见他的 *Principles ofSociology*，Vol. 11（New York：Appleton，1898），pp.568-642. 第四章讨论了乔治·利斯卡的观点。

51 Karl von Clausewita，*On War*，trans. O. J. Matthias Jolles（New York：Modern Library-Random House，1943），pp.5，30，34；cf. also Sir Basil H. Liddell Hart，"The Objective in War，"in B. Mitchell Simpson，ed.，*War*，*Strategy and Maritime Power*（New Brunswick，NJ：Rutgers University Press，1977），p.33；Hans Rothfels，"Clausewitz，"in Edward Mead Earle，ed.，*Makers of ModernStrategy*（Princeton University Press，

225

1986），pp.201-202.

52 Clausewitz, *On War*, p.9，他认为，解除敌人武装这一抽象目标"决不是实践中普遍要实现的目标，也不是和平的必要条件"。另可参见 Sun Tzu, *The Art of War*, trans. and with Introduction by Samuel B. Griffith（Cambridge, England：Clarendon Press，1963），pp.40-45.

53 G. W. F. Hegel, "Philosophy of Right and Law,"　参见 Carl J. Friedrich, *The Philosophy of Hegel*（New York：Random House-Modern Library，1953），p.322.

54 Chris Brown, *International Relations Theory*：*New Normative Approaches*（New York：Columbia University Press，1992），pp.59-69. 在68-69 页，布朗讨论了两个英国理想主义者，托马斯·希尔·格林（T. H. Green）和伯纳德·博赞基特（Bernard Bosanquet），他们都受到了黑格尔的影响，但却得出了与黑格尔不同的结论。

55 "什么是好的？所有能增强权力意识、权力欲和权力的都是好的。什么是坏的？所有源于软弱的东西。什么是幸福？权力增长的感觉——抵抗已被征服。不是满意，而是更大的权力。不是巨大代价的和平，而是战争。不是美德，而是效率。弱者和笨蛋应该灭亡：这是人性的第一准则。甚至应当帮助他们灭亡。什么比任何恶行更有害？给笨蛋和弱者以实际的同情——基督教。" From "The Twilight of the Idols（1888），" in Geoffrey Clive, ed., *The Philosophy of Nietzsche*（New York：New American Library，1965），p.427.

56 *Human*, *All Too Human*, Vol. I（1878），pp.372-373. 同尼采推崇战争截然相反，威廉·詹姆斯希望，付出不懈努力和牺牲的和平活动能代替战争，提供战争产生的"社会维生素"。哲学家和心理学家承认，战争和军旅生涯满足了社会的深层需要，呼唤着人们焕发出英雄气概。他认为，战争倾向不可能减弱，直到这些能量被引向其他方向，例如，训练年轻人不要同其他人打架，而要与疾病、洪水、贫困和无知等自然力量斗争。如果国家不想变成一个懦夫的社会，年轻人必须入伍，完成艰苦的任务，"脱掉自身的孩子气"。参见 William James, "The Moral Equivalent of War," *Memories and Studies*（London：Longmans，1912）；and *A Moral Equivalent for War*（New York：Carnegie Endowment for International Peace，1962）. 后来，奥尔德斯·赫胥黎（Aldous Huxley）使这个假设得到了普遍接受，即很多人在战争中体验到了兴奋，因为和平时期他们追求的目标是令人羞耻的、厌烦的和灰心丧气的。战争带来周期性的兴奋，"战时的生活是有意义的和有目的的，以至于最令人厌烦的工作也被尊称为是'战争事业'"。繁荣是人为制造出来的；报纸充满了有趣的新闻；战争期间，性的道德标准放松了。然而，赫胥黎在其二战前的文章中就认为，现代战争环境已变得令人惊骇万分，不仅后方的平民，"甚至是天性最富冒险精神和战斗精神的人都很快就会憎恨、害怕战斗的过程"。*Ends and Means*（New York：Harper & Row，1937）. Excerpted in Robert A. Coldwin et al., eds., *Readings in World Politics*（New York：Oxford University Press，1959），pp.13-14.

57 Friedrich Meinecke, *Machiavellism*：*The Doctrine of Raison d'Etat and Its Place in Mordern History*（New York：Praeger，1957），p.371 and ff. in chap.14.

58 Heinrich von Treitschke, *Politics*, II（New York：Macmillan，1916），p.595.

59 "我们通过特定过程学会了理解战争的道义尊严，而对肤浅的观察者来讲战争则是残忍的和不人道的。战争的伟大恰恰在于它它看上去令人恐惧——为了他们的国家，人们要克服人性的自然情感，要屠杀那些并未伤害他们的同类，不仅如此，被屠杀的人可能还是他们所尊敬的勇敢的敌人。人们不仅要献出生命，而且会献出灵魂，灵魂中的自然天性和合理的天性；……这里，我们看到了战争的崇高。" Ibid.,

pp.395-396.

60 Quoted in Frank M. Russell, *Theories of International Relations*, p.245.

227 61 Alfred Thayer Mahan, *Armaments and Arbitration* (1912), p.31. Quoted in Charles D. Tarlton, "The Styles of American International Thought: Mahan, Bryan, and Lippmann," *World Politics*, XVII (May 1965), p.590. 前面对马汉思想的总结主要借鉴了塔尔顿的分析。

62 Vilfredo Pareto, *The Mind and Society*, Vol. IV trans. A. Bongiorno and A. Livingston (New York: Harcourt Brace, 1935), pp.2170-2175 and 2179-2220; Gaetano Mosca, *The Ruing Class*, trans. H. D. Kahn (New York: McGraw-Hill, 1939). 对帕雷托和莫斯卡既有趣又有价值的评价, 见 Parts III and VI of James Burnham, *The Machiavellians: Defenders of Freedom* (New York: John Day, 1943).

63 霍尔姆斯赞颂战争, 把战争看做是浪漫的冒险, 是纠正当代年轻人骄奢淫逸、不负责任倾向的必要手段。参见 Edward McNall Burns, *Ideas in Conflict: The Political Theories of the Contemporary World* (New York: Norton, 1960), p.54.

64 Oswald Sengler, *The Decline of the West*, trans. Charles F. Atkinson (New York: Knopf, 1926-1928), 2 Vols., and *The Hour of Decision*, trans. Charles F. Atkinson (New York: Knopf, 1934); Benedetto Croce, *Theory and Historiography*, trans. D Ainslee (London: 1921).

65 参见 A. James Gregor, *The Fascist Persuasion in Radical Politics* (Princeton, NJ: Princeton University Press, 1974); *Anthony James Joes, Fascism in the Contemporary World: Ideology, Evolution, Resurgence* (Boulder, CO: Westview, 1978), chap.3; H. S. Harris, *The Social Philosophy of Giovanni Gentile* (Urbana: University of Illinois Press, 1960). 又见 Noel O'sullivan, *Fascism* (London: J. M. Dent, 1983); Ernest Nolte, *Three Faces of Fascism* (New York: Hold, Rinehart & Winston, 1965); Zeev Sternhell et al., *The Birth of Fascist Ideology*, trans. David Maisel (Princeton, NJ: Princeton University Press, 1993); Walter Laqueur, *Fascism: Past, Present, Future* (New York: Oxford University Press, 1996).

66 Irving Louis Horowitz, ed.,*The Anarchists* (New York: Dell, 1964), 引自编者导言, p.22.

67 参见 the expert from Thomas G. Masaryk, in Horowitz, Ibid., pp.469-473.

68 Horowitz, *Anarchists*, pp.44-55. See also Alan Ritter, *Anarchism* (Cambridge: Cambridge University Press, 1980); Paul Thomas, *Karl Marx and the Anarchists* (London: Routledge and Kegan Paul, 1980); David Miller, *Anarchism* (London: J. M. Dent, 1984).

69 Georges Sorel, *Reflections on Violence* (New York: Macmillan, 1961), pp.77-79, 115. 参见该书 chap.2, "Violence and the Decadence of the Middle Classes." 又见 Part IV, Sorel, "A Note on Myth and Violence," in Burnham, *Machiavellians*; and EilliamY. Elliott, *The Pragmatic Revolt in Politics: Syndicalism, Fascism and the Constitutional State* (New York: Howard Fertig, 1968), pp.111-141.

70 Horowitz, *Anarchists*, pp.53-54; Francis W. Coker, *Recent Political Thought* (New York: Appleton, 1934), chap.VII, esp.pp.223-225. 见注释68引用的来源。

71 Quoted in Daniel Bell, *The Cultural Contradictions of Capitalism* (New York: Basic Books, 1976), p.6. 现代恐怖分子进行绑架或谋杀时, 经常随机选择一个团体或阶层的典型代表 (例如, 商务人员、外交官、飞机乘客或饭店客人) 作为恐怖对

象。参见 Edward Hyams, *Terrorists and Terrorism*（New York：St. Martin's, 1974）; Paul Wilkinson, *Political Terrorism*（New York：Wiley, 1974）; and J. Bowyer Bell, "Trends on Terror：The analysis of Political Violence," *World Politics*, XXIX（April 1977）, pp.476-488.

72 参见 J. Bowyer Bell, "Explaining International Terrorism：The Elusive Quest," in Charles W. Kegley, Jr., ed., *International Terrorism*：*Characteristics*, *Causes*, *Controls*（New York：St. Martin's Press, 1990）, pp.178-184. Haig Khatchadourian, "The Morality of Terrorism," Monograph（New York：Lang, 1998）. 保罗·约翰逊（Paul Johnson）把恐怖主义称为"确确实实的邪恶、无可辩驳的邪恶、彻头彻尾的邪恶"；"The Seven Deadly Sins of Terrorism," in Henry H. Hahn ed.*Terrorism*, *Political Violence and World Order*（New York：University Press of America, 1984）, p.50. 　228

73 Chris Brown, *International Relations Theory*：*New Normative Approaches*（New York：Columbia University Press, 1992）, p.132.

74 反映这些态度的大部头文献中，有代表性的见 Roland H. Bainton, *Christian Attitudes Toward War and Peace*（Nashville, TN：Abingdon Press, 1960）; John C. Bennett ed., *Nuclear Weapons and the Conflict of Conscience*（New York：Scribner's, 1962）; Gordon Zahn, *An Alternative to War*（New York：Council on Religion and International Affairs, 1963）; James Finn ed., *Peace, the Churches and the Bomb*（New York：Council on Religion and International Affairs, 1965）; Donald A. Wells, *The War Myth*（New York：Pegasus, 1967）; James W. Douglass, *The Non-Violent Cross*（New York：Macmillan, 1968）; John H. Yoder, *Politics of Jesus*（Grand Rapids, MI：Erdmans, 1972）; Gene Sharp, *The Politics of Non-Violent Action*（Boston：Sargent, 1973）; Joseph Fahey, *Justice and Peace*（Maryknoll, NY：Orbis Books, 1979）; Thomas Merton, *The Non-Violent Alternative*（New York：Farrar, Strausand Giroux, 1980）and *The Church and the Bomb*：*Nuclear Weapons and the Christian Conscience*, a report of a working party under the chairmanship of the Bishop of Salisbury（London：Hodder and Stoughton, 1982）; James T. Burtschaell ed.,*Just War No Longer Exists*（Notre Dame, IN：Notre Dame University Press, 1988）.

75 参见 Erich Fromm, "The Case for Unilateral Disarmament," in Donald G. Brennan ed., *Arms Control, Disarmament and National Security*（New York：Braziller, 1961）, pp.187-197; Mulford Q. Sibley, "Unilateral Disarmament", 参见 Robert A. Goldwin ed., *American Armed*（Chicago：Rand McNally, 1961）, pp.112-140; Zahn, *Alternative to War*.

76 Paul Ramsey, *War and the Christian Conscience*（Durham, NC：Duke University Press, 1961）and *The Limits of Nuclear War*（New York：Council on Religion and International Affairs, 1963）; John Courtney Murray, *Morality and Modern War*（New York：Church Peace Union, 1959）; Richard A. Falk, *Law, Morality and War in the Contemporary World*, Princeton Studies in World Politics No. 5.（New York：Praeger, 1963）; Robert W. Tucker, *The Just War*（Baltimore：Johns Hopkins University Press, 1960）and *Just War and Vatican II*：*A Critique*（New York：Council on Religion and International Affairs, 1966）; William V. O'Brien, *Nuclear War, Deterrence and Morality*（Westminster, MD：Newman Press, 1967）and *The Conduct of Just and Limited War*（New York：Praeger, 1981）; Michael Walzer, *Just and Unjust War*（New

York: Basic Books, 1977); James T. Johnson, *Just War Tradition and the Restraint of War* (Princeton, NJ: Princeton University Press, 1981); Richard J. Regan, *Just War: Principles and Cases* (Washington, DC: Catholic University Press, 1996); Brian Kane, *Just War and the Common Good* (Bethesda, MD: International Scholars Publications, 1997).

77 O'Brien, *Nuclear War, Deterrence and Morality*, pp.34-41.

78 1991年的海湾战争很大程度上使人们恢复了对正义战争理论的兴趣。另参见 James Turner Johnson 和 AlanF. Geyer, "Just War Tradition and the War in the Gulf," *Christian Century*, 108 (Feburary6-13, 1991), pp.134-135; Alan F. Geyer, "Just War, Jihad and Abuse of Tradition," *Christianity and Crisis*, 51 (March4, 1991), pp.51-53; John Howard Yoder, "Just War Tradition: Is It Credible?" *Christian Century*, 108 (March 13, 1991), pp.295-298; Stanley Hauerwas and Richard John Neuhaus, "Pacifism, Just War and Gulf," *First Things*, 13 (May 1991), pp.39-45; James T. Johnson and George Weigle, *Just War and the Gulf War*, *Center for Ethics and Public Policy* (Lanham, MD: University Press of America, 1991); Michael K. Duffey, "The Just War Teaching: From Tonkin Gulf to Persian Gulf," *America*, 164 (February2, 1991), 83 ff; John P.Langan, "The Just War Theory after the Gulf War," *Theological Studies*, 53 (March 1992), pp.95-112; Brian J. Hehir, "Just War Theory in a Post-Cold War World," *The Journal of Religious Ethics*, 20 (Fall 1992), pp.237-265.

79 参见 Ralph B. Potter, *War and Moral Discourse* (Richmond, VA: John Knox Press, 1969); Robert Ginsberg, ed.,*The Critique of War*(Chicago: Regnery, 1969); Richard A. Wasserstrom, *War and Morality* (Belmont, CA: Wadsworth, 1970); Morton A. Kaplan ed., *Strategic Thinking and Its Moral Implications* (Chicago: University of Chicago Center for Policy Study, 1973); James T. Johnson, "The Cruise Missile and the Neutron Bomb: Some Moral Reflections," *Worldview*, 20 (December 1977); RobertL. Phillips, *War and Justice* (Oklahoma City: University of Oklahoma Press, 1984); John D. Jones and Marc F. Griesbach ed., *Just War Theory in the Nuclear Age* (Lanham, MD: University Press of America, 1985); William V. O'Brien and John Langan, S. J. ed.,*The Nuclear Dilemma and the Just War Tradition* (Lexington, MA: D. C. Heath, 1986).

80 有关神学解放和革命暴力道义性的争论，见 the October 1968 issue of Worldview, devoted to "Revolution and Violence"; Gustavo Gutierrez, "Liberation and Development," Cross Currents, 21 (1971); Philip E. Berryman, "Latin American Liberation Theology," *Theological Studies*, 34 (December 1973); Guenter Lewy, *Religion and Revolution* (New York: Oxford University Press, 1974), esp.chap . 20; Francis P.Fiorenza, "Political Theology and Liberation Theology," 又见 Thomas M. McFadden ed.,*Liberation, Revolution and Freedom: Theological Perspectives* (New York: Seabury Press, 1975); Gustavo Guttierez, *A Theology of Liberation*, trans. Caridad Inda and John Eagleson (Maryknoll, NY: Orbis Books, 1978); Dennis P.McCann, *Christian Realism and Liberation Theology* (Maryknoll, NY: Orbis Books, 1981); and QuentinL. Quade ed.,*The Pope and Revolution: John Paul II Confronts Liberation Theology* (Washington, DC: Ethics and Public Policy Center, 1982).

229

81 Walzer, *Just and Unjust Wars*, p.278.

82 Ibid., p.274, 英国人认为沃尔泽对问题的哲学把握是肤浅的, 对道义的看法是陈腐的。克里斯·布朗为沃尔泽辩护, 反对英国人对沃尔泽盛气凌人的批判。布朗认为沃尔泽的书是当代有关这一主题的最好著作。*International Relations Theory: New Normative Approaches*, p.136.

83 Michael Walzer, "A Response," *Ethics and International Affairs*, 11 (1997), pp.99-104.

84 Joseph Boyle, "Just and Unjust Wars: Casuistry and the Boundaries of the Moral World," Ibid., pp.83-98. 其他支持和批判沃尔泽的文献, 见西奥多·孔茨 (Theodore J. Koonz)、戴维·亨德里克森 (David C. Hendrickson)、迈克尔·约瑟夫·史密斯 (Michael Joseph Smith) 有关同一问题的文章。

85 有关核威慑的道义规范 (除注释74、76 和79 引用的文献外), 见 Geoffrey Goodwin ed.,*Ethics and Nuclear Deterrence* (New York: St. Martin's Press, 1982); Germain Grisez, "The Moral Implications of a Nuclear Deterrent," *Center Journal*, 2 (Winter 1982); Francis X. Winters, Society of Jesus (S. J.), "Nuclear Deterrence Morality: Atlantic Community Bishops in Tension," *Theological Studies*, 43 (September 1982); John Langan, (S. J.) "The American Hierarchy and Nuclear Weapons," Ibid.; David Hollenbach, S.J., "Nuclear Weapons and Nuclear War: The Shape of the Catholic Debate," Ibid. (December 1982); *The Challenge of Peace: God's Promise and Our Response*, U.S. Catholic Bishops' Pastoral Letter on War and Peace, Text in Origins, NC Documentary Service 13 (May 19, 1983); L. Bruce van Voorst, "The Churches and Nuclear Deterrence," *Foreign Affairs*, 61 (Spring 1983); Albert Wohlstetter, "Bishops, Statesmen and Other Strategists on the Bombing of Innocents," *Commentary* (June 1983); Donald L. Davidson, *Nuclear War and the American Churches: Ethical Positions on Mondern Warfare* (Boulder, CO: Westview, 1983); Jim Castelli, *The Bishops and the Bomb: Waging Peace in the Nuclear Age* (Garden City, NY: Doubleday-Image, 1983); Michael Novak, *Moral Clarity in the Nuclear Age* (Nashville, TN: Tomas Nelson, 1983); Philip F. Lawler ed.,*Justice and War in the Nuclear Age* (Lanham, MD: University Press of America, 1983); Judith A. Dwyer, S. J. ed., *The Catholic Bishop and Nuclear War* (Washington, DC: Georgetown University Press, 1984); James E. Dougherty, *The Bishops and Nuclear Weapons* (Hamden, CT: Archon Books, 1984), esp.chaps. 5 and 6; Bruce M. Russett, "Ethical Dilemmas of Nuclear Deterrence," *International Security*, 8 (Spring 1984); Michael Fox and Leo Groarke, *Nuclear War: Philosophical Perspectives* (New York: Peter: and, 1985); George Weigel, *Tranquillitas Ordinis: The Present Failure and Future Promise of American Catholic Thought on War and Peace* (New York: Oxford University Press, 1987); *The Nuclear Dilemma*, Statement of the Commission on Peace, Episcopal Diocese of Washington, 1987. 威慑战略的技术问题、核战争的控制、北约不首先使用核武器政策、常规武器威慑代替核威慑的可能性及相关问题, 将在第八章中讨论。另参见 Robert K. Tucker, *The Nuclear Debate: Deterrence and the Lapse of Faith* (New York: Holmes and Meier, 1985).

86 James Sterba, "Reconciling Pacifists and Just War Theorist," *Social Theory and Practice*, 18 (Fall 1992), pp.213-218.

87 Eric Reitan, "The Irreconcilability of Pacifism and Just War Theory: A Response to

230

Sterba," Ibid., 20（Summer 1994）, pp.117-134. 参 见 James Sterba, "Reconciling Pacifists and Just War Theorists Revised," Response to Reitan, Ibid., pp.135-142. 又 见 Gene Sharp, "Beyond Just War and Pacifism: Nonviolent Struggle Toward Justice, Freedom and Peace," *The Ecumenical Review*, 48（April 1996）, pp.233-250; Daniel A. Brown, "A Just Peace: A Review Essay on Christian Pacifism and Just War," *Religious Studies Review*, 22（April 1996）, pp.129-134; Richard B. Miller, "Interpretations of Conflict: Ethics, Pacifism and the Just War," *New Oxford Review*, 59（July-August 1992）, pp.30-31.

第
六
章

暴
力
冲
突
的
微
观
理
论

当代对动机和战争的研究

　　最近几十年，社会科学家们越来越注意研究影响个人和集体行为的动机、原因和必然性因素。人们无法直接意识到这些因素的作用，只有在进行了科学观察和系统分析之后，才能对之形成清楚的认识。为什么个人行为会具有攻击性？为什么国家、其他团体组织或行为体会发动战争？这是两个相关的问题，但却是两个不同的问题。前者与个人行为的内在动机有关，后者则涉及国家和政府的决策过程。暴力革命是另外一种社会现象，它既不同于个人攻击性，也不同于国际战争。个人攻击性根源于人类的生物和心理特征之中，而国际战争则是高度政治化和制度化的一种社会行为。革命需要组织、领导、意识形态和理论，需要宣传、计划、战略、战术、联络、招募和供给，还经常需要进行外交活动以获得外国势力的支持。因此，随着革命的继续，它便有了高度政治化的特点，故而更需要对之进行**宏观**（macrocosmic）分析，而不仅是**微观**（microcosmic）分析。（参见第七章"革命和战争"部分）

　　仅仅对心理（尤其是社会心理）因素进行分析，也许可以解释社会上一些无目的性的反常[1]暴力事件，例如在印度因粮食或语言问题而发生的暴乱，在运动场上突然发生的殴斗，或者在公共海滩上发生的种族骚乱。不过，即使对于这些事件，社会心理学家也很警惕"单一因素解释的谬误"。社会科学家认为，某些表面上是反常现象的事件，实际上往往与某些政治组织的活动有关，因此，只有把这些反常现象置于整体的社会和政治背景中，人们才能充分理解它们。我们必须假定，所有社会暴力现象的发生都是由多种因索引起的。

国际战争是最复杂和最难解释的一种社会现象。我们不可能单纯从分析个人心理出发来解释爆发战争的原因，把战争看成是个人精神紧张达到爆发的程度，以致演化为大规模的冲突。虽说在全面战争时期，前线与后方之间的界限并不是非常清楚，但是那些做出重大决策而将国家引入战争的人并不会亲自投入战斗，相反，那些亲身投入战斗的人通常很少甚或完全不能参与发动战争的决策过程。虽然一国对另一国的敌对情绪的确可能会在国内广为扩散，但通过精明的外交活动却可以避免战争的发生。同样，如果没有遭到公开反对，一国政府也能引导人民打一场得不到热情支持的战争。针对这个问题，沃纳·列维（Werner Levi）评论道：

> 例如，人类的某些天性或心理冲动，什么时候会通过战争的形式得以发泄，什么时候会通过比战争更为平和的形式发泄？……这些理论的失败之处，是未能说明人类的这些特性如何能转化为全民参与的暴力冲突（不管每个人的本性如何），以及这些人类特性是如何通过一个高度复杂的机构来发挥作用的，而多年来建立这一机构的目的就是要发动暴力冲突。
>
> 各种有关战争心理根源的猜测颇为吸引人，但其中总是缺少能把人类本性和战争联系起来的环节……一般来说，把心理因素和人类特性看做是战争条件而非战争原因更为恰当。[2]

生物学理论和心理学理论

冲突有内外两方面原因。它既源于采取单独行动或在团体中采取行动的个人的心理状态，也源于人们所处的外部环境和社会结构。各种层次上的分析都发现，较大规模的有组织的社会群体可以影响规模较小的群体和个人，反之亦然。个人和团体总是处于相互作用和相互影响之中，但是哪一方的影响更为重要呢？是较大的一方还是较小的一方？对这样一个根本性的重要问题，众多学科领域中对冲突感兴趣的科学家们也许永远也不会形成一致的意见。解决这个难题惟一可行的办法，就是认为在一个有机的整体中，社会环境和个人的内心活动是不断互动的过程。

彼得·科宁（Peter Corning）指出，如果不理解人类行为的进化和遗传，我们就不可能完全理解那些组织人类社会生活的内在原理。此外，社会科学家还必须更多地注意生物体和周边环境的互动。[3] 近年来，一个有争议的新学科——**生物社会学**（sociobiology）开始在学术界崭露头角。**生物社会学家**（sociobiologist）研究昆虫、动物和人类的社会行为，探索这些行为的基因根源，希望以此能够把个人遗传基因和社会的发展进程及社会组织活动联系起来。哈佛大学科学教授爱德华·威尔逊（Edward O. Wilson）是研究昆虫社会的专家，也是生物社会学的创始人和最重要的代表人物。他假定，自然界不存在普遍一致的攻击本能（本章后面将加以探讨），与此相反，不同生物有着各自不同的攻击行为方式，以确保自己能在达尔文式的进化过程中生存下去。威尔逊分析了人类的社会进化过程和攻击行为，认为它们主要取决于人的天性，而不是文化发展的结果。这个新领域似乎有些自命不凡，力图把社会学和**动物行为学**（ethology）（研究动物行为的学科）结合起来，并不加区别地断言行为具有遗传根据。[4]

　　所有活的有机物都有其基本的和物种特有的生物需求。科宁指出："这些需求包括较为纯净的空气、多种营养物、淡水、睡眠……栖身地和遮蔽物（或更概括地说，是保持体温的需要），以及健康护理，其中包括对卫生设施、身体安全、繁衍后代以及养育和训练后代的需要。"[5] 从全世界范围来看，大部分人类经济活动都用于满足这些基本的生物需求。对人类来说，生物需求很快就被更高级的，也常常是更难以满足的心理需求所取代，如归属感、自尊和荣誉感、自我实现，等等。[6] 人类社会在政治和经济领域里的竞争和冲突，大都是因为人类的生理和心理需求通常超过供给。[7] 但这并不必然使我们得出结论，认为自然界就是"血腥杀戮"，人类社会中的暴力侵犯和战争不可避免。一些生物学家坚持认为，在自然界和人类社会中，适者生存所带来的互助和合作行为，至少和冲突行为一样常见。[8]

攻击本能论

　　为解释冲突现象，生物学家和心理学家提出了一个重要的微观概念——**攻击**（aggression）。我们通常认为，攻击是伤害或杀害他人，或者破坏财物的暴力行为。一些理论家把攻击区分为**敌对性攻击**（hostile aggression）和**工具性攻击**（instrumental aggression）。前者的目标是给人或物造成伤害或破坏，后者的目的则是除了使受害者遭受痛苦以外，还要得到一些额外的满足。阿尔伯特·班杜拉（Albert Bandura）对这种区分攻击的方法提出了批评，认为这样做会造成误解。他指出，多数敌对性攻击行为的目的并非仅仅要造成损害，而是另有所图，所以它们也是工具性攻击。[9]班杜拉认为，攻击就是对人身造成伤害（心理或生理上的）或破坏财产的行为。但是他坚持强调"社会定位过程"的重要性，即强调决定伤害或破坏行为属于"攻击行为"的社会判断标准。外科医生实施手术时给病人带来了痛苦，推土机操作员推倒了需要拆除的建筑物，但不会有人谴责他们的行为是攻击行为。[10]

人类的遗传基因和心理结构中是否带有难以泯灭的攻击本能和倾向？既然有关本能行为的争论是沿着这一问题展开的，那么首先考察一下早期某些心理学家的观点是有益的。总的来说，心理学家们早就形成了一致的看法，认为应该使用刺激—反应模式来认识攻击行为。20世纪初，心理学领域中出现的一个基本问题是：攻击倾向是人类一种天生的、本能的和随时可以表现出来的本质呢，还是由于人们在遭受外来挫折之后才出现的现象呢？

20世纪头几十年里，持攻击本能论的主要代表人物是威廉·詹姆斯（William James，1842～1910）和威廉·麦克杜格尔（William McDougall，1871～1938）。麦克杜格尔是当时英国著名的心理学家，他认为本能是某一物种全体成员都会继承下来的心理过程，并不是通过后天学习而得到的，但却可以通过后天学习而加以调整和改变。一些精神分析学家认为，攻击冲动时刻存在着，人们在不停地寻求释放这种冲动的途径。麦克杜格尔不同意这种观点，坚持认为只有在受到挫折的时候，人类的"好斗本能"才会发挥作用。[11]他不认为人类的攻击性是一种人类固有的不断寻求发泄的冲动。

最著名也最有争议的本能理论就是西格蒙特·弗洛伊德（Sigmund Freud）提出的死亡本能理论。弗洛伊德本来很赞同这一观点，即认为人们采取攻击行为的原因是受到了挫折，特别是那种由于文明社会对性冲动的限制而造成的挫折。[12]但在第一次世界大战之后，弗洛伊德又提出，人类有两种基本的本能，即**生存本能**（eros）和**死亡本能**（thanatos）。从这一假定出发，这位奥地利精神分析学家解释了为什么1914到1918年会有千百万人死于战场。[13] 在弗洛伊德看来，所有的本能都是为了减少或消除紧张、刺激和兴奋，以达到一种无欲无望的极乐境界。死亡意味着消除兴奋，因此所有生物都在渴望"无机世界的安宁"。[14] 然而，尽管有死亡本能，但人们还是继续活着，因为生存本能把毁灭的冲动从面向自身转移到面向他人。因此，攻击行为就为可能会造成自杀的破坏性能量提供了一个发泄方式。根据这个假说，连续不断的人类战争和冲突就成了一种定期的能量释放过程，必不可少，一些群体由此把自我毁灭的倾向转移出去，从而保存自我。[15]

大多数当代心理学家都反对弗洛伊德的假说，即把死亡本能作为攻击理论的基础。列奥纳多·伯克威茨（Leonard Berkowitz）教授认为，这种理论"毫无科学根据"，[16] 从实证逻辑和现代经验科学的角度来看也存在着缺陷。他指出，弗洛伊德的理论把当前行为的原因归之于行为者将来的目标——减少或消除兴奋。他还认为，动物实验的研究结果否定了这个观念的有效性，即一切行为的目的都是为了消除紧张，因为"生物体经常不辞劳苦、不厌其烦地从外部环境中获取刺激"。[17] 我们应该记住，弗洛伊德从来没有提出过任何有力的证据来支持他的假设，因此批评者们认为也没有必要用科学方法来反驳他。[18] 由此可见，弗洛伊德没有成功地解释战争的根源。

动物行为研究

235

最近几十年，生物科学领域里发展最快的一个分支是**动物行为学**（ethology）。这门学科全面研究动物行为的各个方面，同时特别强调研究动物的四个基本行为动因：繁殖、欲望、恐惧和攻击性。

人类行为和动物行为大为不同，但在某些方面却可能有相似之处。对一些基本的相似之处和细微差别进行比较，有助于我们避免对问题进行过于简单化的单因解释。我们无法从我们所掌握的动物学知识中直接推导出任何有关人类行为的规律。"对某一物种的研究，"埃尔顿·麦克尼尔（Elton B. McNeil）说，"只能为形成有关其他物种的假设提供一种研究模式。"[19] 当然，我们需要记住的一个重要问题是，人类比其他任何高度发达的动物都更为复杂，人类神经器官中的计算组织使人类拥有了几乎无穷无尽的学习和适应能力，而且最为重要的一点就是，人类是生活在由道德和精神构建的社会秩序中的。

与人类相比，引发动物攻击行为的原因相对较少。例如，雄性动物为了抢夺食物、雌性动物以及地盘而争斗，而雌性动物则是为保护幼兽而争斗。当陌生的同类成员加入到它们中间，当其他动物从它们地盘上抢走了什么，以及当它们已升起的期望遭到打击时，动物都会表现出敌意。研究人员发现，攻击性和雄性荷尔蒙的分泌有关（虽然在少数物种里雌性比雄性更具有攻击性）。此外，在同一种类动物中，某些种类比其他种类有更强的攻击性。所谓攻击的本能性目标（例如，老鼠是猫的本能性攻击目标），其实是后天学习的结果，而不是遗传的结果。研究人员指出，同一种类动物之间的争斗会产生复杂的屈服与支配关系，动物宁愿选择争斗也不愿意其地位被剥夺。在争斗中屡战屡胜会使一个动物更富有攻击性。用各种电流、化学药品以及手术方法对动物的大脑进行干扰，我们就可以预测动物的攻击性所发生的变化。[20] 研究还表明，作为刺激冲突行为基础的学习原则也可以用于控制和减少攻击冲动。[21]

最近的女性主义国际关系理论强调性别差异对冲突行为的影响。女性和男性有着不同的兴趣、视角和行为动机，这些不同是或者主要是由性别差异造成的吗？在确定冲突发生的根本原因时，性别是否比阶级和国家还重要？就本性而言，妇女是否比男性更易于（也许更不易于）采取攻击行为？男性充当战士而女性操持家务，他们的这种不同作用主要是由社会来决定的吗？男性较富攻击性和女性较消极被动的现象（如果的确如此的话）

236 是否源于生理差别？我们在第四章讨论了女性主义国际关系理论，其中较为详尽地提出了这些问题。在提到这些问题时，一个最为明显的事实是：发动战争，战胜或战败，以及对战争的研究，几乎都是由男性完成的。虽然在先进的民主国家里，有关战争的决策已经不再是男性的专利，但是男性仍然对是否发动战争、如何进行和结束战争等问题保持着强大的影响力。

女性主义者的著作认为，性别对于军事行动具有重要意义。军国主义更多是与男性而不是女性紧密联系在一起。像斯皮克·彼得森（V. Spike Peterson）和辛西娅·恩罗（Cynthia Enloe）这样的理论家甚至怀疑，如果没有大男子主义，就不可能出现军国主义，因为它们显然是相互缠绕在一起的。[22] 只是因为历史上政治和军事决策机构以及军队是由男人而不是由女人组成的，因此军事作战就成了一个男性特点很强的概念。由此可见，军国主义帮助男性维持了主导地位。女性主义理论家认为，虽然男性是军事行动中的主体，但是他们军事行动所产生的重要影响却是由妇女们来承受的。现代战争中，包括女性在内的普通平民越来越成为受攻击的目标。战争对男女两性造成了不同影响。换句话来说，女性所受战争影响的方式不同于男性。例如，妇女很关心那些在战争中致残的人，妇女和儿童会成为难民和非战斗伤亡人员。女性主义理论家们问道：由男性主导的国际关系在何种程度上引发了冲突，又在何种程度上维护了国际安全？如果没有男性对国际关系的这种支配，情况又将有何不同？女性寻求军事领域里的男女平等是自相矛盾吗？

约翰·保罗·斯科特（John Paul Scott）否认有任何生理证据可以表明人体内部存在自发的好斗本能，"人体内部的确存在着一种生理机制，只有当它受到刺激之后才会导致人的争斗行为"。[23] 正如斯科特所见，攻击性是后天学习的结果，在这一学习过程中，争斗的动机因成功的刺激而不断增强，胜利维持得越久，争斗的动机就越强烈。所以斯科特认为，攻击冲动根源于生理过程，但是需要外界环境的刺激。他反对那种认为攻击冲动可以自我激发的观点。

一般来说，生物学家不像心理学家那样回避本能问题。本能论与其说是对遗传性行为方式（通过基因遗传）的一种解释，不如说是对由遗传和环境的互动造成的不同行为之间差别的简单描述。不过，现在多数生物学家更愿意使用**先天行为**（innate behavior）这一术语来代替**本能**（instinct）这个陈旧词汇。

洛伦茨的"种内攻击"说

康拉德·洛伦茨（Konrad Lorenz）是马克斯·普朗克（Max Planck）行为心理学研究所的一位奥地利生态学家。他曾对40多种鱼、狗、鸟、鼠、鹿和家畜进行了研究，结果发现攻击性和弗洛伊德的死亡本能式的破坏性大不相同。在洛伦茨看来，攻击性是一种本能，在自然条件下有助于个体和物种的生存。[24] 他说，典型的攻击本能表现在同类物种中间，而不是表现在不同物种之间，简单地说，它是**种内**（intraspecific）现象，而

237

不是**种间**（interspecific）现象。鱼类、哺乳动物和鸟类会固执地保卫自己的地盘不受其他同类成员的侵犯，是最好的说明。从达尔文主义的角度来看，这种做法使同类物种的成员不至于过分拥挤地生活在一起，而是各自拥有一定的栖息空间，从而起到保护本物种生存的作用。没有攻击性的物种不会形成爱的联系。但是所有那些为了保护配偶并安全抚育后代而生活在一起的物种，都会对邻居保持高度的攻击性。也许是性联系和家庭联系必然克服了个体在其地盘的中心地带（种内攻击性表现得最为强烈的地方）的排外倾向。[25] 洛伦茨坚持认为，攻击冲动的目的是为了赶走入侵者，占有雌性，或保护自己的同伴，而不是为了消灭本物种中的同类。他描述了一种被他称为**攻击仪式化**（ritualization of aggression）的现象，即在一种固定的运动模式中，动物以一系列仪式性的威胁姿态来驱赶同类中的入侵者，但却不采取真正的暴力行动。这是一种微妙的威慑行为。[26]

在洛伦茨看来，有些动物已经形成了抑制攻击性的机能或安抚姿势。他为那些弱小动物（如野鸽、野兔和黑猩猩）深感痛惜，它们无力杀死与自己大小相当的敌人，只有一逃了之，没有在这种压力之下去发展防止杀死同类的抑制机能。洛伦茨把人类也归入了这类动物之中（人类能够发明技术性武器），并认为人类尤其危险，因为人类可以拥有杀人武器。不过他并不像某些学者那样，认为人是惟一能凶恶残杀自己同类的动物。[27] 他并不怀疑人类比其他任何灵长目动物更先进、更复杂，但是他警告说，拥有理性思维能力和语言文字能力可以使人类高居于其他所有生物之上，但同时也有造成人类自我毁灭的危险。[28] 洛伦茨总结说，攻击性与弗洛伊德死亡本能假设中的毁灭性冲动有很大的不同。在他看来，攻击性只是生物各种本能中的一种，但它所造成的影响经常被错误地等同于死亡本能所造成的影响。在自然条件下，攻击本能同其他生物本能一样，只是起到维持生物个体和整个物种生存的作用。[29]

洛伦茨的理论受到了一些分析家的批评，他们认为，后天教化比先天本能更能决定行为。埃里希·弗罗姆（Erich Fromm）反对所有本能论者的理论，认为本能论者强调攻击性的先天特征（包括洛伦茨提出的相对温和的形式）是源于保守或极端保守的态度。在埃里希·弗罗姆看来，本能理论是在为人类的自我毁灭和好战行为开脱责任，也使实现永久和平和民主的希望变得十分渺茫。[30] 行为心理学家斯金纳（B. F. Skinner）和人类学家阿什利·蒙塔古（Ashley Montagu）也反对洛伦茨的观点。他们一方面承

认存在人类的本能，另一方面却认为，作为影响人类行为的一种因素，本 238
能的重要性远不如环境和后天学习。[31] 社会学习理论家阿尔伯特·班杜拉
批评说，洛伦茨的学识不够，采用的论据有误，理论的解释力值得怀疑，
而且未能把先天性的行为方式与通过经验学习之后形成的行为方式区分开
来。[32] 其他动物行为学家也对洛伦茨提出了批评，认为他不应该把研究动
物所得出的结论直接用于解释人类行为，也不能在只研究了少数动物种类
的基础上错误地得出有关动物的普遍性结论。[33]

　　另外一些生物学因素看来也与人的攻击行为有关。例如，长期的饥饿
状态或经常性的营养不良可能会影响大脑和其他器官的正常工作，并对人
的精力、判断力和行为造成影响。然而弗朗西斯·比尔（Francis A. Beer）
的观点过于偏激。他认为，面临大规模饥荒但却掌握了先进军事技术的第
三世界国家，可能会因饥饿问题而以核战争相威胁，以至挑起或发动核战
争。[34] 其实在任何可能的情况下，在面临饥荒问题的国家里，挨饿的并不
是国家**领导人**（leaders）。因此，饥饿对**普通民众**（individuals）的影响与
"领导人"发动战争的决定可能没有什么关系。在极权专制国家里，情况
尤其如此。丰衣足食的独裁者不可能去发动一场能迅速毁灭他们自己的核
战争。

　　不过，仍有一些学者提出，过于拥挤的生活条件会使人极度焦躁并相
互打斗，干扰人们正常的行为方式。[35] 此外，还有人认为，国际危机对政
治领袖和决策者是一种刺激（尽管有些人在危机的压力下会感到振奋），
他们在压力下的行为可能会受到许多因素的重要影响，如他们的健康状
况、年龄、疲劳程度（尤其是缺乏睡眠）、生理节奏和白天的生活规律，
以及他们服用的镇静剂和其他药物。我们还可以从生物政治学里举出一些
例子，但是以上几个例子足以表明，生物因素影响人类冲突行为和政治决
策过程的方式是多种多样的。[36]（参见第十一章）

挫折—攻击理论

　　今天，多数心理学家都把个人的攻击行为归因于某种挫折。挫折—攻
击理论并不是新理论，麦克杜格尔和弗洛伊德等人在不同时期都提出过。
耶鲁大学的约翰·多拉德（John Dollard）及其同事的研究工作使挫折—攻

击理论获得了现代科学的表述形式，他们的基本假设是："攻击总是挫折的结果"，挫折必定导致某种形式的攻击。他们给挫折下的定义是："对追求目标行为的干预。"[37]当人们在追求目标的过程中遇到障碍时，体内能量就会被激发起来，形成"有规律的破坏行为"。[38]暂时失去对个人生活不重要的东西与个人生活目标受到威胁，这是完全不同的两种情况。亚伯拉罕·马斯洛（Abraham Maslow）说，只有后一种情况才会造成持久的挫折感。[39]多拉德等人的研究表明，如果人们没有意识到自己受到了剥夺，就不会采取攻击行为。并非所有的挫折都会导致公开的攻击行为。如果会受到惩罚，那么攻击行为就会受到抑制。有些造成障碍和挫折的人在生理、心理或社会方面可能难以受到攻击，如比较强壮的人、拥有权威和神圣地位的人，能使用社会认可的惩罚手段进行报复的人，或者以其他方式而使自己难以受到伤害的人。在这种情况下，人们将采取间接性攻击行为来代替直接性攻击，即攻击一个与造成自己挫折无关的目标，然后设想或希望心目中的攻击目标受到伤害；或者转向自我惩罚、自我伤害，甚至于最极端的方式——自杀。任何攻击行为都是**一种精神上的宣泄**（catharsis），即释放攻击能量，缓解挑起攻击行为的冲动。[40]

像大多数理论一样，自从20世纪40年代初多拉德等人提出以来，这一理论就不断受到各种批评，并被修正过多次。现在心理学家们普遍认为，人们可以通过各种不同途径消除挫折感，挫折并不是引起攻击行为的惟一原因。[41]一些心理学家认为，与社会学习因素相比，挫折并不是引起攻击行为的一个重要原因。另一些心理学家则认为，用挫折—攻击理论来解释个人行为相当有效。[42]挫折和攻击之间的关系是否是一种简单的而且实际上是自动的刺激—反应关系，愤怒和恐惧等感情因素是否一定能够干预这个反应过程，心理学家们在这些问题上还远没有达成一致的看法。另外一些无法达成统一意见的问题是：是否必须存在其他一些未知的意向、释放因素或刺激因素，才会造成攻击行为？什么是挫折并不完全是一个客观问题，它经常取决于个人对事物的不同认识和解释。[43]不同的挫折会导致不同的攻击行为。[44]虽然在儿童身上观察挫折—攻击反应要相对容易一些，但涉及到成人，情况就十分复杂了。

挫折—攻击理论迎合了大多数人的常识性认识。人们能从自己的生活经验中体会到，遭受挫折后产生攻击冲动的情况时有发生。不可否认，在解释一些有限的和简单的个人行为或小规模集体行为时，挫折—攻击理论是有效的。然而，根据相对简单的刺激—反应实验来推论解释更为复杂的人类行为方式和更为宽泛的集体社会行为，这种做法有欠妥当。多拉德等人解释说，20世纪初期，美国南方白人对黑人动用私刑进行迫害，德国纳粹政府把犹太人当替罪羊而加以迫害，都是遭受经济挫折之后采取攻击行为的表现。但他们没有提出任何具体证据来证明这种情况究竟是如何发生的。[45] 他们的研究甚至认为，马克思的阶级斗争理论（认为阶级斗争将在无产阶级革命的最后阶段达到高潮）也完全是以挫折—攻击原则为基础的。[46]

把对挫折的分析从个人层面转向社会层面，就会出现观察层次或分析层次方面的问题。虽然我们在观察个人行为的实验中比较容易发现挫折—攻击假说的有效性，但它很难在大型社会群体的集体行为的层面上得到验证。时间要素也大不相同。个人会对挫折迅速做出反应，而社会心理（因受蓄意煽动而诉诸暴力的大众行为除外）的形成过程通常则要慢得多，因为同个人相比，社会群体感受挫折的过程更为迟缓，形成的认识更分散、更不一致。这种时差的存在为个人进行自我调整提供了更多的机会。此外，同个人相比，大型社会群体对挫折做出反应的途径更多，而且在社会体系中，不同社会群体对挫折的反应会因其政治和文化价值观方面的差别而有所不同。最后，也许是最为重要的一点，就是在决定对挫折做出反应的过程中，与集体行为相关的外在社会心理情结（而不是内在心理）也会发挥作用。由此可见，我们也许能在规模较小的无组织的社会群体行为（例如像无组织的暴徒骚乱这样的社会反常现象）中验证挫折—攻击假说，但要恰当地把它应用到更大规模的、高度制度化的社会群体行为上去，就十分困难，甚至是不可能的。[47]

社会化、转移和投射

挫折—攻击学派试图通过逻辑推理而不是科学实验把对个人的研究上升到对社会的研究。他们借以实现这种转化的主要概念是：攻击的社会化、转移和投射。心理学家认为，学习社会习惯的过程总会给人带来挫折感，因为从童年到成年，人们每次对自己的本能行为进行强迫性调整都会与自己的目标反应相冲突。[48]挫折—攻击模式与社会文化密切关联，不论是造成人们遭受挫折的因素，还是使人们的攻击冲动转移方向（或攻击目标）的因素，在很大程度上都取决于特定文化体系的价值观。每个社会体系都会对个人的本能行为施加某种社会控制，因而使其成员遭受挫折，这些挫折最终导致恐惧、憎恨和暴力攻击行为。每种文化都必须找到管理本社会成员的攻击冲动的办法。[49] 所有人类社会中都存在攻击社会化现象，它通过把本社会群体中的攻击冲动引向其他社会群体来减少成员间的敌对行动。[50]

当儿童因父母的决定而受到挫折时，他们可能会寻找别的攻击目标作为发泄替代物，如玩具、家具、兄弟姐妹、邻居家的孩子、老师、宠物，或者邻居的财物。有意识地压抑敌意冲动可以使个人忘掉挫折的本来根源，从而有助于完成转移过程。[51] 压抑会导致投射行为，这包括人们把存在于自己身上却又不愿意承认的不良品质和恶意归咎于他人，或者夸大别人的此类品质和恶意。个人往往把自己的不良思想和感情"投射"到他人身上，以此减轻自己的负罪感。一旦他们找到了自己的攻击目标，偏见就产生了。此时，攻击目标的一举一动似乎都在证明自己的怀疑是有道理的。[52]

把敌意态度转向替罪羊的情况既出现于同一社会群体内部，也出现在不同社会群体之间。心理学家，特别是社会心理学家，经常以挫折—攻击—转移理论来解释这种现象。[53] 然而，从对个人行为的心理学研究转换到对大型社会群体态度和行为的分析，这种转换如何能够实现，甚至在逻辑上是否能够成立，人们都不太清楚，尽管儿童的确会被父母和其他成人对所谓的敌人的态度和偏见所同化。马克·霍华德·罗斯（Marc Howard Ross）从另一个角度发现，抚养子女的深情厚爱和亲密的亲子关系与合作态度和较少的暴力倾向相联系，而艰难的社会化经历和男性身份的冲突（常常由父子之间的距离感所造成）则会加剧敌意态度和攻击行为。[54]

通过什么样的机制，半病态的个人心理态度和心理情结转变成了领导人的具体政治决策，并最终导致有组织冲突的爆发？到目前为止，人们还不能使用让政治学家们可以理解的方法对这种机制以充分界定和描述，更不用说经验检验了。毫无疑问，人类的挫折感是导致社会冲突总根源中的重要组成部分。四处蔓延的挫折感会引发潜在的社会冲突。对某些攻击行为，至少是对某些集体攻击行为来说，挫折甚至被认为是一个前提条件或必要条件。[55] 然而，我们仍不清楚人们在幼年时期的挫折经历（能够影响到人们个性的）同他们成年之后所持的社会政治态度到底有何关系。挫折—攻击—转移现象并不能为大规模集体攻击行为提供必要条件或充分条件。挫折为冲突的发生提供了潜在力量，但冲突的爆发需要触发机制，而且这种潜在力量还应该是有组织的，有一定方向的。

挫折—攻击—转移理论最为明显的一个缺陷是，它未能充分解释为什么某些特定的群外团体会被选定为攻击的转移目标，尤其是当其他可选择目标也同时存在的时候。[56] 对此人们经常解释说，之所以选择这些攻击目标，是因为他们明显可见，因为他们与众不同、稀奇古怪，因为他们过去就一直不被信任和不受欢迎，或者因为他们最令人畏惧。在国际关系领域，对选择冲突目标影响最大的是宏观因素（政治、经济、意识形态和社会文化因素）而不是个人的内心挫折。

班杜拉援引了人类学证据，即在某些文化里，攻击并不是对挫折的典型反应。他认为，挫折的定义已变得过于宽泛，宽泛得失去了意义，因为挫折可能不仅包括了对人们实现期望目标的干扰，还包括人身侮辱、承受痛苦、奖赏被剥夺，以及失败的经历。班杜拉认为挫折只是影响人们表现出攻击性的因素之一，而不是最重要的因素。另一方面，他也承认，威胁使用惩罚比人们原先想象的更为复杂。班杜拉确信人在各种不同场合下会做出极其复杂的反应，他提出了一套复杂难懂的攻击行为理论，其理论基础不是本能冲动或内部驱动力，而是社会学习、社会环境和社会行为体、反应—反馈过程、模仿和强化，以及通过学习而获得的估计奖惩的能力。[57]

此外，应当强调的是，多数持挫折—攻击理论的人都谨慎地把习得攻击排除在他们的理论之外。在分析一切有组织的冲突时（如战争、革命、种族冲突和游击队起义），应该考虑习得攻击的重要性，因为在有组织的冲突中，对攻击行为的训练起着重要作用。作为人类社会特有的现象，有组织的战争是高层次社会学习过程的结果，而不是源于个人的攻击性。约翰·瓦斯克斯承认，战争通常和强烈的敌对情绪、挫折、不安全感等心理状态联系在一起，在战争爆发之前，也许存在着"战争歇斯底里"。可是，他坚持认为，战争是一种**集体**（group）行为，完全不同于个人之间的暴力冲突，因为像官僚化政府这样的集体"与个人相比，有着不同的行为方式，所以不能简单地把它看做是个人的放大"。一句话，战争是一种"习得行为"。[58]

习得攻击与军事训练

思考战争根源的人们时常无法判断，历史上频繁出现而又残酷无情的战争，是因为人类好斗成性，还是因为大多数人虽然厌恶战争，但出于为国效劳、捍卫理想和保卫亲人的军人责任感才打仗。也许他们是被迫应征或者是受到了同辈人从军的压力，也许他们在军事训练中习惯了战斗，或是担心如果不先杀死别人可能就会被别人杀死。[59] 在一本书相连的两页中，我们就能看到自相矛盾的说法：作者一方面认为，人们天生就倾向于因为很小的借口或无端的理由而以极大的热情投入战争，另一方面又认为，人类极其厌恶看到战争的血腥，因为人类精神向来反对杀戮，要把对敌人的仇恨灌输给他们，是一件很困难的事情。[60]

班杜拉指出，要把社会化的人转变成能征善战的战士，必须要有一套精心设计和严格执行的训练方案。有些人从小就受到教育而厌恶杀戮，认为杀戮是不道德的，是犯罪。必须使这些人接受这样一种观念，即战争中的杀戮是正当合理的。只有这样，他们才不会因为在战场上杀了人而自责。[61] 要教导士兵们，他们是在为亲朋好友而战，为祖国和文明而战，为宝贵的生活方式和道德价值观而战，或者是为其他崇高的理想——例如，为了宗教信仰、民主和自由，以及持久和平而战。[62] 入伍的新兵必须彻底摆脱普通人的生活方式。他们领到新的特制服装，被灌输了新的信念和行为方式。军队的纪律条令为他们规定了许多行为方式，要求他们机械地加以遵守。此外，他们要接受大量实用的军事技术训练，以掌握各种保存自己、消灭敌人的战斗本领，熟悉武器装备和战术，减少战场上的恐惧感，加强战斗单元的团结和士气，以及协同作战的能力。[63]

尽管许多社会科学家断言，人们会为一些抽象的思想和理论而热情地从事杀戮活动，但是那些对引起攻击冲动的生理和心理因素认真进行系统分析的人却认为，在战争中，一个典型的士兵并没有表现出任何形式的攻击本能或者挫折—攻击—转移综合症。假如政治化的社会组织真的认为，人类的确像某些知识分子认为的那样具有攻击天性，那么我们也许很早就会认识到，在战争临近结束时，需要花费大量的精力对士兵进行再训练（至少需要相当于灌输好战精神时所需的训练量），以便使他们重新适应和平生活。但事实上只有极少数退伍军人可能因战争经历而产生心理方面的不适现象，或容易出现暴力行为，[64] 大多数退伍军人都不需要特别的适应训练就能完成从军旅生活到平民生活的转变。

学习、意象和国际冲突

我们不应过于忽视心理因素对战争的影响。领导人和平民对整个世界、对外国人、对其他国家和文化的态度（友好、敌视，或者漠不关心）都是在一个复杂的心理发展过程中形成的。这个过程贯穿于他们的一生。尤其是在民主国家里，精神领袖和社会领袖在做出事关战争与和平问题的决定时，无法忽视公众的情感，如孤立主义、和平主义、好战的仇恨、人道主义同情、愤怒，以及为维护国家荣誉、国家安全或经济利益而提出的民族沙文主义。半个世纪以前卡伦·霍尼（Karen Horney）就认为，某些领导人会"狂热地追求荣誉"。[65] 最近的伯纳德·舒塞尔（Bernard Susser）写道：

> 不管方法论上存在多大困难，运用心理学来研究政治是一种必不可缺的和不可替代的方法。比如，人们普遍认为，了解林登·约翰逊（Lyndon Johnson）的性格对理解美国在越南战争中的作用非常关键。谁又会否认希特勒的病态心理与民族社会主义之间有密切关系呢？我们难道可以割裂斯大林的个性同20世纪30年代的大清洗之间的关系吗？萨达姆·侯赛因的性格难道和1990年～1991年的波斯湾危机无关？谁会真正认为，很多政治领导人身上表现出来的强烈的权力欲没有心理基础呢？一句话，政治行为中的心理要素显而易见，而且起着关键作用，尽管我们尚没有能力对之进行准确可靠的分析。[66]

1999年的科索沃危机中，北约领导人逐渐明白，他们未能充分估计到斯洛博丹·米洛舍维奇不妥协的立场。

其他国家和地区的文化、人民和领导人在本国社会和人民头脑中的意象是多种因素综合作用的结果，如民间传说，社会背景，父母、老师、教堂和学校的态度，媒体宣传，个人体验和旅行，同辈群体（如工友、同事、朋友和熟人等）的看法或偏见，政党、利益集团、政府领导、高级官员和官方机构的政策和目标。在现代民主国家中，一个仍然存在的问题是：一个国家是盟友还是危险的敌人，在这种意象的形成过程中，起决定性作用的是上层精英还是大众选民？现代政治沟通体系具有正反馈和负反馈，考虑到其中互动过程的复杂性，上面提出的问题也许是一个会让人产生误解的简化做法。同非民主国家相比，民主国家的战争倾向是否较弱，我们将在第七章中以较长的篇幅讨论这个问题。

肯尼斯·博尔丁不是心理学家，而是一个经济学家，但他注意到，复杂政治组织的行为取决于决策，而这些决策又取决于决策者的心理意象。意象是人们过去所获信息的产物，它不是信息的一般性积累，而是一种高度结构化的信息资本。当人们想到国家时，国家就是他们头脑中各种意象的复合体。因此，意象不止一个，而是多个。决策者的心理意象比普通人的心理意象更加重要。但对于这两个不同群体中的人们来说，民族的烙印主要是在童年时形成的，而且通常是在家族中形成的。肯尼斯·博尔丁指出，认为意象是由掌权者强加给群众的观念是错误的。社会意象是大众意象，统治者和被统治者都拥有这种意象。[67]

肯尼斯·博尔丁有关大众意象的看法也许有点过时，对发达工业国家来说尤为过时。但对欠发达地区而言，他的看法可能还是相当适用的，而对任何一个国家来说，这种看法可能都没有完全失效。然而，可能的情况是，音像技术所到之处，大众都会越来越容易受到宣传机器的影响。操纵这些宣传机器的是有魅力的领导人、政府、引导舆论的社会精英，以及金融利益集团。在民主国家中，有影响力的社会势力很少达成一致，因为各种政治意识形态、政党和不同经济、社会和文化利益集团之间存在着大量的竞争和冲突。此外，越来越常见的民意调查表明，大众舆论可以在较短时间内发生很大变化。多数社会科学家认识到，意象的形成常常是一个选择性知觉、错误知觉和知觉扭曲不断发生的过程，这就使情况变得更加复杂。[68] 每天人们都被新信息所淹没，在这样的时代里，人们常常会把新信息纳入已有的心理结构之中，抛掉那些与原有偏见相抵触的信息，增强他们已经固有的认识框架，以此简化世界在他们头脑中的意象。[69]

冷战期间，镜像概念曾风靡一时。这个概念的基础是假定两个长期敌对国家的人民会对对方形成固定的和歪曲的看法，而且这些看法颇为相似。两国人民都认为自己善良正直，克制忍耐，爱好和平，而对方则狡诈、有帝国主义倾向，穷兵黩武。阿瑟·格拉德斯通（Arthur Gladstone）描述道：

> 双方都认为，对方热衷于侵略和征服，没有人性，不真诚，不可信，能做出极端残暴和邪恶的事情，因此不值得尊重和体谅，等等。以这些概念看待敌人成了每个公民的道德义务，谁要是怀疑就要遭到谴责。双方都在为即将到来的战争而积极准备，全力以赴地积累更强大的军事力量，以便能够摧毁敌人……双方都认为，即将来临的战争完全是由对方的敌意所造成的。[70]

对社会心理学家来讲，即使人们对敌人的认识是错误的，最终也能构成事实，形成自我实现的预言：当双方疑心极重时，一方采取的防御行为可能会被对方视为挑衅，从而使对方做出进一步的防御性反应，而这一反应只能证实前者的怀疑。[71]乌列·布朗芬布伦纳（Urie Bronfenbrenner）认为，美国公民和苏联公民对对方持有基本一样的认识：**他们**（they）是侵略者，**他们的**（their）政府剥削和欺骗人民，**他们国家的**（their）大多数人民并不赞成那种政治制度，**他们**（they）不可信任，**他们的**（their）政策也近乎疯狂。[72]即使是在苏美关系这个有限范围之内，镜像理论也存在严重问题。在有些方面，它导致了虚假的推论：

1. 双方的社会和政治价值观几乎没有差别。
2. 双方都不能被视为是绝对的侵略者或防御者。
3. 双方各有对错，都对国际紧张局势负同等责任。
4. 双方都能轻易地减少意象上的歪曲。

支持镜像理论的人常常力图表明他们同这些不合逻辑的推论没有关系。拉尔夫·怀特（Ralph K. White）警告说，"应当把'双方都可能有些正当理由'的提法同'双方可能有同样多的正当理由'的提法区分开来"。[73]布朗芬布伦纳提醒人们注意，自由民主国家的文化与极权主义国家的文化差别极大。

246

> 事实证明，改变一个美国人对苏联的印象比改变一个苏联人对美国的印象要容易得多。虽然苏联公民们也能改变看法，但他们比美国人更拘于成见，更倾向于以否认和寻找借口的方式维护他们的成见……苏联人更倾向于……非黑即白的思维方式、道德上自以为是、怀疑、责怪他人、偏见，以及不承认现实，等等。[74]

为了减少冷战中的敌对情绪，减少超级大国之间由于单方面原因而爆发全面战争的危险，人们提出了许多缓和国际紧张局势，呼吁双方进行互惠合作的建议。国际关系中的镜像理论和这些建议在逻辑上是相关的。当然，镜像理论的基本思想是：同关系恶化的过程一样，紧张局势的缓和过程也是一个相互反应的过程。如果有一方能打破恶性循环，主动表示友好并做一些让步，另一方的行为也迟早会向好的方面转变。[75]美苏两国学者都试图对反应和学习过程中的潜在动力做出解释，这些动力可以使超级大国从危险的核对抗走向至少是尝试性的合作。他们对超级大国之间对抗与缓和交替出现的现象做了回顾性分析。结果表明，在庞大的官僚政府层面上，这种合作学习过程是相当复杂的。不过他们的分析未能说明镜像理论在冷战缓和过程中究竟起了多大作用。[76]

攻击性的疏导与减少

社会心理学家常常指出，在社会中，攻击性的表达可能是隐蔽的，也可能是公开的。喜欢用言语攻击可以避免对身体的攻击。也就是说，如果社会文化支持人们以恶意的谣言和诽谤中伤等形式来报复他们不喜欢的人，那么谋杀、自杀和其他形式的暴力可能就会相当罕见。埃尔顿·麦克尼尔指出，允许公开表现攻击性的自由度越高，人们采取隐蔽方式的程度就越低，反之亦然。[77]政治学家们早已认识到安全阀理论的意义。社会要有减少或释放人们攻击冲动的途径，而且该途径在文化上能被接受。为了寻找抑制或减少攻击冲动的社会途径，人们必然会到宗教、政治、商业、体育以及教育等领域中寻求答案。然而，在每个领域中，我们都会发现模糊不清的东西，这使我们难以得到明确的结论。

如果宗教信徒真诚地相信宗教信条，完全地而不是有选择地实践信条，并受到足够的训练，以确保他们在实践中能遵守信条，那么宣扬仁爱和忘我的宗教就可以有效地减少信徒们的攻击性。第二次世界大战使天主教徒和新教徒在抵抗运动和集中营里团结起来，为形成强有力的基督教民主政党铺平了道路，促进了世界范围的基督教大联合，有力地推动了抵制反犹太主义（绵延几个世纪之久，在纳粹大屠杀中达到巅峰）的宗教政治运动。然而，在20世纪的最后二十多年里，宗教已经深深卷入了北爱尔兰、中东、巴尔干、印度次大陆、俄国、中国等地区的政治、经济和文化冲突。大量事实表明，在减少冲突、促进和平友好关系发展，特别是在向战争破坏地区提供人道主义援助方面，宗教组织发挥了重大作用。[78]然而，纵观历史，常常是宗教分歧本身挑起了残酷的战争。

247

在政治领域，人们可能会认为，同专制或极权政体相比，民主国家的攻击行为应当少一些，原因是这些国家提供了各种各样发泄政治挫折感的途径。例如，人们有言论出版自由，可以参与竞选和投票，为某项法案进行院外游说，或是组织游行示威活动。民主治国的安全阀理论有一定的合理性，但是民主也容许具有攻击性的个人和党派利用排外情绪来宣传民族主义政策，而在受到严密控制的社会里，鼓动民族主义和组织游行示威活动的职能多为政府所垄断（见第七章"民主、战争与和平"部分）。在自由市场经济中，工商企业无疑吸收了相当大一部分有创造性的攻击冲动。然而，虽然大多数工商界人士希望拥有和平的社会环境和秩序以便获取合理的利润，但他们中的一些人仍可能支持会增加国际紧张局势的贸易政策、投资政策和其他经济政策，甚至会有少数人想从战争中获利，或者参与引发反帝情绪和紧张局势并导致国际冲突的海外活动（见第九章）。

对控制攻击行为感兴趣的行为主义科学家和其他科学家提出了一个问题，即社会能否把攻击冲动的能量转移到无害的发泄渠道中去（如有组织的体育比赛），从而减少攻击冲动的郁积。在这个问题上，人们的看法并不一致。康拉德·洛伦茨认为，一切体育运动都是仪式化的争斗。虽然体育包含着大多数动物游戏中所没有的攻击动机，但它能促进人们的健康。体育的主要功能是释放和发泄攻击冲动。因此，通过体育运动，可以把危险的集体军事狂热释放出来，而这种狂热是攻击性民族主义的基础。[79]赫布（D. O. Hebb）和威廉·汤普森提出，体育可能是一种能适当地引起或消除挫折感，从而有利于社会稳定的有益手段。[80]耶罗迈·费朗克（Jerome Frank）认为，观看职业拳击比赛或足球比赛等体育运动就是对攻击冲动的替代性释放。不过，他也承认，发生身体接触的体育运动常常会带来伤痛，由此激起愤怒和敌意。但他也注意到，比赛规则本身要求参与者培养自我约束能力以便控制愤怒情绪。[81] 洛伦茨、费朗克等人认为，在促进国际合作，增进良好体育道德风尚方面，奥运会发挥了有益的作用，[82] 但不可否认的是，奥运会也已经政治化了，有时变成了国际对抗（1936年的柏林奥运会）和暴力冲突（1972年的慕尼黑奥运会）的场所，也曾经被用来抗议南非种族隔离政策（1976年的蒙特利尔奥运会），还一度成为反对主办国国家政策的复杂的外交抵制活动的舞台（1980年的莫斯科奥运会、1984年的洛杉矶奥运会）。[83]

近年来，分析家们担心，在某些情况下体育运动可能会变得无法控制，从而刺激比赛选手和观众的攻击冲动，制造紧张的国际局势，煽动恶意的敌对情绪。[84] 如果确有郁积的攻击冲动（这个假设从未被证实），总的来说体育竞赛就是一种有益健康的安全阀，因为大多数体育竞赛都是在和平气氛中进行的，输掉比赛的运动员（如果他们是合格的运动员）也不会永远怀恨在心。如果本着公平竞赛的精神组织纯粹的体育运动，国家之间和种族之间的体育比赛就有助于增进国际社会的友好与和睦，但是与宗教和贸易一样，体育比赛在政治上是中性的，它并不必然带来和平，尤其是当政府、意识形态运动、政治组织和种族党派企图利用体育竞赛达到与体育毫不相干的目的时，情况更是如此。[85] 归根结底，我们无法确定体育运动究竟是减少了还是激化了个人之间和国家之间的攻击冲动。对此我们没有普遍一致的答案，只能具体情况具体分析。可能的情况是，不是运动员们自身，而是其他一些因素起着决定作用，如当前广受关注的国内问题或种族问题、体育爱好者们的群体行为、媒体的误导。这一切都会在体育比赛过程中挑起民族主义情绪，就像我们在世界杯足球赛上所常见到的那样。

很多心理学家和社会学习理论家都把减少人类攻击性和加强国际谅解的希望寄托在教育上。人们敦促在两个不同层次上进行教育改革。第一个层次是对教育子女的方法进行根本改革，目的是减少社会中的挫折、暴力以及攻击行为。某些理论家认为禁欲主义、独身主义和严格限制性行为与尚武文化有关，所以他们主张放宽对性行为的限制。然而，在中世纪的欧洲，独身的僧侣阶层不能参战，而参加战争的骑士们通常和独身主义没什么关系。阿西西的圣方济（Francis of Assisi）以及大多数温和而爱好和平的圣徒们都过着苦心修行的生活；甘地也认为，简朴和禁欲的修行是他倡导的**非暴力不合作**（satyagraha）（精神力量）和平主义的前提。[86]

某些心理学家认为，父母对孩子的体罚是产生问题的原因。他们敦促父母对孩子表达自己情绪的愿望采取更为宽容的态度。[87]另外一些人则认为，压抑激动和愤怒的情绪不利于健康，而发泄攻击冲动能达到治疗疾病的效果。但是进行过实验的心理学家警告说，实际情况恰恰相反。[88]近几十年来，除了社会心理学家以外，越来越多的人也要求（a）删减大众传媒中的暴力内容，以便减少因模仿而造成的暴力事件，（b）禁止生产玩具枪支。[89]20世纪90年代末，美国发生了大量校园枪击事件，许多教育学家和心理学家将其归咎于好莱坞电影、电视节目以及电子游戏的影响，因此，要求改变美国枪支文化和暴力文化的呼声日渐高涨。有些人怀疑媒体会对青少年行为产生重大影响，另一些人则认为，这种看法不仅损害广告业，也会对教育产生不良影响。上面提到的建议涉及重大的文化或社会变革，可能难以被接受，也可能不容易实现，而且这些文化和社会变革（假设它们可以实现的话）能否影响人们发动国际战争的癖好和倾向，我们也无从知道。

心理学家们呼吁教育改革的第二个层次是改革正规教育，其目的是通过促进不同国家之间的相互理解，减少国际敌对和冲突。长期以来，理论家们想当然地认为，只要学校课程能够增加学生有关其他民族和文化的知识（结合教师、留学生和文化方面的国际交流活动，提供跨国界的人员交往和学习机会）就一定能促进国际友好与和平。[90]然而，不同文化背景所导致的误解真的与多数战争的爆发相关吗？肯尼思·沃尔兹对此表示怀疑。"反过来说，"他问道，"相互了解总是能够增进和平吗？或者，国家间有时能维持和平，难道是因为它们互相之间不太了解吗？"[91]也许我们不能认为，增加交往就一定能增进相互间的了解，也不能以为互相了解就必定导致合作而不是冲突。

其他心理学理论

除了挫折—攻击理论和社会学习理论之外，国际关系研究人员还应该熟悉其他几种有关冲突的心理学理论，这些理论是对前述几种理论的补充和修正，其中包括戈登·奥尔波特（Gordon Allport）、奥托·克兰伯格（Otto Klineberg）等人有关倾向性、偏见、成见、教育体系和大众传播体系影响人们相互认识和态度的研究。[92] 研究人员应该熟知被弗伦克尔-布伦瑞克（Frenkel-Brunswik）称做**模糊的不可容忍性**（intolerance of ambiguity）现象，即人们总是希望减少让人感到沮丧和焦虑的不确定性和矛盾，所以喜欢把社会现实简化为清楚的两分世界：黑与白、好与坏、友与敌。[93] 阿多尔诺（Adorno）和他的同事们试图把强烈的民族主义情绪与神经质式的独裁人格联系起来。这种人格的特征是：过于担忧自己的缺点，无条件地服从权威，十分强调传统的行为方式，相信男女差别的保守思想，赞成采取专断惩罚式的方法教育子女。[94] 二十多年以后，意识到"独裁人格"假说已经受到了严厉批评的两位社会心理学家，说他们有证据表明存在一种独特类型的政治领导人，这些领导人一贯好战，具有某些清楚可辨的个性特征。他们把这些个性特征与男性寻求补偿的特征概念和阿多尔诺等人描述的心理原型联系起来。[95]

250

许多研究人员试图探寻国家领导人的人格个性对对外决策的影响，这是一个尚无定论的研究领域。迈克尔·沙利文回顾了大量有代表性的研究成果之后，得出一个颇有见地的结论：毫无疑问，政治领导人的个性特征时刻影响着对外政策决策，但是我们还远远不能确定哪些行为可以用个性因素加以解释。20世纪30年代末，戈登·奥尔波特和罗丝·斯塔格纳（Ross Stagner）界定了个性心理学的研究范畴。奥尔波特假设，独特的个性与社会环境无关；斯塔格纳则将两者紧密结合起来。至于如何能把这两种研究方法结合起来，心理学家和社会心理学家还未形成一致意见。[96]

事实上，西方政治学家早就把民族主义看做是国际舞台上最有害的意识形态力量。民族主义必然包含着强烈的心理要素。汉斯·摩根索坚信人人都普遍具有权力欲。半个世纪以前，他用心理学术语对人的权力欲做了自圆其说但又无法证明的解释。他在精英阶层和普通大众之间做了一个鲜明的对比：前者真正掌握着国家权力，而对后者来说，由于存在一系列行为准则和制度、法律、道德、宗教、风俗习惯等社会文化压力，他们的权力受到了牵制、控制或压抑。

结果，大多数人的权力欲无法在国内得到满足……既然不能在国内充分满足自己的权力欲，人们便将目光投向了国际社会。

在那里，他们通过支持国家的权力欲而找到了替代性的满足……
似乎我们每个人都不是一个个体，而是作为国家的成员，集体地
拥有并控制了强大的权力。[97]

因此，在芸芸众生中自觉无力和渺小的个人，可以从自己国家在国际上拥有的外交、军事、经济和其他方面的成就和声誉中得到补偿性的心理满足。

埃里希·弗罗姆的观点与摩根索的解释密切相关。他认为，现代人渴望逃避自由的负担。面对个人无法主宰的庞大社会实体和社会力量，我们感到孤独而无力，只有把自己同全能的国家融为一体，完全和它保持一致，并在大集体的利益中寻求满足。这就是所谓的"逃避自由"。也就是说，我们随时都服从于国家的权威，希望以其他弱小国家的利益为代价来维护本国的利益。[98] 本书不能详细讨论这些政治行为的心理学解释，但是读者可以清楚地看到，无论是国家领导集团还是社会中的大部分公众，一旦他们进入以上理论所描述的那种神经过敏状态，国家的对外行为就会受到深刻的影响。

莱昂·费斯廷格（Leon Festinger）提出的认知失调和认知一致理论与弗伦克尔-布伦瑞克的"模糊的不可容忍性"理论有关。[99] 简单来说，该理论要解释这样一个问题：当一个人在认识自己的价值观、周围环境和自己的行为的过程中发现矛盾时，总是倾向于减少这类矛盾的出现。通过调整价值观、周围环境和个人行为等三方面中的任一方面，人们就可以减少这类矛盾。费斯廷格举了一个有关心理过程和合理化的例子，颇能说明问题，这是一个嗜烟者可能会经历的过程，即通过调和健康长寿和对家庭的爱等价值观与个人烟瘾这对矛盾来减少认知冲突，这是一个最为困难的行为调整过程。

这种避免认知失调、寻求认知一致的个人倾向可能对研究国际关系中的冲突现象具有重要意义，尽管这一点并没有得到经验的证实。如果这一心理过程的确存在，它可能在关键的决策者身上体现出来。让我们用一个假设的例子来说明这一点：冷战初期，一些决策者可能认为，除非通过战争制服敌国，否则不可能实现绝对安全。然而，随着核武器的不断增加，他们不得不认识到，两个对立的大国进行对抗，结果只能是同归于尽。他们可能因此而被迫减少认知失调，重构认识国际形势的知识结构，关注

"恐怖的平衡"、"相互威慑"、"有限敌手关系"等观念。

在1999年北约和南斯拉夫的冲突中，克林顿总统和其他几个盟国首脑在几个月里都面对着一个两难困境：他们决心要让阿族难民返回科索沃，但只想通过空中打击来达到目的，并不想派遣地面部队进行一场全面战争。政治领导人拒绝了多数军事战略家们的建议，希望空中打击力量能有效地削弱南联盟的地面部队，使科索沃成为维和部队**可以进驻的安全地带**（permissive environment），在此过程中，他们减少了认知失调。

认知失调论也许还能帮助人们解释国内革命现象。一般认为，当人们发觉现存政治制度的客观现实与自己的社会理想有难以容忍的差距时，他们就会疏远现存制度，投身革命组织，试图按照自己的理想重新改造外部环境，以便减少他们内心的冲突和矛盾。当然，多数人会在两条道路之间犹豫不决：是继续最低限度地给予现存制度消极的支持，还是积极采取暴力手段反对它？在某种程度上，这是一个由个人加以权衡的过程，个人要考虑他将会得到什么样的回报，或者受到什么样的惩罚。心理学家把这一权衡过程称为"接近—回避冲突"的过程，在这种内心冲突的过程中，强烈的敌对倾向足以导致矛盾心理和神经质行为。[100]

半个多世纪以来，社会心理学家和其他研究人类行为的科学家一直主张，开明的政府应该采取科学的行为方式，通过各种渠道促进国际合作，避免战争爆发，这些渠道包括教育、文化交流、培养儿童和公民的新方法，通过大众传媒来培养公众对和平的热爱，在选举过程中筛选出具有不同个性的领导人，等等。不幸的是，科学家们通过努力取得具体成果的能力还很有限。在发达的工业国家，现代武器技术的发展使精英阶层和公众愈加厌恶战争。在改变公众对战争的心理态度，改变外交家与政治领袖们使用或威胁使用武力的传统倾向的过程中，教育领域的各个层面、大众传媒、大量机构和组织（教会、政党、生态保护组织和反战组织）都发挥着重要作用。然而，在世界的部分地区，大规模暴力与战争仍有可能爆发，成为危险的国际战争的导火线。即使是在"最文明、经济最发达"的国家之间，战争也并不是完全不可能的。也许我们可以从以下这种并非完全不合理的考虑中得到一点安慰：假如没有心理学家和社会科学家们上述的努力，情况有可能比现在要糟糕得多。

结论：微观理论透视

本章讨论的多种理论（生物学、心理学、社会学习、人格类型理论等）都以清晰的方式呈现在大家面前，反映了这些理论早期的发展情况，这样做的目的是为了说明当代理论发展的渊源。我们鼓励研究者从最早的理论入手，在思考、分析、领悟的基础上回顾后来各种理论修正和交汇融合的过程，最终形成自己的见解。

无论战争的心理原因有多重要（没有人否认其重要性），我们可能永远无法完全理解个人层面因素的影响，不管这些个人行为是有意识的还是无意识的。我们可能无法确定个人行为的动力与动机是如何转化成群体和组织行为的动力和动机的，更不用说确定它们是如何转化成决定战争或和平的国家公共政策决策的动力和动机了。本章已经说明了政治活动的生物与心理基础是多么复杂，无论是传统主义的社会科学家还是行为主义的社会科学家，都有充分的理由避免简单的解释。一些研究和平的学者和理论家走得更远，他们强烈反对从生理学和心理学角度解释人类的攻击性，对战争源于人的天性和基因这一假设表示怀疑。这可以理解，但却有点过于轻率了。1986年，来自12个国家的行为研究科学家在西班牙举行会议并发表了"塞维利亚声明"，其中包括以下一些主张：

> 认为我们人类从动物祖先那里继承了发动战争的天性的说法是不科学的。战争是人类社会独有的现象，其他动物中间并不存在……认为战争或任何其他暴力行为源于由基因决定的人类本性的说法是不科学的；认为人类在进化过程中有选择地发展了攻击行为而非其他行为的说法是不科学的……认为人类具有"暴力思维"是不科学的。某些神经功能的确会使我们采取暴力行为，但我们的神经生理系统不会强迫我们行使暴力。认为战争是由"本能"或其他单一动机引起的说法是不科学的……我们认为生物学不认为人必然要进行战争，人类可以从悲观的生物学解释的枷锁中解脱出来。暴力既不是人类进化遗产的一部分，也不存在于我们的基因之中。[101]

253

动物行为学家们批评说,《关于暴力的塞维利亚声明》的主张过于狭
隘,叙述问题不够完整,表达的内容天真而简单。批评家们想纠正《关于
暴力的塞维利亚声明》中所体现的对生物攻击性的不完整认识,这种认识
隐含的意思是(批评家们认为如此)动物的攻击性十分显著,人类的行为
方式应该与动物的行为方式彻底区别开来。批评家们认为,创造和平并非
是人类所独有,攻击性可以增强或降低人的适应能力,因此也无须总是回
避或谴责攻击性。[102]

总之,我们还无法确知是否能用与攻击性相关的人的生物和心理机制
来解释社会间战争,这种解释甚至是值得怀疑的。即使人体的生物和心理
机制与人类的战争行为存在着一定联系,这种联系可能也是间接的,而不
是直接的,时而疏远,时而密切。本能的攻击冲动或驱动力可能助长或增
强好战的政治态度并为之提供情感基础。就某些个人而言,高度发达的攻
击本能可能使他们更容易被训练成为在战争中搏杀的战士。如果政治领导
人经常放纵而不是控制自己的攻击冲动,就会因一时的意气用事而轻易使
用武力来解决那些完全可以用谈判和协商来解决的问题。反过来说,个性
因素也可以使一些领导人像哈姆雷特一样优柔寡断,直至战争已无可避
免,或者和平自动到来。然而,尽管我们可以看到这样或那样的一些联
254 系,但要把战争与和平的原因归结于人体的生理和心理冲动是错误的。它
们可能是领导人之间、精英集团之间以及普通大众中间存在攻击性不满情
绪的一个重要且不可或缺的条件,正是这种不满使人类历史上不断发生战
争;然而,它们本身并不足以构成导致战争的**充分**(sufficient)条件。幸
运的是,没有什么有力的证据能让我们相信,人类是被本能的生理和心理
冲动带来的攻击性无情地推向战争的。战争是政治决策的结果,这种决策
既可以是理性的,也可以是非理性的。

注　释:

1 此处,"反常"(anomic)指突然发生的暴力。

2 Werner Levi, "On the Causes of War and the Conditions of Peace," *Journal of Conflict*
(December 1960) Resolution 4, p.415. 参见赫伯特·克尔曼的陈述:"如果是从个
人心理出发,而不是从对民族国家之间关系的分析出发,那么任何将战争根源与和

平条件进行概念化的企图，其确切性都是值得怀疑的。"见"International Relations: Psychological Aspects,"in *International Encyclopedia of the Social Sciences* Vol. 8（New York：Macmillan，1968），p.76. 又见 Seymour Feshbach and Adam Fraczek，*Aggression and Behavior Change：Biological and Social Processes*（New York：Praeger，1979）.

3 Peter Corning，"The Biological Basis of Behavior and Some Implications for Political Science,"*World Politics*，XXIII（April 1971），pp.339-340.

4 爱德华·威尔逊，哈佛大学科学教授和昆虫馆馆长，生物社会学的创始人。他在 *Sociobiology：The New Synthesis*（Cambridge，MA：Harvard University Press，1975）一书中对这门学科进行了概述。自1975年以来，出现了几部批评或支持这门学科的著作，有的著作主要介绍了关于这门学科的各种争论。如 David P.Barash，*Sociobiology and Behavior*（New York：Elsevier，1977）；Arthur L. Caplan, ed., *Sociobiology Debate*（New York：Harper & Row，1978）；Michael S. Gregaroy et al., eds., *Sociobiology and Human Nature：AnInterdisciplinary Critique and Defense*（San Francisco：Jossey-Bass，1978）；George W. Barlow and James Silverberg, eds., *Sociobiology：Beyond Nature-Nurture*（Boulder，CO：Westview，1979）；James A. Schellenberg，*The Science of Conflict*（New York：Oxford University，1982）；James H. Fetzer, ed.,*Sociobiology and Epistemology*（Boston：D. Reidel，1985）.

5 Corning，"Biological Basis of Behavior,"pp.339-340. 参见 Thomas Landon Thorson，*Biopolitics*（New York：Holt，Rinehart and Winston，1970）；the essays in Albert Somit, ed.,*Biology and Politics*（Paris：Mouton，1976）；Roger D. Masters，"The Biological Nature of the State,"*World Politics*，XXXV（January 1983）. 另参见注35和36。

6 Abraham H. Maslow，*Motivation and Personality*（New York：Harper & Row，1954），pp.80-98.（1970年出版了第二版）马斯洛认为，基本的生理和安全需求得到满足后，更高的心理需求才能出现。

7 罗伯特·诺斯曾说明，导致政治冲突的短缺和稀缺不仅有客观的自然原因（如平均占有额），还有需求超过供应的心理认识和预期。见"Toward a Framework for the Analysis of Scarcity and Conflict,"*International Studies Quarterly*，21（December 1977），pp.569-591；又见 David Novick et al.，*A World of Scarcities：Critical Issues in Public Policy*（New York：Halsted，1976）.

8 参见 William Etkin，*Social Behavior from Fish to Man*（Chicago：University of Chicago Press，1967），p.33；George Gaylord Simpson，*The Meaning of Evolution*（New Haven，CT：Yale University Press，1967），p.222；Theodosius Dobzhansky，*Mankind Evolving*（New Haven，CT：Yale University Press，1962），p.134.

9 Albert Bandura，*Aggression：A Social Learning Analysis*（Englewood Cliffs，NJ：Prentice Hall，1973），p.3.

10 Ibid.，p.5. 另外，按照斯坦福大学医学院暴力行为研究委员会的研究方法，科宁解释说，"攻击性"包含了人和其他动物种类的所有武断行为和进攻行为，"它包括公开的和隐蔽的攻击、自导攻击、转移攻击、支配行为、诽谤行为，以及任何决意达到某个目的的动机和情绪方面的因素。"见"Biological Basis of Behavior,"p.345. 罗洛·梅（Rollo May）指出，除了生理和肉体上的伤害，攻击还可以是心理上的、智力上的、精神上的或者经济上的。攻击可以使用各种武器，如言辞、艺术符号、姿势、不理性的言论、侮辱，甚至以伤害和惩罚为目的的长时间沉默，等等。参见 *Power and Innocence：A Search for the Sources of Violence*（New York：Norton，

255

1972），pp.148-152.

11 William McDougall, *An Introduction to Social Psychology*（Boston：Luce，1926），esp.pp.30-45. 又见他的 *Outline of Psychology*（New York：Scribner's, 1923），pp.140-141.

12 Sigmund Freud, *A General Introduction to Psychoanalysis*, trans. G. S. Hall（New York：Boni and Liveright, 1920），pp.170-174. 约翰·瓦斯克斯引用了弗洛伊德的观点，但是他并不同意精神分析理论的观点，即认为归根结底战争源于人的内在动力。*The War Puzzle*（Cambridge：Cambridge University Press, 1993），pp.36-37.

13 参见 Urpo Harva, "War and Human Nature," in Robert Ginsberg, ed.,*The Critique of War*（Chicago：Regnery, 1969），p.48. "攻击性和恋尸狂被看做是战争动力的深层根源"，p.49.

14 Sigmund Freud, *Beyond the Pleasure Principle*（New York：Bantam, 1958），p.198.

15 "为何进行战争？" 1932年弗洛伊德在给爱因斯坦的一封信中写道。见 Robert A. Goldwin et al., *Readings in World Politics*（New York：Oxford University Press, 1950）. 在描述了死亡本能之后，弗洛伊德写道："这些观察的结果……表明我们不可能压抑人的攻击倾向……布尔什维克主义者想通过满足物质需求和建立人与人之间的平等来消除人的攻击性。在我看来，这种愿望是不会有结果的。" 接着，他又很矛盾地说："问题不是完全压制人的攻击性，而是要致力于疏导人的攻击性，避免使人的攻击性走向战争。" p.29. 最后这一句话的意思与威廉·詹姆斯寻求的战争的"道德等价物"相似。参见 Freud's *Civilization and Its Discontents*（New York：W. W. Norton, 1962），pp.65-69.

16 Leonard Berkowitz, *Aggression*：*A Social-Psychological Analysis*（New York：McGraw-Hill, 1962），p.8；May, *Power and Innocence*, p.155. 弗洛伊德的一个学生不同意他的攻击本能理论，有关这个学生的观点，见 Erich Fromm, *The Anatomy of Human Destructiveness*（New York：Holt, Rinehart and Winston, 1973）.

17 Berkowitz, Aggression, pp.9-10. 人类积极地寻找着最适度的挫折。Cf. D. O. Hebb and W. R. Thompson, "The Social Significance of Animal Studies," in Gardiner Lindzey, ed.,*Handbook of Social Psychology*（Reading, MA：Addison-Wesley, 1954）. Reprinted in Leon Bramson and George W. Goethals, eds., *War*：*Studies from Psychology Sociology Anthropology*（New York：Free Press, 1968），p.53.

18 一些后弗洛伊德主义精神分析学的学者仍然坚持攻击本能论。其中，像卡尔·门宁格（Karl Menninger）这样的少数人还坚持死亡本能论。其他人，如海因茨·哈特曼（Heinz Hartmann）、厄恩斯特·克里斯（Ernst Kris）、鲁道夫·莫里斯·勒文施泰因（Rudolph Maurice Loewenstein）仍推论说存在攻击本能，但他们没有把攻击本能归因于死亡本能。另一些人，包括奥托·费尼切尔（Otto Fenichel）又用挫折来解释攻击。见 Berkowitz, Aggression, pp.11-12.

19 参见 McNeil, "The Nature of Aggression," in Elton B. McNeil, ed., *The Nature of Human Conflict*（Englewood Cliffs, NJ：PrenticeHall, 1965），p.15. 科宁曾经提醒说，"把表面上与人类行为相似的动物行为与人类行为不恰当地等同起来是错误的"；"Biological Basis of Behavior," p.331.

20 关于攻击，研究动物行为和动物生理结构的学者们提出了一些有趣的洞见。但是他们承认，对他们的研究数据做出解释存在很多困难，也不应该匆忙地把他们的研究发现直接应用于更神秘的人类活动。这是学者们第一次认识到这一点。对动物攻击行为成果进行总结，较有价值的是 McNeil, *Nature of Human Conflict*, pp.15-27.

256

21 John Paul Scott, *Animal Behavior*（Garden City, NY：Doubleday Anchor Books, 1963）, pp.121-122. 应该注意的是，如果要减少或抑制人的攻击性，只有通过学习才可以做到，因为使用电流、激素、化学或者外科手术等方法对人的身体进行干预，其效果必然是非常有限的。

22 V. Spike Peterson, "Security and Sovereign States：What Is at Stake in Taking Feminism Seriously?" inV. Spike Peterson, ed.,*Gendered States：Feminist（Re）Visions of International Relations Theory*（Boulder, CO, and London：Lynne Rienner Publishers, 1992）, pp. 31-64. 在此书中还可以见到 Rebecca Grant, "The Quagmire of Gender and International Security," pp.83-97；Cynthia Enloe, *Bananas, Beaches and Bases：Making Feminist Sense of International Politics*（Berkeley：University of California Press, 1990）. 另参见第一章注释118，第四章注释57-61。

23 John Paul Scott, *Aggression*（Chicago：University of Chicago Press, 1958）, p.62；Berkowitz, *Aggression*, p.15.

24 Konrad Lorenz, *On Aggression*, trans. Marjorie Kerr Wilson（New York：Bantam, 1967）, p. x.

25 Ibid., pp.28-32, 161-164. 这就是罗伯特·阿德里（Robert Ardrey）所称的"领地规则"现象。罗伯特·阿德里的这个概念很流行，但可能过于简单化，特别是应用于人类社会的时候。Robert Ardrey, *The Territorial Imperative*（New York：Atheneum, 1966）, p.103；又见 pp.47, 110-117, 又见他的 African Genesis（New York：Dell, 1967）, p.174. 一些人批评阿德里讨论"领地"的著作缺乏科学性，见 Geoffrey Gorer, "Ardrey on Human Nature," *Encounter*, 28（June 1967）, and the essay by R. L. Holloway, Jr., PH. Klopfer, Geoffrey Gorer, J. H. Crook, in M. E. Ashley Montagu, ed., *Man and A ggression*, 2nd ed.（New York：Oxford University Press, 1973）.

26 Lorenz, *On Aggression*, pp.54-65, 69-81, and 99-110. 他举了一个人们熟悉的例子：母鸭发动仪式性攻击。母鸭会威胁另外一对有敌意的鸭子，直到自己因自己的大胆行动而感到恐惧，然后它会突然跑到保护自己的公鸭身边，重新获得勇气，以便进行下一次攻击。这样，在没有发生真正搏斗的情况下，母鸭发出了警告性信息。p.127. 又见 pp.72-74, 122-132, 232-233.

27 洛伦茨认为，生物学知识对研究人类社会行为是有意义的，详细阐述他这方面观点的，见 "A Talk with Konrad Lorenz," Magazine Section, *The New York Times*（July 5, 1970）. 洛伦茨举的一个例子曾被广泛引用，即狼会顺从地把自己的脖子暴露给敌人，但后来这一观察结果被证明是错误的。R. Schenkel, "Submission：Its Features and Frustrations in the Wolf and Dog," *American Zoologist*, 7（1967）, pp.319-329. 然而，大多数生物学家仍然接受攻击抑制机制的概念。

28 参见 Lorenz, *On Aggression*, pp.233-234. 又见 Jerome D. Frank, *Sanity and Survival：Psychological Aspects of War and Peace*（New York：Random House Vintage Books, 1968）, pp.42-45 in chap.3, "Why Men Kill—Biological Roots." 霍洛韦（R. L. Holloway, Jr.）认为转移视线、畏缩和流泪等行为都有抑制或抚慰的作用，虽然作用并不大。"Human Aggression：The Need for a Species-Specific Framework," *Natural History*；LXXVI（December 1, 1967）, p.41.

29 Alec Nisbett, *Konrad Lorenz：A Biography*（New York：Harcourt Brace Jovanovich, 1976）, pp.171-172.

30 Erich Fromm, "The Erich Fromm Theory of Aggression," Magazine Section, *The*

257

New York Times（February 27，1972），p.74，and "Man Would as Soon Flee as Fight," *Psychology Today*，7（August 1973），pp.35-45. 类似的批评意见可见 Holloway, "Human Aggression," p.41.

31 参见 B.F. Skinner，*Beyond Freedom and Dignity*（New York：Knopf，1971），in chap.1, "A Technology of Behavior"；Meredith W. Watts, "B.F. Skinner and the Technological Control of Social Behavior," *American Political Science Review*，LXIX（March 1975）；Ashley Mortague，Man and Aggression，p.9.

32 Albert Bandura，*Aggression*：*A Social Learning Analysis*（Englewood Cliffs，NJ：Prentice Hall，1973），pp.16-31. 又见 T. C. Schneirla, "Instinct and Aggression," in Montagu，*Man and Aggression*，p.61.

33 这些批评收录于 Stephen D. Nelson, "Nature/Nurture Revisited.I：A Review of the Biological Bases of Conflict," *Journal of Conflict Resolution*，18（June 1974），esp. pp.296-302，and in Samuel S. Kim, "The Lorenzian Theory of Aggression and Peace Research：A Critique," in Richard A. Falk and Samuel S. Kim, eds., *The War System*：*An Interdisciplinary Approach*（Boulder，CO：Westview，1980），pp.82-115.

34 Francis A. Beer，*Peace Against War*：*The Ecology of International Violence*（San Francisco：W. H. Freeman，1981），p.304.

35 GeorgeM. Carstairs, "Overcrowding and Human Aggression," in Hugh Davis Graham and Ted Robert Gurr, eds., *Violence in America*，*Report to the National Commission on the Causes and Prevention of Violenc*，June 1969（New York；New American Library，1969），pp.730-742. Cf. also Jonathan Freedman，*Crowding and Behavior*（San Francisco：Freeman，1975）；Susan Seagart，*Crowding in Real Environments*（Beverly Hills，CA：Sage，1976）；and Larry Severy，ed.,*Crowding*：*Theoretical and Research Implications*（New York：Humanities Science Press，1979）.

36 Thomas C. Wiegele, "Decision-Making in an International Crisis：Some Biological Factors," *International Studies Quarterly*，7（September 1973），pp.295-335，and *Biopolitics*（Boulder，CO：Westview，1979）；Meredith Watts, ed.,*Biopolitics*：*Ethological and Physiological Approaches*（San Francisco：Jossey Bass，1981）；Gerald W. Hopple and Lawrence Falkowski，*Biopolitics*，*Political Psychology and International Politics*（New York：St. Martin's，1982）.

37 John Dollard，Leonard W. Doob，Neal E. Miller，et al.，*Frustration and Aggression*（New Haven，CT：Yale University Press，1939），p.7. 该领域的另一本重要著作是 Norman R. E. Maier，*Frustration*：*The Study of Behavior Without a Goal*（New York：McGraw-Hill，1949）. 在心理学领域，挫折概念是很有效的。参见 Abram Amsel，*Frustration Theory*（New York：Cambridge University Press，1992）.

38 Ross Stagner, "The Psychology of Human Conflict," in McNeil，*Nature of Human Conflict*，p.53.

39 Abraham H. Maslow, "Deprivation，Threat and Frustration," *Psychological Review*，XLVIII（6）（1941）；reprinted in J. K. Zawodny，ed.,*Man and International Relations*，Vol. 1：Conflict（San Francisco：Chandler，1966），pp.17-19.

40 Dollard et al.，*Frustration and Aggression*，pp.39-47. 根据后来对宣泄概念的重新定义，人们认为攻击行动可能产生三种不同效果：减少攻击反应，增加攻击反应，以及产生不可观察的变化。S. Feshback, "Aggression," ' in P.H. Mussen, ed., *Carnrichael's Manual of Child Psychology*（New York：Wiley，1970），pp.159-259.

Cited in Bandura, *Aggression*：*Social Learning Analysis*, p.37.

41 Elton B. McNeil, "Psychology and Aggression," *Journal of Conflict Resolution*, III（September 1959）, p.204; Berkowitz, Aggression, p.29. 相反的观点参见 Abram Amsel, *Frustration Theory*（New York：Cambridge University Press, 1992）一书中支持的理论。

42 Berkowitz, *Aggression*, p.30.

43 关于前两种观点的详细解释，见 Berkowitz, *Aggression*, pp.32-48.

44 Sanford Rosenzweig, "An Outline of Frustration Theory," J. McV. Hunt, ed., *Personality and the Behavior Disorders*（New York：Ronald, 1944）, pp.381-382. 支持罗森茨韦格的麦克尼尔说，"出身贫穷会给个人带来一系列挫折；然而，个人对这些挫折的反应完全不同于他在所拥有的财富被剥夺时做出的反应"；"Psychology and Aggression," p.203.

45 Dollard et al., *Frustration and Aggression*, p.2.

46 多拉德的研究集体注意到，"当马克思主义者描述在阶级斗争和保留或摧毁国家的过程中人的能动的相互关系时，他们不经意地引入了一个心理学体系，这一体系假定攻击是对挫折的反应。" Ibid., p.23. 制造挫折的当然是资产阶级，遭受挫折的是无产阶级，他们进行的攻击反应，就是组织起来进行革命。然而，除了在隐喻或者社会背景中使用之外，大多数社会学家，包括马克思主义社会学家，并不使用"挫折"这个术语，这和心理学家使用"挫折"一词的方式不同。又见 pp.44, 151-153, 153-158 有关对黑人和犹太人偏见的部分。

47 社会学家把小型团体的行为和大型团体的行为做了区别。赫伯特·布卢默（Herbert Blumer）还提醒大家注意无组织无目的的集体行为（甚至是相当大的集体）和按照文化规范组织起来的社会行为之间的区别。见 "Collective Behavior," J. B. Giller, ed.,*Review of Sociology*：*Analysis of a Decade*（New York：Wiley, 1957）, pp.130, 199. 尼尔·斯梅尔策（Neil J. Smelser）修正了布卢默的一些观点，但对上述区分表示赞同。他说："集体行为……并不是制度化行为。随着集体行为制度化程度逐渐加强，它会慢慢丧失其独特之处。" *Theory of Collective Behavior*（New York：Free Press 1963）, p.8. 有趣的是，在他书的 "The Hostile Outburst" 一章中，斯梅尔策并没有提到用挫折—攻击假设来解释社会上存在的攻击性。Ibid., pp.222-269.

48 Dollard et al., *Frustration and Aggression*, pp.55-76.

49 Martin Gold, "Suicide, Homicide and the Socialization of Aggression," in Bartlett H. Stoodley, ed.,*Society and Self*：*A Reader in Social Psychology*（New York：Free Press, 1962）, pp.281-282.

50 Robert R. Sears, Eleanor Maccoby, and Harry Levin, "The Socialization of Aggression," in Eleanor E. Maccoby, Theodore M. Newcomb, and Eugene L. Hartley, eds., *Readings in Social Psychology*（New York：Holt, Rinehart and Winston, 1958）, pp.350-352.

51 McNeil, "Psychology and Aggression," p.212. 班杜拉指出，对惩罚的惧怕会产生抑制或威慑效果，导致攻击从相似目标转移到不相似目标；*Aggression*, pp.34-35. 德宾（E. F. M. Durbin）和约翰·鲍尔比（John Bowlby）认为，人在孩提时代由于害怕受到惩罚而产生的内心冲突，是成年之后出现攻击行为的一个重要原因，因为攻击性虽能得到控制，但却无法消除。因为害怕，孩子不敢打爸爸，但他会去打一个比他小的孩子，因为他不怕那个小孩子。被掩盖起来的攻击性使这个孩子变成了一个欺凌弱小的人。同样道理，憎恨政府的革命者，憎恨对外政策的民

259

族主义者，憎恨银行家、犹太人或政敌的人，他们可能会展现因童年教育时攻击性受压抑而形成的性格特征。Durbin and Bowlby, *Personal Aggressiveness and War* (New York：Columbia University Press，1939)，excerpted in J. K. Zawodny, *Man and International Relations*, *Vol*. *1*：Conflict (San Francisco：Chandler Publishing Company，1966)，p.97.

52 McNeil, "Psychology and Aggression," p.213；Stagner, "Psychology of Human Conflict," pp.55-56.

53 Stagner, "Psychology of Human Conflict," p.54；and Ralph K. White, "Images in the Context of International Conflict," in Herbert C. Kelman, ed.,*International Behavior：A Social Psychological Analysis* (New York：Holt, Rinehart and Winston, 1965), pp.267-268.

54 Marc Howard Ross, "Childrearing and War in Different Cultures," in Francesca M. Cancian and James William Gibson, eds., *Making War/Making Peace：The Social Foundations of Violent Conflict* (Belmont, CA：Wadsworth, 1990), pp.51-63.

55 Bandura, *Aggression*, p.170.

56 Berkowitz, *Aggression*, pp.139, 149, and 193-264；cf.   又见其 "Concept of Aggressive Drive" in Leonard Berkowitz, ed.,*Advances in Experimental Social Psychology*, Vol. 2 (New York：Academic Press, 1965), p.312.

57 Bandura, *Aggression*, pp.29-30, 32-36, 44.

58 Vasquez, *War Puzzle*, pp.37-41. 又见 Note 98.

59 关于士兵在战场上如何面对死亡，格兰·格雷 (J. Glenn Gray) 做了精彩的描述和分析。参见 J. Glenn Gray, *The Warriors：Reflections on Men in Battle* (New York：Harper, 1967), esp.pp.100-121；John Keegan, *The Face of Battle* (New York：Penguin, 1983).

60 Donald A. Wells, *The War Myth* (New York：Pegasus, 1967), pp.174-175. 在书中的两页，韦尔斯首先提出，"战争并非像我们相信的那样自然，也不是根植于人的心理本能"。但他又得出了截然相反的结论："人们为战争寻找的理由空洞无物，这说明战争根本没有什么理性依据……""毕竟，如果人们不喜欢打仗，"他总结说，"那就没有理由发动这么多战争。"Ibid., pp.176-177. 有关描述令人相当压抑但没有足够的说服力，见 William Broyles, Jr., "Why Men Love War," in Cancian and Gibson, *Making War/Making Peace*, pp.29-37. 这一描述最早出现在 Esquire 上。战争、杀戮，在战斗中直面死亡，既吸引人，又令人生厌，各种学者对这些含糊不清的问题都进行了思考。有关引述，见 David P.Barash, *Introduction to Peace Studies* (Belmont, CA：Wadsworth, 1991), pp.150-156.

61 Bandura, *Aggression*, p.99.

62 雷蒙德·阿隆曾经指出，现代战争技术越来越可怕，发达工业国家以更加浮夸的语言来宣传战争，激励公民们忍受战争的艰难和牺牲。*The Century of Total War* (Boston：Beacon, 1955), p.26.

63 John H. Faris, "The Impact of Basic Combat Training," in Nancy Goldman and David R. Segal, eds., *The Social Psychology of Military Service* (Beverly Hills, CA：Sage, 1976), pp.14-15.

64 Beer, *Peace Against War*, p.128 and documentation on p.339.

65 Karen Horney, *Neurosis and Human Growth* (New York：W. W. Norton, 1950), pp.21-27. 在国际危机中，"追求荣誉"(search for glory) 是否与冒险倾向有关，我们还不

太清楚。本书下面讨论暴力冲突的宏观理论和决策理论的两章将探讨这个问题。有些研究技术性强而且有些深奥，但又没有很强的说服力。这些研究认为，"低复杂性的乐观主义"（low-complexity optimism）的增长强烈预示着军事和政治事件的发生，见 Jason M. Satterfield, "Cognitive Affective States Predict Military and Political Aggression and Risk-Taking: A Content Analysis of Churchill, Hitler, Roosevelt and Stalin," *Journal of Conflict Resolution*, 42（December 1998）, pp.667-692.

66 Bernard Susser, "Psychology and Politics," in Susser, ed.,*Approaches to the Study of Politics*（New York: Macmillan, 1992）, p.356.

67 Kenneth E. Boulding, "National Images and International Systems," *Journal of Conflict Resolution*, III（June 1959）, pp.120-131. 这一句和前一句的引文在 pp.121-122. 又见其著作 *The Image: Knowledge in Life and Society*（Ann Arbor: University of Michigan Press, 1956）; Ole R. Holsti, "The Belief System and National Images," *Journal of Conflict Resolution*, 16（September 1962）, pp.244-252, and "Cognitive Dynamics and Images of the Enemy," *Journal of International Affairs*,1（21）（Summer 1967）, pp.16-39.

68 Robert Jervis, *The Logic of Images in International Relations*（Princeton, NJ: Princeton University Press, 1970）, and *Perception and Misperception in World Politics*（Princeton, NJ: Princeton University Press, 1976）.

69 Pamela J. Conover and Stanley Feldman, "How People Organize the Political World," *American Journal of Political Science*, 28（February 1984）, pp.95-126; John Hurwitz and Mark Peffley, "How Are Foreign Policy Attitudes Structured？" *American Political Science Review*, 81（December 1987）, pp.1099-1120.

70 Arthur Gladstone, "The Conception of the Enemy," *Journal of Conflict Resolution*, III（June 1959）, p.132.

71 Stagner, "The Psychology of Human Conflict," p.46.

72 Urie Bronfenbrenner, "The Mirror Image in Soviet-American Relations: A Social Psychologist's Report," *Journal of Conflict Resolution*, XI（September 1967）, pp.325-332; Charles E. Osgood, "Analysis of the Cold War Mentality," *Journal of Social Issues*, XVII（3）（1961）, pp.12-19.

73 Ralph K. White, "Images in the Context of International Conflict," in Kelman, ed., *International Behavior*, p.240.

74 Urie Bronfenbrenner, "Allowing for Soviet Perceptions," in Roger Fisher, ed., *International Conflict and Behavioral Science*, *The Craigville Papers*（New York: Basic Books, 1964）, p.172.

75 参 见 the discussion of "Graduated and Reciprocated Initiative in Tension-Reduction, （GRIT）" in Charles E. Osgood, *An Alternative to War or Surrender*（Urbana: University of Illinois Press, 1962）, and his "Questioning Some Unquestioned Assumptions About National Defense," *Journal of Arms Control*,I（January 1963）,p.213. Cf. also Arthur I. Waskow, *The Limits of Defense*（Garden City, NY: Doubleday, 1962）, chap.4.

76 参见 the articles by Victor A. Kremenyuk, ManusI. Midlarsky, Vladislov Zubok, and Jack S. Levy on "Superpower Learning in the Cold War Period," in Manus I. Midlarsky, John A. Vasquez, and Peter B. Gladkov, eds., *From Rivalry to Cooperation: Russian and American Perspectives on the PostCold War Era*（New York: HarperCollins,

261

1994），pp.3-86；George W Breslauer and Philip E. Tetlock，eds.，*Learning in U. S. and Soviet Foreign Policy*（Boulder，CO：Westview，1991）. 约翰·瓦斯克斯提醒人们注意另外两种对比鲜明的个性特征——"强硬派"和"迁就主义者"。在任何时候，这两种个性都会对人与人之间的关系（敌意或合作）造成影响。*The War Puzzle*，pp.206-210.

77 McNeil，*The Natureof Aggression*，p.35.

78 关于该问题的另外一种观点，见 Sabrina Petra Ramet and Donald W. Treadgold，*Render Unto Caesar：The Religious Sphere in World Perspective*（Washington，DC：American University Press，1995）.

79 Lorenz，*On Aggression*，pp.271-272.

80 Hebb and Thompson，"Social Significance of Animal Studies，" p.53.

81 Frank，*Sanity and Survival*，pp.75，87-88.

82 Lorenz，*On Aggression*，p.272；Jerome D. Frank，*Sanity and Survival*，pp.88，241.

83 Wilson Carey McWilliams，"The Political Olympics，"*Worldview*（July 1984）. 又见 Harry Edwards，*The Sociology of Sport*（Homewood，IL：Dorsey Press，1973）.

84 参 见 Parton Keese，"Violence in Sports：What It Could Mean，"*The New York Times*（January 26，1975），Section 5，p.1；Lowell Miller，"World Cup Or World War?"*The New York Times*（May 21，1978），Section 6，p.20.

85 有关国际体育比赛在外交承认、政治抗议、宣传、国家声誉、国家间合作与冲突等方面的作用和意义的有趣讨论，见 Andrew Strenk，"The Thrill of Victory and the Agony of Defeat：Sport and International Politics，"*Orbis*，22（Summer 1978），pp.453-469.

86 性和暴力的关系极其复杂。见 Elbert Russell，*Human Aggression*，Paper presented at Canadian Peace Research Institute Summer School，Grindstone Island，July 18，1973；James W. Prescott，"Body Pleasure and the Origins of Violence，"*The Bulletin of the Atomic Scientists*，XXXI（November 1975），pp.10-20；Amaury de Riencourt，*Sex and Power in History*（New York：David McKay，1974），pp.220-223. 最近，罗伯特·特雷夫莱（Robert C. Trefler）指出，在新大陆建立殖民帝国的欧洲人在性和生理方面具有野蛮性。*Sex and Conquest：Gendered Violence，Political Order and the Conquest of the Americas*（Ithaca，NY：Cornell University Press，1995）.

87 Prescott，"Body Pleasure"；Frank，*Sanity and Survival*，pp.68-69，283. 尽管班杜拉承认，如果施加的惩罚过重，施加的时间地点不当，没有原则，或者出于报复心理而不是建设性的目的，惩罚就可能产生不良作用。但他认为，在一定条件下，惩罚可以有效地矫正不受欢迎的行为；*Aggression：A Social Learning Analysis*，pp.289，304-308.

88 参 见 Leonard Berkowitz，"The Case for Bottling Up Rage，"*Psychology Today*（July 1973），pp.24，31.

89 Frank，*Sanity and Survival*，pp.72-74，283-284；Bandura，*Aggression*，pp.266-286. 有些人认为，人的行为受多种因素影响，所以仅仅指责大众媒体是不公平的，攻击示范只能对那些已经发生心理异常并有攻击倾向的人产生影响。班杜拉不同意这种看法。他认为，既然有充分的实验证据证明存在着观察性学习，那么在描写攻击行为的电视节目会影响成人和儿童问题上，我们就没有理由总是支支吾吾，含糊其词。Ibid.，pp.266-271；另见 Bandura "Toy Guns：Do They Fan Aggression?"*The New York Times*（June 16，1988），Section C，p.1. 玩具枪是会怂恿青少年的暴力行为，还是会使他们了解战争的恐惧和死亡，对此心理学家们存有争论。政府官员们经常指责玩具枪会导致实际的人员死亡，因为警察会把玩具枪错当做真枪。

90 参见 Ithiel DeSola Pool，"Effects of Cross-National Contact on National and International Images，" in Herbert C. Kelman，ed.，*International Relations*：*A Social-Psychological Analysis*（New York：Holt，Rinehart and Winston，1964），pp.106-129.

91 Waltz，*Man，the State and War*，p.48.

92 Gordon W. Allport，*The Nature of Prejudice*（Reading，MA：Addison-Wesley，1954）；Otto Klineberg，*The Human Dimension in International Relations*（New York：Holt，Rinehart and Winstion，1964）.

93 Else Frenkel-Brunswik，"Intolerance of Ambiguity as an Emotional and Perceptual Personality Variable，"*Journal of Personality*，XVIII（September 1949），pp.108-143；and "Social Tensions and the Inhibition of Thought，"*Social Problems*，II（October 1954），pp.75-81.

94 T. W. Adorno，Else Frenkel-Brunswik，Daniel J. Levinson，and R. N. Sanford，*The Authoritarian Personality*（New York：Harper & Row，1950）. 对这一假设的批评，cf. Richard Christie and Marie Jahoda，eds.，*Studies in the Scope and Methods of the Authoritarian Personality*（Glencoe，IL：Free Press，1954）.

95 S. Griedlander and R. Cohen，"The Personality Correlates of Belligerence in International Conflict，"*Comparative Politics*，7（January 1975）.

96 Michael P.Sullivan，*International Relations*：*Theories and Evidence*（Englewood Cliff，NJ：Prentice Hall，1976），pp.26-40. 又见 Alexander L. George，"Assessing Presidential Character，"*World Politics*，XXVI（January 1974），pp.234-282. 263

97 1948年以来，摩根索的每一部重要著作中都有这个解释。引文引自 *Politics Among Nations*：*The Struggle for Power and Peace*，4th ed.（New York：Alfred A. Knopf，1967），pp.98-99. 该领域的主要权威学者汉斯·科恩（Hans Kohn）认为，民族主义"首先是一种心理状态"。*The Idea of Nationalism*（New York：Macmillan，1944），p.10. 其后的有关论述，见 John Breuilly，*Nationalism and the State*（Manchester，England：Manchester University Press，1982）；Ernest Gellner，*Nations and Nationalism*（Oxford，England：Basil Blackwell，1983）；Yael Tamir，*Liberal Nationalism*（Ewing，NJ：Princeton University Press，1993）；William Pfaff，*The Wrath of Nations*：*Civilization and the Furies of Nationalism*（New York：Simon & Schuster，1993）；John R. Gillis，ed.，*Commemoration*：*The Politics of National Identity*（Ewing，NJ：Princeton University Press，1994）；Leon P.Baradat，*Political Ideologies*：*Their Origin and Impact*（Upper Saddle River，NJ：Prentice Hall，1997），esp.chap.3. 正如下一章将要说明的，在研究战争的宏观原因时，人们通常就会涉及民族主义问题。

98 Erich Fromm，*Escape from Freedom*（New York：Holt，Rinehart and Winston，1941），pp.21，22，141-142 and 164-168.

99 Leon Festinger，*A Theory of Cognitive Dissonance*（Stanford，CA：Stanford University Press，1957），and *Conflict，Decision and Dissonance*（Stanford，CA：Stanford University Press，1964）. 费斯廷格的理论已被多数心理学家所接受，"成为心理学领域的基本理论之一。"见 Harold B. Gerard's "Retrospective Review" of Festinger in *Contemporary Psychology*，39（November 1994），pp.1013-1017.

100 Judson S. Brown，"Principles of Intrapersonal Conflict，"*Journal of Conflict*

Resolution，I（June 1957），pp.137-138. 政治领导人的个人心理因素如何对其成为革命者的决定产生影响，对这个问题的不同认识，见 E. Victor Wolfenstein，*Violence or Non Violence：A Psychoanalytic Exploration of the Choice of Means in Social Change*，Monograph Series（Princeton，NJ：Center for International Studies，Princeton University，1965）.

101《关于暴力的塞维利亚声明》（SSV）摘自 David P. Barash，*Introduction to Peace Studies*（Belmont，CA：Wadsworth，1991），pp.140-141. 巴拉什（Barash）不恰当地把"战争是人的本能"这种观点和右翼政治思想以及军事强硬派画等号，但是他并没有什么证据证明这一点。Ibid., p.140. 事实上，1989 年出版的一本讨论攻击性和战争的跨学科论文集中，所有撰稿人都一致认为，尽管人的部分行为方式无疑会受到本能冲动的影响，但是大部分有组织的攻击行为都会受到后天学习的影响。Jo Groebel and Robert A. Hinde，eds., *Aggression and War：Their Biological and Social Bases*（Cambridge，England：Cambridge University Press，1989）.

又 见 Robert A. Hinde and Helen E. Watson. eds., *War：A Cruel Necessity? Bases of Institutinalized Violence*（New York：I. B. Tauris，1995），此书重点是战争原因的多重性，以及整合微观和宏观研究的必要性。

102 James Silverberg and J. Patrick Gray，eds., *Introduction to Aggression and Peacefulness in Humans and Other Primates*（New York：Oxford University Press，1992）.

第七章

暴力冲突的宏观理论：国际战争

现在我们转向战争的宏观层次分析，即在社会层次、民族国家层次和全球体系层次上的分析。这里我们将通过人类学家、社会学家、政治学家和国际关系专家们的著作，考察他们对大规模社会结构性暴力问题的认识。微观分析家们在物种的个体中寻找下意识的侵略性动机，而不相信有意识地表达出来的社会冲突和国际冲突的动机。在社会内部和国家之间，人们诉诸暴力时会刻意说明其动机和原因。一般来讲，宏观分析家们会认真分析这种动机和原因，因为他们认为这些动机和原因特别重要，可以解释为什么特定群体在特定时间发生特定冲突。修昔底德曾说："如果你想知道人们为什么进行战争，你就去问他们，他们会告诉你。"宏观分析家们认为这句格言有一定的道理。

采用宏观方法研究人类现象的社会科学家，尤其是大多数社会学家和人类学家，认为冲突是一种与群体存在相伴生的正常现象，而不是像多数心理学家那样，认为冲突是破坏性的、功能失调的甚至是病态的情况。那些赞同塔尔科特·帕森斯的观点的社会学家是例外，他们强调社会调节、共同价值取向和系统维系，更感兴趣的是社会秩序而不是社会变迁，是社会的静态而不是社会的动态，所以他们认为冲突是一种会带来破坏并导致功能失调的疾病。但是，从卡尔·马克思到格奥尔格·西梅尔（Georg Simmel）和拉尔夫·达伦多夫（Ralf Dahrendorf）的大多数欧洲社会学家、前帕森斯时代的大多数美国社会学家［如罗伯特·帕克（Robert E. Park）、约翰·伯吉斯（John W. Burgess）、威廉·格雷厄姆·萨姆纳、查尔斯·库利（Charles H. Cooley）、罗斯（E. A. Ross）和阿尔比恩·斯莫尔（Albion W. Small）］以及当代美国社会学家，如杰西·伯纳德（Jesse Bernard）和刘易斯·科塞尔，都认为冲突有助于实现积极的社会目标。[1] 有时暴力冲突甚至被看做是一种解决社会内部和社会之间争端的有效途径。
政治学家、经济学家、博弈理论家以及多数理智的政治领导人，通常根据
可能的或实际的结果来评估特定的冲突，也就是说权衡冲突的得失、风险
和代价。1999年，北约因科索沃问题对南斯拉夫进行了军事打击。北约
成员国政府和精英们基本上也是这样评估他们的打击行动的。北约奉行的
空中打击战略，其基本点是从高尚的道义出发，同时确保北约军队的低伤
亡。尽管如此，科索沃的阿尔巴尼亚族人和塞尔维亚公民付出的代价比预
期的要大。

对于持"冲突功能论"的理论家来说，冲突不仅可以整合群体，而且
有助于建立群体认同，明确群体界线，并有利于增强群体的凝聚力。几乎
每位社会学家和人类学家都假定，群体内部对外部群体抱有一定程度的敌
意。如果有许多外部群体，政治学家就更容易弄清楚为什么某一外部群体
在某一时刻被作为敌视的对象。研究民族主义的历史学家们经常论及外部
讨厌者（bête noire）在民族意识形成时期的重要意义。美国历史上，最典
型的例子莫过于独立战争后英国在美国民族情感形成初期时所起的作用。
除了这种为人熟知的现象外，一些社会理论家认为，群体内部的分歧和敌
对也有助于群体的团结，因为敌对可以带来内心的解脱，使不可忍受的事
变得可以忍受。[2] 因此，许多现代思想家认为"冲突是对社会变迁或社会进
步进行分析的主要解释性范畴"。[3]

内部冲突与外部冲突的关系

自马基雅维利以来，许多社会理论家想当然地认为，社会**内部**
（within）冲突和社会之间（between）冲突有着重要关系，由此提出了社
会冲突理论中一个最为持久却难以证实的假说。这种关系可以用两种方式
来表达：(1)内部冲突与外部冲突呈反向变化；(2)国家内部团结与卷入
外部战争成正相关关系。面临国内日趋升级的动乱和骚动，任何时代的政
治统治者都会使用挑起对外战争的方法来转嫁矛盾。

威廉·格雷厄姆·萨姆纳提出了如下理论：群体通过寻求内部一致来
获得与外部敌人竞争的力量；群体内部和平与合作的情绪使对外部群体的
敌对情绪变得更加强烈；经历过频繁而激烈战争的社会建立了政府和法律

制度，同时整个社会也更加紧密地团结起来。[4]威廉·詹姆斯也将战争看做是古代"一位沾满鲜血的能增强社会团结的护士"。[5]

在理查德·罗斯克兰斯看来，统治精英之间权力转移的不确定性会把具有侵略性的军事和政治人物推到前台，执掌权力，从而更可能爆发战争。[6]克莱德·克拉克洪（Clyde Kluckhohn）写道，"如果一个国家内部的争斗十分严重，有导致分裂的危险，那么从维护国家统一的角度讲，战争是一种调整性反应，可以把内部的争斗转换成与另一个群体的冲突"。[7]研究原始部落的学者们指出："一旦一些群体把战争当做安全阀，把社会内部的冲突转换成仇外心理以促进社会的融合，那么在这些地方，现代化与和平会导致社会分裂。"[8]格奥尔格·西梅尔指出，社会和政治的中央集权化与发动战争的侵略性冲动相互影响。战争增强了内部团结，而内部政治的中央集权化，又增大了通过战争向外释放内部紧张的可能性。依照西梅尔的说法，"对一个备受内部对抗折磨的国家来讲，有时对外战争是战胜内部对抗的最后一次机会，否则这个国家将不断地分裂下去"。[9]

杰弗里·布莱纳（Geoffrey Blainey）反对这种他所称的"战争替罪羊理论"，虽然这种理论在政治学家、历史学家和人类学家那里是毋庸置疑的普遍真理。布莱纳对1823年～1937年期间的国际战争进行了研究。他承认其中一半以上的战争是在某一交战国内部发生严重骚乱后爆发的，但他仍认为"替罪羊理论"的假定（比如，可以把战争的责任归咎于某一方；饱受内部冲突折磨的国家更易于发动战争；在没有战争的情况下，每一次小骚乱都会威胁统一等）是靠不住的。他注意到，如果"替罪羊"理论家对政治史中的证据研究得更仔细些，他们就不会忽视两个重要的事实：（1）如果不卷入国际战争，有麻烦的国家压制内部不满会更容易；（2）当外部敌人将一国内部混乱看做是该国衰弱的表现时，敌人更会利用这个机会发动战争。[10]

内部冲突和外部冲突会相互影响，这方面的经验证据并不像以前人们认为的那样无可置疑。20世纪60年代和70年代进行的研究试图运用定量方法证实或证伪这一相关性，但研究的结果模棱两可。[11]布鲁斯·布伊诺·德·门斯奎塔和戴维·拉尔门曾总结道，"我们并不知道……预期的国内高成本是增大还是减少国家避免危机迅速升级的可能性"。[12]1992年，伦道夫·西韦松（Randolph M. Siverson）和哈维·斯塔尔再次阐述了这一总结性的观点：

解释国际政治和对外政策时，可以把探求内部和外部因素之间的关系看做是在学术领域内寻找圣杯——许多人一直在探求这种关系；这种探求很久之前就开始了，而且发生在不同的研究领域里……许多迹象表明这种内外联系确实存在，但是人们一直难以对这一关系提供系统、可靠的证明。[13]

尽管建立一个简单且普遍适用的相关关系并不容易，但由于"替罪羊理论"在解释这类案例时依然有效，所以这一理论也许将继续激发政治学家和其他社会科学家的兴趣。他们将继续探究这类案例之间的异同点，因为这一理论在一些案例中是有效的，而在另外一些案例中又是无效的。没有必要把传统理论解释为：外部冲突总是增强社会凝聚力，或者如果长时间没有外部冲突，内部必然解体。国内政治和国际政治十分复杂和微妙，这种肤浅的经验法则是难以给出解释的。

一体化程度高的共同体并不仅仅是因为对外部的恐惧、敌意和冲突才团结在一起。共同的信仰和价值取向，对共同生活会使彼此受益的预期，都是形成凝聚力的重要因素。这个理论断言，外部冲突是一个重要的因素，但不是惟一的因素。如果内部达成一致的进程或分裂的进程过快，那么卷入一场对外冲突可能会加速这两种进程而不会使之逆转。在与阿尔及利亚发生冲突的过程中，法国出现了内部分裂，就像越南战争期间美国内部出现分裂一样；由于出兵干涉阿富汗，苏联内部也出现了分裂，只不过分裂程度相对低一些。如果忽略了诸如一致程度这样至关重要的变量，那么试图在内部和外部冲突行为之间建立相关关系的任何努力都将毫无结果。这类变量涉及政治制度的优先价值，涉及冲突中社会理念会把什么看做是生死攸关的东西。

在第二次世界大战中，美国人民一致支持抗击德国和日本的战争，媒体对反对意见的报道即使有，也很少。与此形成鲜明对照的是越南战争，这场战争使美国人民在冲突的本质（是国际战争还是国内战争）、美国卷入战争的目的（是实现条约中的承诺、遏制共产主义、维护越南的民族独立还是在亚洲构建均势）以及东南亚形势发展到什么程度会危害美国的国家利益等问题上出现了严重的分歧。美国限制了自己的军事行动规模，并没有发动全面的对外战争，部分原因是由于知识分子、学生、和平主义团体、媒体、许多政治家和多数民众的批评和反对。所有这些人都对徒劳无益而又代价高昂的战争感到越来越困惑，越来越沮丧。此外，对内政策和对外政策的优先目标之间的矛盾，也使约翰逊总统不知如何是好。他对内的优先目标是建设"伟大的社会"，对外优先目标则是对一个能充分动员其资源来获取胜利的小国发动战争。

北约因科索沃问题与南斯拉夫发生了冲突。在此过程中，美国内部及美国同其盟国之间出现了意见分歧。这个例子颇能说明，内部冲突与外部冲突的关系是一个复杂的问题。尽管国内有公众反对，民众与军方在采取无风险空中打击战略问题上存在着严重的分歧，但是作为盟国，北约成员国政府政治上更有凝聚力，对他们的目标有着一致的认识。而就在这个时候，美国和欧盟正就香蕉问题、经过激素处理的牛肉问题、转基因食品问题、商用飞机的噪音问题、电子传播个人数据中的隐私权问题及其他贸易问题进行着外交和宣传上的贸易战。评估内部冲突与外部冲突的关系只能在总体政治环境内进行，而不同事例的总体政治环境差异很大。尽管迄今为止这一领域的经验性研究还有许多地方有待改进，但有关社会内部冲突与社会外部冲突存在逆向关系的理论看来需要进一步提炼，需要国际关系学者从更多不同的角度加以研究。[14]　268

原始社会和其他社会的启示

我们并不能直接用原始社会的经验来理解当代国际关系。技术发达的现代文明并非是原始文明的线形延续。从四个世纪前的探险和发现时代到现在，西方哲学家和社会理论家们一直被原始社会的组织方式和生活方式所吸引，并力图借此深入认识文明世界中的各种问题，包括对战争的认识。在现代文明的早期，许多社会没有同西方接触，因而未受其影响。当时缺乏受过科学训练的观察者，所以人们得出了许多肤浅和错误的结论。（如霍布斯、洛克和卢梭显然都认为北美洲的印第安人生活在没有政府的"自然状态"中）19世纪，随着文化人类学的发展，西方的宗教、社会信仰、思想及实践进入大多数的原始文明，冲淡了这些文明的纯粹性或真实性。因此，在解释原始制度和风俗时，必须格外小心谨慎。

人类学家避免做出单一的概括性结论，例如认为原始氏族基本上是好战的，或者他们基本上是爱好和平的。有些原始氏族极端好战，总是摩拳擦掌，跃跃欲试；而其他一些氏族则几乎只求和平安定。克莱德·克拉克洪写道：

> 澳洲土著人之间从未发生过有组织的进攻性战争。在欧洲人到来之前，新大陆的某些地区似乎是完全远离战争的……目前有一点是绝对肯定的，即不同类型的社会秩序，其战争倾向的程度必然不同。在战争倾向性的连续排列中，一端是千百年来几乎从未发动过攻击性战争的普埃布洛印第安人，另一端是把战争看做至高美德的大平原印第安人。[15]

在一些原始语言中（如爱斯基摩人和安达曼岛人的语言）甚至不存在战争一词，来指代一种有组织的社会性侵略或战斗形式。然而，我们决不能轻易将这种现象归结为这些氏族天性和平，这主要是因为他们还没有与真正意义上的社会发生直接的接触和交往。在技术不发达的社会中，战争和暴力犯罪一样，通常是身体接触的结果。在飞机和导弹时代到来之前，只有海洋国家拥有对遥远地区发动进攻性战争的实力。实际上，即使到了最近几十年，大多数国际战争也都发生在接触最频繁和战争理由最充分的社会之间，即领土相邻的国家之间。瓦斯克斯曾指出，"领土相邻引起的冲突是导致战争最常见的根源"，并认为"这与人类与生俱来的保护领土的倾向有关"，德斯蒙德·莫里斯（Desmond Morris）和罗伯特·阿德里（Robert Ardrey）也曾对此做过描述。[16]

大多数原始社会与许多现代文明国家有着相似的经历：它们清楚战争与和平会交替出现，只不过原始战争（或袭击）相对较频繁、延续的时间也较短。几乎所有原始社会都力图通过建立法律制度来防止**同害惩罚法**（lex talionis）的实施失去控制，进而把**内部的**（internal）暴力行为降到最低限度，因为同害惩罚法允许受害者可以对加害者进行报复性惩罚。[17]但是，这些原始社会大都愿意经常对外采取暴力行为，以实现他们认为重要的目标。安德鲁·沃伊达（Andrew P. Vayda）曾经指出，作为一种调节因素，原始氏族之间的战争可以发挥许多不同的作用：

1. 通过再分配来消除某些经济物资和资源所有权或使用权上的不平

等（土地、骆驼、马匹、水源、猎区等）；

2. 调整人口数量、男女比例、年龄结构等人口因素（这是战争伤亡的结果），获得新的食物来源，俘获妇女和其他俘虏；

3. 调整与其他群体之间的关系（对冒犯行为或过错进行报复和惩罚，使某些不受欢迎的行为将来不再发生）；

4. 调节心理因素（包括焦虑、紧张和敌意等），把对群体内部团结起消极作用的心理情绪导向外部。[18]

一些人类学家强调单一的解释变量，如对侮辱进行报复的动机[19]或决心维护部落声誉以免被认为软弱胆怯而招致攻击等。[20]沃伊达并没有坚持认为他关于原始战争的假说适用于文明国家之间的战争。通过共同的宗教信仰、通婚（从其他部族寻找妻子，从而建立血缘关系）、为战争设置一定限制、缔结和平条约和交换人质甚至偶尔以**冷战**（cold war）——相互喊绰号或辱骂——代替实际战斗，可以减轻相邻的原始部落之间冲突的残忍程度。但是沃伊达承认，族群之间的联系，如通婚、通商以及确信拥有共同的祖先等，并不能阻止敌意的爆发。[21]

在阿尔温·托夫勒（Alvin Toffler）和海迪·托夫勒（Heidi Toffler）看来，冲突源于那些导致周期性社会转型的大规模变革。1970年在论及"工业主义总危机"时，托夫勒夫妇指出了伴随工业时代的结束和后工业时代的来临而可能出现的戏剧性变化。[22]为描述这一变革的内在动力，托夫勒夫妇将其比喻为历史浪潮的互相碰撞，在碰撞过程中，文明相互冲突，迸发出力量强大而又互相矛盾的发展趋势。世界正处于三种"截然不同和潜在冲突着的文明"的不断深化的分裂之中。托夫勒夫妇所描述的历史浪潮包括农业社会（第一次浪潮），其中生产和财富的基础是农业，社会结构是前现代的，人们的生存状态很原始，与他们祖先的生活方式几乎没有区别；工业时代（第二次浪潮）的文明以工厂生产为基础，源于工业革命的工厂生产引发了空前的城市化浪潮，导致大众教育和大众媒体的出现，并使家庭和社会结构发生了巨大变化；后工业社会（第三次浪潮）以信息时代的技术为基础，同时技术和文化的变化不断加快。托夫勒夫妇指出，处于第一次浪潮阶段的国家提供农产品和矿产品，处于第二次浪潮阶段的国家提供廉价劳动力，使大规模生产成为现实。处于第三次浪潮阶段的国家则因出售信息和参与创新而与其他国家区别开来，它们提供的服务范围在

270

不断扩大，其中包括军事保护，如海湾战争期间美国和其他高技术国家为科威特和沙特阿拉伯提供的军事保护。

尽管进入第三次浪潮的社会依然会因市场和资源而依靠处于第一次和第二次浪潮的社会，但是它们之间的联系同它们与处于第一次或第二次浪潮国家之间的联系相比，范围要广泛得多。因此，托夫勒夫妇预言，第三次浪潮文明与第一次和第二次浪潮文明之间的紧张状态会不断加剧。他们指出，随着工业革命的开始以及它从发源地向世界其他地方的扩展，那些破坏稳定的冲突，包括战争，都是农业社会同工业社会相冲突的标志。他们指出，在每一个工业化国家里，处于第二次浪潮的工业利益集团和处于第一次浪潮的利益集团（如地主）总要发生冲突，而且经常是暴力冲突。数百万人离开了他们祖辈生存了几个世纪的农业社会，涌向工厂和城市。罢工、社会动荡、民族主义兴起、战争，这些由农业文明与工业文明碰撞而引发的现象，都会在第三次浪潮中再现，而且可能还会因后工业变革速度和力度的加大而激化。

第一次浪潮与第二次浪潮的冲突使得世界权力的中心从奥斯曼帝国转移到了欧洲和北美的工业化社会，而何处会成为未来的全球权力中心将取决于信息革命的结果。在处于第二次浪潮阶段的社会中，工业发展是衡量权力地位的基础。同样道理，在第三次浪潮中领先的社会将成为未来的主导力量。托夫勒夫妇断言，网络能创造出21世纪的全球体系。在这个体系中，各类行为体之间的根本性差异决定着未来的竞争环境，这些差异包括它们相互间的兼容性不同、面对的变化速度不同以及各自的利益需求不同，包括生存需求的不同，而未来的冲突就将在这种环境中展开。三次浪潮之间的经济差距不断扩大，处于第三次浪潮的社会试图建立全球霸权，这些都会带来冲突。在此之前，处于第二次浪潮的社会也是这样对待前现代社会的。

271　　总之，在托夫勒夫妇看来，我们的世界正经历着历史性转变，从以农业社会和工业社会为基础转向一个新体系，这个新体系中最活跃的部分是以后工业时代和信息时代为特征的第三次浪潮。在这个新兴的、三个历史浪潮共同构成的三级框架中，各国寻找本国定位的努力将导致未来的冲突。托夫勒夫妇断言，由于受到信息技术的影响，未来的战争将不同于过去的战争。技术将成为数字化战场上的主导力量，同时大量跨越国界的电子网络将形成新的空间关系，开辟新的冲突领域。与农业国家不同，进入第三次浪潮的社会无需获得新的领土，甚至不必像处于第二次浪潮的工业社会那样直接控制自然资源的来源。除了能源和食品外，这些国家首先要获取的是能转化成财富的知识，特别是对数据库、电讯网络或虚拟空间的控制，以及能进入以信息为基础的服务市场。[23]

社会理论家们的其他认识

早期的人类学家和社会学家提出了很多关于社会冲突的假说和局部理论，大多都是随便一说，并没有经过深入系统的研究和严格的检验。在这里，我们所能做的只是将一些比较著名的假说和理论进行概括性的评介，其中一些已经成为许多理论家的老生常谈，无法准确地归结为某个人的成果。

1. 有组织的集体暴力行为与个体的、零星的自发暴力行为截然不同。后者是屠杀和社会动乱的前身，但不是战争的前身。[24]人类学家和社会学家认为，大规模的冲突和战争源于社会结构和环境，而不是生理冲动和心理状态。玛格丽特·米德（Margarer Mead）说，"战争是文化创造出来的，而非生物性的需要"。[25]威廉·格雷厄姆·萨姆纳认为战争起源于群体之间的争斗，而不是个体之间的争斗。[26]布罗尼斯拉夫·马林诺夫斯基则认为战争在原始时代并不存在，也不是由生物特性决定的，而是在人类进化的后期才出现的。马林诺夫斯基声称，"人类从来没有在侵略冲动的直接驱使下进行大规模的战斗"。[27]这样，他就切断了好斗心理与由文化引起的战斗之间的联系。大多数暴力行为都被看做纯粹是习惯、传统和意识形态需要的结果。马林诺夫斯基进一步指出，"一切形式的战斗都是复杂的文化反应，引起这些反应的不是某种冲动，而是情绪和价值的结合"。[28]马林诺夫斯基坚持认为"在人类发展的早期阶段，战争没有发挥任何重要作用"。他受到了戴维·比德内（David Bidney）的批判。比德内认为，战争可以推动文化变革，并带来社会结构的重大变革。[29]

2. 对国际冲突的抽象讨论缺乏说服力。玛格丽特·米德和罗达·梅特罗（Rhoda Metraux）警告说，在分析国家行为时，社会科学家不应忽视文化这个干预变量。他们举例说，如果忽视了宗教共同体的作用，就无法理解发生在黎巴嫩的冲突。[30]

3. 社会的基本观念和价值观深深植根于文化制度和文化过程的复杂体系中，因此不会轻易或急剧地发生变化。克莱德·克拉克洪曾对改革者提出过这样的忠告："对那些想要推行或指挥社会变革的人来说，'急事缓办'通常是有益的座右铭。由于不合逻辑的习惯势力极为顽固，激进地改革必然会招致顽强的抵制，甚至引发反抗。"[31]

4. 近几十年，许多社会心理学家和政治学家都在尽力减少陈腐思想在大众传媒时代可能造成的误导和潜在的危险。因此他们开始对"国民性"这一概念提出怀疑；与之相反，人类学家则认为如果能够谨慎对待，这个概念还是有一定作用的。[32]

5. 人类学家和社会学家大都对政治心理学或历史心理学持怀疑态度。这些理论试图用威尔逊、希特勒、斯大林、戴高乐或毛泽东等领导人在儿童时代的经历或某种心理特性来解释他们所作的决定。[33]人类学家和社会学家当然不否认，在冲突过程中，关键人物（我们在前一章中曾谈到这些人物）在需要做出关键决策时能发挥重要的政治作用，但他们更倾向于用社会因素而不是心理因素来解释这些政策。（尽管历史心理学不时受到严厉的批判，但它仍拥有支持者[34]）

6. 民族优越感，即在与其他民族进行比较时过高地估计本民族，是一种普遍现象。[35]

7. 文化模式的持久性并不意味着在一段时期内国家的行为不会发生重大的变化。许多研究人员提醒大家注意德国和日本在政治态度和政治行为方面发生的惊人变化。二战战败后，它们用民主宪政代替了军国主义独裁政权。这些极端的事例可能促使我们发展一种关于急剧发生的重大社会变革的创伤理论。在下一章，我们会看到自从十年前苏联解体后，迄今为止我们仍然很难确定俄国的民主化程度。

8. 从阿基米德（Archimedes）登上海边的一座高山，用镜子把太阳光聚焦到敌人的船帆上，到今天的核弹头、激光束和信息时代的战

273

争，纵观整个历史，战争与技术革新都密切相关。战备和战争使科学、技术、工业和医学等部门与政府合作进行军事研究和开发，研究成果也可以应用于非军事领域。从罐头食品、缝纫机到化学药品、喷气式飞机引擎、雷达、原子能、火箭、电子通讯和血浆等，学者们已经揭示出这些发明如何因国家军事需要而获得最初推动力。[36]

9. 一些人类学的假说看起来可能是矛盾的，但事实上并非如此。例如，我们知道人类间的差异或相似都会导致激烈的冲突。人们很容易意识到民族、语言、宗教、种族、文化或意识形态方面的实质性差异，从而会引起相互仇视并感到威胁。如果不同群体彼此的地理位置很接近，政治和经济实力又不平衡，那么就更容易产生仇视并感到威胁。如果一个国家长期从政治上弱化或者控制内部的不同意见，那么这些不同意见可能会突然爆发出来，形成要求分离或自治的压力（如加拿大的魁北克人，英国的苏格兰人，比利时的瓦龙人和佛兰芒人，西班牙的巴斯克人和塞尔维亚科索沃的阿尔巴尼亚族人）。[37]另一方面，也有人指出，各方的信仰体系越接近，他们之间的冲突可能就越激烈。[38]因此，如果一个曾经团结一致的集体发生了分裂，并且分裂后双方都声称自己是传统的正宗继承人，那么他们之间的冲突就会特别激烈。这样的例子包括基督教的天主教徒与新教徒，穆斯林的逊尼派和什叶派，共产党人中的斯大林派和托洛茨基（Leon Trotsky）派之间的冲突。

10. 可以通过研究冲突双方的沟通模式和冲突中使用的语言来认识冲突。随着冲突的发展，冲突双方的沟通日益减少，而各自内部的沟通（和凝聚力）则逐渐加强。双方冲突的强度达到最大时，双方的沟通会降到最低，而团体内部对对方充满敌意的宣传强度则会达到最大。沟通和宣传模式上的变化通常标志着冲突强度的变化，同时也预示着冲突正朝着解决的方向发展。每一场冲突都有各自独特的结构（这种结构源于冲突各方的性质）、生死攸关的问题、发生的环境以及发展的特殊动力。在分析任何特定的冲突时，对其具体特点的了解即使不比对冲突过程的总体了解更重要，起码也是同等重要。

274 革命与战争

与战争截然不同，革命现象更属于内政研究的范围，因此它是比较政治而不是国际关系的研究范畴。20世纪60年代后期，美国社会科学家开始全力关注第三世界的游击队起义和民族解放等革命战争问题，这主要是受到了越南战争的影响。核威慑极大地减少了大国以及它们的盟国之间发生直接军事冲突的可能性，从此军事战略家似乎将注意力转向另一种冲突。在这种冲突中，下列因素，如建立国家、疏远、对社会经济条件的期望值增加、发展和现代化过程所产生的混乱因素、传统社会整合机制的崩溃、意识形态宣传以及通信传媒等，所起到的作用比先进武器技术更重要。由于苏联认为"民族解放战争是正义战争"并给予支持，而西方政府则通常想支持一些国家的当政者，因为它们在这些国家有政治、经济和军事利益，于是一些发生在亚洲、非洲和拉丁美洲等灰色地带的战争卷入了两个超级大国及其盟国进行对抗的冷战漩涡中。其中最值得注意的是发生在以下国家的革命战争：老挝、柬埔寨、越南、印尼、菲律宾、马来西亚、索马里、厄立特里亚、埃塞俄比亚、莫桑比克、安哥拉、阿尔及利亚、西撒哈拉、塞浦路斯、古巴、尼加拉瓜和萨尔瓦多。美国、苏联、英国、法国和中国都在不同时间介入了其中一些革命战争和其他所谓的革命起义。它们不仅提供政治、外交和经济上的支持，而且还以提供顾问、培训、装备、武器和军队等形式进行军事援助。

革命是社会理论中一个古老的概念。古典政治学家对周期性变革、暴力推翻政府以及对革命进行道德和政治辩护等问题极感兴趣。他们往往把一个国家中的革命压力归结于人们的愿望与他们认识到的现实之间的差距，这种差距使人们在应由谁以及如何来组织社会的问题上发生了深刻的分歧。区别真正的政治革命和经常被冠以政治革命幌子的其他现象是很必要的。后者包括政变（包括君主敌对亲属的宫廷政变、领导人非法延长任期、军事政变及其他高层小集团的突然夺权等），[39] 各种形式的农民暴动、市民暴动、宗教暴动等短时间的暴动，以及被称为分离的政治分裂活动（地方的、殖民地的、种族的或宗教的）。在马克·哈戈皮安（Mark N. Hagopian）看来，以上这些现象与革命性变革没有任何联系。他对革命的定义是"在一个政治共同体中一个或多个传统的阶层化体系（阶级、地位、275权力）发生的尖锐而长期的危机。在这场危机中，社会精英有目的地利用加强政治权力和诉诸暴力的手段来废除或改革上述的一个或多个体系"。[40]

革命经常通过这样或那样的方式与战争发生联系，因此国际理论家们对革命一直抱有研究兴趣。理解革命行为和为集体挫折或集体攻击提供政治动员和引导的领导人，我们就能够区分内部革命和国际战争的不同。[41]此外，革命对国际体系常常具有重要意义并能产生重大影响，因此它突出体现了国内政治和对外政治之间的联系。这当然适用于那些真正具有历史性的大规模革命，如法国革命、布尔什维克革命、中国革命、古巴革命和伊朗革命，也同样适用于前面提及的小规模革命叛乱和游击队战争，如发生在老挝、安哥拉、尼加拉瓜的战争等，只不过适用程度可能差一些。尽管这些起义或战争起因于国内，却经常由于内部寻求外部支持或者其他国家为维护自身利益进行干涉而最终国际化了。

在斯蒂芬·沃尔特看来，"通过研究革命变革的国际影响可以清楚地比较出在系统层次上和单元层次上解释国家行为的优缺点"。[42]他把革命称为国际政治中的"分水岭"，因为它们"会导致均势发生急剧变化，将同盟承诺和其他国际协议置于危险之中，同时会为其他国家改变其自身地位提供诱人的机会"。[43]他感叹道，大多数有关革命的研究只关注了革命的起因或革命的国内结果（参见注释41）。其实，研究革命国家的对外政策，可以揭示系统力量是如何改变革命行为的，可以揭示单元层次的因素（如革命政权）是如何改变系统对国家行为的常规限制的影响的。[44]沃尔特对法国（1789）、墨西哥（1917）、土耳其（1919）、中国（1949）、古巴（1959）、埃塞俄比亚（1974）、柬埔寨（1975）、伊朗（1978）和尼加拉瓜（1979）[45]等十个案例进行了研究。根据研究发现，他断定"革命增大了导致战争的压力"。他认为，以下三个流行的解释并不充分，即使它们对于某些特定的案例会有部分效力：

1. 革命政权会引发战争，因为它们坚持要输出它们教条的、激进的和具有侵略性的意识形态。（沃尔特以十个案例中的五个作为例证，这五个国家革命之后的战争不是由革命的国家发起的，而是由其他国家发起的）
2. 国内政治形势会引发革命后的战争，这些形势包括国内进行斗争的派别利用对外战争来实现各自的目的，或者革命领袖通过推动对外冲突来重新获得大众的支持、证明压制政策的正当性及为化解持续的国内困境而寻找替罪羊。（沃尔特认为，领袖们可能更倾向于通过关注国内问题来巩固他们的权力，而不愿意冒险发动对外战争）

3. 革命领袖的个性——冷酷无情、傲慢自信到不计后果的程度及维持英雄形象的需要等——会促使他们挑起对外冲突。（沃尔特不接受"革命性格"这一概念，认为它不准确、前后矛盾。他认为，无论逻辑上还是经验上，革命性格与导致战争或和平的具体对外政策环境都很难联系到一起）[46]

沃尔特认为，肯尼思·沃尔兹的新现实主义均势理论做出的解释也不能令人满意。在肯尼思·沃尔兹的理论中，安全是国家的最高目标，权力和实力分配是主要解释变量。由于革命可能改变均势，所以革命为革命政权或其他国家改善其地位创造了机会。[47] 沃尔特对此提出了异议，他认为"国家不会仅仅因为均势发生变化就急于发动战争，它们一定是预期到了发动战争会使它们更加安全"。沃尔特放弃了均势理论而赞同威胁平衡理论。在威胁平衡理论中，威胁是由进攻实力与意图两者决定的。

> 革命会改变均势的整体状况，使国家更难于对均势做出准确的估计。除此之外，革命还会减弱每一方准确估计其他国家意图的能力。事实上，革命使得双方都相信对方比自己更具敌意……因此每一方都担心自己会因为意识形态上的对抗而更容易受到攻击，但每一方又都倾向于相信自己的对手也同样易受攻击……[48]
>
> 尽管均势理论强调安全的重要性，但驱使国家发动战争的并不是总体的均势状况，而是每一方对威胁的感知。这些感知既来自于系统层次的因素，也源于单元层次的因素。革命通过改变权力分配、增加敌意和增强对进攻优势地位的认识来改变威胁平衡。这些因素的不确定性和促使双方把对方看得特别敌对和危险的因素，使整个问题变得更加严重。[49]

沃尔特认为在现实主义框架内是能够解释革命和战争之间的关系的，但是哈维·斯塔尔则认为，这种关系质疑了肯尼思·沃尔兹的现实主义假定，即国际体系层次上的行为基本上与国家**内部**（within）所发生的事情无关。在斯塔尔看来，鲁道夫·鲁梅尔（Rudolph J. Rummel）和坦特试图系统阐述内部冲突与外部冲突关系的早期著作缺乏理论规范。他们在逻辑上和研究设计上有缺陷，主要是在案例选择和涉及的时间范围上有问题。这些问题导致理论的有效性出现了问题，同时也使得他们没能证明内部冲突和外部冲突之间的联系。[50] 然而，从下面这段话看，斯塔尔似乎在本质上是赞同沃尔特的观点的：

> 我们必须首先区分两类情形，一类情形下革命可能导致战争，另一类情形下战争可能导致革命。通过考察革命导致战争的情形，我们会发现两种基本关系——革命是如何促使一个国家去进攻另一个国家的，以及革命是如何使得一个国家变得引人注目，从而成为另一个国家攻击的目标的。战争导致革命的基础是：战争是变革的媒介，是国内不满情绪增长、政府的合法性或力量受到削弱以及改变敌对团体资源基础的因素之一。无论成败与否，战争都会成为战争导致革命这种关系的重要因素。[51]

277

斯塔尔引用了乔治·策伯利斯（George Tsebelis）的观点，即决策者在多个舞台上进行着多种游戏，"演员的任何行为都会对舞台产生影响"，而"演员参与的某一个舞台上（或某一游戏中）的最佳的选择并不一定是整个舞台网络中的最佳选择"。[52] 如果把斯塔尔的理论尽可能地简化，我们就可以得到下面的结论：政府需要资源来维持生存，并要在面对内部反对和外部威胁的时候保持活力；领袖要设法从国内或国外获取所需的资源；因此，他们必须参与一个双层博弈：一层是对内部风险和外部风险进行评估；另一层是对内部防御能力和外部防御能力进行评估。[53] 斯塔尔注意到，卡尔·多伊奇的一体化理论（详见第十章）及纳兹勒·舒克瑞和罗伯特·诺思的国际横向压力理论（将在本章后面部分讨论）都表明，政府发现自己始终处于对资源的持续追求之中。近几十年，许多学者也把这种对资源的追求作为研究的重点。[54] 在吉尔平的霸权战争理论及奥根斯基和亚切克·库格勒（Jacek Kugler）的权力转移（或国家权力增长速度不同）理论中（在本章后面将对二者进行讨论），横向压力过程都占有重要地位。哈维·斯塔尔补充道，革命也会对力量增长或消退的速度产生重大的影响，而且他赞同斯蒂芬·沃尔特的不满，即在有关战争的研究中，这一现象仍未得到应有的重视。[55]

内战和低烈度冲突的国际化

几乎每个历史时代都有因国内革命招致外部强国干涉的事例。[56] 力量较弱的革命力量试图通过争取外部援助来增加他们获胜的机会，而这种援助通常来自于革命国家或扩张主义国家。对一些因素的考虑有助于确定革命冲突发生的地点。起义者倾向于在有革命活动历史或革命精神的地区建立根据地。[57] 他们渴望经济上能自给自足并实现主要政治目标。他们渴望在政治控制弱的地区保有一块根据地，而这个根据地不会轻易遭到政府军队的渗透和进攻。因此，公路、铁路和空中运输不发达的省份会吸引他们的注意力。他们还会关注可以为小型游击队提供掩护，但对较大型的和较笨重的常规军队不利的地区，如山脉、灌木林、森林、河流三角洲、沼泽和沙漠。革命者不仅考虑自然地理环境，同时也考虑政治地理环境。起义者通常会发现，只要可能，在靠近或越过友好或中立国家边界线的地区建立司令部、训练营以及补给线都是有益的。敌人紧追不舍时，游击队会寻找合法的避难地或政治避风港。这样一来，如果政府军队在游击队退缩地区实施惩罚性行动的话，就会招致国际谴责。而且，边陲地区常常有异族和多种多样的政治信仰，对于革命力量而言，这些因素是很有帮助的。后勤总是需要突出考虑的因素。对于游击队的革命行动而言，国外补给来源和通道是其政治地理中极其重要的因素。

冷战期间，两个决心改变国际现状的主要力量坚定地支持"民族解放战争"（苏联人的说法）或"人民战争"（中国人的说法）。西方国家的核优势毋庸置疑，因此以间接冲突的方法开展国际革命运动要比与西方直接对峙相对安全些。如果一个超级大国干涉了一个第三世界国家的内战，那么另一个超级大国通常会受到刺激，感受到压力，而倾向于用同样的方法去支持内战的另一方。20世纪60年代，美国、苏联和中国多次介入发生在第三世界的叛乱，特别是在亚洲。20世纪70年代及随后的时间里，亚洲和非洲成为三大主要军事力量进行对抗的竞技场。我们并不难发现，在像安哥拉、津巴布韦（前罗得西亚）和厄立特里亚这样的地区，经常有两

278

个或三个进行对抗的革命组织得到不同的外部力量或是某两个外部力量的支持，而每个革命组织的种族或宗教基础不一样，其政权也不同。20世纪80年代，阿富汗和中美洲成为对抗中的超级大国实施干涉的主要地区。冷战结束后，这种情形有了根本性的变化。自20世纪90代初期以来，革命起义开始减少，而种族—宗教冲突和恐怖主义活动的数量却在增加。

在超级大国对峙期间，新闻机构对每一次冲突的报道实际上都变成了国际关系对抗的一部分。革命和起义的历史证明，遥远的外国在支持冲突的一方或是在反对另一方。在地区冲突全球化的过程中，世界通信网络得到了充分利用。革命组织和游击队组织试图借助通信网络来使自己获得某些国际性的特征，以此来赢得外国资金、军队和外交上的援助、大众的同情以及其他形式的帮助。巴勒斯坦解放组织（巴解）得到联合国大会承认的过程就是个典型的例子。当许多国内冲突成为民族运动或联合国及一些地区同盟的决策或审议过程中的问题时，这些国内冲突就卷进了世界政治的漩涡。例如北大西洋公约组织与阿尔及利亚问题，美洲组织与萨尔瓦多问题，非洲统一组织与西撒哈拉问题，等等。当政党、教会、和平组织和种族、宗教及意识形态同盟要打破现状时，一些冲突就会国际化。

在一些案例中，冲突的结果主要是由内部因素决定的，这些因素包括革命派或政府军队的士气、训练、领导、战略战术，以及他们运用媒体影响精英和大众的能力，等等。而在其他案例中，外部因素，如大规模武器援助、训练和建议、政治支持和经济援助等，则具有决定性作用。就像卡尔·多伊奇三十多年以前观察到的那样，如果冲突双方的主要实力是依靠外部资源形成的，那么就可以认为这场战争是一场代理人战争，是一场发生在两个外国之间的国际冲突。它在第三国的国土上进行，以第三国的国内问题为掩护，利用第三国的人力、自然资源及领土，主要实现的却是外国的目标。[58] 在这种情况下，冲突国家内部各方丧失了主动权和控制权，而把这些权力交给了一个复杂的国际过程，这一过程包括战略规划、对外交涉和谈判以及政治和军事决策。而在这一过程中，受冲突折磨的国家，其内部各方只能处于从属地位。20世纪70年代，许多学者开始研究第三世界中革命冲突内部与外部原因之间的关系。这表明学者们认识到那些由国家支持，或在某些情况下由国家资助的叛乱、恐怖行动和其他形式的低烈度冲突越来越重要。先前旨在辨明内部冲突原因的研究强调本土因素的重要性，对来自冲突地区以外的力量和影响关注得很少。研究者常常忽略的是，外国力量通过提供不同形式的军事、政治和经济援助，能够在多大程度上增强或扩大革命起义和恐怖活动的程度和范围。[59]

学术分析忽略了国内战争或低烈度冲突，巴德·奥尼尔（Bard O'Neill）、马克·哈戈皮安、托马斯·格林（Thomas Greene）和穆斯塔法·雷贾伊（Mostafa Rejai）等人对此提出了质疑。[60] 他们认为，尽管内战的最初原因或前提条件仍然主要源于本土的政治、经济和社会发展，但是外国政府对冲突的支持是使起义和恐怖行动升级的重要因素。20世纪70年代末和80年代，有关外部因素的研究沿着几个方向进行，其中包括对苏联及其盟国和代理人在面对这种冲突时采取的战略和战术进行评价。例如，斯蒂芬·霍斯默（Stephen Hosmer）、托马斯·沃尔夫（Thomas Wolfe）、布鲁斯·波特（Bruce Porter）、约瑟夫·惠曼（Joseph Whelan）及迈克尔·迪克逊（Michael Dixon）对苏联卷入第三世界低烈度冲突进行了考察，并论证了这些冲突发展和升级的方式。他们注意到，自苏联政权

280 建立以来，苏联共产党领导层就认为，其政权本身与第三世界民族解放运动几乎是共生的。这些研究者把苏联提高对第三世界民族解放运动支持的水平和扩大支持的范围归结为以下几个因素：

1. 与美国的军事对峙；
2. 苏联的部队投放能力、武器补给能力及其他冲突技术能力的不断增强；
3. 积极行动措施的加强，包括宣传、散布假情报、扶植有影响力的代理人、组成国际阵线及采用政治战和心理战的相关手段；
4. 美国在第三世界维持安全承诺的意愿逐渐下降，美国从越南撤军及随后在进行对外干涉上犹豫不决就是例证，或许是新孤立主义倾向使美国在对外干涉上犹豫不决。
5. 越来越多的国家和政治组织愿意与苏联合作，希望以此彻底改变国际体系的结构。[61]

一些专家专注于苏联及其盟国和代理人在援助革命起义和恐怖运动时所使用的特殊政治和军事手段。例如，约翰·齐亚克（John Dziak）和约翰·柯林斯（John Collins）考察了苏联集团情报和安全部门的准军事作用。[62] 约翰·库珀（John Copper）、丹尼尔·保普（Daniel Papp）以及斯科

特·汤普森（W. Scott Thompson）集中研究武器的运输、其他形式的军事援助以及军事力量的投放能力等。[63] 其他学者则注意研究苏联集团是如何运用宣传、心理攻势和政治战等技巧的。苏联把这些技巧作为援助革命团体全面战略的一部分，并运用可操作的完整战术使奉行革命战争战略的运动合法化。[64] 几十年前，就有学者对作为治国手段的政治战和心理战进行了大量的研究，其中最著名的有保罗·莱恩巴格（Paul Linebarger）、威廉·多尔蒂（William Daugherty）、莫里斯·贾诺威茨（Morris Janowitz）、丹尼尔·勒纳（Daniel Lerner）、哈罗德·拉斯韦尔（Harold Lasswell）以及雅克·埃吕尔（Jacques Ellul）。[65] 20世纪70年代，学者们对以政治、心理和准军事手段作为对外政策工具的关注明显下降，[66] 但80年代，这种兴趣又重新恢复了。尤里·拉阿南（Uri Ra'anan）、罗伊·戈德森（Roy Godson）和理查德·舒尔茨（Richard Shultz）研究的特殊兴趣在于，苏联的盟国和代理国在向内战提供外部支持的过程中到底发挥了什么样的重要作用。[67] 他们认为，苏联的代理国十分专注于他们承担的任务和使命。同时，莫斯科对代理国的控制程度会因代理国意识形态、政治、地理和经济情况的不同而变化，并取决于这些不同的情况。

　　20世纪80年代，西方国家，尤其是美国，在第三世界低烈度冲突中的作用也同样受到了学术界和公共政策研究的关注。[68] 在确定低烈度冲突所包含的范围上，相关文献存在着相当大的争论。至少，萨姆·萨尔克西安（Sam Sarkesian）、斯蒂芬·霍斯默和乔治·坦纳姆（George Tanham）及戴维·迪安（David Dean）等专家都认为，低烈度冲突关系到美国的对外政策和国家安全政策，所以它至少应包括镇压叛乱、叛乱（抵抗运动）、反恐怖、对紧急事件采取的行动（如援救、袭击和显示武力）及维和行动。[69] 由于与政策研究相关，所以范围确定问题引起了激烈的争论。把萨姆·萨尔克西安、弗兰克·巴尼特（Frank Barnett）及其同事以及理查德·舒尔茨的著作与迈克尔·克拉雷（Michael Klare）、彼得·科恩布勒（Peter Kornbluh）、迈克尔·谢弗（D. Michael Shafer）以及约翰·普拉多斯（John Prados）等人的著作加以比较，我们就能清楚地看到这些争论。除了这些较为宽泛的政策和战略研究之外，还有大量有关低烈度冲突中具体子范畴的文献，包括多种个案研究。[70]

　　冷战期间，革命起义是低烈度冲突中最为突出的形式之一。起义者将古老的游击战术和政治、意识形态及心理手段结合起来发动叛乱，以夺取

281

政府权力和改变政治体制。自20世纪90年代初期以来，以宗教和种族为意识形态基础的派别和运动团体采取的战略是发动起义和其他低烈度冲突，包括恐怖主义活动。20世纪70年代末和80年代初，种族和宗教冲突开始愈演愈烈。[71] 但是，依照个别专家的说法，这些冲突是冷战结束后才逐步升级的，而且升级的趋势将继续下去。[72] 这些国内冲突是当今国际不稳定的重要根源，越来越多的国家受到影响，而难以实行有效的统治，其中许多国家已无法遏制国内少数民族提出的自治要求。这种国内冲突正在增长和蔓延，并在恐怖主义活动中显示出了它们跨越国界的影响力，而常规武器和大规模杀伤性武器的扩散，也会导致这些冲突有扩大化的危险。这些情况表明，我们不应忽视种族和宗教冲突带来的威胁。回顾过去和现在的种族和宗教动乱，我们可以清楚地看到，关于这些冲突发生的潜在原因及其本质，还有待更多的研究。同时我们还应该研究的问题是，一旦这些冲突发生了，我们将如何去应对。

各种非政府行为体正在采取与低烈度冲突的策略和战术相关的政治暴力手段。这些行为体包括种族派别、各种宗教激进分子、民兵、分离主义者、国际犯罪组织、恐怖分子及叛乱分子。他们对特定地区稳定的破坏力日益增大，毫无疑问这种破坏力将来还会继续存在。事实上，在戴维·弗罗姆科因（David Fromkin）看来，这些不同形式的低烈度冲突可能会使"现代国家体制经历一个考验的阶段……21世纪最为突出的问题，不会是一种理想对抗另一种理想，也不会是一个大国对抗另一个大国，而是秩序与无政府状态的对立"。[73] 换句话说，弗罗姆科因预言全球越来越难以统治——政府没有能力统治、没有能力确保国内安全或保持其边界及制度的完整。这种威胁及其影响将导致世界不同地区的国家内部以及国际经济、政治和安全结构愈加不稳定。因此，当我们进入21世纪时，低烈度冲突可能会对国际体系及其活力产生根本性的影响。

282　　最后，与冷战时期一样，冷战后的低烈度冲突也具有国际关联性。这些关联性既存在于国家与各种各样的非国家行为体之间，也存在于非国家行为体之间。种族冲突浪潮汹涌，导致分离主义运动增加和更多的民族国家解体。此外，国家对分离主义者的支持说明，分离主义运动在21世纪初期获得的外部援助比以往更多。[74] 国家对宗教运动的支持也在增加。跨国伊斯兰教激进主义的兴起及伊斯兰派别与伊斯兰国家之间的合作便是例证。[75] 也有迹象表明，种族及宗教团体与有组织犯罪之间的联系在扩展。

犯罪组织在种族冲突中寻找机会，民族运动也发现与有组织的犯罪集团联合是有利可图的。有一点已经变得越来越清楚，即种族主义者和宗教组织正在通过国际有组织的犯罪集团来购买武器、分享信息和筹集行动经费。

这些团体中最为著名的是秘鲁的**光辉道路**（Sendero Luminoso）及哥伦比亚的民族解放军和革命武装力量。另一个相关的例子是黎巴嫩的真主党。自20世纪80年代中期起，真主党就开始介入毒品贸易，以此作为筹措活动资金的一种方式。真主党为犯罪组织提供生产和运输方面的保护，同时向旅行者提供伪造的文件，并收取费用。[76] 第二个例子是活动在土耳其东部和伊拉克北部基地的库尔德工人党。库尔德工人党与伊朗、伊拉克和叙利亚有联系，并在黎巴嫩的贝卡谷地进行训练。它也通过与犯罪组织联系和参与犯罪活动来筹措资金。[77] 真主党和库尔德工人党都对目前黎巴嫩和土耳其的政权及南黎巴嫩的以色列政权发出了公然挑战。

总之，尽管苏联已经解体，冷战也已经结束，但在国际关系理论与实践中，对内战和低烈度冲突的研究在未来很多年里仍然重要。然而，根据全球体系在21世纪初期所经历的根本性变化来看，上述研究将以非常不同的形式出现。作为一种低烈度的冲突，国际恐怖主义在过去二十年中已经引起了西方政府的广泛关注。对此，第八章将有详尽的论述。

政治科学与战争原因

政治学家中，一些人特别喜欢用单一因素来解释战争，但大多数人都对把战争仅归结为一个最重要原因的理论持谨慎态度，无论这个最重要的原因是内在生理或心理的冲动、帝国主义者的获利动机、军备竞赛，还是结盟。以前曾有人预言，如果共和政体取代了君主政体，世界会更加和平。这一预言的命运使政治学家们在阐述政府形式与战争爆发可能性之间的准确联系时格外小心。（本章后面将讨论民主和平论）有些人认为战争只有一个原因，而且只提出一个万能的解决办法：世界实现社会主义、自由贸易、普世性的手足情谊、全新的教育方法、世界政府、彻底裁军、保持最高程度的战备状态，或者在任何时候都保持坚定。通常情况下，这些建议都很难给政治学家们留下深刻的印象。每种解决方法都是一个多维框架的一部分，在减少某种具体战争爆发的可能性上，其中一些方法可能比

283

另外一些方法更重要一些。[78]

昆西·赖特对战争原因这一主题进行了具有开拓性的全面研究。在研究中，他强调战争原因具有复合性，并警告人们对此问题不能采取过分简单的方法。[79] 在他里程碑式的研究中，赖特建立了一个包括四个要素的战争起源模型，四个因素分别对应战争的技术层面、法律层面、社会和政治组织层面以及文化价值层面，然而我们无法在此充分总结赖特的研究。赖特的经典著作再版时，卡尔·多伊奇在其所做的序言中写到：

> 无论何时，只要文化和价值层面、政治和社会制度层面、法律层面或技术层面中的任何一个层面发生了重大的变化，旧有的调整和控制机制就会受到破坏，并且可能瓦解。除非世界上任何主要的心理和文化、社会和政治、法律以及技术的变化能够被补偿性的政治、法律、文化和心理调整所平衡，否则这些变化会增加战争的危险。[80]

半个世纪之前，克莱德·伊格尔顿（Clyde Eagleton）曾谈到战争的功能和战争的徒劳无益：

> 战争是达到目的的手段，是一种武器，可以用来行善，也可以用来作恶。战争实现的某些目的已经作为有价值的目的被人类所接受；确实，战争履行的一些功能对于任何人类社会来讲都是最本质的。人们利用战争来解决争端，维护正义，弥补错误，而这些显然是人类社会必须具备的功能……一个人可以毫不夸张地说，在达到这些目的的方法中，无法想象出比战争更愚蠢、更残忍、更奢侈或更不公正的方法了。但这并不能改变现状。[81]

进入核时代，在冷战最激烈的时候，迈克尔·霍华德总结了大多数著名的现实主义者的思想："暴力是国际关系中不可避免的因素，这不是因为人天生就有使用暴力的倾向，而是因为暴力有用。因此必须阻止和控制暴力。如果所有其他的努力都失败了，那么就应该在使用暴力时有所区别、有所克制。"[82]

国家会借助武力扩大或者维护其在所接触的环境、土地、人口、政府和社会资源中的权力及对这些因素的控制或者影响，以此来增强自身安全。早些时候，国家主要关心与邻国之间的争端和实力竞争。国家与这些邻国或者地理上接近，或者虽然地理上相距较远，但通过海上或陆地运输可以建立联系。在现代，军事技术、通讯技术和国际贸易、投资、金融事业的发展已经逐渐使外交成为全球性的行为，而两个世纪之前外交行为仍主要局限于欧洲。以现代史知识为基础的传统政治科学为政府发动战争提出了一系列令人印象深刻的自觉原因：　284

- 获得领土控制权
- 加强安全
- 获取财富或特权
- （通过保护或扩展的方式）维护种族、文化和宗教的特性和价值
- 维护或扩展王朝利益
- 削弱外部敌人
- 获得或控制殖民帝国
- 传播政治意识形态
- 防止国家分裂、解体或领土损失
- 干涉外国冲突（履行条约义务、支持友好政府、推翻不友好政府、援助争取自由的战争，等等）
- 保持同盟的可信性
- 维护或恢复均势，以便挫败其他大国的称霸目标
- 保护重大的海外经济利益
- 支持海上自由原则
- 填补权力真空（在别人填补之前）
- 现在打一场小战争以避免将来打一场大战，或者打一场现在能够取胜的预防性战争，从而防止正在崛起的大国将来造成更大的威胁
- 为曾经受过的伤害而报复其他国家
- 保护濒临危机的民族
- 捍卫民族荣誉，对针对本民族的严重冒犯以报复

即使是这份单子也没有开列出所有原因。战争的种类有很多：个人战

争、封建战争、王朝战争、民族战争、内战、革命战争、宗教战争、意识形态战争、帝国主义战争和反殖民主义战争。另有同盟战争、局部战争和全面战争、代理战争、有限战争和总体战争。政治团体发动战争的动机随着时间而变化。400年前，宗教问题引发的一系列残酷的战争使欧洲陷入分裂。今天的大多数欧洲人会认为那时的战争原因不可思议。不过，宗教问题和政治问题混合在一起依然能爆发剧烈冲突，就像发生在乌尔思特的冲突、黎巴嫩内战、两伊战争，及印度锡克教徒和印度教教徒之间、斯里兰卡佛教徒僧迦罗人和印度教泰米尔人之间及前南斯拉夫的塞尔维亚族、克罗地亚族和穆斯林族之间的冲突那样。

因此，政治学家们通常坚持认为，我们无法单纯依赖生理、心理或其他行为因素来理解战争的原因，而必须回到政治分析层面，去搞清楚为什么某一政府会将一些外国政府视为盟友，而将其他一些政府视为对手。包括政治家和外交官、公众、媒体、军队、社会经济精英，以及对外政策制定过程中的特殊利益集团在内的各种力量，构成了一个政治沟通模式，政府在这个沟通模式中确定它们的目标、利益、政策和战略，考虑在某些特殊形势下采取行动或不采取行动可能带来的结果，以及使用武力成功的可能性。在更大的国际政治范围内，拥有决策权的人要么选择战争，要么避免战争。如果我们把行为主义科学家的发现作为国际政治的部分解释因素，那么他们的发现对于我们理解战争原因是很有价值的。[83]

有组织的政治团体间的暴力冲突可能会有数不清的起因。两个敌对国家的陆军、海军或空军可能突然自发地卷入小规模的敌对冲突，然而两国政府都没有授权采取行动，也许原因是某国政府命令一支部队策划一场与敌方部队的军事对抗，但仅仅是为了评估对手的政治心理反应，而非发动战争。在军事技术高度发达的时代，许多分析家在整个冷战的过程中都担心可能会爆发偶然或无意识的战争，似乎核战争会因一次技术故障而自动爆发。[84] 政治学家和其他宏观理论家们提醒人们注意这样一个事实："迄今为止，正如所有历史事实表明的那样，发动战争都是有意识的，是审慎的选择，不会有不经决策而爆发的战争。"[85]

一些致力于非有意战争概念研究的学者们，将1914年7月的危机作为一个有力的例证来说明连锁性的军事动员计划是如何引发战争的（在此例中，德国的施里芬计划是关键）。从这个例子中得出的教训是，在核武器时代，先发制人打击战略或基于预警的发射战略可能会在危机时刻获得政

治领袖的认可，从而导致局势失控，引发无意的战争，那将是一场没有
人愿意看到的战争。[86] 马克·特拉赫腾贝格（Marc Trachtenberg）不认为
1914年的例子能支持可能爆发非有意核战争的理论。尽管马克·特拉赫腾
贝格承认连锁性动员计划机制的确存在，但他主张不能把这种机制看做是
第一次世界大战发生的原因，因为杰出的决策者事前完全了解这一系统是
如何运作的，也知道先发制人的军事动员事实上就是发动战争的决策。军
事动员被看做是明确选择战争的第一步。在回顾了经验证据后，马克·特
拉赫腾贝格否认欧洲的政治领袖们对军事一无所知，并认为他们并不会
轻易地发布动员令，也不是盲目勉强地卷入了战争。有一种解释是，领
导人承受着不可抗拒的压力，因此才迅速采取了行动，他们并没有真正的
决策自由，而是不得不把对事件的控制权交给军队。特拉赫腾贝格对这种
解释持否定态度。在特拉赫腾贝格看来，尽管大多数重要的政治和军事决
策者都害怕战争，但他们会在发出动员命令之前得出结论，战争是不可避
免的。[87]

科学的战争研究

286

正如我们在第一章中看到的那样，在研究国际理论时，定量分析经常
与行为科学方法结合在一起，而不是与传统方法或后现代方法结合在一
起。而且，人们常常认定，现实主义者和新现实主义者接受以国家为中
心、以权力为导向的传统范式。其实这样的分类并不是十分准确。无论是
传统主义者还是行为主义者，无论是现实主义者还是理想主义者，无论是
演绎理论家还是归纳理论家，都无权垄断科学的方法论。大多数现代科学
的战争研究，包括从20世纪60年代初期开始的统计分析，都有意或无意、
直接或间接、积极或被动地与占主导地位的现实主义的无政府国际体系范
式有关联。

无政府（anarchy）一词通常意味着混乱，但在现实主义范式里它并没
有这种涵义。正如第二章中提到的，它只是意味着不存在国际性的政治权
威，能够合法地垄断暴力以维持和平、避免国家遭受入侵及保证国家的权
利不会受到侵害。简而言之，国际体系与现代有效的主权民族国家不是同
一类型的政治体系。通过国际联盟盟约实现集体安全的试验失败了——在

国家之间，三个"火枪手"的座右铭（"我为人人，人人为我"）得不到一致的认同。尽管联合国比国联更成功，持续的时间也更长，自1989年以来其作用也不断增强，但过去的半个世纪中，联合国在维和及预防性外交上的努力令人喜忧参半，这使得各国很难有理由相信他们可以摆脱安全困境。在这个危险的世界中，安全困境将继续迫使国家依靠自助来保卫自己，捍卫本国生死攸关的利益。

因此，在自己文章的开头，罗伯特·利伯引用了托马斯·霍布斯《利维坦》（Leviathan）中的一句话："据此，显而易见的是，如果人们的生活中没有一个令他们普遍敬畏的权力，他们就处在战争状态中。"[88] 第二次世界大战以来，现实主义者和新现实主义者并没有像霍布斯主义者那样悲观，认为在任何时候，所有国家甚至是大国都必然有侵略扩张的倾向。在任何历史时期，都可能有一些政府更喜欢奉行和平政策，避免暴力冲突，其条件是那些可能会对他们构成威胁的国家也愿意采取同样的政策。然而，自古以来，从城邦、帝国、王国到现代的民族国家，每个时代里都有一些有组织的政治团体发现会在即将到来的战争中受益，同时另一些团体感受的则是对其安全的威胁。威胁不一定是军事上的，如果一国生死攸关的经济利益受到危害，它会采取军事行动进行反抗。对收益的预期可能是精明的，也可能是毫无根据的；感受到的威胁可能是真实的，也可能是不真实的，但战争在历史上反复发生的事实却是不变的。战争会导致灾难性后果，这使得面对未来可能甚至是非常可能的国家安全威胁的大多数政府（认识不到危害的少数快乐者除外）会在和平时期进行谨慎的战争准备。

因而，在政治学家们看来，对威胁的感知很重要。如果一国将另一国看成是威胁，那么它必然认为后者既有**实力**（capability）又有**意图**（intent）阻碍其目标的实现或危害其国家安全。[89] 戴维·辛格认为，冷战期间，美苏对外政策的首要问题是维护国家安全而不是抽象的意识形态。他认为，当两国发现彼此敌对或对抗时，其中任何一国都倾向于"将另一方的军事实力看做是对方对自己有军事意图的证据"。他把对威胁的认知简化为一个准数学公式：估计的实力 × 估计的意图。[90] 辛格匆匆断言，苏联比美国更关注法国或英国的核实力，并指出在双方没有政治差别的情况下，拥有核武器这样一个单纯的因素并不成为为恐惧的基础。然而，如果两国之间有过冲突、互相怀疑和敌对的历史，那么当其中一方增强了军事实力却声明是出于纯粹的防御或威慑目的时，另一方很可能会认为这种军事实力上的增强超出了"合理安全"的要求，是对方的侵略意图的反映。

雷蒙德·加特霍夫（Raymond L. Garthoff）警告说，任何估计和计算对方意图的努力都可能犯错误。下面他引用的这些例子都是常见的错误推理：

1. 过高估计敌人的意图只需花费金钱，而低估则会付出生命，所以有疑惑时，最好的办法是假定最坏的情况会发生。
2. 准确理解敌人的意图是不可能的，所以更为安全的做法是对可测量的军事实力做出评估，并假定敌人有意最大限度地增强这些实力。
3. 假定敌手的战略构想和思维方式与你的相同，或者总是与你自己的不同。（加特霍夫建议这两种易犯的错误都应该避免）
4. 假定敌对国家的领导人从不表达其真实意图，或者明确表达其真实意图。这两种假定都没有根据。

他自己总结道，在估计对方意图的最开始，不犯上述的错误是相当困难的。[91]

冷战期间，多数研究战争起因的理论家们仍然从现实主义的前提出发，认为国家是无法逃脱安全困境的。20世纪80年代以来，越来越多的理论家对现实主义者的范式表示不满。这些理论家们试图证明，用来解释过去的政府何以选择战争的表面原因，经常与现实主义者理性行为模型的假定不一致。他们希望能够为新范式的出现做出贡献，在这个新范式中，日益相互依赖的国家之间的合作能够超越冲突，成为国际社会的主导现象，以至于首先是工业发达的国家，最后是所有的国家都会放弃战争，而赞同进行非暴力的和互相促进的竞争。在本章余下的部分，我们将考察几种试图回答战争起因这一难题的不同理论：现实主义—新现实主义和新自由主义，传统主义和定量行为主义。在我们看来，这些方法都是科学的。应由读者来衡量不同的理论，并决定旧有的范式是否该继续存在下去，是否该让位于新范式或是与新范式综合在一起，但现在还无法看清楚综合后的范式会是什么样。

战争相关因素研究项目和战争的统计分析

人们对战争原因的探求古已有之，而通过收集大量定量数据来探求战争原因的做法则把这种努力推向了顶峰。当然，收集数据的首要任务是编制出准确的现代战争目录。20世纪30年代，学者们在该领域做出了开拓性的努力，其中皮季里姆·索罗金、[92] 昆西·赖特[93]和莱维斯·理查森[94]的著作值得关注，尽管理查森的研究是到二战后数年才为人们所熟知。（在后面有关武器与战争的关系、反应过程及冲突的循环理论的讨论中，将对索罗金、赖特和理查森的著作做进一步讨论）20世纪60年代以来，戴维·辛格、梅尔文·斯莫尔和其他人以早期研究为基础，进一步明确定义，改进统计数据的收集，并在战争相关因素研究项目中，[95] 对与战争相关的各种因素进行了持续的研究。20世纪的最后25年里，学者们对战争进行统计研究的兴趣迅速增长。这些研究以理查森的研究为基础，试图把战争爆发的可能性同军备竞赛、结盟、权力转移、领导人和政府在决策过程中对战争效用的预期及其他相关因素联系起来。本章将讨论这些研究。迄今为止，统计方法并没有带来令人惊讶的结论，也没有产生结论性或明确的成果。但是，这些方法使战争原因的研究具有了一定的科学准确性，并对各种因素进行了一些有效而又有见地的区分，而在过去现实主义者提出的概括性解释里，这些因素通常被不加区分地混在了一起。统计研究也对新现实主义者提出了具有挑战性的新问题，促使他们更加深入、谨慎地探究自己的假说，进一步完善和加强自己的理论。（不能认为这意味着定量分析派和新现实主义者之间是相互对抗的；许多定量分析者的研究是以现实主义关于国家行为的假定为前提的）

辛格和斯莫尔意识到，学者们获得的关于战争现象的原始数据还有许多地方有待改进。因此，他们从编辑国际战争目录入手改进原始数据。他们最初编辑的目录记录了自拿破仑战争结束（1815年）到1945年之间发生的国际战争，提供的信息包括战争的频率、规模、激烈程度和强度等。后来他们又将目录的起始时间改为1816年，把截止时间改为1965年，之后又更新为1980年。[96] 在他们看来，这个时间段有可靠的历史资料，有系统的连贯性，还有足够长的时间跨度来反映暴力事件的排列变化。他们希望其他研究人员能够把这些数据作为研究的起点，为研究带来便利。许多学者确实这样做了。

应当明确的一点是，收集的战争数据不是理论（即不是解释），而是对历史证据的描述，而归纳性理论则是以这种描述为基础的。著名的新现实主义演绎理论家肯尼思·沃尔兹曾尖锐地指出，如果没有理论的指导，那些以统计信息积累为基础的一般性定量分析，尤其是战争相关因素研究，将会导致错误的归纳，得出一些并不重要的新知识。没有理论做指导，研究人员就无法知道应该形成什么样的数据，不清楚如何进行恰当的测试。[97] 约翰·瓦斯克斯全面回顾了战争相关因素研究的发现，既包括从事战争相关因素研究项目的学者们的发现，也包括该项目之外的学者们的发现［不仅包括辛格和斯莫尔，而且还有迈克尔·华莱士（Michael Wallace）、布鲁斯·布伊诺·德·门斯奎塔、詹姆斯·李·雷（James Lee Ray）、艾伦·内德·扎布罗茨基（Alan Ned Zabrosky）、泽夫·毛兹（Zeev Maoz）、拉塞尔·伦格（Russell Leng）、韦恩·费里斯（Wayne Ferris）、伦道夫·西韦松、小查尔斯·凯利、杰克·利维（Jack Levy）、马努斯·米德拉斯基（Manus Midlarsky）等人］。在这篇回顾文章中，他引用了这样的批评：该研究项目归纳性过强，缺乏理论性；它没有对战争做出解释，也没能为有关战争的一系列假说提供有力的支持；它的发现复杂且含混，甚至有相互矛盾的地方。[98] 沃尔兹认为，如果没有理论假定，分析家将无从下手。瓦斯克斯不同意这一观点，并为辛格和斯莫尔进行辩护。他认为，时间和资金上的限制迫使辛格和斯莫尔只能集中研究如同盟和国家实力这种重要的变量，因为现实主义者总是认为这两个变量是非常重要的。瓦斯克斯总结了辛格和沃尔兹之间的分歧：

> 辛格并没有说他了解世界政治中的普遍行为规律，因此在提供证据证明那些规律确实存在之前，他没有办法进行解释。而另一方面，沃尔兹知道规律是什么（确实，他会发现有些规律显而易见），并将解释规律为什么会出现作为他的主要目的……沃尔兹想要解释的规律和"定律"是已知的吗？它们是"定律"吗？或者像辛格认为的那样，仅仅是未经检验的命题？运用科学方法会揭示出那些迄今为止仍不为人知的关系吗？如果战争的科学研究要为自身辩护，它就得提出一套经验性的概括，概括它所举出

的新证据，并且至少在一些实例中揭示出从前未认识到的关系。[99]

至少在一定程度上，瓦斯克斯同意沃尔兹的观点，即战争定量研究积累的数据越来越多，并开始提出经验性的结论，因此研究者将会更加需要明确的理论研究视角。

任何人都必须把清晰定义研究对象作为研究的出发点。我们所说的"战争"到底是什么意思呢？瓦斯克斯特别赞同赫德利·布尔的定义："战争是由彼此对抗的政治行为体实施的有组织的暴力。"[100] 瓦斯克斯发现这个定义是可用的，原因是它包括了有意识的和有指挥的集体暴力的所有形式，而不仅仅是随机的暴力；它将非暴力冲突排除在外；它下定义的方式易于为政治科学家、历史学家、人类学家、社会学家和其他人所接受；它不包含带有偏见的理论内容。瓦斯克斯认为，这个定义并没有局限于大多数国际关系研究的对象——国家间战争。随后，他将注意力集中到了战争相关因素项目上，"这一项目为战争研究提供了最为详尽和重要的数据"。[101] 战争相关因素项目使用的操作性定义精确但是武断，即"国际战争是发生在民族实体之间的军事冲突，其中至少有一方是**国家**（state），而且至少有1000名军事人员在冲突中丧生"。[102] 这个概念摆脱了理论上的偏见，同时使一系列数据得以产生，而这些数据可以用来检验以不同理论预想为基础的假说。[103]

赖特将战争定义为"所有涉及国家的敌对状态，无论它发生在国家间、国内还是殖民地或帝国，这些国家在法律上被认定是战争国，或者有50000军人卷入其中"。[104] 理查森认定**致命的争执**（deadly Quarrels）（包括非军事的暴力事件）时，其根据仅是把死亡人数取以10为底的对数。瓦斯克斯写道，辛格和斯莫尔回顾了赖特和理查森的目录，但排除了那些不符合战争相关因素项目标准的非战争事件，原因在于这些事件要么是"参与者的政治地位不符合标准"，或者是战场死亡人数少于1000。[105] 辛格和斯莫尔对国家间战争和国家系统外的战争（帝国战争和殖民地战争）进行了区分，并对这两种类型战争的数据都做了收集。他们发现，国家间（interstate）战争的数据较为完整和准确，因为西方帝国主义国家没有统计那些不被认为是国际外交体系的独立成员的死亡人数。此外，伤亡少于1000人的战争都被排除在外。（研究范围的定义要精确，这需要认真遵守严格的编码；如果他们选择500作为中止点，那么数字的阈值也应是500）

根据他们的计算，从1816年到1980年间共有118场国际战争——其中67场国家间战争，51场系统外的战争。[106]

斯莫尔和辛格发现，国际战争既没有增加也没有减少，但是随着殖民帝国的瓦解，系统外的战争频率自然下降了并趋向于零。无论集中于研究战争频率、规模、烈度还是强度，他们在任一给定时期内都没发现战争有明显的增加或减少；当考虑到系统内国家的数量增加了时，国际战争的数量似乎既未增加也未减少。[107] 不足为奇的是，1815年后的大部分战争都发生在主要国家或重要的中等国家之间。按递减顺序，人员伤亡数量最多的国家依次是俄国、德国、中国、法国、日本、英国、奥匈帝国、意大利和土耳其。在大约四分之三的案例中，战争发起国取得了最后的胜利。在主要国家进攻次要国家的战争中，这一结论最有效，而在次要国家进攻次要国家的战争中，这一结论就没有那么有效了；在主要国家进攻主要国家的战争中，这一结论则完全失效了（在这种情况下，战争发起国胜了三场，输了六场）。[108] 有关国家间地理邻近程度与战争爆发关系的数据，参见第四章，第172页至178页。

杰克·利维开发出的一套数据，可以替代战争相关因素项目。他研究的时间跨度更长，一直回溯到1495年，目录的范围则限制在大国战争上。这一目录对于国际关系研究具有重要价值：

> 它们通常是历史上破坏性最大的冲突，并且对国际体系稳定性的影响最大。在很大程度上，大国间的互动决定了体系的结构和发展，也成为我们大多数国际政治理论的基础。[109]

大国的定义是在安全问题上可以发挥重要作用，拥有很强实力（尤其是军事实力），其地位获得实际承认并为国际体系中主要国家的重要国际会议及外交活动所接纳的国家。利维认为，有14个国家曾在1495年至1975年间的某个时期拥有过这种地位。他计算在内的战争只包括发生在两个或多个大国军队之间、战争死亡人数至少为1000人的战争或是各国年平均战争死亡1000人的战争。利维没有把内战、帝国战争和殖民地战争计算在内（俄国内战除外，因为这场战争中有外国力量进行了干涉）。[110] 根据利维的计算，1495年到1975年期间符合他定义的战争有64场，朝鲜战争是最后一场。按照他的标准，1948年、1956年、1967年和1973年的阿以战争；越南战争；两伊战争；1991年旨在推翻伊拉克对科威特占领而进行的代号为"沙漠风暴"的海湾战争；1982年的马岛战争和20世纪90年代前南斯拉夫的种族战争都不符合条件，原因是尽管这些战争中的伤亡人数很高，但大国之间并没有开战。利维的主要目的是通过研究大约五个世纪的战争记录来说明，超级大国之间战争潜在破坏性的增大，降低了这种战争爆发的可能性。通过综合运用频率和百分数统计、回归分析以及矩阵分析等一系列方法，利维发现大国间战争的频率在明显下降，但此类战争的范围、规模、烈度、强度及空间和时间的集中程度都在日益增强。不过战争的持续时间除外，这个因素保持了相对的稳定。[111]

军备竞赛、同盟与战争

两次世界大战之间，几乎所有调查一战起源的历史学家都认为，军备和结盟是主要原因之一（本章稍后将讨论），其他比较突出的原因包括民族主义、帝国主义国家间的对抗、宣传和媒体的作用及国际无政府状态
292 （即缺乏能够和平解决国家间冲突的机制）。这里我们要研究的问题是，军备竞赛是更可能升级为战争，还是会通过威慑而促进和平。古罗马作家韦格修斯（Vegetius）有一句经典的格言："如果你想要和平，那么就准备打仗吧！"（si vis pacem，para bellum）。这句话一直被现实主义者奉为至理名言。

弗雷德里克·舒曼（Frederick L. Schuman）注意到，和平主义者始终相信武器会导致战争，裁军则会带来和平。为此，他写道："事实上，反过来说更准确：只有当和平成为可能时，战争机器才会减少。对冲突的预期导致了军备竞赛，军事力量则源于战争和对战争的预期。"[112] 汉斯·摩根索的格言简明扼要："人们并不是因为拥有武器才进行战争。他们拥有武器是因为他们认为武器是战争的必需品。"[113] 迈克尔·霍华德曾提出，本质上，武器有四种用途：阻止对手诉诸战争、如果威慑失败用来自卫、发动侵略战争，或进行政治胁迫。同样，作为冲突的工具，武器是中性的，防卫者和侵略者都可以使用。[114] 迈克尔·华莱士认为，战备学派所引用的证据要么是轶闻趣事，要么是特殊事件。他认为，当两国之间存有争议时，两国间的军备竞赛与敌意的全面升级密切相关。[115]

理查森的反应过程

在回顾20世纪最后25年定量理论家之间的争论之前，先看一看英国物理学家、数学家莱维斯·弗莱伊·理查森的著作是非常明智的。1957年理查森逝世之后，他的思想得到了美国政治学家的普遍接受。[116] 理查森试图利用线性微分方程，在互相刺激反应或作用—反作用模型的框架中，分析对抗双方的军备政策。[117]

蒂娜·辛内斯（Dina A. Zinnes）曾指出，严格地讲，理查森的兴趣点并不是寻找战争的原因，因为在他的模型中，他并未特别关注战争，而仅仅试图描述战争之前发生的并可能导致一些现代战争的过程，而这样的现代战争并不多。[118] 理查森提出的模型是一个纯理论模型，可以用来模拟两个敌对国家军费开支互动的方式。国家B的军备行为刺激了国家A，而国家A的反应则会进一步刺激国家B，但是每个国家都受到武器总量及军备增长对经济影响的限制。与所有纯理论模型一样，理查森的模型也是一个高度简化了的模型，其中仅有两个变量：每方地缘战略上的独特需求、同盟国家战备情况或可能受攻击的程度，和敌对国家究竟采取主动—侵略性政策还是反应—防御性政策。根据理查森的研究，互动过程可能是稳定的，也可能是不稳定的。国家与个人一样，通常会以其人之道还治其人之身。如果两个国家都排外且互相敌对，那么反作用系数就大于1。让我们假定，只有自己相对于对方有10%的优势时，每一方才会感到安全。如果一方（A）积累了100个单位的武器，这将刺激对方（B）积累110个单位的武器。B的行为又将促使A把指标提高到121，同样B会坚持达到133，并以此类推不断发展下去，不稳定系统中就具备这样无限升级的特征。在这样的系统中，军备线会远离均衡点。反之，假如双方都缓和彼此的敌意，愈加友好合作，它们的反作用系数将小于1。它们将降低各自军费开支的比例，它们的军备线也会趋向均势。[119]

辛内斯对理查森的开拓性研究相当钦佩，但也承认理查森基本模型的"假定过于幼稚"。[120] 她认为，关注这个模型是有意义的，因为它促使其他人努力扩展、修正和改进这个有关军备竞赛的数学模型，并将理查森互动过程运用到其他领域。[121]

应该强调的是，理查森基本模型是一个纯理论模型，并不是一个能在历史这个复杂的实验室里得到检验的经验性假说。马丁·帕琴（Martin Patchen）[122] 曾批判过该模型，认为它仅能解释一小部分国家行为。理查森对其基本模型做了一些修改，使之与法国、俄国、德国和奥地利在1909年至1914年期间的军费开支数据相适应。但他的方程并不适用于二战前的那段时期，因为在那段时间里，西方民主国家并非愿意实现军事组织现代化，这种态度促使要打破现状的独裁政权增加军备，没能抑制独裁政权侵略性的对外政策而是使其侵略性更强。

理查森告诉我们：如果两个敌对国家间的军备竞赛毫无节制且经常升级，那么它们在这方面的互动将导致它们的关系越来越紧张。这预示着除非它们改变各自的政策，否则军备竞赛迟早会导致战争，因为武器采购政策通常是其他根本性争执的反映。理查森方程并不能使我们预测出紧张程度何时会到达临界点。[123] 即使一战前的数据也不能证明是军备竞赛导致了那场战争，它只是一些起作用的因素之一。

任何简单化的数学模型都无法把大量影响国际关系过程和改变作用—反作用过程的不同因素考虑在内。这些因素可能会使一方的变化比另一方更快，或者导致一方曲解另一方的行为，从而以与模型不一致的方式做出反应。当然，这不仅是理查森模型的缺点，也是所有单一因素解释的缺点。理查森只对三次军备竞赛感兴趣——1914年之前的军备竞赛、1939年之前的军备竞赛和1945年之后的军备竞赛。其他作者（将在下一节介绍）考察了更多的军备竞赛。即使根据经济波动对数据做了修正从而使一段时期内的货币单位能保持不变，我们也不能总是仅以军事开支水平来衡量军备竞赛。技术上的突破可能会使一个国家以更低的成本增强其总体军事实力。相反，我们可以想象，在一个持续通货膨胀、物价上涨的时期，除非适当增加预算，否则一国的总体军事实力必将下降。

较近的军备竞赛和战争研究

定义军备竞赛并不容易。毫无疑问，并不是每两个国家间的每次军备增长都会成为军备竞赛。军备竞赛中必然存在着两个国家间的某种反应过程，而这两个国家都有实力危害对方。由于外部敌人竞争压力加大而增加军备是一码事，由于纯粹的国内因素（例如，通过防御预算刺激经济的国家政策，平息军队不满的努力，以及在竞选运动中现任政府为避开反对党的批评而采取的策略）而增加军备则是另一码事。是否军备的非正常增长（不论如何定义这个概念）必定要有一个起码的时间周期，且这个时间周期一定长于初期加速增长的时间？

迈克尔·华莱士把军备竞赛的定义限定在实力相当的国家间的军备竞争，同时运用战争相关因素项目的数据（1816年到1965年），对升级为战争的大国争端进行了研究（即大国之间的冲突，或大国与同其他大国军事上结盟的次要国家之间的冲突）。[124] 华莱士为军备竞赛确定的标准是，持续十年时间，双方军备的年均增长率为10%。[125] 其他研究人员制定了不同的标准。保罗·迪尔的标准是，军费开支占国家财政预算的8%且至少持续三年时间。[126] 史密斯（T. C. Smith）考察的标准是，任何军事设备或者人员数量或质量上的互动性增长，且至少持续四年并相互间有明显的敌意。（很明显，不同的定义标准会产生不同的结果）这里出现了一个问题：我们该如何测量促成军备竞赛的敌对状态或敌意的强度呢？难道一定要两个敌对政府在它们的公开声明中明确表示，他们互相怀疑、互相仇恨并将对方作为敌人吗？更加无法说明和难以置信的是，尽管法国和德国都是大西洋联盟的成员并且常常公开表示彼此间建立了和睦关系，但史密斯觉察到，1961年到1977年期间，法国和德国之间曾进行过军备竞赛。[127]

华莱士关心的首要问题是，军备竞赛究竟是会导致战争，还是在某种程度上促成了战争的爆发。他小心谨慎地避免认为军事采购本身可能会挑起敌意。"必定是某个或某些其他原因导致了国家间的争端或相当激烈的对峙，以至于因军备竞赛而带来的军事危险从慢性刺激转化为对国家生存的尖锐威胁。"[128] 换句话说，他把严重的冲突视为战争的理论前提。他收集的统计数据令人印象深刻。这些数据显示，争端先于军备竞赛发生的28个案例中，有23例升级为战争；军备竞赛前没有争端的71个案例中，只有3例升级为战争。这表明91%以上的案例证明了他的假说。[129]

根据下面的观察，伦道夫·西韦松和保罗·迪尔对华莱士的发现提出了疑问："除非研究者知道发生概率，知道**其他情况没有发生变化**（ceteris paribus）或知道升级是在无竞争的状态下发生的，否则判断军备竞赛是否会增大战争的可能性是非常困难的。"[130] 他们还置疑，是否研究能识别出全部没有导致战争的军备竞赛？他们引用了迪尔和金斯顿（Kingston）的研究，该研究表明军备竞赛并没有增大敌对国家卷入冲突的可能性。[131] 他们还对华莱士忽视同盟对战争扩散的影响提出了批评。如果一个国家因同盟关系而被拖入战争，那么此时以先前增加军备来解释参战原因是不恰当的，尽管该国与同盟和参战决策可能相关。[132] 西韦松和迪尔对相关文献进行了全面的回顾并进行了总结。他们发现在军备竞赛何时会升级为战争问题上，先前的绝对主义者的立场是，应该根据军备竞赛的类型和其他具有决定性的环境条件谨慎地加以确定。[133]（军备竞赛怎样和何时会起到预防战争的作用？第八章有关威慑的讨论将考察这一相关问题）

关于同盟与战争的研究

同军备问题研究一样，政治学家们在同盟与战争关系问题上也存在分歧，即国家间同盟是更可能促进和平还是更可能导致战争。一些研究人员认为，同盟会增加安全恐慌，加剧紧张局势，从而引起对抗，恶化冲突；而其他研究人员则认为，同盟具有稳定作用，可以阻止战争。毫无疑问，同盟与战争密切相关，这一点在战争期间得到了充分体现，但是同盟是可以阻止战争还是可能导致战争，在这个问题上，还难下结论。

辛格和斯莫尔试图把国际体系中的战争数量和同盟数量联系起来。因此，他们力图确定同盟的形成是否能作为战争爆发的预警器，而且是可以信赖的预警器。他们作为研究切入点的理论模型堪称是外交领域中的亚当·斯密模型，即外交中"看不见的手"。在这个机制中，由于国家利益的需要，所有国家都有互相交往的自由，这将增进整个国际社会的稳定和利益。同盟会减少国家间互动的机会和国家选择的自由，所以同盟将促进体系内的极化，增大战争的可能性。这一推论是合乎逻辑的。根据这一推理，一个高度极化的体系将大大增加战争的可能性。这实际就是辛格和斯莫尔在一系列双变量相关关系中进行检验的假说，这些双变量相关关系主要包括一些有关同盟的指标与战争规模、激烈程度及频率之间的关系，其中同盟形成到战争发生中间可以有一年、三年及五年的时滞。在整个调查时期里，即1815年到1945年期间，他们没有发现任何显著的相关关系。可是，当他们将整个时期划分为19世纪和20世纪两个部分后，他们却发现有两种相反的模式。在19世纪，同盟的形成与战争频率、规模和激烈程度是显著的负相关。然而，在20世纪，一直到二战结束，同样的联系却是更为显著的正相关。[134] 我们稍后将会看到，核武器的出现是一个重要的分水岭。

然而，辛格和斯莫尔无法利用他们的数据解释，为什么同20世纪前半期相比，同盟在19世纪能更成功地阻止战争爆发或限制战争规模。传统主义者早就认识到，拿破仑之后的欧洲国际关系与其后的全面战争世纪中的国际关系有很大的不同。约翰·瓦斯克斯清楚地意识到了这一点：

> 在19世纪，同盟的目标通常是阻止主要国家之间爆发战争，并通过在如何处理主要问题上达成谅解来阻止战争……（或是）对已经爆发的战争进行限制。这一目标似乎造就了19世纪中两个最为和平的时期——1816年到1848年的欧洲协调时期和1871年到1895年的俾斯麦时期……（同盟）并未对当时的主要国家造成任何威胁，因为同盟反映了主要国家间的一致与谅解……因此，这些同盟并未引发军备竞赛。[135]

杰克·利维对1495年到1975年期间的大国战争进行了研究，他发现，除19世纪以外，多数同盟在形成后的五年内，至少会有一个同盟成员（但不一定是同盟的所有成员）卷入战争。而在19世纪，同盟形成后的五年内，没爆发过大国战争。[136] 小查尔斯·奥斯特罗姆（Charles W. Ostrom）和弗朗西斯·胡尔（Francis W. Hoole）也有类似的发现，即同盟形成后的三年内，形成同盟与战争爆发可能性增大之间有正相关关系，但三年之后爆发战争的危险便会下降。[137] 然而，瓦斯克斯不愿把同盟看做是战争的原因。他引用了利维的发现，从16世纪到20世纪，参战的某一方在战争之前结成同盟，这样的战争平均只占战争总数的26%。[138] 他还注意到：国家参加同盟常常是因为其他原因使它们预期到了战争的危险；国家打算通过结盟来增强其相对军事实力，然而它们经常达不到目的，因为结盟导致了对抗同盟的形成。[139]

根据伦道夫·西韦松和乔尔·金（Joel king）（这两位学者都没有参加战争相关因素项目，但使用了项目的数据）的研究，瓦斯克斯认为同盟可以充当战争蔓延和扩大的传染机制。体系中的同盟越少，战争的规模就越小，反之亦然。[140]（这里，西韦松和金的数据仅仅是在统计上验证了通过逻辑推理得到的结论）在后来本杰明·莫斯特、哈维·斯塔尔和伦道夫·西韦松的研究中，他们把边界相邻看成是另一个相互作用的机会，因为它可以加速战争的传染效应，促进在战争空间上的扩散，从而引发同盟之间的对抗。他们认为，小规模战争更可能通过同盟蔓延。[141] 瓦斯克斯回顾了大量文献，他认为，一般而言，同盟无益于和平，但他也没有轻率地把战争原因归咎于同盟：

> 或许同盟更应对战争的激烈程度、规模和持续时间负责，而不是对战争的爆发负责。同盟和战争爆发之间通常会间隔一段时间，因此如下推论是合理的，即同盟没有直接导致战争，但会使形势恶化，从而增大战争爆发的可能性。同盟可以从两方面使形势恶化：加剧体系极化的气氛，刺激军备竞赛。[142]

瓦斯克斯认为，对于同盟和战争问题而言，军备竞赛和体系极化这两个因素都很重要。瓦斯克斯参考了纳兹勒·舒克瑞和罗伯特·诺思有关横向压力的著作（将在本章下一部分讨论）及华莱士后来所作的研究，认为1903年至1914年期间，同盟与军备竞赛之间存在着一个动态的互动模式，对威胁的共同认知加强了两者之间的互动。[143] 瓦斯克斯承认几位研究极化问题的学者得到的结论并不一致，但他更偏爱华莱士的发现。华莱士揭示出了战争与极化之间的曲线关系：（1）规模最大和最激烈的战争与体系的最大极化（两个集团）和最小极化之间（没有集团）存在相关关系；（2）战争较少或没有战争与低度的极化（多极化）之间有相关关系；（3）较少的交叉联系（集团间的联系）可以降低战争强度，但过少或过多的交叉联系则会增大战争强度。[144] 瓦斯克斯也同意布鲁斯·布伊诺·德·门斯奎塔和艾伦·内德·萨布罗斯塔（Alan Ned Sabrosky）的发现，即系统紧密程度（极化）的增大将导致战备升级，并会使战争的规模更大、更为激烈、持续时间也更长。[145]

瓦斯克斯把第一次世界大战作为同盟如何成为战争爆发重要因素的经典例证。他依靠有选择的定性文献，把北约形成与朝鲜战争爆发联系起来作为案例"支持战争伴随同盟而至"这一结论，这使他的立论基础不够坚实。[146] 成立北约的目的是使之成为在欧洲实施遏制的工具，它可以使西欧人相信，通过一个民主同盟就能维持和平，因为这个民主同盟有实力抗衡苏联的力量，并使战争成本高于理性政治可以承受的程度。从北约成立到苏联解体，在北约覆盖的地理范围内没有发生过战争。值得注意的是，国家决定加入同盟通常并非仅仅是或主要是出于安全考虑。国家尤其是小国选择加入同盟，可能更多地取决于历史环境、政治因素、文化因素、种族关系因素或经济因素而不是对安全的忧虑。[147] 北大西洋联盟的形成就说明了这一点。法国更担心德国的复兴而不是饱受战争困扰的苏联，因此不会明确指明自己的敌人是谁。葡萄牙在地理上与欧洲大陆分离，而且不必为安全担忧，但它却作为英国长期的盟国而被拉入同盟，原因是美国希望在亚速尔群岛上有个空军基地，[148] 里斯本希望通过马歇尔计划和欧洲经济共同体获得经济援助。1914年，中立没有保护比利时；1940年，中立也没有保护任何一个低地国家，所以1949年这些国家十分希望加入同盟。斯堪的纳维亚国家中，丹麦和挪威加入了北约，瑞典虽倾向西方却保持了中立，以此作为芬兰中立的**交换**（quid pro quo），不过这种中立是苏联强加给芬兰的。[149] 定量研究在自变量（同盟）与因变量（战争）之间建立起了相关联系，但它无法把其他可能对加入同盟的决定产生显著影响的因素考虑在内，更不用说研究同盟行为、同盟的凝聚力及加入同盟后卷入战争的意愿等问题了。

　　瓦斯克斯对均势政策这种单一因素解释提出了批评，"为什么均势在19世纪带来了和平而在20世纪却导致了战争，这个问题还没有明确的解释；能够捕捉到战争原因的科学解释应该是相当概括的，而且从一个世纪到下一个世纪不应该发生根本的变化"。[150] 但这种简洁的表述似乎并不完全，因为它将均势政策与同盟完全等同起来，忽略了其他使政策能在某一时期发挥作用的文化、历史、社会及政治因素（包括明智的限制性外交），没有这些因素或者扭曲了这些因素，将使这种表述犯其他方面的错误。此外，把一战前同盟形成两极的局面看做是20世纪的特征，这种看法言过其实了。两次世界大战之间的那段时期，其特征既不是均势政策，也不是想维持现状的民主国家同盟体系反抗要改变现状的极权国家或独裁国家。20世纪后半期与前半期形成了鲜明的对照。尽管北约16个成员国中的多数国家和华沙条约组织（于1991年解散）的7个成员国或它们的前身都参加了两次世界大战，但在相互威慑的冷战时期，两个同盟中的任何一个成员国都没有卷入与另一同盟成员国的军事冲突。此外，根据和平伙伴关系计划的同盟磋商程序，北约首次允许部分前华沙条约成员加入该组织。到1999年，波兰、匈牙利和捷克共和国获准成为正式成员。在《战争困境》（The War Puzzle）一书中，瓦斯克斯对有关战争这一主题的大量文献进行了最为全面、最有价值的回顾，但是他几乎没有涉及战争威慑，而北大西洋联

298

盟及与其对抗的同盟成立的目的正是要进行威慑。近半个世纪之后，事实最终证明它们达到了目的，尽管其间仍有长期激烈的军备竞赛，但军备竞赛并没有突破政治的限制。

国家成长与国际暴力

在研究国内发展与战争之间的关系时，纳兹勒·舒克瑞和罗伯特·诺思认为，国家成长过程本身可能导致扩张、竞争、敌对、冲突以及暴力。[151] 他们以第一次世界大战作为案例进行检验，分析了1870年到1914年期间的长期趋势。在较大的时间跨度内，他们运用计量经济学的方法对六个主要国家（英国、法国、德国、意大利、俄国和奥匈帝国）在这段时期内的多种（人口、经济、政治和军事）综合数据和这些国家间的互动进行了分析。他们没有将注意力集中于一系列个别事件上，如暗杀奥地利皇储或俄国决定进行军事动员等，也没有将注意力放在关键领导人的个性上，他们强调的是人口和技术增长的动力、贸易和军费开支的变化、国家利益冲突及殖民地行为模式、同盟形成模式和暴力行为模式。舒克瑞和诺思写道："正是这些因素引发了国际体系中可能导致战争和危机的变化。"在他们看来，仅仅靠善意、威慑战略、缓和以及部分武器限制都不能明显地减小爆发战争的可能性。[152]

舒克瑞和诺思投注了大量精力来解释他们的方法论，对许多缺乏明显统计意义的相关关系表示歉意，并指出了书中数据的缺陷，称该书只是他们研究初始阶段的一个报告，将随研究的不断深入而改进。[153] 这里我们感兴趣的是他们作为研究基础的解释性理论。这一理论可以做如下概括。正如第四章中提到的那样，舒克瑞和诺思假定人口增长会导致对基本资源需求的逐渐增加。随着技术进步，社会所需资源的种类更多，数量也更大。如果这些需求得不到满足，社会将寻求开发新的潜能。如果这些需求无法在国界之内得到满足，横向压力将会形成，并到国界之外去满足这些需求，其表现方式有：商业活动、建设海军和商业舰队、向外国领土派遣军队、获取殖民地和外国市场、建立国外军事基地及其他途径。后来，他们再次肯定了这一基本假设，并补充了一些横向压力的表现：寻求投资领域和廉价劳动力；宗教、教育和科学活动的范围扩大；利用大陆架、海床和外层空间及国际移民。[154] 一个国家不会完全坚持要从其领土之外满足自己的需求。即使需求得不到完全满足，一国也可能会知足并只关心自己的事情，但大多数现代工业化国家都以某种形式表现出很强的横向压力。

一个国家横向压力的扩张可能会得到其他国家的默许，也可能招致其他国家的抵抗。所有横向压力中都包含着导致国际冲突的潜在危险。通常的假定是，随着利益的增长，利益需要得到保护。这意味着军事开支的增加和竞争或敌意的增长。当其他殖民国家获得新领土时，一个殖民国家就会感受到威胁。建立同盟的目的在于增强国家实力，缓和一些国家间的利益冲突，尽管建立同盟可能会引起其他国家的怀疑，促使对抗性同盟的形成，并会因相互对抗的激化而导致国际冲突的恶化。[155] 这项研究部分证实了理查森反应过程的假设，但它也在某些重要方面对理查森的假设做了修正，因为数据显示有时以国内发展来解释武器增加比用国际竞争解释更令人信服。[156]

这项研究取得的最为重要的发现是：国内发展（以人口密度和人均国民收入来测量）是国家扩张的重要决定因素；国内发展和国家扩张都与军事开支、同盟和国际暴力有关。传统的研究关注富国、强国与穷国、弱国之间的差距。在舒克瑞和诺思看来，他们的发现不利于这种传统研究。长期以来，人们普遍认为，如果能通过技术和经济的发展缩小这种差距，那么冲突和战争的可能性就会减小。但现在看来这一假设是值得怀疑的。[157] 最后，舒克瑞和诺思提出了一个严肃的问题，即人口众多的国家是否具有在这个星球上共同生活的能力，因为这些国家拥有极具破坏力的军事技术，而这个星球为进一步横向扩张提供的空间和为发展提供的机会都很有限。舒克瑞和诺思问道，如果无限制的增长和进攻性的竞争可能导致大规模的国际暴力，那么严格地削弱发展就一定不会导致灾难吗？[158] 诺思和舒克瑞对国际冲突横向压力做出解释的书出版近十年后，他们在评估经济和政治因素在国际和国内行为体讨价还价和相互影响中的作用时又重申了这一假设。他们断言，所有形式的横向压力最终都起源于个体的需要、需求、欲望、要求和实力。国家混合运用各种手段，可能导致不同的结果——如合作、竞争和冲突，带来和平或导致战争。[159]

其他人已经接受了舒克瑞—诺思提出的横向压力概念，并把它作为解释国际冲突的起点。例如，理查德·阿什利认为，人类为缩小现实和愿望之间的差距而采取的行动是一个辩证的过程。所以，人类在为获取稀缺资源而无休止地相互竞争中与其所处的环境发生互动。阿什利强调国家内部以及国家之间互动中的人口、技术和经济因素。他将经济扩张作为引发国际冲突的关键因素，因为人口增长和技术进步产生了永远无法满足的需求。当国家的扩张性需求发生重叠，又无法达成合作方案时，军事冲突就是再合适不过的结果了。[160] 不过，应该指出的是，在思考自己的理论时，舒瑞克和诺思谨慎地提出，横向压力本身"很少引发战争"。[161] 它有时会导致合作。恐怖、不信任和敌意已经存在，或是一方将另一方施加影响的行为解释为消极、危险、强迫性或公开的暴力行为，在这些情况下，需求的重叠最可能转变成暴力冲突。[162]

舒克瑞和诺思的成果，阿什利的成果，莫斯特和斯塔尔的成果及其他一些分析战争问题学者的成果都是有益的，因为这些成果使人们注意到这样一个事实，即国家在和平与战争问题上的政策不仅取决于国内政治体系的进程，也是与其他国家相互作用的结果。无论友好还是敌对，国家都会与其他国家产生互动，而未必卷入某种僵化的作用与反作用过程，但在谈及军备竞赛时，理查森及其最为忠实的追随者们却一直将这种反作用过程牢记在心。事实上，军备竞赛是一种讨价还价和施加影响的形式，它不必以战争作为结果，可能带来一种更为稳定的关系，其标志是军备竞赛的缓和及将竞争转向对外政策中的其他方面（比如经济或者外交）。至少在大多数情况下，战争决策不可能是完全孤立的或仅仅取决于某一个国家。战争常常是双边交往的顶峰，而不是纯粹的单边过程。因此，考察某一民族国家的特性，试图揭示一些国家比其他国家本质上更具有侵略性或战争倾向，很容易产生误导。[163]

权力差距与权力转移

接下来，我们转向权力的相对层次（或者说是两个行为体之间的权力差距）和权力关系变化的动力。从理论的角度出发，人们感兴趣的问题是，是权力平等还是权力不平等更容易导致战争？当权力接近平等时，战争的可能性是会随之增大还是会随之减少？乍看起来，人们也许会自然地认为，随着两个对抗国家的权力渐趋平等，它们同对方打交道时必定会更加公平、更加不偏不倚。1969年到20世纪80年代末，美苏就战略武器进行谈判期间，有关美苏关系的一个假定得到了广泛认可，即战略均势是相互威慑保持稳定和军备限制取得进展的先决条件。然而，对这个问题必须进行更加仔细的探讨。

包括奥根斯基在内的一些人率先提醒人们注意，权力转移时期，战争可能性有增大的危险。[164] 显而易见的权力不平等会使较弱的一方认为发动战争是愚蠢的，而较强的一方则不必为此担心。1971年印巴战争之后，印度和巴基斯坦的经历就证实了这一点。这场冲突之前的25年里，次大陆上的这两个邻国一直生活在持续不断的战争恐惧和备战之中。巴基斯坦的人口、领土和资源大幅度减少，印度则进行了核爆炸试验，巴基斯坦对此怒不可遏，但无力改变这种局面。因此，近期印巴爆发战争的可能性大大降低，对此的恐惧也明显减少。[165] 奥根斯基指出，古典均势理论的主要缺陷是（他承认，在较早的时期，该理论有一定的道理），它假定单元之间权力分配相对稳定，谨慎的领导人有能力采取及时行动，例如加入某个同盟，以弥补均势中的不平衡。技术会使权力发生迅速的转移，而且这种转移可能还无法阻止。由于均势不持久，所以均势是不稳定的。随着双方权力接近均势，两个敌对国家可能会愈加担心相互间的力量对比，对力量对比的波动也更加敏感，从而加大了战争的危险。随着挑战者赶上原来的领先者，挑战者更快的增长率可能使其过度自信，并诱使它去谋求完全的胜利。[166] 与此相反的危险是，主导国家对其竞争对手力量的扩张会感到不安，可能会在尚有实力击败对方时发动战争。

伊尼斯·克洛德简明扼要地说明了形势的不确定性："如果平衡意味着任何一方都可能输，它也意味着任何一方都可能赢。"[167] 迈克尔·沙利文认为，接近均势时，对抗双方之间的关系可能是曲线形的：

> 两个国家越是旗鼓相当，冲突的可能性就越大。除非像克洛德所说的那样，某些时候会出现相反的情况：由于双方失败的可能性是五五开，所以权力高度均等会抑制侵略倾向。严重的权力不平等会使冲突发生的可能性变小，或者降低冲突的程度。可是，权力越平等，冲突的可能性就越大。而且，如果冲突确实爆发了，也很可能是高水平的冲突。然而，当两个国家的权力完全均等时，冲突的可能性会下降，而且即使冲突确实爆发了，也将是低水平的冲突。[168]

在我们看来，不能把进行战争的决策过程简化为以对立双方权力的纯数量对比为基础的概率计算。问题主要取决于两国的态度和观点，各自政治制度的性质，彼此关系是敌对还是友好，核心利益冲突的程度，主导方接受挑战者的程度，主导方调整政策迁就挑战者不断扩张权力的程度等。[169] 胆怯的主导国可能失去竞争精神。尽管力量在增长，但挑战方实际的军事力量仍比较薄弱，可是在意识形态、士气和自信心上它要强于对方。满足现状的国家实行迁就政策，也许会安抚对现状不满的国家，使它变得更有耐心，更乐于合作。但也可能会刺激起它的胃口，使其更富侵略性。因此，我们无法预测相反的过程何时开始，两个国家也无法知道何时它们的力量会完全相等。

在军备竞赛与战争升级关系的问题上有很多争论，其中最有争议的问题之一是：权力转移究竟会不会带来巨大的危险？正如我们前面提到的，奥根斯基一直确信，权力差距缩小时，尤其是一个敌对的想改变现状的挑战者与曾经较为强大的现状维持者之间实力接近时，战争的可能性就会增加。在与亚切克·库格勒合著的《战争的分类》（The War Ledger）一书中，他坚持了这一观点。他们写道，战争源于大国之间的增长速度不同，更为重要的原因是，主导国与挑战者增长速度的不同使得后者能够超越前者。[170] 这看起来是符合战略逻辑的，因为处于主导地位的国家会愈加烦躁不安，可能进行预防性打击，而如果挑战者意识到了这一点，也可能发动战争，出其不意首先进行打击，并从中占得先机。

在后来的回顾性分析中，库格勒和奥根斯基重申了他们的基本论点。他们注意到，权力转移理论认为，国际体系并没有处于无政府状态，而是有等级秩序的。在这种秩序下，行为体接受了自己的位置，接受的依据则是相对权力分配。权力转移模型假定有一个主导国家、一些大国和一个潜在的挑战者。当多数大国满足于现状且支持主导国家时，同盟是稳定的。不满足于现状的国家多是实力不强的中等国家或是更小的国家。美国、日本和欧洲拥有足够强大的实力对抗俄国和中国，维持全球稳定。[171] "只有潜在竞争者之间的力量相对均等时，不稳定才会成为可能。当一个不满足于现状的大国发展得比主导国家还快，并借此逐渐实现平衡时，不稳定性就增加了，冲突的可能性也会增大。"[172] 因此，库格勒和奥根斯基的理论与摩根索、基辛格和沃尔兹的理论形成了鲜明的对比。摩根索、基辛格和沃尔兹支持均势稳定论，认为国家和联盟外交（不管是自愿，还是迫不得已）追求均势的目的是获取最大化的权力以防止霸权。正如我们在第八章介绍的，在研究核威慑时，大多数有关战争原因的理论都陷入了自相矛盾，遇到了两难困境和反常事例。

实力、风险、预期效用与战争可能性

现实主义理论家们有一个基本假定，即大国参与的战争，其爆发的可能性取决于这些大国之间的权力分配。布鲁斯·布伊诺·德·门斯奎塔对此有不同意见。正如我们前面注意到的，在权力分配与战争可能性的关系问题上，现实主义者内部也没有完全达成一致。有些人认为，权力均衡是和平最好的保证；而其他人则认为，只有赞成维持和平的现状国拥有权力优势，才最有可能实现和平。基辛格认为，均势是和平的前提，可以降低两个主要国家之间爆发战争的可能性；[173] 奥根斯基与库格勒认为，随着主要国家间权力分配（或"权力差距"）不平衡的加大，它们之间爆发战争的可能性会减小。门斯奎塔对他们的观点和假说都提出了质疑。[174] 辛内斯及其同事和克洛德提出的假说差不多，即把爆发战争的可能性低与主要国家同盟之间的权力分配平等或不平等联系起来。门斯奎塔认为这种假说没有道理。[175]

布伊诺·德·门斯奎塔承认，取得战争胜利的可能性几乎完全取决于相对实力。如果以最全面的方式理解权力，那么这种关系必定成立。但是，无论权力分配是真实的还是认识上的，它都不是政治决策者选择战争或和平的惟一决定因素。对于任何冲突局势，双方的个体决策者对一个既定战争结果的可能效用（价值）都会做出不同的评估（最终是增强、保持还是削弱自己的国家权力）。一个既定的成功可能性（以粗略的百分比来表示）足可以使一些领导人去承担战争风险，但不能使其他领导人这样做。

布伊诺·德·门斯奎塔认为，国家或国家联盟在战争中获胜的可能性，与它们和对手的权力分配状态高度相关，但是，领导人是接受风险还是规避风险，与权力分配的实际状态无关。在这些假定的基础上，他构想出九种国际体系，每种体系中，强弱国家的分布状态不同，决策者的风险倾向也不同。他逐一分析了这九个演绎模型，对三个因素的共变进行了研究，这三个因素分别是：对获胜可能性的计算、国家对战争效用的预期，以及国家的风险—安全程度。他也回顾了辛格的战争相关因素项目、该项目进行的实证研究及有关的理论辩论（多伊奇、辛格与沃尔兹）。[176] 他得到的结论是，不管从理论上看，还是从1816年到1965年的经验记录看，没有任何特定权力分配能够称得上是和平或战争的预警器。[177]

在布伊诺·德·门斯奎塔的研究中，那些存在权力优势的体系能支持奥根斯基和库格勒的结论；而在其他体系中，随着权力分配接近平衡，战争的可能性会减小，这些体系支持了基辛格的假说。简而言之，如果不考虑另外一个重要变量——个体决策者的风险倾向，权力分配本身同战争爆发之间并没有系统性的联系。如果决策者认为（也许是非常简单地认为），权力均衡或权力优势是实现和平必不可少的因素，那么他们"采取行动所依赖的前提就是错误的、不完全的，甚至具有潜在的致命性"。[178] 分析战争可能性的学者几乎把所有精力都集中在了实力差距上，而忽略了对政府领导人风险倾向的研究，对此他感到颇为遗憾。但他又做了重要的补充，即威慑战略分析家是上述研究潮流中的重要例外，这些分析家非常关注统治精英不愿在核时代冒巨大风险发动战争的事实，但是他没有对这一极其重要的例外做详细解释。

在20世纪80年代发表的三篇文章中，布伊诺·德·门斯奎塔（一度曾与戴维·拉尔门合作）进一步发展了他的国际冲突预期效用模型。他假定，领导人会对冲突预期收益与预期成本进行比较，而冲突升级的可能性会随着两者之间差的增加而单调增加。在此基础上，他修正了自己的早期理论。他还掌握了一种经过改进的统计方法，能够区分出1816年到1970年间发生在欧洲的冲突哪些升级为了战争，哪些没有。他指出，在面临是否挑战敌手以促使其改变政策这样的决策问题时，领导人们会估算成功与失败的相对效用。一些领导人采纳的对外政策使他们自己极易受到攻击，另外一些领导人则竭力降低受到外部威胁攻击的可能性。可以认为，前者比后者更愿意承担风险。"可以把风险倾向的差异看做是不同行为体认知差异的根源。"[179] 布伊诺·德·门斯奎塔和拉尔门断定，把预期效用估算与冲突升级联系在一起的连续性理论，将为个体决策者层次及体系行为层次上对国际冲突的分析提供强有力的工具。[180] 最近，保罗（T. V. Paul）指出，如果认为通过突然袭击、转守为攻以及借助其他国家支持可以取得胜利，那么较弱的国家也会向较强的国家发起攻击。[181]

第一章我们曾讨论过归纳理论与演绎理论的区别。这里，回顾一下这些讨论是有帮助的。迄今为止，我们概述的有关战争的科学研究大多都是归纳性、经验性、定量性的（统计）研究。而布鲁斯·布伊诺·德·门斯奎塔的预期效用理论则是一种研究国际冲突的演绎方法。他承认自己的理论有缺陷，并对两种研究进行了区分，即形式化数学模型和对具体事件非形式化而较为具体的研究。

> 形式化模型不打算说明丰富的细节和事件的特征。相反，设计形式化模型的目的是把对事实简化的和有规律的认识具体化，揭示内在一致和外在有用的普遍性原则。形式化模型并不能代替所研究事件的丰富信息。相反，设计形式化模型的目的是把对事实简化的有规律的认识具体化。但是，他们可以使丰富的细节更加完美、提供更多的规律性并增强概括能力。这一过程中，为了扩大概括的范围，增强概括的明确性，形式化模型牺牲了细节。当形式化模型与专家的知识结合在一起时，强大的协同作用将产生更深入的见解，这些见解常常比单靠专家判断或单靠形式化模型得到的见解更深入。[182]

（在第十一章有关决策的讨论中，我们还会涉及到布伊诺·德·门斯奎塔的理论）

布伊诺·德·门斯奎塔坚持认为，预期效用理论可以解释反常行为。他曾指出，同敌人之间相比，盟国之间更可能发生战争（但不是激烈的战争）。[183] 他认为，大国希望影响小国之间冲突的结果，而且通常对此抱有很高的预期，美国在越南就曾这样做过：

> 就像主观判断的获胜可能性一样，赢得战争胜利的效用虽然可能会降低，但仍可满足预期的临界水平，即一国愿意派遣军队参战的预期效用水平。这意味着，虽然有些战争的结果对于大国的意义不如对于较弱国家的意义大，但大国参与这种战争的可能性仍较高。理性地讲，较弱的国家不会卷入这样的战争，它们只参加那些它们认为是利益攸关的战争。[184]

306

他从中得到的教训是，反对越南战争的人应该质疑约翰逊及后来的尼克松对成功可能性的认识，而不是争论这场战争与美国的重要国家利益是否有关。[185]

约翰·瓦斯克斯同意布伊诺·德·门斯奎塔的观点："尽管同人们长期坚持的现实主义观点相左，但到目前为止，经验主义的深入分析表明，就因果意义而言，实力或权力差距与战争爆发并不相关。相反，实力和权力差距似乎同战争的类型相关，而与究竟是和平还是战争无关。"[186] 瓦斯克斯对战争进行了系统的分类，其中把对抗性战争同机会性战争区分开来。前者在平等的对手之间展开，"更符合均势逻辑，也容易因均势逻辑缺陷而发生。均势的缺陷包括相互恐惧、猜疑和不安全、军备竞赛和预防性战争"。[187] 当较为强大的一方认识到发动战争的效用时，机会性战争会在不平等的对手之间爆发。如果一个弱国能与两个强大敌国中的一个结盟，那么对抗性战争和机会性战争两种相左的逻辑就可能联系在一起。这与前面提到的保罗的观点类似。同机会性战争相比，对抗性战争更容易升级为全面战争。瓦斯克斯还区分了两方的战争和大国间的总体战争。总体战争之所以爆发是因为大国预期这些战争是有限的，但这种战争并不是最初发动战争的国家所能够控制的。他发现，相对于复杂的总体战争而言，预期效用理论更适用于涉及两方的战争。瓦斯克斯对预期效用模型的某些判断提出了质疑。"战争不会仅仅因为领导人的一个简单决策而爆发"，因为其他的国内先决因素肯定已经提前在领导人、精英和百姓的态度中发挥了作用。[188] 他赞成华莱士和布伊诺·德·门斯奎塔的观点："导致极化的同盟会引发规模最大、最为激烈和最为持久的战争"，但是他很快又补充说，"他们的研究并未充分解释这种现象的原因"。[189] 瓦斯克斯对造成极化结果的解释看上去非常合理，他令人信服地指出，"行为主义者和传统学者可以在现实主义的演绎推理中找到共同点"。[190] 为了缩小战争现象的定量研究和定性研究之间的差距，瓦斯克斯本人做了大量工作。

在充分理解战争爆发与无数相关因素之间的内在关系之前，我们还有大量的分析工作要做，这些因素包括同盟和军备竞赛、权力转移、政府决策者的效用计算、全球政治和经济体系中的周期现象、多极、两极和单极等。戴维·辛格承认"迄今为止，可重复的研究发现几乎不能指出一个明确的方向"，因为政治学家们还没有充分具体地说明自己的理论模型，也可能忽视了一个可以解释明显异常现象的重要变量。[191]

有一个问题一直困扰着运用统计相关和回归分析方法的社会科学家们，辛格后面的发现突出强调了这一问题。这一问题是由弗朗西斯·高尔顿爵士（Sir Francis Galton）在19世纪后期提出的。弗朗西斯·高尔顿爵士是英国数学家，还进行基因学、计量心理学和人类学的研究。高尔顿提醒人们注意，在试图证明两个变量相关时，必须确定它们不会同时依赖于第三个因素，因为它有可能使这两个变量之间的相关关系成为虚假关系。[192]另一种情况是，第三个因素歪曲了两个变量，而调查者并没有意识到这第三个因素。同所有社会科学一样，国际关系领域中最大的困难，是在现实世界中永远不可能像在头脑中那样把因变量与自变量彻底地加以分离。几乎所有的统计相关关系都会因为方法论上这样或那样的缺陷而受到批评和攻击。调查者可以运用不同的数据库、修订战争相关因素项目或利维的数据库来实现特殊目标、使用不同的分类（或定义）方法，以及从不同的角度对发现进行解释，但大多数分析家都知道这样做的困难。

我们并不希望给人留下这样一种印象，即有关战争的科学研究有着太多不同的发展方向，从而难以形成连贯一致的理论。以索罗金、理查森、赖特、辛格和斯莫尔以及利维的开创性成果为基础，一些理论家已经发现了有关研究之间有一些相互交叉的地方，尽管这些理论家采用的方法并不相同。研究军备竞赛影响的学者并没有忽略同盟与共享国界对于战争爆发的作用。一些理论家通过研究同盟和共享国界带来的互动机会来认识战争扩散问题。他们也认识到，如果盟国和邻国不愿卷入正在进行的战争，那么就可能必须借助政府决策者预期效用计算来解释。在本章剩余的部分中，我们将对其他交叉点做出说明，包括对战争周期和长周期理论的研究，还有对民主国家之间不会发生战争这一假设的研究，这一假设给人的印象日益加深。要寻找自己的理论与其他理论之间的联系，为此分析家们承受着巨大的内部和外部压力，因为他们逐渐达成了共识，战争是一个有着多重原因的现象，而不是一个单一因素决定的现象。但同时，他们也意识到有效的理论决不是把可能的原因都罗列出来，而应该是简约的解释性理论——简单、易懂、能够应用到广泛的案例中并能得到案例的证明。但是，我们不能指望从复杂的社会现象中总结出和自然规律一样精确的普遍规律，因为对社会现象的描述更依赖于运用语言符号，而语言符号同表达自然规律的数学符号相比，更为模糊和缺乏精确性。这一点我们在第一章曾提到过。

308 **战争周期和长周期理论**

从20世纪30年代开始，一些分析家就试图弄清楚，国际体系中是否存在着战争——和平周期。这些分析家包括：皮季里姆·索罗金、昆西·赖特、莱维斯·理查森、阿诺德·汤因比、戴维·辛格和梅尔文·斯莫尔、加斯顿·布图尔（Gaston Bouthoul）、雅克·埃吕尔、亚历克·麦克菲（Alec L. Macfie）、杰弗里·布莱纳、杰克·利维、罗伯特·吉尔平、伊曼纽尔·沃勒斯坦、乔治·莫德尔斯基、威廉·汤普森、乔舒亚·戈尔德施泰因（Joshua Goldstein）、洛伊斯·塞尔斯（Lois W. Sayrs）、爱德华·曼斯菲尔德及其他学者。所有的周期理论都推论，经过一定周期的间隔必然会爆发战争，而且这种间隔差不多是规则的；周期间隔也可能不规则，但此时一些明显促成战争爆发的条件（必要条件和充分条件）会同时出现。迄今为止，尽管在有限的方面，一些研究也取得了一致的成果，但大多数研究的结果并不相同，而且差异很大，其原因在于他们使用的数据库不同［包括对**战争**（war）的定义不同］、研究的时间跨度不同、解释结果的方法也不同。有证据证明的周期模式，其时间跨度从20年到两个世纪不等。根据索罗金的计算，从1100年到1925年欧洲爆发了862场战争，平均每年超过一次！[193] 理查森把主要的国际冲突和国内冲突合在了一起，认为从1820年到1949年爆发了317场战争。[194]（这个合计数字与后来辛格和斯莫尔汇编的结果差不多。辛格和斯莫尔发现，从1815年到1945年爆发了367场战争）[195] 理查森想知道，战争周期是否与年轻一代忘记前一次战争痛苦和代价所需的时间一致，但是他和索罗金都没能发现这样的模式。昆西·赖特估计，1480年到1941年间，大约有200场战争，并断定主要战争后面会出现一个持续50年左右的和平时期。[196]

阿诺德·汤因比发现，大体上存在着一个战争和平周期，其平均持续时间大约为100年多一点。理查森曾经认为，一场残酷的战争结束后，在大约20年里，战争免疫力趋于消失，接着是另一场血淋淋的战争。汤因比则比较乐观，认为代价惨重的战争孕育了和平解决的方案（1648年威斯特伐利亚；1713年乌得勒支；1815年维也纳；1919年凡尔赛），而且和平状态会在主要国家之间持续相当长的时间，不过持续时间短和规模小的战争除外，比如欧洲协调时期的克里米亚战争和普法战争，这两场战争发生于令欧洲各国受益的"欧洲协调"时期，处在绵延不绝的拿破仑战争和1914年爆发的第一次世界大战之间。[197] 汤因比用厌战来解释战争周期的出现，布莱纳对此提出了不同看法。布莱纳是一位研究特殊战争的历史学家，而不是科学的定量理论家，但他指出，事实上，在任何事件中，都不可能对厌战进行经验性的测量；20世纪30年代末，厌战也没有为欧洲保持和平做出贡献。实际上，西方民主国家中的和平主义和绥靖主义就是厌战的表现形式，可能正是它们推动了第二次世界大战的爆发：

> 根据汤因比的理论，第二次世界大战爆发在反战的精神免疫力应该很强的时候。对此他自己也困惑不解。不管怎样，他还是努力去面对这一困惑；他承认，要么是他的理论有问题，要么就是人性发生了变化。像我们多数人面临类似的困惑一样，他坚持自己的理论。他认为，第二次世界大战是"明显违背人性的事情"。[198]

309

　　战争周期可能与世界经济周期相关，这种可能性曾经激起了理论家们的兴趣。两位法国社会分析家加斯顿·布图尔和雅克·埃吕尔指出，在经济周期的某些阶段，失业问题会变得严重起来，并可能成为引发战争的因素之一："年轻人过剩使得经济难以承受。"这种观点有些马克思主义的味道。[199] 与此相反，布莱纳根据1938年麦克菲所做的研究，提出了这样一个假设——与国家经济增长相伴随的乐观主义同政府不断加强战备、发动战争有关系，这是因为此时国家更容易承担战争成本。麦克菲的研究范围过于狭窄：仅仅考察了1850年到1914年期间爆发的12场战争，时间非常有限。[200] 威廉·汤普森并没有发现麦克菲提出的相关关系，但后来许多分析家（包括汤普森）都试图把战争与经济K曲线的高涨区间联系起来。K曲线最早是由尼古拉·康德拉季耶夫（Nikolai D. Kondratieff）（稍后进行讨论）在20世纪20年代提出来的。[201]

　　从某种意义上讲，可以把所有重复的现象都看做是周期性的，但社会领域内的周期几乎都是不规则的。（当然，也有例外，比如宪法规定的选举任期）20多年前，斯莫尔和辛格将这个工作定义为在噪音背景下描绘所考察的现象：

尽管我们在考察每年或每个时间周期内开始的战争数量时，周期都不明显，但当我们集中计算正在进行的战争的数量时，便会出现一个可以辨别的周期。这就是说，零星的战争未必会有规律地爆发和结束，但总是与一定水平的国家间暴力行为相伴随；而暴力行为数量的波动既清晰，又有周期性。[202]

乔治·莫德尔斯基、威廉·汤普森等人用了十几年的时间，希望在大约一个世纪的长周期中发现更为显著的周期性规律。为了实现这一目标，他们必须依靠有关现代世界体系的更长历史记录——他们追溯到了1494年，而不仅仅是辛格—斯莫尔使用的1816年以来的战争记录。他们把称为"全球性战争"的战争同较次要的冲突区分开。在总体的战争记录中，这些较次要的冲突都有记载，但其中的大多数冲突都没有对国际体系结构的变动产生重大的影响。他们把**全球性战争**（global wars）定义为"决定霸主更替，宣告全球政治体系产生新领导和实力高度集中的新阶段"的战争。[203] 以往这些实力的表现形式是海权（最近是海权和空权），它使得新兴的全球领导国能够有效地向外施加政治、军事和经济影响力，并使之足以支配整个国际体系。莫德尔斯基和汤普森发现了一种模式，即在大约一个世纪内，整个体系要经过四个典型阶段：**宏观决定阶段**（macrodecision）（全球战争阶段），其特征是大范围严重的暴力，并解决了领导权问题；**执行阶段**（implementation）（世界权力阶段），在此期间，某个民族国家有实力成为全球领导者并执行新的计划；**议程设置阶段**（agenda setting）（权威丧失阶段），这个阶段里，提出了世界领导者的合法性问题，新的问题进入了全球议程；**联盟阶段**（coalitioning）（或分裂阶段），在该阶段，世界领袖的权力衰落到低点，一个或多个挑战国（原来可能是全球领导者的盟国）组织起新的联盟。[204] 西班牙挑战了葡萄牙，法国挑战了荷兰，一个世纪前，法国和德国分别挑战了英国。美国帮助英国应付了1914年至1918年的挑战，之后美国从第二次世界大战中脱颖而出，成为全球的领导者。在成为领导者的初期，美国曾面临苏联的挑战。[205]（注意：大多数原来的挑战者都没有成为全球领袖的继承者）

根据这一模型，国际体系并不总是处于无政府状态。整个周期中，全球战争后相当长的一段时间里，世界领导者会支配着一个单极体系——所

310

有体系中最稳定的体系。但这种稳定的体系不会持续下去，而会让位于两极体系，并最终让位于多极（分散的）体系，而多极体系却是最不稳定的。莫德尔斯基—汤普森的分析与汤因比的战争—和平周期（以均势模型为基础的周期）不完全吻合，因为汤因比的总体战争不是真正决定性的战争。[206]

长周期的研究方法更接近于吉尔平的霸权战争理论和沃勒斯坦的新马克思主义世界资本主义经济模型，该模型涵盖的历史跨度达五个世纪。吉尔平研究的重点是国家权力增长的不平衡（不仅仅是经济实力，还包括运输、通讯、工业技术、人口、军事实力等），因为这种不平衡的增长可能会使一个国家对于打破国际现状成本—收益比的认识发生变化。他的分析有助于解释霸权国为什么最终会衰弱，其原因在于霸权国保持体系支配地位的成本不断扩大，同时经济、技术、军事方面的优势和创新向那些曾经落后的国家转移。[207]（我们在第二章讨论过吉尔平）

沃勒斯坦曾提出过一个更为严格的论据，证明世界经济中有三个国家取得过霸权地位，分别是17世纪的荷兰、19世纪的英国及20世纪90年代中期的美国。沃勒斯坦将霸权国的兴衰与世界经济的膨胀和收缩（或停滞）联系起来。产生上述三个霸权国的全球战争大概都持续了约30年（比如，1914年至1945年）。[208]（我们将在第九章讨论沃勒斯坦）接下来，我们还要就战争爆发与经济周期的关系进行更多的讨论。

莫德尔斯基和汤普森认为，他们的长周期理论提供了一个有意义的框架，可以解决或至少是有助于解决近几十年以来学者们一直在争论的一些研究难题。在回答两极和多极体系哪一个更稳定的问题时，长周期理论认为，单极体系最稳定，多极体系最不稳定。战争是在力量悬殊的情况下更容易发生，还是力量对等的情况下容易发生，对于这个问题，尽管辛格找到证据，证明了两种情况都有可能，但长周期理论仍然认为，力量悬殊与战争一直是负相关关系。对长周期理论来讲，研究战争原因之谜变得不太重要，至少对于全球战争而言是这样。布莱纳、瓦斯克斯、布伊诺·德·门斯奎塔、辛格和斯莫尔以及其他学者从总体上研究战争的原因，包括重要和次要战争的原因。不应该像长周期理论家们一样轻率地对这些人置之不理。无论如何，莫德尔斯基和汤普森认为，有必要寻找全球战争原因，因为这种全球战争的爆发几乎是有规律的，有些像全球政治日程上的选举，其目的是进行宏观决策——如果面对国际体系的日益分散，原来的领导者已经衰弱到无力再维持国际体系的稳定，那就要选择一个新的领导者。[209]

莫德尔斯基和汤普森并没有借鉴查尔斯·多兰（Charles F. Doran）的权力周期理论，但从中找到了一些共鸣。查尔斯·多兰的权力周期理论集中研究的是民族国家的权力周期，及其作为国际政治潜在动力所发挥的作用（第二章曾讨论过）。在多兰看来，自16世纪以来，已经有12个国家经历过相对权力的涨落，尽管有些国家的时间很短。除了莫德尔斯基和汤普森提到的8个国家，多兰把奥匈帝国、意大利、日本和中国也计算在内。崛起的国家进入到大国的等级体系中，而衰落的国家则退出了该体系，两者靠的都是各自国家动态的相对权力，而这种动态相对权力在本质上取决于行为而不是实力。[210] 重要的不是国家权力的成长、成熟和衰败，因为这些都是以绝对的统计标准（例如，国民生产总值、基础工业实力要素的生产或军费开支）测量出来的，而是在某一特定时间内，一国总体权力相对于体系中其他国家总体权力的比率。

在相对权力的一般曲线上，多兰确定了四个临界点，曲线的运动变化可以应用于中央体系中的所有国家。四个临界点中，两个是转折点（在最低点，相对权力开始增强；在最高点，相对权力则开始下降），两个变化点（一个位于曲线上升的一侧，另一个位于曲线下降的一侧，在这一点上，加速变为减速）。多兰认为，正是在这四个点上，我们发现了国家权力位置和国际政治角色变化的线索。这些变化可能是权力周期动力突然而又不可预知的逆转，这样的逆转可以打破政府计划者和决策者的正常预期。[211] 多兰断定，"权力周期动力包含有因果机制，能够解释**为什么**（why）主要国家发动战争倾向会达到最高，及**什么时候**（when）、**怎样**（how）达到最高。这种战争会涉及相当大的范围"。[212]（本质上讲，多兰的"大范围战争"与其他人所说的"霸权战争"、"体系战争"和"全球性战争"是一样的）决策者通常根据以往的经验直接推论将来的情况；而四个临界点则表明，国家权力有着新的变化轨迹，这可能意味着体系的变化需要痛苦的调整，而且会引发误解和忧虑，对此国家和体系都要承担责任。[213]

> 由于一个国家越过权力周期的临界点时，该国和体系都难于消化，同时会增大爆发主要战争的可能性，所以对于体系而言，几个国家同时越过各自权力周期曲线的临界点（乘数叠加效应），

就更难于消化了。[214]

奥根斯基与库格勒研究权力转移，利维分析主导国遏制挑战国的动机，吉尔平考察修正国的成本—收益计算。多兰发现，他的相对权力周期理论同以上学者的一些观点有相同之处，但他不承认这些理论中暗含的决定论思维，即假定民族国家会消亡，国家的相对权力地位会不可避免地衰落。此外，他认为国家相对权力地位变化与战争爆发之间并没有决定性的因果联系，因为战争的动力既可能受到推动，也有可能受到限制。[215]

围绕战争长周期的争论仍然没有结果。莫德尔斯基（1981年）曾指出，他提出的体系宏观决定的世纪周期，与康德拉季耶夫提出的经济秩序中长度为50年的周期（25年增长，25年下降）之间可能存在着一定关系。[216]但到了20世纪80年代末期，他没再积极倡导这一观点。[217]爱德华·曼斯菲尔德注意到，两组记录数据（赖特的数据与辛格和斯莫尔的数据）之间，有关特定年代爆发战争数量的数据，其一致性低得令人吃惊。他发现，康德拉季耶夫的价格波动周期和霸权与战争爆发之间的关系出现了某些变化。[218]曼斯菲尔德对两组战争数据与杰克·利维有关1495年以来大国参与战争的数据进行了总体比较。[219]比较之后，他得出结论："虽然霸权看上去与所有较大规模的战争爆发关系密切，但似乎并不总是与主要国家参与战争数量的增减有关。"[220]他补充道："如果康德拉季耶夫周期的确存在，那么该周期对次要国家之间爆发战争的影响似乎比其对主要国家之间爆发战争的影响要大。"他注意到，对于那些坚持认为相互依存必然增加和平可能性的人们来说，这种想法有些令人沮丧。[221]

特里·博斯韦尔（Terry Boswell）和迈克尔·斯韦特（Michael Sweat）运用时间序列回归分析方法，对霸权的三种概念——世界经济中的经济效率（沃勒斯坦），运用海上力量对全球施加影响（莫德尔斯基和汤普森）和国家的相对权力（吉尔平、奥根斯基和库格勒）进行了比较，并研究了霸权转移、长波（康德拉季耶夫）和帝国扩张对1496年至1967年间主要战争强度的影响。他们的结论是：同长波理论相比，**资源**（resource）理论能更好地解释经济扩张与主要战争规模之间的因果关系。"扩张时期，战争规模会大一些，因为同世界经济停滞时期相比，在这个时期，大国可以集结更大规模的军队，有实力支撑长期的冲突，并能从劫掠中获得更大的利益。"[222]他们认为，在长期的经济扩张中，国家领导人很可能对自己国

家内部资源的独特性和相对价值抱有较乐观的态度。"据我们判断，如果
313 不考虑资源因素，长周期理论和主要战争理论在逻辑上都没有可信性，也
都没有经验方面的支持。"[223] 他们尤其看不起马克思主义的危机理论，这
一理论预计经济停滞期间会爆发主要战争。

一些理论家曾试图通过取消周期中的规则性来维持长周期理论。例
如，乔舒亚·戈尔德施泰因主张："就像牛顿物理学被包含在更普遍的相对
论物理学之中一样，固定周期仅仅是广义社会周期中的一种。"[224] 社会领
域中的周期现象不必与日历时间有着固定的重复关系，日历时间是"根据
我们所居住行星的旋转而确定的"。[225] 他认为，"固定的周期性不适用于社
会领域……因为通过机械运动的自然定律，并不能很好地定义社会领域中
的现象"。戈尔德施泰因将循环周期定义为一种包含了因果机制的重复次
序，因此他的循环周期每次可以是不同的。周期性"仅仅是循环的表面现
象：循环的本质是（有时不为人知）使事情反复发生的内在动力"。[226]

尽管有越来越多的证据与她的主张相悖，但洛伊斯·塞尔斯仍然为国
际关系中的长周期辩护。在她看来，反对长周期假说的人之所以会这么
做，原因在于他们假定周期的形态是线性模型，而这种假定并不适用于周
期间隔不规则的非线性过程。像戈尔德施泰因一样，她承认战争周期更可
能是不固定的，因此她没有**先验地**（priori）说明某个特定周期的长度、形
状、振幅或频率。[227] 莫德尔斯基曾声言，在为期一个世纪的周期中，全球
战争与康德拉季耶夫周期（以50年为间隔所发生的全球经济的逐渐膨胀和
下降）之间存在着一种关系，[228] 而塞尔斯发现，周期大约是21年（12年增
长，9年下降）。

纳塔涅尔·贝克（Nathaniel Beck）坚决反对戈尔德施泰因的观点（暗
中也反对塞尔斯的观点），坚持认为"以固定周期循环为基础的模型适用
于社会科学，而且对于周期现象而言，只有固定周期模型才有意义"。[229]
贝克坚持认为，光谱分析是研究系列周期行为最标准的方法。同时他指
出："大量的国际关系研究文献使用了光谱分析法，但是几乎始终都没能
发现有关长周期的证据。"[230] 在贝克看来，如果没有周期和规则的正弦波，
那么周期就是不可预知的，因此对所有实用目的而言，周期也是不存在
的。尽管有分歧、争论和不一致的地方（或矛盾的地方），有关战争周期
的理论性和统计性争论一定还会继续下去。一些人眼中的周期可能不为其
他人所承认。只要这个问题存在，就不大可能太平静。

民主、战争与和平

近年来，国际关系理论家们争论最为激烈的问题之一是关于民主与国际和平相联系的假说。用最粗糙简单的形式来表述这个假说，就是"自由　314主义者往往是和平主义者，自由主义的政府更喜欢谈判而不是战争（就像他们的公众一样）；自由主义民主政治奉行和平的对外政策"。人们常常不加辨别地认为这种简单化的信仰来源于伊曼纽尔·康德，但即便是康德也从来没有认为，在任何时候，"共和国"（他以此来和专制国家相比较）都不进行战争，或者应该杜绝战争。事实上，在康德看来，当自由主义共和政体发现自己受到了非共和政体（不尊重他国权利，不顾忌他国利益）的侵略威胁时，向后者开战并被迫不时地与对方进行战争，这是很正常的。根据迈克尔·多伊尔对康德观点的解释，自由主义政府被迫怀疑非自由主义国家的对外政策，认为他们的对外政策同其国内政策一样充满侵略性和不公正。[231]康德期待着由自由主义共和政体组成的"和平联邦"，"一个持久且逐渐扩大的联邦有可能防止战争爆发"。多伊尔引用了康德1795年所著的《论永久和平》（Perpetual Peace）一书的文字：

> 可以看出，这种联邦主义思想，即联邦逐渐扩大直至包含所有国家，从而实现永久和平，是可行的……因为如果运气好的话，一个强大且开化的民族会产生一个共和政体（这种政体在本质上是倾向追求和平的），这将为其他国家形成联邦组织提供一个中心。这些其他国家会加入第一个国家的行列，与第一个国家一起根据国际权利思想确保每个国家的自由，然后整个联邦会通过一系列这种形式的联盟一步一步地扩展。[232]

18世纪后期和19世纪中期，其他一些自由主义和功利主义学者，如亚当·斯密、杰里米·边沁、赫伯特·斯宾塞和约翰·斯图尔特·密尔（John Stuart Mill），都深信资本主义经济和工业社会的崛起会强化宪政议会制政府奉行和平对外政策的趋势，原因很简单，因为理性的**经济人**（homo oeconomicus）发现战争不能带来收益，而且只有在和平、可预测的国际商业环境下，自由市场经济和自由贸易政策才能使他们受益。20世纪早期，伍德罗·威尔逊宣扬，世界舆论与民主国家的伙伴关系是国际和平的先决条件，同时诺曼·安吉尔也重申了颇为乐观的看法：战争会逐渐过时，因为公众和统治精英会认识到战争无利可图。（第五章讨论过安吉尔的观点）[233]

现代民主和平论的理论家，并不认为民主国家的战争倾向比非民主国家弱，而是认为民主国家之间很少交战。这是一个完全不同的命题，康德也曾预言过。1976年，斯莫尔和辛格第一次公开提出了这一现象。[234] 后来，保罗·迪尔把民主国家间不打仗的命题称为是"公理性的"，适用于真正的民主国家，虽然这些真正的民主国家也会进行反对威权或极权专制国家的战争，因为后者实行的对外政策具有挑衅性和侵略性。[235] 稍后我们要说明，在如何定义"民主国家"或迄今为止到底有多少个民主国家问题上，学者们并没有形成完全一致的意见。直到20世纪后半期，这一现象才具有统计意义，这大概是因为在第二次世界大战之前，民主国家少之又少；地理上临近的国家比相隔遥远的国家更容易爆发战争；民主国家的政治和经济通常较为稳定；在第一次世界大战中，居于主导地位的民主国家联合起来反对德国的独裁，在第二次世界大战中，它们联合起来反对轴心国的极权主义，在第二次世界大战后，它们又结成同盟反对苏联的共产主义。[236] 北约国家中，只有两个最不民主的成员国（当时的希腊和土耳其）因塞浦路斯问题发生过战争。尽管杰克·利维的假说存在问题，但他仍然宣称"民主国家之间不打仗这一事实，几乎已经成为国际关系中的一个经验规律"。[237] 迈克尔·多伊尔列出了目前的50多个民主国家。他发现，在150多年里，民主国家之间没有爆发过战争。[238] 尼古拉斯·奥努夫和托马斯·约翰逊（Thomas J. Johnson）注意到，通讯技术的进步、空前的繁荣及自由主义对人权、容忍和多样性的关注，推进和扩大了这种世界性的视角。在民主国家中，这一点体现得更为明显，因为民主政治的主导价值观就表现为国内与国际的和平。[239]

统计得来的证据给人留下了深刻印象，但是民主国家的性质是否能够决定民主国家有和平的天性？鲁道夫·鲁梅尔曾提出，同其他国家相比，民主或自由主义国家的战争倾向较弱。[240] 但他的分析缺陷是所覆盖的时间范围有限。[241] 鲁梅尔后来承认，一旦卷入军事对抗，民主国家的战争倾向可能并不弱，但他们卷入这种对抗的可能性较小。[242] 这里我们关心的是更为精确的假说，即民主国家之间不打仗。

能用政治学的逻辑对此进行解释吗？康德比较了君主政治与共和政体。君主并不会亲身感受到战争的代价，也不会因为发动战争而丧失任何特权。共和政体的公民能直接感受到战争给人类带来的惨重经济后果，因此他们会对参战犹豫不决，除非战争的目的是促进自由、保护他们的私有财产或援助共和政体的盟友在对付非共和政体的敌人。康德相信，自由主义国家更倾向于遵守国际法和尊重他国权利。"随着文化的成熟和人们的原则更加一致，人与人之间会增进相互理解并能实现和平。"[243] 多伊尔发现，言论自由和用准确的概念与外国社会进行有效的沟通，也能在拥有相似文化态度和政治制度的国家间培育和促进和平："实现了国内正义的共和政体是以公众意见一致为基础的。这些共和政体会认为，外国的共和政体也会以意见一致和正义为基础，因此应该与之融合在一起。"[244] 可见，康德已经预见到制度和文化因素能促进共同安全意识的形成，也有助于自由主义国家之间形成独特的和平区域。

卡罗尔·恩贝尔（Carol R. Ember）、梅尔文·恩贝尔（Melvin Ember）316和布鲁斯·拉西特（Bruce Russett）也持类似的看法。他们引用最近一些运用恰当统计控制方法进行检验的假说总结说：

> 即使在分析中包含了对地理相邻、同盟、财富、经济增长、政治稳定的控制，民主仍然是一个有解释力的自变量……简而言之，民主国家里的人民把自己看做是独立的、自治的、拥有相互宽容规范的公民；他们尊重……那些同样被认为是自治的人……他们也知道，其他民主国家的制度制约和公众辩论会防止它们发动突然袭击，因此他们自己能消除先发制人的动机。两个民主国家（每方都自我约束不发动战争，而且预期另一方同样不发动战争）可能不用诉诸战争便能解决他们之间的冲突。[245]

人们不断提出新的问题，甚至那些赞同该假说的分析家们也包括其中，而另一些人则是想搞清楚，民主国家人民不愿意参加战争的意愿是如何转化为政府政策的，因为现代民主国家从来没有对战争决策进行过全民公决。我们不大了解国内态度（尤其是反对派的态度）是如何影响对外决策的，对此，布鲁斯·布伊诺·德·门斯奎塔和戴维·拉尔门颇感遗憾。

"例如，我们不知道，国内成本高昂的预期会使国家更可能，还是更不可能避免暴力性危机的扩大。"[246] 尽管文化因素影响了普通公众对其他民主国家的态度，使得这些民主国家看起来似乎更值得信赖、更理性和更容易进行沟通，但约束或抑制政府精英战争决策的是民主国家的制度结构，而不是别的。克利夫顿·摩根（T. Clifton Morgan）和沙利·霍华德·坎贝尔（Sally Howard Campbell）曾注意到，"没有哪个现代民主国家会把战争决策交由全民投票来决定"。[247] 但是他们补充道，好战的公众会把政府推向战争。（美西战争就是一个很好的例子。在这场战争中，"黄色新闻"激起了公众情绪）

摩根和坎贝尔认为对决策的约束主要有三种。第一，面临公众选举的领导人比独裁者更担心会惹怒选举人。第二，国家内部制度化的政治竞争会影响决策过程；政党强有力的反对会极大地约束现任政府。第三，领导人必须在一定程度上与其他个人或机构（内阁成员、立法机关、军队等）分享决策权力。他们的结论是，我们会发现不仅公众选举的政府拥有最弱的战争倾向，决策受到最严格约束的政府，其战争倾向同样最弱。这些因素至少能部分地解释，为什么在科索沃冲突中克林顿政府推行零风险、无伤亡战略的愿望会那么强烈。

摩根和坎贝尔指出，许多非民主国家的决策也会受到某些约束的影响：独裁领袖要对付那些有实力推翻他们的小集团，而且还会面对不同派系的反对。此外，在给定年份中，不同国家面临战争决策的次数也不相同。因此，把国家卷入冲突的实例作为分析单元比把一年作为分析单元更为合适，因为在一年里，一个国家可能发动战争，也可能不发动战争。[248] 最后，他们承认，经验数据并没有为他们的理论提供明确的支持，因为他们的分析并没有发现"国内政治约束水平高与战争可能性低之间有着明显的统计联系"。[249] 为了解释自己含糊的研究结果，他们提出"民主政治和战争倾向之间的因果机制是通过政治文化而不是通过国内政治结构起作用的"。他们还注意到，自己最初的假定（国家领导人比他们所统治的人更可能选择战争，但国内的约束力把领导人推向了和平）现在看起来似乎是不可靠的。[250] 在他们看来，"民主并不是和平的直接、一贯或可靠的推动力"。[251]

克里斯托弗·莱恩（Christopher Layne）深入研究了四个历史案例：美国与英国之间的塔兰托事件（1861）和委内瑞拉危机（1895～1896）、

法国与英国之间的法绍达危机（1898）及法国与德国魏玛共和国之间的鲁尔危机（1923）。[252] 在这四个案例中，民主国家卷入了争端，并因此走到了战争的边缘。他认为，如果民主和平论是有效的，那么它应该对下面这个问题做出令人满意的解释，即为什么民主国家间严重的危机会导致战争威胁、民众强硬对外政策倾向的爆发、最后通牒及大棒外交，而不是相互迁就？莱恩认为，虽然所有四个案例最终都在千钧一发之际与战争擦身而过，但对这四个案例的结果能做出解释的是现实主义理论而不是民主和平论。决定因素是政府的理性计算，其中涉及威望、国家利益、力量平衡和其他国家利用战争的可能性等因素。对于国际无政府体系中的大国来说，这样的计算是很正常的事情。莱恩因此得出结论："民主和平论的因果逻辑只有很小的解释力"。[253] 制度约束力和文化约束力会对民主国家对外政策产生影响，但这一逻辑发挥作用的案例并没有给莱恩留下任何印象。由于理论的逻辑推理缺乏解释力，所以他提出要对经验证据做进一步的分析：

> 表明民主国家不会彼此开战的统计证据给人留下了深刻的印象，但事实上它并没有说服力。这是因为能提供经验支持的案例的广泛性不够，也因为民主国家间的一些重要战争没有计算在内，而没有计算在内的原因也不具说服力。[254]

戴维·施皮罗（David E. Spiro）对民主和平论持怀疑态度。莱恩赞同施皮罗的发现，并做了引用。施皮罗对多伊尔提出了批评，认为多伊尔并没有运用概率分析来确定，他所列举的自由国家自1816年以来相互之间没有发生战争，其统计意义是什么。施皮罗认为，根据他自己的统计分析，偶然因素比民主和平论能更好地解释这些国家之间没有战争的原因。他严厉质疑民主和平论者"选择的民主和战争等关键术语的定义，……选择的统计分析方法……形成明显有意义的结果之前就被扭曲的变量的有效性"。[255] 在施皮罗看来，"民主国家之间没有爆发战争的事实，并不能成为肯定该理论的原因，除非我们能够证明民主国家与非民主国家之间也很少爆发战争"。[256] 他注意到，在泽夫·毛兹和迈克尔·多伊尔各自列出的民主国家名单中，从民主的性质或实现民主时间长短的角度来讲，其中三分之二的国家到底算不算民主国家，他们两人的看法并不一致。[257] 他认为，多伊尔、拉西特和其他学者的分类过于随意（没有考虑古代民主国家、妇

318

女选举权、奴隶制，而且在其他标准上也不一致，如政治参与程度、行政人员录用上的竞争、对主要行政官员的限制、政治稳定、国内对个人权利的压制等）。[258] 施皮罗发现，同用来确定某一时期一个国家是否是民主国家的标准相比，用来确定什么是和什么不是国家间战争的标准的随意性也很大。[259] 施皮罗称赞了毛兹和拉西特，因为他们把自己的分析限定在1946年至1986年这一时期，这使他们能够运用同一时期的标准来确定哪些国家是自由国家（40年中，这个标准没有发生根本性的变化），因此也就避免了"标准变化的问题，对于历史跨度较长的研究，这是一个较为重要的问题"。[260]（关于毛兹和拉西特的分析见施皮罗文章的后部）

戴维·莱克为争论增加了一个有趣的后记。他注意到"民主国家有一种倾向，希望打赢他们参与的战争"，而在实施对外政策时，民主国家会遇到决策上的麻烦，还常常陷入僵局或者瘫痪状态。从决策的角度看，两者是自相矛盾的。[261] 莱克运用复杂的微观经济学理论，把国家看做是追求利益最大化的公司，并以服务换取收入。国家是抵御外部威胁，提供安全的垄断供应商；这是国家最重要的服务。即使防卫开支水平很高也很少能使人感到完全安全，所以作为垄断者，国家可以控制提供的保护量，并在正常利润水平或超常利润水平上向市场收取其能够承受的费用，他把这种费用称做"租金"。国家可以通过敲诈、欺骗或夸大外国威胁、提供不完全信息和虚假宣传，人为地增加对保护的需求，提高保护价格。国家的"寻租"行为使对外政策中形成了一种帝国主义偏见，这种偏见导致了扩张主义和战争倾向；同民主国家相比，这种偏见在独裁国家中更为强烈，因为民主国家中公民个人有较多机会评估外部威胁程度、监督国家行为、批评其战略政策及控制其寻租行为。莱克对民主国家和独裁国家的寻租行为差别进行了经济学解释，康德和多伊尔的政治理论则较早地总结了民主国家和独裁国家之间爆发战争的原因。莱克很容易就找到了这两种解释的共同之处。[262] 莱克更具原创性的贡献在于他认为民主国家有获得战争胜利的倾向。他认为，赚取较少租金的民主国家。

319　　　　往往（1）产生较少的畸形经济，拥有更多的国家财富，对安全投入较多的资源；（2）从社会上获得较多的政策支持，因此有更强的能力；（3）能组成占优势地位的同盟以反对扩张性的独裁国家。[263]

根据莱克的数据，从1816年到1988年，民主国家与独裁国家之间爆发了26场战争，其中民主国家取胜21场（81%），战败5场（19%）。[264]

毛兹和拉西特把民主和平论的研究结果称做"可能是世界政治的科学研究中最重要、最有价值的成果之一"——也许是"进一步洞察现代国际政治的基础"。[265] 他们最为引人注目的发现是这样一个事实，即虽然他们不能说民主国家比非民主国家的冲突倾向更弱，但民主国家之间不会相互开战。他们提出的问题是，这种现象应归因于行为**规范**（normative）模式，还是应归因于**结构**（structural）模式。在行为规范模式中，国内政治的规范在与其他国家的关系中被外部化；在结构模式中，民主国家的战争动员过程相当困难和麻烦。毛兹和拉西特对民主国家和非民主国家进行了比较。民主国家里，解决内部冲突的方法是妥协，而不是把对手消灭；而在非民主国家里，内部冲突解决更可能是强迫或暴力的结果。在规范模式中，民主国家通常根据民主价值观，理性地与对方和解，以非暴力的方式解决彼此之间的冲突。民主国家与非民主国家的冲突则由非民主国家的规范支配，因为非民主国家倾向于利用民主国家的温和天性，强行解决问题。在结构模式中，除非最后不得不做出战争选择，否则民主过程的复杂性会使领导人不愿意进行动员，发动战争；民主的双方会拿出足够的时间，使外交官能够找到解决冲突的非军事办法。相反，非民主国家的领导人在进行战争动员时受到的结构约束很少，他们也不大关心民意，因此他们更容易将冲突迅速升级到暴力水平。

两位作者承认，在概念上对这两个模式进行区分非常困难，他们也承认对于富有的民主国家和贫穷的非民主国家来说，战争的成本—收益分析并不相同。[266] 毛兹和拉西特对规范／文化模式和结构／制度模式进行了广泛的理论分析，并断言两个模式"都为民主国家很少彼此开战这一事实提供了相当不错的解释，但是规范模式比结构模式更有说服力一些"。[267] 谈到这一理论的意义时，他们指出，新创立的民主国家尚处于转型之中，这些国家仍会经历一些国家间冲突，但是民主的传播会有助于形成一个更为稳定的国际体系。在这个体系中，规范和规则会变得更具和平性和包容性，能反映出体系内部的文化和政治价值，体系中的政府会受到广大民众的约束。[268] 与此相反，爱德华·曼斯菲尔德和杰克·斯奈德（Jack Snyder）320 根据最近的研究警告说，十年内民主转型国家比未经历政体转变的国家进行战争的可能性要大三分之二。[269]

斯宾塞·沃特（Spencer R. Weart）力图跨越历史学和政治学，几乎研究了从古希腊到今天的所有案例，其中所研究的民主国家在政治上各不相同。他得到的结论是："成熟的民主国家之间从来没有爆发过战争。"[270] 他承认，民主国家之间发生过对抗，并动用了军队，但最终并没有走向战争。一些具备民主特征的政权之间爆发过战争，但这些政权只是部分具备而不是完全具备民主国家的特征。虽然英国和法国是民主国家，但是1898年它们之间因争夺苏丹法绍达这一前哨站而险些爆发战争。沃特认为，1812年美英战争中，参战的美国和英国至少具备了"某些与现代民主国家相同的地方"，但用21世纪早期政治参与的标准来衡量这些特点，它们还算不上现代民主国家。沃特编撰了一份危机清单，记录了有史以来到1994年期间类似民主的政权之间的对抗。他的研究截止到1994年。他把战争定义为是一种冲突，冲突中某些政治单元越过边界进行武装战斗，至少有200人因战斗而死亡。他断言，这样的暴力是"许多世纪以来许多共和国之间无数次的互动"的一部分，当然也只是其中很小的一部分。[271] 这里我们有必要指出，沃特将共和国定义为一个由享有平等权利的公民做出政治决策的单元。如果至少三分之二的成年男性是拥有政治权利的公民，那么这样的共和国就是民主的。他把精英地位巩固，并能统治其他民众的共和国称做寡头政治。与民主的共和国不同，寡头政权曾与各种形式的政权，包括民主政权，交过战。在他的民主国家分类中，沃特把古希腊的共和国和现代早期瑞士的行政区也算在了内。他的研究中有着丰富的证据，证明所有民主国家之间都没有爆发战争，都不把战争作为解决争端的手段。

像解释民主国家之间不会交战一样，沃特提出了一种把结构原因与规范原因结合起来的解释。从结构上看，如其他民主和平论理论家曾指出的那样，宪法限制、需要国内政治支持及向选民负责，限制了领导人把民主国家引向战争的实力。规范标准反对诉诸战争，尤其反对拥有相同道德标准的民族之间诉诸战争，这些规范标准使民主国家都认为对方具有和平性。在社会建构主义者看来，民主国家诉诸战争反对另一个民主国家简直不可思议。相反，民主国家组成了同盟，沃特称之为"持久、和平的同盟"。他甚至认为："在历史上，无论在哪里，只要成立几个共和国，他们就会在一定程度上把自己的主权交给国际委员会，委员会的代表们平等地进行磋商和投票。共和政体联邦的记录令人激动，它进一步证明在彼此

认为是平等的国家之间，政治文化从国内事务向外部事务延伸的趋势颇为　321
强劲。在国际范围内，共和政体的领导人建立了同样的和平决策机制。在
国内决策中，他们对这种机制很熟悉。"[272] 我们可以一下子想到许多例子，
如北大西洋公约组织、联合国宪章及国际联盟盟约等。

结　　论

　　非民主国家的政治体制是自上而下的，而民主国家的政治体制则是自
下而上的。毫无疑问，有关这两种政治体制的战争倾向程度的争论将继续
下去。在21世纪，民主国家的数量可能会不断增加，[273] 在世界国家总数中
所占的比例会更大。即便我们承认统计数据证明了民主国家在过去一个半
世纪里没有彼此开战，人们对这种趋势能否在21世纪里维持下去有所怀疑
也是合理的。如果我们因稀缺资源或贸易、货币、环境问题以及其他经济
政策问题而发生冲突，这种怀疑尤其显得合理。那时，被现在的许多分析
家视为最有可能成为国际关系中一种有效的经验法则的民主和平论，将会
面临严峻的检验。

　　盖勒和辛格的发现很有帮助，这一发现不仅适用于经验主义的战争理
论，也适用于以经验主义为基础的所有社会现象研究。他们指出，尽管一
些研究是为了检验同一理论模型而设计的，但是这些研究常常起不到这种
作用。它们经常以不同的方式测量同一变量，关注世界不同地区或不同的
历史时期，假定"预测与结果变量之间有不同时滞"，或用独特的方法计
算不同时间长度的不断变化的平均值。[274]

　　正如本章充分展示的那样，在与战争爆发相关的因素中，理论家们已
经辨认出了大量的相关关系。但是如同我们前面已经指出的那样，相关与
原因之间是有区别的。相关关系附属于战争事件集合，并受限于一对对的
自变量与因变量。因此，这些相关关系无法让我们更多地了解任何特定战
争的爆发，而这种战争的原因通常是多重的——有些原因辨认起来可能非
常容易，其他的则可能复杂、微妙、相当困难或不可能彻底了解。

注 释：

1 参 见 Georg Simmel, "Conflict," in *Conflict and the Web of Group-Affiliations*, trans.
Kurt H. Wolff（New York：Free Press，1964），pp.15-38；Jesse Bernard，"Parties
and Issues in Conflict," *Journal of Conflict Resolution*, I（March 1957）；and Ralf
Dahrendorf，"Toward a Theory of Social Conflict," trans．Anatol Rapoport, *Journal of
Conflict Resolution*，II（June 1958）．德国社会学家达伦多夫认为，如果社会安排和
结构安排是既定的，冲突就必然会发生。他认为，社会学研究的重点之所以从社会冲
突转向社会稳定，是因为受到塔尔科特·帕森斯及其研究社会的结构—功能方法的影
响。（有关帕森斯的著作及对结构功能主义的讨论见第三章）结构功能方法含有如下
假定：（1）每个社会都是一个相对持久的元素结构；（2）每个社会都是和谐的元素结
构；（3）社会中的每个元素都有自己的功能；（4）每个社会都以成员意见一致为基础；
达伦多夫确信，这一社会平衡概念并不适用于严格的冲突研究。前述假设不仅无法解
释变迁和冲突，而且拒绝考虑这些现象。当面临冲突实例时，结构功能学派会把冲突
看做是不正常的、越轨的和病态的。与结构功能理论不同，达伦多夫提出了四个不同
的假定：（1）每个社会时刻都面临着变迁，变迁无处不在；（2）每个社会时刻都经历
着社会冲突，冲突无处不在；（3）社会中的每个元素都对社会的变迁发挥作用；（4）
每个社会都以其部分成员对另一部分成员进行约束为基础。达伦多夫的假定并不是要
代替帕森斯的假定，而是对帕森斯假定的补充。他提出，这两个有机模式结合到一起
会囊括所有社会现实，同时二者的综合将为我们提供一个有关社会持久性和变化性的
完整理论。

2 Simmel，"Conflict,"pp.16-20.

3 Lewis A. Coser, *The Functions of Social Conflict*（Glencoe, IL：Free Press，1964），
p.8. 西方理论家如圣·奥古斯丁和卡尔·马克思都把冲突看做是社会变化的动
力。见 Robert A. Nisbet, *Social Change and History*：*Aspects of the Western Theory of
Development*（New York：Oxford University Press，1969），pp.76-90.

4 William Graham Summer, *War and Other Essays*（New Haven, CT：Yale University
Press，1911），摘录于 Leon Bramson and George W. Goethals, eds., *War*：*Studies from
Psychology*, *Sociology*, *Anthropology*, rev．ed.（New York：Basic Books，1968），
pp.210-212.

5 William James, "The Moral Equivalent of War," *Memories and Studies*（London：
Longman，1912），p.23.

6 Richard N．Rosecrance, *Action and Reaction in World Politics*（Boston：Little, Brown，
1963），pp.255, 304-305.

7 Clyde Kluckhohn, *Mirror for Man*：*A Survey of Human Behavior and Social Attitudes*
（Greenwich, CT：Fawcett World Library，1960），p.173. See also Stephen Withey and
Daniel Katz, "The Social Psychology of Human Conflicts," in Elton B．McNeil ed.,*The
Nature of Human Conflict*（Englewood Cliffs, NJ：Prentice Hall，1965），p.81；and
Nicholas S．Timasheff, *War and Revolution*（New York：Sheed and Ward，1965），
chap.5.

8 Robert F．Murphy, "Intergroup Hostility and Social Cohesion," reprinted from *American*

322

Anthropologist，LIX（6）（December 1957），pp.1018-1035，in J. K. Zawodny, ed., *Man and International Relations*（San Francisco Chandler，1966），pp.602-603. 马 耶 尔（R. F. Maher）在其有关新圭亚那部族的研究中得到了类似的结论。见 Robert A. Levine，"Socialization，Social Structure and Intersocietal Images，" in H. C. Kelman, ed., *International Behavior*：*A Sociological Analysis*（New York：Holt，Rinehart and Winston，1965），p.47. Teton 印第安人的例子可以支持与之形成对照的正面假 说，See Elton B. McNeil，"The Nature of Aggression，" in McNeil，*Nature of Human Conflict*，p.37.

9 Simmel，"Conflict，"p.93；See also pp.88-89. M. Mulder 和 A. Stemerding 曾 指 323 出，面临威胁的群体会变得团结一致，对强势领导也有极强的忍耐力。"Threat， Attraction to Group，and Need for Strong Leadership，"*Human Relations*，XVI（Novemeber 1963），pp.317-334.

10 Geoffrey Blainey，*The Causes of War*（New York：Free Press，1973），pp.71-86.（第 三版出版于1988年，页码相同。）

11 鲁道夫·鲁梅尔认为，一般而言，对外冲突行为与国内冲突行为无关。"Dimensions of Conflict Behavior Within and Between Nations，"*General Systems Yearbook*，VIII （1963），p.24. 在随后进行的重复性研究中，雷蒙德·坦特也发现两者之间几乎没 有正向关系。"Dimensions of Conflict Behavior Within and Between Nations，1958— 1960"，*Journal of Conflict Resolution*，X（March 1966），pp.65-73. 稍 后， 在 一 项关于越南战争期间美国国内情况的研究中，坦特提出，对外战争持续进行，却 没有取得明显的胜利，这样的对外战争与发生国内骚乱之间存在着正相关关系。 "International War and Domestic Turmoil，" in *Violence in America*，*A Report to the National Commission on the Causes and Prevention of Violence*，prepared by Hugh Davis Graham and Ted Robert Gurr（New York：New American Library，1969）. 乔纳森·威 尔肯菲尔德（Jonathan Wilkenfeld）利用菲利普·格雷格（Philip M. Gregg）和阿 瑟·班克斯（Arthur S. Banks）分析过的政治变量〔Philip M. Gregg and Arthur S. Banks，"Dimensions of Political Systems，"*American Political Science Review*，59 （September 1965），pp.602-614〕重新划分了世界上国家的政治类型，有三种类型 （人格主义、温和主义、多头政治），同时，他断言如果考虑政权的类型，那么国 内冲突与国外冲突之间会存在一定的关系。"Domestic and Foreign Conflict Behavior of Nations，" in William D. Coplin and Charles W. Kegley，Jr.，eds.，*Analyzing International Relations*：*A Multimethod Introduction*（New York：Praeger，1975）， pp.96-112. See also Karen Rasler，"War，Accommodation and Violence in the United States，1890-1970，"*American Political Science Review* 80（September 1986）；Ole R. Holsti and James N. Rosenau，*American Leadership in World Affairs*：*Vietnam and the Breakdown of Consensus*（Winchester，MA：George Allen & Unwin，1984）.

12 Bruce Bueno de Mesquita and David Lalman，"Domestic Opposition and Foreign War，"*American Political Science Review*，80（September 1990），p.747.

13 引 自 Randolph M. Siverson and Harvey Starr 1992 年 的 一 篇 论 文，in Harvey Starr，"Revolution and War：Rethinking the Linkage Between Internal and External Conflict，"*Political Research Quarterly*，47（June 1994），p.481.

14 杰克·利维得出的结论是，"理论著作、历史著作提出，政治精英把使用武力作为 牵制手段，对于其巩固国内政治地位有重要意义，而政治学的定量实证著作则不止 一次地发现国家内部冲突和外部冲突行为之间并没有可靠而有意义的联系。""The

Diversionary Theory of War：A Critique，" in Manus I. Midlarsky，ed.,*Handbook of War Studies*（Boston：Unwin Hyman，1989），p.282. 利维还观察到，"替罪羊假设或战争牵制理论与国内冲突和外部冲突之间的关系并不是一回事"．p.283.

15 Kluckhohn，*Mirror for Man*，p.48. 在亚历山大・莱塞（Alexander Lesser）看来，安达曼岛人（Andaman Islander）、土著澳大利亚人、米申（Mission）印第安人、Aruntans、西 Shishonis、Semangs 和 Todas 人并没有战争概念，"*War and the State*," in Morton Fried et *al.*, *War*：*The Anthropology of Armed Conflict and Aggression*（Garden City，NY：Natural History Press，1968），p.94. 相反，居住在委内瑞拉和巴西境内奥里诺科河（Orinoco）沿岸的雅诺马马人（Yanomamo）相信人类天性残忍、好战。他们的整个文化都适于发展好战性——威胁、大喊大叫、决斗、打妻子、特别喜欢男孩及鼓励年轻人攻击自己的长辈。Napoleon A. Chagnon，"Yanomamo Social Organization and Warfare," in Fried et al.，Ibid.，pp.109-159，esp.pp.124-133.

16 这一点是约翰・瓦斯克斯所著的《战争困境》的中心论点，见 John A. Vasquez，*The war Puzzle*（New York：Cambridge University Press，1993），p.10. 他也经常强调这一点。在该书的第 126 页，他引用了保罗・迪尔的研究。该研究表明，邻近的主要对手之间出现争端时，其中四分之一会升级为战争，而不相邻对手之间的争端升级为战争的只有百分之二。"Contiguity and Military Escalation in Major Powers Rivalries 1816-1980," *Journal of Politics*，47（4），（1985），pp.11-27. 1990年，在美国空军学会的一次演讲中，戴维・辛格指出，他所研究的70次战争中，有57次是邻国之间的战争，但他认为这一发现并不重要。这一演讲并没有发表，瓦斯克斯在《战争困境》一书的第335和361页对此做了引用。莱维斯・理查森指出，1820年到1945年之间，战争伤亡超过7000人的对外战争的数量与所研究的33个国家的邻国数量相关。*Statistics of Deadly Quarrels*（Pittsburgh，PA：Boswood Press，1960），p.176. See also James Paul Wesley，"Frequency of Wars and Geographical Opportunity," *Journal of Conflict Resolution*，6（September 1962），pp.387-389.

17 参见 Robert Redfield，"Primitive Law," in Paul Bohannan，ed.,*Law and Warfare*：*Studies in the Anthropology of Conflict*，American Museum Sourcebooks in Anthropology（Garden City，NY：Natural History Press，1967），pp.3-24.

18 Andrew P.Vayda，"Hypotheses About Functions of War," in Fried et al.，*Anthropology of Conflict*，pp.85-89. 根据约翰森（J. P. Johansen）的说法，新西兰毛利人有时会通过部落中的某一成员对其他部落实施暴力来解决部落内部的紧张，借此激起复仇情绪，重建群体团结，Andrew P.Vayda 引自 "Maori Warfare," in Bohannan，*Law and Warfare*，p.380. William T. Divale，"An Explanation for Primitive Warfare：Population Control and the Significance of Primitive Sex Ratios," *The New Scholar*（2）（1970），pp.173-192；Marvin Harris，"Ecology，Demography and War," in his *Culture*，*Man and Nature*（New York：Thomas Crowell，1971），pp.200-234.

19 参见 Kaj Birket-Smith，*Primitive Man and His Ways*（New York: New American Library，1963），pp.67 and 195.

20 安东尼・华莱士（Anthony F. C. Wallace）观察到，对于易魁族人来说，同族者遭到杀害，生还者要求复仇，这样的通报在战争动员之前是象征性的刺激因素。"Psychological Preparations for War," in Robert F. Murphy et al.，eds.，*Selected Papers from The American Anthropologist 1946-1970*（Washington DC：American Anthropological Association，1976），pp.175-176.

21 Adrew P.Vayda，"Primitive Warfare，" in D. Sills, ed.,*International Encyclopedia of the Social Sciences*，XVI（NY：Crowell Collierand Macmillan，1968），p.468.

22 Alvin and Heidi Toffler, *Future Shock*（New York：Bantam，1970）. By the same authors，*Powershift*（New York：Bantam，1990）；*Previews and Premises*（New York：William Morrow，1983）；*The Third Wave*（New York：Bantam，1980）.

23 Alvin and Heidi Toffler, *War and Anti-War*：*Survival at the Dawn of the Twenty-first Century*（Boston：Little，Brown and Company，1993），esp.pp.18-25.

24 Bronislaw Malinowski，"An Anthropological Analysis of War，" in Bramson and Goetrhals, eds., *War*：*Studies from Psychology*，p.209.   **325**

25 Margaret Mead，"Warfare Is Only an Invention，Not a Biological Necessity，" in Bramson and Goethals., eds, *War*：*Studies from Psychology*，pp.269-274.

26 William Graham Summer，"War，" reprinted from War and Others Essays（1911），in Bramson and Geothals, eds., *War*：*Studies from Psychology*，p.209.

27 Malinowski，"Anthropological Analysis，" pp.255, 260.

28 Ibid., p.260.

29 David Bidney，*Theoretical Anthropology*（New York：Schocken，1967），pp.231-232 and 361-362.

30 Margaret Mead and Rhoda Metraux，"The Anthropology of Human Conflict，" in McNeil, ed., *Nature of Human Conflict*，p.122.

31 Kluckhohn，*Mirror for Man*，p.213.

32 Alex Inkeles，"National Character and Modern Political Systems，" in Francis L. Hsu，eds.，*Psychological Anthropology*（Homewood，IL：Dorsey，1961），pp.171-202. 英克尔斯（Inkeles）修正了自已的分析，见 *National Character*：*A Psycho-Social Perspective*（New Brunswick，NJ：Transanction Publishers，1996）.

33 参 见 Margaret G. Hermann and Thomas W. Milburn，*A Psychological Examination of Political Leaders*（New York：Free Press，1977）.

34 戴维·斯坦纳德（David E. Stannard）公开批评说，心理分析方法对历史的分析过于强调童年的经历，缺乏经验检验；*Shrinking History*：*On Freud and the Failure of Psychohistory*（New York：Oxford University Press，1980）. 在关于该书的一篇书评中，鲁道夫·比尼恩（Rudolph Binion）为心理历史学进行了辩护，认为"它是独立的学科，起源于弗洛伊德主义，但并不依赖于弗洛伊德主义"。*American Historical Review*（April 1981），p.370.

35 Otto Klineberg，*The Human Dimension in International Relations*（New York：Holt，Rinehart and Winston，1964），p.95. 他对种族中心主义人格的偏见的观点，见他的文章 "Prejudice：The Concept，" *International Encyclopedia of the Social Sciences*，Vol. 12（New York：McMillan and Fress Press，1968），p.444.

36 See Lewis Mumford，*Technics and Civilization*（New York：Harcourt Brace，1934）；J. F. C. Fuller，*Armament and History*：*A Study of the Influence of War*（London：Eyre ＆ Spottiswoode，1945）；William F. Ogburn，ed.,*Techology and International Relations*（Chicago：University of Chicago Press，1949）；John U. Nef, *War and Human Progress*（Cambridge，MA：Harvard University Press，1950；New York：Norton，1968）；Bernard Brodie and Fawn Brodie, *From Crossbow to H-bomb*（New York：Dell，1962）；Bruce Porter，*War and the Rise of the Nation State*（New York：Free Press，1993）.

37　参 见 Paul R. Brass, ed., *Ethnic Groups and the State*（Totowa, NJ: Barnes and Noble, 1985）. 人们不应该忽视这样一个事实，多数最具暴力倾向的多种族社会通常的特征是可以感知并能客观测量到政治经济不平等。See Christopher Hewitt, "Majorities and Minorities：A Comparative Survey of Ethnic Violence," *Annals of the American Academy of Political and Social Sciences*,（433）（September 1977）, pp.150-160. 为什么苏格兰、魁北克和巴斯克人的民族主义运动没有取得引人注目的胜利？有关解释见 Edward A. Tiryakian and Ronald Rogowski, eds., *New Nationalisms of the Developed West*（Boston：Allen & Unwin, 1985）.

38　Simmel, "Conflict," pp.43-48；Coser, *Functions of Human Conflict*, pp.67-72. See reference to Jesse Bernard in Note 1 supr.

39　Edward Luttwak, *Coupd' Etat：A Political Handbook*（Harmondsworth, England：Penguin, 1969）；William G. Andrews and Uri Ra' anan, eds., *The Politics of the Coup d' Etat*（Princeton, NJ：Van Nostrand, 1969）；Morris Janowitz, *Military Institutions and Coercion in the Developing Nations*（Chicago：University of Chicago Press, 1977）；Amos Perlmutter and Gavin Kennedy, *The Military in the Third World*（New York：Charles Scribner's Sons, 1974）；Amos Perlmutter, *The Military and Politics in Modern Times*（New Haven, CT：Yale University Press, 1977）；Robert W. Jackman et al., "Explaining African Coupsd' Etat," *American Political Science Review*, 80（March 1986）, pp.225-250.

40　Mark N. Hagopian, *The Phenomenon of Revolution*（New York：Dodd, Mead, 1974）, p.1.

41　该书较早的版本对革命进行了广泛的讨论。如果有人对革命的原因、本质、意识形态、领导实力、各阶段特征和结果感兴趣，应该参考该主题的权威著作：Crane Brinton, *Anatomy of Revolution*（New York：Norton, 1938；Random House, 1965）, 这部著作研究了四次成功的革命（英国、美国、法国和俄国）；Alexis de Tocqueville, *The Old Regime and the French Revolution*, 首次出版于法国, 时间是1856年, trans. by Gilbert Stuart（Garden City, NY：Doubleday-Anchor, 1955）；Hannah Arendt, *On Revolution*（New York：Viking, 1965）, 该书把革命作为以感伤为特征的新奇现象加以分析，这种观点认为历史进程要重新开始。Chalmers Johnson, *Revolutionary Change*（Boston：Little, Brown, 1966）；James H. Meisel, *Counterrevolution：How Revolutions Die*（New York：Atherton, 1966）, 该书认为, 每次革命最终失败的原因有过度组织、恐怖、压迫、旧秩序恢复或彻底厌倦和无法改变疏远感；Karl Leiden and Karl M. Schmitt, *The Politics of Violence：Revolution in the Modern World*（Englewood Cliffs, NJ：Prentice Hall, 1968）；Peter Calvert, *Revolution*（New York：Praeger, 1970）, 书中, 作者把挫折—进攻机制看成是人类能容忍暴力的首要原因, 同时还把第三世界里的经济剥削看做是国内暴力冲突的主要前提。James C. Davies, ed., *When Men Revolt and Why*（New York：Free Press, 1971）, 书中戴维斯（Davies）提出了有用的J曲线理论, 该理论认为, 如果某个社会在长期发展的道路上突然遭遇经济低迷, 挫伤了大众预期, 那么爆发革命冲突的危险就会加剧；John Dunn, *Modern Revolutions*（Cambridge, England：Cambridge University Press, 1972）；David Wilkinson, *Revolutionary Civil War*（Palo Alto, CA：Page-Ficklin, 1975）；Melvin Lasky, *Utopia and Revolution：On the Origins of a Metaphor*（Chicago：University of Chicago Press, 1976）, 该书突出强调乌托邦口号是革命的原因；Bruce Mazlish, *The Revolutionary Ascetic：Evolution of a Political Type*（New York：Basic Books，1976）；Mostafa Rejai，*The Comparative Study of Revolutionary Strategy*（New York：McKay，1977）；Charles Tilly，*From Mobilization to Revolution*（Reading，MA：Addison-Wesley，1978）；Anthony Burton，*Revolutionary Violence：The Theories*（New York：Crane，Russak，1978）；James Billington，*Fire in the Minds of Men：Origins of the Revolutionary Faith*（New York：Basic Books，1980）；William H．Friedland et al.，*Revolutionary Theory*（Totowa，NJ：Allenheld，1982）；N．K．O'sullivan，*Revolutionary Theory and Political Reality*（New York：St．Martin's Press，1984）；Seymour Martin Lipset，*Revolution and Counterrevolution：Change and Persistence in Social Structure*（New Brunswick，NJ：Transaction Books，1987）．值得关注的论文有：James C．Davies，"Towarda Theory of Revolution，"*American Sociological Review*，*27*（February 1962），pp.5-18；Lawrence Stone，"Theories of Revolution，"*World Politics*，18（January 1966），pp.159-176；and Jack A．Goldstone，"Theories of Revolution"，*World Politics*，32（April 1980），pp.425-453.

42 Stephen M．Walt，"Revolution and War"，*World Politics*，44（April 1992），p.321.

43 Ibid.

44 Ibid.，p.322．沃尔特注意到，虽然有一些出色的案例分析，但是很少有理论著作讨论革命变迁的国际意义。他引用了 Peter Calvert，*Revolution and International Politics*（New York：St．Martin's，1984）；and Kyung-Won Kim，*Revolution and International System*（NewYork：New York University Press，1970）．早些时候，乔治·莫德尔斯基曾断言，每次内部战争都产生了外部干涉的要求。"The International Relations of Internal War，" in James N．Rosenau，ed.，*International Aspects of Civil Strife*（Princeton，NJ：Princeton University Press，1964），p.20．See also Richard Little，*Intervention：External Involvement in Civil Wars*（Totowa，NJ：Rowman and Littlefield，1975）．外部对革命和其他国内冲突的干涉似乎是国际体系中国家行为的特征，但沃尔特研究该主题的方法比早期的研究更具理论性。

45 Walt，"Revolution and War，" p.325.

46 Ibid.，pp.325-330.

47 Ibid.，pp.330-332.

48 Ibid.，pp.332-333.

49 Ibid.，p.360.

50 Harvey Starr，"Revolution and War：Rethinking the Linkage Between Internal and External Conflict，" *Political Research Quarterly*，47（June 1994），pp.481-486.

51 Ibid.，p.482.

52 George Tsebelis，*Nested Games*（Berkeley，CA：University of California Press，1990），pp.7-8.

53 Starr，"Revolution and War，" pp.486-487.

54 Starr cites Charles Tilly，*Coercion，Capital and European States，AD 990-1990*（Oxford，England：Basil Blackwell，1990）；Hedley Bull and Adam Watson，eds.，*The Expansion of International Society*（Oxford，England：Oxford University Press，1984）；Michael Mastanduno et al.，"Toward a Realist Theory of State Action，" *International Studies Quarterly*，33（December 1989），pp.457-474.

55 Starr，"Revolution and War，" pp.489-490.

56 乔治·莫德尔斯基写道："每次内部战争都要求外部干涉，这是战争形势中固有的逻

327

辑。""The International Relations of Internal War," in James N. Rosenau, ed., *International Aspects of Civil Strife*（Princeton, NJ：Princeton University Press, 1964）, p.20. See Richard Little, *Intervention：External Involvement in Civil Wars*（Totowa, NJ：Rowman and Littlefield, 1975）; Peter Calvert, *Revolution and International Politics*（New York：St. Martin's Press, 1984）.

57 Robert W. McColl, "A Political Geography of Revolution：China, Vietnam and Thailand," *Journal of Conflict Resolution*, I（June 1967）, pp.153-167.

58 参见 Karl W. Deutsch, "External Involvement in Internal War," in Harry Eckstein, ed., *Internal War：Problems and Approaches*（New York：Free Press, 1964）, pp.100-110, esp.p.102.

59 Ekkhart Zimmerman, *Political Violence, Crises, and Revolution*（Cambridge, MA：Schenkman, 1983）; Jack A. Goldstone, "Theories of Revolution," *World Politics*（April 1980）, pp.425-453.

60 Bard O'Neill, William Heaton, and Donald Alberts, eds., *Insurgency in the Modern Age*（Boulder, CO：Westview Press, 1980）; Mark Hagopian, *The Phenomenon of Revolution*（New York：Dodd, Mead, 1974）; Thomas Greene, *Comparative Revolutionary Movements*（Englewood Cliffs, NJ：Prentice Hall, 1974）; Mostafa Rejai, *The Comparative Study of Revolutionary Strategy*（New York：David McKay, 1977）.

61 Stephen Hosmer and Thomas Wolfe, *Soviet Policy and Practice Toward Third World Conflicts*（Lexington, MA：Lexington Books, 1983）; Bruce Porter, *The USSR in Third World Conflicts*（London：Cambridge University Press, 1984）; Joseph Whelan and Michael Dixon, *The Soviet Union in the Third World：Threat to World Peace*（New York：Pergamon-Brassey's, 1986）.

62 John Dziak, "Military Doctrine and Structure," in Uri Ra'anan, Robert L. Pfaltzgraff, Jr., Richard Shultz, Ernst Halperin, and Igor Lukes, eds., *Hydra of Carnage：International Linkages of Terrorism*（Lexington, MA：Lexington Books, 1985）; John J. Oziak, *Chekisty, A History of the KGB*（Lexington, MA：Lexington Books, 1987）; John Collins, *Green Berets, SEALS, and Spetsnaz：U. S. and Soviet Special Military Operations*（New York：Pergamon-Brassey's, 1987）.

63 John F. Copper and Daniel S. Papp, eds., *Communist Nations' Military Assistance*（Boulder, CO：Westview Press, 1983）; W. Scott Thompson, *Power Projection*（New York：National Strategy Information Center, 1978）.

64 Richard Shultz, *The Soviet Union and Revolutionary Warfare：Principles, Practices, and Regional Comparisons*（Stanford, CA：Hoover Instituition Press, 1988）; Ra'anan et al eds., *Hydra of Carnage*; Dennis Bark ed., *The Red Orchestra*（Stanford, CA：Hoover Institution Press, 1986）; Walter Laqueur, ed., *The Patterns of Soviet Conduct in the Third World*（New York：Praeger Press, 1983）. 舒尔茨对20世纪60年代晚期到20世纪80年代苏联的成功和失败进行了深入研究，研究中他考察了四个特定的实例。

65 Paul Linebarger, *Psychological Warfare*（Washington, DC：Infantry Journal Press, 1948）; William Daugherty and Morris Janowitz, eds., *A Psychological Warfare Casebook*（Baltimore, MD：Johns Hopkins University Press, 1958）; Daniel Lerner, ed., *Propaganda in War and Crisis*（New York：Stewart Publishers, 1950）; Harold

328

Lasswell et al., *Language of Politics*（New York：Stewart Publishers，1949）；Jacques Ellul, *Propaganda：The Formation of Men's Attitudes*（New York：Alfred A. Knopf，1965）.

66 Richard Shultz and Roy Godson, *Dezinformatsia：Active Measures in Soviet Strategy*（New York：Pergamon-Brassey's，1984）；Paul A. Smith, Jr., *On Political Warfare*（Washington，DC：National Defense University Press，1988）；Carnes Lord, ed.,*Psychological Warfare in U.S. Strategy*（Washington，DC：National Defense University Press，1988）；Donald Brown, *International Radio Broadcasting*（New York：Praeger，1982）；Ladislav Bittman, *The KGB and Soviet Disinformation*（New York：Pergamon-Brassey's，1985）and *The New Image-Makers：Soviet Propaganda and Disinformation Today*（New York：Pergamon-Brassey's，1988）.

67 Ra'anan et al., eds., *Hydra of Carnage*；Bark, ed.,*Red Orchestra*；Shultz, *The Soviet Union and Revolutionary Warfare* and "Soviet Use of Surrogates to Project Power into the Third World," *Parameters*（Autumn，1986），pp.32-42. 329

68 20世纪70年代后半期，美国国家安全专家开始使用低烈度冲突这一术语。见 George Tanham et al., "United States Preparation for Future Low-Level Conflict," *Conflict*,（12）（1978），pp.1-20；Sam Sarkesian and William Scully, eds., *U. S. Policy and Low Intensity* Conflict（New Brunswick，NJ：Transaction Books，1981）. 这个术语可能是从英国专家弗兰克·基特森（Frank Kitson）那里借用来的；See Kitson, *Low Intensity Operations*（Harrisburg，PA：Stackpole，1971）.

69 Sam C. Sarkesian, *The New Battlefield*（Westport，CT：Greenwood Press，1986）；Stephen Hosmer and George Tanham, *Countering Covert Aggression*（Santa Monica，CA：RAND Corporation，1986）；David Dean, ed.,*Low Intensity Conflict and Modern Technology*（Maxwell Air Force Base，AL：Air University Press，1986）. See also U. S. Army Training and Doctrine Command Pamphlet 52544, *U.S. Army Operational Concept for Low Intensity Conflict*（Fort Monroe，VA：Army Training and Doctrine Command，1986）.

70 Sarkesian, *New Battlefield*；Frank Barnett, Hugh Tovar, and Richard Shultz, eds., *Special Operations in U.S. Strategy*（Washington，DC：National Defense University Press，1984）；Richard Shultz, "Discriminate Deterrence and Low Intensity Conflict：The Unintentional Legacy of the Reagan Administration," *Conflict*（June 1989），pp.21-44；Michael Klare and Peter Kornbluh, *Low Intensity Warfare*（NewYork：Pantheon，1988）；D. Michael Shafer, *Deadly Paradigms*（Princeton，NJ：Princeton University Press，1988）；John Prados, *President's Secret Wars*（New York：William Morrow，1986）；A.J. Bacevich, James D. Hallums, Richard H. White, and Thomas Young, *American Military Policy in Small Wars：The Case of El Salvador*（New York：Pergamon-Brassey's 1988）. 其他研究，见 Collins, *Green Berets，SEALS，and Spetsnaz*；Richard Shultz, Robert L. Pfaltzgraff, Uri Ra'anan, William Olsen, and Igor Lukes, eds., *Guerrilla Warfare and Counterinsurgency：U.S. Soviet Policy and the Third World*（Lexington，MA：Lexington Books，1988）；David Charters and Maurice Tugwell, eds., *Armies in Low Intensity Conflict*（Ottawa，Canada：Department of National Defense，1985）；Ian F. W. Beckett and John Pimlott, eds., *Armed Forces and Modern Counterinsurgency*（New York：St. Martin's Press，1985）；William Burgess, "Iranian Special Operations in the Iran-Iraq War," *Conflict*（August 1988）；

Richard H. Shultz, Jr., Robert L. Pfaltzgraff, Jr., and W. Bradley Stock, *Roles and Missions Special Operations Forces in the Aftermath of the Cold War* (Ft. Bragg, NC: United States Special Operations Command, 1995).

71 Donald Horowitz, *Ethnic Groups in Conflict* (Berkeley: University of California Press, 1985); and Ted Robert Gurr, *Minorities at Risk: A Global View of Ethnopolitics* (Washington, DC: U. S. Institute of Peace, 1993). See also Robert L. Pfaltzgraff, Jr., and Richard H. Shultz, Jr., eds., *Ethnic Conflict and Regional Instability: Implications for U.S. Policy and Army Roles and Missions* (Carlisle, PA: Strategic Studies Institute, U. S. Army War College, 1994).

72 Gurr, *Minorities at Risk*; Richard H. Shultz, Jr., and William J. Olson, *Ethnic and Religious Conflict: Emerging Threat to U.S. Security* (Washington, DC: National Strategy Information Center, 1994); Myron Weiner, "Peoples and States in the New Ethnic Order?" *Third World Quarterly*, (2)(June 1992), pp.317-334; Paul Weaver, "Flashpoints," *Jane's Defense Weekly* (January 11, 1992), p.53; Vladimir Kolossov, *Ethno-Territorial Conflicts and Boundaries in the Former Soviet Union* (Durham, England: University of Durham, International Boundaries Research Unit, 1992); David A. Lake and Donald Rothchild, "Continuing Fear: The Origins and Management of Ethnic Conflicts," *International Security*, Vol. 2 (Fall 1996), pp.41-76.

73 David Fromkin, "The Coming Millennium: World Politics in the Twenty-First Century," *World Policy Journal* (Spring, 1991), p.4.

74 Alexis Heraclides, *The Self-Determination of Minorities in International Politics* (London: Frank Cass, 1991); Heraclides, "Secessionist Minorities and External Involvement," *International Organization* (Summer 1990), 341-378; Joseph Rothchild, *Ethnopolitics* (NewYork: Columbia University Press, 1981).

75 Nikki R. Keddie and Farah Monian, "Military and Religion in Contemporary Iran," in Martin Marty and R. Scott Appleby, eds., *Fundamentalisms and the State* (Chicago: University of Chicago Press, 1993), pp.511-528; Graham Fuller, *The Center of the Universe: The Geopolitics of Iran* (Boulder, CO: Westview, 1991); John Esposito, ed., *The Iranian Revolution: Its Global Impact* (Miami: Florida International University Press, 1990); Martin Kramer, "Hezbullah: The Calculus of Jihad," in Marty and Appleby, eds., *Fundamentalisms and the State*; Abdulaziz Sachedina, "Activist Shi' ism in Iran, Iraq, and Lebanon," in Marty and Appleby, eds., *Fundamentalism Observed* (Chicago: University of Chicago Press, 1991); Mark Juergensmeyer, *The New Cold War? Religious Nationalism Confronts the Secular State* (Berkeley: University of California Press, 1993).

76 Shultz and Olson, *Ethnic and Religious Conflict*, p.32.

77 Ibid.

78 Dean G. Pruitt and Richard C. Snyder, eds., *Theory and Research on the Causes of War* (Englewood Cliffs, NJ: Prentice Hall, 1969), pp.4-5.

79 Quincy Wright, *A Study of War*, Vol. I (Chicago: University of Chicago Press, 1942) p.17. See also Vol. 2, p.739. 书中，他断言，战争具有"政治技术、法律意识形态、社会宗教和心理经济原因"。赖特这部经典之作重印于1983年。

80 Karl W. Deutsch, "Quincy Wright's Contribution to the Study of War: A Preface to the Second Edition", *Journal of Conflict Resolution*, XIV (December 1970),

330

pp.474-475.

81 Clyde Eagleton, *International Government*, rev. ed.（New York：Ronald, 1948），
p.393. See Quincy Wright on "The Political Utility of War," in *A Study of War*, Vol. 2,
pp.853-860.

82 Michael Howard, *Studies in War and Peace*（New York：Viking Press, 1970），p.13.

83 1959年以前，行为科学家对控制国家间暴力也做出了贡献。肯尼思·沃尔兹对此进
行了深入的批判性分析，见 Kenneth N. Waltz, *Man, the State and War*（New York：
Columbia University Press, 1958），pp.42-79. 沃尔兹预计这里会得出结论，即行为
主义者必须更多地考虑战争与和平问题的政治框架。另见 L.L. Farrar, Jr., ed.,War：
A Historical, Political and Social Study（Santa Barbara, CA：ABC-Clio, 1978）；
Geoffrey Blainey, *The Causes of War*, 3ʳᵈ ed.（New York：Free Press, 1988）; and
Manus I. Midlarsky, *On War：Political Violence in the International System*（New
York：Free Press, 1975）.

84 参见 Franklyn Griffiths and John C. Polanyi,eds.,*The Dangers of Nuclear War*（Toronto,
Canada：University of Toronto Press, 1979）; Richard Ned Lebow, *Between Peace and
War：The Nature of International Crisis*（Baltimore, MD：Johns Hopkins University
Press, 1981）; Daniel Frei, with the collaboration of Christian Catrina, *Risks of
Unintentional Nuclear War*,United Nations Institute for Disarmament Research（Totowa,
NJ：Allenheld, Osmun, 1983）.

85 参 见 Theodore Abel, "The Elements of Decision in the Pattern of War," *American
Sociological Review*, VI（December 1941）, pp.853-859.

86 参见 Thomas C. Schelling, *Arms and Influence* (New Haven, CT：Yale University Press,
1966), pp.221-225; Graham T. Allison, Albert Carnesale, and Joseph Nye, Jr., eds.,
Hawks, Doves and Owls：An Agenda for Avoiding Nuclear War（New York：Norton,
1985）, pp.30, 43, and 210; Richard Ned Lebow, *Nuclear Crisis Management：A
Dangerous Illusion*（Ithaca, NY：Cornell University Press, 1987）, pp.24-26, 32-35,
109-113.

87 Marc Trachtenberg, "The Meaning of Mobilization in 1914," *Internationall Security*,
15（Winter 1990-1991）, pp.120-150. 可参考杰克·利维、托马斯·克里斯坦
森（Thomas J. Christensen）和马克·特拉赫腾贝格随后的通信，"Mobilization
and Inadvertence in the July Crisis," *Internationa Security*, 15（Summer1991）,
pp.189-203.

88 Robert J. Lieber, *No Common Power：Understanding International Relations*（New
York：Harper Collins, 1995）. 扉页的引文引自《利维坦》第13章。

89 "Motives and Perceptions Underlying Entry into War," Introduction to Part 2 in Pruitt
and Snyder, eds., *Theory and Research on theCauses of War*（Englewood Cliffs, NJ：
Prentice Hall, 1969）, pp.22-26.

90 J. David Singer, "Threat Perception and National Decision-Makers," in Pruitt and
Snyder, eds., *Theory and Research on Causes*, pp.39-42.

91 Raymond L. Garthoff, "On Estimation and Imputting Intentions," *International
Security*, 2（Winter 1978）, pp.22-32. 参 见 Richard Pipes, "Why the Soviet Union
Thinks It Could Fight and Win a Nuclear War," *Commentary*, 64（July 1977）,
pp.21-34; Paul H. Nitze, "Deterring Our Deterrent," *Foreign Policy*（25）（Winter
1976-1977）, pp.195-210; "Soviet Strength and Fears," Report by the Center for the

331

Study of Democratic Institutions in *World Issues*（October-November 1977），pp.22-30；Bernard Brodie，"The Development of NuclearStrategy，" *International Security*，2（Spring 1978）. pp.65-83；and Stanley Sienkiewicz，"SALT and Soviet Nuclear Doctrine，" *International Security*，2（Spring 1978），pp.84-100.

92 Pitirim A. Sorokin，*Social and Cultural Dynamics*，Vol. 3（New York：American Book，1937）；*Fluctuation of Social Relationships*，*War and Revolution*，Vol. 3（Englewood Cliffs，NJ：Bedminster Press，1962）.

93 Quincy Wright，*A Study of War*（Chicago：University of Chicago Press，1942），2 vols.

94 Lewis F. Richardson，*Statistics of Deadly Quarrels*（Pittsburg，PA：Boxwood，1960）.

95 John A. Vasquez，"The Steps to War：Toward a Scientific Explanation of Correlates of War Findings，" Review Article，*World Politics*，XL（October 1987），pp. 109-110. 该文全面介绍了战争相关因素项目及其随后带动起来的研究，质量很高，因此，经常被引用。

96 可以在 J. David Singer and Melvin Small 的 *The Wages of War*，*1816-1965: A Statistical Handbook*（New York：Wiley，1972）找到战争相关因素项目的主要数据库。J. David Singer，ed.，*The Correlates of War*，Vol. I. *Research Origins and Rationale*（New York：Free Press，1979）；ibid，Vol. II. *Testing Some Realpolitik Models*（New York：Free Press，1980）对他们的最初的研究进行了更新和修改；Melvin Small and J. David Singer，*Resort to Arms*：*International and Civil Wars*，1816-1980（New York：Free Press，1980）；and Melvin Small and J. David Singer，"Patterns of International Warfare，1816-1980，" in the book they edited，International War：An Anthology and Study Guide（Homewood，IL：Dorsey Press，1985），pp.7-19.

97 Kenneth N. Waltz，*Theory of International Politics*（Reading，MA：Addison-Wesley，1979），pp.8-13.

98 Vasquez，"The Steps to War"，p.111.

99 Ibid.，pp.113-114.

100 Hedley Bull，*The Anarchical Society*（New York：Columbia University Press，1977），p.184；quoted in John A. Vasquez，*The WarPuzzle*（Cambridge，England：Cambridge University Press，1993），p.23.

101 Vasquez，*The War Puzzle*，p.25.

102 Singer and Small，*The Wages of War*，p.37. 在随后的更新性研究中，两人使用了这个定义。

103 Vasquez，*The War Puzzle*，p.26.

104 Wright，*A Study of War*，p.636.

105 Richardson，*Deadly Quarrels*，p.6.

106 Vasquez，*The War Puzzle*，pp.26-28. 118场国际战争的目录见 Small and Singer，"Patterns of International Warfare，" pp.9-12.

107 Small and Singer，"Patterns，" p.13.

108 Ibid.，pp.14，17.

109 Jack S. Levy，"Historical Trends in Great Power War，1495-1975，" *International Studies Quarterly*，26（June 1982），pp.278-300，quoted at p.279.

110 Ibid.，pp.283-286.

332

111 Ibid., pp.278-279，286，290-291. 这些相关关系被以下著作再次证实：Jack S. Levy and T. Clifton Morgan，"The Frequency and Seriousness of War：An Inverse Relationship?" *Journal of Conflict Resoltion*，28（December 1984），pp.731-749.

112 Frederick L. Schuman，*International Politics*，5th ed.（New York：McGraw-Hill，1953），p.230.

113 Hans J. Morgenthau，*Politics Among Nations*：*The Struggle for Power and Peace*，4th ed.（New York：Knopf，1967），p.392.

114 Michael Howard，"The Strategic Approach to International Relations ，" *The Causes of Wars*（Cambridge，MA：Harvard University Press，1983），chap.3.

115 Michael D. Wallace，"Arms Races and Escalation：Some New Evidence，" *Journal of Conflict Resolution*，23（March 1977），p.316；and "Armaments and Escalation，" *International Studies Quarterly*，26（March 1982），pp.37-56.

116 1957年，《冲突的解决》用整期的篇幅刊登了阿纳托尔·拉波波特专门研究理查森的著作的论文。理查森最早以其在气象学领域中的著作而闻名。1926年，他因此成为"英国皇家学会"的成员。气象学研究中的经验对他研究军备竞赛和战争的方法产生了影响。他认识到，即使使用当时的60000台计算机来预测第二天的天气也是困难的。然而，他相信那些看上去好像是偶然发生的事件（如天气）是受自然规律支配的，因此，如果有充分的资料进行分析，这些事件是可以预测的。参见 Anatol Rapoport，"Lewis Fry Richardson，" *International Encyclopedia of the Social Science*，Vol. 13（New York：Free Press，1968），p.514.

117 在军备竞赛的数学研究方面，莱维斯·理查森的主要作品是 *Arms and Insecurity*：*A mathematical Study of the Causes and Origins of War*（Pittsburgh，PA：Boxwood Press，1960），pp.13-15. 在另一本书 *Statistics of Deadly Quarrels*（Chicago：Quadrangle，1960）中，他根据死亡人数对国家间的生死之争进行了分类。他还考察了两个国家间的战争频率、战争时间与和平间歇期、战争重复的模式、在随后的战争中同盟集团和敌对集团重新组建的可能性，以及战争和地理相邻关系、人口、宗教和语言等因素之间的相关关系。

118 Dina A. Zinnes，*Contemporary Research in International Relations*（New York：Free Press，1976），p.332. 她补充说，"公平地讲，军备竞赛模型的基本假定是，这些模型可能为军备竞赛过程导致战争提供了一种解释。必须要承认的是，理查森并没有在他的任何军备竞赛模型中把防务开支与战争爆发正式联系起来；第332页。这点特别重要，要牢记，因为许多作者并没有像辛内斯那样仔细地研究过理查森，甚至连他的作品都没有读过，却经常引用他的研究来证明军备竞赛导致战争是科学的和可靠的。受过数学训练的学者会在辛内斯的 *Contemporary Research*，pp.333-369 找到对理查森基本模型完整的说明和分析。迈克尔·英奇利格特（Michael D. Intriligator）和达戈贝特·布里托（Dagobert L. Brito）承认，理查森类型的模型会因过于机械而遭到批评，因为这些模型研究军备竞赛的出发点是决策者思想以外的因素而不是他们的内心思想，因而忽略了战略上的考虑。"Richardson Arms Race Models" in Manus I. Midlarsky，ed.,*Handbook of War Studies*（Boston：Unwin Hyman，1989），p.226.

119 参见 Zinnes，*Contemporary Research*，pp.339-354；Kenneth Boulding，*Conflict and Defense* (New York: Harper & Row，1962)，pp.19-40；and Robert C. North，Richard A. Brodie，and Ole R. Holsti，"Some Empirical Data on the Conflict Spiral，" *International Peace Research Society Papers*，1（1964），pp.1-14.

333

120 参见 Zinnes，*Contemporary Research*，p.369.

121 辛内斯所著的 *Contemporary Research* 的第15章讨论了昆西·赖特、肯尼斯·博尔丁、迪安·普鲁伊特（Dean Pruitt）及其他人的著作。有关把理查森模型应用于军备谈判的努力，见 P. Terrence Hopmann and Theresa C. Smith，"An Application of a Richardson Process Model: Soviet-American Interactions in the Test Ban Negotiations, 1962-1963"，*Journal of Conflict Resolution*，XXI（December 1977），pp.701-726.

122 Martin Patchen，"Model of Cooperation and Conflict: A Critical Review," *Journal of Conflict Resolution*，XIV（September 1970），pp.389-408.

123 约翰·吉莱斯皮（John V. Gillespie）、蒂娜·辛内斯及其他人曾注意到，理查森模型没有包含任何决策计算法。"如果人们不停下来进行思考，这些方程将仅是对人们将会做什么的描述"。*"An Optimal Control Model of Arms Race"*，*American Political Science Review*，LXXI（March 1977），pp.226-244，quoted at p.226. 后来，蒂娜·辛内斯和罗伯特·芒卡斯特（Robert G. Muncaster）从一个敌意动力模型中得出结论：预测战争爆发的时间和引发战争所需的敌意水平是可能的。"The Dynamics of Hostile Activity and the Prediction of War," *Journal of Conflict Resolution*，28（June 1984），pp.187-229. See also J. David Singer，"Confrontational Behavior and Escalation to War, 1816-1980: A Research Plan," *Journal of Peace Research*，19（1）（1982）.

334 124 Michael D. Wallace，"Arms Races and Escalation: Some New Evidence," *Journal of Conflict Resolution*，23（March 1979），pp.3-16.

125 Ibid.，pp.5, 13.

126 Paul F. Diehl，"Arms Races and Escalation: A Closer Look," *International Studies Quarterly*，20（June 1983），pp.205-212.

127 T.C. Smith，"Arms Race Instability and War," *Journal of Conflict Resolution*，24（June 1980），pp.253-284. Cited in Randolhp M. Siverson and Paul F. Diehl，"Arms Races, the Conflict Spiral, and the Onset of War," Manus I. Midlarsky, ed.，*Handbook of War Studies*（Boston: Unwin Hyman，1989），p.198.

128 Wallace，"Arms Races and Escalation," p.5.

129 Ibid.，pp.14-15.

130 Siverson and Diehl，"Arms Races, Conflict Spiral," p.198.

131 Paul F. Diehl and J. Kingston，"Messenger or Message？ Military Buildups and the Initiation of Conflict," *Journal of Politics*，49（December 1987），pp.789-799. Cited by Siverson and Diehl，"Arms Races, Conflict Spiral," p.207. 埃里希·威德（Erich Weede）识别出三个时间足够长的时期（1852～1871，1919～1938 及1945 年之后）。期间，无论军备竞赛指数高或低，争端都没有升级。"Arms Races and Escalation"，*International Studies Quarterly*，27（June 1980），pp.233-235.

132 Siverson and Diehl，"Arms Races, Conflict Spiral," pp.207-211，cite Michael Altfeld，"Arms Races? -and Escalation?" *International Studies Quarterly*，27（June 1983），pp.225-231；Michael Altfeld and Bruce Bueno de Mesquita，"Choosing Sides in Wars," *International Studies Quarterly*，23（March 1979）；Paul F. Diehl，"Arms Races and Escalation," pp.205-212；Randolph M. Siverson and Joel King，"Alliances and the Expansion of War, 1815-1965," in J. David Singer and Michael Wallace, eds.，*To Auger Well*（Bevery Hills，CA: Sage，1979），pp.37-49.

133 Siverson and Diehl，"Arms Races, Conflict Spiral," p.212.

134 J. David Singer and Melvin Small, "Alliance Aggregation and the Onset of War, 1815-1945", in J. David Singer, ed.,*Quantitative International Politics*（New York：Free press，1968），pp.247-286. Reprinted in J. David Singer, ed.,*The Correlates of War：I. Research Origins and Rationale*（New York：Free press，1979），pp.225-264.

135 Vasquez, *War Puzzle*, pp.170-171.

136 Jack S. Levy, "Alliance Formation and War Behavior：An Analysis of the Great Powers, 1495-1975," *Journal of Conflict Resolution*, 25（December 1981），pp.581-613.

137 Charles W. Ostrom, Jr., and Francis W. Hoole, "Alliances and War Revisited：A Research Note," *International Studies Quarterly*, 22（June 1978），pp.215-236.

138 Vasquez, *War Puzzle*, p.120, citing Levy, "Alliance Formation and War Behavior," p.599. 根据利维列出的表格（ibid.），16、17、18 及 19 世纪的战争中，联盟成立之前爆发的分别占 18%、14%、35% 和 25%，而在 20 世纪，这一比例为 60%。

139 Vasquez, "The Steps to War," pp.120-121.

140 Siverson and King, "Alliances and Expansion of War", cited in Vasquez, "Steps to War," pp.121-122.

141 Benjamin A. Most, Harvey Starr, and Randolph M. Siverson, "The Logic and Study of the Diffusion of International Conflict," in Midlarsky, ed.,*Handbook of War Studies*, pp.111-139，esp.pp.133-134.

142 Vasquez, "Steps to War," p.123.

143 Vasquez, *War Puzzle*, pp.172-173. 他引用了华莱士的 "Polarization：Towards a Scientific Conception," in Alan Ned Sabrosky, ed.,*Polarity and War*（Boulder, CO：Westview Press，1985），pp.110-111；and Nazli Concri and Robert C. North, *Nations in conflict*（San Francisco, CA：W. H . Freeman，1975），pp.106-111，117.

144 Vasquez, "Steps to War," pp.123-125, 书中，他概述了华莱士的 "Alliance Polarization, Cross-Cutting, and International War, 1815-1964," Journal of Conflict Resolution, 17（December 1973），pp.575-604. 小查尔斯·凯利和格雷戈里·雷蒙德（Gregory A. Raymond）从这篇文章中发现，对于沃尔兹与多伊奇和辛格的争论，即两极还是多极更稳定，华莱士持折中的立场。"Alliance Norms and War," *International Studies Quarterly*, 26（December 1982），pp.572-595.

145 Vasquez, "Steps to War," pp.125-128. 他引用了 Bruce Bueno de Mesquita, "Systemic Polarization and Occurrence and Duration of War ," *Journal of Conflict Resolution*, 22（June 1978），pp.241-267；and Alan Ned Sabrosky, "Alliance Aggregation, Capability Distribution, and the Expansion of Interstate War," in Sabrosky, ed.,*Polarity and War*, pp.148，151，181. 在《战争困境》中，瓦斯克斯重新肯定并发展了他关于极的观点，pp.251-258，261-262。

146 Vasquez, *War Puzzle*, p.173.

147 Dan Reiter, *Crucibles of Bliefs：Learning, Alliances, and World Wars*（Ithaca, NY：Cornell University Press，1996）.

148 Dean Acheson, "Fifteen Years After," *The Yale Review*, Vol. 51（Autumn 1961），p.9.

149 Samuel Abrahamsen, *Sweden's Foreign Policy*（Washington, DC：Public Affairs Press，1957），p.91.

150 Vasquez，*War Puzzle*，p.54.

151 Nazli Choucri and Robert C. North，*Nations in Conflict：National Growth and International Violence*（San Francisco：W. H. Freeman，1975）.

152 Ibid., p.2.

153 Ibid., p.278.

154 See Ibid., pp.15-17，及他们后来的著作 "Lateral Pressure in International Relations：Concept and Theory," in Manus I. Mindlarsky ed.,*Handbook of War Studies*（Boston：Unwin Hyman，1989），pp.289-326，esp.p.295.

155 Choucri and North，*Nations in Conflict*，pp.17-22.

156 Ibid. 作者还发现，一国增加军事预算可能会导致非军事领域同等的扩张；见 chap.13，"Military Expenditures."

157 Ibid., p.284.

158 Ibid., pp.285-286. 作者指出，系统中某一部分采取行动，减轻压力，可能会在另一部分产生无法预料的结果；以短期结果为目标的政策常常要付出高昂的长期代价。

159 Robert C. North and Nazli Choucri，"Economic and Political Factors in International Conflict and Intergration," *International Studies Quarterly*，27（December 1983），pp.451-453，459.

160 Richard K. Ashley，*The Political Economy of War and Peace*（London：Francis Pinter；New York：Nichols，1980）.

161 Choucri and North，"Lateral Pressure in International Relations," p.296.

162 Ibid., pp.296-297. *The Challenge of Japan Before World War II and After：A Study of National Growth and Expansion* 一书再次强调了横向压力导致战争这一理论。Nazli Choucri, Robert C. North, and Susumu Yamakage，*The Challenge of Japan Before World War II and After：A Study of National Growth and Expansion*（New York：Routledge，1992）.

163 Benjamin A. Most and Harvey Starr，"Conceptualizing War：Consequences for Theory and Research," *Journal of Conflict Resolution*，27（March 1983），pp.154-157.

164 A. F. K. Organski，*World Politcs*（New York：Knopf，1958），chap. 12；（2nd ed.，1968），chap. 14.

165 参见 G. S. Barghava，*India's Security in the 1980s*（London: International Institute of Strategic Studies；Adelphi Paper No.125，Summer 1976），pp.5-6. 埃里希·威德发现，压倒性优势或以十对一的优势有利于阻止战争。"Overwhelming Preponderance as a Pacifying Condition Among Contiguous Asian Dyads，1950-1969," *Journal of Conflict Resolution*，XX（September 1976），pp.395-411.

166 Organski，*World Politics*，1958，pp.319-320；1968，pp.357-359. 一个考察时间段为五年的实证研究表明如下假设是真实的，即如果两个邻近的国家力量相当，那么这两个国家之间更可能爆发致命的国际暴力冲突。见 David Garnham，"Power Parity and Lethal International Violence，1969-1973," *Journal of Conflict Resolution*，XX（September 1976），pp.379-391.

167 Inis L. Claude，*Power and International Relations*（New York：Random House，1962），p.56

168 Michael P.Sullivan，*International Relations：Theories and Evidence*（Englewood Cliffs，NJ：Prentice Hall，1976），pp.166-167.

169 约翰·伯顿曾认为，20世纪30年代，日本采取武力政策的原因是其他国家不准备进行必要的调整，以使日本通过进入国际市场实现发展；*Peace Theory：Preconditions of Disarmament*（New York：Knopf，1962），p.9.

170 A. F. K. Organski and Jacek Kugler，*The War Ledger*（Chicago：University of Chicago Press，1980），p.61.

171 Jacek Kugler and A. F. K. Organski，"The Power Transition：A Retrospective and Prospective Evaluation，" in Midlarsky，ed.，*Handbook of War Studies*，pp.171-194，esp.pp.172-174.

172 Ibid., p.175. 道格拉斯·莱姆克（Douglas Lemke）和亚切克·库格勒得出的结论是，大量研究"不断证明权力均等和转移会增大战争的可能性"。"The Evolution of the Power Trandition Perspective"，in Kugler and Lemke，eds.，*Parity and War：Evaluations and Extension of the War Ledger*（Ann Arbor，MI：University of Michigan Press，1996），p.14.

173 Bruce Bueno de Mesquita，"Risk，Power Distributions，and the Likelihood of War，" *International Studies Quarterly*，25（December 1981）. 作者的主要著作是 *The War Trap*（New Haven，CT：Yale University Press，1980）. 引用的文章和其他1980年以来完成的文章进一步完善了他的主要著作。另见他的"Systemic Polarization and the Occurrence and Duration of War：A Rational Expectationd A pproach，" *American Political Science Review*，77（June 1983），pp.347-357；and "The War Trap Revisited：A Kevised Expected Utility Model "，*American Political Science Review*，79（March 1985），pp.157-177. 改进之后，他说，"修订版……是一个有力的工具，可以把许多现存的冲突假设综合起来"。他自信他的方法可能带来"有关国际冲突爆发、升级和结束意义重大、带有规律性的概括。" Ibid., pp.156，172.

174 Ibid.

175 Ibid. Cf. Dina A. Zinnes et al.，"Capability，Threat and the Outbreak of War，" in James A. Rosenau，ed.，*Internatioal Politics and Foreign policy：A Reader in Research and Theory*（New York：Free Press，1961）.

176 见第四章有关沃尔兹和多伊奇与辛格之间的讨论；另见 J. Divid Singer et al.，"Capability Distribution，Uncertainty and Major Power war，1820-1965，" in Bruce Russett，ed.，*Peace，War and Numbers*（Beverly Hills，CA：Sage Publications，1972）.

177 Singer et al.，Ibid., p.541.

178 Ibid., p.567.

179 Ibid., p.564. 更为全面阐述辛格有关领导人倾向观点的著作，见 Bueno de Mesquita，*War Trap* 以及 *Strategy，Risk，and Personality in Coalition Politics*（Cambirgde，England：Cambridge University Press，1976）. 哈里森·瓦格纳写过一篇深入、温和的批判文章，评论门斯奎塔的著作 *War Trap*。他注意到，在领导人有最大化预期效用倾向方面，作者仅提供了有限的证据，而在理性决策理论如何能解释国家对外决策问题上，作者就没有提供证据。"War and Expected Utility Theory，" *World Politics*，XXXVI（April 1984），p.423.

180 Bruce Bueno de Mesquita and David Lalman，"Reason 及 War，" *American Political Science Review*，80（December 1986），pp.11-19. 他们的分析源自门斯奎塔在下面两篇文章中表达的思想："The Costs of War：A Rational Expectations Approach "及 "The War trap Revisited."

337

181 T. V. Paul，*Asymmetric Conflict*：*War Initiation by Weaker Powers*（New York：Cambridge University Press，1994），p.173.

182 Bruce Bueno de Mesquita，"The Contribution of Expected-Unility theory to the Study of International Conflict，" in Midlarsky，ed.，*Handbook of War Studies*，p.148.

183 Bueno de Mesquita，*War Trap*，p.162. See Stephen J. Majeski and David J，Sylvan，"Simple Choices and Complex Calcalations：A Critique of the War Trap"，*Journal of Conflict Resolution*，Vol. 28（1984），pp.316-340；Daniel S. Geller and J. David Singer，*Nations at War*：*A Scientific Study of International Conflict*（Cambridge：Cambridge University Press，1998），pp.42-44.

184 Bueno de Mesquita，"The Contribution of Expected Utility Theory，" p.147. 不必认为，这一结论与注释181中保罗的论著的观点相矛盾。

185 Ibid. 约翰·斯托辛格（John G. Stoessinger）把19世纪和20世纪的情况做了比较：19世纪，战争的发起者通常获胜，而20世纪则不然。*When Nations Go to War*（New York：St. Martin's Press，1974），p.219.

186 John A. Vasquez，"Capability，Types of War，Peace，" *Western Political Quarterly*，39（June 1986），p.313. See also chap.2，"Types of War" in Vasquez，*War Puzzle*.

187 Ibid.，p.322.

188 Vasquez，*War Puzzle*，p.218.

189 Ibid.，p.315.

190 Ibid.，p.324.

191 J. David Singer，"System Structure，Decision Processes，and the Incidence of International War，" in Midlarsky，ed.，*Handbook of War Studies*，pp.17-18.

192 Urs Luterbacher，"Last Words about War？" *Journal of Conflict Resolution*，28（March 1984），pp.167-168. 有关战争相关因素的其他著作，见 Jack S. Levy，"Misperceptions and the Causes of War，" World Politics，XXXVI（Ocotober 1983），pp.76-99，and "Theories of General War"，*World Politics*，XXXVI（April 1985），pp.344-374；Randolph M. Siverson and Michael P.Sullivan，"The Distribution of Power and the Onset of War，" *Journal of Conflict Resolution*，27（September 1983），pp.473-494；Randolph M. Siverson and Michael R. Tennefoss，"Power，Alliance and the Escalation of International Conflict，1815-1965，" *American Political Science Review*，78（December1984），pp.1057-1069；George Modelski and Patrick Morgan，"Understanding Global War，" *Journal of Conflict Resolution*，29（September1985），pp.391-417；Paul A. Anderson and Timothy J. Mckeown，"Changing：Aspirations，Limited Attention，and War，" *World Politics*，XL，(1)（October 1987），pp.1-29.

193 Pitirim A. Sorokin，*Fluctuation of Social Relationships*，*War and Revolution*（New York：American Book Company，1937），Vol. 3 in his three-volume series，*Social and Cultural Dynamics*，p.283.

194 Lewis F. Richardson，*Statistics of Deadly Quarrels*（Pittsburgh，PA：Boxwood，1960），chap.2.

195 J. David Singer and Melvin Small，"Alliance Aggregation and the Onset of War，1815-1945，" in J.David Singer，ed.，*Quantitative International Politics*（New York：Free Press，1968），pp.247-286.

196 Quincy Wright，*A Study of War*，Vol. 1（Chicago：University of Chicago Press，1942），p.641.

338

197 汤因比考察的时期是1494年到1945年。*A Study of History*, 12 vols., Vol. 9（London：Oxford University Press, 1954）, pp.250-255.

198 Geoffrey Blainey, *The Causes of War*（New York：Free Press, 1973；3rd ed.,1988）, p.8.

199 雅克·埃吕尔表示赞同地引用了布图尔的观点。见 *The Technological Society*（New York：Random House -Viking Books, 1964）, p.137.

200 Blainey, *Causes of War*, pp.91-96.

201 William R. Thompson, "Phases of the Business Cycle and the Outbreak of War," *International Studies Quarterly*, 26（June 1982）, pp.301-311. 又见他的 "Uneven Economic Growth, Systemic Challenges, and Global Wars," *International Studies Quarterly*, 27（September 1983）, pp.341-355; and Raimo Vayrynen, "Economic Cycles, Power Transitions, Power Management and Wars Between Major Powers," *International Studies Quarterly*, December 1983, pp.389-418. 斯莫尔和辛格曾试探性地提出周期可能是15年至20年，但是他们认定周期是不规则的间隔，在20年到40年之间。

202 Melvin Small and J. David Singer, "Patterns in International Warfare," *The Annals*（Collective Violence）, No. 391（September 1970）, pp.147-148. 作者引用了弗兰克·登顿（Frank H. Denton）和沃伦·菲利普斯（Warren Phillips）的研究成果，他们根据怀特、索罗金和理查森的数据推算出，1680年以来，战争的周期是30年。"Some Patterns in the History of Violence," *Journal of Conflict Resolution*, XII（June 1968）, pp.182-195.

203 George Modelski and William R. Thompson, "Long Cycles and Global War," in Manus I. Midlarsky, ed.,*Handbook of War Studies*（Boston：Unwin Hyman, 1989）, pp.23-54, quoted at p.36. See also George Modelski and Patrick Morgan, "Understanding Global War," *Jounal of Conflict Resolution*, 29（December 1985）, pp.473-502; George Modelski, *Long Cycles in World Politics*（Seattle, WA：University Press, 1987）; William R. Thompson, "Polarity, the Long Cycle, and Global Power Warfare," *Journal of Conflict Resolution*, 30（December 1986）, pp.587-615; *On Global War：Historical-Structural Approaches to World Politics*（Columbia, SC：University of South Carolina Press, 1988）; and "Balances of Power, Transition an Long Cycles," in Kugler and Lemke, eds., *Parity and War*, pp.163-165.

204 Modelski and Thompson, "Long Cycles and Global War," p.24.

205 Ibid., 表在第25页。

206 Ibid., pp.28-29.

207 Ibid., pp.30-31. 这里参考了罗伯特·吉尔平所著的 *War and Change in World Politics*（New York：Cambridge University Press, 1981）. 这一主题的讨论见 "*The International System: Cyclical Theories and Historical-Structural Theories of War*," chap.9 in Greg Cashman, *What Causes War? An Introduction to Theories of International Conflict*（New York：Lexington Books, 1993）, esp.pp.254-257.

208 Immanuel Wallerstein, *The Politics of the World Economy*（Cambridge, England：Cambridge University Press, 1984）,pp.37-46. Cited in Modelski and Thompson, "Long Cycles and Global War," pp.31-32.

209 Modelski and Thompson, "Long Cycles and Global War," pp.34-42.

210 Charles F. Doran, "Power Cycle Theory of Systems Structure and Stability: Commonalities and Complementarities," in Midlarsky, ed., *Handbook of War Studies*,

339

pp.82-110，cited at pp.85-87. "国际关系是对外政策影响的结果，这种影响即作用于'平面棋盘'（herizontal chessboard）上的短期战略计算和战略平衡，也作用于'垂直平面'（vertical plane）上的长期波动，这些波动是随着每个国家实力与作用的不同变化周期而形成的。" Ibid., p.83.

211 Ibid., p.88. See also Doran's "War and Power Dynamics：Economics Under-pinnings," *International Studies Quarterly*, 27（December 1983），pp.419-441；"Systemic Disequilibrium，Foreign Policy Role，and the Power Cycle：Challenges for Research Design," *Journal of Conflict Resolution*, 33（September 1989），pp.371-401.

212 Doran，"Power Cycle Theory," p.103.

213 Ibid., p.90.

214 Ibid., p.91.

215 Doran，"War and Power Dynamics," pp.431-438.

216 George Modelski，"Long Cycle，Kondratieffs and Alternating Innovations：Implications for U. S. Foreign Policy," in Charles W. Kegley，Jr.，and Patrick McGowan，*The Political Economy of Foreign Policy Behavior*（Beverly Hills，CA：Sage，1981). 有关的经济理论，见 Nikolai D. Kondratieff，"Long Waves in Economic Life," 1962 年首次发表在 *Review of Economic Statistics*，17（November 1935），pp.195-215；*The Long Wave Cycle*，译自 1928 年的俄文版（New York：Richardson and Snyder，1984）；Joshua S. Goldstein，"Kondratieff Waves as War Cycles," *International Studies Quarterly*，29（December 1985），pp.411-444.

217 参见 Modelski and Thompson，"Long Cycles and Global War," p.27.

218 Edward Mansfield，"The Distribution of Wars over Time," *World Politics*，41（1）（October 1988），p.44.

219 Jack Levy，*War in the Modern Great Power System*，1945-1975（Lexington，KY：University of Kentucky Press，1983）.

220 Mansfield，"Distribution of Wars," p.44.

221 Ibid., p.45.

222 Terry Boswell and Mike Sweat，"Hegemony，Long Waves and Major Wars：A Time Series Analysis of Systemic Dynamics，1496-1967," *International Studies Quarterly*，35（June 1991），pp.123-149，quoted at p.144.

223 Ibid., p.145.

224 Joshua S. Goldstein，"The Possibility of Cycles in International Relations," *Internatioal Studies Quarterly*，35（December 1991），pp.477-480. 两个都引自第 477 页。

225 Joshua S Goldstein，*Long Cycles*（New Haven，CT：Yale University Press，1988），p.176.

226 Goldstein，"Possibility of Cycles," 478；and Long Cycles，p.177.

227 Lois W. Sayrs，"The Long Cycle in International Relations：A Markov Spesification," *International Studies Quarterly*，37（June1993），pp.215-237，especially pp.216-218.

228 George Modelski，"Long Cycles，Kondratieffs and Alternating Innovations," in Charles W. Kegley，Jr.，and Patrick McGowan，eds.，*The Political Economy of Foreign Policy Behavior*（Beverly Hills，CA：Sage，1981）.

229 Nathaniel Beck，"The Illusion of Cycles in International Relations," *International*

340

Studies Quarterly，35（December 1993），pp.455-476，quoted at p.456.

230 Ibid.

231 Michael W. Doyle，"Liberalism and World Politics Revisited，" in Charles W. Kegley，Jr., ed., *Controversies in International Relations Theory：Realism and the Neoliberal Challenge*（New York：St. Martin's，1995），p.102，引自多伊尔早期的重要文章 "Liberalism and World Politics，" *American Political Science Review*，80（December 1986），pp.1151-1169。后来，几乎所有就该主题发表著述的作者都引用了这篇文章。又见 Wade L. Huntley，"Kant's Third Image：Systemic Sources of the Liberal Peace，" *International Studies Quarterly*，40（1）（March 1996），pp.45-76. 另一个角度的论著，见 John R. Oneal，Frances H. Oneal，Zeex Moaz，and Bruce Russett，"The Liberal Peace：Interdependence，Democracy，and International Conflict，1950-1985，" *Journal of Peace Research*，33（1）（1996），pp.11-28. See also Henry S. Farber and Joanne Gowa，"Polities and Peace，" *International Security*，20（2）（Fall 1995），pp.147-184. 最近有关民主和平论的论文集，见 Miriam Fendius Elman，ed., *Paths to Peace：Is Democracy the Answer?*（Cambridge，MA，and London：The MIT Press，1997）；and Michael E. Brown，Sean M. Lynn-Jones，and Steven E. Miller，eds., *Debating the Democratic Peace*（Cambridge，MA，and London：The MIT Press，1996）.

232 Doyle，"Liberalism in World Politics，" p.95. 引文引自 *Kant's Political Writings*，ed.by Hans Reiss and trans. By H. B. Nisbet（Cambridge，England：Cambridge University Press，1970），pp.105，104. 詹姆斯·李·雷曾指出，杰拉米·边沁、托马斯·佩因（Thomas Paine）和黑格尔提出过类似的观点，*Democrecy and International Conflict*（Columbia，SC：University of South Carolina Press，1995），cited in Giller and Singer，*Nations at War*，p.85. "尽管事实表明，同非民主国家相比，民主国家的战争倾向并不弱，但近来的双变量分析表明，民主国家彼此间很少交战。" 这使得杰克·利维和布鲁斯·罗塞特 "断言民主国家间没有战争是国际政治领域中最具经验基础的概括之一"。Geller and Singer，*Nations at War*，p.85.

233 Kenneth N. Waltz，*Man，the State and War*（New York：Columbia University Press，1959），pp.83-114.

234 Melvin Small and J. David Singer，"The War-Proneness of Democratic Regimes，" *Jerusalem Journal of International Relations*，1（Summer 1976），pp.50-69.

235 Paul Diehl，"Arms Races and Escalation：A Closer Look，" *Journal of Peace Research*，20（3）（September 1983），pp.205-112，and "Armaments Without War：An Analysis of Some Underlying Effecrts，" *Journal of Peace Research*，22（3）（September 1985），pp.249-259. 亨利·法伯（Henry S. Farber）和乔安尼·戈瓦（Joanne Gowa）并没有发现1914年前，民主与战争有关联，而只是从1914年以后才有了关联。"Politics and Peace，" *International Security*，20（Fall 1995），pp.123-146. 有人以地理距离对民主和平做出了解释，尼尔斯·彼得·格拉迪施（Nils Petter Gladitsch）检验并否定了这一解释，他得出的结论是 "对于和平而言，两个民主国家几乎是无可挑剔的充分条件"。"Geography，Democracy，and Peace，" *International Interactions*，20（1995），p.318.

236 Carol R. Ember，Melvin Ember，and Bruce Russett，"Peace Between Participatory Polities：A Cross-Cultural Test of the 'Democracies Rarely Fight Each Other' Hypothesie，" *World Politics*，44（July 1992），pp.574-575.

341

237 Jack S. Levy, "Domestic Politics and War," in Robert J. Rotberg and Theodore K. Rabb, eds., *The Origin and Prevention of Major Wars*（Cambridge, England: Cambridge University Press, 1989）, p.88.

238 Doyle, "Liberalism and World Politics Revisited," pp.89-92.

239 Nicholas G. Onuf and Thomas J. Johnson, "Peace in the Liberal World: Does Democracy Matter？" in Charles W. Kegley, Jr., ed.,*Controversies in International Relations Theory: Realism and the Neoliberal Challenge*（New York: St. Martin's Press, 1995）, pp.192-193. 其他角度的论述, 见 John R. Oneal, Frances H. Oneal, Zeev Maoz, and Bruce Russett, "The Liberal Peace: Interdependence, Democracy and International Conflict, 1950-1985," *Journal of Peace Research*, 33（1）（1996）, pp.11-28.

240 Rudolph Rummel, "Libertarianism and International Violence," *Journal of Conflict Resolution*, 27（March 1983）, pp.27-71.

241 S. Chan, "Mirror, Mirror on the Wall ... Are the Democratic States More Pacific?" *Journal of Conflict Resolution*, 28（December 1984）, pp.617-648; and Eric Weede, "Democracy and War Involvement," *Journal of Conflict Resolution*, 28（December 1984）, pp.649-694.

242 Rudolph Rummel, "Libertarian Propositions on Violence Between and Within Nations," *Journal of Conflict Resolution*, 29（September 1985）, pp.419-455. 在一项全面的重复研究中, 泽夫·毛兹和纳斯林·阿卜杜拉里（Nasrin Abdolali）得出了"坚定的结论", 在国家层次上分析, 政体类型与战争没有关联, 但是双变量分析通常都为这样一个假设提供了明确的支持, 即结合在一起的政治自由和经济自由与卷入战争反向相关; "Regime Types and International Conflict, 1816-1976," *Journal of Conflict Resolution*, 33（March 1989）, p.30.

243 Immanuel Kant, *Perpetual Peace*, quoted by Doyle, "Liberalism and World Politics Revisited," p.99, from Reiss, ed.,p.114.

244 Doyle, "Liberalism and World Politics Revisited," p.99. 在后来的一部著作中, 多伊尔写道, 对于康德来说, "他认为, 自由国家间的相互交往, 而不是自由国家与非自由国家间的关系, 能维持和平。而且, 他们享有的和平是一种和平的状态, 不仅仅是成功的威慑或没有战争的机会"。*Ways of War and Peace*（New York: W. W. Norton, 1997）, p.252. 在上引书的第252—258页, 他详细阐述了康德的观点。

245 Carol R. Ember, Melvin Ember, and Bruce Russett, "Participatory Politics," pp.575-577. 像大多数分析家一样, 他们注意到有可靠的证据证明, 在民主国家与非民主专制国家二元关系中, 战争狂热会席卷民主国家。

246 Bruce Bueno de Mesquita and David Lalman, "Domestic Opposition and Foreign War," *American Political Science Review*, 84（September 1990）, p.747.

247 T. Clifton Morgan and Sally Howard Campbell, "Domestic Structure, Decisional Constraints, and War: So Why Kant Democracies Fight?" *Journal of Conglict Resolution*, 35（June 1991）, p.189.

248 Ibid., pp.190-195.

249 Ibid., p.206.

250 Ibid., p.208.

251 Ibid., p.210.

252 Christopher Layne, "Kant or Cant: The Myth of the Democratic Peace," *International*

342

Security，19（Fall 1994），pp.5-49． 又 见 William J. Dixon，"Democracy and the Management of International Conflict，" *Journal of Conflict Resolution*，37（1993），pp.42-68，and "Democracy and the Peaceful Settlement of International Conflict，" *American Political Science Review*，88（1994），pp.14-32．布鲁斯·罗塞特和詹姆斯·李·雷提出了很有趣的观点，拉丁美洲地区曾经没有多少民主国家，却保持了长时期的和平。"Response to Raymond Cohen，" *International Security*，21（1995），pp.320-321．

253 Layne，"Kant or Cant，" p.38．

254 Ibid.，pp.38-39．莱恩抱怨道，民主和平理论家将每对关系看做是一样的，然而"只有当每对中的双方有可能进行战争时，这个案例才有意义"，也就是两国都具有了参战的机会、实力和理由。（第39 页）他还批评这些理论家把德国魏玛共和国排除在民主国家之外，因为他认为该国的内政是独裁的（正如多伊尔承认的那样），但该国对外决策过程与英国或法国相比，其民主程度没多大区别，它们的对外决策过程中都具有贵族性质。（在对外决策过程中，三个国家都拒绝国会的控制和批评）（第41 ~ 44页）如果民主国家像他们的提倡者声称的那样强大，民主国家"与所有国家的关系都会是和平的，不管这个国家是民主的还是不民主的"。（第12 页）但是，这似乎并未理解康德在"共和国"与暴政之间进行战争原因问题上的基本观点。

255 David E．Spiro，"The Insignificance of the Liberal Peace，" *International Security*，19（Fall 1994），p.51．斯科特·盖茨（Scott Gates）、托尔比约恩·克努森以及乔纳森·摩西（Jonathan W．Moses）都曾遭受过类似的批评。"Democracy and Peace：A More Skeptical View，" *Journal of Peace Research*，33（1996），pp.1-10．

256 Spiro，"Insignificance of Liberal Peace，" p.53．

257 Ibid.，p.56．

258 Ibid.，pp.55-56．

259 Ibid.，p.56．

260 Ibid.，p.58．定义民主和衡量新兴民主国家达到民主标准的程度是困难的，有关内容见 Doh Chull Shing，"On the Third Wave of Democratization，" *World Politics*，47（October 1994），pp.135-170．

261 David A. Lake，"Powerful Pacifists：Democratic States and War，" *American Political Science Review*，86（March 1992），p.24．

262 Ibid.，pp.28-30．

263 Ibid.，p.30．

264 Ibid.，p.31，pp.31-33 讨论了统计证据，包括包含或排除某一战争的原因。

265 Zeev Maoz and Bruce Russett，"Normative and Structural Causes of Democratic Peace，1946-1986，" *American Political Science Review*，87（September 1993），pp.624-638，quoted on p.624．在这一点上，他们引用了利维、雷以及罗塞特的早期著作。整篇文章中，他们都在论述毛兹尚、阿卜杜拉里、多伊尔、莱克以及鲁梅尔已经提出的观点及前面引用过的其他人的观点。

266 Ibid.，pp.625-627．

267 Ibid.，p.636．

268 Ibid.，pp.636-637．

269 Edward Mansfield and Jack Snyder，"Democratization and War，" *International Security*，20（Summer 1995），pp.5-38，esp.p.12．

343

270 Spencer R. Weart, *Never at War: Why Democracies Will Not fight One Another* (New Haven, CT, and London: Yale University Press, 1998), p.13.

271 Ibid., p.297.

272 Ibid., pp.22-23.

273 一些怀疑"民主国家不会打仗"假说的人担心，这一假说会支持威尔逊的"民主会带来世界安全"的信念，使之成为冷战后美国对外政策的焦点，以证明通过对外干涉扩大从海地到中东欧，再到前苏联的民主和平区域的做法是正当的。见 Layne, "Kantor Cant," pp.46-49. See also Scott Gates, TorbjornL. Knutsen, and Jonathan W. Moses, "Democracy and Peace: A More Skeptical View," *Journal of Peace Research*, 33 (1) (1996), pp.1-10.

274 Geller and Singer, *Nations at War*, p.3. 在近期其他学者运用了定量分析方法研究了民主与和平的统计关系。他们发现，总体上讲，民主与和平二者的关系在统计上并不显著，更重要的是两者的联系很小。反之，和平导致民主的统计关系则更显著。联立系统中的两个方程所能解释的偏差都没有超过百分之六，因此其他因素可能更重要。Patrick James, Eric Solberg and Murray Wolfson, "An Identified Systemic Model of the Democracy-Peace Nexus," *Defense and Peace Economics*, Vol. 10, (1999), p.1.

第八章

威慑理论·军控与战略稳定

冷战40年里，没有任何一个概念能像核威慑那 344
样主导国际战略理论。冷战结束后，世界上最大的核
武器库得到大幅削减，常规威慑的重要性上升，因
此在20世纪80年代中期以后，出现了许多关于常规
威慑的讨论。此外，人们也开始考虑其他大规模杀
伤性武器（WMD）的问题，即生物武器和化学武
器，以及此类武器向一些国家或非国家行为体扩散的
问题。本章讨论冷战以来威慑理论的发展情况。**威慑**
（deterrence）一词是核时代的产物。二战前的国际关
系或战略理论著作中没有这个词。历史上（19世纪后
半期以来），法学家们一般都赞同功利主义哲学家杰
拉米·边沁的观点，认为惩罚是防止犯罪的一种威慑
手段。作为核时代威慑理论创始人之一的伯纳德·布
罗迪写道，自从出现核武器以来，"这一术语（威
慑）不仅被特别强调，而且具有了特殊涵义"。[1] 罗伯
特·杰维斯（Robert Jervis）认为，威慑理论"也许
是美国国际关系研究中最有影响的一种理论"，这或
许是因为大多数美国学者接受现实主义理论，因此他
们容易认可威慑理论。[2]

核武器并不是威慑概念的核心。亚历山大·乔治
（Alexander L. George）和理查德·什莫克（Richard
Smoke）写道："在其最一般的形式上，威慑就是让对
手相信，他为采取某种行动而付出的代价或所冒的风
险会大于收益。"[3] 格伦·斯奈德认为威慑就是"胡萝
卜加大棒"，即"一方含蓄或明确地以制裁相威胁，
或是许诺报偿，以阻止另一方做某事"。[4] 除了少数例
外（后面我们会讨论到），关于威慑的大量著述关注
的都是以惩罚相威胁的一面，而常常忽视报偿手段。
如果只从一个方面出发来认识威慑，威慑其实是一种
很古老的思想。尽管修昔底德和马基雅维利从未使用
过威慑这个词，但我们可以从他们的著作中发现这种
思想。拿破仑战争之后，欧洲维持了一个世纪的均势

345 体系。这种体系实质上是控制权力的一种方式，各国领导人力图使这个体系中的战争变得无利可图。威慑隐含在充满各种信号和警示的相互交流之中，如海军的调遣、互派军事观察员、缔结同盟条约，等等。在核时代，威慑具有以毁灭性报复相威胁的特点，这就使威慑的意义更加明确。[5]

后面的讨论将表明，使用统计方法或案例比较分析方法来检验关于威慑成败的假设，必须依赖常规威慑的历史。然而，关于核威慑的大辩论持续了几十年，由于核威慑是引起后来对威慑成败研究的战略政策，所以，我们了解威慑概念如何在二战后变得如此突出（先是政策研究，后来开始成为理论研究）是非常重要的。

历史背景

伯纳德·布罗迪是人们公认的威慑战略理论的先驱，他原来是耶鲁大学的教授，后来在兰德公司任分析员。在对广岛和长崎进行核攻击之后的几个月里，布罗迪开始思考新的国际现实。他写道："迄今为止，军队建设的主要目的一直是赢得战争；从现在开始，军队建设的主要目的必须是避免战争。除此之外，几乎不可能再有其他有意义的目的了。"[6] 布罗迪最后这一句话有夸大之嫌，但后来的历史证实了他在核时代来临之际所提出的主要观点，至少就战略性的全面战争来说是如此。他称原子弹（当时的叫法）为"终极武器"，并认为任何使用原子弹的战争都属于人类的最大灾难，因此要不惜一切代价避免这种战争。威慑的实现，是通过让潜在的进攻者（假定他们的政策制定是理性的）确信，蓄意发动大规模核战争的收益，绝不会大于进行这种战争的成本。诚然，美国当时拥有核垄断的地位，但核科学家们一点都不怀疑，苏联将在5年左右的时间里研制出类似的武器（苏联1949年就做到了这一点）。首先必须强调的是，核威慑概念是基于这样一种假设，即现代政府的政策制定者们在选择战争之前，通常会进行成本—收益分析。这种分析方法一直为经济学家们所推崇，也是布鲁斯·布伊诺·德·门斯奎塔的预期效用理论的基础。我们在第七章和第十一章中有所讨论。

威慑理论不是突然出现的，而是逐渐发展起来的，并具有阶段性特
346 点（杰维斯称之为"波浪性发展"）。[7] 在美国享有核武器垄断地位的时

期（1945～1949），还没有出现系统的威慑战略理论。最先出现的是**遏制**（containment）政策，它以乔治·凯南提出的概念为基础。[8] 作为对苏联扩张威胁的一种反应，遏制政策并没有包含任何明确的军事思想来支持该项政策。事实上，凯南既没有强调也没有否定军事遏制手段，但认为军事手段和政治手段、经济手段一样，都是整个外交手段中的一部分。[9] 实际上，许多人逐渐形成了这样一种看法，即认为核武器的存在已经彻底改变了战争的性质，并将从此如人所愿地消除全面战争。然而，此时苏联还未掌握这种武器。杜鲁门时期的美国军事策划者们想当然地认为，如果美苏之间爆发全面战争，美国就会依靠其远程轰炸能力，像赢得二战胜利一样成为胜利者，主要的区别在于，现在飞机上装载的是新式的终极武器，而不是常规炸弹。[10] 当时的苏联仍处于恢复二战造成的严重创伤的阶段，似乎根本没有做好和世界惟一核大国——美国进行一场全面战争的准备。

20世纪50年代初期，受一些国际事件发展和人们认识变化的影响，西方分析家们开始深入研究并修正核威慑理论。这些影响来自以下一些国际形势的发展和人们的认识：朝鲜战争；人们逐渐意识到，美苏两个大国很快就会拥有大规模的核武器库（包括原子武器和热核武器）；西方国家担心，由于二战后部队迅速复员，自己的常规力量将落后于共产主义阵营。此外，西方国家也担心，如果长期推行全球遏制政策，将很难在政治和经济上同共产党国家进行较量。

朝鲜战争使人们开始研究有限战争概念。在东亚进行的这场代价高昂的、长期的和意义模糊的战争使美国人深感沮丧。美国人在本世纪已经习惯于打全面战争，直到取得全面胜利和接受敌人无条件投降。尽管苏联当时没有能力卷入全面战争（中华人民共和国更是如此），但是美国面临来自欧洲盟国要求控制冲突规模的巨大政治压力，也不愿意在亚洲大陆卷入一场大规模的地面战争，所以还是严格限制了军事行动的规模。因此，美国没有使用核武器（尽管美国几乎处于核垄断地位），轰炸范围也没有超过北朝鲜与中国的边界鸭绿江。另外，美国也没有让（台湾地区的）蒋介石（Chiang Kai-shek）国民党"当局"的军队参与联合国的警察行动。有限战争的支持者们反对道格拉斯·麦克阿瑟（Douglas MacArthur）将军所说的"战争中什么都取代不了胜利"的说法。他们认为，在即将来临的核时代，战争必须排除核武器的使用，战争的目的也必须严格加以限制。在他们看来，为了防止战争升级而制定一些基本规则是十分重要的，即使它

347

将意味着令人痛苦的激烈斗争，而且这种斗争的结果只能是僵局。[11]

在艾森豪威尔政府宣布"大规模报复战略"之后，关于核威慑的讨论开始认真起来。美国不愿再使自己受到限制，在不使用核武器的条件下打无数个类似朝鲜战争那样的费用高昂、旷日持久的有限战争了。在国务卿约翰·杜勒斯（John Foster Dulles）看来，"必须凭借大规模报复力量的威慑作用来加强地区防御……对自由社会来说，阻止侵略的方法，是有决心并有能力以自己选择的方式在自己选择的地点做出强有力的反应"。[12] 有一点很重要，那就是，杜勒斯提出的"大规模报复战略"与50年代逐渐成形的威慑政策是根本不同的。更确切地说，它不过是对威慑概念的一种早期的、粗糙的和有争议的运用，很快就遭到了许多批评。美国空军一直主张在战略核力量上大大超过苏联，以使美国能在战略竞争中占据上风。

然而，在财政方面态度保守的艾森豪威尔总统考虑的是威慑和防御政策的长期性经济后果，他确信，要获得战略核优势和打击军事力量的能力（在敌人对美国及其盟国造成重大损失之前摧毁其军事力量），其代价过于昂贵。这种想法削弱了这样一个观点：核武器能够经济有效地替代大规模常规军事力量。艾森豪威尔总统满足于战略充足概念。战略充足的先决条件是维持大量的但并非是无限的核力量，这是一种居于战略优势与最低限度核威慑之间的选择。耶罗迈·卡汉（Jerome H. Kahan）写道："这种战略不仅反映了某种理念的选择，而且体现了一种官僚机构的妥协，即那些认为美国的战略力量过强和那些认为美国战略力量过弱的人之间的妥协。"[13] 即便采用了这种政策，美国实际上仍保持了多年对苏联的战略优势地位。但是，美国政府从未认真考虑过发动一场预防性战争，尽管在这段时期里，它能够取得这场战争的决定性胜利。

很快，一些批评家就对杜勒斯主义是否能有效抵御共产主义扩张（不包括共产党国家对西欧的大规模军事进攻）提出了质疑。大规模报复战略意味着，如果共产党国家在亚洲这样的中间地带和北约国家的领土上发动进攻，美国的战略空军司令部就会对苏联和中国（或其中之一）实施核打击。威廉·考夫曼（William W. Kaufmann）反对这种政策。尽管他承认美国拥有实施远程打击的能力，但考虑到战略意图是否**可信**（credible）时，他怀疑该项政策是否符合有效威慑的根本要求。考夫曼提出了他的理由：

348　　　　他们（共产党国家的领导人）会看到我们具有实施威胁的能

力，但是他们同样会注意到，随着他们国家的核能力的增长，我们只有在成本、风险与战略优势之间进行痛苦的权衡之后，才会决定使用大规模杀伤性武器……朝鲜战争和印度支那战争是我们这种犹豫态度的重要标志，我们不仅不愿介入边缘地区的冲突，也不愿使我们所卷入的冲突扩大化……最后，国内的和盟国的舆论使他们有充分的理由相信，大规模报复战略理论至多只是一个政策建议，如果不是虚张声势的话，还需要经过分析和长期的讨论，才能成为可接受的政策。[14]

曾担任过国务院政策规划办公厅主任的保罗·尼采（Paul Nitze）批评了杜勒斯的理论，对纯粹的**供宣布的政策**（declaratory policy）和**实际政策**（active policy）做了区别：前者是出于心理或政治目的，后者是实际上能够实施的政策。尼采认为，杜勒斯主义在供宣布的政策和实际政策之间制造了一个很大的鸿沟。[15] 20世纪50年代中期，西方战略分析家们力图降低大规模报复的调子，他们使用分级威慑的说法来缩小宣传辞令与政策现实之间的差距。但分级威慑这个词不太恰当，意味着威慑本身是可以分为等级的。人们可以认为，进攻要么被阻止，要么未被阻止；但是进攻一旦开始，对军事力量的运用却能够分为等级。分级威慑的倡导者认为，如果战略思想提出的不是大规模报复，而是提出使用最低限度的核力量来抑制、反击和挫败侵略（即使用战术性核武器对付共产党国家的核心地带），就可以弥补西方国家常规力量的弱势，并使西方国家的威慑可信性更高。[16]

布罗迪相信，全面核战争会摧毁所有的政治和社会价值，所以他反对那些增加核战争可能性的战略计划，即预防性战争（在战争临近时先发制人）和大规模报复。[17]他把防止全面战争的战略看做是限制随时可能爆发的军事冲突的一种补充原则。[18]他确信美国政府不会蓄意发动一场核战争，并认为十分重要的一点，是要让潜在的侵略者相信，如果他们首先发动进攻，决不会从中得到任何好处。[19]他认为，做到这一点的惟一办法，就是确保军事力量的生存能力，使之能够在报复行动中对侵略者实施破坏性打击：

　　首先，它（威慑政策）使用的是我们认为绝对有效的和从不失败的威胁。至少来说，这种制裁不可以重复使用……只有当我

们确信，威慑所依赖的报复手段并不需要实际运用的时候，威慑
才能成为一种战略政策。但是，我们必须维持这些报复手段的高
效和高度战备状态，并以很高的成本不断改进它们……[20]

349 布罗迪认为，在使美国免遭战略核武器的直接打击方面，美国的威慑
政策具有很高的可信性。没有哪个敌对国家会策划首先对美国进行核打
击，因为没有哪个国家会相信美国不具备报复能力，更别说相信美国领导
人没有进行报复的意愿了。在他看来，关键问题是存在这样一种可能，即
敌对国家不相信美国会针对小规模进攻而展开大规模报复，因为没有哪个
政府会冒动用核武器的风险，除非国家重大利益受到了严重威胁。不过他
紧接着又警告说，如果事先让敌人确信核战争是不可想象的，是不会发生
的，这就犯了策略上的错误。因为这样可能会导致敌人做出错误预测，并
鲁莽地发动全面核战争来进行一场拙劣的赌博。[21]尽管布罗迪没有把大规
模报复推崇为一种可行的理论，但他也不反对：在美国处于核优势的情况
下，要让敌人明白，大规模报复是美国的一项国策。

  让布罗迪更担心的，是那些"不太相信大规模报复的威慑作用"的人，
以及那些支持在局部战争中使用战术核武器的人。1957年，曾因支持大
规模报复而饱受批评的杜勒斯似乎也有意改变他原来的看法，而布罗迪对
所谓调整战略会增加核战争危险的观点也有了疑虑。[22]关于我们是否可以
清楚地区分战略核武器和战术核武器，是否这种理论上的区分在战争状况
下仍有意义，以及使用核武器（无论是战术性的还是战略性的）的战争能
不能维持在有限战争的程度上等，围绕这些有细微差别的问题所展开的争
论，即使在威慑理论的早期阶段也是存在的。冷战期间，诸如此类的问题
在有关威慑理论的各种争论中反复出现。

  布罗迪的思想深深地影响了当时兰德公司的其他威慑理论家。例如，
阿尔伯特·沃尔斯泰特（Albert Wohlstetter）就非常赞成维持一支可以保存
的核报复力量。认识到武器技术在不断发展，沃尔斯泰德明确指出，威慑
需要拥有无懈可击的第二次打击能力，以便报复性地给那些发动突袭的侵
略者造成难以承受的打击。1957年苏联第一次发射人造卫星后，沃尔斯泰
德在其著述中指出，技术的发展将使战略武器难以经受突然打击，所以，
今后只有通过对核导弹系统的疏散、机动和保护（即加固），才能维持威
慑的可信性。[23]地面上固定的未加保护的导弹无法发挥第二次打击的作用，

因为它们难以从对方的第一次打击中生存下来，因此很容易被用做进行第一次打击的武器。如果双方都维持这种核力量，那么当危机来临时，双方都倾向于发动第一次打击以抢占先机，国际形势将处于战争一触即发和动荡不安的紧张状态。

布罗迪赞成花费巨资进行技术革新以维持威慑能力，因为他明白，一旦出现新型武器，稳定的相互威慑就无法维持下去。然而他又认为，沃尔斯泰德对威慑的条件的分析太强调技术因素，没有考虑相关的政治和心理因素。[24] 尽管布罗迪尊重赫尔曼·卡恩（Herman Kahn）的技术能力和对战争状态的想象力的说法，[25] 但他认为，卡恩关于美国能承受一场热核战争的乐观看法是毫无根据的。[26]

在二十多年的时间里，布罗迪一直提倡要维持可进行第二次打击的报复能力，以保证可信的威慑。但是，他对大多数关于政策、武器系统、常规力量建设（或建立反暴乱的武装力量）以及战略和战术选择方面的建议和主张都持怀疑态度，因为这些建议和主张可能会使政策制定者们鲁莽地卷入那些可能升级为核战争的冲突。"避免不幸的有效方法是减少导致不幸的途径。"[27] 但他决不认为核武器是无用的，核武器最大的作用是以出现灾难性后果的可能性来防止大规模军事对抗。[28]

当美国享有战略核优势的时候，没有人怀疑美国具有防止遭到直接攻击的能力。但正如我们所见，许多人对于阻止共产党国家在亚洲和中东等边缘地带（或"灰色"地带）的侵略，威胁使用核报复的政策是否有效疑虑重重。（一个国家很难像为维护本国的生存和核心利益一样，为了维护盟国的利益在冒着核战争巨大风险的情况下来维持可信的威胁）最重要的问题是，西欧是否因其政治、经济和文化方面的重要性而属于一个特殊的地理区域？美国能不能通过间接的或扩展的威慑来保卫欧洲？即使到了冷战结束之后，人们也还在争论，斯大林统治下的苏联是否曾计划利用军事力量来填补战后欧洲地区的权力真空。可以确定的一点是，在1945年之后，西欧国家领导人对该区域安全的脆弱状况深感担忧。在历史学家迈克尔·霍华德看来，让欧洲人更担心的，是他们自己在政治、经济和军事力量方面的脆弱，而不是迫在眉睫的来自苏联的具体威胁，因为苏联遭受了更严重的战争破坏，面临着更严重的战后重建问题。霍华德说，欧洲人需要的是**确保**（reassurance）而不是**威慑**（deterrence）。他认为，由于西欧经济重建取得卓越成就与东欧经济暗淡的发展前景形成了鲜明对照，莫斯

350

科可能认为马歇尔计划是对自己控制东欧的能力的威胁，这就导致了它的
一些针对西方的富有攻击性特征的行为（如封锁柏林和入侵捷克斯洛伐
克）。[29] 斯大林无情地占领了东欧；美国迅速复员了战时的武装力量，只在
德国和奥地利留下小规模驻军；在法国和意大利，强大的共产党组织效忠
于莫斯科，他们是纪律严明的颠覆者。

　　单凭美国的经济援助并不能使西欧人感到安全。许多人害怕，工农业
生产能力的恢复非但不能加强他们的安全，反而使西欧更容易变成一个受
攻击的目标。欧洲人是均势的发明者，他们对均势坚信不疑，希望美国能
确保消除苏联的任何进攻企图，其结果便产生了大西洋联盟。在估算了抗
衡苏联强大的常规力量所需要花费的巨大成本之后（1951年的里斯本会
议），盟国决定依靠丘吉尔首相和艾森豪威尔总统（前北约盟军总司令）
所主张的成本低但却更有效的核威慑战略，来实施对苏遏制政策。[30] 事实
证明，核威慑战略对欧洲非常有利，它减少了欧洲人原本需要负担的防御
费用。但是，正如迈克尔·霍华德所指出的，核威慑战略意味着"威慑的
可信性取决于美国对苏联的持续的核优势……（和）西欧人实际上放弃自
己的防御责任"。[31] 为了维护国家尊严，英国和法国政府决心发展自己的战
略核力量，以保持军事上的独立性。为此，两国的国防开支占到了GDP的
4%，而其他欧洲大陆盟国的开支为3%。起初，英法两国的核力量并不具
备明显的军事意义。事实上，它们的可信性还常常受到奚落和嘲笑。但是
对于英法两国来说，这种核力量具有十分重要的政治意义。最终，这种核
力量在美苏的军控外交中取得了一定的影响力。

理论争论

　　多数情况下，大多数核威慑的支持者基本上同意核威慑的一些核心命
题，但他们的论文、演讲和著述中却经常出现分歧。当然，对于战略政策
和核威慑战略，以及核威慑战略的理论基础，有些批评家是持彻底否定态
度的。为此，我们有必要概括一下核威慑的核心命题。现实主义者在这些
核心命题上观点基本一致，认为威慑概念在理论上有很强的说服力。

　　1. 核武器的主要目的是防止大国之间发生大规模战争。它不仅要防
止核战争，还要防止可能升级为核战争的常规战争。

2. 核威慑无法防止其他各种形式的冲突，如某些地区发生的小规模
战争和游击队叛乱、内战、地区国际战争、种族灭绝，等等。核大国在这 352
些地区没有生死攸关的利益，其核威慑也缺乏可信性和实用性。

3. 有效威慑需要不断进行高投入的技术革新（现代化），通过有计划
地提高安全可靠的第二次打击能力，来维持国际战略的稳定。（20世纪60
年代中期，战略分析家们普遍接受这样一种假定：由于对陆基洲际弹道导
弹和海基潜射弹道导弹系统进行了分散和保护式的部署，两个超级大国已
经或正在致力于达到稳定的相互威慑。[32]

4. 威慑既是军事技术概念，也是心理—政治概念。由于威慑成功与
否取决于潜在的进攻者的认知和评估，威慑的可信性一直是威慑的必要条
件。当威胁的基础是建立在足以给进攻者以"难以承受的打击"的军事力
量之上，同时又有明确的意图和坚定的政治意愿来实施这种惩罚时，威胁
才是最可信的。亨利·基辛格写道：

> 　　从威慑的观点来看，表面的软弱与真正的软弱所产生的后果
> 是一样的。同样是进行威慑，虚张声势的手段如果被对方信以为
> 真，其威慑效果比那种虽然是真正的威胁但却被当成是虚张声势
> 的手段要有效得多。威慑需要实力、使用实力的意志，以及潜在
> 进攻者对这两方面因素的评估等三方面的结合。而且，威慑是所
> 有这些因素的乘积，而不是它们的和。如果其中任何一个因素是
> 零，威慑就会失效。[33]

5. 要维持威慑的有效性，就不能隐藏威慑能力。必须把关于自己威
慑能力的信息传达给对手。如果一方秘密地增加或更新武器部署，那它就
无法真正提高威慑的效力。（关于战略沟通的讨论，参见第十一章有关托
马斯·谢林的部分）当然，在任何时候，政府的政策制定者们都满意于他
们对军事形势现状的评估。各国政府都进行情报搜集工作。它们知道其他
国家也在做同样的事情。不同国家以及一国政府的不同部门和机构，对情
报的评估并不一致。人们可能会担心，有些数据不够充分、数据中存在矛
盾、虚假数据、对数据的歪曲，以及对数据过分乐观或过分悲观地解释等
问题。虽然威慑需要把一些情况传达给对方，但传递太多的情报有可能会
方便对手策划进攻，从而削弱威慑的效力。[34]

6. 威慑和防御是两个有很大区别的概念。不过从实际策划的目的来看，它们是密切相关的。核大国依靠威慑防止自己的或盟友的重大利益受到核攻击，但也需要常规防御能力来对付常规军事威胁，以便在一些核威慑可信性很低的地区保护自身的重大利益。

正如沃尔特·米利斯（Walter Millis）[35]等人所认为的那样，核武器时代的来临，并没有使各国政府或军事顾问们得出以下结论，即军事力量（核力量和常规力量）已经失去了它的作用。克劳斯·诺尔（Klaus Knorr）、巴里·布勒克曼（Barry Blechman）、斯蒂芬·卡普兰（Stephen Kaplan）、劳伦斯·马丁（Laurence Martin）以及罗伯特·吉尔平等人指出，不管是核力量还是常规力量，军事力量将继续影响国家的政治行为，尽管它们可能不会被用于战争；核门槛之内的常规战争会继续发生并产生重大国际影响；在某些地区，以核战争相威胁可以对使用常规力量的侵略行为构成有力威慑。[36]马丁一针见血地指出，两个超级大国之间的核战略均势造成了一种普遍但没有根据的信念：核武器的作用仅限于在核威慑框架内相互抵消。认为核武器没有积极意义的不恰当假设促使社会精英和大众普遍否定军事力量的作用。[37]在马丁看来，核武器具有强大功能，因为它是"免遭敌人攻击的惟一有力保证，同时也是对付外来的、讹诈性的核强权巨大压力的惟一可靠保障"。[38]他还以一个令人信服的案例说明，核武器与充足的常规防御力量相结合，就可以防止苏联利用常规力量优势进攻美国的欧洲盟国，即使这种进攻并不威胁美国的生存。[39]我们后面会再讨论北约在欧洲的威慑与防御问题。

7. 威慑的支持者们采用的基本术语相当一致，虽然这些术语有时深奥晦涩，充满各种缩写语。他们对**预防性战争**（preventive war）和**先发制人的战争**（preemptive war）做了区分。前者指进攻者事先有所策划，在自己选择的时间里发起的战争。后者指一个国家确信核战争已迫在眉睫，为避免被对方占得先机而首先发动的战争。他们对**打击资源**（countervalue）战略和**打击军事力量**（counterforce）战略做了区分。前者以对手的人口密集区为打击目标，后者的目标在于摧毁对手的战略武器据点及其他军事力量。在他们的定义中，**战略武器**（strategic weapons）指洲际武器（远程导弹、洲际弹道导弹和潜射弹道导弹）；**战术武器**（tactical weapons）指在战场上使用的短程武器；**战区武器**（theater weapons）指在欧洲部署的中程导弹（如苏SS-20导弹和北约的战斧式巡航导弹，它们在1987年《美苏

中导条约》签署后已被销毁）。苏联解体后形势发生了变化，人们的注意
力转移到冷战后时代的威慑（如本章后面将谈到的那样），同时还对大规
模报复威慑战略［国防部长罗伯特·麦克纳马拉（Robert McNamara）的
确保摧毁威慑战略］与有限打击威慑战略加以区别。前者指威胁全面使用
核武器［或称**发作性反应**（spasm response）］，后者指在威慑失败而战争
爆发的情况下有限地使用核武器。（参见下面"威慑的困境"部分）

　　早期国际关系理论的学者们必须熟悉核战略的这些基本概念，也必须
熟悉用来估算威慑和防御能力的各种因素：多弹头、加固、疏散和机动、
预警时间、监视效果、C^3 系统（指挥、控制和通讯）、导弹的可靠性、制
导系统的精确度，以及各种类型武器的特性等。然而，以相互确保摧毁为
基础的核战略的设计师们认为技术细节无关大局；他们继续警告说，不应
过分考虑威慑失败的可能性，因为这样做会使人觉得核战争爆发是很可能
的事情，从而增大核威慑失败的可能性。

　　在某种意义上，相互威慑概念是古典均势概念的现代形式。许多学
者，如伯纳德·布罗迪、赫德利·布尔、亨利·基辛格、罗伯特·鲍伊
（Robert Bowie）、罗伯特·奥斯古德（Robert Osgood）、唐纳德·布伦南
（Donald G. Brennan）、托马斯·谢林和赫尔曼·卡恩等人，他们对相互威
慑、稳定威慑、均势威慑、稳定的军备平衡等问题的论述，特别容易让人
联想起早期有关均势的各种论著。这些学者的研究反映出他们对同样困扰
过早期理论研究的那些困难的敏锐意识。人们通常认为，均势并没有为对
外政策决策提供良好的理论基础，因为均势是不确定的（缺乏衡量相对
权力的可靠标准），而且也是不真实的（因为认识到这种不确定性的国家
不满足于实现均势，而是寻求一定的优势或一种有利的均势）。因此，政
治领袖及其顾问们总是难以断定稳定的相互威慑是否符合现实，是否指出
了国家应该追求的目标？它是威慑双方不断在军事技术上获得优势而自动
实现的一种客观状况，还是一种要求敌对国家拥有寻求均势的合作意识的
政策？

威慑的困境

　　即便是深受核威慑思想影响的理论家也认识到，这种战略思想在理论

354

上导致了严重的困难、困境和自相矛盾。威慑理论假定，工业发达国家的
355 官僚政府决策过程是理性决策过程，在这个过程中，决策者是按照预期——
效用模型和成本——收益计算来行动的。[40] 因为人们认为资本主义国家和共
产党国家对各自意识形态的信仰都是理性行为，所以两个超级大国似乎都
属于理性行为体，都能在权衡不同行为结果的利弊后，做出冷静的、清醒
的选择。然而，当两个超级大国的核武器库里都存贮着成千上万枚核弹头
时，人们就越来越难以相信，理性的政治领导人们真的能靠大规模报复相
威胁。

尽管确保摧毁在逻辑上似乎是使敌人陷入困境并防止战争的最佳途
径，但美国的理论家和政治决策者们还是力图寻找各种可行方案，以使核
威慑战略更加可信。这些方案包括所谓的灵活反应、有限核战争、选择性
军事目标打击，以及展示性地使用核武器（核武器飞过对方势力范围的上
空）。正如肯尼思·沃尔兹所说，这样做的目的是为了"提醒所有人（如
果有人会忘记的话），灾难时刻在威胁着我们"。雷蒙德·阿隆、格伦·斯
奈德、理查德·罗斯克兰斯、列昂·威塞尔蒂耶（Leon Wieseltier）等
人区分了以下两种情况的不同：一是在战争发生之前以灾难性打击相威胁，
二是在战争爆发之后做出实际反应。[41] 然而，许多威慑战略家反对考虑威
慑失败的情况，他们担心，这样可能会增加威慑失败的可能性。

以现实中的政治经验为基础，沃尔兹在两种悲观论调中持一种中庸态
度。这两种悲观论调分别是：威慑不起作用；威慑失败必定会导致两个超
级大国同归于尽。沃尔兹严格比较了核武器和常规武器的逻辑，又回到了
布罗迪的定理：真正的核威慑不需要复杂的防御。国家不需要建立大规模、
高成本的常规力量来使进攻者相信，通过侵略他国领土而取得胜利的成本
将十分高昂，而只需要让潜在的进攻者相信，如果他们敢于冒险的话，他
们的领土可能会迅速遭受某种十分可怕的灾难性打击。"核武器的绝对性
把拥有核武器的世界与使用常规武器的世界完全区别开来。"[42] 此外，成
功的威慑不需要实施相互确保摧毁战略来破坏对手的城市、数量众多的人
口以及工业经济基础。在核时代，使用小规模核力量进行威胁就足够了，
"因为一旦显示出使用小规模核力量的意志，对手就会明白，使用大规模
核武器是很容易的事情"。[43] 我们可以认为，沃尔兹提倡的是最低限度的威
慑，其着眼点不在于核力量的规模，而在于以遭到攻击就马上惩罚对手相
威胁。

威慑的第二种困境来自于这样一个事实：随着军事技术变得越来越复杂，战略策划者和政策制定者们思想中的不确定因素也在增加。每一次对新一代先进武器系统的部署，都会使对战略平衡和核战争结果的估计变得更加困难。这些不确定因素（计算机也无法解决）将会加强相互威慑，还是会削弱相互威慑呢？

罗伯特·奥斯古德恰如其分地指出了不确定因素在威慑的既精密又具弹性的计算中所起的作用。他认为，这种计算是威慑双方相互审视的过程，威慑双方力图揣测对方的意图，估价目标，估算某种行动的成本和收益，以及具体的相互反应的可能性。他指出，归结到一点，核威慑中的不确定因素，加上错误估计带来的可怕后果，会促使人们采取谨慎和克制的态度，从而有利于国际稳定。但是他不赞成过分依赖不确定因素：

> 它导致一种战略一元论，即把希望过多地寄托在政治家们坚定的自控能力和不进行冒险的个人风格上。它忽略了可怕的不确定性和冒险所带来的严重后果，使人们盲目相信均势的规律性和可预测性，从而降低对军事行动的限制。[44]

后来，斯坦利·显克威支（Stanley Sienkiewicz）把不确定因素看做当代战略分析的核心问题。策划核攻击的侵略者无法知道对方是否会在得知攻击已经开始后马上就进行报复。发动核攻击的一方也无法预测对方的指挥和控制系统如何运作，对方的报复能力如何。显克威支总结说，双方核力量运用过程中的不确定性因素越多（尤其是双方的第一次打击能力），战略核均势中的危机稳定性就越高。[45]

两个超级大国一心想在军事战略层次上维持均势。弹道导弹防御、分导式多弹头以及其他重要的先进军事技术领域里出现的新发展，促使20世纪60年代的学者们从客观的数学公式出发来看待问题，担心国际战略形势有可能动荡不安。有些人认为，如果一国部署弹道导弹防御体系来保护人口密集地区，其对手就会担心该国正在通过削弱对手的报复能力来增加自己选择第一次打击的机会。有些人认为，分导式多弹头增加了弹头的数量，增强了弹头的穿透力和精确度，严重威胁大部分陆基洲际弹道导弹，而要在报复中确保摧毁却主要依靠这些陆基洲际弹道导弹。有些分析家发现，两个超级大国的军备竞赛中存在着一种作用与反作用关系：如果一方坚持部署弹道导弹防御系统来保护其战略导弹，另一方就会发展分导式多弹头，以加强自己的进攻能力作为一种补偿。但是这种补偿式的行为有可能过头，结果会促使前者在加速提高战略防御能力的同时，也开始发展分导式多弹头。[46] 80年代，类似的争论又以新的面孔重新出现，那就是对太空导弹防御计划的批评。我们接下来会谈到这个问题。

战略理论家们并不总是意见一致。有些人反对弹道导弹防御系统，认为从技术上和军事上看，它拦截来犯导弹的效率很低，同时批评它会带来极大的不稳定。有些人认为，如果苏联坚持部署反弹道导弹的话，对美国来说，最经济有效的办法是部署分导式多弹头，以此提高自己的进攻能力。不过这些人后来又反对分导式多弹头，因为它们会带来不稳定性，会使军备竞赛不断升级，而且也不会从根本上加强美国的安全，提高美国的威慑能力，它们只会使苏联进一步做出补偿式的努力。[47]

理性与非理性

有些人对威慑理论的批评更为尖锐，他们怀疑威慑理论最为重要的一个基本假定，即决策者是理性的人。一些最敏锐的分析家勉强支持核威慑，因为在冷战时代，人们找不到其他政治上可行的办法。他们强迫自己不去指出威慑的缺点、含糊和自相矛盾之处。罗伯特·杰维斯是这些分析家中最著名的人物。让他感到奇怪的是，有很多分析家都倾向于依靠逻辑推理，而忽视了决策者的情感和认知。他提醒人们，在国际纠纷和冲突中，对立的双方很少能充分理解彼此的立场和目的，所以其中一方经常会错过或误解在另一方看来是明白无误的信息。

杰维斯提出了以下几个问题：现状的挑战者和维护者是否具有相似的心理状态和决策过程？现状的挑战者害怕维护者对它的安全构成威胁，对这一点，现状的维护者是否能够理解？双方对威胁的可信性的认识是否对称？领导人能否互相了解对方的意图，并预测对方的反应？双方是否同样关心自己信守承诺的声誉？（在杰维斯看来，美国在这方面较苏联更敏感）简而言之，他认为决策者深受"非动机性偏见"（如信仰、意象、偏好及其他认知方面的倾向）的影响。不过他并没有完全贬低威慑理性的假定。他认为，"人并非百分之百地理性，但这一事实并不会使理性假定失效"。[48]

正如我们在第十一章中所说的那样，很多理论家都对现代政府是理性行为体这一假定表示怀疑。格雷格·卡什曼（Greg Cashman）总结了官僚机构在进行理性决策方面面临的障碍：（1）在国家利益问题上，并不是所有的决策者都是完全理性的，有些人会完全根据潜意识中的心理需要来看待国家利益。（2）误解会妨碍人们准确地认识国际形势。（3）在危机状态下，领导人必须承受压力，在缺乏睡眠的情况下做出决策。（4）理性决策所需要的信息的质量和数量可能无法保证。（5）决策的时间可能是有限的，也可能没有被充分利用起来，或者因为决策者想加快行动而变得更为短促。（6）在危机状态下预测各种政策方案的结果的能力通常并不完全可靠。（7）在受到各种条件限制的情况下，要充分估计所有可行方案的利与弊是一项相当艰巨的任务。（8）在各种顾问组织和决策团体中，不同的人对政策方案、实施政策的手段以及可能的结果的理性评估各不相同。[49]

以上问题表明，即使政府机构想在危机时刻做出理性决策，他们也未必能够做出最优选择，虽然马克斯·韦伯曾乐观地认为，官僚制度可以排除个人的价值观、目标以及个性心理特征的影响，使决策过程中的理性决策程序制度化，从而更好地代表国家利益。[50] 除了理性的官僚机构面临的困难之外，有些理论家还指出了威慑理论中存在着的更为严重的缺陷。例如，克里斯托弗·阿晋（Christopher Achen）批评威慑理论在逻辑上缺乏一致性。[51] 杰维斯也认为，"使用核武器的理性战略在用语上是自相矛盾的"。[52] 杰维斯还认为，威慑理论的另一个缺陷是它源自西方的经验、文化和价值观，简而言之，它有种族中心主义之嫌。威慑理论赖以立足的基础，就是假定各国追求不同的目标，但基本的行为模式相同。它没有"考虑到，生活在其他文化之中的人们可能有完全不同的分析"。[53] 帕特里克·摩根（Patrick M. Morgan）指出，"批判威慑理论的传统观点指责政府缺乏必要的理性，尤其是在严重危机的状态下或进攻已经开始的时候，更容易采取非理性行为"。[54] 把危机时刻的核威慑看做非理性的"胆小鬼游戏"（见第十一章），已经是众所周知的老话题。[55]

弗兰克·扎加雷（Frank C. Zagare）试图通过区分"程序理性"和"工具理性"来解决理性和非理性决策问题。程序理性是大多数西方思想家（包括核威慑理论的批评家）通常所指的理性（以合理的成本—收益计算为基础）。在扎加雷看来，程序理性要求全面掌握各种信息，并且摈弃错误的认知和心理、情感方面的缺陷。在西方文明中，所谓理性行为，通常指那种根据社会中占主导地位的价值取向判定为可预测的、精明谨慎的、合理的行为。扎加雷并没有这样讲，但他所说的程序理性应该就是指这种理性行为。在他看来，工具理性是更为有限的理性。按照工具理性行动的人都有一套逻辑自恰的偏好顺序，其行为基于这些偏好的顺序，而且他们并不在乎，在别人看来，他们的行为在伦理道德、战略和政治等方面是否合乎理性。希特勒和霍梅尼就符合工具理性：人们只要知道他们的目的，就会理解他们的行为。[56] "理性选择理论家们所分析的个人决策者，可能在工具理性的意义上是理性的，而在程序理性的意义上却是非理性的。"[57] 比较起来，奥利·霍尔斯蒂（Ole R. Holsti）关于理性的观点是更为传统的解释：尽管威慑理论的假定在大多数情况下是有效的，但是威慑确实需要以理性和可预测的决策过程为先决条件。他因此警告说，没有哪种威慑体系

> 能对这样一个国家产生效果：这个国家的领导人是好战的偏执狂，或者是追求个人及民族自我毁灭或牺牲的人；或者该国的决策者想玩国际性的俄罗斯轮盘赌……或者这些国家的领导人认为，以本国大部分人口作为牺牲来达到外交目标，是一种合理的代价。[58]

杰维斯发现，威慑理论并不需要**完整的**（total）理性来维护其有效性。他不同意帕特里克·摩根所引用的一个基本悖论：如果传统威慑理论总是寻求加强政府对自己在危机时期保持完全冷静和谨慎的能力的自信心的话，那么它可能会适得其反。杰维斯下面这段论述与最资深的威慑理论家之一——托马斯·谢林的观点更为接近：

> 这一悖论并没有摩根所认为的那样明显。不可预测性有一个最低限度，在涉及国家最高利益的时候尤其如此。因此，即便当苏联对美国或西欧发动攻击的时候，我们没有理性的根据反击对方的城市，但只要仍存在一丝我们进行这种反击的可能性就已足以构成有效的威慑。……对一个国家来说，以让对手相信它不惜毁灭自己的文明的方式来维护自身安全，这听来似乎是天方夜谭。但当考虑到威胁会使得某件事结果不确定的时候，这种政策就不难理解了。当威胁或采取某个实际行动并不明显增加爆发全

359

面战争的危险时，它是理性的；当威慑政策转变为真正的攻击时，它就完全是非理性的了。事实上，威慑主要基于这样的一个事实，即双方都知道，事态的发展并不完全在他们的掌握之中。[59]

"威胁一定程度上要靠运气"，这句话是托马斯·谢林的一个发明。担心事情失控是谢林最偏爱的处理可信性问题的方式。"做出带有一定战争风险的反应是可行的。当做出发动全面战争的决定是不可行、不合理的时候，做出这种反应是合理的。"[60] 对非理性行为的担心能够增强威慑的作用，但过分强调理性则可能会导致一场不期而至的战争。例如，在杰维斯看来，如果理性的一方制造了一场危机，或坚信对方一定会做出让步，而同时对方却估计自己可以再前进一步，因为它认为对方是理性的，是会做出让步的，在这种情况下，战争就可能发生。维持现状的大国可能担心在危机中让步会形成多米诺效应，例如，会对自己的盟国产生影响，会对在将来的对抗中采取进攻的自信心产生影响。除了误解、误会和误断的危险之外，还潜伏着意外和非理性的危险。这些因素都可能使事态恶化或失控，从而阻碍威慑理论所描述的那种完美的、可计算的威慑行动。

归根结底，杰维斯赞成布罗迪和谢林的观点，更主张通过控制发生战争危险的程度，而不是通过获得使战争升级的军事主导能力，来达到威慑的目的。他宁愿把威慑看成是接受各种程度风险的过程，而不是策划各种程度暴力冲突的过程： 360

> 主导冲突升级的思想所面临的第一个问题是，自信能够赢得战争的国家，可能由于估计到付出的成本过高而停止战争行为。另一方面，即使防御不能成功，但如果进攻一方认识到维持现状国家会坚决维护自己的利益，那么以防御相威胁也能起到威慑作用。核武器的存在没有改变这样一个事实：如果付出的成本高于收益，那么击败敌人是不划算的。
>
> ……主张只有当采取行动将赢得军事胜利时，以冲突升级相威胁才是可信的，这种想法不正确。必须考虑到双方为冲突升级所付出的代价。正因为如此，即使苏联相信自己能够赢得对西欧的侵略战争，美国也能以使用战术核武器相威胁来阻止它。[61]

扎加雷从他的研究中得出这样的结论："我们不知道政治家们在何种情况下准备战斗或者决定投降，也就是说，我们还不了解那些决定决策者如何取舍的因素。"[62] 然而，因为冲突各方在考虑改变现状时，都不能确定对手的选择是什么，也不知道对手是否会按照工具理性采取行动（对手可能会按照自己的计划进行威胁），所以扎加雷认为，即使不能确保威慑能成功（如果是可信的）实现，其可能性也是存在的。[63]

威慑的局限性

杰维斯把威慑定义为"关于一个行为体如何以造成损害相威胁而强制其他行为体按照自己的意愿做某事"的理论。在这个定义里，他似乎混淆了**威慑**（deterrence）和**强制**（compellence）的区别，尽管他明白，力图劝阻对手放弃某种行动，与力图强制对手做自己想让它做的事情，这两者之间有极大的差别。以使用核武器相威胁可以起到威慑作用，但很难用来强制对方，除非是为了挽回那种可能会导致核战争的危险行动（例如在1962年古巴导弹危机中，美国迫使苏联从古巴撤走导弹）。[64] 20世纪50年代，如果美国以自己的战略核优势来迫使苏联从东欧撤军，就是一种缺乏威慑的可信性或缺乏政治上、战略上谨慎态度的表现。杰维斯本人承认，威慑理论家"提出了合理的论据来说明，为什么通常情况下强制比威慑更困难"，[65] 但让他感到怀疑的是，是否在所有情况下，威慑都真的比强制要容易，尤其是当进攻者决定冒险首先发起进攻的时候：

361　　　　人们一直都认为，试图改变现状的国家在讨价还价过程中处于弱势，因为它可以放弃自己的要求，同时却不存在维持现状国家向它提出新要求的危险，但维持现状国家却很难做出让步，因为这样会降低其抵制变革现状的能力。所以，维持现状国家在讨价还价过程中能够成功。然而这种观点也存在一个难点。如果维持现状国家成功的话，我们也要看看双方的收益情况。本来属于维持现状国家的优势将逐渐转变为劣势，进攻者所得到的好处不仅仅限于具体事件，它在将来成功改变现状的机会也增加了。相比之下，维持现状国家得到的仅仅是暂时的喘息而已。[66]

杰维斯批评威慑理论，因为"它很少解释如何改变……对手，或如何判断对手是否已经改变"。[67] 不过，在导致变化发生的因素形成之前，威慑能够维持很长时期的稳定。作为一种指导思想，威慑理论能使领导人懂得如何维持危险的敌对关系，但无法告诉他们如何改变现状。因此，"它（威慑理论）对人们认识危机的帮助，要比对人们认识长期冲突的帮助大得多"。但是它没有告诉人们如何避免危机，如何判断什么样的国家利益才有必要诉诸武力来加以维护。威慑理论之所以存在不足之处，是因为它没有考虑到"在一般情况下，成功的和解起码需要双方的价值观和目标都有所改变才行"。[68] 杰维斯进一步批评说，威慑理论忽视了报偿和妥协在解决对抗性危机过程中所起的作用，因为"忽视模糊不清的结果是更容易做到的事情"，也因为主导威慑理论研究的现实主义学者们认为，要影响国家的行为，承诺报偿没有以惩罚相威胁有效。[69]

在杰维斯对威慑理论的批评性著做出版10年之后，保罗·胡思（Paul Huth）和布鲁斯·拉西特重申了这样一种观点：消极意义上的以惩罚或制裁相威胁和积极意义上的报偿或劝诱，都是理性威慑理论的逻辑组成部分。令他们感到痛惜的是，这个逻辑组成部分中的后半部分长期以来被人们忽视了，或者被认为是另一种威慑理论［如理查德·内德·勒博（Richard Ned Lebow）和贾尼斯·格罗斯·斯坦（Janice Gross Stein）等人的观点］。[70] 下面，我们将联系那些对威慑理论的经验检验，来讨论这两类学者之间的争论。

威慑和军备—反应过程

美苏两国从20世纪40年代末到80年代末的核武器争夺，是理查森所描述的（我们在第七章讨论过）那种体现了行动和反应过程的军备竞赛吗？那些不仅怀疑威慑理论的某些方面，而且从感情上坚决反对威慑概念和以威慑为基础的核战略的人，常常认为超级大国的武器库的每一次扩充，都将增加战争爆发的可能性。他们相信一句古训："任何武器一旦被发明出来，终将付诸使用。"但他们忽略了这样一个事实，即两个超级大国最早的几代核导弹在退役之前，从未在战争中被使用过。（核武器可能会在将来被人们使用，但是它们在美国和苏联的军事冲突中从未被使用过，尽管双方都曾利用手中的核武器来实现政治和心理方面的威慑目的）

362

偶尔有人呼吁实行最低限度的威慑或有限威慑，认为确保适度规模的核力量（比现有的规模小得多，大概50或100枚核导弹）就足以防止核战争。这也许是可行的，但是在冷战背景下，这种判断在政治上难以被接受。当时，两个超级大国在研究和开发、生产和部署先进武器方面持续进行着竞赛。由于存在前面所说的各种不确定因素，也由于在80年代末之前双方在武器谈判方面少有进展，所以它们都必须确定自己拥有足够的先进武器来实现威慑。巴里·纳莱巴夫（Barry Nalebuff）对这种困境做了如下总结：

> 最低限度核威慑理论强调的是两个相互猜忌的国家能够达成的合作的程度。如果能够很好地解决监控问题，并贯彻实施双方的协议的话，那么美苏两国都会积极削减武器。但是没有超越两国权威之上的监控者和实施者……没有监控和实施，非合作性的解决方案就会在低水平的军备层次上变得不稳定起来……在低水平军备层次上，至少有一方会倾向于违反协议，并试图获得优势地位。对这种违约行为合乎情理的担心使人更难以相信对手将削减军备，而不是发起进攻。[71]

阿尔伯特·沃尔斯泰特在1974年指出，在1962年到1971年这9年期间并不存在真正的军备竞赛。他认为，虽然美国仍占有战略优势，但它并没有对苏联的军备计划产生过激反应（就像第七章讨论的理查森的过程模型所要求的那样），而是自信地采取了克制态度，并持续削减了2/3的战略武器开支。[72]越南战争结束之后，美国的国防开支一直呈下降趋势（沃尔斯泰特的研究表明，这场战争的费用占了美国政府总支出的很大一部分）。相比之下，苏联并未参与越南战争，只是提供了很少一部分军火，支出不及美国的10%，但是却不计资源成本，投入了大量的军事开支以增强军事实力。[73]

到了20世纪70年代末和80年代初，美国实际上已经享受了20多年的毋庸置疑的战略优势。这时，整个西方世界逐渐认识到，由于苏联在欧洲地区部署了重型多弹头战略导弹（洲际）和多弹头中程导弹，全球战略平衡和战区战略平衡正在向有利于苏联的方向倾斜。[74]美国和北约面临的难题进一步恶化，原因是两个超级大国（不考虑它们真正的战略意图）在官

方声明和军事文件中，对于万一威慑失败它们将采取什么行动的问题，有　363
着截然不同的战略原则。美国坚持在受到直接攻击后采取第二次打击战
略，它绝不会对苏联首先发起战略攻击（美国在欧洲的扩展威慑战略稍后
会谈到）。苏联无疑和美国一样希望防止发生核战争，但它明确表示，如
果核战争迫在眉睫，它会采取先发制人的第一次打击战略。[75]

战略原则与理论不同，战略原则上的差异肯定会影响到理论争论，并
使之更加复杂。在发布政府政策方面，华盛顿时而过于坦率，时而又过于
含糊，而莫斯科则十分注重保密问题，正如联合国一份文件所指出的：

> 军事大国在使用军事原则概念时有所不同……苏联一般不像
> 美国那样公开声明自己的核原则。在很大程度上，人们必须从苏
> 联的各种普通声明、军事部署以及军事著作中推断它的核战略
> 思想。[76]

因此，许多西方分析家怀疑苏联接受的不是西方人所理解的那种相互
威慑概念。有些人认为，苏联在本性上是一个扩张主义国家，其最终目标
是称霸全球；另一些人则认为，苏联是一个传统民族国家，虽然热衷于革
命辞藻，但却日益处于守势。这两类分析家们对苏联威胁的认识完全不
同。第一类分析家当中还存在两种观点：一些人认为，莫斯科的领导人明
显倾向于心理政治战略，力图避免那种不惜一切代价的决定性正面军事冲
突；另一些人则坚信，莫斯科追求的是在战略上拥有第一次打击能力的军
事优势。直至20世纪70年代中期，大多数美国战略分析家仍希望能够逐
渐使苏联的决策者们接受美国的威慑理论和军备控制理论。

关于威慑战略的争论中，最关键的问题是威慑和作战能力之间的关
系。赞成布罗迪观点的人认为，储备核武器的惟一目的是防止核战争或任
何可能升级到核战争程度的冲突。在这些人看来，核战争必须是不可想象
的事情，核武器必须永远不被投入使用。核武器的存在足以阻止对手向美
国发起战略核武器层次的第一次打击，或者对西欧发动大规模常规战争。
杰维斯和其他一些人就认为，是否具备核优势并不重要。[77]

另外一些人更赞成赫尔曼·卡恩和阿尔伯特·沃尔斯泰特的思想。他
们认为，要想实现可信而有效的威慑，必须有可行的作战方针，并要拥有
进行战争、赢得战争、从战争中保存自己，以及从战争中恢复过来的实际　364

能力。这种战略的先决条件是获得军事战略优势，如强大的自我保存能力（强大的、分散部署的以及机动的部队），限制受损能力（在敌人的核武器投入使用之前就摧毁它们），主动的反导系统和被动的人防，进行早期预警并组织战斗的高度有效、生存能力强的C³I系统（指挥、控制、通讯和情报），拥有可以准确摧毁加固目标的导弹及弹头的武器库等，还要加上实施第一次打击的政治意愿和心理准备。[78] 在20世纪80年代末国际形势开始发生根本变化之前，有关核威慑战略的争论从未停止过。（本章后面将谈到冷战后的核政策及核战略思想）

不过，值得强调的是，尽管从20世纪70年代末到80年代，有许多人担心苏联力图在战略军事力量上超越美国，但美苏的军备竞赛（如果真的是军备竞赛的话）并未升级为战争。两位丹麦学者汉克·豪厄林（Hank Houweling）和简·西卡玛（Jan Siccama）为这种担心提供了理论基础。他们赞同奥根斯基—库格勒的假设（第七章讨论过），认为当一个有力的挑战者取代占主导地位的国家时，就会爆发战争。他们还认为，这种假设在核时代之前是有效的，在核时代同样也有效。[79] 在第一阶段限制战略武器协定（SALT I）确定了美苏两国的战略均势之后，出于对苏联部署重型多弹头导弹的关注，美国国防部官员［包括尼克松政府的国防部部长詹姆斯·施莱辛格（James Schlesinger）和卡特政府的国防部部长哈罗德·布朗（Harold Brown）］对于美国能否继续维持确保摧毁能力（即在遭受突然攻击以后的报复行动中给对手造成难以承受的打击的能力）提出了疑问。施莱辛格主张"有限的核选择"和"选择性瞄准"；[80] 布朗则主张"抵消战略"，它被人们普遍理解为是美国开始从威慑战略转向战争计划的标志。[81]

理查德·加温（Richard L. Garwin）认为那些战略家过于担心，并反对他们所提倡的"基于预警的发射"战略。[82] 这一争论的中心问题是：（1）美国采取战争战略是更有利于防止战争，还是使战争更容易发生？此外，一个明显存在争议的问题是，从政治意义上来说，人们能否赢得核战争？（2）如果爆发了核战争，人们是否能够将这种战争限制或控制在一定程度，以便它不会导致两个超级大国同归于尽，也不会因核爆炸、放射性粉尘及"核冬天"而导致大部分人类文明的毁灭？关于第一个问题的回答将有很大的主观性，取决于每个回答者个人的心理状况和政治态度（或心理政治特性）。有些人［如麦克乔治·邦迪（McGeorge Bundy）］认为，没有哪个理性的美国或苏联领导人会为了赢得一次外交危机的胜利而考虑损失一

个或两个城市。[83] 反对从政治心理出发进行分析的人坚持认为，苏联是从　365
二战的巨大损失中恢复过来的（在二战中，苏联军人和平民的死亡人数超
过2000万，是美国的100多倍），它可能愿意付出巨大代价打一场核战争，
因为它认为它能够在一场严重对抗中获胜，并再次从中恢复过来。

核战争的控制问题

　　第二个问题（核战争一旦开始，能否受到限制和控制）更多地是一个
技术问题。对核战争的限制需要冲突双方都在政治上保持高度自我克制，
并拥有较为完善的C^3I系统。例如，我们假设双方都有决心防止无法控制
的升级，也希望避免摧毁对方的C^3I系统（尽管在某些情况下会有这种强
烈的军事企图），那么，双方就会知道对方有限制的意图，并善意地做出
回应。即便我们做了这样的假设，人们仍然会认为，C^3I系统可能无法满
足核对抗对它提出的要求，其中的原因包括许多方面：特种部队的干扰、
欺骗、渗透和破坏，战略部队的防御压制攻击；由于能力或训练不足，在
核对抗状况下出现心理崩溃的人员；通讯单位的相互联系和协调不够；技
术设备失灵；时间滞后；在巨大压力下形成的人为操作失误；对信息或命
令的误解；大气层和电离层的干扰；在大气层内或大气层之外爆炸的热核
武器所产生的电磁脉冲引起通讯中断（可持续几个小时），等等。[84]

　　德斯蒙德·鲍尔（Desmond Ball）分析了C^3I系统的缺点及它们对
控制核战争的意义。他指出，国家最高指挥当局容易受到潜射弹道导弹
（SLBMs）的攻击，因为对这种攻击的预警时间是最短的。鲍尔指出了
技术上存在的更为复杂的困难和失误，它们可能出现在战略空军指挥部
或海军的空中C^3系统的操作过程之中，从而对指挥中心与洲际弹道导弹
（ICBMs）基地或潜射弹道导弹（SLBMs）基地之间的联系造成影响；也
可能出现在卫星预警、侦察和通讯系统的操作过程之中（影响有关世界各
地的情报的准确性和全面性）；也可能出现在华盛顿与莫斯科赖以在紧急
情况下进行沟通的热线；最后还可能出现在潜艇指挥和控制系统之中，其
原因不是由于潜艇生存因素，而是与以下一些特殊问题有关：与下潜的潜
艇保持可靠的联系；运行正常的导航系统；有选择地使用潜射弹道导弹的
能力，等等。

　　包括鲍尔在内的许多分析人士，如迈克尔·霍华德、安德烈·萨哈罗

夫（Andrei Sakharov）、斯伯吉恩·基尼（Spurgeon M. Keeny）、沃尔夫冈·帕诺夫斯基（Wolfgang K. H. Panovsky）、伊恩·克拉克（Ian Clark）和罗伯特·麦克纳马拉等人，都认为核战争是无法控制的。人们只能在较短时期内，且当所有的核大国都自我克制时，才能控制少部分的战略核力量。他们总结说，在一场高强度的核对抗中，战略意义重大的军事、政治和行政机构以及C^3系统中心都会在瞬间被摧毁，控制也就迅速消失了。[85]在核时代的大部分时期，苏联分析家们坚持核武器的使用必须始终服从于政治目的，但他们对控制和限制核战争这些概念的看法没有西方早期的倡导者的看法那么全面。他们设想的是对能够对苏联造成破坏的任何目标同时进行大规模打击，而不是有序的、克制的和有区别的外科手术式的打击。

在两个超级大国激烈对抗的冷战时期，人们认为，如果所有核国家的主要决策者在战争爆发之前仍坚信核对抗难以限制，那么情况会好一些。这种共同信念形成了一个精神上的堡垒，防止了那种蓄意发动可能升级为核战争的冲突行为，加强了威慑的力量。这种信念将来也会起同样的作用。核控制的不确定性会迫使负责任的领导人在危机时刻采取十分谨慎的态度。毕竟，在未来，危机仍无法一下完全消失。

尽管存在防止核扩散机制（后面会讨论），有些国家还是可能掌握核武器。和曾经避免了核战争的那些国家领导人相比，这些国家的领导人更缺乏经验，更冲动，更容易冒险，也更少受到理性和其他政治、文化和道德因素的制约。此外，由理性的官僚机构治理的国家，其领导人也有可能在无意之间（或者更准确地说，在没有仔细思考的情况下）发动核战争。[86]无论如何，如果威慑失败了，负责的领导人必须尽其所能，用战争爆发后的理性决策来弥补战争爆发前的理性决策的失败。这时最为重要的是，双方的政治和军事领导人必须尽快相信，核战争能够并且必须受到限制；必须避免毁坏城市，必须使对手的C^3系统保持完整，以便于实现控制；如果使用了核武器，必须尽可能严格地明确所打击的军事目标，把无辜人员和非军事设施的伤亡损毁减少到最低程度，直到双方冲突尽速被终止，因为持续的核战争对双方及国际社会的伤害会更大。

核威慑与常规防御

关于核控制的争论主要涉及的是这样一个问题：两个超级大国之间的战略核对抗是否能够得到限制？是否可以打一场不使用洲际核导弹，而只 367 是在欧洲中间地带使用核武器的核战争呢？对于超级大国来说，这种战争可能是战术性的和有限的，但对欧洲人来说，由于涉及自身利益，它就是战略性的。许多人，包括媒体评论家和一些理论家，都对西方的威慑政策中明显的矛盾之处感到迷惑不解：美国宣称永远不会首先使用核武器，而由美国领导的北约组织却不同意在欧洲采取不首先使用核武器的政策。

当美国处于确定无疑的核战略优势地位时，它保护西欧的承诺是相当可信的。大西洋组织成员国及其军事组织北约，自一开始便别无选择，只能依赖美国的核力量，因为在常规力量方面，西方国家难以与苏联相比。要想长期和华沙条约组织进行常规力量竞赛，其费用将是惊人的。

理想的状况是在采取强硬的威慑政策的同时，又保持高度戒备状态以防万一。核威胁和战争实力相结合可以加强威慑的可信性，因为它可以避免在危机时刻陷入瘫痪的危险。这种危险常常出现在需要做出孤注一掷选择的情况下。艾森豪威尔执政的最后几年，人们都在议论"常规暂停"、"双重作战能力部队"，以及战术性核战争或有限核战争。与此不同的是，肯尼迪政府深受国防部长罗伯特·麦克纳马拉的灵活反应战略思想的影响，力图把核力量和常规力量的作用分开，在不同的时间、地点由不同的指挥和控制系统做出不同反应。肯尼迪政府致力于寻找它认为是谨慎和负责任的方式来减少核战争的可能性，以便在造成大屠杀和拱手投降这两种结果之间找到更多的选择。美国的决策者们相信，为了最大程度地减少爆发全面核战争的危险，北约必须减少对战术核武器的依赖，并且要明确区分常规力量对抗和核对抗之间的不同，因为一旦战争爆发，战术性核战争与战略性核战争的界限将十分模糊，想维持这种界限的存在也极其困难。[87]

西欧的战略家和决策者们是从另一种完全不同的地缘战略和地缘政治角度出发来进行分析的。他们在这个问题上有两种想法，这是可以理解的：有时，他们担心美国在危机时刻不愿意使用核武器来保卫欧洲；有时，他们又担心美国保卫欧洲的意愿太强烈，行动太过火。大多数欧洲决策者们对于两次世界大战（"常规"战争）中的恐怖大屠杀记忆犹新，所以更寄希望以核威慑来杜绝战争。他们绝不希望看到战术性核战争和有限的核战争，也不希望北约卷入纯粹的常规战争（先是撤退，然后又是反攻和解放，就像他们在二战中的经历一样）。毫无疑问，一些美国决策者和战略分析家会认为欧洲人的想法不合逻辑也不现实，就像鸵鸟一样采取逃避态度，不愿意考虑过于依赖核战略而可能造成的后果是什么。而在很多欧洲人看来，美国人过于讲求逻辑和数学，在心理和政治方面缺乏欧洲式的智慧。欧洲人认为威慑战略是有效的。在欧洲人看来，如果美国不着边际地假设威慑有可能失败，并以此作为北约新战略的基础，就只会增加发生最终会演变成核战争的军事冲突的可能性。从欧洲人的角度来看，灵活反应战略削弱而不是加强了威慑的有效性。

此外，如果战争可以被这个能够迅速给侵略者以应有惩罚的幽灵（核武器）所阻止的话，为什么欧洲政府还要把资源浪费在昂贵的军事力量建设上呢？肯尼迪政府和卡特政府都曾敦促欧洲国家增加常规力量建设的投入。人们认为，一支规模适度，包括美国在欧洲的驻军在内的常规部队，就足以让北约对付核战争爆发之前的各种情况了。从逻辑上讲，低水平的实战力量仍然可以保证威慑的有效性。但不幸的是，我们还是不能轻易消除存在核攻击的危险。

弗兰克·扎加雷曾经问道："如果总体战略威慑在最大程度上实现了全面稳定，而我们又假定：各方被威慑不要在对抗中走下一步和走到最后阶段，那么，为什么其中一方不会把对抗升级到倒数第二阶段呢？"[88] 换句话说，苏联是否会在假设美苏双方的核武器都受到威慑的情况下发起常规力量的进攻？这种选择听起来在理论上很吸引人，有些军事策划者也为之感到担忧，但它实际上是不现实的，原因有以下三方面：

1. 作为一个在战略上持保守和谨慎态度的国家，苏联永远无法确定无力抵抗常规进攻的北约是否会使用核武器。即使在20世纪80年代初大规模反对核武器的抗议达到高潮的情况下，北约也没有放弃首先使用核武器的政策。这正是过去美国最高政策制定者们所主张的一项政策。[89] 大西洋联盟很担心欧洲的防御和美国的战略威慑能力脱钩，因为这样会去除苏联决策者们心中的一个不确定因素，而这个关键性的不确定性因素正是防卫西欧的最后屏障。[90] 著名的欧洲防御专家认为，欧洲的防御不仅要防止核战争，还要防止在欧洲爆发任何形式的战争。[91] 他们不希望通过使用常规武器的常规战争来保证欧洲的安全。和第二次世界大战时期相比，现在的常规武器更具有彻底毁灭欧洲文明的力量。[92]

2. 万一在紧急关头时美国从本国利益出发不履行对盟国的承诺，拒绝在欧洲战区使用核武器，英国和法国也可能实施核威慑政策来保卫国家最高安全利益。[93]

3. 此外，尽管西方分析家们普遍认为，和北约相比，苏联在装甲部队和其他常规军事力量上占有3∶1的优势，但苏联的决策者们可能不会像西方国家的决策者们所说的那样自信，认为苏联有能力攻破北约的防线。[94]

劝说北约放弃在欧洲发生战争后首先使用核武器的努力必须被置于时代背景下。当时很多人都认为，美苏全球战略均势和北约、华约之间的战区均势都逐渐在向东方集团倾斜。到20世纪70年代末，经过限制战略武器谈判和1972年第一阶段限制战略武器协定的签署，美苏战略均势得到确认，苏联开始拥有庞大的战区核力量，其中包括SS-20陆基导弹运输系统，它比北约的运载系统投射的距离更远。北约不愿让苏联单方面更新中程战区核力量，它于1979年12月做出了一个双轨决定，以便更新部署在欧洲的核力量。北约决定在5个国家部署地面发射巡航导弹，又在德国部署能打到苏联境内目标的潘兴-2型导弹。这些导弹部署取决于和苏联的谈判，以达到欧洲范围内的平衡。北约国家坚持认为，这种部署对防止西欧被"芬兰化"（指由于受到苏联军事力量的影响和控制而在政治上处于不利地位）是必要的，同时也可以对苏联构成威胁，以便在削减军备谈判的过程中形成苏联和西欧之间的军事均衡。

安德罗波夫（Andropov）和契尔年科（Chernenko）时期，苏联领导人指责美国和北约试图在欧洲部署武器以威胁苏联的核心战略系统。20世纪80年代初，人们对核战争迫在眉睫的担忧达到了前所未有的程度，和过去的情况相比这似乎是互相矛盾的，因为最初核武库的规模较小的时候，人们反而十分相信有效威慑的假设。这个时期，各种宗教、道德和政治团体的和平运动、核冻结运动和反核运动达到了顶点，情绪化程度也达到了最高。[95] 成千上万的西欧人不再相信美国的核威慑承诺，他们涌上街头进行抗议，多数情况下是反美，而不是反苏。（荷兰是20世纪50年代末

370 第一个欢迎美国部署核武器的北约国家，也是第一个在80年代初期举行大规模示威游行，对核武器进行道德讨伐的国家）[96]这看上去似乎已发展成为一场威胁到大西洋联盟内部团结的政治危机，但北约国家却仍然保持了一致，决定维持首先使用核武器的政策。80年代，几位分析家认为，华约组织的常规力量优势被夸大了，常规防御是可以实现的。[97]反核主义者们则认为，常规防御将使北约能够签署不首先使用核武器的协议。

理查德·贝茨（Richard K. Betts）对北约的选择做了理论解释。他认为有必要增强常规力量，但又反对完全依赖常规威慑。他承认，在常规军事力量方面实现均势能使北约抵挡攻击，但是这种均势将产生不确定性，而不是增加自信：

> 在以严厉惩罚（核报复）相威胁为后盾的情况下（可以大大增加进攻者的风险），不确定性（关于常规战争的结果或关于造成敌人发动攻击的因素）有利于实现威慑。在没有这种支持的情况下，要想实现威慑，就必须在选择常规力量的时候有高度的自信，而不能存在不确定性……相信常规防御可能成功的做法是明智的，但放弃核威慑这个补充条件将会一无所获。
>
> 纯粹的常规威慑会增加核战争的危险，因为它更容易使进攻者发动常规战争。只要存在核武器，纵然有所谓的战略原则或实际意图，超级大国之间的战争仍有升级的危险。只要人们还不打算放弃威慑，那么把核战争的危险降低到最小的最好方法，就是把发生常规战争的可能性降到最低程度。[98]

有几种关于常规威慑的建议受到了人们的批评，因为这些建议可能导致己方在战争中被打败，而且可能会增加战争的可能性。例如，约翰·米尔斯海默告诫说，如果北约采取机动型防御战略（在一个战区后退而在另一个战区前插），可能会导致灾难性后果，因为这样会使进攻者攻入纵深地区，对北约部队实行包围，并切断他们之间的通讯联络。[99]塞缪尔·亨廷顿建议北约采取以反攻东欧相威胁的战略，威胁莫斯科对该地区的控制。人们认为，在实际发生冲突的时候，他的建议似乎是一个合理的军事战略，但是在和平时期公开实行这种战略就具有挑衅意味，更容易引发战争而不是防止战争。理查德·勒博是一位著名的常规威慑理论家，他也批评了亨廷顿的建议，并批评了其他一些流行的空战和陆战、持续攻击和深度打击等战略概念，因为苏联领导人会把它们看做是西方怀有敌意的证据。

> 也许最大的讽刺是，许多美国军事官员和防御战略理论家在需要阻止苏联采取进攻战略的时候，却迷恋于进攻战略。显然，如果有什么比一方采取进攻战略更危险的话，那就是双方都采取进攻战略。[100]

冷战时期，人们一直在寻找一种可行的将核威慑与常规威慑相结合的战略原则，它一方面要有可信性，能够使欧洲人安心并不再担忧，同时又不会刺激苏联；它要能够减少而不是增加战争的可能性，从而能够实现战区稳定。但是，对这样一种战略原则的寻找却令人沮丧，毫无结果。不过无论如何，在长达几十年的激烈争论中，军事形势的实际情况倒并没有导致人们常常预言的那种灾难性的欧洲战争。

对威慑的经验研究

本章大部分篇幅探讨的都是核威慑——一个与常规威慑完全不同的概念。然而，如前文所述，到了20世纪80年代，政界和军界的领导人、国防专家以及理论家们越来越关注常规威慑的可能性问题。这可能间接地促进了1987年美苏谈判的成功。双方达成的中导条约规定消除欧洲的中程核导弹，并在20世纪末之前削减而不是更新短程核导弹。这一事实也激励理论家们开始研究前核时代以及核时代威慑成败的历史案例。

雷蒙德·阿隆认为："没有普遍抽象的威慑。威慑就是知道一方能在何种条件下以何种方式阻止另一方做某事的具体情况。"[101] 所以，根据这位已故的巴黎大学政治社会学家的观点，我们必须始终从具体情况出发来分析威慑。用有些威慑手段对付某一个国家有效，而对付另一个国家就可能没有意义；在某一种地理和文化背景中取得成功的威慑，在另一种环境下可能就是失败的。因此，阿隆对那种可以适用于众多冲突形势的特定战略构想的意义表示怀疑，因为它把事实简化成了缺乏历史根据的简单框架。

在阿隆看来，这类著作可能会使国家领导人"过高估计外交或军事方面的技术问题，而低估心理、道德和政治因素的重要性"，而这些容易被低估的因素在每一种具体情况下都具有其独特性。[102] 因此，对实际的历史案例的研究可以纠正虚构的情节和模糊的概括，经过一段时间之后，它将有助于人们更敏锐地判断什么是威慑和什么不是威慑，威慑与强制有什么区别，以及在什么情况下威慑更可能成功，在什么情况下更可能失败。

成功的威慑包含着事情可能发生但却没有发生的情况。要想说明在人类历史中为什么有些事情会发生是相当困难的，而要想证明为什么某些事情没有发生则更是不可能的。例如，我们能否肯定，古巴导弹危机之所以没有引发战争，是因为核威慑成功发挥了作用？或者，是因为当时美国在古巴附近拥有压倒性的常规军事优势，从而防止了战争？又或者，是因为美国在核力量和常规力量方面都拥有优势，致使苏联做出了让步？不论答案是什么，古巴导弹危机是否体现了威慑的全部含义——人们担心的事情（核战争）在它看上去极有可能发生的情况下却并没有发生？是否当时两个超级大国都很想发动战争，只是出于对后果的估计才犹豫不决了呢？在构成这场危机的一系列事件的发展过程中，是否两个超级大国都决心尽最大努力来达到自己的目标，同时却避免真正发生战争？（关于古巴导弹危机，第十一章的"决策理论"有所讨论）以上问题可能永远没有最终的答案。威慑战略理论和数学不同。数学有其自身的内在逻辑，而对威慑的分析总是涉及有争议的人为因素，如基于经验的政治常识（有人称之为"直觉"或"预感"）、个人理性与官僚机构理性的互动、"猜测"和冒险，等等。然而，有些学者告诫说，凭直觉来估计威慑的可信性是不可靠的。[103] 这也促使人们力图通过研究具体的历史事件来寻求更大程度的客观性。

帕特里克·摩根对**一般威慑**（general deterrence）和**直接威慑**（immediate deterrence）做了有益的区分。一般威慑指在一个较长时期内维持适度的军事力量，以便调整与敌对国家的关系，实现权力平衡的政策。在此期间，敌对国家一般不会认为战争已迫在眉睫。相比之下，直接威慑或**纯粹**（pure）威慑指一方一心准备发动进攻，而另一方则时刻准备以报复相威胁来防范对方的进攻的具体态势，双方都明白正在发生什么事情。[104]

正如乔治和斯莫克所指出的那样，有限战争和"次有限"①冲突层次上的威慑比战略威慑复杂得多，不管是威慑双方的目标，还是它们使用的威慑手段，涉及的变量都更多。在追求各种不同目标的时候，每一方可能都不清楚自己的动机，也不清楚对方的动机。低水平冲突的威慑不像能够确保摧毁的核威慑那样易于模式化，它选择的威慑方法会受到各种因素制约，如控制冲突升级的迫切性、冲突各方的政治目标，以及安抚盟国、中立国和国内舆论的需要。在更低水平的冲突中，威慑问题取决于具体的情况。乔治和斯莫克认为，"它（威慑）不取决于数量有限的技术因素（双方都非常相信技术），而取决于更多的变量，其中有很多变量具有主观性，会因时间的变化而变化，并在很大程度上受到具体情况的制约。"[105] 所以，要认识和分析威慑的具体情况是很困难的。

保罗·胡思和布鲁斯·拉西特采纳了摩根关于直接威慑的定义，即"一方致力于向对方发起进攻，而对方则准备以报复相威胁来防止它发起进攻"的情况。[106] 他们对1900年至1980年期间的54个案例进行了经验研究，以便确定在什么条件下，扩展的直接威慑可以成功阻止对第三方的攻击。他们研究的案例既包括发生在核时代之前的，也包括核时代之内的，实行威慑政策的既有核国家，也有无核国家。[107] 为了达到研究目的，胡思和拉西特假定国家是统一行为体，而不是多元组织结构，关于战争与和平的重大决策是由个别决策者或小型决策集团来制定的。此外，在对政策后果的效用和可能性进行评估时，决策者们是按照布鲁斯·布伊诺·德·门斯奎塔的预期效用模式来行动的。[108]

> 对进攻者来说，它的选择是要么后退，要么运用军事力量来进攻被保护国；对于防守一方来说，它要么接受被保护国遭受损失的结果，要么运用军事实力进行反击。[109]

没有进攻并不必然表明威慑是成功的（如果进攻者并不打算进攻）。因此，正确估计威胁和意图就变得至关重要。就像我们下面将要指出的那

---

① **次有限冲突**（sublimited conflict）这一术语出现于20世纪60年代，指低于常规战争水平的各种冲突，包括暴动、渗透、军队的示威行动、海上封锁等类似的施加压力的方式。它后来被**低烈度冲突**（low-intensity conflict）一词所代替。

样，对威胁和意图的估计引发了学者之间的众多争论。

胡思和拉西特认为，他们研究的54个案例中有31个（占57%）是成功的威慑。他们把有待检验的假设分为三类：（1）相对军事实力；（2）过去的行为对分析当前意图所起的作用。例如，防御一方上一次退缩了吗？这一次它更可能对抗，还是不对抗？（3）防御方和它的保护国之间的军事、经济利益关系的性质和密切程度。他们发现，与前两类假设相比，第三类假设中包含的因素更能影响防御方的动机、行动和决心。[110]

理查德·勒博和贾尼斯·斯坦在处理胡思—拉西特的案例的数据组合时，要么不能重复案例的选择，要么不能重复案例的分类。他们发现，在这54个案例中，只有9个属于他们认为的扩展的直接威慑。

> 在37个案例中，我们没有发现任何证据能表明，被认为是进攻一方的国家打算使用武力，或被认为是防御一方的国家在实施威慑。而这两者都是威慑案例是否有效的必要条件。4个案例被划归为强制，剩下4例难以归类，它们或者有多种历史解释，或者缺乏充分可信的证据将其归类。[111]

勒博和斯坦批评胡思和拉西特，认为他们对进攻者和防御者的界定不恰当，对作为进攻或威慑目标的第三方的认定是错误的，而且不仅混淆了直接威慑和扩展威慑的区别，也混淆了威慑和强制的区别。这些区别表明，"当两组研究人员对相同的一系列案例进行分类和总结时，交叉研究的可信性低得令人吃惊"。[112] 在勒博和斯坦认为符合他们的标准的9个案例中，他们认为有3个是成功的威慑，但这3个之中却没有一个被胡思和拉西特认为是成功的。后两位学者后来为他们的研究工作进行辩护，认为差别出在确定和选择案例时使用了不同的理论概念和操作规则。他们批评勒博和斯坦，认为他们在选择威慑案例时有局限性，只选择了那些进攻者有真正使用武力意图的案例。在胡思和拉西特看来，这意味着在争端开始时进攻者就决心使用武力。胡思和拉西特认为这是错误的，因为它排除了虚张声势和不确定性。在了解防御者的决心之前，潜在的进攻者可能无法确定自己的意图。在如何区分重大和非重大威胁方面，这两对学者之间的分歧很大。[113] 人们批评胡思和拉西特，认为他们过于倾向威慑失败论。在争论中人们形成了一种认识，即我们还需要付出很多努力，才能不断完善关于威慑案例的数据，使之达到第七章中有关战争的研究成果那种能够被人们接受的程度。

裁军、军控和威慑

军控和裁军是相关的，有些地方是重叠的，尽管有时可以被互换使用，但它们却又是完全不同的两个概念。从严格意义上讲，裁军指削减、消除和禁止继续生产武器。裁军既可以是部分的，也可以是全面的；既可能针对一种具体的武器系统，也可能针对一个国家的大部分军备（如果不是全部军备的话）。例如，某国战败后无条件投降，裁军就可能是全面的，二战结束后的纳粹德国和日本就是这样。尽管实质性裁军早已成为许多国家的对外政策声明中一个永久性的宣传主题，但还没有哪个国家能认真对待全面和彻底的裁军这个乌托邦式目标，至少不是在自愿的基础上考虑这个问题。降低军备水平，实行部分裁军，通常都是在一些想保持相互威慑关系的国家之间进行的。美苏两国第一阶段削减战略武器谈判（START Ⅰ）及后来关于削减战略武器的谈判，其目的是实现相互威慑以及以更小规模的核系统为基础的战略稳定。比较而言，军备控制以国家将继续掌握足以保卫本国安全的军备为前提，它的目的是利用现有军备加强国家安全，并促进实现理想的政治和战略目标，而不是让武器技术支配政策，结果损害国际安全形势和国际形势发展的可预测性。由此可见，军备控制政策就是对军队和武器的性能设计、生产规模、部署方式和地点、保护、指挥和控制、向第三国的转让，以及计划、威胁和实际使用军事力量所采取的某些限制和管理。

军备控制政策可能是敌对国家之间合作的结果，如正式协议、心照不宣的谅解，或者非正式合作。此外，它也可以是某个国家单方面采取的政策，其目的是期望对手采取同样的政策。有时，即使对手不采取同样行动，某些国家也会实行单方面的军备控制，因为它们认为这种政策可以加强威慑的稳定性，加强控制和安全，防止发生战争，或减少战争损失。支持裁军和军备控制的人们，其核心思想是在不削弱威慑的前提下，缓和紧张局势，降低风险，减少危险。不过，提出军备控制具体方案的人可能有其他目的，如促进缓和、削减预算、将资源转移到非国防计划项目上、保

375

持现有的军备控制发展形势、迎合公众舆论，等等。[114]

作为介绍国际关系理论的教科书，本书没有必要详细讨论外交谈判达成的军备条款。我们主要关注军备控制和裁军某些方面的问题，其中大多数问题理论化程度都比较低。例如禁止核试验问题。最初，西方大国拒绝停止核试验，除非国际社会把停止核试验作为全面核裁军的一个组成部分。西方国家一个似乎合理的理由是：只要核武器是威慑所必需的，那么继续核试验就是在技术上维持威慑不可或缺的条件。后来，当核试验产生的放射性微尘成为一个严重问题时，两个超级大国和英国（而不是和法国和中国）才同意停止除地下核试验之外的所有核试验。

不结盟国家一直支持全面禁止核试验（CTB），以控制军备竞赛和核扩散。但是，尽管核查技术已经提高，两个超级大国仍然继续进行地下核试验，以检验其核武器的可靠性，更新核武器系统（进攻和防御系统）。它们表示，之所以无法也不愿意达成全面禁试协议，是因为这种协议缺乏普遍性。[115] 同时，1972年的限制战略武器协定和《反弹道导弹条约》（ABM），以及1979年的第二阶段限制战略武器条约（虽未经批准但仍被遵守），都严格限制了导弹防御的部署，规定了发展进攻性战略武器的上限，但是它们并未缩小超级大国致命的武器库的规模。[116]

军备控制问题在20世纪80年代开始发生根本变化，1991年12月苏联解体之后更是如此。从90年代初开始，人们越来越关注大规模杀伤性武器的扩散问题，也越来越关注除国家以外的其他国际行为体。大规模杀伤性武器包括核武器、生物武器和化学武器。有更多的国家或组织获得了这些武器，它们在考虑使用或实际使用这些武器方面，可能远远没有美国和苏联所受到的那么多限制。大规模杀伤性武器扩散问题使政策制定者、理论家和分析家们面临一系列重要的安全问题。正如本章稍后将要论及的，人们越来越多地在考虑采取什么样的方法来防止更多的国家或组织获得、生产以及使用这类武器。在20世纪80年代，导致军备控制领域发生变化的因素有以下几点：（1）1983年里根总统提出"战略防御计划"（SDI）；[117]（2）北约部署中程核武器（INF）；（3）戈尔巴乔夫上台。他迫切希望避免在外太空展开全面军备竞赛，并愿意达成遭到苏联前领导人拒绝的中程核武器协议。此外，戈尔巴乔夫从阿富汗撤回了苏联军队，这表明他希望减少地区冲突。他还在其他军备控制领域采取了更为现实的做法。戈尔巴乔夫的新思维（没有勃列日涅夫、安德罗波夫和契尔年科那么强硬，但却灵活得多）是否主要是为了满足国内改革的需要，这一点我们无法确定，但毋庸置疑的是，戈尔巴乔夫的外交在西欧和美国都获得了巨大成功。此时，出于各种各样的政治和经济原因，大西洋两岸的主要国家正在重新评估大西洋联盟的作用以及改变战略的必要性和成本问题。

戈尔巴乔夫时代，"战略防御计划"对苏联的军备控制思想有重大影响。在1985年11月里根与戈尔巴乔夫的日内瓦峰会之前，苏联前所未有地宣布：如果美国放弃"战略防御计划"，它愿意就削减50%的战略核武器的问题进行谈判。（1977年苏联曾坚决拒绝了卡特总统提出的削减25%的战略核武器的提议）1986年1月戈尔巴乔夫提出一个计划，呼吁在2000年之前完全消除核武器，并提议先在欧洲撤走苏联和美国的中程导弹。一年后，他同意把中程核武器和战略导弹及太空防御问题分开考虑，并接受了里根总统在1981年11月提出的"零点方案"。

经过几年的谈判，美国和苏联于1987年签署了《美苏中导条约》。根据该条约，两国一致同意最终撤走并销毁在欧洲部署的全部重要核武器，但保留战术核导弹或短程核武器，在战争中这些导弹只能打击德国境内的目标。很自然，德国希望消除中欧地区所有的核武器，并取消早些时候北约关于更新短程核武器的决定。英国和其他盟国则担心，完全非核化的中欧会使西德走向中立，以便完成德国的统一（后来的事实表明这种担忧毫无根据）。德国最后终于使北约取消了短程核武器现代化的决定，但北约拒绝完全放弃核威慑，并坚持认为，只有华约组织的常规力量得到了实质性的削减，欧洲才能更好地实现稳定。

1988年12月，戈尔巴乔夫宣布苏联单方面大规模裁军。这一举措是大规模军事撤退的起点，在三年内，它不仅改变了欧洲地图的现状，也从根本上改变了东西方关系。在一年之内，柏林墙倒塌了，一个非共产党政府开始在波兰执政；在匈牙利、捷克斯洛伐克、保加利亚和罗马尼亚，共产党丧失了它们的垄断统治地位。第二年，几乎所有的共产党都更换了它们的名称，东方阵营的其他成员则欢呼冷战的结束，并努力转向它们并不熟悉的民主道路和市场经济。华沙条约组织处于瓦解前的阵痛之中。最让人出乎意料的是，德国突然实现了和平统一，这件事情如果发生在几年前，一定会成为开战的理由。1991年，根据第一阶段削减战略武器协定，超级大国的核武库被削减了25% ~ 30%，紧接着，布什总统和戈尔巴乔夫以非正式的方式各自提出要加速关于削减武器的谈判；克林顿政府和俄罗斯在战略核武器方面也进行了谈判。这些谈判的内容包括第二阶段削减战略武器条约，以及为达成修改反弹道导弹条约，允许美国部署国家导弹防御体系的努力。

在1991年初波斯湾"沙漠风暴"战争中，莫斯科对华盛顿采取了消极合作的态度。此后，形势的发展开始大大缓和国际紧张局势（也使美国加强援助苏联拆除军事装备的工作，援助苏联的核设施和科学家，并促使双方不再把导弹瞄准对方）。1991年8月那场失败的政变使鲍里斯·叶利钦的政治影响力超过了戈尔巴乔夫，也导致了苏联共产党的覆灭和1991年底苏联共和国的瓦解。在短短的三年之内，国际体系以惊人的速度发生着变化，这是所有的西方决策者和学者们所未能预见到的。他们当中的许多人在1989年时还相信这一切都不会发生。

在冷战结束之际，美国和苏联达成了削减军备及裁军协议。这些协议在几年前是不可能达成的。其中不仅有《中导条约》，还包括《第一阶段削减战略武器条约》和《欧洲常规力量条约》。从协议签署的背景来看，它们显然是东西方紧张局势缓和，苏联对外政策和国家安全战略调整，以及苏联国家实力衰落等因素综合的结果。随着冷战期间导致两个超级大国对立的政治问题的解决以及政治紧张局势的缓和，在削减、废除和控制军备方面达成更广泛的协议的前景突然变得明朗起来。当我们在冷战高潮期间最需要达成限制军备协议的时候，我们没有如愿以偿。换言之，当这些协议有可能达成的时候，它们会对调整美苏间战略关系产生影响。人们可能会问，裁军或军备控制协议在哪些方面改变了被各国接受的现状？它们在多大程度上和在什么条件下有利于塑造国际体系的新规范标准的形成？

378 关于这些问题的争论，在21世纪初仍将继续进行。

20世纪90年代，尤其是90年代初期，新一轮的军备控制谈判又提上了日程。此时，冷战遗留下来问题仍然存在，美国和俄罗斯还要就进一步削减战略核武器的问题进行谈判。新的谈判议程要致力于防止武器扩散，其中包括带有高度介入性的现场视察条例的《禁止化学武器公约》，也包括《不扩散核武器条约》（NPT）。《不扩散核武器条约》原来的期限为25年，1995年被无限期延长，成为国际社会努力防止核武器进一步扩散的一个措施。21世纪来临之际，美国人越来越关注的问题是，尽管已经有了一些军备控制协议，却有越来越多的国家在获得大规模杀伤性武器，其中包括能够攻击美国的导弹。对美国来说，现在的问题不是用里根总统的"战略防御计划"的大规模防御体系来对付苏联的巨大核武库的问题，而是要针对少数导弹进行有限防御。这些导弹很可能来自一个正在成为核国家的小国，如北朝鲜。因此，美国在1999年宣布，它面临着相当大的威胁，所以一旦技术条件成熟，就要建立有限的国家导弹防御体系。如本章所指出的，建立国家导弹防御体系，就要同俄罗斯谈判修改《反弹道导弹条约》，同时，在21世纪初已经变化了的全球安全形势下，也会引起有关《反弹道导弹条约》的价值的争论。导弹防御隐含着这样一个假定：一个国家拥有的导弹拦截能力所提供的不仅仅只是必要的防御，如果它能够拦截其他国家的导弹而使之无法打击目标的话，它甚至可以防止这些导弹的发射。换言之，正如冷战时期的核威慑依靠的是对进攻者实施报复一样，本书所讨论的冷战后的威慑也包括了抵消。也就是说，威慑一方可以削弱对手的军事实力或者使之彻底失去效力，从而使对手难以实现其目标。

冷战的结束

当约翰·加迪斯在1987年提出冷战可能会结束时，[118] 他的观点并未在理论家和外交家们中间引起任何反响，也许这是因为它和现实主义、新现实主义、自由主义以及马克思主义理论范式的基本假定相抵触。即便是贬低国家中心体系和权力关系观念的多元论者及全球主义者，也没能预测到东西方对抗的消失。当然，马后炮式的分析很多。学术界的理论家和政界人物没能预见1989年到1991年发生的事件的性质和发生的时机，这可能是因为历史上从来没有出现过类似于冷战这样的事件。国际关系理论产生于经验数据，是对人类经验的理性思考。如果缺乏根据，理论就得不到检验，也无法做出预测。此外，就像威廉·沃尔福尔斯所指出的那样，"社会科学理论并不预测或解释单个事件……而只是预测和解释结果的一般模式"。[119]

自冷战结束以来，新现实主义者和新自由主义者一直在争论，在苏联（一种失败的政治经济制度）解体之前，究竟是什么原因使所谓的"长期和平"得以维持。现实主义者，如汉斯·摩根索、肯尼思·沃尔兹（在其早期著作中）、卡尔·多伊奇、戴维·辛格和理查德·罗斯克兰斯等人，曾经把长期和平归因于国际体系结构，无论这种结构是两极、多极还是这两种结构的混合。从1981年以后，沃尔兹开始把核武器看做国际稳定的一个因素（此前他反对这种观点）。[120] 弗兰克·扎加雷指出："大多数西方战略思想家认为，美国的核威慑是1945年以来国际体系稳定的惟一原因。"[121]

加迪斯既不想完全贬低核威慑的作用，也不愿夸大它的作用。他认为长期和平是几个相互支持的因素所致：两极权力结构（受到核威慑的支持）。如果没有核武器，这种结构对稳定的影响不会持续这么久；霸权稳定。其先决条件是存在一个可以维护自由世界的经济秩序规则的主导性大国；苏联的默契合作或无意之中提供的帮助。在维持二战后的国际体系稳定的过程中，它是一个和美国不对等的霸权国；"自由主义的胜利"和命令经济的大失败；"边界的可渗透性"，即各国越来越难以抵御外来文化、技术、意识形态和商业的影响；戈尔巴乔夫的"新思维"认为，民主和经济振兴有关，技术现代化和政治压制格格不入。在那篇加迪斯认为是"1989年最有影响力的著作"里，福山宣称，"除了西方自由主义，其他现行制度都已筋疲力尽"。[122]

如第七章所述，长周期理论家莫德尔斯基和汤普森假设，较长的全球稳定期是大国战争的正常结果，是国际体系的世纪性周期循环中一个可预测的阶段。在他们看来，完全没有必要对长期和平感到奇怪。战后时期有利于和平，这和核武器没有太大关系。出于现实的目的，他们否认核威慑从根本上改变了国际政治。他们声称，如果他们的理论是有效的，那么可能要再经过半个世纪的时间，才能判断核武器是否像威慑理论家们所说的那样重要。这是因为，我们可以预见当全球体系正走向下一个大抉择——选择一个新的秩序结构时，作为自然循环过程一部分的全球战争在将来几十年里（可能是2030年）爆发的可能性会增大。加迪斯认为战争长周期循环理论对长期和平的解释可能是有效的，但他不无讥讽地感叹说，要判断该理论是否有效，也许还需要两个世纪或更长的时间。[123]

现实主义以系统结构为基础分析国际政治，理查德·勒博对此提出了一些问题。两极世界是从什么时候开始的？是从20世纪40年代末到苏联拥有核武器之前吗？（勒博认为这个时期是单极世界）在现实主义者看来，权力包括除军事力量以外的其他一些要素（如人口、领土、资源、经济实力、意识形态、精神道德、政府效率等）。那么，苏联是从什么时候开始变成一个超级大国的？什么时候两极体系变成了多极体系？是在苏联解体的时候，还是在更早的时候？[124]（有些分析家认为，早在20世纪70年代，两极就开始转变为多极。他们认为日本和西欧当时已经是经济上的超级大国，沙特阿拉伯则是金融超级大国）

勒博认为，许多关于极的讨论，包括极的定义和衡量标准，需要更为准确一些。他认为，在80年代末之前，苏联的政策似乎是与现实主义理论（包括权力转移理论）相一致的，但到了戈尔巴乔夫时期，苏联的政策与现实主义理论越来越不一致。苏联在中东欧那些涉及其重要安全和利益的地区的收缩"远远超出了所有现实主义关于收缩的概念"。在现实主义那里，收缩是霸权国在经济衰落时期出现的。[125]无论正确与否，勒博的结论是，冷战的结束和苏维埃帝国的解体，可能为古典现实主义理论敲响了死亡的丧钟（根据该理论，国家无法摆脱安全困境），也为那些把核武器当做防止大国战争最有效工具的威慑理论敲响了丧钟。[126]

历史上，尤其是启蒙运动之后，思想家们一直都被战争过时论所吸引。理查德·福尔克和阿纳托尔·拉波波特的著作都是十足的乌托邦作品。他们在政治文化发展过程中发现了一个充满前景的趋势：人类社会正在远离现实主义的前提假定，走向更为人道的、合作性的、由法律主导的全球文明社会。[127]约翰·米勒比诺曼·安吉尔走得更远。安吉尔（我们在第五章中提到他）在一战以前就认为，战争已经变成一种无利可图的、自杀性的、过时的冲突解决方式，工业化国家在战争中得不到任何收益；通过民主教育和对外政策中的理性，战争终将被根除。80年代后期，米勒提出这样一个观点：现代国家之间的战争已经是"几乎不可能"。

> 一种思想观念无法成为现实，并不是在它受到批评责难的时候，或者是在被人们抛弃的时候，而是在它不能作为一种可以相信的选择而进入人们的意识的时候……一方面，当人们确信战争面目可憎，有百害而无一利时，当战争变得极度恐怖，并能给人们带来巨大灾难时，和平就可能成为必然；另一方面，当和平不再是有意识的理性，而是一种实在的、不假思索的心理习惯时，和平就是最可靠的……人们放弃战争并不是因为发动战争是不明智的想法，而是因为战争仅保留在人们的潜意识中，而不是一种持续存在的可能。[128]

381 　　在米勒看来，国家政策和行为的根本变化不是由于核武器的出现造成的，即使人们没有发明核武器，这种变化也会发生。他认为，冷战期间核武器并没有产生重大影响，冷战的结束也与核武器无关，假使没有核武器，战后的世界历史"将和现在一样"。[129] 他还认为，核武器并非威慑所必需，因为其他因素足以防止第三次世界大战，例如，第二次世界大战给人们留下的深刻记忆；人们担心，任何大国战争可能会升级为更具破坏性的冲突；苏联采取的谨慎的间接战略；戈尔巴乔夫给苏联带来的"观念转变"和西方国家的积极回应。[130] 文明国家的政府对两次世界大战所造成的人道、经济和社会损失记忆犹新，它们对现代化的常规武器技术的破坏性感到十分恐惧，所以不愿制造敌对状态。因此，在20世纪70年代末到80年代末这10年中，理论界对现实主义的批评从一个极端转向了另一个极端——从忧郁的悲观主义转向了新乌托邦式的乐观主义，从认为世界末日的善恶决战难以避免，转向认为大国战争不可能发生，大国战争是过时和不可思议的。

　　作为一个现实主义者，卡尔·凯森赞同米勒关于战争已经过时的基本结论，但他认为这仅限于现代西方工业社会。他批评米勒的解释，认为他没能说明他所假设的"在社会文化发展过程中人们的心理习惯"发生的变化。在米勒那里，战争似乎会像一个多世纪以前的决斗和奴隶制一样变得荒唐和不可思议，所有的工业强国都将沿袭历史上的强国（如荷兰、瑞典、瑞士、西班牙、丹麦和葡萄牙）的行为模式而抛弃战争。（有趣的是，这里所举的例子都是西方国家）凯森受到布鲁斯·布伊诺·德·门斯奎塔的预期—效用战争决策模式的影响，认为现代西方国家之所以反对大规模战争，是由于19世纪以来发生的各种变化造成的。这些变化有政治方面的，有经济方面的，也有技术方面的（如民主价值观、成本—收益核算和武器的杀伤力），正是这些变化使统治精英们不再对战争感兴趣。如果战争有正收益，如英阿之间的福克兰群岛（马尔维纳斯群岛）战争（关于科威特问题的海湾战争也可包括在内），那么它依然是可能的。凯森批评米勒，认为他忽视了核武器和战争升级的风险对人们反对战争所起的作用。[131] 此外，米勒根本无法"推翻古典现实主义和新现实主义的一个观点：战争是无政府国际体系的必然特征，在无政府国际体系中，独立的国家追求的是权力和安全……这即使不是国际关系的主导模式，也是主导模式之一"。[132]

　　斯蒂芬·范·埃弗拉（Stepen Van Evera）认为，人们反对战争是"因为发生战争的原因已经消失和正在消失"。进攻优势已被核威慑所取代，这更有利于防御者而不是进攻者。（可见并不是所有的核扩散都不好，只是应该管理和限制核扩散，使那些有能力维持可靠的威慑的国家得到核武器）军国主义、超国家主义和社会帝国主义精神（以前的贵族精英的特性，他们通过挑起对外战争的方式来转移国内的不满情绪）实际上已经被民主化进程消除了，社会等级和经济分化已经让位于社会经济平均化。富有侵略性的国家，无论是资本主义国家还是革命国家，都已经不再存在，已经被负责任的社会民主国家所代替。埃弗拉认为以下三种危险纯属虚幻想象：欧洲多极化；德国侵略性扩张主义的复活；出现独裁专制的东方国家。但他承认存在两种可能破坏和平前景的危险：在欧洲东部建立起来的国际秩序和国内秩序陷入崩溃；东欧地区再次出现边界争端、民族主义冲突，以及少数民族之间的冲突。南斯拉夫解体后的巴尔干以及苏联解体后的前苏联地区就是这样。[133]

冷战后对威慑的反思

在一些总体特征方面，冷战后的核威慑和常规威慑同冷战时期的核威慑和常规威慑（美苏对抗或北约—华约对抗）有相同之处，但它们在很多方面仍有巨大差别。冷战时期的威慑模式经过了一个长时间的渐进发展过程，它的改变是缓慢和有序的，而不是突然的。主导这种变化的两个主要对手就像两个谨慎的象棋大师，十分熟悉棋盘、棋子和游戏规则，并且越来越熟悉对方的思想和行为模式。相比之下，当前的战略形势在很多方面则是模糊不清和难以把握的，例如威胁的来源，潜在对手的数量、特征和意图，关于对手的军事实力的情报的准确性和全面性，各方对游戏规则的理解是否默契，等等。在冷战期间，关于威慑战略的决策是经过长时间的深思熟虑之后才制定出来的。有时，要把这种决策转化为实际的军事态势，需要花上几个月或几年的时间。在当前和未来的形势下，必须更快地做出决策，没有多少时间进行理论思考，展开争论，也没有时间显示自己的意图，或刺探对方的意图，或者在假设双方都是理性的基础上进行谈判（这是美苏核力量均势的特征）。冷战时期威慑的核心是美国以核报复相威胁，其目的在于防止或威慑苏联对美国及其盟国发动核攻击或常规进攻。

核力量必须确保生存能力和可靠性，要能够经受住对美国的打击，然后对目标——苏联领导人最重视的资源进行报复。这种威慑被称为**确保摧毁**（assured destruction）或**相互确保摧毁**（mutual assured destruction）。它不是以美国的防卫能力为基础，而是以给对手造成难以承受的打击的威慑能力为基础。直到20世纪80年代里根总统提出"战略防御计划"，威慑思想才开始把**防御**（defense）核武器，或战略防御，作为吓阻使用核武器的基础。如果进行核对抗的美苏双方都能在核打击中生存下来，也就是说，谁也无法摧毁对方，那么，是不是因为我们没有能力摧毁苏联，而只有能力保护美国及盟国，所以我们就无法实现威慑的目标了呢？然而，主导西方威慑思想的，是以进攻为基础的威慑，即摧毁对手（确保摧毁），而不是以防御为基础的威慑（确保生存）。当时，防御弹道导弹目的的军事手段遭到否定，人们认为这种手段会打破稳定的威慑关系，因为它是以美苏双方都难以承受核报复为前提的。

383

我们永远无法确定，如果没有以核武器为基础的威慑关系，美国和苏联是否会爆发总体战争。如果说，核威慑在某种程度上促进了冷战时期超级大国之间长达五六十年的稳定，那么21世纪初威慑的必要条件是什么呢？要回答这个问题，必须对关于冷战时期美苏威慑关系的条件的那些假设进行比较。这些条件包括：预期领导人的思维和行为方式，预期他们如何做出决策并加以实施，预期他们如何指挥和控制军事力量。

在基思·佩恩（Keith Payne）看来，有几个重要假定决定了冷战时期超级大国之间的威慑，并有助于实现稳定。[134] 苏联解体以后，由于这些假定不复存在，加上核扩散问题，人们必须重新思考新时期威慑的必要条件。总体来讲，冷战时期的假定包括以下几个方面：（1）理性的领导人能够在成本—收益核算或风险—回报核算的基础上进行决策，能够控制决策过程，并且能够执行这些决策。美国和苏联的领导人都属于这种理性领导人。（2）双方都能有效地以制裁相威胁，而且每一方都清楚地知道对方拥有这种能力，并把对方的这种能力看做成本—收益核算过程中的一个决定性因素。（3）双方互相理解对方的行为预期和各种反应，知道一方所采取的行动必然源自另一方所采取的行动。（4）以报复相威胁足以影响对手的行为。

理性是威慑的一个必要条件。[135] 但这一点并不意味着对立双方必然有相同的价值观。相反，它意味着理性行为体有自己的最优目标，会进行目的一手段计算，对不同手段产生的不同结果进行评估，然后挑选出最理想的方案。正如基思·佩恩所说，异乎寻常的行为或恐怖的行为不一定是非理性的。两个领导人的偏好可能会有天壤之别。按照这种观点，异乎寻常的行为或恐怖行为也可以是理性决策的结果。因此，领导人的偏好如何并不是问题的关键所在，决定理性还是非理性的关键，是形成偏好、接受偏好以及按照偏好采取行动的过程。

回顾冷战时期美苏两国的威慑关系，在上述各种假定的威慑条件之下，美苏两国有一定程度的相互了解。双方都利用大量情报资源来了解对方的政治动机、军事战略、决策机制、指挥和控制系统，以及军事力量发展水平。两国领导人都不愿意冒险，他们十分清楚地知道，必须防止危机升级为使用核武器。这种考虑正是核威慑的关键之处，它加强了威慑，有助于减少误解和误算。然而，几乎导致冲突升级到使用核武器和威慑失败的情况，在冷战时期至少出现过两次，即1962年的古巴导弹危机和1973年10月的赎罪日战争。

早在1988年1月，长期综合战略委员会向国防部长和总统国家安全事务助理提交了一份名为《差别威慑》（Discriminate Deterrence）的报告。[136]报告认为，今后几十年内可能会出现重大变化，例如，军事大国的数量可能会有变化；次等大国可能会获得先进的武器技术；超级大国在核力量和常规力量方面达成的军备协议的影响可能发生变化；盟友的行为难以确定，等等。所有这些变化都将改变国际环境，美国必须对之采取相应的威慑战略和政策：

> 我们应该重视的是更广泛意义上的突发事件，而不是过去长期支配我们同盟政策和军事规划的两个重大威胁：华约对中欧的大规模进攻和苏联发起全面核攻击。由于决策者一直把注意力集中在以上两个重大威胁上面，他们可能会忽视需要采取不同军事反应措施的进攻威胁，或者忽视某些盟友在这种情况下退出同盟的危险。[137]

冷战时期的两个超级大国的威慑关系已经被多个国家之间的关系所取代，甚至最终可能被非国家行为体之间的关系所取代。这些非国家行为体将拥有或想方设法拥有核武器或其他大规模杀伤性武器（生物和化学武器）。如果将来的情况不能满足冷战时期威慑成功的条件，那么当美国面对的是它不甚熟悉的国家时（我们不清楚或难以知道这些国家领导人的价值取向，我们也缺乏相互沟通的渠道，对相互关系的基本假定也难以形成一致的认识），作为稳定基础的威慑，其可靠性就会降低。在新的国际体系结构形成过程中，有些国家走向分裂或瓦解，种族和宗派冲突不断，[138]宗教原教旨主义兴起，非国家行为体有可能获得大规模杀伤性武器——所有这些现象都出现在人类对技术的使用（民用和军用）越来越广泛的时代——这一切都对威慑提出了巨大和复杂的挑战。由于美国不得不对之进行威慑的国家的数量在增加，这些国家的领导人对美国的熟悉程度增大的可能性会减少。如果未来的国际体系中出现大量国家和非国家行为体，那么威慑的必要条件将会变得更加复杂，威慑失败的可能性也将会增加。

在基思·佩恩看来，冷战后确立可靠威慑关系的固有困难典型地体现在美国领导人必须面对的一系列问题上。美国领导人必须把这些问题作为制定可预测的威慑战略的基础。这些问题来源于冷战期间威慑成功的假设条件。因为威慑的对象将不止一个，所以必须根据具体目标制定威慑战略，同时要考虑大量地区性对手的各种各样的价值结构。就像雷蒙德·阿隆所认为的那样（本章前文所述），威慑必须针对具体的威胁，也就是说，如果要保证威慑的有效性，威慑就必须有具体目标。更多地了解如何真切地让大量对手感到威慑越来越必要，因为这些对手对美国政策的可信性有各种不同的认识。在具体条件下，面对威慑的具体对手，实现最为有效的威慑虽然是困难的，但却十分重要。中央情报局局长詹姆斯·伍尔西（R. James Woolsey）发现，"我们已经杀死了一条巨龙，但是我们现在却生活在充满各种毒蛇的丛林之中。从很多方面来看，抓住一条龙要容易得多"。[139]

如果美国与各种各样的第三方不能相互了解，不能进行有效的沟通，从而获得威慑政策所必需的自信，那么为威慑失败做准备工作将变得越来越重要。冷战时期，人们认为作为惩罚性报复的核心，核武器有利于稳定，而战略防御则不利于稳定，因为它会促使苏联建立更强大的进攻力量来突破美国部署的任何防御体系。这种导弹防御概念的基本假定认为，美苏的进攻性威慑（确保摧毁）不会失败。冷战后，由于威慑失败的可能性日益增加，关于防御能力的争论日益激烈。在一个由国家和非国家行为体共同组成的多极世界中，人们越来越愿意把导弹防御作为威慑的一个部分，作为防止威慑失败的一个屏障。在冷战期间，要建立一个能有效防御苏联成千上万枚核弹头的导弹防御体系，缺乏的是批评者们认为难以达到的复杂技术；到了21世纪，导弹防御的目标不再是俄罗斯，而是要威慑或打击核小国的少量核弹头，它的基础是对新的威胁的认识。与来自苏联的威胁相比，这些新威胁更容易出现，不过也更容易处理。三十多年前格伦·斯奈德就注意到，"必须同时考虑减少战争的可能性和减轻战争的破坏性后果"。为威慑失败作准备是一种政治判断，在此过程中，必须对威慑失败和威慑成功这两种可能性进行权衡。[140] 为威慑失败作准备是很关键的，但必须小心谨慎，以免增加威慑失败的可能性。冷战结束后，全球体系中行为体的数量和种类之多是前所未有的，这就为有关实现稳定的必要条件的理论研究提出了大量问题，其中包括研究吓阻武装冲突的问题（这是一个拥有各种杀伤性力量的行为体越来越多的时代），以及对冷战后阻止武装冲突的问题继续进行理论研究的必要性问题。

国际恐怖主义

20世纪80年代以来，国际恐怖主义现象越来越受到各国政府的关注。要对国际恐怖主义进行分析，必须从多个层面入手，如个人心理结构，组织或团体的宗教、意识形态，国家内部的政治派系斗争，被恐怖主义当做袭击目标的国家，以及赞助、支持、操纵、训练和庇护恐怖组织的国家等。[141] 许多恐怖主义组织[142]长期以来一直活跃在某些特定地区，其中一些组织在利用现代化武器、电子通讯、国际交通运输工具以及电脑方面已经十分熟练。随着21世纪的临近，有经验的决策者和分析家发出危险警告，认为在不远的将来，"灾难性的恐怖主义"将来自那些掌握了大规模杀伤性武器（核武器及生化武器）和电脑病毒的组织。[143] 经常以耸人听闻的方式报道恐怖活动的部分媒体人士，现在也开始怀疑恐怖主义威胁是真实存在的，还是被夸大了呢。

外交家、律师和学者们一直难以界定什么是"侵略"，同样地，他们在什么是恐怖主义的问题上也无法形成一致看法。联合国大会用了20多年的时间来定义什么是侵略，最后在1974年4月的相关文件中制定了这样一个条款：人们有权运用一切可能的手段为民族自决而斗争，其中包括武装斗争。[144] 虽然1995年的第49届联合国大会通过了《关于消除国际恐怖主义方法的宣言》，但是以上条款使联合国在定义恐怖主义的问题上左右为难。而早在1983年，有位学者已经提供了一百多种关于恐怖主义的定义。[145]

387　　定义恐怖主义的困难在于，恐怖分子的动机、目标以及所运用的手段是多种多样的。此外，使问题复杂化的是，在一些人看来是恐怖分子的人，却往往被另外一些人看做自由战士，是为解放事业或正义事业而奋斗的英雄。我们认为，所谓恐怖主义，就是出于政治目的或意识形态原因而使用暴力对付国家机构和公民的非国家实体，它们具有古怪随意和荒唐愚蠢的特点，蓄意制造令人极为震惊和恐怖的影响。恐怖分子利用恐怖方式给人们带来创伤，制造混乱和恐怖气氛，以使人们产生脆弱感，并对政府保护他们的能力丧失信心。一般来说，恐怖主义的目标就是向某些国家的政府施加压力，迫使它们采取具体行动来满足自己的愿望，如释放政治犯、停止战争、允许某个地区自治或独立，等等。恐怖活动有时是为了报复过去的不公平遭遇，有时是向以跨国公司等外国企业为象征的资本主义制度宣泄憎恨，或者是向异教徒宣泄原教旨主义的狂热。他们采取的手段包括暗杀、绑架著名人士（政府官员、军事官员、商界要人、人道主义者，等等）、劫持飞机、制造爆炸事件（使用卡车、轿车、信件、邮件）、纵火等破坏活动、侵犯外交豁免权、扣留人质、扩散致命的生化武器等，不一而足。恐怖分子常常在广场、机场、政府建筑物、商店、学校和校车、饭店、地铁等公共场合制造骇人听闻的事件，造成无辜平民的伤亡。恐怖活动的疯狂性在于，受害者完全是无辜的，和恐怖分子要达到的目的毫无关系，也没有能力影响事态的变化。[146]

　　我们通常都知道，有些国家的政府会运用恐怖主义手段对付自己的人民，或是在对外战争中进行恐怖活动，[147] 所以有人可能会产生疑问：为什么我们要把恐怖主义限定为非国家行为体的行为呢？在现代国家体系中，国内公法和国际公法都认为（无论是对是错），政府拥有使用武力平息国内动乱（如俄罗斯宣称它有权镇压车臣叛乱）和根据军事上的必要性决定是否进行战争的垄断权。个人可以被指控为战犯，但是没有哪个国家会因其进行恐怖活动而受到指控或惩罚，除非是各国联合起来或是由联合国出面对它实施经济制裁。由于这个过程太过复杂，所以北约绕过了联合国安理会，独自采取行动来解决科索沃危机。[148] 过去，以色列曾经指责过黎巴嫩，认为它收留巴勒斯坦解放组织，致使该组织可以从黎巴嫩向以色列发起攻击。美国经常试图惩罚那些资助和支持恐怖活动的国家，对它们实施经济制裁或报复性军事打击，如1983年对黎巴嫩、1985年对利比亚，以及1998年对苏丹和阿富汗的打击。对于那些无法控制恐怖主义组织的国家，经济制裁的作用是有限的；而对于那些根本不想控制恐怖主义组织的国家，经济制裁则根本不起作用。对恐怖主义实施单方面的军事报复具有风险，　388
因为要确切证明某个国家是否赞助或支持了恐怖主义行动，即使不是不可能的（缺乏明确的法律依据），也是极其困难的，所以人们可能会指责那些采取报复行动的国家，认为它们的行为也是恐怖活动。对恐怖主义采取单方面报复措施的国家通常会在政治上付出一定的代价，会受到"世界舆论"的指责和某些国家的反对，尤其是当报复行动造成平民伤亡的时候。如果缺乏确凿的证据控告恐怖分子及其设施，报复行动就难免受到怀疑和指责，被认为是出于国内政治目的而采取的行动。[149] 这种怀疑必定会使国际反恐怖主义合作问题复杂化。由于政治、意识形态、文化和宗教等因素对各国政策的影响，各国通过联合国而采取多边合作打击恐怖主义的努力更是难有进展。怀着反对资本帝国主义情绪的社会主义国家和第三世界国家，对西方国家所采取的反恐怖主义的报复行动大为不满，这些国家的领导人、知识分子精英和媒体常常对某些恐怖主义活动报以同情的态度。

近几十年来，一些在认识上取得一致的国家已经开始进行控制恐怖主义的国际合作，致力于防止劫机和绑架人质事件的发生。通过国际刑事警察组织等渠道，各国政府可以相互交换情报和信息，如嫌疑分子的活动、危险物资的买卖和运输，以及从监督毒品走私、洗钱的银行账号、电子通讯等方面搜集的情报。近年来，由于发生在纽约、俄克拉何马州、北爱尔兰、以色列、埃及、阿尔及利亚、法国、斯里兰卡、日本以及肯尼亚和坦桑尼亚的美国大使馆的耸人听闻的爆炸案、劫机案和其他案件，许多国家已经加强了反恐怖合作。过去25年中，全世界范围里被恐怖分子杀害的人数量众多，是人类的一个大悲剧；不过，这仍然没有使任何一个国家的政府改变政策，即拒绝与威胁人质的恐怖分子进行谈判。[150] 直到20世纪末，恐怖主义者很少能够成功地达到他们的目标，其中的原因，有时候是由于政府采取了有效措施，或是由于幸运，恐怖分子的阴谋被挫败了；有时候，是由于恐怖分子自己无能，无法按照他们的计划来完成恐怖活动。

在新世纪里，情况可能会变得更糟，因为无赖国家正致力于获得大规模杀伤性武器以及通过秘密渗透或导弹技术来使用这些武器的方法。理查德·贝茨警告说，现在"彻底毁灭的危险变小了，但大规模杀伤的危险更大了"，主要令人担心的不是拥有成千上万大规模杀伤性武器的对手，而是那些拥有少数杀伤性武器的敌人。[151] 在他看来，恐怖分子有可能使用生物武器来杀伤大量平民，因为生物武器比较容易制造、运输和走私，很难被发现，并且杀伤性极强。只有以大规模军事报复相威胁，才可能威慑某些无赖国家诉诸使用大规模杀伤性武器。贝茨提醒美国决策者，按照1972年的《禁止生物武器公约》，美国已经销毁了自己的生物武器；如果美国遵守1997年生效的《禁止化学武器公约》，在2008年以前销毁它的化学武器，那么除了核武器之外，美国将没有大规模杀伤性武器用来威胁采取报复行动。[152]（见本章后面"21世纪的核威慑"）

389 防御分析家和理论家们研究了最糟的情况：恐怖分子在进攻中使用大规模杀伤性武器。他们的分析不是想引起恐慌，而是要帮助决策者们以远见卓识和缜密的计划来防止那些可以被制止的不幸事件。他们想促使决策者思考：威胁的紧迫性和现实性如何？如何才能最好地防止危险发生？如果威慑失败，如何把损失减到最少？决策者将面对两种不同的但却是相关的挑战：（1）恐怖分子的独立行动；（2）赞助和支持恐怖分子的无赖国家的行为。这两种挑战之间也许没有清晰的界限。许多从事恐怖活动的个人和组织需要寻求国家的支持，但他们也可能反对他们所在国家的政府，而支持恐怖主义的国家自然也会否认和隐瞒自己所起的作用。

受恐怖分子袭击的民主国家是否应该把反恐怖主义作为一项长期的军事战略来优先加以考虑呢？如果有实质性的确凿证据表明某个国家在赞助和支持恐怖主义，报复性打击可能是合适的。如果缺乏这种证据，对一个主权国家采取军事打击则会引发政治问题，在法律上制造出糟糕的先例。所以最好的办法是在恐怖分子处于阴谋策划阶段时，加强追踪和抓捕行动，通过引渡程序把他们绳之以法。不过，无赖国家很少会采取合作态度。利比亚保护洛克比空难的制造者长达十多年，最后才同意妥协。要想让一个无赖国家改变其行为，需要长期地对它实施政治和经济压力（断绝外交关系，进行广泛制裁）。[153] 有时，也许只有正义的军事报复才是惟一可行的手段。在这种情况下，必须采取预防措施，把风险降到最低程度，以免恐怖分子所在的国家（尤其当这种国家有大规模杀伤性武器的时候）把针对恐怖分子基地的报复行动看做是对该国家的全面进攻，因此引发灾难性后果。每当针对恐怖分子展开军事行动时，就会出现这样的问题：如果恐怖分子进行理性的成本—收益分析，那么这种行动是否可以阻止他们将来继续从事恐怖活动？如果恐怖分子是宗教、意识形态或民族主义狂热分子，那么他们的伤亡损失是否更可能导致他们采取更多的恐怖活动（在他们看来，这是值得做出自我牺牲的事业）？[154]

最后，民主国家是否想当然地认为，大规模的灾难性攻击行动迟早会出现，必须发展新的复杂组织，以便事先挫败恐怖分子的阴谋，或者在攻击发生后把损失减少到最低程度？在一些专家看来，现代民主国家（包括美国）根本还没有为对付这种新的威胁做好准备，其中部分原因是近乎宿命的听天由命和绝望态度。这些专家呼吁建立一个有效的体系，在"情报和预警、预防和威慑、危机和后果处理、共同获得设备和技术"等方面，把国际社会、联邦政府，以及州和地方的资源和组织力量结合起来。[155] 他们为政府、国防部门、情报组织、执法机关、工业，以及参与策划反恐怖主义的个人提供了富有想象力的彻底性改革建议。一旦遭到生物武器的攻击，就需要在紧急医疗、保护用具的分发、药品和疫苗、人口疏散和地区隔离等方面进行协调。[156] 理查德·贝茨完全赞同那种认为迫切需要实施国民防御计划的观点，同时他进一步认为，美国应该减少它在国外承担的国际义务，正是这种"世界警察"的身份使美国成为恐怖分子的头号目标（这绝不是新孤立主义）。[157] 有些人强烈要求加强安全措施以防范恐怖主义，如加强监视，采取更有效的办法搜集证据并逮捕嫌疑犯，等等。但他们也认识到，这些反恐怖主义的对策不仅会给民主国家的公民造成生活上的不便，有时还可能会侵犯宪法保障的个人自由和隐私权。[158]

可以明确地说，国际恐怖主义是一种十分复杂的现象，不仅难以明确定义，而且现代民主国家同它作斗争也更为困难。二十多年前菲利普斯·夏夫利（W. Phillips Shively）曾经告诫说，使用多层次的概念会导致理论上的混乱。[159] 看起来，恐怖主义就是这种概念。如果当真如此，就难以出现解释恐怖主义的有效理论。但是不管有没有理论，每个国家都别无选择，只能竭尽全力来对付恐怖主义。

21世纪的威慑

进入21世纪，美国政治发生了变化。过去十多年里，美国的政策重点

390

是维持经济繁荣，现在开始关注军事安全、威慑和防御问题。1991年波斯湾战争之后，美国在海外一些地区部署了大量军队，如伊拉克、海地、波斯尼亚、科索沃和台湾海峡，以及其他一些发生了冲突或可能会发生冲突的地区，如马其顿和东帝汶。看起来，美国干预国际事务的能力好像是无限的。但是，分析家们提出了很多问题，如军队的战备状态、国防预算的规模、军事力量被用于人道主义援助和维和行动而不是用于实战的问题、军队编制与可能面临的威胁要相称的问题、不断增加所承担的国际义务以实现全球稳定（现在到处都是种族暴力冲突）是否会过多地耗费这个"霸权国"的资源，等等。前苏联各共和国把核导弹运回了俄罗斯，美国和俄罗斯也加强了它们在削减核武器和化学武器，加强安全等方面的合作，然而，一些非欧洲国家却在研制或者获取大规模杀伤性武器（核武器、化学和生物武器）及运载工具——导弹。到20世纪90年代末，除印度和巴基斯坦之外，至少有6个国家想发展核武器，24个国家计划发展化学武器，另有十个国家正在发展生物武器，估计有二十多个发展中国家能够公开或秘密地获得导弹。[160] 人们所熟悉的传统威胁正在被大量新的陌生的威胁所取代。90年代后期人们最常听到的批评之一就是：自冷战结束以来，美国缺乏一个能够考虑到将来的安全目标的一致的战略理论。它漫无目标，盲目乐观，以为使用核武器进行生死存亡的善恶决战的威胁已经消失了，所以采取就事论事的实用主义态度，而不是按照一个清晰明确的战略框架来指导政策。

一些在国家安全事务方面有丰富经验的学者和政府专家是温和的现实主义者或新现实主义者，他们认为，在不断变化着的复杂而危险的国际环境中，作为"应付不确定的未来的关键屏障"，核武器永远在威慑战略中处于核心地位，虽然它在21世纪初发挥的作用和过去有所不同。诚然，主导威慑理论40年之久的美苏战略对峙发生了根本性变化，在这40年里，核武器主要是两个难以共存的对手维持"恐怖平衡"的一种工具。随着政治、经济和军事方面的合作不断加强，俄罗斯和美国及西欧之间发生战争的威胁大大降低。自柏林墙倒塌以来，美国在欧洲的常规部队减少了2/3，这些常规力量被重新改组以应对其他类型的冲突。同时，美国的战区核力量也减少了90%以上。过去10年中，俄罗斯的常规力量严重老化，但俄罗斯最高统帅部最近部署了新的洲际弹道导弹，它将保持10000到15000枚战区核武器。由此可见，俄罗斯无疑将比过去更加依赖核战略与核力量。

然而，俄罗斯从苏联继承下来的大规模战略核力量已经老化了，所以21世纪初俄罗斯的战略核力量可能更加现代化，但数量却会大大减少。作为一个新兴的全球大国，中国的核力量并不十分强大，但却在不断增长，所以，中国对美国构成的不确定性威胁可能要大于俄罗斯所构成的威胁。[161]

尽管西方国家和日本在投资、贸易和世界贸易组织等方面已经加强了与俄罗斯和中国的关系，但是这两个国家时常会反对美国的国际军事干预和全球经济自由化政策，认为这些都是美国想称霸世界的借口。在这方面，中俄两国拥有共同利益。

乔治·奎斯特尔（George H. Quester）和詹姆斯·沃茨（James J. Wirtz）警告说，美国和俄罗斯现在拥有的核武器几乎比冷战高峰时期少了四分之三，尽管在此基础上它们仍可能维持稳定的战略关系，但以后双方在削减战略武器，实行有限核威慑和最低限度核威慑方面不能走得太远，因为现在拥有核武器的大国数量正在日益增多。如果美俄两国过多地削减了核武器，就可能导致不稳定，有些拥有各种大规模杀伤性武器的地区性侵略国家就可能打破威慑平衡。[162] 这种危险在出现危机的时候更为明显。最坏的情况可能永远不会出现，但如果它在理论上成为可能，就会在涉及重大国家利益的冲突发生时对政府决策者的决策产生影响。

有效威慑一直是国家实力的一部分，也显示了国家反击侵略的坚定决心。正如我们指出的那样，在冷战期间，威慑主要依赖建立在强大有生存能力的核力量（装有3枚弹头的长距离炸弹，洲际弹道导弹和潜射弹道导弹）基础上的报复能力。实现这种威慑需要有可行的作战方针，其目标不仅是要毁灭城市人口，还要打击对手最有价值的目标，如常规力量与核力量、指挥中心，以及构成国家实力基础的工业设施。（不论是苏联的先发制人的打击战略，还是美国的报复战略，它们选择的攻击目标都可能是这一类目标）将来，报复仍然是威慑的关键因素，但我们要把报复和两种过去一直不被重视的因素——抵消和劝阻——平衡起来使用。要抵消对手实现其目标的能力，就需要发展和部署积极防御。这种积极防御受到1972年的《反弹道导弹条约》的严格限制。该条约实际上使两国人民互为人质，都处于容易受到对方攻击的状况。这是一种自相矛盾的相互信任。劝阻需要运用除武力之外的其他实力，如政治、经济和技术力量，加上情报手段，以使潜在的对手相信，以进攻相威胁或发起进攻最终都是徒劳无益的，而寻求和平的国际合作，避免有害的或灾难性的冲突，将能获得巨

392

大的利益。在20世纪80年代，当西方国家与苏联集团之间的战略对峙达
到白热化程度的时候，大西洋联盟的成员国向对方显示，它们愿意冒险来
证明自己拥有比苏联更强大的实力。这使苏联方面认识到，它们的前途一
片暗淡。[163] 如果说，包括日本在内的西方发达工业国家在当时的情况下能
够成功的话，那么从逻辑上讲，只要领导人具有长远的建设性眼光，它们
393 将来也应当能够遏制来自像中国和印度这样工业欠发达的大国的威胁，以
及像伊拉克、伊朗和北朝鲜这类"无赖"国家的威胁。这些国家正致力于
获得现代化的大规模杀伤性武器以及远距离的运载工具，但我们却不能认
为，这些国家对威慑做出的反应能和苏联一样。[164]

许多学者和政府决策者都想当然地认为冷战期间的威慑理论是有效
的，但基思·佩恩对此提出了质疑。他认为，我们无法确定，长达40年
的针对苏联的战略威慑政策是"成功"的，惟一可以确定的，是它并没有
失败。正如我们前面所说，要想证明为什么某些事情没有发生是不可能
的。佩恩总结说，冷战时期，武器系统、军事部署以及各种战略策略术
语（"大规模报复"、"确保摧毁"、"战争战略"、"选择性瞄准"等）在不
断变化，但是要确切地知道怎样才能最有效地威慑苏联仍十分困难。在佩
恩看来，我们正走向"第二个核时代"，此时，要想知道如何威慑地区性
"无赖大国"更为困难。他所指的"无赖大国"包括中国在内。他警告说，
在全球新形势下，不能"以传统的冷战时期的思维方式来制定美国的威慑
政策"。

> 关于威慑的冷战思维在20世纪60年代相当流行，并被人们
> 看成是一套可靠的普遍性原则。它认为，核威慑可以使大规模战
> 争变得"难以想象"、不合情理。关于核威慑的严肃而谨慎的讨
> 论……似乎越来越无法影响美国政府的决策，其中一部分原因是
> 这些讨论和告诫被抽象的技术性语言所累……它们过于抽象，以
> 至于难以被关心决策并能影响舆论的精英和政府官员们所接受。[165]

佩恩以1990年伊拉克入侵科威特之前发生的事情为例。尽管情报机构
当时已经发现了萨达姆·侯赛因的企图并发出了警告，但布什政府以及中
东国家的高级官员们却不为所动，因为他们以为萨达姆是理性的，不会做
这种在他们看来是不合理的事情。[166]

科林·格雷赞同基思·佩恩的观点。他提出了一个引起争论的看法：冷战时期威慑的"成功"也许应归因于运气好，或者是因为对手必须选择接受威慑。[167] 为什么双方都会选择接受威慑呢？这个问题将会继续争论下去。此外格雷还认为，冷战后，当人们回顾过去时，很多人倾向于认为，两个超级大国之间的战略关系是"亚稳定"的，[168] 也就是说，核武器的本性必然导致威慑。但格雷坚持认为，不管两个超级大国是怎样考虑防止发生具有巨大破坏性的核战争的，双方的军事决策者的任务都是要避免核战争。他写道："这里丝毫没有否认核战争在道义和生态等方面的可怕含义。但是从狭义的军事术语来看，决策者和负责分析对手的世界观的情报机构时常会认为，在核战争中获胜是有可能的。"[169] 看起来，好像格雷和佩恩都赞同米勒的观点，因为在对冷战时期人们并没有使用核武器这一现象进行分析的时候，他们也考虑了除核武器之外的其他因素。但是情况并非如此。毫无疑问，他们两人都坚决反对米勒的观点，即认为核武器和现实主义都与冷战的结束"根本无关"。[170] 虽然冷战结束时超级大国并未使用核武器，但是我们永远也无法确定，是否核武器就是超级大国之间没有发生战争的主要原因。可能的情况是，冷战时期的安全形势是由包括核武器在内的多种因素造成的。这些因素究竟有哪些，核武器有多大的重要性，仍将是人们讨论和争论的课题。

技术的变革，尤其是信息时代的电脑技术，是否已经促成了一场军事革命，从而使我们告别了核时代？科林·格雷对此问题进行了仔细分析。他赞同基思·佩恩的观点，即认为我们无法对冷战做出确定的解释，也不能否认迈克尔·霍华德的结论："毫无疑问的是，我们有效地阻止了苏联使用武力来达到其目标。"[171] 格雷认为，"我们所知道的那些在冷战时期起威慑作用的因素……目前主要还只是一些猜测。"[172] 但是格雷和佩恩一样，并没有排除核武器的威慑作用。他预见，随着大规模杀伤性武器的扩散，干预国外冲突时所进行的成本—收益核算将减少美国充当世界警察的行为，除非事关国家的生死存亡等重大利益，尤其是当美国针对大规模杀伤性武器所部署的防御体系失败的时候。那些提出"电脑空间战争"的人认为，体现新型军事作战特点的武器"能够长距离定位和打击目标，其精确程度排除了"使用核武器的必要。[173] 格雷警告说，在第二个核时代，"即使拥有信息时代具有极高杀伤力的武器，也难以消除美国对自己驻扎在有大规模杀伤性武器的地区的军队安全的担忧"。[174] 将来，没有能力进行网络战争的无赖国家将会使用大规模杀伤性武器来威慑那些擅长进行网络战争的国家。因此，"对于超级大国、大国以及地区性无赖国家来说，核武器并没有过时"。[175] 事实上，核武器是那些力图抵消美国信息技术优势的小国的首选武器。格雷不同意一些西方理论家反对核扩散的观点。这些理论家认为，20世纪后期出现了一种核禁忌，也就是一种自我克制的信念，认为哪怕是威胁使用核武器的行为，尤其是对一个没有核武器的国家进行威胁，也将受到世界舆论的强烈谴责，因为核武器是不合法的、破坏极强的、不人道的、过时的以及不可靠的。[176] 格雷发现，在防御决策者们的战略理念中，核武器的地位处于下降趋势，而常规武器在网络战争中则博得了更多的信任，就像1943年人们信任诺登轰炸瞄准器一样。当时，这种仪器使美国的战略轰炸的精确程度达到了前所未有的水平，因此被看做是通过空中力量取得胜利的金钥匙。他没有排除这样一种可能性：一个不擅长进行网络战争的国家，可能会置网络战于不顾，使用被认为是"不光明磊落"的武器，对美国采取不对称战争战略。[177]

保罗比米勒更合理地说明了核武器在国际政治中的重要性已经降低，而他对核武器的批评却没有米勒那样强烈。他认为核武器在冷战中曾具有重要作用，有力地防止了战争的发生。他说，两个超级大国"在冷战时期拥有结构性权力（尤其是在它们各自的势力范围之内），主要是因为它们拥有强大的军事和经济实力，特别是核武器"。[178] 他同意罗伯特·吉尔平和约翰·加迪斯的观点，即认为核武器使美国和苏联拥有了最高的政治威望，从而把它们同其他国家区别开来。美苏两国可以进行危机谈判，运用强制性威胁和军事、外交手腕，同时却不会有引发战争的危险。[179] 保罗提出了一个有意思的看法：

> 核威慑关系最为恰当地说明了长期对抗的敌手之间的关系……在（这种）冲突关系中，发生战争的可能性很大……这种敌对关系的明确特征是高度的军事戒备状态……人们认为核武器可以降低长期对抗的敌手发动战争的机会和意愿，因为进攻的代价远远高于任何通过战争获得的收益。[180]

为了证明自己的核大国地位，1998年5月印度和巴基斯坦进行了核试验。保罗的文章是在此前发表的，他的观点可能被用来支持这样一种认识，即希望南亚次大陆上的这对长期对抗的敌手能像冷战时期的美苏两国一样，通过相互确保摧毁战略，成功地维持稳定的相互关系，避免战争的发生。当然，印度和巴基斯坦相互指责，都认为对方对自己构成了安全威胁，所以才发展核武器。其实一段时间以来情报机构已估计到了它们会这样做。印度一直拒绝遵守1970年开始生效的《不扩散核武器条约》，认为它有歧视性，在国际法上给核大国以特权地位，同时却加大了对其他国家的限制和负担。由于印度拒绝签署《不扩散核武器条约》，巴基斯坦也拒绝签署。此外，1996年印度和巴基斯坦还拒绝签署《全面禁止核试验条约》。印度的借口是认为五个核大国没有确定全面核裁军的最后期限。印度外交部长把印度的政策描述为一种对核**隔离**（apartheid）的反抗。印度政府坚持认为，它的主要意图是维持"最低限度的可信的核威慑"，并呼吁彼此都承诺"不首先使用"。[181] 具有讽刺意味的是，印度政府官员和社会精英们过去常常嘲笑西方的核威慑理论，认为它注定要遭到失败，现在他们却问道："如果核威慑在欧洲是有效的，为什么在亚洲就行不通？"如果这两个国家能够像冷战时期的美苏两国一样采取理性态度，核威慑的确可能是有效的。然而，这两种情况有本质的区别：（1）冷战时期的两个敌手分属两个半球，需要长时间的飞行，而且有"热线电话"进行紧急沟通，而印巴两个邻国有着共同边界和十分情绪化的边界争端，两国之间飞行时间很短，也没有热线电话。（2）两个超级大国之间从未发生过战争，印度和巴基斯坦自1947年以来却发生过3次战争。（3）美苏之间的意识形态差别是政治和经济方面的，这使它们能够进行理性决策；印巴两国的意识形态差别是宗教性质的（印度教和伊斯兰教），所以难以进行理性决策。不过，印度和巴基斯坦拥有了核导弹，就可能会停止核试验之前存在于两国之间的那种不断恶化的相互猜疑，并逐渐在南亚形成稳定的关系。印巴两国的实力在它们之间发生第四次战争之前而不是之后显示出来，这或许是件幸事。1999年秋季在格尔吉尔小规模军事冲突期间，两国都在努力克制自己，但是相互指责的程度仍然十分激烈。

然而，保罗否定了那种认为核武器必然会增强一个国家在国际权力等级秩序中的地位的说法。他指出，在1956年的苏伊士运河危机中，英国掌握的核武器并没有发挥作用；同样，法国的核力量也未能使它在1962年保住它在阿尔及利亚的地位。但他没有注意这样一个事实：以上两种情况发生在英法两国刚刚获得少量核武器的几年之内（英国4年，法国2年），它们那时都不能算核大国，如果它们威胁使用核武器，就会失去美国的支持。所以，它们以核武器相威胁没有任何军事意义，反而会造成大西洋联盟的分裂，并且无疑会招至苏联的严重威胁。（事实上，1956年11月赫鲁晓夫的确曾经使用"火箭雨倾盆而下"这样的含糊言辞恫吓过欧洲。）保罗指出，冷战后核武器在对付国内种族冲突方面发挥不了什么作用，但是他同意帕特里克·加里蒂（Patrick Garrity）的观点，即认为"经过一个过渡时期，大国将把核武器作为防止国际关系走向恶化的一道屏障，同时也把它作为一种限制手段，以便把大国之间的竞争限制在政治和经济竞争方面，而不是军事方面"。[182]

397 结　论

冷战的大部分时间里以及冷战结束以来，西方国家的政策制定者们和学术界的理论家们都怀有这样一种信念：核战争是难以置信的，以核武器为支柱的威慑不会失效。不过理论家们都认为，威慑是以理性决策为先决条件的。实际上，过去反对核威慑战略的人都确信，由于存在压力、估计的失误、对情报的错误分析、指挥、控制和通讯系统的技术故障等原因，威慑总有一天会失效。美苏两个冷战对手曾经相互研究了多年，通过相互制约才得以生存下来。基思·佩恩认为，在"第二个核时代"，彻底地了解几个潜在对手以及它们各自的战略理性概念是十分关键的，只有这样，地区威慑才能有效地针对个别国家和具体的威慑环境。但这是难以做到的。佩恩回忆到，在冷战期间，一个不断被人们重复的问题是"多少算够？"从今以后，我们至少应该同样程度地关心的一个基本问题是："你知道多少？"[183]如果有更多的国家和非国家行为体获得了大规模杀伤性武器，威慑的复杂性就会增加，而它的有效性将会减弱。然而，只要国际关系的核心问题仍然是防止侵略者使用武力，为有效政策提供理论基础的必要性就是显而易见的。在这种背景下，无论是采取惩罚（报复）措施还是采取抵消（防御）措施，威慑仍将继续吸引战略家和决策者们的注意。

注　释：

---

1 Bernard Brodie，"The Anatomy of Deterrence，"*World Politics*，XXVI（January 1974），p.174.

2 Robert Jervis，"Deterrence Theory Revisited，"*World Politics*，XXXI（April 1979），p.289.

3 Alexander L. George and Richard Smoke，*Deterrence in American Foreign Policy*：*Theory and Practice*（New York：Columbia University Press，1974），p.11.

4 Glenn Snyder，*Deterrence and Defense*（Princeton，NJ：Princeton University Press，1961），p.9.

5 George and Smoke，*Deterrence*：*Theory and Practice*，pp.14-16.

6 Bernard Brodie，*The Absolute Weapon*：*Atomic Power and World Order*（New York：Harcourt Brace，1946），p.76. 除了前面引述的著作之外，1980年以前威慑方面的主要著作还包括：William W. Kaufmann，"The Requirements of Deterrence，" in W.W. Kaufmann，ed.，*Military Policy and National Security*（Princeton，NJ：Princeton University Press，1956）；Paul Nitze，"Atoms，Strategy and Policy，"*Foreign Affairs*，XXXIV（January 1956）；Bernard Brodie，*Strategy in the Missile Age*（Princeton，NJ：Princeton University Press，1959）；Albert Wohlstetter，"The Delicate Balance of Terror，"*Foreign Affairs*，37（January 1959）；Herman Kahn，*On Thermonuclear War*（NewYork：Free Press，1960）；Thomas C. Schelling，*Strategy of Conflict*（Cambridge，MA：Harvard University Press，1960）；Henry A. Kissinger，*Nuclear Weapons and Foreign Policy*（New York：Harper & Row，1957）；Herman Kahm，*Thinking About the Unthinkable*（NewYork：Horizon Press，1962）；Bruce M. Russett，"The Calculus of Deterrence，"*Journal of Conflict Resolution*，VII（March 1963）；Thomas C. Schelling，*Arms and Influence*（New Haven，CT：Yale University Press，1966）；George H. Quester，*Deterrence BeforeHiroshima*（New York：Wiley，1966）；James L. Payne，*The American Threat*：*The Fear of War as an Instrument of Foreign Policy*（Chicago：Markham，1970）；Alain C. Enthoven and K. Wayne Smith，*How much is Enough?*（New York：Harper & Row，1971）；Bernard Brodie，*War and Politics*（New York：Macmillan，1973）；Richard Rosecrance，*Strategic Deterrence Reconsidered*，Adelphi Papers，No. 116（London：Institute for Strategic Studies，1975）；Patrick M. Morgan，*Deterrence*：*A Conceptual Analysis*（Beverly Hills，CA：Sage，1977）.

7 Jervis，"Deterrence Theory Revisited，" p.291.

8 凯南1946年2月22日从莫斯科发至华盛顿美国国务院的著名的"长电报"载于 the U.S. Department of State Series，*Foreign Relations of the United States*，1946（Washington，D.C.: U.S. Government Printing Office），Vol. VI，pp.690-709. 凯南的政策观点经修改之后发表在署名为"X"的文章中"The Sources of Soviet Conduct，"*Foreign Affairs* XXV（July 1947）. 关于凯南的背景，尤其是作为一个年轻的外交官曾经在里加的前线工作，并在那里形成了对苏联的见解，参见 Daniel Yergin，*Shattered Peace*：*The origins of the Cold war and the National Security State*（Boston：Houghton Mifflin，1978），chap.2. 关于凯南的遏制概念以及各部门对它的理解，最有影响力的（尽管并非毫无争议）解释参见 John Lewis Gaddis，*Strategies of Containment*：*A Critical*

398

Appraisal of PostwarAmerican National Security Policy（New York：Oxford University Press，1982）. 也参见 Walter Issacson and Evan Thomas，*The Wise Men：Six Friends and the World They Made*（New York：Simon & Schuster，1986），pp.238-239，353-355，484-485；and Stephen M. Walt，"The Case for Finite Containment," *International Security*，14（Summer 1989），pp.5-50.

9 Gaddis，Strategies of Containment，pp.39-40.

10 Donald M. Snow，*Nuclear Strategy in a Dynamic World*（University Alabama：University of Alabama Press，1981），p.50；Richard Smoke，*National Security and the Security Dilemma*，2nd ed.（New York：Random House，1987），p.53. 也参见 Samuel P.Huntington，*The Common Defense：Strategic Programs in National Politics*（New York：Columbia University Press，1961），pp.33-47.

11 George and Smoke，*Deterrence：Theory and Practice*，pp.23-27；Smoke，*National Security*，pp.77-82. 为全面了解有限战争理论，参见 Henry A. Kissinger，*Nuclear Weapons and Foreign Policy*（New York：Harper，1957）；Robert E. Osgood，*Limited War*（Chicago：University of Chicago Press，1957）；Klaus Knorr and Thornton Read，eds.，*Limited Strategic War*（New York：Frederick A. Praeger，1962）；Robert E. Osgood，*Limited War Revisited*（Boulder，CO：Westview Press 1979）.

12 Excerpt from Dulles，Address to the council on Foreign Relations，New York，January 12，1954，in *The New York Times*，January 13，1954. 杜勒斯在 "Policy for Security and Peace," *Foreign Affairs*，XXXII（April 1954）中澄清了他的一个观点。解释杜勒斯声明中提出的一些警告，参见 Louis J. Halle，*The Cold War as History*（New York：Harper & Row，1967），pp.276-282. 后来的一个回顾性叙述，参见 Samuel F. Wells，"The Origins of Massive Retaliation," *Political Science Quarterly*，96（Spring 1981）.

13 Jerome H. Kahan，*Security in the Nuclear Age：Developing U. S. Strategic Arms Policy*（Washington，DC：Brookings Institution，1975），p.34.

14 Kaufmann，"Requirements of Deterrence," pp.23-24.

15 Paul Nitze，"Atoms，Strategy and Policy," Foreign Affairs，XXXIV（January 1956），pp.188-198.

16 参 见 Sir Anthony Buzzard et al.，"The H-Bomb：Massive Retaliation or Graduated Deterrence?" *International Affairs*（London），XXXII（April 1956）；and Arnold Wolfers，"Could a War in Europe Be Limited?" *Yale Review*，XLV（Winter 1956）.

17 Bernard Brodie，Strategy in the Missile Age（Princeton，NJ：Princeton University Press，1959），chap.7.

18 Ibid.，pp.268-269.

19 Ibid.，p.271.

20 Ibid.，pp.272-273. 早在1945年布罗迪就发现，为了美国在核时代的安全，有必要"想办法保证我们在受到进犯时有能力进行报复"。*The Absolute Weapon*，p.76.

21 Brodie，*Strategy in the Missiles Age*，p.274.

22 Ibid.，pp.261-263.

23 Albert Wohlstetter，"The Delicate Balance of Terror," *Foreign Affairs*，XXXVIII（January 1959），pp.211-234.

24 Bernard Brodie，*War and Politics*（New York：Macmillan，1973），p.380. 布罗迪认

为恐怖的平衡并不像沃尔斯泰特描述的那样复杂。"许多事情在技术上是可行的，我们有很好的理由相信它们不会发生"；Ibid. 布罗迪的观点受到欢迎。然而，超级大国政府中的军事决策者和战略决策者们一直热心于不断使核武器技术现代化。哈佛的核研究小组将战略三元素置于避免核战争的议事日程的最重要位置。Graham T. Allison, Albert Carnesale, and Joseph S. Nye, Jr., eds., *Hawks, Doves and Owls: An Agenda for Avoiding Nuclear War* (New York：W. W. Norton, 1985), p.21.

25 赫尔曼·卡恩的主要著作是 *On Thermonuclear War* (Princeton, NJ：Princeton University Press，1960).

26 Brodie, *War and Politics*，pp.419-420.

27 Ibid., p.126.

28 Ibid., chap.9, "Nuclear Weapons：Utility in Nonuse."

29 Michael Howard, "Reassurance and Deterrence," *Foreign Affairs*, 61 (Winter 1982/1983), 310.

30 关于英国和美国的威慑政策的发展情况的出色总结，以及关于认为英国是第一个推行威慑政策（被认为要归功于皇家空军元帅，后任参谋长会议主席的约翰·斯莱瑟爵士）的观点，参见 Michael Howard, *The Classical Strategists*, Adelphi Papers No. 54 (London：International Institute for Strategic Studies, February 1969), esp. pp.20-30.

31 Howard，"Reassurance and Deterrence," p.312.

32 Thomas C. Schelling and Morton H. Halperin, *Strategy and Arms Control* (New York：Twentieth Century Fund, 1961), pp.50-54；Morton H. Halperin, *Contemporary Military Strategy* (Boston：Little Brown, 1967), pp.19-20；Kahan, *Security in the Nuclear Age*, p.271. 苏联战略家对第二次打击战略的兴趣不如美国战略家。苏联的导弹在20世纪70年代才达到无懈可击的程度。

33 Kissinger, *Nuclear Weapons and Foreign Policy*, p.12.

34 关于美国情报局掌握和预测苏联核力量发展情况的问题，以及关于各种评估的可靠性的争论，出色的叙述参见 Lawrence Freedman, U.S. *Intelligence and the Soviet Strategic Threat*, 2nd ed. (New York：Macmillan, 1986). 也参见 Robert L. Pfaltzgraff, Jr., Uri Ra'anan, and Warren H. Milberg, eds., *Intelligence Policy and National Security* (London：Macmillan, 1981)；Christopher Andrew and David Dilks, eds., *The Missing Dimension: Governments and Intelligence Communities* (London：Macmillan, 1984)；and JeffreyRichelson, *The U.S. Intelligence Community* (Cambridge, MA：Ballinger, 1985).

35 Walter Millis, *A World Without War* (Santa Barbara, CA：Center for Democratic Institutions, 1961).

36 Klaus Knorr, *On the Uses of Military Power in the Nuclear Age* (Princeton, NJ：Princeton University Press, 1966), and "On the International Uses of Military Force in the Contemporary World," Orbis, 21 (Spring 1977), pp.5-28；Barry M. Blechman and Stephen S. Kaplan, *Force Without War: U.S. Armed Forces as a Political Instrument* (Washington, DC：Brookings Institution, 1978)；Laurence Martin, *Strategic Thought in the Nuclear Age* (Baltimore, MD：Johns Hopkins University Press, 1981)；Robert Gilpin, *War and Change inWorld Politics* (Cambridge, England：Cambridge University Press, 1981).

37 Martin, *Strategic Thought*, p.5.

38 Ibid.

39 Ibid., p.9.

40 参 见 Sidney Verba, "Assumption of Rationality and Non-rationality in Models of the International System," in Klaus Knorr and Sidney Verba, eds., *The International System: Theoretical Essays* (Princeton, NJ: Princeton University Press, 1961); R. Harrison Wagner, "Deterrence and Bargaining," *Journal of Conflict Resolution*, 26 (June 1982), pp.329-358; Frank C. Zagare, "Rationality and Deterrence," *World Politics*, XLII (2) (January 1990), pp.238-260. 扎加雷列举了 Stephen J. Brams, Marc Kilgour, Bruce Bueno de Mesquita, William Riker, 还有其他人将威慑模式中的理性行为视为必然, p.238. 理性行为体模型和布伊诺·德·门斯奎塔的预期效用模型, 参见本书第七和第十一章。

41 Raymond Aron, *The Great Debate: Theories of Nuclear Strategy*, trans. Ernest Pawel (Garden City, NY: Doubleday, 1965), pp.32-33; Glenn H. Snyder, *Deterrence and Defense: Towarda Theory of National Security* (Princeton, NJ: Princeton University Press, 1961), pp.3-16, 33-40; Richard Rosecrance, *International Relations: Peace or War?* (New York: McGraw Hill, 1974), p.284; Leon Wieseltier, "When Deterrence Fails," *Foreign Affairs*, 63 (Spring 1985), pp.827-847. 威塞尔蒂耶尔不同意很多核威慑思想背后隐藏的那种预言式的前提:"威慑的结束就是历史的终结。再具体一点,它意味着一旦使用了核武器,所有的核武器都将被使用……它还意味着,核威慑一旦失败,从第一件核武器被使用的那一刻开始,所有的东西都将荡然无存"。Ibid., p.829.

42 Kenneth N. Waltz, "Nuclear Myths and Political Realities," *American Political Science Review*, 84 (September 1990), p.732. 对核武器的威慑效果的争论, 参见 Scott D. Sagan and Kenneth N. Waltz, *The Spread of Nuclear Weapons: A Debate* (New York and London: W.W. Norton, 1995). 也参见 L. Brito Dagobert and Michael D. Intriligator, "Proliferation and the Probability of War," *Journal of Conflict Resolution*, 40 (1) (March 1996), pp.206-214.

43 Sagan and Waltz, *Spread of Nuclear Weapons*, p.734. 沃尔兹认为:"威慑取决于人们能做到什么,而不是人们想做什么";见本书第733页(原书页码)。

44 Robert E. Osgood, "Stabilizing the Military Environment," in Dale J. Hekhuis et al., eds., *International Stability* (New York: Wiley, 1964), p.87; A. R. Hibbs, "ABM and the Algebra of Uncertainty," *Bulletin of the Atomic Scientists*, XXIV (March 1968), pp.31-33; D. G. Brennan, "Uncertainty Is Not the Issue," Ibid., pp.33-34.

45 Stanley Sinkiewicz, "Observations on the Impact of Uncertainty in Strategic Analysis," *World Politics*, XXXII (October 1979), pp.98-99. 也见正文参考, 及注释98有关理查德·贝茨对北约在核威慑中的作用不确定的看法。本杰明·兰贝思 (Benjamin Lambeth) 指出,"关于苏联的战略中的不确定性,我们还不甚了解。我们不知道(也不可能知道),苏联领导人怎样面对一次重大的考验。不确定性可以分为两种,它取决于苏联领导人如何理解具体形势下的风险和利害关系。它可能使他们犹豫不决,或者为他们提供了一种有力的刺激,让领导人及时争取主动并努力控制事态发展"。"Uncertainties for the Soviet War Planner," *International Security*, 7 (Winter 1982-1983), pp.164-165.

46 这方面具有代表性的著作, 可参见 Carl Kaysen, "Keeping the Strategic Balance," *Foreign Affairs*, XLVI (July 1968), pp.665-675; Harold Brown,

"Security Through Limitations," and Donald G. Brennan, "The Case for Missiles and Defense," *Foreign Affairs*, XLVII（April 1969）, pp.422-432 and 443-448, respectively; and J.W. Fullbright et al. "Missiles and Anti-Missiles: Six Views," *Bulletin of the Atomic Scientists*, XXV（June 1969）, pp.20-28; William R. Kintner, ed.,*Safeguard: Why the ABM Makes Sense*（New York: Hawthorne, 1969）; Abram Chayes and Jerome B. Weisner, eds., *ABM: An Evaluation of the Decision to Deploy an Anti-Ballistic Missile System*（New York: Harper & Row, 1969）; Morton H. Halperin, "The Decision to Deploy the ABM: Bureaucratic and Domestic Politics in the Johnson Administration," *World Politics*, XXV（October 1972）, pp.62-95.

47 美国国防部长罗伯特·麦克纳马拉认为弹道导弹防御在技术和军事上不起作用，至少会影响美国的战略稳定，并且比用分导式多弹头来渗透苏联的弹道导弹防御要付出更高的代价。

48 Robert Jervis, *Psychology and Deterrence*（Baltimore, MD: Johns Hopkins University Press, 1985）, chap.1 and 2, esp.pp.3-12, 18-19；这是他和理查德·内德·勒博以及贾尼斯·格罗斯·斯坦编的著作。在第5页，杰维斯又指出，"在一个不确定的世界里，理性假说的效用会受到大量的导致政策失误的事件的影响"；Ibid.6. 这里他指的是常规威慑。

49 Greg Cashman, *What Causes War? An Introduction to Theories of International Conflict*（New York: Lexington Books-Macmillan, 1993）, pp.79-81.

50 Max Weber, *Economy and Society*, Vol. II, edited by Guenther Roth and Claus Wittich（Berkeley: University of California Press, 1978）, pp.973-976.

51 Christopher H. Achen, "A Darwinian View of Deterrence," in Jacek Kugler and Frank C. Zagare, eds., *Exploring the Stability of Deterrence*（Denver, CO: University of Denver School of International Studies, 1987）. 又见 Christopher H. Achen and Duncan Snidal, "Rational Deterrence Theory and Comparative Case Studies," *World Politics*, 41（January 1989）, pp.43-69.

52 Robert Jervis, *The Illogic of American Nuclear Strategy*（Ithaca, NY: Cornell University Press, 1984）, p.19.

53 Robert L. Jervis, "Deterrence Theory Revisited," *World Politics*, XXXI（April 1979）, p.295.

54 Patrick M. Morgan, Deterrence: *A Conceptual Analysis*, 2nd ed.（Beverly Hills, CA: Sage, 1983）, p.13.

55 参 见 Steven J. Brams, *Game Theory and Politics*（New York: Free Press, 1975）, pp.12, 46.

56 Frank C. Zagare, "Rationality and Deterrence," World Politics, LXII（2）（January 1990）, pp.238-260, cited at pp. 241-242.

57 Ibid., p.243.

58 Ole R. Holsti, *Crisis, Escalation, War*（Montreal: McGill-Queens University Press, 1972）pp.8-9.

59 Jervis, "Deterrence Theory Revisited," pp.299-300.

60 Thomas C. Schelling, *Arms and Influence*（Mew Haven, CT: Yale University Press, 1966）, pp.37-38.

61 Jervis, "Deterrence Theory Revisited," 302. 又见 Lisa J. Carlson, "A Theory of Escalation and International Conflict," *Journal of Conflict Resolution*, 39（3）（September 1995）,

402

pp.511-534.

62 Zagare，"Rationality and Deterrence，" p.258.

63 Ibid., p.269. 又见 George W. Downs, "The Rational Deterrence Debate，" *World Politics*，41（January 1989），pp.225-237.

64 1962年肯尼迪能够劝说赫鲁晓夫（Khrushchev）从古巴撤回苏联的导弹，不仅仅是由于当时美国所占据的战略优势，还因为美国在一些重要对抗地区具有常规军事优势。威慑和强制之间的区别，参见 Morgan, Deterrence, p.31; Schelling，*Arms and Influence*，pp.69-91；and the concluding chapter of Alexander George et al.，*The Limits of Coercive Diplomacy*（Boston：Little Brown，1971）.

65 Jervis，"Deterrence Theory Revisited，" p.297.

66 Ibid., p.298.

67 Ibid., p.292.

68 Ibid., p.293.

69 Jervis，"Deterrence Theory Revisited，" pp.295-296，304. 在与理查德·内德·勒博以及贾尼斯·格罗斯·斯坦编撰的书中，杰维斯的分析未做大的修改，Psychology and Deterrence（Baltimore，MD：Johns Hopkins University Press，1985），and in "Rational Deterrence：Theory and Evidence，" *World Politics*，41（April 1989），pp.183-207.

70 Paul Huth and Bruce Russett, "Testing Deterrence Theory：Rigor Makesa Difference，" *World Politics*，42（July 1990），pp.466-501，esp.pp.469-471；Richard Ned Lebow and Janice Gross Stein，"Rational Deterrence Theory：I Think, Therefore I Deter，" *World Politics*，41（January 1989），pp.208-224；and "Deterrence：The Elusive Dependent Variable，" *World Politics*，42（April 1990），pp.336-369.

71 Barry Nalebuff, "Minimal Nuclear Deterrence，" *Journal of Conflict Resolution*，32（September 1988），pp.411-425，quoted at pp.423-424.

72 Albert Wohlstetter, "Is Therea Strategic Arms Race？" *Foreign Policy*，15（Summer 1974），p.320；and "Rivals but No Race，" *Foreign Policy*，16（Fall 1974），pp.48-81. 另一位分析家在研究了美国和苏联一个较长时期（1948～1970）的军费支出后，将美国军费支出的增长归因于其军事技术的变革，而苏联只是扩大了军事生产能力，军事技术却停滞不前。W. Ladd Hollist, "An Analysis of Arms Processes in the United States and the Soviet Union，" *International Studies Quarterly*，21（September 1977），pp.503-528. 也参见 Miroslav Nincic, *The Arms Race*（New York：Praeger，1982）.

73 约翰·朗伯莱（John C. Lambelet）举了一个很有说服力的例子：如果不考虑意识形态和政治目的，各国最终都要受到资源有限所带来的限制。"Do Arms Race Lead to War？" *Journal of Peace Research*，12（2）（1975），pp.123-128.

74 参见伦敦国际战略研究所（International Institute for Strategic Studies）的出版物：*The Military Balance for* 1974-1975，pp.4；for 1978-1979，pp.3-4；for 1979-1980，pp.3-4；and *Strategic Survey* for the following yeas：1977，pp.10-11；1978，p.6；1979，pp.2，4；and 1980-1981，pp.3-6.

75 Fritz Ermarth, "Contrasts in American and Soviet Strategic Thought，" *International Security*，3（Fall 1978），p.138. 罗伯特·莱格沃德（Robert Legvold）认为，美国拥有基于讨价还价理论的威慑原则，苏联却没有威慑理论，只有一套战争技术，并且将美国复杂的战略争论看做是使用核武器的理由。"Strategic 'Doctrine' and SALT：Soviet and American Views，" *Survival*，21（January-February 1979）. 苏联的

战略学家可能不相信美国会遵守它所说的在危机中实施第二次打击的原则。一些强硬的美国分析家倾向于认为，苏联政治军事首脑在希望全力避免全面核战争的同时，更喜欢积极威慑，包括开战、赢得战争和战后恢复能力。又见 Richard Pipes, "Why the Soviet Union Thinks It Could Fight and Win a Nuclear War," *Commentary*, 64（July 1977）, pp.21-34; John Erickson, "The Chimera of Nuclear Deterrence," *Strategic Review*, VI（Spring 1978）, pp.11-17; Paul Nitze, "Assuring Strategic Stability in an Era of Detente," *Foreign Affairs*, 54（2）（January 1976）, pp.207-32; Dimitri K. Simes, "Deterrence and Coercion in Soviet Policy," *International Security*, 5（Winter 1980-1981）, pp.80-103. 根据莱昂·古雷（Leon Gouré）的观点，苏联准备采用阻吓战争的战略，其军事决策人要比20世纪60年代以来美国的军事决策者们更加关注人防和受到攻击后恢复等问题。*War Survival in Soviet Strategy: USSR Civil Defense*（Miami: Center for Advanced International Studies, University of Miami, 1976）. Cf. Also David Holloway, *The Soviet Union and the Arms Race*（New Haven, CT: Yale University Press, 1983）, pp.176-177.

76 United Nations General Assembly, *Comprehensive Study on Nuclear Weapons*（A/35/392）（New York: United Nations, 1980）, pp.94, 103. **404**

77 Robert L. Jervis, "Why Nuclear Superiority Doesn't Matter," *Political Science Quarterly*, 94（Winter, 1979-1980）, pp.626-633. 哈里森·瓦格纳对杰维斯的文章提出批评，认为他的分析的基础是"胆小鬼"游戏，与威慑问题无关。"Deterrence Bargaining," *Journal of Conflict Resolution*, 26（June 1982）. 瓦格纳认为，与以全面核报复相威胁相比，有限核战争战略是更为有效的威慑。Ibid., p.356. 巴里·布勒克曼和罗伯特·杰维斯指出，50年代早期美国拥有的核优势可能有助于艾森豪威尔总统在1953年结束朝鲜战争，当时的威胁和决策和后来相比，几乎没有什么可比性，因为后来两个超级大国都拥有了足够的核力量，都能够从第一次打击中生存下来，并给对方以毁灭性的报复。Blechman and Powell, "What in the Name of God Is strategic Superiority?" *Political Science Quarterly*, 97（Winter 1982-1983）, pp.601-602. 也参见 Hans Bethe, "Meaningless Superiority," *Bulletin of the Atomic Scientists*, 37（October 1981）.

78 参见 Colin Gray, "Nuclear Strategy: The Case for a Theory of Victory," *International Security*, 4（Summer 1979）; Colin S. Gray and Keith Payne, "Victory Is Possible," *Foreign Policy*, 39（Summer 1980）. 唐纳德·汉森（Donald W. Hanson）在批评科林·格雷的观点时说："坚持认为威慑可能会失败，核武器有可能被使用，我们需要切实可行的核武器使用原则，这是一回事；因为我们需要切实可行的核武器使用原则，就认为必定会有胜利和生存的战略，则是另外一回事。" "Is Soviet Strategic Doctrine Superior?" *International Security*, 7（Winter 1982-1983）, p.83. 人们也许有理由认为，军事理论家和决策者们会出于一种心理需求而提出胜利目标，以便符合战略逻辑，鼓舞军队的士气，并避免让人们觉得长期威慑完全是徒劳无益的。只要军队仍然被理性的、能够估算核战争的政治后果的政治领导人所控制，这种心理需求就不会带来危险。总之，汉森强调要有一种切实可行的核武器使用原则。英国著名理论家迈克尔·霍华德认为，西方不需要具备战争能力，其目的不是因为想获得一种不可能的相互毁灭的胜利，而是要"把胜利建立在对手难以承担的代价上"。"On Fighting a Nuclear War," *International Security*, 5（Spring 1981）, p.16. 总之，对所有那些明智的威慑支持者来说，惟一可以获得的胜利在于防止核战争的爆发。

79 Hank Houweling and Jan Siccama, "Power Transitions as a Cause of War," *Journal of Conflict Resolution*, 32（March 1988）, pp.87-102. 他们指出，奥根斯基和库格勒在 *The War Ledger*（Chicago：University of Chicago Press, 1980）一书中发现，有些大国战争发生之前就已经出现权力转移，但是他们并未证明权力转移之后是否总会发生战争。他们采取了各种不同的权力衡量方法，并研究了更多的战争实例，最后认为，权力转移是即将发生战争的重要标志。

80 *Report of the Secretary of Defense to the Congress on the FY 1975 Defense Budget*（U. S. Government Printing Office, March 4, 1974）, pp.35-41.

81 节选自国防部长哈罗德·布朗的演讲，Naval War College, Newport, Rhode Island, August 20, 1980 "Brown Says ICBM's May Be Vulnerable to the Russians Now," in *The New York Times* Section A, p.1, August 21, 1980. 在 Walter Slocombe 看来，美国的战略原则从未"简单地把基础仅仅建立在对苏联城市和人口的大规模反击上"，过去普遍在这个问题上存在误解。他断言，"过去二十多年，各届政府都认识到战略瞄准原则（一旦威慑失败就使用核武器）的不足之处，因为它使我们在使用核武器方面进行选择的范围过于狭窄。"他补充说"苏联：无疑已经取得了战略平衡，这使很久以前就十分清楚的一个问题更加突出：仅以大规模报复打击苏联城市为基础的政策来对付潜在可能的苏联的全方位进攻，这种威慑战略是有缺陷的。""The Countervailing Strategy," *International Security*, 5 (Spring 1981), p.19. 在争论期间，天主教主教给教民写了一封关于战争与和平的公开信（见第五章），美国国家安全顾问威廉·克拉克（WilliamP.Clark）也发表了一个声明，其中谈到："由于道德、政治和军事原因，美国没有瞄准苏联平民目标……我们没有以威胁苏联城市的方式威胁苏联文明。"国防部长卡斯帕·温伯格（Caspar Weinberger）也发表了一份类似的声明。Quoted in the Pastoral Letter, "Challenge of Peace," 见第五章注释84.

82 Richard L.Garwin, "Launch Under Attack to Redress Minuteman Vulnerability?" *International Security*, 4（Winter 1979-1980）. 阿尔伯特·卡恩塞尔（Albert Carnesale）、保罗·多蒂（Paul Doty）和哈佛核研究小组的其他成员怀疑，苏联不会只攻击美国陆基弹道导弹（在美国全部战略核弹头中，这种导弹只占不到1/4），它希望美国总统既不会接到预警就发射洲际弹道导弹，也不会在苏联攻击了美国的民兵导弹之后就发射潜射导弹进行报复。简而言之，哈佛小组认为苏联不可能只攻击民兵导弹。*Living With Nuclear Weapons*（New York：Bantam Books, 1983）, p.52. 又见 Albert Carnesale and Charles Glaser, "ICBM Vulnerability：The Cures Are Worse Than the Disease," *International Security*, 7（Summer 1982）.

83 McGeorge Bundy, "To Cap the Volcano," *Foreign Affairs*, 48（October 1969）, p.9.

84 Desmond Ball, *Can Nuclear War Be Controlled*？ Adelphi Papers No. 169（London：IISS, Autumn 1981）, pp.9-14. 又见 Desmond Ball, "U.S. Strategic Forces：How Would They Be Used?" *International Security*, 7（Winter 1982-1983）. 也参见 Howard, "On Fighting a Muclear War"；*Andrei Sakharov*, "The Danger of Nuclear War," *Foreign Affairs*, 61（Summer 1983）, especially pp.1009-1011；Spurgeon M. Keeny and Wolfgang K.H. Panovsky, "MAD vs. NUTS：The Mutual Hostage Relationship of the Superpowers," *Foreign Affairs*, 60（Winter 1981-1982）；Ian Clark, *Limited Nuclear War*（Princeton, NJ：Princeton University Press, 1982）；and Robert S. Mcnamara, "The Military Role of Muclear Weapons," *Foreign Affairs*, 62（Fall 1983）.

85 Desmond Ball, *Can Nuclear War Be Controlled*? pp.30-35；Raymond L. Garthoff,

"Mutual Deterrence and Strategic Arms Limitation in Soviet Policy," *Strategic Review*, 10（Fall 1982）, pp.36-51；Richard Pipes, "Soviet Strategic Doctrine: Another View," Ibid., pp.52-57；Gerhard Wettig, "The Garthoff-Pipes Debate on Soviet Strategic Doctrine: A European Perspective," *Strategic Review*, 11（Spring 1983）, pp.68-78；and Jonathan S. Lockwood, *The Soviet View of U.S. Strategic Doctrine*（New Brunswick, NJ: Transaction Books, 1983）, esp.Chaps. 8 and 9；Klaus Knorr, "Controlling Nuclear War," *International Security*, 9（Spring 1985）, pp.79-98.

86 参 见 Daniel Frei, with the collaboration of Christian Catrina, *Risks of Unintentional Nuclear War*, United Nations Institute for Disarmament Research（Totowa, NJ: Allenheld, Osmun, 1983）.　406

87 参见 the references to Thomas C. Schelling in Note 32；Bernard Brodie, *War and Politics* (New York: Macmillan, 1973), pp.396-412；Laurence M. Martin, "Changes in American Strategic Doctrine-An Initial Interpretation," *Survival*, XVI（July/August 1974）；Michael J. Brenner, "Tactical Nuclear Strategy and European Defense: A Critical Reappraisal," *International Affairs*（London）, LI（January 1975）；*Tactical Nuclear Weapons: European Perspectives*, Stockholm International Peace Research Institute（London: Taylor and Francis, 1978）.

88 Frank C. Zagare, "Rationality and Deterrence," *World Politics*, XLII（2）（January 1990）, p.256. 扎加雷指出，罗伯特·鲍威尔也同样认为冲突不会升级，因为双方都害怕事态失控。"Crisis Bargaining, Escalation, and MAD," *American Political Science Review*, 81（September 1987）, pp.717-735.

89 McGeorge Bundy, George F. Kennan, Robert S. McNamara, and Gerard Smith, "Nuclear Weapons and the Atlantic Alliance," *Foreign Affairs*, 60（Spring 1982）, pp.753-768.

90 Vincenzo Tornetta, "The Nuclear Strategy of the Atlantic Alliance and the 'No-First-Use' Debate," *NATO Review*（September-October 1982）. 又见 Francois de Rose, "Updating Deterrence in Europe: Inflexible Response?" *Survival*, XXIV（January-February 1982）, pp.19-23；and Henry A. Kissinger, "Strategy and the Atlantic Alliance," *Survival* XXXIV（September-October, 1982）, pp.194-200. 这方面的反对意见，可参见 Michael Carver, "No First Use: A View From Europe," *Bulletin of Atomic Scientists*, 39（March 1983）, pp. 22-27.

91 Karl Kaiser, Georg Leber, Alois Mertes, and Franz-Joseph Schulze, "Nuclear Weapons and the Preservation of Peace: A Response to an American Proposal for Renouncing the First Use of Nuclear Weapons", *Foreign Affairs*, 60（Summer 1982）, pp.1157-1170.

92 约翰·基恩（John Keegan）指出，使用现代高技术武器的常规战争所产生的可怕后果，和使用少量核武器打击军事目标的有限战争所产生的后果并没有什么区别。"The Specter of Conventional War," *Harper*'s（July 1983）, pp.8, 10-11, 14.

93 参见 Peter Nailor and Jonathan Alford, *The Future of Britain*'s *Deterrent Force*, Adelphi Papers No. 156（London: IISS, Spring1980）；*Future United Kingdom Strategic Nuclear Deterrent Force*（London: Her Majesty's Stationery Office, July 1980）. 80年代，英国和法国的战略核力量的现代化加强了它们的威慑的可信性。参见 David S. Yost, *France*'s *Deterrent Posture and Security in Europe: Parts I and II*, Adelphi Papers No. 194 and 195（London: IISS, Winter 1984/85）；John Prados, Joel S.Wit, and Michael J.Zagurek, Jr., "The Strategic Nuclear Forces of Britain and France," *Scientific*

American，255（August 1986），pp.33-41.

94 John J. Mearsheimer，"Why the Soviets Can't Win Quickly in Central Europe，" *International Security*，7（Summer 1982），pp.38-39.

95 参 见 Bruce van Voorst, "The Churches and Nuclear Deterrence," *Foreign Affairs*, 61 (Spring 1983), pp.827-852; Jeffrey Boutwell, "Politics and the Peace Movement in Germany," *International Security*, 7（Spring 1983）, pp.72-93; Frits Bolkestein, "Neutralism in Europe：The Dutch Qualm Disease," *The Economist*, June5, 1982, pp.43-45; and the essays in James E. Dougherty and Robert L. Pfaltzgraff, Jr., eds., *Shattering Europe's Defense Consensus*：*The Antinuclear Protest Movement and the Future of Europe*（Washington, DC：Pergamon-Bassey's, 1985）.

96 Clay Clemens，"The Antinuclear Movement in the Netherlands：A Diagnosis of Hollanditis，" in Dougherty and Pfaltzgraff，*Shattering Europe's Defense Consensus*.

97 参见 John J. Mearsheimer, "Manuever, Mobile Defense, and the NATO Central Fronts," *International Security*, 6（Winter 1981）, pp.104-123; and "Why the Soviets Can't Win Quickly in Central Europe"，pp.3-40; Samuel P.Huntington, "Conventional Deterrence and Conventional Retaliation in Europe," *International Security*, 8（Winter 1983-1984）, pp.32-56; General Bernard W. Rogers, "Greater Flexibility for NATO's Flexible Response," *Strategic Review*, XI（Spring 1983）, pp.11-19. 塞缪尔·亨廷顿认为，北约传统的纯粹的抵消防御战略不足以实现威慑，它使进攻者比较容易权衡进攻的成本和收益。他敦促北约放弃马其诺防线思想，以对东德和捷克斯洛伐克实施报复性攻击来进行非核性质的威慑。"Conventional Deterrence and Conventional Retaliation in Europe," *International Security*, 8（Winter 1983-1984）, pp.32-56. 欧洲安全研究报告（ESECS）, *Strengthening Conventional Deterrence in Europe*：*Proposals for the 1980s*（New York：St. Martin's Press, 1983）总结说，通过发展、获得和部署新技术（搜寻目标的能力、精密制导武器等），可以加强威慑。参见巴里·波森（Barry R. Posen）关于北约的常规力量防止华约组织的装甲部队突防的能力，"Measuring the European Conventional Balance," *International Security*, 9（Winter 1984-1985）, pp.47-88.

98 Richard K. Betts，"Conventional Deterrence：Predictive Uncertainty and Policy Confidence，" *World Politics*, 37（January 1985）, pp.153-179, quoted at pp.154-155.

99 John J. Mearsheimer，"Manuever Mobile Defense and the NATO Central Front，" *International Security*, 6（Winter 1981）. 又见他的 *Conventional Deterrence*（Ithaca, NY：Cornell University Press, 1983）, and "Nuclear Weapons and Deterrence in Europe," *International Security*, 9（Winter 1984/1985）.

100 Richard Ned Lebow，"The Soviet Offensive in Europe：The Schlieffen Plan Revisited?" *International Security*, 9（Spring 1985）, p.78. 又见 Fen Osler Hampson, "Grasping for Technical Panaceas：The European Conventional Balance and Nuclear Stability," *International Security*, 8（Winter 1983/1984）, pp.57-82.

101 Raymond Aron，"The Evolution of Modern Strategic Thought，" in *Problems of Modern Strategy*：*Part One*, Adelphi Papers No. 54（London：Institute for Strategic Studies, February 1969）, p.9.

102 Ibid.

103 Claudio Cioffi-Revilla，"A Probability Model of Credibility：Analyzing Strategic Nuclear Deterrence Systems，" *Journal of Conflict Resolution*, 27（March 1983），

pp.73-108.

104 Morgan，*Deterrence*，pp.28-43.

105 George and Smoke，*Deterrence in American Foreign Policy*，p.49.

106 Morgan，*Deterrence*，p.30. Quoted by Huth and Russett in article cited in Note107.

107 Paul Huth and Bruce Russett，"What Makes Deterrence Work? Cases from 1900 to 1980," *World Politics*，36（July 1984），pp.496-526.

108 Huth and Russett cite Bueno de Mesquita，*The War Trap*（New Haven，CT：Yale University Press，1981），pp.27-29. The expected -utility model is discussed in Chapters 7 and 11.

109 Huth and Russett，"What Makes Deterrence Work?" p.499. 他们后来发表了经修订和扩充的数据资料，见"Deterrence Failure and Crisis Escalation"，其时间跨度是1885年到1983年。参见 *International Studies Quarterly*，32（March 1988），pp.29-45. 另参见 Paul Huth，"Extended Deterrence and the Outbreak of War," *American Political Science Review*，82（Summer 1988），pp.423-444；以及他的 *Extended Deterrence and the Prevention of War*（New Haven，CT：Yale University Press，1988）.

110 Huth and Russett，"What Makes Deterrence Work?" pp.523-524. 发现拥有核武器对结果产生的影响很小，这并不令人感到奇怪，因为作者排除了两个实力相近的核大国之间的直接核威慑（如古巴导弹危机）。在1956年的苏伊士运河危机中，为了维护自己的中东政策，美国和苏联站在了一起，反对它的两个重要盟友。

111 Richard Ned Lebow and Janice Gross Stein，"Deterrence：The Elusive Dependent Variable," *World Politics*，42（April 1990），pp.336-369，quoted at p.337. 他们还在第340页中指出，胡思和罗塞特在1988 年的文章中删掉了16个原有的案例，增加了13个新案例，并对保留下来的38个案例中的5个重新进行分类。但是他们没解释这样做的原因。

112 Ibid., p.340. See also Lebow and Stein，"Rational Deterrence Theory：I Think，Therefore I Deter," *World Politics*，41（January1989），pp.208-224.

113 Paul Huth and Bruce Russett，"Testing Deterrence Theory：Rigor Makes a Difference," *World Politics*，XLII（4）（January 1990），pp.466-501，esp.pp.469 and 478-483. See also Stephen J. Cimbala，The *Past and Future of Nuclear Deterrence*（Westport，CT：Praeger，1998）.

114 关于军控一词的不同含义，参见 Donald G. Brennan，ed.，*Arms Control，Disarmament，and National Security*（New York：Braziller，1961）；Hedley Bull，*The Control of the Arms Race*（New York：Praeger，1961），pp.168-169；Schelling and Haplerin，*Strategy and Arms Control*；J. David Dinger，*Deterrence，Arms Control and Disarmament*（Columbus：Ohio State University Press，1962）；Richard N. Rosecrance，ed.，*Dispersion of Nuclear Weapons*（New York：Columbia University Press，1964）；Kathleen C. Bailey，*Strengthening Non-Proliferation*（Boulder，CO：Westview Press，1993）；Lewis A. Dunn and Sharon A. Squassoni（eds.），*Arms Control：What Next?*（Boulder，CO：Westview Press，1993）；Nancy W. Gallagher（ed.）. *Arms Control；New Approaches to Theory and Practice*（Portland，OR：Frank Cass，1998）；Colin Gray，*House of Cards：Why Arms Control Must Fail*（Ithaca，NY：Cornell University Press，1992）；Peter L. Hays，Vincent J. Jodoin，and Alan R. VanTassel（eds.），*Countering the Proliferation and Use of Weapons of Mass*

408

Destruction (NewYork: McGraw-Hill, 1998); Brad Roberts, *Weapons Proliferation and World Order after the Cold War* (Cambridge, MA: Kluwer Law International, 1996); Brad Roberts, *Weapons Proliferation in the* 1990s (Cambridge, MA: The MIT Press,1995); Sidney D. Drell,Abraham D. Sofaer,and Geroge D.Wilson (eds.) *The New Terror: Facing the Threat of Biological and Chemical Weapons* (Stanford, CA: Hoover Institution Press,1999); Barry R. Schneider and William L. Dowdy(eds.), *Pulling Back from the Nuclear Brink: Reducing and Countering Nuclear Threats* (Portland, OR: Frank Cass, 1998); Jeffrey A. Larson and Gregory J. Rattray (eds.), *Arms Control Toward the 21ˢᵗ Century* (Boulder, CO: Lynne Rienner, 1995); Gary K. Bertsch and William C. Potter (eds.), *Dangerous Weapons, Desperate States: Russia, Belarus, Kazakstan and Ukraine* (Mew York/London: Routledge, 1999); and Gary K. Bertsch and William C. Potter (eds.), *Arms on the Market: Reducing the Risk of Proliferation in the Former Soviet Union* (New York/London: Routledge, 1998).

115 关于《禁止在大气层、外层空间和水下进行核武器试验条约》及其背景，参见 *Arms Control and Disarmament Agreements: Texts and Histories of Negotiations, 1982 edition* (Washington, DC: U. S. Government Printing Office, 1982), pp.34-47. 又见 *The Nuclear Test Ban Treaty, Report of the Committee on Foreign Relations*, U.S. Senate, September 3, 1963; Harold K. Jacobson and Eric Stein, *Diplomats, Scientists and Politicians: The United States and the Nuclear Test Ban Negotiations* (Ann Arbor: University of Michigan Press, 1966); Donald G. Brennan, "A Comprehensive Test Ban: Everybody or Nobody," *International Security*, 1 (Summer 1976), pp.92-117; Donald R. Weatervelt, "Candor, Compromise and the Comprehensive Test Ban," *Strategic Review*, V (Fall 1977), pp.33-44; Paul Doty, "A Nuclear Test Ban," *Foreign Affairs*, 65 (Spring 1987), pp.750-770; Frank von Hippel et al., "A Low Threshold Nuclear Test Ban," *International Security*, 12 (Fall 1987), pp.135-151; Steve Fetter, "Stockpile Confidence Under a Nuclear Test Ban," *International Security*, 12(Winter 1987/1988),pp.132-167; J. Carson Mark, "Do We Need Nuclear Testing?" *Arms Control Today*, 20 (November 1990), pp.12-17; Diane G. Simpson, "Nuclear Testing Limits: Problems and Prospects," *Survival*, 33 (November/December 1991), pp.500-516; Eric Arnett (ed.), *Nuclear Weapons after the Comprehensive Test Ban Treaty: Implications for Modernization and Proliferation* (New York: Oxford University Press, 1996); Eric Arnett (ed.), *Implementing the Comprehensive Test Ban: New Aspects of Definition,Organization,and Verification*(New York: Oxford University Press, 1994); and Thanos P. Dokos, *Negotiations for CTBT 1958-1994: Analysis and Evaluation of American Policy* (Lanham, MD: University Press of America, 1995).

116 有关削减战略武器谈判的过程和第一阶段削减战略武器协定以及第二阶段削减战略武器条约的文献汗牛充栋。文本和官方资料见 *Arms Control and Disarmament Agreements: Texts and Histories of the Negotiations* (Washington, DC: United States Arms Control and Disarmament Agency, 1990), pp.150-176 and 261-300. 参见 William R. Kintner and Robert L. Pfaltzgraff, Jr., eds., *SALT: Implications for Arms Control in the 1970s* (Pittsburgh, PA: University of Pittsburgh Press, 1973); George W. Rathjens, "The SALT Agreements: An Appraisal," *Bulletin of the Atomic*

Scientists, 38（June 1972）, pp.8-10; John Newhouse, *Cold Dawn*（New York: Holt, Rinehart and Winston, 1973）; Mason Willrich and John B. Rhinelander, eds., *SALT: The Moscow Agreements and Beyond*（New York: Free Press, 1974）: Richard Burt, "The Scope and Limits of SALT," *Foreign Affairs*, 56（July 1978）, pp.751-770; James E. Dougherty, "SALT: An Introduction to the Substance and Politics of the Negotiations," in Paul H. Nitze et al., eds., *The Fateful Ends and Shades of SALT*（New York: Crane, Russak, 1979）, pp.1-36; Strobe Talbott, *Endgame: The Inside Story of SALT II*（New York: Harper & Row, 1979）; Raymond L. Garthoff, "Mutual Deterrence and Strategic Arms Limitation in Soviet Policy," *International Security*, 3（Summer 1978）, pp.112-147; McGeorge Bundy, "Maintaining Stable 410 Deterrence," *International Security*, 3（Winter 1978/1979）, pp.5-16; Michael Nacht, "In the Absence of SALT," 同上, pp.126-137; and Andrew Pierre, "The Diplomacy of SALT," *International Security*, 5（Summer 1980）.

117 "President's Speech on Military Spending and New Defense," *The New York Times*, March 24, 1983, Section A, p.20. 演讲词已经在一些关于核时代问题的文集不断被采用。关于 SDI 和太空防御问题的深入探讨, 见 *The New York Times*, Series, "Weapons in Space: The Controversy Over Star Wars," March3, 4, 5, 6, 7, and 8, 1985, Section A, p.1; and *The Christian Science Monitor*, Scott Armstrong and Peter Grier Series, "Star Wars: Will It Work?" November 4, p.28; November 5, p.20; November 6, p.20; November 7, p.16; November 8, p.18; all 1985 . 对太空防御的批评意见, 见 Richard L. Garwin et al., *The Fallacy of Star Wars*（New York: Random House, 1984）; Hans Bethe et al., "Space Based Ballistic Missile Defense," *Scientific American*, 251（October 1984）, pp.39-49; McGeorge Bundy et al., "The President's Choice: Star Wars or Arms Control," *Foreign Affairs*, 63（Winter 1984/1985）, pp.26-78; Charles L. Glaser, "Do We Want the Missile Defense We Can Build?" *International Security*, 10（Summer 1985）, pp.25-57. 对技术问题的出色探讨, 可见于 Harold Brown, "Is SDI Technically Feasible?" *Foreign Affairs-America and the World* 1985, 64（3）（1986）, pp.435-454. 另参见 Joseph S. Nye, "Arms Control After the Cold War," *Foreign Affairs*, 68（Winter 1989/1990）, pp.42-64; Brad Roberts, "Arms Control and the End of the Cold War," *The Washington Quarterly*,（Autumn 1992）, pp.39-56; Ivo H. Daalder, "Future of Arms Control," *Survival*, 34（Spring 1992）, pp.51-73; Robert L. Pfaltzgraff, Jr.（ed.）*Security, Strategy and Missile Defense* Special Report, Institute for Foreign Policy Analyses, Washington, D.C.: Brassey's, 1995. Ballistic Missile Defense Organization, *Summary Report to Congress on Utility of Sea-Based Assets to National Missile Defense*, June1, 1999; *A Plan to Meet the Urgent Threat*, The Heritage Foundation, March 1999; *National Missile Defense: A Candid Examination of Political Limits and Technological Challenges*, Institute for Foreign Policy Analysis, June 1998; Michael O' Hanlon, "Star Wars Strikes Back: Can Missile Defense Work This Time?" *Foreign Affairs*, November/December 1999; Charles V. Pena and Barbara Conry, "National Missile Defense: Examining the Options," *Policy Analysis*, 337, March 16, 1999; *Report of the Commission to Assess the Ballistic Missile Threat to the United States*, Rumsfeld Report, July 1998; *Exploring U.S. Missile Defense Requirements in 2010*, Institute for Foreign Policy Analysis, April 1997; and K. Scott McMahon, *Pursuit of the Shield*:

The U.S. Quest for Limited Ballistic Missile Defense（Lanham，MD：University Press of America，1997）.

118 John Lewis Grddis，"How the Cold War Might End，" *The Atlantic Monthly*，260（November 1987），pp.88-100.

119 William C. Wohlforth，"Reality Check：Revising Theories of International Politics in Response to the End of the Cold War，" *World Politics*，50（July 1998），p.655.

120 Morgenthau's text，*Politics Among Nations*，5th ed.（New York：Alfred Knopf，1973）and Waltz's text，*Theory of International Politics*，（Reading，MA：Addison-Wesley，1979）。两人都将稳定归因于两极结构，我们在第二章中已经讨论论过。多伊奇和辛格关于多极的看法，以及罗斯克兰斯对多极模式的批评和他对两极多极模式的偏好，见第三章。沃尔兹后来对核武器的作用的看法，参见 *The Spread of Nuclear Weapons*：*More May Be Better*，Adelphi Paper No. 171（London：International Institute for Strategic Studies，1981），pp.3-8；and "The Emerging Structure of International Politics，" *International Security*，18（Fall 1993），pp.44-79. 所有这些都被概括在 Richard Ned Lebow，"The Long Peace，the End of the Cold War，and the Failure of Realism，" in the Symposium on the End of the Cold War and Theories of International Relations，*International Organization*，48（Spring 1994），esp.pp.252-255. 也参见 Waltz，*The Spread of Nuclear Weapons*：*A Debate*（New York：W. W. Norton，1995）.

121 Zagare，"Rationality and Deterrence，" p.48.

122 John Lewis Gaddis，"Great Illusions，the Long Peace，and the Future of the International System，" in Charles W. Kegley，Jr.，ed.，*The Long Postwar Peace*：*Contending Explanations and Projections*（New York：HarperCollins，1991），pp.25-55. 引自 Francis Fukuyama，"The End of History？" *The National Interest*，16（Summer 1989），p.3.

123 George Modelski and William Thompson，"Long Cycles and Global War，" in Manus I. Midlarsky，ed.，*Handbook of War Studies*（Boston：Unwin Hyman，1989），pp.41-42，50-51. Gaddis，"Great Illusions，" p.146.

124 Lebow，"The Long Peace"，pp.255-259. 他认为沃尔兹1993年的文章（见注释42）的意思是指"即使苏联解体之后，国际体系也还是两极体系"；Lebow，Ibid.，p.254.

125 Lebow，Ibid.，quoted at p.262.

126 Ibid.，pp.276-277. 现实主义的各种不同解释，参见 Daniel Deudney and G. John Ikenberry，"The International Sources of Soviet Change，" *International Security*，16（Winter 1991-1992），pp.74-118，and Stephen M. Walt，"The Renaissance of Security Studies，" *International Relations Quarterly*，35（June 1991），pp.211-239. 沃尔兹指出一个普遍被接受的认识，即认为冷战的结束减少了战争危险。但他怀疑这种情况是否会持续下去。"海湾战争提醒我们，军事力量依然是国际政治的核心因素，认识不到它的重要性必然要付出高昂的代价。"第222页。

127 参见 Richard Falk，*Explorations at the Edge of Time*：*The Prospects for World Order*（Philadelpha，PA：Temple University Press. 1992），esp.pp.146，196，and 227；and Anatol Rapoport，*Peace*：*An Idea Whose Time Has Come*（Ann Arbor：University of Michigan Press，1992），esp.pp.107-108，150，and 199.

128 John Mueller，*Retreat from Doomsday*：*The Obsolescence of Major War*（New York：

Basic Books，1989），p.240.

129 John Mueller，"The Essential Irrelevance of Nuclear Weapons：Stability in the Postwar World，"*International Security*，13（Fall 1988），pp.55-79.

130 Ibid.

131 Carl Kaysen，"Is War Obsolete? A Review Essay，"*International Security*，14（Spring 1990），pp.42-64.

132 Ibid., p.47. 乔治·利斯卡同样指出，冲突和战争仍然被认为是自然的，甚至是必要的，是推动历史向正确方向前进的力量。*The Ways of Power：Patterns and Meaning in World Politics*（Cambridge，MA：Basil Blackwell，1990），p.228.

133 Stephen Van Evera，"Primed for Peace：Europe after the Cold War，"*International Security*，15（Winter 1990/1991），pp.7-57. 关于欧洲的长期和平、军事防御的必要性、北约以及威慑等问题的持续争论，见 John J. Mearsheimer，"Back to the Future：Instability in Europe after the Cold War，"*International Security*，15（Summer 1990），pp.5-56；Stanley Hoffmann，Robert O. Keohane，and John J. Mearsheimer，"Back to the Future，Part II：International Relations Theory and Post-Cold War Europe，"*International Security*，15（Fall1990），pp.191-199；and Bruce M. Russett，Thomas Risse-Kappen，and John J. Mearsheimer，"Back to the Future，Part III：Realism and the Realities of European Security，"*International Security*，18（Winter 1990/1991），pp.216-222.

134 这部分中反映关于冷战以及冷战后威慑问题的广泛讨论，参见 Keith B. Payne，"Deterrence and U. S. Strategic Force Requirements After the Cold War，"*Comparative Strategy*（July-September 1992），pp.269-282；Keith B. Payne and Lawrence Fink，"Deterrence：Gambling on Perfection，"*Strategic Review*（Winter 1989），pp.25-40；Keith B. Payne，"Proliferation，Deterrence，Stability and Missile Defense，"*Comparative Strategy*，13（1）（January-March 1994），pp.117-130；and Keith B. Payne，*Missile Defense in the 21*st *Century：Protection Against Limited Threats*（Boulder，CO：Westview Press，1991），esp.pp.113-125；Lewis A. Dunn，"Deterring the New Nuclear Powers，"*The Washington Quarterly*，17（1）（Winter 1994），pp.5-25；Robert L. Pfaltzgraff，Jr.，"Nuclear Weapons：Doctrine，Proliferation，and Arms Control，" in Richard Shultz，Roy Godson，and Ted Greenwood，eds.，*Security Studies for the 1990s*（Washington，DC：Brassey's[US]，1993），pp.141-179.

135 除了注释48-63 以及65-69所引用的著作之外，另可见 Frank C. Zagare and D. Marc Kilgour，"Asymmetric Deterrence，"*International Studies Quarterly*，37（193），pp.1-27.

136 Fred C. Iklé，Albert C. Wohlstetter，Henry Kissinger，et al.，*Discriminate Deterrence*，*Report if the Commission on Integrated Long-Term Strategy*（Washington，DC：U. S. Government Printing Office，January 1988）.

137 From the *Commission's Summary of Findings and Recommendations*，Ibid., p.i.

138 二战结束以来，大量的种族冲突已经夺去了一千多万人的生命，要想防止和控制这些冲突是极其困难的，通常是不可能做到的。唐纳德·霍罗威茨（Donald L. Horowitz）对这种冲突进行了了全面的研究。这些冲突之中，很多都可能导致国际局势的紧张和大国对抗。*Ethnic Groups in Conflict*（Berkeley：University of California Press，1985）.

139 Paul Quinn-Judge，"With Soviet Threat Gone，U.S. Focuses on World Full of

Snakes," *Boston Globe*, March 17, 1993, Section A., p.20.

140 Glenn H. Snyder, *Deterrence and Defense: Toward a Theory of National Security* (Princeton, NJ: Princeton University Press, 1961), p.4.

141 90 年代，美国政府认为以下国家资助或者援助了恐怖分子：阿富汗、古巴、伊朗、伊拉克、利比亚、南也门、苏丹和叙利亚。

142 在过去十年间，有组织的恐怖团体包括 the Red Brigades in Italy, Hamas, Hezbollah, Islamic jihad, the Islamic Salvation Front and the Armed Islamic Group in Algeria, Shining Path in Peru, the Basque ETA, the Khmer Rouge of Cambodia, the Qadia group of Osama bin Laden, Supreme Truth（Aum Shinrikyo）in Japan ，以及其他一些活动在伊斯兰国家、巴勒斯坦地区、拉丁美洲地区、斯里兰卡、希腊、土耳其等国家的恐怖组织。随着中东和平进程的发展，美国几年前把巴勒斯坦解放组织（PLO）排除在恐怖组织之外，最近又排除了巴勒斯坦民主解放阵线。爱尔兰共和军和北爱尔兰的民兵也不再算作恐怖组织，但仍处于监视之下。"U. S. Revises List of Terror Groups," *International Herald Tribune*, October 9-10, 1999.

143 Richard K. Betts, "The New Threat of Mass Destruction," *Foreign Affairs*, 77（January/February 1998）, pp.26-41; Ashton Carter, John Deutch, and Philip Zelikow, "Catastrophic Terrorism: Tackling the New Danger," *Foreign Affairs*, 77（November/December1998）, pp.80-94. 又见 *Raymond Tanter*, *Rogue Regimes: Terrorism and Proliferation*（New York: St. Martin's Griffin, 1999）.

144 UN General Assembly, Special Committee on the Question of Defining Aggression, 1974, International Law Manual 13（1974）713（A. Res. 40161）. 又见 Abraham Sofaer, "Terrorism and the Law," *Foreign Affairs*, 64（Summer 1986）.

145 Alex Schmid, *Political Terrorism*（New Brunswick, NJ: Transaction Books, 1983）, pp.119-152.

146 有关国际恐怖主义的各种观点，参见 Raymond Tanter, *Rogue Regimes: Terrorism and Proliferation*（New York: St. Martin's Pressand London: Macmillan, 1998）; Walter Laqueur, "Postmodern Terrorism," *Foreign Affairs*, 75（September/October 1996）, pp.24-36; Virginia Held, "Terrorism, Rights and Political Goals," and Martin Shubik, "Terrorism, Technology and the Socioeconomics of Death," *Comparative Strategy*, 16（October-December 1997）, pp.399-414, in R. G. Frey and Christopher W. Morris, eds., *Violence, Terrorism, and Justice*（Cambridge, England: Cambridge University Press, 1991）; Charles W. Kegley, Jr., ed., *International Terrorism: Characteristics, Causes, Controls*（New York: St. Martin's Press, 1990）; Peter C. Sederberg, *Terrorist Myths: Illusion, Rhetoric, and Reality*（Englewood Cliffs, NJ: Prentice Hall, 1989）; Shireen T. Hunter, "Terrorism: A Balance Sheet," *Washington Quarterly*, 12（Summer 1989）, pp.17-29; Robert Oakley, "International Terrorism," *Foreign Affairs*, 65（Summer 1987）; Walter Laqueur, "Reflections on Terrorism," *Foreign Affairs*, 65（Fall 1986）; pp.86-100; Martha Cranshaw, "An Organizational Approach to the Analysis of Political Terrorism," *Orbis*, 29（Fall 1985）.

147 参见 Michael Stohl and George A. Lopez, eds., *The State as Terrorist: The Dynamics of Governmental Violence and Repression*（Westport, CT: Greenwood Press, 1984）.

148 联合国之所以有各种繁文缛节的程序，其原因可参见 Saadia Touval, "Why the U. N. Fails," *Foreign Affairs*,（73 September/October 1994）, pp.44-57.

149 美国政府1998年8月向苏丹的一家制药厂发射了巡航导弹，以报复它与奥萨玛·本·拉登的关系以及它生产VX神经毒气的关键成分。美国政府宣称该项行动有"有力的证据"和"高度可靠的证据"证明，该制药厂与此前两周在肯尼亚和坦桑尼亚两国的美国大使馆制造恐怖爆炸事件的人有关系。James Risen, "Evidence on Saudi Exile Is Called 'Very Compelling'", *International Herald Tribune*, August 22-23, 1998. 一年后，华盛顿的官员承认，就像苏丹政府一直坚持的那样，这个工厂生产的是药品，可能没有制造化学武器。Vernon Loeb, "Year Later, U.S. Wavers on Sudan Plant It Razed", *International Herald Tribune*, August 19-20, 1999.

150 有时候政府公开表示拒绝谈判，但是会悄悄进行谈判。1999年底，印度官员同劫持印度航空公司飞机的劫机犯进行了谈判。Celia W. Dugger, "India Denies It Agree to Free Prisoners to End Hijacking," *International Herald Tribune*, December 31, 1999. 印度政府释放了36名武装分子中的3个人，以交换150多位飞机上的人质。

151 Betts, "New Threat," pp.26, 37.   **414**

152 Ibid., p. 31.

153 参 见 John Lancaster, "U.S., Citing Steps by Gadhafi, Eases Policy Toward Libya," *International Herald Tribune*, December 27, 1999, p.7.

154 参 见 Bernard Lewis, "License to Kill," *Foreign Affairs*, 77 (November/December 1998), pp.14-19. 刘易斯详尽地引述了 "Declaration of the World Islamic Front for Jihad Against the Jews and the Crusaders"，该文于1998年2月23日在伦敦发表。该文谴责美国占领伊斯兰圣地达七年多，并宣扬杀死美国人和美国的盟友是每一个穆斯林的责任。Ibid., pp.14, 17.

155 Carter, Deutch, and Zelikow, "Catastrophic Terrorism," p.83.

156 Ibid., p.90. 为了减少个人的脆弱性，贝茨提出了类似的紧急反应程序和大众教育措施。"New Threat," p.37.

157 Betts, "New Threat," pp.40-41. 他认为，"维护国际稳定的美国行动主义成为美国易受攻击的根源，这是很矛盾的一件事情。"Ibid., p.28. 另参见 "Target：America," *The Economist*, August 15, 1998, pp.13-14 and "The New Terrorism," Ibid., pp.17-19.

158 Carter, Deutch, and Zelikow, 27, "Catastrophic Terrorism," pp.81-85; Betts, "New Threat," p.39. 又见 Paul Wilkinson, *Terrorism and the Liberal State*, 2nd ed. (London：Macmillan, 1986).

159 W. Phillips Shively, *The Craft of Political Research*, 2nd ed. (Englewood Cliffs, NJ：Prentice Hall, 1980), p.31.

160 Keith B. Payne, *Deterrence in the Second Nuclear Age* (Lexington：University Press of Kentucky, 1996), pp.12-13, and chap.2, "New Environment, New Requirement," pp.17-35.

161 *U.S. Nuclear Policy in the 21st Century*, Final report of a study sponsored jointly by the Center for Counterproliferation Research, National Defense University and the Center for Global Security Research, Lawrence Livermore National Laboratory, n.d., pp.1.3-1.5,1.9-1.13.

162 参 见 George H. Quester, "The Continuing Debate on Minimal Deterrence," in T.V. Paul, Richard J.Harknett, and James J. Wirtz, eds., *The Absolute Weapon Revisited*：

Nuclear Arms and the Emerging International Order（Ann Arbor：University of Michigan Press，1998），pp.167-188. 奎斯特尔把"有限威慑"等同于"最低限度的威慑"。他支持最低限度的威慑，但他承认，近几十年来，由于除了两个冷战对手之外，拥有核武器的国家在不断增多，威慑问题越来越复杂了。他谨慎地认为，"如果美国和俄罗斯保持最低限度的威慑，就可能大大有助于抑制核扩散，也大大有助于将少数几个国家的核扩散控制在最低限度的水平上"。Ibid., p.185.

163 *U.S. Nuclear Policy in the 21ˢᵗ Century*, pp.1.5-1.9.

164 Ibid., p.1.8.

165 Payne，*Second Nuclear Age*，pp.15-16.

166 Ibid., p.55.

167 Colin S. Gray，in the forward to Payne，*Second Nuclear Age*，p.ix.

168 Colin S. Gray, *Modern Strategy* (Oxford/New York: Oxford University Press, 1999), p.308.

169 Ibid., p.315.

170 Mueller，"The Escalating Irrelevance of Nuclear Weapons," p.79. 也参见 James J. Wirtz，"Beyond Bipolarity：Prospects for Nuclear Stability after the Cold War," Ibid., pp.137-165，esp.pp.155-156.

171 Michael Howard，"Lessons of the Cold War," *Survival*，36（Winter 1994-1995），p.161. Quoted at Colin S. Gray，"Nuclear Weapons and the Revolution in Military Affairs," in T. V. Paul ed al., eds., *Absolute Weapon Revisited*，pp.102-103. 格雷称此为一个"大胆的但没有事实根据的判断"。

172 Ibid., p.104.

173 Ibid., p.100.

174 Ibid., p.106.

175 Ibid., pp.119，120.

176 Ibid., pp.119-122.

177 Ibid., p.122.

178 T.V. Paul，"Power，Influence and Nuclear Weapons：A Reassessment," in Paul ed al., eds., *Absolute Weapon Revisited*，p.21.

179 Ibid.，

180 Ibid., p.23.

181 参见 Jaswant Singh，"Against Nuclear Apartheid," *Foreign Affairs*，77（September/October 1998），pp.41-52；Brahma Chellaney，"India，Too，Has a Right to Credible Nuclear Deterrence," *International Herald Tribune*，September 1，1999. 关于印度及核武器的详细而全面的分析，参见 George Perkovich，*India's Nuclear Bomb：The Impact on Global Proliferation*（Berkeley：University of California Press，1999），p.466. "Indians see nuclear policy as part of a political narrative whose central theme is India's desire to be regarded as an equal among the world's few major power."

182 Paul，"Power，Influence and Nuclear Weapons," p.39，quoting Patrick J. Garrity，"The Depreciation of Nuclear Weapons in International Politics：Possibilities，Limits and Uncertainties," *Journal of Strategic Studies*，14（December 1991），p.465.

183 Payne，Second Nuclear Age，p.157.

第
九
章

国
际
政
治
经
济
学

虽然学者们试图把政治和经济分开来研究，而且 416
已经形成了政治学和经济学两门拥有丰富文献和理论
的学科，但是在社会现实中，要把政治活动和经济活
动截然分开是不可能的。纵观现代民族国家的大部分
历史，从17世纪中期到19世纪中期，杰出思想家们
并没有孤立地从事政治学或经济学的研究，而是研究
"政治经济学"———一门经济学和政治学的交叉学科。
不考虑经济因素就无法充分理解国家的行为，这一假
定是理解经济学和政治学之间关系的关键。理论必须
充分研究国家的行为，同时也必须考虑像跨国公司、
银行和投资公司等非国家行为体的活动。此外，还必
须考虑经济发展水平、经济增长率、贸易方式、投
资、货币和财政政策等问题。为了令人信服地说明政
治和经济之间在几百年前就已存在的紧密关系，经济
学家雅各布·瓦伊纳（Jacob Viner）解释说，人们一
直都认为，权力和财富不过是一枚硬币的两面而已。
过去盛行的一个观点认为，所有的经济活动都无条件
地服从于国家的权力和目标。瓦伊纳认为这种陈旧观
念需要修正。在他看来，作为一种有关国家和经济活
动之间关系的思想，**重商主义**（mercantilism）（后面
将充分予以讨论）主要包括四个基本假定，它们强调
了政治和经济的密切关系：

"（1）财富是获得权力绝对不可或缺的
手段……；
（2）权力是获得和保有财富的根本的和
有效的手段；
（3）财富和权力都是国家政策正当的和
最终的目的；
（4）从长远来看，这两个目的是和谐一
致的，尽管在一些特定情况下，不得不牺牲
经济利益，以换取军事安全和长期繁荣。"[1]

今天，政治和经济的关系一般被比喻为"大炮和黄油"的关系。它们的关系是相互支持而不是相互排斥，随着条件的变化，它们交替占据优先地位。

417　　然而，在19世纪末和20世纪的大部分时间里，职业研究者们，尤其是美国的学者，把政治研究和经济研究分离开来，形成了两门拥有各自理论体系的学科，即政治学和经济学。这种做法与早期的理论家如亚当·斯密、大卫·李嘉图（David Ricardo，1772～1823）、理查德·科布登以及约翰·斯图尔特·密尔等人的做法形成鲜明对照（他们都是自由主义政治经济学家，认为自由贸易是和平的保障）。毫无疑问，自由主义学派（即本章所指的古典自由主义学派），特别是那些十分强调**自由放任主义**（laissez-faire）的学派（即认为政府不应该干预经济活动），无疑促使后来的政治学家和经济学家越来越局限于各自的研究领域，声称自己的研究比对方更高明。作为一门考察政治和经济交叉互动的学科，**政治经济学**（political economy）逐渐沦为一个无用而古怪的陈旧词汇，只是由于最近30年来全球经济的不断发展，才重新激发了人们研究国际政治经济学的兴趣。

国际政治经济学主要但并不仅仅研究国际政治和国际经济行为体的活动。这些行为体包括国家、跨国公司、金融组织、政治军事组织、社会和文化组织，以及各种各样的非政府特殊利益集团。在必要和适当的情况下，这门学科也探究某些国家的国内问题，以便理解国家内部政治经济结构及其运行过程对国家的对外政策和对外行为的影响。所以乔治·克兰（George T. Crane）和阿卜拉·阿马韦（Abla Amawi）认为，国际政治经济学"在一定程度上是对国际关系理论中占主导地位的现实主义范式的已知缺陷做出的反应"。[2]

早期的国际政治经济学著作中有各种各样的理论分析框架，其中人们最常使用的三种理论范式是现实主义、自由主义和马克思主义，只不过在使用这些理论范式时，人们采用了不同的术语、分类和综合使用方法。在国际政治经济学里，人们一直把现实主义等同于重商主义或国家主义，它们都认为国家的权力来自于财富。历史上，自由主义一直与自由市场和通过自由市场追求经济利益最大化的工业国家联系在一起。当然，最近几十年以来，**自由主义**（liberalism）这个术语中包含有国家主义的内容，已不可与传统意义上的概念同日而语。马克思主义国际政治经济学包括了激进理论和依附论的一些发展和变体。一些分析家认为，这种理论范式是激进理论，可称其为马克思主义理论或依附论。[3] 罗伯特·吉尔平更愿意把**民族主义**（nationalism）而不是**现实主义**（realism）作为一种主要的理论范式，并将重商主义、国家主义、保护主义和德国历史学派都归入了民族主义范式。以上这些理论都认为，"经济活动应该服从于国家建设和国家利益"。[4] 国际政治经济学的理论家们在下述问题上常有分歧：如何以及是否能够将经济相互依存论、第三世界依附论、世界资本主义体系论和"中心—边缘"论纳入以上三种主要理论模式？这些理论是否需要各不相同的理论范式？[5] 418 关于这些问题，我们将在下面予以探讨。为了了解国际政治经济学的发展，我们最好从最古老的理论——重商主义开始。尽管它不是真正的学术理论，而只是一种制定政策的指导原则。在民族国家体系的早期历史发展阶段，各国君主及其财政顾问们想当然地把重商主义思想当做"常识"。（后面我们还将探讨其他一些现实主义和民族主义理论）

重商主义

17世纪到19世纪是重商主义思想占据主导地位的时代。当时，几乎所有的人都认为，社会的财富来自贸易顺差，国家间的贸易关系是零和游戏，国家要想获取权力和财富，必然要以他国的损失为代价。路易十四（Louis XIV）的大臣让-巴普蒂斯特·科尔伯特（Jean-Baptiste Colbert，1619～1683）和其他许多人确信，国家的财富和权力来自贵金属（黄金和白银）的积累，中央政府必须行之有效地增加税收，还要让民众努力工作，最大程度地实现出口大于进口，同时采取关税保护政策抵制进口。重商主义不是真正意义上的经济学家们的主张（当时还没有经济学家），而是人们在实践中奉行的"信条"，是不用进行系统分析的天经地义的常识。重商主义政策的目的不是为了让普通百姓过上富裕生活，而是为王室积累金钱，以便增强国家的武装力量，让王宫变得更加富丽堂皇，使贵族能过上奢侈的生活。重商主义政策能使国家维持强大的陆军和海军，以便在海外建立专门为国家的工业生产供应原材料的殖民地。[6]

重商主义信念不是突然被古典自由主义理论所取代的（古典自由主义

反对保护主义，鼓吹自由贸易的好处）。实际上，这种转变是在一个多世纪里逐渐完成的。在美国，亚历山大·汉密尔顿（Alexander Hamilton）是个准重商主义者，他不提倡把积累黄金和白银作为货币政策的首要目标，或者把这种积累本身看作目的，而是全力支持保护本国制造业的成长，认为制造业是这个新生共和国的实力基础，其结果自然会形成贸易顺差。[7]德国人弗里德里希·李斯特（Friederich List, 1789 ~ 1864）是一位民族主义者，认为对于那些还处在工业革命初期的国家来说，在经济得到充分发展并能从自由贸易中获益之前，采取保护主义政策是必然的事情。[8]事实上，重商主义思想一直延续到了经济自由主义时代，它不但得到复兴，而且将与倡导全球自由市场的新自由主义思想共存。

自由主义

419

经济自由主义最早出现在法国，那时有一批重农主义思想家作为资本主义农场主和商人的代言人，反对国家对工业和贸易的严格管制。弗朗索瓦·魁奈（Francois Quesnay, 1694 ~ 1774）和杜尔哥（A. R. J. Turgot, 1727 ~ 1781）分别代表农业和制造业的利益批评重商主义政策，如加强税收、固定物价、最大程度实现出口大于进口等。他们认为这些政策压抑了人们的自由创造能力，阻碍了经济增长。[9]在英国，约翰·洛克仍然相信国家的富裕程度要按黄金和白银的积累来衡量。但是政治观念比洛克保守的戴维·休谟则认为"国家劳动力储备"是权力和财富的真正源泉，而且他比亚当·斯密更早地积极赞成自由贸易。[10]这种现象多少有些反常，因为人们通常认为洛克才是"劳动价值论"的创始人。

人们普遍认为，受到魁奈和休谟影响的亚当·斯密是现代经济学的奠基人。亚当·斯密认为经济学是人类全部道德哲学的重要组成部分。他的著作《国富论》（Wealth of Nations）出版于1776年，对重商主义的正统观念进行了全面批判。就像我们所看到的，当时这种正统观念在实用主义思想家们那里已经失势了，但是还牢固地存在于一些有势力的利益集团中间。这些人反对外国竞争，要求并得到合法保护。受自由主义教育的斯密对经济现象进行了系统观察，他理由充分地认为，财富和权力取决于国家总的经济生产能力，而不在于王室宝库里有多少贵金属。国家的经济增长就像知识的增长一样是一个自然的过程，它并不需要政府的管理。个人在劳动分工中会发现经济效用，这使他们可以通过从事最适合自己能力的专业生产活动来提高获取财富的能力——这个观点只是重申了2200年以前柏拉图的著作《理想国》（The Republic）中的一个基本观点——亚当·斯密确信，如果经济能够顺其自然地发展，不受无知、迷信、阻碍生产力发展的生活习惯以及政府管制等人为因素的干扰，随着劳动量的增加，国家财富就能自然地以一定的速度保持增长。他还认为，国际贸易不是一种把一国所得建立在别国所失之上的零和游戏，相反，它对所有的参与者都有潜在的好处。劳动分工原则在国内经济中能增进人们的福利，在国际贸易中也同样能发挥比较优势。无视劳动分工原则在国际贸易中的好处，通过建立关税壁垒来保护低效的生产者，把那些比国内价格便宜的外国商品拒之门外，这种做法是十分荒唐的。[11] 后来，大卫·李嘉图以精确的数学方法将劳动分工原则运用到国际经济领域，对比较利益规律进行了详细的阐述。比较利益理论认为分工协作可以使贸易的双方都获得好处，保罗·萨缪尔森（Paul Samuelson）称之为经济学理论中"最美妙的思想"。[12]

亚当·斯密的道德哲学认为，以实现"最大善行"为目的的慈善行为是最高尚的美德，但他同时又认为，人的行为大多出于自私的动机。他用宗教信仰来安慰自己，认为自私是上帝的安排。根据他著名的"看不见的手"的理论，个人在追求私利的同时，也在无意之中促进了社会的福利。[13]尽管有些人会比另一些人更富有，但随着社会财富的增长，下层社会的生活水平会有所提高，生活质量会有所改善。（反对旧式自由主义的现代批评家们后来提出了"利益扩散理论"）财富分配悬殊的原因，是土地和工厂的所有者把他们的收益用于购买奢侈品而不是与工人分享。早在马克思之前，人们就对这种现象极为不满。

亚当·斯密无疑是一位很正派且富有同情心的人，他没有对矿井和工厂里特别悲惨的工作条件视而不见。但是他没有预见到，19世纪的情况更加糟糕。狄更斯（Dickens）的小说对这些悲惨境况进行了描写，马克思则以《圣经·旧约》中预言般的语气谴责了这种社会。在亚当·斯密看来，人类社会没有完美的制度，因为人的无知、愚蠢、贪婪，以及个人的失误，特别是银行家、工厂主和商人不能正确地从长远角度估算他们的利益，即使是最好的经济制度——自由主义——也无法发挥其全部功效。[14]他意识到劳动分工原则的一个重大缺陷：如果专业化程度过高，为了提高生产效率而把工人在生产中的作用简化成简单、固定和枯燥乏味的劳动，就会削弱个人的创造能力。[15] 也许亚当·斯密理论中最大的缺陷是把劳动看成一种商品，其价格只由供求来决定。这种背离人类价值的观念盛行于中世纪的行会中间。

我们没有必要回顾17世纪至第一次世界大战期间的工业发展史和国际贸易史的细节。如果研究者有兴趣的话，在这方面有丰富的文献资料可供查阅。（本书后面将进一步探讨世界资本主义体系问题）在这里，有必要对几个与自由主义经济思想相关的问题做出说明。显然，英国在始于18世纪中期的工业革命中处于领先地位。这场革命横扫了欧洲大陆及其他地区，包括德国、日本和美国等国家，同时，除少数例外情况，英国还率先推进了国际自由贸易的发展。亚当·斯密赞成在自由贸易中实行两种他认为合理的政府"干预"：（1）一个国家为了国家安全和保证在战争时有足够的海军力量，可以考虑在贸易中对本国和外国的航运实行一些特别的立法管制。（2）如果对某一种国产商品征税，也应该对同类外国商品征收相同的甚至更多的税。[16] 英国在拿破仑战争期间就封锁了本国的港口，很大程度上阻断了它与欧洲大陆之间的贸易往来。（我们后面将会看到，这显然是民族主义的现实主义政治经济政策）18世纪英国在农业上能够自足，但到了19世纪中期却无力养活自己了，于是在19世纪40年代废除了《谷物法》（对农业实行关税保护）和《航海法》（限制外国在对英贸易中使用自己的船只）。[17] 这种政策变化的目的是让英国能进口比本国市场更便宜的外国农产品。最后，在高度城市化和工业化的英国，农产品价格不断下降。与此同时，发展时间晚于英国约半个世纪的其他工业国家，如美国、德国、法国等，则都实行了保护性关税政策。通过投资和出口铁路设备及其他机械设备，英国帮助这些国家建立了工业经济的基础设施，使这些国家迎头赶上。德国有蕴藏丰富的煤炭和其他原料，又十分强调科学技术教育，所以促进了化学工业和机器制造业的成长。拥有丰富自然资源的美国则孕育出一种新型资本主义——实行所有权与经营权相分离的大公司。这种大公司充分开发大规模生产能力，以满足庞大的统一市场的需求。这个市场渴求新产品，而且得心应手地使用了颇为吸引人的广告。此外，工业生产在日本、俄国（有法国投资），甚至在中国和印度都已经开始了。[18]

国际贸易的迅猛发展始于20世纪初。自由主义理论家们认为，自由贸易是国家间发展和平友好关系的保证，经济相互依存关系的建立，可以排除发生战争的可能性；经济繁荣可以分散公众的注意力，使他们不再关注民族主义的相互争夺和军事冒险，因为这些事情会对贸易和经济增长有潜在的不利影响。然而，1914年爆发了第一次世界大战，战争加速了英国经济霸权地位衰落的过程（这个缓慢的过程已经持续了数十年），也使自由主义理论家对国家作用的看法发生了根本变化。诺思埃奇（F. S. Northedge）和格里夫（M. J. Grieve）写道：

> 　　1914年至1918年的欧洲战争是一场全面战争，为了赢得胜利，交战国被迫动员其全部资源、人力、农业、航运、交通、采掘和制造业、通讯系统……一时间，政府被迫去做那些以往所有的原则和经验都告诉它们不能做或不该做的事情。政府接手控制了工业、农业及劳动力的发展方向。1918年11月战争结束时，为了现实目标，所有经历了严峻考验的交战国都变成了社会化的国家。此时，没有政府的同意，几乎无法制定出任何重大的经济决策。这种经历使所有国家的社会批评家们都认为，在战争中运行良好的国家计划经济……同样能适用于和平时期。[19]

　　就在一战前，自由主义思想已经开始发生根本性变化。英国著名的自由主义理论家格林（1836 ~ 1882）批评说，在一些国家里，"少数人的富裕是建立在多数人贫穷的基础上的"。[20] 他认为，自由并不意味着个人可以不受限制地追求私利。他给自由的定义是："解放所有人的能力，使他们能够平等地促进社会的共同利益。"[21] 他认为，凡是把人当做商品进行交易的契约合同都是无效的，这样的合同将会迫使工人同意在危害健康的条件下工作。他认为，国家必须对妇女和儿童的工时做出规定，还应该拆除危房，依法为所有人提供充分的教育。[22] 在对古典自由主义和现代自由主义进行比较之后，莱昂·巴拉达特（Leon P. Baradat）指出，格林的观点为福利国家提供了哲学基础。[23] 自由主义过去的一些主张现在已不再被认可。当代自由主义"把政府看做帮助提高人们生活水平的工具，而不再像古典自由主义者那样，认为政府不该干预人民的事"。[24] 自由主义思想的演进促进了自由主义和保守主义之间关于国内政治问题的辩论，也将对世纪之交的国际政治经济学产生深刻的影响。

两次世界大战之间现实主义和民族主义的兴起

如我们所看到的，重商主义是一种民族主义经济思想，但是国际政治经济学正是在对这种思想进行反思才形成的理论。不过，现实主义思想并非来自重商主义。在国家领导人和他们的政策顾问看来，现实主义理论是最古老、最悠久的国际关系理论，如第二章所述，它古已有之。19世纪和20世纪初，现实主义和自由主义相互竞争，后来自由主义占据上风，成为各国制定经济政策的指导思想。但从20世纪30年代开始，现实主义又再度兴起。这主要有两个方面的原因：（1）大萧条；（2）独裁专制政治体制的兴起。我们在第二章里曾对这些问题作过详细分析。

两次世界大战之间的间隔期为现代国际政治经济学理论的发展提供了背景，因此，我们有必要就这一时期对国际政治经济学的影响作一个简单的回顾。

第一次世界大战曾深刻地改变了国际贸易和国际金融。1914年至1917年间，英国和法国为了从美国大量进口战争物资，不得不变卖它们在美国的资产，并从美国私人银行获取贷款。1917年4月美国参战以后，美国政府开始向欧洲盟国提供贷款，以满足它们购买战争物资的需求。到战争结束时，美国成为世界上最大的债权国。由于把市场扩展到了欧洲和亚洲，美国和日本在战时混乱的贸易秩序中获益匪浅。长期的战争使欧洲人精疲力竭，生产力破坏殆尽，再加上战后蔓延的通货膨胀、巨大的贸易赤字和沉重的债务，欧洲的国际经济竞争力被严重削弱了。[25] 以上这种情况导致了协约国之间就如何处理债务与战争赔偿之间的关系产生了国际纠纷。

《凡尔赛条约》要求德国对协约国的人口和财产损失进行赔偿，但是负责解决赔偿问题的"赔偿委员会"却没有确定赔偿的总额。第一批赔偿金付出后的3年里，德国已经无力承担赔偿。到1922年，马克贬值达到了灾难性程度。1923年1月，不顾英国反对，法国和比利时出兵占领了鲁尔。在协约国的战争债务问题上，美国是债权国，法国和其他欧洲大陆国家是主要债务国，英国是半债权国和半债务国。法国宣布，只有得到德国的赔偿，它才能偿债。英国提出取消它所欠的除美国债务之外的所有债务。在经受了严重的天灾人祸之后，欧洲人认为，从战时贸易扩张中获益的美国应该以取消债务的方式做出点贡献。美国国会和政府采取了回避态度，坚持认为赔偿问题纯属欧洲事务（因为美国没有寻求任何赔偿），战争赔偿和战争债务必须分开来考虑，出于政治上的考虑而取消合同义务是没有先例可循的，但这并不能平息欧洲人的恼火和不满。最后，《道威斯计划》和《杨格计划》部分地解决了赔偿问题。有关美国对欧洲国家的贷款问题，协议规定欧洲国家用62年的时间逐步偿还。20年代末期，这两个解决方案的顺利实施促进了欧洲的繁荣。这在很大程度上归功于美国慷慨地延长了还债期限和它对德国的投资。[26]

20世纪30年代的大萧条是一个"惨痛经历"。按罗伯特·吉尔平的说法，几乎每半个世纪世界经济就要遭遇一次类似的挫折。他承认，"也许不存在定期的、大范围的、循环式的经济扩张和衰退"，但他注意到，"经济快速增长和低速增长的转换"会影响物价水平，并可能在全球范围引起"经济产出和失业率的重大变化"。[27]（参见第七章经济周期理论对战争发生频率的看法）琼·埃德尔曼·斯佩罗（Joan Edelman Spero）把大萧条定义为"国家经济活动长期而严重的衰退，一般发生在出现几个财政赤字年以后……特征是生产和投资大幅下降，信贷迅速缩减，失业和企业破产大量增加"。[28]大萧条和短期经济衰退有明显不同。经济衰退"通常在一个财政年度里持续至少三个季度"，其特征是失业率升高，经济增长率下降，但没有经济萧条时那么严重，也没有那么持久。[29]

人们都承认，1929年10月股票市场的崩溃是大萧条的前兆。关于华 424 尔街股市崩溃的原因，人们通常认为有以下几个在全球范围内引起反响的相互联系因素：

1. 第一次世界大战期间的税收负担和军备开支；
2. 美国恢复保护性关税，使欧洲国家偿还一战战债和战争赔偿更加困难；
3. 战时农业产量增加，其后农产品价格长期下跌，导致农民购买力下降；
4. 供求不平衡，生产过剩，消费不足；
5. 政府对公司、银行、控股公司、信托投资和股票交易缺乏管理，这样便给暗箱操作和公开的欺骗行为提供了有利条件；
6. 数百万小股民在"迅速致富"思想的引诱下从事投机活动，把他们的积蓄投入一个他们并不了解的市场。在这个市场里，越来越多的股票被用于"赚差价"（先以较少的投资买入股票，股价上升以后获得收益。这种错误的想法认为，在价格变动中，股价上涨的部分总会多于下跌的部分）；

7. 1929年后期的"牛市"中，股票价格大幅上涨，其程度超过了任何对收益的现实期望值，导致了经济学家所称的"即将破裂的泡沫"；

8. 得知华尔街和欧洲股票下跌消息，人们开始抛售股票，造成1929年10月末的恐慌性卖盘和自杀行为；

9. 包括胡佛总统在内的一些人建议收缩信贷，但是金融家们拒绝承认股票价格过高，对危险的征兆视而不见。

上述最后四个因素是促成华尔街股市崩溃的直接原因，前五个因素是这场经济灾难更深层次的原因。危机造成银行倒闭、商业受挫、购买力大幅下降、失业严重，更糟的是又出现了关税保护主义，这就是1930年出台的《霍利—斯穆特关税法》。该法案把美国的平均关税从33%提高到40%（包括925种工业产品和75种农产品）。两年之内，有25个国家征收了报复性关税，美国的出口下降了一半。[30] 结果，乞丐成倍增加，领取救济的队伍越来越长，失业工人在大街上卖苹果为生，退伍军人在华盛顿游行，要求得到退伍补偿费，廷·潘·阿利（Tin Pan Alley）乐观的抒情歌词被"兄弟，能否赏我一毛钱？"这样的词儿所取代。

面对资本主义历史上最严重的危机，无论是美国政府还是欧洲国家的政府都无所适从。胡佛（Hoover）是一位睿智、出色、善良的总统，曾经负责管理第一次世界大战期间和战后欧洲食品救济工作，因此拥有极高的声誉。他急切想采取一些措施来缓解美国面临的困难，而且他在萧条初期采取的一些措施的确也在一定程度上阻止了经济的下滑，但每一次经济小幅回升之后，随之而来的是更糟的情况。在与国会和公众打交道这方面，胡佛不是一个称职的政治家。在思想观念上，他仍然恪守"朴素的个人主义"。这种古典自由主义思想认为，私有经济的创造性比政府干预更有利于经济秩序。危机在不断加深，他的行动还是迟缓而勉强。他赞成向企业提供帮助来刺激经济，但是反对向农民和工人提供救济。随着经济的进一步下滑，胡佛关于美国经济基本正常的乐观看法日益成为一句空话。事实上，此时此刻包括胡佛的总统竞选对手富兰克林·罗斯福（Franklin D. Roosevelt）在内，没有一个人能拿出更好的办法。然而，胡佛受到不公正的批评，为大萧条背上了责任。其实萧条的潜在原因早在他就任之前就存在，这是他无能为力的事。为了解决国际金融危机，他提出了一些有益的建议，其中一个是在1931年呼吁把第一次世界大战的战债和战争赔偿的偿还时间延期一年。（此前不久，英国被迫放弃了金本位制）但是除了一小部分战债和战争赔偿的偿还得到兑现之外（主要是芬兰），延期支付变成了无限期的拖延。[31]

查尔斯·金德尔伯格认为，金融危机失控，是因为没有一家中央银行（如英格兰银行和美国联邦储备银行）愿意担当最终借贷者的角色。也许没有任何一家银行具备这种能力，因为当时还没有能在处理金融危机的过程中发挥领导作用的"霸权国家"。[32]（类似的分析在20世纪90年代末的全球金融危机中再次出现）

在竞选期间，罗斯福对胡佛的合作解决危机的倡议不屑一顾，但是也没有提出什么明确的观点。上台之后他虽然雄心勃勃，但也没有拿出什么明确的方案。他采取了一些试探性措施来刺激奄奄一息的经济：宣布银行休假；提议国会为著名的"百日新政"召开特别会议；提出救济计划和公共工程计划；为农业和家庭抵押贷款提供资金，以防止抵押品赎回权被取消；减少农业产量，给予农民"平价"待遇；放松反托拉斯法的限制，允许在禁止雇佣童工的工业领域里起草"公平竞争法"；为工人规定最长工时和最低工资的标准；在一些生产领域规定产量限额和产品价格，等等。[33] 1933年罗斯福放弃了金本位制，这个措施使政府在货币管理方面获得了更大的灵活性，但在古典自由主义者们看来，这是一项民族主义经济政策，它背离了自由贸易原则。金本位制曾是国际货币体系的基础，从理论上讲，这种国际货币体系应该维持固定汇率制度，通过黄金流通和价格浮动而自动地、非人为地、均衡地调节贸易顺差国和贸易赤字国之间的收支平衡。[34] 罗伯特·吉尔平承认这种货币体系是一种成功的国际经济稳定器，但另一方面，又认为它并非是一种自动的、不受人为因素影响的和均衡运行的国际货币体系。例如，银行削弱了黄金流通对国内物价的影响；英国曾经不得不使用其霸权地位来支持国际货币体系的规则；调节不平衡的国际收支对发达国家和欠发达国家造成的结果是不一样的，因为如果没有富国的干预，这种调节难以减轻资本流动给国家内部带来的影响。[35]

为了摆脱国家的经济困境，罗斯福采取实用主义的新政计划，其中一个主要概念是"注水入泵启动"，就是使用政府资源来刺激消费，刺激购买力和生产，这样就能让领取救济的人们重返工厂和农场。尽管新政的推行者很乐观（他们的计划在保守主义者和传统自由主义者看来是荒唐无用的，也是违背美国宪法的），但是有好几年，美国经济总体上还是顽固地处于停滞状态。到1938年，约有一千万人失业，还有至少相同数量的人在领取救济或从事由联邦政府或州政府的就业计划提供的工作。有些公共工程对国家经济和文化的基本建设非常有益，特别是道路、堤坝、桥梁、邮局、公共艺术建筑物。在此期间，杰出但有点古怪的英国经济学家约翰·梅纳德·凯恩斯（John Maynard Keynes）对大萧条和罗斯福的经济复兴政策做了理论解释。他于1934年会见过罗斯福。

同其他一些解释经济长期萧条原因的理论相比，凯恩斯在他的著作《就业、利息和货币通论》（General Theory of Employment, Interest and Money）一书中采取了纯数理经济学的分析方法，其中有些分析是古怪的（太阳黑子和大众的精神变态导致歇斯底里的购买和恐慌性销售），有些则是有道理的（犹豫不定和缺乏远见的政治领导、技术的变革）。[36] 罗伯特·海尔布伦纳（Robert L. Heilbroner）对凯恩斯的理论作了如下概括：不论是否与金本位挂钩，利率的变动应该在储蓄和投资之间保持一种微妙的平衡。如果人们把收入的大部分用于储蓄，货币在社会上有效流通的作用就会下降，购买力、投资和物价就会下降，失业率则会上升。如果人们投资过度（如向银行贷款和委托股票经纪人买股票），企业增产，就业增多，购买力提高，则会导致通货膨胀。利息是个自动调节器，它能使经济大致平稳地运行于过度增长和衰退停滞之间。在30年代初期，美国人花光了他们的积蓄，只能尽力使自己的腰包不要空空如也。此时没有任何私人力量能启动经济。正如海尔布伦纳所说：

> 于是出现自相矛盾和反常的现象：一边是贫穷，另一边是过剩的商品；一边是大量无所事事的人，另一边是闲置的机器……经济不能满足人的**需要**（wants）……结果是，商品要满足**需求**（demand），而需求却小得可怜。[37]

凯恩斯认为，每一次经济扩张本身都含有衰退的危险。在大萧条这样

的非常时期，需要政府通过赤字开支进行有计划的投资。尽管政府对田纳 427
西河谷管理局之类大规模项目的投资，其目的在于通过发展基础设施和恢
复购买力来刺激需求，企业界仍视之为一种社会主义威胁。海尔布伦纳认
为，启动经济的"新政"没有结束萧条，因为它的措施还不够有力。很多
人同意他的说法，认为在1939年欧战爆发促使罗斯福加大政策力度之前，
美国经济并没有走出萧条。1940年罗斯福再次当选总统后，他才扭转孤立
主义势头，使美国成为"民主国家的兵工厂"。[38]

波及全球的大萧条在很大程度上为第二次世界大战的爆发创造了条
件。它加剧了德国人对经济状况的不满——工人失业人数上升，中产阶级
的不安全感增加。希特勒和纳粹党利用这种不满情绪在1933年获得了政
权。有人把希特勒的"注水入泵启动"政策与"罗斯福新政"相提并论。[39]
大萧条使墨索里尼有借口批评和限制议会民主和资本主义的个人主义，也
为30年代斯大林反资本主义的政治宣传提供了证据。强大的美国经济进
入了长久的衰退期，世界贸易不景气，这些都加剧了日本经济自身面临的
问题，如国内资源贫乏、因种族原因而受到移民限制、各国关税壁垒不断
增加，等等，日本的军事体制因此得到加强，使它急于向国外进行领土扩
张。各国纷纷放弃了金本位和自由贸易，加强了外汇管制，并采取贸易保
护主义政策。这种情况的发展加深了国家之间在政治上的相互猜疑和敌对
情绪。1934年后，在美国国务卿科德尔·赫尔（Cordell Hull）的努力推
动下，举行了削减关税和贸易互惠的谈判，但情况只是略有好转。经济大
萧条和以武力改变现状的政治体制的出现，打破了自由主义关于国家之间
的利益是自然和谐的信条。西方民主国家很不情愿地把对外政策的基础从
理想主义（或是爱德华·卡尔所称的乌托邦主义）转向了民族主义的现实
主义。

我们可以对经济现实主义或经济民族主义的基本特征做如下概括：国
际体系中的主要行为体是主权国家，它不承认任何高于主权的力量。这个
体系处于无政府状态，每一个国家都按照它在国际体系中所处的权力地位
来制定自己的对外政策。不管是处于和平时期还是处于战争状态，国家必
须维护自己的安全，采取一切可行的措施来维护自主权，维护领土和人民
的安全，保护那些关系到国家经济繁荣的总体和局部的重要利益。现实主
义者完全同意重商主义的观点，即为了现实的目的，权力和财富的概念可
以相互转换。作为理性的单一行为体，国家不得不评估国际权力结构关系

428 的变化和潜在的发展趋势。[40] 它们千方百计防止国际组织和跨国公司等其他行为体的活动损害到它们的利益，如果可能，它们会尽力阻止这种事情发生。我们在第一章中已经指出（本章后面还将进一步探讨），当代国际关系理论中的主要争论之一，就是国家是否如它们自己所认识的那样至高无上，即便程度已不如此，还是当代世界已经多元化和分散化到如此程度，以至于经济现实主义或经济民族主义都已过时了。抛开关于主权问题的争论，有充分的证据表明，即使是自由主义者，也会放弃他们所珍视的原则（就像他们在第一次世界大战时所做的那样），在国家安全处于危机状态时，接受政府对经济的实质性干预。他们在二战时期甚至接受政府全面控制国家经济活动的政策。

马克思主义理论和依附理论

自由贸易理论是以自由竞争为基础的市场经济理论。现实主义理论和民族主义理论认为经济利益应该服从于国家的权力利益。同它们形成鲜明对比的是马克思主义、列宁主义、新马克思主义、**依附理论**（dependencia）以及其他社会主义思想。这些理论认为，自由主义理论、民族主义理论和现实主义理论实际上都是在为资本主义制度辩护，资本主义制度是国家内部和国家之间存在剥削和冲突的根本因素。弗里登（Frieden）和莱克指出，"自由主义关注个人，马克思主义关注阶级，而现实主义关注民族国家"；为了使权力最大化，现实主义总是力求控制或影响国家经济生活及各种经济行为体。他们两人的观点或许失之过简，但概括的基本正确。现实主义者反对割裂政治和经济之间的关系，[41] 这和马克思主义的观点相似，但与自由主义大相径庭。然而应该注意的是，我们只是在纯粹的理论范式意义上对这三种理论流派加以区分。在政治、经济和社会的现实中，占有主导地位的理论可能同时也包含着其他两种理论的某些主张，或者某一理论体系可能是这三种理论混合和修正之后的产物，以至于人们难以辨别它究竟是哪一派理论。在不同的历史时期，理论术语的含义会发生变化，因此需要更准确的理论名称，如新自由主义、新现实主义和新马克思主义。正如前面所说的，有些特殊的理论可能会超越这三种基本理论范式，如多元主义、**依附理论**（dependencia）和世界资本主义理论。最后，我们必须小心那些简单化的、漫画式的宣传夸大之辞，它们会歪曲全球经济日趋复杂化的现实。有了这些事先的说明，我们就可以继续探讨了。

马克思主义关于帝国主义和战争的理论核心，是认为所有国际问题都可以简化为经济得失问题（笔者不同意这种认识）。这个观点的理论力量来自卡尔·马克思和弗里德里希·恩格斯（Friedrich Engels）早先阐述过的哲学体系的强大影响，以及其后无数社会主义者和共产主义者的声明和见解（这些声明和见解与马克思和恩格斯的观点有些是一致的，有些则是矛盾的）。[42] 几代学者、新闻理论家以及政治活动家（他们从未亲身体验过共产主义或社会主义制度）都在为马克思主义分析世界的基本方法辩护。很多不是马克思主义者的教师、学生、政治家、作家、甚至工商界人士也接受了对历史的经济解释，这种解释至少部分地采用了准马克思主义的分析方法。在几乎所有的发展中国家里，社会精英们长期以来想当然地相信列宁的帝国主义概念的解释力，这深刻地影响了他们对西方世界的态度。马克思主义理论的核心部分体现在1848年卡尔·马克思发表的著名的《共产党宣言》（Communist Manifesto）里。20世纪末的历史多次否定了人们在历史上形成的抽象认识，尽管如此，马克思主义理论却仍然表现出强大的生命力。认为共产主义苏联的消亡预示着马克思主义的社会主义理论已经永远过时的看法是错误的。这个理论已经延续了一个半世纪，对全世界很多地方的人产生了极大的影响。实际上，该理论的某些方面，如关于社会经济关系影响人类文化的观点，已经完全融入到现代哲学、历史、社会科学、文学和艺术的研究方法中去了。自20世纪80年代以来，以苏联共产主义制度为典型的中央政府计划经济模式普遍被当作失败的制度抛弃了，市场经济和自由主义，或者说是大众民主制度，在90年代处处受到欢迎。但是以上事实并不能成为我们忽视马克思主义的理由。马克思主义关于社会政治经济结构的解释具有长久的生命力。

马克思主义是一个混合体，不但包含着哲学（辩证唯物主义）、历史学理论（经济决定论）、经济学和社会学、政治意识形态、关于革命的理论和战略策略、社会伦理学，还包含一套意在拯救现实世界的末世道德神学，即希望实现一个无阶级的社会，这个社会完全实现了正义，不存在任何冲突，人类的精神世界得到彻底的解放。马克思比任何人都更加强调这样一个思想，即冲突无可避免地产生于社会经济阶级之间的生死斗争之中。人们要努力把自己从资本主义的奴役和束缚之中解放出来，而要实现这种解放，人类必须掌握历史和社会发展的辩证规律。到目前为止，阶级冲突一直是社会变革的动力，随着共产主义的实现，阶级冲突将会消失，从此人们只采取理性的计划、讨论和决策来变革社会。

　　卡尔·马克思（1818～1883）在辩证唯物主义哲学的基础上发展了历史理论。他的理论认为，社会组织和意识形态的结构由经济生产决定。[43]谁控制经济生产，谁就能决定政治制度。马克思和恩格斯在对人类历史和19世纪的英国进行研究之后得出结论，认为每个历史时期都存在相互冲突的力量，新秩序便从这种冲突之中产生，这是一个辩证的过程。所有的历史都是统治阶级和被统治阶级之间的斗争史，斗争的结果是产生新的经济和政治制度。马克思关于社会及其变迁的研究模式里包含着一个正题（统治集团），一个反题（被统治集团），它们的相互冲突产生一个合题（新的经济、政治和社会制度）。[44]

430

　　正如前资本主义时期的社会制度一样，资本主义制度本身包含着自我毁灭的种子。马克思相信，工人阶级（无产阶级）的日益贫困将导致推翻资产阶级统治的革命。中产阶级的下层被吸引到无产阶级队伍中来，因为他们没有资本去和那些比他们幸运的中产阶级竞争；由于新的生产技术的出现，他们的专业技能将变得一文不值。随着无产阶级队伍的壮大，他们同资产阶级的斗争更加激烈。起初，无产阶级的斗争是由个别资产阶级人物来领导的。马克思设想无产阶级和资产阶级之间的冲突会日趋激化，直到爆发革命，最终推翻资产阶级。

　　在马克思的剩余价值学说里，衡量商品价值的惟一标准是生产商品的社会劳动。资本家不从事任何生产劳动，相反，他们像寄生虫一样依靠劳动阶级的劳动来生活。资本家付给劳动者维系生存的工资，拿走了其他剩余部分。在马克思看来，资本主义社会里绝大部分人都成了拿工资的奴隶。无产阶级生产劳动产品并提供服务，却得到很少的回报，有时甚至一无所得。在资本主义制度下，控制生产方式的资产阶级对工人进行剥削，使工人劳动所得和资本家从市场中获得的剩余价值之间的差距不断扩大。[45]

　　即将到来的资产阶级（正题）和无产阶级（反题）之间的冲突，将会产生社会主义制度。在资本主义残余被清除以前，需要政府对生产和分配进行控制。马克思预言，随着共产主义经济、政治和社会秩序的建立，国家将逐渐消亡。就像我们在第五章里谈到的，马克思主义的社会主义者认为，在国家消亡之前，必须实行无产阶级的无情专政。无政府主义者却对此观点嗤之以鼻。

正统的马克思主义者认为，所有的政治现象，包括帝国主义和战争，都是经济力量的反映。各种思想意识都从属于经济。在一强一弱两个社会实体的权力关系中，所有宗教的、人道的、政治的、文化的以及军事战略的动机，都被马克思主义者解释为用来掩盖经济基础的合理借口。从前的历史证明了这一点，到了资本主义时代更是如此。在马克思和恩格斯言辞最为犀利的一篇论辩文章里，他们愤然抨击说：

> 资产阶级……使人和人之间除了赤裸裸的利害关系，除了冷酷无情的现金交易以外，就再也没有任何别的联系了。它把宗教的虔诚、骑士的热诚、小市民的伤感这些情感的神圣激发，淹没在利己主义打算的冰水之中……资产阶级抹去了一切向来受人尊崇和令人敬畏的职业灵光。它把医生、律师、教士、诗人和学者变成了它出钱招雇的雇佣劳动者。[46]

431

马克思想象的和平，是自我异化的人在恢复人的本性之后得到的和平。这是"否定之否定"的结果，是无产阶级实现革命性的自我占有，拿回本应合法地属于他们的一切之后的结果。[47] 早年的马克思也许曾希望通过非暴力方式取得社会主义的必然胜利，因为这符合辩证法。但是随着年龄的增长，马克思富有青春朝气的哲学理想主义思想被他那受到挫折的、缺乏耐心的职业革命家的思维方式取代了。约翰·普拉门纳茨（John Plamenatz）对此评论道：

> 从逻辑上讲，马克思和恩格斯设想的革命的核心内容并不是暴力和流血。但事实上，马克思和恩格斯认为，即使不是所有国家，至少在多数国家里，无产阶级在夺取政权时将会采取暴力。我想，他们有时甚至会对这种想法感到非常得意。
>
> 他们不是温文尔雅之士。不同于同时代的某些社会主义者和共产主义者，他们不认为采取暴力手段是错误的，暴力会腐蚀使用暴力的人。但是这一切都不能改变我的观点：马克思和恩格斯设想的革命并不必然包括暴力。[48]

俄国革命中进行秘密活动的传统是沙皇压迫制度的镜像式反映，列宁是这种传统的产物。正是他把马克思主义的共产主义学说中的暴力和恐怖主义倾向带到了20世纪。列宁的思想和做法之所以如此，部分原因是为了反对像德国的马克思主义者卡尔·考茨基（Karl Kautsky）（1854～1938）和爱德华·伯恩斯坦（Eduard Bernstein, 1850～1932）这样的修正主义者。这些人认为，马克思的一些预见已经错了，社会主义的实现是一个长期的渐进过程，需要通过教育、心理战以及合法的选举才能达到目的。列宁坚持认为，暴力手段是真正意义上的革命的本质所在，无产阶级国家不可能通过渐进方式，而只能通过暴力革命取代资产阶级国家，因为资产阶级绝不可能和平地让出他们的统治权，这是一个基本规律。

帝国主义理论

资本主义在全球范围内获取原料并使商品市场化，马克思对此给予了充分肯定，但他并未阐述帝国主义理论。这个任务留给了他在20世纪的理论继承人——德国社会民主党人鲁道夫·希法亭（Rudolph Hilferding, 1877～1941）和德国社会主义者罗莎·卢森堡（Rosa Luxembourg, 1870～1919），当然还有列宁。不过，最早提出这个理论的人，却是一个彻头彻尾的自由主义者。

令人十分难以理解的是，20世纪共产党人的帝国主义理论的大部分内容是由英国经济学家约翰·霍布森（1858～1940）提供的。他毕业于牛432 津大学，是一位记者、散文作家和大学讲师，一个受约翰·斯图尔特·密尔影响的自由主义者。他对社会科学的看法则受到赫伯特·斯宾塞的影响。他热衷于对社会进行理想主义、人道主义以及道德伦理方面的改革，自称是宗教和经济思想方面的异端分子。在逐渐摆脱了对被他称为"机械资本主义"的迷恋之后，他开始接近费边式社会主义思想。布尔战争期间，他作为《曼彻斯特卫报》（The Manchester Guardian）的记者前往南非。他认为，这场战争是由开采钻石的垄断商人和其他经济剥削者策划的。通过对这场战争的报道，他越发成为一个反资本主义、反军国主义的论战家和一个有反犹太色彩的人。认为是霍布森创立了现代帝国主义理论，这种说法无论如何也不算过分。他的努力在很大程度上激起了英语国家对帝国主义在理论和道义方面的反感和厌恶。[49]（美国的自由主义者对美西战争之后美国在古巴和太平洋地区的扩张已经表现出一种负罪感[50]）

六十多年之后，两位学者总结说："布尔战争是资本主义的阴谋，这种在全世界广为流传的错误解释……成为后来帝国主义理论的基本思想。"[51]以前，**帝国主义**（imperialism）一词总是被自豪地加以引用，它指的是英国将它曾经控制过的和仍然还控制着的地方文明化的一种努力。它包括法治、议会制度、由具有公共责任感的公务员负责的理性行政管理（那时很多地方都没有），以及对人的价值和人的权利的信仰（这在当时更为少见），但是后来，帝国主义一词在英国变成了"自由派、激进派、亲工党人士以及有强烈宗教意识的少数派在道义上表达强烈反对意见的一种象征"。[52]

霍布森认为，帝国主义源于资本主义体系内部的失调。在这个体系里，富裕的少数人积累过度，大部分人则一贫如洗，仅能维持生计，因购买力不足而无法享受现代工业的成果。因此，资本主义社会面临着生产过剩和消费不足的两难困境。如果资本家愿意以社会福利的形式来重新分配多余的财富，就不会存在严重的结构性问题。然而，资本家却把剩余资本投向国外以追求新的利润，结果产生了帝国主义，"工业巨头们努力寻找国外的商品和投资市场，以此销售和使用国内的过剩商品和过剩资本，扩大剩余财富的流动渠道"。[53]

霍布森了解19世纪末欧洲对外扩张过程中非经济因素所起的作用，其中包括来自政治的、军事的、心理的、宗教的以及慈善事业等各方面的力量。但是他坚持认为，帝国主义的主要力量是金融资本主义，正是它激发了其他力量并把它们组织成一个互相联系的整体：

> 金融资本主义操纵着存在于政治家、士兵、慈善家和商人们当中的爱国力量；这些人对外扩张的激情虽然是强烈和真诚的，也是无常和盲目的；金融资本精于谋划且力量集中，这是帝国主义兴起的条件。[54]

433

在霍布森看来，英国没有必要采取帝国主义政策来减轻人口压力，因为英国不存在人口过剩问题。世纪之交，它的人口增长率已经下降到停滞的水平。他还进一步指出，英国人似乎根本就不急于在那些1870年以后获得的帝国领土的大部分地区定居。[55]

霍布森谴责19世纪末英国的帝国主义政策，认为这种政策对整个国家的经济利益来说是不合理的，十分糟糕的，虽然对某些利益集团来说，它是合理的和有利可图的。这些特殊利益集团包括证券交易所、从事投机的矿主、轮机制造商、造船商和军火制造商、出口商、军需品承包商，以及贵族成员（他们把儿子送到陆军、海军和殖民地机构当军官）。[56]尽管这些集团的经济活动只占英国经济的一小部分，但是它们组织有方，善于通过政治渠道来扩大自己的利益，从帝国主义政策中获得好处。霍布森说，帝国主义给国家带来了巨大风险和代价，相比之下，它所带来的贸易量增加的好处是微不足道的。因此，那些从帝国主义政策带来的好处中获益的特殊利益集团，必定要从中找到为这种政策辩护的理由。温斯洛（E. M. Winslow, 1896 ~ 1966）评价霍布森的研究成果的意义时说道："没有任何一本书在传播经济帝国主义理论方面能具有如此的影响力。"[57]后来，列宁明确承认他受益于霍布森的著作。

霍布森比列宁更早地批评资产阶级牟取暴利的剥削行为，认为这是引发国际战争的主要原因。侵略性的帝国主义政策和帝国主义战争导致庞大的军备预算和公共债务，并使股票价值不断浮动。精明的金融家们从中能获得最大的好处。诚然，霍布森并不认为资本家要对他们从中获利的战争负责，但是他的推理具有十分清楚的批评意味，后来又被列宁进一步阐发。那就是，如果说资本家的行为的主要动机来自获取利润的欲望，如果资本主义社会中总有某些人能从帝国主义战争中获得利益，那他们将会在需要的时候竭尽一切努力来制造战争。

列宁和冲突理论

德国社会主义理论家罗莎·卢森堡十分推崇霍布森的分析。鲁道夫·希法亭则力图进一步完善霍布森的理论，他认为资本向外投资的原因是卡特尔和垄断组织限制了国内投资。当然，在阐述帝国主义理论方面，最著名的人物是列宁。这位布尔什维克革命的缔造者和霍布森不同，既非学者，也不是有创造力的思想家。除了借用霍布森的思想以外，他还依靠希法亭对垄断资本主义的分析：

> 　　帝国主义是发展到垄断组织和金融资本的统治已经确立、资
> 本输出具有特别重大的意义、国际托拉斯开始分割世界、最大的
> 资本主义国家已把世界全部领土分割完毕这一阶段的资本主义。[58]

　　列宁把垄断资本主义等同于帝国主义。他从四个方面推论垄断资本主义的产生：（1）生产集中于康采恩、卡特尔、辛迪加和托拉斯；（2）对原材料来源的竞争性需求；（3）银行寡头的发展；（4）旧的殖民政策发生转变，富裕的强国寻求在对弱国的剥削过程中扩大经济利益。列宁强烈反对卡尔·考茨基的观点。后者认为帝国主义仅仅是资本主义国家的政策选择。在列宁看来，帝国主义是不可避免的。而且，在列宁主义的解释中，获取垄断利润的工业资本家会收买一些工人，这些工人为了提高生活水平而和资产阶级结成同盟，站到了受帝国主义剥削的工友的对立面。

　　因为金融资本主义是帝国主义的根源，对马克思列宁主义者而言，它也就成了资本主义时代国际战争的主要根源，或者说，至少是马克思列宁主义者惟一感兴趣的根源。即使还有其他冲突的根源，马克思主义者也不愿意关注它们。霍布森承认可以在19世纪的帝国主义中发现人类原始本能所起的作用：控制土地的本能、游牧的习惯（体现在对旅行的爱好上）、冒险精神、运动和狩猎的本能、争斗的欲望（在体育比赛时代，体现在对体育比赛结果的赌博上面；在战争中则体现为沙文主义）。[59]然而，霍布森巧妙地绕过了对事物进行多元解释的理论难点，只是谴责资本主义社会中的统治阶级，认为他们利用人的本能进行帝国主义冒险活动，以此推进他们的利益。

　　列宁的贡献有两个方面。首先，他继承并发展了一套组织理论。这个理论提出，共产党是"无产阶级的先锋队"，其目的是促使革命的到来。马克思早就预言革命是不可避免的。回顾1848年以来的欧洲历史，列宁总结说，就像马克思曾经指出的那样，无产阶级不会自发地反抗资产阶级的统治。在他1905年的著名小册子《怎么办？》（What Is to Be Done?）中，列宁坚持说，要推翻资本主义制度，必须要有一个强大的、组织严密的、充分发动起来的职业革命政党。它经过严格的纪律训练，随时准备使用合法和非法的手段执行最高领导的命令。[60]其次，列宁从霍布森那里吸取了

大量思想之后，提出了一套帝国主义理论，用以解释由资本主义国家占主
435 导的全球体系之中的国家间关系。事实上，列宁也察觉到了一些与马克思
的预见相左的现象。资本家们对世界贫穷地区殖民地的剥削提高了欧洲
工人阶级的生活水平，使他们的造反被延缓或推迟了。罗伯特·吉尔平认
为，列宁：

> 把马克思主义从一种基本上是关于国内经济的理论转变成了
> 一种关于资本主义国家之间的国际政治关系的理论……马克思所
> 描述的资本主义主要限于西欧……但是，在1870年到1914年间，
> 资本主义已经演变成为一个充满活力的、技术性的和逐渐是全球
> 性的开放体系……而且，马克思所观察的资本主义主要由小型的
> 竞争性工业公司组成。但是到了列宁时代，资本主义经济被庞大
> 的工业集团所控制……这些工业集团又掌握在大银行家族的手
> 里。对列宁来说……工业资本被金融资本控制代表了资本主义发
> 展的最本质的和最高的阶段。[61]

在资本主义体系里，竞争最终被资本主义垄断所取代。帝国主义是资
本主义的垄断阶段。主要的资本输出国通过剥削外国人民获得了经济优
势。建立对海外领土的政治控制是为了获得可靠的原料来源和廉价的劳动
力，保证先进资本主义国家的工业集团得到市场。

列宁的著作写于1916年春，大约在第一次世界大战爆发两年之后。在
书中，他把前代的历史看作是先进资本主义国家之间为争夺对殖民地和市
场的控制权而进行斗争的历史。资本主义国家不得不参与到对殖民地的抢
夺过程中来。尤其东亚和非洲地区，帝国主义列强占领土地，划分各自
的势力范围。一些资本主义国家甚至在19世纪末结成了同盟，但这些同盟
至多是战争之间的间歇而已。因为资本主义经济体系最终要依赖海外市场
和资源，国际冲突是资本主义世界的特有病症。列宁总结说，消灭资本主
义国家是消除国际冲突的基本前提。[62]

列宁认为，资本主义在各国的发展有先后之别——最早是荷兰、英国
和法国，后来是德国和美国，再后来是日本和俄国。这就是"不平衡发展
规律"，它使以均势政治为基础的不可靠的稳定难以持久。在列宁看来，
在他的时代，卡特尔实际上已经结束了为剥削目的而进行的世界殖民地的

划分。既然全球已被划分完毕，一些资本主义国家的进一步扩张只能以牺牲其他资本主义国家为代价，由此，资本主义的帝国主义将引发战争。[63] 斯大林时刻不忘第一次世界大战结束时盟国对俄国的干涉，对西方资本主义国家充满怀疑和敌意。他经常提起国外侵略苏联的阴谋。不过，在他著名的"最后的命题"中（发表于1952年苏联共产党代表大会召开之前）， 436 斯大林提出，列宁曾经预言过的资本主义和社会主义两大阵营之间的可怕冲突不再是不可避免的了，因为这种战争将危及资本主义的生存。接着，他宣称，资本主义体系内部的矛盾使资本主义国家之间的战争仍然是不可避免的。[64]

20世纪50年代以来的马克思列宁主义理论

二战后的国际关系史没有支持马克思列宁主义理论，特别是帝国主义理论。它们难以解释苏联对东欧的帝国主义行为。斯大林关于资本主义体系内部的战争不可避免的"最后命题"没有说服力，除非我们扩大它的含义，把全球经济中的贸易战和竞争都包括进去（即使它们也从未导致军事冲突）。

早在苏联帝国解体之前，这个共产主义国家自己已经被严重的冲突搞得四分五裂。苏联军队镇压了1953年东德工人起义和1956年匈牙利的起义。1968年捷克斯洛伐克进行被称为"布拉格之春"的自由改革，招致五个华沙条约组织国家的武装入侵。勃列日涅夫随后为这个行动辩护，发表了"勃列日涅夫主义"：

> 当敌视社会主义的内部和外部势力企图要在任何一个社会主义国家里复辟资本主义时，当那个国家的社会主义事业受到威胁时，整个社会主义大家庭的安全也受到威胁，这不止是那个国家的人民面临的问题，而是一个普遍的问题，事关所有社会主义国家。[65]

整个60年代，因双方在很多问题上产生分歧，苏联和中华人民共和国的关系走向破裂。这些分歧包括：意识形态的纯洁性问题，支持世界革命的问题，外来援助问题，核扩散问题（源于旧的不平等条约），当资本主义国家保持了强大军事力量时，社会主义国家却鲁莽地同资本主义国家进行裁军和军控谈判的问题。[66] 70年代初期，中华人民共和国的领导人极力反对资本主义和社会主义的两大帝国主义超级大国的军控阴谋。由于美国准备从东南亚抽身而退，北京的统治者得出结论：苏联军事力量的增长变得比美帝国主义更加危险。北京开始提醒日本和其他亚洲国家反对苏联在这个地区谋取霸权。[67] 一些马克思主义者继续用善恶之间及社会主义和资本主义之间的道德斗争为理由为苏联干涉东欧和越南作辩解。但是，随着时间的推移，这种解释越来越软弱无力，尤其是在发生了以下事件之后：1975年以后，在苏联支持下，古巴对安哥拉内战的干预；1978年12月越南对柬埔寨的侵略；1979年2月中华人民共和国对越南的战争；以及1979年12月苏联对阿富汗的入侵。最后一个事件引起苏联国内不满情绪的增长，也使伊斯兰世界和它疏远了。这就像美国对越南的战争在很多西方国家和发展中国家引起反美情绪一样。

勃列日涅夫时代末期（1980～1982）出现了更为微妙的帝国主义形式。当波兰团结工会的工人运动得到政府的让步，似乎形成了对共产党的威胁时，克里姆林宫在波兰边界进行了军事演习。这个行动引起波兰人对入侵的惧怕，促成了1981年底戒严令的颁布，从而排除了苏联公然干涉的可能性。安德罗波夫和契尔年科时期（1982～1985）的苏联领导层处于一个动荡不安的过渡时期，这是苏联历史上前所未有的情况。在此期间，东西方的军控谈判陷入令人沮丧的僵局之中，在欧洲军事均衡问题上也发生了激烈争论，里根总统的"战略防御计划"（SDI）在莫斯科引起了强烈反应，[68] 关于苏联即将面临一场国内危机的看法广为流传。从戈尔巴乔夫开始，苏联帝国主义政策发生了戏剧性转折，我们将在本章继续探讨。

现实主义和自由主义对帝国主义经济理论的批评

帝国主义经济理论的现代批评家们从语义学及经济和政治分析的角度出发，强烈反对霍布森、列宁及其追随者的观点。总的来说，来自语义学方面的批评认为，列宁的追随者在思想观念上对金融资本主义深恶痛绝，以至于把这种特定历史时期的帝国主义冲动与一个更为普遍的社会政治现象——**支配欲**（animus dominandi，圣·奥古斯丁语）混同起来。支配欲在历史上曾以很多不同的形式表现出来。

冷战初期，人们批评霍布森—列宁帝国主义论，认为它为了狭隘的论战目的而歪曲使用帝国主义一词。现实主义者汉斯·摩根索是其中最为重要的批评者。令摩根索痛惜的是，**帝国主义**（imperialism）这个术语被其使用者用于任何一项他所反对的对外政策。他力主战后一代大学生采用一个关于帝国主义的客观的、道德中立的定义，即"目的在于推翻现状，根本改变两个或多个大国之间权力关系的政策"。[69]他不同意把一个国家的国际权力的增长总是看成帝国主义，而且还警告说，不能把每一项目的是维持一个现存帝国的保守政策视为帝国主义。帝国主义应该指通过建立帝国来改变国际现状的能动过程。[70]摩根索认为，对帝国主义的经济解释，其错误在于企图把历史的普遍规律建立在对一些孤立事件的有限体验之上。在他看来，这种理论既忽视了前资本主义社会时期存在的帝国主义（如古代埃及帝国、亚述帝国、波斯帝国、罗马帝国、7世纪到8世纪的阿拉伯帝国、欧洲基督徒十字军东征的帝国主义，以及亚历山大大帝、拿破仑和希特勒的个人帝国），[71]也不能令人信服地解释资本主义时代的帝国主义，即1870年至1914年间的帝国主义。

除了摩根索之外，还有其他一些著名的理论家也反对霍布森—列宁理论。如法国政治社会学家雷蒙德·阿隆，在哈佛大学任教的奥地利经济学家约瑟夫·熊彼特（Joseph A. Schumpeter，1883～1950），美国外交史学家威廉·兰格（William L. Langer，1896～1978），美国经济学家雅各布·瓦伊纳（1892～1970）。下面是他们的观点概要，其中也包括近期学者揭示的霍布森—列宁假说中一些自相矛盾的观点。[72]

1. 马克思、霍布森和列宁的追随者把帝国主义冲动在特定历史时期的表现与另一种普遍的、多层面的政治和社会现象混同起来（这种社会现象在历史上呈现出很多不同的表现形式）。世纪之交的帝国主义经济理论是对事实的扭曲，因为它生硬地而且是肤浅地让国际政治从属于国际经济。经济利益通常只是国家追求权力的一种掩饰。雅各布·瓦伊纳认为，多数情况下，

不是资本家促使政府推行帝国主义事业，以此谋求他们的金融利益，而是政府或推或拽，或哄或诱地把资本家拉进

438

了帝国主义事业之中，以便使政府能在某些地区需要军事保
护的时候，向外国和本国人民证明它拥有明显的切实合法的
经济利益。[73]

439

2. 熊彼特认为，帝国主义不能被简单地归结为仅仅是寻求经济利益
   的活动。历史上充满这样的例证：国家"为了打仗而追求扩张，
   为了获胜而追求胜利，为了统治而追求疆域版图"。[74] 进行战争不
   是为了实现眼前的功利，即使这些好处是公开的目的。帝国主义
   毋宁说是"国家无限制地进行暴力扩张的一种无目的的倾向。"[75]
   像民族主义一样，它是非理性的、潜意识的东西，一种来自遥远
   过去的要求按原始本能行事的感召力。总之，帝国主义是社会文
   化中的一种返祖现象。如果人们要探求经济根源的话，帝国主义
   也应该归因于过去的生产关系，而不应归因于现在的生产关系。
   毫无疑问，任何国家里都是统治阶级决定战争，但是在现代世界，
   不是工商业资产阶级，而是那些来自旧社会，却仍然占据着重要
   的行政、外交和军队职务的旧贵族阶级才是主要的外交决策者。[76]

3. 尽管**战争恶魔论**（devil theory of war）简单地认为，是军火制造商
   和那些从战争中获利的人引起了战争，但是从整体上说，资本家
   并非好战分子。因为战争具有非理性和不可预测性，而资本主义
   需要在稳定的国际环境中通过理性预测和计划获得充分发展，而
   且深受战争之苦的人远远多于那些从战争中获利的人。所以，多
   数资本家是和平主义者而非主战派。[77] 熊彼特认为，资本主义体系
   中的竞争精神使绝大多数人把主要精力用于追求经济利益而不是
   发起战争，不会使人们把发动战争作为摆脱不快和单调乏味的手
   段。[78] 资本主义社会为坚决反对战争、军备和职业军队创造了社会
   基础。在前资本主义时期，西方国家里只有少数宗教派别真正相
   信和平主义原则。作为一种有意义的政治运动，现代和平主义只
   出现在资本主义社会里，组织起来的和平主义政党拥有和平运动
   的领袖、和平主义口号和和平计划，此外，还普遍存在反对帝国
   主义的力量和支持仲裁国际争端、国际裁军和国际组织的力量。
   （战争是否在变得过时的问题，我们在第八章"冷战的终结"中讨
   论过）

4. 霍布森的理论没有经受住关键的检验。他所提出的有关海外资本投资的决定性影响的例子（南非矿井和中国租界）只具有暂时性意义。[79] 霍布森努力想在有限证据的基础上得出具有普遍意义的理论，却导致了一些十分明显的理论缺陷，无法对一些问题做出合理解释。根据他的理论，最发达的资本主义国家在垄断和金融资本发展到最高阶段时，应该是具有扩张性和殖民倾向的国家。但事实上，19世纪末和20世纪初欧洲国家获得的殖民地范围要小于16世纪到19世纪初它们获得的殖民地。欧洲人在北美和南美的确从事了殖民活动，但后来在亚洲和非洲，除了少数地区，他们并没有这样做。列宁—霍布森理论的逻辑推论是，资本主义色彩越淡的国家越不会推行帝国主义和殖民主义政策。但是，在资本主义国家中处于落后地位的葡萄牙曾经是一个殖民强国，相反地，瑞典和瑞士两国具有根深蒂固的资本主义精神，却丝毫没有表现出进行帝国主义和殖民主义冒险活动的天性。[80]

   熊彼特以美国为例来说明他的观点。美国在19世纪上半期是个发展中国家，内战（1861～1865）之后迅速上升为资本主义强国。按照霍布森—列宁理论，美国应该吞并两个资源丰富但军事力量较弱的邻国：墨西哥和加拿大，但它没有这样做。[81] 最后，该理论忽视了西方资本使日本成长为20世纪初的一个独立强国的作用，也忽视了美国二战后重建和恢复欧洲和日本在世界市场上的竞争力的政策的作用。与列宁的分析相反，二战后资本主义的合作和联盟持续了半个多世纪，比他的"不平衡发展规律"所推论的情况要好得多。

5. 在反驳霍布森关于消费不足和过度积累假说的时候，我们应该指出，出口过剩资本并非经济增长之绝对所需。像卡尔·考茨基和爱德华·伯恩斯坦这样的马克思主义的修正主义者也认识到，资本家并没有依照马克思的"工资铁律"行事，从而把工人置于悲惨的境地。实际上，由于工会活动和选举权的扩散，工人的生活水平和国内购买力水平不断提高。[82] 在1870年到1914年期间，流入英国的资本多于输出的资本，输出资本的四分之三不是来自垄断企业，而是面向政府和由政府担保的公用事业的贷款。[83] 殖民地对资本主义国家的贸易和投资的意义，并没有霍布森理论所强调的那么重要。1914年以前，法国海外投资中不到10%是投向自己的殖民地。[84] 对英国来说，除了印度之外，殖民地并没有带来多少利润，尤其是非洲殖民地更是如此。雷蒙德·阿隆写道："第一次世界大战以前的半个世纪里，英国和法国是世界上拥有殖民地最多的两个国家，同时也是两个在经济意义上最不需要再寻求新殖民地的国家。"[85] 在那个时期，发达国家对外投资的大部分是相互投资，或者是投向俄国这类刚刚开始工业化的国家。（为了在政治和战略上对付德国，法国正急于使俄国等国家强大起来）

441   6. 在学者们的严格论证之下，列宁关于帝国主义是资本主义时代战争的主要原因的观点难以成立。1870年以来发生的主要战争大都不是因为经济动机而起。南非的布尔战争以及发生在玻利维亚和巴拉圭之间的查科战争（1932 ~ 1935）的确是由经济原因引起的，但是德法战争、美西战争、日俄战争、意土战争、两次世界大战、阿以战争、朝鲜战争、中印战争、围绕克什米尔问题和孟加拉展开的印巴冲突，以及越南战争（尽管西方的左派批评家有时毫无根据地推论说，越南战争是资本主义—帝国主义的阴谋，主要根据就是美国是资本主义—帝国主义体系的领袖），都不是这种类型的战争。[86] 1991年的海湾战争是一个更好的例子，虽然西方国家从长远利益出发考虑到了中东石油问题，但伊拉克对国际法的侵犯、阿拉伯国家间的政治关系、以色列的安全问题等，都是被考虑在内的重要因素。在波斯尼亚和科索沃发生的悲剧性宗教、种族冲突中，我们仍然难以辨别是哪些经济因素起了关键性的作用。

阿隆在分析第一次世界大战的背景时把英德竞争置于中心地位，特别是它们之间进行的海军军备竞赛。但是他认为这些都和资本主义毫不相关。英国人很清楚德国对他们的繁荣所构成的威胁，但他们也明白，两个国家彼此都是对方商品的最大买家。如果资本帝国主义是英国参加1914年世界大战的主要动机的话，它就应该站到世纪之交以来它最大的竞争者——美国的对立面去。但这种举动是不可想象的。[87] "马克思主义无法解释这样一个事实，"吉尔平说，"三个主要的帝国主义竞争对手——英国、法国和俄国结成了同盟……它们同一个在欧洲之外没有多少政治利益的国家德国作战。"[88] 拿更近期的例子来说，没有人会自寻烦恼，企图把朝鲜战争归因于经济帝国主义。这样的努力会让最忠诚的马克思主义者也枉费心机。肯尼斯·博尔丁写道，美国从越南战争中可能获得的任何经济上的好处都抵不上它在这场战争中一天的开支。[89] 至于1948年以来的阿以冲突，如果有人想证明美国的相关政策的基础是经济帝国主义，他就难以解释为什么美国要冒着被阿拉伯产油国疏远的危险而支持以色列。上述这些事例使人们对列宁—斯大林理论的解释力产生了深深的怀疑。

迈克尔·多伊尔认为，早期的关于帝国主义的理论家，如霍布森、列宁和熊彼特，他们更感兴趣的是从政治意义上批评或维护资本主义，而不是对国际关系中的特殊现象做出学术性的解释。[90] 他反对把推动和形成帝国主义的力量主要归结为经济或军事方面的因素，而认为应该是经济、军事、政治、社会和文化等综合因素的结果。"导致帝国主义的条件和动机可以在四种力量的互动过程中找到，这四种力量是：中心、边缘、跨国力量和国际体系的结构性刺激。"[91] 霍布森、列宁和熊彼特从中心地区寻找帝国主义的原因，如对金融利润的追求，垄断资本的必然性，军事精英的原始冲动；其他人如约翰·加拉格尔（John Gallagher）和罗纳德·鲁滨逊（Ronald Robinson）则认为帝国主义源于贫穷脆弱的亚非拉边缘地区的社会危机。本杰明·科恩（Benjamin Cohen）、肯尼思·沃尔兹、泰勒（A. J. P. Taylor）、莫顿·卡普兰、爱德华·裘利克（Edward Gulick）等理论家把帝国主义看成是国际体系结构性动力的必然伴生物。在这个国际体系结构中，强国通过支配弱国来实现它们之间的均势。[92]

罗伯特·吉尔平对有关列宁把"不平衡发展规律"作为帝国主义原因的争论做过一个有益的总结性评论：没有解决这个理论争论的可靠办法。争论的每一方都在搪塞另一方的论据。学者们必须以他们对国际政治和经济之间关系的认识为基础才能做出自己的选择。吉尔平是政治现实主义者，他同意经济学家西蒙·库兹涅茨（Simon Kuzhnets）的观点，认为经济不平衡发展会导致政治冲突，因为它对现存的政治权力构成了威胁。[93]

第二次世界大战后的经济自由主义

虽然二战后政治现实主义在国际关系中占主导地位（和苏联"分享原子弹秘密"的理想主义冲动只是例外现象），但也出现了经济自由主义思想的复兴。经济自由主义思想曾经在1929年至1944年间不断受到民族排他主义的冲击。大萧条、金本位制度的取消以及战争危机导致了外汇管制、保护主义，以及政府对外贸的全面限制。许多信奉自由主义的政府决策者（如科德尔·赫尔）和经济学家都确信，20世纪30年代政府的强制性管制在很大程度上造成了国家间的相互敌对，并最终引发了战争。1944年夏天，在美国和英国财政部的倡导下，44个盟国在新罕布什尔州的布雷顿森林召开会议，起草了新的自由主义国际货币体系的宪章。按照本杰明·科恩的说法，战前的旧国际货币体系的特征是自由（有时是混乱的）浮动汇率制，它诱使各国通过竞争性货币贬值以取得贸易优势地位，使各国争相扩大出口而限制进口（这种情况现在仍然不断出现）。各国都不愿再回到永久性的固定汇率制，以免在解决国内经济危机时丧失灵活性。[94]（这个问题仍然存在）旧体系的另外一个特征是缺乏国际制度机制来解决战后经济重建中出现的重大问题，尤其是当有些国家根本无力恢复经济增长和经济发展的时候。

布雷顿森林会议建立了两个金融机构，一个处理暂时性的、短期的国际收支问题，另一个提供长期性发展贷款。前者就是国际货币基金组织（IMF）。本杰明·科恩对它的三种主要功能概括如下：（1）贸易赤字的积累不利于国际经济的发展，为了防止这种情况的发生，各国必须确保能从一个拥有充分的货币储备金的国际组织那里得到短期贷款。实现这个目标的方法是建立一个各国参与的货币和黄金基金，成员国按照它们在世界经济中的实力地位确定一个复杂的份额比例来交纳基金。对那些存在严重的国际收支问题的国家来说，国际货币基金组织将是"最终借贷人"，条件是它们承诺付出"合理的努力"（这个词从来没有精确的定义）以克服贸易赤字。（2）除了少数例外情况，各国政府不得采取歧视性货币政策或进行外汇管制。（3）为了制止30年代出现的那种有害的"观望"行为（当时英国没有能力采取行动而美国缺乏领导世界走出萧条的意愿），国际货币基金组织要为管理和协调国际货币关系而采取的协商和合作行动提供一个场所（这也是发达工业国家成立"七国集团"的出发点）。布雷顿森林体系使各国政府期望战后能有一个稳定的国际货币体系，避免出现因严重国际收支失衡造成争端而阻碍国际贸易向前发展。但后来的事实证明这种乐观的想法是不现实的，因为战后世界贸易迅速发展，有些情况国际货币基金组织的设计者们不可能事先预见到并做出合理的安排。由于美国经济的强大，美元成为国际贸易、国际投资和经济发展援助（马歇尔计划）的主要通货，也成为各国中央银行必不可少的储备资产，这使布雷顿森林体系能一直发挥作用，直到1971年尼克松政府使美元贬值。[95] 后面我们将解释布雷顿森林体系崩溃的原因。

1944年在布雷顿森林建立的第二个金融机构是国际复兴开发银行（IBRD），简称世界银行。在很大程度上，它是经约翰·梅纳德·凯恩斯极力主张才诞生的。国际货币基金组织的功能是处理中短期国际收支问题，世界银行则对促进经济发展的那些长期性项目提供资助。起初人们希望世界银行在战后欧洲重建过程中发挥作用，但马歇尔计划承担了这个任务。按照马歇尔计划，从1948年到1952年，美国为欧洲提供了130亿美元的援助。世界银行的主要任务很快转向了更具挑战性的那些方面：援助工业化地区之外的穷国和欠发达地区。它通过发行债券从私人资本市场上获得资金，贷款对象不是发达国家，而只是那些无力按照常规商业条件借贷的国家。它还负责管理国际开发协会（IDA），该组织由发达国家赞助，向那些最贫穷的国家提供长期（最长40年）无息贷款，并且只收取很低的服务费用。过去的半个世纪里，世界银行帮助许多国家取得了巨大进步，这些国家多是亚洲国家，其次是拉丁美洲国家，最后是非洲国家。在全世界范围内，人们的平均寿命和婴儿死亡率、粮食产量、成人识字率、安全水源及医疗条件等方面的情况都发生了极大变化。尽管仍有10亿多人生活还十分贫穷，世界银行的支持者们依然确信，要是没有世界银行的话，现在的情况会糟糕得多。[96] 然而世界银行也受到了批评。有人说它赞助的项目有问题，有人认为它是冷战的工具，支持了军事独裁政府，有人认为它牺牲穷国利益为富国牟利，还有人认为它资助的一些发展项目破坏了环境。[97]

444

1971年8月，理查德·尼克松总统单方面放弃了美国对布雷顿森林货币体系的责任，停止以美国的黄金储备兑换债务，取消了美元和其他国家货币间的固定汇率。这个事件的结果导致了浮动汇率（汇率由市场决定而不是由政府决定），也给欧洲人带来了麻烦，因为他们有史以来第一次尝试着要在本地区实现货币稳定。[98] 尼克松采取的措施十分激烈——日本人称之为**轰动性事件**（shokku）——不过他所要解决的问题实际上10年前就已出现了。

1958年以前，工业国家存在美元短缺问题，1958年以后却逐渐出现美元过剩问题。作为美国盟国的欧洲和日本已经创造出了"经济奇迹",它们为了避免美元过度积累,就希望把手中的货币兑换成黄金。1960年,耶鲁大学的经济学家罗伯特·特里芬(Robert Triffin)警告说,"美元坚挺和美国国际收支赤字的积累不可能无限期地共存下去"。[99]特里芬提出的两难困境来自于这样一个事实:美国是个政治、军事和经济霸权国,它在全球范围内承担着防务和威慑责任。在艾森豪威尔执政的最后一年,经济学家们开始担心美国的过分扩张。特里芬的著作《黄金和美元危机》(Gold and the Dollar Crisis)引起了一种担忧:政府和私人最终将会对美元丧失信心,那时,要么布雷顿森林体系"崩溃,要么美国的国际收支赤字消失,货币储备供应量减少,经济扩张……停止"。[100]艾森豪威尔在财政政策上是保守派,他想通过撤回美国在欧洲的北约驻军家属来抑制黄金的外流。但随后的肯尼迪政府没有采取这种办法,原因是认为这个办法会挫伤军队的士气,打击盟国的信心,使它们产生一种想法:要么完全撤走美国的军事力量,要么出现一场战争。[101]

445　　尽管布雷顿森林体系和马歇尔计划都在解决战后问题上表现出远见卓识,及时地提出了全面的解决办法,但是它们的基本原则却是古典自由主义的自利思想,而不是利他主义思想。世界经济的稳定和国际贸易的扩大有利于国内经济,尤其对美国的贸易出口有利。在"特里芬难题"提出后的几年里,只有学术界才对它感兴趣。华盛顿的决策者们满足于本杰明·科恩所说的美国与欧洲、日本等盟国之间达成的"心照不宣的交易":

> 美国的盟国默许美国霸权体系的存在,使美国拥有在海外采取单边行动的特权以增进其政治和战略利益。作为回报,美国也允许盟国借此体系以促进它们的经济繁荣,即使这种繁荣有时是以牺牲美国的利益为代价。[102]

在关税和贸易总协定[①]"肯尼迪回合"谈判中(1962 ~ 1967),尽管美国农场主因为没有得到欧洲经济共同体的相应让步而进行了抗议,美国还是消减了它在农产品贸易上的保护性关税壁垒。

---

① 关于关贸总协定的起源、宗旨和发展过程,将在后面的"国际贸易谈判"部分中加以总结。

20世纪60年代，美国和它的盟国之间出现龃龉。美国政府指责说，欧洲人虽然享受着由美国支撑的经济繁荣，却没有充分分担北约防务的责任。欧洲人则声称，他们所承担的北约大部分常规军事力量和美国负责在欧洲部署的核威慑力量所起的作用是相当的。[103] 他们还驳斥美国所谓防卫欧洲是出于无私而非出于美国的战略利益的说法。美国企业界抱怨欧洲和日本的竞争力不断增长，指责它们在贸易往来中有不公平或歧视性行为。美国告诫其盟国调整它们的货币政策，后者则反驳说，美国应该减少财政赤字和贸易逆差。经过60年代中期的一系列国际清偿危机，1969年世界10个发达工业国家协商创造了一种新的金融工具：特别提款权（SDR）。它的作用是"作为一种国际记账单位，可以在各国中央银行进行兑换，是对成员国的储备资产的一种补充"。[104] 特别提款权的价值由五种国际硬通货共同决定：美元、马克、法郎、日元和英镑。到60年代末，越南战争使一直稳定的美国经济出现过热现象。因为很多国家的货币都与美元挂钩，美国的通货膨胀影响到了国际社会。人们对资本主义的批评逐渐变得犀利起来，但从未达到列宁和斯大林的信徒们所急切期待的那种程度，即引发资本主义国家之间的冲突。无论如何，到70年代初期，美国人对贸易自由主义不再抱有幻想。[105] 当布雷顿森林体系（形式上是自由主义而其目的是现实主义的）不再服务于美国的国家利益时，它就被抛弃了。该体系的两个主要的金融机构——国际货币基金组织和世界银行仍然保留下来，在一个更为复杂的环境——浮动汇率制度下发挥着作用。

446

马克思主义、新马克思主义和第三世界

二战后，主要是在第三世界欠发达国家（LDCs）的知识分子中间，同时也在工业发达国家（无论是在资本主义国家、民主社会主义国家，还是在社会主义国家或共产党国家）的许多马克思主义者、新马克思主义者和"准马克思主义者"中间，马克思主义基本原理和列宁的资本帝国主义论得到了继承和发展。关注第三世界问题的两种主要的新马克思主义理论是依附理论及与之相关的资本主义体系理论。在讨论这两种理论之前，我们先看看各种马克思主义者、新马克思主义者和"准"马克思主义者们是如何看待存在于第三世界中的西方资本帝国主义的。

虽然有些含糊其辞，当代马克思主义理论家们还是坚持列宁的帝国主义论。他们经常谴责说，历史上西方殖民主义压制了构成今天第三世界的那些国家的经济、社会和政治发展，这是这些国家至今还贫穷落后的原因。赫鲁晓夫和列宁一样，认为西方国家的经济成就是建立在亚非拉国家贫穷的基础上的。西方国家经常受到谴责，说它们没有在殖民统治时期向殖民地引进中央计划经济（这是一种极端的反资本主义思想），没有采取保护性关税以促进当地工业的增长（这是一种现实主义的保护主义思想）。安德烈·冈德·费朗克（André Gunder Frank）反对把欠发展的原因归于世界历史主流之外的那些封闭地区的陈旧体制和资金短缺问题。"相反，欠发展的原因过去是、现在还是由同一个历史过程所造成，这个历史过程也推动了经济发展——资本主义自身的发展。"[106]

通常情况下，马克思主义者都谴责说，西方国家或世界资本主义体系通过限制原料加工工业的投资，通过西化、征服和收买新独立国家的精英分子（他们从社会现代化过程中获得好处），将落后国家置于从属、依附或受奴役的地位。在非殖民化运动之前，马克思主义者预言说，一旦获得政治独立，殖民地将掌握自己经济发展的命运，所以资本主义国家会极力阻止它们独立，因为它们的独立将导致资本主义体系的崩溃。马克思本人把资本扩张和帝国主义看作能带来文明和资本主义的进步力量，是社会主义的必要前提。

二战后，欧洲人迅速推动非殖民化进程。到60年代，亚洲和非洲的大部分殖民地已经获得了独立，尽管有些地区还没有为独立做好充分准备。西方资本主义国家根本没有努力维持殖民地位。英国和比利时（如果不把法国、荷兰和葡萄牙计算在内）似乎急于摆脱它们的殖民地，就像是摆脱一种沉重的负担一样。[107]有些殖民地在独立过程中的确发生了冲突，如阿尔及利亚、印度尼西亚、塞浦路斯、刚果、肯尼亚、印度和巴基斯坦（原因是历史性的宗教纠纷），但是亚洲和非洲四十多个殖民地在独立过程中很少或根本没有发生暴力冲突。此外，马克思主义者一直认为，西方资本主义国家高质量的生活水平是建立在对殖民地人民的长期剥削的基础上的，帝国主义的崩溃将会使其生活水平急剧下降，但这种情况并没有发生。相反，欧洲经济共同体（今天的欧洲联盟）的成立在10年左右的非殖民化过程期间带来了前所未有的经济增长和繁荣。

虽然亚洲和非洲的非殖民化运动稳步发展，苏联却经常警告说，西方国家正在寻找新的殖民手段，以便将经济欠发达国家的人民永远置于依附地位。[108] 官方的共产主义理论认为欧洲经济共同体是新殖民主义的工具，新兴的独立国家应该对它特别警惕。[109] 独立之后，第三世界国家并没有飞速发展，而是贫穷依旧。非殖民化过程及其后果证明，必须对马克思列宁理论做进一步修正。殖民地国家获得的政治独立被马克思主义者说成是虚假的东西，因为它没有给这些国家带来真正的经济发展。马克思主义者认为，落后国家仍然因受制于资本主义体系及其价格规律而身处贫穷境地。这种新的解释弥补了以前那种预见的漏洞，即认为资本主义国家将会顽固地维持殖民地。它解释说，资本主义国家早就知道它们能轻易地维持经济统治地位。就像拉尔夫·佩特曼（Ralph Pettman）指出的那样，20世纪后半期，旧式的政治和军事帝国主义让位给了新帝国主义，新帝国主义不屑于直接控制领土，而是通过全球资本和第三世界国家中的"买办"精英（他们为先进工业国家提供便利的贸易、投资和劳动力条件，并从中获得私利）之间的相互勾结来与这些国家建立政治经济或政治文化关系，以达到对这些国家的间接控制。[110] 托马斯·魏斯科普夫（Thomas E. Weisskopf）指出了资本主义体系中一些在他看来是加强了穷国对富国从属地位的因素：

- 贫困国家中的新兴社会精英仿效富裕国家资产阶级的消费方式，为西方国家的商品提供需求，但无益于国家的经济发展。
- 贫困国家的科学家、工程师、管理人员和其他技术专业人员纷纷流向富裕国家，使欠发达国家更加依赖工业化地区。
- 外国私有企业使发展中国家依赖外国资本，不鼓励知识、技术、技能和物质刺激的增长，以免增强它们的独立性。
- 通过维持大部分非技术工人的低水平工资，提高少部分技术工人的工资待遇，西方资本在贫困国家中培养了一个工人贵族阶层。[111]

448

魏斯科普夫的理论把马克思主义和依附理论联系起来，我们后面将讨论这种联系。

自由主义观点认为，西方国家的富裕是辛勤劳动的结果，是科学发明和技术创新、管理和组织效率以及经济规模发展的结果，同时也与自由政治制度有关。在自由的政治制度之下，经济活动虽然服从于公共政策的管理，但不受中央官僚计划的过多限制。马克思主义者反对这种观点。它们解释说，西方国家的富裕在很大程度上归因于欧美资本主义对亚非拉人民的剥削，连西方国家的工人阶级也参与其中。马克思主义者认为，西方国家的生活水平在殖民帝国瓦解之后会下降，但事实是，西方国家的生活水平在不断上升。为了解释这个矛盾，马克思主义者又不断强调说，西方经济在受军备竞赛的人为刺激。

认为军备竞赛取代殖民剥削而成为西方国家经济发展的原因的观点经不起严格的检验。与欧洲国家相比，美国的海外殖民地非常少（在欧洲人看来，美国是反对殖民主义的）。二战后，无论非殖民化进展如何，美国无疑已经成为西方文明主要的军事保卫者。西欧国家放弃了庞大的殖民地之后，防务开支占国民生产总值的比例少于美国，所以冷战期间，西德、法国和日本的国民生活水平提高速度要远远快于美国。

二战后的马克思主义理论家认为，美国的对外政策本质上是帝国主义政策。哈里·马格多夫（Harry Magdoff）是这些理论家中最出名的人物之一。他反对这样一种观点：美国对外政策的主要动机是政治目的和国家安全，而不是经济帝国主义。他说，这种观点的依据是认为贸易和投资只占美国国内生产总值的一小部分（不到出口总量的5%），经济因素不可能决定美国对外政策。马格多夫不同意把这种比例本身看成决定对外政策动机的一种适当的衡量指标。他进一步论证说，美国在国外的商业利益要比商品出口额大得多。他估计美国企业（国内企业和在国外经营的企业）的海外市场大约可以吸纳所有国内农场、工厂和矿业总产出的五分之二。他认为对外经济活动对美国及其国家安全政策的意义越来越大，这经常通过政治和军事行动表现出来：

> 遍布世界各地的军事基地，大范围的军事行动，以及随之而来的国内外各种复杂开支，都服务于企业界特殊利益的多重目的：（1）保护现有的和潜在的原料来源；（2）维护海外市场和对外投资；（3）保护海上和空中的商业运输线；（4）保护美国的势力范围，使美国企业在投资和贸易方面得到竞争优势；（5）通过

对外军事和经济援助，扩大国外消费市场和投资机会；（6）维持世界资本主义市场结构。这不仅仅是为了美国的利益，也是为了它那些工业化国家中的小伙伴们的利益。[112]

马克思主义经常因内部的理论分歧而出现分裂，例如修正主义者和列宁主义者之间的分裂。1971年布雷顿森林体系瓦解以后，马克思主义者们对资本帝国主义的未来产生了不同看法：已经确立的美国霸权将会在一个统一的全球帝国主义体系中永远维持下去呢，还是会在一个冲突日渐增多的世界里受到后起竞争者（国家或地区）的挑战？哈里·马格多夫、保罗·斯威齐（Paul Sweezy）等马克思主义者认为，美国的优势地位将越来越强，因为美国资产阶级的公司是世界上最大的、发展最快的、技术最先进的企业，它们将占据欧洲工业经济中心地区的所有市场并迫使日本开放其国内市场。欧洲和日本的资产阶级将"丧失民族性"。他们别无选择，只有默然承受这一切。列宁和斯大林所说的民族资本主义敌对和竞争将逐渐消失，最终由美国主导下的帝国主义取而代之并继续剥削第三世界。[113]

1971年，鲍勃·罗特恩（Bob Rothorn）、厄恩斯特·曼德尔（Ernest Mandel）等马克思主义者提出了不同的看法。他们预言说，欧洲人为了共同市场而追求经济一体化，为了实现"超国家政府"而追求政治一体化，这样就促使企业和国家不断相互兼并和融合，再加上日本"规模经济"的发展，最终必将打破美国企业的规模和效益优势。这种结果反过来将加剧资本主义体系内国家和地区间的竞争和冲突。[114] 20世纪逐渐接近尾声，欧洲正在迈向货币同盟和单一货币（欧元）体系，日本正在努力从战后最大的经济衰退中恢复过来。马克思主义者和自由主义、现实主义者一样，都无法确定国际经济的发展趋势和方向。强劲的美国经济仍然占据霸权地位，尽管有时也出现"经济泡沫"的危险。

450

挪威理论家约翰·加尔通（Johan Galtung）认为，欧洲和第三世界国家之间的贸易关系是由欧洲人拥有的结构性优势决定的。这种结构性优势就是前面已经提到的对劳动者的低工资剥削，另外再加上两种维持剥削现状的手段：（1）**分散化**（fragmentation）（发展中国家之间横向经济合作关系相对缺乏）；（2）**渗透性**（penetration）（前文提到过，第三世界国家里的新兴本土社会精英和原来的宗主国之间在经济、教育、文化等方面的关系在不断发展）。[115] 加尔通谴责欧洲共同体，认为它只允许非洲联系国生产那些和欧洲共同体的出口商品无法竞争的加工产品。他认为，欧共体通过给予某些非洲国家"联系国"地位和部分关税优惠待遇，使这些国家享有了其他第三世界国家没有的特权。这种做法造成联合国贸易和发展大会（UNCTAD）所诞生的"七十七国集团"发生内部分化。[116] 加尔通不是一个马克思主义者，但他的帝国主义结构理论的部分思想和马克思主义是相同的。不过，和列宁不一样的是，他认为任何由中心和边缘关系（其中的国家地位不平等）构成的国际系统都是帝国主义体系。[117]［参见后面"国际经济新秩序"（NIEO）部分中加尔通的观点］

对马克思主义者和新马克思主义者的批判

在讨论依附理论和世界资本主义体系理论之前，我们应该看一看自由主义和现实主义理论家们是如何批判马克思主义和新马克思主义的观点的。

马克思主义者其他一些人认为西方国家应该为欠发达国家的贫穷负责任，这种观点把事情过于简单化了，因而受到了猛烈的批评。无论你做了多少好事，人们都很容易认为你应该做得更多（通常情况下确实应该做得更好）。然而，鲍尔（P. T. Bauer）说，指责欧洲国家在殖民时期没有更好地促进殖民地的经济发展，是在"夸大国家权力作为经济发展的工具的作用"。[118] 鲍尔认为，事实上殖民地与经济发展并不冲突。在欧洲人到达非洲以前，那里基本上没有什么经济增长，但1890年到1960年间，西部非洲的贸易（特别是黄金海岸和尼日利亚）增长了100多倍。鲍尔认为：

> 西方国家在非洲和亚洲的殖民统治极有可能不是抑制，而是促进了当地物质文明的进步。殖民政府实行轻微的压制政策，很少干涉大多数人的生活，以此建立起法律和秩序，维护私有财产和契约关系，提供基本的运输和医疗卫生服务，并引进了一些现代金融和法律机构。殖民政府的统治所创造的环境建立并促进了当地与外部世界的联系，结果也促进了外部资源的流入，特别是管理、商业、技术以及资本……如果没有殖民统治，非洲和亚洲的社会、政治和经济环境不可能更有利于物质文明进步（尽管这

451

一点并不能完全得到证实）。[119]

鲍尔注意到，像利比亚和埃塞俄比亚这样没有受到西方帝国主义统治的非洲国家，其经济发展水平比它们那些有殖民地历史的邻国更为落后。[120]西方人和殖民地人民之间的关系远算不上是一边倒的剥削关系。伴随西方统治而来的是文字和教育、医院、卫生设施，以及基本的科学技术知识。在某些方面，西方国家对殖民地的政治影响超过了经济影响。独立、自决、自由和主权平等，是二战后亚洲和非洲国家用来表达他们的政治理想并产生了很大影响的概念。正如汉斯·科恩所指出的那样，这些概念是民族领袖们借用的西方政治术语，这些领袖们本人都在西方国家接受过大学教育。[121]

另外一些非马克思主义的分析家们有力地论证说，第三世界国家对采掘和农产品加工工业的依赖性和这些国家的贫穷状况之间并无必然联系。澳大利亚和新西兰的情况对这种理论的基本假设构成了严重挑战。在同加尔通的争论中，安德鲁·麦克（Andrew Mack）写道：

> 澳大利亚和新西兰同发达国家之间经济往来关系的特点，恰好符合加尔通所说的第三世界国家与欧洲经济共同体之间经济关系的特征。加尔通认为这种关系是第三世界国家欠发展的根源。澳大利亚和新西兰都依靠出口低加工水平的初级产品，另一方面，两国都依赖进口高加工水平的产品……换句话说，两国都处于国际垂直分工的下层……但是两国经济稳定增长，国家工业化水平很高。这显然是加尔通的理论所无法解释的。[122]

马克思主义分析家似乎认为，资本家无论做什么都是剥削行为。同时，他们谴责西方国家的政府和企业家，认为他们没有尽力帮助殖民地人民和后来的独立国家。马克思主义者很少具体指出资本家应该为第三世界国家的经济发展做些什么，哪些没有做好。他们可能提不出什么建议来，因为按他们的定义，资本家做得越多，他们就剥削得越多。马克思主义者还认为，从理论上说社会主义制度不存在剥削。在这里他们没有提战后苏联在东欧的行为。很多年里，欠发达国家的社会精英们沉迷于苏联的经济发展模式。自从苏联解体以后，这些精英中的大多数人开始赞美市场经济的优越性，并开始寻求资本家的投资。但是对他们来说，要抛弃马克思列宁主义的思想模式是很困难的事情，因为在20世纪大部分时间里，他们都受到这些思想的影响。

战后苏联在东欧进行的帝国主义扩张起初提供了一些经济上的好处（掠夺来的工农业产品、剥削来的技术技能、命令经济的扩展，等等）。[123] 赫鲁晓夫时期，苏联为在第三世界扩大它的影响，以有限的对外援助选择性地援助了10个国家。[124] 它给第三世界国家（北朝鲜、埃及、北越、阿尔及利亚、利比亚、叙利亚、伊拉克、古巴、索马里、埃塞俄比亚、安哥拉）的援助的大部分是它最发达的工业品——军工产品。忽视民用消费品的生产是斯大林时代主要遗产。

作为政治口号的帝国主义

在20世纪90年代之前，帝国主义仍然是世界政治中常见的口号或术语。列宁关于帝国主义的观点常常被认为仅适用于欧洲，但二战后它却有了普遍适用性。所有的强国都用帝国主义这个词来形容它们的竞争对手的对外政策。阿拉伯民族主义者强烈谴责英国和美国犹太复国主义者在中东地区的帝国主义行为。中东的美国石油公司和拉丁美洲的美国水果公司的经营活动也不可避免地被认为是帝国主义的典型；欧共体或欧盟与它在非洲和亚洲的联系国之间的贸易协定被看作是新帝国主义的工具。50年代末，印度尼西亚领导人苏加诺（Sukarno）和其他持中立立场的第三世界国家领导人严厉谴责西方国家，认为从大西洋到印度洋到南中国海的广大人民都生活在西方帝国主义的压迫之下。[125] 在60年代末苏联取代美国成为中国的头号敌人以前，毛泽东一直坚持斯大林主义，把帝国主义作为中国反美宣传战的主要口号。1951年摩萨台（Mossadeq）把英—伊朗石油公司收归国有，1954年法国军队在奠边府的失败，1956年纳赛尔（Nasser）政府接管苏伊士运河公司，1960年卡斯特罗（Fidel Castro）上台，1975年美国从越南撤军，1979年伊朗国王被推翻以及尼加拉瓜桑地诺民族解放阵线的胜利，这一系列事件的发生，每一次都被第二和第三世界国家看作是反西方帝国主义的历史性胜利。

大多数西方的国际关系理论家和政治领导人认为，苏联对东欧的控制是帝国主义，尽管第三世界的学者们并没有特别在意1956年苏联对匈牙利起义的镇压。肯尼斯·博尔丁写道：

> 从经济角度来解释现代帝国主义是不可能的。惟一的也是很矛盾的例外情况，是二战后苏联在东欧尤其是在东德的社会主义的帝国主义。二战后的10年里，苏联从东德拿走的东西也许比英国在200年间从印度拿走的还要多，而且这些物品纯属进贡性质。[126]

453

二战后的30年里，第三世界的中立主义者想当然地认为（许多人早就这样认为）帝国主义分子是乘船从远方而来。使用军队越过他国边界建立控制权的国家长期以来却没有被列为帝国主义者。开始谴责苏联帝国主义并博得了第三世界国家中的左派精英的信赖的，是中华人民共和国。当中国试图取代苏联成为世界革命的领袖时，毛泽东首先谴责苏联领导人搞修正主义和资产阶级化，在军控方面同帝国主义串通一气，背叛革命。后来，中国领导人同时批判资本主义和社会主义的帝国主义，甚至开始认为苏联的社会主义帝国主义比资本主义帝国主义的威胁更大，而对待这两种帝国主义敌人的办法，是采取远交近攻的策略。与此同时，他们支持加强北约，鼓励欧洲一体化，提醒西方不要把苏联的缓和建议看得太认真。1978年7月，100多个不结盟国家的外交部长在贝尔格莱德召开会议，第一次暗示他们对苏联扩张（尤其是它在非洲的扩张）的担心程度正在超过他们对西方帝国主义的担心。[127]

尽管马克思主义在理论的预见性和实践过程中存在许多缺陷和失误（例如，有些在制度上实行了马克思主义的共产主义模式的国家发现，它们的情况还不如从前），但是在相当长时期里它仍然具有世界性的吸引力，成为批判、怨恨和反抗充满复杂性和各种挫折的当代社会现实的一种载体。[128] 在亚当·乌尔姆（Adam B. Ulam）看来，因为"简明易懂，在心理上富有感染力，以及殖民过程确实存在着野蛮性和掠夺性"，霍布森和列宁的帝国主义论保持了它的影响力，使得世界上的弱势群体可以表达它们的愤怒，同时也唤醒了负罪累累的西方国家的良知。[129]

归根结底，列宁主义的帝国主义论对非西方发展中国家造成了不利影响。如詹姆斯·约斯（James Joes）所指出的那样，该理论简单而富有攻击性地把发展中国家所有或大部分困难归咎于少数资本主义国家的剥削，结果分散了这些国家的注意力，使它们在处理本国现代化进程中出现的问题时，不是认真地从本国政治、文化、经济和地理等各方面因素出发做仔细分析，而是一味采取意识形态式的解释。约斯还认为，该理论为某些第三世界国家领导人的私利服务，因为"它为教条理论家、无能的空谈家、军队里的自大狂和'乡村独裁者'开脱责任：他们的同胞在国家取得独立已经20年，甚至200年、2000年之后，仍然处境悲惨"。[130]

依附理论

大多数欠发达国家出现在20世纪下半叶，都有被政治殖民主义、经济帝国主义或二者同时统治的历史。在从传统社会向现代社会转变的过程中，所有西方工业国家（包括日本）都曾面临过一些困难。对于多数发展中国家而言，这个过程将更为漫长。很多第三世界国家由于突然面临社会的迅速变革而感受到现代化进程的压力，在财富积累和收入分配方面存在严重的社会不公平现象，人口增长率、婴儿死亡率、营养不良程度和饥馑程度、传染病发病率和文盲比例等指标都高于世界平均水平，并且缺乏教育、医疗卫生和社会福利方面的发展规划。因为缺乏技术和管理专家、社会动荡不安、存在通货膨胀和贸易赤字（原因是依赖出口少量初级产品和引进资本以及昂贵的机器设备，并拖欠外国或国际金融机构的大量债务），以及生产能力满足不了消费需求的压力等原因，所有的第三世界国家都难以实施连续的经济发展计划。[131]

依附理论最早出现于20世纪70年代。作为一种结构性全球主义思想，它的目的是解释世界上富国与穷国之间的差距问题。"拉丁美洲经济委员会"（ECLA）的分析家们首先提出了这一理论，随后迅速被那些支持"联合国贸易和发展会议"（UNCTAD）的理论家们所接受。这些理论家不满足于另外一些人的说法：第三世界国家的发展问题是由于它们的宗教和文化传统严重阻碍了现代化。**依附论者**（dependentistas）的基本观点认为，依附不同于依存。多数当代学者在谈及相互依存的世界时会使用依存概念，即使这些学者承认在相互依存关系中存在不平等问题。詹姆斯·卡波拉索对这两个概念进行了如下的区分：

运用依存概念的理论家探寻的是国家间的对称和不对称关系。这种研究方法通常是从自由主义的研究范式出发，主要观察个体行为体及其行为目的，从决策角度看待权力关系。个体行为体一般指统一的国家，相对于外部国际环境，它们是内部同质的个体单元。……运用依附概念的人则致力于分析边缘地区和国家融入国际资本主义体系的过程，并对边缘地区资本主义的发展意义作出评价。这种研究方法从**结构主义**（structuralist）范式出发，主要分析阶级结构、国际资本，以及国家在推动并管理各种有利于本国发展的国内国际力量和阶级力量方面的作用。换而言之，依附理论的分析框架明确反对把统一的国家行为体作为理论建设的基本概念。[132]

455

卡波拉索指出，50年代开始出现的发展理论只关注了欠发达国家的内部情况，按西方资本主义衡量，这些内部条件阻碍了这些国家的经济增长。它长期以来没有考虑过公平分配问题。他说，发展理论强调的是欠发达国家中阻碍经济增长的国内因素，而依附理论考察的是国内外因素的相互作用。就像虔诚的马克思主义者一样，**依附论者**（dependentistas）不只想解释现实，而且还想改变现实。[133]

在依附论者看来，作为世界中心的北方国家和处于边缘的南方国家之间的关系根本不是互利合作关系，而是后者对前者的附属关系和前者对后者的剥削关系。因此，他们认为穷国之所以缺乏资本并落后于富国，并不是因为它们处于资本主义世界的边缘或外围，而是因为它们是国际资本主义社会阶级结构中的一部分。从这个意义上讲，依附理论实际上只是新马克思主义对第三世界国家境况看法的不同版本而已。托尼·史密斯（Tony Smith）对依附论做了如下的分析：

简单地讲，它认为经济发展是历史基本的结构性力量，在过去几个世纪里，北方国家的资本主义（开始是商业资本主义，然后是自由贸易，再后来是金融资本，今天则是多国公司）一直是历史发展的火车头。面对这些外部经济力量的国家和人民处于依附境地，不能进行"自治"（一个许多依附论者偏爱但未经严格定义的术语）……

　　针对依附理论的一种主要批评意见认为，用经济帝国主义解释南方国家的历史是夸大其词。依附论过于强调资本帝国主义的活力和影响力，过于强调殖民地中与帝国主义相勾结的社会经济力量，而很少关注帝国主义背后的政治动机，或很少关注殖民地政治上要求自治的力量。正是这种力量影响了非洲、亚洲和拉丁美洲的发展道路。[134]

　　二战后，经济学家、人类学家、社会学家和政治学家们以"现代化视角"解释新兴国家在得到西方的援助之后仍然无法实现经济发展的原因。塞缪尔·瓦伦苏埃拉（Samuel Valenzuela）和阿图罗·瓦伦苏埃拉（Arturo Valenzuela）对这种现代化视角进行了批判。他们认为，这种看问题的角度是19世纪欧洲社会学关于传统和现代两分法的副产品，该两分法认为传统文化拒绝变革，是经济现代化的主要障碍。传统社会里，个人的成功取决于他对上级的吹捧，而不是他的成就；取决于他所处的社会地位，而不是他个人的努力；传统社会的基本结构是延伸的亲缘关系，而不是核心家庭。这样的社会缺乏职业分工和社会流动性，具有高度分化的阶级结构，崇尚精英主义，强调等级尊严和权威。相比之下，现代社会具有截然不同的特征。现代社会具有高度的社会流动性和复杂的社会分工，第二和第三产业远比第一产业发达（即制造业和服务业比农业和矿业发达），政治、法律和社会结构分明，能适应制度性变迁，而不是僵化地固守传统的社会、宗教和文化价值观。西方的现代化主义者错误地认为，传统社会除非学会创新并接受西方的思想、技术、组织方式、激励机制以及社会制度（一整套观念和生活方式），否则它们将继续在贫穷的边缘上挣扎。

　　瓦伦苏埃拉夫妇指出，依附论者反对现代化主义者的假设。后者认为，落后国家只有以西方独一无二的成功模式为标准，对外部世界的刺激做出恰当的反应，才能实现真正的发展。这种假设把发展等同于西化。依附论者也反对把国内社会作为分析单元。瓦伦苏埃拉夫妇认为，从传统社会向现代社会转变的程度差别无法解释经济发展程度的区别。要分析各个国家和地区的情况，只能以它们在世界政治和经济体系中的地位（是靠近中心还是靠近边缘）为参考和依据。这是所有依附论著作中都加以运用的一个根本原则。但不幸的是，因为一些粗糙的不准确的概念，如"联系—依赖型发展"、"内向型（或外向型）发展"、"全球历史结构过程"、"依附的程序化"、"历时分析",依附理论的有效性受到了损害。[135]

二战前后,一些发展中国家,特别是拉丁美洲国家,想通过进口替代战略来减少对工业资本主义国家的依附。这些国家的政府通过高关税保护来扶持民族工业。农业出口所得用于进口必需的重要设备,同时各项政策都致力于减少消费品进口,以使它们在国内生产。进口替代战略在一段时期内促进了经济发展,但是当政府需要大规模贷款来支持重工业企业时它就不能发挥效力了。重工业企业在有限的国内市场中难以产生规模经济的效益,它们受到太多的保护和公众的支持,结果成长为缺乏竞争能力的垄断组织。[136]

不少发展中国家〔和地区〕已经具备了真正的工业生产能力,如包括韩国、台湾、阿根廷、巴西、印度、菲律宾、香港、新加坡、墨西哥、委内瑞拉、泰国和马来西亚等在内的新兴工业化国家(NICs)。在某种程度上,新兴工业化国家已经成为主要出口国,甚至包括向美国的出口。斯蒂芬·哈格德(Stephen Haggard)将东亚国家的出口导向战略与拉丁美洲国家的进口替代战略进行比较后发现,在民族经济的独立发展、收入公平分配,以及生活质量指数等方面,前者显然更为成功。[137] 依附论者承认,多国公司已经被新兴工业化国家的发展模式所吸引,不过其因为是那里拥有更廉价的劳动力成本,多数情况下,还有着更短的原材料供应链。不过,**依附论者**(dependentistas)坚持认为,类似新兴工业化国家这样的发展并不是真正的独立发展,而是受世界资本主义体系在全球范围内的需要所支配的。新马克思主义者和依附论者更愿意强调这些半边缘地区对中心地区持续的从属地位。他们忽视的一个事实是:一些国家比以前要富裕,人均收入正在不断提高。

卡波拉索、瓦伦苏埃拉夫妇以及其他**依附论者**(dependentistas)既使用社会学的概念,也对这些概念进行批评。巴西经济学家特奥托尼奥·多斯·桑托斯(Theotonio dos Santos)主要从经济角度,对为什么资本主义会造成欠发达国家的落后情况进行了分析。他首先认为,依附"就是一些国家的经济发展条件受制并从属于另一些国家的经济发展和经济扩张";[138] 当处于支配地位的国家的经济可以独立发展,而受支配国家只有附属于前者的发展才能发展时,我们不能认为这是相互依存关系。他没有提及早期殖民国家的殖民扩张和贸易垄断,以及19世纪末至二战期间殖民地对工业——金融资本的依赖问题。当时殖民国家的资本投资于殖民地的农业和原材料的生产和出口，以满足殖民国家的消费和再加工。以上这些经济依附关系已经被一种新的经济依附形式所取代，这种依附经济主要向发达国家提供廉价劳动力，受商品和资本市场的需求制约，也受本国以资本而不是商品销售的形式吸引投资和技术的程度制约。

桑托斯说，外国资本维持了落后国家传统的出口项目和落后的生产关系，也维持了腐败颓废的专制统治。[139] 通过垄断现代技术的专利和版权，外国资本控制了经济发展中最具有活力的部分。它们拿走大部分利润和发展中国家的经济积累，使之无法被用于当地经济的发展。利润的流失导致财政赤字和债务，结果迫使发展中国家拖欠外国银行和国际资本主义金融机构（类似国际货币基金组织和世界银行这样的国际组织）的大笔贷款和服务费。桑托斯的分析与马克思主义者及其他学者的批评是一致的。[140]

站在现实主义的立场上，罗伯特·吉尔平对相互依存理论略表赞同，并对依附理论做了如下批评：

> 每个欠发达国家必然要依靠不断变化着的世界市场。它们必须引进资本、技术和工艺……在一个连续统一的国际体系中，每个国家都或多或少地依赖于他国。但如果某一个国家把这种依赖作为自己落后的原因，它的解释就没有多少说服力。[141]

在吉尔平看来，实际上，欠发达国家的依附性和脆弱性"恰恰是由于它们的落后造成的，而非依附和脆弱造成了它们的落后"，同时也由于它们"是强国世界里的弱者"。它们的困难来自国内的低效率，而不是对外部世界的依赖。[142] 部分国家（如前面提到的新兴工业化国家）提高了效率，经济就获得了快速发展。但是吉尔平也承认，"与19世纪相比，20世纪末发达国家和欠发达国家之间的巨大差距使后者更难逃依附性的厄运。"[143] 换句话说，在全球发展周期中，早发展与晚发展之间的区别极大。

资本主义世界经济

有一种与依附理论相近但又有所不同的思想，它透过第三世界国家的现实问题，从总体上理解世界资本主义体系内政治、经济和社会等各个方面的不平衡发展；它将每个国家或地区的历史演进过程和从16世纪封建时代转变而来的资本主义世界经济都纳入一个全球性的时空视角。这种理论的主要代言人是伊曼纽尔·沃勒斯坦。

沃勒斯坦的理论本质上属于新马克思主义，但融合了现实主义理论和马克思主义的内容。他赞同肯尼思·沃尔兹和赫德利·布尔这样的现实主义理论家的观点，认为国际体系的特征是无政府状态，国际社会缺乏一个全球性的政治权威。正是这种现实条件使管理跨国的资本主义生产模式成为不可能，结果出现由强大的、工业发达的资本主义国家占据中心地位的国际分工格局，弱小国家处在边缘地区，技术落后，处于为中心地区国家提供原料的地位。半边缘地区的国家（新兴工业化国家），其经济活动是中心国家和边缘国家的经济的混合的产物。以上现象并不是前所未有的。早在1600年的世界体系中，西北欧就处于中心地位，东欧和拉丁美洲是边缘地区，南欧地区如葡萄牙、西班牙和意大利等国则处于半边缘地位。[144]

沃勒斯坦避免像古典马克思主义者一样过于强调或只强调阶级斗争。他认识到民族国家、族群、宗教、种族、语言群体，甚至家庭在资本主义世界经济中的重要作用。他还认识到，资产阶级和无产阶级之间的竞争具有增强国家力量的作用，因为无论是追求维持剥削现状，还是致力于改革或革命，这两个阶级都有意或无意地加强了政府的功能，并力图影响政府的行为，使之在管理市场时有利于本阶级的利益。沃勒斯坦承认，随着历史条件的变化，国家间的权力分配也不断发生变化。不过，他终究还是更倾向于马克思主义而不是现实主义。他坚持认为均势是经济过程的结果，这个经济过程超越了纯粹的民族国家的边界。例如，通过经济发展，美国在20世纪的头几十年里取代英国成为世界最强国。[145] 既然世界体系已经形成，国家间政治力量的结构性差别和经济不平衡发展的差别，就取决于各种地理区域进入世界体系的时间，取决于这些地区的资源状况，也取决于国内和国际的政治经济因素的互相作用。[146]

克里斯托弗·沙斯—杜恩（Christopher Chase-Dunn）追随沃勒斯坦的观点，对资本主义体系内经济过程和政治过程之间的关系进行了研究。他注意到，和沃尔兹和莫德尔斯基这样的现实主义者一样，一些马克思主义者也反对沃勒斯坦的经济主义观点，再次强调了政治因素、国际体系以及地缘政治的独立性。沙斯—杜恩认为，国际体系与资本主义的生产方式和积累方式之间不只是相互依存关系，它们还是一个统一体。以前人们之所以将政治学和经济学分开来研究，是由于经济现象似乎更有规律可循，而政治现象似乎更多地受到自由意志的影响，因此更难以预测。他还指出，亚当·斯密及其追随者将政治学和经济学的分离归因于公共部门和私人活动的不同性质，即认为国家行为属于公共事务，经济活动是私人事务。对于将政治学和经济学分开的做法及其理由，沙斯—杜恩均表示反对。

一个国家是推行自由企业和自由贸易政策，还是实行严格的经济管制政策，取决于它在资本主义世界经济中的地位。（在这方面，沙斯—杜恩完全同意沃勒斯坦的假设，即不管喜欢与否，社会主义国家永远无法回避的一个事实是：它们曾经是、有些国家现在还是资本主义世界经济中的一部分；无论怎样努力，它们也不能把自己同这个整体隔绝开来）不仅处于中心地带的拥有生产力优势的霸权国家支持自由贸易，那些处于边缘地带的国家（这些国家被生产成本低廉的商品并向中心地区出口的资本家所统治）也同样拥护自由贸易。没有完全处于中心地带的国家和半边缘地带的国家（新兴工业化国家）努力想向中心地位靠拢，它们一般都是政府主导型经济，采取的是保护主义政策。沙斯—杜恩继续阐发了沃勒斯坦的观点，认为全球体系处于无政府状态。他们坚持认为，资本主义世界经济需要维持这种无政府状态，反对出现一个全球性霸权国家。相互竞争的国家要维持均势，防止出现一个在全世界占垄断地位并控制全球经济秩序的国家，否则，资本主义将无法存在下去。[147]

460　　石油、通货膨胀和债务危机

历史不是理论。然而，如果不了解20世纪最后30年的历史，我们就不能充分理解目前我们面临的实际问题和国际政治经济学中存在的理论分歧。20世纪70年代初期，由于越南战争和贸易赤字的不断增加，美国经济出现了通货膨胀，迫使尼克松总统退出了布雷顿森林体系。此外，西方国家的石油公司正逐渐失去对中东石油生产的控制权。这是一个工业国家（苏联除外）对中东石油供应越来越依赖，而世界工业发展对石油的需求也不断上升的时期。[148] 此前15年间，美国石油产量占世界产量的比例从43%降至21%，中东石油产量从占19%升至41%。1973年10月阿以战争期间，阿拉伯国家运用"石油武器"对荷兰实行禁运（因为鹿特丹是石油进入欧

洲的主要港口），并把它们的石油产量减少了三分之一以上。美国突然陷入能源危机和经济衰退，这种情况对欧洲国家造成了更为严重的打击。因为美国有西半球的资源，情况要好一些。很多欧洲国家十分懊恼，觉得为了跟随美国扶持以色列的中东政策，它们不得不付出了过高的代价。

　　1973年和1974年，石油输出国组织（OPEC）把一桶原油的价格提高了4倍，结果导致十分严重的全球性通货膨胀。1979年1月伊朗国王被推翻以后，石油输出国组织再次把石油价格提高了4倍，几乎达到每桶40美元（1971年每桶石油的价格曾经在2美元左右）。[149] 这不但严重地加剧了发达工业国家（AICs）的财政问题，也使一些资源贫乏、严重依赖石油进口的欠发达国家深受其害。第三世界也由此分化为富裕的石油出口国和贫穷的石油进口国。

　　20世纪70年代，国际货币体系发生了巨大变化。在世界范围内流通的美元中，由国家中央银行（官方储备）之外的个人或集团所掌握的部分越来越多，被称为"欧洲美元"，由个人或私有企业储存在欧洲商业银行里。中央银行的官方储备受到美国政府的支持；欧洲美元不受美国政府支持，但由于人们相信美元信用，所以非官方美元储蓄不断增加。由"离岸银行"（货币发行国之外的国家的银行）持有的欧洲美元和其他外国货币（英镑、法郎、西德马克等）构成了"欧洲货币市场"。换句话来说，随着商业银行的业务从几乎完全是国内服务转向更为国际化的服务，资本也"非民族化"了。到70年代中期，固定汇率制度已让位于浮动汇率制度，它给国际贸易和投资带来的是新的风险和不确定性。一个国家国内的银行危机可能给国际社会带来不利影响。银行的外汇交易量不断增加，有时这些交易是追求利润的投机行为，结果可能引起国家货币升值或贬值。[150]

　　石油价格暴涨的一个结果，是大量"石油美元"被新出现的富裕的石油输出国存入欧洲货币市场。（应该指出的是，石油价格通常以美元定价并支付，或者是石油出口国接受的与美元等值的其他硬通货）国际经济体系要保持正常运转，不至于因任何阻塞而瘫痪（就像高速公路上发生交通堵塞一样），巨额的石油美元就必须进入流通市场。

　　显然，因为进口石油而欠下巨额债务的欠发达国家会遇到严重的能源危机和经济萧条，除非能有大量美元从石油出口国的巨额储蓄中转移到它们手中。但是石油输出国组织的成员不愿意购买缺乏石油的欠发达国家的商品。这样，这些国家就不能赚到足够的美元，无法为发展工业和生产农业化肥而进口必需的石油。当"流通状况良好的"〔如联邦储备委员会前主席保罗·沃尔克（Paul Volcker）所说〕银行主动向困难的欠发达国家借贷时，观察家们认为这是"看不见的手"（亚当·斯密语）在起作用。[151] 伊桑·卡普施泰因（Ethan B. Kapstein）认为这是一个神话。他坚持认为，"没有政府的支持，银行是不愿把资金借贷给发展中国家的"。这种支持来自八国集团各成员国的中央银行。它是一种安全担保，一旦贷款银行陷入困难，马上可得到援助。[152]

　　玛格丽特·撒切尔、罗纳得·里根和赫尔穆特·科尔（Helmut Kohl）分别于1979年、1980年和1982年在本国选举中获胜。这标志着保守主义经济政策的回归，即放松管制，回到**自由放任主义**（laissez-faire）和国际自由贸易，减少福利开支，实行提高利率、紧缩银根的货币政策以消除通货膨胀。在向古典自由主义回归方面，英国和美国走得比联邦德国更远。德国基督教民主联盟只是温和的右派，它继续实行了社会民主党的一些政策，并把联邦银行作为反通货膨胀政策的坚强后盾。

　　70年代后期，发达工业国家的经济明显衰退。石油价格的提高迫使企业重新评估原来经济形势明朗时所做的扩展计划；失业、通货膨胀以及利率都在上涨。令经济学家们困惑不解的是出现了一个新的经济现象——**滞涨**（stagflation）。罗伯特·吉尔平给滞涨下的定义是"经济低增长、大量失业和两位数的通货膨胀率的混合"。[153] 通常情况下，通货膨胀都是在以低利率、积极投资和充分就业为特征的经济增长中出现的。石油价格上涨改变了一切。此外，由于来自日本、欧共体和新兴工业国家的竞争不断加强，美国的工业企业和劳工要求实行更多的保护政策——即使不是高关税保护，也要实行进口配额限制。世界贸易额迅速下降，发达工业国家的经济政策对欠发达国家的出口产生了消极影响。80年代初期发达工业国家的货币紧缩政策造成美元和一些欧洲货币升值，使欠发达国家更难以偿付所欠北方国家的银行贷款和债务利息。这些贷款是北方国家在自身经济不景气时借贷给南方国家的。[154]

　　以上所有问题的总后果是一场严重的债务危机，它在80年代影响到很多第三世界国家。这场危机的起点是1982年8月，当时墨西哥宣布它无力偿付债务。[155] 令债权国感到害怕的是，任何一个像阿根廷、巴西、墨西哥这样的负债大国如果这样拖欠它们的债务的话，就会"对国际货币体系产生严重影响：对国际银行体系的信心可能会崩溃……金融市场有瓦解的危险，以及发生最糟糕的情况——世界经济萧条或衰退"。[156] 债权国的担心是有道理的。墨西哥的债务危机迅速扩散到巴西、阿根廷、智利、委内瑞拉和其他拉美国家和非洲国家。到1982年底，有20多个国家拖欠着2000多亿美元的银行债务。墨西哥和委内瑞拉的情况说明，即使是石油出口国也不能幸免。而工业化国家进行石油储备的努力，新的石油资源得到开发（如北海和挪威海域中的石油），加上沙特阿拉伯不断提高石油产量以降低世界石油价格，又造成石油市场供过于求，石油生产秩序的混乱，使石油价格在1986年降至每加仑12美元，石油输出国组织内部也产生了严重的分歧。[157] 与此同时，债务国又因为资本都流向发达国家而受到打击。

正如理查德·范伯格（Richard E. Feinberg）所说，一旦进入经济危机（无论是国内还是国际危机），"保守的"自由主义就放弃他们偏好的自由市场和"看不见的手"，支持政府和多边机构采取紧急措施。[158] 除了实行公共部门干预的拯救措施，美国政府别无选择。"里根政府十分不情愿但又无可奈何地克制了自己对多边金融机构的反对态度，把美国在国际货币基金组织中的资金增加了一倍。"[159] 美国财政部长詹姆斯·贝克（James Baker）和国际货币基金组织一起说服忧心忡忡的商业银行，让它们继续适度地给受到危机打击的国家以贷款援助，同时在数年间而不是短期内重新安排债务清偿。与此同时，国际货币基金组织却把改革和经济紧缩计划作为获得援助的强制性附加条件，这自然会引起欠发达国家的不满和怨恨。在80年代由于南方国家的债务总额持续增加并超过了一万亿美元，债务危机不但没有缓解，反而越来越严重了。[160]

私有机构对欠发达国家的贷款在1982年中期已经停止，[161] 政府和公共借贷机构不得不填补这个缺口。1979年国际货币基金组织的贷款只相当于私有机构贷款的1%，到1983年，已相当于50%，发挥着十分重要的作用。它对债务国的借贷需求进行估算，在债务国和债权国之间扮演着信息传递者的角色，致力于重新恢复个别债务国的银行信用，敦促银行继续发放贷款，降低利息，开展长期贷款业务而不只是短期贷款业务。[162] 国际货币基金组织似乎已模糊了它和世界银行的区别，因为它的功能是为短期的汇率危机提供贷款，而世界银行的功能是提供长期性发展贷款。与此同时，国际货币基金组织还将经济危机的责任完全归于债务国政府的金融政策，并把解决危机的稳定措施强加给欠发达国家。其中包括经济紧缩政策，即降低通货膨胀率、缩减公共预算、减少进口、货币贬值、保持工资增长低于通货膨胀率，等等。这种做法自然引起南方国家对北方资本帝国主义的不满和反抗。紧缩政策大大降低了经济增长速度和工人的实际收入水平，大大增加了发生罢工的可能性和社会动荡不安的因素。[163]

欠发达国家的债务增长速度比出口所得增长得还快，这使它们连债务利息也偿还不了。认识到这一点，美国财政部长詹姆斯·贝克总结说，仅凭经济紧缩计划解决不了问题，应该重点实行里根政府十分欣赏的"供应学派经济学"，即由商业银行提供更多贷款，扶持欠发达国家的出口工业，同时加强国际货币基金组织的作用。但是不应该消减债务或降低利率。国际货币基金组织应该继续进行改革，债权国无需向国际组织交纳更多的股金。"贝克计划"没有成功，因为私人银行不愿意响应这个持续了3年之久的贷款呼吁，哪怕是这笔贷款的三分之一也不行。从南方国家流向北方国家的资本超过北方国家对南方国家的投资总额。美国从一个债权国变成了一个债务国。[164]

由于害怕债务积累达到可怕的规模，私人银行开始把第三世界的贷款折价转卖给其他金融机构（银行或投资公司），以便减少自己的损失。折价的比例（20%或30%）取决于债务国最终能偿付全部债务的前景。1989年美国财政部长尼古拉斯·布雷迪（Nicholas Brady）赞成日本的建议，提出了一套激励银行给欠发达国家贷款的措施。银行可以"兑换本金或利率低于面值的旧债券包括由一个特别基金担保支付的债券。"[165] 日本给予贝克计划的金融支持是最大的。债务危机有所缓解，但远没有被解决。债务国仍然拖欠着债务。90年代中期，美国不得不再次帮助解决墨西哥金融危机，否则它的南部边界将面临严重的政治动荡引发的危险。在1997年到1998年的全球金融危机过程中，情况又戏剧性地急剧恶化了。直到1999年末，主要工业国家（七国集团）才投入270亿美元，免去了26个最贫困国家的债务，条件是这些资金被用于教育（学校）和医疗卫生（诊所和医院）。[166]

南北之争和国际经济新秩序

20世纪70年代初以来，尤其是苏联解体以来，许多政治家和理论家认为，经济问题已经取代传统的安全问题而成为各国关注的焦点。早在冷战结束之前，第三世界就认为，围绕国际经济中的结构性不平等问题而展开的南北之争，已经取代了围绕政治、意识形态和军事斗争展开的东西对抗。第三世界总是强烈地谴责北约和华约之间的军备竞赛，并在联合国中极力推动核裁军，以便把用于"威慑幻想"的资源转用于世界发展。[167]

把北方工业国家等同于"富裕"，南方欠发达国家等同于"贫穷"，这完全是一种过于简单化的认识。在北方国家之间和这些国家国内经济发展差别悬殊。例如，意大利北部和南部的梅佐戈罗之间，美国许多城市的贫民区和郊区之间，在葡萄牙、希腊与更富裕的西北欧国家之间，都存在这种发展程度的差别。70年代石油价格上涨之后，一些第三世界国家人均收入超过了少数北方国家这颇令它们有些沾沾自喜。如前所述，在100多个自认为属于南方的国家中，有些本身是新兴工业化国家。它们的经济以劳动密集型产业为主，同那些生活水平更高的国家相比，它们的制造业出口在国际市场上拥有很强的竞争力。

最后，南方国家城市中的贫富差距和南方国家之间的贫富差距之大，常常超过了北方国家城市中的贫富差距，也超过了世界经济中的南北差距。第三世界十分严厉地谴责西方工业国家，认为它们耗费世界资源的四分之三来满足世界四分之一人口的需要。但它们却常常原谅自己国家里惊人的阶级不平等现象，并经常将这些问题归咎于西方资本主义。[168]

幸而这些误解已经被指出来了。无可否认的是，在100多个国家里（除去北美、西欧、中欧、东欧、日本、石油输出国组织和新兴工业国家），特别是在40个人均收入最低的国家里，人们的物质生活水平（尽管可能不是文化、心理或精神生活）比40个最富裕国家的人民要低得多。 465
北方国家里许多人难以理解这两种生活水平的巨大差别。富裕国家中的人们，由于头脑中充塞着媒体和人道主义组织传递的形象和信息，对残酷的景象和有关贫穷的统计数字变得麻木不仁。

毫不奇怪，北方国家和南方国家对全球问题的前景的看法截然不同。1976年，华盛顿国际复兴开发银行（世界银行）政策计划与项目审查主任，巴基斯坦人马赫布卜·乌尔·哈克（Mahbub ul Haq）对这两种观点总结如下：

> 穷国开始质疑国际秩序的基本前提，它导致富国和穷国之间的差距不断扩大，也使很多穷国永远丧失了平等的发展机会。实

际上，这些国家认为在国际秩序（就像在国内秩序中一样）中，利润、债权、服务以及决策权的分配都是不公正的，是有利于少数特权阶层的。除非彻底改变整个制度，否则情况就无法改变。

在富裕国家看来，穷国的说法是空洞的浮夸之词。它们的标准解释是：国际市场机制运行正常，虽然并非完美；穷国总是强求富国的让步，理由是它们过去受到了剥削。富裕国家相信，穷国要求的是对收入和财富进行大幅度再分配，而这根本就是不可能的事情。看起来，富裕国家总的态度是，穷国必须自己发展经济，就像富裕国家在过去200年里所做的一样，要通过耐心而艰苦的努力和资本的逐渐积累。这里没有捷径可走，空谈无济于事。不过，如果穷国愿意自力更生的话，富裕国家会很"慷慨"地为穷国提供一些帮助，以加快它们的经济发展。[169]

在其国际关系规范理论研究中，克里斯·布朗提出一个问题：富国和穷国之间惊人的不平等问题，是作为一个严肃的公平和正义问题而存在于国际社会里，并且必须要由第一世界国家负责来解决呢，还是只能算是一个慈善事业而存在于人际关系之中？对于第三世界的贫穷问题，富国是否应该有负罪感并承担责任？他承认，以前几个世纪中的确存在大量剥削。但他也认为，帝国主义的影响有消极方面也有积极方面。他指出，自由主义者、马克思主义者和后殖民时代的精英们都不否认，新社会比遭受帝国主义破坏的旧社会要优越。他不同意那种要求"赔偿"的观点，因为随着时间的消逝，帝国主义的影响也烟消云散了。今天的人们不必对很早以前的非正义行为负责。但如果在中心和边缘地区仍然存在贸易歧视，那就有其他道德义务问题了。他否定马克思主义者那种毫无道理的观点，即认为在富国和穷国之间的所有经济往来中，前者压榨后者是千真万确的。经济增长和经济发展的确是在依存关系中取得的，但是它们从来都不可能是独立取得的。第三世界是否应断绝与第一世界的一切来往，自己独立解决问题呢？即使今天一些富裕国家、公司及其他机构的很多行为使一些穷国的情况进一步恶化，富裕国家的过错也不能被看作是国际经济中存在不平等现象的决定性因素。布朗确信，富裕国家应该采取现实的措施来缓解穷国的困境，但是他也不能确定应该采取什么样的措施会最有效。国内社会中存在的任何不平等问题必须经过理性的分析才可以解决，这种实现正义的基本要求现在应该应用到国际社会中来。弱势集团不能强求强势集团把正义给予他们，他们必须采取说服的办法。他们不应该让后者感到有罪和自责，而要呼吁大家来共同关注需要解决的问题，鼓励双方在互利互惠的基础上进行合作。[170]

今天，在某种意义上，40个最贫穷国家的情况比20多年以前更糟糕。它们的人均收入只有最富裕国家的3%左右。教会、哲学家、神学家、社会理论家也许会雄辩地认为，这个世界上，幸运者应该有高尚的道德义务去帮助那些不幸的人们。他们的想法无疑是对的。一些富有勇气的政治家们也对此表示赞同，尽管这种想法在议会民主制国家的纳税人中间并不受欢迎（社会主义国家也从不宣扬这种想法，因为马克思主义者把贫穷归咎于资本主义并反对把它们的慈善行动看作是解决问题的办法）。当处于长期贫困的人（国内）和处于紧急情况的人们（国内外）需要帮助时，富裕国家里的人们会有慷慨解囊的冲动。但是对于国家和政府而言，很难有这样的热情去支持大范围的、井然有序的、庞大的国际发展援助计划。不管国家应该有什么样的**道德**（moral）义务，一种可以通过纳税制度将这种义务转化为政策的有效的世界公共权威却不存在。该纳税制度将把北方国家的一部分财富再分配给南方国家。在某种意义上，这种做法会产生一个"福利世界"，而新马克思主义者将指斥这是依附和奴役的新形式，目的是永远确立北方对南方的统治。

产油国运用"石油武器"和提高产品价格的作法获得了成功，这使许多国家的政治领导人及其顾问确信，第三世界可能会以各种各样的"商品力量"为筹码来对付西方工业国家的全球自由主义的压迫。第三世界国家相信，通过在联合国大会、联合国贸易和发展会议、联合国第三次海洋法会议上使用它们的表决权，通过它们对国际货币基金组织和世界银行的说服工作，它们就可以变得强大起来。它们的目标是加快自己的经济发展速度，改变收入分配的模式，使富国少得一些，穷国多得一些。对于应该采取什么行动，并不是所有的第三世界国家都意见一致，因为在它们之间也已经出现明显的利益分化。例如，在石油出口国和进口国之间，沿海国家和内陆国家之间，农业国和新兴工业国之间，利益就各不相同。但总的来讲，对于什么叫"国际经济新秩序"，它们还是达成了广泛的一致，即北方国家必须

467

A. 保证加快技术转让（因为很多第三世界国家担心技术差距会越来越大而不是越来越小）；

B. 为南方国家的贸易创造更好的条件，为它们的制造业出口提供更多的贸易优惠条件；

C. 加强多边的对外经济发展援助，杜绝那种附加了苛刻的政治条件的双边援助；

D. 与联合国贸易和发展会议和其他第三世界国家集团谈判商品价格稳定协议，以保护南方国家对北方国家的初级产品出口，减少产品价格在世界市场上的波动；

E. 对第一世界的对外投资和跨国公司的经营活动进行更严格的控制；

F. 重新安排或者取消第三世界所欠北方国家银行和由北方国家主导的国际金融机构的债务，以便减轻第三世界国家的债务负担；

G. 接受贸易进出口价格指数，以便在第三世界国家的初级产品出口价格与工业产品进口价格之间建立联系；

H. 接受新的公海国际法律机制，承认海底矿产资源为人类共享资产。第一世界利用先进技术开发这些共享资源所得到的经济利益，应该有一部分用于资助那些帮助第三世界发展的国际基金。[171]

　　20世纪70年代，联合国关于国际经济新秩序的争论都是围绕多边合作而展开的空谈，根本没有产生什么结果，尽管吉米·卡特总统和西德总理维利·勃兰特（Willy Brandt）都曾积极给予支持。[172]北方国家接受关于国际经济新秩序的讨论，但却拒绝谈判实质问题。不过，就部分实现国际经济新秩序的某些要求还是取得了一些进展的。这主要是双边投资和双边援助的结果。先进技术已经转移到新兴工业化国家，生产纺织品、服装、鞋类、钢铁和钢铁产品、机械产品、汽车、收音机等音像设备、玩具、化学品、医疗设备、家用电器等。其中很多产品对北方国家来说已经不再具有生产效率和价格方面的优势，因为北方国家的劳动力成本太高。北方国家对南方国家的工业产品（不是农业产品）出口实行了普惠制，欧盟在《洛美协定》中做出了片面有利于第三世界的贸易安排。国际货币基金组织、世界银行以及北方国家的私人银行越来越关注第三世界国家的收支平衡问题和债务问题。一些能与穷国友好相处但对方无法消化其石油财富的产油国发起了援助计划。70年代后期以来石油输出国组织的经验充分表明，伴随着商品的力量南方国家的团结走向了解体。

约翰·加尔通从侧面对国际经济新秩序提出了批评。他分析了两种改变国际经济秩序的途径，并倾向于支持其中之一。他说，建立国际经济新秩序有以下几方面的目的：通过改善工业化地区和欠发达国家之间的贸易条件，对国际经济体系进行重组；平衡富裕的工业化核心地区和贫穷的欠发达边缘地区对该体系及其运行的控制权；增进和改善边缘地区国家之间的贸易及贸易条件（这些国家过于依赖与核心地区国家之间的贸易）。加尔通认为，如果只实现第一个目标，将不足以改变现存的不公正的国际社会结构。70年代，石油出口国贸易条件的改善为这些国家带来了工业增长，但也出现了为讲排场而购买奢侈品，警察得到精良的武器技术和现代化装备，用于镇压社会的不满。这样的消费开支无法满足人民大众的基本需求。加尔通不反对资本主义式的工业和经济增长，但是他更赞成把满足欠发达国家普通大众的基本需求放在优先地位。例如食品、衣物、住所、居民设施、家具、饮用水、卫生设施、公共交通、医疗、教育、文化设施以及更高级的精神产品，等等。在目前条件下，贸易条件改善产生的所有盈余通常都被用于使社会精英们受益的工业扩张。加尔通提醒说不能肤浅地解释这两种途径。他对两种途径的积极和消极方面都加以分析，并坚持认为，如果南北双方能深入探究这两种途径的作用并付诸实践的话，这两种途径是可以同时并用的。现在，南北双方都在忽视它们对自己内部的贫穷者的剥削，都在争论中认为自己是正义的一方——南方国家总是在揭露北方国家的统治，后者则一心巩固自己的特权地位。[173]

斯蒂芬·克拉斯纳（Stephen D. Krasner）指出，欠发达国家在国际体系中同时追求几个目标，在西方观察家们看来，有些目标缺乏连续性。他把第三世界国家的政治行为分为两大类。第一种是"与权力相符的行为"。这种类型的国家接受现有体制，通过参与国际货币基金组织和世界银行这样的经济机构来缓解外汇储备困难和资本短缺问题，或者通过双边渠道达成关税和市场协议。这种方式需要艰苦的谈判，还得屈就于不利的条件（如债务服务费，承诺减少进口）。第二种是"超权力行为"。这种国家打算改造国际机制，即改变制度、规则、原则、价值以及标准，使之有

利于小国、穷国和弱国。欠发达国家缺乏物质力量（尽管这种力量在某些

469 方面正在加强），它们更多地依靠政治词汇和在国际组织中作为形式上平
等的主权国身份而拥有的投票权来影响国际经济的根本变化。在第三世界
国家看来，国际经济的确发生了很大变化，但远远不是根本性变化；变革
的过程将继续下去，不过需要南方国家更多地发挥与其实际权力相符的能
力，而不是采取超权力行为。[174]

多国公司和政府

多国公司[①]（MNCs），又称为跨国公司（TNCs）。简单地讲，多国公
司指除了本国总部之外，在海外其他国家拥有子公司的企业。[175] 早在20世
纪初期，西方国家的公司已对亚非拉欠发达国家的农业和采掘工业进行投
资。[176] 从此再向前推，像东印度公司这样的公司不但从事海外投资，还拥
有巨大的政治经济权力。不过，多国公司真正成为国际经济中的主角是二
战以后的事情。60年代，欧洲经济共同体（或称"共同市场"，还不是欧
洲联盟）不断发展，对内减少贸易壁垒，对外则建立共同关税。为了应对
挑战，美国制造业中涌现出大量多国公司，作为"越过"欧洲保护主义壁
垒的一种手段。中东石油公司和欧洲各国公司以及日本公司（规模稍弱）
等其他一些国家的公司都纷纷效仿美国公司的做法，开始在海外进行投
资。不久，一些新兴工业化国家如巴西、印度、韩国也有了自己的多国公
司。[177] 一般来讲，美的多国公司一直保持着技术和组织方面的优势，其
他国家的多国公司，除了少数之外，都是美国公司的效仿者。起初，多国
公司只局限于生产产品，后来开始进入服务业领域。到1980年，世界上有
大约16000家多国公司，其中大部分规模较小，但最大的350家公司拥有
超过25000个子公司，它们的产量占非共产主义世界的28%。[178]

雷蒙德·弗农（Raymond Vernon）用他的产品生命周期理论来解释多
国公司的发展。他认为，拥有技术和成本优势的企业开发新产品以满足国
内市场，对外出口剩余产品并引发了国际市场的竞争。为了对付竞争，它
们又在海外投资新的生产设备。当它们的产品实现了标准化生产，市场出

---

① 我们使用"多国公司"一词，因为大部分国际政治经济学的研究者都这样用。

现了饱和时，它们开始技术革新，进行新一轮扩张。[179] 产品生命周期理论有助于解释垄断竞争、工业技术的扩散、子公司所在地的选择，但是它并 470 不能解释所有现象。垂直一体化工业组织理论对产品生命周期理论进行了补充。该理论将现代企业理论运用于国际经济领域，最早的代表人物是斯蒂芬·海默（Stephen Hymer）和查尔斯·金德尔伯格。这个理论将很多因素考虑在内，如管理技术、规模经济、原料来源及价格、劳动成本、研究和开发（R&D）、地方基础设施、交通和通讯的发展、税收优惠、关税安排、汇率，以及货币不稳定问题等。[180]

罗伯特·吉尔平认为，多国公司的国际经营活动符合自由主义思想，但却与经济民族主义和社会主义的国家主导型经济的主张背道而驰。[181] 不过多数国家都相信，多国公司的海外经营活动是为国家的重大利益服务，它们能获得原材料和国际市场，有利于本国收支平衡，有时还充当有益的外交工具。另一方面，有时候多国公司的政策会产生针对本国政府的不满情绪，或者使政府感到不快。国内的批评意见经常指责说，多国公司以对外投资取代了国内投资，将工作机会转让给外国人，还减少了商品和服务的出口。[182]

更有争议的问题是：总的来说，多国公司给第三世界带来的究竟是利益还是剥削？这个问题在南北之争中尤其突出。首先应该指出的是，发达国家的多国公司的子公司中，有三分之二以上没有建在第三世界国家里，而是建在发达国家里。第一世界对外投资的四分之三都是发达国家之间的相互投资。[183] 美国全部直接对外投资有一半以上是面向5个工业国家的（英国、加拿大、德国、瑞士和荷兰）。[184]

据说，10个最大的多国公司的年销售额的总和比联合国130多个发展中国家的国内生产总值还多。[185] 人们经常根据这一点推论说，多国公司能轻易地直接或间接干预东道国的经济和政治生活，更可以对第三世界穷国施加决定性影响。如前所说，公司既可以为东道国政府的对外政策服务，也可以做出违背东道国政府利益的事情。它们能参与情报收集活动，也可以合法或非法地干预东道国的政治（如影响选举结果，或游说东道国政府改变某些政策），还可以对母国政府施加压力，使立法和对外政策促进它们的利益，而不管其结果对东道国的影响如何。但是，已有的案例还无法支持一种全面的理论来做出详尽的解释。

对于多国公司的积极和消极作用（给东道国带来的利益和成本），人 471

们可以做出公允的评价。[186] 支持者认为，多国公司是满足许多国家引进外资和技术的急切愿望的主要途径。资本流动改善了东道国的收支平衡状况，带来了国内没有的先进技术，创造了就业机会，加快了研究和开发投入，增强了东道国职员的技术、生产和管理技能，通过提高东道国的出口能力和消费水平，节省了进口同类商品的消费开支，因而对东道国的收支平衡产生持久的积极影响。多国公司还通过其人力资源管理政策带来了更高的工资、住房和社会福利水平，它们最终将对社会其他方面产生影响。此外，多国公司还增加了东道国的税收。

批评者认为，多国公司只不过是新殖民主义者和追求利润的资本主义的工具，它们从东道国吸收的资本比它们给东道国带去的更多；它们以高价转让的技术，是由于劳动力成本过高而在第一世界国家里变得过时的技术，常常与穷国真正需要的技术无关。它们利用东道国廉价的劳动力，却不让当地人得到报酬较高的技术和管理职位；它们在税率低的地方经营，以便获取在母国难以获得的高利润；它们从母国公司那里进口，而不是购买当地商品，因此恶化了东道国的国际收支状况；它们操纵国际市场的价格、许可证和利率等经济因素的变化，使之有利于自己，而根本不为东道国的经济和环境利益着想。

琼·埃德尔曼·斯佩罗（以上内容部分是来自于她的观点）精辟地描述了第三世界国家在它们的社会精英获得了技术、法律、管理和金融知识之后，对多国公司的态度是如何发生变化的。这些国家逐渐懂得，一旦多国公司建立起来，东道国的谈判能力将强于它们过去寻求外资的时候。东道国可以逐渐建立法律和行政管理法规，将多国公司纳入管理之中。最初的投资协议将从属于后来的更有利于东道国的修订条款，特别是当争相进入南方国家的外资公司增多以后。[187] 在十分激烈的谈判中，没收国外资产的威胁会比解除投资的威胁更有力。总之，许多南方国家越来越自信地认为，它们可以在与多国公司打交道时把握自己的命运；本地控制和所有的形式在不断增多；虽然多国公司攫取的比给予的更多，但是它们越来越成为发展的有益工具和进出全球经济体系的渠道。关于多国公司对东道国政府、商业、劳工以及经济增长的影响的争论无疑将会继续下去，但与二三十年前相比，可能分歧会少一些。[188]

20世纪最后的二十多年中，国际政治经济学一直存在一个难题：在国际体系日益多元化的时代，民族国家是否已经失去了至高无上的地位？

自由主义者倾向于认为，多国公司已经取代国家成为主要行为体。雷蒙德·弗农认为多国公司"使主权国家陷入困境"。[189] 查尔斯·金德尔伯格认定，对外直接投资使民族国家退化为经济单元。[190] 作为相互依存论的主要理论家，罗伯特·基欧汉和约瑟夫·奈致力于将现实主义国际关系理论和自由主义国际政治经济学结合起来（见第三章）。他们认为，多国公司不是取消政治，而是带来新的更为复杂的政治现象。[191] 国家争夺强权的活动从军事领域转向全球经济领域，目的不再是占领领土，而是寻求更大的市场份额。英国著名的国际政治经济关系研究者苏珊·斯特兰奇批评了同时代的社会科学家，认为他们没有认识到人们对各级政府官员越来越失望，国家权威正走向衰落。她论证说，"二战以来，世界市场上不以人的意志为转移的力量更多的是与私有企业而非政府间的合作政策结合在一起，这种力量现在比国家（被称为权威的拥有者）的力量更为强大"。[192] 她承认政府机构对公民的日常生活的干预可能在增加，但是政府这种"琐碎的"功能的扩大无法掩盖一个事实：在一个被人们用诸如"全球化的"、"相互依存的"和"跨国的"这类含糊不清的术语描述的当今世界里，大多数国家的政府已经无法再控制技术和金融。[193]

与以上观点截然相反，对历史有深入研究的亨德里克·施普鲁特（Hendrik Spruyt）总结说，虽然主权国家受到其他竞争者的严峻挑战，但是"当代国家体系不是走向衰落，而是更加巩固。也许只有欧洲共同体是个例外"。[194] 他列出了几个原因：政治精英没有改变现状的积极性；变革意味着再学习和增加其他成本；改变作为现存国际体系基础的原则、标准和假设极为困难；国际组织和金融机构的重要性的增长加强而不是削弱了主权国家的地位。[195] 路易斯·保利（Louis W. Pauly）和西蒙·赖克（Simon Reich）考察了日本、德国和美国的大型多国公司内部的管理、金融结构、研发途径、投资以及贸易战略，但没有发现什么证据能说明，强大的市场力量会走向集中，或者会取代政治领导。"持久的国家机构和独特的意识形态传统仍然在决定和引导着公司的关键性决策"。[196]

20世纪80年代中期，彼得·埃文斯为国家的重要性而辩护，反对古典自由主义把国家看作是不合时宜的死亡之物。最近，他对苏珊·斯特兰奇的观点产生怀疑。苏珊·斯特兰奇认为，自由的市场交易活动越过了国家的边界和政府首脑，"国家权威处处受到削弱"，在某些方面甚至"已经丧失"。[197] 埃文斯认识到，贸易往来不仅仅在国家内部，而且在全球范围

473

里不断发展。但是他注意到一个很奇怪的现象：当国家日益依赖于对外贸易时，它们在经济活动中的作用非但没有减弱，反而增强了。在全球贸易中最活跃的国家拥有最大规模的政府，这就表明，世界市场上的成功可能需要政府更多的干预。如果政府的作用受到过多限制，经济环境即使不会发生混乱，也可能会变得十分难以预料。新古典自由主义会发现国家正在走向衰落（这也许可能，但在埃文斯看来是不会发生的），而多国公司急切地想尽量减少政府限制的同时，另一方面，又继续依靠国家来保护它们在国外的投资和收益。[198]

令琳达·韦斯（Linda Weiss）感到困惑不解的是，在埃文斯的观点提出之后［被她称为BSBI，即埃文斯1985年出版的著作《使国家回归》（Bringing the State Back In）］的十多年里，为什么有那么多社会科学理论家（除了多数政治学家）还认为国家即将消亡。[199]韦斯对埃文斯的提法印象颇深。埃文斯认为，"深嵌的自主权"是国家能力的一种固有属性，它"来源于一整套国家机构，这些机构使经济管理权和特殊利益相互**隔离**（insulate），同时在政府和企业之间建立合作性**联系**（links）"。[200]日本政府的通商产业省被当成一个典型的范例来说明政府管理精英和工业界之间的协调关系。尽管通商产业省的作用已经不如从前那么大，韦斯还是认为，在某种程度上，"深嵌的自主权"仍然是所有或绝大部分现代工业国家的基本属性。[201]她注意到，在韩国、台湾和德国的政府和工业界之间存在相似的"强有力的联系"。她预测，在21世纪，至少那些较为强大的民族国家（因为国际社会存在等级）将不仅仍会保持它们的重要地位，甚至还将增强自身能力以适应"全球化"（"全球化"被韦斯称为"一个站不住脚的好主意"）。[202]

自称是自由主义者的罗伯特·吉尔平，通常使用的是"国家"和"市场"这两个概念，而不是"国家"和"多国公司"。吉尔平对美国在布雷顿森林体系中的霸权地位的衰落深感遗憾，并对世界的发展前景表示担忧。在他从事理论著述的时期，日本似乎正在取代美国的世界金融大国地位，欧洲国家则日益走向一个封闭的体系。他觉察到，民族国家之间加强了商业竞争，纷纷争夺出口市场，并且又回到了以国家或地区（北美、日本—环太平洋和欧洲）为中心的贸易保护主义。简而言之，自由主义的国际经济秩序迅速衰落，布雷顿森林体系的多边主义原则让位于双边主义和歧视政策，国家在国际经济关系中的作用不断增强，各国政府致力于操纵经济政策，以便保护自己国家的利益，最大程度地减少全球相互依存的成本。[203] 像沃勒斯坦一样，吉尔平可能过早地否定了美国的霸权地位，尽管美国的这种地位的确受到了来自欧洲和亚洲国家的挑战。不过无论如何，把自己称为自由主义者的吉尔平丝毫不担心多国公司会取代民族国家，成为主要的国际行为体。

474

国际贸易谈判

贸易问题被认为是布雷顿森林体系的一个组成部分。战后初期在哈瓦那举行的贸易谈判的目的，是想建立一个新的国际组织来监管贸易自由化进程。但拟议的"国际贸易组织"（ITO）并没有建立起来。1947年的《哈瓦那宪章》遭到美国的坚决反对。批评者认为它过多地限制了美国的贸易，同时却让其他国家从很多例外条款中获益。因此杜鲁门总统没有把《国际贸易组织宪章》提交给美国国会。根据临时性协议建立了《关税及贸易总协定》（GATT），并一直存在了半个世纪。这验证了一句法国格言："只有能成为临时性的，才能成为永久性的。"最终，《关税与贸易总协定》不得不制度化，设立秘书处和常务总干事以保持连续性，监督对贸易规则的执行情况，并规划后续的贸易谈判。[204]

关贸总协定有四条基本原则或准则：（1）成员间相互给予最惠国待遇（MFN），即一成员给予其他任何成员的贸易优惠将给予全部成员。（2）如果任何一成员受益于其他成员的关税减让，则它须予对方以对等的待遇。（3）为实现国际收支平衡，或者稳定因进口增加而受到冲击的国内市场，成员可以享受他国临时性的、短期的关税减让。（4）作为特例，允许给予欠发达国家单方面的贸易优惠。[205] 在1994年到1995年世贸组织（WTO）成立之前，关贸总协定从1947年到1962年在日内瓦及其附近举行了五个回合的贸易谈判，按照以上基本原则大幅度地降低了工业制成品的关税。此后的几轮谈判我们稍后加以讨论。

一些国际政治经济学的理论家，如查尔斯·金德尔伯格、罗伯特·吉尔平、斯蒂芬·克拉斯纳、贝思·亚伯勒（Beth V. Yarbrough）和罗伯特·亚伯勒（Robert M. Yarbrough），认为关贸总协定（包括整个布雷顿森林体系）是自由主义全球秩序的一部分，这一秩序需要一个霸权国家，通过适当地运用"胡萝卜加大棒政策",保证和监督其稳定和正常运行。另外一些理论家,如罗伯特·基欧汉、邓肯·斯尼达尔(Duncan Snidal)、戴维·莱克、约翰·科尼比尔(John A.C. Conybeare)等人,有的对是否需要一个霸权国家提出怀疑,有的则完全反对这种观点。[206] 抛开这个悬而未决的理论分歧,我们或许可以得出一个初步的结论,即关贸总协定代表一种自由主义多边机制,使国际贸易比以前更加自由开放。当然它还不是完美的自由化,因为总是需要制定一些例外条款,以便保护某些利益。创立关贸总协定本身是要促进美国的利益,参与谈判的国家都认识到,它们自身的经济和国家安全要依赖美国霸权。[207]

475 用理论用语来说,关贸总协定是一种"机制",即为一些国家所共同接受的一系列相互预期、原则、规范、规则以及决策程序的总和(见第十章)。即使在一个本质上是无政府的国际体系里,民族国家也要缓和冲突,发展合作。[208] 当形势发生变化,出现的问题越来越多,越来越复杂,各种违背规则的行为也不断增加时,原有的规则就需要重新谈判和修订。最早在日内瓦举行的五轮关税谈判是按贸易项目顺序进行的,"肯尼迪回合"(1963~1967)则按照一定的百分比一次性削减关税。如前所述,美国对欧洲共同体做出单方面让步,是因为促进欧洲一体化进程符合美国更长远的战略利益。[209]

在"东京回合"(1973~1979)开始之前,尼克松总统对欧洲经济共同体的"共同农业政策"和日本的"封闭经济"采取了较为强硬的态度。1974年的《贸易法》授予总统谈判权和对不公平贸易(如"倾销"行为)采取报复措施的权力。尽管"东京回合"的大部分时间在谈判非关税壁垒问题,但是由于"新保护主义"的兴起,加快贸易自由化进程的努力成果寥寥。遭受石油危机打击之后,美国、西欧和日本都奉行经济紧缩政策,不过它们之间达成了一些协议,对日本的钢铁、纺织等商品实行"自愿的出口限制",防止美日关系进一步恶化。[210] 作为战后和平条约的一部分,美国曾经给予日本进入美国国内市场的优惠条件,帮助日本融入世界经济,还不顾欧洲盟国的强烈反对,全力支持日本成为关贸总协定和国际货币基金组织等国际组织的成员国。

在关贸总协定中,"乌拉圭回合"谈判(1986~1992)以前,农产品贸易问题一直没有被认真讨论过。在"乌拉圭回合"中,人们目睹了美国和欧洲共同体就欧共体对农产品价格支持和出口补贴问题的激烈交锋。美国在由13个非欧洲国家（包括欠发达国家）组成的凯恩斯集团的支持下，要求对欧洲的"共同农业政策"进行根本改革。农产品贸易至今仍然是一个非常棘手的问题，因为它与国内政治密切相关，而且与美国相比，欧洲和日本尤其如此。大部分根本性问题在"乌拉圭回合"中没有得到解决，但这次谈判首次尝试把关贸总协定的范围扩展到服务业（银行、保险、法律和会计业务、建筑等）和知识产权（专利、版权、计算机软件以及其他遭受"盗版"的标的财产）等领域，不过在这些新的复杂问题上鲜有作为。[211] 更为有趣的争议之一，是一向反对好莱坞入侵，自认为是欧洲文化整体性保护者的法国，坚持要求电视节目中的本国节目应有一个最低保障。

关贸总协定的自由主义支持者认为，二战中战败的轴心国之所以能在战后复兴，20世纪70年代发生石油危机之前，国际经济之所以保持了增长和繁荣，关贸总协定功不可没。苏珊·斯特兰奇承认，关贸总协定主导的多边关税减让和工业国家的经济增长有相关性，但她不认为这一定是一种因果关系。在她看来，很可能是经济繁荣促进了贸易自由化。"战后的贸易迅速发展并不断增长，原因是美国给世界经济注入了强大的购买力。"[212] 斯特兰奇进一步批评自由主义的假设：政府的保护主义政策干预越少，自由贸易发展的阻碍就越小。斯特兰奇认为这只是一个神话而已。自由主义的理想目标是商品和服务的生产效率最大化，但是它不能成为衡量国家政策的惟一标准。斯特兰奇认为，在理论上它可能是合理的，但在现实中，国家安全（防止外来侵略和国内可能引发革命的社会不满情绪）永远是第一位的。此外，综观历史，人们经常选择民族主义和关税保护政策，而不是**自由放任**（laissez-faire）政策，以便最有效地保证经济繁荣。参与式民主制度本质上制定能够保护各种次国家团体的特殊利益的政策。依赖选票为生的政治家们不得不做出一些在支持自由贸易的自由主义经济学家看来是不合理的政治选择。[213]

很明显，到20世纪90年代初期，关贸总协定已经无法很好地发挥作用了。1994年4月，125个国家在摩洛哥的马拉喀什签署了"乌拉圭回合最后文件"，在法律上与国际货币基金组织和世界银行拥有相当的地位的永久性组织——"世界贸易组织"（WTO）由此诞生。它使关贸总协定由一个完全按照自愿原则遵守贸易规则的体系（成员国为了对付他国竞争，还可以采取报复措施），变为更加正式、有法律约束力的安排。最近

476

的"乌拉圭回合"的各种协议形成了一个总的文件，要求各成员严守责任，遵从实体和程序规则。世界贸易组织为解决概念分歧提供了更为公正的标准，它的目的是通过建立更为有效和更具权威性的争端解决机制来减少冲突。[214]

世界贸易组织仍然没有消除各国对国际贸易原则采取不同解释的情况，也没有消除各国破坏规则的问题。它"强化"规则的能力有些特别。1999年7月，世界贸易组织对欧盟禁止进口美国激素牛肉的做法采取了惩罚措施，准许美国对欧盟的出口征收报复性关税。在这个案例中，世界贸易组织坚持维护各贸易方实行与自由贸易原则相冲突的保护主义政策的权利。[215] 随着1999年11月由135个成员国参加的"西雅图回合"谈判的开始，欧盟的出口补贴和其他农产品补贴问题以及各国对美国的基因食品实行进口限制的权利问题已经十分突出，很可能在数年之中成为激烈争吵的焦点。世界贸易组织还存在另外一些棘手问题。例如，它的官僚行政机构较为封闭；欠发达国家对它推进"全球化"的自由主义政策表示不满，因为发达国家从中获益更多；发达国家的工会组织要求提高第三世界国家的劳工标准；有关世界贸易组织把资本家的利润看得比环境保护还重要的指责。[216] 以上这些问题的存在促成了针对1999年底世界贸易组织西雅图谈判的抗议活动（暴力和非暴力的），使这次谈判一开始就遭到了失败。[217]

后马克思主义国际关系批判理论

虽然马克思主义理论受到广泛的批评和排斥，但仍然出现了一种后马克思主义批判理论。正如安德鲁·林克赖特（Andrew Linklater）描述和论证的那样，现实主义、理性主义和革命主义代表国际关系理论的三种主要传统。我们在其他地方已经指出过，现实主义强调的是权力和安全；理性主义强调在无政府状态下国家可以获得的国际秩序；革命主义则把促进人类的解放和实现人的全面发展看作至高无上的目标。总起来看，就像林克赖特认识到的那样，这些传统理论（最早由马丁·怀特加以叙述）同时存在且相互争论，但是革命主义理论（人类解放学说）的发展更为突出，形成了林克赖特所说的**国际关系批判理论**（critical international theory）。以上三种占据主导地位的理论相互之间存在着巨大差别，这就为理论建设和发展提供了一系列更丰富的研究方法。其中，建立在革命主义基础上的国际关系批判理论是最成功的。

林克赖特指出，尽管马克思主义号称是一种关于人类解放的理论，马克思及其众多追随者却没有认识到，马克思主义理论自身存在着被独裁专制体制所利用的潜在因素。林克赖特深入地探讨了法兰克福学派的学说，尤其是尤根·哈贝马斯（Jurgen Habermas）的著作。哈贝马斯的著作是批判理论的重要组成部分，所以也对国际关系批判理论有十分重要的影响。在哈贝马斯的引导下，法兰克福学派的基本信条是：人类理性是人类解放的基础。在这一点上，马克思坚持认为，塑造历史的社会环境是由一代又一代的人传承下来的。马克思所指的社会环境当然是与阶级斗争紧密相连的，而阶级斗争的结果是产生新的存在阶级压迫的社会制度。对马克思和批判理论来说，问题在于如何把人类从历史的沉重负担下解脱或解放出来。这些沉重的历史负担包括那些使人们受到压迫的各种政治制度、社会制度和经济制度。在法兰克福学派看来，通过理性的力量，人类自身拥有对社会进行根本的或革命性变革的能力。但是马克思对阶级斗争及其必然结果所持的乐观态度（基于辩证发展过程），使他未能看到国家对整个社会进行控制的能力。例如，纳粹德国法西斯主义和苏联共产主义就使用国家的力量控制了整个社会。

法兰克福学派接受了马克思学说的基本前提，即人类可以从历史环境的束缚中解放出来。但是法兰克福学派认为，不能简单地把压迫归结为以控制生产方式为基础的阶级统治，除此之外，还存在其他形式的统治，例如以性别、种族、宗教、族裔、民族主义等为基础的统治。由此可见，国际关系批判理论和建构主义、女权主义理论（见第四章）之间存在着重要的联系。关于人类解放的学说应该对更多的社会现象进行分析，不能像马克思辩证唯物主义所认识的那样，只看到无产阶级对控制生产方式的要求。林克赖特认为，为人的解放而奋斗（这是国际关系批判理论的核心内容），有必要反对这样一种思想，即从辩证法出发，认为阶级冲突促进了政治和社会发展。就像哈贝马斯指出的那样，人的解放斗争是在社会的各个领域里进行的，而不仅仅是在控制生产方式方面。因此，不能将历史发展的决定因素简化为经济和技术，尽管它们在建设国家、决定战争的性质以及促进文化的发展方面具有很重要的作用。

现实主义把争夺军事强权或经济霸权作为扩大政治统治的基础（现实

主义的主要信条）。看起来，这种争夺对国际行为的影响至少和马克思所强调的生产方式的影响同等重要。因此，林克赖特认为现实主义和马克思主义都对国际关系批判理论的发展做出了贡献。人类如何才能建成以人的解放为基础的政治共同体，使之成为人类社会发展、进步和革命的基础？这是国际关系批判理论必须给予解释和回答的根本问题。[218]

对三种理论范式的回顾

正如我们所看到的，最近几十年，国际政治经济学已经分化为三大思想流派：自由主义的、马克思主义的和现实主义的国际政治经济学。有时它们也被称为自由主义学派、依附理论和民族主义学派。自由主义认为政治和经济是两个完全不同的领域，政治活动是**公共**（public）事务，经济活动则依照自然法则进行，即取决于无数**个人**（private）的生产和消费、储蓄和投资选择的总和。所以古典自由主义对公共政治和政府机构同私人经济做了明确区分。

正统的自由主义认为不存在政治支配经济或经济支配政治的问题。而马克思主义者、新马克思主义者和现实主义者都认为，政治和经济密切相关，相互影响。但究竟是政治支配经济还是经济支配政治，马克思主义和现实主义的看法不同。现实主义认为民族国家是主要国际行为体，经济从属于国家对强权的追求。[219] 琼·埃德尔曼·斯佩罗论证说，政治制度决定了经济制度，经济政策的制定取决于政治因素，国际经济关系其实就是政治关系。[220] 如前所述，苏联共产党宣扬经济决定论，但在实践中总是把政治军事目标置于首要地位，中央计划经济只是一种手段而已。仔细考虑政治和经济因素的互动关系在制定国家内外政策过程中的作用，我们可以看到，斯佩罗的观点也许同样适用于非社会主义国家。例如在冷战时期，基于安全和政治原因，西方国家政府禁止本国企业向共产党国家出口各种技术产品，违者将受到处罚。更明显的例子是，由于存在自由贸易和贸易保护主义两种敌对力量，欧盟、日本、北美自由贸易区以及亚太经合组织在90年代展开了贸易战。

贸易保护主义的历史比自由贸易的历史还要久远。柏拉图、亚里士多德，以及许多中世纪的思想家，都认为政治共同体的理想状况是在经济上自给自足。[221] 民族国家和资本主义的初期阶段，国家主导贸易政策是普遍现象，即**重商主义**（mercantilism）政策。其目的是增加国家的实力和财富。后来古典自由主义经济学家占据了主流地位，他们认为，在自由贸易条件下，一国经济不可能在所有产品的生产上占据优势地位，因此，以各国经济分工为基础的比较利益法则可以决定一国经济生产在哪些产品上具有最大效益。但是古老的比较分工理论无法解释为什么贸易伙伴之间也经常交换同类产品。政府经常干预自由市场，原因是受到有很强政治影响力的特殊利益集团的压力。显然，许多特殊利益集团的行为是为了维护自己的经济或政治利益，但是在现代民主国家里存在多种多样的压力集团（政治的、经济的和道德的等），因此需要复杂的政治过程来决定这些利益的优先次序。政府运用战略性贸易政策促进国家利益（例如，维护某些重要的国防工业，推动技术革新），稳定或发展民族经济（例如，防止产业亏损、失业率升高、贸易赤字扩大、货币贬值），或者保护某些国内集团（如对农民实行补贴，谈判出口限制或进口配额，或者采取单边行动惩罚倾销行为）。二战结束以来，美国一直是全球自由贸易观念的主要倡导者，但有时也会因政治原因（国内外的）而实行贸易限制政策。[222] 换句话说，政治**和**（and）经济因素决定着国内外个人、集团和更大的社会组织的决策模式和行为模式。所有这些因素决定着国际政治经济学的议事日程。

伊桑·卡普施泰因提出，政治、经济和公司组织及技术等因素的综合产生了所谓的**全球化**（globalization）现象，它的结果"不是自由放任的资本主义，而是有管理的自由主义"。[223] 苏珊·斯特兰奇认为自由主义者应该承认，那些维护民族利益和次国家团体利益的力量是无法回避的。她还提醒我们，个人追求的私利不一定与全民的福利相一致；无论在国内还是在国际上，比较利益规律本身并不能维护公正。为什么呢？因为在一国国内或者在国家与国家之间，对某些人有利的事情常不利于另一些人。[224] 自由主义者鼓吹财富总量的增长，马克思主义者要求所有"阶级"（但特别指的是无阶级社会中的工人）对社会财富进行公平分配。在他们这些相互冲突的要求之间如何找到平衡，就成了现实主义政治领导人的任务。这种平衡必须能够使国家和国际社会保持稳定，并能够应付那些破坏性大于建设性的冲突和革命。查尔斯·贝茨（Charles R. Beitz）说，国际自由主义为了使自己有说服力，不得不以道德原则为基础，对分配正义和国际政治的正义都加以考虑，并坚持人权标准。这似乎表明，自由主义者必然倾向

480

于现实主义和中间派的观点，即承认国家、个人和国际组织拥有正当特权和责任。[225] 从现实出发对两种互不妥协的偏激观点进行平衡，可能永远不会让纯粹的自由主义者和纯粹的马克思主义者感到满意。

最后但并非最不重要的是，就像迈克尔·尼科尔森（Michael Nicholson）提出的，[226] 本章阐述的国际政治经济学的这三种理论研究方法包含着描述性和规范性成分。每一种理论方法都旨在描绘一种特有的国际政治经济，同时每种理论也对国际政治经济应该是什么的问题提出了自己的概念。显然，三种理论方法都没有故步自封。为促进自由贸易而制定法律的国家也可能还保留着关税壁垒，为一些产业或公司提供出口补贴。正如我们在其他章节里讨论的那些理论一样，这三种理论方法分别阐述了现实世界的一个方面，从而为我们分析和评价国际政治经济关系提供了三种理论框架。

全球金融危机

1997年夏的金融危机从泰国开始爆发，迅速蔓延到经济不稳定的周边国家印度尼西亚、马来西亚和菲律宾。一度自诩为"老虎"的韩国、香港和台湾也受到了冲击。危机初期，人们期望日本能起到带头作用，帮助恢复地区经济。但日本正忙于应付国内问题。于是，"亚洲流感"和"日本病毒"开始相互感染，情况越来越严重了。接下来受到打击的是俄罗斯，它从计划经济向市场经济的转型已经陷入困境。危机所到之处产生了相似的症状：银行大量倒闭，企业纷纷破产；股市大幅下跌，货币严重贬值；没有足够社会保障的国家里，失业率和犯罪率升高了。危机还使最近二十多年里已经在种族和解方面取得显著成就的国家又出现了种族冲突。最难以预料和控制的影响是心理方面的：投资信心的丧失将导致资本从经济动荡的国家转移到更安全的地方去，例如购买美国的债券。这使各国无法如期偿付外债。事实证明，国际货币基金组织的大规模贷款援助不足以扭转亚洲和俄罗斯经济下滑的趋势。[227] 美国国会不愿意使用巨额资金来填补亚洲经济危机的无底洞。

一些美国分析家指责说，造成亚洲经济危机的原因是"裙带资本主义"——掌权者们（政客、银行家、公司经理、官僚）的亲属和朋友可以通过相互联姻、行贿受贿、互相扶持和保护、秘密交易等行为编制而成的社会关系网谋取利益。在国际货币基金组织里，西方成员国批评亚洲国家的政府缺乏民主、效率低下、腐败盛行，要求它们进行根本改革，实现经济活动"更加公开透明"，政府加强对投资和撤资决策的监管，以及实行"勒紧裤带"式的经济紧缩政策。（许多经济学家认为最后一条恶化了第三世界国家的经济形势）亚洲国家的社会精英对西方自由主义的说教大为不满，因为西方的民主、伦理和企业经营模式与非西方国家的传统和行为方式有很大差别。亚洲经济学家不承认"裙带资本主义"这个概念能充分解释该地区的经济危机，因为这种体制在经济迅速增长的时期是很成功的。[228] 他们更倾向于认为，危机的原因是由于货币储备过度依赖美元；部分产业在世界范围里的生产过剩；对计算机、软件行业和其他"纸财富"行业的过度投资（提高了西方人而不是东方人的生活水平）；以及西方投资者的恐慌性反应（他们从亚洲经济的高速增长中获得收益，但一有经济下滑的初步征兆就撤走他们的资金）。亚洲国家希望在与西方工业国家的贸易中消减进口、增加出口，以便弥补损失。这就像欧洲国家在欧元发行准备过程中采取经济紧缩政策，而美国又面临贸易赤字不断扩大的问题时，美国就要求亚洲国家进一步开放市场一样。太平洋两岸的争吵越来越尖锐：美国人要求亚洲国家进行改革以"消除混乱"，亚洲人指责西方资本主义把没有通货膨胀的经济繁荣建立在亚洲人的痛苦之上。自由主义经济学家担心，亚洲国家会回到贸易保护主义和国家控制资本的老路上去，放弃曾经给它们带来前所未有经济发展的推进自由市场的全球化政策。[229]

因为在拉丁美洲有大量投资，美国政府更关心那里的情况，认为亚洲危机危及美国的可能性不大。如果亚洲—拉丁美洲危机蔓延到中国，情况就不妙了。但是中国政府十分镇静，没有让人民币贬值。八国集团的行动缓慢，只在口头上谈论稳定市场和缓解投资者紧张情绪的计划。（便捷的通讯条件和在线网络交易加强了市场的动荡和投资者的紧张心理）遭到危机打击的国家中，很多人在埋怨自由主义全球化。他们抱怨说，欠发达国家忍受着全球经济危机的痛苦，而发达国家则躲开了厄运的袭击。不同于国际货币基金组织的正统教条（经济紧缩政策），世界银行呼吁用赤字财政来刺激经济增长。[230] 很长时间里，发达国家除了期盼全球经济衰退能尽快走出低谷之外，再拿不出什么有效的对策。欧洲人则对世界缺乏霸权国家的有力领导而深感痛惜。[231]

482

克林顿总统曾指出，美国拥有"不能回避的领导义务"。1998年9月危机达到顶峰时，他倡导召开八国集团紧急会议，以"对付半个世纪以来世界面临的最严重的金融危机"，并且要"提出建议，使国际金融体制能适应21世纪的挑战"。[232] 10月，八国集团成员国的财政部长们在华盛顿召开会议，同时出席的还有国际货币基金组织和世界银行的175个会员国的政府代表。克林顿总统提议在国际货币基金组织的框架中再组建一个新的基金组织以应付紧急情况，为处于经济崩溃边缘的国家提供暂时性援助贷款。[233] 法国希望加强国际货币基金组织的功能，以便在世界范围内稳定汇率。德国建议设立特定的汇率浮动目标区，使三种世界硬通货——美元、欧元和日元的波动受到限制。英国主张将国际货币基金组织和世界银行的部分功能合并起来。日本则认为应该在危机期间加强对资本流动的控制。[234] 在长达4个月的讨论过程中，美国反对建立新的国际组织，也反对可能会妨碍自由市场机制的激进改革。八国集团请德国联邦银行行长汉斯·蒂特迈尔（Hans Tietmeyer）评估这些为建设"新型国际金融体制"而提出的各种不同建议。他提交的报告中没有建议设立任何新的国际规则，而只是提议设立一个论坛，由八国集团定期讨论暴露出来的体制性问题以及解决问题的政治和经济对策。[235] 人人都同意借贷的双方、银行、政府以及国际组织应更加开放（"透明"是众口一词的要求），需要对风险进行更仔细的估计。但是，关于国际货币基金组织的未来使命问题，人们并没有采取多少具体行动，也没有达成清楚的共识。1999年夏季，全球经济开始出现复苏的迹象。这分别归功于美国经济的强劲增长；美国进口的扩大；美国和欧洲的利率逐渐降低；美国国会给国际货币基金组织的姗姗来迟的拨款（国际货币基金组织承认它的政策有"失误"）；以及投资者信心的恢复。到2000年1月，恐慌已经被极为乐观的情绪所取代了。[236]

483

结　论

新千年之初，学者们提出了一个问题：21世纪将在多大程度上与20世纪相似或有所区别？世纪末，人们称20世纪为"美国的世纪"，这种说法不仅指美国在二战以后拥有霸权地位，而且指1900年以后美国在政治、经济、科学技术以及文化等方面对世界的影响。二十多年前，一些观察家预言说，2000年以后日本将成为世界第一经济大国，或者日本和欧洲一起超过美国的经济和技术优势，沉重打击它的单极霸权地位。到目前为止，这些预言还没有实现。

当新千年来临之时（没有出现很多人预言的可怕的计算机千年虫故障），美国经济即将打破经济持续增长的历史记录，欧洲仍然被美国抛在后面，日本还没有完全从持续的经济衰退中恢复过来。[237] 欧元与美元无法相提并论（发行头一年里就贬值16%），但是欧盟官员和银行家们信心十足，认为欧盟经济已渡过难关，从长远来看，前景一片光明。在国际政治经济中，没有绝对的好消息，也没有绝对的坏消息。当失业率上升时，投资者会担心经济衰退；当失业率下降时，他们又害怕通货膨胀。如果美元对欧元和日元的汇率处于强势，欧洲和日本的出口就会扩大，美国的出口就会下降，美国的贸易赤字将扩大到难以维持的程度。当日元对美元的汇率迅速上升时，经济学家们警告日本政府说，这种情况可能会导致毫无根据的乐观情绪，在银行金融业和其他领域的改革没有推行之前，就破坏了日本脆弱的经济复苏。即使情况似乎在好转，经济史学家们仍警告说，企业界一直存在"兴旺和破产"的周期性循环；股票的价格有可能超过实际价值，但不会永远上涨；经济繁荣的周期越长，美国的贸易赤字积累就越高，接下来的经济衰退就有可能越严重。经济学无法摆脱被人称为"沉闷的科学"的名声。

尽管在新千年来临之时人们充满乐观情绪，全球经济却仍然面临着严峻挑战。人们普遍认为，美国不能无限期维持经常项目赤字（或"贸易差距"）的增长（美国的贸易赤字曾经是带动经济衰退的国家走出低谷的火车头）。很多经济学家认为美元将逐渐走软，除非欧洲和日本的经济增长速度加快，并能进口更多的美国产品。[238] 在如何稳定汇率的问题上，美国和欧洲、日本的意见不一。至于三大国际经济组织将来的任务究竟是什么，各国也没有形成明确的看法。国际货币基金组织和世界银行之间的竞争似乎多于合作，世界贸易组织遭到了来自工会组织、人权活动者、环境保护主义者，以及质疑全球化的意义的第三世界国家的猛烈批评。与此同时，富国和穷国之间的差距不断扩大，其中部分原因是国际互联网的发展，而人们原来以为国际互联网将带来一个更加统一团结的世界。[239] 自由主义的全球化在当代面临的主要挑战，是如何提高全球化的受害者们的生活水平，同时又不影响自由和富于创造性的竞争给世界带来的各种利益。

注 释：

1　Jacob Viner，"Power Versus Plenty as Objectives of Foreign Policy in the Seventeenth and Eighteenth Centuries," *World Politics*，1（October 1948）. Reprinted in Jeffrey A. Frieden and David A. Lake，eds.，*International Political Economy*：*Perspectives on Global Power and Wealth*（New York：St. Martin's Press, 1987），pp.71-84, quoted at p.72.

2　George T. Crane and Abla Amawi，eds.，*The Theoretical Evolution of International Political Economy*：*A Reader*（New York：Oxford University Press，1997），Editors' Introduction，p.4.

3　参见 Karen Mingst，*Essentials of International Relations*（New York and London：W.W. Norton，1999），pp.197-202。

4　Robert Gilpin，*The Political Economy of International Relations*（Princeton，NJ：Princeton University Press，1987），chap.2，"Three Ideologies of Political Economy," p.31. 吉尔平区分了"好的重商主义"和"恶的重商主义"，后者指纳粹的经济政策中表现出来的那种形式。Ibid., p.32.

5　关于对自由主义、相互依赖、重商主义、民族主义、霸权稳定论、马克思主义、依附理论以及世界体系理论的讨论，参见 C. Roe Goddard, JohnT. Passé-Smith, and John C. Conklin，eds.，*International Political Economy*：*State-Market Relations in the Changing Global Order*（Boulder，CO：Lynne Rienner，1996），pp.9-212.

6　Jacob Viner，"Mercantilist Thought," in David L. Sills，ed.,*International Encyclopedia of the Social Sciences*，（IESS）Vol. 4（New York：Macmillan Co. ＆ The Free Press，1968），pp.435-442；Preserved Smith，*The Enlightenment 1687-1776*，*Vol. II of A History of Modern Cultural*（*New York*：*Collier Books*，*1962*），pp.194-202；Joan Edelman Spero，*The Politics of International Economic Relations*，*3ʳᵈ ed.*（New York：St. Martin's Press，1985），pp.5-6；Gilpin，*Political Economy*，pp.180-183；Ralph Pettman，*Understanding International Political Economy*（Boulder，CO：Lynne Rienner，1996），pp.34-36.

7　Alexander Hamilton，"Report on Manufactures," reprinted in Crane and Amawi，*Theoretical Evolution*，pp.37-47.

8　Friederich List，"Political and Cosmopolitical Economy," reprinted in Crane and Amawi，*Theoretical Evolution*，pp.48-54.

9　Joseph J. Spengler，"Physiocratric Thought," in Sills，*International Encyclopedia of the Social Sciences*，hereafter cited as *IESS*，Vol.4，pp.443-445；Smith，*Enlightenment*，pp.194-202；J. Bronowski and Bruce Mazlish，*The Western Intellectual Tradition*（New York：Harper Torchbooks，1960），pp.336-340.

10　Smith，*Enlightenment*，pp.195-196；Crane and Amawi，*Theoretical Evolution*，pp.48-49.

11　Adam Smith，"Of the Principle of the Commercial or Mercantile System" and "Of Restraints Upon the Importation from Foreign Countries of Such Goods as Can Be Produced at Home," reprinted from *The Wealth of Nations*（New York：Modern Library，1937）in Crane and Amawi，*Theoretical Evolution*，pp.58-71；Bronowski and

Mazlish，*Western Intellectual*，chap.19，"Adam Smith"，esp.pp.340-356.

12 萨缪尔森的话被吉尔平所引用，参见 Gilpin，*Political Economy*，p.22．李嘉图在他的文章《论对外贸易》中也对比较利益原则进行了说明，他在文章中建议英国生产服装，而不要和葡萄牙竞争生产葡萄酒。参见 Ricardo，"On Foreign Trade"，reprinted in Crane and Amawi，*Theoretical Evolution*，pp.72-82.

13 Bronowski and Mazlish，*Western Intellectual*，p.352.

14 Ibid.，pp.352-353．吉多·德·鲁杰罗（Guido de Ruggiero）认为，斯密似乎对农业更感兴趣。他不喜欢制造业和贸易活动，但却承认它们的社会效用并做了很多论证。他真正有所创新的地方在于"把经济学研究的重心从地产……转移到商业，无论是农业还是工业。"*The History of European Liberalism*, trans. R. G. Collingwood（Boston：Beacon Press, 1959），pp.48-49.

15 Bronowski and Mazlish，*Western Intellectual*，p.349.

16 关于斯密所说的这两个"例外"，参见 Crane and Amawi，*Theoretical Evolution*，pp.68-69.

17 Thomas D. Lairson and David Skidmore，*International Political Economy：The Struggle for Power and Wealth*（Orlando，GL：Harcourt Brace，1993），p.39.

18 Ibid.，pp.35-51．其他被提到的还有 E. J. Hobsbawm，*Industry and Empire*（New York：Penguin，1969），*The age of Capital*（New York：Mentor，1975）；James Foreman-Peck，*A History of the World Economy：International Economic Relations Since 1850*（Totowa：Barnes & Noble，1983）；Albert D. Chandler，Jr.，*Scale and Scope：The Dynamics of Industrial Capitalism*（Cambridge：Harvard University Press，1990）；and Aaron Friedberg，*The Weary Titan：Britain and the Experience of Relative Decline*（Princeton,NJ：Princeton University Press,1988）. See also Charles P.Kindleberger，"The Rise of Free Trade in Europe,"in Frieden and Lake，*International Political Economy*，pp.85-104.

19 F. S. Northedge and M. J. Grieve，*A Hundred Years of International Relations*（New York：Praeger，1971），pp.91-92.

20 R. L. Nettleship，ed.,*The Works of Thomas Hill Green*，Vol. 3（London：Longmans，Green，1888），p.371.

21 Ibid.

22 Ibid.，pp.373-374.

23 Leon P.Baradat，*Political Ideologies：Their Origins and Impact*，6th ed.（Upper Saddle River，NJ：Prentice Hall，1997），p.112.

24 Ibid.，pp.21-22.

25 Lairson and Skidnmore，*International Political Economy*，pp.52-53.

26 E. H. Carr，*International Relations Between the Two World Wars 1919-1939*（London：Macmillan，1965），pp.52-60 and 85-87；Richard Lamb，"Versailles and the Reparations Crisis,"chap.1 in *The Drift to War 1922-1939*（New York：St. Martin's Press，1981），pp.3-26.

27 Gilpin，*Political Economy*，p.105.

28 Spero，*Politics of Economics Relations*，pp.399-400.

29 Ibid.，pp.402-403.

30 关于大萧条的情况，参见 William Manchester，*The Glory and the Dream：A Narrative History of America 1932-1972*（New York：Bantam Books，1975），pp.3-70；Oscar

486

Theodore Barck, Jr., and Nelson Manfred Blake, *Since 1900: A History of the United States in Our Times*, 3rd ed.（New York：Macmillan，1961），pp.406-42. 从对外关系的角度反对《霍利—斯穆特关税法》的观点，参见 Dixon Wecter, "The Age of the Great Depression, 1929-1941," in Andrew S. Berky and James P.Shenton, eds., *The Historian's History of the United States*, Vol. II（New York：Capricorn Books，1972），p.1253. 另外可参见 Lairson and Skidmore, *International Political Economy*, pp.52-56 and Robert L. *Heilbroner*, *The Worldly Philosophers*, 4th ed.（New York：Simon Schuster，1972），pp.242-244.

31 Barck and Blake, *Since 1900*, pp.429-432.

32 Charles P.Kindleberger, *The World in Depression 1929-1939*（Berkeley：University of California Press，1973）。另参见 Ethan B. Kapstein, *Governing the Global Economy: International Finance and the State*（Cambridge，MA：Harvard University Press，1994），p.19.

33 Barck and Blake, *Since 1900*, pp.453-464.

34 Benjamin J. Cohen, *Organizing the World's Money: The Politics of International Monetary Relations*（New York：Basic Books，1977），p.79. See also Gilpin, *Political Economy*, p.123.

35 Gilpin, *Political Economy*, pp.123-127. 吉尔平说，"需要有一个霸权国来协调各国的对外政策，并为建立稳定的国际金融秩序而提供前提条件……过去英国承担着这种领导责任，因为它既有能力也有这种愿望……虽然德国、法国和美国对英国从国际金融体系中获得的特殊利益感到不满，但是它们既没有愿望也没有能力对这种领导权构成真正的挑战。越不发达的商品出口国……获益越少，它们常常面临调整的压力，并且常常在商品出口方面受到不利的贸易条件的限制。" Ibid., p.127. 对金德尔伯格和吉尔平关于经济霸权和领导愿望等观点的讨论，参见 David A. Lake, "International Economic Structures and American Foreign Economic Policy，1887-1934," in Frieden and Lake, *International Political Economy*, pp.140-147.

36 拉尔夫·佩特曼注意到，自由主义理论从技术革新的角度来解释经济周期，此外还期望新的建设性投资和新的经济增长点能够在自由市场中重新实现平衡。参见Ralph Pettman, *Understanding IPE*, p.113。吉尔平提及约瑟夫·熊彼特的观点：经济扩张期的长短取决于像铁路、汽车、电气和化学工业这样的技术革新，它们可以提供新的投资机会。但是这种机会终将减少，从而造成经济衰退。吉尔平承认这种理论的确有一定的合理性，例如，当收音机的市场需求饱和以后，电视机又出现了。但是他发现该理论存在严重问题。参见 Gilpin, *Political Economy*, pp.107-111。根据法国经济学家让-巴普蒂斯特·萨伊（Jean-Baptiste Say，1767～1832）提出的"萨伊定律"，供应本身创造需求，从长远来看，供求可以实现平衡。一旦出现生产过剩，生产者就会蒙受损失，除非他们减少产量，或者进行技术革新。所以，在古典自由主义经济学家们看来，长期的生产过剩是不会出现的。"像约翰·梅纳德·凯恩斯一样，马克思否认存在这种自动平衡规律……他认为，资本主义本身存在一种固有矛盾，即生产能力和消费者（工薪阶层）购买能力之间的矛盾……"参见 Gilpin, *Political Economy*, p.36.

37 参见 Chapter IX, "The Heresies of John Maynard Keynes," in Robert Heilbroner, The *Worldly Philosophers*, esp.pp.253-268, quoted at page 263.

38 Ibid., pp.269-270. 起初凯恩斯是一个自由主义者，但大萧条之后，他的思想越来越像民族主义者，成了一个闭关自守、自给自足政策的倡导者，而不是提倡对外贸

487

易和投资。一方面，他热情好客，喜爱旅行，赞成思想和科学知识的国际交流活动，另一方面，他又认为"只要合理和可能，就应该消费国产商品，特别是要让本国资本占主导地位。"参见 "National Self-Sufficiency," *Yale Review*（1934），又见 Pettman, *Understanding IPE*, p.54.

39 Gordon A. Craig, *Germany 1866-1945*（New York：Oxford University Press, 1978），pp.550-551 and 604. 又见 A. J. Ryder, *Twentieth Century Germany: From Bismarck to Brandt*（New York：Columbia University Press, 1973），pp.64-67, 270-271, 277-279, 307, 309, and 344-357.

40 Barry Buzan, "The Timeless Wisdom of Realism," and Stephen Krasner, "The Accomplishments of International Political Economy," pp.47-63 and 114-115, 分 别 见 Steve Smith, Ken Booth, and Marysia Zalewski, eds., *International Theory: Positivism and Beyond*（Cambridge, England：Cambridge University Press, 1996）. 又见 Gilpin, *Political Economy*, pp.31-34.

41 Frieden and Lake, *International Political Economy*, pp.10-11.

42 这些人包括 Karl Kautsky, Eduard Bernstein（Germany）；G. D. H. Cole, R. H. Tawney, Sidney, Beatrice Webb, Harold J. Laski, Clement Attlee（England）；Jules Guesde, Jean Jaurès, Leon Blum（France）；Daniel DeLion, Harry W. Laidler, Norman Thomas, Morris Hillquit, Herbert Marcuse（United States）. 一些基督教社会主义者、乌托邦社会主义者、无政府主义者，以及近来的修正主义历史学家和各种新左派学者，都可以列入其中。

43 对这个概念的详细讨论，参见 Gustav A. Wetter, *Dialectical Materialism: A Historical and Systematic Survey of Philosophy in the SovietUnion*（New York：Praeger, 1963）.

44 Karl Marx and Friedrich Engles, *Manifesto of the Communist Party*.

45 参见 Karl Marx, *Capital: A Critique of Political Economy*（New York：Random House Modern Library, n. d.），尤其是在第 1、7、9、11、12、16、18、24 章中，马克思对剩余价值进行了深入研究。参见注释 37 中凯恩斯和马克思对持续萧条的评论中所持有的相似观点。

46 *Marx and Engles*, *Manifesto*.

47 参见 Robert C. Tucker, *The Marxian Revolution Idea*（NewYork：Norton, 1970）and *Philosophy and Myth in Karl Marx*（Cambridge, England：Cambridge University Press, 1972）；Vendulka Kubalkova and Albert Cruickshank, *Marxism and International Relations*（Oxford, England：Clarendon Press, 1985）.

48 John Plamenatz, *Man and Society: Political and Social Theory, Vol. II: Bentham Through Marx*（New York：McGraw-Hill, 1963），p.310. 汉娜·阿伦特（Hannah Arendt）也以同样的观点指出，马克思很清楚暴力在历史上的作用，不过她认为存在于旧社会制度中的内在矛盾作用更大，它将使旧制度走向灭亡。参见 Hannah Arendt, *On Violence*（New York：Harcourt Brace Jovanovich, 1969），p.11.

49 参见 Philip Siegelman's Introduction to J. A. Hobson, *Imperialism: A Study*（Ann Arbor：University of Michigan Press, 1965）. 霍布森的著作最早由 George Allen and Unwin 于 1902 年在伦敦出版。下面的引文来自此书 1965 年的版本。

50 Foster Rhea Dulles, *America's Rise to World Power, 1898-1954*（New York：Harper & Row, 1954），chaps. 2 and 3.

51 Richard Koebner and Helmut Dan Schmidt, *Imperialism: The Story and Significance of a Political Word, 1840-1960*（New York：Cambridge University Press, 1964），

p.249. 对霍布森的反犹太思想的讨论，参见 pp.226-228. 乔治·利希特海因默（GeorgeLichtheim）指出，美国的开国元勋们，无论是联邦主义者还是共和主义者，对于把统一的联邦称为帝国并不感到有什么不安和疑虑；在19世纪的英国，自由党和托利党都使用"帝国主义"这个流行的词汇。参见 *Imperialism*（New York：Praeger，1971），chaps. 4 and 6. 对英国"自由贸易帝国主义"的全面分析，参见 William Roger Louis, ed.,*Imperialism：The Robinson and Gallagher Controversy*（NewYork：New Viewpoints，1976）. 书中参考约翰·加拉格尔和鲁滨逊的一篇文章 The Imperialism of Free Trade，该文章最早发表在 *Economic History Review*，2nd Series，6，1，（1953），作者在文章中支持马克思主义理论，认为19世纪英国提倡的自由贸易只是帝国主义统治的一种工具，其目的是要把世界大部分地区纳入英国经济的发展中去。不过作者也认为，帝国主义是政治和经济共同作用的结果。文章又被收入 Frieden and Lake, *International Political Economy*，见 pp.116-127.

52 Koebner and Schmidt, *Imperialism*, p.233.

53 J. A. Hobson, *Imperialism：A Study*（Ann Arbor：University of Michigan Press，1965），p.85.

54 Ibid., p.59.

55 Ibid., pp.41-45. 一战前意大利和德国以人口压力为由为其在非洲寻求殖民地辩护，20 世纪 30 年代日本也以同样的理由侵入满洲里。不过，在这些运用"生存空间"理论的例子中，基本上没出现向被征服地区进行移民的现象。参见 N. Peffer，"The Fallacy of Conquest,"in *International Conciliation*（New York：Carnegie Endowment for International Peace，No. 318，1938）.

56 Hobson, *Imperialism*, pp.46-51.

57 E.M. Winslow, *The Pattern of Imperialism*（New York：Columbia University Press，1948），p.106.

58 V.I.Lenin, *Imperialism：The Highest Stage of Capitalism*（New York：International Publishers，1939），p.89. 参见 the section，"Imperialism and Capitalism," by Alec Nove，"Lenin as Economist," in Leonard Schapiro and Peter Reddaway，eds.，*Lenin：The Man*,*the Theorist*,*the Leader*（New York：Praeger，1969），pp.198-203. 罗莎·卢森堡认为"资本主义生产……不能只依靠白领工人……它必须无限制地动员全世界劳动力资源，以便利用全球生产力"。见 *The Accumulation of Capital*，First Published in 1913（London：Routledge and Kegan Paul，1951），p.362. Quoted in Pettman，*Understanding IPE*，p.192.

59 "沙文主义仅仅只是观众的欲望而已，任何个人的努力、冒险或牺牲都无法消除这种欲望；它幸灾乐祸地注视着其他同类的危险和痛苦，满足于对他们的屠杀行为。它在一种盲目的、人为的仇恨和报复的激情中渴望消灭同类……对它来说，艰苦卓绝的行军，长时间的等待，难以忍受的物质匮乏，以及持久性战役的可怕的单调乏味，都算不上什么。战争带来的拯救意义，在危险中共患难形成的同志情感，纪律和自制的好处，对敌手的人格的尊重（承认敌手的勇气可嘉，因此认识到大家都是平等的人）——所有这些调和因素在战争中都被沙文主义热情所抹杀。正因为这些原因，一些爱好和平的人主张说，要制止军国主义和战争，最好的办法是让全体公民都尽服兵役的义务和体验一下遭受侵略的痛苦。"见 Hobson, *Imperialism*, p.215.

60 列宁完整的著作，见 V.I. Lenin, *Collected Works*（Moscow：Foreign Languages Publishing House，1963），44 vols. 关于列宁的生活传记，参见 Louis Fischer，*The Life of Lenin*（New York：Harper & Row Colophon Books，1965）；Robert

489

Payne, *The Life and Death of Lenin* (New York: Simon & Schuster, 1946); Stefan T. Possony, Lenin: *The Compulsive Revolutionary* (Chicago: Regnery, 1964); Christopher Hill, *Lenin and the Russian Revolution* (London: English University Press, 1961); Bertram D. Wolfe, *Three Who Made a Revolution* (Boston: Beacon, 1955).

61 Gilpin, *Political Economy*, p.40. 尽管马克思没有提出关于帝国主义的理论,但他认识到,当工人阶级"陷入苦难境地"时,国内消费不足就会迫使资本家"在全球范围内……寻找持续扩张的市场,"见 Crane and Amawi, *Theoretical Evolution*, p.83.

62 Lenin, *Imperialism: The Highest Stage*, pp.16-30.

63 Lenin, *Collected Works*, Vol. ⅩⅨ, pp.87 and 104.

64 Bernard Taurer, "Stalin's Last Thesis," *Foreign Affairs*, XXXI (April 1953), p.374.

65 Statement to the Fifth Congress of the Polish United Workers' Party, November 12, 1968. L. I. Brezhnev, *Following Lenin's Course: Speeches and Articles* (Moscow: Progress Publishers, 1972).

66 Allen S. Whiting, "Foreign Policy of Communist China," in Roy C. Macridis, ed., *Foreign Policy in World Politics*, 3rd ed. (Englewood Cliffs, NJ: Prentice Hall, 1967), pp.223-263; "The Disarmament Issue in the Sino-Soviet Dispute: A Chronological Documentation," Appendix in Alexander Dallin et al., *The Soviet Union, Arms Control and Disarmament* (New York: School of International Affairs, Columbia University, 1964), pp.238-276; Walter C. Clemens, Jr., *The Arms Race and Sino-Soviet Relations* (Stanford, CA: Hoover Institute on War, Revolution and Peace, 1968), pp.13-68; William E. Griffith, *Cold War and Co-existence: Russia, China and the United States* (Englewood Cliffs, NJ: Prentice Hall, 1971).

67 Alistair Buchan, "A World Restored?" *Foreign Affairs* (July 1972); W. A. C. Adie, "China's Strategic Posture in a Changing World," in *Royal United Services Institute and Brassey's Defence Yearbook 1974* (London: Brassey's Annual, 1974); John Gittings, *The World and China 1922-1972* (New York: Harper & Row, 1974), pp.261-263; Francis O. Wilcox, ed., *China and the Great Powers: Relations with the United States, the Soviet Union and Japan* (New York: Praeger, 1974); Allan S. Whiting, "Foreign Policy of Communist China," in Macridis, *Foreign Policy*, 7th ed. (Englewood Cliffs, NJ: Prentice Hall, 1989), pp.251-297; Steven I. Levine, "China in Asia: The PRC as a Regional Power," in Harry Harding, ed., *China's Foreign Relations in the 1980s* (New Haven, CT: Yale University Press, 1984), pp.117, 124; and Jonathan D. Pollack, "China and the Global Strategic Balance," Ibid., pp.157, 166-169.

68 See Benjamin Lambeth and Kevin Lewis, "The Kremlin and SDI," *Foreign Affairs*, 66 (Spring 1988), pp.755-770.

69 Hans J. Morgenthau, *Politics Among Nations: The Struggle for Power and Peace*, 4th ed. (New York: Knopf, 1966), p.42. This Definition has been carried in all editions of the book since 1948.

70 Ibid.

71 Ibid., p.47. Cf. Raymond Aron, *Peace and War: A Theory of International Relations*, *trans*. Richard Howard and Annette Baker Fox (New York: Praeger, 1968), p.259.

72 Raymond Aron, *The Century of Total War* (Boston: Beacon, 1955), chap.3, "The

490

Leninist Myth of Imperialism," esp.p.59; Morgenthau, *Politics Among Nations*, pp.47-50; William L. Langer, "A Critique of Imperialism," *Foreign Affairs*, XIV (October 1935), 102-115.

73 Jacob Viner, "International Relations Between State-Controlled Economies," in *Readings in the Theory of International Trade*, Vol. IV, American Economic Association (Philadelphia: Blakiston, 1949), pp.437-458. 关于国家利益至上，公司的经济利益次之的观点，更为详尽和复杂的分析见于 Michael W. Doyle, *Empires* (Ithaca, NY: Cornell University Press, 1986), chap.13, "The Politics of Nineteenth Century Imperialism," pp.339-349.

74 Joseph A. Schumpeter, *Imperialism and Social Calsses*, trans. Heinz Norden, ed.Paul M. Sweezy (Oxford, England: Basil Blackwell, 1951), p.5.

75 Ibid., p.6.

76 Morgenthau, *Politics Among Nations*, pp.48-49.

77 Ibid., pp.84-85. 肯尼斯·博尔丁重申了熊彼特的观点，即认为帝国主义是社会落后的一种表现，从经济学的角度来看是无利可图的，是一种欺骗行为。见 "Reflections on Imperialism," *in David Mermelstein, ed., Economics: Mainstream Readings and Radical Critiques*, 2nd ed. (New York: Random House, 1970), p.201. 熊彼特认为，一个只依赖自由交换的纯资本主义世界将使凭借武力的政治帝国主义无处容身，因为战争对大多数企业公司来说总是件糟糕的事。见 Pettman, *Understanding IPE*, p.191.

78 Schumpeter, *Imperialism and Social Classes*, pp.89-96. 熊彼特对帝国主义的分析并非无可挑剔。人们批评他用"无目的性"和"暴力性"来定义帝国主义。这是用来形容尚武社会的表达方式，在这种社会结构中，人们进行战争的原因仅仅是因为社会需要打仗。因此，在定义帝国主义时，熊彼特就排除了任何与尚武社会无关的意义。参见 Murray Greene, "Schumpeter's Imperialism—A Critical Note," *Social Research (An International Quarterly of Political and Social Science)*, XIX (December 1952), pp.453-463. 格林反对熊彼特的观点，即认为，因为资本主义是理性主义的，所以资本主义和帝国主义、军国主义和军备扩张是完全对立的。

79 Koebner and Schmidt, *Imperialism*, p.255.

80 Morganthau, *Politics Among Nations*, p.47.

81 Schumpeter, *Imperialism and Social Classes*, p.57.

82 Andrew Mack, "Theoreis of Imperialism: The European Perspective," *The Journal of Conflict Resolution*, 18 (September 1974), p.518. 如前所说，列宁也认识到这一点，但把它归因于资本帝国主义对殖民地的剥削。

83 Ibid., 麦克 (Andrew Mack) 引用了两位对列宁理论进行马克思主义批判的权威学者的观点，他们是 Michael Barratt Brown, "A Critique of Marxist Theories of Imperialism," and Harry Magdoff, "Imperialism Without Colonies," in Roger Owen and Bob Sutcliffe, eds., *Studies in the Theory of Imperialism* (London: Longmans, 1973).

84 Aron, *Peace and War*, p.261. 又见 Langer, "A Critique of Imperialism," p.105.

85 Aron, *Peace and War*, p.262-263.

86 Morganthau, *Politics Among Nations*, pp.46-47; Aron, *Century of Total War*, pp.59-62. 谈到美西战争时，尤金·斯特利 (Eugene Staley) 写道，"人们一直把造成这场战争和与之相关的扩张主义的原因归咎于私人投资者的利益，这完全是错误的。

实际上，与制造‘黄色新闻’的报界和美国社会中那些鼓吹沙文主义的利益集团相比起来，他们的影响要小得多"。见 Eugene Staley, *War and the Private Investor*（Chicago：University of Chicago Press，1935），p.433. 多数研究第一次世界大战起源的外交史学家，如 Sidney Bradshaw Fay, G. P.Gooch, A. J. P.Taylor, Bernadotte E. Schmitt, Nicholas Mansergh, Raymond Sontag, 把帝国主义的竞争（更多的是政治方面的敌对，而不是经济方面的竞争）列为一战发生的背景原因之一，但是他们认为，国际社会的无政府状态，以及均势思想和安全忧虑（军国主义及军备竞赛的结果）主导着的欧洲军事同盟体系和民族主义之间的相互作用，才是造成第一次世界大战的更为重要的背景原因。也就是说，没有一个有效的国际组织来保证和平解决国际争端。

87 Aron, *Century of Total War*, pp.65；Aron, *Peace and War*, p.267. 我们还应该指出另外一个反常现象。加拿大卷入了布尔战争、两次世界大战以及朝鲜战争，但不是因为其资本利益受到威胁，而是因为它是一个政治帝国的组成部分（大英帝国、英联邦以及北约军事同盟），在这个政治帝国中，处于领导地位的国家决定是否发动战争，而加拿大则以政治忠诚为由服从决定。见 Gernot Kohler, "Imperialism as a Level of Analysis in Correlates-of-War Reseach,"*The Journal of Conflict Resolution*, 19（March 1975），p.48.

88 Gilpin, *Political Economy*, p.53.

89 Boulding, "Reflections on Imperialism,"p.202.

90 Michael W. Doyle, *Empires*（Ithaca, NY：Cornell University Press, 1986），p.12. 又见 pp.20 and 24.

91 Ibid., p.19.

92 Ibid., pp.25-28. Cf. also John Gallagher and Ronald Robinson, "The Imperialism of Free Trade,"*Economic History Review*, 2nd ser, 6（1），（1953），pp.1-15；Benjamin Cohen, *The Question of Imperiasim*（New York：Basic Books, 1973）；David Fieldhouse, *Economics and Empire, 1830–1914*（London：Weidenfeld and Nicholson, 1973）；and Tony Smith, *The Pattern of Imperialism*（New York：Cambridge University Press, 1981）；Doyle, *Empires*, pp. 31-33；A. P. Thornton, *Doctrines of Imperialism*（New York：Wiley, 1963），p.4；and J. Woodis, *Introduction to Neo-Colonialism*（New York：International Publishers, 1971），p.56.

93 Gilpin, *Political Economy*, p.53.

94 Benjamin J. Cohen, "A Brief History of International Monetary Relations,"in Frieden and Lake, *International Political Economy*, pp.256-257. 又见 C. Roe Goddard and Melissa H. Birch, "The International Monetary Fund, "in Goddard, Passé-Smith and Conklin, *International Political Economy*, pp.215-216. 这些著作中提供了有关国际货币基金组织各成员国所占份额和投票权的详细情况。

95 Cohen, "Brief History,"pp.257-262. "由于国际货币基金组织的储备的清偿能力显然不足，美国成了世界范围内资金流动增长所需的另一个来源，但代价是美国的国际收支赤字。"Ibid., pp.260-261. 尤其是延续到 1958 年的"美元短缺"问题，那是"美国支配国际金融领域的黄金时期。"Ibid., p.262. 关于国际货币基金组织的详情，参见注释第 140、153-156、158.

96 S. Sarwar Lateef, "The World Bank：Its First Half Century,"Goddard et al., *International Political Economy*, pp.291-304. 拉蒂夫（S. Sarwar Laleef）强调贫穷国家在充分利用丰富资产的基础上制定经济发展战略的重要性，如：劳动力；为贫

困人口提供基本的社会服务；帮助政府削减财政赤字，避免过度的借贷和货币扩张政策，以免通货膨胀；吸引外来投资和技术；提高市场竞争力，建设基本设施，保护环境；促进稳定的、负责任的政治、法律、管理和财政秩序。

97 这种批评也见 Bruce Rich, "World Bank / IMF: Fifty Years Is Enough," Ibid., pp.305-313. 他总结说，世界银行 "是一个不合时宜的组织……必须进行认真的改革"，p.313.

98 Susan Strange, "Casino Capitalism," in Kendall W. Stiles and Tsuneo Akaha, eds., *International Political Economy: A Reader* (New York: Harper Collins, 1991), p.114.

99 戴维·卡洛（David P. Calleo）、哈罗德·克利夫兰（Harold van B. Cleveland）以及伦纳德·西尔克（Leonard Silk）概括了特里芬的观点，见 "The Dollar and the Defense of the West", in Stiles and Akaha, *International Political Economy*, p.69. 他们参考了罗伯特·特里芬的著作 *Gold and the Dollar Crisis* (New Haven, CT: Yale University Press, 1960).

100 Ibid., 吉尔平提供了相似的分析，见 *Political Economy*, p.134-135.

101 "The Balance of Payments and Gold Outflow from the United States." Message of President to the Congress, February6, 1961. Text in Richard P.Steggins, ed.,*Documents on American Foreign Relations 1961* (New York: Harper Bros., 1962), pp.26-38. 引文见 p.37.

102 Cohen, "Brief History," p.262.

103 在关于 "责任分担" 以及如何估算美国对北约的军事支持的总费用等问题上，北约成员国的国防部长们和经济学家们争吵了很多年。他们之中一部分人根据美国国防预算中拨给北约的比例来进行估算，另一些人则根据北约的总预算的比例来估算。造成估算困难的因素有三：（1）美国负有全球防御和威慑的责任，而欧洲国家只负责和承担地区性的防御和威慑；（2）美国提供了主要的核威慑力量，而除了英国和法国的少量核力量之外，欧洲国家主要提供常规力量；（3）要把全球和地区的军事威慑的成本和费用详细分开是不可能的，同样，要准确地评估核力量和常规力量分别在维护欧洲安全方面的作用也是不可能的。最后，北约成员国在达成一致的基础上决定，北约的防务总预算有助于推进盟国的威慑和防御，因而是决定责任分担问题的基础。

104 Goddard and Birch, "The International Monetary Fund," p.226.

105 David P.Calleo and Benjamin M. Rowland, "Free Trade and the Atalantic Community," in Frieden and Lake, *International Political Economy*, pp.346-349.

106 André Gunder Frank, "The Development of Underdevelopment," in Robert I. Rhodes, ed., *Imperialism and Underdevelopment: A Reader* (New York: Monthly Review Press, 1970), p.9. 而且，保罗·巴朗（Paul Baran）也属于最早提出先进工业国的资本主义扩张造成了欠发达国家落后观点的人。见 *The Political Economy of Growth* (New York: Monthly Review Press, 1957).

107 Boulding, "Reflections on Imperialism," p.201.

108 Nikita S. Khrushchev, *For Victory in Peaceful Competition with Capitalism* (New York: Dutton, 1960), pp.33, 628-629, and 750-751.

109 参见 G. Mirsky, "Whither the Newly Independent Countries?" *International Affairs* (Moscow), XII (December 1962), pp.2, 23-27.

110 Pettman, *Understanding IPE*, pp.67, 192.

493

111 Thomas E．Weisskopf，"Capitalism，Underdevelopment and the Future of the Poor Countries，"in Mermelstein，*Economics：Mainstream Readings*，pp.218-223. 莉迪亚·波茨（Lydia Potts）总结说："归根结底，世界劳动力市场是更有利于发达地区国家的发展，还是使殖民地国家更为落后，是一个尚处于争论中的问题。"见 *The world Labour Market*（London：Zed Books，1990），quoted in Pettman，*Understanding IPE*，p.192.

112 Harry Magdoff，"The American Empire and the U.S. Economy，"chap.5 in *The Age of Imperialism*（New York：Monthly Review Press，1969）．Reprinted in Rhodes，*Imperialism and Underdevelopment*，pp.18-44；see esp.pp.18-29.

113 Bob Rothorn，"Imperialism in the Seventies：Unity or Rivalry？"*New Left Review*，69（Sept/Oct 1971），reprinted in Frieden and Lake，*International Political Economy*，p.194.

114 Ibid.，pp.194-207. 罗特恩（Bob Rothorn）支持那些预见竞争会不断增强的人的观点。关于资本主义国家之间的合作和冲突之前景的详细分析，参见 chaps．5 and 6 in Lairson and Skidmore，*International Political Economy*，pp.95-155.

115 Johan Galtung，The *European Community：A Superpower in the Making*（London：Allen and Unwin，1973）.

116 加尔通把欧洲看做经济中心，他写道："碎片化意味着中心地区协调得很好，欧洲国家甚至形成了欧洲共同体，而边缘地区的发展中国家却处于四分五裂的状况。"Ibid.，p.76. 研究欠发达地区的经济学家们指出，非洲、阿拉伯地区和拉丁美洲国家的对外贸易大部分是以地区之外的国家为对象，一般只有不到10%的贸易是在本地区之内的国家之间进行的。

117 Johan Galtung，"A Structural Theory of Imperialism，"*Journal of Peace Reseach*，8（2）（1971），pp.81-117.

118 P. T. Bauer，"The Economics of Resentment：Colonialism and Underdevelopment，"*The Journal of Contemporary History*，4（January 1969），p.59.

119 Ibid.，p.56.

120 Ibid.

121 Hans Kohn，"Reflections on Colonialism，"in Robert Strausz-Hupé and Harry W. Hazard，eds.，*The Idea of Colonialism*（New York：Praeger，1958），pp.6-14. **494**

122 Mack，"Theories of Imperialism，"p.526.

123 参 见 Jan Wszelaki，*Communist Economic Strategy: The Role of East Central Europe*（Washington, DC: National Planning Association, 1959）.

124 苏联的经济侵略主要针对埃及、印度、叙利亚、埃塞俄比亚、几内亚、也门、阿富汗、缅甸、锡兰（斯里兰卡）和印度尼西亚。参见 *Significant Issues in Economic Aid*，Staff Paper of the International Development Center（Palo Alto，CA：Stanford Research Institute，1960）.

125 Koebner and Schmidt，*Imperialism*，pp.321-322.

126 Boulding，"Reflections on Imperialism，"p.202.

127 Flora Lewis，"Superpower Proxy Wars and the Difficulty of Remaining Nonaligned，"*New York Times*，July 31，1978. p.6. 又见 David Andelman，"Nonaligned Nations End Divisive Talks；Plan Club Meeting，"also *New York Times*，July 31，1978，p.1.

128 Robert G．Wesson，*Why Marxism？The Continuing Success of a Failed Theory*（New

York：Basic Books，1976）.

129 Adam B．Ulam，*The Bolsheviks*（New York：Macmillan, 1965），p.311. 又见 Bauer，"Economics of Resentment," pp.57-58.

130 Anthony James Joes，*Fascism in the Contemporary World*：*Ideology*，*Evolution*，*Resurgence*（Boulder，CO：Westview，1978），p.103.

131 参见 Joan Robinson, "Trade in Primary Commodities," in Frieden and Lake, *International Political Economy*，pp.371-381.

132 James Caporaso，"Dependence and Dependency in the Global System，"*International Organization*，32，（Winter 1978），p.2.

133 James Caporaso，"Dependency Theory：Continuities and Discontinuities in Development Studies," reprinted from *International Organization*，34（Autumn 1980）in Stiles and Akaha，*International Political Economy*，pp.49-64.

134 Tony Smith，"The Logic of Dependency Theory Revisited，"*International Organization*，35（Autum 1981），pp.756-757. "史密斯几年之后又不太赞同依附理论了。但他承认，依附理论促使主流理论家们能从一种更为广阔、复杂和规范的意义上来考虑第三世界的发展问题。见 "Requiem or New Agenda for Third World Studies," *World Politics*，XXXVII（July 1985）.

135 Samuel Valenzuela and Arturo Valenzuela，"Modernization and Dependency：Alternative Perspectives in the Study of Latin American Underdevelopment，"*Comparative Politics*，10（July），pp.535-557. 瓦伦苏埃拉夫妇很清楚地知道，他们批评的持现代化观点的人包括 Sir Henry Maine，Ferdinand Tönnies，Emile Durkheim，Max Weber，Robert Redfield，Harry Eckstein，David Apter，Daniel Lerner，Neil J. Smelser，Alex Inkeles，Cyril Black，Gabriel Almond，James S. Coleman，Talcott Parsons，Seymour Martin Lipset，Kalvin H. Silvert. 其他依附论者包括 Fernando Henrique Cardozo and Enzo Faletto，Dependency and Development in Latin America（Berkeley：University of California Press，1979），and André Gunder Frank，Crisis in the Third World（New York：Holmes and Meier，1981）. 对依附理论的批评，见 Tony Smith，"The Underdevelopment of Development Literature：The Case of Dependency Theory，"*World Politics*，31（January 1979）. 另见 James A. Caporaso，"Industrialization in the Periphery：The Evolving Global Division of Labor，"*International Studies Quarterly*，25（September 1981），p.351. 另见 David B. Yoffie，"The Newly Industrializing Countries and the Political Economy of Protectionism，"*International Studies Quarterly*，25（December 1981）.

136 Thomas D. Lairson and David Skidmore，*International Political Economy*：*The Struggle for Power and Wealth*（New York：Harcourt Brace，1993），pp.202-204. 他们总结认为，进口替代战略 "也许在经济发展的起飞阶段是必要的"。许多观察家现在认为，"最近以来（进口替代战略的）僵化和低效……已经开始妨碍经济增长和经济发展"。Ibid., p.204

137 Stephen Haggard，*Pathways from the Periphery*：*The Politics of Growth in Newly Industrializing Countries*（Ithaca，NY：Cornell University Press，1990）.

138 Theotonio dos Santos，"The Structure of Dependence，" reprinted from *The American Economic Review*，60（May 1970），pp.231-236，in Goddard et al.，*International Political Economy*，pp.Q65-175；同一期第157页的 "Dependency Theory，" 提供的分析更多的是从社会学而不是经济学的角度。

495

139 Dos Santos, "Dependency Theory," pp.168-169.

140 可以参见 Cheryl Payer, *The Debt*：*The IMF and the Third World*（New York and London：Monthly Review Press, 1974）. 依附论者和马克思主义者一样关注欠发达国家中的阶级冲突。但是正如斯蒂芬·海默指出的那样，马克思的另外一个预见也是错误的，即认为随着资本的积累，无产阶级队伍也将不断扩大。然而，资本的国际化并没有带来劳动者在组织和阶级意识方面的国际化。资产阶级可以进行国际性的合作（这是与列宁主义相悖的一个假设），工人阶级却因种族、宗教、性别、年龄以及国家的不同而相互竞争和分化。见 "International Politics and International Economics：A Radical Approach," reprinted from *Monthly Review*（1978）in Frieden and Lake, *International Political Economy*, pp.37-38. 从全球范围看，劳动者并没有准备进行阶级斗争。

141 Gilpin, *Political Economy*, pp.303-304.

142 Ibid., p.304.

143 Ibid.

144 Immanuel Wallerstein, *The Modern World System I*：*Capitalist Agriculture and the Origins of the European World Economy in the Sixteenth Century*（New York：Academic Press, 1974）, pp.126-127.

145 Immanuel Wallerstein, "The Future of the World Economy," in Terrence K. Hopkins and Immanuel Wallerstein, eds., *Processes of the World System*（Beverly Hills, CA：Sage Publications, 1980）. 沃勒斯坦的理论可见于以下两本著作中：*The Modern World System I*：*Capitalist Agriculture and the Origins of the European World Economy in the Sixteenth Century*（New York：Academic Press, 1974）, *The Modern World System II*：*Mercantilism and the Consolidation of the European World-Economy*, 1600-1750（New York：Acdemic Press, 1980）. 另参见其著作 *Capitalist World-Economy*（Cambridge, England：Cambridge University Press, 1979）.

146 Immanuel Wallerstein, "The Rise and Future Demise of the World Capitalist System：Concepts for Comparative Analysis," *Comparative Studies in Society and History*, 16（1972）, p.403.

147 Christopher Chase-Dunn, "Interstate System and Capitalist World-Economy：One Logic or Two?" *International Studies Quarterly*, 25（March 1981）. 另参见该杂志特刊题为 "World System Debates" 的文章。Edited by W. Ladd Hollist and James N. Rosenau. Cf. also William R. Thompson, Christopher Chase-Dunn, and Joan Sokolovsky, "An Exchange on the Interstate System and the Capitalist World-Economy," *International Studies Quarterly*, 27（September 1983）. 另参见 Christopher Chase-Dunn and Richard Rubinson, "Toward a Structural Perspective on the World System," in Stiles and Akaha, *International Political Economy*, pp.27-48. 沃勒斯坦在1983 年观点有所变化，把霸权和世界帝国作了区分。"在国家间关系体系中，霸权指这样一种情况，即……一个强权国家能够在经济、政治、军事、外交甚至文化领域里……把它的规则和意愿施加于别国。"想改变资本主义世界经济的企图一次次都失败了，即使霸权国并没有持续超过很长时间。"Three Instances of Hegemony in the History of the Capitalist World Economy," *Internatioanl Journal of Comparative Sociology*, 24（1-2）（1983）；reprinted in Crane and Amawi, *Theories Evolution*, pp.244-252, quoted atp.1672；the British after the Napoleonic Wars to 1873；and United States 1945-1967. Ibid., p.246. 沃勒斯坦在越战期间估计美国霸权已经到头了。现在来看，

他的说法言之过早。

148 Lairson and Skidmore, *International Political Economy*, p.90. 关于中东政治和经济发展史的著作中充满了对19世纪末以来该地区石油工业如何发展的描述。到1950年为止，被称为 "Seven Sister" 的西方大石油公司已经从中东弱小的国家给予的特权中榨取了高额的利润，但只付出了很少一部分的固定费用。二战后，不断增长的民族主义不满情绪使东道国政府的态度越来越不友好了，它们提高了石油开采费用以及其他收费。1950年，沙特阿拉伯通过谈判分得了50%的利润。1960年，伊朗、伊拉克、科威特、沙特阿拉伯以及委内瑞拉组成了石油输出国组织（OPEC）。从70年代初期开始，石油出口国控制了石油价格，并逐渐获得了石油公司的全部所有权，只把石油的生产、提炼、销售和运输等业务留给了石油公司。参见 George Lenczowski, *Oil and State in the Middle East*（Ithaca, NY：Cornell University Press, 1960）；Stephen H. Longrigg, *Oil in the Middle East：Its Discovery and Development*, 3rd ed.（New York：Oxford University Press, 1968）；Fadhil J. al-Chalabi, *OPEC and the International Oil Industry*（Oxford, England：Oxford University Press, 1980）, pp.127-166；Daniel Yergin, *The Prize：The Epic Quest for Oil, Money and Power*（New York, Simon & Schuster, 1991）；"Oil and Cartel Power," chap.9 in Spero, *Politics of International Economic Relations*, pp.293-338.

149 关于石油价格这两次大幅上涨的问题常见于各种文章和著作之中，但这些记录本身并不很准确。整个70年代期间石油价格不断浮动，1973年冬，阿尔及利亚升至每桶16美元，而伊朗是17美元。见 Bild, "Oil in the Middle East", pp.138-142.

150 关于欧洲美元和欧洲货币的更为详细的讨论，见 Jim Hawley, "The Internationalization of Capital：Banks, Eurocurrency and the Instability of the World Monetary System," in Frieden and Lake, *International Political Economy*, esp. pp.275-383；Kapstein, *Governing the Global Economy*, pp.31-37, Gilpin, *Political Economy*, pp.314-317. "美国银行通过欧元市场向欧洲国家中央银行发行的贷款提高了世界储备能力，但是这些银行没有计算美国官方债务，除非各国中央银行在美国进行再储蓄。" Riccardo Parboni, "The Dollar Standard", in Frieden and Lake, *International Political Economy*, p.292. 关于银行体系的变化，参见 Kapstein, *Governing the Global Economy*, pp.37-43.

151 卡普施泰因引用保罗·沃尔克的观点，但是并不同意他的观点。见 "The Politics of Petrodollar Recycling," *Governing the Global Economy*, chap.3, p.61.

152 Ibid., p.66.

153 Gilpin, *Political Economy*, p.341. 美国的通货膨胀引起利率上升，1980年高达16%。见 *IMF International Financial Statistics Yearbook*, 1991, p.107.

154 Lairson and Skidmore, *International Political Economy*, pp.284-288. 又见 Miles Kahler, "Politics and International Debt, Explaining the Crisis," in Stiles and Akaha, *International Political Economy*, pp.83-108.

155 墨西哥的情况很典型。到1982年，它的财政赤字占国民生产总值的16%；通货膨胀率达30%，石油出口价格在一年之内下跌25%，同时进口费用却增长了4倍。高利率的结果使债务利息升高了50%。见 William S. Cline, "Mexico's Crisis, the World's Peril," *Foreign Policy*, p.49.（Winter 1982-1983）, pp.107-120.

156 Spero, *Politics of International Economic Relations*, p.79. 1970年，第三世界欠北方国家银行、政府以及国际金融机构（IMF、世界银行等）的债务总额达700亿

美元，到1979年上升至4000亿美元，1989年则超过了13,000亿美元，占第三世界国家国民生产总值的50%。Edward R. Fried and Paul H. Trezise, *Third World Debt: The Next Phase*（Washington，DC：Brookings Institution，1989），p.5.

157 Edward L. Morse, "After the Fall: The Politics of Oil," *Foreign Affairs*, 64（Spring 1986）.

158 Richard E. Feinberg, "LDC Debt and the Public Sector Rescue," in Frieden and Lake, *International Political Economy*, p.395. 阿兰·布林德（Alan S. Blinder）认为，国际货币基金组织应该继续发挥作用，但是它的运作方式必须改变，因为它过去的一些活动曾经恶化了危机，而没有起到缓和危机的作用。1980年的财政紧缩计划对拉丁美洲各国是有益的，但1997年却打击了东南亚国家。见"Eight Steps to a New Financial Order," *Foreign Affairs*, 78（September ／ October 1999），pp.58-59.

159 Lake, "International Economic Structures," p.395.

160 Ibid., pp.396-401；Lairson and Skidmore, *International Political Economy*, pp.276, 293-295；Gilpin, *Political Economy*, pp.317-325.

161 Feinberg, "LDC Debt," p.396.

162 Ibid., pp.396-401.

163 Lairson and Skidmore, *International Political Economy*, pp.293-295.

164 Ibid., pp.295-297. Gilpin, *Political Economy*, pp.325-326.

165 Lairson and Skidmore, *International Political Economy*, pp.299-304. Quoted at p.300.

166 John Burgess, "Relief Plan is Set for Poor Nations," *International Herald Tribune*, October 8, 1999. 富国最早开始考虑减轻穷国债务负担是1996年，但只有极少数国家得到了减债的好处。克林顿总统提出给予41个欠美国债务的最贫穷国家100%的救济，4年之内美国将付出10亿美元。发展和人道主义组织欢迎这个计划，它们认为这个数目还是太少。见Brian Knowlton and Alan Friedman, "Clinton Says U.S. Could End Debt of Poor Nation", *International Herald Tribune*, October4, 1999.

167 参见United Nations Centre for Disarmament, *The Relationship Between Disarmament and Development*（New York：United Nations，1982）；Saadet and Somnath Sen, "Disarmament, Development and Military Expenditure," *Disarmament*（a periodic review by the United Nations），13（3）（1990）.

168 参见William C. Olson and David S. McLellan, "Population, Hunger and Poverty," in the book they coedited with Fred A. Sondermann, *The Theory and Practice of International Relations*, 6th ed.（Englewood Cliffs, NJ：Prentice Hall, 1983），p.270.

169 Mahbub ul Haq, *The Third World and the International Economic Order*, Development Paper No. 22（Washington, DC：Overseas Development Council, 1976）. Reprinted in Olsen, McLellan, and Sondermann, eds., *Theory and Practice*, pp.325-326.

170 Chris Brown, *International Relations Theory：New Normative Approaches*（New York：Columbia University Press, 1992），pp.159-165, 182-188.

171 Alfred George Moas and Harry N. M. Winton, librarians of the United Nations Institute for Training and Research（UNITAR）, *A New International Economic Order. Selected Documents. 1945-1975*, 2 vols.（New York：United Nations, 1977）. 这是他们编撰的一个纲要，汇集了30年里关于世界经济新秩序的提议。又见Jagdish N. Bhaghawati, ed., *The New International and Economic Order：The North-South*

Debate（Cambridge, MA: MIT Press, 1977）; Karl P.Sauvant and Hajo Hasenpflug, eds., *The NIEO: Confrontation or Cooperation Between North and South*（Boulder, CO: Westview Press, 1977）; J.S Singh, *A New International Economic Order*（New York: Praeger, 1977）; D. C. Smyth, "The Global Economy and the Third World: Coalition or Cleavage?" *World Politics*, 29（April 1977）; Robert L. Rothstein, *Global Bargaining: UNCTAD and the Quest for a New International Economic Order*（Princeton, NJ: Princeton University Press, 1979）; Edwin Reuben, ed.,*The Challenge of the New International Economic Order*（Boulder, CO: Westview Press. 1981）; Jeffrey A. Hart, *The New International Economic Order: cooperation and Conflict in North-South Economic Relations*（New York: St. Martin's Press, 1983）; Craig N. Murphy, "What the Third World Wants: An Interpretation of the Development and Meaning of the New International Economic Order Ideology," *International Studies Quarterly*, 27（March 1983）; and Stephen D. Krasner, *Structural Conflict: The Third World Against Global Liberalism*（Berkeley: University of California Press, 1985）.

172 Stiles and Akaha, *International Political Economy*, pp.383-384, 介绍罗伯特·罗思坦（Robert Rothstein）的部分: "Golbal Bargaining: UNCTAD and the Quest for a New International Economic Order," Ibid., pp.385-396.

173 Johan Galtung, "The New International Order and the Basic Needs Approach," in Stiles and Akaha, *International Political Economy*, pp.287-307.

174 Stephen D. Krasner, "Transforming International Regimes: What the Third World Wants and Why," *International Studies Quarterly*, 25（March 1981）. 关于南北经济关系和实现国际经济新秩序的障碍等问题的更多讨论，见 Roger D. Hansen, *Beyond the North-South Stalemate*, for the Council on Foreign Relations（New York: McGraw-Hill, 1979）; John Gerald Ruggie, ed.,*The Antinomies of Interdependence*（New York: Columbia University Press, 1983）; Robert O. Keohane, *After Hegemony: Cooperation and Discord in the World Political Economy*（Princeton, NJ: Princeton University Press, 1984）; and David A. Lake, "Power and the Third World: Towarda Realist Political Economy of North-South Relations," *International Studies Quarterly*, 31（June 1987）, pp.217-234.

175 参见 Commission on Transnational Corporations, "Supplementary Material on the Issue of Defining Transnational Corporations," United Nations Economic and Social Council, March 23, 1979, pp.8 and 11; Commission on Transnational Corporations, *Transnational Corporations in World Development: A Re-examination*（New York: United Nations, 1981）, p.286.

176 Lairson and Skidmore, *International Political Economy*, pp.251-254.

177 Gilpin, *Political Economy*, pp.232-233.

178 United Nations Centre on Transnational Corporation, *Transnational Corporations in World Development: Third Survey*（New York: United Nations, 1983）, p.46. Cited in Frieden and Lake, *International Political Economy*, p.170.

179 Raymond Vernon, "International Investment and International Trade in the Product Cycle", in Frieden and Lake, *International Political Economy*, pp.174-186.

180 Gilpin, *Political Economy*, pp.236-240. 关于知识密集型产业和研究与开发投入的作用，参见 Lynn Krieger Mytelka, "Knowledge-Intensive Production and the

499

Changing Internationalization Strategies of Multinational Firms", in Stiles and Akaha, *International Political Economy*, pp.249-265. 米特尔卡指出，拥有强大的科学和工程技术基础的第三世界国家（和地区），如阿根廷、巴西、印度、韩国、台湾，在知识密集型产业领域中都被主要的新兴工业化国家的全球垄断经营所利用。知识密集型产业的垄断经营不仅仅包括研究和开发投入，还包括设计、工程技术、广告、市场营销、管理、银行、数据处理，以及其他计算机化的国际运营过程。Ibid., pp.249-250, 263.

181 Gilpin, *Political Economy*, p.231.

182 Ibid., pp.241-245.

183 斯佩罗总结说，超过95%的对外直接投资来自经济合作与发展组织（OECD）的成员国，其中约四分之三是成员国间的相互投资。见 *The Politics of International Economic Relations*, 3rd ed.（New York: St. Martin's Press, 1985），p.134. 在比较了两组国家（欠发达国家和工业国家）的投资回报率之后，约翰·奥尼尔（John R. Oneal）和弗朗西斯·奥尼尔（Frances H. Oneal）总结说，依附导致系统性的剥削。见 "Hegemony, Imperialism and the Profitability of Foreign Investments," *International Organization*, 42（Spring 1988），p.373.

184 John R. Oneal, "Foreign Investment in Less Developed Regions," *Political Science Quarterly*, 103（Spring, 1988），pp.137-138.

185 World Bank, *World Development Report 1990*（Oxford, England: Oxford University Press, 1990），pp.182-183.

186 早期对跨国公司的毁誉掺杂评价，参见 Samuel Huntington, "Transnational Organizations in World Politics", *World Politics*, 25（April 1973），John Diebold, "Multinational Corporations: Why Be Scared of Them?" *Foreign Policy*,（12）（Fall 1973）; Raymond Vernon, *Sovereignty at Bay*（New York: Basic Books, 1971）; and Robert Gilpin, "Three Models of the Future," *International Organization*, 29（Winter 1979）. 关于跨国公司对第三世界国家的影响，后来的一些评价可见 Spero, *Politics of Economic Relations*, chap.8; and Thomas D. Lairson and David Skidmore, *International Political Economy: The Struggle for Power and Wealth*（New York: Harcourt Press, 1993），pp.256-264.

187 关于第三世界国家如何调整的叙述，参见 Spero, *Politics of Economic Relations*, pp.285-287. Edith Penrose 认为，跨国公司在第三世界国家里的经营活动在政治上加强了东道国政府的力量，提高了它们控制外国公司的能力。见 "The State and Multinational Enterprises in Less-Developed Countries," in Jeffrey A. Frieden and David A. Lake, eds., *International Political Economy: Perspectives on Global Power and Wealth*（New York: St. Martin's Press, 1987）.

188 参见吉尔平关于他所谓的"新跨国主义"的论述，*Political Economy*, pp.252-262; Albert T. Kudrle, "The Several Faces of the Multinational Corporations: Political Reaction and Policy Response," in W. Ladd Hollist and F. Lamond Hollist, eds., *An International Political Economy*（Boulder, CO: Westview, 1985）; Lorraine Eden and Evan Potter, eds., *Multinational Corporations in the Global Political Economy*（New York: St. Martin's Press, 1993）.

189 Raymond Vernon, *Sovereignty at Bay*（New York: Basic Books, 1971）.

190 Charles Kindleberger, *American Business Abroad*（New Haven: Yale University Press, 1969），p.209.

500

191 Robert Keohane and Joseph Nye, *Power and Interdependence*: *World Politics in Transition* (Boston: Little Brown, 1977), cited in Crane and Amawi, *Theoretical Evolution*, p.13.

192 Susan Strange, *The Retreat of the State*: *The Diffusion of Power in the World Economy*, Cambridge Studies in International Realtions (Cambridge, England: Cambridge University Press, 1996), p.4.

193 Ibid., pp.4-12.

194 Hendrik Spruyt, *The Sovereignty State and Its Competitors*: *An Analysis of Systems Change*, Princeton Studies in History and Politics (Princeton, NJ: Princeton University Press, 1994), p.192.

195 Ibid., pp.192-194. 施普鲁特指出，即使在欧洲，国家利益也会形成地区一体化的障碍，这在1992年以前欧洲统一市场的形成过程中表现很明显。施普鲁特的著作发表之后出现了更多类似情况，特别是英国和法国对《马斯特里赫特条约》和《阿姆斯特丹条约》的一些条款采取了否定的态度，其中包括与单一货币相关的内容。

196 Louis W. Pauly and Simon Reich, "National Structures and Multi-National Corporate Behavior: Enduring Differences in the Age of Globalization," in Benjamin J. Cohen and Charles Lipson, eds., *Issues and Agents in International Political Economy* (Cambridge, MA: MIT Press, 1999), p.155.

197 Peter Evans, "The Eclipse of the State? Reflections on Stateness in an Era of Globalization," *Foreign Affairs*, 50 (October 1997), p.65. Evans 引用了 Susan Strange, "The Defective State," Daedalus, 124 (Spring 1995), p.56. 见 Peter B. Evans, Dieter Reuschemyer, and Theda Skocpol, *Bringing the State Back In* (New York: Cambridge University Press, 1985).

198 Evans, "Eclipse of the State?" pp.67-73, 78.

199 Linda Weiss, *The Myth of the Powerless State* (Ithaca, NY: Cornell University Press, 1998), p.1.

200 Ibid., pp.35-36.

201 Ibid., p.36. 她对通商产业省的认识，见第16-17、32-33、52-53、74-77、196-198页。她对韩国和德国相关政府部门的认识，分别见 pp.52-53 和 pp.130-136。

202 Ibid., p.212.

203 Gilpin, *Political Economy*, pp.394-402 and 406-408. 另参见克莱夫·克鲁克（Clive Crook）的调查 "The World Economy: The Future of the State," *The Economist*, September 20, 1997, pp.5-48.

204 Lairson and Skidmore, *International Political Economy*, p.67, citing Robert Pastor, *Congress and the Politics of Foreign EconomicPolicy* (Berkeley: University of California Press, 1980), pp.96-98.

205 对关贸总协定的准则的概括来自 Frieden and Lake, *International Political Economy*, pp.337-338.

206 罗伯特·基欧汉提出了一种理论，见 "The Theory of Hegemonic Stability and Changes in International Economic Regimes", in Ole R. Holsti etal., eds., *Changes in the International System* (Boulder, CO: Westview, 1980), pp.131-162. 在吉尔平看来，基欧汉关于霸权国必不可少的观点到1984年时变得越来越不肯定了。见 Gilpin, *Political Economy*, p.75. 本杰明·科恩在其评论文章中对科尼比尔、莱克、基欧汉、金德尔伯格、吉尔平以及克拉斯纳之间的争论进行了讨论，见 "The

Political Economy of International Trade," *International Organization*, 44（Spring 1990），pp.261-281. 另参见 Beth V. Yarbrough and Robert M. Yarbrough, "Cooperation in the Liberalization of International Trade: After Hegemony, What?" *International Organization*, 41（Winter 1987）, pp.13-36. 有关美国霸权的两种不同观点, 参见 Samuel Huntington, "The Lonely Superpower," Foreign Affairs, 78（March-April 1999）, pp.35-49, Garry Wills, "Bully of the Free World," Ibid., pp.50-59。

207 Benjamin Cohen, "A Brief History of International Monetary Relations," in Frieden and Lake, *International Political Economy*, pp.337-338.

208 本书第十章中讨论了国际机制理论。与此理论相关的理论家包括 Stephen D. Krasner, Duncan Snidal, John Gerard Ruggie, OranYoung.

209 参见本书第444页（原书页码），以及本章注释101。

210 Spero, *Politics of International Economic Relations*, pp.112-117, 251-253; Stephen D, Krasner, "The Tokyo Round: Patricularistic Interests and Prospects for Stability in the Global Trading System", *The International Studies Quarterly*, 23（December 1979）; Gilpin, *Political Economy*, pp.195-199. 另参见 Kyle Bagwell and Robert W. Staiger, "An Economic Theory of GATT", *AmericanEconomic Review*, 89（March 1999）, pp.215-248.

211 Lairson and Skidmore, *International Political Economy*, pp.152-154.

212 Ibid., p.152; Joan Spero, "International Trade and Domestic Politics," *The Politics of Inernational Economic Relations*, 4th ed.（New York: St. Martin's Press, 1990）reprinted in Goddard et al., *International Political Economy*, pp.372-375; Gilpin, *Political Economy*, pp.199-200.

213 Susan Strange, "Protectionism and World Politics," *International Organization*, 39（Spring 1985）, reprinted in Stiles and Akaha, *International Political Economy*, p.140.

214 Ibid., pp.137-138.

215 John G. Conklin, "From the GATT to the World Trade Organization: Prospects for a Rule-Integrity Regime," in Goddard et al., *International Political Economy*, pp.387-398; Bernard Hoekman and Michel Kostecki, *The Political Economy of the World Trading System: From GATT to WTO*（New York: Oxford University Press, 1996）.

216 Alan Friedman, "Clash Over Farm Subsidies Clouds WTO Agenda," *International Herald Tribune*, October 27, 1999; Anne Swardson, "Storm Awaits World Trade Talks," Ibid., November 3, 1999; Eric Eckholm and David Sanger, "China Agress to Open Its Markets as Step into WTO," Ibid., November 23,1999; Frances William, "U.S. and Europe Try to Heal Farm Rifts," *Financial Times*, November 30, 1999.

217 Frances William, Mark Sugman, and Guy de Jonquieres, "Protesters Throw WTO Meeting into Disarray," *Financial Times*, December 1, 1999. 多数示威者想用他们自己的社会议程来影响 WTO, 这些都与 WTO 促进自由贸易的目标和任务无关。Guy de Jonquireres, "System Threatened by Its Own Success," World Trade Survey, *Financial Times*, November 29, 1999. 关于西雅图会议期间劳工组织对 WTO 的抗议示威活动的背景, 以及被有些人称为"全球化的阴暗面"的问题, 见 Jay Mazur, "Labor's New Internationalism," *Foreign Affairs*, 79.（Januaru-February 2000）, pp.79-93.

218 Andrew Linkater, *Beyond Realism and Marxism: Critical Theory and International*

502

Relations（New York：St. Martin's Press，1990），esp.pp.1-34，165-172.

219 参见 Frieden and Lake，*International Political Economy*，esp.pp.1-17；Paul R. Viotti and Mark V. Kauppi，*International Relations Theory，Realism，Pluralism，Globalism*（New York：Macmillan，1987）；Kenneth Waltz，*Theory of International Relations*（Reading，MA：Addison-Wesley，1979）；本章引提到的其他理论家，如 Stephen Krasner，Immanuel Wallerstein，Christopher Chase-Dunn，Micheael W. Doyle 等 人 的著作。因为横向发展的压力，Rajan Menon 和 John R. Oneal 分别从社会主义 和资本主义理论、现实主义理论以及帝国主义理论等各个角度，对有关帝国主义 的争论进行了回顾。详述见 Nazli Choucri and Robert North（treated in Chapter 8）；"Explaining Imperialism：The State of the Art as Reflected in Three Theories，" *Polity*（Winter 1987），pp.169-193.

220 Spero，*Politics of International Economic Relations*，pp.8-12.

221 Stephen C. Neff，*Friends but No Allies：Economic Liberalism and the Law of Nations*（New York：Columbia University Press，1990），pp.11-20.

222 Robert Kuttner，"Managed Trade and Economic Sovereignty，" in Frank J. Macchiarola，ed.，*International Trade：The Changing Role of the United States*，Proceedings of the American Academy of Political Science，37（4）（1990），pp.37-53，esp pp. 37-44. 比较美国和日本两国的外贸和国内经济政策，可以发现为什么 每个国家都认为自己是自由贸易的倡导者而其他国家则是贸易管制的推行者。 参 见 Samule Kernell，ed.，*Parallel Politics：Economic Policymaking in Japan and the United States*（Washington，DC：Brookings Institution，1991）. 另 参 见 Cletus C. Coughlin et al.，"Protectionist Trade Policies：A Survey of Theory，Evidence and Rationale，" Robert Baldwin，"The New Protectionism：A Response to Shifts in National Economic Power，" and Alison Butler，"Environmental Protection and Free Trade：Are They Mutually Exclusive?" in Frieden and Lake，*International Political Economy*.

223 Kapstein，*Governing the Global Economy*，p.182.

224 Strange，"Protectionism and World Politics，" p.138.

225 Charles R. Beitz，"International Liberalism and Distributive Justice：A Survey of Recent Thought，" *World Politics*，51（January 1999），pp.269-296，cited at p.270. 贝茨的评论中大部分在谈论约翰·罗尔斯的《正义论》（Cambridge，MA：Harvard University Press，1971）以及其他人对罗尔斯的评论。

226 Michael Nicholson，*International Relations：A Concise Introduction*（New York：New York University Press，1998），p.123.

227 从1997 年中期开始的两年里，每期《国际货币基金组织调查》（双周发行）的主 题文章是关于金融危机的。另参见 Carl Gewirtz，"Asian Crisis：Catalyst for Change or Disaster?" *International Herald Tribune*，August 17，1998；"Asian Leaders Urge Tokyo to Fix Economy，" Ibid.，June 17，1998；Stephen R. Weisman，"A Real Crisis Encounters Real inertia in Japan，" Ibid.，September 7，1998；David E. Sanger，"Uneasy Split Developing with Japan，" *The New York Times*，September 7，1998；"Russia to Allow Ruble to Fall by 34%to Survive Cash Crisis，" *International Herald Tribune*，August 18，1998；David Hoffman，"Russia at the Brink：Another Bailout?" Ibid.，August 22-23，1998；Richard Waters，"Fear of Falling，" *Financial Times*，August 29，1998；Celestine Bohlen，"Russia Smolders as World Waits，" *The New York*

503

Times，September 2，1998；"Russia to Allow Half of Its Banks to Fail," *International Herald Tribune*，Ibid., November 13，1998.

228 对"裙带资本主义"持批评态度的西方分析家包括 John Plender，"Western Crony Capitalism," *Fiancial Times*，October 4，1998；Tom Plate，"No More Economic Blame Games against Asia," *International Herald Tribune*，January 15，1999；David E. Sanger and Mark Landler，"Crisis Appears Over，but Asia's Ills Linger," *The New York Times*，July 13，1999. 亚洲各国的企业领袖们经常受到美国官员们指责，说他们帮助破产的银行摆脱困境，而不是让它们自行倒闭，现在他们也反过来指责美国联邦储备银行，说它促使私人银行投入35亿美元来挽救一个美国对冲基金。见 Mark Landler，"For Asians，U.S. Bailout of Fund Is Inconsistent," *International Herald Tribune*，September 29，1998.

229 保罗·布鲁斯坦（Paul Blustein）发现亚洲金融危机震动了世界金融市场，它"使一个历史性的挫折变成了于西方资本主义有利的机会。"见 "Financial Crises May Stall Capitalism's Global March," *Washington Post*，September6，1998.

230 Alan Friedman，"World Bank Rewrites the Prescription for Asia," *International Herald Tribune*，September 30，1998.

231 德国总理科尔警告说："世界上惟一的超级大国要尽到责任，这是最重要的。我只希望华盛顿的（政治）风波尽快平息下来。"他指的是克林顿总统的个人问题，国会将对之启动弹劾程序。见 Robert Chote，"Wake-up Call for Greenspan," *Financial Times*，September 15，1998.

232 "Clinton Calls for Urgent World Meeting to Face 'Biggest Financial Challenge,'" *International Herald Tribune*，September 15，1998.

233 "Clinton Calls for Fund to Fight World Crisis," Ibid., October3-4，1998.

234 Robert Chote，"Struggle is on to fit the pieces together again," *Financial Times Survey*，October 2，1998；Alan Friedman and Jonathan Gage，"G-7's Global Remedy Seen as Insubstantial," International Herald Tribune, October 30, 1998; Tom Buerkle，"G-7' Nations Unveil Financial Blueprint," Ibid., October 30-31，1998；Robert Chote，"Differences emerge over reform," *Financial Times*，February1999.

235 Alan Friedman and Jonathan Gage，"A Proposal to Monitor World Finance System"，*International Herald Tribune*，February 1，1999. 另 参 见 "Tietmeyer Proposal: Financial Stability Forum convened to Promote Cooperation and Supervision of Global Market," *IMF Survey*，March 8，1999，pp.6-70. 对外关系委员会成立了一个由著名企业经理、基金管理人员、前政府官员以及学者等组成的小组，专门研究这次金融危机并提出解决方案。参见 "The Future of the International Fiancial Architecture: A Report," *Foreign Affairs*，78（November/December 1999），pp.169-184.

236 David S. Broder，"On World Stage，U.S. Is Unrivaled," *International Herald Tribune*，January 11，2000. 此前数月，阿兰·弗里德曼（Alan Friedman）曾写道："20世纪的最后一年是在对全球债务危机和经济衰退的担忧不断蔓延中开始的。不过现在形势已发生了转折性变化。最糟糕的情况没有发生，受挫的亚洲地区的经济开始回升，金融市场已经稳定下来，经济观察家们取得了新的一致看法，即认为世界经济正稳健地走向恢复和增长。"见 "Global Economy Swings from Crisis to Recovery," Ibid., September 25-26，1999. 另参见 Peter G. Gosselin，"U. S. Boom Caught Experts by Surprise," Ibid., December 29，1999. 戈瑟兰（Gosselin）批评耶鲁大学历史学家保罗·肯尼迪10年前提出的一个悲观问题："我们能否像大不列颠

504

帝国那样体面地走向衰落？"我们可以想象，对国际政治经济的发展趋势作重要预测是一件多么危险的事情。不过我们仍有理由记住，当1996年12月美联储主席阿兰·格林斯潘发出警告，说股票市场出现"非理性繁荣"时，道琼斯工业平均指数仍然不断超值上涨。新千年来临的前夕，罗伯特·萨缪尔森（Robert J. Samuelson）写道："投机造成的经济繁荣的根本特点，就是大多数人不相信眼前的经济繁荣是投机造成的。否则的话，人们的行为就会有所不同。"见"Ill Omens for the Great Boom," *International Herald Tribune*, December 29, 1999.

237 William Drozdiak, "Falling Behind: Europe Worries that Once Again It's Eating America's Dust," *Washington Post National Weekly Edition*, January 24, 2000; Clay Chandler, "Japan Faces Possibility or Renewed Recession," *International Herald Tribune*, February 7, 2000.

238 Joseph Kahn, "U.S. Seeks Help fromG-7 Allies on Trade Deficit," Ibid., January 22-23, 2000.

239 吉姆·霍格兰（Jim Hoagland）认为，联合国的数据说明，占世界人口20%的最富有的人所消耗的物质和资源，是占世界人口20%的最穷的人所消耗的物质和资源的66倍。见"In New Millennium, the World Is Confronted by a Tableau of Contradictions", Ibid., January 3, 2000; Robert J. Samuelson, "Globalization's Double Edge," Ibid., January 4, 2000；阿兰·弗里德曼指出，出席瑞士达沃斯经济论坛的世界最大公司的总裁们，有一半"担心国际互联网将会扩大发达国家和发展中国家之间的贫富差距"，因为新技术制造出了通向国际互联网的"知识鸿沟"。见"Business Chiefs See Clouds on Internet's Horizon", Ibid., January 28, 2000.

第
十
章

国
际
合
作
与
一
体
化
理
论

合作与国际一体化

除了战争、政治分裂和冲突之外，国际关系理论也关注合作、一体化与和平。国家为什么并且怎样进行合作、推进一体化以及建立和平？国家为什么要组成同盟和联盟这样的合作组织？欧盟和北约这样的地区组织，其前进和倒退的条件是什么？本章将评述有关合作与一体化的理论。这些理论涵盖了从有限合作到高度一体化的多种理论。在无政府的世界里，国家既通过斗争手段也通过合作方式实现其安全目标。因此，对于国际关系理论来讲，能够解释或有助于理解国家间合作的理论是至关重要的。

当行为体为了回应或预期其他行为体的偏好而调整自身行为时，合作就可能产生。国家可以在明确的或默认的讨价过程中商讨进行合作。合作也可能是强弱行为体之间相互关系的结果。[1]霸权能够提供稳定，而这种稳定能够以19世纪**英国治下的和平**（Pax Britannica）或最近**美国治下的和平**（Pax Americana）的形式为小国提供安全和经济福利。霸权以扩大市场或给予军事保护的方式提供共同获益的基础，从而促进国家间的合作。[2]

合作被定义为一组关系，这组关系不是建立在压制或强迫之上的，而是以成员的共同意志为合法基础的。联合国、欧盟这样的国际组织或是北约这样的军事同盟便是如此。[3]国家成为国际组织或国际机制的成员后，它们可能会发展合作关系。国际机制包括了共同认可的规则、法规、规范和决策程序，国家在其中寻求问题的解决，依据国际机制，它们的预期将趋于一致。本章稍后的部分将讨论国际机制。作为国际制度的参与者和国际机制、联盟和同盟的一部分，国家为什么和怎样界定它们的利益呢？研究这些问题为发展理论提供了较大的空间。行为体在多大程度上可以影响以合作为目的的制度安排？制度本身怎样影响成员间的互动行为模式？正如我们在第二章和第三章论述的，这些问题是新现实主义和新自由主义正在争论的焦点。

进行合作既可能是源于个体对集体福利承担的义务，也可能是基于对私利的认识。在第十一章中我们将讨论囚徒困境，这是一个经典的模型，能帮助我们理解为谋求私利而进行合作的基础。两个彼此隔离的囚犯面临着合作或背叛的选择。如果他们选择合作，也就是都不承认犯罪，由于缺乏证据两人最终都可能获释；如果一个囚犯希望从轻处理而承认犯了罪，另一个不认罪的囚犯将要受到比认罪的那个更重的惩罚。那么，在什么情况下他们才能为了各自的利益而与他人进行合作呢？卢梭的捕鹿游戏建立了这样一个模型：如果所有参加者为了共同的目标协同工作，则可捕获一只鹿；[4] 如果一个或更多的参加者开小差，比如说去追兔子，鹿则很可能会逃掉。由此可见，通过合作才能捕获鹿，使众人都享受一顿美餐。在囚徒困境和捕鹿游戏中，采取合作行为的关键是每个人对他人合作诚意的相信程度。不相信别人的合作诚意，就不会采取合作行为。因此，建立在私利基础上的合作理论，其核心问题是对相互合作的回报的认识在多大程度上可以取代单独行动和竞争获利的想法。这可以通过两个国家维持国际贸易壁垒的事例加以说明。如果两国都拆除贸易壁垒，每个国家都会从中获益。如果一个国家单方面拆除贸易壁垒，另一个国家可在进入新市场的同时阻止外国商品进入本国市场。正如罗伯特·阿克塞尔罗德（Robert Axelrod）所指出的那样，问题是：如何在因缺乏中央权威强制合作而存在自利行为的背景下发展合作理论。[5]

国际合作必然是在分散化、缺乏有效制度和规范的背景下进行的，必然是在文化上相异、地理上相分离的实体之间进行的，因此要进行合作，就有必要充分了解各种成员的动机和意图，克服因信息不充分所带来的问题。合作理论的核心是合作的动力或收益要超过单边行动的动力或收益。在无政府国际体系中，以私利为基础的合作理论涉及三个方面：频繁往复的交往，交换有关合作目标的信息从而深化国家间的对话、增强国家的透明度，合作形式得以实现的基本制度。[6]

国际合作理论既讨论两个国家之间的关系，也讨论多个国家之间的关系，即多边主义。虽然合作常常在两国之间进行，但多边合作已成为研究的重点。根据约翰·杰拉德·鲁杰的定义，**多边主义**（multilateralism）是指"根据普遍的行为原则，能够协调三个或更多国家之间关系的制度形式"。[7] 据此定义，**多边**（multilateral）一词指的是普遍的行为原则。这些原则可以表现为程度不同的制度安排，包括国际组织、国际机制和比较抽象的**国际秩序**（international orders），如19世纪末的贸易开放秩序和21世纪初的全球经济秩序。因此，多边主义，即三个或更多行为体间的合作，可能建立在广泛的基础上，也可能基于具体的问题。合作可以在正式的或非正式的制度里进行，其所认同的规则、接受的规范和共同的决策程序也可多可少。

回到本章讨论的一个主题，作为一个核心前提条件，有关合作行为的理论需要理解和发展政治一致性，这种一致性是各种制度安排的基础，而合作正是在这些制度安排中形成和发展的。除了国际组织、国际机制和国际行为体这些多边主义的制度安排以外，我们还要关注希望建立政治共同体的观念和创建上述实体的一体化进程。哪些因素导致了民族国家的形成？在地区或全球层次上，超越民族国家而形成共同体的条件和环境是什么？在此，对世界主义和共同体主义思想进行简短的讨论是有益的，这些思想中的许多观念与合作和一体化理论有关系。特别要注意的是，世界主义和共同体主义两种认识方法为一体化起源这一基本问题提供了明显不同的答案。一体化是源于共同体还是源于以普世性原则为基础的更崇高的世界主义责任呢？世界主义认为这种责任促使人们形成日益加强的合作组织和一体化的共同体。

世界主义和共同体主义

在第二章，我们集中讨论了乌托邦主义和现实主义的论战以及这一争论最近的表现形式，即新自由主义和新现实主义之间的论战。现在，我们有必要对世界主义和共同体主义的不同之处进行认真的区分。由于乌托邦主义和现实主义采用了不同的方法探寻制度和一般政治行为的根源，加之其他一些原因，它们形成了鲜明的对照。乌托邦主义从更为崇高的起点出发推导并建立规范和准则，并以此作为政治的基础，因此它属于世界主义理论的框架。现实主义认为政治行为源于特定的环境，因此可归入共同体主义。现实主义认为道德规范是由政治决定的，而乌托邦主义则认为政治

508

是由道德规范决定的。对于现实主义者来说，普世的道德原则不可能适用于具体情况，必须依照其实现基本目标和维护国家利益的程度来评判政治行为，因为这些目标得以实现和国家利益得以维护就意味着国家的生存。在理想主义者看来，普世的道德标准为评判国家行为提供了依据。

世界主义和共同体主义两种理论的研究方法差异如此鲜明，直接引发了有关这两种理论的讨论。世界主义的起源可以追溯到古代，认为价值和政治行为的来源相同。世界主义理论起源于古代的斯多葛派，该学派相信自己是宇宙的臣民，而不只是属于特定的政治单元或者城邦（polis）。虽然个人居住在特定的政治单元之中，但所有政治准则和价值并非起源于这些政治单元，而是来源于宇宙。宇宙包涵着普遍适用的价值，如神圣的法律和人类的本性。换言之，人类是宇宙之城的一部分。从这个意义上说，政治行为来源于宇宙，这正如政治准则和价值起源于宇宙一样。正如布朗所指出的，世界主义与世界政府并没有必然的联系；它只是认为最终价值并非来源于现存的政治结构。[8] 相反，政治行为的另一个基础会在宇宙中发现。

共同体主义理论与上述观点截然不同。政治行为的基础存在于共同体或者**城邦**（polis）之中。政治价值或规范准则形成于它们所处的特定背景。个人可能效忠于更大的政治实体，包括他们生活的政治单元。共同体有着自己的历史和文化基础，并随着时间的推移而发展变化，以适应各自面临的不同环境。一些共同体是战争和征服的产物，另一些则是共同体成员通过自愿组合而形成的。因此，多少个世纪以来，欧洲的发展一直在多种政治单元中进行，并形成了一系列民族或国家，每个民族和国家都有着独特的传统、语言和习惯。对于共同体主义者来说，民族国家是欧盟和其他欧洲机构必不可少的基石。

共同体主义通常被定义为形成建立综合性共同体所需的条件和态度。按照亨利·塔姆（Henry Tam）的观点，当代共同体主义赖以为基础的学术思想源远流长，其发展可以划分为四个阶段。[9] 共同体主义思想的第一阶段可以追溯至公元前4世纪。那时，亚里士多德认为个人生活的经验是政治制度不可或缺的基础。亚里士多德反对那种认为民众掌握不了知识的观点。也就是说，政治精英和其他精英不能说与民众不同，断言自己的智慧和统治权利是与生俱来的。关于政治、社会和经济问题的知识，来源于共同体的经验而不是普世性主张。在第二阶段，培根（Francis Bacon）的思想对共同体主义产生了重要影响。培根主张，以权威性的论断为基础的知识毫无用处，除非其准确性能为实验所证实。大量得到科学方法（见第一章）检验的思想和假设推动了知识的进步。因此，培根对共同体主义的贡献在于，他否认了下述观点，即认为拥有政治权力的集团掌握着高级知识，而这些知识的获得与集团外的人没有关系，尽管集团之外的人能够对制定政策做出贡献。按照塔姆的说法，在这些处于集团以外的人当中，包括这样一些人，他们"进行实验，发现公理，检验受到肯定或否定的知识，并逐步扩大知识的范围，借此提高人类的生活质量"。[10]

塔姆划分的第三个阶段是19世纪中期。这时，**共同体主义**（communitarianism）一词开始被用于概括以社团为基础的社会的特征。罗伯特·欧文（Robert Owen）、约瑟夫·蒲鲁东（Joseph Proudhon）和约翰·斯图尔特·密尔是这种社会的倡导者或支持者。这种社会基于地方团体拥有较大自治权、鼓励人们建立合作性组织，以及全体民众教育水平获得提高。换言之，共享民主制对于推动代议制政府发展是相当必要的，因为代议制政府的基础就是机会平等和尽可能做到平等参与。

第四阶段是19世纪晚期到20世纪早期。在这一阶段，当代共同体主义最终形成。塔姆认为，这一时期的代表人物包括英国哲学家格林和列奥纳德·特里劳纳·霍布豪斯（Leonard Trelawney Hobhouse）、法国社会学家涂尔干，以及美国教育家和哲学家约翰·杜威（John Dewey）。总的说来，他们阐述的思想都基于一个共同的假定，即当把个人与共同体的关系割裂开时，就无法看清个人的权利。他们反对不受限制的市场，反对任何力量阻止个体加入综合性的共同体。21世纪初，共同体主义意味着寻求变化的渴望，即政治上取代极权主义，经济上取代仅靠市场力量驱动的经济体制。总之，共同体主义这一概念将在21世纪得到广泛应用。建立共同体的需要为共同体主义奠定了基础。在共同体中，所有人都将在平等的基础上取得成功。

国际关系理论的大部分内容都可以归入世界主义思想或共同体主义思想。根据这两种思想，我们可以对国际关系理论的大部分内容加以分析。正如布朗所说："两种研究方法合在一起确实提供了一个相当全面的分析框架。关于国际关系的思想可置于这一框架之内。事实上，19世纪的许多思想都能置于这一框架之内。"[11] 两种方法各自提供了一个基础，用以解释那些非常重大的问题和假说，这些问题和假说与政治行为根源有关并反映政治关系的价值。两种方法都与国际关系基本理论有着千丝万缕的联系，尤其是现实主义和理想主义，新现实主义和新自由主义，以及一体化理论和冲突理论。因此，我们可以把一体化看做是政治共同体的结果，或是一种共同体主义现象。我们也可以认为，一体化是宇宙中固有准则或规范的结果。一体化理论可能既有世界主义的成分，也包含着共同体主义的成分。一体化理论的原则以普世性观念为基础，例如，自由是不可剥夺的权利，美国的《独立宣言》就表达了这样的思想。另一种共同体主义观念是代议制政府要以被统治者的同意为基础，美国宪法中表达了这种观念。

一体化的定义

在开始讨论一体化理论之前，有必要首先讨论一体化的定义问题。大多数一体化理论家强调，国际层次上的一体化进程得到了各参与方的同意，共同的规范、价值、利益或目标的形成为一体化进程提供了基础。虽然出现一体化的国际体系的政治单元有可能是通过征服形成的，但超越民族国家的和平的一体化进程，其演化却有赖于参与各方所认识到的共同需要。世界秩序不可能建立在全球军事征服之上。从这一基本假定出发，我们会发现国际体系中的单元将逐渐接受合作性安排，以此作为地区性或全球性政治共同体的基础。有关一体化的文献和共同体主义的著作都对**共同体**（community）这一概念进行了广泛讨论。除了人民共同体外，还有第四章讨论过的思想共同体或认识共同体。从共同体主义者的角度看，阿米塔伊·埃齐奥尼（Amatai Etzioni）认为共同体"是若干条共有的社会纽带或是一个社会网络，与个人之间的纽带完全不同。这些社会纽带通常是中立的，承载着一套共同的道德价值和社会价值"。[12] 在埃齐奥尼看来，共同体所拥有的价值不能由外界强加，而要源于共同体成员间的互动，这与共同体主义者的看法是一致的。本章下面对一体化理论的评述，总体上也将从这种认识出发，特别是在讨论欧盟和其他欧洲一体化进程的时候。欧洲一体化主要依靠的是拥有多种不同历史文化的欧洲国家的共同努力。

虽然我们已经把一体化定义为导致政治共同体形成的**过程**（process），但事实上它还有许多其他的定义。下面我们就对这些定义作简要的介绍。厄恩斯特·哈斯将一体化定义为："说服来自不同国家的政治行为体将其忠诚、期望和政治活动转向一个新的中心的过程。这个中心的组织机构拥有或要求掌握对已经存在的各民族国家的管辖权。"[13] 另一位一体化理论家卡尔·多伊奇（其著作在第一章已经做过介绍）认为政治共同体是一个过程，它使一部分人在某一领土内得到一种足够强烈的共同体感、制度感和实践感，从而使居民形成一种长期可靠的和平变革预期。[14]

国际合作和一体化理论要对国家在一个权力分散的环境中的行为做 511 出解释。在这样一个环境中，国家面临着许多靠单个国家无法解决的问题，[15] 包括特定功能领域中的问题，如贸易政策问题。但人们也认为，在这些领域内已经有了进行合作的需求。在这些功能领域中，民族国家无法依靠单边手段解决问题并取得满意的效果。因此，各国对实现合作产生了兴趣，希望通过合作为共同面临的问题找到大家都能接受的解决办法。除贸易政策外，环境政策、电信政策、移民政策、健康政策、投资政策、货币政策、航空安全等诸多领域都需要各国进行合作。现实主义所关心的政治和军事问题通常被称作**高级政治**（high politics），上述这些领域则属于**低级政治**（low politics）。低级政治关注的重点不是无政府社会中冲突的本质，而是国家在特定功能领域中进行合作的环境。在这些具体功能问题中，各民族国家有着共同的利益，而要想大家都受益，靠各国单独行动是做不到的。换言之，合作行为带来的收益超过了单独行动的收益。

一体化理论家有一个共同的兴趣，即了解一体化进程产生的效忠或注意力的转移，其中包括从一个关注点转向另一个关注点，从局部单元转向更广或更大的政治实体，从部落转向国家，从国家转到超国家单元。他们对一体化的单元之间的交往和沟通模式也抱有兴趣。他们认为，交往和沟通对一体化十分重要，是单元之间互动的标志。有些一体化理论家认为，参与一体化的动因在于，参与者预期到合作能带来共同回报，而不合作将带来惩罚。这种预期最初很可能产生于政府部门或私人部门的精英阶层。例如，政府通过合作可以使自己更加安全；私人部门集团在看到了未来的共同收益后会进行跨国合作（与外国公司合并的公司或支持欧盟的商业精英都是如此）。一体化成功的重要条件是人民有能力把一体化变成一种观念或信仰，进而全身心地投入其中。一些一体化理论家强调，某一部门内一体化的成功将对参与者在另一部门推进一体化的能力产生影响。最后，人们普遍认为一体化是多维的现象，涉及政治、社会、文化和经济等诸多领域。一体化进程会导致共同的认同感和共存感的形成。一体化之所以兴起，是因为获得了参与单元的支持，欧盟即是如此。

功能主义和国际合作

功能主义为理解一体化和合作理论提供了一个重要基础。戴维·米特兰尼（1888 ~ 1975）的著作对后人发展一体化理论产生了巨大影响。米特兰尼生于罗马尼亚，但他生命的大部分时间都是在英国度过的。1943年，他在英国出版了《有效的和平体制》（A Working Peace System）一书。[16] 这本书是他最重要的理论贡献。在米特兰尼看来，20世纪世界的特征是技术问题日益增加，而这些问题只有通过跨国合作才能解决。国家之间或国家内部的问题最好依靠受过高等教育的专家而非缺乏技术能力的政客来解决。米特兰尼相信，技术问题的解决需要精深的知识和专门的技术。解决这些问题需要技术专家们不涉及政治或冲突内容的合作行动，因为技术专家们会选择与政治、军事这些国家间的"高级政治"无关的解决方案。

米特兰尼认为，要阐明这些亟待解决的技术问题，无须借助政治化的意识形态或政治化的民族主义，可以根据具体的需要或功能，通过加强合作找到解决问题的方案。这样的合作将为建立日益坚实的合作网络奠定基础，而这种合作网络的出现将使国际机制和制度得以形成并逐步得到加强。一个领域的合作越成功，其他领域进行合作的动力就越强劲。在米特兰尼看来，通过合作过程中的学习，日渐增强的信任将取代相互猜疑。这样做既是必要的，也是可能的，而且这种信任能够延伸到还没有开始一体化的领域。因此，功能主义为米特兰尼提出的**扩展**（ramification）这一概念奠定了基础。从这个意义上说，他确信由于认识到合作的必要而在某一功能领域进行的合作，将会推动合作态度的改变，或者使合作的意向从一个领域扩展到其他领域，从而在更大的范围内进行更深入的合作。这个扩展的过程不仅拓宽了合作领域，加深了合作，而且使合作态度发生转变，和平规范得以创立，从而减少战争并最终消灭战争。功能性合作为以国际组织为形式的国际制度和以多边主义为基础的国际机制奠定了重要基础，它们最终将削弱民族国家的重要意义。[17]

新功能主义

新功能主义继承了功能主义思想并以米特兰尼的著作为基础。新功能主义的主要贡献在于细化、修正或检验了有关一体化理论的假说。新功能主义理论家关注的重点是欧盟，特别是欧盟制度的发展过程。新功能主义强调政党和利益集团的作用，同时关注这些单元中政治精英支持或反对一体化的程度。对欧盟一体化做出解释的新功能主义理论，其考察的重点是一体化进程。起初，这一进程只有具体的功能性任务，但现在合作的潜力已经延伸到了其他领域，并可能形成某种政治联盟。[18] 对新功能主义做出贡献的理论家主要有：厄恩斯特·哈斯、菲利普·施米特（Philippe Schmitter）、列昂·林德伯格（Leon Lindbergh）、约瑟夫·奈、罗伯特·基欧汉以及劳伦斯·沙因曼（Lawrence Scheineman）。他们的许多著作（但不是所有）都是以欧洲一体化的经验为依据的。

513

例如，哈斯以欧洲煤钢共同体（ECSC）为例，考察了二战结束初期西欧实现一体化的努力。他认为，支持还是反对一体化取决于参与一体化的单元内的主要集团对其收益或损失的预期。"与其依赖一个把'利他主义'动机作为主导因素的一体化计划，不如着眼于各团体要捍卫的利益和价值。着眼于这些价值和利益之所以更为合理些，是因为这些利益和价值十分复杂，还不能用'法德和平'或'实现欧洲联合的意志'等简单的概念加以描述。"[19] 哈斯确信，一体化得以推进与有关精英在政府部门和民间部门所做的努力密切相关。他们之所以支持一体化，主要是基于实际的考虑。比如预期拆除贸易壁垒后，市场将扩大，利润将增加。假如精英们认为，可以从某一超国家组织的活动中获得好处，他们就可能与国外有类似思想的精英进行跨国合作。

行为体认识到，要想更好地维护自己的利益，可用对煤钢共同体这样大的组织的忠诚取代对民族国家的忠诚，或是对两者都忠诚。随着涉及范围的扩大，利益的概念需要重新定义。哈斯指出："在一个功能领域内学到的一体化经验将应用于其他领域，并将最终取代国际政治。"[20] 对一体化至关重要的是"行为体最初认为是'技术性'或'非争议性'的目标逐渐地政治化了"。[21] 哈斯断言，行为体之所以要把目标政治化，原因在于为了实现最初的技术目标，它们"同意考虑所有有助于实现目标的手段"。

功能主义主张，要实现福利，最有效的办法就是让专家或技术团体负责国际一体化的工作。对此，哈斯提出了两个条件：（1）来自某一地区的团体（比如西欧）比来自全世界代表参加的组织更有可能实现一体化；（2）专家们发现，如果他们不对国家负责，他们的建议就无人理睬。因此，他认为，为了特定的需要而进行合作的各国相关机构中的技术官僚，是一体化最有力的推动者。自从哈斯和其他一体化理论家的理论创立以来，一体化又向前发展了几十年，至少在欧洲地区是这样。这个过程中，在米特兰尼著作的基础上，哈斯指出，在一体化进程中，精英和专家发挥着不可替代的作用，但并不是只有他们在发挥作用，政府领导人也在发挥作用。对于欧洲一体化，领导人时而支持，时而反对。本章后面的内容将就一体化进程中公共部门和私人部门之间的关系展开讨论。

514 外溢和一体化进程

外溢（spillover）是哈斯著作中的核心概念。[22] 这个概念的基础是米特兰尼所称的"扩展原理"。在考察欧洲煤钢共同体时，哈斯发现与煤炭和钢铁行业紧密相关的欧洲精英们，很少有人是从一开始就坚决支持欧洲煤钢共同体的。直到欧洲煤钢共同体运行了几年之后，大多数工会和政党的领导人才成为这一共同体积极的支持者。由于这些团体从欧洲煤钢共同体中得到了实惠，他们开始努力推进欧洲其他领域的一体化，包括成立欧洲共同市场（ECM），并成为一体化进程的领导力量。这一过程恰好说明了扩展和外溢的过程。因此，在一个领域内的超国家机构中得到了好处的人会赞成其他领域内的一体化，而且这一倾向在这些人身上表现得相当明显。正如哈斯所言："最初在一个领域进行一体化的决策外溢到新的功能领域中，一体化涉及的人越来越多，官僚机构之间的接触和磋商也越来越多，以便解决那些由一体化初期达成的妥协而带来的新问题。"[23] 可见，一体化必然向外延伸，一体化也因此能从一个部门外溢到另一个部门。在这个过程中，各国在一个更广阔的一体化背景下，提高了国家利益的目标，以实现共同利益。

欧洲共同体成立之后的几十年里，西欧一体化积累的经验促使哈斯和其他一体化理论家重新思考外溢这个概念并进行了改进。例如，施米特提出，根据行为体可能做出的战略选择，可以对外溢进行类型划分。除外溢之外，还包括：**环溢**（Spill-around），即一体化组织的职能范围扩大了，但其权威并没有相应加强；**权威加强**（Buildup），即一体化组织的决策自主性和权威都得到了加强，但一体化组织并没有扩展到新的领域；**权威削弱**（retrenchment），即一体化组织内部联合仲裁的水平提高了，而一体化组织的权威受到了削弱；**回缩**（Spill-back），即一体化组织的职能范围和权力都收缩到外溢前的状态。斯密特假设，包含新议题的"连续外溢或一揽子协议"以及不易察觉的"环溢"，也许能为实现向政治一体化的跨越奠定基础。[24] 例如，类似欧盟这样的国际组织可能就经历了这样一个发展阶段，即在已经开始一体化的领域内，比如贸易政策领域，加强合作，以此为基础推进一体化的发展。与此同时，在一体化向其他领域外溢的过程中，如在货币政策一体化和实现统一货币的过程中，贸易领域在重新获得前进的动力之前可能会遇到暂时的挫折，欧盟的情况就是如此。

　　然而，哈斯也发现，如果得不到深层次的意识形态或哲学信念的支持，基于实用主义考虑的利益，如期望获得经济收益，可能只是"短暂的"利益。在民族国家层次上，这样的意识形态或哲学信念包括强烈的民族主义和民族认同感等。不管经济后果如何，这些信念都能激发或团结民众。"因此，建立在实用主义利益基础上并以此为出发点的政治进程必定是脆弱的，容易出现反复。"正如人们所料，如果事实证明一体化的初步进展就能够满足实用主义的期望，那么推动一体化进程深入的措施便得不到足够的支持。很明显，这个结果反映出把获得实用主义收益作为持久一体化基础的严重局限性。[25] 长期的一体化进程必须要有其他的推动力，而不能仅是为了获得更大的市场或更多的劳动力。

约瑟夫·奈与新功能主义

　　以哈斯和他之前的米特兰尼的著作为基础，许多学者力图改进新功能主义的一体化理论，约瑟夫·奈就是其中的一位。他的贡献在于创立了一个以"过程机制"和"一体化潜力"为基础的新功能主义。从欧洲和非西方国家的经验出发，奈建立了一个分析一体化条件的理论框架，并大大修正了哈斯和米特兰尼著作中政治化和外溢这两个概念。[26] 对这两个概念的修正在一定程度上代表着对新功能主义理论的改进，因此我们将较为详细地阐述奈理论的主要内容。

　　奈提出，有关新功能主义的文献中包含了七个过程机制，针对这些过程机制，他重新定义了新功能主义理论的概念，并提出了新的观点。

1. **功能主义的任务联系，或外溢概念**（Functionalist linkage of tasks, or the concept of spillover）。奈认为，把"任何表明合作增加的迹象"都归结为是这一机制的作用是不正确的。合作的增加，是由于一些问题是相互联系的或是有关系的，这些联系和关系是由问题的内在技术特点决定的，或者是推动一体化的精英们努力促进外溢的结果。奈提出的假说是，"功能性相互依存或各种任务内在联系造成的不平衡，会成为推动政治行为体重新确定共同任务的力量"。然而，这种重新定义任务的做法不一定能带来"共同目标的提升。实际情况也可能是向相反的方向转化"。[27]因此，如果说任务的联系可以造成外溢，它也可能产生回缩。正如其他功能主义理论家已经提到的，当增长速度放慢时，在一体化早期阶段获益的精英和利益集团就变得不愿意采取更多的措施促进一体化了。20世纪70年代的能源危机导致增长率下降，民族保护主义的情绪便高涨起来。如果说各国政府担心一体化对就业、通货膨胀、财政支付和货币问题会产生不利影响，它们就不愿意扩大彼此间的共同利益。

2. **交往的增多**（Rising transactions）。本章的其他部分提到，与一体化相伴随的是交往的增多，包括贸易、资本流动、沟通以及人员和思想的交流。根据奈的观点，"交往的增多不一定会导致一体化范围（即任务种类）的明显扩大，但会提高中央机构处理某一具体任务的能力"。[28]

3. **有意的联系和联盟的形成**（Deliberate linkages and coalition formation）。这里，奈把注意力再次集中在外溢这个概念上，或者是他所称的**重点性外溢**（accentuated spillover）上。所谓重点性外溢是指"各种问题被有意识地联系起来，达成一揽子协议，其原因不在于技术上的必要性，而是因为政治和意识形态的考虑和政治可行性"。[29]奈以欧盟的经验为主要依据指出，政治领导人、国际机构的管理者和利益集团为创建联盟付出了努力，而这些努力就是以相互联系的问题为基础的。虽然这些努力可能会促进一体化，但在某些条件下也会产生相反的效果。例如，某一支持一体化集团的政治势力减弱，或某个与一体化相关联的问题在政治上的重要性下降，这些都会给一体化带来消极影响。一体化能否增强其吸引力，取决于赞成一体化的集团在多大程度上得到广大公众的支持。

4. **精英社会化**（Elite socialization）。奈列举了大量事例说明，精英们积极参加一体化增加了对一体化的支持。国家官僚机构参加地区一体化的程度决定它们的社会化水平。这一点之所以重要，原因是官僚机构对一体化十分谨慎，担心自己丧失对国家的控制权。然而，如果奈思考过的其他过程机制不能推进一体化，那么支持地区一体化的精英（尤其是官僚机构组织）的社会化可能会使它们脱离本国的主流观念和政策。

5. **地区性集团的形成**（Regional group formation）。人们认为，地区一体化对正式或非正式的非政府集团或跨国集团的建立会起到刺激作用。但是奈断言，从欧盟以及中美洲、非洲等其他地区的情况来看，这些集团的作用并不大。在地区层次上，它们只能成为普遍利益的集合体，而更具体的利益仍要由国家层次上的利益集团代表。[30]

6. **意识形态和认同的吸引力**（Ideological and identitive appeal）。认同感的建立是推动地区一体化的强大力量。根据奈的观点，"对一体化持久性的认识越强，认同感的吸引力就越大，反对团体就越不愿意正面攻击某个一体化方案"。[31] 这种情况下，参与一体化的成员就更可能容忍暂时的损失，企业界就更可能进行投资，期望从广阔的市场中不断获利。

7. **外部行为体的参与**（Involvement of external actors in the process）。同早期的新功能主义理论相比，奈更加强调外部行为体的重要性。在他的功能主义模式中，奈把外部行为体的积极参与作为一体化机制的一部分。他指出，一体化成员之外的政府和国际组织以及非政府行为体在地区一体化中发挥着重要作用，它们起到了催化剂的作用。

517

奈新功能主义模式的核心是他所称的**一体化潜力**（integrative potential），即由"过程机制"刺激而产生的一体化条件。这里，他提出了四个条件，这些条件既能对一体化开始时做出的最初承诺产生影响，也会影响到一体化后来的发展。

1. **各单元的对称或经济平等**（Symmetry or economic equality of units）。贸易、一体化和发展水平（以人均收入作为衡量标准）之间是相互联系的。一体化潜在参与者的实力（以国民生产总值作为衡量标准）对于欠发达国家间的一体化有着重要意义，而对于高度工业化国家间的一体化则没有那么重要。奈认为："几乎可以说，一个地区的人均收入越低，各国的经济实力就越应当趋于一致。"[32]

2. **精英价值观的互补性**（Elite value complementarity）。精英之间的互补程度越高，地区一体化不断发展的可能性就越大。但他还认为，在跨国活动中进行有效合作的精英后来也会采取各不相同的、不利于一体化的政策。

3. **多元主义的存在**（Existence of pluralism）。发挥特殊功能的团体更可能使一体化实现。这里，奈指出了西欧的经历与第三世界的经历之间的一个重大差别，第三世界比较缺乏这样的团体。奈认为："各成员国的多元化程度越高，通过过程机制的反馈作用促进一体化的条件就越好。"[33]

4. **成员国的适应能力和反应能力**（Capacity of member states to adapt and respond）。国内越稳定，关键的决策者对各自政治单元内的要求做出反应的能力越强，成员国有效地参加到更大的一体化单元的可能性就越大。

接下来，奈提出了受一体化进程影响的三个感性认识条件，它们是：（1）对利益分配公平性的感性认识。他假设"所有国家的人民越是感到分配公平合理，推进一体化的条件就越有利"。[34]（2）对外部相关问题的认识。也就是说，决策者对与本国相关的外部问题的感性认识，这些问题包括对出口的依赖、大国带来的威胁以及在变化的国际体系里本国地位的丧失等。（3）看得见的低（或可转嫁的）代价。即在多大程度上使人感觉到进行一体化，尤其是初始阶段，是不需要付出代价的。奈认为，最后这一点对于新功能主义理论和战略有着十分重要的意义。

最后，他认为可以用四个条件来概括一体化进程的特征：（1）**政治化**（politicization）。即解决问题和协调不同利益的方法，或者说在多大程度上，最终的收益能确保一体化得到更加广泛的支持；（2）**再分配**（redistribution）。其重要问题是要逐步改变一体化单元里各团体的地位、权力和经济收益。（再分配使某些区域比其他区域获益更多，因此一体化进程的关键是，一体化单元整体利益的增长能在多大程度上对再分配造成的不平衡做出补偿）；（3）**选择方案的重新调整**（redistribution of alternatives）。随着一体化进程的推进，决策者在多大程度上面临着这样的压力：要提高一体化的水平，扩大一体化的范围，断定一体化以外的其他选择方案都不那么令人满意；（4）**外向化**（externalization）。即一体化的成员在多大程度上认为有必要在重大问题上采取共同立场以共同对付非一体化成员。欧盟在同包括美国在内的外部当事方进行各类谈判时就是这样做的。奈假设："一体化进行得越深入，第三方对它做出反应的可能性越大，无论是支持，还是反对。"[35]

新功能主义模式，比如奈提出的模式，为比较世界上发达地区和欠发达地区的一体化进程提供了一个框架，也为确定微观经济组织或功能经济组织进一步发展成联合体的潜力提供了一个框架。更为实际的是，建立新功能主义模式能够并且已经为我们提供了更为明确的理论命题，这对于我们弄清楚这一理论在解释一体化、提出推进一体化进程战略方面存在哪些局限或潜力具有重要意义。

奈对宏观区域政治组织和微观层次的经济组织所起的作用分别作了分析。前者如美洲国家组织（OAS）、非洲统一组织（非统，OAU）和阿拉伯国家联盟，后者包括欧盟（EU）、中美洲共同市场（CACM）和东非共同体（EAC）。通过这些分析，奈对新功能主义做出了初步的结论。微观地区经济组织不大可能发展成为能够严重侵蚀或取代现存民族国家的新单元。然而，微观地区经济组织和宏观地区政治组织促进了世界和平岛的发展。这些组织引发的争端给世界和平带来的损失要小于因它们化解冲突而给世界带来的好处。[36] 由于所研究的这些地区组织成就有限，多国公司的发展可能会成为国际组织发展中的重要趋势。

虽然技术对现存的政治单元有着重大的影响，如可以削弱民族国家的自治权，但只有部分国家权力在地区层次上进行了再分配。总的说来，微观地区经济组织加强了功能联系，进而改善了成员之间的关系。宏观地区政治组织在控制成员国之间的冲突方面发挥了建设性的作用，但是这类组织在控制基本属于国内性质的冲突方面并不成功——由于在20世纪后期国内冲突已变得十分重要，而且今后其重要性也不会下降，因此奈承认，不能成功控制国内冲突是这类组织的一个重大缺陷。[37] 事实上，人们可以并且已经认为，近几十年尤其是冷战结束以来，对于世界许多国家来说，次国家层次的离心力量向民族主义情感发起的挑战更为直接。这些离心力量要实现地方自治、脱离母国，要把一类不受欢迎的人赶出国门，并且要以某一种族、语言或宗教群体的统治取代另一群体的统治。

交往与沟通对安全共同体的意义

卡尔·多伊奇为一体化做出了重要贡献，他对政治共同体形成的过程进行了研究。在其著作中，他强调的重点是一体化指标的提高，而这些指标是以沟通模式和交往量为依据的。多伊奇吸收了数学家诺伯特·威纳有关控制论的观点，采纳了塔尔科特·帕森斯的一般系统论（这一理论我们在第三章曾讨论过）。多伊奇引述了威纳的如下一段话，并对此表示赞同：

> 社会科学存在的基础，是它把社会团体作为一个组织而不是作为一个杂乱的聚合体来加以研究的能力。沟通是维系组织存在的黏合剂。沟通本身就能使一个团体拥有共同的思想、观点和行动。整个社会学都要了解沟通。[38]

人们之间的沟通既可以产生友谊，也可以产生敌意，这取决于这些沟通给人留下的是美好的回忆还是感情的创伤。但是，在多伊奇的理论里，政治系统之所以持久，是因为它们能够提取输入的信息并将该信息编成适当的符号，能够储存编码后的符号，还能把重要的信息同其余信息加以分离，而且能在需要的时候提取存储的信息，并将存储的信息重新组合输入到系统中。政治单元的建立取决于单元内部的沟通量，以及单元与外界之间的沟通量。

多伊奇1957年出版的著作对一体化理论做出了重要且具实质性的贡献。在这本书中，他集中讨论了北大西洋地区的政治共同体。多伊奇和他的合作者考察了国家层次上一体化和一体化解体的10个实例。[39] 这些例子都是建立民族政治共同体的案例，因此他的著作中包含了这样一个假定，即从这些比较研究中得出了一些理解国际层次一体化的总结——在民族国家和超民族国家层次上建立政治共同体过程的相似之处。多伊奇和他的同事提出了两种安全共同体：**合并型**（amalgamated）和**多元型**（pluralistic）。
520 前者指原来相互独立的各政治单元组成了一个有统一政府的单一安全共同体；后者指由彼此分离并在法律上保持独立的政府组成的安全共同体。多伊奇和他的同事对民族国家的形成进行了研究，认为民族国家是合并型安全共同体，而二战以来美国与加拿大或法国与德国之间的关系则是多元型安全共同体的例证。[40]

通过案例分析多伊奇发现，组成一个合并型共同体必须具备如下条件：主要价值观相互包容；独特的生活方式；期待获得共同收益，而且这一预期要在承担合并责任之前形成；至少某些参加单元的政治和行政能力显著提高；某些参加单元经济增长明显，形成所谓的核心发展地区，其周围聚集着相对弱小的单元；无论是在地区之间，还是在社会的不同阶层之间，都存在着牢不可破的社会沟通纽带；政治精英增多；人员流动不断增加；具有多样化的沟通和交往活动。[41] 多伊奇研究的北大西洋地区包括北约的大多数成员。尽管该地区还没有形成合并型安全共同体，但是在这些国家间已经形成了安全共同体观念，即"共同体成员间能确保不会彼此开战，而且能通过其他途径妥善解决彼此间的争端。"[42] 希腊和土耳其之间的关系是个例外，两国都是北约成员，但两国关系却比较紧张而且有时敌对情绪还会加剧。当然，也可以这样认为，如果没有北约，希腊和土耳其之间很可能已经发生战争了。在多伊奇的理论体系里，北约无论如何都是一个多元型安全共同体。在此需要补充的是，作为民主政治体制的共同体，北约成员已经形成了通过和平方式解决国际争端的惯例和规范标准。正如我们在第七章讨论民主和平论时看到的，用和平方式解决国际争端是民主国家之间关系的特点。北约地区是世界上民主国家最集中的地区，所以这一地区符合多伊奇的多元型安全共同体的概念并不令人吃惊。

形成多元型安全共同体有三个必不可少的条件：决策者的价值观相互包容；准备参与一体化的各单元的决策者们可以预知彼此的行为；[43] 相互响应——具备密切合作及时处理紧急问题的能力。

多伊奇和他的合作者还考察了奥匈帝国、英国—爱尔兰联盟、挪威与瑞典联盟等历史案例。在这些案例中，政治共同体最终都解体了。从中总结出来的导致共同体解体的条件是：（1）单元对共同体承担的军事义务增加；（2）原来态度消极的集团增加了政治参与；（3）种族差别或语言差别加剧；（4）持续的经济衰退或经济停滞；（5）政治精英较为封闭，不愿接受那些寻求更大政治权力和更广泛政治参与的新集团；（6）社会、经济或政治改革迟迟不能进行；（7）原来享有特权的集团无法适应统治权力的丧失。如果在20世纪90年代完成这部著作的话，多伊奇可能会增加一些案例，如苏联和南斯拉夫的解体。

研究表明，一体化进程在本质上并不是阶段分明的线性发展过程。正如多伊奇指出的，一体化形成所必备的条件并不是同时具备的，也不是按照某一特定的顺序依次创造出来的。"相反，我们的案例表明，只要这些条件全部具备并发挥作用，几乎可以按照任何次序把它们组合起来。"[44] 换言之，经济交往水平的上升，如贸易、人员流动和投资交往的增加等，可能与一体化的其他步骤同时进行，也可能出现在其他步骤之前，甚至出现在其他步骤之后。

多伊奇及其同事们分析了北大西洋地区民族国家的建立和解体并有所发现。他们在此基础上指出，北大西洋地区作为一个整体"虽然远未实现一体化，但已经朝着这个目标走了很长的路"。[45]要在这一地区实现更高层次的一体化，必须具备的一个重要条件是进一步增加各国之间交往和沟通活动的数量，尤其是那些以经济增长为表现形式、与获利预期和实际收益相关的活动。可是，并没有明确的迹象表明，所有层次上的这类互动都是一体化所必需的，或者说，是所研究区域内实现更高层次一体化所必需的。可以看到，北约不仅在多伊奇著作发表之后30年仍然存在，而且在苏联瓦解后随之发生转变，这一事实说明多伊奇的研究发现基本上是正确的。假如北约仅仅是一个传统的军事集团，那么它成立的主要原因——苏联——不复存在时，北约就应该解散。但是，不仅北约调整了，而且像欧洲安全与合作组织（欧安组织）、欧盟这样的其他欧洲—大西洋机构也得到了加强和扩大。所有这些努力的目的在于各国能组成多伊奇所称的多元型安全共同体，关注共同的任务和问题。

一体化理论：从《欧洲单一法案》到《欧盟条约》及其他

二战后地区一体化的发展，特别是欧洲一体化的发展，推动了一体化理论的建立并为一体化研究提供了基础。在这些研究中，各种一体化理论得以形成、获得检验并得到修正。同二战后的情况一样，欧洲经济共同体的不断发展——从1986年的《欧洲单一法案》（SEA）、1991年在荷兰马斯特里赫特签署的《欧洲联盟条约》（TEU）到1998年的《阿姆斯特丹条约》——为超越新功能主义理论提供了基础。[46]《欧洲单一法案》确定了一个目标，即在1992年底实现欧盟内部市场的统一，或者说拆除欧盟内部的贸易壁垒。1993年开始实行的《欧洲联盟条约》沿用了部长理事会特定多数通过的表决方式，建立了奉行共同外交和安全政策的框架，并决定分阶段建立货币联盟。然而，在20世纪90年代，《欧洲联盟条约》规定的大部分内容并没有完成。《欧洲联盟条约》的条款遭到了几次严峻的挑战：丹麦全民公决的结果是反对该条约；法国的全民公决勉强通过；在英国，条约引起了激烈的争论，许多人对条约采取了保留态度；在英国和德国，条约受到了法律质疑。这些都是哈斯和其他新功能主义曾提到的外溢、环溢和回缩现象的例证。

这些事例加在一起，既为有关现有一体化理论是否令人满意的争论提供了背景，也为对目前和即将出现的欧洲一体化做出其他解释创造了条件。20世纪90年代对《欧洲单一法案》和《欧洲联盟条约》的研究基本表明，前两个阶段的一体化理论具有一定的解释力，但对一体化最近发展的解释并不充分。新功能主义理论强调部门一体化的扩展逻辑（外溢）导致超国家机构的出现，但较新的理论研究方法则更为重视主要国家政府之间，尤其是德国、法国、英国之间政策的趋同。强调主要国家间政策趋同是可以理解的，因为有关欧洲一体化的争论主要是在两派人之间展开的，一派支持建立超国家的欧洲，另一派主张在民族国家特别是政府间合作的基础上建设欧洲一体化。倡导超国家方式的先驱是让·莫奈（Jean Monnet），他对欧洲煤钢联营和欧盟制度结构的形成发挥了重要作用。法国总统戴高乐和英国首相撒切尔的政策则与政府间合作方式的主张相当一致。

纵观整个欧洲一体化的进程，无论超国家机构发挥了怎样的作用，民族国家政府的支持都是必不可少的。发挥过重要作用的国家包括德国、法国、英国——即多伊奇所说的核心地区。有人会问，为什么在这一时期（20世纪80年代到90年代）这些国家的利益能够一致，进而在政府间达成了《欧洲单一法案》和《欧洲联盟条约》所需的一致看法。基欧汉和斯坦利·霍夫曼认为，答案在于许多事件的相互结合，这些事件包括欧盟成员增加；英国同意分担欧盟财政预算（20世纪80年代后期，英国国内对此分歧很大）；世界经济对西欧经济的压力逐渐增大，促使政府放松政策监管、推进跨国兼并，扩大欧洲内部市场的开放，成员国内部政治倾向也因此发生了变化，这些变化包括20世纪80年代密特朗总统（Francois Mitterrand）领导下的法国社会主义者放下了国家主义的意识形态包袱转而支持市场经济。[47]因此，虽然新功能主义者或联邦主义者曾设想将权力转交给超国家机构，但欧盟并没有朝这一方向发展。相反，欧盟却代表了主权的集中或共享，即在欧盟内各主权国家政府仍然是最主要的决策者。基欧汉和霍夫曼认为，"共同体的决策程序高度复杂，各种网络在正式的结构中（如果是在这个正式结构中）将不同层次的正式或非正式机构连接起来"。[48]

通过对《欧洲单一法案》的个案分析，安德鲁·莫拉维斯克（Andrew

Moravcsik）和丹尼尔·卡梅伦（Daniel Cameron）指出，仅用新功能主义理论无法解释《欧洲单一法案》的出现。相反，导致《欧洲单一法案》出台的政治共识综合了诸多因素，这些因素包括欧盟的国际机构内部产生的动力、较广泛的支持以及来自各国政府和国内政治的动力。在莫拉维斯克看来，法国在1984年担任欧洲议会轮值主席国时，法国总统密特朗为《欧洲单一法案》做出的贡献至少不比最早提出《欧洲单一法案》的欧盟委员会主席雅克·德洛尔（Jacques Delors）逊色。[49] 因此，新功能主义提出的理论，即与民族国家政府基本无关的超国家和跨国联盟导致一体化，就显得不够有说服力了。

相反，莫拉维斯克认为，《欧洲单一法案》证明政府间的制度主义是一体化进程的基础。在这种模式中，一体化进程的首要特点是，在领导人达成一致后，各国政府主动提出要进行一体化。这种主动性是以谈判和妥协为基础的，而这些谈判和妥协反映了各国国内的限制、压力和利益，在谈判桌上每个政府首脑都不能忽略这些因素。此外，在莫拉维斯克看来，作为欧盟最大的成员国，德国、法国、英国对各国的讨价还价过程有着重要影响。除非其中两个大国威胁要排斥另一个大国，否则这三个国家达成的一致看法就代表了欧盟成员国最低限度的共同立场。莫拉维斯克认为，欧盟的成员国并不远离这个超国家机构的发展进程，但它们明确限制将主权向欧盟的让渡。这种政府间的行为模式可以对《欧洲单一法案》的发展做出解释，其中包括自20世纪90年代初期以来一些成员国试图阻止形成共同货币政策这一现象。共同货币政策决定从1999年起分阶段地将欧元作为共同货币流通（英国不是首批参加国），这将削弱国家主权，因而令人难以接受。

卡梅伦对《欧洲单一法案》进行的研究与上述两种解释模式的争论密切相关。他坚持认为，新功能主义和跨政府主义都为从整体上解释一体化进程奠定了基础。同新功能主义一样，他注意到国内团体特别是商业团体绕开各国政府而在超国家层次上（直接针对欧盟委员会）进行游说。同时，新现实主义的国家行为体在政府间层次上体现为国家利益、观念和偏好，反应在一体化进程之中。莫拉维斯克曾谈到法国总统密特朗为《欧洲单一法案》的诞生付出的努力，但卡梅伦认为，在密特朗付出努力之前，《欧洲单一法案》的想法已经提出来了。卡梅伦指出，1981年，欧盟委员会在欧洲议会的要求下起草了一份草案，并于1982年提交给欧洲议会。这一草案为形成欧洲内部市场及成员国就此达成共识奠定了重要基础，而建立欧洲内部市场的想法则可以追溯到20世纪60年代后期。卡梅伦强调欧洲议会十分重要，认为它是"跨政府主义制度化的超越条约的表现形式"。[50] 于是，欧洲议会（即欧洲共同体政府间机构的表现形式）成为政治执行者，从而使成员国可能"采取集体行动加速经济一体化、建立超国家机构，并对这些进程加以控制"。[51]

自从《欧洲单一法案》出台以来，人们试图把国际结构的变化与成员国国内政治结合起来，对欧洲一体化进程做出理论解释。韦恩·桑德霍尔茨（Wayne Sandholtz）和约翰·齐斯曼（John Zysman）认为，正如二战后的一体化运动是国际格局变化的结果一样，20世纪70年代以来，全球经济的转变也使欧洲一体化变得更为迫切。《欧洲单一法案》和《马斯特里赫特条约》正是这种需求的反映。[52] 为了适应国际经济结构的变化，欧洲的精英、商业团体，如多国公司和跨国联合企业以及以市场为导向的政党，支持并推动欧盟委员会继续努力，完成经济一体化。经济一体化进程得以推进是自上而下讨价还价的结果。各国政治精英先就基本目标达成一致，然后进行辅助性的讨价还价，以实现共同的目标。《欧洲单一法案》以及《马斯特里赫特条约》中进一步推进一体化的措施，就是上述讨价还价过程制度化的表现。建立欧洲统一市场的动力来自于四个团体：个人精英、大型公司、政府和欧盟机构。虽然精英们向政府和欧盟机构施加了压力，但归根结底还是政府同意在欧盟层次上采取少数服从多数的投票原则，而不是一票否决。英国一直积极反对进一步扩大少数服从多数决策机制的适用范围。

欧洲的一体化进程一直是走走停停。根据古典现实主义理论和新现实主义理论，在一个无政府的自助体系里，各国的国家利益不尽相同，国际一体化的前途因此会受到限制。与之相反，乌托邦主义和新自由主义认定，在一个日益相互依存的世界中，一体化即使不是必不可少的，也会越来越可行。然而，杰勒德·施奈德（Gerard Schneider）和拉尔斯—埃里克·塞德曼（Lars-Erik Cederman）则认为欧盟既取得过成就，也经历过挫折，他们将此称为欧盟的"艰难曲折"。[53] 强调什么成功了或什么失败了，都是在以不完整的方式描述一体化进程。

在建立经济和货币联盟、欧洲中央银行和推行单一货币（欧元）过程中遇到的问题充分说明，不确定性一直困扰着一体化进程。成员国必须达到"统一标准"才有资格加入一体化进程。这些标准包括债务总额、年度预算赤字、低利率。为保证1998年预算赤字低于3%，法国、意大利、西班牙和葡萄牙被迫采取经济紧缩计划或"捏造"一些统计数字。大多数德国人对通货膨胀一直都很紧张，因而对于将来马克与从未使用过的欧元之间的比价并不乐观。德国联邦银行坚持认为要有一个"稳定协定"，以便将来对超出预算限制的政府进行惩罚。令人担忧的是，像意大利和西班牙这样货币"较疲软"的国家，一旦加入货币一体化，就会放松财政控制，通过增加公共开支来降低本国的失业率。反对货币一体化的人士认为，将来经济低迷时，"稳定协定"会束缚各国政府的手脚，从而使危机加剧。2000年希腊达到了加入经济和货币联盟的经济标准，而在此之前的几年一直没有达标。英国、丹麦和瑞典可能会符合加入的要求，但由于一系列原因不愿意成为"第一批"申请国。这些原因包括：怀疑单一货币的必要性或可行性；英国商业周期和欧洲大陆的商业周期不同步；支持单一货币的前德国总理科尔和前欧盟委员会主席德洛尔等人认为，货币联盟是政治联盟的必经之路，而英国等国家对这种观点有所顾虑。[54]

英国主张，欧盟一体化接下来要采取的主要措施应是"扩展先于深化"。这意味着等一体化扩展到东部新的民主国家之后，再实行单一货币。因为如果先建立货币联盟，中东欧国家加入欧洲一体化就必须达到单一货币标准，而这将使这些国家更难成为欧盟成员国。英国的建议很有道理，但欧洲大陆国家并不急于推进欧盟东扩，因为只有对欧盟共同农业政策、地区投资和决策程序等进行一系列困难和痛苦的改革之后，欧盟东扩才能付诸实施。伦敦的立场是典型的英国式的拖延策略。与上述立场相矛盾的是，英国又从背后阻止一些东扩所必需的改革。1998年，欧盟邀请东欧5个新生的民主国家（波兰、捷克共和国、匈牙利、斯洛文尼亚和爱沙尼亚）和不在欧洲大陆的岛国塞浦路斯就加入欧盟进行谈判，谈判可能持续到2003年。还有5个国家也希望加入欧盟（拉脱维亚、立陶宛、斯洛伐克、罗马尼亚、保加利亚），但它们加入的事宜则更要往后拖了。几十年前，土耳其就申请要加入欧洲一体化，并以其是北约的忠实盟国为理由支持自己的主张，但一些因素使欧盟没有给予积极的回应。进入新千年之际，希腊和土耳其的关系正在改善，欧盟终于提出将接受土耳其作为成员国，但没有确定明确的日期。[55]

1998年5月，欧洲委员会宣布11个候选国将加入经济和货币联盟，它们是奥地利、芬兰、比利时、法国、德国、爱尔兰、意大利、卢森堡、荷兰、西班牙、葡萄牙。虽然受到了全球金融危机（见第九章）的影响和欧盟委员会丑闻的困扰，欧元还是于1999年1月作为坚挺货币发行了。但同美国经济相比，欧洲经济表现不佳，因此17个月里欧元对美元的比价下降了24个百分点。[56] 虽然与前任保守党首相相比，英国首相布莱尔（Tony Blair）更支持欧洲一体化，但他还是决定在2002年5月举行下一次国会选举之前采取观望政策。他领导的政府宣布，做出英镑加入欧元区决定之前，将进行"精心的准备"，即英镑加入欧元区须经过"三道关"：全民公决、新一届议会投票表决和内阁的同意。[57] 这完全是一种观望的态度，不能减少欧元未来的不确定性。

欧盟的发展正面临着这样一种形势，即大多数国家希望推进一体化，而某一拖后腿的国家却威胁如果本国的要求得不到满足就要退出一体化进程，双方形成了对抗。从某种程度上说，拖后腿的国家是在不确定的条件下发出退出一体化的威胁的。由于信息不完备，支持一体化的大多数国家并不能确切地了解拖后腿国家的真实意图。在这种情况下，拖后腿的国家就可能不断发出威胁，以便从希望维持一体化实体的成员国那里获得最优惠的条件。

施奈德和塞德曼认为，就欧盟而言，法国、英国、丹麦已经以全部或部分退出一体化相威胁，达到了它们的目的。由于信息不完备，支持一体化的国家面临着不确定性，因而发现自己在与拖后腿国家的讨价还价中处于不利地位。利用理性选择模型和博弈论研究欧盟内部的讨价还价，人们会发现向前推进和威胁退出都是一体化进程的一部分。支持一体化的国家希望把阻碍一体化的国家留在组织内而不愿把它们排除出去，这种做法增强了拖后腿国家实现讨价还价目标的能力。确定一国加入欧盟和保持成员国资格条件的谈判都表现出这样一个特征，即拖后腿国家所采取的谈判方法都是利用不确定性来增强自己在谈判中的优势。例如，如果大多数支持一体化的成员国不能确定其国内支持的程度，那些即将加入一体化的国家就能巩固其讨价还价的优势。英国议会曾威胁，如果《马斯特里赫特条约》包含反对社会政策的条款，它将不会批准这一条约。这一威胁使英国谈判代表在谈判中处于有利地位。

因此，关于国内是支持还是反对的信息不确定，其中包括换届后的政府可能减少了对一体化进程的承诺，会提高拖后腿国家在谈判中的地位。

虽然拖后腿国家是在利用以不完美信息为形式的不确定性，其结果却可能造成一体化进程的停止，或至少是一体化发展动力被减弱。一体化发展受到阻碍的程度，取决于大多数支持一体化的国家是否能获得有关拖后腿国家及其承担的义务的信息。如果要求未能得到满足，拖后腿的国家会退出一体化进程吗？如果不是，在讨价还价过程中，大多数支持一体化的国家将处于优势地位。人们运用模型和博弈技术（以获得不同层次的信息，了解双方讨价还价的目标和战略为基础）的能力将为一体化理论的发展做出潜在贡献。

国际机制

1975年，约翰·鲁杰提出了国际机制这一概念。他认为，**国际机制**（international regime）是被一些国家所接受的一系列相互预期、规则和法规、计划、组织实体和财政承诺。[58] 这种机制的特点是形成了各种层次的制度。邓肯·斯尼达尔认为，对于同一问题，不同类型的机制可能会提供不同的解决方案。[59] 例如，各国可能发现，在一体化制度比较完整的机制中，为了短期收益进行的合作就比较难于实现，而结构越不正式，各国的灵活性就越大。国际机制由制度结构组成，制度结构的本质差异决定了不同的合作结果。国际机制涉及不同的问题领域，如国防、贸易、货币政策、法律、食品政策等。不管是通过正式方式还是非正式方式，人们都为发展国际体系中的合作性安排付出了努力，这些机制就是所付出努力的证明。国际机制概念的适用领域相当广泛，从世界卫生组织（WHO）到欧盟均能适用。

后来，国际机制被定义为在一个既定的问题领域内使各行为体预期趋于一致的原则、规范、规则和决策程序。[60] 进而，可以根据功能对机制进行分类，把机制分为针对具体或单一问题的机制和针对多方面问题的机制，以及介于这两种类型之间的各种机制。[61] 正如斯蒂芬·克拉斯纳指出的，国际机制是干预变量，介于基本原因变量和结果、行为之间。克拉斯纳认为，**原则**（principles）是指"关于事实、因果关系和公正的信仰"；**规范**（norms）是指以权利和义务方式确立的行为标准；**规则**（rules）是指导行为的特别规定或禁止某些行为的规定；**决策程序**（decision-making procedures）是指制定和执行集体选择的主导实践活动。[62]

奥兰·扬认为，机制由管理行为体的活动的社会制度构成，这些行为体对某些具体活动（或者有意义的活动）抱有兴趣。机制的核心是一系列涉及了广泛内容的权利和规则，且都是正式制定出来的。有些制度安排会给对某些既定活动感兴趣的行为体创造机会，其特定的内容使行为体产生强烈兴趣。[63] 国际机制概念中包括了特定活动模式的决策过程。在这一过程中，行为体可能会在获取新信息的基础上，经历认知的变化或通过学习带来的行为变化，这些变化可能会提高或降低行为体实现各自目标的能力。学习可能会导致行为体改变实现目标的手段，或者改变目标。[64] 因此，机制概念中既有结构要素也包含了过程要素。换言之，人们关注的问题是：为什么和怎样建立机制，机制采取什么样的组织形式或结构形式，机制的决策过程和结果问题，以及机制可能引发或促进国际行为变化的问题。[65]

机制本质上可能是正式的，也可能是非正式的安排。正式的机制由国际组织经立法而产生，拥有管理委员会和官僚机构。非正式机制的基础较为简单，即参与者的目标和相互利益一致，但非正式机制要达成专门的协议。机制以共同利益观念为基础，正是共同利益使协作成为参与者最佳的战略选择。进行协作至少要形成共同认可的规则，以便为特定的目标共同努力或者一起放弃某项行动。但是，正如可以建立在共同利益之上一样，机制也可能是哈斯所称的**共同排斥**（common aversion）的产物。在这种机制中，行为体不能就共同期望的结果达成一致，但对共同避免的结果却有着一致的意见。这样的机制只需要政策协调，而不需要协作。[66] 机制可能源于自愿协作或合作，也可能以占主导地位的大国的强制意志为基础。这样，我们就有了殖民机制、帝国机制或商品协议的说法。所谓商品协议是指弱小国家为了获得其他经济收益而必须签署的协议。

奥兰·扬对协商型机制和强加型机制进行了区分。前者以参与者明确同意为特征；而后者是由居于主导地位的行为体精心建立的，即主导者综合利用增强凝聚力、推进合作和刺激利诱等手段，使其他参与者服从规则的要求。[67] 机制的形成可能是参与者之间达成协议或合约的结果。另外，创建机制既可以通过渐进的方式，也可能采用其他参与者接受某一参与者单边行动的方式。最后，扬对机制任务扩展或外溢的过程做了描述，即随着时间的推移，一种机制的任务扩展或外溢可能导致出现范围更广泛、内容更连贯的机制。[68] 从这个角度来看，机制形成的过程与新功能主义描述的一体化的外溢过程类似。

在这个概念中，机制可能是从属方被迫同意接受制度性安排的结果。这种机制的例子有帝国体系或封建体系。另一种观念认为，主导大国在机制的建立和维持中发挥领导作用，该机制既服务于主导大国的利益，也能被国际社会广泛接受。因此，基欧汉以霸权稳定、合作和协作为基础发展了机制概念。通过对二战后几十年世界政治经济的集中考察，基欧汉把霸权定义为拥有压倒性物质资源优势的状态，这些优势包括原材料优势、资金优势、市场控制优势和在大需求量商品生产中的竞争优势。[69]基欧汉的机制概念的核心是他所称的霸权后合作，[70]也就是霸权国的权力和影响力衰弱后的合作。

二战后的数十年内，美国领导建立了大量国际机制。人们会问：如果霸权国失去优势地位，这样的机制会发生什么变化吗？机制的形成是主导大国和非主导国家之间关系的一部分，当主导大国不再发挥主导作用时，机制如何维持下去以及为什么能维持下去呢？基欧汉认为，答案在于机制的维持相对于机制的创立要容易些。用他的话来说，就是"霸权后合作之所以可能，其原因不仅在于共同利益可以导致机制的创立，而且在于维持现有机制所需要的条件比创建它们时低"。[71]在基欧汉的理论中，霸权力量存在与否无关大局，国际机制所依赖的是能够认识到的利益，这种利益本质上是共同利益或是互补利益。随着霸权国地位的下降，至少机制内一些单元之间的互动会增加，这可以代替或补充霸权国力量，从而形成霸权后合作。国际机制源于共享利益。合作的动力越大，霸权国主导建立的机制在其衰弱后继续存在的可能性就越大。

合作和和谐是基欧汉描述国际机制不可或缺的基础，因此他对这两个概念做了明确的区分。和谐是指所有行为体对自我利益的追求能自动地导致所有参与者目标的实现——这与乌托邦主义理论所讨论的利益协调概念一致（见第二章）。国际机制，特别是那些缺少正式结构的国际机制，可以仅以和谐为基础。这里，和谐就像古典经济学模式里市场竞争中看不见的手。但是，合作则意味着行为体通过政策协调，采取措施调整自己的行为以满足其他行为体的需要。

即使行为体之间不进行沟通，和谐也可能存在；而政治性是合作的本质，因为合作要求参与者调整各自的需要和利益。因此，合作并不能保证相互关系中不存在冲突。相反，合作的形成或者是对现有冲突的反应，或者代表了为避免未来冲突所付出努力的一部分。基欧汉认为，国际机制这一概念提高了我们描述和解释合作模式以及理解纷争的能力。这些分析使基欧汉把国际机制看做是在一段时间内能反映合作和纷争的模式。在国际机制概念中，合作与纷争关系是长期的行为模式而不是孤立的行为体或事件。基欧汉认为："通过考察一段时间内某一机制内规则和规范的演进，我们可以运用国际机制这一概念去探索和考察世界政治经济的连续性和变化。"[72]

530

因此，可以把机制假设为一系列中介因素或干预变量，根据本章前面曾提到的由克拉斯纳提出的机制概念也可以做出同样的假设。这些干预变量处于两者之间：一方是国际政治现实，尤其是权力分配；另一方是基本实体的实际行为，这些实体可以是国家行为体也可以是非国家行为体。在一个行为体互不隶属、没有绝对权威的国际体系中，为了找到性质各不相同的各种问题的解决方案，行为体建立了各种国际机制。因此，机制分析的重点是国家行为体，因为机制是在国际体系内发展变化的，而权力的集中和分散也是在国际体系中进行的。机制存在于以很多国家之间的实力分配（均势）为结构的国际体系之中。前面已经提过，机制也可以存在于一个霸权国际体系之中，如19世纪英国霸权下的国际体系（英国治下的和平）和20世纪以及21世纪至少前几十年美国霸权下的国际体系（美国治下的和平）。霸权国对合作行为给予回报，为和平与稳定奠定了基础，也为国际机制的建立做出了贡献。

机制关注的重点是国家。从这个意义上说，机制概念借鉴了新现实主义理论并为之做出了贡献（见第二章）。正如我们在其他地方指出的，古典现实主义认为国际行为主要是基于利益和权力，世界政治处于无政府状态。机制概念并没有否定这样的假定而是对它做出了一些修正。根据早期的现实主义理论，为了满足自身的需要，利益相互冲突的国家可能会诉诸冲突直至战争。虽然现实主义理论并不否认有可能通过协调解决分歧，但机制概念对国家利益和政治做出了明确而广泛的分析，即对竞争因素产生的合作行为做了分析。在机制概念中，国家利益的基础是对收益和成本的计算以及可见的所得与风险的计算。这些计算与遵守或违背某一既定国际机制的规定、规则和程序紧密相连。

奥兰·扬认为，像其他社会制度一样，国际机制是人类互动的结果，是利益相关的行为体的预期趋于一致的产物。[73]因此，在一定程度上，可以认为机制概念试图改进现实主义对国家利益的认识，正如基欧汉指出的，使机制概念包含这样的观念，即使假定世界政治的行为体是自私自利、以自我为中心的，它们之间仍然可以进行合作。[74] 机制理论的理论家们将机制成员的行为特征归因于它们的权力分配（例如对霸权机制的研究）。从这个意义上讲，他们采用了结构现实主义的观点。这些理论家也试图解释霸权时期创立的机制如何得以延续，这说明他们寻求对机制行为做出新的解释。

如果说机制分析借鉴了现实主义传统，那么它也从国际体系理论和国际一体化理论中吸取了营养。在哈斯看来，机制应该有助于问题的解决，但问题本身取决于体系的管理方式，因为问题是发生在体系之中的。[75] 虽然机制的含义还需要进一步阐明，但有关机制的研究中已经有了像机制结构、平衡、因果关系、适应和学习这样的概念和术语（类似于系统理论）。机制是如何产生的？它如何适应变化的环境？机制的成长模式、维持模式和衰落模式是怎样的？机制研究提出了这些问题。与此相似的是，体系理论也针对体系提出了类似的问题。据说，机制出现的原因在于对共同关心的新领域有着一致的预期，这种一致为新的制度安排提供了基础——本章前面提到的新功能主义理论家对这一过程不会陌生。同体系理论和一体化理论一样，形成机制的实体是相互依存的，这一观念也深嵌在机制概念之中。有这样一种假说，即相互依存的程度越高、范围越大，那么在协调和合作中共享利益就越多，从而想利用现存机制或者创造新机制的需求就越大。尽管国际机制本身可能起源于先于它存在的跨国流动，而不是源于自身的决定因素，但是国际机制将有可能促进跨国流动，这一点与一体化理论很相似。

如果形成机制的国际体系是以国家为中心的，那么在现实主义传统中，机制本身则代表着非国家行为体，它们可能是像北约和美洲国家组织这样的安全体系，也可能是像国际货币基金组织或欧盟这样的经济安排。虽然上述实体是国家体系的产物，但机制本身是作为行为体而存在的。克拉斯纳认为，机制有自己的生命力，这种能力独立于最初导致它们产生的基本要素。[76] 因为机制发挥的是干预变量的作用，所以国家相对权力的变化并不总能对机制产生影响。这说明，机制一旦创立，它们本身就会改变起初创造它们的实体的权力分配，或者说，均势的变化可能不会立即影响到机制的结构和运行。而且，机制可能增强或减弱其成员的实力。例如，可以通过将资源从一个单元转移到另一个单元来改变成员的实力。因为非国家行为体和实体为协作行为与合作行为提供了框架，因此机制也吸引了那些研究国际一体化的理论家。总之，机制概念不仅试图改进现实主义理论，而且还致力于阐明与一体化理论息息相关的国际合作结构和进程的基础。

有人曾提出这样的问题：机制概念在多大程度上代表了一种前沿理论？它只是现有方法的重新表达吗？它会对知识做出长期的贡献，还是仅仅提供了一种时尚，而这一时尚很可能会被新一代学者所抛弃，就像这些学者的前辈不接受某些更早的方法一样？苏珊·斯特兰奇认为，机制分析有一些严重的缺陷，包括过多地强调国家，对引发国际层次变化的动因关注不够。它对规范的关注只是以秩序或维持现状为基础的，而不是与像正义这样的概念相联系。机制理论和现实主义理论一样，都知道国家中心模式已不适合于研究21世纪初这种复杂的和迅速变化的国际体系，尽管机制分析本身正在努力解决这个问题。机制概念的缺陷在于缺乏足够精确的定义。机制曾被用来描述共同认可的安排、决策程序、以制度为基础的国际框架以及缺乏制度框架的合作规范，也被用来描述在实力接近的霸权国和其他大国之间导致合作的权力分配关系。[77]

同　盟

古典现实主义和新现实主义理论认为国际体系是一个自助体系。在这样的体系中，各国通过正式和非正式的安排（同盟或联盟）进行合作，以增进它们的安全，防范可能构成威胁的行为体。这样的合作关系还可以扩展到其他的分析层次。无论是在国际层次还是在国内层次，形成集团的目的都是要实现成员们某一共同的目标。成立时确定的目标一旦实现，这些集团就会解散。因此，这些集团持续的时间要比政治共同体持续的时间短得多，而政治共同体的形成和结构正是本章前面讨论过的一些理论家研究的重点。成立同盟的目的在于顺利实现目标，正如罗伯特·罗思坦所说，顺利实现目标的方法是，

> 提出实现目标的具体承诺；在一定限度内，将具体承诺写入

条约，使其具有合法性；承诺会增大各方努力实现目标的可能性，因为同盟的建立将造就一种新环境，使各方背信弃义变得更困难。背信弃义之所以更困难，其原因不仅在于这样做的成员违背了承诺，会背上不守信用的名声，而且在于外部世界往往会对这种新环境做出反映，例如成立另一个同盟与之抗衡，这将增强原来同盟的团结。承诺可能会使局势稳定，因为它会迫使敌方决策者增强本方同盟的力量。[78]

533　　　罗伯特·奥斯古德认为，同盟是一个"潜在的战争共同体，其基础是总体合作，这种合作并不完全拘泥于正式协约。缔约方必须不断地审时度势，以使各方对彼此履行具体义务的诚意抱有信心"。[79] 因此，同盟往往会在存在冲突或冲突威胁的国际环境中形成。[80] 由于历史上同盟在国际体系中意义重大，而且国内政治团体为赢得选举而结成联盟的现象也相当普遍，所以同盟一直是学者们，尤其是第二章提到的政治现实主义者们[81] 研究的对象，也有学者关心一些更具体的问题，如同盟的动因和实际运作等。

　　在同盟理论中，我们首先介绍乔治·利斯卡和威廉·赖克（William Riker）的理论。利斯卡和赖克的理论框架有一些相似之处。首先，他们都认为，一旦达到目的，同盟或联盟就会解散，原因是成立同盟或联盟的主要目的是"反对某人某事或顺带地反对某人某事"。[82] 虽然共同体观念能巩固同盟或联盟，但是很难导致同盟或联盟的形成。在组成同盟以实现某种预期目标时，决策者要权衡一下同盟的利弊得失。认识到收益超过成本时，国家才会做出决定参加某一同盟。每个国家都会认真考虑单独行动同成为同盟成员所获得的边际效益的差异。同盟的内聚性最终"取决于内外压力之间的关系，取决于每个盟国应得利益与应负责任的比率"。[83] 一旦代价高于回报，做出重新结盟的决定就在所必然了。利斯卡认为，获得安全、稳定和地位是国家参加同盟的目的。在利斯卡的理论中，同盟能够凝聚在一起的首要前提是形成同盟意识形态。同盟意识形态的功能是为同盟提供理性的思考方式。在发挥这一功能时，意识形态"以有选择的历史记忆为基础，勾画出未来的规划"。[84] 在盟国之间，尤其是主要成员国与其同盟国之间，定期就程序问题和实质性问题进行磋商，将有助于同盟意识形态的形成和保持，从而增强同盟的凝聚力。

取得胜利后，首先要缩小同盟或联盟的规模，这样才能使剩下的成员获得额外的收益。其次，同盟或联盟对于实现均势至关重要。在赖克的理论中，如果一方组成联盟，一个与之对抗的联盟必然随之形成。当一个联盟接近胜利时，中立者往往加入较弱的联盟，以阻止较强的联盟取得霸权。如果中立国不与较弱的一方结盟，要恢复整个国际体系的均衡，较强同盟中的一些主要成员国必须转向较弱的一方。均衡的实现往往是由于存在两个"准永久性的集团联盟"，或存在着这样一个联盟，能"在暂时取胜的联盟所下赌注过高时，发挥平衡者的作用"。[85]赖克提出的一套均衡规则，借鉴了卡普兰在其均势体系中规定的均势规则。[86]此外，在把同盟或联盟与均势联系起来的过程中，利斯卡和赖克的理论也吸收了现实主义国际关系理论的思想。

同盟的最佳规模

利斯卡和赖克提出，如果同盟的缔造者从经济效益角度出发采取行动，他们就不会随意地同所有能结盟的国家结盟。而利斯卡认为，必须考虑"向最后一个盟国做出承诺所能产生的边际效用，以及履行承诺所付出的代价"。[87]赖克强调"规模原则"，即参加国创立的同盟，其规模不要超出实现共同目标所必需的规模。如果行为体信息完备，它们组成的同盟，其规模就恰好满足取得胜利所需的最低要求；在信息不完备的情况下，取得胜利的同盟，其规模会大于实现目标所必需的规模；信息越不完备，同盟的规模就越大。赖克注意到，无论在国家层面还是在国际层面，都会出现这种情况，同盟或联盟存在时间较短的原因正在于此。

利斯卡和赖克探讨了参加同盟或联盟所获利益的问题。利斯卡认为，结盟带来的利与弊是相对应的。例如，结盟给国家安全带来的好处是提供了保护，弊端则是发出了挑衅。"前者是指可以从结盟中得到保护，后者是指结盟会促使其他国家采取对抗行动或组建对抗同盟。"结盟国必须平衡结盟的负担与收益之间的关系，必须在可能得到的地位改善与可能丧失的独立行动能力两者之间保持平衡。利斯卡认为："为了评估一个具体的结盟，必须将参加该同盟的利弊与参加其他同盟的利弊相比较，与不结盟的利弊相比较，至少要与加入一个不可避免的同盟的利弊相比较。"[88]与此形成对照的是，赖克认为行为体参加同盟或联盟有以下一些原因：避免因拒

534

绝结盟而遭到报复；得到这样或那样的报酬；获得关于实施某种政策或日后做出某些决策的承诺；得到感情上的满足。

同盟通常既包括大国又包括小国。小国之所以加入同盟，是因为它们从根本上需要（在某种程度上比大国更需要）依靠其他国家。大国与小国结盟，既是为了获得一定的政治和军事利益，也是要限制小国采取某些行动。[89] 但是，罗思坦指出，较小的国家也许更愿意与不太强大的国家和国家集团结盟，而不愿意与某个大国结盟。但是，如果一个国家把增加军事实力作为结盟的目标，那么与小国结盟就不是一个有效的办法。小国结盟主要的潜在价值在于维持当地或地区的现状，或在没有外来干涉的情况下解决小国间的争端。只要小国之间能保持意见一致，大国也难以对它们所在的地区进行干预。[90]

535　　　新现实主义理论强调国际社会的无政府状态和国家间的竞争，因此该理论十分重视同盟。结盟的条件，谁与谁结盟，收益与成本的比率是怎样计算的，所有这些都直接与国际体系的结构有关。在多极体系内结盟与在两极体系内结盟完全不同。格伦·斯奈德认为，在多极体系中存在三个或三个以上军事实力相当的国家，它们有相似的利益或共同利益，但是彼此拥有的对方的信息并不完备。当这些国家遭到外部进攻时，它们会彼此提供援助。[91] 因为搭便车或推卸责任可能会导致这些国家中有一个被击败，同时出现一个更为强大的霸权国，从而导致权力失衡。

从新现实主义理论的逻辑中能推导出这样一个结论，即各国结盟的原因在于预期收益大于所负担的成本。收益与成本的关系是由一国与其最有可能的对手之间的实力关系决定的。一国与其预期敌人的实力差距越大，它就越想加入同盟。一旦成立了同盟，同盟国之间将会进行广泛而持久的讨价还价，以实现同盟利益的最大化，应对敌对国家发出的安全挑战。同盟会带来两个彼此关联的担心：背信弃义和再结盟，或者称做**抛弃**（abandonment）和**牵连**（entrapment）。这一同盟内的安全困境使各国担心它们会在需要同盟时被盟友抛弃，或者由于受到盟友行动的牵连而去履行与它们自身安全关系不大的义务。格伦·斯奈德认为，各国会在抛弃与牵连之间进行权衡，以此维持两者的最佳平衡。安全上，一国对同盟的依赖越小，它行动的灵活性就越大，与同盟讨价还价的能力也就越强。

在两极体系中，结盟的过程较为简单，因为这种体系结构下背信弃义的动力很弱。与多极体系相比，在两极体系中结盟时，国家清楚地知道谁是敌人。因此，两极结构几乎没有或没有给同盟成员提供背信弃义的机会。超级大国的盟国不可能退出同盟而与敌对的超级大国结盟，这就像两个超级大国之间不可能结盟一样。在两极体系下的同盟关系中，国家虽然不十分担心会遭到抛弃，但对可能遭到抛弃和受到牵连的担心还是存在的。例如，冷战期间，北约的欧洲盟国并不担心会被抛弃，而是担心美国可能使用核武器而使它们遭到毁灭性打击，或者担心美苏在其他地区的对抗波及欧洲。与此相矛盾的是，这些国家有时也担心美国会减少核承诺以至自己在一定程度上被美国抛弃，也就是担心美国撤走扩展的安全保障或核保护伞。　　536

此外，在两极体系下，同盟成员对共同的敌人可能会采取不同的战略和政策。格伦·斯奈德指出，其中一个例子是，20世纪80年代美国与苏联间的对抗加剧时，北约的欧洲盟国却对苏联奉行了缓和政策。但是，两极结构的逻辑使北约的欧洲盟国不管对苏联采取怎样灵活的立场，最终都必须依靠美国维护它们的安全，而美国也承担不起抛弃欧洲盟国带来的损失。由于盟国间存在依赖关系而且没有其他的结盟选择，所以两极结构下盟国解体的可能性要比多极结构下小得多。

古典现实主义理论、新现实主义理论以及专门研究同盟体系的著作都认为，在一个自助的体系中，各国为了确保自身的安全，要么保持中立要么加入同盟。但这一发现并没有回答下面这个问题，即国家什么时候并且为什么会中立或结盟？人们曾试图对多极体系下国家中立或结盟的时机和原因做出解释。托马斯·克里斯坦森（Thomas J. Christensen）和杰克·斯奈德认为，"同舟共济"和"推卸责任"两种战略在多极体系中存在明显的两难困境。在多极体系下，同盟成员间的相对平等导致每个成员都认为，自身的安全不可避免地要与其他盟国的安全纠缠在一起。因此，就像拴在一条铁链上的囚犯会休戚与共一样，每一个同盟成员都会因一个盟国的失败将大大降低自身安全的缘故而走向战争。换言之，同盟成员认为均势对自身安全至关重要，如果一个盟国的失败会打破这种均势，各国就会同舟共济，共同维护盟国的安全。所以，一战期间，当奥地利与俄国开战时，德国必须站在其盟国奥地利一边，因为德国担心奥地利被击败会破坏欧洲均势。

托马斯·克里斯坦森和杰克·斯奈德承认有一些国家会逃避责任，搭其他国家努力维持均势的便车。直到1939年俄国与德国不能互相制衡时，英国和法国才开始抵抗希特勒德国。1939年8月，纳粹德国与苏联签订了互不侵犯条约，即《莫洛托夫—里宾特洛甫协定》。其后不久，德国入侵波兰，苏联占领了波罗的海国家。克里斯坦森和杰克·斯奈德认为，通过考察各国对自己易受攻击程度的认识，可以解释一国为什么会"同舟共济"或"推卸责任"。[92] 一国受攻击的可能性越大，越倾向于无条件结盟并保卫遭受攻击的盟国；同样道理，一国受攻击的可能性越小，越有可能逃避同盟责任。如果各国认为，面对敌人可能的进攻它们是脆弱的，那么它们就会采取"同舟共济"的战略；如果各国认为自己防卫上有优势，那它们就会选择逃避责任的战略。只要有选择余地，各国都会做出这样的选择，即让其他国家承担实现均势的代价。如果敌方国家的进攻优势使其他盟国更可能遭到攻击并在战争中很快被击败，那么各国选择的战略将是"同舟共济"而不是"推卸责任"。

在努力深化对各国结盟时机和原因理解的过程中，有人对上述解释提出了批判，认为安全政策是以同盟和军备为基础的。詹姆斯·莫罗（James D. Morrow）认为，选择的结果取决于每一个选择的相对边际成本。[93] 假定通过军备和同盟来获得额外的安全会增加每一种新安全资源的边际成本，那么各国将选择边际成本最低的方法。例如，增强军事实力要付出经济和政治成本，这会使由盟国共同分担安全成本的做法更有吸引力。另一种可能是，为保卫盟友而使自己在同盟中承担的义务超出了依赖自身军事资源维护国家安全的成本。在军备和同盟之间，怎样做出有效的成本—收益权衡，各国要综合考虑国内成本和外部收益才行。因此，同盟行为理论必须综合考虑国家内部的因素，尤其是国内政治支持和可利用的资源，同时还要考虑同盟形成时所处的国际系统。

同盟的凝聚力与解体

理解国际政治的核心是国家如何应对威胁，以及同盟对于满足它们安全需求所发挥的作用。为了与正在威胁自身安全的一方形成均势，各国会试图寻找盟友吗？或者，受到威胁的一方会向对自己构成威胁的国家寻求妥协吗？斯蒂芬·沃尔特认为，一国通过实现与敌国的均势来维护本国安全的可能性要远远大于以对敌妥协来维护自身安全的可能性。他把前者称为"制衡"，把后者称为"追随"。[94] 实行**制衡政策**（balancing policy）的国家会与其他国家结盟以对抗面临的威胁，**选择追随**（bandwagoning）的国家则与对自己构成威胁的国家结盟。[95] 沃尔特认为，由于面临威胁时学者和决策者的应对办法经常具有不确定性，所以做出这样的区分非常重要。

在有关同盟形成原因的讨论中，沃尔特基本同意传统均势理论对此做出的解释。一个国家同霸权结盟就等于它相信霸权国家的行为是善意的。相反，国家也可能会与同样受到威胁的国家结盟或联合以确保本国的生存。沃尔特认为，制衡不但比追随更为普遍，而且国家越强，越有可能同他国结盟或采取制衡政策以对付政治上居于主导地位的国家的威胁。相反，国家越弱就越可能采取追随政策而不是制衡政策，其原因在于弱国基本不能增强防御性同盟的力量。在任何情况下，弱国对事情的结果都不会产生影响，所以它们就会选择占主导地位的一方。如果一个国家认为它的加入将使一个即将被击败的同盟反败为胜，那么它就会选择加入这一弱势集团以求得平衡，而不会选择追随。如果本来可能失败的同盟由于一国的加入而取得了胜利，那么做出这一决定的国家的地位将因其贡献而大大提高。

沃尔特认为，在国际层次上，同盟形成的基础是**威胁平衡**（balance of threat）而不是**权力平衡**（balance of power）。国家参加同盟是为了应付威胁，但并不是所有的威胁都是以敌对国家的权力为基础的。因此，沃尔特更加强调意图或野心是威胁的基础和国家采取制衡政策或追随政策的基础，而不仅仅强调权力。所以，沃尔特倾向于把威胁平衡而不是权力平衡作为结盟的根本原因。国家可能决定通过结盟实现平衡，对威胁的认识将对是否做出这一决定产生极大的影响。在以下两个时期，国家通常会实行通过结盟实现平衡的政策：一个是和平时期，这时国家的主要目标是威慑对方；另一个是冲突初期，这时国家的主要目标是击败对本国构成最大威胁的国家。随着事情结果的日趋明显，弱小的国家可能背叛即将失利的一方，而对胜利的同盟采取追随政策。随着胜利的实现，击败了有可能获取霸权地位的国家的那些集团，其本身可能会解体。

沃尔特提出了这样的问题：意识形态在什么程度上会成为同盟的基础？政治体制相似的国家经常结成同盟。沃尔特认为，意识形态能够起到团结同盟的作用，但它的重要性将随着威胁的增加而降低。面对严重的生存挑战，各国将联合在一起，而不会考虑意识形态的差异。在这种情况

538

下，实际利益压倒了对意识形态的担忧。因此，如果一国认为自己的国际环境越安全，在选择同盟时它对同盟中意识形态的相似性或一致性的要求就越高。同样，国内不稳定的国家更愿意与意识形态相似的国家结盟以获得对其国内合法性的支持。

在对安全的不懈追求中，各国要在结盟和军备之间做出选择。迈克尔·阿尔费德（Michael F. Altfeld）认为，这种决策的基础是对成本的计算，也就是计算在做出必要选择时决策者所必须付出的代价。[96] 同盟使在更广泛的范围内分担安全成本成为可能，因此各国付出的成本要比没有同盟时小得多。各国可利用的财富是有限的，购买武器会在某种程度上减少其国内民用经济资源的总量。因此，购买武器的成本是各国决定建立或加入同盟时必须考虑的成本因素。此外，同盟成员可以在保持国家自主性的前提下减少军备，其原因在于同盟成员承诺遇到突发事件时将采取具体行动。因此，在考虑是否成为同盟成员时必须考虑到一些变量，而考虑的基础是如何通过同盟规模和军备规模的结合最大限度地维护安全。

阿尔费德提出了政府在安全、财富和独立自主之间保持平衡的条件，其中最重要的是结盟与独立自主的边际效用之比。与此紧密相连的是军备与国内财富的边际效用之比。简单地说就是，决策者要在同盟的价值和额外军备的成本之间做出权衡，要对结盟和军备的成本与在国际社会中丧失自主性或失去独立行动能力的成本进行比较，还要考虑国内经济为额外军备所付出的代价。与此相似，根据阿尔费德的分析，同盟解散"可能是由于出现了以下五种情况中的任何一种：军备的边际产品增加，独立自主的边际效用增加，国民财富的边际效用降低，同盟的边际生产率下降，安全的边际效用降低"。[97]

承诺是合作的基础，而同盟则是表达承诺的正式形式。同盟一旦形成，其维持和结束的方式对国际体系的稳定将有着重要意义。同盟中的一方没能按照协议去援助遭到攻击的一方就说明了这一点。是否相信或在多大程度上相信同盟国会履行其条约义务，这既是理解同盟对于系统稳定所发挥效用的关键，也是理解同盟对于其成员本身所发挥效用的关键。什么时候以及在什么条件下同盟能把各国团结在一起？在论述这一问题时，小查尔斯·凯利和格雷戈里·雷蒙德把同盟看做是约定义务并由此入手加以分析。各国既可能履行也可能不履行这种义务。当环境的变化使执行条约违背了一国在无政府国际环境中的国家利益时，该国就不会履行约定的义务。[98] 同盟中包含的约定义务可以加强或促进规范条件的发展，以加强同盟的约束性质。凯利和雷蒙德认为，国际体系中的极越少，或者军事实力越集中，他们所说的有约束力的约定义务获得的支持就越多。他们还认为，有约束力的约定义务获得的支持越多，国际冲突的频率、范围和烈度就越小。

同盟出现利益分歧和同盟解体的可能性增大会对同盟产生什么影响？在阐述这一问题时，他们认为，在大战结束后或国家间权力分配出现重大变化时，同盟会出现利益分歧或其解体的可能性会增大。这时，各国会在同盟义务带来的利益、价值与其带来的规范压力之间进行权衡。如果各国认为维持条约神圣性的规范比不履行义务或终止同盟的压力更重要，其结果将是所谓的"信任文化"得到加强。如果预计到盟国会遵守它们之间的协议，盟国潜在的侵略者诉诸战争的可能性就会下降。凯利和雷蒙德认为，"对不遵守承诺和破坏条约的行为予以宽恕的外交文化，是可能带来武装冲突的文化"。因此，同盟孕育或体现了以承诺和合作为基础的规范标准。从这个意义上说，同盟为国际和平和稳定奠定了基础。

还有人用同盟实体愿意为意识形态做出承诺或其意识形态相容来解释同盟形成的原因。换句话说，民主国家愿意同民主国家结盟。大多数北约成员都认同西方文明的价值观，如以代议政府为基础的政治体制。基于同样的原因，苏联同共产党国家结盟。苏联一解体，华沙条约组织也就解散了。同苏联的建立一样，华约建立靠的是强制而不是成员们的一致同意。二战轴心国——纳粹德国、意大利和日本——结成的同盟，直至1943年意大利退出以及1945年德国和日本战败才解体。民主化是捷克共和国、匈牙利和波兰1999年能加入北约的先决条件。与被迫加入华约不同，三国都是自愿加入北约的。国家集团如何能像其他集体一样形成自身的认同，这不仅对一体化至关重要，而且对具有意识形态基础的同盟有着更特殊的意义。通过这些例子可以做出判断，即使没有因极权性的意识形态而带来的凝聚力，根据民主原则，以各方同意和一致为基础的同盟也能长期保持活力。用托马斯·里塞－卡彭（Thomas Risse-Kappen）的话说，拥有共同的民主认同的国家能长期保持活力，其原因是"在彼此合作时，各国使其内在规范得到了外化"。[99] 在本章前一部分曾讨论过多伊奇提出的"多元安全共同体"，这种认识方法与"多元安全共同体"有相似的地方。

冷战后的北约

北约经历了冷战而且在21世纪依然保持活力，它也因此成为同盟研究的一个范例。北约提供的例证包括，同盟成员在怎样分配防卫负担和如何减少搭便车行为的问题上看法不一致。我们可以从美国的行为和美国盟友的担忧中找到这些问题的佐证。多年以来，美国努力迫使其盟国对它们自身的防卫承担更多的责任；美国的盟国则担心如果它们进一步减少对美国的依赖，将导致美国减少对欧洲的安全承诺，这将给整个欧洲安全带来不利影响。在不同时期，北约的欧洲盟国一直担心美国会抛弃它们或者使它们卷入同盟范围之外的冲突（尤其是欧洲以外的冲突），它们把这些冲突称为"地区之外"的问题。1999年，北约在华盛顿举行首脑会议，纪念北约成立50周年，同时吸收了三个新成员，即捷克共和国、匈牙利和波兰。冷战结束以来，北约继续发挥着其盟约第五条规定的集体防卫作用，同时还在危机处理和维和等方面不断承担新的责任，比如，1995年《代顿和平协议》签署以来，北约一直在东南欧发挥作用；1999年实施盟军行动，空袭了塞尔维亚。北约不仅吸收了三个新成员，而且在此之前还有许多国家也提出了申请。这些国家包括：原苏联加盟共和国爱沙尼亚、拉脱维亚、立陶宛，中南欧的斯洛伐克、斯洛文尼亚、保加利亚、罗马尼亚。这些新成员和可能的新成员加入北约有着各种各样的动机：进一步融入欧洲—大西洋共同体（即本章前面讨论过的多元型安全共同体）；防范俄罗斯军事实力复苏，重新奉行侵略政策；保持稳定，促进市场经济发展。这些动机是追随战略和制衡战略的综合。采取追随战略的目的是要加入这个市场经济繁荣、民主发达的国家集团；采取制衡战略的目的是要防止俄罗斯潜在的复兴。在吸收新成员的同时，北约还与其和平伙伴一起建立了新制度，同包括俄罗斯在内的非正式成员国进行广泛的合作。北约已经进行了内部的大调整，包括调整统一指挥结构，提高其承担新任务的能力。

北约决定吸收三个新成员引发了广泛的讨论和争议。反对者对北约东扩的军事必要性、政治上是否划算及其潜在的后果提出了质疑。他们认为，现在西方已不再把俄罗斯视为敌人，而北约东扩将会在欧洲形成新的分裂线，煽动起俄罗斯民族主义的排外情绪，有可能使俄罗斯的民主化偏离原来的方向，使冷战思维复活或永远存在下去，最终引发新一轮的代价高昂的武器技术竞赛。尽管许多美国公民与中东欧地区国家有着感情上的联系，尽管美国曾经对该地区做出过安全承诺，许多美国的政策制定者仍对美国向中东欧国家做出防卫承诺表示忧虑，因为迄今为止在这一地区的利益并不是美国国家安全的核心利益，而且目前美国还在减少其军队总规模并在东南欧、波斯湾以及其他地区承担了新任务。

支持北约扩大的人士也相应提出了相反的观点。20世纪两次世界大战的发源地都在中东欧。欧洲的战略家担心后铁托时代的巴尔干火药桶仍是危险的不稳定之源，这种不稳定会波及到南斯拉夫之外的地区以及整个欧洲，因此北约不能忽略中东欧。另外，宽泛地讲，中东欧国家也是西方文明的一部分，而且它们已缓慢而坚定地开始了与欧盟实现政治经济一体化的进程。北约的保护性威慑曾经为西方壮大民主力量和繁荣市场经济提供了安全的环境，现在对于苏联原来的卫星国，北约可以发挥同样的作用。542一些苏联原来的卫星国对它们强大邻国的长期目标仍怀有戒心。它们警告说，即使叶利钦统治领导下的俄罗斯变得友善和乐于合作了，沙皇时代传承下来的扩张主义倾向仍可能使共产主义在俄罗斯复活。

北约成员正努力将俄罗斯对北约扩大的消极反应降到最低限度。它们试图向俄罗斯领导人保证北约无意也没有计划和理由在其新成员（包括第一批的波兰、捷克共和国和匈牙利）的领土上部署核武器，或者相当数量的军队和常规武器。为了给俄罗斯足够的适应时间，北约采取了明智的策略，即推迟向俄罗斯更敏感的边界地区扩展，比如向波罗的海国家的扩展。为了不让俄罗斯感到正在被边缘化，北约于1997年成立了永久联合理事会，俄罗斯是该理事会的正式成员并可以发挥咨询作用，即俄罗斯可以在常设联合理事会上对北约的政策行动发表自己的观点，但没有否决权。

每当美国国会和一些西欧国家议会拒绝承担北约扩大可能带来的开支时，它们通常得到保证，大部分用于新武器装备的开支将由新成员国自己负担。归根结底，在与俄罗斯争议较小而不是较大时扩大北约，似乎更为明智、成本更低、风险也更小。北约希望通过扩大减少未来可能的威胁，而不是等到危机发生时才开始行动。如果那时再进行扩大，扩大必将是时间更紧迫、代价更高、更具挑衅性，也可能更加危险。具有讽刺意味的是，本来三个新成员加入北约的目的是改善自身的安全，可刚一加入就遇到了始料未及的科索沃危机。尤其是匈牙利，它与塞尔维亚接壤，在与之相邻的塞尔维亚边界地区居住着大量匈牙利人，因此匈牙利对这场战争的支持远没有其他离塞尔维亚较远的北约成员积极。[100]

一体化理论：概念化和测量问题

作为一种合作理论，一体化既没有人们能普遍接受的定义，也没有一系列人们认可的指标作为测量的基础。正如前面指出的，一体化理论家对一些现象的重要性看法不一致，这些现象包括超国家精英、国际结构、政府间行动和能够促进一体化的国内政治因素。对定义和概念都没有起码的一致意见，那么在测量一体化的指标上存在分歧就不足为奇了。例如，21世纪早期欧盟处在什么发展阶段上？各种同一体化有关的现象在什么时刻会加快或延缓一体化进程？它们发挥作用的次序是什么？同政府间层次上的支持相比，超国家制度主义有着怎样的重要意义？[101] 许多一体化理论是以欧洲经验为基础的。从欧洲经验看，我们可以清楚地发现政府间的支持是推进一体化进程必不可少的力量。超国家层次上一体化成功的经验，可以形成或加强对政府间层次上一体化的支持，使其进一步发展。

正如我们所看到的，一些作者强调将交往量作为一体化的指标，比如贸易量和传播量。这样做留下的问题是：交往的增加是否先于一体化，是否增强了一体化？交往的增加是源于一体化还是导致了一体化？哈斯认为，"当我们试图设计一个严密的理论框架，以解释一体化的原因时，一体化条件**何时**（when）出现的问题就变得十分关键了。特别是我们以社会沟通作为指标基础时，我们必须知道，即将加入一体化的精英之间的交往是否先于一体化进程？这些交往是否是某一地区一体化若干年之后表现出的特征？在后一种情况下，我们仅仅是根据沟通理论界定了现存的共同体，未曾探究实现这一目标所必须采取的措施"。[102]

以交往量这样的指标作为测量依据，一体化研究对一体化的现状和前景（特别是欧洲一体化的现状及前景）自然会得出不同的结论，人们对此并不感到惊奇。20世纪60年代中期，多伊奇把交往量作为评估欧洲一体化的指标之一。他断言："欧洲的一体化进程在50年代中期放慢了速度，1957年至1958年以来则停滞不前了。"他之所以得出这个结论，部分原因是由于从那时起交往量在"人们粗略估计可能达到的范围之外没有任何增长。有关国家的繁荣水平也没有增长"。[103] 为了支持他的结论，多伊奇收集了其他证据，包括对精英人物的访谈以及对法国和德国几家主要报纸进行内容分析。这样，除了交往量之外，对精英人物表达的观点和媒体关注的重点所做的统计分析也成为一体化的指标。根据欧盟在其后几十年的发展，多伊奇的结论从长远来看显然是不正确的，而且也没有对20世纪60年代的欧洲一体化做出全面的解释。虽然如本章前面所提到的，法国总统戴高乐坚持认为政府间的一致同意是建设欧洲一体化的基石，但在60年代，欧洲迈向共同农业市场（戴高乐坚持要实现共同农业市场）取得了显著进展，贸易和其他交往的水平也不断提高，这些至少为一体化赢得了更多的支持。20世纪60年代，英国曾两次申请加入欧盟，但都遭到了拒绝，不过1971年英国终于成功地加入了欧盟。尽管伦敦和其他欧盟成员在许多问题上不时出现分歧，但英国的加入的确是欧盟一次重要的扩大。西欧经济扩张时，贸易也在扩大，资本流动和其他交易也都在增加。

功能主义和新功能主义的局限性 544

功能主义理论本身受到了各种批判和修正，特别是本章介绍过的新功能主义者，对这一理论进行了若干修正。对功能主义的批评主要有以下几条：（1）即使可能，我们也难以把经济和社会任务同政治任务截然分开；（2）各国政府通常不愿意让国际权威机构处理有损于自身政治特权的任务；（3）某些经济和社会任务并不必然会"扩展"或"外溢"到政治领域；（4）实现一体化靠的是以意识形态或情感承诺为基础、充满魄力的政治行动，而不是单单依靠经济、社会部门的功能一体化。迄今所进行的研究还没能使一体化理论家在以下方面达成一致意见，如外溢的概念、启动和维持一体化过程的媒介因素等。一个部门的一体化与其向另一个部门的外溢（部门一体化的扩展逻辑）之间，存在着因果关系或者积极的学习过程，但这一因果关系或积极的学习过程的强度有多大还要看实际情况的发展。不过，欧盟的大量实例证明，一个部门成功地进行一体化后，其他部门实现一体化还要付出同样大的努力。毕竟，欧洲煤钢联营的成功才使《罗马条约》成为可能，而有了《罗马条约》才最终导致了欧盟的形成。在共同的商品和服务市场形成之后，欧盟又采取其他一体化行动，并在实现货币联盟方面取得了进展，包括推出了共同货币欧元。伴随着前进、停滞和倒退，欧盟增加了成员和扩大了功能，并深化了一体化的发展。自《欧洲单一法案》以来，欧盟制度的变化已不能仅仅用外溢来解释，甚至不能主要由外溢来解释。政府间的讨价还价为《欧洲单一法案》和《欧洲联盟条约》的外溢提供了动力。虽然外溢肯定是一体化的一部分，但政府间的讨价还价是怎样快速或广泛地外溢到其他部门的，这仍是一个尚待回答的问题。[104] 另一个尚未解决的问题是，欧盟成员是否会建立起欧洲安全和防务实体，承担现在由北约承担的军事任务。这需要进一步推进欧盟政治一体化，包括在下述方面达成充分一致：即对外政策、军事思想、军事指挥以及确保安全实体处于民主体制控制之下的制度。如果这一实体得以形成，那将是从经济部门向政治部门外溢的一个重要范例。

查尔斯·彭特兰（Charles Pentland）也对功能主义提出了批评。彭特兰断言，至少就二战以来西欧的经验而言，没有多少证据可以表明，在一个不断变小的世界里，技术和经济增长能通过功能性合作而导致一体化。"功能需要和结构适应之间的关系是功能主义理论的核心，只有作为一种理想和规范，而不是从预先决定事物变化的方向这个意义上讲，这种关系才是'必须的'。"[105] 事实上，彭特兰认为，技术和经济增长可能导致种族、宗教或民族身份的重新定位，就像近几十年来的伊斯兰原教旨主义运动一样。在欧洲，英国、比利时、法国、意大利和西班牙等国都处于进退维谷的境地之中。在这些国家里，一些次国家集团正寻求其身份的重新定位，这对中央政府的权威构成了挑战。显然，在21世纪初，如何才能协调推进一体化和谋求局部控制这两种力量之间的关系，仍然是理论界和政策制定者们面临的主要挑战。这又把我们带回到了世界主义与共同体主义争论和讨论的主要焦点，本章开始曾对此做过介绍。在任何情况下，无论是欧盟的一体化，还是在其他任何地区发生的一体化，都证明政治影响和压力是决定一体化进程至关重要的因素，对于国家层次上的一体化这一点更加明显。

一体化和合作理论的发展

虽然功能主义和新功能主义在一体化理论研究中占据着主导地位，但正如本章所介绍的那样，最近越来越多的著作开始强调超国家制度主义和政府间制度主义的相互作用。尽管一些以国际机制形式存在的超国家实体（如欧盟）决定着政府间的政策，但国家仍然是国际体系的主要行为体。因此，在趋同的国家利益基础上进行的国家间讨价还价，成为建立超国家机构必不可少的基础。这些超国家机构更多的是依靠各国政府对这些机构实施强有力的共同管理，而不是依靠将各国主权让渡给这些机构。趋同的各国家利益为国家间的讨价还价奠定了基础。下面的事实支持了这一观点，即欧盟已经形成的超国家决策程序，就是政府间意见一致或讨价还价的结果。因此，从超国家的新功能主义入手的学者与强调政府间的新现实主义学者经常就一体化的重点展开争论。最近的一体化文献对《欧洲单一法案》的经验进行了总结。这些经验表明，有必要对超国家制度主义和政府间制度主义进行综合，就像本书提到的要对新自由主义和新现实主义进行综合一样。如果超国家制度主义和政府间制度主义都是综合性一体化理论的一部分，那么问题就成了两者如何配合。一方如何影响另一方？影响的次序是什么？

从其他角度看，一体化也是一个多维的现象。奈认为，需要把一体化分解成经济一体化、政治一体化和法律一体化，它们还可以划分出可以测量的次级类型。"这种分解方法不是让我们以含糊不清的词汇从总体上对一体化进行讨论，而是迫使我们**在假定其余情况不变的前提下**（ceteris paribus），得出更加有效、更容易证伪的概括性结论，从而为比较分析铺平道路。与迄今为止的概括性研究相比，比较分析更有意义。"[106] 人们期望发展一个把重要的假定和因素全面地组合在一起的理论，而这些假定和因素能够影响走向政治共同体的一体化进程。这样的理论将会对以下现象做出解释：团体什么时候、为什么以及如何会组织起来形成持久的共同体、短暂的联盟和像北约这样长期存在的同盟。由此，这一理论将为合作战略和解决共同问题奠定基础。

546

注　释：

1 这些文献包括：Joseph Grieco, *Cooperation Among Nations* (Ithaca, NY: Cornell University Press, 1990)；Peter Haas, *Saving the Mediterranean* (New York：Columbia

University Press, 1990）；Kenneth A. Oye, ed.,*Cooperation Under Anarchy*（Princeton, NJ: Princeton University Press, 1986）；Duncan Snidal, "Cooperation Versus Prisoners' Dilemma," *American Political Science Review*, 79（December 1985）, pp.932-42；Nicholas Bayne, *Hanging Together*, 2nd ed.（Cambridge, MA：Harvard University Press, 1987）；Michael Taylor, *The Possibility of Cooperation*（Cambridge, England：Cambridge University Press, 1987）；*Oran Young International Cooperation*（Ithaca, NY：Cornell University Press, 1987）Harrison Wagner, "The Theory of Games and the Problem of International Cooperation," *American Political Science Review*, 70（June 1983）, pp.330-346；Joanne Gowa, "Anarchy, Egoism, and Third Images：The Evolution of Cooperation and International Relations," *International Organization*, 40（Winter 1986）, p.174.

2 关于合作的定义的讨论以及合作理论的最近著作，见 Helen Milner, "International Theories of Cooperation Among Nations：Strengths and Weaknesses," *World Politics*, 44（April 1992）, esp pp.467-470.

3 See, for example, A. J. R. Groom, "The Setting in World Society," in A. J. R. Groom and P.Taylor, eds., *Framework for International Cooperation*（London：Pinter Publishers, 1990）, p.3.

4 有关捕鹿游戏和囚徒困境模型的深入讨论，见 Robert Jervis, "Cooperation under the Security Dilemma," *World Politics*, 30（2）（January 1978）, pp.167-214.

5 Robert Axelrod, *The Evolution of Cooperation*（New York：Basic Books, 1984）, pp.6-7. 又见 David Kreps et al., "Rational Cooperation in the Finitely Repeated Prisoner's Dilemma," *Journal of Economic Theory*, 27（August 1982）, pp.245-252；and Michael Taylor, *The Possibility of Cooperation*（New York：Cambridge University Press, 1987）.

6 参 见，Geoffrey Garnett, "International Cooperation and Institutional Choice：The European Community's Internal Market," *International Organization*, 46（2）（Spring 1992）, pp.533-557；Stephen D. Krasner, "Global Communications and National Power：Life on the Pareto Frontier," *World Politics*, 43（April 1991）, pp.336-366.

7 John Gerard Ruggie, "Multilateralism：The Anatomy of an Institution," in John Gerard Ruggie,ed., *Multilateralism Maters：The Theory and Praxis of an Institutional Form*（New York：Columbia University Press, 1993）, p.11.

8 Chris Brown, *International Relations Theory：New Normative Approaches*（New York：Columbia University Press, 1992）, p.24.

9 Henry Tam, *Communitarianism：A New Agenda for Politics and Citizenship*（New York：New York University Press, 1998）, pp.18-24.

10 Ibid., p.20.

11 Chris Brown, *International Relations Theory：New Normative Approaches*（New York：Columbia University Press, 1992）, pp.75-76.

12 Amitai Etzioni, "Old Chestnuts and New Spurs," in Amitai Etzioni（ed.）, *New Communitarian Thinking：Persons,Virtues,Institutions,and Communities*（Charlottesville and London：University of Virginia Press, 1995）, p.17.

13 Ernst B. Haas, *The Uniting of Europe*（Stanford, CA：Stanford University Press, 1958）, p.16.

14 Karl W. Deutsch et al., *Political Community and the North Atlantic Area*（Princeton, NJ：Princeton University Press, 1957）, p.5.

15 参 见，A. J. R. Groom and Dominic Powell，"From World Politics to Global Goverance——A Theme in Need of a Focus," in A. J. R. Groom and Margot Ligat，eds.，*Contemporary International Relations*：*A Guide to Theory*（London：Pinter Publishers，1994），pp.81-87.

16 David Mitrany，*A Working Peace System*（London：Royal Institute of International Affairs，1943）。其他著作还有 David Mitrany，*The Progress of International Commitment*（New Haven，CT：Yale University Press，1933）。

17 对米特兰尼的著作的简明分析，见 Paul Taylor，"Functionalism：The Approach of David Mitrany," in A. J. R. Groom and Paul Taylor，eds.，*Framework for International Cooperation*（London：Pinter Publishers，1990），pp.125-138. 另见 David Mitrany，"A Political Theory for a New Society," in A. J. R. Groom and Paul Taylor，*Functionalism：theory and Practice in International Relations*（London：University of London Press，1975），pp.25-37；J. P. Sewell，*Functionalism and World Politics*（London：Oxford University Press，1966）；Paul Taylor and A. J. R. Groom，*Global Issues in the United Nations Framework*（London：Macmillan，1989）。

18 R. J. Harrison，"Neo-Functionalism," in A. J. R. Groom and Paul Taylor，eds.，*Framework for International Cooperation*，2nd ed.（London：Pinter，1994），pp.138-150.

19 Haas，*Uniting of Europe*，p.13. 英国官方和非官方社会精英对欧洲一体化的预期，见 Robert L. Pfaltzgraff，Jr.，*Britain Faces Europe*，*1957-1967*（Philadelphia：University of Pennsylvania Press，1969）。

20 Pfaltzgraff，*Britain Faces Europe*，p.48.

21 Ernst B. Haas and Philippe C. Schmitter，"Economics and Differential Patterns of Political Integration：Projections about Unity in Latin America"，*International Organization*，XVIII（Autumn 1964），p.707. Reprinted in Haas and Schmitter，*International Political Communities*：*An Anthology*（New York：Doubleday，1966），p.262.

22 哈斯称外溢是"部门一体化的扩展逻辑"，主张"如果行为体以利益观念为基础，要把某种情况下的一体化经验运用于新情况，那么一体化的经验就被普遍化了"。*Beyond the Nation-State*（Stanford，CA：Stanford University Press，1964）. p.48.

23 Ernst B. Haas，"International Integration：The European and the Universal Process," *International Organization*，XV（Autumn1961），p.372.

24 Philippe C. Schmitter，"A Revised Theory of Regional Integration," *International Organization*，24（4）（1970），p.846.

25 Ibid.，pp.323-325.

26 J. S. Nye，*Peace in Parts*：*Integration and Conflict in Regional Organization*（Boston：Little，Brown，1971），pp.56-58.

27 Ibid.，p.66.

28 Ibid.，p.67.

29 Ibid.，p.68.

30 Ibid.，pp.71-72.

31 Ibid.，p.73.

32 Ibid.，p.80.

33 Ibid.，p.82.

548

34 Ibid., p.74.

35 Ibid., p.93.

36 Ibid., p.182.

37 Ibid., pp.172, 198-199; J. S. Nye and Donald Rothchild, "Ethnicity and Conflict Resolution," *World Politics*, XXII (July1970), pp.597-616.

38 Quoted in Karl W. Deutsch, *The Nerves of Government* (New York: Free Press, 1964), p.77. 参见 Norbert Wiener, *Cybernetics* (Cambridge, MA: MIT Press, 1965).

39 Deutsch et al., *Political Community and the North Atlantic Area*, p.58. 这些历史案例包括美国建国；美国在内战中的分裂以及内战后的重新统一；苏格兰与英格兰的合并；英格兰—爱尔兰联盟的解体；德国的统一；意大利的统一；哈布斯堡王朝；挪威与瑞典的联合以及瑞士联邦。还有两个案例，即威尔士和英格兰的联合及中世纪英格兰本身的发展，但对它们的研究不够深入。

40 Ibid. 读者可参考第一章，我们介绍约翰·赫茨 (John H. Herz) 的理论时提到过这个观点，即在核时代，主权国家为其公民提供安全感的能力已经受到怀疑。不过，多伊奇的安全共同体思想指的是共同体成员不愿意彼此发生战争，并不是指它们在面对外部攻击时必定比非共同体成员更安全。

41 Ibid.

42 Ibid., pp.5-6.

43 这种思想同第三章讨论过的帕森斯的社会系统类似。在社会系统中，人们能够预期彼此的行为。参见第四章第143-145页（原书页码）。

44 Deutsch et al., *Political Community and the North Atlantic Area*, p.70.

45 Ibid., p.199.

46 这些文献包括：William James Adams, ed.,*Singular Europe: Economy and Polity of the European Community After 1992* (Ann Arbor: University of Michigan Press, 1992); Robert Keohane and Stanley Hoffmann, eds., *The New European Community: Decisionmaking and Institutional Change* (Boulder, CO: Westview Press, 1991); Alberta Sbragia, ed.,*Euro-Politics: Institutions and Policymaking in the "New" European Community* (Washington, DC: Brookngs Institution, 1992); and Dennis Swann, ed., *The Single European Market and Beyond: A Study of the Wider Implications of the Single European Act* (New York: Routledge, 1992).

47 Robert O. Keohane and Stanley Hoffmann, "Institutional Change in Europe in the 1980s," in Robert O. Keohane and Stanley Hoffmann, eds., *The New European Community: Decisionmaking and Institutional Change* (Boulder, CO: Westview Press, 1991), pp.24-25.

48 Ibid., p.13.

49 Andrew Moravcsik, "Negotiating the Single European Act," in Keohane and Hoffmann, *New European Community*.

50 David Cameron, "The 1992 Initiative: Causes and Consequences," in Alberta Sbragia, ed.,*Euro-Politics: Institutions and Policymaking in the "New" European Community* (Washington, DC: Brookings Institution, 1992), p.63.

51 Ibid., p.65.

52 Wayne Sandholtz and John Zysman, "1992: Recasting the European Bargain," *World Politics*, XLII (1) (October 1989), pp.95-128.

53 Gerard Schneider and Lars-Erik Cederman, "The Change of Tide in Political Cooperation: A Limited Information Model of European Integration," *International Organization*, 48（4）（Autumn 1994）, pp.633-662.

54 James E. Dougherty, "The Politics of European Monetary Union," *Current History*, 96（March 1997）; "EMU: An Awfully Big Adventure," in *the Economist*, April 11, 1998.

55 "Conditional EU Bid to Turkey," *International Herald Tribune*, December 11-12, 1999.

56 Edmund Andrews, "No Rescue in Sight as Euro Slides to New Low," *New York Times*, May3, 2000. 其他一些欧洲中央银行的官员认为，从长远看，欧元走势会变得更强劲，其原因是美国有高额的贸易赤字而欧洲的出口在不断增加。Bruce Barnard, "What role will Europe's single currency play in world markets？" *Europe*, 387（June 1999）, p.10.

57 Warren Hoge, "Britain Delays Early Entry into the Euro," *New York Times*. October 27, 1997; Andrew Parker, "Opposition grows to government's stance on euro," *Financial Times*, March1, 1999; John Vinocur, "Britain and the Euro: Diffident Blair Bides His Time," *International Herald Tribune*, January 20, 2000; Tom Buerkle, "British Debate Intensifies on Joining Euro Zone," ibid., February 29, 2000.

58 John Gerard Ruggie, "International Responses to Technology: Concepts and Trends," *International Organization*, 29（3）（Summer 1975）, p.570.

59 Duncan Snidal, "Coordination Versus Prisoners' Dilemma: Implications for International Cooperation and Regimes," *The American Political Science Review*, 79（December 1985）, pp.923-924. 又见 Arthur A. Stein, "Coordination and Collaboration: Regimes in an Anarchic World," *International Organization*, 36（2）（Spring 1992）, pp.299-234; Joseph S. Nye, Jr., "Nuclear Learning and U. S.-Soviet Security Regimes," *International Organization*, 41（3）（Summer 1987）, pp.371-402.

60 Stephen D. Krasner, "Structural Causes and Regime Consequences: Regimes as Intervening Variables," in Stephen D. Krasner, ed.,*International Regimes*（Ithaca, NY, and London: Cornell University Press, 1985）, p.1.

61 Donald L. Puchala and Raymond F. Hopkins, "International Regimes: Lessons from Inductive Analysis," in Krasner, *International Regimes*, p.64.

62 Krasner, *International Regimes*, p.2.

63 Oran R. Young, "International Regimes: Problems of Concept Formation," *World Politics*, XXXII（3）（April 1980）, pp.332-333; Oran R. Young, *International Cooperation: Building Regimes for Natural Resources and the Environment*（Ithaca, NY, and London: Cornell University Press, 1989）, pp.12-13.

64 Joseph S. Nye, Jr., "Nuclear Learning and U. S. -Soviet Security Regimes," *International Organization*, 41（3）（Summer 1987）, pp.371-401.

65 参 见, Peter M. Haas, "Do Regimes Matter？ Epistemic Communities and Mediterranean Pollution Control," *International Organization*, 43（3）（Summer 1989）, pp.378-403.

66 Ernst B. Haas, "Words Can Hurt You; Or, Who Said What to Whom About Regimes," in Krasner, *International Regimes*, p.27.

67 Oran R. Young, "Regime Dynamics: The Rise and Fall of International Regimes," in Krasner, *International Regimes*, p.100.

68 Oran R. Yong, "International Regimes: Problems of Concept Formation," *World Politics*, XXXII（3）（April 1980）, pp.349-350.

69 Robert O. Keohane, *After Hegemony: Cooperation and Discord in the World Economy*（Princeton, NJ: Princeton University Press, 1984）, p.32. 关于霸权和机制更深入的讨论，参见 Stephan Haggard and Beth A. Simmons, "Theories of International Regimes," *International Organization*, 41（3）（Summer 1987）, pp.491-517; Oran R. Young, "International Regimes: Toward a New Theory of Institutions," *World Politics*, 39（1）（October 1986）, pp.104-121.

70 Keohane, *After Hegemony*, p.49.

71 Ibid., p.50

72 Ibid., p.64.

73 Oran R. Young, "International Regimes: Problems of Concept Formation," *World Politics*, XXXII（3）（April 1980）, p.348.

74 Keohane, *After Hegemony*, p.109.

75 Haas, "Words Can Hurt You," p.30.

76 Krasner, *International Regimes*, p.357.

77 Susan Strange, "Cave! Hic Dragones: A Critique of Regime Analysis," in Krasner, *International Regimes*, pp.337-354.

78 Robert L. Rothstein, *Alliances and Small Powers*（New York: Columbia University Press, 1968）, p.55.

79 Robert E. Osgood, *Alliances and American Foreign Policy*（Baltimore: Johns Hopkins Press, 1968）, p.19.

80 参见 "Introduction" in J. David Singer and Melvin Small, "Alliance Aggregation and the Onset of War, 1815-1945," in Francis A. Beer, ed.,*Alliances: Latent War Communities in the Contemporary World*（New York: Holt, Rinehart and Winston, 1970）.

81 参见, Hans J. Morgenthau, "Alliances in Theory and Practice," in Arnold Wolfers, ed., *Alliance Policy in the Cold War*（Baltimore: Johns Hopkins Press, 1959）.

82 George F. Liska, *Nations in Alliance: The Limits of Interdependence*（Baltimore: Johns Hopkins Press, 1962）, p.12; William H. Riker, *The Theory of Political Coalitions*（New Haven, CT: Yale University Press, 1962）, pp.32-76. 另参见 Bruce M. Russett, "Components of an Operational Theory of International Alliance Formation," *Journal of Conflict Resolution*, XII（September 1968）, pp.285-301. 关于同盟的论文集可参见 Julian R. Friedman, Christopher Bladen, and Steven Rosen, eds., *Alliance in International Politics*（Boston: Allyn & Bacon, 1970）; and Beer, Alliances: Latent War Communities. For a dyadic study（the United States and Italy）, seeValentine J. Belfiglio, *Alliances*（Lexington, MA: Ginn Press, 1986）.

83 Liska, *Nations in Alliance*, p.175.

84 Ibid., p.61.

85 Riker, *Theory of Coalitions*, p.188. 赖克的研究框架的其他运用，见 Martin Southwold, "Riker's Theory and the Analysis of Coalitions in Precoloial Africa," in Sven Groennings, E. W. Kelley, and Michael Leiserson, eds., *The Study of Coalition Behavior: Theoretical Perspectives and Cases from Four Continents*（New York: Holt,

Rinehart and Winston, 1970), pp.336-350. 试图把赖克的研究框架与均势联系在一起的著作，见 Dina A. Zinnes, "Coalition Theories and the Balance of Power," ibid., pp.351-368.

86 对卡普兰为均势体系提出的规则的考察，见第四章。

87 Liska, *Nations in Alliance*, p.27. 又见 George F. Liska, *Quest for Equilibrium: America and the Balance of Power on Land and Sea* (Baltimore: Johns Hopkins Press, 1977), p.6.

88 Liska, *Quest for Equilibrium*, p.30.

89 Rothstein, *Alliances and Small Powers*, p.50.

90 Ibid., pp.173-176.

91 Glenn H. Snyder, "Alliance Theory: A Neorealist First Cut," in Robert L. Rothstein, ed., *The Evolution of Theory in International Relations: Essays in Honor of William T. R. Fox* (Columbia: University of South Carolina Press, 1991), pp.83-103.

92 Thomas J. Christensen and Jack Snyder, "Chain Gangs and Passed Bucks: Predicting Alliance Patterns in Multipolarity," *International Organization*, 44 (2) (Spring 1990), pp.138-168.

93 James D. Morrow, "Arms versus Allies: Tradeoffs in the Search for Security," *International Organization*, 47 (2) (Spring 1993), pp.207-233.

94 Stephen M. Walt, *The Origins of Alliances* (Ithaca, NY, and London: Cornell University Press, 1987), p.5.

95 Ibid., p.17.

96 Michael F. Altfeld, "The Decision to Ally: A Theory and Test," *The Western Political Quarterly*, 37 (4) (December 1984), pp.523-543.

97 Ibid., p.528.

98 Charles W. Kegley, Jr., and Gregory A. Raymond, *When Trust Breaks Down: Alliance Norms and World Politics* (Columbia: University of South Carolina Press, 1990).

99 Thomas Risse-Kappen, "Collective Identity in a Democratic Community," in Peter Katrenstein (ed.), *The Culture of National Security: Norms and Identity in World Politics* (New York: Columbia University Press, 1996), pp.369-371.

100 Ronald Asmus, Richard L. Kugler, and F. Stephen Larrabee, "Building a New NATO," *Foreign Affairs*, 72 (September/October1993), pp.28-40; Owen Harries, "The Collapse of 'The West'", ibid., pp.41-53; Ronald D. Asmus and F. Stephen Larrabee, "NATO and the Have-Nots," ibid., p.75 (November/December 1996), pp.13-20; Charles A. Kupchan, "The Runaway NATO Train," *The Washington Post National Weekly Edition*, May 22-28, 1995, pp.23-24; Amos Perlmutter and Ed G. Carpenter, "NATO's Expensive Trip East," *Foreign Affairs*, 77 (January/February 1998). 又见 David S. Yost, *NATO Transformed: The Alliance's New Roles in International Security* (Washington, DC: United States Institute of Peace Press, 1998); Michael Mandelbaum, *The Dawn of Peace in Europe* (New York: The Twentieth Century Fund Press, 1996); Kenneth W. Thompson (ed.), *NATO and the changing World Order: An Appraisalby Scholars and Policymakers* (Lanham, MD: University Press of America, 1996); Rob De Wijk, *NATO on the Brink of the New Millennium: The Battle for Consensus* (London: Brassey's Limited, 1997); James M. Goldgeier, *Not Whether But When: The U.S. Decision to Enlarge NATO* (Washington, DC:

552

The Brookings Institution, 1999); Todd Sandler and Keith Hartley, *The Political Economy of NATO: Past, Present, and into the 21ˢᵗ Century* (New York: Cambridge University Press, 1999).

101 参见 Joseph S. Nye Jr., "Comparative Regional Integration: Concept and Measurement," *International Organization*, XXII (Autumn1968), p.857. 当代关于国际一体化的论文集，参见 Joseph S. Nye Jr., *International Regionalism: Readings* (Boston: Little, Brown, 1968).

102 Ernst B. Haas, "The Challenge of Regionalism," *International Organization*, XII (Autumn 1958), p.445.

103 Karl W. Deutsch, *France, Germany and the Western Alliance* (New York: Scribner's, 1967), pp.218-220. 多伊奇的观点是以相对接受指数 (the Relative Acceptance Index) 为基础的，使用相对接受指数的目的是将"偏好行为和结构性一体化的实际结果与单纯由国家大小和繁荣水平产生的影响"分离开。

104 Robert O. Keohane and Stanley Hoffmann, "Institutional Change in Europe in the 1980s," in Keohane and Hoffmann, *The NewEuropean Community*, pp.18-20.

105 Charles Pentland, *International Theory and European Integration* (London: Faber and Faber, 1973), p.98.

106 Joseph S. Nye, Jr., "Comparative Regional Integration: Concept and Measurement," *International Organization*, XXII (Autumn1968), p.858.

第
十
一
章

决策理论·单元层次的行为体及其选择

决策分析的性质和起源

用戴维·伊斯顿的话来说，决策就是政治系统的输出，由此在社会中实现价值的权威性分配。在早期有关外交史和政治制度的研究中就包含了决策概念。最早把人们如何进行决策或选择作为系统研究对象的并不是政治科学。心理学家们对于个人决策背后的心理动机很感兴趣，他们力图解释为什么一些人做决策时要比另一些人的困难大。经济学家们则注重研究生产者、消费者、投资者，以及其他能对经济生活产生影响的人的决策。工商管理的理论家们则试图分析行政决策以提高效率。20世纪60年代，在政府部门中，尤其是国防部门，成本效益分析方法被应用于决策过程，例如在新式武器的采购方面。长期以来，决策是政治学家们研究的一个重点问题。他们对选民、立法者、行政官员、政治家、利益集团领袖以及政治舞台上其他人物的决策行为感兴趣。[1] 因此，对外政策决策研究所注重的仅仅是社会科学家和政策制定者们所研究和关注的各种政治现象中的一部分而已。由于许多分析家仅仅关注在危机状态下的决策过程，所以本章的后一部分会专门讨论这个问题。

简单来说，**决策**（decision making）就是在存在着不确定性因素的备选方案中做出选择的行为。与国内政治相比，对外政策制定过程更难明确有哪些备选方案，这主要是由于对外政策的决策背景更不容易为决策者所认识和了解。决策者必须统观全局，在不断地摸索过程中制定对外政策，这个过程中会产生各种不同意见，如哪些形势判断最为合理，存在着哪些可能性，不同的选择可能会导致哪些结果，哪种价值可以用做判断各种备选方案优劣顺序的标准，等等。对

554 于决策过程的性质和研究决策的适用模式，不同的研究者有不同的看法。不过，决策研究不仅研究政策制定中的抽象的效用最大化选择，同时也研究不同部门和官僚机构间多种倾向性选择的竞争与妥协的渐进过程。

决策理论的研究方法

从决策的角度对国际政治进行研究并不是什么新鲜事。在2400年以前，希腊历史学家修昔底德在他的著作《伯罗奔尼撒战争史》（Peloponnesian War）中，就研究过那些使城邦领导人在当时的条件下准确无误地决定战争与和平、结盟与建立帝国等重大问题的因素。他不仅研究了城邦领袖们的决策合理性问题和他们对总体环境的认识（这些都体现在他所认定的城邦领袖们的演讲中），而且研究了各种深层次的心理动机，如恐惧、荣誉和兴趣等，这些心理动机以不同的组合形式构成了个人行为的驱动力，并为当时的社会定下了基调。由此可见，修昔底德确实是决策研究的先驱。

决策理论确定了许多相关变量，并提出了这些变量间可能存在的相互关系。在传统的政治分析中，分析者习惯于将民族国家形象化、拟人化，并把他们作为国际体系的基本行为体。相对于这种传统的分析方法，决策理论是一次巨大变革。决策理论并不关注形而上的、抽象的国家或政府概念，以及广义上的"行政部门"，而是集中研究制定政府政策的个人的决策行为。正如理查德·斯奈德（Richard Snyder）、布鲁克（H. W. Bruck）和伯顿·萨潘（Burton Sapin）所说的："将国家定义为官方的决策者是我们的一个基本方法。这些决策者们的权威性活动，无论其内容和目标是什么，都代表着国家行为。国家行为实际上是那些以国家的名义行事的人的行为。"[2]决策理论家们将研究的对象从集体缩小到个体决策者，希望以此能够使政治分析更加具体和精确，更适合于系统分析。但是，决策理论家又认为，决策者是在一个可感知的总体环境中进行决策的，其中包括作为内部环境的国内政治体系和作为外部环境的国际政治体系。

知觉在决策理论中被赋予了重要地位。在定义形势时，绝大多数决策理论家认为，决策者所认识的世界至少和客观现实同等重要。罗伯特·杰维斯发现，存在于人们的认识过程中的自我中心倾向使领导人易于将自己的决策解释为是对客观条件的反应，而将外国竞争对手的行为归结为 **555** 对方的敌意。[3]由此可见，理论家们其实已经接受了哈罗德·斯普劳特和玛格丽特·斯普劳特对心理环境和操作环境所做的区分（见第四章）。不过，约瑟夫·弗兰克尔（Joseph Frankel）认为，决策理论必须考虑客观环境，因为即使那些决策者没有留意的因素不影响他们的决策，它们也是很重要的，因为它们可能会限制决策的结果。[4]迈克尔·布雷彻（Michael Brecher）也同样认为，"操作环境对决策的影响是直接的，但它对政策选择的影响，也就是对决策本身的影响，要通过决策者的认识才能实现"。[5]当我们谈论决策时，我们也应回顾一下第四章中讨论过的建构主义方法。在建构主义那里，决策是决策者所处的社会环境通过决策者的观念制定出来的。也就是说，决策是由社会构建的。尤塔·韦尔德茨（Jutta Weldes）甚至认为，为了进行决策，决策者们必须认识和理解他们所处的环境、对外政策的性质或国家安全的目标。按照我们在第四章所讨论的建构主义理论，决策者们是在理解众多重要国家及其他行为体之间的关系的基础上"构建国家利益"的。[6]

决策形势（或时机）

戴维·布雷布鲁克（David Braybrooke）和查尔斯·林德布罗姆（Charles E. Lindblom）认为，尽管决策不能被完全等同于运用理性解决问题，但两者基本上是一回事。[7]问题在于决策者应该如何根据其所面临的问题判断形势。决策者如何判断目标、条件、其他行为体以及它们的意图？如何确定本国政府的目标？在具体决策形势下，哪种具体的而不是抽象的价值对决策者最重要？

斯奈德发现，有些形势的结构性特征较为明显，容易被人们所认识和把握，而另一些形势则飘忽不定，模糊不清。形势的紧急程度以及采取行动的压力也有很大的不同。一个问题被定位为政治问题、经济问题和军事问题，还是社会问题和文化问题，直接影响到确定如何解决这个问题和由谁来解决这个问题。如我们所知，决策往往涉及不同领域。职业外交家、学者、记者以及其他各阶层的人们，往往在外交事务方面持有各种各样的观点。由此可以看出，要相对准确地评估影响对外关系的各种趋势和力量，的确是一件相当困难的事情。（相对于国内政策的制定而言，对外政策的制定更加复杂，尤其是在发生国际危机的时候，因为牵涉的利益十分重大，决策者的精力已经使用到了极限）要对别国的意图进行分析则更加困难。当一国的决策者因为预计另一国可能会采取某种行动而首先采取行动时，他会认为自己的威慑或预防性行动纯粹出于防御目的，但在其对手看来，却是一种进攻行为。这一点我们在第七章中就谈到过。

556

官僚政治

政治学研究者在很早以前就开始重视官僚机构的重要性了。马克斯·韦伯虽然没有贬低领袖的重要性，但也不得不承认，"在现代国家中真正的掌权者无疑是官僚机构，因为权力既不是通过议会中的演说，也不是通过君主的公告来行使的，而是通过行政部门的运转才得以行使的"。[8]虽然是由领袖来决定做什么，但如何去做却取决于官僚机构，而决定如何去做反过来会对应该做什么产生影响。因此，官僚机构在决策研究中占有重要的地位。尽管韦伯描述的是20世纪20年代之前的情况，但是他的这些论述却是我们理解21世纪初的官僚结构和决策的基础。理论家们认为，那些向决策者提出政策建议的行政官员会从本机构的利益出发来确定国家利益。不过这并不意味着处于同一官僚机构中的人就一定有同样的利益。理查德·贝茨反对那种根据人们所属的组织机构的特点而过于笼统地看待他们的世界观的做法。他认为这种做法是那些对"认识共同体"（指思想观念相近的专业人士团体）进行理论研究的人们所犯的一个失误。[9]

根据韦伯的看法，在所有先进的政治体系和经济体系中都会产生官僚结构，它们不仅影响决策的过程，还对该过程的结果，即决策本身产生影响。现代领导人严重地依赖顾问、部门主管和政府职员给他们提供对外决策的重要情报。此外，不同的决策者对于形势的理解并各不相同。和政府一样，所有的官僚机构，尤其是民主国家中的官僚机构，都常常面临预算的限制。因此，提出各种对外政策或国防政策的人们在竞相争夺有限的资源。对外政策和国防计划不仅同国内项目进行竞争（例如教育、卫生、社会安全、农业、交通、社会福利、能源、建设、保护、犯罪控制以及城市翻修等），它们彼此之间也存在竞争。这种部门之争发生在各个领域，如各种军事和技术项目、武器转让、军队部署、联盟外交、对外发展援助、信息和文化交流项目、情报活动、对国际组织的支持，以及加强和平变革进程，等等。对对外政策和国家安全造成影响的各个行政部门内部和部门之间的利益差别，以及各军种之间的差别，都充分体现了官僚政治对决策的影响。

为了说明以上观点，让我们来对比一下第二任里根政府中国务院和国防部在一个问题上的不同观点。这个问题与研究、开发和试验战略性防御武器技术有关，而当时美国国内对美苏1972年签署的《反弹道导弹条约》有不同的解释。当时的国务卿乔治·舒尔茨（George Shultz）强调必须慎重对待现有的军控条约，否则北约盟友会担心重新引发冷战的紧张形势，破坏本来就脆弱的缓和前景。他的见解反映了国务院对欧洲公众和外交舆论的敏感。相对于乔治·舒尔茨对《反导条约》的"狭隘解释"，国防部部长卡斯帕·温伯格则倾向于他所谓的"宽泛解释"。他认为战略防御事关美国国家安全的根本利益，远比盟国对此事的看法重要得多。[10] 后来，国务院的看法占了上风。

对于官僚的职位和视野怎样决定他们看待问题的方式，对此莫顿·霍尔珀林（Morton H. Halperin）等学者已经有所研究。官僚政治的这一特点表明，官僚机构追求的国内目标可能比政府的对外目标还要重要。莫顿·霍尔珀林等人认为，一国政府为影响他国政府而采取的行动和计划通常是按照一个简单模型做出的，这个简单模型由两个人构成，他们彼此之间能够准确地进行信息交流。但在事实上，这些行动和计划可能是在一个复杂的相互扯皮的官僚政治过程中产生的，连政策的执行者们自己也无法完全理解这个过程。他国政府的反应同样也是这种官僚政治过程的产物。[11]

弗朗西斯·鲁尔克（Francis Rourke）很早以前就提出了官僚机构的惯性定律："处于静止状态的官僚机构倾向于继续保持静止状态，处于运动状态的官僚机构则倾向于继续保持运动状态。"[12] 最近几届总统都曾因为处于静止状态的官僚机构对他们的命令反应迟钝而大为恼火，但在鲁尔克看来，这种迟钝倒可能避免了一些因领导人决定仓促而导致的不良后果。与此情况相反的是，当行政机构获得发展自身的机会时，不论是进行战争、探索太空、军控谈判，还是出口武器和粮食，它们就会为扩大本部门的预算开支而行动起来，借以表明它们存在的价值。一旦官僚机构有了这种推动力，它们就很难停下来。鲁尔克认为官僚机构可以极大地影响领导人和公众对外政策上的观点。此外，它们通常还拥有一些影响事态发展的技术力量。不过，官僚机构终究只是民主政治体制的一个组成部分，它们的权力最终还要取决于其他权力机构（如国会和总统）的意愿，如这些权力机构是否支持它们，是否接受它们的建议，是否愿意共同将它们的行为合法化。[13]

亚历山大·乔治提醒人们注意，为了协调各方观点和多方利益以增强决策的合理性，行政机构不是采取集中管理的方式来协调官僚机构内部的争议，而是可能采取一种**多渠道模式**（multiple advocacy model），即把集中管理和多元参与相结合的混合模式。[14] 行政机构希望能够避免官僚政治带来的众多负面影响。这些负面影响之一，就是各下属机构有可能限制彼此之间的竞争，在最高决策层听取决策汇报之前就暗自达成妥协，以便使最终决策有利于官僚机构内部妥协形成的偏好。在这种情况下，那些现实可行但并不为官僚们所接受的备选政策方案，可能会因为非常不利的政策汇报和信息的不完备而被搁置起来。乔治告诫行政部门，在决策之前，不应使政策分析在早期的研究和评估阶段过于集中化和官僚化。在过于集中的行政系统中，行政机构听到的可能是一些狭隘的来自上层部门的正统观点。不管是有意还是无意，这种情况都可能发生。

玛格丽特·赫尔曼（Margaret G. Herman）和查尔斯·赫尔曼（Charles F. Herman）认为存在大量决策单元，这些决策单元会因时间和事件的不同而发生变化。那些能够调动和使用必要的资源，并能够做出不易被其他单元推翻的权威性决策的决策单元被称为"法定决策单元"。"法定决策单元"可能是一位占据支配地位的领袖（如卡斯特罗），或者是一个其成员可以面对面进行交流的集团（如政治局、国家安全委员会），也可以是多个自主行为体（如美国的宪法体系或是一个议会体系）。[15] 在乔治看来，"法定决策单元"究竟是哪一种，在很大程度上取决于行政长官的认知方式，在掌握信息的基础上进行判断的能力，以及决策的风格。行政长官必须在激励各官僚机构之间进行竞争的同时，保持评估、判断以及从各种备选方案中进行取舍的权力。乔治研究了**价值复杂性**（value complexity）（某个问题可能会同时涉及多种彼此冲突的价值和利益）和**不确定性**（uncertainty）（缺乏评估形势以及可能的结果所需的信息和知识）对决策者的限制。[16] 由这种限制而引发的问题，我们将在后面"决策过程"一节中加以讨论。为了引起决策者的注意，政策建议者们相互展开竞争，由此形成了一个完全竞争系统，这比官僚机构的讨价还价—妥协模型所形成的不完全竞争要可取得多。

尽管官僚政治模型在20世纪60年代初以来的理论家当中以及最新的政治学研究中都十分流行［参见后文中格雷厄姆·阿利森（Graham Allison）对古巴导弹危机的分析］，但是它还没有得到普遍的认可。近来，爱德华·罗兹（Edward Rhodes）对这种观点提出了疑问，即认为国家并非是理性行为体而是一种官僚结构，在这种官僚结构中，政府官员的行为是拥有狭隘利益和缺乏远见的政府各部门之间讨价还价和相互扯皮过程的结果。爱德华·罗兹并不否认官僚政治的存在，但存有以下疑问：官僚政治是否影响决策，是否有助于我们理解国家的行为；与那些在政府内部争夺主导地位的各种思想和信念的知识相比（这些思想和信念对对外政策和国内政策的看法往往有很大的不同），有关官僚政治过程的知识是否有助于我们更好地（或同样好地）预见国家的行为。[17]

决策者的特点和动机

斯奈德和他的同事有益地区分了两种动机，一种是目的性动机，另一种是原因性动机。[18] 前一种动机出于人的有意识的自觉，并能够被清楚地说明和解释。决策者**为了**（in order to）实现国家的目标而做的决策就是出于这种动机。例如，约翰逊政府之所以想通过《不扩散核武器条约》，是为了限制能够独立挑起核对抗的国家的数目，以此增强国际稳定性。到1995年该条约需要被重新审定的时候，克林顿政府之所以无限期延长该条约，也是出于同样的目的。同样地，里根总统选择"战略防御计划"，就是要让其他国家的核武器变得无用武之地，克林顿总统则认为美国需要发展导弹防御体系来对付无赖国家的导弹。而**原因性动机**（because-of motivation）是无意识的或者半自觉的动机或冲动。它源于以往的生活经历、内在的价值取向和不同的利益需求，或者出自决策者的驱动力。然而，正如我们在第六章中看到的，政治学理论家对于运用心理历史学来解释政治领袖们的行为和决策是很慎重的。

和政治史学家们一样，绝大部分决策理论家认为，了解政策制定者们的个人背景，如他们的教育背景、宗教信仰、重要的生活经历、接受的专业训练、在国外的经历、身心健康状况以及以往的政治活动等，都有助于我们理解他们的决策的深层动机和他们的价值观。在某些情况下，一位曾经参加过战争，或者在战争中失去亲人的领导人，既可能厌恶战争，也可能渴望战争。不过，个人的心理经验与他们在社会组织中的政策选择之间究竟存在什么样的关系，我们现在还知之甚少。认识到个人背景能对决策产生影响是很有意义的，特别是当我们根据对社会角色和社会过程的分析来预期人的正常行为但却碰到反常行为的时候。然而，承认个人背景的重要性是一回事，如何在个人的心理经历（可能是几十年前的经历）和不正常行为之间建立起明确的因果关系则完全是另外一回事。心理历史学的解释方法有一个缺陷，就是很容易相信十分戏剧化的想象，而不对事实进行严格的分析。

决策过程

　　戴维·伊斯顿曾将政治定义为"社会价值的权威性分配"。[19] 从本质上讲，这就是政治决策的全部内容。然而，政治决策过程和非公共部门的决560策或私人决策过程是否基本一致，决策理论家们并没有形成一致的意见。作为政治学家，笔者完全同意这样一种观点，即家庭、大学、商业公司和政府部门的决策有着极大区别。[20] 尽管私人决策和公共决策都具有个人和集体过程相混合的特点，但是它们的游戏规则和参照系统却很不相同。

　　经济学家和工商管理学的研究者们为决策理论做了大量前期投入工作，所以该理论的早期发展中包括了许多启蒙运动和边沁功利主义提出的假定。这些假定强调了理性和教育在人类社会选择中的作用，认为一个理性的人能够清楚地了解所有可能的选择，并能计算出每一种选择的结果，然后根据价值偏好自由选择。最近几十年，这些假定的有效性已经大受质疑。

　　根据古典的决策模型，决策者在两个基本层面上进行计算：效用和可能性。决策者被假定为理性的人，所以他们会争取预期效用的最大化。换句话说，在考虑了所有可能的备选方案，权衡了它们的价值，并评估了各种可能性之后，决策者们就能够做出最优选择。[21] 斯奈德指出，"决策者被假定是根据偏好进行选择的"，但是这些偏好并不完全是个人的偏好。组织规则、一定时期内相同的组织经验、决策单元可获得的信息，以及个人背景等，都是偏好形成的原因。[22] 斯奈德并不完全赞同传统的预期效用最大化的解释模式。在他有关决策问题的重要论文问世之前，这种解释模式就已经受到了质疑。[23]

自启蒙运动之后，西方思想界就相信人类行为本质上是符合理性的。但是最近几十年来，这种观念开始逐渐走向瓦解。弗洛伊德发现潜意识在人类生活中具有重要作用，他的这一研究实际上彻底完成了这个瓦解过程。尽管如此，政治学和国际关系学学者们仍然认为政治过程包含着重要的理性成分，因为个人能够清楚地确定目标的优先顺序，并设计出各种方法来达到目的。而且，即使我们对个人的认识有时促使我们提出非理性假定，社会组织的需要也要求我们朝着理性的方向进行摸索，运用理性标准来甄别和理解"非理性的东西"。关于人类理性的假定一直是各种国际关系理论的核心假定。[24]

然而，决策理论并不假设决策者都是理性的。与决策理论密切相关的博弈论也是如此。我们将在本章的下一节中以博弈论为框架，分析个人和政府是如何决策的。理性不能被假定，而是需要经验分析来验证。例如，斯奈德及其同事与其他研究政府决策的现代理论家们并无本质的不同，这些理论家都受到了马克斯·韦伯的官僚政治概念的影响。官僚机构也是由于理性计划才形成的。决策理论假定人的行为有清晰的目的和动机，而不仅仅是随意的活动。决策过程涉及理性、价值判断（理性判断和非理性、无理性或超理性判断混在一起）以及包括政策制定者的心理情结在内的各种无理性或非理性因素。戴维·辛格（J. David Singer）等人指出，在紧张和焦虑的情况下，决策者可能不会按照被称为理性的效用标准行事。[25] 马丁·帕琴认为需要更多地关注决策者个性中的非理性和半自觉的因素。[26] 在分析了理性决策模型和非理性决策模型之后，西德尼·韦尔巴（Sindey Verba）认为，在一定条件下，认为政府"按照手段—目的理性原则进行决策"，并能够选择实现其目的或增进决策者利益的最佳方案，这种假定是很有意义的。[27] 如今的研究者们清楚地知道，关于个人、群体和政府行为的理性和非理性两种不同假定之间的分歧，是国际关系理论中最持久的难题之一。

布雷布鲁克和林德布罗姆认为，用决策的"纲要概念"解释多数重大决策（即可能对外部世界产生巨大影响的决策），其效果难以令人满意。根据"纲要概念"，决策者会考虑所有的备选方案，并按照他们的偏好来

561

衡量这些方案在实施后带来的社会变革的后果。在布雷布鲁克和林德布罗姆看来，这种方法不符合实际，因为它假定决策者是全能全知的，并要进行面面俱到的分析。这不仅需要高昂的成本，而且时间也不允许。他们认为，每一个解决方案必定会受到若干因素的限制，如个人解决问题的能力、可以获得的信息、分析的成本（人力、资源和时间），以及事实和价值在现实中的不可分割性。[28]

没有人像杰出的经济学家和管理理论家赫伯特·西蒙那样，能够在理性的框架内对古典理性决策模型提出如此根本性的挑战。赫伯特·西蒙假定存在一个"有限理性"的世界。他用"满意的行为"这个概念代替了**最大化**（maximizing）或**最优化**（optimizing）行为的古典概念。这个概念假定，政策制定者们并不真的设计一个能把所有的备选方案都包括在内的模型，其中还包括每个方案的价值取向，以及对预期结果的概率估计。西蒙认为决策者会依次分析各种备选方案，直到找出一个能满足最低要求的方案为止。[29] 换句话说，决策者在不断放弃不满意的解决办法，直至找到一个让他们十分满意，并能够付诸行动的方案。（这个理论使西蒙获得了1978年诺贝尔经济学奖）布雷布鲁克和林德布罗姆对西蒙的模型和卡尔·波普尔（Karl Popper）的"渐进工程"思想都很赞赏，他们认为实用经验主义使用的是一种"非连续性的渐进主义"战略。简而言之，就是政策制定者们倾向于把问题分解成各个部分，以便能够进行渐进的或边际的选择，而不是做出影响深远、难以逆转的决策。在民主国家中，情况尤其如此。[30] 下面我们将简要讨论博弈论的基本知识及其与决策的关系。

博弈论和决策

博弈论建立在抽象推理的基础之上，是数学和逻辑的一种结合。作为纯数学的分支，它提出了若干数学假定，并从中推导出一些数学结论。在社会科学中，博弈论运用数学方法分析行为体在博弈中的互动所可能产生的结果。在博弈过程中，每个行为体都有自己的策略、目标和偏好。[31] 几乎所有的博弈理论家都认为，他们的理论不是要对博弈参与者的实际行动进行分析，而是要说明如果博弈的参与者想要获胜的话（使收益最大化或损失最小化），他采取什么样的行为才是合理的和正确的。为了进行理论分析，博弈理论家假定人的行为是理性的，因为他们认为这种假定比假定人的行为是非理性的更有利于理论建设。如果假定人类所有的行为都是荒谬的、神经质的或者反常的话，我们就不会有博弈论或其他社会科学理论了。博弈理论家认为，如果人们在特定环境下有获得胜利的欲望（即希望实现那些会受到他人阻挠的目标），我们就可以对他们的思维过程进行分析。在这种思维过程中，人们要判断和决定采取什么样的行动对自己最有利，同时相信他们的对手和自己一样也是理性的人，同样会为获得胜利而进行多次计算。[32]

每一种博弈都具备以下一些基本要素：力图获胜的参与者（想获得最优的结果）；参与者可获得的收益，因为不同的参与者有不同的价值体系，所以他们期望获得的收益也有所不同；博弈的基本规则；决定每个参与者获得的相关信息（周围的环境和其他参与者的决策）的数量、质量以及便捷程度（获得信息的速度）的条件；参与者为达到目的而采取的策略；博弈的总体环境，参与者可能对总体环境有充分的认识，也可能没有充分的认识；竞争行为的互动，在这种互动过程中，参与者的每一次选择都会使其他参与者改变他们的选择。

在邓肯·斯尼达尔、斯蒂芬·布拉姆斯（Steven J. Brams）以及马克·基尔戈（D. Marc Kilgour）等人看来，运用以博弈模型为基础的博弈论对建立一个统一的国际关系理论具有很大的发展潜力。[33] 他们认为，博弈论有助于对重大的安全问题（如威慑、危机管理以及军控）进行缜密思考和严格分析。理性假设越有效，博弈论就越适用于国际关系理论。理性指行为体如何看待短期目标和长期目标的关系。举例来说，行为体能在多大程度上牺牲眼前利益来换取长远利益？此外，理性还指行为体能够预先估计其他行为体的行为。在做决定的时候，理性的行为体会考虑其他行为体的反应。那些不取决于人的选择而纯粹依靠运气来维持的游戏不在博弈论的分析范围之内，如掷骰子、轮盘赌以及纸牌游戏等。

博弈模型适用的领域相当广泛，如政治问题、军事问题以及经济问题等。这些问题通常被看做是完全不同的问题。斯尼达尔认为，博弈论在国际关系研究中的应用引发了很多重要的经验问题。例如，谁是相关的行为体？博弈的规则是什么？对每个行为体来说，可能的选择和最后的收益是什么？博弈论为经验验证理性行为的假设提供了演绎基础，像我们后面将要提到的"囚徒困境"这样的博弈模型，就有助于人们解释国际政治中的重大问题。例如，它有助于我们解释行为体如何以及为什么会进行战略调整。战略调整都是以策略目标和各种谈判中预期的利益为基础的。无论策略调整是决定结盟还是控制军备，还是达成贸易协定，还是进行威慑，还是发动战争，这些国际问题都可以用一个统一的理论框架加以解释。[34]

零和博弈

博弈论中最常见的两种基本分析模型是零和博弈（ZSG）和非零和博弈（NZSG），其中每一种模型又分别有数种变体。在 A 和 B 的零和博弈中，A 之所得即 B 之所失。象棋、跳棋和两人参与的纸牌游戏都是零和博弈。在现实生活中，具有零和博弈特点的例子有：两个候选人为争夺国会席位而展开的竞选活动；大多数军事对抗（一方夺取的军事目标就是另一方失去的）；国际危机（其中一国赢得声望，而另一国则颜面尽失），等等。应该指出的是，在零和博弈中只有一个结果，一种收益，但是竞争的双方为了获胜而付出的成本却相去甚远。对于博弈的**结果**（outcome）（胜利、失败或者平局）和博弈的**收益**（payoff）（每个参与者从结果中获得的价值）之间的差别，博弈论的研究者都做了区分。[35]

564　　在一个两人参与的零和博弈中，理性的策略应该建立在**最小化—最大化**（minimax）原则基础之上。也就是说，每个参与者都应该尽量把能够确保的最小收益最大化，或者把他必须承担的最大损失最小化。如果竞争的双方这样做的话，他们的策略就会同处于一个**鞍点**（saddle point）上，他们就会从长远出发来平衡得失。如果其中一方按照"最小化—最大化"原则行事而另外一方却凭感觉采取行动，那么前者会在绝大部分游戏中获胜。

战略理论家、军事指挥官、为购买新车而与销售人员讨价还价的消费者、股票市场中的投机者、工会谈判代表、希望加薪或者升职的雇员，以及谈判国际条约的外交人员，都对"最小化—最大化"原则有感性的认识。用最简单的话来说，当你手里有一副好牌的时候，要尽可能扩大你的优势；当运气离你而去的时候，要尽量减少你的损失。严格来说，这种"最小化—最大化"策略只是在持续不断的博弈中才有效，在一次性博弈中则没有意义。

在运用"最小化—最大化"策略时需要谨慎，因为它只适用于零和博弈。而且只有当对手的行为符合理性的时候，这个策略才是有效的。如果对手很愚蠢，容易犯错误，或者经常受到情绪化因素的影响（这容易使他凭感觉行事），"最小化—最大化"原则就不一定是最优的行动原则。这个策略原则虽平淡无奇，但是可能很可取。马丁·舒比克（Martin Shubik）认为，总的来说，零和博弈在行为科学中的意义极为有限。[36]

非零和博弈

非零和博弈（NZSG）不是排他性竞争。这就是说，一人所得并非是另一人之所失，得失之和并不等于零。非零和博弈可以包括两个参与者，也可包括多个参与者。在这种博弈中，冲突和合作都可以存在。在有些博弈中，两个或多个参与者可能都获胜；在博弈结束后，他们都可能不同程度地获得了收益。在一个非零和博弈中，通常可能有多种不同收益，它们有好有坏，而且好坏的程度也不同。收益情况取决于博弈参与者的行为，即取决于他们是彼此合作，还是彼此遏制，同时，也取决于他们是否能以不同的方式把冲突策略与合作策略结合起来。

有的博弈在一种情况下是零和博弈，在另外一种情况下就成了非零和博弈，这一切都取决于博弈的结果。"胆小鬼"游戏就是这样一种博弈。这种游戏和多年前流行的一部好莱坞电影中的情景相似。在电影中，两个年轻人驾驶着他们父母的汽车以每小时80英里的速度相向而行，每个人都让车的左轮压着高速公路的分道线。如果两个人都不向右转，他们都会在碰撞中死亡。这个游戏是一个负和游戏，参加游戏的双方都遭受了最大损失。如果其中一个人保持方向不变，而另外一个人转向，那么前者就赢得了尊重，而后者则会在朋友中间丢尽面子，他就是"胆小鬼"。因此，如果一个人转向而另一个人坚持原来的路线，这个游戏就成为了一个零和游戏。如果两者都向右转，那么两者都会在朋友中间丢脸，但是因为"胆小鬼"的名声是由两个人共同承担的，他们两人之间也就没有什么差别了。

以性命为赌注来玩"胆小鬼"游戏的只能是非理性的人。而在游戏过程中，其中一个参与者或者两个参与者都有可能变得理性，从而挽救自己的生命。

两人非零和博弈可以是合作性的，也可以是非合作性的。在合作性博弈中，参与者彼此可以进行直接交流，可以针对他们将要做出的选择提前交换信息。在非合作性博弈中，公开的信息交流难以进行，但是在博弈结束之后，每个参与者的选择都是显而易见的。不过，非合作性博弈这个术语有点模糊不清，因为即使一个博弈是非合作性的，博弈规则禁止公开的或者直接的信息交流，但参与者也可以通过相互推测的交流方式来实现默契的合作。这就是说，一个参与者可以根据另一个参与者在多次博弈中的选择来分析他的意图。这种默契的合作适用于国际关系，尤其是当国际行为体相互之间都十分熟悉对方长期形成的那些行为偏好的时候。

囚徒困境

两人非零和博弈中最有名的例子就是"囚徒困境"。如同我们在第十章中所提到的，两个人因受指控有罪被带到警察局监禁。因为他们两个是被分开审讯的，所以每个人都不知道另一个人会对地区检察官说些什么。他们都清楚，如果两个人都保持沉默或者推翻指控，那么最坏的结果就是因为流浪而被判在监狱中关押60天。如果其中的一个招了口供，而另外一个保持沉默，前者就会被判减刑一年，而后者则会被送到国家监狱待上十年。如果两人都坦白，则两人都会被判处五年到八年的监禁，且五年后有假释的机会。他们的最优策略是私下达成协议：保持沉默。但是因为没有交流的机会，所以他们彼此无法信任。于是每个人都会对当时的情况做如下的评估：如果我保持沉默，结果有两种：被判十年或者只是60天的监禁，这取决于同伴是坦白还是同样保持沉默；如果我坦白，结果是被判五年到八年，或者减刑一年，这也取决于同伴是否同样坦白。在每种状况下，我都可以通过坦白而获取较轻的判决。因为我的同伴毫无疑问也会进行同样的算计。如果我的同伴坦白，而我保持沉默，并认为我的同伴也会保持沉默，这就显得很愚蠢。因此，每个人通过选择对自己而言更为安全的策略，而导致对双方而言更加不利的结果，即双方都被判刑五年而不是60天。[37]

如阿瑟·斯坦所说，在政治学理论中，霍布斯等学者所描述的自然状态是这样一种状态，用博弈论的术语来说，就是在这种状态下个人所采取的主导策略是采取竞争性和冲突性行为，而不是采取共同行动。[38] 最终的结果对于所有的行为体来说都是一个困境。尽管可能有些人希望进行合作，但他们所面对的前景可能是被另外一些人所利用，即这些人接受他们

566

的合作意见但并不采取实际行动来配合他们，要么就是坐享其成，成为搭便车的人。换句话说，虽然有些行为体原则上同意与别人合作，但会以欺诈的方式来获取眼前利益。正是出于这个原因，斯坦建议所有的个人联合起来组成一个拥有强制性权威的国家，以保证所有成员无法通过欺诈或搭便车的行为来利用那些采取合作行为的成员。斯坦还认为，国际机制（第十章中讨论过）的建立就是为了协调个体利益与集体利益之间的冲突。他认为，就像建立国家一样，在无政府状态的国际社会中，建立国际机制的目的就是"获得以个体行动为基础的集体行动的次优结果"。[39]

在"囚徒困境"中，因为每个参与者只考虑自己的利益，所以通过背叛可以获得比采取合作所得更高的收益。但是如果双方都背叛，那么相对于两人都采取合作的情况来说，他们所获得的收益要更低一些。在罗伯特·阿克塞尔罗德看来（他广泛地运用了"囚徒困境"模型），[40]尽管个体行为体缺乏采取合作的动力，但如果他们有再次进行博弈的机会，他们可能会选择合作（参见第十章）。

同那些能够回报合作的人进行合作是值得的。相互合作能否持续下去，取决于博弈双方在多大程度上能够维持互动。阿克塞尔罗德认为，如果个体行为体在互动中形成了利害关系，以互惠互利的合作为基础的小型团体就会发展成更大型的合作团体。以互惠互利为结果的合作一旦建立起来，它就能获得一种防止不合作策略出现的发展动力。阿克塞尔罗德认为，"囚徒困境"可用于发展很多领域中的合作策略，如个人选择、企业界以及国际关系领域等。其中国际关系领域的问题包括军备竞赛、核扩散、危机谈判、危机的升级和缓和等。他认为，认识以"囚徒困境"为基础的合作的形成**过程**（process），将有助于合作的发展。

这里需要强调两点。第一，**博弈论**（game theory）和**博弈实验**（experimental gaming）有重要区别。前者基于数学和逻辑分析，目的在于解释一个理性的博弈者（他的对手也被认为是理性的）在博弈过程中应该（should）采取什么样的策略；后者的作用是提供有关博弈者在博弈过程中的**实际行动**（actually behave）的经验证据。第二，一次性博弈和由同样的博弈者参与的重复性博弈有重要的区别。在后一种博弈中，由于参与者积累了经验，会对彼此的策略思想过程有一个深入的了解。

人们还设计了一些博弈游戏（包括"囚徒困境"和"胆小鬼"游戏）567来分析，是否性别差异会对合作行为和竞争行为的选择造成影响。在这些博弈游戏中，无论博弈者是和事先设计好的对手（他们的选择是事先指定好的）进行博弈，还是他们彼此之间进行博弈（有的是男女一起参与，有的是单一性别），所得到的结论都与女性主义理论相关，尽管它们的说服力并不是很强。[41]"囚徒困境"游戏比"胆小鬼"游戏的结果明确一些。"囚徒困境"游戏的三个试验发现，在博弈双方都是男性和博弈双方都是女性的这两个游戏中，男性比女性更倾向于采取合作策略。[42]另一位试验者认为，女性在一次性博弈中更为理性（例如，赢钱较多），而男性则在重复性博弈（选择最优策略需要长远的眼光）中更为理性。[43]在研究了"胆小鬼"游戏之后，戴维·康拉特（David W. Conrath）发现，对博弈过程中性别差异引起的问题的解释还很不充分。如果性别差异的确会造成不同的博弈行为的话，那么更为重要的问题就是为什么会有这样的差别。"生理因素不可能……是决定性因素，是社会角色和教育造成了性别差异。"[44]

"囚徒困境"已经成了各种博弈论著作中的主要话题，围绕它已经出现了大量文章和专著。多年来，《冲突的解决》（The Journal of Conflict Resolution）、《社会心理学》（The Journal of Social Psychology）、《人格与社会心理学》（The Journal of Personality and Social Psychology）、《美国政治学评论》（The American Political Science Review）、《世界政治》（World Politics）以及《国际问题研究季刊》（International Studies Quarterly）等学术期刊都在不断发表这方面的文章。一位博弈论研究的权威人士指出："运用'囚徒困境'范式研究讨价还价的人，已经越来越不关注合作、竞争和讨价还价过程等问题，而是更多地研究'囚徒困境'范式本身。"[45]不过，巴里·施伦克尔（Barry Schlenker）和托马斯·博诺玛（Thomas Bonoma）在支持人们关注"囚徒困境"范式的同时也认为，"在得到有用的实验结果之前，有必要认识试验室里的局限性和运用范围"。[46]

多人博弈

下面我们来讨论由N个人参与，即包括三人以上的非零和博弈。参与者都是独立的决策单元，他们都能通过某种方法对博弈结果的价值进行评估。正如人们预计的那样，人们对多人博弈的了解要比对两人博弈的了解少得多，因为随着参与人数的增加，互动的策略的数量和排列组合的数目指数级增加。物理学家们至今还没有为"三体问题"找到数学上的答案。

所以，我们至今还没有关于N人博弈的理论也就不足为奇了。目前最有成效的研究领域是联合问题（关于同盟和联合理论的分析，参阅第十章）。当一个博弈中有多个参与者的时候，很自然会出现两个或者多个参与者联合起来对付其他的参与者的现象，而其他参与者为了确保其生存和收益最大化，也会采取类似的行动。如果出现两个联合，并迫使所有参与者必须加入其中一个联合，那么这个博弈实际上就变成了一个两人零和博弈了。[47] 但是可以想象的是，在博弈的某一阶段可能会出现三个联合，而其中一个最终发现自己不得不选择同另外两个中的一个联合。这时，关键的问题就是如何能够实现让所有的博弈者都满意的合理的收益分配。[48]

作为一种博弈的国际关系

我们以上讨论的这一切与国际关系有什么关系呢？我们首先必须明确，国际关系，或者说是国际体系的运行，仅仅在博弈论的分析框架中是无法被全面理解的。然而，国际关系的过程和模式经常会表现出某些类似博弈的特征。博弈论和博弈同决策和讨价还价有紧密关系，所以它们肯定与国际关系研究有相关性。在国际关系研究中，我们经常会涉及一些话题，如外交棋盘上的对弈、虚张声势、增加赌注、使用讨价还价的筹码、多次估算或战胜对手，等等。由此可见，如果把博弈论作为若干有用的分析工具中的一种，它就可以帮助我们提高认识国际关系研究对象的水平。

国际关系可以被抽象为多人非零和博弈，其中一些行为体收益并非以另外一些行为体的损失为代价。当欠发达国家经济发展时，发达国家的经济并不会因此而遭受绝对或相对损失。事实上，欠发达国家的经济扩张往往会加强它们与发达国家之间的贸易、援助和投资关系。一些最早把博弈论应用于社会科学领域的学者——如奥斯卡·摩根斯坦（Oskar Morgenstern）、托马斯·谢林以及马丁·舒比克——都受过经济学的训练，或者对经济竞争问题进行过广泛的研究。两个经济单元之间的竞争既可能是零和性质的，也可能是非零和性质的。经济分析家们认为后者更可取，更为理性。因为只要避免由于过分竞争而造成的两败俱伤，至少在短时期内，两个经济单元都能够继续赢利。马丁·舒比克道："大多数社会现象……都可以被视为非常和博弈。换句话说，博弈参与者的命运和收益很容易变得休戚与共，纯粹的受益者和纯粹的受损者都不存在。"[49]

我们认为，人们可以从博弈论的分析框架出发，把国际关系看做向零和博弈与非零和博弈发展的复杂而变化不定的各种趋势的混合。我们同意约瑟夫·弗兰克尔的看法。他认为，法国同德国的关系"从二战后初期的零和博弈发展成为欧共同体或欧盟内部的变和博弈。在战后初期，法国希望能够压制德国的发展；但在欧洲一体化过程中，它们的合作改变了零和博弈的竞争特征，结果迅速增加了双方的收益。"[50] 约翰·伯顿提出了一种冲突（例如希腊和土耳其在塞浦路斯问题上发生的冲突）解决办法：引导冲突双方改变观念，不要把他们的冲突看成一种零和博弈，即需要妥协来分配蛋糕；而是把它看成一种非零和博弈，即双方可以通过合作把蛋糕做大，从而使双方的收益同时增加。[51] 把源于强烈的民族主义感情的政治冲突转化为双方都能获益的合作过程，这种建议可能有循环论证之嫌，但二战后的几十年里，法国和德国却做到了这一点。许多人都希望，达成了《奥斯陆协议》及其他协议之后的巴以关系和北爱尔兰问题，以及其他各种困难重重的冲突问题，都能实现类似的解决。

阿纳托尔·拉波波特把"囚徒困境"模型应用到国际军备裁减问题上，结果发现，尽管从理论上讲，参加军备竞赛的国家都希望通过削减军备开支而获得经济利益，但是由于任何一方都无法确定其他国家的长远意图，所以它们还是认为，进行成本高昂的军备竞赛是慎重的选择。[52] 冷战期间超级核大国之间的对抗，如古巴导弹危机（1962年10月）和中东战争（1973年10月），常常被比做"胆小鬼"游戏。[53]（当然，现代政府的官僚决策机构远比那些价值观扭曲的年轻人要理性）哈里森·瓦格纳曾应用博弈论来分析博弈者的数量和系统稳定性之间的关系。他发现，有二个到五个博弈者的系统基本上是稳定的；有三个博弈者的系统则是最稳定的。[54]

如果所有大国的政治领导人能像大多数国家那样相信国际政治是非零和博弈的话，国际政治的运转就会更稳定，也更具有规范性。然而在每一个时期，总有一些在政治战略上敌对的国家认为，它们之间的冲突是两人零和博弈。如果一个国家的精英和各种利益集团把两国双边关系视为零和博弈，那么对方国家的精英和各种利益集团也不可避免地会采取同样的看法。有时候，要把整个国家对国际关系的认识从零和博弈观念转变为非零和博弈观念，其难度比反过来做还要大。肯尼思·奥耶（Kenneth A. Oye）以"囚徒困境"、"捕鹿游戏"[55]和"胆小鬼"游戏为例，力图找到能被国家用来加强合作的战略。例如装备更具防御性而不是进攻性的武器。他说，国家必须从长远出发来考虑问题，以便和其他国家保持相互往来的关系。每一次只图眼前利益的背叛行为都会使合作前景变得更为暗淡，而对将来的互动关系加以考虑将使合作前景变得更加光明。[56]

在理论假定方面，博弈论和现实主义理论有相似之处，即认为行为体都是在理性地追求着以利益为基础的既定目标。因此，就像罗伯特·杰维斯所说的那样，博弈论可以被用来检验现实主义和新现实主义的基本命题，以便搞清楚在无政府状况下，彼此之间有利益冲突的国家如何才能进行合作。[57]在所有的国与国之间的谈判中，合作的愿望和背叛的威胁总是交织在一起。罗伯特·鲍威尔用博弈论来分析结构现实主义和新自由制度主义理论家们关于国际体系的理论，发现它们有共同之处。两种理论都认为，经济成本会迫使政府之间采取合作而不是使用武力。[58]邓肯·斯尼达尔也应用博弈论发现，现实主义的"相对收益"假定并不排除以下情况：在无政府状态下两个国家之间可以进行合作；合作不仅是可行的，而且可能（根据非零和博弈）形成使双方都获益的绝对收益；多极体系比两极体系更能促进国际合作。[59]

与博弈论密切相关的是讨价还价理论。讨价还价理论是在托马斯·谢林的具有创造性的工作的基础上发展而来的。托马斯·谢林结合社会心理学和逻辑战略学的研究方法来研究人类冲突问题。他认为"冲突是必然的，但必须承认对立的双方也存在着共同利益……冲突各方的'最佳'选择取决于他们对对方行为的预期"。[60]谢林的主要著作《冲突战略》（Strategy of Conflict）主要研究以下问题：威胁使用武力的行为（而不是使用武力的行为）；如何保持可信的威慑；虚张声势的策略；外交上的示意；如何限制冲突；如何制定正式的或相互默许的有利于双方的军备控制政策，等等。在核时代，选择战争无疑是最愚蠢的行为，但是向敌对方显示有控制的威胁或战争的危险却是正确的战略措施。人们应该尽量让自己的行为符合理性，但是没有必要在任何情况下都**表现**（appear）得很理性。[61]谢林对"关于不稳定的伙伴关系的理论或……非完全对抗理论"十分感兴趣。[62]在不稳定的伙伴关系和非完全对抗的状况下，敌对双方都能认识到一些最低限度的共同利益（例如避免彼此摧毁）。尽管它们不能进行直接或秘密交流，但可以默契地协调彼此的行动，在共同的预期方面达成一致。例如，它们可以遵循那些过去形成的在正式的或者相互默许的妥协中形成的先例。

570

但是一旦采取了威胁策略，就必须确保不会让对方认为这种威胁是在虚张声势。[63]

在乔治·唐斯（George W. Downs）和戴维·罗克（David M. Rocke）看来（他们的理论以谢林的理论为基础），"当一国试图通过行动，而不是通过正式或非正式外交行为来影响另一国的政策的时候"，隐形讨价还价就会发生。[64] 隐形讨价还价与谈判的区别之处在于，在隐形讨价还价中，交流表现为行动而不是语言。如同唐斯和罗克指出的，隐形讨价还价的例子在国际关系史上数不胜数。例如，对拒绝自由贸易的国家征收报复性关税或者实施贸易配额的报复行动；决定限制使用某种武器，或者使一个或几个军事目标免于受到打击。（如朝鲜战争）

571　　在敌对双方谈判达成国际协议并实施以后，维护协议主要依靠隐形讨价还价。隐形讨价还价和威慑是密切相关的。寻求维护现存协议的国家必须阻止反对国违反协议的行动。一个签约国是遵守条约还是违反条约，取决于遵守条约带来的好处与违约或者放弃条约所带来的利益之间的关系。在成功地将正式模型的严格分析和现实主义的历史经验和实例结合起来进行研究之后，唐斯和罗克认为，"在大多数情况下，我们可以认为，两个已经达成了默许的或者正式的军备协议的国家更倾向于维持现有条约，而不希望它被更激烈的军备竞赛所取代"。[65] 我们现在回到决策理论，先讨论格雷厄姆·阿利森提出的三个模型。

阿利森的三个模型

30年前，格雷厄姆·阿利森在他的著作中写道，绝大多数对外政策分析家习惯用概念化的模型来分析政府的行为，而这些模型在很大程度上影响了他们的分析。他们当中的大多数人含蓄或者明确地偏好"古典"的理性行为体模型，这种模型认为国家是主要行为体，国家能采取理性的行动，计算不同的政策选择带来的利益和成本，并能找到使效用最大化的政策。[66] 阿利森写这本著作的目的在于引起大家对于另外两个概念化模型的注意：组织模型和官僚政治模型。我们很快将会讨论这两个模型。由他和菲利普·泽利科（Philip Zelikow）共同完成的该书的第二版于1999年出版，该书在略加修正的基础上再次强调了以上三个模型。两位作者首先从理性行为体模型开始，并运用摩根索、谢林、凯南、沃尔兹、基辛格、布伊诺·门斯奎塔以及拉尔门等古典现实主义和新现实主义者（结构现实主义）的理论来支持这种模型。[67] 1971年的时候阿利森似乎更赞成自由主义和多元主义，认为理性行为体模型已经过时了。他当时认为："尽管在很多方面理性行为体模型被证明很有效，但现在有足够的证据表明，必须要用分析政府机构的研究框架来对其进行补充——如果不是取代的话。"但是在1999年出版的这部著作中，"如果不是取代的话"这一句被删掉了。[68] 即使像基欧汉那样的国际制度学派的学者，以及像多伊尔那样的自由民主和平论者，也被认为是从理性行为体模型出发来进行研究的。[69]

另外两种模型在这两个版本的著作中基本没有变化，只是以新资料为依据进行了一些细微的修改。组织过程模型被更名为组织行为模型。在这个模型中，那些在理性行为体模型中被分析家们当做"行动"或者"选择"的行为，被视为"是按照标准的行为模式发挥其功能的大型组织的一种**输出**（outputs），而不是深思熟虑的选择"。[70] 政府中的每一个组织单元都有自己特殊的功能职责。然而，通常来说没有一个组织单元有绝对的权力处理任何一个重要的政策问题。不同部门和机构间需要高层领导进行协调。"政府领导人可能会极大地扰乱机构的行为，而不是准确地控制它们。"这是由常规运作程序所决定的，很少出现例外情况，除非是在发生重大危机的时候。[71] 组织机构致力于避免不确定性，力图在熟悉的规章制度中解决紧急事件，它们并没有应付快速的、全新的和根本性的环境变化的战略。

阿利森的第三个模型是"政府政治模型"。[72] 这个模型是以组织行为模型为基础的，并不关注高层领导人的控制和协调，而是假定在不同的决策单元之间存在着激烈的竞争，并将对外政策的形成视为官僚机构的不同部门之间讨价还价的结果。参与政策制定过程的人或机构并不受任何一个行为体和一致的战略计划指导，而是受各种关于国家、组织以及个人的目标的观念影响。理性的人在对外政策问题上会有不同的看法，他们认为自己有义务从本领域的特点出发来看待问题，并指出哪些问题是重要的。有时某个团体的意见会成为主导意见，但通常情况下，不同团体追求的目标和方向不同，最后形成的结果是一种混合体，和任何一个人或团体的最初意图都大相径庭。最后的结果并不取决于对问题的理性判断，也不取决于常规的组织程序，而是取决于决策参与者的权力和讨价还价的技巧。这种关于外交决策的概念"让人不太舒服"，使人怀疑政府官员们在"以国家

572

安全为代价而游戏政治"。[73] 这里我们只是简要讨论了阿利森的三个决策模型，而没有涉及大量例证和详细分析。接下来，我们要看看阿利森和泽利科是如何将这些模型应用于古巴导弹危机的，这也是他们那本书的主要内容。

在乔纳森·本德（Jonathan Bendor）和托马斯·哈蒙德（Thomas H. Hammond）看来，阿利森在《决策的本质》（Essence of Decision）第一版中提出的三个模型，对有关官僚政治的研究和教学产生了巨大的影响。它激发了一代学者去严肃思考对外政策是如何制定的。[74] 但是本德和哈蒙德批评说，阿利森的创造性工作是建立在理性选择理论、组织理论以及官僚政治理论的基础上的，而他对这些理论的解释却是不正确的。尤其值得注意的是，阿利森没能充分区分模式Ⅱ（组织过程模型）和模型Ⅲ（官僚政治模型）的不同之处。这两个模型有重叠之处（许多读者可能注意到了）。[75] 此外，阿利森将模型Ⅰ（理性行为体模型）过于简单化了。国家不能被仅仅看做是一个拥有充分信息并追求单一目标的单一的理性行为体。本德和哈蒙德认为阿利森的这个假设"很难成立"，[76] 他的模型Ⅰ就像一个会被别人轻易击倒的稻草人。

本德和哈蒙德进一步指出，政府官僚机构中的决策者并不像阿利森等
573 官僚政治理论家们假定的那样，总是在追求相互冲突的目标。本德和哈蒙德引入了以下四组基本变量：（1）单一还是多个决策者；（2）追求一致或冲突的目标的行动；（3）决策者是完全理性的还是不完全理性的；（4）决策者具备完全信息还是不完全信息。以这四组变量为基础，他们提出了12种逻辑严谨的政策制定模型或类型。[77] 他们承认，他们之所以能发现阿利森的错误是因为人们的知识的增长，但有些错误"一开始就存在"。作为一本好书，《决策的本质》应该得到它应有的声誉，但是它的"继续使用……很可能导致对官僚政治和政府政策制定的严重误解继续扩散"。[78]

最近批评阿利森模型的是戴维·韦尔奇（David A. Welch）。他认为，组织过程模型和官僚政治模型的某些解释与古巴导弹危机中的事实不符。[79] 在韦尔奇看来，组织惯例的存在并不能充分解释那些面对化解危机这种艰巨而危险任务的决策者的行为。在制定反应措施时，肯尼迪总统和他的顾问们并没有像组织过程模型所解释的那样，主要考虑程序惯例。韦尔奇认识到，组织程序惯例会在决定做出之前限制选择的范围，尤其是当采取行动的时间特别紧迫，而做出的反应又必须考虑一系列复杂因素的时候。他

还发现，即使是和平时期不进行战略创新的军事机构，也经常在战场上改变其标准运作程序。在古巴导弹危机中（我们后面将谈到），以肯尼迪总统为首的国家安全委员会执行委员会不断推翻、绕过甚至修改组织惯例来推动决策。当然，组织惯例因为预先规定了必不可少的程序，也有助于决策的效率。因此，韦尔奇认为，在每一个问题上，都必须搞清楚现有组织惯例是有助于实现决策目标，还是起了阻碍作用。一方面，组织惯例（如搜集和分析情报）对发现苏联在古巴设置导弹起到了至关重要的作用。另一方面，在为了国家利益而寻求防止危机升级的过程中，决策者们所表现出来的超越惯例的能力和愿望，大大增加了成功解决危机的可能性。

韦尔奇还发现，官僚政治模型难以说明决策者在官僚机构中的位置有助于人们认识他们的行为（或者说，官员的职位必然决定他在某个问题上所持的立场）。他引用了其他一些研究成果，这些研究都认为，官僚职位与政策偏好并没有关系。一个官僚机构不会在每一个政策问题上都表现出与其机构特点相符的立场和观点。就算有这样一种立场和观点，官僚机构的代表也并不必然受其支配。

在韦尔奇看来，有证据表明，职业军官（特别是越南战争以来）并不 574 像文职官员那样提倡把军事力量作为国家政策工具加以利用，这一点和官僚政治模型的预期是不一致的。不过韦尔奇发现，当文职领导人做出了使用武力的决策之后，军事官员通常比文职官员更倾向于寻求更大规模地使用武力。虽然有很多官僚政治的例子，如陆军、海军和空军等部门之间竞相争夺有限的预算开支等，但是在其他方面，个人在官僚组织机构中的位置和决策之间并没有什么太大关系。在古巴导弹危机中，国家安全委员会执行委员会的成员们在官僚机构中的职位对他们的影响要小于其他因素对他们的影响，如他们的态度、性情以及价值观。

总而言之，韦尔奇对阿利森的模型的批评并不是要贬低这些范式的重要性，而是想说明它们的分析需要进一步提炼，或者需要发展更多的理论框架。从这一点出发，理性行为体模型因其具有"清楚、简练和可操作性"的特点而不应该被抛弃。[80] 然而，如同阿利森所提到的，在古巴导弹危机中，由于组织和官僚政治层面的因素，以及沟通和交流的失败，理性受到了限制。在他们的新版著作中，阿利森和泽利科并没有直接回应韦尔奇、本德和哈蒙德对阿利森旧著的批评，只是说他们已经注意到了这些意见并进行了修正。他们重申，理性行为体模型本身并不能提供一个完整的解释，它需要其他研究方法的补充。但是他们并没有像阿利森30年前所做的那样贬低这个模型的价值。他们认为，这三个模型提出了不同的问题，并为同样的证据提供了不同角度的、能够彼此相互补充的解释。[81] 归根结底，决策的复杂性，尤其是对外政策和国家安全政策的复杂性，要求研究者用多种不同的范式来理解和认识，其中每一种范式都要有助于解释决策者们如何以及为什么要采取某些行动。尚未解决的一个问题是，决策在多大程度上受国际体系层次变量或国家层次变量的影响？让我们重新回到在第二章和第三章中曾经讨论过的结构—行为体问题。国际体系结构以及行为体之间的结构究竟是如何影响决策过程的呢？

斯奈德和戴森的改进

决策理论重点关注国际危机。为此，格伦·斯奈德和保罗·戴森以21次国际危机事件为例，对三种决策理论进行了经验检验。[82] 这三种决策理论是：（1）效用最大化理论（古典理性行为理论）；（2）有限理性理论（从西蒙的满意模型中借鉴过来的）；（3）官僚政治理论（以韦伯的理论和阿利森著作第一版的观点为基础）。格伦·斯奈德和保罗·戴森的理性行为体模型和阿利森的模型一样，是从所有可能的选择中挑选使预期效用最大化的方案。传统的有限理性理论则认为，如果必须在两种不同的价值之间进行选择（例如和平和国家安全）的话，没有什么合理的方法能够计算出，其中一种价值要牺牲多少，才能换得另外一种价值的所得。决策者们没有办法实现效用最大化，他们只能在各种限制中寻求可接受的结果。斯奈德和戴森认为，效用最大化理论和有限理性理论并不是不可调和的，它们可以相互结合，其中一个可以被作为基本理论，而另一个作为补充。他们还提出了一个合理的看法，即认为官僚政治理论和另外两个理论是相互补充的，而不是对立的。"它（官僚政治理论）重点分析那些维护和增加影响力和权力的内部政治活动，而不是重点分析有关为处理外部机遇或威胁而进行战略选择的纯知识性问题。"[83] 以解决问题为目的的理论在某些情况下十分有效，而官僚政治理论则适用于另外一些情况。当决策过程只涉及一个或两个人的时候，前一种理论最为有效；当涉及三个以上的人的时候（例如委员会或内阁），官僚政治理论就最有效。官僚政治理论被斯奈德和戴森看做是一个建立主导性联盟的过程。[84]

斯奈德和戴森对处于危机中的理性谈判者和非理性谈判者做了重要区分。在危机发生的初期，**理性谈判者**（rational bargainers）并不会假装他了解所有情况，如具体形势如何，相对收益和权力关系如何，以及什么是主要的备选方案，等等。他们能够认识到，最初的判断可能是错误的，但他们能够逐步改正错误，并及时观察不断发展的谈判形势，从而有效地处理危机。[85] 他们不断进行尝试性的猜测，并按照掌握的新信息而不断修正自己的评估。

非理性的谈判者（irrational bargainers）从僵化的信仰出发。他们确信自己了解对手的最终目标、谈判风格、偏好，以及对手内部的问题。他们接受各种建议（特别是从那些他们看重的人那里寻求建议），但是他们独自做出决策。他们认为自己是成功的战略设计师，而且不管遇到什么困难，不管有什么新信息，他们都固执地坚持自己的战略策略。如果他们最初的策略是正确的，他们会非常成功；一旦不是这样，他们就很难及时发现自己的错误，从而会导致失败或者灾难性的后果。[86] 欺诈是谈判中一个永恒的问题。理性谈判者容易受到欺骗，而非理性的谈判者则会被自己所欺骗。在信息处理问题上，认为对手完全不值得信任的僵化认识，同认为对手完全值得信任的僵化认识同样有害。[87]

关于决策过程的理论存在着概念上的难题。米里亚姆·斯坦纳（Miriam Steiner）在比较了斯奈德和阿利森的研究工作之后，认为他们的著作中都存在矛盾之处。斯奈德宣称他把人的计划和目标放在了他的概念框架的核心位置，但他并没有始终如一地做到这一点。"为了追求'客观性'，他力图使用'严格的方法论'，在不经意间把负责任的决策者简化成了由组织程序设计好的机器人。"[88] 为了追求精确，阿利森坚持认为，不能按照目的论的方法从目标和宗旨出发来解释事件，而是要用调查得到的因果关系来科学地解释事件。然而，"他在不经意间把目标和宗旨作为'决策的本质'引入了"他的全部解释之中。[89] 因此，在斯坦纳看来，斯奈德和阿利森都没能成功地提供和他们的方法论相一致的研究方法来达到研究目的。事实上，他们各自从两个相对的起点出发，然后走到了对方的起点上。也许这是无法避免的。

决策控制论

我们已经看到，最近几十年，基于理性计算成本和效益这种假设的功利主义决策理论已经受到越来越多的批评。约翰·斯坦布鲁纳（John D. Steinbruner）提出用**控制论范式**（cybernetic paradigm）代替传统的分析范式，以作为决策理论和决策模型的基础。他认为传统的范式无法解释所有的决策问题。他怀疑人类是否通常能够把复杂的问题分解为合乎逻辑的组成部分而进行分析（理性行为理论要求人们这样），人们能否掌握所有的信息并进行计算，尤其是在涉及价值取舍的时候（传统理论认为人类能够做到这一点）。斯坦布鲁纳还对大部分学者把解释个人决策行为的概念应用到集体决策表示不满。[90]

斯坦布鲁纳认为控制论范式比分析范式更有效。控制论范式可以解释那些成功的或适应性强的行为，而无需分析复杂的决策机制。他首先举了几个人们比较熟悉的而且比较简单的控制论决策的例子。例如，经验丰富的网球手就是控制论决策者。每当他们移动球拍接球的时候，他们的心理神经会从成千上万种可能的反应中选择一种反应。这时，他们并没有对来球的速度和轨迹、精确的接球位置、击球方式，以及球在对方半场落点进行数学计算。斯坦布鲁纳还举了其他一些例子，如利用伺服系统控制温度变化的恒温器，调节引擎速度的瓦特节速器，雷达的自动引导系统，在壁炉边上变换位置以取暖的猫，按销售量调整货物价格的商店经理，按照食谱边做边尝的厨师（事先对他要做的食品并没有一个清晰的、理性的概念），等等。

换句话说，控制论决策者在应付看似简单、实际上也很复杂的情况时，577 要排除选择的多样性，忽略对环境的复杂计算，跟踪少数简单的反馈变量，以便调整自己的行为。控制论决策者相信决策是一个简单的过程，所以他们把必要的计算尽量减少，不管这些计算是数学上的还是价值取舍方面的。他们只跟踪少数关键的变量，主导原则就是把这些变量控制在一定范围之内，从而减少不确定性。无论任何问题，他们都认为没有必要对可能出现的结果进行仔细的计算。决策行为更多地依赖以往的经验，而不是对所掌握的情况的理论分析。这几乎是一种依靠直觉来解决问题的方法。[91]

　　当然，把控制论范式应用于分析网球运动员、厨师、商店经理等只面对少数简单选择的决策者身上，相对而言容易被人们所接受。问题在于，控制论范式的有效性，会不会因为对外政策和国防领域的决策中存在较多的复杂性和行为体的多样性而受到影响。斯坦布鲁纳确信控制论模式适用于分析高度复杂的决策。他认为，高度复杂的决策会涉及两种或者更多的价值，各种价值之间存在一种此消彼长的关系；这种决策存在不确定性，决策权分散在大量个体决策者之间或者团体决策单元之间。他承认，复杂程度越高，就会有越多的变数，"在复杂的条件下决策者必须准备较多的反应方式，以确保他的适应能力"。[92] 通过增加集体中决策者的数目，问题就解决了。复杂的问题并不需要集体所有成员对其进行全面分析。相反，这些问题要被分解为大量小问题，每一个小问题则由一个单独的决策者或者决策单元来解决。"控制论很自然地解释了大规模官僚机构产生的原因。"[93]

　　总而言之，斯坦布鲁纳依靠组织行为理论，把控制论范式的分析范围从相对简单的个体决策推广到了高度复杂的集体决策。组织机构中的上级部门并不像分析范式所认为的那样要从事综合计算。在借鉴西尔特（Cyert）和马尔奇（March）的分析的基础上，斯坦布鲁纳做了如下总结：

　　　　在他们（西尔特和马尔奇）看来，高层管理部门按照各下级机构提交的决策议案的时间顺序来关注这些议案，它们并不对这些下级机构的意见慎重地进行综合审议。决策是在提交议案的下级机构中做出的。复杂的问题被不同的组织机构分解，而最高层面的决策过程则保持了这种分散状态。[94]

　　但是只有组织理论是不够的，斯坦布鲁纳还把它和极其复杂的现代认知过程理论结合起来。诺姆·乔姆斯基（Noam Chomsky）、乌尔里克·奈塞尔（Ulric Neisser）、莱昂·费斯廷格以及罗伯特·埃布尔森（Robert P. Abelson）等人都是研究现代认知理论的学者。斯坦布鲁纳提醒人们注意认知理论家们的一个共识，即"大量的信息处理显然是先于自觉意识，而且肯定是不受自觉意识支配的。在这个过程中，人的大脑通常要进行大量的逻辑思维"。[95] 斯坦布鲁纳对大量有关知觉、学习、记忆、推理、信仰，以及人类控制或处理不确定性的方法的各种研究进行了考察。他认为，认

578

知理论对不确定性在决策过程中的影响的分析，完全不同于分析范式和控制论范式。因此，他运用认知理论来修正控制论范式，尤其是修正了不确定性的主观解决方面，并在关于政治现象和组织现象的研究中引入了**习惯性思维**（grooved thinking）这个概念。在习惯性思维中，决策者把决策过程相当简单地划分为两个基本类型：（1）**无倾向性思维**（uncommitted thinking）。不知所措的决策者摇摆于顾问们的各种意见之间，对同一个问题在不同时间采取不同的认识方式；（2）**理论思维**（theoretical thinking）。决策者信奉抽象的信仰，这些信仰往往以某一种价值观为核心而被组织起来，并一直保持内部的连续性和稳定性，哪怕是在不确定的条件下也是如此。[96]斯坦布鲁纳曾把他的模型应用于政府决策的案例中。[97]

显然，斯坦布鲁纳并不认为控制论—认知范式在本质上比分析范式更优越，相反，他建议在处理复杂问题的时候把这两种范式结合起来，这样会形成不同类型的决策。政府在复杂和不确定的条件下的决策行为，从分析范式来看是愚蠢、荒谬、无能或者无法理解的，是根本不能赞同的，但是控制论—认知范式却能为其提供前后连贯的解释。[98]泽夫·毛兹注意到，长期任职的官员较少进行分析式决策（基于理性的预期效用），而更倾向于控制论决策。[99]罗伯特·库拉姆（Robert E. Coulam）在研究国防部订购F–111飞机的决策中证明了控制论的有效性。[100]

危机决策

在过去的60多年里，有些学者专门研究具体对外政策的决策，包括危机决策。[①]20世纪70年代之前，大部分危机决策研究都是案例分析。这579 些案例发生的时间是确定的，决策的人数也有限制。70年代之后，越来越多的学者在比较研究的基础上建立起由不同时期发生的各种危机事件组成的数据库，并提出了各种理论。70年代之前，危机研究的重点是创立各种

---

① **危机**（crisis）这个术语最早出现在古希腊医学里，意思是关系生死的转折点，指病人的身体处于这样一种状况，即要么开始康复，要么开始进一步恶化，直到死去。修昔底德用这个词来形容人和人的关系或国与国的关系发生变化的转折关头。在国际关系中，危机是走向战争或和平的转折关头。导致危机的冲突要是得不到解决，就会升级为更严重的冲突甚至战争。

概念框架和假说，并将这些概念和假说运用于一个或多个危机事件的案例分析之中。20世纪60年代标志着全新的研究工作的开始，研究人员开始建立不同的模型，并且为国际危机的研究提出各种命题。最为著名的是查尔斯·赫尔曼和林达·布雷迪（Linda P. Brady）的研究，以及其后的乔纳森·威尔肯菲尔德、迈克尔·布雷彻和希拉·莫泽（Sheila Moser）等人的研究。[101]

早期的研究对象包括导致第一次世界大战爆发的决策，美国干涉朝鲜的决策，英国干涉苏伊士运河危机的决策，美国对柏林危机、金门危机、猪湾事件的反应，以及苏联在古巴部署导弹的问题，等等。[102] 国际危机研究还包括对危机中的第三方的分析，如联合国和其他协调组织或机构。[103] 有的决策研究具有时间跨度大、涉及行为体多（如立法机构、政党和政府）的特点。这种决策虽然和我们所指的危机决策不同，但是却有相当重要的历史意义。例如，1954年法国使在欧洲防务共同体基础上建立欧洲军事力量的计划归于失败，英国在十几年的时间里一直要求加入欧洲经济共同体，以及美国在与苏联就军备控制问题达成协议的问题上的决策，等等。其他一些例子包括：20世纪90年代西方国家支持俄罗斯进行后共产主义时期改革的政策力度，美国同意接纳捷克、匈牙利和波兰加入北约的政策，等等。这三个国家在1999年加入了北约。

对这种决策的研究，其难度通常比按照精确决策分析模式进行危机研究的难度更大，因为这种研究要长期性地分析那些难以研究的、发生在极其复杂的官僚机构和包括了多元政府的较为全面的政治背景之中的渐进过程。从这个意义上讲，这些决策在诸如决策的政策结构层次以及决策时间等方面，与危机决策有显著的不同。让我们来看看三个著名的案例分析。

美国干涉朝鲜的决策

格伦·佩奇（Glenn D. Paige）对朝鲜危机发生后美国政府在7天之内的决策过程进行了分析。这是一个应用决策理论模型的案例研究。佩奇认识到了把斯奈德—布鲁克—萨潘模型应用到单一案例上会带来的问题。仅仅依靠分析朝鲜危机决策来检验所有的假设是不可能的。他认为研究单个案例所得到的结果只是"低层次的抽象"。[104] 不过佩奇基本上忠实于斯奈德—布鲁克—萨潘模型。这个模型强调"能力"、"动机"、"交流与信息"、　580

"反馈"以及"行动的途径"等概念。

佩奇认为，可以把朝鲜危机决策看做是一个统一的现象，或者把它看做是一系列选择形成的过程（大多数决策者了解这一点），这些选择使整个决策"阶段性地发展到一个分析确定的结果"，在此期间，政策制定者显然受到了正面信息的影响，如对联合国采取军事行动的支持、报刊社论的支持、国会和国际社会的支持以及苏联的温和反应，等等。[105] 佩奇的许多结论都是他提出的假说，这些假说描述的是以下各种因素之间的关系：决策群体的性质、价值观所受到的威胁、领导人的作用、决策者对信息的需求、以往做出反应的方式、做出积极反应的共同意愿、争取国际支持的努力，等等。佩奇的假说有的新奇有趣，有的在当代决策理论家们看来，只是枯燥地证实了一些可以从逻辑上推导出来的东西。不过我们应该记住，通过数据资料来核实显而易见的真理是科学方法的重要内容，它对社会科学理论的发展是至关重要的。佩奇的研究工作是斯奈德的决策模型被首次运用，但也是最完整地一次运用。它在最近赢得了很高评价，被看做政策科学研究的一个里程碑。[106]

知觉与决策：第一次世界大战的爆发

运用刺激—反应模型进行内容分析也是一种决策分析方法。在对第一次世界大战的爆发和古巴导弹危机的研究中，奥利·霍尔斯蒂、罗伯特·诺思和理查德·布罗迪（Richard A. Brody）试图分析危机形势下的信息交流。[107] 他们的研究并不关注决策单元**内部**（within）的互动，而是关注决策单元**之间**（between）的互动。

他们的研究模型认为知觉和行为相关（S-r：s-R）。符号S代表刺激或输入行为，它可以是实际行动，也可以是语言。符号R代表反应行动。S和R都是非评估性的和非效力性的；r是决策者对刺激（S）的感知，s则是意图或态度表达。r和s都包含像个性、角色、组织以及系统等影响知觉的因素。

奥利·霍尔斯蒂等人的研究对知觉数据和各种不同的硬数据（行动数据）之间的相关关系进行了分析。他们知道，内容分析的价值取决于国家领导人的声明和他们的实际决定之间的关系。所以，他们力图找出内容分析的结果与各种行动（如动员、军队调动，外交关系的破裂）之间的相关关系。其他一些对国际关系紧张程度很敏感的行动，如黄金流动和证券价格等金融指标，都被他们加以分析。他们把1914年的知觉数据同不断升级的军事动员联系起来分析，然后理所当然地认为，敌意的增加先于军事动员。换句话来说，决策者的反应是"针对口头威胁和外交行为的，而不是针对军队调动的"。[108]

奥利·霍尔斯蒂等人检验的假说之一是："如果卷入危机的程度较低，相对于输入行为（S）而言，政策反应（R）将是较低水平的暴力行为；如果卷入危机的程度较高，政策反应（R）相对于输入行为（S）而言，将是比较严重的暴力行为。"[109] 只分析行为变量S和R不能解释战争升级的原因，所以还必须分析作为干预变量的知觉变量r和s。研究发现，两个同盟（协约国集团和同盟国集团）的s-R过程并没有显著不同。不管是低度卷入还是高度卷入，相对于两个同盟的领导人所表达的意图（s），反应行为（R）都是较严重的暴力行为。此外，在r-s过程中，协约国和同盟国之间也没有什么明显的区别：两个国家集团中的每一方都认为，对方的政策（r）中所表现出来的敌意总是比自己一方的意图（s）中所表现出来的敌意更大。

然而，在S-r过程中存在显著的区别，这可以用来解释升级。在低度卷入的情况下，r相对于S而言处在一个较低的程度；而在高度卷入的情况下，r相对于S而言则处在一个较高的水平上。卷入程度高的同盟国的决策者一直过高估计了协约国的威胁，并做出了过激反应。而卷入程度低的协约国的领导人则对同盟国的行动估计不足。到了危机的最后阶段，随着两个同盟卷入程度的加深，两个同盟对行动（S）的知觉（r）基本上没有什么区别了。因此，奥利·霍尔斯蒂等人总结认为，作为干预变量的知觉，既可能使危机升级，也可能导致缓和。在以上这个案例中，S-r起了扩大事态的作用。"同盟国与协约国在环境感知（S-r）方面的差别，与前者比后者的暴力反应更强烈这一显著趋势是一致的。"[110]

小法拉尔（L. L. Farrar, Jr.）对1914年的危机有不同解释。继西奥多·埃布尔（Theodore Abel）和布鲁斯·拉西特之后，他认为应该分析事件的过程，而不是寻找原因。应该从政府决策背景开始进行分析。发动战争的决定并不是一时冲动的结果，也不是在紧张情况下进行决策时产生的非理性动机或情绪波动引发的。相反，它是建立在一系列理性计算的基础上的，这些计算可能在危机发生之前几年就已经开始了。危机本身是危机

发生之前的各种决策的结果，这些决策是在较长时期内对不同情况下所能
采取的不同行动方案进行评估后做出的。尽管领导人在危机中承受压力，
但危机本身并不是心理紧张造成的，而是与先前的决策有关。这些决策比
决策者的个性特征更为重要。考虑到有关国家体系的基本假设，法拉尔把
1914年的危机视为理性决策的逻辑结果。[111]

582 古巴导弹危机

1962年发生的两个超级大国之间的对抗，通常被认为是历史上最为
危险的一次危机，因为它可能升级为美国和苏联之间的核战争。对这个危
机的研究和分析也是最彻底的，并有很多的发现和不同的解释。早期的研
究[112]几乎完全依赖美国方面的资料。冷战后双方的资料公开，其中包括肯
尼迪的录音带。[113]如果能确保其可靠性的话，这些都为我们的研究增添了
有关这次事件的细节资料。但这些资料并不总是加深我们对这次危机的理
解，它们往往也会带来一些模棱两可的和令人困惑的问题。[114]

格雷厄姆·阿利森和菲利普·泽利科将前文所述的三个决策模型全部
运用到对这次危机的分析上。理性行为体模型主要从两个超级大国的战略
选择这个角度来解释这次危机。在古巴导弹危机中，苏联是第一次在本
土以外离美国很近的危险地带部署陆基核导弹。在危机期间以及危机之
后，关于苏联的决策动机有以下几种解释：（1）想尽快实现战略平衡，希
望通过增加能够发射到美国大陆的核弹头数量来改变美苏军事力量对比失
衡的状况[115]（当时美国在洲际弹道导弹和潜射弹道导弹上具有优势）；（2）
保护古巴（社会主义阵营的最新成员），使其免遭入侵，这样的入侵可能
会毁掉卡斯特罗的革命，并有损莫斯科作为世界社会主义阵营领袖的声
誉；[116]（3）准备在柏林问题上摊牌（这是肯尼迪总统的解释）。但是冷战
结束后，苏联外交部长安德烈·葛罗米柯（Andrei Gromyko）等人否认了
这种说法；[117]（4）取得和美国的导弹部署相对称的局面，因为美国在土耳
其部署有丘比特导弹（这是当时的国防部长罗伯特·麦克纳马拉的观点，
他认为苏联的动机不可能是打破导弹力量的不平衡）。[118]现在大多数分析
家认为，较有可能的是，赫鲁晓夫主要是利用土耳其导弹问题来达到宣传
目的，而不是他在古巴部署导弹的真正动机。赫鲁晓夫在古巴部署导弹的
决策到底是鲁莽的冒险（毛泽东后来就是这么认为的），还是精心计划的

战略措施呢？赫鲁晓夫后来在回忆录中承认，他从1962年5月起就有了在苏联领土之外部署战略导弹的想法。他同其他主席团的成员进行过全面的讨论，并且消除了两位熟悉美国政治的顾问葛罗米柯和阿纳斯塔斯·米高扬（Anastas Mikoyan）的反对意见。这两位顾问曾经警告过他这种行动的危险性。赫鲁晓夫最后决定，在11月美国国会中期选举之前迅速、秘密地完成部署。[119]

阿利森和泽利科对赫鲁晓夫念念不忘把西方势力赶出柏林的想法进行了评论。他们总结说，"关于导弹实力和柏林问题的假说（对苏联的动机）做出了最令人满意的解释"。[120] 肯尼迪从早期的古巴核导弹危机（美国占据优势）和后来的柏林危机中（苏联有战略上的优势）看清了他应做的选择。[121] 组织行为模型关注的是以下问题：关于北约土耳其战区司令官发射核武器的条件和权力的作战规定；把大量中程和远程弹道导弹、IL-28猎犬中程轰炸机、巡航导弹、地对空导弹、米格-28截击机，以及40000名苏联士兵和技术人员投送到古巴所需要的组织过程。[122] 令美国专家们感到难以理解的是，苏联人明明知道他们在古巴的导弹基地不可能逃过美国的U-2侦察机的侦察，但是他们在安装中程导弹之前，并没有建立起雷达系统和地对空导弹系统，而且是在美国公开揭露了他们的行动之后，才对导弹进行伪装。[123]

有些反常现象是个人的错误和粗心大意所致，有些反常现象则是由于大型组织机构在做它们知道该怎么做的事情的时候，却不知道其他政府部门的运作情况。苏联人在古巴设立地对空导弹基地和导弹基地的方式和他们在苏联设立这种基地的方式是一样的，既不进行伪装也不做任何加固。施工过程中的其他反常现象同样可以用大型组织的典型特征加以解释：缺乏战略眼光，协调工作不力，沟通和交流迟缓，命令的执行过程拖拖拉拉，以及繁文缛节的规章制度，等等。[124]

在美国方面，古巴导弹危机发生的准确时间与美国情报部门的组织程序和标准运作程序有关，正是它们决定了关键信息什么时候到达总统的手中。必须对大量的报告和孤立的信息进行综合分析，然后才能命令U-2侦察机侦察古巴。国务院主张采取风险较小的替代方案，而空军和中央情报局则在U-2的飞行任务到底应该由谁负责的问题上展开了争论，这样就耽误了几天时间。当外科手术式的空中打击被认为是可行方案时，总统及其顾问同军方的看法却有很大差别。白宫方面希望把打击行动限制在导弹基

583

地范围内，而军方则希望同时打击古巴部署在美军关塔那摩海军基地对面的所有军用仓库、飞机场和炮兵阵地。军方在匆忙之间做出的可能是错误的估计是，空袭导弹基地的有效性可能是90%，而不是100%，因为其中一小部分导弹可能抢先发射。这个估计促使美国领导人放弃了空袭计划，而将注意力集中到海上封锁方案上。[125]

584 阿利森和泽利科承认，用政府过程（即官僚政治）模型来分析苏联在古巴导弹危机中的决策比较困难，但运用这种模型研究美国政府决策的人却很多。在猪湾惨败之后，肯尼迪承受了来自公众的巨大压力和国会的批评，他们都要求肯尼迪防止苏联把古巴变成一个进攻美国的基地。1962年9月，当有关苏联正在进行军事集结的报道传到美国，而赫鲁晓夫也宣称这是纯粹的防御性行动的时候，肯尼迪总统区分了防御性准备和进攻性准备，并向公众保证，美国绝不会容忍进攻性军事行动。政府官员否认了苏联进攻性导弹的存在，毫不在意中央情报局局长约翰·麦科恩（John McCone）的疑虑。9月19日美国情报委员会估计说，苏联在古巴部署进攻性导弹"绝无可能"。9月早些时候，一架U-2侦察机在中国大陆被击落。因为担心其他U-2侦察机被击落，所以10月4日决定的拍摄侦察任务被推迟了10天才执行。

在证据确凿的情况下，肯尼迪总统对赫鲁晓夫的欺诈行为十分生气："他怎么能这样对我！"早期的分析者考虑了当时的政治环境：因为还有三个星期就要进行国会选举，肯尼迪希望能够避免软弱的形象，所以采取了坚定有力的措施。但是国家安全委员会执行委员会的文件并不能证实总统的决策是基于国内政治的考虑。[126] 现在可以认定所谓"鹰派"和"鸽派"的区分就是从那时开始的。[127] 肯尼迪的顾问为他提供了以下各种建议：观望政策；进行外交斡旋；在苏联的导弹基地建好之前对古巴进行空中打击或者进攻古巴，或者同时采取这两种措施，等等。总统国家安全事务助理麦克乔治·邦迪以及其他一些执行委员会成员在如何采取行动的问题上举棋不定。阿利森和泽利科认为，在司法部长罗伯特·肯尼迪（Robert Kennedy）的努力下，一个处于观望和无限制行动之间的折中方案最后成为大家的共识：在仔细分析形势的同时逐步加强海上封锁。[128] 单靠封锁行动并不能使苏联从古巴撤走导弹。这一目标得以实现的原因是美国采取了一个极为矛盾的策略：一方面安慰苏联，保证不入侵古巴，另一方面则发出威胁说，除非总统马上得知苏联撤走导弹的消息，否则美国将实施"全面报复行动"。[129] 导致苏联撤退的是以进攻古巴相威胁的最后通牒（理性行为体模型作如此解释），还是语言威胁只是一种姿态，用来掩盖肯尼迪总统和赫鲁晓夫总书记私下达成的交易（苏联从古巴撤走导弹，美国承诺不入侵古巴，并从土耳其撤走导弹。肯尼迪在古巴导弹危机之前就已经下令从土耳其撤走导弹，但是直到危机结束几个月之后才得以执行），都是没有答案的问题。现在看来，如果能够避免采取军事行动的话，肯尼迪是愿意拿美国在土耳其部署的导弹做交易的，尽管这在土耳其和北约内部引起了不少反对意见。[130]

　　绝大部分有关古巴导弹危机的研究都是历史描述而不是理论分析，他们关注的是，在国家安全委员会里谁是鹰派，谁是鸽派，哪些人提出了哪些方案，当时苏联的动机和赫鲁晓夫的情绪是如何被解释的，人们当时对战争爆发的可能性的不同估计，等等。古巴危机决策群体中的成员包括前美国驻莫斯科大使卢埃林·汤普森（Lewellyn Thompson），他是惟一一个对苏联有着广泛了解的人。即使在今天，在苏联的核弹头是否已经被运送到了古巴这个问题上还是有争议的。[131] 现在有人怀疑，早期的描述性研究所推测的鹰派同鸽派之间的区别可能被过分强调了；执行委员会的成员都认为，自己的见解是寻找解决危机的最优方案的过程的一部分。欧文·贾尼斯（Irving Janis）认为，在这种情况下，肯尼迪总统定期缺席执行委员会的讨论，以便在得到众多供他参考的建议的同时，还能避免那种曾导致猪湾惨败的集体谈论。[132] 现在有人怀疑我们能否从冷战后那些以危机分析为主题的各种讨论会中获得大量新的可信的知识，因为现在一个众所周知的趋势是，与会者们出于个人利益或政治性目的，都是以自我为中心的。[133]

585

危机行为理论

　　詹姆斯·鲁滨逊（James A. Robinson）曾经断言"不存在危机理论"。[134] 然而，有一些国际关系研究者花了很多年的时间，力图更好地理解危机行为，深入了解为什么有的危机升级成为战争，而另外一些危机则通过非暴力的方式得到了解决；他们还想弄清楚为什么有的危机持续的时间很短，而有的危机却持续了很长时间。[135] 本章提到过一些学者，尝试着发展危机行为理论，希望能够为危机研究和危机管理和解决提供一些系统性的知识。在迈克尔·沙利文看来，到20世纪70年代中期，危机已经成为决策环境中一个得到最为广泛研究的变量。[136] 危机管理问题仍然是冷战后被广泛研究的问题。[137]

查尔斯·麦克莱兰（Charles A. McClelland）已经指出，国际危机行为的研究者主要关注以下五个方面的问题：（1）危机的定义；（2）危机类型的划分；（3）研究危机的结局、卷入危机的各方的目标；（4）在危机紧张压力下的决策；（5）危机管理。[138] 早期由鲁滨逊和赫尔曼提出的一个关于危机的定义已经被广泛接受，它包括以下三个要素：（1）决策单元的首要目标受到威胁；（2）做出反应的时间有限；（3）出人意料。[139] 后来的研究认为，"出人意料"并非危机的本质属性。在吉尔伯特·温汉（Gilbert R. Winham）看来，危机产生于"从对权力均势构成根本性挑战的军事行动，到可能升级为大规模对抗的不起眼的边境纠纷等各种各样的情况之中"。[140]

586 定义危机的标准历经了一系列的修正。迈克尔·布雷彻和威尔肯菲尔德提出了如下特征："因为国家内部或外部环境的变化而造成的一种形势，这种形势在该国决策者们看来是对基本价值观的一种威胁，而决策者对此做出反应的时间有限，并有可能使国家卷入军事对抗。"[141] 他们用"有限的时间"代替了"短时间"，认为国家内部的变化也是引发危机的因素，并把军事敌对状态的可能性看做主要因素。"出人意料"这个因素被去掉了，因为人们通常能够预见威胁。能否预见到威胁主要取决于国家情报部门工作的质量，以及早期出现的警示是否能顺利地通过官僚机构而得到及时的评估。然而，许多关键环节是无法被预见的。即使具有比较周全的应急方案也不能保证不出现意外情况，因为这些计划往往无法预见所有的可能性，尤其是当对方把"出人意料"当做一种主导战略来使用的时候。情报工作并不总是成功的，有时候预测的失败是不可避免的。[142]

按照格伦·斯奈德的看法，危机一直是国际政治的核心问题。在危机发生的时候，很多潜在因素，"如权力结构、利益、意象、联盟等因素逐渐变得清晰可辨，并在一些突出的问题上活跃起来"。[143] 冷战期间，美国和苏联之间的危机往往被看做是战争的另一种表现形式，而不只是战争发生之前的或者可能升级为战争（在双方都拥有核武器之前）的危险插曲。因此，两个超级大国拥有核武器的结果，是把两国之间的竞争从终极对抗（核对抗）导向核门槛以外的危机管理。"它们（危机管理）的主要功能是不使用武力，或者使用最低限度的武力，来解决那些用普通外交手段解决不了的冲突，而这种冲突在没有核武器的时候可能会用战争来解决。"[144]

奥兰·扬认为，一个国际危机包括"一系列迅速爆发的事件，这些事件使不稳定性对整个国际体系或任何一个子系统的影响都超过了正常水平，并增加了在系统内部发生暴力的可能性"。[145] 这些事件所引发的反应又会导致这些事件的诱发因素产生另外一些反应，这就是反馈。格伦·斯奈德把危机称为"微观的国际政治"，[146] 认为国际政治的核心问题都可以在危机中得到集中反映。除了冲突之外，这些问题还包括讨价还价、谈判、使用武力和威胁使用武力、危机升级和缓和、威慑、不同的权力结构、利益、价值观、观念、对国际组织和国际法的运用（或不运用）、外交和决策，等等。

理查德·内德·勒博提醒人们注意一个大家都熟知的问题，即导致战争的潜在的长期因素和导致战争的直接原因之间存在区别。导致战争的直接原因可能就在危机的紧张形势中开始起作用，结果可能导致战争，也可能使危机双方摆脱敌对状态，或者使形势得到缓和。理查德·内德·勒博　587
承认，有关危机的个案研究已经形成了很多有价值的认识，但他又指出了这些认识的局限性：对历史上的危机案例进行研究时，我们无法确定哪些因素是有代表性的（普遍意义的），哪些因素则是特有的。按照乔治和什莫克[147]以及斯奈德和戴森[148]的更为广泛的研究方法，勒博对1898年以来的26个危机事件进行了比较研究。[149] 他主要分析危机的起源和结果，以及危机对对抗双方后来的关系的影响，即它是激化还是减轻了双方的冲突。

勒博对不同性质的危机进行了区分。有的危机是被有意制造出来的，以便给既定的战争决策找借口（如1939年纳粹德国和波兰之间的危机）；有的危机是由主要冲突引发的，它们往往导致出现冲突的第三方（如德国1917年实行无限制潜艇战，结果导致它和美国的冲突）；有的危机是战争边缘政策的结果，即一个国家对另一个国家发起挑战，迫使其从某一重要承诺中后退（如苏联在1948年至1949对柏林的封锁）。勒博认为，严重的国际危机对于选择战争还是选择和平具有决定性影响，因此，战争的直接原因与战争的根本原因是同等重要的（直接原因不只决定战争爆发的时间）。在避免了战争之后，危机的结果既可能使对抗双方的关系得到改善，也可能使之进一步恶化。勒博的一个更为重要的结论是，要成功地处理危机，不仅取决于决策者们避免战争的决心，也取决于"开放的决策环境、具有凝聚力的政治精英……（以及）在危机发生之前较长时间里建立起来的文化的、组织的和个人的行为模式"。[150]

在关于危机管理的研究中，人们致力于把危机行为和国际体系结构这类变量联系起来。很多观点把关于极的理论和结构现实主义理论提出的约束作用同国际危机联系了起来，本章后面将进行讨论。一个国家在危机中的行为要受到国际体系结构（两极还是多极）以及军事技术的性质的影响。从这个角度出发，美国和苏联的对立主要是由于结构方面的原因（它们的实力超越其他所有国家）而不是意识形态的差别。斯奈德和戴森同意肯尼思·沃尔兹的假定，即两极体系比多极体系更稳定。这些分析与迈克尔·布雷彻、乔纳森·威尔肯菲尔德和希拉·莫泽的研究结果（后面将予以讨论）是一致的。在两极体系中，联盟关系是很清楚的，联盟的重组并不会显著改变力量平衡。在多极体系中，联盟关系比较模糊，任何变化都会产生重要影响。因为联盟关系的模糊性，多极体系更容易导致国家对利益的认识发生变化，更容易导致冒险行为，更容易出现加深危机的错误估计。在多极体系的危机中，处理盟友间的讨价还价和与敌手间的讨价还价这两者的紧张局面（或者说是处理约束盟友和威慑敌手这两者之间的紧张局面）更为困难。[151] 在两极体系中，两个行为体之间或两个行为体集团之间爆发的危机，容易升级为全面战争，或者成为支配整个体系的主导因素，而不只是局限在某个地区子系统之中。在有些危机中，超级大国可能会因为盟国的原因而卷入对抗，如1973年的赎罪日战争。

核武器技术对国际危机产生了巨大影响。对拥有核武器的国家而言，它扩大了从冲突中获得的利益与战争带来的成本之间的差距。核大国致力于维护和增进自身利益，但是为了避免核战争的灾难性后果，在危机管理过程中更加小心谨慎，并以默契一致的方式抬高了战争挑衅的门槛，结果是增加了危机管理的回旋余地。[152] 核大国以心理战取代了旧的战争形式，在以战争相威胁的冒险行动中变得十分谨慎。[153] 危机管理指使用各种形式的政府管理方式来处理危机，其中也包括以武力相威胁，不管这种威胁是实际存在的，还是被感觉到的。但是危机管理不包括使用军事力量以及核武器。在危机决策和威慑理论之间存在着某种联系。正如我们在第八章中讨论的那样，威慑既包括以冲突升级相威胁，也包括冲突升级本身。如果一个国家能向其对手显示，它具有在更高水平的冲突中（战争的进一步升级中）对其进行惩罚的能力，那么这个国家在危机形势中就拥有威慑能力，或者拥有掌握冲突升级的主动权。

由此可以推论，危机管理是冲突一方所具有的能力，它能以冲突升级相威胁来威慑对手，使其不敢让冲突升级，并使这种免于冲突升级的危机满足它的利益需求。但我们并不是说，只有当敌对一方投降或退却之后危机才能结束。如果对抗双方都保持克制，同时做出让步以保存双方的面子，或者在协调双方利益的基础上达成妥协，那么危机也能得到解决。此外，我们并不认为研究危机行为的理论家们对以下问题形成了普遍认识：在军事实力和主导冲突升级的能力之间，或者说在威慑能力和危机管理之间，存在着某种关系。

勒博认为，动机是危机行为的一个关键因素。他对1898年以后发生的20次危机进行了分析，最后总结说："如果领导人认为采取行动是必要的，他们不会理睬那些妨碍其政策取得成功的其他人的利益或者责任。"勒博还认为，领导人不会运用他们所掌握的资源为那些他们认为不重要的利益服务。简而言之，能力增长不必然导致对抗政策。领导人可能会放弃或不重视与实现他们的目标所要采取的行动相抵触的信息。"如果没有国内和战略上的迫切需要，领导人不会采取对抗性对外政策，即使这种政策取得成功的希望非常大。"[154]

对国际危机行为的系统研究 589

为了帮助建立全面的危机理论，迈克尔·布雷彻、乔纳森·威尔肯菲尔德和希拉·莫泽搜集了1929年到1979年这50年间发生的278次国际危机的数据。他们的"国际危机行为项目"的研究目标是以比较分析为基础，运用计量分析方法对大量不同特点的危机事件进行分析。他们力图对全球范围内发生的危机形成系统认识。研究计划重点关注的是大国之间、大国和小国之间，以及小国之间发生的危机，目的是为了进一步探明以下一些国际危机方面的问题：大国的意象和行为；小国的行为模式；威慑的作用；对抗双方之间的讨价还价；盟国在危机管理中的作用；危机的诱发因素；以不同方式解决危机的过程和原因；危机对当事国的实力、地位以及当事国的认识的影响，等等。[155]

研究者们在宏观和微观两个层次上分析危机行为。在宏观层次上，他们主要分析行为体之间的关系。国际危机的明确特征是存在"两个或者多个对手之间的破坏性互动关系", 同时有产生军事敌对的可能性; 如果已经爆发了战争, 还可能出现不利于维持军事力量平衡的变化。进一步讲, 国际危机被认为是对现存国际体系或子系统的结构构成的挑战。

布雷彻、威尔肯菲尔德和莫泽认为, 除了在宏观层次上进行分析之外, 还需要在微观层次上分析危机行为, 即从个体行为体及其对外政策的角度进行分析。由此, 他们认为对外政策危机应具有两个充要条件, 这两个充要条件产生于国内或国际环境的变化之中, 它们是: 最高决策者认为(1) 其基本价值受到了威胁, 而且对这种威胁做出反应的时间有限;(2) 发生军事对抗的可能性很大。简而言之, 在国际体系层次上存在着危机当事方之间的互动模式。对任何一个卷入危机的国家来说都存在着对外政策危机。在危机管理研究中, 既可以关注宏观层次, 即危机当事方之间的互动关系, 也可以关注微观层次, 即个别国家的对外政策行为。"国际危机行为项目"就包括了这两个分析层次。在理论化过程中, 宏观层次和微观层次有十分密切的联系。一个国家做出一项决策或者采取一个行动, 会引起另一个国家的反应, 由此形成一个互动过程, 结果使危机国际化。

590 　在该研究项目所覆盖的50年中, 研究者发现, 危机发生在各种不同的地理区域和不同的战略环境中, 而且大国卷入的程度也不一样。[156] 有的危机爆发后并不一定导致真正的军事对抗, 而有的危机可能是战争的前奏。在另一些危机案例中, 危机则是战争或持续冲突的组成部分。研究发现, 1929年到1979年期间, 亚洲发生危机的频率比世界其他地方都要高, 而且持续时间也更长。此期间亚洲一共发生了69次危机, 而美洲只发生了33次危机, 是危机次数最少的地区。欧洲排在亚洲之后, 共发生了57次危机。欧洲发生的危机常常牵涉到多个当事国, 引发了很多战争(1945年以前)。排在欧洲之后的是中东, 50年内发生了55次危机, 其中半数以上的危机中, 当事国超过了6个。这个地区的危机大多数发生在第二次世界大战之后, 而且美国和苏联有不同程度地卷入。

非洲, 这个由世界上最年轻的一些国家组成的大陆, 在这50年间共发生了64次危机, 仅次于亚洲。在那里, 半数以上的危机都属于长期性冲突。非政府政治实体提供了大量的危机诱发因素。在二战后非洲发生的危机中, 几乎一半左右有美国的卷入, 但主要是在政治和经济方面。苏联卷入非洲危机的次数较美国要少, 但是它的卷入更多是在军事行动方面。

在"国际危机行为项目"中, 全球体系被划分为四个时期: 多极体系（1929～1939）、第二次世界大战（1939～1945）、两极体系（1945～1962）以及多极体系（1963～1969）。他们的研究认为，1963年之后的多极体系没有此前的两极体系稳定。这一点在我们有关国际体系结构对冲突的影响的讨论中可以看到（参阅第二、三、七章）。在多极体系中，由于大量行为体的增加和权力中心的分散，带有暴力冲突的危机的次数也增加了。第二次世界大战之前10年的多极体系时期，几乎所有的危机都直接牵涉到当时的大国。由于人们都把绥靖看成一种避免战争的手段，这个时期是运用和平手段解决危机的最典型的时期。而到了第二次世界大战，几乎所有的危机管理手段都是以使用武力为主。接下来进入两极体系，这时，把公然使用武力，尤其是把全面战争作为危机管理手段的现象又逐渐减少了。

　　为了在宏观和微观两个层次上研究危机，布雷彻、威尔肯菲尔德和莫泽对国际体系内部做了进一步的分析。他们的分析对主系统内发生的危机进行了分类。所谓主系统，是相对于一些地区子系统而言的，例如1945年之前的欧洲体系，或1945年之后东西方两大集团构成的体系。发生在子系统（如中东或非洲）中的危机，尽管其当事方只是该子系统内部的行为体，但也可能发展升级到主系统中去。同样，就像研究者们所发现的那样，发生在主系统中的危机也可能外溢到某个子系统中去。在他们的研究中，除了64次危机外，其余所有的危机都发生在子系统中，而不是发生在主系统中。

　　相对于发生在子系统中的危机而言，发生在主系统中的危机持续时间更长，更有威胁，更加危险，也造成了更大的不稳定，因为大国具有更强大的军事能力。主系统内的危机导致的暴力冲突更容易引发全面战争，而在子系统中，严重的或者小型的冲突更为常见。此外，和子系统中的危机相比，主系统中的危机更容易产生明确的结果（如胜利和失败），而难以形成僵局或妥协。国际组织，尤其是联合国，在子系统中所起的作用比它们在主系统中所起的作用更大。

　　被研究的现象还包括危机—冲突环境。布雷彻、威尔肯菲尔德和莫泽对以下几种环境做了区分：（1）两个敌对国家之间因各种各样的问题而长期对抗，结果导致长期存在的周期性武力冲突；（2）作为长期冲突一部分的扩大了的战争；（3）在没有任何长期冲突的背景下发生的危机。布雷彻等人发现，危机更容易在各种长期性冲突的背景下发生。最具威胁和破坏性的危机发生在长期的武力冲突之中。正如人们所预料的，长期武力冲突环境下发生的危机，其当事国比其他环境下危机的当事国更容易诉诸武力。研究者还总结认为，如果敌对双方的实力差距比较小时，出现导致危机或危机升级的武力冲突的可能性就更大。强国和弱国对抗时，比它与实力相当的国家对抗时更不容易诉诸武力。换句话说，在实力对比悬殊的对抗双方之间发生的危机，其最常见的诱发因素本质上是非暴力的。

在有关行为体的特性或者特点的分析中，布雷彻、威尔肯菲尔德和莫泽认为，在所有的危机中，行为体都选择较小的决策单元。超级大国卷入危机的程度越高，政府首脑就越容易成为主要决策者。此外，一个国家存在的时间越长，它的危机决策单元成员的人数就越可能超过10人。不过，在所有案例中，51%的危机基本决策单元是由4个或4个以下的成员构成，只有22%的危机基本决策单元超过了10名成员。他们还发现，在危机管理中，越是历时长久的国家，就越经常地运用谈判或者其他非暴力手段。一个国家越是专制，就越容易因诉诸武力而引发危机。根据数据分析，在危机中，实行民主政体的国家选择小型、中型或者大型决策单元的偏好几乎是相似的。相比之下，正如我们估计的那样，专制国家更倾向于选择由1个或4个人组成的小型决策单元。[157]

心理学和决策

决策者如何定义他们面临的决策形势，对他们如何认识自己的决策有重要的意义。决策者根据他们关于现实的意象进行决策，而这种意象是由决策者的认知过程，或者说是由决策者如何认识具体的决策形势来决定的。**意象**（images）通常被定义为认知的构建，也就是形势在头脑中的反映，其中包括决策者对其他行为体的认识。意象也是实现决策者既定目标的备选方案。一般情况下，心理学家都认为，意象形成的过程以及意象和认知之间的关系十分复杂。意象和认知之间的关系，指的是进入大脑的刺激与认知过程如何影响这些刺激以及如何被这些刺激所影响，并将这些刺激转化为反应之间的关系。[158] 要研究决策者如何认识现实并不容易，因为在具体形势下决策者会看到什么，这是一个经验问题。

正如理查德·赫尔曼（Richard K. Herrmann）和迈克尔·菲斯凯勒

（Michael P. Fischkeller）所说，确定决策者如何从经验出发来"认识形势，理解刺激，以及进行选择"[159] 是相当重要的。换句话说，认知过程中形成的因果关系包括很多因素。如决策者关于世界政治的哲学信仰、敌方威胁的性质和程度、对敌方实力的认识，以及对其他行为体的行为规范的判断，等等。决策者的行动是一系列因素综合产生的结果，这些因素包括决策单元的结构、信息接收和处理、决策者从其主要顾问那里得到的建议、决策者的个人特点、决策者组成的政治联合的类型，以及决策者所面对的国内支持和反对。

赫尔曼和菲斯凯勒认为，如此众多的因果变量，使人们理解或准确预见哪些认识占主导变得十分困难。他们提出了一种基于五种不同战略认识的意象理论。第一种战略认识是"敌人意象"，即把其他国家视为威胁。我们在第二章中讨论传统的安全困境时曾提到过这一点。赫尔曼和菲斯凯勒试图描述各种意象的努力使他们提出了第二种战略认识，即"退化意象"。在这种意象里，一个自称具有文化优越性的国家认为另一个国家为其提供了可利用的机会。例如，阿道夫·希特勒认为英国、法国以及美国在文化上都比纳粹德国低劣。第三种意象是"殖民意象"，这种意象把别的国家看成弱小的和文化上低劣的国家。欧洲殖民主义时代，西方国家对其他地区的认识就是如此。赫尔曼和菲斯凯勒提出的第四种意象是"帝国主义意象"，它和"殖民意象"形成鲜明对照。在帝国主义意象中，一个国家认为它受到了某个比它强大，但文化上并不具备优越性的国家的威胁。最后是"盟友意象"。在这种意象中，一个国家认为加强使双方都获利的联盟和合作最为重要，即使它和盟友在实力和文化上具有较大差别。

赫尔曼和菲斯凯勒运用这种理论对1977年到1992年波斯湾发生的各种冲突进行了分析。为了能够更充分地认识萨达姆·侯赛因的动机，他们认为"要了解是否他（萨达姆）是以敌人意象、帝国主义意象和退化意象来分别看待美国、伊朗以及阿拉伯湾国家的。前两种意象和萨达姆的防御性的、认为受到了威胁的动机是一致的，后一种意象则与他较强的进攻性（原文为防御性）的机会主义的动机相一致"。[160] 行为体从战略上如何对形势做出反应，取决于这五种意象中哪一种是决策的基础。赫尔曼和菲斯凯勒认为，行为体的意象所包含的逻辑可能导致它们做出直接攻击的决策，例如退化意象和它所针对的目标。同理，如果某个行为体视另外一个行为体为盟友，并愿意为了共同利益而进行合作，它将会采取相应的政策，以

593

增强对盟友的激励，使它采取合作行为。总之，赫尔曼和菲斯凯勒的研究工作致力于把各种和国家安全有关的意象分离开来，以此作为对决策的认识过程进行经验研究和理论研究的基础。

危机决策中一个十分让人感兴趣的地方是时间压力下的选择。奥利·霍尔斯蒂提出的问题是，在危机的压力下，因为必须整日关注形势的发展，决策者是否能够有效甄别可行的行动方案，评估每个选择方案的成本和收益，区分相关的和不相关的信息，以及拒绝不成熟的认知结论和行动。[161] 适度存在的压力会提高人类解决问题的能力，还是会妨碍问题的解决，研究者们对此没有一致的看法。

玛尔塔·科塔姆（Martha L. Cottam）对一些研究决策的政治学家们主要使用的认知研究方法进行了评论，这些政治学家包括亚历山大·乔治、内森·莱特斯、奥利·霍尔斯蒂等人。[162] 她所关注的是认知过程对决策者的影响，认知模式对政策制定者关于外部世界的意象的影响，以及对决策者对外部政治环境变化的适应能力的影响。科塔姆同意罗伯特·杰维斯的观点，认为决策研究往往忽视了早期的研究成果，很少使用心理学知识，没有将心理学和行为联系起来。[163] 她批评了那些不能区分信仰和认识，即不能区分信仰和动机的政治学家，同时指出杰维斯的研究是一个例外，因为他没有随意地把所有的心理学理论混放在一起，然后从中发展出一个心理学模型。[164] 为了警告那些不加分析就借用心理学理论的政治学家，她反复强调说：

> 不能盲目地把心理学应用到政治分析中去。心理学实验室中的实验是可以控制的，但是在政治分析中很难做到这一点……心理学只能为有关人们如何进行政治决策的讨论提供一般性的指导。[165]

594

科塔姆格外关注的是决策者用来划分政治世界的基本层次分类，这些分类有利于他们以最小成本和最高效率来处理输入信息。她区分了七种典型的美国政策制定者的意象或者类型，它们不是基于意识形态、问题的性质或者地理位置，而是基于国家的特性，如军事力量、国内政策、经济结构、文化、支持率、灵活性以及国家目标等。美国的政策制定者们按照七种类型把其他国家分别划分为敌对国家、霸权国、敌对国家的依附性盟友、中立国、盟友、美国的依附国以及傀儡等七类。[166]

理查德·内德·勒博认为，以认知过程和动机为基础来分析危机形势下决策者的行为是非常重要的。但是，我们很难判断认知和动机模型在危机决策研究中的解释力究竟如何。勒博对国际危机的研究表明，这些模型对很多现象的解释是相互矛盾的，对信息扭曲问题的解释尤其如此。例如，根据认知理论，决策者总是力图保持认识的一致性，这就是说，决策者可能根据他们已有的假设、倾向性和认识来解释、接受或放弃那些被认为是危机的收益的信息。尤其是在时间非常紧张的情况下，在第一时间做出决策所遇到的困难越大，决策者就越不愿意重新考虑已经做出的决策。

在勒博看来，第一次世界大战之前的几个星期里，处于危机形势下的奥地利和其他几个大国所面临的就是这类问题。除了时间紧迫带来的压力之外，在危机情况下，决策者可能也不愿意寻找其他的信息来源。这种情况经常但并不总是由于时间紧迫造成的。例如美国在1950年就低估了中国军事干预朝鲜战争的可能性，因为当时政治领导人和军事领导人"根本不怀疑那些他们想听什么就给他们建议什么的顾问"。[167]情报分析和政府政策分析因为认知的封闭性而被扭曲了。一旦在危机中选择了对抗政策或利害攸关的政策，领导人就会抛弃那些同他们对成功的假设和预期相冲突的信息。同理，"当政策设计者认识到并改正了错误判断后，他们就能够成功地避免战争，尽管要做到这一点也需要危机另一方的合作努力。法绍达事件和古巴导弹危机就是这样的例子"。[168]

在勒博看来，动机理论从人的情绪变化出发来解释人的错误认识，它所提供的知识同样能够加强和完善认知模型的研究成果。勒博认为，决策者必须相信他所采取的政策将取得成功，正是这一点使他们不愿意改变自己的决定，即使有证据表明他们的决定有误。这种动机需求可能对决定认知选择的过程产生重要影响。对认知一致性的追求和动机需求是联系在一起的。因此，有关美国忽视中国军事干预朝鲜战争的可能性的问题，勒博问道："例如，美国军方在东京的情报机构低估了在朝鲜的中国军队的规模，是由于这个情报符合他们的预期呢，还是因为它满足了他们的需要呢？这两种解释都是很好的例子。"[169]可以说，所有的危机决策都会导致威胁和反威胁的形势，进而导致危机当事方的紧张心理，如激动、害怕、焦虑、沮丧、失调等。研究紧张带来的压力对小型团体的团结和解决问题能力的影响，有助于我们认识领导人在关键性决策问题上的行为。

595

乔纳森·罗伯茨（Jonathan M. Roberts）曾经风趣地讨论过一些生理因素对危机中的政治决策的影响，如脑部疾病（脑动脉硬化、精神分裂症、偏执狂、轻度躁狂，以及抑郁症）、年龄、说看听能力受损、营养不良、酗酒、记忆力丧失、失眠和极度疲劳，以及由兴奋剂等药物导致的影响，等等。[170] 不过应该指出的是，要得到有关国际危机期间主要政策制定者的健康状况的准确而可信的数据几乎是不可能的。大部分（但并不是全部）生物政治学研究仍然要依靠猜测和有说服力的逻辑推理，而不是依靠严格的科学证据。

心理学家设计了专门的试验，借以检测紧张对团体的整体性和解决问题的效率的影响。正如人们预料的那样，在团体中，不同的个人对紧张的反应也不同。我们知道，对个体和团体来说，紧张的不断增加可能会导致攻击、后退或逃避行为、退缩，以及各种神经官能症。约翰·兰泽塔（John T. Lanzetta）曾经用以下文字描述他对团体行为的试验：

> 随着紧张的增加，团体内部的摩擦会减少，分歧、争论、相互攻击、沮丧等消极的情绪化行为会减少，以自我为中心的自私行为也在减少。随之而来的，是减少摩擦、增强团体一致性的行为的增多，是联合、协调和合作行为的增多。[171]

兰泽塔认为，这种现象之所以会产生，是因为当面对紧张和焦虑的环境时，团体成员倾向于通过合作行为来寻求心理上的安全感。然而，在紧张状况下团体更加团结的假设似乎只适用于一种情况，这就是，当他们认为能够为共同面临的问题找到解决方案的时候，他们才会相互支持。罗伯特·汉布林（Robert L. Hamblin）从他设计的实验中发现，如果找不到危机解决办法，团体的整体性就开始降低。只有当合作能够带来利益的时候，合作才是可能的。如果不管团体的成员怎样努力都会遭到失败，他们就会产生沮丧情绪，结果导致相互冲突。在某些情况下，个人会摆脱团体而独自寻找危机解决办法，这实际上就是团体的瓦解。[172] 泽夫·毛兹发现，决策者们在一般程度的紧张情况下的表现要好于他们在高度或者低度紧张情况下的表现。[173] 乔纳森·罗伯茨的结论基本上也是如此，但他又指出，高度紧张在有限时间里会提高决策者们的决策水平，但最终仍会导致决策的质量下降。[174]

汉布林的发现可能有助于我们认识以下问题：如果国际冲突中的领导团体认为，不管他们采取何种战略战术，形势发展都将对他们不利时，他们会采取什么样的行动？不过需要说明的是，相对于参与以试验和分析为目的的小型团体，国家政治领导团体和其他政治领导团体的行为要复杂得多。人们在一个可能持续几个星期、几个月甚至几年的冲突中所遇到的紧张状态，其心理体验的复杂性远非一个持续两个小时的试验中的经历所能比拟，因为他们所面对的外部和内部环境的变化是如此复杂多样，所遭受的来自价值观、观念、各种压力、信息以及政治和文化因素约束的冲击是如此之大。在大规模、长时间的危机中，时间能允许各种微妙的调节机制发挥作用，这在一个简单的实验中是做不到的。

不过，无可否认的是，在紧张和解决问题的效率之间存在某种关系。迪安·普鲁伊特综合了其他研究者的发现，认为这种关系可能是一种曲线关系。某些紧张状态有利于采取行动，但是过分紧张又会降低效率。[175] 危机不可避免地会造成短视行为，使决策者很难做到深谋远虑，也使他们倾向于在狭窄范围里进行取舍和选择。[176] 显而易见，如果时间允许的话，决策者可以考虑更多的选择，但是危机的基本特征之一就是时间的紧迫性。虽然应急计划能起一定作用，但是最终到来的危机必定和应急计划中的抽象假设有所不同，最起码在细节上会有出入。

关于紧张对决策的影响，霍尔斯蒂还指出了其他一些经验研究的发现，如随机行为增多，失误率上升，走向较简单和原始的反应模式，僵化的问题解决方式，注意力分散，以及对模糊性的容忍能力的下降，等等。[177] 他指出，"危机中一些常用的手段，如其中一方的最后通牒，会增加迫使另一方采取行动的紧张压力"，因为它们增加了时间的迫切性，增加了决策者依赖那些单一的、熟悉的方案的危险性，而不考虑这些方案是否能有效地解决目前面临的问题。[178] 迈克尔·布雷彻在一项雄心勃勃的研究中，用388次国际危机（1918年到1988年）来检验危机升级模型，其中包括10个被深入研究的案例。他发现，在各种不同性质的危机中，存在一种相同的应付高度紧张的行为模式。[179] 另一些研究者发现，那些得到和平解决的国际危机（1911年的摩洛哥危机，1948年至1949年的柏林危机，1962年的古巴危机）中的外交活动，和那些导致第一次世界大战和朝鲜战争的国际危机期间的外交活动有很大的不同。相对于后者来说，前者更为灵活和敏锐，搜集和使用的信息更为广泛。[180] 在考虑时间变量的影响的同

597

时，还应该指出的是，如果说以前国际危机的特点是信息不充分，那么最近几十年来，技术条件以及官僚在危机期间提供和传送大量信息的愿望，则造成了另一种危险，即过多的信息反而妨碍了决策系统的运作过程。研究者们发现，政治领导人声明的整体复杂性和危机中出现的干扰性紧张有关。[181] 迈克尔·华莱士、彼德·聚德菲尔德（Peter Suedfeld）和金伯利·撒查克（Kimberley L. Thachuk）等人指出，在危机发生初期和战争爆发之前，领导人的言辞的复杂程度较低；鸽派的言论要比鹰派复杂；和潜在的受害者以及同盟国的言论相比，发动侵略的国家在公开场合的讲话更为简单；卷入危机危险性小的国家，其领导人的讲话比那些卷入危机风险较大的国家的领导人的言论更为复杂；军事胜利者的言论比失败者的声明复杂，因为胜利者面临的紧张要较少。在波斯湾危机初期，布什总统的讲话复杂但不"强硬"，因为他必须赢得大量利益不同的听众的支持。[182]

有些学者提出了一种"声音紧张程度分析方法"，以此来分析危机决策行为。[183] 他们以从肯尼迪总统一直到尼克松总统等各届美国政府在国际危机期间发表的公开声明为基础，对这些声明中所表现出来的紧张程度进行分析。他们发现，危机期间的很多行为是对抗双方的最高决策层之间的交流活动。领导人的各种声明，即使是那些主要面对本国公众或其他国家的声明，都包含着向对手传递信息的信号，这就为学术研究提供了分析数据。心理语言学为研究语言行为的认识基础提供了基础，同时也为发展一种以语言模式变化来分析危机决策者紧张程度的标准提供了基础。**紧张**（stress）被定义为"个人因国际危机（紧张之源）的外部影响而产生的内部反应，如消极情绪、焦虑、害怕和其他生理及心理上的变化。国际危机被政治决策者看做是对其利益的重大威胁"。[184] 对关于1961年柏林危机、1965年多米尼加危机以及1970年柬埔寨危机的各种档案材料（如演讲和记者招待会上的讲话）进行分析，就可以用图形描述危机过程中总统紧张程度的变化。研究者们呼吁要进一步提高声音紧张分析的水平，不过他们认为，事先准备好的声明体现的是最高程度的紧张。可以想见，在高强度危机的高度紧张时刻，决策者们使用的将是准备好的，而不是临时的材料来发表声明。

最后但并非最不重要的一点就是，运用政治精神心理学研究危机或其他决策行为，被认为是生物政治学的组成部分。生物政治学运用生物学知识对政治行为进行分析，它要回答的一个问题是：决策者的生理和心理状况到底在多大程度上增强了或者削弱了他们处理危机的能力，又在多大程度上决定了他们的行为特征？在托马斯·维格尔（Thomas Wiegele）看来，"要真正深刻认识人性，就必须从生物和非生物两方面同时进行分析和研究"。[185]

负责在国家安全问题上做出重大决策的团体规模是有限的，其成员人数一般在12到20个之间。欧文·贾尼斯对他所称的"团体思维"进行过分析，并描述了它的特征。小型决策团体的成员经常有一种认为自己是无懈可击的幻觉，这种幻觉会鼓励他们采取极端的冒险行为。他们相互鼓励以增强自信，以至于当他们遇到同自己的假想相抵触的信息或警示时也会置之不理。他们通常对敌人有一种简单化、模式化的认识，对自己固有的伦理道德则抱有一种不容置疑的信仰。他们批评并拒绝那些与团体的估计和判断不一致的观点，认为持反对和怀疑态度成员的沉默就意味着团体思考已经达成了一致。[186] 不过，我们不应该想当然地认为团体思维必然是不好的。团体中的主流派对形势的估计和对所要采取的行动的认识也可能是正确的。团体把主流认识强加于所有成员的这种倾向（一种自然的社会现象），在一个意识形态僵化的社会中所造成的不良后果可能比在一个民主社会中造成的不良后果更为严重；在官僚机构的底层（个体缺乏独立性，很少表达自己）所造成的不良后果，比在官僚机构的顶层（个性鲜明的人能表明自己态度）所造成的不良后果更严重。

对外决策与国内政治

前面我们谈到，国家安全委员会执行委员会在古巴导弹危机期间的会议记录，并未表明当时的决策受到了国内政治的影响。当然，这有可能是因为涉及决策的人都是肯尼迪政府的成员或是它的支持者，所以就没有必要提及其他想法。20世纪90年代，理论家们强调把对外决策研究同国内政治研究更为谨慎地结合起来的必要性。罗伯特·帕特南（Robert D. Putnam）认为，政治家们处于国际谈判（无论是危机还是非危机期间）和国内政治力量的压力之间。外交行动必须符合两个条件：一方面要让其他国家能够接受，另一方面要能够获得国内选民的同意。[187]

这种研究方法和肯尼思·沃尔兹以及其他结构现实主义者的方法不

同。如我们在第二章中所说的，结构现实主义认为，是国际体系而不是国家内部的政治过程决定国家的国际行为。安德鲁·莫拉维斯克认为，"主要从国际体系角度解释国家对外行为，而只用解释国内政治的理论来解释反常现象"是不够的。[188] 他认为，单纯从国际层次进行分析的理论总的来看很吸引人，但是它们"在实际存在的反常现象和理论的局限性的共同压力下很容易变得无能为力"，以至于这种单一层次分析（国际层次）不得不让位于两个结合起来的分析层次（国际层次和国内层次）。[189] 彼得·埃文斯发现，（a）当涉及国家安全的时候，国际体系逻辑和政府自主权会表现得十分突出，而在那些事关国内经济和对外贸易的问题上，选民的压力所起的作用则更为明显；（b）谈判持续的时间越长，领导人的自主权丧失得越多；（c）与鸽派领导人相比，鹰派领导人的自主权较少，因为他们给国内集团和国外集团增加了更多的潜在成本。[190] 最后，詹姆斯·里克特（James G. Richter）认为，美国和苏联两国的领导人都力图远离冷战行为，但他们"不仅要打消对方把自己视为攻击性敌人的牢固意象，还要消除存在于本国体系中的冷战神话的根基"，即使已经出现了一些改变国际体系的剧烈变化，这些意象和神话仍然促进了冷战思维的延续。[191]

结　　论

决策是一个涉及面很广泛的问题，它远远超出了国际关系理论的研究范围。我们也承认目前还不能探究其所有内容。决策过程由个人行为和大型组织结构的行为等多种因素构成。决策的作用是由系统以及个人对它的解释共同决定的。与社会意识形态对决策的影响相比，不同社会制度中决策者的个性对决策的影响的差别极大。正如亚历克斯·明茨（Alex Mintz）所说，要解释对外决策，最好把各种不同理论结合起来，如理性行为体理论、控制论、认知理论，以及其他一些本章讨论过的理论。[192] 民主国家和极权国家制定对外政策的方式差别很大。绝大多数在美国发展起来的决策理论都关注的是美国的政治，如大众舆论的作用，行政机构和国会之间关系，华盛顿的官僚机构内部每年的预算之争的性质，等等。（这完全是可以理解的）对特殊事件进行归纳和总结，并假定在某一文化和政治环境中，被研究的现象的某些方面**在做些细微修正的条件下**（mutatis mutandis）是具有普遍意义的，这种做法是社会科学家们难以避免的一种习惯，除非他们能自觉地避免这一做法。因此，这里就存在一种危险：当美国人把决策、冒险、官僚机构的预算之争、长期军备竞赛或严重危机中的互动行为方面的一些基本概念当做理性来考虑的时候，通过观察美国决策者的行为而得到的教训和经验就有可能被不恰当地运用到各种不同的决策环境中去，如莫斯科、北京、东京、新德里以及曼谷。

必须承认，我们对非西方国家，尤其是那些毫无宪政民主经验的国家的政府决策了解不多。更为严重的问题是，各种非国家行为体日益成为21世纪初全球体系的组成部分，对它们的决策过程，我们了解的就更少了。即使是那些美国政治科学家们很熟悉的西方民主国家，如英国、法国、意大利和德国，它们处理对外事务的政府组织和政治精英们对国家利益的认识也有很大不同。如果要用美国对外决策的经验来分析那些和西方国家在政治、意识形态、社会经济和文化等方面都有很大差别的国家的决策过程，困难就会更大。在20世纪70年代和80年代，对各国的领导、官僚政治、社会精英的价值取向，以及对共产主义国家、社会主义国家和第三世界国家的决策的比较研究取得了很大突破。学者们应该熟悉使用比较研究方法来研究西方国家和非西方国家的决策。对外政策比较研究不同于国际关系理论研究，尤其是不同于关于国际体系中的决策的理论研究。不过，对外政策比较研究有助于国际关系理论研究和决策理论研究，因为它可以提供具体的数据，也可以提供一些深刻认识，帮助人们在国际关系研究领域寻找新的有益的理论研究方法。最后但并非最不重要的是，决策研究对理解单元层次的行为十分重要。例如，从决策者的角度来看，国际结构变量（两极或者单极）或者国内变量（政党、电子媒体、利益集团、选区）是如何影响决策的问题就是如此。所以，从更广泛的分析层次上研究决策，包括结构—行为体的关系这个层次，将有力地推动国际关系理论的发展。

注　释：

1 Paul Wasserman and Fred S. Silander, *Decision-Making*: *An Annotated Bibliography*（Ithaca, NY: Graduate School of Business and Public Administration, Cornell

University，1958）．

601 2 Richard C. Snyder，H. W. Bruck，and Burton Sapin，"Decision-Making as an Approach to the Study of International Politics," in the book they edited，*Foreign Policy Decision-Making*（New York：Free Press，1963），p.65；see also pp.85-86.

3 Robert Jervis，*Perception and Misperception in International Politics*（Princeton，NJ：Princeton University Press，1976），pp.66-76，343-355.

4 Joseph Frankel，*The Making of Foreign Policy：An Analysis of Decision-Making*（New York：Oxford University Press，1963），p.4.

5 Michael Brecher，*The Foreign Policy System of Israel：Setting，Images，Process*（New Haven，CT：Yale University Press，1972），p.4. 对客观环境和决策者认知的深入研究，见 Hyam Gold，"Foreign Policy Decision-Making and the Environment：The Claims of Snyder, Brecher and the Sprouts," *International studies Quarterly*，22（December 1978），pp.569-586. 这一领域其他早期研究，见 Harold Lasswell，*The Decision Process：Seven Categories of Functional Analysis*（College Park：University of Maryland Press，1956）．又见 James A. Robinson and R.Roger Majak，"The Theory of Decision-Making," in James C. Charlesworth，ed.,*Contemporary Political Analysis*（New York：Free Press，1967），pp.178-181，including bibliogra phical references；John P.Lovell，*Foreign Policy in Perspective：Strategy，Adaptation，Decision-Making*（New York：Holt，Rinechart and Winston，1970），esp pp.205-261. 布雷彻认为精英意象是在对外政策系统中起决定性作用的输入信息。*Foreign Policy System*，p.11.

6 Jutta Weldes，*Constructing National Interests：The United States and the Cuban Missile Crisis*（Minneapolis，and London：University of Minnesota Press，1999），pp.12-14.

7 David Braybrooke and Charles E. Lindblom，*A Strategy of Decision*（New York：Free Press，1963），p.40.

8 Max Weber，*Economy and Society：An Outcome of Interpretative Analogy*，edited by Guenther Roth and Claus Wittich，Vol. 2.（Berkely：University of California Press，1978），p.1393. 韦伯有关魅力型领导以及合法的、理性的官僚政治的开创性观点可以参阅 Reinhard Bendix，*Max Weber：An Intellectual Portrait*（Garden City，NY：Doubleday，1960；Anchor Books，1962）第十、十二、十三章。

9 Richard K. Betts，*Soldiers，Statement，and the Cold War Crisis*（New York：Columbia University Press，1991）．又见 Peter M. Haas，"Introduction：Epistemic Communities and International Policy Coordination," *International Organization*，46（Winter 1992），pp.1-36. 小威廉·戈姆利（William T. Gormley，Jr.）认为，尽管存在他所称的典型的韦伯式官僚政治病理现象，韦伯时代以后，管理技能上的改善，使得控制官僚政治已经成为可能。*Taming the Bureaucracy：Muscles，Prayers and Other Strategies*（Princeton，NJ：Princeton University Press，1989）．

10 James A. Nathan and James K. Oliver，*Foreign Policy Making and the American Political System*，2nd ed.（Boston：Little Brown，1987），pp.10-11. 参阅 Lou Cannon，*President Reagan：The Role of a Lifetime*（New York：Simon and Schuster，1991），pp.319-333 有关星球大战计划的案例研究，这个研究是从官僚政治的角度出发的。

11 Morton H. Halperin，with the assistance of Priscilla Clapp and Arnold Kanter，*Bureaucratic Politics and Foreign Policy*（Washington，DC：Brookings Institution，1974）．又见 Morton H. Halperin and Arnold Kanter，"The Bureaucratic Perspective" 在他们编辑的 *Readings in Foreign Policy：A Bureaucratic Perspective*（Boston：

Little Brown, 1973）; David C. Kozak, "The Bureaucratic Politics Approach: 602
The Evolution of the Paradigm", in David C. Kozak and James M. Keagle, eds,
Bureaucratic Politics and National Security Theory and Practice（Boulder, CO: Lynne
Riemer, 1988）, pp.3-15; and James C. Gaston, ed.,*Grand Strategy and the Decision-
Making Process*（Washington, DC: National Defense University, 1997）.

12 Francis E. Rourke, *Bureaucracy and Foreign Policy*（Baltimore, MD: Johns Hopkins
University Press, 1972）, pp.49-50. Rourke's later work, *Bureaucratic Power in
national Policy Making*, 4th ed.（Boston: Little Brown, 1986）

13 Ibid., pp.62-65. 又见 chaps. 7 and 8 on advocacy of interest groups and competing elites
in Brecher, *Foreign Policy System of Israel.*

14 AlexanderL. George, "The Case for Multiple Advocacy in Making Foreign
Policy," *American Political Science Review*, LXVI（September 1972）, 751-785,
quoted at p.758.

15 Margaret G. Hermann and Charles F. Hermann, "Who makes Foreign Policy Decisions
and How: An Empirical Inquiry," *International Studies Quarterly*, 33（December
1989）, pp.361-387.

16 Alexander L. George, *Presidential Decisionmaking in Foreign Policy: The Effective
Use of Information and Advice*（Boulder, CO: Westview, 1980）, pp.25-27, 145-
148. 如果要参考最近有关在什么样的情况下代理人有相当的自由度或者基本上没
有自由度的分析，可以参阅 Thomas H. Hammond and J. H. Knott, "Who Controls
the Bureaucracy？ Presidential Power, Congressional Dominance, Legal Constraints,
and Bureaucratic Autonomy in a Model of Multi-Institutional Policy Making," *Journal of
Law, Economics and Organization*, 1（April 1996）, pp.119-166.

17 Edward Rhodes, "Do Bureaucratic Politics Matter?" *World Politics*, 47（October
1994）, pp.1-41, esp.pp.1 and 39-41. 参阅 Robert Jervis, Hoshua Goldstein, and
Robert Keohane, "Ideas and Foreign Policy: Beliefs, Institutions and Political
Change", *Political Science Quarterly*, 109（Winter 1995）, pp.907-909. 布鲁
斯·拉西特、默里（S. K. Murray）以及考登（J. A. Cowdan）发现，军事国际
主义和合作国际主义在对外政策上的不同态度与内政分歧无关。"The Convergence
of American Elites' Domestic Beliefs with their Foreign Policy Beliefs," *International
Interactions*, 25（2）（1999）, pp.153-180.

18 Snyder et al., *Foreign Policy Decision-making*, p.144.

19 David Easton, *The Political System*（New York: Knopf, 1053）, p.129.

20 保罗·戴森认为在经济、社会、技术、法律和政治政策中有着不同的理性; *Reason
In Society: Five Types of Decisions and Their Social Conditions*（Urbana: University
of Illinois Press, 1962）. 包括伍德（R. C. Wood）和威廉·惠顿（William L. C.
Wheaton）在内的其他学者，都提醒在从私下的行为扩展到公共行为的过程中一定
要小心谨慎。Cf. Robison and Majak in Charlesworth, *Contemporary Political Analysis*,
pp.177-178. 然而在另一方面，安东尼·唐斯（Anthony Downs）被认为将私下的决
策等同于公共决策，见 Charlesworth, Ibid., pp.178. 然而，即使是他也将个人和组
织的决策之间进行了明显的区分。Downs, *Inside Bureaucracy*, A RAND Corporation
Research Study（Boston: Little Brown, 1967）, pp.178-179.

21 参见 Marshall Dimock, *A Philosophy of Administration*（New York: Harper & Row,
1958）, p.140; J. David Singer, "Inter-nation Influence: A Formal Model," *American*

603   *Political Science Review*, LXII（June 1963）, p.424; Bruce M. Russett, "The Calculus of Deterrence," *Journal of Conflict Resolution*, VII（June 1963）, pp.97-109.

22 Snyder et al., *Foreign Policy Decision-Making*, p.176. 斯奈德强调, 对于决策动机的解释实际上暗含了一种个人多身份的概念, 其情况包括（a）在一种文化或者一个社会里,（b）在类似于某种职业或者阶级的社会团体中,（c）在整个的机制结构中,（d）在决策单元里; Ibid., p.172.

23 斯奈德最初曾接受了"预期效用最大化"概念。见他的 "Game Theory and the Analysis of Political Behavior," in *Research Frontiers and Government*（Washington, DC: Brookings Institution, 1955）, pp.73-74.

24 正如我们在第八章中所谈到的, 绝大多数有关威慑的理论似乎都接受了马克斯·韦伯的概念, 认为现代政府官僚们在追求国家利益的时候都是根据理性程序来进行的。许多人都承认, 布鲁斯·布伊诺·德·门斯奎塔的预期效用模型在解决决策者们如何对政策的优先权进行排列的这个问题上是有效的。参见布鲁斯·布伊诺·德·门斯奎塔的理论和第七章注释173-184。布伊诺·德·门斯奎塔和戴维·拉尔门在他们的预期效用模型中加入了国内政治的作用; 国内政治因素, 加上彼此之间的误解, 可能导致国家错误地规避战争以及选择通过谈判进行妥协。*War and Reason: Domestic and International Imperatives*（New Haven, CT: Yale University Press, 1992）, pp.267-269.

25 Singer, "Inter-nation Influence", pp.428-430.

26 Martin Patchen, "Decision Theory in the Study of National Action," *Journal of Conflict Resolution*, LVII（June 1963）, pp.165-169.

27 Sidney Verba, "Assumptions of Rationality and Nonrationality in Models of the International System", in James N. Rosenau, ed.,*International Politics and Foreign Policy*, rev. ed.（New York: Free Press, 1969）, p.231.

28 Braybrooke and Lindblom, *Strategy of Decision*, chap.4.

29 参见 Herbert A. Simon, *Administrative Behavior*（New York: Macmillan, 1958）; "A Behavioral Model of Rational Choice," *Quarterly Journal of Economics*,LXIX（February 1955）, pp.99-118; and "A Behavioral Model of Rational Choice," in Simon, ed.,*Models of Man: Social and Rational*（New York: Wiley, 1957）, pp.241-260. 西蒙后来在 *Models of Bounded Rationality*（Cambridge, MA: MIT Press, 1982）以及 "Human Nature in Politics: The Dialogue of Psychology with Political Science," *American Political Science Review*, 79（June 1985）, pp.293-304 中重新修正了"有限理性"概念。

30 Braybrooke and Lindblom, *Strategy of Decision*, pp.71-79 and chap.5. 乔纳森·本德为布雷布鲁克和林德布罗姆的"渐进主义"概念感到惋惜。这个概念一直没有消失, 只不过在逐渐衰落。本德认为他们的论断——"小的政策调整总是先于政策的根本性变化"——是很有意义的。"A Model of Muddling Through," *American Political Science Review*, 89（December 1995）, p.819.

31 关于博弈论的深入讨论, 参见 Michael Nicholson, *Rationality and the Analysis of International Conflict*, Cambridge Studies in International Relations, Vol. 19（Cambridge, England: Cambridge University Press, 1992）, pp.57-103; Steven J. Brams and D. Marc Kilgour, *Game Theory and National Security*（New York: Basil Blackwell, 1988）; Robert Axelrod, *The Evolution of Cooperation*（New York: Basic Books, 1984）; Steven J. Brams, *Biblical Games: A Strategic Analysis of Stories*

in the Old Testament（Cambridge，MA：MIT Press，1980）；Steven J. Brams，*Superpower Games：Applying Game Theory to Superpower Conflict*（New Haven，CT：Yale University Press，1985）；Martin Shubik，*Game Theory in the Social Sciences：Concepts and Solutions*（Cambridge，MA：MIT Press，1982）. 在这个领域最早的 604 著 作 是 John von Neumann and Oscar Morgenstern，*Theory of Games and Economics Behavior*（Princeton，NJ：Princeton Press，1944，3rd ed.,1953）.

32 正如阿纳托尔·拉波波特曾很有说服力地论断说，理论是定理的集合，而一个定理则是"一个命题，这个命题是一些定义和命题的严密的逻辑结论"；"Various Meanings of 'Theory'，"*American Political Science Review*，LII（December 1958），p.973.

33 Duncan Snidal，"The Game Theory of International Politics，"*World Politics*，XXXVIII（1）（October 1985），pp.25-27；Steven J. Brams and D. Marc Kilgour，*Game Theory and International Security*（New York：Basil Blackwell，1988），pp.vii-viii；1-3. 又 见 Stephen J. Majeski and Shane Fricks，"Conflict and Cooperation in International Relations，"*Journal of Conflict Resolution*，39（4）（December 1995），pp.622-645.

34 Duncan Snidal，"The Game Theory of International Politics，"*World Politics*，XXXVIII（1）（October 1985），p.56. 在这一期的《世界政治》中，以下文章从不同的角度讨论了国际政治理论和博弈论的各个方面：Kenneth A. Oye，"Explaining Cooperation Under Anarchy：Hypotheses and Strategies" and "The Sterling-Dollar-Franc Triangle：Monetary Diplomacy 1929-1937"；Robert Jervis，"From Balance to Concert：A Study of International Security Cooperation"；Stephen Van Evera，"Why Cooperation Failed in 1914"；George W. Downs，David M. Rocke，and Randolph M. Siverson，"Arms Races and Cooperation"；John Conybeare，"Trade Wars：A Comparative Study of Anglo-Hanse，Franco-Italian，and Hawley-Smoot Conflicts"；Charles Lipson，"Bankers' Dilemmas：Private Cooperation in Rescheduling Sovereign Debts"；and Robert Axelrod and RobertO. Keohane，"Achieving Cooperation Under Anarchy：Strategies and Institutions ." 其他将博弈论运用到国际政治中去的例子可以参阅 Peter Bennett and Malcolm Dando，"Complex Hypergame Analysis：A Hypergame Perspective of the Fall of France，"*Journal of Operational Research Society*，XXX（1）（January 1979），pp.23-32；Dina J. Zinnes，J. V. Gillespie，and G. S. Tahim，"A Formal Analysis of Some Issues in Balance of Power Theories，"*International Studies Quarterly*，XXII（September 1978），pp.323-353；Curtis S. Signorino，"Simulating International Cooperation under Uncertainty：The Effects of Symmetric and Asymmetric Noise，"*Journal of Conflict Resolution*，40（1）（March 1996），pp.152-205.

35 Martin Shubik，*Games for Society，Business and War：Towards a Theory of Gaming*（New York：Wiley，1964），p.50. 参 见 Michael Nicholson，*Rationality and the Analysis of International Conflicts*，（New York：Cambridge University Press，1992），pp.89-103；Martin Shubik，"The Uses of Game Theory，" in James C. Charlesworth，ed.，*Contemporary Political Analysis*（New York：Free Press，1967），p.247；and "Game Theory and the Study of Social Behavior：An Introductory Exposition，" in Martin Shubik，ed.，*Game Theory and Related Approaches to Social Behavior*（New York：Wiley，1964），pp.15-17. 参 见 Thomas C. Schelling，"What is Game Theory？" in Charlesworth，*Contemporary Political Analysis*.

36 Martin Shubik，"The Uses of Game Theory，" in Charlesworth，*Contemporary Political*

Analysis，p.248. 参见 Shubik's Games for Society，pp.93-97. 舒比克指出，"社会、政治以及经济问题几乎总是非零和博弈"；Ibid., pp.97-98.

605 37 可在以下文献中找到许多有关囚徒困境的描写：A. W. Tucker andP.Wolfe, eds., *Contributions to the Theory of Games*，Vol. III，*Annals of Mathematics Studies*，No. 30（Princeton, NJ：Princeton University Press，1957）；R. Duncan Luce and Howard Raiffa，*Games and Decisions*（New York：Wiley，1957），p.94；Anatol Rapoport and A. M. Chammah，*Prisoner's Dilemma：A Study of Conflict and Cooperation*（Ann Arbor：University of Michigan Press，1965）；Anatol Rapoport，*Two Person Game Theory*（Ann Arbor：University of Michigan Press，1966）；and Martin Shubik，"The Uses of Game Theory," in Charlesworth，*Contemporary Political Analysis*，pp.264-268. 莫顿·多伊奇（Morton Deutsh）在 "Trust and Suspicion," *Journal of Conflict Resolution*，VII（September 1963），pp.570-579 中曾针对两个参与者在混合动机游戏中，彼此之间的信任和怀疑问题进行过讨论。两个肯特州立大学的心理学家在不同的囚徒困境中进行了不同的博弈实验，他们在其中针对诱惑（作为惟一的背叛者获得最大利益的欲望）和不信任（害怕另外一个人可能成为惟一的背叛者）进行了区分，发现诱惑相对于不信任而言容易成为不合作行为的根源；V. Edwin Bixenstine and Hazel Blundell，"Control of Choices Exerted by Structural Factors in Two-Person, Non-Zero-Sum Games," *Journal of Conflict Resolution*，X（December 1966），esp.p.482.

38 Arthur A. Stein，"Coordination and Collaboration：Regimes in an Anarchic World," *International Organization*，36（2）（Spring 1982），pp.299-324.

39 Ibid., p.307.

40 Robert Axelrod，*The Evolution of Cooperation*（New York：Basic Books，1984），pp.3-27，169-191.

41 Daniel R. Lutzker，"Sex Role, Cooperation and Competition in a Two-Person, Non-Zero-Sum Game," *Journal of Conflict Resolution*，V（December 1961），pp.366-368. 又见 Philip S. Gallo, Jr., and Charles G. McClintock，"Cooperative and Competitive Behavior in Mixed-Motive Games," *Journal of Conflict Resolution*，IX（March 1965），pp.68-78；and J. T. Tedeschi et al.，"Start Effect and Response Bias in the Prisoner's Dilemma Game," *Psychonomic Science*，11（4）（1968）.

42 David W. Conrath，"Sex Role and Cooperation in the Game of Chicken," *Journal of Conflict Resolution*，XVI（September 1972），pp.433-443. 关于性别差异问题的更多详细分析，见 William B. Lacy，"Assumptions of Human Nature, and Initial Expectations and Behavior as Mediators of Sex Effects in Prisoner's Dilemma Research," *Journal of Conflict Resolution*，22（June 1978），pp.269-281.

43 Conrath，"Sex Role and Cooperation," p.434.

44 Ibid., p.442.

45 C. Nemeth，"A Critical Analysis of Research Utilizing the Prisoner's Dilemma Paradigm for the Study of Bargaining," in Leonard Berkowitz, ed.,*Advances in Experimental Social Psychology*，Vol. 6（New York：Academic Press，1972），p.204. 又见 Jeffery Pincus and V. Edwin Pixenstine，"Cooperation in the Decomposed Prisoner's Dilemma Game：A Question of Revealing or Concealing Information," *Journal of Conflict Resolution*，XXI（September 1977），pp.510-530. Alvin E. Roth, ed.,*Game-Theoretic Models of Bargaining*（New York：Cambridge University Press，1985）.

46 Barry Schlenker and Thomas Bonoma，"Fun and Games：The Validity of Games for the

Study for Conflict," *The Journal of Conflict Resolution*, 22（March 1978）, 14-15. *The Journal of Conflict Resolution* 1975 年第12 期刊载了七篇有关这个问题的文章。

47 Anatol Rapoport and C. Orwant, "Experimental Games: A Review," *Behavioral Science*, VII（January 1962）, pp.1-37.

48 Abraham Kaplan, "Mathematics and Social Analysis," *Commentary*, VII（September 1952）, p.284. 关于三人博弈中的数学和心理战术的复杂性，见 William H. Riker, "Bargaining in a Three-Person Game," *American Political Science Review*, LXI（September 1967）, pp.642-656.

49 Shubik, *Games for Society*, p.ix.

50 Joseph Frankel, *Contemporary International Theory and the Behavior of States*（New York: Oxford University Press, 1973）, p.96.

51 John W. Burton, "Resolution of Conflict," *International Studies Quarterly*, 16（March 1972）, p.530.

52 Anatol Rapoport, *Strategy and Conscience*（New York: Harper & Row, 1964）, pp.48-52.

53 Steven J. Brams, *Game Theory and Politics*（New York: Free Press, 1975）, pp.39-74; Thomas C. Schelling, *Arms and Influence*（New Haven, CT: Yale University Press, 1966）, pp.120-123.

54 R. Harrison Wanger, "The Theory of Games and the Balance of Power," *World Politics*, 38（October 1986）, p.547.

55 让－雅克·卢梭设计了一个类似"捕鹿游戏"的游戏来说明在国际社会无政府状态下进行合作的困难。如果一个捕猎队伍中所有的成员一起捕鹿，那么大家都可以吃得很好。然而，如果其中的某一个或者更多人选择追逐从旁边跑过的兔子，所有人可能吃得都差一些，某些人甚至可能吃不上，*The First and Second Discourses*（New York: St. Martin's, 1964）, pp.165-167.

56 Kenneth A. Oye, "Explaining Cooperation Under Anarchy: Hypotheses and Strategies," *World Politics*, XXXVIII（October 1985）, pp.6-7, 9-13. 奥耶在这里同罗伯特·杰维斯的看法是一致的。"Cooperation Under the Security Dilemma," *World Politics*, 30（January1978）, pp.167-214.

57 Robert Jervis, "Realism, Game Theory, and Cooperation," *World Politics*, XL（3）（April 1988）, pp.318-319.

58 Robert Powell, "Absolute and Relative Gains in International Relations Theory," *American Political Science Review*, 85（4）（December1991）, pp.1303-1320.

59 Duncan Snidal, "Relative Gains and the Pattern of International Cooperation," *American Political Science Review*, 85（3）（September1991）, pp.704-726.

60 Thomas C. Schelling, *The Strategy of Conflict*（New York: Oxford University Press, 1963）, p.15.

61 Ibid., p.15-19.

62 Ibid., p.15.

63 Ibid., p.22-46, 119-139.

64 George W. Downs and David M. Rocke, *Tacit Bargaining*, *Arms Races*, *and Arms Control*（Ann Arbor: University of Michigan Press, 1990）, p.3.

65 Ibid., p.190.

66 Graham T. Allison, *Essence of Decision*：*Explaining the Cuban Missle Crisis*（Boston: Little Brown, 1971）, pp.4-5, 10-11.

67 Graham T. Allison and Philip Zelikow, same title, 2nd ed.（New York：Longman, 1999）, chapter1, "Model Ⅰ：The Rational Actor," esp. pp.14-16, 28-32, 46.

68 1971 ed., p.5；2nd ed., p.5.

69 2nd ed., pp.33-40.

70 Ibid., p.143.

71 Ibid., pp.143-144, in chapter 3, "Model II：Organizational Behavior." 在这里，作者把理性行为体模型同赫伯特·西蒙的著作和他的有限理性概念（与完全理性有明显差别）进行了对比。理性行为体模型假定决策者会考虑所有可能的选择及其结果，并最后做出能使价值最大化的选择。Ibid., p.20. 在组织行为模型中，阿利森和泽利科引用了詹姆斯·马尔奇（James G. March）和赫伯特·西蒙的观点，*Organization*, 2nd ed.（Malden MA：Blackwell Publishers Inc., 1993）, p.8，这些观点是对他们两人的第一部著作出版34年之后的反思，这种反思"同基于法规的行为相比，在分析理性上的关注相对少一些"。阿利森和泽利科认为，"这种区别存在于第一种模型和第二种模型差异的核心位置"。*Essence of Decision*, p.146.

72 Model III, "Government Politics" is discussed in ibid., Chapter 5. 阿利森在这本书的第一版中把其称为官僚政治模型。Allison and Morton H. Halperin, "Buraucratic Politics：A Paradigm and Some Policy Implication," *World Politics*, 24（Spring Supplement 1972）, pp.40-79；and D. A. Welch, E. Stern, B. Verbeck, J. Weldes, J. Kaarbo, D. Gruenfeld, P.Hart, and U. Tosenthal, "Whither the Study of Government Politics in Foreign Policy-making? A Symposium", *International Studies Quarterly*, 42, suppl. 2（November 1998）, pp.205-255.

73 Allison and Zelikow, *Essence of Decision*, pp.255-258.

74 Jonathan Bendor and Thomas H. Hammond, "Rethinking Allison's Models," *American Political Science Review*, 86（June 1992）, pp.301-322.

75 Ibid., p.305.

76 Ibid., p.319. "Whatever their ultimate worth, rational choice models were not given a fair test"；Ibid.

77 Ibid., 参阅303页的模型。

78 Ibid., p.319；参阅注释17中爱德华·罗兹的文章。

79 David A. Welch, "The Organizational Process and Bureaucratic Politics Paradigms：Restropect and Prospect," *International Security*, 17（2）（Fall 1992）, pp.112-146.

80 Ibid., p.138.

81 Allison and Zelikow, *Essence of Decision*, esp.Chapter 7, "Conclusion," Preface, p.viii, and pp.379-380, 385-386, 392.

82 Glenn H. Snyder and Paul Diesing, *Conflict Among Nations*：*Bargaining, Decision-Making and System Structure in International Crises*（Princeton, NJ：Princeton University Press, 1977）.

83 Ibid., p.355.

84 Ibid., pp.355-356. 作者发现官僚机构并没有对主要决策者产生决定性影响。"因此阿利森—霍尔珀林的官僚政治理论中最显著的观点并没有优于我们的分析。"（参见注释11）

85 Ibid., pp.333-335.

607

86 Ibid., pp.337-338.

87 Ibid., pp.338-339.

88 Martin Steiner，"The Elusive Essence of Decision，" *International Studies Quarterly*，21（January 1977），p.419.

89 Ibid.

90 John D. Sternbruner，*The Cybernetic Theory of Decision*：*New Dimensions of Political Analysis*（Princeton，NJ：Princeton UniversityPress，1974），chap.1.

91 Ibid., pp.48-67. 斯坦布鲁纳承认，赫伯特·西蒙的满意模型比他更早地对分析范式 608 提出了批评，但是在他看来，西蒙在这方面做得不够。Ibid., p.63. 西蒙的满意模型比控制论模型少一些直觉成分。

92 Ibid., p.68.

93 Ibid., p.69.

94 Ibid., p.72. The reference is to Richard M. Cyert and James G. March，*A Behavioral Theory of the Firm*（Englewood Cliffs,NJ：Prentice Hall,1963），chap.6. 应该指出的是，斯坦布鲁纳在控制论范式中融入了查尔斯·林德布罗姆的著作（尤其是他的渐进主义）以及阿利森的组织过程模型。（见 Allison，*Essence of Decision*，pp.77，80）斯坦布鲁纳完全赞同这样一种观点，即认为组织管理一旦建立起来，就很难加以改变。

95 Steibruner，*Cybernetic Theory*，p.92. Robert Jervis，*Perception and Misperception and International Politics*，chapter. 4，（Princeton，NJ：Princeton University Press，1976）.

96 Steibruner，*Cybernetic Theory*，chapter. 4. 根据斯奈德和戴森的看法，斯坦布鲁纳的"理论思想者"就等同于他们的"非理性讨价还价者"；*Conflict Among Nations*，p.337.

97 斯坦布鲁纳的大部分工作就是把修正后的控制论和认知范式运用到一个复杂的决策问题上去，即20世纪60年代初，大西洋联盟内部分享核武器控制权的努力。美国当时面对两难选择，需要在实现在欧洲的总政治目标和反对核扩散这两者之间进行权衡。他认为美国国务院推动部署北约多边核力量（美国国防部和多数军方领导人以及欧洲的决策者们反对这项政策）的能力是一种政治反常现象，这种现象只能够通过官僚决策者的认知过程和控制过程加以理解，而不能通过分析范式进行理解。相比之下，肯尼迪总统在1964年12月推翻其外交顾问的意见，并中止了多边核力量政策决定是能够通过分析逻辑加以理解的。Steibruner，*Cybernetic Theory*，chaps. 6-9，pp.320-321.

98 Ibid., p.70. 又见 chap.10，esp.p.329.

99 Zeev Maoz，*National Choice and International Processes*（Cambridge，England：Cambridge University Press，1990），pp.330-336.

100 Robert E. Coulam，*The Illusion of Choice*：*TheF-111 and the Problem of Weapons*，*Acquistion Reform*（Princeton，NJ：Princeton University Press，1977），"Conclusions".

101 Robert F. Hermann and Linda P.Brady，"Alternative Models of Internatinal Crisis Behavior，" in Charles F. Hermann，ed.,*International Crisis*：*Insights from Behavioral Research*（New York：Free Press，1972），pp.218，304-320. Michael Brecher，Jonathan Wilkenfeld，and Sheila Moser，*Crisis in the Twentieth Century*：*Handbook of International Crises*，Vol. I（Oxford，England：Pergamon Press，1988）另见上述作者 *Crises in the Twentieth Century*：*Handbook of Foreign Policy Crises*，Vol. II

（Oxford, England: Pergamon Press, 1988）.

609   102 参见, Ole R. Holsti, "The 1914 Case," *American Political Science Review*, LIX（June 1965）, pp.365-378; Ole R. Holsti, Robert C. North, and Richard A. Brody, "Perception and Action in the 1914 Crisis," in J. David Singer, ed.,*Quantitative International Policies*（New York: Free Press, 1968）; Glenn D. Paige, *The Korean Decision, June 24-30, 1950*（New York: Free Press, 1958）; Charles A. McClelland, "Access to Berlin: The Quantity and Variety of Events, 1948-1963," in Singer, *Quantitative International Politics*, pp.159-186; and "Decision Opportunity and Political Controversay: The Quemoy Case," *Journal of Conflict Resolution*, VI（September 1962）, pp.201-213; Graham T. Allison, *Essence of Decision: Explaining the Cuban Missile Crisis*（Boston: Little Brown, 1971）; Herbert S. Dinerstein, *The making of a Missle Crisis*（Baltimore, MD: Johns Hopkins Press, 1976）; Robera Wohlstetter, *Pearl Harbor: Warning and Decision*（Stanford CA: Stanford University Press, 1962）; Michael Brecher with Benjamin Geist, *Decisions in Crisis: Israel 1967 and 1973*（Berkeley and Los Angeles: University of California Press, 1984）; Richard G. Head, Frisco W. Short, and Robert C. MacFarlane, *Crisis Resolution: Presidential Decision-Making in the Mayaguez and Korean Confrontations*（Boulder, CO: WestviewPress, 1978）; Thomas M. Cynkin, *Soviet and American Signaling in the Polish Crisis*（London: Macmillan, 1988）; Robert B. MaCalla, *Uncertain Perceptions: U.S. Cold War Crisis Decision Making*（Ann Arbor: University of Michigan Press, 1992）; Thomas Parrish, *Berlin in the Balance: The Blockade, the Airlift, the First Major Battle of the Cold War*（Reading, MA: Addison-Wesley, 1998）; Marcia Lynn Whicker, James P. Pfiffner, and Raymond A. Moore, eds., *The Presidency and the Persian Gulf War*（Westport, CT, and London: Praeger, 1993）; Richard B. Frank, *Downfall: The End of the Imperial Japanese Empire*（New York: Random House, 1999）; Robert L. Pfaltzgraft, Jr., and Jacquelyn K. Davis, eds., *National Security Decisions: The Participants Speak*（Lexington, MA/Toronto: Lexington Books, 1990）; John Kukacs, *Five Days in London: May 1940*（New Haven: Yale University Press, 1999）; James M. Goldgeier, *Not Whether But When: The U. S. Decision to Enlarge NATO*（Washington, DC: Brookings Institution Press, 1999）; Igor Lukes and Eric Goldstein, eds., *The Munich Crisis 1938: Prelude to World War II*（London/Portland, OR: Fank Cass, 1999）; and Cole C. Kingseed, *Eisenhower and the Suez Crisis of 1956*（Baton Rouge and London: Louisiana State University Press, 1995）.

103 参   见, Oran R. Young, *The Intermediaries, Third Parties in International Crisis*（Princeton, NJ: Princeton Univeristy Press, 1967）; Oran R. Young, *The Politics of Force: Bargaining During International Crises*（Princeton, NJ: Princeton University Press, 1968）; Mark W. Zacker, *International Conflicts and Collective Security, 1946-77*（New York: Praeger, 1979）.

104 Paige, *Korean Decision*, p.10.

105 Ibid., pp.276-279.

106 James A. Robinson, "Landmark Among Decision-Making and Policy Analysis and Template for Integrating Alternative Frames of Reference: Glenn D. Paige", "*The Korean Decision,*" *Policy Sciences*, 32（1999）, pp.301-314.

107 Ole R. Holsti et al., "Perception and Action in the 1914 Crisis," in Singer, *Quantitative International Politics*, pp.123-158. 霍尔斯蒂后来讨论了以金融数据作为国际紧张程度的指标的局限性，并得出结论说，这种数据只能够对那些来自于其他渠道的数据，如外交档案，进行有限的和间接的检验。See the section "Perceptions of Hostility and Financial Indices in a Crisis," in chap.3 of *Crisis*, *Escalation*, *War* (Montreal: McGill-Queens University Press, 1972), pp.51-70.

108 Holsti, "Perception of Hostility," p.46. 在这里描述的现象同莱维斯·理查森在他有关1908 ~ 1914年和1929 ~ 1939年的军备竞赛的研究中涉及的对持续友谊的敌意以及不稳定的反应系数相类似；见 *Arms and Insecurity* (Pittsburgh, PA: Boxwood, 1960), and *Statics of Deadly Quarrels* (Chicago: Quadrangle Books, 1960), chap.8.

109 Holsti et al., "Perception and Action," p.152.

110 Ibid., p.157.

111 L. L. Farrar, Jr., "The Limits of Choice: July 1914 Reconsidered", *Journal of Conflict Resolution*, 16 (March 1972), pp.1-23. Melvin Small and J. David Singer, eds., *International War: An Anthology*, 2nd ed. (Chicago: Dorsey Press, 1999), pp.264-287.

112 有关古巴导弹危机的研究包括：Henry M. Pachter, *Collision Course: The Cuban Missile Crisis and Coexistence* (New York: Praeger, 1963); Ole R. Holsti, Richard A. Brody, and Robert C. North, "Measuring Effect and Action in the International Reaction Models: Empirical Materials from the 1962 Cuban Crisis," *Journal of Peace Research* (1964); Arthur M. Schlesinger, Jr., *A Thousand Days* (NewYork: Fawcett, 1965), pp.250-277; Elie Abel, *The Missile Crisis* (Philadelphia: J. B. Lippincott, 1966); Robert F. Kennedy, *Thirteen Days: A Memoir of the Cuban Crisis* (New York: Norton, 1969); Allison, *Essence of Decision*; James A. Nathan, ed., *The Cuban Missile Crisis Revisited* (New York: St. Martin's Press, 1992); John C. Ausland, *Kennedy, Krushchev, and the Berlin-Cuban Crisis1961-1964* (Olso, Stockholm, Copenhagen, Boston: Scandinavian University Press, 1996); Laurence Chang and Peter Kornbluh (eds.), *The Cuban Missile Crisis 1962; A National Security Archive Documents Reader* (New York: The New Press, 1992; and Roger Hilsman, *The Cuban Missile Crisis: The Struggle over Policy* (Westport, CT: Praeger, 1996).

113 在新版的 *Essence of Decision* 中，阿利森和泽利科在相当程度上倚赖于厄恩斯特·梅（Ernest R. May）和泽利科的著作 *The Kennedy Tapes: Inside the White House During the Cuban Missile Crisis* (Cambridge, MA: Harvard University Press, 1997) 中包括的国家安全委员化执行委员会的会议记录。

114 阿利森和泽利科认为，即使在冷战后有了来自前苏联的新证据，苏联部署导弹的决策过程同美国通过封锁表明自己意向的过程相比，仍然"更不清楚"。*Essence of Decision*, 2nd ed.,p.329. 他们的一个重要资料来源是 Alexander Fursenko and Timothy Naftali, *One Hell of a Gamble: Castro and Kennedy, 1958-1964* (New York: W. W. Norton, 1997). 其他资料来源，可以参阅 Allison and Zelikow, pp.131-142, 244-246, 373-376. 大约98%的资料来源于美国方面。

115 Ibid., pp.40-56. 阿尔伯特·沃尔斯泰德和罗伯塔·沃尔斯泰德在 *Controlling the Risks in Cuba*, Adephi Papers No. 17 (London: Institute for Strategic Studies, April 1965) 中，为"矫正核平衡"假设提供了军方的证据。

611 116 Bruce J. Allyn, James G. Blight, and David A. Welch, "Essence of Revision: Moscow, Havana and the Cuban Missile Crisis," *International Security*, 14 (Winter 1989/1990), pp.136-172, esp.p.138. 作者在这个问题上引用了大量的苏联文献。之后一些重要的英文著作包括 Marc Trachtenberg, ed., "White House Tapes and Minutes of the Cuban Missile Crisis," *International Security*, 10 (Summer 1985), pp.171-194; James G. Blight, Joseph S. Nye, Jr., and David A. Welch, "The Cuban Missile Crisis Revisited," *Foreign Affairs*, 66 (Fall 1987), pp.170-188; David A. Welch and James G. Blight, "An Introduction to the ExComm Transcripts," *International Security*, 12 (Winter 1987/1988), pp.5-29; McGeorge Bundy, transcriber, and James M. Blight, ed., "October 27, 1962: Transcripts of the Meetings of the ExComm," Ibid., pp.30-92; Raymond Garthoff, *Reflections on the Cuban Missile Crisis* (Washington, DC: Brookings Institution, 1989); James A. Nathan, ed., *The Cuban Missile Crisis* (New York: Noonday Press, Farrar Straus and Grioux, 1990); and Juta Weldes, *Constructing National Interests: The United States and the Cuban Missle Crisis* (Minneapolis and London: University of Minnesota Press, 1999).

117 Allyn et al., "Essence of Revision," p.139.

118 Blight et al., "The Cuban Missile Crisis Revisited", 176; Allison and Zelikow, *Essence of Decision*, p.96.

119 Allison and Zelikow, *Essence of Decision*, 96-99; Allyn et al., "Essence of Revision," pp.143-144.

120 Allison and Zelikow, *Essence of Decision*, p.106.

121 Ibid., p.104.

122 Ibid., pp.197-206.

123 Ibid., pp.206-210.

124 Ibid., pp.210-217.

125 Ibid., pp.115-120, 229, 329-338.

126 Welch and Blight, "An Introduction to the ExComm Transcripts," 25. 作者引用了 Thirteen Days (p.67) 一书中罗伯特·肯尼迪的话，当时总统承认，如果他不行动的话，他可能会被弹劾。pp.24-25. 他们还引用芬·奥斯勒·汉普森（Fen Osler Hampson）的观点，认为一旦领导们要在涉及关键价值的问题中进行权衡，他们就可能为了自己的政治生命而采取行动。"The Divided Decision-Maker: American Domestic Politics and the Cuban Crises," *International Security*, 9 (Winter 1984/1985), pp.142-149.

127 Arthur Schlesinger, Jr., *Robert Kennedy and His Times* (Boston: Houghton Misslin, 1978), pp.506-507.

128 Allison and Zelikow, *Essence of Decision*, pp.343-347.

129 Ibid., p.346.

130 Welch and Blight, "Introduction to ExComm Transcripts," pp.11, 15-18; Allyn et al., "Essence of Revision," pp.158-159. 罗伯特·肯尼迪似乎向苏联大使多勃雷宁保证过，丘比特导弹很快将从土耳其撤走，但这对盟国而言过于敏感，所以不能做出正式承诺。Ibid., p.165.

131 1989年1月在莫斯科召开的古巴研讨会上，苏联人力图将导弹危机的危险最大化，认为当时有20个核弹头已经准备好要安装到导弹上。雷·克莱因（Ray S. Cline）

认为，情报机构知道弹头已经就绪，但是大量的侦察照片并没有发现这些弹头已经进入古巴的证据。"The Cuba Missile Crisis," *Foreign Affairs*, 68（Fall 1989）, pp.191-192. 阿利森和泽利科引用前苏联的资料，认为核弹头就在古巴。*Essence of Decision*, pp.348-351.

612

132 Irving L. Janis, *Victims of Groupthink*（Boston：Houghton Mifflin, 1972）; Cited in Welch and Blight, "Introduction to Excomm Transcripts", p.25. 本章后面还将讨论团体思考。Allison and Zelikow, *Essence of Decision*.

133 Mark Kramer, "Remembering the Cuban Missile Crisis：Should We Swallow Oral History?" *International Security*, 15（Summer1990）, pp.212-216. 又 见 Elliot A. Cohen, "Why We Should Stop Studying the Cuban Missile Crisis," *National Interest*, 2（1986）, pp.3-13; Richard Ned Lebow, "The Cuban Missile Crisis：Reading the Lessons Correctly," *Political Science Quarterly*, 98（1983）, pp.431-458.

134 James A. Robinson, "An Appraisal of Concepts and Theories," in Hermann, *International Crises*, p.27. Jonathan M. Roberts, *Decision Making During International Crises*（New York, St. Martin's Press, 1988）, esp.chaps. 1-4; Alexander L. George, ed.,*Avoiding War：Problems of Crisis Management*（Boulder, CO：Westview Press, 1991）, esp.pp.1-31; and Alexander L. George, *Forceful Persuasion：Coercive Diplomacy as an Alternative to War*（Washington, DC：United States Institute of Peace Press, 1991）.

135 除了上面所引的研究古巴导弹危机的著作之外，其他一些早期的研究包括 Holsti, *Crisis*, *Escalation*, *War*, and the articles in the March 1977 issue of *Internationa Security Quarterly*. 又 见 Thomas J. Price, "Constraints on Foreing Policy Decision-Making," *International Studies Quarterly*, 22（September 1978）, pp.357-376; Michael Brecher, "State Behavior in International Crisis," *Journal of Conflict Resolution*, 23（September 1979）, pp.446-480.

136 Michael P.Sullivan, *International Relations：Theories and Evidence*（Englewood Cliffs, NJ：Prentice Hall, 1976）. p.82.

137 参 见, Donald C. F. Daniel and Bradd C. Hayes with Chantal de Jonge Oudraat, *Coercive Inducement and the Containment of International Crises*（Washington, DC：United States Institute of Peace Press, 1999）.

138 Charles A. McClelland, "Crisis and Threat in the International Setting：Some Relational Concepts," unpublished memo cited in Michael Brecher, "Toward a Theory of International Crisis Behavior," *International Studies Quarterly*, 21（March 1977）, pp.39-40.

139 Charles F. Hermann, "International Crisis as a Situational Variable," in James N. Rosenau, ed.,*International Politics and Foreign Policy：A Reader in Research and Theory*（New York：Free Press, 1961）, p.414.

140 Gilbert R. Winham, ed.,*New Issues in International Crisis Management*（Boulder, CO, and London：Westview Press, 1988）, p.5.

141 Michael Brecher and Jonathan Wilkenfeld, "Crisis in World Politics," *World Politics*, 35（1982）, p.383. 斯奈德和戴森也曾把"对十分危险和极可能发生的战争的知觉"确定为危机的重要因素。*Conflict Among Nations：Bargaining, Decision Making and System Structure in International Crises*（Princeton, NJ：Princeton University Press, 1977）, p.7. 理查德·内德·勒博的标准中包括了对威胁具体国家利益、国

613　　家的谈判声誉、领导人维持其领导权的能力的知觉，领导人对采取行动可能增加战争的可能性的知觉，以及对有限的反应时间的知觉。*Between Peace and War：The Nature of International Crisis*（Baltimore and London：Johns Hopkins Press, 1981）, pp.9-12.

142 Richard K. Betts, "Analysis, War and Decision：Why Intelligence Failures Are Inevitable," *World Politics*, 31（October 1978）, pp.61-89.

143 Snyder and Diesing, *Conflict Among Nations*, p.4.

144 Ibid., p.445. 尽管危机很危险，但人们还是认为危机是正常现象，而不是反常现象。

145 Young, *The Intermediaries*, p.10.

146 Snyder, "Crisis Bargaining," p.217.

147 Alexander L. George and Richard Smoke, *Deterrence in American Foreign Policy：Theory and Practice*（New York：Columbia University Press, 1974）, p.697.

148 Snyder and Diesing, *Conflict Among Nations*.

149 Lebow, *Between Peace and War* . 这里的讨论是基于勒博自己的总结，来源于其1981年出版的著作。参见 "Decision Making in Crisis," in Ralph K. White, ed., *Psychology and the Prevention of Nuclear War：A Book of Readings*（New York：New York University Press, 1986）, pp.397-410.

150 Ibid., pp.407-408.

151 Snyder, "Crisis Bargaining," p.247.

152 Ibid., pp.419-445.

153 Ibid., pp.450-453. Sean M. Lynn-Jones, Steven E. Miller, and Stephen Van Evera, eds., *Nuclear Diplomacy and Crisis Management：An International Security Reader*（Cambridge, MA：MIT Press, 1990）.

154 Richard Ned Lebow, *Between Peace and War：The Nature of International Crisis*（New York：Free Press, 1981）, p.275.

155 Michael Brecher, Jonathan Wilkenfeld, and Sheila Moser, *Crisis in the Twentieth Century：Handbook of International Crisis*, Vol. I（Oxford, England：Pergamon Press, 1988）, p.1.

156 Ibid., Vol. 2, p.1.

157 Ibid.

158 Howard Gardner, *The Mind*'s *New Science：A History of the Cognitive Revolution*（New York：Basic Books, 1985）; Philip Tetlock and Ariel Levi, "Attribution Bias：On the Inconclusiveness of the Cognition-Motivation Debate," *Journal of Experimental Social Psychology*, 18（1982）, pp.68-88. Srull and Robert Wyer, eds., *Advances in Social Cognition*, Vol. 4（Hillsdale, NJ：Lawrence Erlbaum Associates, 1990）, pp.1-36; Steven J. Sherman, Charles M. Judd, and Bernadette Park, "Social Cognition," *Annual Review of Psychology*, 48（1989）, pp.2281-2326; Herbert Simon, "Human Nature in Politics：The Dialogue of Psychology with Political Science," *American PoliticalScience Review*, 79（2）（1985）, pp.293-304. 参见 Ralph K. White, Kenneth Boulding, Robert Jervis , 以及第六章中其他一些学者关于国际意象的观点。

159 Richard K. Herrmann and Michael P.Fischerkeler, "Beyond the Enemy Image and Spiral Model：Cognitive-Strategic Research After the Cold War," *International*

Organization，49（3）（Summer 1995），p.421. 又见 D．W．Larson，"The Role of Belief Systems and Schemas in Foreign Policy Decision-Making,"*Political Psychology*，15（1）（March 1994），pp.17-33；and Bruce M．Russett，S.K. Murray，and J．A．Cowden，"The Convergence of American Elites' Domestic Beliefs with their Foreign Policy Belief,"*International Interactions*，25（2）（1999），pp.153-180.

160 Herrmann and fischerkeller，"Beyond Enemy Image,"pp.426-427. 614

161 Holsti，*Crisis*，*Escalation*，*War*，p.10；又 见 Thomas C．Wiegele，"The Psychophysiology of Elite Stress in Five International Crises,"*International Studies Quarterly*，22（December 1978），pp.467-512.

162 Martha L．Cottam，*Foreign Policy Decision-Making*：*The Influence of Cognition*（Boulder，CO：Westview Press，1986）. 作者的认识更多是来自社会心理学和认知心理学，而不是来自政治学。

163 Robert Jervis，*Perception and Misperception in International Politics*（Princeton，NJ：Princeton University Press，1976），p.2；Cottam，*Foreign Policy*，p.1.

164 Cottam，*Foreign Policy*，p.22. 作者表示她对"操作规则"和"认知地图"两种方法的不满，pp.8-21.

165 Ibid.，pp.23-29，33-56.

166 Ibid.，pp.61-108. 描述了这七种政治范畴，并有经验证据支持（来自接受调查的500人中的51位美国决策者）。

167 Lebow，*Between Peace and War*，p.335.

168 Ibid.，p.223.

169 Ibid.，p.225.

170 Jonathan M．Roberts，*Decision-Making During International Crisis*（New York：St. Martin's Press，1988），chap. 9．"General Health of Decision-Makers During International Crisis,"pp.181-226.

171 JohnT．Lanzetta，"Group Behavior Under Stress,"*Human Relations*，VIII（1995）；J．David Singer，ed.，*Human Behavior and International Politics*：*Contributions from the Social-Psychological Sciences*（Chicago：Rand MaNally，1965），pp.216-217. 又见 Kurt Back，"Decisions Under Uncertainty,"*American Behavioral Scientist*，IV（February 1961），pp.14-19.

172 Robert L．Hamblin，"Group Intergration During a Crisis,"*Human Relations*，XI（1958），in Singer，*Human Behavior and Internatinal Politics*，pp.226-228. 又 见 Wilbert S．Ray，"Mild Stress and Problem Solving,"*American Journal of Psychology*，LXXVIII（1965），pp.227-234.

173 Zeev Maoz，*National Choices and International Processes*（Cambridge，England：Cambridge University Press，1990），pp.318-321.

174 Roberts，*Decision-Making During International Crises*，chap.9，"General Health of Decision-Makers During International Crisis,"pp.218-219.

175 Dean G．Pruitt，"Definition of the Situation as a Determinant of International Action," in Herbert C．Kelman，ed.，*International Behavior*：*A Social-Psychological Analysis*（New York：Holt，Rinehart and Winston，1965），p.395.

176 Ibid.，p.396.

177 Holsti，*Crisis*，*Escalation*，*War*，p.13.

178 Ibid.，p.14-15.

179 Michael Brecher, "Crisis Escalation: Model and Findings," *International Political Science Review*, 17 (April 1996), pp.215-230.

180 Peter Suedfeld and Philip Tetlock, "Integrative Comlexity of Communications in International Crises," *Journal of Conflict Resolution*, XXI (March 1977), pp.169-184.

181 Peter Suedfeld, M. D. Wallace, and K. L. Thachuk, "Political Rhetoric of Leaders Under Stress in the Gulf Crisis," *Journal of Conflict Resolution*, 37 (March 1993), pp.94-107.

182 Ibid., pp.100, 105. 又见 D. W. Larson and S. A. Renshon, "The Political Psychology of the Gulf War-Leaders, Publics and the Process of Conflict," *Political Psychology*, 16 (June 1995), pp.429-432.

183 Thomas C. Wiegele, Gordon Hilton, Kent Layne Oots, and Susan S. Kiesell, *Leaders Under Stress, A Psychophysiological Analysis of International Crisis* (Durham, NC: Duke University Press, 1985).

184 Ibid., pp.26-27.

185 Thomas C. Wiegele, "Is a Revolution Brewing in the Social Sciences?" in Thomas C. Wiegele, ed.,*Biology and the Social Sciences: An Emerging Revolution* (Boulder, CO: Westview Press, 1982), p.6. Thomas C. Wiegele, *Biopolitics: Search for a More Human Political Science* (Boulder, CO: Westview Press, 1979); Thomas C. Wiegele, "Behavioral Medicine and Bureaucratic Porcesses: Research Foci and Issue Areas," in Elliott White and Joseph Losco, eds., *Biology and Bureaucracy: Public Adminstration and PublicPolicy from the Perspective of Genetic and Neurobiological Theory* (Lanham, MD: University Press of America, 1986), pp.503-525.

186 Irving L. Janis, *Victims of Groupthink* (Boston: Houghton Mifflin, 1972), and *Groupthink: Psychological Studies of Policy Decisionsand Fiascoes*, rev. ed. (Boston: Houghton Mifflin, 1983). 最近的评论, 见 Charles F. Hermann and others, "Beyond Groupthink: Political Group Dynamics and Foreign Policy-Making", *American Political Science Review*, 93 (September 1999), pp.766-767; Paul Hart, Eric K. Stern, and Bengt Sundelius, eds., *Beyond Groupthink: Political Group Dynamics and Foreign Policy-Making* (Ann Arbor: University of Michigan Press, 1997). 多数撰稿人都指出了贾尼斯的缺点, 但却没有指出如何弥补这些缺陷。

187 Robert D. Putnam, "Diplomacy and Domestic Politics: The Logic of Two-Level Games," *International Organization*, 42 (Summer1988), pp.427-460.

188 Andrew Moravcsik, "Introduction: Integrating International and Domestic Theories of International Bargaining," in Peter B. Evans, Harold K. Jacobson, and Robert D. Putnam, eds., *Double-Edged Diplomacy: International Bargaining and Domestic Politics* (Berkeley, CA: University of California Press, 1993), pp.1-42.

189 Ibid.

190 Peter B. Evans, "Building an Integrative Approach to International and Domestic Politics: Reflections and Projections," in Evans, Jacobson and Putnam, eds., *Double-Edged Diplomacy*, pp.397-430, esp.pp.399-405. 又见 Susan Peterson, Crisis Bargaining and the State (Ann Arbor: University of Michigan Press, 1996). 彼得森把博弈论、认知心理学以及官僚政治简化为一个或两个变量, 但她提醒人们, 研究国际政治, 分析的变量不能太少。她又重新使用了认知理论和官僚政治理论, 以增

加国内政治中的变量分析。Ibid., p.93.

191 James G. Richter，"Perpetuating the Cold War：Domestic Sources of International Patterns of Behavior," *Political Science Quarterly*，107（Summer 1992），pp.271-301.

192 Alex Mintz，"Foreign Policy Decision-Making：Bridging the Gap Between the Cognitive Psychology and Rational Actor Models," in Nehemia Geva and Alex Mintz, *Decision Making on War and Peace：The Cognitive-National Debate*（Boulder，CO, and London：Lynne Rienner Publishers，1997），p.5.

616

第十二章

国际关系理论·走进新千年

爱德华·卡尔曾经说过："当人类开始涉足某个新领域时，他们首先考虑的是自己的愿望或目的，而很少甚至根本不会去分析历史事实和研究方法。"[1] 不管这一论述对于其他学科是否适用，但它的确描述了国际关系理论的发展过程，而且特别符合20世纪两次世界大战之间国际关系理论形成阶段的发展情况，尽管影响20世纪国际关系理论的理论可以追溯到古代，且其中许多我们在前几章已经讨论过。[2] 国际关系理论史中既存在着大量以人们的"愿望和目的"为研究基础的规范理论，也存在着对"历史事实和研究方法"进行分析的理论。

截至20世纪末，国际关系理论研究已经经历了三个主要阶段，分别被称为**乌托邦主义**（utopian）、**现实主义**（realist）和**行为主义**（behavioral），[3] 在这之后进入了第四个阶段，即现代主义、后行为主义或是后实证主义，由于这一阶段包含着多种分歧，因此很难概括其总体特征。在这个阶段，范式之间缺乏一致性，而且就能否产生一种累积性的综合理论也存在争论。20世纪末这一阶段的国际关系理论发展受到了多方影响，如新现实主义理论（也就是结构现实主义理论）和新自由主义理论的大量研究成果，有关分析层次中的行为体—结构问题的争论，以及国际关系理论研究应该采取国家中心主义还是跨国主义的争论。换句话说，理论家们探讨的是：有哪些行为体？它们的重要性是什么？它们相互之间的关系是什么？它们是如何相互作用的？

我们在前几章已经看到，国际关系理论发展过程中表现出来的最明显的特征就是，不同研究方法之间关于理论发展的争论不断地重复和持续。我们看到的，是多种国际关系范式和理论同时存在并相互争论，而不是由一个公认为理论发展基础的范式代替另一个原来占支配地位的范式。以往一个时期出现过的某些国际关系理论争论，在以后的一定时期又重新出现。20世纪初曾有过乌托邦主义和现实主义之间的争论，在这个世纪的最后10年，又出现了新 617 自由主义和新现实主义的争论。这一领域存在的另一个现象是，一些曾被某些学者抛弃了的理论，经过另一些学者的整编、修改和详细阐述，再次成为流行理论。最显著的例子是现实主义理论，它的新形式是新现实主义理论，即结构现实主义理论，到21世纪初表现为新古典现实主义这一更新的形式。事实上，由于现实主义理论有大量的变体，这使人们不禁要问，是否现实主义范式实际上包含了多种相互之间处于对立状态的分支理论。

国际关系理论不是以线性方式发展的。本书第一章提到，17世纪早期，意大利天文学家、数学家和物理学家伽利略利用天文望远镜观察到，太阳处于太阳系的中心，这和当时人们公认的地球中心说不同。他的发现给自然科学研究领域带来了巨大的变化。而在国际关系理论研究领域，我们还没有看到像伽利略的发现那样重大的范式变化。相反，在21世纪初，这个领域仍然停留于不同范式的相互争论之中。

现阶段的国际关系理论包含着对许多事实含义的进一步探讨，这些事实是我们建构理论的基础。国际关系理论所研究的事实，是否像自然科学研究的事实一样是客观存在的？或者说，在社会科学领域，特别是国际关系领域，事实是否是由构成我们观察的和理论化了的现象的人类所塑造出来的？正如前面章节中提到的，21世纪初的国际关系理论处于多样化阶段，包括各种相互矛盾的范式、理论、研究方法、进行着的争论以及广阔范围内的研究工作。[4] 我们需要做的是找出一个公认的标准，这个标准可以用来评价各种理论方法的价值，但在这个日益多样化的世界，它是不容易做到的。而且，我们也很难抽象地评价各种理论的实际效用，因为一种理论的实际效用会随着其解释能力的变化而变化。在一个既定时期人们往往会关注某一具体现象，而不同理论对不同时期人们所关注的具体现象的解释力会有所不同。

目前，理论家们还在围绕着范式构成单元进行争论，这些单元不仅包括国家，还包括国家以外的行为体。同时，他们还讨论了国家作为描述性概念的意义和效用。虽然国家已经被质疑是否足以作为国际关系理论发展的基础，但它至少仍然是一个重要的分析单元。耶尔·费格森（Yale H. Ferguson）和理查德·曼斯巴奇（Richard W Mansbach）坚持认为，由于"国家"的定义繁多，这个词的含义是含糊不清的。[5] 国家被看作规范性秩序这一概念的代名词，是民族文化单元、功能单元、合法暴力的垄断者、统治阶级的化身、以官僚政治为基础的决策过程、以总统、君主或政治体系为领导形式的行政权威，是多个主权单元中的一分子。

由于存在概念和语意上的混乱，有人认为国家"作为一个经验主义概念，几乎没有任何实质内容，作为一个分析性的概念，也没有什么实用价值。各种关于国家的概念不仅没能使国家的内涵变得清晰，反而使它更加模糊"。[6] 于是，国家这个概念被认为是失败的。我们正处于一个国家失败的时代：现有国家不断瓦解和崩溃，新的行为体不断出现。一些作为政治合法性基础的权威，有时会超越国家和取代国家。大量非政府组织，如政治、宗教、经济、文化等方面的各种社会组织，正在对价值进行权威性分配。其中很多组织都是跨国组织，几乎没有任何正式的国家结构或边界。这样，无论我们怎样定义国家这个概念，如果一个国家不考虑外部因素，那么它不但在内部事务上不一定能行使完全的权利，而且在未来可能会面临越来越多的挑战。因此，一个以国家为中心的模式不足以形容当代的全球体系。[7]虽然已经有许多人试图去考察民族国家体系与国际体系之间的关系，试图研究系统渗透的问题，并且写了大量有关著作，但是，即便可以确定国内体系和国际体系之间有联系的话，人们还不能确定它们之间的关系网是什么样的。[8]

国际关系理论的传统范式曾假定，超越国界的国际关系同国内政治是相分离的，并且不能相互渗透，而目前我们看到的范式已经明显超越了这种设想。我们面临的问题是，是否存在一个超越了国际政治和国内政治分界的更大的理论框架，我们所说的国际关系理论仅是这个框架中的一部分。正如詹姆斯·罗斯诺所说，由于更多的团体和组织在谋求获得承认，争取其社会地位和独立性，这不仅导致了现存政治单元的崩溃，还大大增加了由技术进步推动的全球性互动；因此，我们是否已经进入了一个"瀑布式相互依存"的时代？如果在国际政治和国内政治之间没有清楚的分界，那么区分国际关系理论与其他理论又有什么意义呢？如果国际政治和国家政治之间的区别不够明显，那么，进行理论研究就必须跨越使政治科学的各个分支领域彼此区分的界限，如国际关系学和比较政治学。在这种情况下，如果罗斯诺所说的是正确的话，那么相互之间以及与其他实体之间存在各种不同关系的团体和组织（不论是国家还是其他单元）的行为，将会（或应该会）成为更大范围的理论研究的对象，而不仅是国际关系理论的研究对象。

目前，我们正处于国际体系结构的转型时期，非国家组织之间、国家之间，以及国家与非国家行为体之间的互动正在空前地增多。正是由于这样一些事实的存在，理论探索变得更为复杂。这些迅速而剧烈的变化正在影响着第三个千年的开端，罗斯诺将这个包含了多种行为体的时代称为"后国际政治"时代。[9] 罗斯诺指出，这个时代的动荡包括大量不确定因素和不可预知因素，它所包含的反常性就像气象学上的飓风和龙卷风一样。如果我们预测飓风和龙卷风的路径的能力是非常有限的，我们又怎能发展预测政治行为的理论呢？罗斯诺认为，政治关系中存在着像飓风和龙卷风一样不易预测的革命性变化，这是20世纪末世界的显著特征。

619

本书其他部分已提到，21世纪初，国际体系已包括了185个联合国成员国，而这一组织成立时仅有51个成员国。这样，在20世纪后半期，历史上第一次出现了一个全球体系，它不仅包括数目空前的国家，而且也比以往更加多样化。这个体系同以往那种以欧洲为中心的国际体系形成了强烈对照。在国际舞台上，数目不断增长的非政府组织在个人和跨国层面相互联系，发挥着越来越重要的作用。行为体变得多样化，包括了国家和非国家行为体，这些行为体在政治、军事、科学技术以及经济诸领域内的实力是不对称的，这些都是后国际政治时代国际体系的重要特征。这个时代，理论家们将关于极的理论作为研究基础，围绕着稳定、结盟模式、一体化力量、冲突、分裂以及相互依存等问题的本质展开了讨论。

目前，在国际关系中出现了一系列新的还没有探讨的问题，所以新兴理论要探讨的问题也随之增加了。这些新问题包括：全球性和地区性国际组织的崛起，全球金融市场和多国公司重要性的上升，大众传媒的迅速发展，恐怖组织、革命势力以及跨国宗教的原教旨主义运动的出现。这些变化极为迅猛和广泛，扩大了理论和被理论解释的现象之间的差距。我们对过去的了解，能在多大程度上帮助我们建立一个新的理论基础以解释未来的现象？依据过去的现象我们总结出了一些理论，这些变化在多大程度上降低了这些理论在评估新的国际形势时的效用？提出这样一些问题，就是要考察理论跨越时空的能力有多大，也就是考察现有理论是否足以解释当前时代的许多瞬息变化。例如，冷战为什么结束，又是怎样结束的？[10] 我们在第八章看到，冷战结束后，许多理论家试图解释冷战结束的原因，但通常都是**马后炮式的**（ex post facto）研究，多半都没能预测了导致苏联及其帝国解体的事件。

620 　　我们已经提到，国际环境中的政治行为曾被认为同国家内部的政治行为有根本差别。国内政治结构建立在已被普遍接受的权威结构的基础之上，这些权威包括了政府和法律，而国际行为模式则是无政府的。因此，研究国际政治应该同分析国内政治行为分开。国际行为和国内行为之间的区别主要在于决策模式。国内政治行为的决策过程是集中的，而国际政治行为的决策过程则是分散的。一国政府垄断了其国内的强制权力，与此相反，在国际体系中强制能力和决策权是分散的。

　　我们已经提到，虽然在研究国际关系和其他政治现象时，仍需要讨论上述集中与分散的区别，但人们越来越倾向于将国际政治进程和国内政治进程的相似性作为研究重点。国际关系领域的学者们已经对某些政治体系产生了研究兴趣。在这样的政治体系中，对于部族的忠诚常与现代化力量竞争，有效的权力处于一种分散的状态。与其他层次上的研究不同，这些研究使人们开始重新评估国际政治进程中存在的独特性这样一些古老的概念。20世纪90年代以来，许多国家瓦解和崩溃，种族主义和宗派分裂主义引起的冲突不断增多，国家无力控制它们的国土和边界。所有这些现象都为我们提供了依据，要求我们跨越传统观念中国际和国内的差别。所谓的无政府国际体系，通常比世界上某些国家和地区内部更为稳定。我们可以设想，21世纪早期，冲突大多会发生在国家**内部**（within）而不是国家**之间**（between），也就是说，国际体系作为一个整体，要比它的部分成员国的国家内部状况更为有序。

　　目前，范式争论的焦点仍然集中于对非国家行为体的识别与分类，以及如何分析它们各自在正在形成中的国际体系中会起什么作用。理查德·曼斯巴奇和瓦斯克斯提倡用以问题为研究基础的范式代替以国家为中心进行研究的范式。同时他们把政治定义为"通过解决问题对价值进行权威性分配。也就是说，通过接受并实施某种建议或方法来处理构成争端的各种利害关系"。[11] 国际政治中的行为体包括完全代表个人利益的个体和拥有共同政策和目标、相互协调的团体，同时它们在全球范围的联系日益紧密。记者托马斯·弗里德曼（Thomas Friedman）说，我们正处于一个前所未有的世界全球化的开放形势中。[12] 21世纪早期，微电子芯片、卫星、光纤制造技术的发展以及价格的下降，加上互联网空前迅速的发展，降低了通讯费用，因而形成了全球化趋势。技术的迅速发展以及空前广泛的应用，使得这个世界越来越成为一个紧密联系的整体，而且改变了国际贸易模式。全球的许多原材料生产商还可以同时提供最终产品和服务，电子通讯技术使得这些公司可以相互合作来确定产品的开发地，在任一选定的地区进行产品销售和生产。于是他们通过电子手段联系了起来。

各种各样的国家和非国家行为体，其内部和相互之间界定问题、讨论问题以及解决问题的过程引起了人们的关注。在这方面，曼斯巴奇和瓦斯克斯引证并附和了约翰·伯顿的倡议。约翰·伯顿认为应该发展一种新的研究国际社会的范式来代替目前研究国际关系的范式。在伯顿看来，国际社会的概念可以用这样一句话表述："我们所描绘的国际社会没有政治意义上的国界，甚至没有任何实质意义上的国界。"[13] 在批评国家中心范式时，理查德·阿什利更进一步提出这样一个问题："大量凝聚为一体的国内团体都从属于主权国家这个惟一的解释中心，国家怎样协调各种行为和力量，克服各方阻力，设定各种行为规范，才会使自己能够并很好地代表如此多样化的国内社会呢？"[14] 按照这个观点，在一个各种非国家行为体之间的互动已经产生了巨大跨国影响的时代，国家中心范式显然是不适用了。

本书已通篇提到，国际关系研究一直是受多种概念、理论、模型和范式引导的。作为一个被广泛提及的科学史方面的权威学者，托马斯·库恩（Thomas S. Kuhn）提出，在自然科学领域，"科学革命"的时代已经被"规范科学"的时代所代替。一些曾为积累知识提供基础的观念，最终只能被遗弃或被其他范式取代。科学进步表现为一个占主要地位的范式被另一个新的范式取代，每一个新范式又为知识探索提供新框架，设定研究日程，并为科学知识与理论的增加和积累提供基础。他把科学革命定义为"在一系列非累积性事件的发展过程中，一个旧范式部分地或全部地被完全不同的新范式所取代"。[15]

依据阿伦德·利杰普哈特（Arend Lijphart）的观点，国际关系研究沿袭了同一种发展模式。[16] 尽管前面已提到，自古至今，已经出现过大量关于国际关系的理论，并且为理论研究形成"一个连贯的传统打下了基础"，但是建立在国家主权和国际无政府状态观念上的传统范式仍然受到了挑战，[17] 这种挑战具体体现为量化主义和行为主义阶段的科学革命，它建立在大量新视角和新方法论基础之上。曾有人认为，库恩所描述的自然科学中的范式变化特征同样适用于社会科学，人们广泛应用公认的理论研究方法来研究国际关系中的重要课题会极大地促进理论的进步，在国际关系研究中最终会出现一个范式，这个范式将为大范围的理论进步提供基础。但是，后行为主义、后实证主义以及后现代主义国际关系理论研究方法的倡导者们，不断地质疑和反对这种假设。从某种意义上来说，虽然库恩对自然科学范式发展特点的描述在实践中得到了验证，但却不能充分解释国际关系理论的发展过程。回顾一下历史我们会发现，行为主义将研究重点更多地放在了研究方法或方法论上，并将其作为理论发展的基础，而不太重视发展范式和建立理论所需要的基础。

我们已经看到，20世纪后期关于范式的争论已经涉及了许多方面。20世纪70年代以来，霍尔斯蒂等人一直指出，在全球体系里，除了非国家行为体的大量出现引起的挑战之外，国家中心范式还面临着其他挑战。国家中心范式重点关注"和平、战争、秩序"，而它的一个主要竞争者依附理论（第九章讨论过）则主要是对"不平等、剥削、平等"等问题进行探讨。"从经验上来说，战争与不平等之间是否存在必然联系，仍然是需要质疑的。"[18] 目前关于范式的争论既与国际关系研究领域中的一些重大问题相关，也包括了"对于国际关系研究中的适当分析单元、重要过程，以及行为和过程的发生背景等问题的根本分歧。"[19] 按照菲利普·布拉亚尔（Philippe Braillard）的观点，国际关系领域的研究已被严重分割，以致于"它的特征是：缺少一个范式；几个普遍性的解释模型相互对立；研究对象有若干不同的概念"。这种情况被认为是"整个社会科学研究领域所具有的特征"。[20]

我们已经提到的另外一个重要问题是：同自然科学领域相比较，托马斯·库恩所提出的那种在量化主义和行为主义阶段已经被广泛接受的科学进步，是否准确地描述了社会科学领域的理论建设过程呢？库恩认为，一种范式被另一种范式所替代，其原因是原来占主导地位的范式不再能解释重要的社会现象。但是，当现存范式受到质疑之后，理论的发展取决于学术团体是否能够就一个新范式达成共识，这个新的范式被认为可以用做未来研究的基础。可以相信，目前的理论纷争时期是一个最终获得一致认可的范式出现的前奏，这个范式将是设定21世纪初研究日程的基础。然而，从目前角度观察，我们又似乎可以认为，国际关系理论领域存在的分裂状态只不过是对21世纪初庞杂的全球体系的一种反映而已。在这个体系中，各种学术团体不断出现，它们在政治上、意识形态上、知识上、方法上以及地理上比以往任何时代都更加多样化和分散化。如果事实如此，那么，形成一个可以作为学术研究基础并被一致认可的范式的前景并不乐观。由于现有理论大部分是西方的理论，这就使建立理论的问题变得更为复杂。如果说理论是它得以发展的社会环境的产物，那么根源于其他文化和文明的理论同西方理论有什么不同呢？在西方世界发展起来的国际关系理论与21世纪初的庞杂世界又是怎样相互联系的呢？而这对于理论发展所要求的范式之间应该存在一致性又意味着什么呢？

国际体系的庞杂不仅反映在难于提出一个能够被人们普遍接受的范式上，而且反映在国际关系理论研究存在着多种研究方法上。这在21世纪初表现为理论的多样性。如果说国际关系是一个跨学科领域，那么，它的研究范围就应是全球性的。世界各地新行为体的不断涌现将继续加强国际关系研究的全球化程度——从一种受西欧和美国学术界强烈影响的学问转变为一种更广泛的、为全球所关注的知识。由于这一变化，今后几年发展出一种全面、公认的范式或者发展出一个统一的理论的可能性将减少而不是增加。例如，小海沃德·奥尔凯尔和托马斯·比尔施泰克（Thomas J. Biersteker）提出，有必要把国际关系研究看做是"行为科学、马克思主义辩证法和传统方法的交叉统一"。[21] 所以会出现这种认为国际关系研究应该包含多种研究方法的观点，其原因部分是由于这个世界出现了深刻的政治分裂。"在这个混乱的世纪里，没有哪种单一的研究方法得到了世界范围的接受，也没有哪种单一的方法能对这个无序世界做出一个被广泛接受的解释。"[22] 小海沃德·奥尔凯尔和托马斯·比尔施泰克的建议已经被越来越多的其他研究方法所代替，我们可以预期，其中一些研究方法会产生自己的范式、研究项目和评估理论成果的标准。

623

当代理论关注的焦点

除了各种理论岛外，人们已经试着去建立了更多宏观理论或是大理论。比如，现实主义理论和新现实主义理论（结构现实主义理论）可以被看做是大理论。现实主义理论试图将权力作为核心变量分离出来，以解释和预测更大范围的国际行为。除了把权力作为关键变量加以关注之外，现实主义理论还试图既从国际体系层次解释政治行为（宏观理论），又从单元行为体层次上解释政治行为。这就是说，现实主义理论认为，可以同时在系统结构层次和单元、国家或行为体层次上找到政治行为的根源。

第二章已经提到,相比较而言,新现实主义理论主要强调政治互动发生在其间的国际体系结构。新现实主义理论长期以来既重视对权力的研究,也重视结构(赫德利·布尔和肯尼思·沃尔兹等人称为无政府体系)对行为体的行为及其制定政策自由度的影响。从最广泛的范围来说,新现实主义理论是一种以传统现实主义理论为基础发展起来的尝试性的理论方法,它研究的基本问题就是,由国家构成的国际体系结构怎样约束国家的行为。在第二章中我们谈到了新现实主义理论和新自由主义理论之间的争论。新现实主义理论和新自由主义理论有共同的认识基础,都认为在国际层次上存在着无政府状态,而它们之间的争论则主要集中在无政府状态的程度和重要性上。如果无政府状态是21世纪国际关系理论进行描述和持续关注的焦点,则我们的任务就是要回答有关它的程度和意义的问题。同样,我们也有必要在更广的层面上,对政治行为和体系结构之间的关系进行探讨,这种关系长期以来也一直是理论讨论的焦点。在国际体系层次和民族国家层次(或其他单元行为体层次)上,结构在何种程度上影响了行为体的行为选择或行为特征呢(也就是在本书的各章中提到的行为体—结构问题)? 同样,新现实主义理论和新自由主义理论关于行为体的争论也需要以另一种方式来进行探讨,这种方式能使人们更好地理解这两种理论的研究方法和研究背景。例如,美国或北约是仅仅反映了现有结构(像新现实主义理论所认为的那样),还是(像新自由主义理论所认为的那样)实际上它们改变了结构,并影响了行为单元或行为体的行为呢? 简单来说就是,最终形成一个全面的国际关系理论的研究基础是什么? 这样一些问题构成了21世纪理论发展议程的基础。

我们已经指出,过去几十年,许多理论研究建立的是众多的理论岛。虽然理论界在关于什么是建立宏观的或大的国际关系理论的适当范式或方法的问题上缺乏共识,但理论家们还是希望有朝一日将这些理论岛联系起来组成一个国际关系大理论。如最终得以实现,这种联合可能会是观念突破的结果。这一突破产生的新观念将指明现有理论岛的整合方向,并为未来的理论研究和数据分析建立起统一的研究次序。那么怎样才能进行这种联系呢? 是通过扩大现有的理论岛,或是创造新的理论,还是朝着一个可将中级理论连接起来的宏观理论发展? 这个问题已成为社会科学家们争论的焦点,在量化行为主义阶段争论得尤为激烈。20世纪70年代,理论研究的重点是狭隘地建立所谓的理论岛，这使人们担心，更大范围的宏观层次理论研究，即把理论岛整合为一个大理论的研究，会被人们忽视。20世纪的最后30年里，人们关于全球体系的现有范式是否适当的问题的广泛争论又迅速加深了这种担忧。这些问题在未来一段时间内仍可能无法解决。

期望在量化和行为主义阶段产生重大理论突破的想法已经被证明即便不是错误的，也还为时过早。实际上，以社会科学研究方法为研究基础来建立理论的努力，其结果是很渺茫的。行为主义革命并没能像预期的那样建立国际关系综合理论。或许正是因为这个原因，后行为主义、后实证主义和后现代主义对知识增长和理论发展本质，有了更宽泛和更现实的概念。这些理论还发展了一个观念，即认为对现有理论进行重新定义本身就是对综合理论的贡献。这种重新定义包括了发展多种比较研究方法和数据库，以及通过不同分析层次研究寻求新知识。提倡使用这种更宽泛概念的布鲁斯·拉西特认为，应该进一步努力，通过对具体问题更深入细致的研究来扩展和连接理论岛。不过，拉西特同时也提出，"狭隘地、排他性地使用累积性综合模式所产生的边际效益，是否能抵得上在更广泛基础上批评国际关系理论及内容所期望产生的边际效益，也是值得怀疑的"。[23]

国际关系研究领域缺乏统一的范式，被用于社会科学的科学研究方法存在着认识论上的局限性。如果说这些都限制了累积性理论的发展前景，那么国际关系理论该用什么标准来衡量呢？是什么使一个理论优于其他理论呢？对真理的寻求真的只是一个过程而不在乎它最后的结果吗？约翰·瓦斯克斯认为，理论研究必须超越后现代相对主义理论。后现代相对主义理论使理论家们只能局限于解构和批判现存理论，[24]并接受相对主义理论的假定，认为任何理论都一样，没有什么好坏之分。而事实上，我们需要寻求一种能被广泛接受的衡量真理的标准。我们已经讨论过，尽管我们也通过直觉和推理等其他方式获得知识，但科学研究方法的本质就是提供这样的标准。如果我们不接受后现代相对主义思想，我们仍可能接受这样一种命题，即理论产生于一定的社会背景之下，是由当时的统治集团或精英确定下来的。正如在这一章前面已经提到的，今后几年国际关系理论发展的关键在于确定一个区分好理论和坏理论的公认标准。我们寻求的是可以用于解释国际政治中各种现象之间关系的理论。虽然我们已经认识到理论产生于一定的社会环境，但是一定会有一些可以跨越时空并接近真理的标准。判断标准是任何理论和知识的最根本基础，我们如果不坚持这一

625

点，那就等于是在否认这一点。

现阶段的社会是一个巨大的不断增长的而且日益多样化的社会，它正在引起人们对理论和实质问题的研究兴趣。这种兴趣给21世纪初国际关系理论的发展设定了复杂的研究日程。在一系列新的国际形势下，关于国际关系理论所做的研究，除了前面提及的范式之间的争论外，还包括以下一些趋势：

1. 理论家们不仅试图继续描述国际关系或后国际关系的性质和范围，他们还想将国际关系作为一个自成一体的研究领域固定下来。显然这并不容易，因为前面已经提到，如果说以合法主权为基础的国家作为一个经验主义概念缺乏实质性的内容，作为一个分析单元又缺少实用价值的话，那么把国际关系确立为一种自成一体的研究领域的可能性即使有也是很小的。尽管还有大量关于国际关系的研究范围、定义以及概念化的问题尚未得到解决，人们已经又开始重新强调实质性问题，而不是像在量化—行为主义阶段那样争论研究方法问题了。

2. 各种旨在建立具有更强解释力的理论的研究工作都认识到，定量分析和（and）定性分析都是必不可少的。尽管建立一种长期的累积性理论的前景并不明朗，作为法定权威的"国家"之间、国家与非国家行为体之间以及非国家组织之间不断增加的复杂行为，已经为国际关系的理论化研究工作提供了丰富的内容，这种理论化研究工作在21世纪不断复杂化和多样化的世界里将会不断扩展。

3. 理论家们试图准确地描述从微观（个人）到宏观（国际体系）的各个分析（或行为体）层次之间的联系，试图通过在不同的分析层次之内或之间搞清他们所研究的行为的根源，来解决国际关系理论中的行为体结构问题。[25] 这些研究有助于各个分析层次的联系和范式之间的沟通，如以新自由制度主义理论和新现实主义理论（结构现实主义理论）为代表的理论观念之间的沟通。

总之，21世纪初，国际关系研究在范式、理论、研究方法和研究内容上的多样化，进一步要求国际关系理论研究继续从众多关注国际关系核心问题的学科中汲取营养。国际关系理论本身是一个跨学科的研究领域，应该具有学科多样性。同国际关系理论研究有关的学科包括了人类学、经济学、历史学、政治学、心理学（特别是社会心理学）、法律、公共管理学以及社会学等。[26] 21世纪的国际关系研究，作为一个包括了多学科问题的跨学科研究领域，有必要继续吸收、综合所有或大多数社会科学中甚至是自然科学的研究成果，并以这些成果为研究基础。[27] 国际或全球层次上出现的问题越多、越复杂，国际关系理论就越需要从多学科的角度出发（吸收相关学术领域的研究成果）来寻求跨学科的（以整合其他学科的研究方法和研究成果为基础）解释。

对实质问题的新关注

理论家们对某些实质问题的特别兴趣将会影响21世纪初国际关系理论的研究。由于自早期便是国际关系存在的理由，更加之大量冲突事件的发生，具有空前杀伤力的武器向更多国家和非国家行为体广泛扩散，战争与和平的问题理所当然地继续成为学者和政策制定者关注的重点。此类研究将成为国际关系理论的一部分，它的全球性研究重点还将包括其他问题和研究重点，其数量和多样性将是空前的，其中，国家将不再被视为是惟一的或主要的行为体。下面将简单介绍理论家们出于建立理论目的而确立为研究对象的一些问题。[28]

长期和平、苏联解体、冷战结束及体系转型

627

两次世界大战都极大地影响了国际关系理论的发展。从1919年至1939年，这20年间国际形势中出现的问题成为当时国际关系理论的研究基础，冷战也同样影响了二战后两代人的国际关系理论。如果说乌托邦主义理论是一战的产物，现实主义理论是那些导致了第二次世界大战并且来自二战的经验的产物，那么，对应的冷战后的理论框架是什么呢？[29] 苏联解体、冷战结束以及国际体系正在进行的转型都为国际关系理论研究提供了许多复杂问题作为研究重点，这些问题至少不比以前的研究重点少和简单。不过，21世纪初的突发事件能像以往国际体系转型那样对国际关系理论研究产生意义深远的影响吗？

苏联解体、冷战结束以及国际体系转型所带来的理论问题包括：为什么冷战不是因为苏联在军事冲突中被击败而结束？为什么军备竞赛没有导致第三次世界大战？回顾一下，目前所谓的"长期和平"存在的条件是什

么？随着苏联政治经济体系的瓦解，苏联领导人没有使用其大规模的军事力量，而是选择了交出权力，向西方让步，这主要表现为允许德国统一并从东欧撤出。对于西方世界来说，这些做法在1989年前的20年里几乎是不可想象的，那时，他们面对的似乎是一个强大、专断、固执并且带有扩张主义色彩的苏联领导阶层。同这些新的国际形势紧密相连的问题是，在预测冷战结束、解释冷战为什么结束又是如何结束这些问题时，现有的国际关系理论有什么优势和劣势？其中苏联领导人扮演了什么样的角色？如果没有米哈伊尔·戈尔巴乔夫和鲍里斯·叶利钦，苏联的解体会不会推迟发生或是根本就不会发生？换句话说，在冷战结束这样的形势变化中，和历史因素所起的作用相比，个人作为一种特殊变量，他们所起的作用是什么？戈尔巴乔夫和叶利钦对他们无法控制、无法预见也没有预见到的历史事件到底施加了什么样的影响？探寻这些问题的答案本身就已给今后国际关系理论研究提出一个巨大的（如果不是过分野心勃勃的）议程。

尽管还有许多问题有待回答，但人们已经开始去寻求这些问题的答案了。我们在第八章已经介绍过探讨这些问题的学术著作。人们对这些答案的寻求将会长期影响正在出现的国际关系理论的研究议程。无论冷战的结束多么突然和史无前例，并没有太多人来庆祝。同那些伴随着两次世界大战而出现的国际关系理论相比，冷战的结束还没有引起国际关系理论的剧变。正如约翰·刘易斯·加迪斯所言，像冷战结束这样具有重要意义的巨变，应至少有一种主要理论或其他理论能够预测到它的发生。[30] 由于没有一种理论预见了冷战的结束，我们不禁要问，目前我们研究国际政治时所使用的理论和研究方法有足够的科学性吗？另外，如果现有的理论没能解释和预测冷战的结束，那么它们能够帮助人们解释后冷战时期的体系转型吗？在一定程度上，我们研究国际关系理论的目的就是要了解那些促使未来变化的因素。即使是依照其自身的标准，这些理论在冷战结束这一问题上也很缺乏预测能力。

因此，冷战后的国际关系理论研究会有一个广泛的研究议程。这包括在各个分析层次上或之间确定苏联解体的原因，包括解答国际关系为什么会发生根本性变化、这些变化又是怎样发生的。国际体系结构是如何变化的，为什么会发生这种变化？是什么导致两极结构的解体以及单极或多极结构的出现？如果现存结构被认为是美国作为世界惟一超级大国的单极结构，那么这种状态是暂时的还是会持续到21世纪？正如我们前面章节所提到的，关于最后这个问题人们几乎没有什么争论。认为超级大国没有发生战争与双方拥有核武器有关，这种假说是最有争议的。[31] 冷战没有经过美苏之间的战争而结束是否是源于核武器所具有的威慑作用，即使用核武器所带来的无法承受的损失将远远超过它可能带来的任何收益？类似北约这样的政治同盟或军事同盟如何能起到稳定作用并促进长期和平？那些达成了军备控制协议和军备控制条约的谈判是很重要的，还是只产生了很少的边际效益？是否是美国的军备战略和政策以及它组成的同盟起到了稳定作用并最终没有通过战争而使苏联解体？为什么众多的东西方国家间的冲突没有导致第三次世界大战？[32] 虽然在两个主要核大国之间没有发生核战争，但冷战期间的政治地图仍然带有美国参与的传统战争的痕迹，特别是朝鲜战争和越南战争。如果冷战期间核武器曾有助于维持两个超级大国之间的长期和平，并且在美苏政治竞赛和军备竞赛中使它们没有使用巨大军事力量攻击对方，那么这些经验对维持冷战后国际局势的稳定有什么帮助？冷战后出现了更多拥有大规模杀伤性武器的行为体，其中一些是非国家行为体。由于大规模杀伤性武器越来越容易获得并且不断扩散，这一问题已经引起了人们的广泛关注。

现有的国际关系理论对冷战在和平状态下结束这种变化做出了不同的解释。结构现实主义理论的观点是，在国际体系中存在着两个超级核大国是维持当时相对稳定的主要原因。另一种在单元行为体层次上进行分析的 **629** 理论认为，苏联解体并不是因为苏联在军事上比不过美国，而是因为共产党领导下的经济以及苏联严重腐败的政治体制无力与民主的资本主义体系竞争。[33] 正如战后著名的现实主义者乔治·凯南所言，作为核心前提，为了促使苏联国内的共产主义矛盾激化，西方遏制战略需要先抑制苏联的外部胜利。认识到和评估了冷战结束的理论意义，人们开始极大地关注这样一个问题：如果美国为首的西方没有对苏联采取政治和军事上的遏制政策，苏联是否也会自行解体？

回答这个问题，实际上是要求我们把结构—行为体问题放在当时的国际形势下进行思考（结构—行为体问题我们在这本书的其他部分已经讨论过了），不难想象，问题的答案在于从每个分析层次出发，对导致苏联解体的那些变化的原因做出解释。庞大的军费开支给苏联经济造成的负担削弱了它本来就已经十分有限的竞争力，使其难以和处于后工业技术时代的、具有较强创新力和活力的西方资本主义经济，尤其是美国经济展开竞争。换句话说，国际体系的这种两极结构使苏联无法负担冷战中美苏竞赛强加给它的压力。无论对这个问题的最终解释是什么，我们确实需要弄清苏联解体的真正原因，特别是还要回答这些问题：是否核武器所起的威慑作用维持了美苏之间的稳定？是否苏联的内部矛盾和自身的脆弱导致了它的解体？

对这个问题还可有另外一种解释，即变化的根源可能存在于单元行为体层次之中，不管是国家还是非国家行为体。国际体系的结构会随着行为体的变化而变化，因为国际体系结构本身就是由各种行为体的数量、类型以及它们之间的互动模式所决定的。在市场经济体制和民主政治制度条件下产生的行为体具有特定的规范标准和互动机制，它们和国有经济体制和极权政治制度条件下的行为体完全不同。在这种情况下，如果民主国家之间不易发生战争，那么冷战后的世界由于出现了更多实行市场经济的民主国家，预期会更加和平。然而，如果人们总是在多个分析层次上解释国际形势的变化，就会出现另外一个问题，那就是，如何看待从不同分析层次对苏联解体所做的解释之间的关系？那些导致苏联解体（及其帝国崩溃）的事件同西方的军事力量、先进技术、民主制度、宗教信仰、政治自由以及市场经济之间有什么关系？这些事件同建立在自然法基础上的人权思想所体现的西方政治意识形态以及高速增长的资本主义经济之间又有什么关系？

630　　接下来的问题与苏联解体以来出现的25个新国家有关，其中一些地处前苏联境内。事实上，冷战结束使以国家为基本单元的世界版图发生了戏剧性的变化，从而提出了许多具有重大理论意义的问题。比如，这些构成新国际体系结构的新行为体，它们的数量和类型对新的国际体系结构意味着什么呢？作为现存政治单元的国家为什么会发生分裂？怎样发生分裂？何时会发生分裂？或者说，与一体化趋势背道而驰的政治分散化，其发生的主要条件是什么？国际体系结构及其变化对现有的行为体和刚刚出现的行为体产生了什么样的影响？这些行为体反过来又是如何影响决定国际体系结构特点的互动模式的？ 21世纪的国际体系结构将如何发展？冷战时期的国际体系结构在多大程度上是一种两极结构，它包含的多极结构因素是什么？如果这种结构有利于超级大国之间的战略稳定，在这一体系的其他地区为什么有那么多军事冲突？理论界正围绕着新的国际体系结构进行争论，这种体系结构将对21世纪初的世界产生决定性影响。[34] 20世纪90年代初期以来，在国际体系转型的过程中，已有大量的理论试图回答这些问题，理论研究和分析以及今后几年的研究议程已有了一个充分的基础。

冲　突

相对而言，我们仍然缺少关于国际侵略和国内冲突两者间关系的知识，20世纪70年代以来理论家们做出的定量研究都没能就这个问题得出权威性的结论。人们认为冲突发生的原因存在于各个分析层次之内或之间，这些层次包括：国际体系结构、国家和国内政治结构、非国家行为体以及那些最终建立了更大政治实体的个人。那些长期处于重要地位的问题仍需要人们做出充分的解答。冲突的发生在多大程度上与结构因素、制度因素以及其他的周围环境因素有关？同样，冲突是否在某种意义上体现了政治差别，而这些差别一旦达成一致就会缓解紧张和结束冲突？国际体系结构和冲突之间的关系是什么？是否由于核武器所具有威慑作用，两极结构在核武器出现后要比它出现前稳定？我们在第七章中介绍过民主和平论。民主制度在不同国家间的传播，至少是在实行民主政治制度的国家间的传播，在多大程度上降低了战争发生的可能性？21世纪的民主制度会以怎样的速度扩展？这将给国家和地区的稳定带来什么影响？

正如本书其他章节提到的，在过去一代人的时间里，许多国家，包括一些政治制度先进、工业发达的国家在内，都发生了内部冲突。政治进程中出现了大量的新行为体和新的集团，技术进步使武器杀伤力提高，同时也使武器拥有者数目增加。这些无疑将不同程度地加剧冲突的紧张程度。社会经济发展水平和发展模式对紧张局势的形成，对冲突和暴力事件的发生以及对国际体系内各个行为体的内部和它们之间的稳定或不稳定局势会产生什么样的影响？如在第八章所说，这个问题将会长期受到研究冲突的学者，特别是研究革命的学者们的关注。21世纪初，社会内部矛盾之所以与国际关系研究有关，不仅因为它是大量非国家行为体出现的原因，而且社会内部冲突还可能引发外界力量的干预。（这些非国家行为体要求对现有国家进行革命性的变革以便实现建立在种族划分基础上的自治或独立，某些情况下，是为了形成新的政治实体）

最后，在影响人们对国家和国际层面上的国际合作与冲突，以及建立和加强国际和国内联系这类问题的态度方面，电子媒介、全球通讯、信息

631

革命起了何种作用？这些问题需要放在像美国那样的社会中加以具体研究。这样的社会具有多元政治体制和高技术发展水平，公民通过即时通讯网联系在一起，可以通过互联网和其他计算机网络获得信息。同时，对于那些长期以来不太开放的社会，那些实行极权政治、有能力控制外部信息、观点和其他影响侵蚀的国家，我们也有必要就这些问题进行研究。

虽然对于通讯全球化如何影响舆论和对外政策这类问题的分析尚处于起步阶段，但上述这些问题自20世纪后期以来已受到人们越来越多的关注。以往只有政策制定者才掌握的信息，现在在进入政府办公室的同时也传播到了整个社会，这种情况是前所未有的。大众可以与最高决策者同时通过电视获得重要信息。决策者可以用来做重大决策的时间大大缩短了，这可能会影响到政治行为和国际关系理论，至少会影响到研究对外政策制定的理论家们。

一体化与政治共同体建立的基础

对一体化和政治共同体的形成问题的研究继续引起人们的关注。长期以来，特别是自两次世界大战之间戴维·米特兰尼的著作问世以来，这种研究就一直受到人们的关注。20世纪90年代，《欧洲单一法案》的实施、《欧洲联盟条约》的签署以及关于欧盟是否应该加深和拓展的争论都推动了一体化研究的发展。当然，在存在众多推动一体化的力量的同时，时代也有着国家失败、政治分裂、政府控制能力降低等与一体化趋势相左的一面。二战后，全球性的国际组织和地区性的国际组织不断创立，这不仅提高了人们对一体化的研究兴趣，也为学术研究提供了重要的数据来源。冷战后出现的各种新趋势为一体化研究提供了新的研究议程。我们在第十章中提到，人们面临的新问题包括：政治实体之间为什么要合作？它们是如何合作的？它们为合作而建立的各种制度、组织和机制采取什么样的形式？在全球经济一体化的趋势下，国际合作的重要性不断上升，同时，各种非国家行为体也大量出现，这些都为国际关系研究增加了新的研究对象。[35] 与此同时，随着政府行为体和非政府行为体之间的跨国界合作不断增加，人们出版和发表了大量以新功能主义的假说为研究基础的著作和文章，分析在这个被认为日益相互依存的世界里非政府行为体之间的跨国合作。

20世纪70年代和80年代，学者们对相互依存的含义以及它同一体化

和权力之间的关系表现出了兴趣。特别是冷战后，随着美国唯一超级大国
地位或者说霸权地位的确立，国际关系研究的注意力开始逐渐转向研究霸
权国家在国际机制形成过程中的作用。这些国际机制发展并维持了国际合
作关系（见第三章和第十章）。在外交、防御、经济以及法律领域，合作
方式需要随国际形势的变化进行调整，国际机制作为理解这些领域内的框
架、准则、决策程序和发展进程的基础，一直是学术研究关注的焦点。人
们认为国际机制是更高程度的一体化结构和进程的基础。从这个意义上
说，国际机制的分析重点是关注在共同需求和共同利益基础上发展的合作
关系，这种合作关系可以形成更高程度的一体化。同时，分析国际机制还
为研究国际组织的行为及其不同的制度框架提供了分析和评估的基础。有
人认为，这种研究"从社会科学意义上讲已经更加理论化和更加严密了，
对普遍存在的国际合作现象也有了更为深入的理解和认识"。[36]

　　冷战结束后，全球范围内发生了大量的冲突，人们开始更为关注联合
国以及诸如北约、欧盟、欧洲安全与合作组织这样一些国际组织在这些冲
突中的作用。根据联合国宪章的第六章和第七章，为防止冲突、缔造和
平、维护和平以及加强和平，国际组织的作用有了进一步的发展，这包括
它们在国际冲突（如波斯尼亚）和国际人道主义活动（如索马里）中所发
挥的作用。这一冷战后议题的基础还在于有必要评估政治同盟的作用，特
别是评估北约以及其他一些地区性安全组织在已经变化了的国际体系中的
作用。

　　目前涌现出了大量重要的理论问题，其中包括：受国际体系结构影响 633
的国际组织能有多大的行动自由，国际体系结构的转型对国际组织通常被
认为需要行使的跨国职能意味着什么。1989年以前，联合国只采取过25
次维和行动，而在冷战后的短短6年里，联合国已经采取了不少于25次的
维和行动。北约在冷战期间从未卷入任何实际的军事行动，然而，从1994
年开始它就在波斯尼亚参与大量的战斗任务。接着，在1999年科索沃问
题上，它对塞尔维亚实施了33000次空袭。21世纪初的国际关系理论研究
会有广泛的研究议程，如国际体系结构、国际组织、政治制度与地区安全
环境的联系、全球性组织和地区性组织与其他组织之间以及它们内部成员
国相互之间联系的方式等问题，都会成为国际关系领域的学者们研究的内
容。现有的关于一体化的理论在多大程度上为理论的进一步发展提供了研
究基础？功能主义理论和新功能主义理论重视部门一体化的扩展原理。与

《欧洲单一法案》和《欧洲联盟条约》的实施相对应，一些更新的理论在功能主义和新功能主义的基础加以修正而建立起来了。

控制论和系统论关于民族主义的早期研究为现有的政治一体化理论奠定了很好的理论研究基础。虽然关注经验理论发展的学者们通常对一体化的规范意义有强烈的兴趣，但是关于政治共同体形成规范条件的研究，尤其是关于共同体形成初期阶段的国际关系的特征的研究，已经被关于一体化的具体案例研究和比较研究所取代。这些研究既是全球层次上的，也是地区层次上的。把交往作为一体化的表现而加以研究的早期工作，尤其是卡尔·多伊奇的著作，在20世纪70年代引发了许多相关研究。如在第十章中讨论的，这些研究对交往进行了分析，并在一定程度上加深了对这些关系的认识。例如国际间的人员交流和贸易往来，沟通模式，以及国际组织内的成员国及其投票行为等。这些交往在什么程度上和什么条件下有可能改变21世纪初的全球体系？作为所谓的全球化现象的一部分，这些力量在欧盟以及其他地区到底发挥了多大的作用？

一体化理论还试图更充分地概括制度发展与政府合作、精英、大众态度之间的关系，认为一体化包括制度和观念两个方面的内容。与此同时，关于一体化的文献还需要进一步明确有关的定义和概念，这一点已引起学术界的关注，比如，新功能主义理论已进一步明确了外溢的观念。

根据《欧洲单一法案》和20世纪90年代初以来欧盟的发展情况来修正一体化理论，反映了人们发展一体化理论的兴趣。如果在一体化的性
634 质、一体化的必要条件、一体化的发展阶段以及形成一体化变化规则等方面理论家们能进一步达成共识（如果取得这种进展是可能的话），那么，我们将会在政治共同体的建立和解体方面取得重大理论突破。我们需要发展一种或多种一体化理论，这些理论所解释的一体化过程包括官方精英（政府决策制定者）和非官方精英（重要的非政府团体和行为体）以及大众之间的互动，就像20世纪80年代末德国的统一进程一样。当时，群众的示威游行推动统一进程向前发展，群众运动走在了政府前面。当时，各国政府没有认识到国际体系将要发生剧烈变化。

一体化已经发展到什么程度，或者说被非政府精英和更广泛的民众推进到了什么程度？一体化进程中的哪些层次和阶段对一体化的完成是必不可少的？此外，一个满足未来需要的一体化理论，也许应以概念化为基础，包括一个过程模型：一体化进程是在什么时候又是如何从分裂走向政

治共同体的？一体化进程的不同发展阶段及相关标志是什么？无论怎样回答这些问题，一体化作为一个发展过程本身就是动态的。因此，今天所谓的终结状态可能只是某个过程中的一环，会导致程度更高或更低的一体化。今天一体化程度较低的行为体明天可能变得一体化程度较高，相反的过程是，有些行为体的一体化程度则可能日益下降以至解体。

次国家力量

国际关系理论中出现了这样一批学术文献和思想，它们主张在民族国家之外建立其他政治单元。因此，我们有必要更加重视对现有民族国家内的离心或分裂力量的研究。迄今为止，发达国家和发展中国家都没能避免语言民族主义和种族民族主义的抬头。甚至像英国、法国、美国这些国家，也都面临着分裂势力问题。在这些国家里，政治学研究传统上反对分裂势力，支持民族同一性，美国这个大熔炉更是如此。且不说苏联的解体和南斯拉夫的分裂，其他国家，如加拿大、塞浦路斯、比利时、尼日利亚、印度、巴基斯坦、斯里兰卡、扎伊尔，也已经被分裂主义运动搅得手忙脚乱。这些运动有时导致社区纠纷，有时甚至导致分裂和内战。这些纠纷、分裂和内战往往涉及这些国家的政治前途问题。像国际关系著作所反映的那样，二战后的头十年的特点是建立区域组织，而那之后一段时期的特点则是许多地区的人民对他们所处的政治实体越来越不满，这种不满延续至今。大量保持沉默的社会团体的政治意识今后将觉醒，这可能将加剧世界上许多地方的政治实体所面临的难题。实际上，正如本章其他地方提到的，21世纪初影响全球体系的主要力量之一，就是世界各地数目众多的谋求更高地位、更大权力、更广泛承认和更多参与权的团体。

尽管发生动乱的原因很复杂，但那些对现状表示不满的人渴望实现上述目标，目的是：（1）在现有政治单元的决策过程中拥有更大发言权；（2）在某些情况下，使权力更加分散；（3）用一种全新的政治结构代替现有的政治单元。21世纪早期是大型政治单元遭到人们反对的时代，大型政治单元反映了官僚制度和技术等非个人力量。这个时代产生了很多关于技术和社会的著作，特别是技术如何影响政治结构、社会结构以及经济结构的学术著作。[37]我们面对着许多相互矛盾的力量，其中有些力量，如技术力量，能促进人们建立更大的政治单元，有些有助于稳定现有的政治单元；而另

635

一些力量则可能会促使现有的政治单元走向分裂。进入21世纪后，国际关系学者以及政策制定者所面临的主要任务就是对上述这些力量进行研究。他们还须考虑的另外一个问题就是，什么样的政治模式才能调和建立大型政治单元的必要性与人们在集权控制下对自主和自由的要求这两者之间的矛盾。无论如何，了解一体化的性质以及政治共同体形成和进行合作的条件，至少可以使我们更好地分析现有政治单元的分裂过程以及一体化形成的必要条件。

国际关系比较研究与决策

人们进行国际关系比较研究的兴趣正在增长。这主要体现在两方面，即国际体系与国内政治之间关系的比较研究以及决定对外政策的国内因素和国际因素的比较研究。虽然对于国际关系理论研究来说，对对外政策的比较研究感兴趣无论如何不是什么新事物，但在20世纪70年代，人们对对外政策的比较研究的重视增加了。探寻决策的理论框架是这种兴趣增长的标志，最明显的表现是两代人以前理查德·斯奈德[38]和他的同事们所做的概念化研究以及沃尔弗拉姆·汉里德（Wolfram F. Hanrieder）和詹姆斯·罗斯诺[39]等人的研究。尽管对外政策比较研究在国际关系研究中的地位并不高，但是对事件数据的分析以及对决策，特别是危机情况下的决策的研究，体现出人们对对外政策比较研究的兴趣正在增加。冷战结束、新国家出现以及将会出现更多民主国家的推断，把民主国家同实行和平对外政策之间是否存在必然联系这个问题推到了理论前沿。正如在第八章分析过的，在有关这个问题的学术著作中，理论家们做出的大量假设为国际关系研究和国际关系理论的建立奠定了更为广泛的基础。在多大程度上，在什么条件下，实行议会政治体制的国家会采取相似的对外政策和国家安全政策？自冷战结束以来一直在不断转型的北约包括了世界上大多数最发达的民主国家，这些国家在北约内部已经形成了一个联盟，其成员国之间的合作程度和合作方式都是前所未有的。

和冲突研究以及一体化问题研究领域中的情形一样，人们提出了大量关于决策行为的命题（参看第十一章）并进行了检验，得出了各种各样的检验结果。冷战时期，国际危机的严重性使人们将危机中的决策视为研究重点。理论与政策在危机决策研究中的潜在联系，使那些能够被官方决策者所获知的危机指标越来越成为人们研究的兴趣所在。使用危机指标对情报和相关数据进行分析的能力，将会对危机管理和危机决策行为产生明显的影响，同时也会影响到更多决策理论的发展。这些理论将研究危机管理、危机的升级与缓和、危机中的相互沟通问题，以及其他各种与决策单元间的互动模式相关的现象。冷战结束后，我们仍然需要研究危机指标，特别是在一个可能潜藏着更多冲突和危机可能的世界里。

理论和安全研究

与危机管理密切相关的是安全研究领域对概念化的需求。安全研究需求充分考虑迅速变化的全球形势和军事革命（军事革命是将信息时代的技术用于战争），以便理解安全的意义和必要条件。作为国际关系理论核心部分，安全研究本身就是跨学科的，不仅包括历史、经济、文化和心理等方面的内容，还包括军事、政治、法律和技术等方面内容。[40] 尽管战争起因、军事力量的作用、使用武力的法律规范，以及同盟成立和瓦解的条件这些问题一直是许多国际关系理论关注的重点，但二战以来，军事战略研究和安全理论的发展却引起了军方和学术界前所未有的关注。

20世纪后半叶的大部分时期，安全研究是围绕核武器的出现和冷战的爆发进行的。同样，苏联解体和新问题的出现也将会对安全研究产生重大影响，而且可以预料这种影响在新千年里将会持续下去。斯蒂芬·沃尔特称20世纪70年代中期到90年代为"安全研究复兴"时期。[41] 他发现，在众多课题中，理论家们最感兴趣的是：进攻和防御优势对战略的影响；国内政治对战争的影响（民主国家不像非民主国家那样好战吗？）；军备竞赛的原因和结果（在什么情况下军备竞赛会导致战争，武器装备在什么时候可能促进和平又是怎样促进和平的？）；军事革命的根源和含义；扩大威慑范围的必要条件；安全合作的前景；军事力量在维和行动这样一些非战争行动中的作用。在一项公开发表的评估冷战结束对安全研究的影响的研究项目中，理查德·舒尔茨、罗伊·戈德森、特德·格林伍德（Ted Greenwood以及其他几位学者和安全研究领域的专家们，设定了一个包括多个课题的广泛的研究日程。这些课题包括：军事实力和其他实力之间的关系；大规模杀伤性武器、核扩散和核威慑；军备控制；常规军事力量；环境和安全；地区安全体系；低烈度冲突；防御决策的制定过程；道德和

637

价值观在国家安全中的作用等。[42]

　　二战后核武器的发展和美国成为全球超级大国的现象，使学者们对安全研究的关注达到了前所未有的程度。理论家们做了有创造性的理论分析，希望构建一个把核武器和其他战略手段以及国家安全政策相结合的战略框架。随着这项研究的展开，出现了大量的著作阐述核国家之间进行战争威慑的性质和条件。正如在本书其他部分提到的，安全研究的重点是战争升级、军事生存能力、核报复、冒险行为、危机管理，以及作为防止核战争爆发基础的确保摧毁。然而现有理论在许多方面仍然存在不足。首先，核时代的威慑理论很大程度上是建立在两极结构的核战略基础上的。冷战后安全形势的特征则是，越来越多的国家和非国家行为体拥有核武器和其他大规模杀伤性武器，如生物武器和化学武器等。具体地说就是，对于存在几个或多个核国家的世界来说，威慑的必要条件（包括军事力量在内）是什么？有人提出另一种观点，即多极核结构降低了核战争的危险，因为任何一个核力量都不可能摧毁所有的或几个核国家的报复能力。我们需要研究的问题是，多极核结构是否以及在多大程度上能加强实施稳定威慑的前景？[43]另一个问题是，核扩散是否以及在什么情况下真如人们所认为的那样是不可取的？

　　威慑理论的第二个问题是理性概念（它假定人们会对潜在风险和潜在收益进行评估）的含义模糊不清。美国的战略理论中包括这样一种评估，它主要估算在一场核战争中美国对敌人采取怎样的行动会给自己带来不可承受的损失。冷战后的世界各国有着不同的价值体系、不同的文化、不同的国家安全概念和不同的国际目标，美国以及其他国家是否能够做出准确的估算？这个世界出现了更多的大规模杀伤性武器的拥有者，人们几乎不了解它们的政治和文化价值观，在这种情况下，我们需要什么样的威慑呢？针对萨达姆·侯赛因的有效威慑也许要不同于针对其他行为体的有效威慑。第八章已经指出，国与国之间的军事战略原则以及各自对达到目标所需军事力量的理解存在着根本差异，这些都需要人们在安全研究中进一步重视军事战略和政策的比较研究。同时，随着大规模杀伤性武器拥有国数目的增多，人们还必须在特定的价值观和文化背景下研究军备水平及其构成。这类比较研究有助于人们进一步了解下述问题：战略目标以及战略目标与军备水平之间的关系；政治目标；安全的非军事内容；与战略军事实力及其他国家战略要素相关的决策过程；政府为实现政治目的而利用各种军事力量的倾向；促成各种组织使用暴力或威胁使用暴力来获得各自利益的历史因素、理论因素、心理因素等。

20世纪80年代以前，核威慑的核心是谋求进攻优势，即拥有给对手造成难以承受的损失的能力，从而防止在双方都会被摧毁的情况下有任何一方使用武力。美国总统里根在1983年3月23日所做的演讲中提出，可以通过建立战略防御体系使核武器失去作用。这个提议不仅成为战略防御技术研究的基础，而且也成为发展建立在防御基础上的威慑模式的基础。由于技术的发展，人们在将来几年部署导弹防御体系将成为可能。过去几十年中，核威慑理论是以谋求进攻优势为研究基础的，而不久的将来，很可能会涌现出大量分析并建立新的理论范式的著述。新范式将以谋求进攻和防御相结合为研究的基础。建立以防御为基础的威慑理论框架将是对战略理论的重大贡献。20世纪90年代，西南亚和东北亚等地区出现了新的核武器和大规模杀伤性武器拥有国，武器扩散的威胁使有关导弹防御体系的讨论变得更加激烈了。

80年代，人们还对安全研究领域中的另外一些重点问题表现出关注，并认为这些问题将会长期存在下去。问题之一是关于核威慑困境所引发的冲突的道德基础问题。研究这个问题是以传统的正义战争观念为基础的，其目的是为了在可能的情况下，协调在武器具有空前毁灭能力的条件下威慑的必要条件与西方社会道德的不一致问题。这些研究使人们努力澄清各种核威慑理论学派的基本假设，并且评价手段和目的的关系（也就是说，与实际使用核武器相比，威胁使用核武器的意图和结果的道德问题）。核武器及其他杀伤性武器杀伤力的提高以及未来几年即将出现的防御性威慑，都将使人们越来越重视有关威慑和安全的道德问题的研究。 639

安全研究领域中的学术著作反映出，在很大程度上，安全问题一直是美国学者最为关注的研究领域。科林·格雷指出，这种情况的危险在于，"美国仅仅是世界上多种文化中的一种，如果关系到人类未来的战略研究被植根于狭窄和单一的文化中，那么它将无法容纳世界范围内存在的多种多样的战略"。[44] 由于未来武装冲突的直接参与者不是美国和其他西方国家，而是其他各种行为体，所以更加需要人们理解不同的文化和不同的历史因素、不同的价值体系、不同的地缘战略关系。简单地说，将安全研究与地区研究或国家研究分离只会导致安全研究的失败，因为冲突发生地的战略文化正是理解战争的起因、威慑的条件、使用武力的方式以及解决冲突的基础等问题的必要出发点。人们对低烈度冲突、种族冲突和宗教冲突的研究兴趣增长，凸显了了解作为此类战争背景的不同国家和地区的必要性。

近年来，安全研究的关注点在一定程度上反映了在庞杂的全球国际体系中冲突的多方面性质。安全研究的关注范围已大为扩展，更加重视技术对战略的广泛影响，更为重视对新型冲突和新行为体的研究。此外，引起人们关注的研究重点还有，与威慑相关的国内因素和心理因素，无核条件下的威慑与战争，历史给当代和未来军事冲突带来的教训，以及经济因素、军事力量和冲突三者之间的关系。

研究的着眼点还包括被称为军事革命的迅速变化的技术对战争的影响。如果说随着后工业社会的来临，我们已经进入了一个后国际关系时代，那么理解军事冲突的衍生结果就显得尤为重要。美国军事著作中关于**信息时代的战争**（information-age warfare）的讨论正在增加。空前发达的技术使人们可以收集、分析和传递信息，使战场变得透明，可以对目标实行精确打击。有人提出，正如第二次世界大战的闪电战与第一次世界大战的坑道战有巨大区别一样，**数字化战场**（digitized battlefield）将使未来战争完全不同于以往的战争。同样，战略性战争的含义可能会发生变化，因为国家和非国家行为体有能力利用电脑黑客掌握的工具，使对手的银行业务、股票交易以及重要通讯系统陷入瘫痪。总之，由于技术影响到了战略、威慑和军事行动（也就是影响到了后工业社会的战争理论和实践），安全研究的范围扩大了。近年来，技术发展所带来的影响也已经成为安全研究的对象，人们有必要对这些影响进行讨论。

如果说传统的安全概念主要关注的是国家间冲突，那么据目前这一领域的学术著作反映，由一个或多个非国家行为体参与的战争数目正在增加。马丁·范·克勒维尔德（Martin van Creveld）曾提及一个古典的以国家、军事实力以及人口三位一体为基础的范式。[45] 如果说我们已经进入一个政治分裂的时代，在这个时代里国家层次的无政府状态正在加剧，那么国内战争、种族冲突、宗教信仰战争将会引起安全研究者的更多关注。[46]

国家间战争曾是以国家行为体为基础的国际体系的重要特征。如果后国际政治学重视的是非国家行为体，那么安全研究的重点将改变。社会冲突虽是后国际政治范式的一部分，但它的存在实际上早于国际体系的形成。从这种意义上说，对国家体系形成之前的战争形态的认识将有助于我们认识未来世界的军事冲突的类型。[47]

正如爱德华·科伦杰伊（Edward Kolodziej）指出的，17世纪托马斯·霍布斯所描述的安全环境是以英国内战中的毁灭性冲动为基础的，而不是以欧洲的国家体系为基础。1648年《威斯特伐利亚条约》之后，欧洲国家体系正处于形成过程中，英国内战恰巧发生在这一时期。[48] 当然，国家体系本身就是大量内战的发源地，其中包括18世纪美国革命和法国大革命以及20世纪席卷了俄国、中国以及从非洲到亚洲的其他地区的革命。这些革命和政治运动中的一部分最终建立了对其居民施以残酷镇压的极权政治体制。在这些国家的集中营和监狱中，死去的人成千上万，这给安全概念注入了新的涵义，即安全的基本要素是免于政治压迫的自由。在后冷战时代，我们不需追溯太远就可以在前南斯拉夫地区的种族清洗中发现这样的安全问题，其中包括从原来的国家中新独立出来的国家清洗不同种族的行动，也包括伊拉克的萨达姆·侯赛因对库尔德人和什叶派教徒采取的暴力行为。可以预料，在政治分裂的年代里，国家和非国家行为体对弱势群体采用暴力行动的范围和程度会有所增加。

冷战后的国际关系理论已经详细地（即使是不全面地）描述了不断变化的安全环境，这种安全环境将成为正在出现的冲突地图的基础。在理查德·舒尔茨、罗伊·戈德森和乔治·奎斯特尔等人看来，从安全意义上讲，我们面对的是他们所说的**两种环境**（bifurcated environment），其中既包括国家中心范式也包括超国家范式。[49] 在这种环境下，存在着由激进民族主义和原教旨主义驱使的国家行为体，它们可能拥有大规模杀伤性武器。这些国家往往支持恐怖主义并将其作为国家安全政策的工具，因此，就像西南亚和东北亚的情况一样，大规模的地区冲突仍将表现为国家间的战争。大规模杀伤性武器和先进常规武器的进一步扩散，都将影响正在形成中的安全形势。同时，理论家们还指出，超国家范式将以政治分裂过程为基础，在这个过程中，国家逐步瓦解并失去了权威和统治权力。这种超国家范式重视大量次国家和超国家行为体的发展，它们包括极端种族主义团体、分裂主义运动、宗教好战分子、犯罪组织、恐怖主义者和暴徒。总之，这些行为体将成为动荡、分裂以及军事冲突的主要根源。至少对现有国家来说，辽阔的幅员将变得难以甚至无法治理。由于存在大量上述类型的国家和超国家行为体，冲突的范围将被扩大，安全的定义和范围也随之扩大，安全研究的课题和安全理论的发展也将得到拓展。

641

因此，我们必须继续进行理论建设，进一步关注以下一些长期存在的问题，如战争起因问题；与进攻和防御优势相关的威慑模式；新技术对威慑、冲突以及战争的影响；冲突的文化因素；在危机中和非危机情况下，特别是在有许多复杂组织机构的情况下进行的国家安全决策；威慑稳定性（在进攻或防御基础上）与军备控制之间的关系；大规模杀伤性武器与常规武器的扩散与反扩散；国内政治对国家安全政策的影响（特别是在多元化的社会里）；地区相互依存和全球相互依存条件下的军事安全、经济安全以及政治安全概念；如果核威慑关系减少了，常规威慑的基础是什么；恐怖主义的各种形式、起因、战略及其影响；除了战争以外，军事力量在维护和平、加强和平以及人道主义活动中的作用；现有的和正在分裂的国家的政府控制力减弱对于冲突的影响。最后但并非不重要的，人们还要注意，以破坏发达国家的银行系统和交通枢纽等重要基础设施为形式的信息战，已成为安全研究和分析的一个重要对象。[50] 因此，在理论建设和针对一个充满冲突的世界必然做出相应的政策选择的决策中，存在着大量的安全研究议题。

权　力

我们在第一章和第二章中已经指出，尽管权力在国际关系理论研究中，特别是在现实主义理论研究中始终是一个核心概念，但人们总是很难准确地测量它。作为一个多面现象，权力概念不可避免地同以单极、两极或多极为基础的各种国际体系结构相联系。极作为国际体系的结构特征，
642 不仅指出了行为体的数量和类型，而且包含着行为体之间实力或权力分配的含义。因此，要想更好地理解国际体系结构对行为体行为模式的影响，前提之一就是要对权力本身进行研究。如果我们预见在21世纪，包括国家和非国家行为体在内的国际行为体的数量会有所增长，武器将具有空前毁灭性，同时会出现新的冲突，那么，人们将继续重视对权力的多方面研究，如军事方面、经济方面、心理方面以及意识形态方面等。对扩散的研究是21世纪初国际政治学的中心议题，实际就是研究权力的扩散，特别是大规模杀伤性武器的扩散。

同样明显的是，理论界一直缺少有关治国方略方面的分析，即权力如何被实际运用来达到特定目的。正如很多评论家指出，国际关系理论研究

（特别是二战以来的国际关系理论研究）更重视政策的制定过程，即政策是怎样形成的，而对政策制定的工具和实际结果则不够重视。戴维·鲍德温认为，权力研究是比较研究的，研究重点是对行为体进行比较，而不是对技术进行比较。[51] 在鲍德温看来，有必要寻求这样一些问题的答案，例如，为了实现国家目标，哪种政策产生的影响有助于达到目的？使用什么样的技术（是暴力的还是非暴力的，是两种都用还是单独使用）会导致成功或是失败？什么情况下经济制裁会比军事入侵更有效？如何才能把外贸限制和对外援助用作战略技巧，它们能产生什么样的影响？

准确理解经济手段和其他可用的以及实际使用的权力手段在追求安全目标过程中的相互关系，这一点非常重要。对这个问题的关注将会变得越来越重要。它不仅是权力研究的合理扩展，而且使经济因素成为国际政治的必要组成部分。经济和国际政治的关系不但体现在传统的**政治经济学**（political economy）中，而且体现在本书其他部分提到的当代著述中以及一些分析机制和霸权的当代理论中。然而，由于权力具有多面性和相对性，我们可以预见，它仍将是一个重要的但难以被全面认识的变量。

当然，一定的权力是否是实现某种目的的有效手段取决于这种目的的性质。不管怎样，权力包括了物质手段，如军事力量和信息社会的高科技，这种物质力量体现在战略意义上。如何将这些力量组织起来，发挥其最大的效力以实现某种目的呢？这正是战略问题的实质所在。由于权力是由战略和物质手段这两方面构成的，所以测量权力——国际关系理论中的重要变量——就更为复杂了。

比较研究与跨国研究

643

20世纪后期，人们对各种次国家问题的研究兴趣日益增长，这一趋势反映了人们已更加重视国际关系研究中的比较研究。[52] 这些次国家问题包括原教旨主义运动、种族冲突、精英人物的政治价值、政治分裂、政府控制能力下降、暴力冲突、环境问题、后工业社会、工业社会或工业化社会的本质等。就像以前一样，要建立关于这些现象和现象之间关系的新理论，我们面临着既太多又太少的数据。一方面，由于信息时代技术的发展，人们能够获得大量的相关数据，一个研究者足不出户就可以进到世界各地的图书馆或者利用其他的数据资源来获取信息。但同时，许多最重要的相关信息，比如与对外决策过程相关的信息（包括决策者的健康记录和心理状况）[53]则很难收集，事实上学者们可能从来没有得到过。大量的决策研究都侧重分析国际危机。托马斯·维格尔认为，国际危机会"产生压力"，所以其结果是把压力放在了决策者身上。[54]理论家们在研究危机情况下的决策过程时，应考虑诸如决策者的身体状况和精神状况、疲劳程度、年龄、生理节奏以及药物的使用等生理因素。[55]进而，人们也有必要对心理因素和决策两个变量间的相互作用进行研究。

信息时代技术的发展使学术界可以从政府那里获得更多的数据从事研究工作。计算机技术在办公室、教室乃至家庭案头上的普及，电脑技能的广泛运用，都前所未有地影响着国际关系的研究和分析。比如，人们可以利用各种数据库即时传送数据，这些数据库包括参考文献、数字材料和其他信息。把这些资料积累起来的效果极大地提高了人类学术研究和分析的能力。显而易见，我们已经进入了一个新的时代，在这个时代里，人们使用计算机来处理复杂问题，这使人们解决复杂问题的速度提高到了一个几十年前甚至几年前都无法想象的程度。以计算机为基础建立起来的全球数据库大大促进了国际关系研究和其他社会科学研究的发展。数据对于研究者来说，已经像手头的计算机一样触手可及。这使人们可以用前所未有的方式迅速获取相关资料，通过文献目录和与主题相关的信息，迅速确定可以获得哪些资料，如何快速得到资料。使用计算机获取和处理数据已经普及，计算机知识也已普及，这为研究工作、远程教育或网络教学提供了前所未有的手段，从而使利用现有教育机构建立虚拟大学和开展全球教育项目成为可能。

644　政策制定与国际关系理论

如果我们还没有一个关于政策分析与实施的理论，我们就必须建立这样的理论。实际上，从我们开始考虑政策时，我们一直在建设关于政策的理论，从古至今都是如此。我们怎样才能解释构成政策基础的现象的意义？正如第一章所讨论的，**理论**（theory）一词最基本的含义是关于现象之间关系的思考，是对现象的系统反映，以便解释和展示各种现象是如何以有意义、有规律的方式相互联系在一起的，而不是无序世界中不规则的散乱个体。有些领导人和政治家在理论结合实际方面很突出。我们首先想到的例子是丘吉尔。在1936年的一次演讲中，他说：

> 与那些眼光短浅、每遇到事就激动的人相比，那些有明确原则并对之深信不疑的人能更好地应对日常事务中的变化和意外。[56]

丘吉尔本人就有"一套明确的原则"，我们认为他既是理论家又是政策制定者。另一个例子是基辛格，他的著作和政策选择为政策分析提供了丰富的理论资源。比如，在一本关于大国外交和拿破仑战争结局的著作的开头，基辛格写道：

> 无论何时，如果和平（被认为是没有战争）是某一个大国或某个大国集团的主要目标，那么国际体系就是由国际社会中最冷酷无情的成员们所支配和控制的。无论何时，当国际秩序确认，即使为了和平某些原则也不能破坏时，以力量均衡为基础的稳定至少就是可以想象的了。[57]

这是基辛格所说的构成治国方略基础的原则的典型例证。它也表明了基辛格本人的观念和理论框架。

当我们对理论和对外政策之间的关系进行思考时，认识理论的局限性也是很重要的。像理查德·什莫克指出的，政策制定者很少关心某一历史环境下某种特定变量组合出现的频率，除非这种组合出现在具有现实利益的当前形势中。[58] 因此，关注理论和基础研究的学者与关心眼前利益的政策制定者往往有着似乎截然不同的兴趣，这绝非偶然。在政策制定者看来，大多数关于国际关系的研究不仅难以理解而且与眼前利益无关（好像事实上也的确如此）。虽然很难就国际关系研究对政策制定者的影响做出准确评价，但决策团体在制定决策时广泛地应用学术著作了。特别是像我们所指出的那样，关于战略问题、国内安全或国际安全问题的研究（特别是威慑和防御研究）等国际关系分支领域的研究，已为决策者提供了相当多的参考文献。政策制定者不仅吸取了这些文献中的真知灼见，而且还使用了一些理论框架和明确假定，比如，美国的战略核力量就是依据这些理论和假定建立的。战略研究以及更广泛的军事问题研究，已经在前所未有的程度上，从职业军事分析家那里转向民间的政策分析家和理论家。正如第十一章提到的，为提高决策者（包括高层决策者）应对机遇和困难（特别是在假设的国际危机中）的反应能力而设计的一些博弈训练被官方决策单元普遍使用。这些博弈模型既吸收了模拟实验的学术成果，也推动了这些学术研究的发展。

理想地说，长期理论建设和实践检验的结果将是产生能解释甚至预测各种政治变量的互动模式的知识。这一目标尚未实现，而且，由于本章和其他章节所讨论的认识论和方法论方面的原因，即使这一目标能够实现，也非短期的事。然而，比现在的理论更准确地解释具体问题至少是很有益的。例如，我们可以更具体地确定什么是国家内部或国际社会政治一体化的根本条件；用精心选定的参数更准确地说明引发特定形式冲突的条件。假如国际关系理论的研究已经发展到了这个阶段，我们可能已经理解了那些对学者们来说很重要的国际现象，我们或许也已建立了对政策制定者来说具有重要意义的理论。

我们建立并检验解释诸如政治一体化或国际冲突等现象的理论，最终的好处之一是可以建立一系列对学者和政策制定者都有用的"如果—就"式的命题。例如，有关一体化或冲突的根本条件的知识，就可以使人们理解不同政策选择产生不同结果，因为特定的政策会产生相应的结果。在这种情况下，国际关系理论和政策制定之间已经建立起了新的相关关系，除非决策者对不同政策的不同结果的理解能使他们改变理论的基本变量，并使理论本身变得无效。由此看来，自然科学领域内的理论建设和社会科学领域内的理论建设可能存在着一个根本差异：作为社会科学研究对象的人类，能够使用关于人类行为的理论知识来影响自身的行为变化吗？正如我们在其他地方所指出的那样，在这方面，政治和社会现象完全不同于试管中的东西。

646　　无论是传统的还是当代的，定量的还是定性的，国际关系著作都可能有着与政策制定者相关的假定和判断。决策者的基本假定常常会左右他的决策，尽管这些假定可能只是被他含蓄地提到，甚至他并没有认识到这些假定。附带说明一下，国际关系研究的目标之一就是要让我们对国际关系理论所包含的假定或命题更为敏锐，或是帮助我们和政策制定者评估作为政策制定基础的那些假定。无论我们是政策制定者还是政治进程的观察者，这种认识都是必不可少的。正如特雷弗·泰勒（Trevor Taylor）提出的，既然所有的国际关系问题和对外政策分析都以某些假说为基础，那么国际关系研究的作用之一就是发展更多清晰阐述的假定和命题，作为研究和政策的基础。[59]

基于上述原因，有必要对指导政策制定者制定重大政策的假定进行系统性的检验。我们可以通过分析政策声明来判断这些政策背后的假定是什么。我们可把这些假定和政策同国际关系理论文献中的假定和政策主张进行对照和比较，这既可作为检测理论的方法，也有助于政策制定。这样整理和比对政策声明和国际关系理论中有关国际现象的主要假定、理论和发现，有利于使学术研究符合政策制定者的需要。这样做可以直接或间接提供对指导政策制定者决策的理论的洞察，而且有助于更好地理解对政策圈子有极大影响的国际关系理论。

关于未来的理论

虽然几个世纪以来，人们一直试图阐明"未来"这个概念。但由于世界变化得越来越快，政策制定者面临的事务越来越紧急，问题越来越复杂，建立更为系统的预测理论的需要日渐增长（如同气象学中关于天气的预测是说30%或60%下雨或下雪的概率，关于未来预测的理论也同样是判断概率的高低）。结果是未来学家应运而生，试图通过技术性的预测手段来创造未来。[60] 假如这样的方法能够通过减少未来的不确定因素，从而使人们更清晰地认识他们的政策选择，人们也许能够更准确地计算不同政策选择所需的时间和资源。自从18世纪晚期托马斯·马尔萨斯的著作出现以来，人们一直在预测与未来相关的各种变量之间，特别是资源之间的互动模式。20世纪末，理论家们再次对预测理论表现出兴趣，例如，出现了 647 一系列新马尔萨斯主义关于未来世界的预测，认为未来世界的特征是出现人口压力、资源贫乏、环境恶化以及技术发展。无论人们对21世纪初的世界做出什么样的预测，急速增长的人口和资源竞争的加剧都将成为这个世界的特征之一。经济和技术将以前所未有的速度在全球范围向新行为体扩散。

国际社会正在发生着迅速的变化，后工业社会、工业社会、欠发达社会的政治体系都面临着紧迫的问题。同时，人们要求研究领域应尽可能同这些变化和问题相关，所有这些都可能成为未来学发展的动力并增强它的重要性。然而，和过去一样，直线地预测未来是不行的。问题当然是，目前能被人们认识的趋势中，哪一种趋势（如果有这样一个趋势）能够在未来的时间框架里发挥作用？什么样的新生力量会影响未来？如果由现在推知未来的预测理论本身存在不足，那么人们能发展出其他关于未来国际体系或子系统的假说吗？这些都预示了人们将会更加重视关于未来的创造性想象，更加重视关于变量以及变量间互动的假说，而这些方面在目前的研究主题中几乎还没有位置。就像一个世纪前甚至50年前还无法想象的技术已经从根本上改变了进入21世纪的世界一样，现在无法预见的技术也将改变未来世界。正如在第一章中讨论过的，这样一些关于国际体系的设想与演绎理论有相似之处，而通过研究现状来推测未来变化趋势的方法与归纳理论也有相似之处。因此，要想正确理解哪些力量正在影响形成中的世界体系，关键要把归纳和演绎方法创造性地结合起来运用到未来学中去。

　　这并不是说国际关系理论有一天能够达到这样一种水平，即通过分析已有现象就能精确预测未来的不同政策选择。对国际关系理论抱有这样一种希望（假定要考虑许多变量）就等于希望它比自然科学理论具有更高的解释能力。正如莫顿·卡普兰曾提出的：

> 现代理论物理学运用它已有的工具和技术来建立理论大厦。它会在必要时毫不留情地限制研究的范围。它没有去预测弹起来的椅子的路径，手榴弹爆炸时不同粒子的运动路径，或一个房间里单个气体分子的运动路径等问题。对于最后一种情况，物理学中有关于特定温度和压力下气体运动的规律，但这些规律仅适用于研究气体的整体运动而不适用于研究单个粒子的运动。物理学家对物质不做一般性的预测，而只预测作为物理学研究对象的物质的某些方面，而这些方面，就其定义来说，就是物质的物理特征。[61]

648　　为了发展具有更加复杂的解释力和预测能力的国际关系理论，越来越多的人开始讨论混沌理论对发展国际关系理论能起的作用。[62] 依据混沌理论，在自然科学中，即使是像云这样几乎完全相同的物质，在相同的环境下也会有区别极大的运动形式。混沌或不可预见性是出现在系统转型过程中的现象，此时，系统的变化由其内外环境所决定。如果系统或某类系统本质上就无序的，那么预测将必然失败。是否存在某种潜藏的规律可导致变量间的偏差，这种偏差产生了混沌所表现的不连续行为呢？理解这些规律的本质是理解混沌理论的关键。如果相对简单的系统存在着很大程度上不可预测的非连续因素，那么随着这一系统复杂性的增加，混乱出现的可能性将增大。如果说混沌代表了自然科学研究对象的特征，那么在社会科学中混沌则更是普遍存在。自然科学中到底有哪些混沌的系统类型和非混沌的系统类型？我们能够区分社会科学中的混沌系统和非混沌系统吗？让我们回到本章前面讨论过的冷战结束问题。与冷战结束相关的变量是大量的，这些变量的行为模式对于直接参与者和苏联及其帝国解体的观察者来说都是不可预测的，那么冷战结束能说明混沌理论吗？除非我们能把混沌现象从非混沌现象中分离出来，否则混沌理论会给社会科学预测理论的发展前景罩上一个长长的阴影。

当我们对未来进行预测的时候，我们实际上是在分析一些由个体和群体构成的现象或行为体，而对于这些个体和群体的行为，我们缺乏足够的信息。此外，我们生活在一个非线性的世界里。汤姆·切尔文斯基（Tom Czerwinski）曾指出，明确的线性特征包括"对称性、可添加性、可复制性以及因果的可论证性"。[63] 他所说的**对称性**（proportionality）是指，少量输入一般只导致少量输出，正如在一个原因和结果都能被精确测量的环境里，较大输入产生较大结果一样。这就像线性数学方程只有一个正确答案一样。切尔文斯基提出的**可添加性**（additivity）是建立在整体等于部分之和的基础上的。如果这是正确的，那么**还原主义**（reductionism）将是有效的。也就是说，像前面各章中讨论过的许多理论尝试一样，一个复杂的问题能被简化或分解为若干个可分析的小问题，人们可以对不同的构成部分进行分析。

> 　　当然，这一假定（指整体等于部分之和）指的是对部分的分析之积累，应该是忠实和全面地反映原来整体的有效衍生结果。**可复制性**（replication）的意思就是，同一行为或在相同条件下进行的相同试验将得到相同的结果，这一结果是可重复的，因而也是可以独立证明的。最后，**原因和结果还必须是可论证的**（cause and effect are demonstrable），可以用多种方式论证：观察、

推测、推断、统计等。因此线性系统的本质就是：如果你对它们的行为有一点点了解，你就能知道很多。你可以充满信心地进行推断、换算和预测。不同于在非线性系统中2＋2可能得到的是橙子，在线性系统中，答案肯定是4。[64]

切尔文斯基认为**非线性**（nonlinearity）包括了混沌理论和复杂性理论这样一些概念。非线性系统从本质上是不可能包括线性系统特征的。它缺乏对称性、可添加性和可复制性，难以论证因果关系，输入和输出难以对称，整体也不等于各部分的总和。"我们不能假定结果是可重复的。同一试验进行两次，结果可能并不相同。导致这一状况的原因之一是非线性变量的存在，即使是最初阶段的任何细微变化也会使结果变得无规律可循。因此，如果你对非线性系统仅了解一点点，你就不可能了解很多情况，我们无法推断、换算或预测。当我们使用推断、换算和预测这些术语时，缺乏预测性使任何计划和控制都难以实施。非线性世界是如此庞大，它使线性世界相形见绌，因此我们必须学会应对它。"[65]

上述对线性和非线性的分析给我们留下了一个根本性问题，就是21世纪初的世界的特征是线性的还是非线性的？由于许多地区的形势日趋复杂和混乱，理论建设将仍是十分艰难的。

前面章节讨论过的各种理论，都在不同程度上进行过某种预测，这些预测或多或少地增加了我们对它们预测的世界的了解。第四章中提到的麦金德关于陆地上的交通技术对欧亚大陆权力关系产生的影响所进行的分析，就是综合利用某些变量对未来做出基本准确预测的例子。国家实力包括的地理、资源和技术等变量都可用来分析影响未来世界的要素。

规范理论的作用

国际关系研究一直试图在规范理论和经验分析理论之间建立某种联系。正如我们在本章和其他章节里提到的，政治学研究中的价值祛除问题长期以来一直是研究者们的兴趣所在，虽然这一目标是否可取和可能仍是一个有争议的问题。鉴于国际关系研究对象的特性以及大量重要问题都同战争与和平相关，规范理论将会继续保持它在这一研究领域中的中心地位。作为20世纪60年代以定量分析为基础的科学理论的主要倡导者之一，鲁道夫·鲁梅尔在他70年代中期的著作中总结道，不能参照自然科学研究对象所具有的因果关系来理解人类行为，因为人类是"由（他们的）未来 650 目标引导的"。鲁梅尔说："人类的未来掌握在（他们）自己手中，而不是由距离、权力、地理、贫穷、剥削、不发达等这样一些人类生存环境中的因素决定的。"[66] 这样，鲁梅尔对就国际行为进行科学研究的方式提出了非常重要的问题。能够像研究试管中的元素互动一样科学地研究人类吗？如果人们的政治行为是受他们各自的目标指导的，那么想要进行一种不受价值观影响的研究是否本身就存在逻辑上的矛盾？国际关系的学者和研究人员对研究对象的选择不正反映了他们各自的价值观吗？如果真像第四章中的理论家们所说的那样，理论是社会结构的产物，那么为建立某一理论而选择的研究方法、所考虑的问题以及理论的价值基础，都不可避免地带有理论建设者的个人色彩。

20世纪60年代以后，随着国际关系理论进入后行为主义阶段，越来越多的人相信，假如理论学家忽视了规范理论，就等于从一个历来广受关注的知识与道德的竞技场上退了出来。这样，他们会忽视明确善与恶的意义的任务，忽视设计政治结构，忽视为人类的未来世界建立规范标准。这个未来世界将充满前所未有的问题和危险。技术对制度的影响所引发的紧迫问题，意识形态和技术的变化带来的政治环境变化，大规模杀伤性武器的扩散，现有政治单元的分裂，种族冲突及政府无力控制引发的问题，所有这些都将使人们在21世纪初继续重视规范理论建设。

在对行为主义进行辩证批判的过程中，出现了一场称为后行为主义的 651 革命，它的矛头指向后现代主义对实证主义的批判。我们在前面已经讨论了实证主义。依照戴维·伊斯顿的观点，人们再次有兴趣审视行为主义，其理由如下：

（1）迎合时代需要比研究方法上的纯熟更重要；（2）行为科学掩盖了以经验保守主义为基础的意识形态；（3）行为主义由于重视抽象研究，与现实的联系过于薄弱；（4）为了社会的整体利益，政治学家有义务传播知识。[67]

后行为主义所做的批评主要是针对价值观、目标或偏好等问题的，同时后行为主义还提出要针对新出现的紧迫问题建立政策选择理论和未来国际体系的行为准则及目标。正如罗斯诺所说，在20世纪70年代早期，随着学者们试图"回到那些在几年之前我们曾认为是不负责任的、令人迷惑的研究方法"，国际关系研究领域开始出现"信心危机"，人们对"缓慢而费力的科学方法"开始失去信心。[68]

这种信心危机到20世纪90年代以后还没有得到解决，部分原因是由于国际体系自身正处于深刻而普遍的变革之中，以致于理论研究看起来有些跟不上它的步伐了。如果理论研究不能对这个快速转型的世界提供一定的解释，也无助于人们更好地理解这个世界的变化的话，那么理论研究将会变得越来越不重要。然而，伴随着冷战结束，人们开始重新重视规范理论，同时对建立一个新的国际秩序也表示乐观。小查尔斯·凯利认为，有必要建立一个关于"世界政治的新乌托邦主义概念"，这个概念可以保证"道德理想能在建立更稳定的世界秩序中起到建设性的作用"。[69]这种概念的形成将是一种"自由主义信仰的道德乌托邦主义与现实主义方法的严肃保守主义"的综合。这一概念的有效性将来自实践证实了的理论。

近几年或几十年的范式之争包括了理论的规范基础问题。正如我们已经注意到的，在费格森和曼斯巴奇看来，从古到今，理论的构建都是由时代的价值观（规范）决定的。任何时候的理论分歧都包括了规范信仰与政治偏好的辩论。从这种意义上来看，以现实主义和乌托邦主义，或是以新现实主义和新自由主义为基础的思想流派，更多的是建立了一系列相互竞争的规范，而不是在国际关系领域建立连贯一致的理论。在政治思想发展史上，人们有可能描绘出一系列构成理论基础的核心概念，如无政府主义与相互依存，共同体与冲突，战争与和平等。规范的观点和信仰一直是讨论概念、行为体、变量及研究分析层次等问题的核心。研究对象的选择取决于价值观基础上的兴趣和关注点。有关冲突与合作的研究议程会随着人类需要的变化而变化。这就是说，正如20世纪早期国际关系研究产生的理由在于当时人们需要理解消灭战争的必要手段一样，国际关系研究和理论是由特定的形势决定的。

如果我们像费格森和曼斯巴奇一样，认为理论研究的重点同文学艺术领域中的思想观念一样，都是来源于时代的规范理论，那我们就为建立统一的范式设置了限制因素，同时也表明，我们要把理论研究同价值观完全分离开来也是不可能的。可以肯定的是，那些从事物理学研究和生物学研

究的研究人员，他们的科研偏好是由当时的规范性问题决定的，例如研究
环境污染或者寻找某一疑难病症的治愈方法等。有人认为，物理学研究和
生物学研究与国际关系理论研究的区别在于，国际关系研究的变量及其排
列组合的数目太大。更重要的一点是，在物理学和生物学研究中，我们会
有意把一些要素从它们的环境（如一支试管）中分离出来，而在国际关系
研究中，我们若是把国际现象从它赖以存在的社会环境或社会背景中剥离
出来进行研究，则无异于自我毁灭，是不会达到预期目的的。然而，人们
还是经常会有意地把国际现象从它的社会环境中分离出来，尤其是在不考
虑历史因素和社会环境的定量分析研究中，这种分离极大地降低了这些研
究的价值。再次引用费格森和曼斯巴奇的话："当人们对一些特殊变量进行
研究并试图把它们从背景中分离出来的时候，会出现一些更重要的复杂问
题。当我们对某种背景本身感兴趣的时候，这种还原主义可以使我们把选
中的因素从它存在的背景中隔离开来。"[70] 总之，是环境构成了研究的规范
背景，这种背景赋予研究材料以意义。从这个角度来看，社会环境确定了
时代的规范性问题和那些会成为国际关系研究焦点的理论兴趣。

652

最后但并非最不重要的是，在国际关系研究领域，总有许多学者的主
要研究兴趣在于发展和分析公共政策。在20世纪后半叶，这种兴趣在国际
关系文献中表现得十分明显。在国际关系研究的乌托邦主义和现实主义阶
段，其研究焦点更是主要集中于政策研究。定量行为主义学者重视研究的
方法基础，更多是对政策研究的补充而不是取代政策研究。[71] 事实上，他
们主要强调的是建立更严格的分析公共政策的方法，特别是系统分析的方
法。[72] 其目的是要建立一定的标准，帮助人们选择和评估为实现具体目标
而采用的不同政策或策略（或是混合的政策与策略）。人们试图通过运用
数学模型、博弈理论、游戏（或模拟）以及听取专家意见等手段，根据相
对成本和相对收益原则，在众多选择中找出最优的或最可取的解决方案。
这种成本—收益研究实际上是反对某些政策建议，因为这些政策建议的基
础是未阐明的假定、未经证实的假说，以及不同政策选择和结果的不确定
性。系统分析对于领袖魅力、意识形态、行为体采取高风险还是低风险政
策的倾向这些因素缺乏分析效力，对分析的价值假设也缺乏解释力。这些
都说明人们仍然有必要在政策科学领域做更多的工作。政策科学既可作为
国际关系的一个分支，也可以当做一门独立的学科或一个"交叉学科"来
研究。[73]

随着众多政治问题紧迫性的上升，如果有可能的话，有必要实现某种可接受的平衡，即经验和分析理论与规范理论之间的平衡，基础研究与应用研究之间的平衡。规范理论是目的和偏好的重要基础。规范理论可以提供一些命题以供检验，而经验和分析理论则可就人们为实现理想目的而采取的政治行为提供指导。

总之，国际关系理论研究经历了从20世纪20年代规范理论占极端优势到60年代经验和分析理论占据优势的过程，而最新几代的学者们力图在快速变化的世界里发展国际关系理论。人们试图发展解释范围更广泛和预测力更强的理论，但是21世纪初实现这一目标的难度也许比几十年前更大。以往几代的国际关系理论家们一直在寻求建立规范理论和分析理论，今后的学者们仍将继续追求这一目标。这种理论追求的基础在于，人们认识到有必要对规范理论和分析理论进行更好的综合。自从20世纪初以来，这种考虑在国际关系研究的每一个阶段上都具有头等重要的意义，它根植于和来源于从柏拉图和亚里士多德时代到我们这个时代的先辈们的各种著述之中。所以，为了满足不断变化的世界的需要，人们在新世纪和新千年里将继续为建立一种或多种国际关系理论而不断努力。

注　释：

1　E. H. Carr, *The Twenty Years' Crisis, 1919-1939*（New York: Harper & Row Torchbooks, 1964），p.4. See also Richard Little, "The Evolution of International Relations as a Social Science," in R. C. Kent and G. P.Nielsson, eds., *The Study and Teaching of International Relations：A Perspective on Mid-Career Education*（New York：Nichols Publishing, 1980），pp.5-7. 要考察国际关系围绕这两个重要的理论主题发展的过程，参见 Lan Clark, *Globalization and Fragmentation：International Relations in the Twentieth Century* .（New York：Oxford University Press，1997）.

2　参见 Kenneth W. Thompson,*Political Realism and the Crisis of World Politics*（Princeton, NJ：Princeton University Press, 1960）；William T.R.Fox, *The American Study of International Relations*（Columbia：University of South Carolina Press, 1968），pp.1-35；Torbjörn L. Knutsen, *A History of International Relations Theory*（Manchester, England, and New York：Manchester University Press, 1992），esp.chaps. 1-7.

3　这并不是说，国际关系理论学者们在每一个阶段的关注点是相互排斥的。在国际关系发展的每一阶段都能找到它们各自的例证。

4　要考察政治科学中的这些趋势，参见 David Easton, "The New Revolution in Political Science", *American Political Science Review*, LXIII（4）（December 1969），

1051 ~ 1061. 国际关系研究同政治科学联系紧密，所以政治科学的研究方法倾向、概念倾向和内容倾向都会影响国际关系的发展。

5 Yale H. Ferguson and Richard W. Mansbach, *The State, Conceptual Chaos, and The Future of International Relations Theory*, GSIS Monograph Series in World Affairs, the University of Denver（Boulder, CO, and London：Lynne Rienner Publishers, 1989）, pp.41-80.

6 Ibid., p.81

7 参见 Andrew M. Scott, *The Functioning of International System*（New York：Macmillan, 1967）, pp.2-6.

8 参见 James N. Rosenau, ed., *Linkage Politics*: *Essays on the Convergence of National and International Systems* (New York: Free Press, 1969); Rosenau, "Compatibility, Consensus, and an Emerging Political Science of Adaptation," *American Political Science Review*, LXI (3) (December 1967), pp.983-988; and Wolfram F. Hanrieder, "Compatibility and Consensus：A Proposal for the Conceptual Linkage of External and International Dimensions of Foreign Policy," *American Political Science Review*, LXI(3) (December 1967), pp. 971-982.

9 James N. Rosenau, *Turbulence in World Politics*：*A Theory of Change and Continuity*（Princeton, NJ：Princeton University Press, 1990）, p.6.

10 关于这个问题更广泛的讨论，参见 Robert Jervis, "The Future of World Politics：Will It Resemble the Past?" *International Security*, 16（3）（Winter 1991/1992）, pp.39-73.

11 Richard W. Mansbach and John A Vasquez, *In Search of Theory*：*A New Paradigm for Global Politics*（New York：Columbia University Press, 1981）, pp.68-69.

12 Thomas L. Friedman, *The Lexus and the Olive Tree*：*Understanding Globalization*（New York：Farrar, Straus, Giroux, 1999）, pp.xv-xvi.

13 John W. Burton, *World Society*（Cambridge, England：Cambridge University Press, 1972）, p.42.

14 Richard K. Ashley, "Untying the Sovereign State：A Double Reading of the Anarchy Problematique," *Millennium*：*Journal of International Studies*, 17（2）（Summer 1988）, p.229.

15 Thomas S. Kuhn, *The Structure of Scientific Revolutions*（Chicago：University of Chicago Press, 1970）, p.92.

16 Arend Lijphart, "The Structure of the Theoretical Revolution in International Relations," *International Studies Quarterly*, 18（1）（March1974）, pp.41-73.

17 Ibid., p.207.

18 K. J. Holsti, *The Dividing Discipline*：*Hegemony and Diversity in International Theory*（Boston：Allen & Unwin, 1987）, p.74.

19 Ibid., p.11. See also M. Banks, "Inter-Paradigm Debate," in M. Light and A. J. R. Groom, eds., *International Relations*：*A Handbook of Current Theory*（London：Francis Pinter, 1985）, pp.7-26; 又见 Mark Hoffman, "Critical Theory and the Inter-Paradigm Debate," pp.231-249; Fred Halliday, "State and Society in International Relations：A Second Agenda," pp.215-230; Steve Smith, "Paradigm Dominance in International Relations：The Development of International Relations as Social Science," pp.189-206; Ekkehart Krippendorf, "The Dominance of American Approaches in International Relations," pp.207-214; all in *Millennium*：*Journal of*

International Studies, 16（2）（Summer, 1987）.

20 Philippe Braillard, "The Social Sciences and the Study of International Relations," *International Social Science Journal*, 36（4）（1984）, p.631.

21 Hayward R. Alker, Jr., and Thomas J. Biersteker, "The Dialectics of World Order: Notes for a Future Archeologist of International Savoir Faire," *International Studies Quarterly*, 28（1）（1984）, p.121.

22 Ibid., p.122.

23 Bruce M. Russett, "Apologia pro Vita Sua," in James N. Rosenau, ed.,*In Search of Global Patterns*（New York: Free Press, 1976）. p.36.

24 John A. Vasquez, "The Post-Positivist Debate: Reconstructing Scientific Enquiry and International Relations Theory After Enlightenment's Fall," in Ken Booth and Steve Smith, eds., *International Relations Theory Today*（University Park, PA: Pennsylvania State University Press, 1995）, pp.216-240.

25 参见 Barry Buzan, "The Level of Analysis Problems in International Relations Reconsidered," in Ken Booth and Steve Smith, eds., *International Relations Theory Today*（University Park: Pennsylvania State University Press, 1995）, pp.198-217; Alexander E. Wendt, "The Agent-Structure Problem in International Relations Theory," *International Organization*, 41（3）（Summer 1987）, pp.335-370.

26 划分国际关系界限方面有益的努力，参见 E. Raymond Platig, *International Relations Research: Problem of Evaluation and Advancement*（Santa Barbara, CA: Clio Press, for the Carnegie Endowment for International Peace, 1967）, esp.pp.26-64.

27 国际关系理论学者约翰·加尔通指出："可以说，国际关系和政治科学之间的关系就像社会学和心理学的关系一样，其关系的共同特征是从对一个单元细致入微的研究转向研究单元之间相互作用的结构。"Johan Galtung, "Small Group Theory and Theory of International Relations," in Morton A. Kaplan, ed.,*New Approaches to International Relations*（New York: St. Martin's Press, 1968）, p.271.

28 参见 Walter Isard, in association with Tony E. Smith, Peter Isard, Tze Hsiung Tung, and Michael Dacey, *General Theory: Social, Political, Economic, and Regional*（Cambridge, MA: MIT Press, 1969）.

29 关于这个主题的讨论，参见 Fred Halliday," The End of the Cold War and International Relations: Some Analytic and Theoretical Conclusions," in Ken Booth and Steve Smith, eds., *International Relations Theory Today*（University Park: Pennsylvania State University Press, 1995）, pp.38-61.

30 John Lewis Gaddis, "International Relations Theory and the End of the Cold War," *International Security*, 171（3）（Winter 1992/1993）, p.6. 又见 John Lewis Gaddis, *The Long Peace: Inquiries into the History of the Cold War*（New York: Oxford University Press, 1987）, esp.pp.215-247. 又见 Janice Gross Stein, "Political Learning by Doing: Gorbachev as Uncommitted Thinker and Motivated Learner"; Thomas Risse-Kappen, "Ideas Do Not Float Freely: Transnational Coalitions, Domestic Structures, and the End of the Cold War"; Rey Koslowski and Friedrich V. Kratochwil, "Understanding Change in International Politics: The Soviet Empire's Demise and the International System," all in *International Organization*, 48（2）（Spring 1994）, pp.155-249.

31 相反的解释，见 John Mueller, "The Essential Irrelevance of Nuclear Weapons: Stability

in the Postwar World," *International Security*, 13（2）（Fall 1988）, pp.55-79; Robert Jervis, "The Political Effects of Nuclear Weapons: A Comment," *International Security*, 13（2）（Fall 1988）, pp.80-90; Kenneth M. Waltz, "Nuclear Myths and Political Realities," *American Political Science Review*, 84（3）（September1990）, pp.731-735; Richard Ned Lebow, "The Long Peace, the End of the Cold War, and the Failure of Realism," *International Organization*, 48（2）（Spring 1994）, pp.249-279.

32 关于这些问题和相关问题更广泛的讨论，参见 Charles W. Kegley, ed.,*The Long Postwar Peace: Contending Explanations and Projections*（New York: Harper Collins, 1991）, esp. pp.1-25.

33 关于这个问题的讨论，参见 Richard Little, "International Relations and the Triumph of Capitalism," in Ken Booth and Steve Smith, eds., *International Relations Theory Today*（University Park: Pennsylvania State University Press, 1995）, pp.63-89.

34 参 见 Henry Kissinger, *Diplomacy*（New York: Simon and Schuster, 1994）, pp.804-835; Christopher Layne, "The Unipolar Illusion: Why New Powers Will Rise," *International Security*, 17（4）（Spring 1993）, pp.5-51.

35 参 见 Richard W. Mansbach, Yale H. Ferguson, and Donald E. Lampert, *The Web of World Politics: Nonstate Actors in the GlobalSystem*（Englewood Cliffs, NJ: Prentice Hall, 1976）.

36 Philip Alston and Raul Pangalangan, *Revitalizing the Study of International Organizations*, Report of a Conference on "Teaching About International Organizations from a Legal and Policy Perspective," October 28-31, 1987（Medford, MA: Fletcher School of Law and Diplomacy, Tufts University）, p.25.

37 参 见 Zbigniew Brzezinski, *Between Two Ages: American's Role in a Technetronic Era*（New York: Viking, 1970）; Victor Basiuk, *Technology*, World Politics, and *American Policy*（New York: Columbia University Press, 1977）; Hans J. Morgenthau, *Science: Servant or Master?*（New York: American Library, 1972）; Eugene B. Skolnikoff, *International Imperatives of Technology: Technological Development and the International Political System*（Berkeley: University of California International Studies, 1972）; Hilary Rose and Steven Rose, *Science and Society*（Baltimore, MD: Penguin, 1970）; Ira Spiegel-Rosing and Derek de Solla Price, eds., *Science, Technology and Society*（Beverly Hills, CA: Sage, 1977）.

38 参 见 Richard C. Snyder, H. W. Bruck, and Burton Sapin, eds., *Foreign Policy Decision Making*（New York: Free Press, 1963）.

39 Hanrieder, "Compatibility and Consensus"; James N. Rosenau, "External Influences on the Internal Behavior of States," in R. Barry Farrell, ed.,*Approaches to Comparative and International Politics*（Evanston, IL: Northwestern University Press, 1966）, pp.27-92; James N. Rosenau, "Comparative Foreign Policy—Fad, Fantasy, or Field," paper prepared for presentation at the Conference Seminar of the Committee on Comparative Politics, University of Michigan, 1967; Randolph C. Kent, "Foreign Policy Analysis: Search for Coherence in a Multifaceted Field," in Kent and Nielsson, *Study and Teaching of International Relations*, pp.90-110.

40 关于国际安全研究领域的分析，参见 Barry Buzan, *Peoples, States and Fear: The National Security Problem in International Relations*（Brighton, England: Wheatsheaf Books, 1983）; Barry Buzan, *An Introduction to Strategic Studies, Military*

Technology, and International Relations (New York: St. Martin's Press, 1987);
Colin Gray, *Strategic Studies: A Critical Assessment* (Westport, CT: Greenwood
Press, 1982); Robert Jervis, Joshua Lederberg, Robert North, Stephen Rosen, John
Steinbruner, and Dina Zinnes, *The Field of National Security Studies: Report to the
National Research Council* (Washington, DC: 1986); Richard Smoke, "National
Security Affairs," in Fred I. Greenstein and Nelson W. Polsby, eds., *Handbook
of Political Science*, Vol. 8, *International Politics* (Reading, MA: Addison-
Wesley, 1975); Colin S. Gray, *Strategic Studies and Public Policy* (Lexington:
University Press of Kentucky, 1982); Joseph S. Nye, Jr., and Sean M. Lynn-
Jones, "International Security Studies: A Report of a Conference on the State of the
Field," *International Security*, (Spring 1988),pp.5-27; Richard H. Ullman, "Redefining
Secutity," *International Security*,8(1)(1983),pp.129-153; A. J. R. Groom, "Strategy:
The Evolution of the Field," in Kent and Nielsson, *Study and Teaching of International
Relations*, pp.47-59; Helga Haftendorn, "The State of the Field: A German
View," *International Security*, 13 (2)(1988); Helga Haftendorn, "The Security
Puzzle: Theory-Building and Discipline-Building in International Theory," *International
Studies Quarterly*, 35 (1991), pp.3-17; Stephen M. Walt, "The Renaissance of
657   Security Studies," *International Studies Quarterly*, 35 (1991), pp.211-239; Edward
J. Kolodziej, "Renaissance in Security Studies: Caveat Lector!" *International Studies
Quarterly*, 36 (1992), pp.421-438; David Dewitt, David Haglund, and John Kirton,
eds., *Building a New Global Order: Emerging Trends in International Security* (New
York: Oxford University Press, 1993); and Paul B. Stares, ed.,*The New Security
Agenda: A Global Survey* (Tokyo/New York: Japan Center for International Exchange,
1998). 参见 Charles W. Kegley, Jr., and Eugene R. Wittkopf (ed.), *The Global Agenda:
Issues and Perspectives* (Boston, MA: McGraw-Hill, 1998).

41 Stephen M. Walt, "The Renaissance of Security Studies," *International Studies Quarterly*,
   35 (1991), pp.211-239; David A. Baldwin, "Security Studies and the End of the
   Cold War," *World Politics*, 48 (1)(October 1995), pp.117-141. 又见 Barry Buzan,
   *People, States, and Fear: An Agenda for International Security Studies in the Post
   Cold-War Era*, second edition (Boulder, CO: Lynne Rienner Publishers, 1991).

42 Richard Shultz, Jr., Roy Godson, and Ted Greenwood, eds., *Security Studies for the 1990s*
   (Washington, DC: Brassey's [US], 1993). 参 见 especially the editors' introduction,
   pp.1-13.

43 参见 Geoffrey Kemp, Robert L. Pfaltzgraff, Jr., and Uri Ra'anan, *The Superpowers in a
   Multinuclear World* (Lexington, MA: D.C. Heath, 1974)。又见 Robert L. Pfaltgraff,
   Jr., "The Evolution of American Nuclear Thought," in B. Mitchell Simpson, III, ed.,
   War, Strategy and Maritime Power (New Brunswick, NJ: Rutgers University Press,
   1977), pp.280-282.

44 Gray, *Strategic Studies and Public Policy*, p.194.

45 Martin van Creveld, *The Transformation of War* (New York: Free Press, 1991),
   pp.33-63.

46 参 见 Edward A. Kolodziej, "Renaissance in Security Studies? Caveat Lector!"
   International Studies Quarterly, 36 (1992), pp.421-438.

47 Van Creveld, *Transformation of War*, pp.57-62.

48 Kolodziej, "Renaissance in Security Studies?" p.424.

49 Richard Shultz, Jr., Roy Godson, and George Quester, eds., *Security Studies for the Twenty-First Century*（Washington, DC: Brassey's, 1996）. 参见 Richard H. Shultz, Jr., Roy Godson, and G eorge Quester, eds., *Security Studies for the Twenty-First Century*（Washington, DC：Brassey's, 1997）.

50 关于信息时代的战争，参见 Stuart J. D. Schwartzstein（ed.）, *The Information Revolution and National Security*：*Dimensions and Directions*（Washington, DC：Coalition for Strategic and International Studies, 1996）；Robert L. Pfaltzgraff, Jr., and Richard H. Shultz, Jr.（eds.）, *War in the Information Age*：*New Challenges for U.S. Security*（Washington/London：Brassey's, 1997）.

51 回顾更为广泛的此类文献及对作为决策工具的经济政策进行界定、分类和分析的重要努力，参见 David A. Baldwin, *Economic Statecraft*（Princeton, NJ：Princeton University Press, 1985）, esp.chap.2. 又见 Roger Tooze, "The Unwritten Preface：International Political Economy and Epistemology," *Millennium*：*Journal of International Studies*, 17（2）（Summer 1988）, pp.288-293.

52 参见 Robert T. Holt and John E. Turner, *The Methodology of Comparative Research*（New York：Free Press, 1970）.

53 不过，有两本著作可能会对决策研究有帮助，这两本书考虑了决策关键参与者的病史。它们是 Hugh L'Etang, *The Pathology of Leadership*（London：William Heinemann Medical Books, 1969）；Hugh L'Etang, *Lord Moran*, *Churchill*：*Taken from the Diaries of Lord Moran*, *The Struggle for Survival*, *1940-1965*（Boston：Houghton Mifflin, 1966）.

54 Thomas C. Wiegele, "Decision-Making in an International Crisis：Some Biological Factors," *International Studies Quarterly*, 17（2）（June 1973）, p.305. 又见 Thomas C. Wiegele, ed., *Biology and the Social Sciences*（Boulder, CO：Westview Press, 1982）；Thomas C. Wiegele, *Biopolitics*：*Search for a More Human Political Science*（Boulder, CO：Westview Press, 1979）；Thomas C. Wiegele, Gordon Hilton, Kent Layne Oots, and Susan V. Kisiel, *Leaders Under Stress*：*A Psychophysiological Analysis of International Crises*（Durham, NC：Duke University Press, 1985）；Thomas C. Wiegele, "Model of Stress and Disturbances in Elite Political Behaviors：Psychological Variables and Political Decision-Making," in Robert S. Robins, ed., *Psychology and Political Leadership*（New Orleans：Tulane University, 1977）, pp.79-111；Kent Layne Oots and Thomas C. Wiegele, "Terrorist and Victim：Psychiatric and Physiological Approaches from a Social Science Perspective," *Terrorism*：*An International Journal*, 8（11）（1985）, pp.1-32；James M. Schubert, Thomas C. Wiegele, and Samuel M. Hines, "Age and Political Behavior in Collective Decision-Making," *International Political Science Review*, 8（2）（1987）, pp.131-146；Samuel Long, ed., *Political Behavior Annual*, Vol. 1（Boulder, CO：Westview Press, 1986）；Thomas C. Wiegele, "Signal Leakage and the Remote Psychological Assessment of Foreign Policy Elites," in Lawrence S. Falkowski, ed., *Psychological Models in International Politics*（Boulder, CO：Westview Press, 1979）；Thomas C. Wiegele, "The Psychophysiology of Elite Stress in Five International Crises：A Preliminary Test of a Voice Measurement Technique," *International Studies Quarterly*, 22（4）（December 1987）, pp.467-511；Thomas C. Wiegele, "The Life Sciences and International

Relations：A Bibliographic Essay，" *International Studies Notes of the International Studies Association*，11（2）（Winter 1984/1985），pp.1-7.

55 Thomas C. Wiegele，"Models of Stress and Disturbances in Elite Political Behaviors：Psychological Variables and Political Decision-Making," in Robert S. Robins，ed.*Tulane Studies of Political Science：Psychopathology and Political Leadership*，vol XVI（New Orleans：Tulane University，1977），pp.79-112. Studies in；另见同一作者，"Physiologically Based Content Analysis：An Application in Political Communication," in Brent D. Rupin，ed.，*Communication Yearbook 2*（New Brunswick，NJ：Transaction Books，1978），pp.423-436；"Health and Stress During International Crisis：Neglected Input Variables in the Foreign Policy Decision-Making Process," *Journal of Political Science*，III（2）（Spring 1976），pp.139-144.

56 Winston S. Churchill，*The Gathering Storm*（London：Cassell & Co., Ltd.：1948），p.165.

57 Henry A. Kissinger，*A World Restored：Metternich，Castlereagh，and the Problems of Peace 1812-1822*（New York：Grosset and Dunlap，1964），p.1. 又见 Henry Kisinger，*Diplomacy*（New York：Simon & Schuster，1994），esp.chaps. 1 and 31.

58 Richard Smoke，"Theory for and About Policy," in Rosenau，*In Search of Global Patterns*，p.191.

59 Trevor Taylor，"Introduction：The Nature of International Relations," in Trevor Taylor，ed.，*Approaches and Theory in International Relations*（New York：Longmans，1978），p.3.

60 技术性预测有三大类：开发性预测、机会性预测和规范性预测。"开发性预测"（exploratory forecast）认为，如果目前水平的支持继续下去，未来的新技术就有出现的可能。"机会性预测"（opportunity forecast）描述的是在一个技术领域里不断增加的努力有可能取得的成果。"规范性预测"（normative forecast）把所期待的目标和技术可能性联系起来，以目标指导资源的分配。

为了进行这些预测，人们使用了大量技术手段。最常用的预测手段仍然是一些领域内的趋势相关法和成长类比法。"特尔斐法"（Delphi method）是一种进行直觉预测而非统计预测的新技术。它是一种精巧的调查法，不必通过会议和小组讨论就可以得知专家意见的一致程度。由美国海军发明的系统分析（例如，项目评估和研究技术，PERT）对机会性预测和研发（R&D）管理特别有帮助。最后，数学模型和反馈概念有助于对政府目标和工业技术能力之间的相关关系进行规范性预测。

对技术性预测手段介绍最为全面的是 Eric Jantsch，*Technological Forecasting in Perspective*（Paris：OECD Publication，1967）。对预测技术的解释可参阅 Robert V. Ayres，*Technological Forecasting and Long-Range Planning*（New York：McGraw-Hill，1969）. 参见 James R. Bright，*Technological Forecasting for Industry and Government：Methods and Applications*（Englewood Cliffs，NJ：Prentice Hall，1968 ）. 要了解运动更加不确定的一面，参见 Bertrand de Jouvenel，*The Art of Conjecture*，trans. N. Lary（New York：Basic Books，1967）；Herman Kahn and A. J. Wiener，*The Year 2000：A Framework for Speculation*（New York：Macmillan，1967）；Dennis Gabor，*Inventing the Future*（New York：Knopf，1964）；Daniel Bell，ed.，*Toward the Year 2000：Work in Progress*（Boston：Houghton Mifflin and the American Academy of Arts and Sciences，1968）；Neville Brown，*The Future Global Challenge：A Predictive Study of World Security，1977 ~ 1990*（New York：Crane，Russak，1977）；and Volker Bornschier and Christopher Chase-Dunn（eds.），*The Future of Global Conflict*（Thousand Oaks，CA：SAGE Publications，Inc.，1999）。近来，另一本著作颇为引人注目，它提出

659

了一系列对未来的不同预测，为制定政策计划提供了基础，参见 Jacquelyn K. Davis and Michael J. Sweeney, *Strategic Paradigms 2025: U.S. Security Planning for a New Era* (Herndon, VA: Brassey's, 1999. A publication of the Institute for Foreign Policy Analysis, Cambridge, MA, and Washington, DC.)。

61 Morton A. Kaplan, "Problems of Theory Building and Theory Confirmation in International Politics," in Klaus Knorr and Sidney Verba, eds., *The International System: Theoretical Essays* (Princeton, NJ: Princeton University Press, 1961), p.7.

62 参 见 Hal Gregersen and Lee Sailer, "Chaos Theory and Its Implications for Social Science Research," *Human Relations*, 46 (7)(1993), pp.777-801; H. Mitchell Waldrop, *Complexity: The Emerging Science at the Edge of Order and Chaos* (New York: Simon & Schuster, 1992), esp.pp.9-13, 140-143, 318-323, 330-335; Laurent Dobuzinskis, "Modernist and Postmodernist Metaphors of the Policy Process: Control and Stability vs. Chaos and Reflexive Understanding," *Policy Sciences*, 25 (1992), pp.355-380; L. Douglas Kiel and Evel W. Elliott, eds., *Chaos Theory in the Social Sciences: Foundations and Applications* (Ann Arbor: University of Michigan Press, 1995); Diana Richards, "A Chaotic Model of Power Concentration in the International System," *International Studies Quarterly*, 37 (1993), pp.55-72.

63 Tom Czerwinski, *Coping with the Bounds: Speculations on Nonlinearity in Military Affairs* (Washington, DC: Institute for National Strategic Studies, National Defense University, 1998), p.8.

64 Ibid., p.9.

65 Ibid., p.10.

66 Rudolph J. Rummel, "The Roots of Faith," in Rosenau, *In Search of Global Patterns*, p.30.

67 David Easton, "The New Revolution in Political Science," *American Political Science Review*, LXIII (4)(December 1969), p.1052. 同样，伊斯顿也是率先清楚了解政治科学领域行为革命的人之一。参见 David Easton, *The Political System: An Inquiry into the State of Political Science* (New York: Knopf, 1954), esp.pp.37-125; 参见同一作者, *A Framework for Political Analysis* (Englewood Cliffs, NJ: Prentice Hall, 1965), pp.6-9.

68 James N. Rosenau, "Assessment in International Studies: Ego Trip or Feedback?" *International Studies Quarterly*, 18 (September 1974), p.346.

69 Charles W. Kegley, Jr., "Neo-Idealism: A Practical Matter," *Ethics and International Affairs*, 2 (1988), pp.195-196; and Charles W. Kegley, Jr., and Gregory A. Raymond, "Normative Constraints on the Use of Force Short of War," *Journal of Peace Research*, 23 (3)(1986), pp.213-227. 近来其他的规范分析，参见 Mervyn Frost, *Toward a Normative Theory of International Relations* (Cambridge, England: Cambridge University Press 1986); Hidemi Suganami, "A Normative Enquiry in International Relations: The Case of Pacta Sunt Servanda," *Review of International Studies*, 9 (1)(1983), pp.35-54; Robert Cordis, "Religion and International Responsibility," in Kenneth W. Thompson, ed.,*Moral Dimensions of American Foreign Policy* (New Brunswick, NJ: Transaction Book, 1984), pp.33-52; Ray Maghroori and Bennett Ramberg, eds., *Globalism Versus Realism: International Relational Third Debate* (Boulder, CO: Westview Press, 1982); Louis Ren, *Reason and Realpolitik*

660

（Lexington, MA: Lexington Books, 1984）; J. E. Hare and Carney B. Joynt, *Ethics and International Affairs* (New York: St. Martin's, 1982); John A. Vasquez, *The Power Politics: A Critique* (London: Francis Pinter, 1983); Stanley Hoffmann, "The Political Ethics of International Relations," Seventh Morgenthau Memorial Lecture on Ethics and Foreign Policy, Carnegie Council on Ethics and International Affairs, New York, 1988; Kenneth Kipnis and Diana T. Meyers, eds., *Political Realism and International Morality: Ethics in Nuclear Age* (Boulder, CO, and London: Westview Press, 1987); Terry Nardin, Law, *Morality and the Relations of States* (Princeton, NJ: Princeton University Press, 1983); Charles R. Beitz, Marshall Cohen, Thomas Scanlon, and A. John Simmons, eds., *International Ethics* (Princeton, NJ: Princeton University Press, 1985); Chris Brown, "The Modern Requirement？Reflections on Normative International Theory in a Post-Western World," *Millennium: Journal of International Studies*, 17（2）(Summer 1988), pp.339-348; Bruce M. Russett, "Ethical Dilemmas of Nuclear Deterrence," *International Security*, 8（4）(Spring 1984), pp.36-54; Charles R. Beitz, *Political Theory and International Relations* (Princeton, NJ: Princeton University Press, 1979); James W. Child, *Nuclear War, The Moral Dimension* (New Brunswick, NJ: Transaction Books, 1986); Michael Novak, *Moral Clarity in the Nuclear Age* (New York: Thomas Nelson Publishers, 1982); Joseph S. Nye, Jr., ed., *Nuclear Ethics*(New York: Free Press,1986); William V. O'Brien and John Langan, eds., *The Nuclear Dilemma and the Just War Tradition* (Lexington, MA: Lexington Books, 1986); Robert L. Pfaltzgraff, Jr., *National Security: Ethics, Strategy, and Politics, A Layman's Primer* (Washington, DC: Pergamon-Brassey's, 1986); and James E. Dougherty, *The Bishops and Nuclear Weapons* (Camden, CT: Archon, 1984).

70 Ferguson and Mansbach, *The State, Conceptual Chaos*, p.216, 有关国际关系研究主要假定和主要问题连续性的讨论，又见 N. J. Rengger, "Serpents and Doves in Classical International Theory," *Millennium: Journal of International Studies*, 17（2）(Summer 1988), pp.215-225.

71 学者们讨论二战后社会科学和公共政策之间关系的论文集，参见 Daniel Lerner and Harold D. Lasswell, eds., *The Policy Sciences* (Stanford, CA: Stanford University Press, 1951). 参见 Norman D. Palmer, ed., *A Design for International Relations Research: Scope, Theory, Methods, and Relevance. Monograph 10*, American Academy of Political and Social Science (October 1970), esp, pp.154-274; and Christopher Hill and Pamela Beshoff (eds.), *Two Worlds of International Relations: Academics, Practitioners, and the Trade in Ideas* (London and New York: Routledge, 1994).

72 Charles J. Hitch and Roland N. McKean, *The Economics of Defense in the Nuclear Age* (Cambridge, MA: Harvard University Press, 1963); Roland McKean, *Efficiency in Government Through Systems Analysis* (New York: Wiley, 1958); Raymond A. Bauer and Kenneth J. Gergen, eds., *The Study of Policy Formation* (New York: Free Press, 1968); Harold Lasswell, "Policy Science," in *International Encyclopedia of the Social Science* (New York: Macmillan and Free Press, 1968), pp.xii, 181-189.

73 参见 Yehezkel Dror, *Analytical Approaches and Applied Social Science* (Santa Monica, CA: RAND Corp., 1969); monograph。

661

姓 名 索 引

（按英文字母排序。页码为原书页码，即本书边码）

主 题 索 引

（按汉语拼音排序。页码为原书页码，即本书边码）

图字：01-2019-1147号

Authorized translation from the English language edition, entitled CONTENDING THEORIES OF INTERNATIONAL RELATIONS: A COMPREHENSIVE SURVEY, 5th Edition, ISBN: 9780321048318 by DOUGHERTY, JAMES E.; PFALTZGRAFF, ROBERT L., published by Pearson Education, Inc, Copyright ©2001 by Addison Wesley Longman, Inc.

All rights reserved. No part of this book may be reproduced or transmitted in any form or by any means, electronic or mechanical, including photocopying, recording or by any information storage retrieval system, without permission from Pearson Education, Inc.

CHINESE SIMPLIFIED language edition published by WORLD AFFAIRS PRESS Co., Ltd., Copyright ©2021.

本书封面贴有Pearson Education（培生教育出版集团）激光防伪标签。无标签者不得销售。

图书在版编目（CIP）数据

争论中的国际关系理论：第5版 /（美）多尔蒂，（美）普法尔茨格拉夫著；阎学通等译. —2版. —北京：世界知识出版社，2013.10
（国际关系学名著系列）
书名原文：Contending theories of international relations a comprehensive survey
ISBN 978-7-5012-4541-3-02

Ⅰ.①争… Ⅱ.①多…②普…③阎… Ⅲ.①国际关系理论 Ⅳ.①D80

中国版本图书馆CIP数据核字（2013）第217433号

策划编辑	袁路明
责任编辑	张怿丹
责任出版	赵　玥
责任校对	陈可望
封面设计	小　月

书　　名	**争论中的国际关系理论（第五版）**（中译本第二版） Zhenglunzhong de Guoji Guanxi Lilun
作　　者 译　　者	［美］詹姆斯·多尔蒂　小罗伯特·普法尔茨格拉夫 阎学通　陈寒溪　等
出版发行	世界知识出版社
地址邮编	北京市东城区干面胡同51号（100010）
网　　址	www.ishizhi.cn
电　　话	010-65265923（发行）　010-85119023（邮购）
经　　销	新华书店
印　　刷	河北新华第一印刷有限责任公司
开本印张	787毫米×1092毫米　1/16　54½印张
字　　数	910千字
版次印次	2013年10月第二版　2022年3月第八次印刷
标准书号	ISBN 978-7-5012-4541-3-02
定　　价	228.00元

版权所有　侵权必究